Produktmarketing
Entscheidungsgrundlagen für Produktmanager

Springer
Berlin
Heidelberg
New York
Barcelona
Hongkong
London
Mailand
Paris
Singapur
Tokio

Udo Koppelmann

Produkt-marketing

Entscheidungsgrundlagen für Produktmanager

Sechste, überarbeitete
und erweiterte Auflage

Mit 274 Übersichten

 Springer

Prof. Dr. Udo Koppelmann
Universität zu Köln
Seminar für Allgemeine Betriebswirtschaftslehre,
Beschaffung und Produktpolitik
Herbert-Lewin-Str. 2
D-50931 Köln

ISBN 3-540-67147-1 Springer-Verlag Berlin Heidelberg New York

ISBN 3-540-61824-4 5. Auflage Springer-Verlag Berlin Heidelberg New York

Koppelmann, Udo: Produktmarketing: Entscheidungsgrundlagen für Produktmanager /
Udo Koppelmann. – 6., überarb. und erw. Aufl. – Berlin; Heidelberg; New York; Barcelona; Hongkong; London; Mailand; Paris; Singapur; Tokio: Springer, 2001
    ISBN 3-540-67147-1

Springer-Verlag Berlin Heidelberg New York
ein Unternehmen der BertelsmannSpringer Science+Business Media GmbH

© Springer-Verlag Berlin Heidelberg 1993, 1997, 2001
Printed in Germany

Umschlaggestaltung: Erich Kirchner, Heidelberg

SPIN 10724143   43/2202-5 4 3 2 1 0 – Gedruckt auf säurefreiem Papier

Vorwort

Seit etwa einem halben Jahr ist die letzte Auflage vergriffen. Die Intensität der Mahnungen nimmt zu, ähnlich steigen die Schuldgefühle – das Aufrechte am Gang nimmt ab. Jetzt geht es wieder aufwärts!

Die letzte Auflage wurde gründlich durchgesehen. Neben den unverzichtbaren Aktualisierungen und Straffungen gibt es auch Ergänzungen und Erweiterungen.

Die Entscheidungssicht des Produktmanagers sowie die prozessuale Grundstruktur wurden beibehalten. Einige Aspekte wurden deutlich ausgeweitet.

Im Widerspruch zum derzeitigen Zeitgeist wurde der Familie größere Aufmerksamkeit geschenkt, weil ihr als verhaltenserklärende Variable erhebliche Bedeutung zukommt. Wenn im Mittelpunkt der Tätigkeit eines Produktmanagers die Erarbeitung neuer Konzeptionen, neuer Produkte usw. steht, dann spielt die Prognose in der Planungsarbeit eine besondere Rolle. Die systematische Erarbeitung eines tragfähigen Anspruchskonzepts leistet hier große Hilfe. Deshalb wurde die Begründung dieses nützlichen Konzepts erweitert. Insbesondere die Anmutungsansprüche haben sich im Rahmen der emotionalen Differenzierung bewährt. Der Blick wird immer wieder auf Prägnanzaspekte gelenkt, um Chancen für den Wettbewerbskampf zu schaffen. Dazu gehört im besonderen Maße die Beachtung von Designüberlegungen. Neu eingeführt wurden die Bereiche der Marken- und Verpackungsgestaltung, um das jeweils Besondere deutlich herausheben zu können.

Ein gründlicher Relaunch eines solchen Werkes ist nicht von heute auf morgen möglich. Um das Lesen zu erleichtern waren viele Übersichten, Bilder und Verweise nötig. Viele haben mir dabei geholfen. Bei meinen Mitarbeitern muß ich mich herzlich bedanken: bei Frau Roscher für die Schreibarbeit, bei meinen wissenschaftlichen Mitarbeitern Dr. Fröhlich, Dr. Ernst, Dr. Küthe, Dr. Brodersen, Dipl.-Kfm. Stüwe, Dipl.-Kfm. Volkmann für kritische Durchsicht und Anregungen und bei den Studentischen Hilfskräften Frau Alef, Frau Alpsoy, Frau Herrmann, Herrn Jänecke, Herrn Näthke, Herrn Staak, Herrn Teschke.

So bleibt nur bis zum nächsten Relaunch zu hoffen, daß die jetzige Ausgabe dem Leser nutzen möge.

Köln, im August 2000

U. Koppelmann

Inhaltsverzeichnis

1 Produktmarketing – eine einführende Charakterisierung

Bücher zum Marketing gibt es wie Sand am Meer. Was bedeutet die Konzentration auf einen Ausschnitt des Arbeitsfeldes Marketing? Worin liegt das Besondere dieses Buches? Wozu soll es dienen?

1.1 Zum Marketingverständnis

Womit befassen sich die im Marketing Tätigen? Dürfte man erwarten, daß die Antworten auf die Frage selbst im Kreise von Fachleuten ähnlich ausfielen, so könnten wir gleich nach kurzer Fixierung des allgemein für richtig Gehaltenen zum nächsten Gliederungspunkt übergehen.

Dem ist leider nicht so! Für die meisten konzentriert sich das Marketing auf die Absatzbeziehungen des Unternehmens. So wird Marketing denn auch häufig mit Absatzwirtschaft (wie schon Schäfer 1966) gleichgesetzt. Dann verwundert es auch nicht, wenn keine Unterschiede zu den Begriffen Verkauf oder Vertrieb gesehen werden. Der Auffassung, daß Marketing der Werbung doch sehr ähnlich sei, zumindest aus ihr hervorgegangen sei, begegnet man auch jetzt noch in der Praxis.

Schaut man sich die Lehrbücher zum Marketing an (Meffert 1998; Nieschlag/Dichtl/ Hörschgen 1997; Kotler/Bliemel 1999), so dominiert immer noch die Verwertungs-(Absatz-)sicht von Produktionsunternehmen. Das ist nur historisch zu erklären. Marketingüberlegungen entstammen Tätigkeitsnotwendigkeiten von Konsumgüterproduzenten. Als die Sättigungstendenzen zunahmen, der Konkurrenzdruck stieg, wurde deutlich, daß man mit der herkömmlichen Denkweise, den Angebotsdruck zu steigern, nicht weiterkam. Es fand ein Paradigmenwechsel statt: Die *Kundenorientierung* verdrängte die *Herstellerorientierung.* Man bemühte sich intensiv darum, sich in die Kundensituation hineinzuversetzen, zu überlegen, welche Probleme der Kunde morgen haben könnte, um heute dafür passende Lösungen zu finden (siehe Übersicht 1).

Die einseitige auf die Transaktion vom Anbieter zum Kunden gerichtete Betrachtung ist nicht ausgestorben. In entwicklungsdynamischen Märkten (Informations- und Kommunikationstechnik usw.) dominiert immer noch die Sicht des technisch Machbaren und nicht die des technisch Gewünschten. Hier kann man es sich noch leisten, nach dem olympischen Prinzip (höher, schneller, weiter) zu verfahren. Die Impulse kommen aus Forschung und Entwicklung, Konstruktion usw. Wenn allerdings eine hohe Marktsättigung vorliegt und man dennoch Marktwachstum erzielen will, muß man vom Kunden ausgehen. Dabei reicht es in nur ganz wenigen Fällen, ihn nach seinen Wünschen zu fragen.

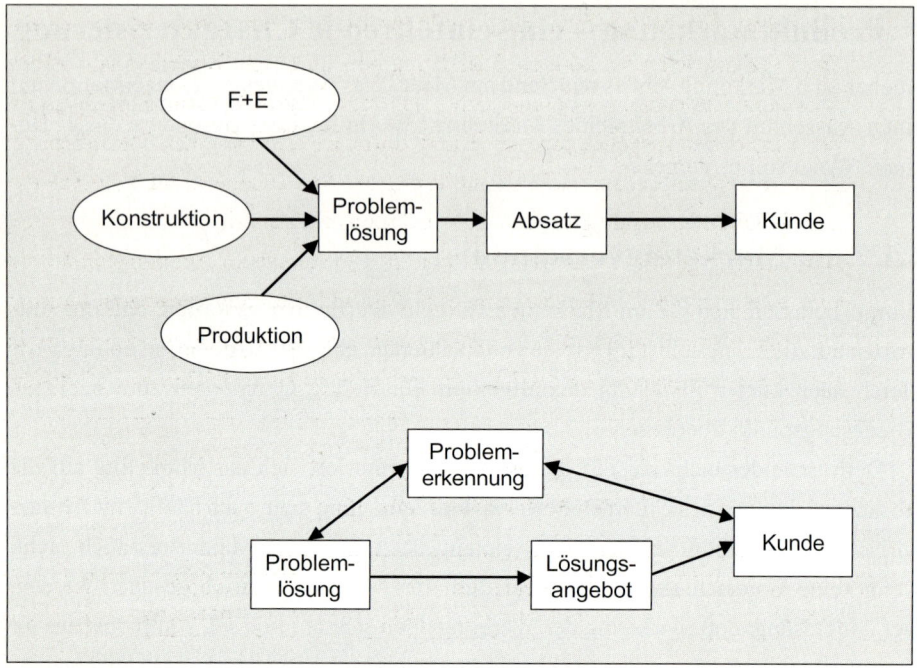

Übersicht 1: Vom Absatz zum Marketing

Diese Form der Marktforschung gilt als überholt. Meistens weiß der Kunde gar nicht, was er will, und, was noch viel wichtiger ist, was er morgen wollen könnte. Diese Problemerkennung erfordert, sich in das Denken und Fühlen des Kunden hineinzuversetzen, um morgige Akzeptanz zu prognostizieren. In der richtigen Problemerkennung liegt der Schlüssel zum Erfolg. Gemeinsam mit anderen Funktionsträgern muß dann nach einer Problemlösung gesucht werden, die es anschließend kundengerecht anzubieten gilt. Aus der *Transaktion* wird eine iterative *Interaktion*. Entsprechend dem ökonomischen Prinzip reduziert man entweder den Aufwand, um ein gegebenes Ziel zu erreichen (Minimalprinzip), oder versucht, mit gegebenem Aufwand eine möglichst hohe Zielerreichung (Maximalprinzip) sicherzustellen.

Aus diesen Grundannahmen können wir verschiedene Akzente der Marketingtätigkeit gleichsam als Aufgabenumschreibung ableiten:

- Marketing beschäftigt sich mit *Kundenproblemen*. Versteht man Unternehmen als Institutionen der *Fremdbedarfsdeckung* und berücksichtigt man, daß Kunden in Wettbewerbswirtschaften im Regelfall entsprechend dem Ausgleichsgesetz der Planung (Gutenberg 1983, S. 163 ff.) als Engpaß den Ausgangspunkt der Planung bilden, dann wird die Bedeutung des Absatzmarketing für unternehmerisches Handeln deutlich.

- Marketing beschäftigt sich mit Kundenproblemen, um damit besser *eigene Ziele* verwirklichen zu können. Marketing ist somit eine Symbiose von Altruismus und Egoismus, wobei die Kundenorientierung Mittel zum Zweck ist. Im Zentrum dieser zweckbezogenen Kundenorientierung steht das Bemühen um die unternehmensindividuelle Optimierung der Austauschbeziehungen, um damit die Überlebensfähigkeit des Unternehmens zu sichern.

- Der Marketingerfolg ist um so eher erzielbar, je mehr man von den *Kundenansprüchen* ausgeht. Die Beseitigung von Kaufwiderständen verursacht Kosten; die hohe Floprate zeigt, daß in vielen Fällen die Widerstände entweder nicht beseitigbar waren oder Erlöse und Kosten keine positive Differenz aufwiesen.

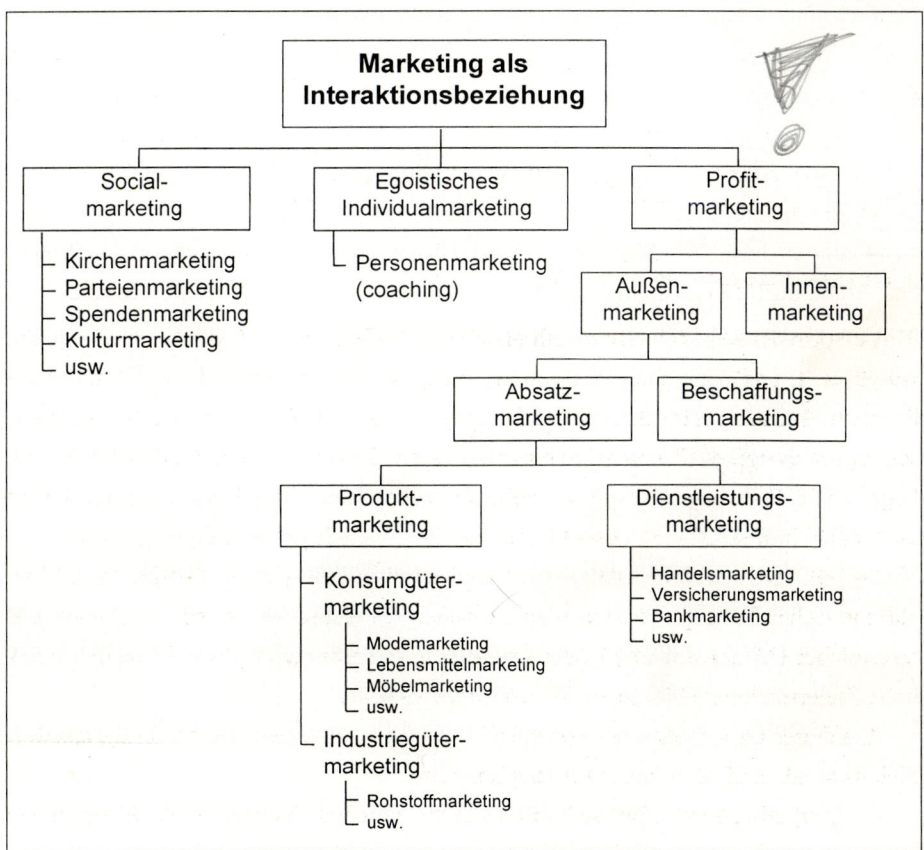

Übersicht 2: Marketingtätigkeitsfelder

Die Herkunft des Marketing liegt (siehe Übersicht 2) im Profitmarketing und dort genau im Konsumgütermarketing. Die gewählte interaktionistische Perspektive ermöglicht es, weitere Bereiche in die Marketingüberlegungen einzubeziehen. Mit dem Denkansatz des Marketing können auch andere Personen oder Institutionen mit anderen Zielsetzungen beeinflußt werden. Eine Kirche möchte dem Mitgliederschwund vorbeugen, eine Partei möchte Mitglieder gewinnen, Greenpeace möchte Spenden für Umweltaktionen einsammeln, Personen möchten bekannt werden usw. Im Profitmarketing wurde das Absatzmarketing inzwischen um das Beschaffungsmarketing (Koppelmann 2000) ergänzt. Jüngeren Datums ist das Innenmarketing (Bruhn 1999) – neue Ideen, Vorstellungen usw. sollen in Großunternehmen schneller umgesetzt, der Veränderungswiderstand des Middlemanagements überwunden werden.

Die folgenden Überlegungen konzentrieren sich entsprechend dem Buchtitel auf das *Produktmarketing*, wobei keine Unterscheidung zwischen Konsumgütern und Industriegütern gemacht werden soll. Die meisten mit Marketing überschriebenen Bücher sind nicht so generell gehalten, wie es der Titel erwarten läßt. Die Beispiele werden in den meisten Fällen dem Konsumgütermarketing entnommen. Beschäftigt man sich nicht mit dem Konsumgütermarketing, wählt man spezifische Überschriften (z. B. Industriegütermarketing, Dienstleistungsmarketing, hier spezieller: Handelsmarketing usw.). Ein generelles Marketingwerk (→ General Marketing) liegt noch nicht vor.

Bereits an dieser frühen Stelle, die sich noch eher mit begrifflich-kategorialen Aspekten befaßt, dürfte es zweckmäßig sein, zwei Aufgabenkerne des Marketing zu erwähnen, die weder in der Theorie noch in der Praxis mit hinreichender Schärfe beachtet werden:

- Die *Problemdeckungsaufgabe* bildet den Ausgangspunkt des Marketing. Falsche oder irrelevante Problemdeckungen lassen nur zufällig richtige Lösungen zu. Es ist die außerordentlich schwierige Frage zu klären, welche Probleme morgen bei meinen Kunden eine Rolle spielen können.
- Erst dann kann man sich der *Problemlösungsaufgabe* zuwenden. In vielen Fällen hat man bereits eine Lösung und sucht dann nach dem Problem, für das diese Lösung taugt. Man zäumt somit, wie zuvor gesagt, das Pferd vom Schwanze auf. Dieser Aspekt steht im Marketing häufig im Vordergrund.

Damit konzentriert sich die Marketingtätigkeit auf *Prognose*- und auf *Lösungsaufgaben*, und zwar genau in dieser Reihenfolge.

Abschließend müssen wir uns dem *Produktbegriff* zuwenden. Wir orientieren uns nur begrenzt an der Alltagssprache, wenn wir Produkte als Faktorkombinationen (Gutenberg 1983, S. 299) bezeichnen. Mehrere Produktkategorien sind denkbar, diese sind in Übersicht 3 dargestellt:

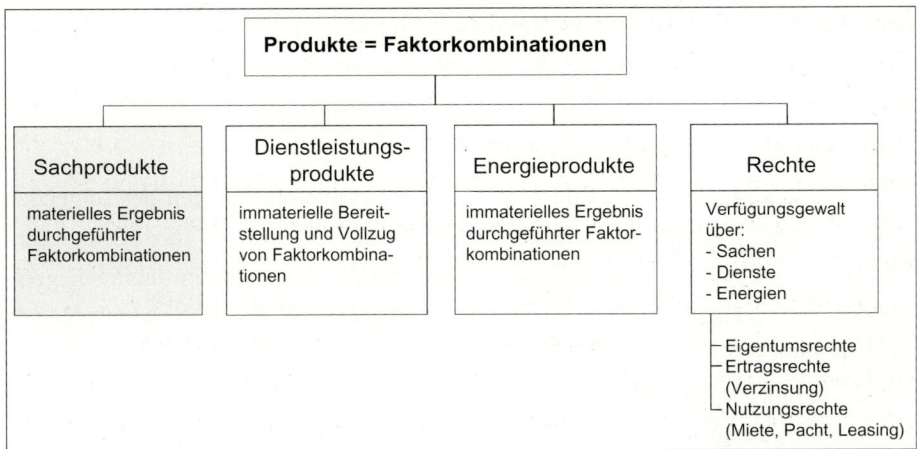

Übersicht 3: Produktkategorien

Wir wollen uns hier auf die *Sachprodukte* konzentrieren. Sie sind das materielle Resultat einer durchgeführten Faktorkombination. Diese Sachprodukte lassen sich gemäß Übersicht 4 weiter untergliedern:

Produktkategorien \ Arbeitsfelder	Konsumsektor (Konsumgüter)	Industriesektor (Industriegüter)
Verbrauchsprodukte	Lebensmittel Körperpflegemittel Heizöl (Convenience goods)	Betriebsstoffe
Gebrauchsprodukte	Bekleidung Wohnungseinrichtung Transport- und Informationsobjekte (Shopping + speciality goods)	Maschinen Anlagen Werkzeuge
Verarbeitungsprodukte	Werkstoffe für Heimwerkerbedarf	Werkstoffe Hilfsstoffe

Übersicht 4: Sachproduktkategorien

Obwohl es denkbar wäre, spezifische Marketingüberlegungen über Verbrauchs-, Gebrauchs- und Verarbeitungsprodukte zu entwickeln, wollen wir darauf verzichten. Auch die bereits praktizierte Idee, Konsumgüter-, Industriegüter- oder Handelswarenmarketing zu analysieren, reizt uns nicht. Wir wollen uns im folgenden bemühen, ein *Sachproduktmarketing* zu entwickeln, das diese verschiedenen Ausprägungen mit umfaßt.

1.2 Zum Handlungsverständnis

Nachdem wir den Objektbereich, dem wir uns zuwenden wollen, eingegrenzt haben, stellt sich jetzt die Frage, aus welcher *Perspektive* diese eingegrenzten Marketingüberlegungen entwickelt werden sollen.

Es läge nahe, die funktionale Marketingperspektive als Rahmen der folgenden Ausführungen zu wählen. Statt dessen wollen wir die ursprüngliche Idee (Grundlagen des Produktmarketing – zum qualitativen Informationsbedarf von Produktmanagern, 1978) weiterverfolgen, aus der Handlungsperspektive des *Produktverantwortlichen* im Marketing zu argumentieren.

Als Grundtypen der Marketingorganisation werden die Funktionen- und Spartenorientierung genannt (Nieschlag/Dichtl/Hörschgen 1997, S. 992 ff.). Das *Produktmanagement* bildet neben dem Kundenmanagement (Kundenorientierung) und dem Gebietsmanagement eine im Marketing weitverbreitete Organisationsform. Innerhalb des Produktmanagement sind verschiedene aufbauorganisatorische Konzepte denkbar. Im Rahmen der Linienfunktion werden den Produktmanagern die funktionsorientierten Abteilungen unterstellt. Die Größe und Bedeutung des jeweiligen Produktes, Programmes (Marke) kann das produktbezogene Nebeneinander gleichbenannter Teilfunktionen (z. B. Werbung Abteilung A, Werbung Abteilung B) rechtfertigen. Bei einer Stabsstelle werden Produktmanager herausgehoben und der Marketing- oder Unternehmensleitung direkt unterstellt. Als Produktverantwortliche müssen sie in Zusammenarbeit mit den Funktionsträgern für bestmögliche Lösungen sorgen. Da sie keine Weisungsbefugnisse haben, sind Konflikte unvermeidbar. Bei der Matrixorganisation wird das Einlinienprinzip durchbrochen, es folgt eine Mehrfachunterstellung. Die Produkte werden als Erfolgsträger in den Mittelpunkt unternehmerischen Handelns gestellt, die produktorientierte wird mit der funktionenorientierten Organisationsform verknüpft. Der Produktspezialist muß als Funktionsgeneralist mit den Funktionsspezialisten im Team bestmögliche Lösungen generieren. Eine wesentliche Voraussetzung für das Gelingen ist neben persönlichen Leistungsmerkmalen eine aufgabenkonforme Prozeßstruktur, damit die Funktionsspezialisten Transparenz für ihr Handeln gewinnen. Auf einige Anforderungen an Produktmanager weist Übersicht 5 hin.

Die Anforderungsprofile haben sich im Zeitablauf geändert. Heute werden die Aufgaben Marktanalyse, Marktkonzeptionserarbeitung, Marketingaktivitätsplanung, allgemeine Koordinationsaufgaben, Entwicklung von Produktkonzeptionen, Produktbetreuung und -einführung, Beratung von Verkauf und Vertrieb überdurchschnittlich häufig genannt.

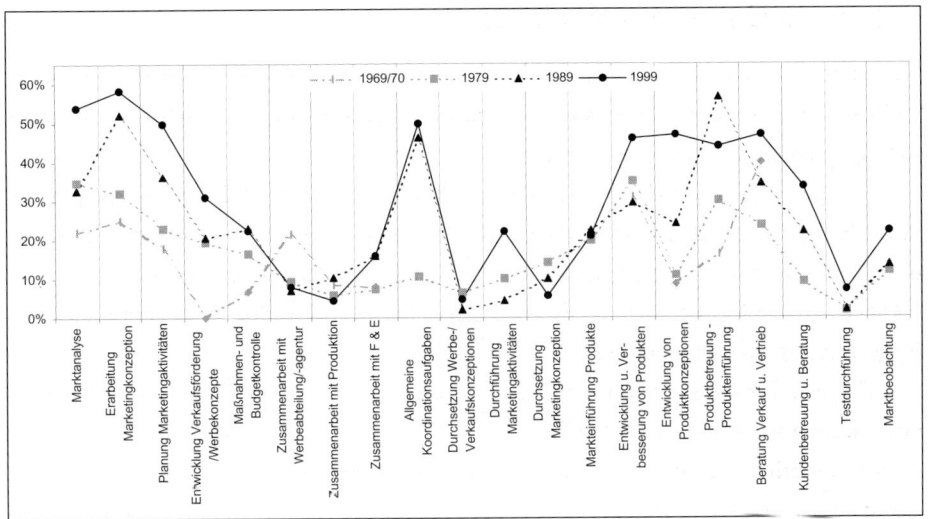

Übersicht 5: Die Bedeutung der Funktionen des Produktmanagers aufgrund von Stellenanzeigen in der FAZ im Zeitvergleich

Die Anforderungsprofile wurden durch Auswertung von Stellenanzeigen mit dem Schwerpunkt „Produktmanager" in der Frankfurter Allgemeinen Zeitung von Groenewald (1970), Platzbecker/Troll (1979), Wester (1989) und Schreck (1999) erstellt. Die Interpretation dieser Quelle bereitet bezüglich der Anforderungen von Reliabilität und Objektivität weniger Probleme als bezüglich der Validität, insofern als in Anzeigen eher das Besondere eines Stellenanspruchs zum Zeitpunkt der Besetzung beschrieben wird und weniger das „Selbstverständliche" dargestellt wird.

Dieser Mangel wird kompensiert durch den Charme der Längsschnittanalyse bei gleichbleibender Datenquelle.

1.3 Zum Entscheidungsverständnis

Wissenschaftliches Arbeiten kann sich auf mehreren Ebenen vollziehen:
- Auf der *Begründungsebene* wird deutlich gemacht, weshalb man sich diesem Erkenntnisobjekt, diesem Problemfeld zuwendet.
- Auf der *Erklärungsebene* werden Zusammenhänge dargestellt, Einflußfaktoren untersucht; es werden Modelle und Theorien gebildet.
- Auf der *Verwendungsebene* wird die Nutzbarkeit der Instrumente, Methoden, Modelle für die Problemlösung geprüft. Die Verwendungsebene ist zugleich auch die Entscheidungsebene. Im folgenden wollen wir uns darum bemühen, die Aussagen entscheidungsbezogen aufzubereiten und zu strukturieren.

1.31 Das Entscheidungsfeld

Moderne Volkswirtschaften sind durch intensiven Wettbewerb gekennzeichnet; die Globalisierung steigert die Wettbewerbsintensität, die Wirtschafts- und Rechtspolitik versucht, Wettbewerbsbeschränkungen zu verhindern. Die Wettbewerbsintensität führt dazu, daß faktisch jedes einzelne Unternehmen für sich überflüssig ist. Sein Verschwinden vom Markt führt nur selten zu einer gravierenden Marktstörung. Andere Anbieter sind froh über das Wegfallen eines Konkurrenten. Ein Unternehmen kann somit nur durch *Profilierung* überleben. In einer einfachen Grundstruktur wird von einem *Wettbewerbsdreieck* ausgegangen:

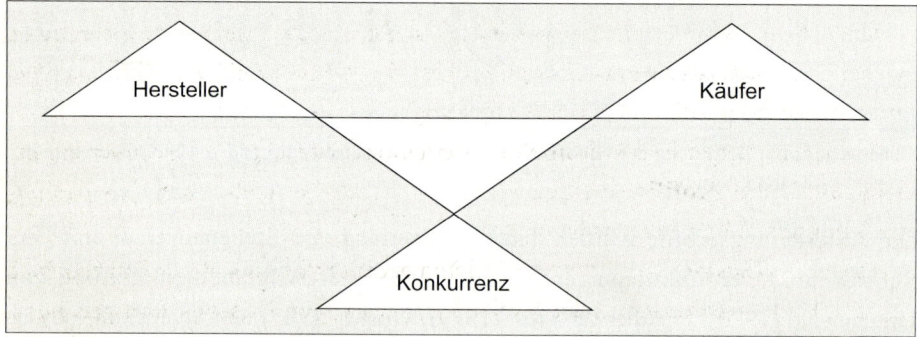

Übersicht 6: Marketing als Dreiecksbeziehung

Ausgehend von der Kundenorientierung muß sich der Hersteller in den Augen des Kunden gegenüber der Konkurrenz profilieren. Aus dem wettbewerbsorientierten Profilierungsgebot ergeben sich mehrere Konsequenzen:

- Der Käufer muß die Leistungen des Herstellers wahrnehmen (Wahrnehmungsgebot).
- Die Leistungen müssen für den Käufer wichtig/interessant sein (Wichtigkeitsgebot).
- Wichtige Leistungen müssen dem Käufer besser als die der Konkurrenz zusagen (Vorteilhaftigkeitsgebot).
- Diese Leistungen müssen dem Hersteller auch zugerechnet werden (Identifikationsgebot).

Gegen einzelne dieser Gebote wird häufig verstoßen. Nicht von der Zielgruppe wahrgenommene Leistungen nutzen nichts. Sie mögen vielleicht der Befriedigung des Konstrukteurs dienen, volks- und betriebswirtschaftlich sind sie überflüssig – sie bedeuten Ressourcenvergeudung.

Ähnliches gilt für die Leistungswichtigkeit. Der „Featurerismus", das Aufblasen von Produkten mit zusätzlichen Leistungen, ist dann von Übel, wenn sie dem Käufer nichts bedeuten, wenn er lieber auf sie verzichten würde, weil er sie ja bezahlen muß. Auch der Hinweis, daß neue Leistungen vielleicht morgen wichtig sein könnten, sagt solange wenig, wie man über keine Wirkungsprognosen verfügt. Dies kommt einem „Leistungsstochern im Heuhaufen" gleich.

Das subjektive Vorteilhaftigkeitsgebot bedeutet nun nicht, daß man die Käuferdummheit ausnutzen soll, sondern daß die subjektive Bewertungssicht des Käufers ausschlaggebend ist und nicht die für „objektiv" gehaltene eigene Sicht. In diese Bewertungssicht sollte man durchaus Lerneffekte, also eine zeitraumbezogene Betrachtungsweise, einbeziehen.

Und schließlich sollte man sich das Erstgeburtsrecht an einer Innovation nicht streitig machen lassen, bieten sich doch Möglichkeiten der Abschöpfung von Konsumentenrenten sowie der positiven Imagebeeinflussung.

Ein Unternehmen ist somit in einer Wettbewerbswirtschaft zur Profilierung gezwungen. Diese Profilierung gelingt um so besser, je mehr man sich *gestaltpsychologischer Prinzipien* bedient:

Das *Figur-Grundprinzip* betont die Relativität der Profilierung. Mein Angebot muß vor dem Hintergrundrauschen der Konkurrenz bei meinem Kunden Profil gewinnen. Daraus kann man das *Differenzgebot* ableiten. Diese Differenz kann ein Mehr oder ein Weniger bedeuten. Ikea-Angebote beruhen eher auf einem Weniger (z. B. in der Produktpolitik, im Service). Aus diesem Weniger wird in der Werbung der günstigere Preis abgeleitet. Manche Menschen scheint dies zu überzeugen.

Das *Prägnanzprinzip* folgt aus dem Figur-Grundprinzip. Man muß nicht alles anders gestalten (einfacher oder aufwendiger). Es ist ökonomisch sinnvoller (→ Minimalprinzip), wenige Leistungen herausragend anders zu gestalten und die Mehrheit den durchschnittlichen Erwartungen anzupassen. Dieses Prägnante muß die kognitiven Dissonanzkonflikte zwischen Preis und Leistung überzeugend reduzieren – es muß *faszinieren*. Zuviel Faszinierendes steigert zum einen die Kosten und läßt zum anderen der einzelnen Leistung zu wenig Entfaltungs-(Wirkungs-)Spielraum. Das eine Prägnante reduziert das andere Prägnante (ein Philosoph gewinnt durch sein Denken an Prägnanz, weniger durch seine Anmut).

Das *Konstanzprinzip* betont die Ökonomität der erzielten Wirkung, der erreichten Gedächtnisspur. Es ist mit erheblichen Kosten verbunden, Lerneffekte beim Käufer zu bewirken. Bekanntheit und Wiedererkennbarkeit erleichtern den Wiederholungskauf. Die Neukundengewinnung ist erheblich teurer als die Zufriedenstellung eines Altkunden. Die Kundengewinnungskosten amortisieren sich durch Wiederholungskäufe. Wenn

der Kunde weiß, worauf er sich verlassen kann, reduziert er nicht nur seinen Lernauf-
wand, sondern auch sein Kaufrisiko. Das sind nicht unwichtige dissonanzreduzierende
Faktoren. Das Konstanzprinzip kann sich in der Produktgestaltung (z. B. klassische
statt modischer Gestaltung), in der Verpackungsgestaltung (z. B. Coca-Cola-Flasche,
Maggi-Flasche, Underberg-Flasche, Odol-Flasche, Nivea-Farbgebung), in der Wer-
bung usw. niederschlagen. Neben den Markenzeichen (z. B. Mercedes-Stern, BMW-
Niere) können auch firmen-stiltypische Gestaltungslösungen (z. B. bei BMW:
Scheinwerferleuchten, Kuenheim-Ecke) gewählt werden. Andererseits darf das
Konstanzprinzip nicht zur Langeweile oder zu einem nicht mehr zeitgemäß erlebten
Auftritt führen. Der Grad zwischen Konstanz und Wandel mag schmal sein, weder
gestalttheoretisch noch ökonomisch ist das jedoch eine gute Begründung für schnellen
Angebotswandel.

Die dem Konstanzprinzip zugrunde liegenden lerntheoretischen Überlegungen bilden auch die Grundlage für das den Kunden zumutbare Maß an Innovationen. Der
Bruch mit bisher Gelerntem (Innovation) erfordert nicht nur Lernaufwand, sondern
auch Lernbereitschaft.

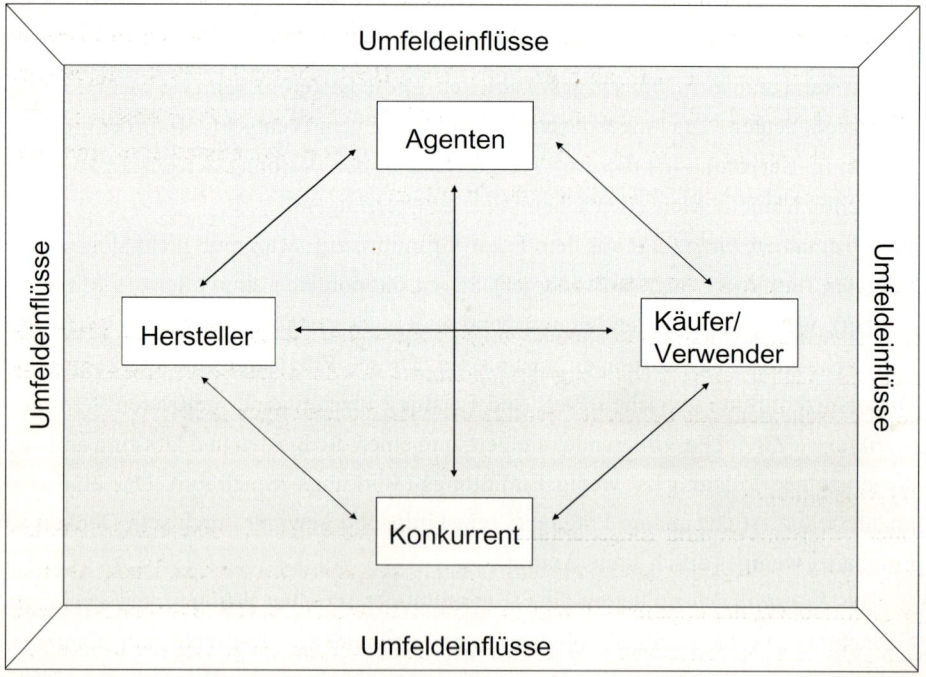

Übersicht 7: Austauschakteure

Um das Entscheidungsfeld etwas realitätsnäher zu gestalten, wollen wir die Personen und Institutionen einführen, die meist am Austauschprozeß beteiligt sind. Diese Agenten können Händler, der eigene Vertrieb, aber auch Mediatoren (z. B. Redakteure) oder Geldgeber sein, die ganz wesentlich den Produkterfolg beeinflussen. Alle sind eingebettet in ein jeweils spezifisches Umfeld (rechtliches, ökonomisches, technisches usw.).

Wir wollen dazu beitragen, daß der Hersteller Entscheidungen fällen kann, die hohe Erfolgschancen haben, den Käufer unter Beachtung von Agenten und Konkurrenten zu erreichen. Diese Austauschakteure enthält die Übersicht 7.

1.32 Entscheidungstheoretische Bezüge

Die Entscheidungsorientierung hat mehrere, nicht immer geliebte Konsequenzen; sie führt z. B. zu Detailreichtum. Wenn es gelingt, realitätsnahe Entscheidungen zu fällen, muß sich kein Student von einem Praktiker mehr vorwerfen lassen, er könne von jetzt an alle Theorien vergessen. Die Entscheidungstheorie befaßt sich mit der Behandlung grundsätzlicher Phänomene einzelwirtschaftlicher Wahlprobleme (Dinkelbach 1974). In diesem Fall wird somit die grundsätzliche, die abstrahierende Behandlung mit Theorie gleichgesetzt. Theorie wird aber auch als durch Beobachtung bestätigte allgemeine Aussage (Seiffert 1971, S. 146) umschrieben, die über die Kette Protokollaussage → Hypothese → Gesetz → Theorie zustande kommt. In diesem Buch handelt es sich eher um die erstere, weniger anspruchsvolle Theorieauffassung.

1.321 Entscheidungsmerkmale

Betriebswirtschaftliches und damit zwangsläufig auch absatzgerichtetes Handeln läßt sich als Wählen unter Beachtung des ökonomischen Prinzips beschreiben. Wählen heißt entscheiden. Als generelle Merkmale von Entscheidungen gelten:

(1) Alternativen
Ohne Alternativen sind Entscheidungen nicht möglich. Ein Faszinosum des Marketing liegt darin, daß immer wieder neue Alternativen gefunden werden. Diese Alternativen müssen in der konkreten Situation auch wählbar sein, so daß faktische Alternativen gefordert werden müssen. Wie wir noch sehen werden, ist gerade der Marketingbereich durch eine schier endlose Zahl von Handlungsmöglichkeiten gekennzeichnet. Die Alternativensuche und -findung kann sich auf verschiedene Felder erstrecken:

- alternative Produktmärkte und Zielgruppen, die bearbeitbar erscheinen,

- alternative Ziele, die man sich setzen kann,
- alternative Instrumente, die man wählen kann, um die Ziele zu erreichen,
- alternative Methoden, um die „richtigen" Instrumente auszuwählen,
- alternative Planungsprozesse.

Hier klafft nun eine offenkundige Lücke in der entscheidungsorientierten Marketing-literatur. Wirft man beispielsweise einen Blick auf die Ausführungen über die Marke-tinginstrumente, so gewinnt man relativ schnell den Eindruck, daß die Beschreibung, Erklärung und die Darstellung des Verwendungszusammenhangs verschiedener Teil-aspekte eines jeweiligen Instrumentes im Vordergrund der Betrachtung stehen; eine operationale Zusammenstellung und Analyse von alternativen Teilinstrumenten findet man nur sporadisch.

Der Alternativendarstellung werden wir uns vor allem deshalb ausführlich zuwen-den, weil man in der Regel davon ausgehen muß, daß in der konkreten Entscheidungs-situation meist nur wenige Alternativen den Entscheidungsträgern bewußt sind. Wir wollen uns bemühen, den Alternativensuchprozeß dadurch zu erleichtern, daß wir möglichst viele realitätsnahe Alternativen behandeln. Dies hat zum einen den Vorteil, daß man auf eine große „tool-box" zurückgreifen kann, zum anderen können Abwand-lungen, Veränderungen usw. vorhandener Alternativen zu neuen Möglichkeiten füh-ren.

(2) Bewertungsmaßstäbe

Verfügt man über mehrere Alternativen, dann benötigt man einen Maßstab zur Maßnahmenauswahl. Als grundsätzliche Leitgröße können die verschiedenen Formu-lierungen des ökonomischen Prinzips dienen. Darüber hinaus lassen sich konkretere Maßstäbe aus dem Zielsystem des Unternehmens gewinnen. Damit werden wir uns später eingehend (Abschnitt 3.7) beschäftigen.

(3) Ungewißheitsprobleme

Nur selten hat man es bei Entscheidungen im Absatzmarketing mit Gewißheiten zu tun. Eine solche Entscheidungssituation liegt vor, wenn der Entscheidungsträger ge-wiß ist, daß die Umfeldbedingungen frei von zufälligen Schwankungen sind und wenn er keine Unsicherheit über Art und Konsequenzen seiner Wahl hat. Weil es im Marke-ting um Aktionen und Reaktionen von Menschen geht, die sich nicht mechanistisch verhalten, müssen wir mit unsicheren Reaktionen rechnen. Dabei werden zwei Fälle unterschieden. Bei Entscheidungen unter Risiko können objektive Angaben über die Eintrittswahrscheinlichkeiten der Umfeldparameter angegeben werden. Das Risiko liegt in den Entscheidungsfolgen. Bei Entscheidungen unter Ungewißheit fehlen diese objektiven Wahrscheinlichkeiten, sie werden durch subjektive Annahmen ersetzt (Hammann 1975, S. 6 ff.). Dieser Fall der undeterminierten Wahlhandlung ist gerade bei dem Problemfeld der Neuproduktplanung typisch. Das Ungewißheitsproblem ist

- ein *Informationsproblem*; man arbeitet nahezu immer mit unvollständiger Information;
- ein *Prognoseproblem*; wie die Marktakteure reagieren werden, ist nicht nur den Agierenden, sondern vielfach auch den Reagierenden nur in Grenzen bekannt. Die Dynamik und Plastizität der Ansprüche mag dies beispielhaft andeuten. Wenn wir uns auf einem Prognoseniveau mit Wahrscheinlichkeiten bewegen, sind wir bereits nicht ganz unzufrieden.

(4) Willen

Als weiteres Merkmal von Entscheidungen wird der Willensakzent (Grün 1969, Sp. 480/481) oder der Willensimpuls (Witte 1980, Sp. 634) genannt.

Der Entscheidungsprozeß benötigt konative Energien, um abgeschlossen zu werden. Dazu gehört zum einen die Willensbildung und zum anderen die Willensdurchsetzung. Wir werden uns vorrangig mit der Willensbildung auseinandersetzen; für die Willensdurchsetzung entwickeln wir Instrumente, um eine fundierte Argumentation im Team zu ermöglichen. Vor allem auch bedingt durch den Wunsch nach einer konzentrierten Wirkung des Unternehmens nach außen ist eine möglichst einheitliche Willensbildung nötig. Sie wird dadurch erschwert, daß beispielsweise am Prozeß der Neuproduktplanung viele Personen beteiligt sind und jeder der jeweils höheren Hierarchieebene meint, sich am Entscheidungsprozeß beteiligen zu müssen, ohne über die dafür notwendige Kompetenz zu verfügen. Eine möglichst einheitliche Willensbildung bei verschiedenen Funktionsträgern in einem Unternehmen kann durch die Entwicklung einer zwar funktionsbezogenen, dabei jedoch integrativen, d. h. auch andere Funktionsaspekte berücksichtigenden Planungs- und Entscheidungsprozeßstruktur erreicht werden. Dies wird einer der Schwerpunkte dieses Buches sein.

Teammanagement könnte eine Lösung sein. Dafür reicht es allerdings nicht, eine Aufgabe zu definieren und dafür geeignete Fachpromotoren zu bestimmen. Erfolge wird das Teammanagement nur haben, wenn teamgeeignete Planungs- und Denkstrukturen entwickelt werden. Auch dazu sollen die folgenden Ausführungen beitragen.

(5) Problem- und Prozeßstruktur

Die Problemstruktur von Absatzmarketingentscheidungen läßt sich aufspannen zwischen den Polen der wohl-strukturierten und der schlecht-strukturierten Probleme. Wir werden uns damit vertraut machen müssen, daß die Mehrzahl der hier zu erwartenden Produktmarketingprobleme (z. B. Produktinnovation) eher zu den schlecht-strukturierten gehören. Wir haben es nämlich zu tun mit

- einer Vielzahl von Operationen,
- vielen Teilentschlüssen, die zu einer Gesamtlösung führen sollen,
- vielen am Entscheidungsprozeß Beteiligten
- und mit einer langen Entscheidungsdauer (Witte 1980, Sp. 638).

Um nun solche komplizierten Probleme lösen zu können, empfiehlt sich ein prozessualer Entscheidungsaufbau. Als Ansatzpunkt kann man sich des Phasen-Theorems der Entscheidung (Witte 1980) bedienen:

- Identifikation des Problems
- Sammlung und Aufbereitung von Informationen
- Generierung wählbarer Alternativen
- Bewertung der Alternativen
- Entschluß

Ähnliche Strukturierungen finden wir bei systematisch-kreativen Problemlösungstechniken. Dieses Prozeßmodell dürfen wir nicht überinterpretieren. Es handelt sich nicht immer um einen gradlinigen, sequentiellen Phasenablauf. Mit zunehmender Themenauseinandersetzung wächst das Problembewußtsein; anfängliche Problemidentifikationen werden im neuen Licht gesehen, zusätzliche Informationen verschieben die bisherige Perspektive, damit sind neue Alternativen möglich. Wir müssen also eher mit rekursiven Prozessen rechnen. Darauf kommen wir in Kapitel 6 zurück.

(6) Hierarchisierung

Bei dem Entscheidungsproblem „Entwicklung und Vermarktung neuer Produkte" müssen viele Entscheidungen gefällt werden. Dabei muß möglichst vermieden werden, daß durch die folgende Entscheidung die vorherige wieder aufgehoben werden muß. Durch die Wahl einer günstigen Prozeßstruktur kann der Umfang an Entscheidungsrevisionen reduziert werden. Dieser Prozeßaspekt wird durch den Bedeutsamkeitsaspekt überlagert. Auf allen Ebenen der Prozeßstruktur muß geprüft werden, was wichtiger und was weniger wichtig ist. Wichtige Entscheidungen werden intensiv geprüft und dann, nachdem sie gefällt wurden, nicht mehr, weil sie mit weniger wichtigen in Konflikt stehen, in Frage gestellt. Die weniger wichtigen Entscheidungen müssen sich nach den gefällten wichtigen richten. Damit folgen wir dem Prinzip der Hierarchisierung (Dominanzprinzip) bei der Lösung von Konflikten.

Konkret bedeutet das an dieser Stelle folgendes: Wir gehen davon aus, daß nicht alle Marketinginstrumente aus der Marketingperspektive gleich bedeutsam sind. Bei gleichrangiger Betrachtung kämen wir zu den folgenden Interdependenzsträngen:

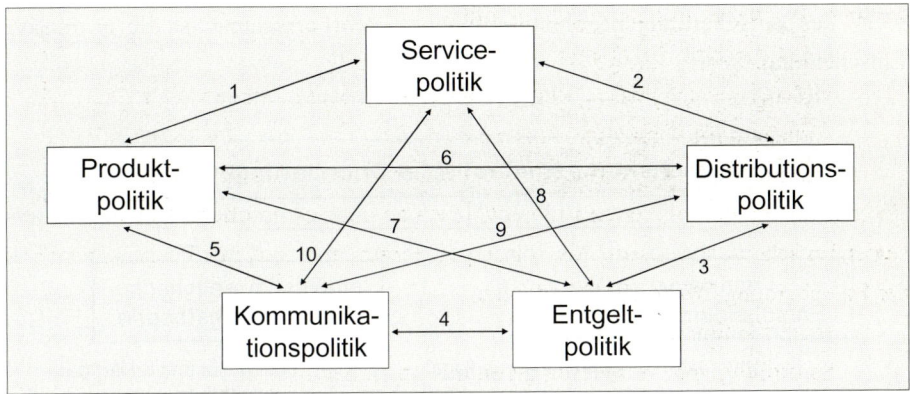

Übersicht 8: Gleichrangige Instrumentalbetrachtung

Wenn eine Entscheidung in einem Instrumentalbereich geändert würde, bliebe wenig anderes übrig, als unter ceteris-paribus-Bedingungen die Auswirkungen zu prognostizieren. Das würde jedoch der Vernetzungsanforderung der Realität zuwider laufen. Deshalb wählen wir folgenden Weg (Übersicht 9):

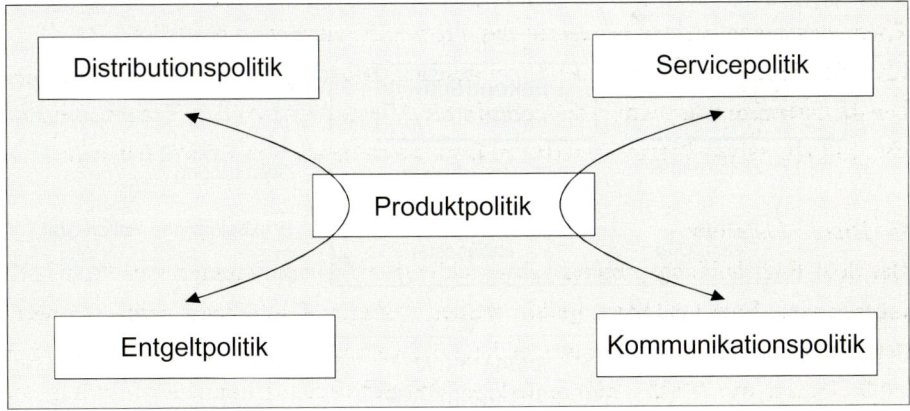

Übersicht 9: Produktpolitik als Kerninstrument

Damit sagen wir nicht nur, daß das Produkt aus Kundensicht das wichtigste Element im Angebot eines Unternehmens und das wichtigste Element im Marketing-Mix sei (Kotler/Bliemel 1999, S. 669), sondern wir ziehen daraus auch die planerische Konsequenz. Wenn die produktpolitischen Entscheidungen gefallen sind, folgen daraus Konsequenzen für die anderen Instrumentalbereiche.

1.322 Lösungsaspekte

Nun wollen wir uns der Lösungsstruktur zuwenden. Es geht um Antworten, wie wir Entscheidungsprobleme lösen wollen. In der Literatur wurden verschiedene Lösungswege des Entscheidungsproblems entwickelt. Vorherrschend ist die normative Entscheidungstheorie.

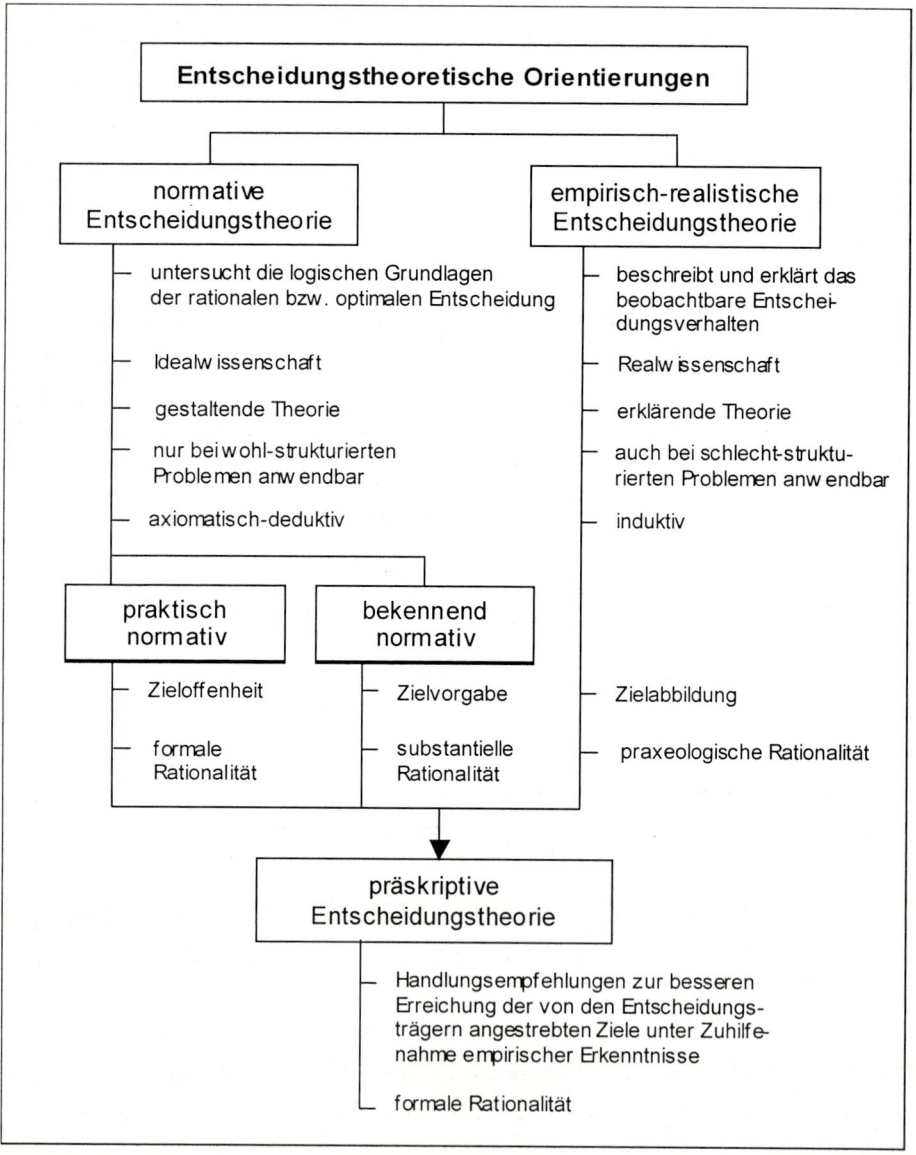

Übersicht 10: Entscheidungstheoretische Alternativen

Allein deshalb, weil die im Rahmen der Entwicklung und Vermarktung zu treffenden Entscheidungen nicht in einem wohl-strukturierten Raum stattfinden, ist die normative Entscheidungstheorie von eher akademischem Interesse.

Wir wollen uns vielmehr darum bemühen, aus dem Entscheidungsverhalten der Praxis theoretisch zu lernen. Im Zuge der hier vertretenen präskriptiven Position sollen dementsprechend formal rationale Handlungsempfehlungen (normative Komponente) unter Zuhilfenahme empirischer bzw. hermeneutisch gewonnener Erkenntnisse (deskriptive Komponente) gegeben werden. Formal rational sind diese Empfehlungen, da der jeweilige Entscheidungsträger seine Ziele frei wählen kann. Sie werden ihm nicht wie im Rahmen der bekennend normativen Orientierung vorgegeben (substantielle Rationalität). Bei unseren Überlegungen müssen wir uns mit guten Entscheidungen zufrieden geben. Bäuerle (1989, S. 185 ff.) weist darauf hin, daß es für die Konstruktion und Evaluation von Modellen weniger auf die realitätsgetreue Abbildung, die logische Konsistenz und algorithmische Eleganz, sondern ausschließlich auf die praktische Einsetzbarkeit und Lösungsqualität ankomme. Es geht darum, eine *Heuristik* zu entwickeln, die das Fällen von Entscheidungen erleichtert. Dazu untersuchen wir praktisches Verhalten. Wie treffen Produktmanager Entscheidungen?

Versteht man *Heuristik* als transparente Anleitung, um auf methodischem Weg Neues zu finden, gleichsam als methodischen Kreativitätsweg, dann müssen wir uns dem Vorurteil stellen, daß Entdeckungsmethoden als nicht logisch überprüfbar gelten (Popper 1966, S. 6). Diese Meinung wird inzwischen nicht mehr so geteilt (vgl. Spinner 1974, S. 175).

Guilford (1964) hat folgendes Intelligenz-Strukturmodell entwickelt:
1) Erkennen, Auffassen (cognition)
2) Wissensaktualisierung (memory)
3) divergentes Denken (divergent production)
4) konvergentes Denken (convergent production)
5) Überprüfen und Bewerten (evaluation)

Was macht der Produktmanager anderes? Er identifiziert das Problem der Entscheidungssituation. Er prüft, ob diese Situation schon einmal vorgelegen hat, etwas anders oder ganz neu ist (cognition).

Er erinnert sich für den Fall der bekannten Situation an die damals tauglichen Bewältigungsinstrumente. Er prüft, ob die damals nützlichen Instrumente auch heute noch geeignet sind und wählt dann unter der Bedingung des ökonomischen Prinzips aus (memory).

Im Falle der Situationsähnlichkeit überlegt er, welche Instrumentalangleichungen und -innovationen nötig sind. Dabei hilft ihm bereits die bekannte Stoßrichtung der früher gewählten Instrumente. Ähnlichkeiten mit anderen Situationen können konvergente Denkprozesse initiieren. Instrumentalharmonie sowie Kosten- und Wirkungsökonomie leiten dann seinen Entschluß.

Auch in einer neuen Situation arbeitet er nicht unabhängig von bereits Gelerntem. Hier muß er nun sorgfältig das Neue identifizieren und dieses Neue beispielsweise durch Analogien zu ihm bekannten Situationen besser faßbar machen. Die Situationsbewältigung gelingt ihm meist nur durch Einsatz der bekannten Instrumente, die der Art und Intensität nach neu kombiniert werden. Nur selten dürfte es in dieser Situation gelingen, durch divergentes Denken auch noch neue Bewältigungsinstrumente zu entwickeln (divergent und convergent production). Die Nähe zu den Problemlösungstechniken ist offenkundig. Und schließlich muß er seine Vorschläge bewerten (Evaluation). Daraus können wir nun für unsere Bemühungen um eine faktische Entscheidungstheorie mehrere Konsequenzen ziehen:

(1) Zunächst müssen wir uns der Ermittlung der situativen Bezüge, der „Wenn-Bedingung", zuwenden. In den jeweiligen Entscheidungsbereichen haben wir es mit unterschiedlichen „Wenn-Bedingungen" zu tun. Einige seien beispielhaft erwähnt:
- Von der Marktsegmentauswahl hängt der gesamte Angebotszuschnitt ab.
- Von der Zielsetzung und Strategiewahl hängt die Feinsteuerung ebenso ab, wie von den rechtlichen Limitierungen und der Konkurrenzsituation.

Wenn der Kunde in unseren Überlegungen der Dreh- und Angelpunkt ist, liegt es nahe, *Kundentypen* als Wenn-Bedingungen zu wählen. Deshalb müssen wir im folgenden großen Wert auf handhabbare Kundentypen legen. Wenn man festgestellt hat, für wen man arbeiten will, ist die Frage nach dem Wie zu beantworten. Die *Produktziele* können als Wenn-Bedingungen erheblicher Reichweite im Spektrum produktpolitischer Entscheidungen herangezogen werden. Hinzufügen kann man auch noch *strategische* Überlegungen. Darauf werden wir jedoch nur ergänzend hinweisen, um die Komplexität nicht in die Unüberschaubarkeit zu führen. Wichtig ist an dieser Stelle das Verständnis für die hier gewählte realitätsnahe formale Rationalität der Vorgehensweise.

(2) Im nächsten Schritt müssen wir zeigen, daß die „Dann-Maßnahmen" zu den jeweils spezifischen „Wenn-Bedingungen" passen. Formal elegant wäre es, wenn wir logisch konsistente Wirkungszusammenhänge ableiten könnten. Dies ist, wenn wir uns beispielsweise auf den Einsatz der Marketinginstrumente konzentrieren, wegen

der ungelösten Interdependenzproblematik nicht möglich. Das Arbeiten unter ceteris-paribus-Bedingungen im konkurrenzfreien Raum unter der Annahme des konstanten Kundenverhaltens dürfte für unser Bemühen wenig hilfreich sein.

Gleichsam in einem *hermeneutischen Prozeß* überprüfen wir, ob die Hypothesen, die wir für die Zuordnung der „Dann-Komponente" (z. B. Marketingmaßnahmen) zu den „Wenn-Bedingungen" (situationsbeschreibende Merkmale) gewonnen haben, auch für erfolgreiches Handeln in der Praxis kennzeichnend sind. Dazu läßt sich eine Entscheidungsmatrix der folgenden Struktur nutzen:

Dann-Komponente → Handlungskomponente ╲ Wenn-Komponente → Bedingungskomponente	A	B	C
1			
2			
3			

Übersicht 11: Eine mögliche Grundform der Entscheidungsmatrix

Entscheidungen stehen in dem Spannungsfeld des „Wenn – Dann". Die Dann-Komponente wird durch den *Alternativenraum* gebildet, den wir bereits erläuterten. Der eine Ast der Realitätsnähe von Entscheidungen liegt in einem möglichst umfangreichen Alternativenpool. Und der andere Ast der Realitätsnähe wird durch die „Wenn-Komponente" erfaßt (Kundentypen, Produktziele usw.)

Diese Vorgehensweise gilt bei freier Wahl der Alternativen. Hat demgegenüber ein Unternehmen im Alternativenraum bereits Entscheidungen zu früheren Zeitpunkten getroffen (z. B. eigene Verkaufsfilialen gegründet) und ist man nicht bereit, diese Entscheidungen zu revidieren, binden also frühere Entscheidungen morgiges Verhalten, dann kehrt sich die Betrachtung um: Das Dann wird zum Wenn. Kunden, Ziele, Strategien müssen als Alternativen formuliert zu ihrer Eignung in der konstant bleibenden Wenn-Bedingung (z. B. Filiale) in Beziehung gesetzt werden.

(3) Die in die jeweilige heuristische Lösungsstruktur eingehenden inhaltlichen Variablen haben sich in der Vergangenheit als zweckmäßige *Lösungsparameter* herausgestellt. Durch Beobachtung und Beschreibung konkreter Einzelfälle haben wir Bestätigungen für die *vorläufige Richtigkeit* erhalten. Damit stellt sich zum einen das Pro-

blem des *induktiven Fehlschlusses*. Das bedeutet, daß eine zu geringe Beobachtungs-breite und -tiefe bessere Lösungsvorschläge verhindern kann. Da das Problem der umfassenden Realitätswiedergabe nicht lösbar ist, müssen wir uns mit dem Behelf der vorläufigen Richtigkeit der Aussagen begnügen. Wir können nicht nur durch bessere Beobachtungen klüger werden, wir müssen auch an dynamische Entwicklungen den-ken. Was früher richtig war, muß morgen nicht unbedingt noch gelten.

Heuristiken müssen daher auch kreative Lösungen zulassen. Durch divergentes Nachdenken über systematisch induzierte Lösungen ist dies möglich. Nur sollte man diesen Aspekt nicht überschätzen, da „wirkliche" Neuerungen relativ selten zu beob-achten sind.

1.4 Prozeßbezüge

Bei den Entscheidungsmerkmalen hatten wir bereits auf die Problem- und Prozeß-struktur hingewiesen. Porter (1986) hat die Diskussion um die Wertschöpfung in Prozeß-ketten neu belebt.

Ein ähnlicher Gedanke liegt dem Handelskettenkonzept von Seyffert (1931) zu-grunde. Auch damals sollte bei jedem Handelskettenglied der jeweilige Leistungs-beitrag in der Produktions- und Distributionskette einer Ware gezeigt und damit die Handelsnotwendigkeit begründet werden.

Bei der Entwicklung von Prozeßkonzepten müssen verschiedene Komponenten berücksichtigt werden:

- Die *Inhaltskomponente* gibt Antworten darauf, welche Handlungen vollzogen werden müssen.
- Die *Personalkomponente* berücksichtigt, wer die ausgewählten Handlungen vollziehen soll und wer für die Ergebnisse verantwortlich ist.
- Die *Zeitkomponente* befaßt sich damit, wann was erledigt werden soll. Dabei muß es sich nicht um Sequenzplanung handeln, auch Simultanplanung ist mög-lich, sogar erwünscht.
- Mit der *Feldkomponente* wird der Prozeßbereich festgelegt. Bei unternehmens-internen Prozessen kann der isolierte Funktionsbereich (z. B. Marketing) oder die Vernetzung von Funktionsbereichen (z. B. die Planung des Projektes A) im Mittelpunkt stehen. Unternehmensexterne Prozesse können sich auf die gemein-same Arbeit auf gleicher Stufe (→ horizontale Prozesse) oder auf die zwischen Lieferant und Beschaffer erstrecken (→ vertikale Prozesse).

Im folgenden werden wir uns schwerpunktmäßig mit der *Inhaltskomponente* befassen.

Ein allgemeines Prozeßmodell kann die folgende Struktur haben:

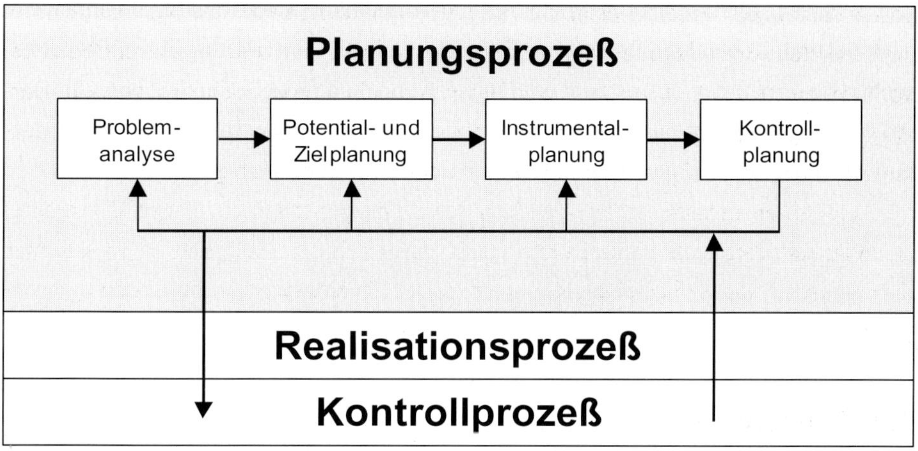

Übersicht 12: Stufen des Planungsprozesses

Die Einteilung betriebswirtschaftlichen Denkens und Handelns in Planung, Realisation und Kontrolle geht auf Kosiol (1966, S. 187 f.) zurück. Andere Einteilungen (z. B. Hahn 1993, Sp. 3185) weichen davon nicht grundsätzlich ab. Die im Planungsprozeß für den Markterfolg entscheidende Phase bildet die Problemanalyse. Eine oberflächliche Problemanalyse kann nur zufälligerweise zu neuen tragfähigen Ansatzpunkten für Marktangebote führen. Man könnte auch würfeln. Nach Problemeingrenzung, Problembeschreibung und Problemumsetzung ist es möglich, eine tragfähige Problemidentifikation für das weitere Vorgehen zu finden. Insbesondere diese Phase zeigt das Besondere des Marketingdenkens.

An die Analyse- kann sich die Zielkomponente als Vorgabe für die Handlungsrichtung anschließen. Das Unternehmen als Teil des Marktes muß sich in dem, was es will, dessen Gegebenheiten anpassen. Das heißt nicht, daß keine Einflußmöglichkeiten existieren, doch empfiehlt sich ein flexibles und dynamisches Reagieren. Erst dann kann man sich Gedanken über die Marktbeeinflussungsmöglichkeiten machen, sich also der instrumentalen Komponente zuwenden. Abgeschlossen werden sollte jede Tätigkeit mit einem Kontrollschritt, wobei es sich hier im Gegensatz zum Kontrollprozeß um die Kontrollplanung handelt.

Bereits an dieser Stelle scheint es geraten, diese allgemeine Prozeßbetrachtung zu spezifizieren. Wir wiesen schon darauf hin, daß in hochkompetetiven Volkswirtschaften im Regelfall der Absatz den Ausgangspunkt der Planung bildet. Hier findet die erläuterte Planung statt. Um die Planungsqualität und -geschwindigkeit zu erhöhen, bemüht man sich bei hochkomplexen Problemen um eine intensive Planungsvernetzung.

22

Diese sukzessive Planung soll weitest möglich durch simultane Planung ersetzt werden. Daraus folgt, daß man in einem Team verschiedener Funktionsträger gemeinsam nach bestmöglichen Lösungen (hier: Entwicklung und Vermarktung eines Produktes) sucht. Die Arbeit des Teams wird erleichtert, wenn man prozeßorientiert vorgeht. Darauf werden wir noch genauer eingehen. An dieser Stelle mag der folgende Vernetzungshinweis genügen:

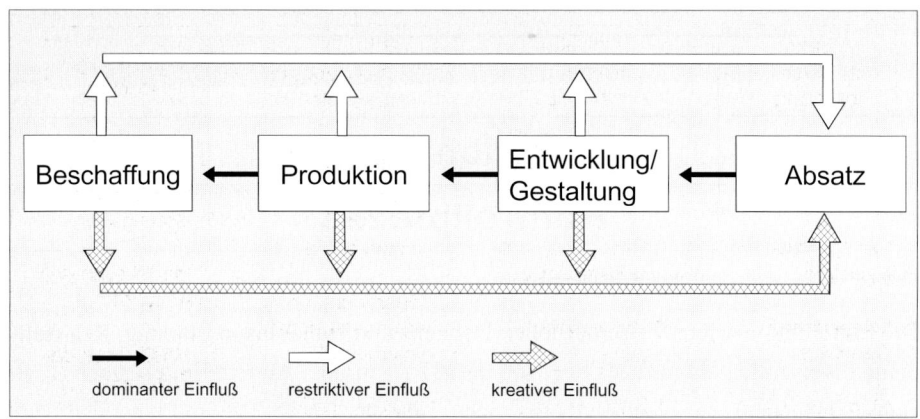

Übersicht 13: Planungseinflüsse zwischen betrieblichen Funktionsbereichen

Im Rahmen der gemeinsamen Überlegungen wird man sich am dominanten kundenbedingten Einfluß orientieren. Hinzu kommen restriktive und kreative Einflüsse. Restriktive Einflüsse begrenzen das eigene Planen, sei es, daß es derzeit keine adäquaten Problemlösungen gibt, daß man selbst darüber nicht verfügt, daß die prognostizierten Erlöse die Kosten nicht überdecken. Kreative Einflüsse können zu Neuerungen führen, die bisher unbekannt waren, die aber Marktchancen eröffnen.

Das gemeinsame Nachdenken fördert vernetztes Denken. Nicht aus der Summation der Teiloptima entsteht die beste Gesamtlösung – das Ganze ist mehr als die Summe der Teile. Das simultane gemeinsame Nachdenken spart Zeit, Planungsprozesse können verkürzt werden. Beide Aspekte zusammen können auch zur Kostenreduktion beitragen.

Als Ausgangspunkt für die Detailplanung in den Kapiteln 3 bis 6 wollen wir resümierend das allgemeine Prozeßmodell wählen, welches in Übersicht 14 abgebildet ist. Dabei haben wir gegenüber Übersicht 12 zwei Modifikationen vorgenommen:

- Wir haben die Ziel- und Potentialplanung als abschließenden Komplex der Auswahl in die der Problemanalyse entsprechende Marktanalyseplanung integriert.

- Wir haben entsprechend dem hier gewählten Themenschwerpunkt die Instrumentalplanung in die Produktgestaltungs- und Vermarktungsplanung aufgespalten.

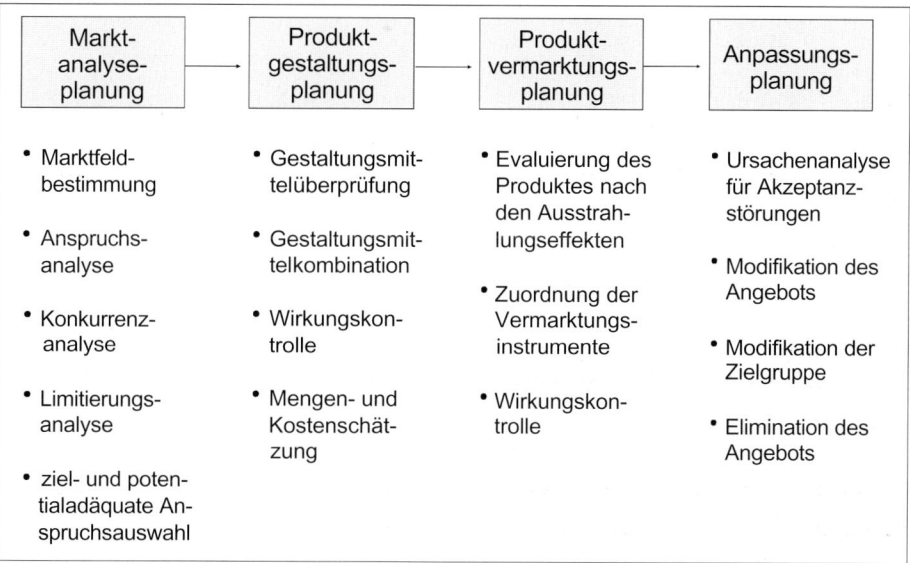

Übersicht 14: Prozeßstufen eines Absatzmarketingplanes

Die einzelnen Planungsinhalte werden später detailliert erläutert.

Nun läge es nahe, mit der inhaltlichen Füllung des geschilderten Planungsprozesses zu beginnen. Im Prinzip ist der Aufbau dieses Buches so angelegt. Dennoch wollen wir die Kundenanalyse gleichsam vor die Klammer ziehen. Eben weil der Kunde im Mittelpunkt des Denkens und Handelns steht, wollen wir ihm besonderes Augenmerk dadurch schenken, daß wir ihm vorweg ein eigenes Kapitel widmen.

2 Verhaltensanalyse als Grundlage für Produktmarketingentscheidungen

2.1 Notwendigkeit verhaltensanalytischer Überlegungen

Ist es wirklich notwendig, sich damit zu beschäftigen, wovon das Verhalten der Menschen abhängt, an die man sich mit seinen Marketingaktionen wenden will? Läuft man nicht Gefahr, in Wissensgebiete vorzudringen, die nicht zum Kerngebiet betriebswirtschaftlicher Analysen zählen? Sollte man nicht lieber die Klippen der eigenen unzulänglichen Forschung umgehen?

Das wäre sicherlich der einfachere Weg. Man setzt als Prämisse für die weitere Arbeit z. B. den sog. „homo oeconomicus" voraus, der durch logisch-rationales Verhalten, vollständige Informiertheit und unendlich große Reaktionsgeschwindigkeit gekennzeichnet ist. Allein die Merkmale dieser Prämisse zeigen bereits, wie wenig realitätsnah ein solcher Ausgangspunkt ist. Entscheidungen in Unternehmen nehmen keine Rücksicht auf historisch gewachsene Grenzen von wissenschaftlichen Disziplinen. Wenn man mit seinen Aktionen die Marktpartner beeinflussen will, dann reicht es nicht aus, die Beeinflussungsinstrumente zu beschreiben und Modelle für ihren ökonomischen Einsatz zu entwickeln, wenn man nicht gleichzeitig überlegt, wovon dann die Wirkung des Instrumentaleinsatzes abhängt. Und wenn infolge der wissenschaftlichen Arbeitsteilung andere Disziplinen Erklärungen dafür bereitstellen, dann wird man sie sinnvollerweise in die eigenen Überlegungen einbeziehen müssen. Gerade die Forschungsergebnisse des verhaltenswissenschaftlichen Marketing belehren uns, welche Erklärungsmöglichkeiten in die Entwicklung von Entscheidungsalternativen einbezogen werden können.

Im folgenden wollen wir uns auf das Konsumentenkaufverhalten konzentrieren. Das Beschaffungsverhalten von Unternehmen haben wir an anderer Stelle untersucht (Koppelmann 2000).

2.2 Zur Verhaltensmodellierung

In der Literatur finden sich vielfältige Vorschläge. Lediglich zum Strukturverständnis sei das folgende Modell von Howard/Sheth (1969) herausgehoben.

Es baut auf dem sog. S-I-R-Paradigma auf. Ein Stimulus (S) oder Reiz wirkt auf die Person ein. Die Verarbeitung dieses Reizes in der Person wird von intervenierenden Variablen (I) beeinflußt. Daraus folgt dann eine Reaktion (R).

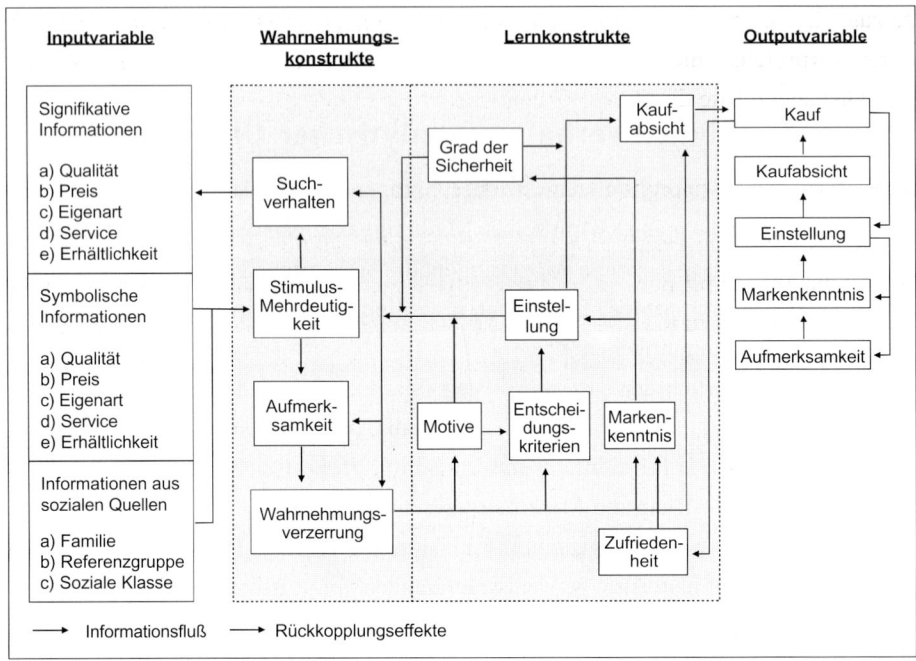

Übersicht 15: Der extensive Problemlösungsprozeß nach Howard/Sheth

In diesem Modell wird der sog. extensive Kaufentscheidungsprozeß untersucht. Dies ist der umfangreichste Entscheidungsprozeß, der für neue Produkte kennzeichnend ist, zu deren Kauf man viele Informationen benötigt, und der meist zeitaufwendig abläuft. Anders dürfte der Kaufentscheidungsprozeß bei vereinfachten Entscheidungen, bei gewohnheitsmäßigem Verhalten und bei Impulsverhalten aussehen. Fügt man noch die empirischen Ergebnisse von Bettman/Zins (1977, S. 84 ff.) hinzu, nach denen auf extensive Entscheidungen 21 %, auf vereinfachte Entscheidungen 34 % und auf ge-wohnheitsmäßiges Verhalten 39 % der ermittelten Zuordnungen entfielen, dann wird die Begrenztheit des Realitätsausschnitts deutlich. Erwähnt, aber nicht im einzelnen untersucht, haben die Autoren sog. exogene Variablen wie Kultur, soziale Klasse, Gruppeneinflüsse, Zeitdruck, finanzielle Lage, Bedeutung des Kaufs, Persönlichkeits-merkmale. In diesem Modell sind zwischen die meßbaren In- und Outputvariablen als intervenierende Variablen Wahrnehmungs- und Lernkonstrukte als Verbindungsgrößen eingefügt. Die Verbindungslinien haben hypothetischen Charakter. Die einzelnen Konstrukte besitzen empirische Relevanz. Sie sind, wie das einige Outputvariablen zeigen, partiell überprüfbar. Mit ihnen müssen wir uns noch eingehend auseinander-setzen (siehe Abschnitt 2.3).

Faßt man die bisher aus den entwickelten Totalmodellen gewonnenen Erkenntnisse zusammen, dann wird deutlich, daß es sich um hypothetische Konstrukte handelt, deren vermutetes Interdependenzgefüge so nicht beweisbar ist. Bescheidener und realitätsnäher dürfte die Beschreibung *einzelner* Einflußfaktoren sein.

2.3 Verhaltensprägende Faktoren

Mit der Analyse der verhaltensprägenden Faktoren wollen wir eine Verständigungsbasis schaffen, damit man später nachvollziehen kann, wovon die im Abschnitt 3.4 noch im einzelnen zu untersuchenden Ansprüche beeinflußt werden. Wir wollen von der in Übersicht 16 dargestellten Grundstruktur ausgehen (vgl. grundsätzlich ähnlich Kotler/Bliemel 1999, S. 309).

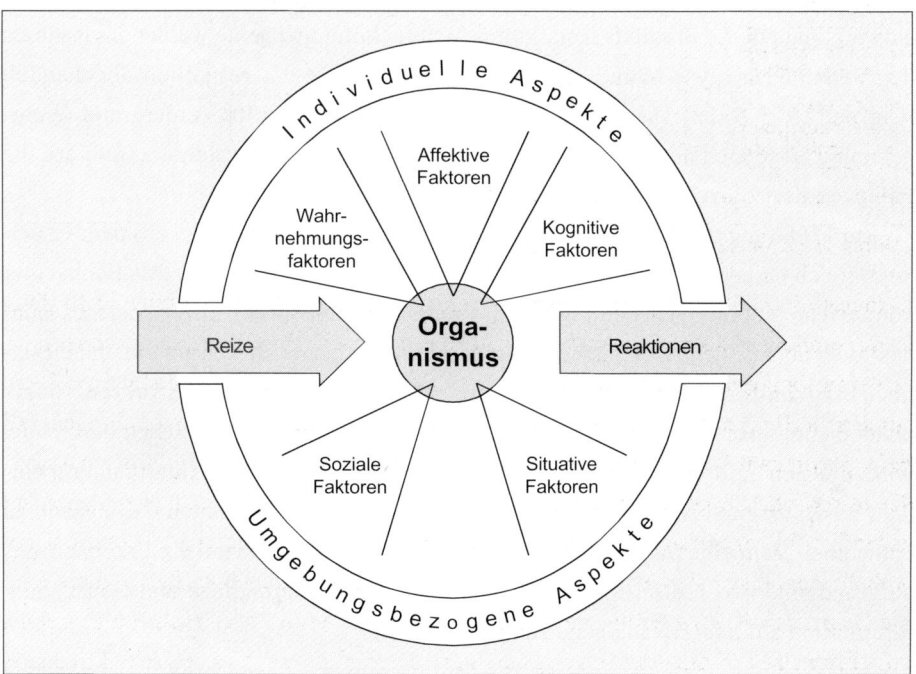

Übersicht 16: Verhaltensprägende Faktoren

Diese Übersicht zeigt, welche Faktorgruppen menschliches Verhalten beeinflussen. Es wird weder untersucht, in welchem interdependenten Verhältnis die erwähnten Teilaspekte der Faktorgruppen stehen, noch welche Prozesse zwischen den Gruppen zu welchem Verhalten führen. Damit wird der Erklärungswert zwar deutlich reduziert, dennoch lassen sich aus den Aussagen der Einflußfaktoren später Erkenntnisse für Marketingentscheidungen ziehen.

2.31 Wahrnehmungsfaktoren

Der Auseinandersetzung, wie denn der Mensch seine Umwelt wahrnimmt, wird in der verhaltenswissenschaftlichen Literatur wenig Aufmerksamkeit geschenkt. So erwähnen Kroeber-Riel/Weinberg (1999, S. 224 ff.) zwar bei der Darstellung kognitiver Prozesse das sensorische System, beschränken sich dann allerdings auf visuelle Reize. Die Zuwendung des Menschen zur Umwelt erfolgt jedoch vielfältiger. Wenn man erfolgreiche Angebotsprogramme, insbesondere Produkte, entwickeln will, dann muß man etwas darüber wissen,

- *wie* der Mensch seine Umwelt wahrnimmt,

- *was* er von seiner Umwelt wahrnimmt.

Dieses Wissen benötigen wir für die Produktgestaltung sowie für die Maßnahmenentwicklung bei der Produktvermarktung. Wahrnehmungsaspekte werden im Rahmen der Verhaltensanalyse häufig unter dem Gesichtspunkt der Kognition abgehandelt (Chisnall 1975, S. 12). Dabei stehen dann psychische Prozesse im Vordergrund. Wahrnehmung ist jedoch auch ein physischer Prozeß. Die Produktgestaltung muß auf die Fähigkeit der menschlichen Sinnesorgane abgestimmt sein.

Zur Erklärung der Wahrnehmungsfaktoren wollen wir ein Beispiel aus dem visuellen Bereich heranziehen: „Auf einem Tisch liegt ein flacher Kuchen." Als Beobachter könnte man, gefragt nach dem, was man wahrnähme, antworten: „Etwas flaches Rundes" oder aber „einen Apfelkuchen". Beide Aussagen beziehen sich auf ein und dieselbe Reizgrundlage. Während die erste Aussage auf einer abstrakten, naiv-phänomenologischen Perzeption gründet und als *Empfindung* bzw. Sehen bezeichnet wird, die sich auf die Form des Körpers bezieht und keine weitere Interpretation enthält, ist der zweiten Aussage ein Hinweis auf einen konkret erkannten Gegenstand zu entnehmen, dem eine *Bedeutung* zukommt. Es handelt sich also um ein Erkennen, das aufgrund einer wechselseitigen Beziehung zwischen Reizgrundlage und Gedächtnisinformation auf kognitiver Ebene zustande kommt.

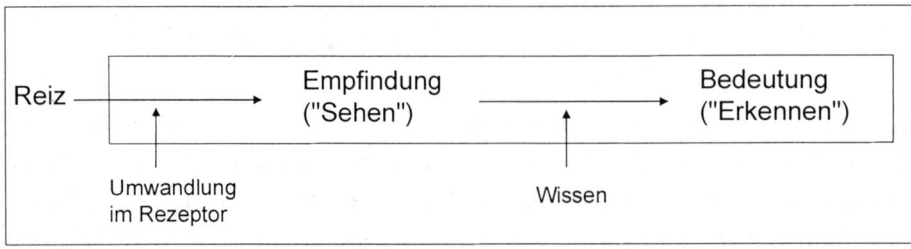

Übersicht 17: Wahrnehmung

Der Begriff der Wahrnehmung erstreckt sich also bei visuellen Prozessen auf das „Sehen" und „Erkennen". Wahrnehmung ist generell die durch Subjektivität, Selektivität und Aktivität gekennzeichnete Verknüpfung von „Empfindung" und „Bedeutung" psychischer Prozesse. Die Übersicht 17 verdeutlicht die Zusammenhänge.

Der menschliche Körper ist für eine Vielzahl von Reizen der physikalischen Welt empfänglich. Spezielle Rezeptoren (Sinne) wandeln die physikalisch-chemischen Energien in Effekte um, die dann als Empfindung ins Bewußtsein gelangen. Am Ende dieser Kette stehen dann – wie dargestellt – mögliche Bedeutungsinhalte. Die Übersicht 18 gibt für die bekannten Reizfigurationen Wirkkettenbezüge wieder.

Reiz	Rezeptor	Empfindungen	Mögliche Bedeutung
Elektromagn. Wellen 4×10^{-5} bis 7×10^{-5} cm	Retina	Farben, Helligkeiten	Gegenstände, Personen
Elektromagn. Wellen 10^{-4} bis 10^{-2} cm	Hautzellen	Wärme, Kälte	Feuer, Eis
Mechanische Schwingungen 20 bis 20000 Hz	Inneres Ohr: Schnecke	Tonhöhe, Lautstärke, Klänge und Geräusche	Stimmen, Musikinstrumente
Druck	Hautzellen	Berührung	Metalle, Gewebe
Kopfbewegungen	Inneres Ohr: Vestibularapparat	Gleichgewicht	Stürzen, Drehung
Chemikalien in wäßriger Lösung	Geschmackszellen	süß, sauer, bitter, salzig	Speisen
Chemikalien im gasförmigen Zustand	Riechzellen	Gerüche	Blumen
Chemische und mechan. Zustandsänderungen des inneren Milieus	Zellen in den Eingeweiden	Druck, Spannung	Hunger, Durst
Hohe Energiebeträge jeder Art	Freie Nervenendungen	Schmerz	Wunden, Erkrankungen

Übersicht 18: Reize, Rezeptoren, Emfindungen und mögliche Bedeutungen (Quelle: Hoffstätter 1972, S. 279)

Aus logischen Erwägungen müßten wir uns nun mit den singulären Phänomenen Reiz, Rezeptor, Empfindung, Wissen und Bedeutung auseinandersetzen. Darüber hinaus erfordern die Transferphänomene Reiz → Empfindung sowie Empfindung → Bedeutung für alle Reizarten eine Klärung. Ein Verknüpfungsschritt gäbe dann Hinweise zum Zentralphänomen Wahrnehmung. Leider sind die Standardwissenschaften nicht in der Lage (und werden es wohl auch nie sein), allgemeine Erklärungs- und

Beschreibungsansätze hierzu zu liefern. Aus diesem Grunde müssen selektive Hinweise ausreichen.

(1) Reize

Reize sind – wie dargestellt – Energien, die auf ein in Tätigkeit befindliches System (Organ) einwirken. Die Arbeitsweise des Rezeptors wird dadurch beeinflußt, es kommt zu einer Empfindung. Zuerst ist die Reizqualität (Art) zu nennen. Aus der vorigen Übersicht ist abzuleiten, daß es elektromagnetische Reize (z. B. Wellenlänge), thermische Reize (z. B. Temperatur), mechanische Reize (z. B. Druck), chemische Reize (z. B. Duft) gibt.

Wichtig sind auch die sog. Reizschwellen (Reizintensitäten). Wir unterscheiden zuerst die beiden absoluten Schwellen. Unterhalb der unteren absoluten Schwelle gibt es überhaupt keine Empfindungen, oberhalb der oberen Schwelle ist keine Differenzierung mehr möglich. Nur zwischen den beiden absoluten Werten ist eine Unterscheidungsmöglichkeit gegeben. Auf die Relation der „ebenmerklichen" Unterschiede wollen wir in Abschnitt (3) eingehen. Nur unter Laborbedingungen lassen sich Reize einzeln einem Probanden übermitteln. In der Realität haben wir es mit bestimmten Konstellationen zu tun:

-   räumlichen Reizkonstellationen (sog. Reismustern),
    Beispiel: Farbkreis auf weißem Papier
-   zeitlichen Reizkonstellationen (sog. Reizfolgen),
    Beispiel: Abfolge von Farbreizen beim Durchblättern eines Magazins

(2) Rezeptoren (Sinnesorgane)

Man kann die Sinnesorgane sehr unterschiedlich gliedern. „Es ist üblich, die menschlichen Sinne in niedere und höhere zu trennen. Die herabsetzende Bezeichnung niedere Sinne basiert nicht auf der geringeren Zahl von Empfindungsnuancen, sondern auf der größeren Entbehrlichkeit von Geschmacks-, Geruchs-, Temperatur-, Tast- und Schmerzsinn für den kultivierten Menschen... im Gegensatz zu dem Gesichts- und Hörsinn" (Höbner 1934, S. 581). Man kann damit für unsere Belange die Sinne wie in Übersicht 19 gliedern.

Natürlich gibt es auch noch andere Sinne: Z. B. den kinästhetischen Sinn, mit dem Lage und Bewegung wahrgenommen wird. Wir wollen uns jedoch auf die dargestellten Sinne beschränken, weil sie für die Produktgestaltung wichtiger sind. Es wäre eigentlich hier nötig, die einzelnen Sinne nach folgenden Gesichtspunkten zu beschreiben:

- Bau und Funktion,
- Leistungen,
- Anomalien und Störungen.

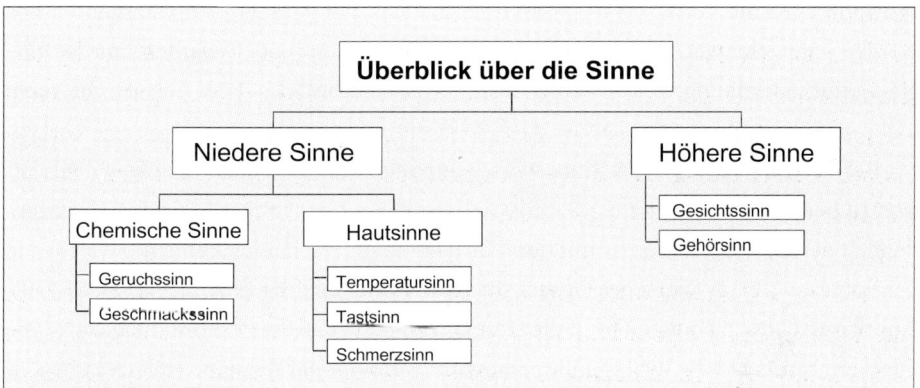

Übersicht 19: Überblick über die menschlichen Sinne

Wir müssen jedoch auf die entsprechende Literatur verweisen (v. Skramlik 1926; Rein/ Schneider 1966). Wichtig erscheinen uns allerdings folgende Hinweise, die Leistung und Funktion der Rezeptoren beeinflussen können:

Empfindungen beeinflussen sich *gegenseitig*. Sie können so zu einer subjektiven Intensitätsverschiebung führen. Ein helles Metall erscheint leichter als ein dunkles; Schmerzempfindungen können durch gleichzeitige Geräusche intensiver werden. Empfindungen entstehen nur, wenn der Reiz eine bestimmte *Mindestzeit* einwirken konnte; längere Einwirkung kann dann zu einer Intensivierung der Empfindungen führen, zu lange Einwirkung dagegen wieder zu einem Abklingen der Intensität der Empfindung. Z. B. kann eine weiße Fläche zunächst grau und erst nach einer gewissen Zeit weiß erscheinen; ein Ton verklingt langsamer, wenn er sehr lange auf die Sinneszellen einwirkt. Mit zunehmender *Konzentration* eines Menschen auf ein Reizobjekt kann die Empfindungsintensität größer werden. Vorhergehende und begleitende Erwartungen können die Empfindungsintensität erhöhen. Ermüdung kann die Empfindungsintensität senken. Bestimmte *gefühlsmäßige Zustände* können sich auf die Empfindungsintensität auswirken. Depressive Gestimmtheit beispielsweise kann die Empfindungsintensität senken.

(3) Zusammenhänge Reiz - Empfindung
Für niedere und höhere Sinne sind im Rahmen der Psychophysik Methoden zur Quantifizierung der Empfindungen erarbeitet worden. Die Psychophysik beschäftigt sich

mit den „gesetzmäßigen Relationen zwischen den meßbaren Gegebenheiten der physischen Umwelt und dem erlebten Abbild" (Hofstätter 1968, S. 238).

Für Sinneseindrücke ist zuerst die Erkennungsschwelle wichtig. Als Erkennungsschwelle wird die geringste Reizstärke bezeichnet, die gerade noch wahrgenommen werden kann. Schwächere Reize können zwar noch empfunden werden, nur ist eine eindeutige Zuordnung, z. B. zu einer bestimmten Geschmacks- bzw. Geruchsart, nicht mehr nachvollziehbar.

Bei der Beurteilung von Sinneswahrnehmungen ist das *Weber-Fechnersche Gesetz* zu beachten. Weber (o. J., S. 559) definierte ein Gesetz der „kleinsten Verschiedenheit der Gewichte, die wir mit dem Tastsinn ... unterscheiden können", welches in der Folgezeit als „Webersches Gesetz" in die Literatur einging (Fechner 1907, S. 134). Aus diesen Untersuchungen folgt die Gesetzmäßigkeit, daß eine Empfindungszunahme nur dann bemerkt bzw. wahrgenommen wird, wenn immer derselbe (relative) Bruchteil der vorhandenen Reizstärke hinzukommt. Das heißt, daß der Quotient aus (merklichem) Bruchteil und vorhandener Reizstärke konstant ist. Diese Konstante (k) ist eine für die einzelnen Sinne typische Maßgröße.

Fechners (1907a, S. 297 ff. und 1907b, S. 96 ff.) Gesetz basiert auf derselben Erscheinung. Er untersuchte die Abhängigkeit von Reizintensität und Empfindung. Dabei stellte er die Gesetzmäßigkeit fest, daß die Steigerung der Empfindungen in arithmetischer Reihe eine Verstärkung der Reize in geometrischer Stufung verlangt.

Es wird heute kaum zwischen den beiden Gesetzen unterschieden und man spricht bei der Untersuchung von Unterschiedsschwellen kurz vom Weber-Fechnerschen Gesetz. Einen Überblick über die Unterschiedsschwellen gibt Übersicht 20:

Gegenstand	k	Gegenstand	k
Tonhöhe	0,005	Druck auf die Haut	0,140
Helligkeit	0,016	Geschmacksintensität	0,250
Gewichte (gehoben)	0,019	Geruchsintensität	0,350
Lautstärke	0,088		

Übersicht 20: Webersche Konstanten (Quelle: Hofstätter 1968, S. 238)

(4) Wahrnehmung (visuelle)

Insbesondere für visuelle Phänomene und hier für Figurationen (nicht für Farben z. B.) hat die sogenannte Gestaltpsychologie (Metzger 1975) in Form von „Grundphänomen der Wahrnehmungsorganisation", „Strukturierungsregeln der Wahrnehmung" (Gestaltgesetze) und sogenannten optischen Täuschungen vielfältige Aberrationen zwischen

Reiz (Objekt) und Bedeutungszumessung (Mensch) feststellen können.

Besonders für das Graphik-Design und die Verpackungsgestaltung sind die Erklärungsansätze der sogenannten Gestaltpsychologie von Nutzen, gilt es doch die im folgenden referierten Ergebnisse zu berücksichtigen bzw. die negativen Folgen zu meiden.

a) Grundphänomene der Wahrnehmungsorganisation

Der Wahrnehmungsinhalt ist das Ergebnis einer nach bestimmten Gesetzmäßigkeiten (Gestaltgesetze) ablaufenden Umorganisation der Reizgrundlage. Dabei treten – unabhängig vom jeweils konkreten Wahrnehmungsinhalt – drei Phänomene auf.

1. Das Wahrnehmungsfeld gliedert sich in Figur und Grund *(Figur-Grund-Gliederung)*.
2. Die Figuren haben eine Binnengliederung *(Figur-Binnen-Gliederung)*.
3. Sind den Gestaltgesetzen zufolge mehrere Gliederungsalternativen des Wahrnehmungsfeldes möglich, so wird die prägnanteste Alternative gesehen *(Prägnanzprinzip)*.

Figur-Grund-Gliederung

Ein grundlegendes Phänomen ist die Gliederung des Wahrnehmungsfeldes in Figur und Grund. Die folgende Zeichnung besteht aus vier Teilflächen a, b, c und d.

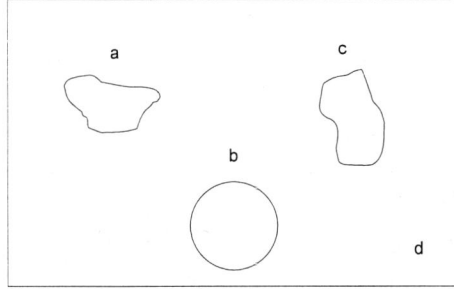

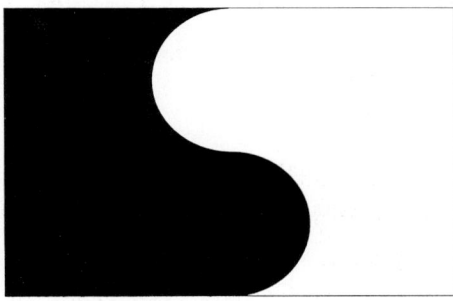

Die Flächen a bis c sind Figur, die Fläche d ist Grund. Während nur die Figuren als Gestalt gesehen werden, zeichnet sich der Grund besonders durch die Formlosigkeit seiner Zwischenräume aus. Er liegt hinter der Figur und reicht anschaulich unter ihr hindurch. Die Grenzlinie, welche die Figur vom Grund abtrennt, gehört zur Figur.

Dieses trivial erscheinende Phänomen der Gliederung des Wahrnehmungsfeldes in Figur und Grund tritt besonders deutlich bei Abbildungen hervor, die keine eindeutige Zuweisung von Figur und Grund besitzen. Diese als Kippfiguren be-

34

zeichneten Gebilde weisen eine nicht eindeutige Figur-Grundbeziehung auf und führen demnach zu einem *nicht eindeutigen* und damit unprägnanten Wahrnehmungserlebnis. In der obigen Zeichnung ist entweder eine schwarze Figur auf weißem Hintergrund oder aber eine weiße Figur auf schwarzem Hintergrund zu sehen. Beide Figuren können nicht im gleichen Augenblick erkannt werden. So manche Verpackungsgestaltung entspricht nicht dieser Eindeutigkeitsforderung.

Figur-Binnen-Gliederung

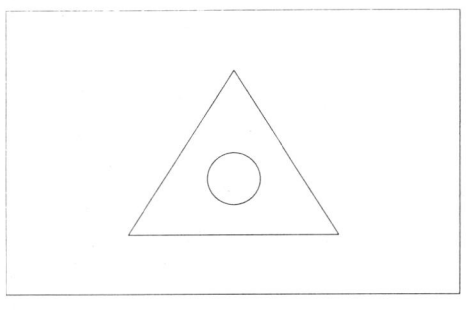

Ein weiteres Phänomen der visuellen Wahrnehmung ist die Figur-Binnen-Gliederung. Zur Binnengliederung gehört die Grenzlinie sowie das Innere einer Figur. In der folgenden Zeichnung sind sowohl der Kreis als auch das Dreieck Bestandteile des Vierecks und gehören somit zur Binnengliederung des Vierecks.

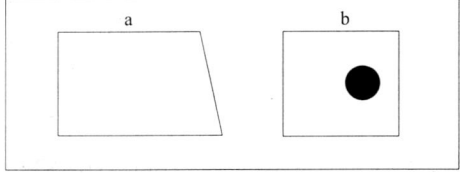

Auch bezüglich der Binnengliederung einer Figur gibt es unprägnante Figuren, die sich durch ein instabiles Figur-Binnen-Verhältnis auszeichnen. Die nebenstehende Zeichnung illustriert dies durch zwei Beispiele. Zum einen weist die Figur a eine unprägnante Form der Umrißlinie auf. Zum anderen scheint der Kreis im Quadrat (Figur b) nicht an seinem Platz verweilen zu wollen. Es kommt in beiden Fällen zu einem instabilen und damit unprägnanten Wahrnehmungserlebnis. Beide Figuren (a und b) weisen keine stabile Figur-Binnen-Gliederung auf, obwohl sie ein eindeutiges Figur-Grund-Verhältnis besitzen. Daher können beide Figuren als unprägnante Gebilde bezeichnet werden. Gleiches gilt auch für die oben abgebildete Kippfigur, welche jedoch umgekehrt bei stabiler Binnengliederung keine eindeutige Figur-Grund-Gliederung aufweist.

Daraus folgt, daß sich eine Figur erst dann als prägnant erweist, wenn sie sowohl eine eindeutige Figur-Grund-Gliederung als auch eine stabile Figur-Binnen-Gliederung aufweist. Fehlt eine dieser Eigenschaften, so führt dies zu einem unprägnanten Wahrnehmungserlebnis.

Prägnanzprinzip

Wir wollen dieses überaus wichtige Grundphänomen der Wahrnehmung an der folgenden Zeichnung erklären:

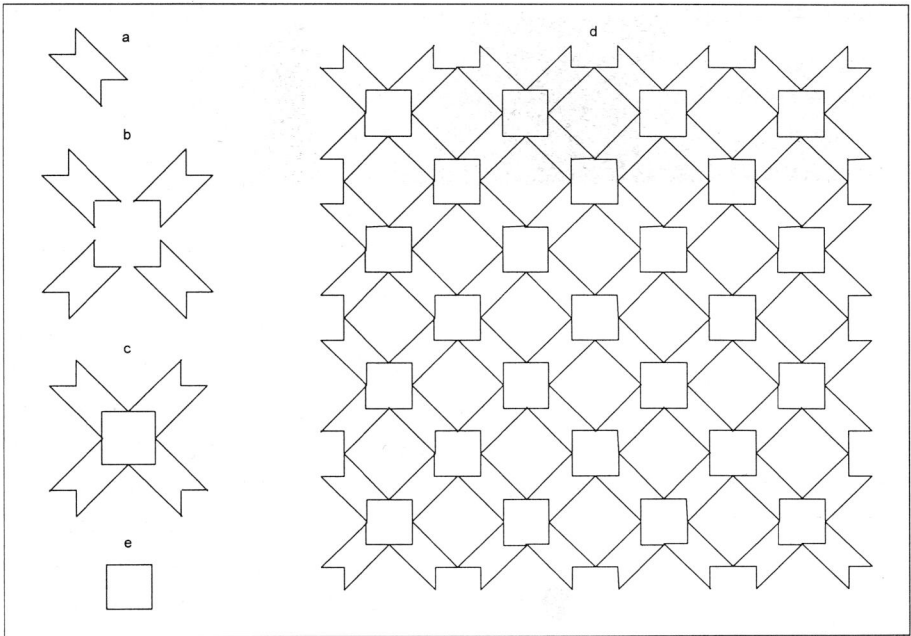

Schon bei Betrachtung der Figur c wird deutlich, daß sich der Wahrnehmungsinhalt nicht viermal aus der Figur a zusammensetzt, sondern daß das Wahrnehmungsfeld derart umorganisiert wird, daß die Figur e deutlich in den Vordergrund tritt. Woran aber liegt es, wenn in Figur c die Figur a verschwindet und Figur e dominiert. Warum tritt nicht Figur a in den Vordergrund, so daß Figur e gar nicht wahrnehmbar ist? Dies läßt sich damit erklären, daß Figur e prägnanter ist als Figur a. Prägnanter bedeutet hierbei regelmäßiger, symmetrischer, geschlossener, einheitlicher, einfacher und ausgeglichener.

Sind also mehrere alternative Gliederungen bzw. Gebilde (entweder vier mal Figur a oder aber Figur e) theoretisch aufgrund der Reizgrundlage möglich, so wird das Gebilde mit der prägnantesten Binnengliederung und der prägnantesten Figur-Grund-Gliederung (Figur e) als Figur wahrgenommen. Diese Figur tritt hervor und hebt sich vom Grund ab. Das Prägnanzprinzip ist dabei nicht als eines von vielen Gestaltgesetzen, wie dies vielfach irrtümlich dargestellt wird, zu verstehen, sondern als ein grundlegendes, übergreifendes Gliederungsprinzip.

In der besprochenen Zeichnung stellt das Quadrat (Figur e) die prägnanteste Lösung dar. Nun ist aber die Prägnanztendenz von einer solchen Stärke, daß das Wahrnehmungsfeld so umorganisiert werden kann, daß eine noch prägnantere Lösung hinzutritt. Das heißt, das Wahrnehmungsfeld ist dann um eine Alternative ergänzt worden, die in der Reizvorlage keine Entsprechung findet.

Die Wahrnehmung von Figuren, die überhaupt nicht oder nur teilweise durch eine Reizgrundlage begründet ist, läßt sich eindrucksvoll mit folgendem Bild verdeutlichen. In der Mitte des Bildes hebt sich ein weißes Dreieck hervor, welches sich von der identischen Umgebung sogar durch stärkere Helligkeit auszeichnet. Obwohl die Umrißlinien nur in einem geringen Bruchteil reizmäßig begründet sind, grenzen sich

die Kanten des weißen Dreiecks scharf von der Umgebung ab. Aber nicht nur das weiße Dreieck tritt als produzierte Lösung hervor. Auch die Kreisflächen erscheinen nicht als unvollständige Gebilde, sondern als durchgehende homogene Kreisflächen, die nur z. T. vom weißen Dreieck verdeckt sind. Ebenso wird das zweite Dreieck ergänzt, welches nicht aus drei Pfeilspitzen besteht, sondern von dem weißen Dreieck verdeckt ist.

b) Strukturregeln der Wahrnehmung (Gestaltgesetze)

Im Verlauf dieses Abschnitts wurde mehrfach darauf hingewiesen, daß der Wahrnehmungsinhalt das Ergebnis einer Strukturierung der Reizgrundlage ist. Dabei verläuft die Strukturierung nicht willkürlich, vielmehr konnten die Gestaltpsychologen – besonders Metzger – nachweisen, daß dies nach bestimmten Regeln abläuft. Diese Strukturierungsregeln werden als Gestaltgesetze bezeichnet. Die Vielzahl der Gestaltgesetze kann im folgenden nicht besprochen werden. Es wird daher eine Auswahl getroffen. Dabei werden nur solche Gestaltgesetze aufgeführt, die einen bedeutenden Einfluß auf die Organisation des Wahrnehmungsfeldes ausüben.

Gesetz der Nähe

In der nächsten Abbildung ist eine Zahl von Linien sowie eine Ansammlung von Punkten zu sehen. Die eigenartige Wirkung der Gestaltgesetze ist es nun, diese an sich unabhängige Masse von Einzelelementen so zu strukturieren, daß sich die Elemente zu

Einheiten zusammenziehen. Hier führt das Gesetz der Nähe zu ganz bestimmten Figur-
bildungen.

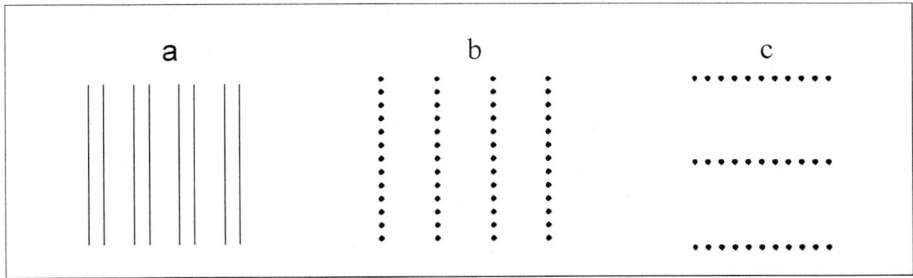

Wie bereits gezeigt wurde, schließen sich in Figur a die nah beieinanderliegenden Linien-
paare zu einer Teilfigur zusammen. Es ergeben sich vier, durch größere Zwischenräume getrennte, senkrechte Streifen. Nur gegen großen Widerstand ist es möglich, daß
sich die entfernteren Linien zu einer Figur zusammenschließen können. Bei Figur b ist
der vertikale Abstand geringer als der horizontale Abstand zwischen den Punkten. In
Figur c ist dies genau umgekehrt. Dementsprechend werden in Figur b vier senkrechte
Punktereihen wahrgenommen und in Figur c drei waagerechte Punktereihen gesehen.

Gesetz der Geschlossenheit

In der folgenden Zeichnung sind acht Teilstriche in gleichem Abstand nebeneinander
angeordnet (Figur a). Werden einige dieser Linien derart verbunden, daß die Linien
eine Fläche umschließen (Figur b), so werden diese als Einheit aufgefaßt. Besonders
deutlich wird das Gesetz der Geschlossenheit bei Betrachtung der Figur c. Wird das
Augenmerk auf den oberen Teil gerichtet, so schließen sich die 2+3, 4+5 und 6+7
Linie zu einer Einheit zusammen, während beim Blick auf die untere Hälfte sich die
Linien 1+2, 3+4, 5+6 und 7+8 zu einer Figur zusammenschließen.

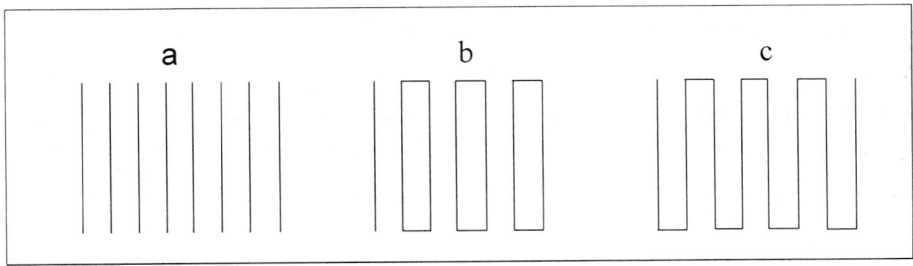

Das Gesetz der Geschlossenheit besagt demnach: Werden Flächen – z. B. mit Linien –
umschlossen, werden sie unter sonst gleichen Umständen leichter als eine Einheit aufgefaßt.

Gesetz der Gleichartigkeit

Bei der Betrachtung der nebenstehenden Figur ist zu sehen, wie sich die gleich starken Striche zu Einheiten zusammenziehen (Figurbildung). Gleichartigkeit besagt demnach: Wenn mehrere Elemente in einer Reizgrundlage bezüglich bestimmter Eigenschaften (Form, Oberflächenbeschaffenheit, Größe) gleich oder zumindest ähnlich sind, besteht die Tendenz, sie zu Einheiten zusammenzufassen.

Gesetz der durchgehenden Kurve

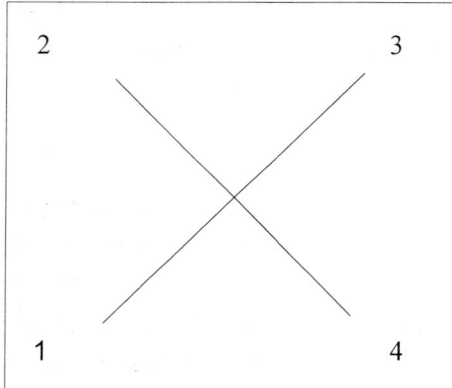

In der links abgebildeten Figur sind vier Linien aneinandergefügt. Dabei werden die Linien 2 und 4 sowie 1 und 3 als Einheiten wahrgenommen, so daß sich in Figur a nur 2 Linien kreuzen, und nicht etwa 4 Linien gegenüberstehen. Warum sich gerade diese Linien zusammenziehen und nicht die Teilstriche 1 und 4 sowie 2 und 3 läßt sich mit ihrem geraden, glatt durchgehenden Verlauf erklären. Es bilden also diejenigen Teile einer Figur eine Einheit, die eine durchgehende Linie ergeben.

Gesetz der Erfahrung

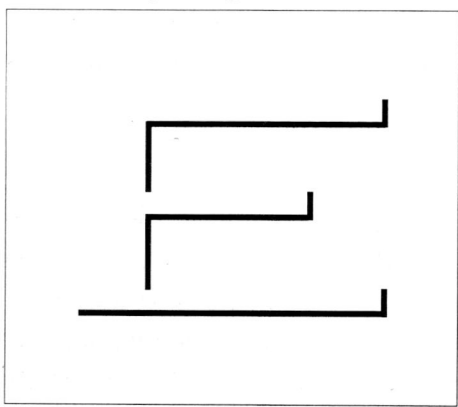

Die Wirkung der Erfahrung auf die Wahrnehmung wird in dieser Abbildung am Beispiel eines Buchstabes verdeutlicht. Hier erkennt nur derjenige den Buchstaben „E", der des lateinischen Alphabets mächtig ist, anderenfalls sähe der Betrachter drei bedeutungslose rechtwinklige Linien. Dies bedeutet, daß die Figur „E" nur aufgrund von vorhandenem Wissen sichtbar wird.

c) Optische Täuschung

Auf die Wahrnehmungsverzerrungen, die sich wegen ihrer Spezifik nicht zu Grundphänomenen oder „Gesetzen" verallgemeinern ließen, wollen wir zum Abschluß kurz eingehen.

Bezugsrahmen

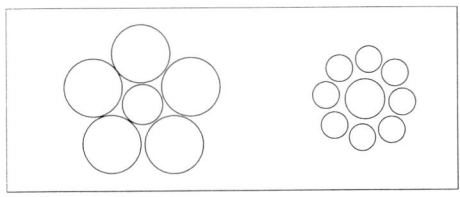

Nicht die absolute Größe eines Gegenstandes wird wahrgenommen, sondern oft dient die Größe anderer, in bezug stehender Gegenstände als Beurteilungsgrundlage. Der rechte Innenkreis wirkt größer, weil die umgebenden Kreise kleiner sind (Ebbinghaussche Kreistäuschung). Die inneren Kreise beider Figuren sind gleich groß

Verhältnis zwischen Teil und Ganzem

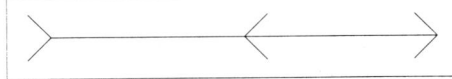

Die Müller-Leyersche Pfeiltäuschung ist ein Beispiel dafür, daß gleiche Teile in einem Gesamt unterschiedlich wirken. Je nachdem, ob eine der gleichlangen Teilstrecken von nach innen oder nach außen gerichteten Linien umgeben ist, erscheint sie kleiner oder größer. Diese visuellen Wahrnehmungsaspekte beeinflussen mehrere Entscheidungsfelder:

- Offenkundig muß auch die Produktgestaltung diesen Phänomenen Rechnung tragen. Das kann die Gestaltung der Oberfläche (z. B. Bedienungsoberfläche) eines Produktes, aber auch die gesamte Verpackungsgestaltung betreffen.
- Unter dem Stichwort Profilierungsgebot (siehe Abschnitt 1.31) hatten wir auf die Profilierungsprinzipien hingewiesen. Um im Wettbewerb wahrgenommen zu werden, müssen das Figur-Grund- und das Prägnanzprinzip beachtet werden.

(5) Wahrnehmungsprozeß

Die generellen Besonderheiten der Wahrnehmung haben wir in den bisherigen Abschnitten herausgearbeitet. Nun sind wir darauf vorbereitet, den *Wahrnehmungsprozeß* etwas deutlicher zu machen, als das generalisierend in Übersicht 17 geschehen ist.

Unter psychologischem Aspekt ist man der Meinung, einen mehrstufigen Prozeß (je nach Autor 3-, 4- oder 5phasig) formulieren zu können. Nach Zimbardo (1999,

40

S. 110) gibt es drei Stufen der Wahrnehmung: Empfindung, perzeptuelle Organisation und Identifikation. Eingeordnet sind diese Phasen zwischen der eigentlichen Stimulation durch Umweltreize und der Beeinflussung durch „andere psychische Reize" wie Erwartungen, Wissen, Motivation usw. Damit ergibt sich folgende Übersicht:

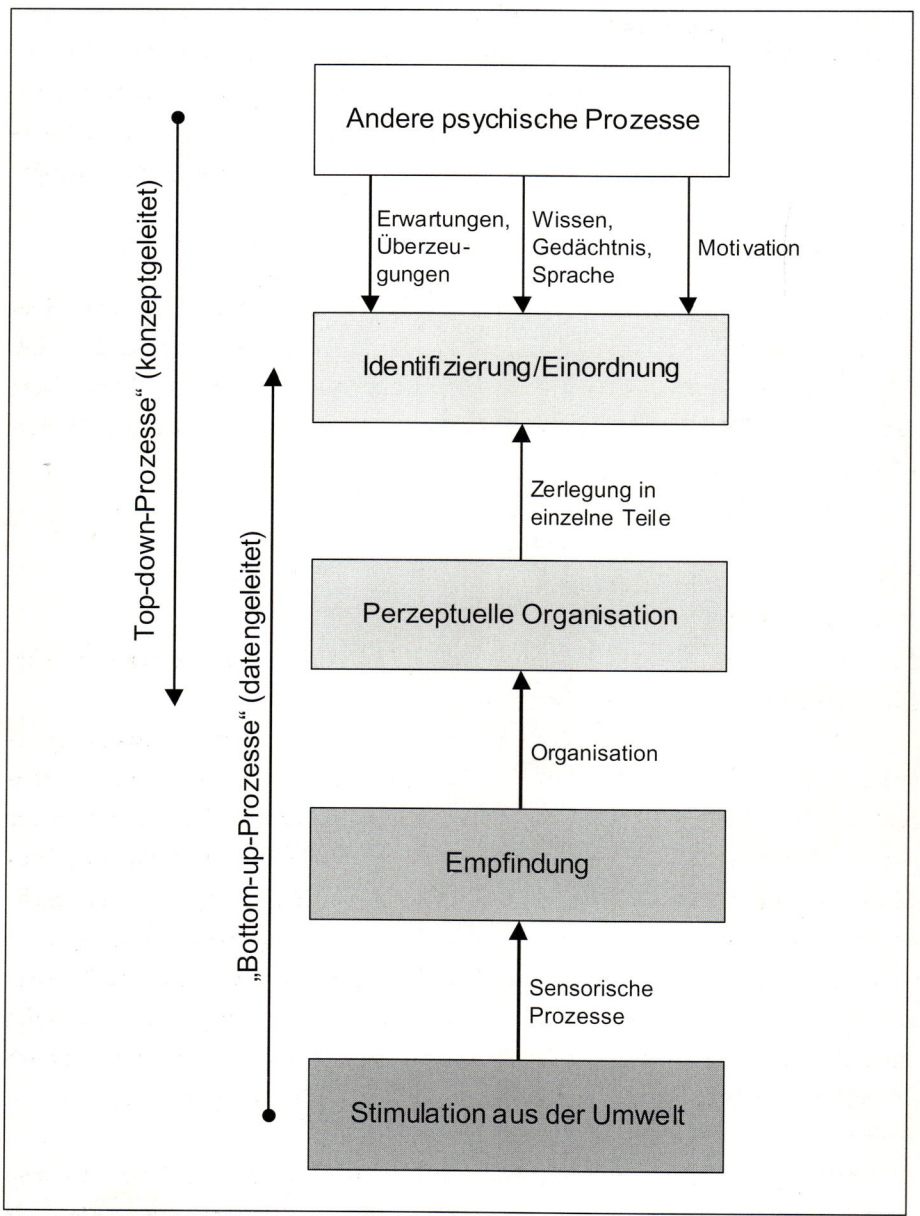

Übersicht 21: Psychologischer Wahrnehmungsprozeß

Wichtig ist der Verweis, daß es zwei Arten der „Identifikation" gibt. Sogenannte „bottom-up"- und „top-down"-Prozesse. Zu bottom-up-Abläufen kommt es, wenn die Repräsentation des Objektes aus Informationen abgeleitet wird, die durch sensorischen Input zur Verfügung stehen. Zu top-down-Prozessen kommt es, wenn die Identifikationsleistung durch psychische Prozesse mitbeeinflußt wird (hypothesengeleitete Wahrnehmung). Diese Einfußfaktoren können sowohl aus der intrapersonalen Sphäre (soziale Faktoren) stammen oder aber situativ bedingt sein. Nachdem die Wahrnehmungsfaktoren, die die bottom-up-Prozesse bestimmen unter Abschnitt 2.31 behandelt wurden, sollen im folgenden die Einflußfaktoren der top-down-Prozesse erörtert werden.

2.32 Affektive Faktoren

Es ist eine Fiktion, grundsätzlich davon auszugehen, daß sich Menschen ausschließlich rational verhalten. Selbst wenn Menschen dies wollten, kann das wegen der Vielzahl von Informationen, mit denen der einzelne konfrontiert wird, nicht gelingen. Man strebt deshalb nach „Entscheidungsentlastungen". Vergegenwärtigt man sich die verschiedenen Verhaltensweisen:

- impulsives Verhalten,
- gewohnheitsmäßiges Verhalten, → *man hat nicht bei jedem Kauf den gleichen emotionalen Anspruch*
- vereinfachte Entscheidungen,
- extensive Entscheidungen,

dann werden Entlastungen bei den ersten drei Verhaltensweisen deutlich (Kroeber-Riel/Weinberg 1999, S. 359 ff.; Bettman/Zins 1977, S. 84).

Und ein weiterer Grund spricht dafür, sich nicht nur mit kognitiven Aspekten (siehe hierzu Abschnitt 2.33) zu beschäftigen: Für Marketingentscheidungen, insbesondere für die Produktentwicklung, ist es wichtig zu wissen, warum sich dieser Käufer für das Angebot A und jener Käufer für das Angebot B entscheidet. Zwar führt die Ursachenforschung von den spezifischen ökonomischen Problemen weg und hin zu mehr psychologisch und soziologisch erarbeiteten Problemstellungen, doch von irgendeinem Entscheidungsträger innerhalb des Unternehmens muß diese Frage gelöst werden, warum ein Angebot mehr Erfolg wegen seiner Akzeptanz verspricht als ein anderes. Das ist meistens die Aufgabe des Produktmanagers. Infolgedessen muß er zumindest überblicksweise Kenntnisse darüber haben, was andere Disziplinen über menschliche Verhaltensweisen erforscht haben.

Zu den affektiven Faktoren wollen wir die individuellen Einflüsse zählen, die ohne starke kognitive Kontrolle das Verhalten beeinflussen. Als Faktorgruppen werden vorrangig genannt (Kroeber-Riel/Weinberg 1999, S. 53 ff.):

- Emotionen,
- Motive,
- Einstellungen,
- Werte.

Für diese Einflußbereiche werden auch andere Begriffe benutzt. So spricht Lersch (1970, S. 121 ff.) entsprechend seinem schichtpsychologischen Aufbau der Person vom endothymen Grund, der von Trieben und Strebungen (Antriebserlebnissen), Gefühlsregungen sowie stationären Gestimmtheiten beeinflußt wird. Kroeber-Riel/Weinberg wählen den Begriff aktivierende Prozesse; es handelt sich um solche Vorgänge, die mit inneren Erregungen und Spannungen verbunden sind. Eine eindeutige Trennung zwischen affektiven und kognitiven Faktoren ist nicht möglich. Es handelt sich meist um ein Mehr oder Weniger, um eine stärkere Betonung des Gefühlhaften oder des Rationalen. Die Frage, warum man dennoch eine solche Unterscheidung wählt, beantwortet sich aus den Prädikatorwirkungen, aus den ziehbaren Konsequenzen. Herrschen in einer spezifischen Marktsituation z. B. kognitive Faktoren vor, kann die Prognose des zu erwartenden Verhaltens transparenter sein.

(1) Emotionen

Emotionen lassen sich als innere Erregungsvorgänge, die angenehm oder unangenehm empfunden werden, bezeichnen (Kroeber-Riel/Weinberg 1999, S. 53). Es liegt auf der Hand, daß für Marketingentscheidungen die angenehmen Gefühlszustände besonders wichtig sind. Auch unangenehme Gefühlszustände (z. B. Angst) können kaufveranlassend wirken. Die Gefühlszustände lassen sich bezüglich dreier Aspekte beschreiben:

- Qualität,
- Intensität (Stärke),
- Richtung.

Mit dem *Qualitätsaspekt* wird der Emotionsgehalt erfaßt. Einen Überblick über Emotionsgehalte gibt die Übersicht 22.

Bei der später erfolgenden Entwicklung eines allgemeinen Anspruchsgerüstes werden wir diesen Aspekt wieder aufgreifen (siehe hierzu Abschnitt 3.421.13). Die Ermittlung emotionskompatibler Ansprüche ist insbesondere dann wichtig, wenn eine Differenzierung gegenüber Konkurrenzprodukten vorrangig über anmutungshafte Schwerpunktbildungen erfolgt. Dies kann dann auch als Angelpunkt der werblichen Produktpositionierung dienen. In vielen in der Realität beobachtbaren Fällen steht gerade diese emotionale Eindeutigkeit im Zentrum der jeweiligen „Markenpersönlichkeit". Diese Emotionsqualität kann gelernt werden, d. h. im Laufe der Zeit wird mit einem Schlüsselreiz (z. B. Markenname) der typische Emotionsschwerpunkt verbunden (assoziiert).

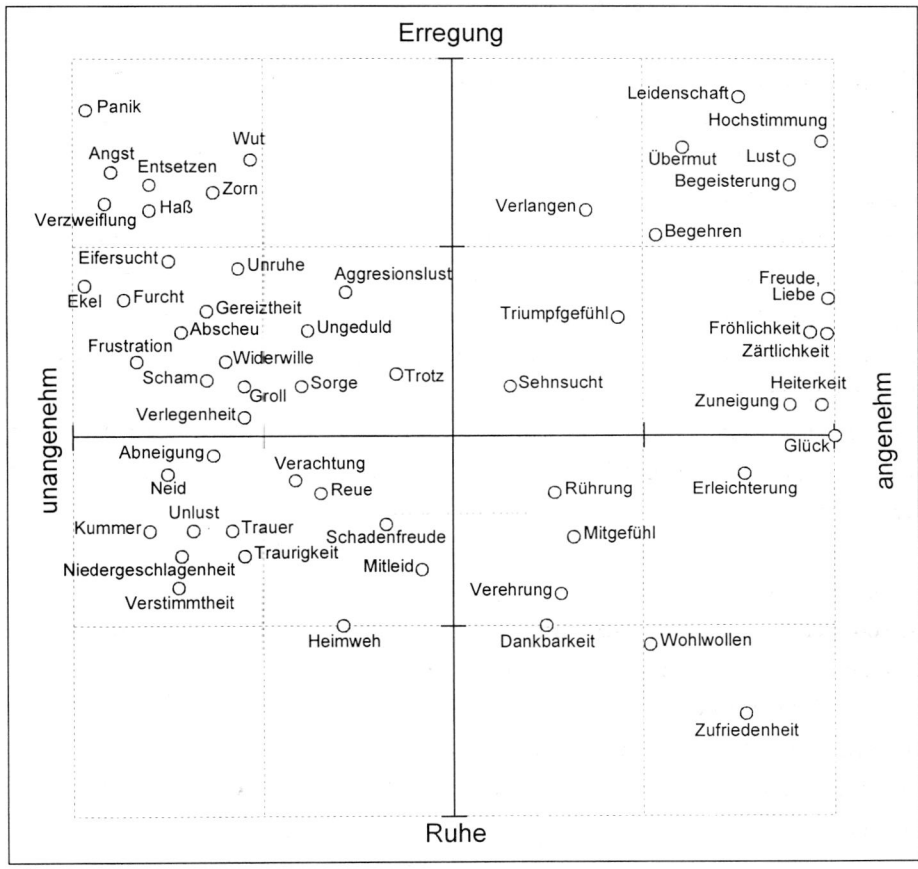

Übersicht 22: Emotionen (Quelle: Rost 1990, S. 40)

Die Emotionsqualität kann unterschiedlich stark ausgeprägt sein. Man kann sich über ein Produkt, eine Werbebotschaft usw. so stark freuen, daß Aktivitäten entfaltet werden, um in den Besitz dieses Produkts zu gelangen. Starke Emotionen können dazu führen, daß sich der Verwender intensiv mit der Umwelt und damit auch mit dem Produkt, der Werbemaßnahme usw. befaßt. Schwache Emotionen lassen den Verwender „kalt", aktivieren ihn wenig.

Mit der *Emotionsrichtung* ist die positive oder negative Bewertung einer Emotion gemeint. Sie wurde in Übersicht 22 durch die beiden Dimensionen „angenehm" und „unangenehm" abgebildet. Angst oder Trauer gelten als negative, Freude als positive Emotionen. Auch die Emotionsstärke kann die Richtung beeinflussen. So können sehr starke Emotionen (z. B. aggressive oder „überkandidelte" Werbegestaltungsmaßnahmen) zu einer negativen Emotionsrichtung führen (Reykowsky 1973, S. 80 ff.), dies kann auch als Beleg für die Begrenzung der Aktivierung betrachtet werden. Die Emotions-dimensionen kann man mit Hilfe verschiedener Indikatoren ermitteln (Kroeber-Riel/ Weinberg 1999, S. 106 ff.):

- psychologische Messung,
- subjektive Erlebnismessung,
- Messung des Ausdrucksverhaltens.

Mit physiologischen Verfahren (z. B. Hautwiderstandsmessung, Pupillometrie) wird die Emotionsstärke gemessen. Da erlebte Gefühle sprachgebunden sind, bedient man sich zur Ermittlung der Emotionsqualität der Befragung (z. B. semantisches Differen-tial, Emotionsprofile, Bildvorgaben). Auf die Bildsprache werden wir noch eingehen. Und schließlich spielt die Analyse der Körpersprache (Mimik, Gestik) eine Rolle.

(2) Motive

Motive können als Ursachen unseres Verhaltens aufgefaßt werden. Sie bauen auf Emotionen auf. Sie versorgen das menschliche Handeln mit Energie und richten es auf ein Ziel aus (Kroeber-Riel/Weinberg 1999, S. 141 ff.). Damit weisen sie bereits eine kognitive Komponente auf. In der Persönlichkeitspsychologie (Lersch 1970, S. 122 ff.; Correll 1976; Brandstätter/Schuler/Stocker-Kreischgauer 1974) wurden vielfältige Motivaspekte erarbeitet, auf die wir an dieser Stelle nicht eingehen wollen. Wir wer-den sie vielmehr im Rahmen der Entwicklung eines Anspruchsgerüstes berücksichti-gen (siehe hierzu Abschnitt 3.421).

Die aus den aktuellen Motiven resultierenden Aktivitäten können sich in zweierlei Richtungen auswirken:

- sie können die Wahrnehmungsselektion beeinflussen
- sie können die aktive Zuwendung zur Produktwahl prägen.

Nach Berelson/Steiner „tendieren Menschen dazu, Reize gemäß ihrer gerade wirksa-men Motive auszuwählen, zu organisieren und zu interpretieren" (Berelson/Steiner, Bd. 1, 1974, S. 164). Der jeweils spezifischen Motivation entsprechende Angebote (Produkte) haben eine wesentlich höhere Chance als die, für die das nicht zutrifft, erworben zu werden.

Und auch umgekehrt kann durch eine besondere Motivkonstellation (z. B. Streben nach Gesundheit, Besitz oder sozialer Anerkennung) die Suche und Auswahl solcher Produkte erfolgen, die diesen Prädikaten entsprechen. Für den Produktmanager wird die Beachtung dieser Motive dadurch erschwert, daß im Menschen meist mehrere Motive mit unterschiedlicher Intensität (Stärke) virulent sind.

Unterschiedliche Motive können zu Konflikten führen. Für Produktangebote eines Herstellers sind vor allem die *Appetenz-Aversions-Konflikte* bedeutsam, die in der Auseinandersetzung mit einem Produkt entstehen. Hier steht einer positiven Verhaltenstendenz eine negative gegenüber. So bevorzugt beispielsweise der junge Bankmanager einen schnellen Pkw (Motiv A), der jedoch nicht teuer aussehen soll, weil er sich das ja eigentlich noch nicht „leisten" kann (Motiv B). Damit scheiden für ihn bekannte Sportwagen wegen dieses Motivkonfliktes aus. Für ihn sind vielmehr Angebote interessant, welche durch Gestaltungsmaßnahmen auf das Motiv B Bezug nehmen. Das könnte dann z. B. ein Standard-Pkw mit stark erhöhter Motorleistung und verbessertem Fahrwerk (z. B. Mercedes 400 E) sein, der äußerlich als schnelles Auto kaum erkennbar ist. Diese Motivkonflikte bilden vielfach die Grundlage für differenzierte Angebote.

(3) Einstellungen

Ergaben sich die Motive aus Emotionen zuzüglich einer Zielorientierung, so kann man Einstellungen als Motive mit einer Gegenstandsbeurteilung erfassen. Sie sind also bereits konkreter als Motive. Rokeach umschreibt Einstellungen als "a relatively enduring organisation of beliefs around an object or situation predisposing one to respond in some preferential manner" (Rokeach 1968, S. 112). Einstellungen können also als relativ konstant bleibende Dispositionen des einzelnen betrachtet werden (Hofstätter 1963, S. 163). Sie werden erlernt (→ kognitive Komponente), sei es, daß man sie von anderen Personen (z. B. Eltern) übernimmt, sei es, daß sie sich im Laufe der Zeit durch eigene Erfahrung bilden. Man kann sie als eine Brille bezeichnen, durch die wir die Welt wahrnehmen. Sie erleichtern uns die Auseinandersetzung mit der Umwelt, da wir aufgrund der unendlichen Eindrucksvielfalt Selektionskriterien benötigen, um mit der Umwelt zurecht zu kommen. Unbestritten liegt darin natürlich auch eine Verengung des jeweiligen Weltbildes. Man mag dies beklagen, für Marketingentscheidungen sind das jedoch Realitäten, die beachtet werden müssen.

Neben die affektive und kognitive tritt noch eine verhaltensorientierte Komponente. Dies wird als Drei-Komponenten-Theorie bezeichnet (Kroeber-Riel 1992, S. 163). Aus dem Motiv, ein ungewöhnliches Produkt kaufen zu wollen, und dem Wissen, daß Produkte des Designers Philip Starck ungewöhnlich sind, kann die Bereitschaft folgen, die Zitronenpresse Juicy-Salif von Alessi zu erwerben..

Für das Marketing ist nun die Erkenntnis bedeutsam, daß positive Gegenstandsbeurteilungen (Einstellungen) das Kaufverhalten günstig beeinflussen. Einstellungen bieten aufgrund ihrer Dauerhaftigkeit Leitlinien für die Entwicklung von Marketingkonzepten. Das trifft besonders für die Produktentwicklung zu. Die Einstellungsqualität wird vorrangig durch Befragungen ermittelt. Die Einstellungsintensität läßt sich durch die verschiedenen psychophysischen Verfahren feststellen (z. B. Hautwiderstands-, Pulsfrequenz-, periphere Durchblutungsmessung). Zur Analyse der ermittelten Einstellungen können die Faktorenanalyse, die multidimensionale Skalierung und die Diskriminanzanalyse benutzt werden. Besonders bekannt geworden sind die sogenannten Multiattributionsmodelle, und hier speziell das von Fishbein (1967, S. 389 ff.), das von Trommsdorff (1975) meßtechnisch modifiziert wurde.

Wir können vier grundsätzliche Richtungen der Einstellungsbeeinflussung im Marketing unterscheiden:

- Einstellungen schaffen,
- Einstellungen stärken,
- Einstellungen übertragen,
- Einstellungen ändern.

Wird ein neues Produkt auf dem Markt eingeführt und verzichtet der bereits im Markt etablierte Hersteller auf eine besondere Herausstellung seines Namens, dann wird er sich intensive Gedanken um die *Schaffung* von positiven Einstellungen für sein neues Produkt machen müssen. Für ihn ist es wichtig, im Verhältnis zu Konkurrenzprodukten die *Produktposition*, den Einstellungsschwerpunkt festzulegen, der die Chance für das Entstehen einer „Markenpersönlichkeit" bietet. Das bedeutet in der Mehrzahl der Fälle, daß er ein Produkt entwickeln muß, welches gerade diesem Einstellungsschwerpunkt entspricht. Darauf muß er dann ein Vermarktungskonzept aufbauen, in dessen Mittelpunkt die Betonung dieses Einstellungsschwerpunktes steht. Hierbei spielen Kommunikationsmaßnahmen eine besondere Rolle (Koppelmann 1981, S. 176 ff.). Der Fall der *Einstellungsstärkung* kommt vor allem bei der Produktentwicklung dann zum Tragen, wenn ein Nachfolgemodell angeboten werden soll. Dann ist es wichtig, wenn sich das bisherige Konzept bewährt hat, durch Gestaltungsmaßnahmen die Einstellungsschwerpunkte besonders zu betonen, die sich nach einer empirischen Einstellungsanalyse als besonders bedeutsam herausgeschält haben. Damit wird zwar der Gestaltungsrahmen eingegrenzt, andererseits erleichtern derartige Zielvorgaben die Gestaltungsarbeit. *Einstellungsänderungen* können durch mehrere Situationen erzwungen werden:

- Umweltbedingungen können sich so verändert haben, daß damit auch Änderungen in den Einstellungen gegenüber Produkten verbunden sind.

- Konkurrenzunternehmen können durch ihre Angebotspolitik eine zu große Nähe zu dem eigenen Produktimage erreicht haben, so daß sich aus Differenzierungsgründen Maßnahmen, die zur Änderung des Einstellungsschwerpunktes gegenüber dem eigenen Produkt führen, empfehlen.
- Es ist möglich, daß man durch zu große Beharrlichkeit auf einem Einstellungsschwerpunkt im Zeitablauf ein nicht mehr zeitgemäßes Image erworben hat, das es zu modernisieren gilt.

Die Einstellungsänderung ist gerade deshalb nicht ganz unproblematisch, weil ja die Dauerhaftigkeit ein wichtiges konstituierendes Merkmal ist. Man benötigt zu ihrer Durchsetzung Zeit. Und um Inkonsistenzen (*Dissonanzen*) zwischen dem etablierten Einstellungsschwerpunkt und dem neuen Zielschwerpunkt zu vermeiden, die zur Verunsicherung, Verwirrung der Kunden führen würden, dürfte sich ein schrittweises Vorgehen empfehlen. Die Schnelligkeit des Einstellungswandels hängt auch von Persönlichkeitsmerkmalen ab. So wurden u. a. folgende Hypothesen entwickelt:

- Geringe Selbsteinschätzung des Adressaten korreliert mit hoher Beeinflußbarkeit (Hovland/Janis/Kelley 1953, S. 175 ff.).
- Weibliche Adressaten lassen sich eher als männliche beeinflussen.
- Jüngere Adressaten sind wegen ihres geringer verfestigten Einstellungsrepertoires besser als ältere beeinflußbar (McGuire 1969, S. 136-314).

Vor allem im Zusammenhang mit dem Bemühen um Einstellungsänderungen begegnet man dem Problem der *Reaktanz*. Wenn Personen eine Einschränkung oder Bedrohung ihrer Freiheit (Meinungs- oder Verhaltensfreiheit) von außen wahrnehmen, dann widersetzen sie sich dieser Einengung (Brehm 1966; Gniech/Grabitz 1978, S. 48-73). Man kann davon ausgehen, daß solche Reaktanzreaktionen um so intensiver sind,

- je größer der wahrgenommene Beeinflussungsdruck ist,
- je größer die Bedeutung der beschränkten oder von der Beschränkung bedrohten Meinung oder Verhaltensweise für eine Person ist,
- je weiter die eigene Meinung von der Meinung des Kommunikators abweicht,
- je mehr der Freiheitsspielraum eingeengt wird (Kroeber-Riel/Weinberg 1999, S. 207).

Reaktanzreaktionen sind vor allem dadurch vermeidbar,

- daß der Beeinflussende sich um Kompetenz (Glaubwürdigkeit) bemüht,
- daß der Beeinflussende von seiner Beeinflussungsabsicht ablenkt (z. B. durch Verwendung von Normen). Bei zu starker Ablenkung besteht jedoch die Gefahr, daß die Informationsaufnahme erschwert wird.

Einstellungsübertragungen interessieren vorrangig beim Einstellungsaufbau, wenn ein neues, unbekanntes Produkt eingeführt wird. Man möchte die Wahrnehmung und Bewertung des Adressaten durch Rückgriff auf Einstellungsmuster so lenken, daß er innerhalb kurzer Zeit ein Produkt B so bewertet, wie er das bisher für ein Produkt A getan hat. Einstellungstransfer spielt als Imagetransfer im Rahmen der Markenpolitik eine große Rolle. Dazu ist es notwendig, den Imagekern der Marke/des Produktes A zu identifizieren, um dann zu überlegen, ob dieser Imagekern auch bei Marke/Produkt B nutzbar ist. Ist die Luxuszigarrenmarke Davidoff auf eine Parfümmarke übertragbar? Gilt das auch für Lederwaren, für Fahrräder usw.?

Im Rahmen der Entwicklung und Vermarktung neuer Produkte müssen wir uns hier auf die produktrelevanten Einstellungen konzentrieren. Breuer (1986, S. 129 ff., dort auch die empirischen Quellen) hat die Ergebnisse der verschiedenen Verlagstypologien auf ihre produktrelevanten Einstellungen hin untersucht. Daraus entwickelte er dann beschreibende Merkmale, denen er dominante Einstellungsdimensionen zuordnete. Die Ergebnisse finden sich in Übersicht 23. Neu hinzugefügt wurde die Ökologieorientierung.

Korreliert man diese Einstellungsdimensionen miteinander, so erhält man – wie Übersicht 24 zeigt – in der Diagonalen die Einstellungstypen, die vorrangig von einer Dimension geprägt sind. Häufiger treten jedoch Mischtypen auf. In derselben Übersicht sind auch die durch zwei Dimensionen gekennzeichneten Typen enthalten. Weiterhin ist es möglich, diese flächige Darstellung zu einer räumlichen zu erweitern. In den erwähnten Verlagstypologien werden maximal drei Einstellungsdimensionen genannt, meist handelt es sich jedoch um zwei- oder eindimensionale Typenbeschreibungen.

Bei einer derartigen Typeneinteilung muß nun berücksichtigt werden, daß sich die Einstellungsschwerpunkte des einzelnen

- in seinen Lebensphasen ändern
- bei unterschiedlichen Produktgruppen nicht konstant bleiben müssen. Bezogen auf den Wechsel zwischen Leistungs- und Aufwandsorientirung ist hiermit *hybrides* Kaufverhalten erklärbar.

Das kann bedeuten, daß der einzelne unterschiedlichen Typgruppen angehören kann. Insgesamt hat sich aber bisher gezeigt, daß aufgrund der Wanderströme die Gesamtgröße der Typgruppen relativ konstant bleibt – und das ist für Marketingmaßnahmen entscheidend, solange keine Individualangebote entwickelt werden.

Einstellungs-dimension	beschreibende Merkmale
Prestige-orientierung	hohen Rang verkörpern; Anerkennung; Geltungsstreben; qualitative Distanz aufbauen; verehrt werden; Ruhm; beneidet werden; Prestige; Status verkörpern; Ansehen; demon-strative Kostspieligkeit; auf- und gefallen; Renommée aufbauen; andere beeindrucken; etwas darstellen wollen; Exklusivität zeigen; zeigen, was man hat/sich leisten kann; Hervorhebung; Demonstration von Erfolg und/oder Besitz; Luxus; bewundert werden; auf andere wirken; usw.
Neuheiten-orientierung	Unbekümmertheit und Spontaneität des Konsumverhaltens; hohe Risikobereitschaft; erlebnisorientiert; Freude an neuem Angebot; Probierlust; Vorurteilslosigkeit; große Auf-geschlossenheit; Neuigkeitswert reizt; Aktualität; Wunsch nach Erweiterung des Erleb-nisraumes; Progressivität; Neugierde; neue Möglichkeiten des Erfahrens und Genießens suchen; Fortschritt; Experimentierfreude; modern sein; Mut zum Risiko; hohe Frustrations-toleranz; Begeisterungsfähigkeit gegenüber Neuem; Erlebnishunger; Mode; Wagemut; Pionier; innovative Konsumfreude; avantgardistisch; usw.
Ästhetik-orientierung	anspruchsvoll; mit eigener Note; sicherer Geschmack; Proportionen; harmonische Aus-strahlung; gepflegtes Aussehen; Freude an ästhetisch Schönem; Selbstgenuß; Wohl-gefallen; geschmackvolles Design; eleganter Chic; Angemessenheitsstandard des Lebens vernünftiger Menschen; Ausgewogenheit; Harmonie; usw.
Sicherheits-orientierung	Besorgtheit; gewissenhafte Absicherung; Angst vor Mißerfolg; meinungsabhängig; risiko-scheu; verunsichert; Schutz und Anlehnung suchen; keine Fehler machen; Gesundheits-orientierung; hypochondrisch; Planung und Aktivität zur Einschränkung zukünftiger Risiken; sich an Vorbildern orientieren; Skepsis; Zurückhaltung; Vorsicht; für schlechte Zeiten etwas zurücklegen; usw.
Leistungs-orientierung	etwas perfekt beherrschen; sachlich; Anwendungsoptimierung; Objektivität; praktisch; ausgereift; kritisch; Funktionalität; hohe Güte; Gebrauchstauglichkeit; Freude an Optimie-rung; Qualität; technischer Komfort; Perfektion und Vollkommenheit; zweckmäßig; nur das Beste; Perfektionismus; usw.
Sensitivitäts-orientierung	Feinfühligkeit; sensorisch; Genuß; hohes sensitives Erleben; nach geschmacklich ausge-wogenen Kompositionen suchen; Oberflächensensibilität; starke Empfindungsgabe; Vollendung; Gefühlsbetontheit; raffinierte Spezialitäten; usw.
Aufwands-orientierung	sorgfältig und sparsam wirtschaften; festes Sparprogramm; intensiv planen und durch-rechnen; Preisewußtsein; geringe Ausgabenhöhe bedeutend; sparsame Haushaltsfüh-rung; Vergleich des notwendigen Zeit- und Arbeitsaufwandes; billige Sonderangebote kaufen; niedrige Preisklasse; kaufen, wenn billig; wenig Zeit in Hausarbeit investieren; usw.
Traditions-orientierung	Konservativität; keine Experimente; Vertrauen in Bewährtes und Erprobtes; Ordnung; nicht der Mode unterworfen; altmodisch; früher war alles besser; für's Leben; alles an seinem Platz; dauerhafte Produkte; Konvention; für Änderungen nicht zu haben; an einmal Erworbenem festhalten; Tendenz zur Beibehaltung von Traditionen; usw.
Ökologie-orientierung	bedrohte Umwelt; persönliche Bedrohung durch Umweltverschmutzung; Eigenverantwor-tung gegenüber der Umwelt; Verzicht auf umweltgefährdende Produkte; aktiver Einsatz für Umwelt- und Gesundheitsschutz; natürlich leben; mit der Natur in Einklang leben; Ab-lehnung materialistischer Werte; Bevorzugung postmaterieller Werte; Sicherheits- und Traditionsbezug; Schutzbedürfnis; Suche nach intensiven zwischenmenschlichen Bezie-hungen; Gesundheitsbewußtsein; usw.

Übersicht 23: Charakterisierung von Einstellungsdimensionen

Einstellungs-dimensionen	Prestige-orientierung	Neuheiten-orientierung	Ästhetik-orientierung	Sicherheits-orientierung	Leistungs-orientierung	Sensitivitäts-orientierung	Aufwands-orientierung	Traditions-orientierung	Ökologie-orientierung
Prestige-orientierung	Prestige-typ								
Neuheiten-orientierung	progressiver Renomiertyp	Neuheiten-typ							
Ästhetik-orientierung	demonstra-tionsfreudiger Geschmacks-experte	Avant-gardist	Ästhetiktyp						
Sicherheits-orientierung	verunsicher-ter, geltungs-bewußter Mitläufer	Trendmit-läufer	angepaßter Ästhetiktyp	Sicherheits-typ					
Leistungs-orientierung	geltungsbe-wußter Optimierer	Evolutions-typ	-	risikoscheu-er, treuer Marken-käufer	Leistungs-typ				
Sensitivitäts-orientierung	-	Variierer mit Finger-spitzenge-fühl	Ästhet (Gourmet)	-	-	Sensitivitäts-typ			
Aufwands-orientierung	Mehr-schei-nen-als-sein-Typ	probier-freudiger Rechner	ästhetik-orientierter Rechner	preis-bewußter Marken-wechsler	Man-bekommt-was-für's Geld-Typ	preisorien-tierter Sensitiver	Aufwands-typ		
Traditions-orientierung	Statustyp	-	konser-vativer Ästhetiktyp	Produkte-für's-Leben-Typ	konser-vativer Qualitätstyp	Romantiker	sparsamer Konserva-tiver	Traditions-typ	
Ökologie-orientierung	"Salon"-Ökologe	Ökofreak	-	Öko-Beamter	Green-peace-aktivist	Heilewelt-träumer	moderner Schreber-gartentyp	Weckglas-typ	Ökologie-typ

Übersicht 24: Einstellungstypen (Quelle: Breuer 1986, S. 208)

(4) Werte

Werte stellen etwas Wünschenswertes dar (Kluckhohn 1965, S. 395). Sie haben grundsätzlichere Bedeutung als Einstellungen. Es handelt sich um Zielvorstellungen des Lebens, „eine Art funktionaler Befehlsstand, aus dem das individuelle Handeln des Einzelnen Sinn und Ziel erfährt" (Wiswede 1990, S. 14).

Der individuelle Einfluß ist bei Werten niedriger als bei Einstellungen. Werte wer-den auch vom sozialen Umfeld (z. B. der Kultur) stark mitgeprägt. Die Diskussion um den *Wertewandel* in einer Gesellschaft macht dies deutlich. Beispielhaft (siehe Über-sicht 25) soll eine empirisch fundierte Übersicht von Werten wiedergegeben werden, die Winhorst (1985, S. 98) veröffentlichte (vgl. auch Meffert 1992, S. 74).

	Selbstzwang und -kontrolle (Pflicht und Akzeptanz)	Selbstentfaltung
Bezug auf die Gesellschaft	"Disziplin" "Gehorsam" "Leistung" "Ordnung" "Pflichterfüllung" "Treue" "Unterordnung" "Fleiß" "Bescheidenheit"	**Idealistische Gesellschaftskritik:** - "Emanzipation" (von Autoritäten) - "Gleichbehandlung" - "Gleichheit" - "Demokratie" - "Partizipation" - "Autonomie" (des Einzelnen)
Bezug auf das individuelle Selbst	"Selbstbeherrschung" "Pünktlichkeit" "Anpassungsbereitschaft" "Fügsamkeit" "Enthaltsamkeit"	**Hedonismus:** - "Genuß" - "Abenteuer" - "Spannung" - "Abwechslung" - "Ausleben emotionaler Bedürfnisse" **Individualismus:** - "Kreativität" - "Spontaneität" - "Selbstverwirklichung" - "Ungebundenheit" - "Eigenständigkeit"

Übersicht 25: Hauptsächlich am Wertewandel beteiligte Wertgruppen (Quelle: Klages 1984, S. 18)

2.33 Kognitive Faktoren

Während das Individuum durch affektive Faktoren zu Verhaltensweisen veranlaßt wird, steuern kognitive Faktoren das „Wie" dieser Verhaltensweisen. Das Reflektive, Kontrollierende, Begründende kann als das typisch Kognitive gelten. Als zentrale Begriffe können in diesem Zusammenhang gelten:

- Intelligenz (Verstehensfähigkeit),
- Wissen,
- Phantasie.

Intelligenz kann man als Fähigkeit bezeichnen, bestehende Organisationen umzustrukturieren (Stern 1920; Meili 1946, S. 1-64; Bergius 1982). Nach Meili haben wir es mit folgenden Aspekten zu tun:

- Komplexität, d. h. zwischen zahlreichen verschiedenen Gegebenheiten werden exakte Beziehungen hergestellt,

- Plastizität, d. h. eine gegebene Struktur kann umgeformt, aufgebrochen werden,
- Flüssigkeit, d. h. Leichtigkeit in der Produktion von Gedanken, Lockerheit in prästrukturalen Prozessen,
- Ganzheit, d. h. Fähigkeit, getrennte Gegebenheiten zu einem Ganzen zu vereinigen.

Intelligenz kann als angeborene und durch sozialen Kontext geprägte *formale* kognitive Leistungsfähigkeit umschrieben werden. Sie beeinflußt in starkem Maße das Denken und Lernen.

Im Gegensatz zur Intelligenz kann das Wissen als eine *materiale* Leistungsfähigkeit aufgefaßt werden. Es sind die Inhalte, die im Gedächtnis gespeichert werden. Das Wissen beeinflußt seinerseits in starkem Maße die Wahrnehmung. Die Zuwendung zu Produkten, Informationen wird bei höherem Wissensstand intensiver und nuancenreicher erfolgen als bei niedrigerem. Das gesamte Anspruchsniveau wird vom Wissensstand geprägt. Für das Marketing ist neben der Markenkenntnis vor allem das Produktbereichswissen der Verwender bedeutsam. Dies können sie durch eigene Erfahrung oder durch theoretische Schulung erworben haben. Beim *Erfahrungswissen* wirkt der Erfolg als verstärkendes Element (Reinforcement-Theorie) (Eyferth 1964, S. 99 ff.; Foppa 1970, S. 45 ff.). Mißerfolge führen zur verstärkten Informationssuche und geringem Mut zum Risiko (Skepsis). Für die Produktgestaltung ist gerade diese Wissensart bedeutsam, da sie die schnellere Produktzuwendung ermöglicht. Demgegenüber kann das abstraktere und damit meist blassere *Schulwissen* im Rahmen der Informationen über Produkte insofern eine größere Rolle spielen, als Fachtermini oder realitätsnahe Abbildungen bevorzugt werden (Koppelmann 1981, S. 283 ff.). Ähnlich der Einstellungstypisierung kann es sich als hilfreich erweisen, in dafür geeigneten Produktmarktsituationen die Verwender nach dem Wissensstand zu typisieren. Für die Käufer, die über wenig Wissen verfügen, besteht die Möglichkeit des Wissenserwerbs; das ist sehr aufwendig. Einfacher ist, wenn der Käufer der Argumentation des Verkäufers glaubt, er muß dann den Eindruck haben, daß sein Gegenüber bezogen auf den Gesprächsgegenstand kompetent ist. Deshalb ist das Schaffen eines Kompetenzimage für Hersteller und Händler so wichtig.

Meist unerwähnt bleibt als kognitive Größe die *Phantasie*. Gerade sie ist aber für die Akzeptanz neuer Produkte, für die es bisher keine vergleichbaren Erfahrungen gibt, ebenso wichtig wie für Produkte, die harmonisch zueinander passen sollen, bei denen also ästhetische Anmutungswirkungen entfaltet werden. Phantasie läßt sich als Fähigkeit beschreiben, über die bisherigen Erfahrungen hinauszugreifen. Lersch (1970, S. 420 ff.) erwähnt mehrere Phantasiearten:

- Spielphantasie,
- Wunsch- und Angstphantasie,
- planende Phantasie,
- schöpferische Phantasie.

Die *Spielphantasie* begegnet uns vor allem bei Kindern. Um sie anzuregen oder zu befriedigen, wird Spielzeug entwickelt, das den Kindern möglichst breite Gestaltungsräume in Abhängigkeit von den altersbedingten Entwicklungsstufen bietet.

In der *Wunschphantasie* entfernt sich der einzelne aus der Realität. Hier können anmutungshafte Produktleistungen Ansprüche der Selbstbehauptung (z. B. Freiheit, Unabhängigkeit) oder der Selbstdarstellung (z. B. Stolz, Prestige) befriedigen. Als negatives Pendant kann die *Angstphantasie* gelten. Die Angst vor genmanipulierten Lebensmitteln, das Streben nach „natürlichen" Lebensmitteln, das Bemühen, alle möglichen Risiken über Versicherungen abzudecken, das Streben nach Besitz, dies mag als Ausfluß dieser Phantasie gelten.

Einen anderen Schwerpunkt setzt die *planende Phantasie*. Man versucht, sich vorzustellen, was morgen sein könnte, um heute schon Vorbereitungen zu treffen. Noch stärker zukunftsorientiert ist die *schöpferische Phantasie*. Sie löst sich von gegenwärtigen Vorstellungen. Mit ihr werden innovative Vorgriffe in die Zukunft gewagt. Vor allem die beiden letzten Phantasieaspekte müssen bei marktneuen Produkten bedacht werden. Verfügt das Marktsegment, an das man sich wenden will, über die für die Akzeptanz der Produkte notwendige Phantasie? Falls nicht, welche Möglichkeit der Anregung und Sensibilisierung könnte man wählen? Diese Aspekte scheinen z. B. bei der sehr schleppenden Einführung von Mikrowellenbacköfen auf dem deutschen Markt nicht genügend berücksichtigt worden zu sein.

Die Vernetzung dieser Teilaspekte kann man sich prozessual vorstellen. Den Prozeßaspekt haben wir bereits (siehe Abschnitt 1.4) dargestellt. Die kognitiven Prozesse kann man dreistufig betrachten (Kroeber-Riel/Weinberg 1999, S. 86):

- Informationsaufnahme,
- Informationsverarbeitung,
- Informationsspeicherung.

Da wir uns in Abschnitt 2.31 bereits mit den Wahrnehmungsfaktoren und damit dem weiteren Feld der *Informationsaufnahme* auseinandergesetzt haben, reicht es aus, wenn wir uns jetzt einigen Aspekten der Informationsverarbeitung und -speicherung zuwenden.

(1) Informationsverarbeitung

Den *Informationsverarbeitungsprozeß* kann man sich stufenförmig vorstellen: Wahrnehmen, Beurteilen, Entscheiden. Jetzt interessieren also die beiden letzten Stufen. Die Produktbeurteilung wird beeinflußt von den aktuellen und gespeicherten Informationen sowie den Informationsverarbeitungsprozessen (Kroeber-Riel/Weinberg 1999, S. 276; McGuire 1976, S. 302-319).

Die aktuellen Informationen erfolgen über die unmittelbare Produktdarbietung oder die symbolische Darstellung (z. B. Anzeige, Plakat). Aus der Fülle möglicher Informationen wählt der Käufer/Verwender in Abhängigkeit vom Produkt unterschiedlich viele aus. Bei einfachen Produkten begnügt er sich mit Schlüsselinformationen (Markenname, Preis, Testurteile usw.). Hinzu treten die Informationen aus dem Produktumfeld (z. B. Typ des Einzelhandelsgeschäftes, Bildhintergrund). Das, was der einzelne nun aufnimmt, hängt stark von seinen gespeicherten Erfahrungen (Einstellung, Wissen) ab. Für das Marketing bedeutet dies, daß man sich entweder mit seiner Angebotspräsentation diesen Stereotypen anpaßt oder daß man sich bemüht, solche neu zu entwickeln. Experimente haben ergeben, daß gleiche Produkte dann signifikant besser beurteilt werden, wenn sie den Erwartungen entsprechen (Makens 1965, S. 261 ff.). Der allgemeine beeinflußt den speziellen Eindruck. Dies ist einer der wichtigen Gründe dafür, weshalb wir uns im Abschnitt 3.42 ausführlicher mit den verschiedenen möglichen Ansprüchen auseinandersetzen.

Die Informationsverarbeitung kann auf einem einfachen oder komplexen (formalisierbaren) Schlußverfahren aufbauen (Kroeber-Riel/Weinberg 1999, S. 292 ff.). Im Rahmen der einfachen psychologischen Verfahren sind mehrere Möglichkeiten denkbar. So kann der einzelne von einem einzelnen Eindruck (als Schlüsselinformation z. B. der Preis) auf die gesamte Produktqualität schließen (Detaildominanz). Dies findet man vor allem dann, wenn der Verwender Schwierigkeiten in der Qualitätsbeurteilung hat. Im umgekehrten Fall wird von der Gesamtqualität auf den einzelnen Eindruck geschlossen (Haloeffekt). Hier wird die Bedeutung des Firmen- oder Markenimages deutlich. Als Irradiation bezeichnet man den Fall, in dem der Verwender von einem einzelnen Eindruck auf einen anderen schließt (induktiver Analogieschluß). Für die Produktgestaltung folgt daraus z. B., dominante Produktleistungen (z. B. Design) zu entwickeln, damit daraus nach Speicherung auf andere Produktleistungen (z. B. gute Handhabung) geschlossen werden kann. Auch von dem Kontext, in dem das Produkt dargeboten wird, kann auf Eigenschaften (Leistungen) des Produktes geschlossen werden (Kontexteffekt).

Bei den komplexen Schlußverfahren geht man davon aus, daß sich die Produktbeurteilung aus Teilurteilen (wertenden Eindrücken) zusammensetzt. Die Teilurteile ergeben sich nach dem bekannten Rosenberg-Modell (Rosenberg 1960, S. 15-64) durch Multiplikation von Motivbedeutung und Eignungseindruck des Produktes. Die Teilurteile werden addiert. Eine andere, mehr ganzheitlich orientierte Vorstellung liegt dem Conjoint Measurement (Verbundmessung) (Green/Tull 1982, S. 429 ff.) zugrunde. Hiernach werden die Gesamteindrücke von Produkten erfragt und in die jeweils ermittelte Präferenzreihe gebracht. Aus dieser ordinalen Rangfolge wird dann auf Einzelurteile geschlossen.

An die Beurteilung fügt sich die *Entscheidung* im Informationsverarbeitungsprozeß an. Über Entscheidungsmerkmale haben wir uns bereits in Abschnitt 1.32 Gedanken gemacht. An dieser Stelle interessieren individuelle Entscheidungen. Kollektive Entscheidungen (Familienentscheidung, organisationale Entscheidungen) werden darüber hinaus von sozialen und situativen Einflußgrößen bestimmt (siehe hierzu die Abschnitte 2.34 und 2.35).

Entscheidungen können nur schwach kognitiv geprägt (Impulsverhalten, Gewohnheitsverhalten) oder auch stark kognitiv beeinflußt sein (vereinfachte Entscheidung, extensive Entscheidungen) (umfassender: Weinberg 1981, S. 49 ff.). Die kognitive Prägung kann somit als ein Kontinuum von schwach bis stark aufgefaßt werden. Viele Modelle des Kaufverhaltens (z. B. Howard/Sheth) strukturieren den extensiven Kaufentscheidungsprozeß (vgl. Abschnitt 2.21).

Der Entscheidungsprozeß wird neben anderen Faktoren von der Produktkategorie, vom Zeitdruck und anderen Situationsvariablen, von der Risikoneigung, dem Informationsniveau und der Ich-Beteiligung (Involvement) beeinflußt. Letztere Variable gibt den Grad der Zuwendung des einzelnen zum Problem (Produkt) wieder.

Für das Impulsverhalten ist der starke Angebotsreiz bedeutsam. Der kann in einer Produktaufmachung mit hohem Aufforderungscharakter (Verpackungsgestaltung) oder in einer reizstarken Produktpräsentation (z. B. Massenpräsentation mit großen, aggressiven Preisschildern) liegen. Für das Gewohnheitsverhalten sind Vertrautheit und gute Erfahrung mit einer Marke bedeutsam.

Umfangreicher sind die Einflüsse bei den Verhaltensweisen mit stärkerer kognitiver Prägung. Wir wollen uns lediglich dem Aspekt der *kognitiven Dissonanz* zuwenden. Ähnlich dem motivationalen Ambivalenzkonflikt liegen Entscheidungen vielfach konfliktäre Kognitionen (Kenntnisse, Überzeugung, Meinung) (Festinger 1978, S. 17) zugrunde. Aufgrund eines generell unterstellten Harmoniestrebens (→ Spannungsreduktion) bemüht sich der einzelne darum, diese Inkonsistenzen zu reduzieren. So können folgende Situationen speziell in der Nachkaufphase beim Konsumenten zu

Dissonanzen führen:

- Die Ansprüche des Konsumenten werden nicht in genügendem Maße durch Produktleistungen befriedigt, z. B. weil das Produkt Mängel bei der Auslieferung aufweist, weil es schlecht oder schwierig zu bedienen ist.
- Die soziale Bestätigung der Bezugspersonen bleibt aus.
- Einstellungsdiskrepantes Verhalten, d. h. ein Nachgeben gegenüber gesellschaftlichen Zwängen kann zu Dissonanzen führen, wenn diese nicht der ursprünglichen Einstellung entsprechen.
- Nach der Kaufentscheidung werden Produktinformationen aufgenommen, welche die Nachteile der gewählten Alternative bewußt werden lassen.
- Der Käufer wird mit widersprüchlichen Informationen konfrontiert.
- Die zurückgewiesenen Kaufalternativen erscheinen im nachhinein als relativ attraktiv.

Das Auftreten von Dissonanzen, insbesondere die Stärke der erlebten Spannungszustände, wird durch das Vorliegen bestimmter Dissonanzvoraussetzungen bestimmt. Hier wären zu nennen:

- Die Kaufentscheidung ist mit einer finanziellen, zeitlichen oder sozialen Bedeutung verbunden.
- Es müssen Kaufalternativen vorhanden sein.
- Zurückgewiesene Kaufalternativen können attraktiv sein.
- Der Kauf ist unter Entscheidungsfreiheit getätigt worden.
- Der Konsument ist auf bestimmte Überzeugungen, Werte und Normen festgelegt.

Je nach Stärke der Dissonanzvoraussetzungen für ein Individuum – war z. B. mit dem Kauf eines Produktes ein relativ hoher finanzieller Aufwand verbunden – wird die Dissonanz entsprechend stark empfunden.

Eine relative Zufriedenheit mit der Kaufentscheidung deutet darauf hin, daß die Dissonanz im Toleranzbereich liegt. Liegt die empfundene Dissonanzstärke jedoch über dieser Toleranzschwelle, weil die an ein Produkt gestellten Ansprüche nicht durch entsprechende Produktleistungen befriedigt werden, dann reagiert der Käufer mit unterschiedlichen Dissonanzreduktionsstrategien.

Sind die Anspruchs-Leistungsdifferenzen tendenziell gering, dann kann mit einer *Vermeidungsstrategie* gerechnet werden, d. h. die getroffene Kaufentscheidung wird gerechtfertigt. Diese Rechtfertigung kann herbeigeführt werden durch

- die Änderung des eigenen Bewertungssystems, indem die gewählte Alternative im nachhinein auf- und die verworfene Alternative abgewertet wird oder die

Bedeutung der Beschaffung herabgesetzt wird oder die Einstellung zu Bezugspersonen geändert wird,
- die selektive Aufnahme von Informationen,
- die selektive Verdrängung von dissonanten Informationen,
- Wahrnehmungsverzerrung,
- Einflußnahme auf Bezugspersonen.

Ist die Anspruchs-Leistungsdifferenz jedoch tendenziell hoch, dann wird wohl der Einsatz einer *Konfrontationsstrategie* wahrscheinlich sein, d. h. es kommt zu einem Widerruf der gewählten Alternative. Zwei Formen sind denkbar:
- Physischer Widerruf: die Beschaffung wird, z. B. durch Umtausch, rückgängig
  gemacht.
- Psychologischer Widerruf: nach der Beschaffung wird eine negative Einstellung gegenüber dem Produkt bzw. dem Hersteller aufgebaut.

Für den Hersteller stellt sich die Aufgabe, die Dissonanzursachen und -strategien zu
antizipieren, um durch eine dissonanzreduzierende Ausgestaltung seiner Marketinginstrumente, insbesondere bei der Produktentwicklung, ein etwaiges Auftreten von Dissonanzen zu vermeiden bzw. bereits aufgetretene abzubauen. Dies kann am ehesten
durch das Erbringen erwarteter Leistungen realisiert werden. Darüber hinaus ist es für
den Hersteller lohnenswert, sich Gedanken über Umtauschmöglichkeiten verkaufter
Ware zu machen, um dadurch das Gefühl der starken Bindung an die getroffene Entscheidung zu reduzieren (z. B. Ikea-Möbel: uneingeschränktes Rückgaberecht innerhalb eines bestimmten Zeitraumes). Auch das Überstrahlen einer herausragenden Leistung, die für den Käufer wichtig ist, kann zur Inkaufnahme anderer nicht so überzeu-
gender Leistungen führen.

(2) Informationsspeicherung

Wissen als gespeicherte Information wird durch Lernen erworben. Lernen führt zu
einer Veränderung des Verhaltensrepertoires. Zur Erklärung des Lernens wurde eine
Fülle von Theorien entwickelt (Kroeber-Riel/Weinberg 1999, S. 324 ff.). Eine geschlossene, die vielfältigen Einflußfaktoren berücksichtigende Lerntheorie existiert derzeit
noch nicht. Relativ weit verbreitet sind die Stimulus-Reaktionstheorien (S-R-Theori-
en). Danach wird das Verhalten (Reaktionen) als eine Folge von Reizkonstellationen
(Stimuli) betrachtet. Bei diesen Theorien kann man zwei unterschiedliche Schwerpunkte unterscheiden:
- Lernen nach dem Kontiguitätsprinzip
- Lernen nach dem Verstärkerprinzip.

Im ersten Fall haben wir es mit der seit Pawlow bekannten *klassischen Konditionierung* zu tun. Wird zusammen mit einem Reiz, der eine bestimmte Reaktion auslöst, ein weiterer neutraler dargeboten, so kann dieser alleine bei mehrmaligen Wiederholungen die gleiche Reaktion auslösen, ohne daß der erste Reiz dazu nötig wäre. Man macht sich dieses Lernen vor allem bei der Gestaltung von Werbekampagnen insofern zunutze, als man der Produktabbildung oder dem Produktnamen, z. B. durch Hintergrundgestaltung, solche Stimuli hinzufügt, die eine gewünschte Einstellungsdimension prägen. Das Lernen nach dem *Verstärkerprinzip* baut auf der instrumentellen Konditionierung auf. Eine positive Verhaltensbeeinflussung tritt dadurch auf, daß das eigene Verhalten belohnt wird (z. B. Geldersparnis, soziale Anerkennung). Die gleiche Wirkung hat der Entzug negativer Verstärkungen, indem Bestrafungen vermieden werden.

Positive Erfahrungen im Umgang mit einer Marke tendieren somit zu einer Verstärkung der Kaufreaktion. Das gleiche gilt für den Umgang mit Produkten. Mehrmalige Mißerfolge mit der Handhabung von Produkten können trotz Gebrauchstauglichkeit zur völligen Produktablehnung führen. Das kann für die Bedienungsgestaltung dazu führen, daß man sich stark an bisher gelernten Bedienungsmustern orientiert. Will man das aus Gründen der Leistungsprofilierung nicht tun, dann wird man „einsichtige" Bedienungsfolgen schaffen müssen. Ob man das erreicht, wird nur in einem Produkttest festgehalten werden können.

Damit das, was gelernt wurde, nicht vergessen wird, sind ständige Stimuluswiederholungen nötig. Bei langlebigen Gebrauchsprodukten kann man für die richtige Produktbedienung übersichtliche, kurze Bedienungsanleitungen einsetzen.

2.34 Soziale Faktoren

In den bisherigen Überlegungen haben wir weitgehend unberücksichtigt gelassen, daß der einzelne ja kein Eremitendasein führt. Er ist vielmehr eingebunden in verschiedene Beziehungsgeflechte mit anderen Menschen. Von ihnen und ihren Schöpfungen wird er ebenso beeinflußt wie er diese umgekehrt auch mitprägen kann. Die Beachtung der sozialen Faktoren erscheint gerade heute besonders wichtig, wenn man wie Riesman (1970, S. 36) die heutigen Menschen unseres Kulturkreises als im wesentlichen von außen geleitet betrachtet. Wir wollen uns mit folgenden Faktoren befassen:

- Kultureinflüsse,
- Einflüsse der sozialen Schicht,

- Rolleneinflüsse,
- Familieneinflüsse
- Gruppeneinflüsse.

(1) Kultureinflüsse

Jeder Mensch ist eingebettet in die Geschichte seiner Umgebung. Wir wollen Kultur als die Gesamtheit der typischen Lebensformen einer Bevölkerung verstehen (Müllmann 1969, S. 598). Dazu gehört für unsere Betrachtung nicht nur das „Kulturgut" einer Gemeinschaft, sondern alles das, was an Kulturgegenständen (dazu gehören auch Produkte), Werten und Normen tradiert wird.

Die Kulturkreise kann man unterschiedlich groß abstecken. Große Kulturkreise sind z. B. das Abendland, Ostasien, der Vordere Orient. Für Marketingüberlegungen bringt das nicht allzuviel. Wir müssen genauer hinschauen.

Den Mitgliedern eines Kulturraumes fallen meist erst dann Kulturunterschiede auf, wenn sie ihren eigenen Raum verlassen. Ist der Produktmanager Mitglied des Kulturraums, für den er Produkte entwickelt, dann werden sich keine allzu großen Probleme ergeben, da er die gültigen Kultureinflüsse meist internalisiert hat. Er beachtet sie unbewußt. Soll jedoch ein Produkt entwickelt werden, das den eigenen engeren Raum überschreitet, dann wird die Analyse der Kultureinflüsse bedeutsam.

In einem Land, einer Region usw. haben sich im Zeitablauf kodifizierte und nicht kodifizierte Verhaltensnormen in Form von Gesetzen, Regelungen, Absprachen und Wertesystemen herausgebildet, die als Selbstverständlichkeiten das Handeln bestimmen. Dazu gehören u. a. Einstellungen zum Wohnen, zur Kleidung, zur Ernährung, zum Verhältnis der Geschlechter untereinander, von Eltern und Kindern. So stellen wir beispielsweise nicht nur in den verschiedenen europäischen Ländern, sondern sogar in Deutschland selbst teilweise erhebliche Unterschiede in den Eß- und Trinkgewohnheiten fest. Für einen überregionalen Lebensmittelproduzenten ergibt sich damit der Zwang, vor der Entwicklung und Markteinführung eines neuen Produktes möglichst genau zu ermitteln, welche Einflüsse für sein Produkt zu beachten sind. So mußte Langnese für das Eisprodukt „Magnum" die in Deutschland erfolgreiche Rezeptur für Großbritannien insofern ändern, daß auf natürliche Vanillekörner zugunsten eines künstlichen Vanillearomas verzichtet wurde, weil die Vanillekörner dort für Schmutz gehalten wurden. Oder ein anderes Beispiel: Ein Hersteller von Möbeln, die für internationale Märkte gedacht sein sollen, muß die teilweise völlig andere Einrichtungskultur in den USA oder Japan bedenken.

Je nachdem, für welchen Markt man plant (nationaler, Hemisphären-, Weltmarkt) (® siehe hierzu Abschnitt 3.32), müssen die entsprechenden Kulturbezüge beachtet werden. Das ist genaugenommen trivial. Fragt aber der Praktiker, der diese Aufgabe zu bewältigen hat, nach Anhaltspunkten, die ihm weiterhelfen, dann erleidet er Schiffbruch. Die wissenschaftlichen Ergebnisse sind mager, die Produktrelevanz der vergleichenden Kulturforschung ist dünn (vgl. Hall 1977, Hofstede 1993, Trompenaars 1993, Vogelsang 1999).

Da hier lediglich die Auswirkungen der Kultur auf die Produktentwicklungen von Bedeutung sind, reduziert sich unser Interesse auf die Kulturgebundenheit von Produkten. Vogelsang (S. 95) trennt in weniger und stärker kulturgebundene Produkte – diese Überlegungen haben wir hier etwas verändert:

Grad der Kulturgebundenheit von Produkten

$\longrightarrow$

weniger kulturgebunden	**stärker kulturgebunden**
• technisch funktionale Produkte	• symbolhafte Produkte
• einfache Produkte	• komplexe Produkte
• neuartige Produkte	• altbewährte Produkte
• Produkte mit eher sachhaftem Leistungscharakter	• zentrale, bedeutsame Produkte
• Luxusprodukte	• Produkte mit eher anmutungshaftem Charakter
• Investitionsprodukte	
• Designprodukte	
• übliche Produkte des alltäglichen Lebens	

Übersicht 26: Grad der Kulturgebundenheit von Produkten

Unternehmen, die auf mehreren Märkten (international usw.) anbieten, müssen mit kulturbedingten Reaktanzen rechnen, wenn sie stärker kulturgebundene Produkte anbieten. Bei Industriegütern hat dies auf die Produktgestaltung weniger, dagegen mehr Auswirkungen auf die Verhandlungen mit den Kunden.

Neben diesem allgemeinen Kulturaspekt müssen noch Einflüsse der *Subkultur* berücksichtigt werden. Es handelt sich hierbei um Verhaltensnormen, die sich aus verschiedenen Identitäten ergeben können. So kennen wir Subkulturen, die aus der *geographischen* Herkunft resultieren. Besonders auffällig sind die Denk- und Lebensweisen vieler türkischer Gastarbeiter, die sich teilweise sehr deutlich von deutschen Gepflogenheiten unterscheiden. Nicht zu vergessen sind *altersbedingte* Subkulturen (z. B. Raver-, Punkkultur). Als studentische Einheitskleidung konnte man über mehrere Jahre blaue Jeans beobachten.

Sind diese Gruppen interessante Marktsegmente, dann wird man sich auch mit deren Verhaltensnormen intensiv auseinandersetzen müssen.

(2) Schichteinflüsse

Man geht davon aus, daß die Angehörigen einer Schicht sich in bestimmten Grenzen ähnlich verhalten (Mayntz 1958, S. 134 f.). Als Merkmale zur Schichteinteilung werden meist Einkommen, Berufsstellung und Bildung herangezogen.

Moore/Kleining (1960, S. 86-119; Scheuch/Daheim 1961, S. 103; Bolte/Kappe/ Neidhardt 1968, S. 64 ff.) haben Schichtungen der Bevölkerung in der Bundesrepublik vorgenommen.

Die Parameter zur Einteilung in die jeweiligen Schichten (obere, mittlere, untere Schichten) müssen den jeweiligen gesellschaftlichen Entwicklungen angepaßt werden. Produkte mit hoher Ich-Beteiligung (® Involvement) tragen starke schichtspezifische Bezüge. Einrichtungsgegenstände, Bekleidung, Accessoires weisen schichtenspezifische Differenzierungen auf.

(3) Rolleneinflüsse

Rollen können als Muster zur Standardisierung des Verhaltens betrachtet werden (Popitz 1975). Es handelt sich um Verhaltensstereotypien, welche die Auseinandersetzung mit der Umwelt erleichtern. Sie sind durch das damit verbundene soziale Risiko maßgeblich verhaltensrelevant und determinieren somit auch das Kaufverhalten (Murzin 1990, S. 21). Das intensive Bestreben des Konsumenten, Risiken im Kaufentscheidungsprozeß zu vermeiden, kann durch rollenkonformes Verhalten verwirklicht werden. Diese Erkenntnis stellt den Bezugsrahmen der Prognostizierbarkeit von Rollenverhalten dar, wodurch dem Einsatz der sozialen Rollen im Marketing Bedeutung zukommt. Diese Verfestigungen ranken sich um bestimmte soziale Positionen; man geht davon aus, daß die Inhaber gleicher Positionen gleiche Maßstäbe von Rechten und Pflichten anlegen. Soziale Rollen gibt es im individuellen und organisatorischen Bereich (vgl. Abschnitt 2.6).

Konsumrelevante Rollen im individuellen Bereich stellen die Familienrollen dar. Sie lassen sich aufteilen in die Ganzmutter, die berufstätige Mutter, den traditionellen Vater, den Intensivvater, den Jugendlichen und die Oma (Murzin 1990, S. 170). Zu prägnanten und charakteristischen Rollenbildern werden sie durch die Zuordnung von beschreibenden Statements und darauf aufbauenden rollenspezifischen Dimensionen, die ihre Vergleichbarkeit gewährleisten und eine spätere Anspruchszuordnung ermöglichen. Aus den Rollenstatements lassen sich die Dimensionen ableiten, welche eine Rolle kennzeichnen. Das zeigt die folgende Übersicht 27.

Dimensionen / Familienrollen	individueller Geltungsdrang	Familienbezug	gutes Gewissen	schlechtes Gewissen	traditionell	fortschrittlich	praktisch-emotional	technisch-sachlich	hoher familiärer Zeitaufwand	geringer familiärer Zeitaufwand	ökonomische Verantwortung	erzieherische Verantwortung
Rolle der Ganzmutter	-	x	x		x		x		x		-	x
Rolle der berufstätigen Mutter	x		x		x					x	x	x
Rolle des Intesivvaters	-	x	x			x	x	x	x		x	x
Rolle des traditionellen Vaters	x		x	x				x		x	x	-
Rolle der Oma		x	x		x		x		x			-
Rolle des Jugendlichen	x	-				x		x			-	

Übersicht 27: Dimensionen der Familienrollen (Quelle: Murzin 1990, S. 276)

So gekennzeichnet, ist es möglich, rollenspezifische Anspruchsschwerpunkte zu prognostizieren (Murzin 1990, S. 284 ff.). Jeder einzelne hat nun mehrere und ständig wechselnde Rollen inne. Das rollengerechte Verhalten lernt er im Zeitablauf sowohl durch Erziehung als auch nach dem Verstärkerprinzip.

Das bedeutet jedoch nicht, daß sich der einzelne immer rollenkonform verhält (Fishbein/Ajzen 1975, S. 332). Zum einen können affektive, kognitive und situative Faktoren dazu führen, daß bei einem Rollengesamt einer Rolle der Vorzug gegeben wird; zum anderen mögen gerade kognitive Faktoren dazu beitragen, sich rolleninkonform zu verhalten.

Rollenkonzepte können somit zur Verhaltenserklärung herangezogen werden, allein reichen sie dazu nur selten aus. Weiterhin muß bedacht werden, daß sich die Rollendimension und ihre Gewichtung im Zeitablauf ändern können.

(4) Familieneinflüsse

In der sozialwissenschaftlichen Forschung wie auch im Marketing spielt der soziale Aspekt der Familie fast keine Rolle mehr. Löst man sich vom starren Familienschema (verheiratetes Paar plus Kinder) und dem darauf aufbauenden Familienlebenszyklus, und stellt statt dessen vielmehr die privaten Interaktionen kleiner Lebenseinheiten in den Mittelpunkt der Betrachtung, dann resultieren daraus für das Marketing beachtliche Hinweise. Die Familie läßt sich durch Partnerschaft, Elternschaft und gemeinsamen Haushalt beschreiben (Berghaus 1999, S. 18 ff.). Zulasten der standardisierten Normalfamilie haben sich neue Familienformen herausgeschält (Wippermann 1999, S. 76 ff.). Während die Partnerbeziehungen einem zunehmenden Wandel unterliegen, scheinen die Kindbeziehungen relativ stabil zu bleiben.

Man kann von folgender Variablensturktur (Wiswede 1999) ausgehen:

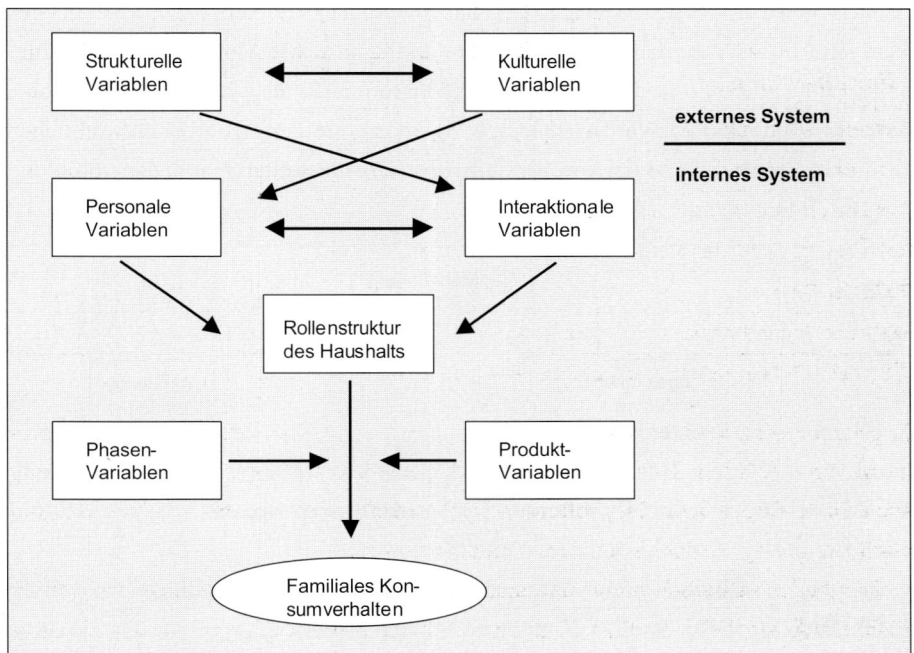

Übersicht 28: Familiales Konsumverhalten

Dies haben wir an anderer Stelle bereits erläutert (Koppelmann 1999, S 150 ff.). Liberalisierungs- und Individualisierungstendenzen können den *kulturellen* Variablen zugerechnet werden. Die Eigenständigkeit der Frau und das Mitspracherecht von Kindern sind gewachsen. Die Emanzipation vom Rollenstereotyp trifft vorrangig auf die Mittelschichten zu. Darauf nimmt die Werbegestaltung bereits Bezug.

Als *strukturelle Variable* kann die Pluralisierung der Lebensformen, die Entstandardisierung der Familie aufgefaßt werden. Nicht eheliche Partnerschaften, Instabilität der Partnerbeziehungen, Ein-Kind-Ehen, Mischformen des Zusammenlebens begegnen wie erwähnt allenthalben. Die strukturellen Veränderungen treten vor allem in den Mittelschichten auf. In der Feudal-Familie – hier insbesondere im konservativ-technokratischen Milieu – findet dagegen eine Rückbesinnung auf traditionelle Geschlechterrollen statt. Hier zeigt sich die Notwendigkeit, unter dem Rubrum familiales

Konsumverhalten sehr differenziert zu planen und zu denken. Es legt sich nämlich kein *genereller* Familienschleier auf das Individualverhalten, vielmehr muß das individualtypische Familienverhalten jeweils geprüft werden.

Zu den *personalen* und *interaktionalen* Variablen gehören die Überlegungen, wer vorrangig die Kaufentscheidung trifft. Aufbauend auf Überlegungen von Davis & Rigaux 1974 (siehe auch Wiswede 1999, S. 123) haben Kirchler/Kirchler (1990, S. 49 ff.) den relativen Einfluß von Mann und Frau, Vater und Kind sowie Mutter und Kind darge-stellt. Eine andere Form der Darstellung, gewissermaßen als Spezifizierung, wählen Robertson/Zielinski & Ward (1984, S. 455), indem sie den männlichen/weiblichen Einfluß in Abhängigkeit vom jeweiligen *Involvement* darstellen (hier in der Abbildung von Busch/Dögl/Unger 1997, S. 578):

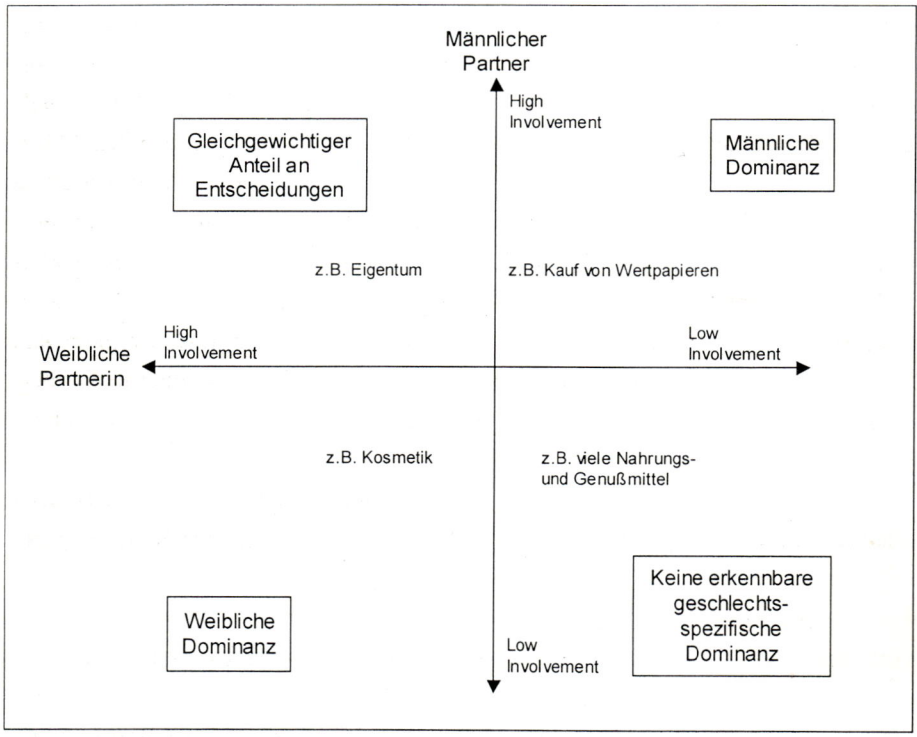

Übersicht 29: Rollenspezifische Entscheidungen in Abhängigkeit vom Involvement

Die Zunahme der gemeinsamen Entscheidungen von Mann und Frau wird an verschie-denen Stellen bestätigt. Und auch das kann man wieder differenzieren. Je nach Le-benseinstellung antworten traditionell bzw. modern eingestellte Frauen mit deutlichen Unterschieden bei den gemeinsamen Entscheidungen (Qualls 1982, S. 269; Kroeber-Riel/Weinberg 1999, S. 464 f.):

Entscheidungs-bereiche	nach Angaben traditioneller Frau			nach Angaben moderner Frau		
	Dominanz Mann	Dominanz Frau	gemeinsame Entscheidung	Dominanz Mann	Dominanz Frau	gemeinsame Entscheidung
Urlaubsreise	28	16	56	4	3	93
Automobile	52	4	44	3	25	72
Kindererziehung	12	7	81	2	9	89
Wohnen	23	6	71	8	4	88
Versicherung	33	2	65	21	4	75
Sparen	26	12	63	9	8	83

Übersicht 30: Zum Einfluß der Einstellung auf das Rollenverhalten

Auch Kinder üben Einfluß aus. Nach Assael (1992, S. 471) *kaufen* Kinder *selbst* folgende Produktkategorien besonders häufig: Süßigkeiten, Spielsachen, Softdrinks, Geschenke, Snacks, Bücher und Zeitschriften, Fast Food, Bekleidung, Batterien, Schallplatten und Tonbänder, Kinokarten und Sportartikel. Der Anteil des Kinderkonsums an diesen Produktkategorien schwankt in den USA zwischen 10 und 30 %. Sie *beeinflussen* den Kauf der folgenden Produktkategorien: Eigene Bekleidung (80 %), Spielsachen (80 %), Eiscreme (knapp 70%), Softdrinks (55 %), Videokassetten (über 40 %), Schallplatten (30 %), TV-Geräte (um 15 %) und selbst der Kauf von Autos wird zu über 10 % von Kindern beeinflußt. Die Art von Kindern beeinflußter Konsumentscheidungen hängt auch vom Alter ab (Lackman/Canasa, 1993). So beeinflussen kleine Kinder eher den Kauf von Süßigkeiten und Frühstücksflocken, während ältere Kinder Entscheidungen über Bekleidung, Schallplatten, Zeitschriften und Bücher mitprägen. Es ist sicherlich nicht abwegig, Kindern und Jugendlichen bei elektronischen Unterhaltungsprodukten im starken Maße die Funktion eines Informationsagenten zuzusprechen.

Wie sich Kinder durchsetzen, hängt nicht nur vom Familienklima, sondern auch vom Familientyp ab. Carlson und Grossbart (1988) erwähnen folgende Familientypen:

- Autoritärer Familientyp
  Die Eltern haben hohe Kontrolle über das Konsumverhalten der Kinder.
- Vernachlässigender Familientyp
  In diesem Fall haben die Eltern wenig Kontrolle auf das Konsumverhalten der Kinder, die viele Produktkategorien je nach Einkommen weitgehend autonom konsumieren.
- Demokratischer Familientyp
  In diesem Fall werden Interessen zwischen Kindern und Eltern durch Diskussion und gegenseitige Beeinflussung ausgeglichen.

- Permissiver Familientyp

In diesem Fall haben die Kinder sehr viele Rechte, es werden ihnen allerdings keine Pflichten auferlegt.

Beim vernachlässigenden und permissiven Familientyp haben die Kinder einen sehr hohen Einfluß, beim autoritären Familientyp einen eher geringen Einfluß auf Konsumentscheidungen (Busch/Dögl/Unger 1997, S. 579). Autoritäre Familientypen wird man eher in traditionellen, demokratische eher in modernen Lebenswelten finden.

Für Marketingüberlegungen sind weiterhin die *Produkt-* und *Phasenvariablen* interessant. Neben kategorialen Produktaspekten (z. B. Luxusgüter, langlebige Gebrauchsgüter/Verbrauchsgüter) stellt sich die Frage, wer in der Familie eher als der andere welche Produkte kauft. Wiswede zeigt signifikante Unterschiede (1999, S. 121 u. 123). Wichtig ist auch, daß in der *Mittelschicht* gemeinsame Entscheidungen häufiger als in Ober- und Unterschichten vorkommen.

Bezogen auf die Ehepartner und deren Entscheidungen in verschiedenen Produktbereichen wird folgende Schwerpunktbildung herausgestellt (Kroeber-Riel/Weinberg 1999, S. 454):

- Der Einfluß des Mannes ist stärker, wenn es um den Kauf von Gebrauchsgütern geht, die *außerhalb* des Hauses benutzt werden (wie Rasenmäher) oder technisch sehr komplex sind (wie Autos).
- Die Frau dominiert meistens bei Kaufentscheidungen für Produkte, die *im* Haus benutzt werden.
- Bei Produkten mit gemeinsamer Nutzung und von größerer Bedeutung sind mehr gemeinsame Entscheidungen zu erwarten (zunehmender Trend).

Etwas Skepsis dürfte ob der auch heutigen Gültigkeit dieser Aussagen angebracht sein. Zumindest sind die Rollenzuschreibungen, daß der Mann für das Technische und die Frau für das Ästhetische zuständig seien (Lackman/Canasa 1993), im Wandel begriffen. Das hat dann auch erhebliche Auswirkungen für die Angebotsgestaltung (Produkt, Werbung usw.).

Nicht zuletzt sind die *Phasen* des Entscheidungsprozesses für die hier gewählte Fragestellung bedeutsam. Der Anregungsphase (Initiierung) folgt die Suchphase (Informationsbeschaffung), die Auswahl- und dann die Kaufphase (Wiswede). Eine zu starke Fokussierung auf die Kaufphase verhindert im Marketing den Blick auf wirksame Einflußmöglichkeiten in den vorangehenden Phasen.

Was nicht frühzeitig in den „Evoked Set" hineinkommt, kann später auch nicht als Kaufalternative bewertet werden. Eine andere personenbezogene Einteilung geht auf

Lackman/Canasa (1993) zurück; sie muß allerdings um den Anreger ergänzt werden:

- Anreger stellt ein Defizit fest.
- Informationsbeschaffer beeinflußt die Informationsverarbeitungsprozesse in der Familie, indem er Art und Umfang der zur Verfügung stehenden Informationen beeinflußt.
- Beeinflusser wirkt auf die Konsumentscheidung ein, auch wenn er selber von der Nutzung der betroffenen Artikel nicht direkt berührt ist. Der Beeinflusser bestimmt die Marken, die seiner Meinung nach am besten zur Befriedigung der Familienbedürfnisse geeignet sind.
- Entscheidungsträger bestimmt letztendlich über die zu verwendenden Marken und Produktkategorien. Verschiedene Rollen können durchaus in einer Person vereinigt sein, so ist in vielen Familien der Beeinflusser identisch mit dem Entscheidungsträger.
- Käufer führt die Kosumentscheidungen letztendlich aus. Der Käufer selber kann ggf. durchaus von den getroffenen Entscheidungen innerhalb der Familie abweichen und unterliegt dann situativen Einflüssen am Ort des Kaufes. Wenn Entscheidungen am Ort des Kaufes getroffen werden, ist diese Person identisch mit dem Entscheidungsträger.
- Verwender benutzt die erworbenen Konsumgüter. Käufer und Verwender können gleiche wie auch unterschiedliche Personen (z. B. bei Geschenken) sein.

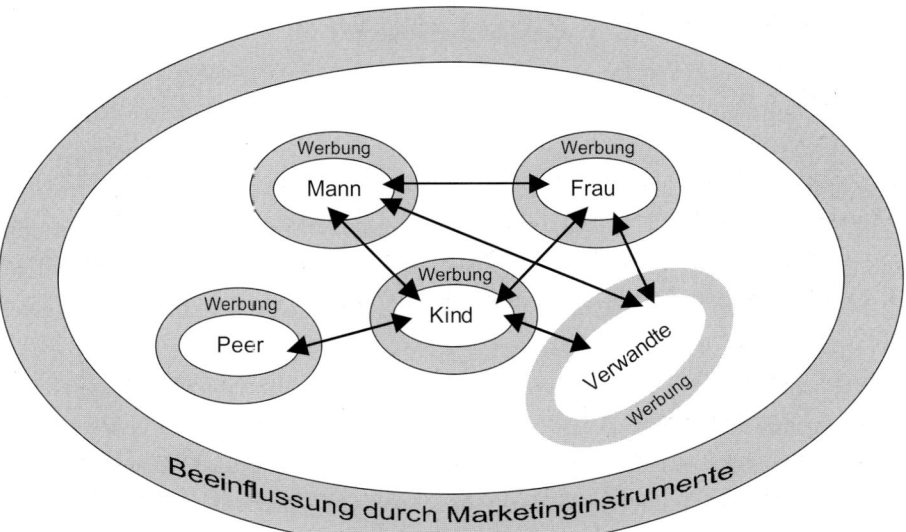

Übersicht 31: Beeinflussungsinterdependenzen

Worin und wie schlagen sich die Variablen im Familienverhalten nieder? Um das Ganze wegen der vielen Details nicht aus den Augen zu verlieren, wollen wir von dem oben dargestellten einfachen Modell ausgehen (siehe Übersicht 31).

Jeder einzelne wird durch Reize (z. B. durch Werbung) von außen beeinflußt. Vor diesem Hintergrund, dem Wissen, den Einstellungen (Images) und den Interessen nimmt jeder teil am familialen Austauschprozeß. Jeder beeinflußt den anderen. Für das Marketing ist die Kenntnis dieses Netzwerkes deshalb von besonderem Interesse, weil sich durch gezielte Ansprache (Beeinflussung) der Netzwerkteilnehmer die Möglichkeit bietet, effizienter eigene Ziele zu verfolgen. Oder anders ausgedrückt: Statt eines undifferenzierten Marketingdauerregens den Wasserstrahl dort hin gezielt zu halten, wo Bewässerung Wachstum verspricht. Und wenn es dann auch noch gelingt, den Reiz so zu gestalten, daß der Angesprochene darin einen „Nutzen" für sein Netzwerkverhalten erkennt, dann dürfte das zur Beeinflussungsoptimierung beitragen.

Neben den schon erwähnten Schwerpunkten des Produktinteresses von Mann und Frau, die man sicherlich in Abhängigkeit vom Familientyp noch weiter differenzieren kann, geht es auch darum, den Entscheidungsprozeß mit in die Überlegungen einzubeziehen. Wer beeinflußt wen in welchem Maße in welcher Phase des Entscheidungsprozesses? Welche Produkt- und Informationsstimuli helfen wann wem? Diese Fragen spielen bei Verbrauchsprodukten des täglichen Bedarfs (convenience goods) eine geringere Rolle als bei Gebrauchsprodukten, die in größeren Zeitabständen gekauft werden (shopping und speciality goods). Wiswede (1999) weist darauf hin, daß Mann und Frau in der Anregungs- und Kaufphase zusammenwirken, während in der Such- und Auswahlphase eher Frau und Kind tätig werden; Jugendliche wirken darüber hinaus in der Anregungsphase mit. Aufgrund des Wissens und Interesses wächst der Mitwirkungsumfang der Kinder im familialen Kaufentscheidungsprozeß. Dies gilt vor allem in Produktbereichen, in denen die Kompetenz der Kinder gestiegen ist (Mode, Medien, Technik). Vor allem bei jüngeren Produktkategorien mit technischem Anspruch sind Kinder und Jugendliche in der Anregungsphase mitbeteiligt. Somit ist es für Anbieter wichtig zu erforschen, ob in ihrer Produktkategorie Kinder als Kommunikationsagenten angesprochen werden können.

Ebenso wichtig ist die Konsumsozialisation des Kindes durch die Eltern. Kinder lernen in starkem Maße zu Hause, wie sie sich Produkten, Informationen usw. zuwenden. Die Basis für Marken- und Produktimages wird in der Jugend gelegt. Vom Erziehungsstil hängt es unter anderem ab, ob andere (z. B. peer-groups) diesen Einfluß ersetzen oder modifizieren. Immer spielt das Modellernen eine Rolle in einer Lebensphase, in der alles noch sehr plastisch ist. Spuren, die Anbieter in dieser Phase schaffen, können übermorgen Konsumwirkungen zeitigen. Die Aging-Stability-These (Meyer-Henschel 1991) besagt, daß sich Images, die im Kindes- und Jugendalter erworben werden, im späteren Leben stabilisieren.

Daß auch Verwandte (z. B. Oma, Tante) in den Entscheidungsprozeß einwirken, ist bekannt. Dieser Hinweis erfolgt nicht nur aus Vollständigkeitsgründen sondern auch, um damit den Geschenkaspekt zu verbinden. Käufer und Verwender divergieren hier in besonderem Maße. Eigene Zielvorstellungen können mit anderen konfligieren. Schuldgefühle wegen Versäumtem gegenüber den eigenen Kindern werden an Enkelkindern vielfach kompensiert. Und schließlich spielt auch der Mutter- oder Vatertyp für die Art der Entscheidung eine Rolle. Die Hausfrau-Mutter ist beispielsweise eher in der Lage, den Streit um den Kauf von A oder B als die mehrfachgestreßte berufstätige Mutter durchzustehen.

(5) Gruppeneinflüsse
Je nachdem, wie groß die Gruppe definiert wird, der der einzelne angehört, lassen sich auch die bereits genannten Einflußfaktoren an dieser Stelle erwähnen. Um die Eigenständigkeit des Gruppenaspekts im Rahmen sozialer Aspekte zu gewährleisten, wollen wir den Gruppenrahmen jedoch eng ziehen. Zum einen sei die Größe der Gruppe eng begrenzt – Kroeber-Riel/Weinberg (1999, S. 446 ff.) sprechen von näherer Umwelt des Konsumenten – und zum anderen wollen wir eine geringere Stabilität der Verhaltensäußerung unterstellen als diejenige, die wir bei den Rolleneinflüssen kennengelernt haben. Wir wollen uns auf die außerfamilialen Umgangsgruppen (Wiswede 1972, S. 164) konzentrieren. Beispiele solcher Umgangsgruppen sind der Freundeskreis, Berufskollegen, die Nachbarschaft, Mitglieder eines Vereins, chat groups usw.

Die Überschaubarkeit und die Interaktionshäufigkeit in der Gruppe können zu einer starken Angleichung von Verhaltensweisen und der ihnen zugrundeliegenden Einflußfaktoren (z. B. Einstellungen) führen. Das Wir-Gefühl in der Gruppe kann für die Kaufentscheidung bedeutsamer sein als die bereits beschriebene Einstellung (Bourne 1972, S. 154). Die Orientierung an dem, was als Gruppenleitbild angesehen wird, erleichtert bei Unsicherheit des einzelnen dessen Entscheidung. Andererseits kann es durch Sanktionen die individuelle Entschlußfreudigkeit hemmen.

Wem wäre es nicht schon einmal passiert, daß er sich vor dem Kauf eines neuen Produktes bei einem anderen erkundigt hätte, worauf er beim Kauf achten soll, welches Produkt denn wohl das beste sei. Im Regelfall wird man sich dabei an denjenigen wenden, dem man in seinem Freundes- oder Bekanntenkreis die größte Kompetenz zumißt. Dieser Meinungsführer (Konsumführer) bewirkt eher Einstellungsverhärtungen als -veränderungen (Mueller 1958, S. 13 ff.; Klapper 1960, S. 8). Er nimmt im Kommunikationsprozeß eine Schlüsselstellung ein, er beachtet die jeweils gültigen

Gruppennormen (Kroeber-Riel/Weinberg 1999, S. 506 ff.). Da es wohl nur selten *den* Meinungsführer gibt, hat man versucht, ihn bezüglich spezieller Produktmärkte zu beschreiben. So ermittelten Katz/Lazarsfeld (1972, S. 107-121) als Merkmale der Meinungsführer bei Nahrungsmitteln die Merkmale Geselligkeit, Großfamilie, kleine Kinder. Besonders bei der Einführung neuer Produkte kann es wichtig sein, über werbliche Kommunikation gerade diese Personen anzusprechen. Allerdings sollte nicht verkannt werden, daß es mit großen Schwierigkeiten verbunden ist, gerade diese so wichtigen Personen zu ermitteln.

(6) Alterseinflüsse

Auch das Alter übt einen komplexen Einfluß aus. Primär handelt es sich um eine physische Größe. Aber bereits die Hinweise auf das Familienstadium zeigten, daß auch andere Aspekte (z. B. Einkommen, Produktinteressen) eine Rolle spielen. Die Übersicht 32 zeigt die Abhängigkeit des Wertewandels vom Alter.

Übersicht 32: Die Werte der Menschen (Quelle: Nestlé-Gruppe Deutschland)

Die Notwendigkeit, sich des Alters als psychophysischer Größe bewußt zu werden, rührt daher, daß sich langfristig aus der bisherigen „Alterspyramide" ein „Alterspilz" entwickelt. Verändert sich die bisherige Nettoreproduktionsrate nicht, dann rechnet man damit, daß im Jahr 2030 die Gruppe der 68- bis 73jährigen die stärkste Altersgruppe sein wird. Und unterstellt man weiterhin, daß der Jugendlichkeitskult an Bedeutung verlieren wird, daß die Älteren und Alten zu ihrem Alter stehen und dies genießen wollen, dann tut sich ein neuer Markt auf, der beträchtliche Chancen verspricht. Altengerechtes Ernähren, Wohnen usw. sind Themenfelder, die noch weitgehend unentdeckt sind. Die Sitzmöbel sind zu tief, die Schränke (auch in Küchen) zu tief und zu hoch usw.

2.35 Situative Faktoren

Hatten wir es bisher mit persönlichen und durch das Zusammenleben mit Personen bedingten Einflüssen zu tun, so wollen wir jetzt die *äußeren Bedingungen* aufgreifen, die auf das Verhalten einwirken. Auch in diesem Fall gehen wir wieder von der idealtypischen Überlegung aus, daß sich diese äußeren Bedingungen isolieren lassen. Bei realtypischer Betrachtung muß eine Vermengung mit den bereits geschilderten Faktoren unterstellt werden.

Wir gehen davon aus, daß sich Menschen unterschiedlich verhalten (z. B. beim Kauf, beim Umgang mit Produkten), wenn man die Konfrontationsbedingungen ändert. Man kann diese Konfrontationsbedingungen nach verschiedenen Dimensionen aufspannen, um Situationen zu erhalten, die für die späteren Marktüberlegungen hilfreiche Anhaltspunkte liefern. Wir wollen Faktoren finden, die wir zum einen bisher vernachlässigt haben und die uns zum anderen später bei der Segmentierung von Ansprüchen nach Verwendungszwecken und -anlässen Hilfestellung bieten. Die Überlegungen ähneln der Vorgehensweise, die man als „consumption grid" (Verwendungszwecktableau) (Green/Tull 1982, S. 528 ff.) bezeichnet. Mit der aus den situativen Faktoren abgeleiteten Vorgehensweise werden wir uns später eingehend auseinandersetzen (siehe hierzu Abschnitt 3.432).

Wir wollen uns jetzt der Beschreibung verschiedener äußerer Bedingungen zuwenden. Die folgenden haben sich bei unseren bisherigen empirischen Analysen als aussagefähig erwiesen:

- zeitliche Situationsaspekte,
- räumliche Situationsaspekte,
- wirtschaftliche Situationsaspekte,
- besondere Ereignisse.

(1) Zeitliche Situationsaspekte

Je nachdem, wann man den Verwender (Käufer) mit Informationen von Produkten konfrontiert, wird er sich ihnen unterschiedlich intensiv zuwenden. Wir können die Zeit nach dem üblichen Ablauf unterscheiden in: Tages-/Wochen-/Monats-/Jahreszeit. Geht man von einem weitverbreiteten Lebensmuster aus, so können wir die Tageszeit einteilen in die Zeit

- vor der Arbeit,
- während der Arbeit,
- nach der Arbeit.

Nicht nur bei unselbständiger Arbeit ist die Zeit *vor* der Arbeit meist durch Hektik gekennzeichnet. Der schöne Schlaf, das gemütliche Bett usw. führen dazu, daß die Körperhygiene, das Ankleiden, Frühstücken meist in Eile vorgenommen werden. Die Tätigkeiten sind routinisiert, die Produktwahrnehmung ist auf das Wichtigste beschränkt. Alles muß zweckmäßig und schnell vonstatten gehen. Das trifft vor allem für „Morgenmuffel", Menschen mit „Anlaufschwierigkeiten", zu. Auch die Anspannung, was einem heute bevorsteht, führt zu einer höchst schlechten Wahrnehmung.

Die Auseinandersetzung mit Produkten und Informationen über diese *während* der Arbeit kann sich sowohl auf die dienstlichen als auch auf die privaten Aspekte erstrekken. Wenn der einzelne mit seiner dienstlichen Arbeit beginnt, hier wird der Einfachheit halber „Außerhausarbeit" unterstellt, dann geht damit seine Individualität ja nicht verloren. Während der Arbeit wird über Privates gesprochen, über das, was man gekauft hat, kaufen möchte usw. Dabei können sich Zwänge ergeben, die den Gruppen- und Rolleneinflüssen ähneln. Begegnet man hin und wieder jungen „smarten" Produktmanagern, so zeigen sie gelegentlich dienstlich einen Bekleidungs- und Accessoirehabitus, der sich deutlich vom privaten Verhalten unterscheidet.

Nach „Dienstschluß" läßt sich vielfach wieder eine Metamorphose in der Produktbewertung, im Produktumgang wie der Auseinandersetzung mit Produktinformationen beobachten. Im Gegensatz zur Hektik des Tagesanfangs kehrt nun Ruhe ein. Man hat Zeit, Produkte zu genießen, man kann sich mit ihnen beschäftigen.

Der zeitliche Rhythmus innerhalb der Woche kann verschieden ausfallen. Weit verbreitet dürfte jedoch die Freude auf das erholsame Wochenende sein – die Zeit für Hobby- und Do-it-yourself-Beschäftigungen. Spielerisches und zweckbezogenes Handeln können dabei nicht immer sorgfältig getrennt werden. Trotz schwieriger wirtschaftlicher Gesamtsituationen wächst der Markt für Produkte dieses Beschäftigungsbereichs immer noch. Auch innerhalb der Woche hat es früher stärker als heute habitualisierte Verhaltensweisen, z. B. bei den Speiseplänen, gegeben.

Beim jahreszeitlichen Wechsel (Frühjahr/Sommer/Herbst/Winter) sind zum einen die klimatischen Auswirkungen zu beobachten. Sie schlagen sich vor allem in der Bekleidung nieder, während die früher bedeutsamen Ernährungsveränderungen heute weniger wichtig geworden sind. Daneben muß aber auch der emotionalen Bewertung (siehe Anmutungen) im Jahresablauf gedacht werden. Deutlich wird dies beispielsweise bei den saisonspezifischen Farbvariationen bei Bekleidungstextilien (z. B. Frühjahr: eher zarte Pastellfarben, Sommer: kräftige bunte Farbtöne, Herbst/Winter: abgedunkelte Farben, Brauntöne). Aus vielen im Jahresablauf anfallenden Geschenktagen ragt das Weihnachtsfest heraus. Nicht nur bei Spielzeug, sondern auch bei anderen Produktgruppen (z. B. elektrischen Haushaltsgeräten) werden bis zu 50 % des gesamten Jahresumsatzes kurz vor Weihnachten getätigt. Möglicherweise aus Sparsamkeitsgründen, aber auch bedingt durch eine wachsende Industrialisierungsfeindlichkeit ist in zunehmendem Maße eine Tendenz zum Einkochen („Einwecken"), zum Backen usw. zu beobachten. Zu den jeweils typischen Schwerpunktzeiten dieser Tätigkeiten wird sich das Interesse vermehrt auf Produkte richten, die man hierzu benötigt.

Nicht vergessen werden sollten die Ferien, die insbesondere bei Familien mit schulpflichtigen Kindern an bestimmte Zeiten (z. B. Weihnachten, Ostern, Sommer) gebunden sind. Für manche Menschen beginnt das „richtige" Leben erst in den Ferien, ihre Jahresplanung richtet sich von Ferientermin zu Ferientermin. Dann leben sie auf, es findet gleichsam eine Metamorphose von der Raupe zum Schmetterling statt. Das hat dann auch Auswirkungen auf den Kauf von Produkten, die für diese Ferien benötigt werden. Diesem Aspekt muß sich die Produkteinführungsplanung anpassen.

(2) Räumliche Situationsaspekte
Eng verzahnt mit dem Wann ist das Wo der Produktkonfrontation; einige zusätzliche Aspekte müssen jedoch berücksichtigt werden. Die Möglichkeiten, wo der einzelne Produkten und Menschen gegenübertritt, lassen sich auf einem Kontinuum zwischen geringer und starker Fremdbestimmung ansiedeln.

In den eigenen vier Wänden kann sich der einzelne den relativ größten Freiraum seiner Lebensverwirklichung bewahren. In gelöster Stimmung, ohne Erfolgsdruck, ohne Hinweis auf das, was „man" zu tun oder zu lassen hat, kann er sich kleiden, beköstigen usw. Lädt er dazu Gäste ein, dann erfährt die Intimität bereits Grenzen. Sie wird relativ gering, wenn er gleichgesinnte Freunde einlädt. Kommen beim jungen Produktmanager jedoch die Eltern seiner Verlobten zu Besuch oder hat er seinen Marketingmanager zum Essen gebeten, dann hängt es von seiner Zielvorstellung ab, wie er seine Wohnung ordnet, was er auftischt usw. Kommen z. B. die Eltern seiner Verlobten aus einer höheren gesellschaftlichen Schicht und kennt er deren Vorbehalte ihm gegenüber, dann nimmt der Druck zu gesellschaftskonformem Verhalten zu. Anders als z. B. in Japan kann er dem nur schlecht dadurch entgehen, daß er sie in ein gutes Restaurant einlädt.

Noch intensiver kann der Druck am Arbeitsplatz dann werden, wenn Kontakte mit Kunden zu pflegen sind. Der Verkäufer repräsentiert seine Firma und muß deren gesetzte Ziele erfüllen. Ein normengerechtes Verhalten wird erwartet (z. B. Tragen eines dunkelblauen Anzugs, einer Krawatte, eines Lederaktenkoffers).

Völlig anders kann sich die Ferienumgebung auswirken. Während der eine froh ist, endlich seine vertraute Umgebung hinter sich zu lassen, sich endlich als anderer Mensch aufführen zu können, und damit viele bisher für ihn gültige Normen bricht, ist der andere froh, endlich einmal Zeit für Muße zum Leben zu haben, sei es, daß er liest, Sport treibt oder die Lust am Einkaufen entdeckt. Gerade davon profitieren viele Urlaubsorte. Das hat dann auch Konsequenzen für die Vertriebspolitik, um so mehr, wenn man Wert auf Markenbindung legt.

(3) Wirtschaftliche Situationsaspekte

Nur selten kann das Verhalten losgelöst von der wirtschaftlichen Situation betrachtet werden. Das Einkommen kann im Zeitablauf Schwankungen unterliegen. Dazu kann die gesamtwirtschaftliche (Konjunktur), die branchenwirtschaftliche oder die einzelwirtschaftliche (z. B. Situation des Unternehmens, in dem der einzelne angestellt ist) Lage beitragen. Aber nicht nur das verfügbare Einkommen, reduziert um die laufenden finanziellen Belastungen, ist ausschlaggebend, auch die Zukunftserwartungen spielen eine Rolle. Sie können nämlich für das Sparverhalten oder die Verschuldungsbereitschaft bedeutsam sein.

(4) Besondere Ereignisse

Als besondere Ereignisse sollen nichtalltägliche, also seltene, relativ plötzlich wirksame Lebenssituationen gelten. Zwar wird die Möglichkeit, daß eine solche Situation eintritt, schon gesehen, sie wird jedoch relativ schnell wirksam.

So hat Herr cand.rer.pol. Müller-Lüdenscheid gehofft, sein Examen zu bestehen, sicher war er sich dessen aufgrund seiner Vorbereitungen jedoch nicht. Nun hat er die Mitteilung über sein Prädikatsexamen bekommen. Das muß gefeiert werden! Seiner Freundin, Fräulein Klöbner, und einigen weiteren Bekannten ist es ähnlich ergangen.

Der Charakter dieser Examensfeier wird sicherlich ausgefallener, in der Freude überschäumender sein, als die Feier, die der vom Junior-Produktmanager zum Produktmanager beförderte Dr. Schulze veranstaltet. Der wird nämlich genau überlegen, wieweit er gehen darf, um seine Freude zu zeigen. Denn seine Beförderung war ja eigentlich wegen seiner Fähigkeiten nur noch eine Formsache.

Weitere bekannte seltene Ereignisse sind Hochzeit, Taufe, Konfirmation. Es handelt sich um Feste, die gewissen Normen unterworfen sind. Hier tritt die Spontaneität zurück, soziale Erwartungen nehmen an Bedeutung zu. Das zeigt sich nicht nur an der anlaßspezifischen Kleidung, sondern auch daran, wie und wo (Tagesadresse) der festliche Tag begangen wird. Insbesondere bei der Hochzeit erlebt man eine Fülle relativ nostalgischer Einflüsse. Da die Eltern vielfach „zur Kasse gebeten" werden, mischen sie sich mit ihrer Vorstellung ein, wer eingeladen wird, wo das Hochzeitsessen stattfindet und was gereicht wird. Das hat dann ganz erhebliche Auswirkungen auf die Produktwahl.

2.4 Ganzheitliche Typisierungen

Die betont isolierte Betrachtungsweise der verhaltensprägenden Faktoren birgt die Gefahr in sich, daß man den Wald (das Ganze) vor lauter Bäumen (den Teilen) nicht mehr sieht. Eine Möglichkeit der ganzheitlichen Betrachtung bietet die Lebensstilforschung (Plummer 1974).

Plummers AIO-Ansatz (activities, interests, opinions) ist nuancenreicher als die bisherige Vorgehensweise. Zu folgenden Bereichen werden Fragen gestellt:

Aktivitäten bezüglich	Interessen bezüglich	Einstellungen betreffend	Demographische Merkmale
Arbeit	Familie	sich selbst	Alter
Hobbies	Zuhause	soziale Belange	Ausbildung
soziale Ereignisse	Beruf	Politik	Einkommen
Urlaub	Gemeinschaften	Geschäftswelt	Beruf
Unterhaltung	Erholung	Wirtschaft	Familiengröße
Vereinsmitgliedschaft	Mode	Erziehung und	Wohnverhältnisse
Gemeinschaften	Essen	Bildung	geographischer
Einkaufen	Medien	Produkte	Hintergrund
Sport	Leistungserreichung	Zukunft	Größe der Stadt
		Kultur	Lebensabschnitt

Übersicht 33: AIO-Merkmale

Aus den Antworten einer repräsentativen Probandenmenge können dann mit Hilfe der Faktorenanalyse Lebensstiltypen generiert werden, die ein plastisches Bild über Denken, Fühlen und Handeln des jeweiligen Typen gegenwärtig vermitteln.

Einen Schritt weiter geht in Deutschland das Sinus-Institut, Heidelberg (Becker/Becker/ Ruhland 1992). Seit 1979 werden Lebenswelten (soziale Milieus) repräsentativ erhoben. Dabei werden die in Übersicht 34 aufgeführten Themenbereiche erfragt.

Lebensziel	Werte/Lebensgüter/Lebensstrategie/Lebensphilosophie
Soziale Lage	Größe (Anteil an der Grundgesamtheit) soziodemographische Struktur des Milieus
Arbeit/ Leistung	Arbeitsethos, Arbeitszufriedenheit/gesellschaftlicher Aufstieg/Prestige, materielle Sicherheit
Gesellschaftsbild	Politisches Interesse, Engagement/Systemzufriedenheit/ Wahrnehmung und Verarbeitung gesellschaftlicher Probleme
Familie/ Partnerschaft	Einstellung zu Partnerschaft, Familie, Kindern/Geborgenheit, emotionale Sicherheit/Vorstellung von privatem Glück
Freizeit	Freizeitgestaltung, Freizeitmotive/Kommunikation und soziales Leben
Wunsch- und Leitbilder	Wünsche, Tagträume, Phantasien, Sehnsüchte/Leitbilder, Vorbilder, Identifikationsobjekte
Lebensstil	Ästhetische Grundbedürfnisse (Alltagsästhetik)/ Milieuspezifische Stilwelten

Übersicht 34: Milieu-Bausteine

Hinzu kommt ein entscheidender Fortschritt. Neben der Befragung vor Ort wird auch die Lebensumwelt (Wohnung) professionell fotografiert. Die Bilder werden contentanalytisch untersucht. Die Bildaufnahme und -verarbeitung hat den großen Vorteil, eine validere Wiedergabe der Lebenswelt zu ermöglichen, als dies durch Sprache erzielbar ist, die zur rationalisierenden Schönung neigt. Die Ergebnisse der letzten Erhebung wurden 1998 (Nowak 1998, S. 18 ff.) veröffentlicht. Sie ergeben sich aus der Übersicht 35.

Zwischen den Achsen der sozialen Schicht und der Polarität Bewahren/Erleben sind verschiedene Milieus oder Lebensstile aufgespannt, die sich mehr oder minder überlappen. Die Prozentzahl gibt die Marktmächtigkeit an.

Das *konservativ technokratische Milieu* ist gekennzeichnet durch ein humanistisches Selbstverständnis, elitäres Bewußtsein, starkes Verantwortungsbewußtsein, gepaart mit hoher Leistungsbereitschaft. Auf ein intaktes Familienleben wird großer Wert gelegt. Man pflegt einen distinguierten Lebensstil, alles Übertriebene, Oberflächliche wird abgelehnt; Leistungsansprüche auf hohem Niveau, Traditionsbezug und Kennerschaft zeigen die eigene Stilsicherheit. Sachansprüche werden auf höchstem Niveau als Selbstverständlichkeit unterstellt. Bei den Anmutungsleistungen darf der hohe Wert nur Insidern auffallen (soziale Binnendifferenzierung), klassische ästhetische Lösungen herrschen vor. Man kauft in ausgewählten Spezialgeschäften (z. B. beim Herrenausstatter). Das Markenwissen und -bewußtsein ist stark ausgeprägt.

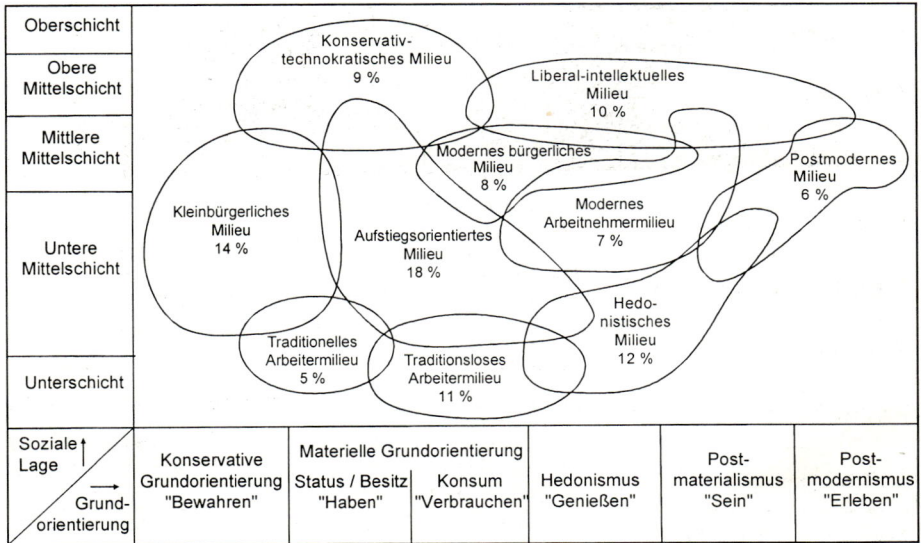

Übersicht 35: Soziale Milieus in Westdeutschland

Für das *liberal-intelektuelle Milieu* hat der Beruf einen hohen Stellenwert in der Lebensplanung; Karriere und auch Privatleben werden geplant. Aus dem starken Bedürfnis nach individueller Selbstdarstellung folgen Stilavantgardismus, Souveränität, Kennerschaft. Für neue Trends offene Konsumstile sind dann die Folge. Ökologische und soziale Verantwortung sind ausgeprägt. Bei den Sachansprüchen wird das Neue, die neue technische Lösung betont. Wegen der spielerischen Momente, der Lebensbewältigung muß nicht alles für die Ewigkeit gestaltet sein. Bei den Anmutungsansprüchen wird neben dem Klassisch-Modernen auch der auffällige neue Akzent gewählt. Provokation auf hohem Niveau ist verbreitet. Designerläden werden bevorzugt. Die starke berufliche Inanspruchnahme führt auch zu „Fluchtidyllen". Der Bauernhof, die Yacht usw. sind beredter Ausdruck ebenso wie die Klage, dies nicht nutzen zu können.

Diese beiden Milieus können Leitbildfunktionen für andere haben.

Das *aufstiegsorientierte Milieu* orientiert sich an den Standards der gehobenen Schichten; man möchte nicht unangenehm auffallen; der berufliche und damit der soziale Aufstieg bildet den zentralen Lebensinhalt. Konsumwerte haben eine große Bedeutung. Man zeigt, was man erreicht hat. Die Markenorientierung ist auffällig. Prestigemarken, offenkundige Luxusmarken werden präferiert (z. B. Rolex). Neben dem Demonstrativen entlasten sie durch ihre soziale Akzeptanz. Sachansprüche bewegen sich auf bewährtem Niveau, bei den Anmutungsansprüchen dominieren die Wertansprüche. Man kauft Boss-Anzüge bei Peek & Cloppenburg.

Aus dem *aufstiegsorientierten Milieu* haben sich zwei moderne Milieus herausentwickelt.

Über das *moderne bürgerliche Milieu* liegen keine Angaben vor. Das *moderne Arbeitermilieu* wird so umschrieben (Nowak 1998): Man ist aufgeschlossen für Neues. Man will sich geistig und fachlich weiterentwickeln, Verantwortung übernehmen; man will sich etwas leisten können. Die Menschen dieses Milieus gehören zum Mainstream der jungen Freizeitkultur mit einem konventionellen Modernismus beim Konsum. High-Tech gilt als selbstverständliches Element im Alltag. Moderne Lösungen zur Befriedigung von Sachansprüchen, Offenheit und Neugierde an Neuem sind offenkundig. Bei den Anmutungsansprüchen interessiert weniger die geschlossene Komposition, sondern eher die Freude an der modernen Nützlichkeit. Ikea und Vobis sind beliebte Einkaufsstätten.

Auf der traditionellen Seite befindet sich das *kleinbürgerliche Milieu*. Es orientiert sich im Gegensatz zu den letztgenannten Milieus an bleibenden Werten: Pflichterfüllung, Verläßlichkeit, Ordnung und Disziplin (Sauberkeit). Besitz, materielle Sicherheit, in geordneten Verhältnissen zu leben, kennzeichnen das Lebensziel. Zeitlos-gediegene Produkte werden bevorzugt; Konventionalismus, Anpassung und Sicherheit prägen den Lebensstil. In den Großformen des Einzelhandels wird eingekauft, Selbstbedienung wird bevorzugt. Hin und wieder gönnt man sich etwas Besonderes, dessen soziale Akzeptanz wichtig ist.

Das *traditionelle Arbeitermilieu* hat zugunsten des traditionslosen stark an Bedeutung verloren. Der sichere Arbeitsplatz, die Alterssicherung sind ebenso wichtig wie die soziale Integration: Nestwärme bei Freunden, Bekannten, im Tauben-, Kaninchenzüchter-, Schrebergartenverein. Die soziale Lage wird akzeptiert, man paßt sich an; diese praktisch-nüchterne Sicht führt zu Sparsamkeit, Einfachheit; solide, haltbare, handfeste Produkte werden bevorzugt; Neuem und Prestigekonsum steht man sehr skeptisch gegenüber. Sonderangebote in den Großformen des Einzelhandels werden intensiv genutzt.

Das *traditionslose Arbeitermilieu* weist ein „Underdog-Bewußtsein" auf; Enttäuschung und Neid sind weit verbreitet; die Leistungsbereitschaft hält sich in gut überschaubaren Grenzen. Man träumt vom besonderen Leben, man möchte anerkannt werden, mithalten können. Man lebt von der Hand in den Mund, neue Konsumtrends werden unreflektiert schnell aufgegriffen. Für Outfit, Essen und Trinken wird überproportional viel Geld ausgegeben. Die Anmutungsansprüche dominieren gegenüber den Sachansprüchen. Zur Vorbereitung von Konsumentscheidungen wird die Zeitschrift „test" nicht gelesen, obwohl sie gerade hier viel bewirken könnte.

Das *hedonistische Milieu* wird von der Jugend dominiert. Freiheit, Ungebundenheit, Spontanität, Freude am Genuß, Anderssein bilden den Lebensinhalt. Man lebt im Hier und Heute, Lebensplanung ist kein Thema. „Echtheit", Originalität, Unverwechselbarkeit, Coolness prägen den spontanen Konsumstil. Das ist dann manchmal ein bißchen „verrückt". Neue technische Lösungen, auffällige Innovationen, fast olympische Produktleistungswerte (→ Freakverhalten) dominieren den Bereich der Sach- und Anmutungsansprüche. Eingekauft wird in Szeneläden, gelesen werden vor allem Szenezeitschriften, man trifft sich in Szenediscos.

Ebenfalls als jugendliches Marktsegment gilt das *postmoderne Milieu*. Sie gelten als Surfer durch das Leben, sie kennen sich in der Musik- und Modeszene aus. Sie greifen als erste neue Trends auf. Provokation wird nicht gemieden. Meist durch das Elternhaus sind sie gut abgesichert.

Dieses Milieumodell werden wir später wieder aufgreifen. Es ist in der Praxis weit verbreitet. Daneben begegnet auch das Milieumodell von Schulze (1992), in dem die Milieus anhand der als evident objektiv klassifizierten Merkmale „Alter" und „Bildung" und den evident subjektiven Merkmalen, den sogenannten Schemata, gebildet werden. Diese Schemata beruhen z. B auf der Art der Freizeitgestaltung, der Lebensphilosophie, den Präferenzen bei der Mediennutzung, den Vorlieben für Musik und Kunst etc. Hier soll lediglich das Milieumodell als Originalübersicht (Schulze S. 279) wiedergegeben werden. Dieses stellen wir in Übersicht 36 dar.

„In diesem Modell werden die beiden Altersgruppen durch die Vierzig-Jahre-Linie voneinander getrennt. Das *Harmoniemilieu* umfaßt alle niedrigen Bildungsgrade bis zum Hauptschulabschluß einschließlich Abschluß einer berufsbildenden Schule; das *Integrationsmilieu* verschiedene Abstufungen mittlerer Reife (ohne Zusatzausbildung, mit Lehre, mit Abschluß einer berufsbildenden Schule); das *Niveaumilieu* alle Bildungsgrade vom Fachabitur aufwärts bis zur abgeschlossenen Universitätsausbildung. Bei den jüngeren Milieus umfaßt das *Unterhaltungsmilieu* alle niedrigen Bildungsgrade bis hin zum Niveau von mittlerer Reife und Lehre. Zum *Selbstverwirklichungsmilieu* gehören alle Personen die mindestens die mittlere Reife erreicht und eine berufsbildende Schule absolviert haben." (Schulze, S. 279)

Hier ist lediglich eine Zeitpunkterhebung ohne Bildmaterial bekannt, was die Validität stark beeinträchtigt.

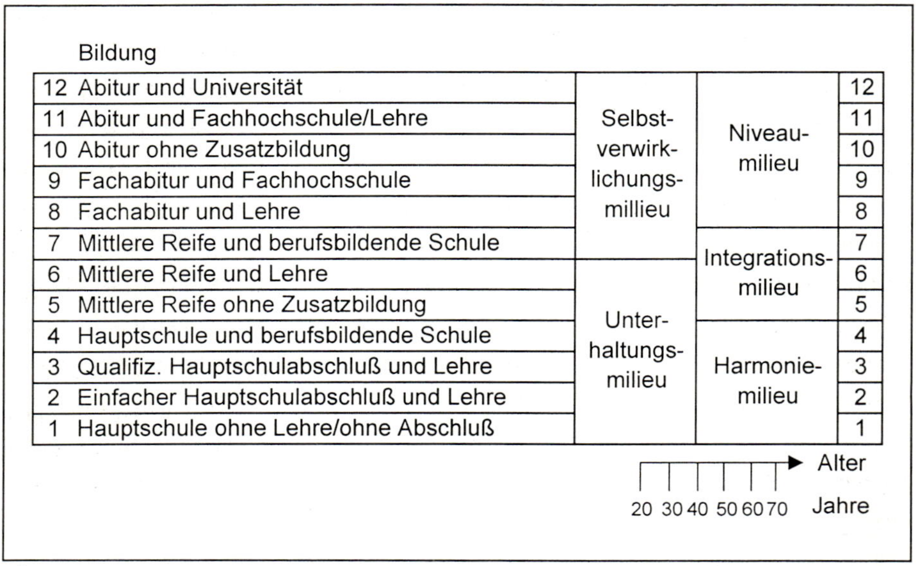

Bildung				
12 Abitur und Universität	Selbst-verwirk-lichungs-millieu	Niveau-milieu		12
11 Abitur und Fachhochschule/Lehre				11
10 Abitur ohne Zusatzbildung				10
9 Fachabitur und Fachhochschule				9
8 Fachabitur und Lehre				8
7 Mittlere Reife und berufsbildende Schule	Unter-haltungs-milieu	Integrations-milieu		7
6 Mittlere Reife und Lehre				6
5 Mittlere Reife ohne Zusatzbildung				5
4 Hauptschule und berufsbildende Schule		Harmonie-milieu		4
3 Qualifiz. Hauptschulabschluß und Lehre				3
2 Einfacher Hauptschulabschluß und Lehre				2
1 Hauptschule ohne Lehre/ohne Abschluß				1

Alter

20 30 40 50 60 70   Jahre

Übersicht 36: Das Milieu-Modell von Schulze

2.5 Verhaltensprognose

In Abschnitt 1.1 hatten wir bereits darauf hingewiesen, daß die Prognose zu den zentralen Aufgaben des Marketing gehört. Wir müssen heute Probleme entdecken, die morgen bei unseren Kunden wichtig sind, und wir müssen heute Problemlösungen finden, die unsere Kunden morgen akzeptieren, eben weil sie die entdeckten Probleme morgen haben.

Bezogen auf die bisherige Untersuchung der verhaltensprägenden Faktoren bedeutet dies, heute darüber nachzudenken, welche Wahrnehmungspräferenzen, welche Einstellungsschwerpunkte, welche wissensbasierten Interessen bei welchen sozialen und situativen Gefügen bei welcher interessanten Zielgruppe morgen virulent werden können.

2.51 Die Ausgangssituation

Das wissenschaftliche Bemühen um die Prognoseproblematik kann man als eher verhalten bezeichnen. Wenn man die Wissenschaftsmerkmale

- Objektivität (Überprüfbarkeit),

- Exaktheit,
- Validität

betont, dann ahnt man bereits, warum in der Wissenschaft ein Bogen um die Prognose gemacht wird. Konstitutives Merkmal der Planung ist der Zukunftsbezug (Wild 1974, S. 13; Szyperski/Winand 1980, S. 32; Bircher 1989, Sp. 1505; Hahn 1993, Sp. 3185; Mag 1993, Sp. 3201; Berens/Delfmann 1994, S. 12). Problemanalyse und Problemlösungshilfen der Betriebswirtschaftslehre fallen hier besonders mager aus.

Um sich der Lösung des Prognoseproblems zu nähern, wird man höchstwahrscheinlich auf die *Exaktheitsforderung* verzichten müssen. In vielen Fällen gilt bisher als Verhaltensnorm „lieber genau als valide". Aussagen über zukünftige Entwicklungen müssen vorrangig dem Validitätserfordernis entsprechen. Sie müssen nachvollziehbar sein; das geht nur unter Inkaufnahme von Unschärfen – Unschärfeprobleme gibt es nicht nur in der Betriebswirtschaftslehre. Die Diskussion um „early warning signals", über Aspekte der Frühaufklärung (Krystek/Müller-Stewens 1993), Früherkennung (Kienzle 2000) und schwache Signale (Ansoff 1976) deutet auf einen beginnenden Paradigmenwechsel hin.

Die Auseinandersetzung mit der Zukunft hat verschiedene Facetten:

Zukunftsgestaltung
(Planung)
Die Planung beschäftigt sich mit den Konsequenzen, die aus den Zukunftsbildern der Prognostik und Futuristik gezogen werden sollen:
„Wie können wir die wünschenswerte Zukunft erreichen?"

Zukunftsforschung
(Prognostik)
Im Rahmen der Prognostik werden Prognosen, Vorhersagen und Projektionen über Entwicklungsmöglichkeiten erarbeitet:
„Wie wird die Zukunft aussehen?"

Zukunftsphilosophie
(Futuristik)
Die Futuristik beschäftigt sich mit den wünschenswerten Zukunftsbildern. Ihre Grundbegriffe sind Visionen, Utopien und Ideologien:
„Wie soll die Zukunft aussehen?"

Futurologie

Wissenschaft von der Zukunft

Übersicht 37: Futurologie-Wissenschaft von der Zukunft
(Quelle: Gausemeier/Fink/Schlake 1995, S. 30)

Wir beschränken uns auf die Prognostik.

2.52 Zum Problemverständnis

Um dem Validitätserfordernis Rechnung zu tragen, müssen wir *Trend*überlegungen einführen. Dieses Stichwort fehlt sowohl im Handwörterbuch der Betriebswirtschaftslehre als auch in dem des Marketing. Trend als Grundrichtung, Entwicklungstendenz einer Zeitreihe fokussiert den Blick auf die Zeitdimension. Ereignisse, Geschehen werden in der Zeit betrachtet. Das Geschehen kann konstant bleiben, es kann sich verändern, es kann abbrechen. Bei Trendveränderungen verarbeitet man Erfahrungen aus der Vergangenheit (z. B. saisonale Schwankungen), bei Trendbrüchen ist das schwieriger. Der Problemstruktur können wir uns mit dem folgenden Bild nähern:

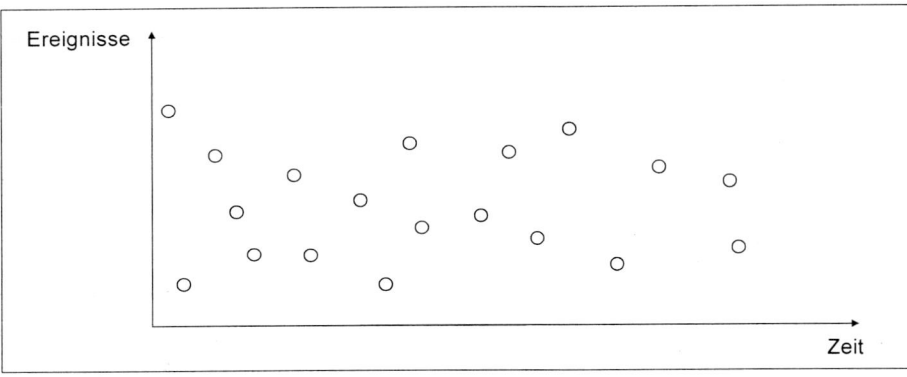

Übersicht 38: Eine diffuse Ereigniswolke

Aus dieser Zeichnung läßt sich zumindest dreierlei ableiten:

- Es müssen Ereignisse wahrgenommen werden; dies ist kontinuierlich oder durch rückschauende Erinnerung möglich.
- Die Ereignisse müssen bezüglich ihrer Themenrelevanz gewichtet werden.
- Es müssen Zusammenhänge (Grundrichtungen) zwischen den wichtigen Ereignissen erarbeitet werden.

Das, was wir bisher allgemein als *Ereignis* umschrieben haben, bedarf genauerer Interpretation. Ereignisse lassen sich durch drei Dimensionen beschreiben:

- Ereignisqualität (was?),
- Ereignisquantität (wieviel?),
- Ereignisintensität (wie bedeutsam?).

Entsprechend dem Exaktheitspostulat der Wissenschaft legt man bisher großen Wert auf die Prognose der Ereignisquantität. Das beinhaltet dann immer lediglich Antworten auf die Frage, wieviel sich von einem Ereignis ändert, Ereignis-, besser Entwicklungsbrüche werden so nicht erfaßt. Die Prognose der Ereignisqualität überläßt man dage-

gen den sogenannten „Trendgurus". Und weil die soviel Unterschiedliches, wirr Erscheinendes mit so großer Lautstärke verkünden, gilt das als „halbseiden".

Die Ereignisquantität ist ein sekundäres Problem. Prognostiziere ich die Menge
eines irrelevanten Ereignisses – und das möglichst genau – bleibt der entscheidungs-
bezogene Informationsfortschritt dennoch bei Null. Zuerst muß über die Qualität nachgedacht werden, alles andere kommt später ergänzend hinzu.

Damit kehren wir zur Ereigniswolke aus Übersicht 38 zurück. Wir müssen nicht
nur Ereignisse entdecken, sondern auch Zusammenhänge. Ereignisse, die man für bedeutsam hält, versucht man thematisch zu verbinden, wie das die folgende Übersicht 39
zeigt:

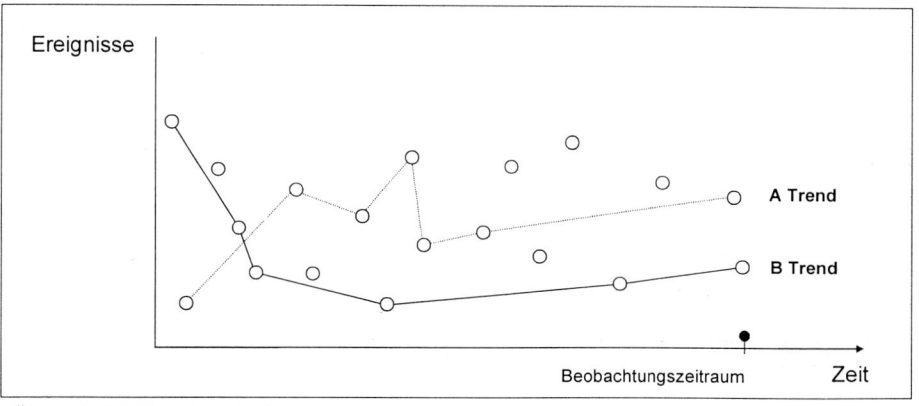

Übersicht 39: Trendentwicklung

Einige Ereignisse scheinen unwichtig für das Prognosethema zu sein. Bei anderen ergeben sich Themenbezüge. Durch Rückschau, durch den Versuch, Ursache-Wirkungsbeziehungen zu entdecken, können sich Zusammenhänge zwischen Ereignissen in der
Zeit auftun. Je mehr Zusammenhänge man entdeckt, um so sicherer kann man sein,
eine Trendspur entdeckt zu haben. Nun sind Spuren oder Fährten immer rückwärts
gerichtet, wie sieht es aber mit der Vorwärtsrichtung aus? Wir stehen vor dem Problem
der *Trendprognose*. Man kann auch andersherum fragen: Wann prognostizieren wir
einen Trend?

Zum Zeitpunkt t_1, zum frühestmöglichen Zeitpunkt also, wird man nur dann ein
einzelnes Ereignis als trendkreierend bezeichnen können, wenn

- man besonders mutig ist,
- man das Ereignis für so trendwirksam hält, daß die Entwicklungs-
  wahrscheinlichkeit hoch ist,

- man aufgrund intensiver Ereignisanalyse über ein hohes Ereignisinterpretations-
vermögen verfügt.

Vor allem die letztere Alternative interessiert. Auch unter diesem Blickwinkel haben
wir uns so ausführlich mit den verhaltenswirksamen Faktoren befaßt.

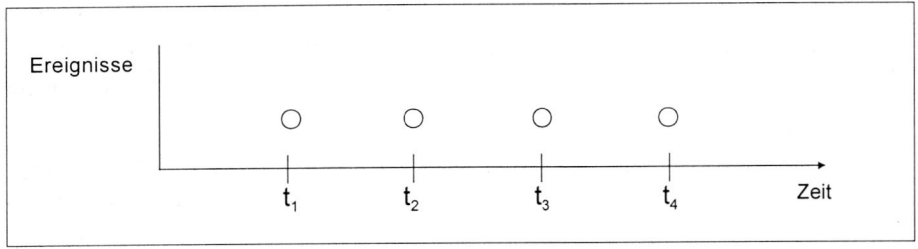

Übersicht 40: Prognosezeitpunkt

Zum Zeitpunkt t_4, d. h. bei Kenntnis der vorausgehenden Ereignisse, eine Prognose
abzugeben, ist keine große Kunst. Hier befindet man sich bereits auf einem fahrenden
Zug, die Irrtumswahrscheinlichkeit ist gering. Auf diesem Niveau befindet sich die
Mehrzahl der Aussagen der bekannten Trendforscher.

2.53 Problemanalyse

Qualifiziertes Bemühen um Prognosen setzt zweierlei voraus:

(1) Frühes und sensibles Wahrnehmen von Ereignissen. Insofern gleicht das Prognose-
bemühen dem Schaffen von Früherkennungssystemen in Unternehmen (Krystek/
Müller-Stevens 1993, S. 17 ff.).

(2) Professionelles Analysieren und Interpretieren der wahrgenommenen und für wichtig gehaltenen Ereignisse.

Wahrnehmung ist ein aktiver, selektiver und subjektiver Vorgang. Und vor diesem
Hintergrund soll in Anbetracht der oben genannten Grundsätze wissenschaftliches
Arbeiten geschult werden? Nun gibt es offenkundig Produktmanager, Marketingmanager, Designer, die ein hohes Gespür für die Wahrnehmung wichtiger Signale entwickelt haben. Fragt man sie, wieso sie zu dieser neuen Lösung gekommen sind, so
erhält man meist keine schlüssige Antwort. Vielfach nimmt man teil an der gequälten
Suche nach Begründungen für das vorgelegte Resultat. Bei vielen scheint somit eher
ein intuitives Erfahrungshandeln vorzuliegen. Was spielt dabei eine Rolle? Einige Er-
klärungshypothesen können die Basis für das Verbessern der eigenen Prognosearbeit
sein:

- Prognosearbeit läßt sich nicht durch Wissensgebiete begrenzen. Offenes und vernetzendes Wahrnehmen ist gefragt.
- Es gibt sicherlich innovative und weniger innovative Wahrnehmungsbereiche. Das Beobachten von Menschen, die durch hohe Neugierde, Offenheit und Leistungsorientierung gekennzeichnet sind, ist sicherlich fruchtbringender als von solchen Menschen, die skeptisch, reserviert, abwehrend und introvertiert leben. Subkulturen können als Wahrnehmungsfeld ergiebiger sein als traditionelle Milieus.
- Es gibt wahrscheinlich frühe Wahrnehmungsfelder, Bereiche in der Gesellschaft, die aufgrund ihrer Sensibilität informationsoffener und veränderungswilliger als andere sind. Das gilt für die Kunst- und Architekturszene. Denk-, Befindlichkeits-, Seh- und Gestaltungswandel in der Architektur haben erheblichen Einfluß auf das Design, die Produktgestaltung ausgeübt – darauf werden wir noch eingehen (Stark 1996). Gemeinsam mit einem Unternehmen (Pfleiderer 1992, 1993, 1994) wurde durch Erhebung und Dokumentation erzeugter Artefakte in den Ateliers ausgewählter Künstler und Designer rund um den Globus nach neuen Signalen gesucht. In Gruppendiskussionen wurden die Bilder in Sprache, dann in abstrakte Oberbegriffe übersetzt, welche anschließend den Ausgangspunkt für neue Gestaltungsvorschläge bildeten.

Daraus ziehen wir drei Konsequenzen:
- Zuerst müssen wir die Felder der Wahrnehmung strukturieren.
- Dann müssen wir Erklärungshilfen für Zusammenhänge in den Wahrnehmungsfeldern geben.
- Und schließlich wollen wir Prognosemethoden benennen, mit deren Hilfe die Wahrnehmungsfelder untersucht werden können.

2.531 Wahrnehmungsfelder

Wir können von Übersicht 41 ausgehen.

Die Fokussierung auf den Kunden reicht allein nicht aus. Es sollte deutlich geworden sein, daß der Kunde ein empfangender und sendender Organismus in einem sozialen Kontext ist. Um nun möglichst frühzeitig eventuell Verhaltensrelevantes festzustellen, genügt es nicht, die Ergebnisse wahrzunehmen, die sich im Anspruchswandel der Kunden niederschlagen. Es ist zumindest ähnlich wichtig, nach Gründen für das Beobachtete zu suchen, um Hypothesen für die Stabilität des Beobachteten zu entwickeln. Dazu gehört zum einen die Analyse der bereits geschilderten verhaltensprägenden

Faktoren (z. B. Wertewandel). Des weiteren beeinflussen auch Produkte, Produktmoden durch Lernen des Neuen das, was auf einmal präferiert bzw. nicht mehr akzeptiert wird. Und schließlich sollte man das Umfeld nicht außer acht lassen. Das sozial Erwünschte kann das individuell Gedachte überlagern. Weitere Aspekte des Umfeldwandels (z. B. technischer Fortschritt, rechtlicher Wandel) wirken ebenfalls prägend. Laufende Patentrecherche informiert beispielsweise über neue Möglichkeiten.

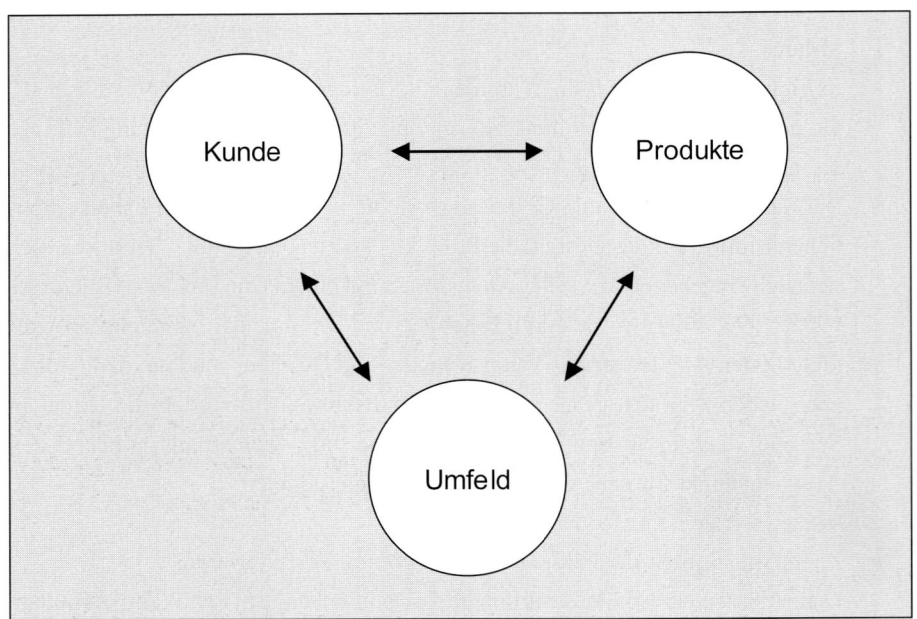

Übersicht 41: Prognosefelder

2.532 Erklärungshilfen

An dieser Stelle könnten wir versuchen, die in den Übersichten 38 und 39 formal angedeuteten Ereignisse im Hinblick auf den Wandel der verhaltensprägenden Faktoren inhaltlich zu füllen. In welche Richtung wird sich die soziale Schichtung verändern? Aufgrund höherer Bildungsqualifizierung beider Geschlechter, späterer Heirat usw. wird die bisherige „Schichtenzwiebel" eher die Form einer „Sanduhr" einnehmen. So könnten wir alle verhaltensprägenden Faktoren im einzelnen bezüglich ihrer zukünftigen Qualität und ihrer Wirksamkeit prüfen. So entstünde eine eigene Arbeit, jedenfalls würde der hier gewählte Rahmen gesprengt.

Statt dessen wollen wir uns mit der Entwicklung von Strukturen für Erklärungshilfen befassen. Wir wollen das, gleichsam als Exkurs, etwas weiter als lediglich auf die verhaltensprägenden Faktoren konzentriert anlegen.

Die *Beobachtung*/Wahrnehmung von Ereignissen führt uns zur Prognose von Trends. Wir befinden uns also nicht in der Situation von *Trendschaffern*, sondern vielmehr von aufmerksam prognostizierenden *Trendbegleitern*. Daraus erwächst die Frage, wo wir mit der Beobachtung und Analyse ansetzen. Wir können folgendes Bild zugrunde legen:

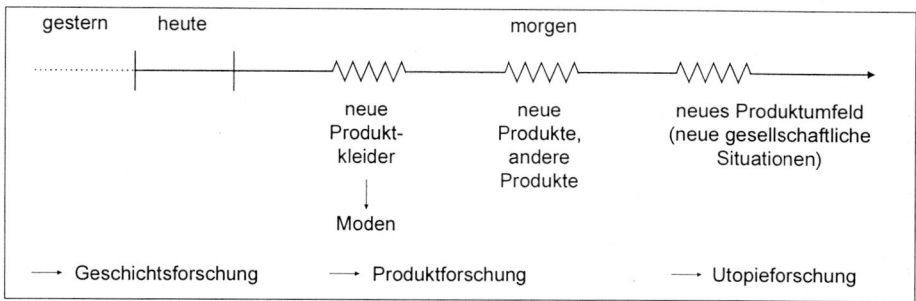

Übersicht 42: Zeitstrang der Prognose

Anhaltspunkte der Prognoseforschung ergeben sich in der Analyse des Gestrigen (→ Geschichtsforschung), des Heutigen und des Zukünftigen (→ Utopieforschung). Dabei sind Verknüpfungen möglich (z. B. Utopie- und Geschichtsforschung).

(1) Geschichtsforschung

Kann man aus der Geschichte lernen? Sicherlich gibt die Produktgeschichte einiges her. Der in der Produktgestaltung Kundige weiß, daß sich vieles wiederholt. Das Formen- und Farbrepertoire der Philips-Alessi-Elektrokleingeräte hat auch in den 50er Jahren eine große Rolle gespielt. Wieso kehren Gestaltungsausprägungen wieder? Zum einen ist das Gestaltungsrepertoire begrenzt, Gestaltungsparameter müssen sich also wiederholen. Uns interessiert dabei nur:

- Gibt es Gestaltungsausprägungen, die in der Vergangenheit z. B. als Stile gehäuft im gleichen Zeitraum auftraten?
- Gibt es zwischen Verschwinden und Erscheinen eine zeitlich fixierbare Rhythmik?
- Gibt es Erklärungen für diese Rhythmik?

Die *erste Frage* umreißt das Identifikationsproblem. Dazu ist es notwendig, Beschreibungsparameter zu entwickeln, die möglichst präzise die Produkte erfassen. Darüber hinaus muß geklärt werden, welche Datenquellen herangezogen werden sol-

88

len. Wenn man das Ziel der Produktakzeptanz vor Augen hat, dann kann man mit Firmenbroschüren, -katalogen usw. nur dann etwas anfangen, wenn man gleichzeitig auch die Umsatzanteile erfährt. Das trifft leider nur selten zu. Deshalb wird man eher in Verbreitungsmedien suchen müssen, die auch etwas über die wirtschaftliche Durchsetzung aussagen.

Für Prognoseaussagen zweckdienlich sind nur *Wiederholungsentdeckungen*, die eine spezifische Rhythmik aufweisen: Auf A folgt B folgt C usw. Wir wollen die folgende Übersicht zugrunde legen:

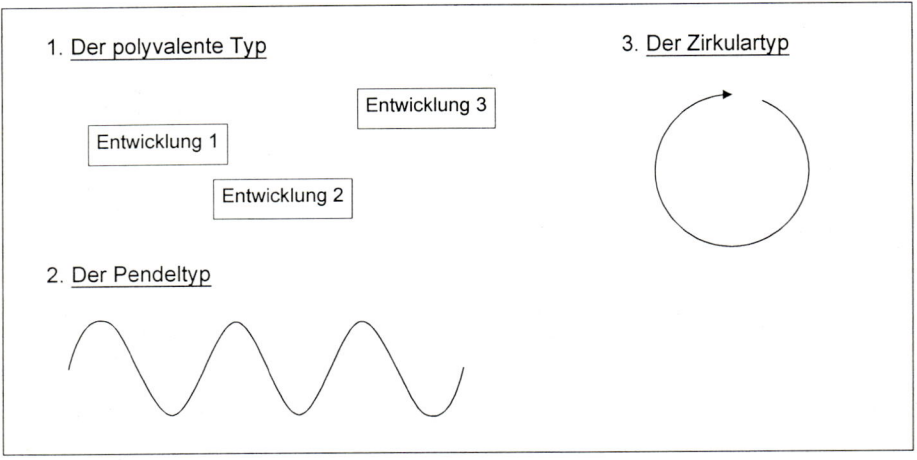

Übersicht 43: Prototypen der Entwicklung

So bringt uns der polyvalente Typ in unseren Überlegungen deshalb nicht weiter, weil ohne Gesetzmäßigkeit in der Reihenfolge (nur wenn Entwicklung 1 dann Entwicklung 2 usw.) keine Prognose möglich ist. Interessanter sind deshalb der Pendeltyp und der Zirkulartyp. Der Pendeltyp lebt vom Schwanken zwischen zwei Extrempolen (z. B. gerade – geschwungen, reduziert – opulent, grazil – wuchtig), die durch gemäßigte Mittelpositionen jeweils verbunden sind. Der später beschriebene Modezyklus entspricht in seiner Struktur dem Pendeltyp (siehe Abschnitt 4.310). Noch interessanter ist der Zirkulartyp: Über gleichbleibende Zwischenstationen bewegt er sich wieder auf den Ausgangszustand zurück. Diesem Typ scheint die Farbentwicklung zu gehorchen (siehe Abschnitt 4.334). Das führt zwangsläufig zur Suche nach Antworten auf die 3. Frage (→ Erklärungen). Drei theoretische Bezugssysteme bieten sich an:

- Im Rahmen der *Evolutionstheorie* arbeitet man mit den Bausteinen Mutation und Selektion. Mutationen kommen im Regelfalle nur in kleinen Schritten vor, so daß man nach Mustern suchen muß, die nahe beieinanderliegende Übergänge auf dem Weg von einer Phase in die nächste aufzeigen.

- Die Theorie des „ *variety seeking* " (Bänsch 1995, S. 342 ff.; McAlister/Pessemier 1982) als allgemeine Verhaltenserscheinung greift das bekannte menschliche Abwechslungsbedürfnis auf. Wenn sich Gegenstände nicht selbst verändern können, besteht die Gefahr der Langeweile; man will etwas anderes wahrnehmen, die Neugier verlangt ihren Tribut. Bänsch (1995, S. 347) strukturiert das so:

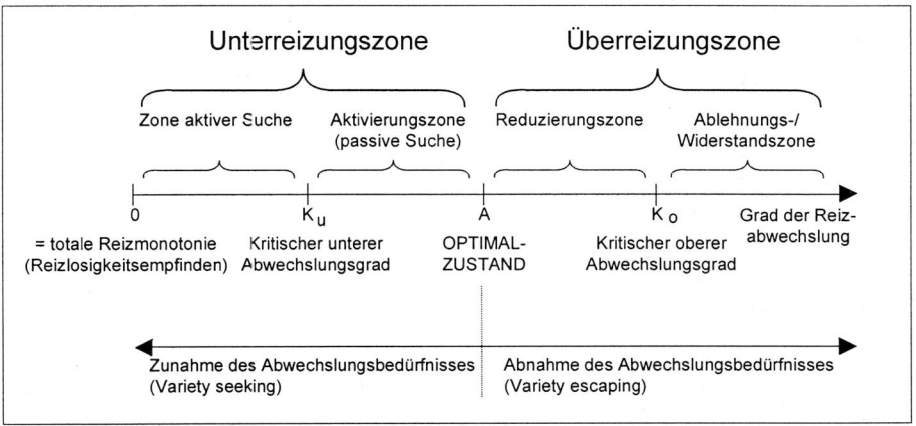

Übersicht 44: Abwechslungsbedürfnis in Abhängigkeit vom empfundenen Grad der Reizbarkeit

- Die *Diffusionstheorie* (Rogers 1962) bietet Ansatzpunkte für die Klärung von trickle-down- und trickle-over-Effekten. Letzterer erfaßt die Aufnahme einer Entwicklung aus dem Gegenstandsbereich A in den Gegenstandsbereich B (z. B. Interieur-Farben auf den Pkw-Bereich). Und trickle-down-Effekte belegen, wie sich eine Entwicklung in einem Produktbereich wegen des Innovationsverhaltens der Käufer langsam durchsetzt. Formal kann das wie in Übersicht 45 aussehen. Inhaltlich kann man sich das so vorstellen: Aus dem Produktbereich A (z. B. Badeinrichtung) strahlt die Entwicklung Y (z. B. Farbentwicklung) auf den Produktbereich B (z. B. Küchenmöbel) bezüglich desselben Entwicklungsaspektes aus. Im Produktbereich B hat man die Erfahrung gemacht, daß erfolgreiche Trendfarben sich von oben nach unten, d. h. von den höheren zu den niedrigeren Preisklassen durchsetzen. Auf die Branche bezogen kann man sagen, daß die Markenleader diese Prozesse als erste in Gang setzen, bevor die Mengen- und Handelsmarken folgen. Dieses Modell liegt auch der *Indikatorforschung* zugrunde.

90

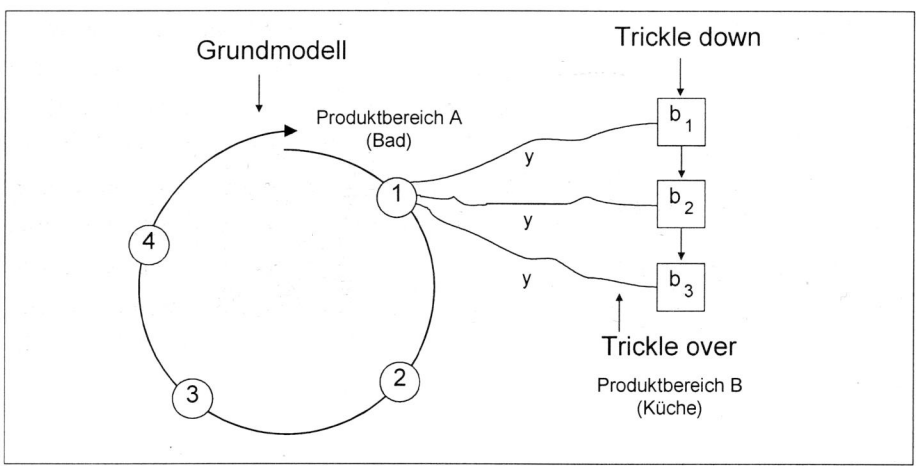

Übersicht 45: Diffusionstheoretische Bezüge

(2) Produktforschung

Denkbar sind auch Hypothesen über zukünftige Produktforschungsergebnisse. Es kann sich um eher technisch-naturwissenschaftliche oder um eher ästhetisch-ergonomische Erkenntnisse handeln.

Technisch-naturwissenschaftliche Prognosen sind im Regelfall auf einzelne Problemaspekte bezogen. In ca. 10 Jahren wird mit der Serienreife der Brennwertzelle als Heizquelle gerechnet. Etwas länger wird die Entwicklung leistungsfähiger Batterien für Elektroautos dauern, welche eine passable Reichweite und akzeptable Geschwindigkeiten zulassen. Sprachgesteuerte Computer befinden sich wohl noch im Prototypenstadium. So könnten wir fortfahren. Mit dieser Aufzählung soll lediglich angedeutet werden, daß sich technische Neuentwicklungen häufig früh ankündigen, es meist aber doch noch beträchtlich dauert, bis marktfähige Produkte vorliegen. Die frühe Ankündigung (Prämarketing: Möhrle 1995, Preukschat 1993) resultiert aus dem Bemühen vieler Unternehmen, ein Image als Innovationsführer aufzubauen. Je größer das Innovationsbudget ist, um so eher soll dann auch mit solchen Ankündigungen der Konkurrenz die Freude an Parallelentwicklungen genommen werden. Vielmehr bemüht man sich darum, möglichst frühzeitig in Lizenzverhandlungen einzutreten. Hier hat sich in der Vergangenheit verschiedentlich gezeigt, daß sich nicht das beste System (z. B. Betamax-Video-System), sondern das System mit den geschicktesten Lizenzverträgen durchgesetzt hat (z. B. VHS-Video-System).

Ästhetisch-ergonomische Prognosen erstrecken sich zum einen auf den Umgang mit Produkten und zum anderen auf die Sprache mit dem Produkt (® Produkt-semantik). Neuerdings ist von „Surface-design" die Rede. Wie kann die Bedienung hochkomplexer Produkte so handhabungsfreundlich gestaltet werden, daß man zum Nutzen direkt eingeladen wird, ohne mit dem Frust des ständigen Irrens zu kämpfen? Und zum anderen bemüht man sich um neue Verfahren der Materialverarbeitung, der Formgebung. Eine schon länger zu beobachtende Tendenz des eher experimentellen Designs liegt im Bemühen um möglichst hohe Individualität. Dabei kann es sich auch um die Betonung manufakturieller Bearbeitungsspuren handeln; statt der perfekten Oberfläche, Verbindung usw. werden traditionelle Handwerksspuren betont.

(3) Utopieforschung

Sehr weit in die Zukunft gerichtet sind Utopien. „Können wir ... ohne Visionen von den Chancen und Gefährdungen die Zukunft angehen? Ohne den Jahrtausende alten Traum vom Fliegen kein Flugzeug, ohne die Sehnsucht nach Freiheit keine Erklärung der Menschenrechte, ohne Solidarität keine konsensfähige Sozialpolitik, ohne das Streben nach Versöhnung zwischen Völkern und Mächten kein dauerhafter Frieden." (Krupp 1994)

Die Gestaltung der Zukunft setzt auch die Suche und das Erproben von Alternativen zum Gegenwärtigen voraus (Voßkamp 1995). Utopien negieren das Gegenwärtige, sie entwerfen Gegenbilder des Wünschenswerten. So könnte man sich selbst Thomas Morus' Utopia (1516) als einen prinzipiellen Zukunftsentwurf heute vorstellen (z. B. Begrenzung der individuellen Freiheit, Verbindlichkeit allgemeiner Regeln und Verhaltensmaximen). Die Utopien des 20. Jahrhunderts gehen ebenfalls von der Gegenbildlichkeit aus, ohne allerdings den Optimismus des unendlichen Fortschritts zu teilen; man könnte auch von Antiutopien sprechen (Orwell, Huxley). Es geht um die Frage des Möglichen; das experimentelle Alternativdenken steht im Mittelpunkt.

So könnte man einen visionären Gegenentwurf zum jetzigen Zustand der Familie entwickeln, bei dem beispielsweise statt der derzeitigen Zerfallsdiskussion eine teamorientierte Familienidee im Vordergrund steht. Ob in Zukunft alle, die es wünschen, noch einen Arbeitsplatz bekommen werden, erscheint zunehmend fraglich. Ob der Staat dann alle Einzelnen auffangen kann, ist nicht minder fraglich. Die Renaissance der Familie im neuen emanzipierten, gesamtverantwortlichen Teamgewand hätte dann erhebliche Auswirkungen nicht nur hinsichtlich des Zusammenlebens, sondern auch des Konsums, der Arbeit usw.

Auch der später noch behandelte Aspekt der Avantgarde (siehe Abschnitt 4.27) weist als bewußter Gegenentwurf zum Bestehenden, als gewollter Bruch mit dem Jetzt utopische Züge auf.

2.533 Prognosetechniken

Auf die eher zaghaften Bemühungen um die Zukunft in der Betriebswirtschaftslehre wurde bereits hingewiesen. So mag die Diskussion um die strategische Früherkennung (Ansoff 1976, S. 129 ff.; Krystek/Müller-Stewens 1993) noch so verdienstvoll sein, tiefe Spuren hat sie in der Planungsliteratur nicht hinterlassen. Man baut auf folgendem Handlungsmodell auf (Kienzle 2000, S. 271):

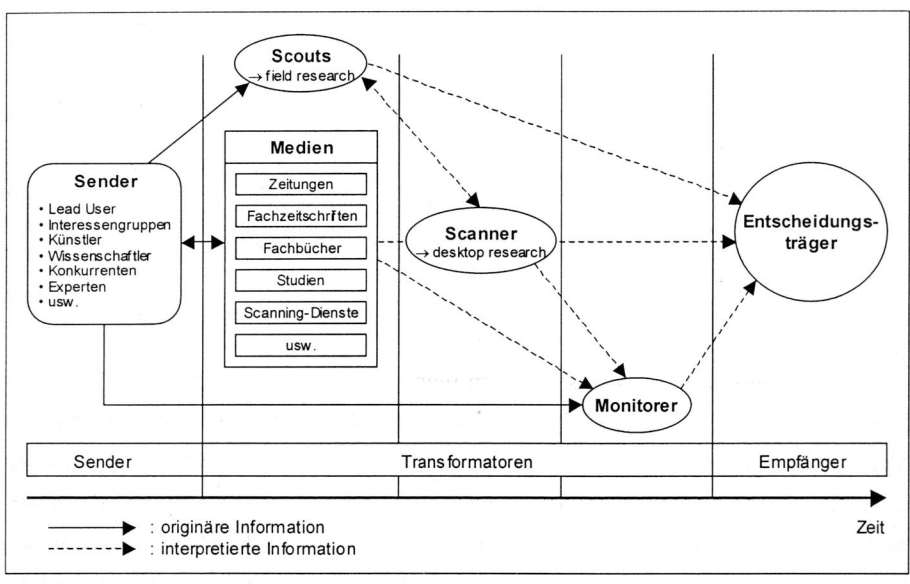

Übersicht 46: Aktoren in der Früherkennung

Scouts bewegen sich gleichsam unentdeckt hinter den „feindlichen Linien" als teilnehmende Beobachter dort, wo sich Neues ereignet. Sie und z. B. Szenezeitschriften geben dieses Wissen weiter. Dieses Wissen nehmen Scanner auf, die eher ungerichtet (360°-Radar) intuitiv, methodenungebunden Berichte über Neues in der Welt aufspüren; sie interessieren sich für Diskontinuitäten, sie sind neugierig, sie entwickeln ein Vorverständnis für Brüche. Im Gegensatz zum eher divergenten Denken der Scanner, gehen die Monitorer stärker konvergent-analytisch vor. Sie wollen Zusammenhänge herausfinden, Begründungen geben. Deshalb fokussiert sich ihre Wahrnehmung auf spezifische Umweltausschnitte.

Vorrangig für Scanner und Monitorer stehen verschiedene Prognosetechniken zur Verfügung (Umminger 1990, S. 28 ff.):

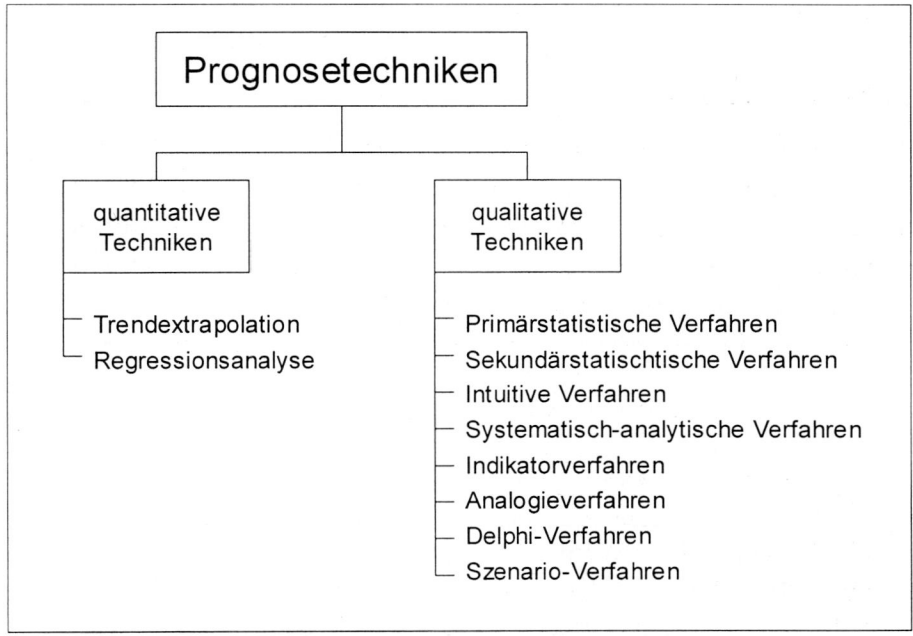

Übersicht 47: Prognosetechniken

Prognosetechniken/-verfahren stellen ein planmäßiges Vorgehen zur Erstellung von Prognosen dar. Quantitative Prognoseverfahren verwenden mathematisch-statistische Verfahren, qualitative Prognoseverfahren basieren dagegen lediglich auf zweckmäßigen, methodisch erarbeiteten Prognoseregeln. Quantitative Techniken eignen sich deshalb nur begrenzt, weil sie von der inhaltlichen und intensitätsmäßigen Konstanz der Entwicklung ausgehen. Eine Eignungsprüfung der Techniken bezüglich der verhaltensprägenden Faktoren ist Übersicht 48 zu entnehmen (Umminger, S. 170):

Prognoseverfahren Verhaltensprägende Faktoren		Primärstatistische Verfahren	Sekundärstatistische Verfahren	Intuitive Verfahren	Systematisch-analytische Verfahren	Indikatorverfahren	Analogieverfahren	Delphi-Verfahren	Szenario-Verfahren
Individuelle Aspekte	Affektive Faktoren	x	x			x	x	(x)	
	Kognitive Faktoren	x	x			x	x	(x)	
	Wahrnehmungsfaktoren	x	x		(x)	x	x	(x)	x
Umgebungs-bezogene Aspekte	Soziale Faktoren	x	x		(x)	x	x	x	x
	Situative Faktoren	x	x		(x)	x	x	x	x

Übersicht 48: Verfahrenszuordnung

2.534 Zur Nutzung des Konstrukts „Variety-Seeking"

Variety-Seeking als Motiv und Variety-Seeking-Behavior als Verhalten lassen sich mit den geschilderten verhaltensprägenden Faktoren in Beziehung setzen.

Unter dem Wahrnehmungsaspekt subsumierbar ist die bekannte Erscheinung der Überreizung durch zu häufige Produktkonfrontation (faktisch oder symbolisch → Werbung). Marketingstrategien, denen zufolge mit hohem Instrumentaldruck der Markt in kurzer Zeit penetriert werden soll, bergen somit das Risiko der verkürzten Marktlebensdauer in sich. Wenn im entgegengesetzten Fall die Seltenheit gepflegt wird, kann das bei Nischenprodukten (z. B. Luxusprodukten) und entsprechender Marktpflege zu sehr langen Lebenszyklen führen.

Einige Einstellungstypen lassen Zuordnungen zu. So basieren Neuheiten- und partiell auch Leistungsorientierung auf dem Variety-Seeking-Motiv. Hedonistische Wertorientierungen fördern das Abwechslungsmotiv. Das trifft auch für Risikofreude zu. Das Wagnis, sich Neuem zuzuwenden, wird darüber hinaus von den Schichtphänomenen Bildung und Einkommen beeinflußt. Das traditionelle Arbeitermilieu sowie das kleinbürgerliche Milieu bewahren gewählte Wege.

2.6 Einige Besonderheiten des organisationalen Beschaffungsverhaltens

Produkte werden nicht nur für den Konsumgütersektor, sondern auch für die gewerbliche Weiterverwendung (→ Industriegüter) konzipiert. Deshalb müssen wir uns kurz diesem Verhaltensfeld zuwenden. Die Kürze läßt sich auch dadurch begründen, weil wir uns diesem Bereich unter dem Titel „Beschaffungsmarketing" gesondert zugewandt haben (Koppelmann 2000).

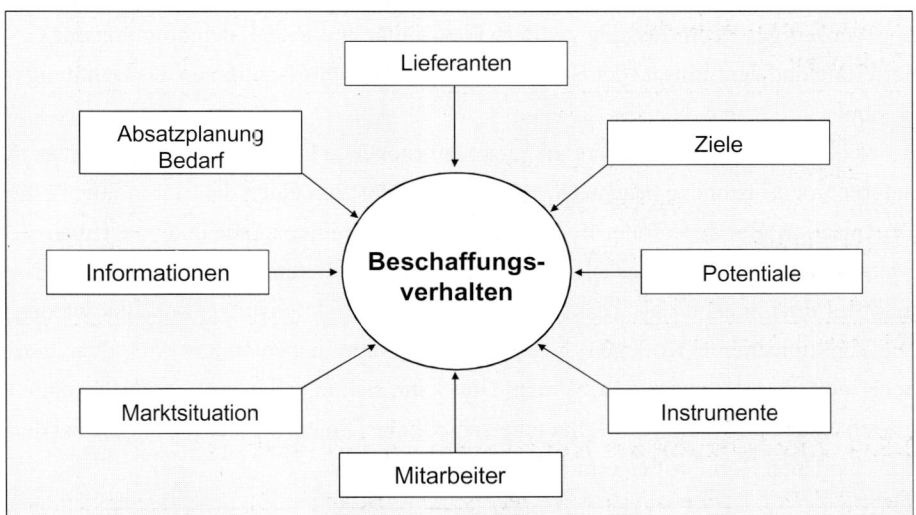

Übersicht 49: Einflußfaktoren auf organisationales Beschaffungsverhalten

Die in Abschnitt 2.3 erwähnten verhaltensprägenden Faktoren gelten auch in diesem Feld, schließlich existiert die Persönlichkeit des einzelnen ja weiter. Sie wird allerdings überlagert in ihrem Verhalten von externen Einflüssen. Das können die folgenden Einflußbereiche sein: Daß das Beschaffungsverhalten, wenn man es als Interaktion betrachtet, sowohl aktiv als auch reaktiv vom *Lieferanten* mitgeprägt wird, überrascht nur denjenigen, der meint, er könne sein Verhalten autonom bestimmen. Leistungsfähigkeit und -willigkeit des Lieferanten erschweren oder erleichtern das Beschaffungshandeln. Der andere Pol des Handelns wird vom *Bedarf* und damit im Regelfall vorrangig vom *Absatz* geprägt. Der Beschaffung als dem Agenten zwischen Unternehmen und Markt kommt damit eine Interessenausgleichsfunktion zu. Langfristig erfolgreiches Handeln auf der Basis nur eigener Zielverwirklichung ist kaum möglich.

Wie alles betriebswirtschaftliche Handeln wird auch das des Beschaffens durch *Ziele* in die richtigen Bahnen gelenkt. Ziele bilden zugleich die Kontrollmaßstäbe für den Vergleich zwischen Instrumentaleinsatz und Ergebnis.

Nicht alles kann realisiert werden, Ressourcen kosten Geld; bei gegebenem Budget gibt es Ressourcenkonkurrenz. Aber selbst bei Ressourcenreichtum ist nicht immer alles gleichzeitig vorhanden. Die jeweils aktuellen *Potentiale* begrenzen das für wünschenswert gehaltene Beschaffungshandeln.

Die Interaktion zwischen Lieferant und Beschaffer wird auch durch die *Instrumente* gegenseitiger Beeinflussung geprägt, Flexibilität und Einfallsreichtum bei der Generierung und dem Einsatz der Beeinflussungsinstrumente bestimmen das Handlungsergebnis.

Neben den bereits geschilderten personenbezogenen Einflußfaktoren müssen auch unternehmensbezogene beachtet werden. Dazu zählt zum einen die Einbindung in die Organisation. Bei dezentraler Beschaffung sind die Freiheitsgrade und meist auch die Fachkompetenz größer; das gleiche gilt bei flachen Hierarchien. Und zum anderen muß das buying center als Team unterschiedlicher Funktionsträger beachtet werden. Die Funktionsträger (Kollegen) haben anderes gelernt, haben andere Aufgaben, dennoch muß ein Konsens erzielt werden. Dies kann sich in rollenkonformem Verhalten niederschlagen. Murzin (1990) hat unterschiedliche Dimensionsschwerpunkte bei den verschiedenen Berufsrollen ermittelt:

Dimensionen / Berufsrollen	Introversion	Extraversion	Entschlußfreudigkeit	Sicherheitsstreben	kreativ-flexibel	rational-sachlich	technisch	kaufmännisch	sozial-verantwortlich	ausführend-formal	hohes Ansehen	geringes Ansehen
Rolle des Einkäufers				x				x		x		x
Rolle des Produktionsleiters				x		x	x		x	x		
Rolle des Verkäufers		x	x		x	x		x			x	
Rolle des Finanziers	x			x		x		x		x		x
Rolle des Unternehmensleiters		x	x	x	x	x		x	x		x	
Rolle des Produktgestalters	x				x							

Übersicht 50: Dimensionen der Berufsrollen

Aus den Dimensionen ergeben sich nun Hinweise auf berufsrollenspezifische Anspruchsschwerpunkte. Berufsrollen können also hilfreiche Hinweise bzgl. des Verhaltens der
Organisatonsmitglieder in organisationalen Kaufentscheidungsprozessen liefern und
dem Produktmanager als entscheidungsorientierte Handlungsalternative zur Verfügung
gestellt werden.

3 Marktanalyse

In Abschnitt 1.4 wurde bereits auf die hier gewählte prozessuale Struktur hingewiesen, um der Entscheidungsorientierung zu entsprechen. Dabei wollen wir uns darum bemühen, nicht nur die großen Entscheidungsblöcke

- Produktanforderungsanalyse (Marktanalyse),
- Produktgestaltungsanalyse,
- Produktvermarktungsanalyse,
- Anpassungsanalyse

als eine mögliche Entscheidungsfolge anzuordnen, sondern auch innerhalb dieser Entscheidungsfelder Prozeßstrukturen zu schaffen. Das soll jedoch nicht bedeuten, daß man bei jedem Einzelfall so vorgehen müßte. Je nach Entscheidungssituation ist es möglich, Entscheidungsbereiche zu überspringen oder bereits getroffene Entscheidungen zu überprüfen. Dies wird um so eher naheliegen, je systematischer man bisher gearbeitet hat. Der erfolgreiche Marketingpraktiker hat ja bereits durch vergangene Produkteinführungen eine Fülle von Informationen gespeichert, die er nun nicht mehr zu sammeln braucht, die er lediglich modifiziert in die neue Problemsituation überträgt. Der Marketingstudent muß das jedoch erst lernen, deshalb müssen wir darauf eingehen.

Bei der im folgenden wählbaren Vorgehensweise haben wir mehrere Möglichkeiten:

- Wir können mit der geringsten Problemkomplexität beginnen, indem wir unsere Überlegungen z. B. darauf konzentrieren, das Thema Produktpflege in den Mittelpunkt der Analyse zu rücken. Wir wollen dazu beitragen, daß ein bereits eingeführtes Produkt seine Erfolgskarriere fortsetzt. Produktpolitische Konsequenzen können dann in der Produktdifferenzierung (Produktfamilien- oder Produktlinienveränderung) oder der Produktvariation liegen.
- Wir können aber auch die wesentlich höhere Problemkomplexität der *Produktinnovation* wählen. Diesem Gedanken wollen wir deshalb folgen, weil dieser auch den engeren Entscheidungsbereich der Produktdifferenzierung, Produktvariation und Produktelimination erfaßt.

3.1 Zur Notwendigkeit neuer Produkte

Bevor wir mit der Prozeßanalyse beginnen, sind einige erläuternde und begründende Bemerkungen vorauszuschicken.

3.11 Zum Begriff der Neuheit

Zuerst gilt es zu klären, was unter neuen Produkten zu verstehen ist. Neu ist ein relativer Begriff. Folgende Fragen tauchen wie bereits angedeutet auf (Koppelmann 1997, S. 10 ff.):

- Für wen ist etwas neu? (Subjektdimension)
- Worauf erstreckt sich das Neue? (Objektdimension)
- Wie neu ist etwas? (Intensitätsdimension)
- Seit wann ist etwas neu? (Zeitdimension)

Die *Subjektdimension* erfaßt, für wen etwas neu ist. Es kann etwas *absolut neu*, also für alle neu sein. Das Patentierbare erfaßt im wesentlichen diesen stark personenunabhängigen Neuigkeitsaspekt. Etwas kann für eine *Branche neu* sein. Was in der Branche X bereits bekannt ist, kann im Rahmen der Branchendiffusion in einer Branche Y noch unbekannt sein. Etwas kann *unternehmensneu* sein. Was andere Konkurrenten schon in ihrem Sortiment haben, kann für das Unternehmen selbst noch neu sein. Etwas kann *handelsneu* sein. Bereits auf dem Markt befindliche Produkte können neu in das Sortiment einer Handelsorganisation aufgenommen werden. Etwas kann *marktneu* sein. Was bisher im Pioniermarkt X (z. B. USA) angeboten wurde, wird später auch in Deutschland offeriert. Und schließlich kann etwas *kundenneu* sein. Von diesem Höchstmaß an Subjektivität wollen wir im folgenden ausgehen. Neu ist für uns etwas, was in den Augen der Zielgruppe als neu erscheint.

Die *Objektdimension* erfaßt die Inhaltskomponente. Worauf erstreckt sich das Neue? Aus der Kundensicht ist die den Techniker interessierende *Verfahren*sneuheit prinzipiell uninteressant. Aus Marketingsicht sind die *Problementdeckung* und die *Problemlösung* entscheidend. Dabei denkt man meist an Problemlösung und vergißt die wichtigere Entdeckungssicht. Worin können morgen neue Probleme des Kunden bestehen (Anspruchsneuheit)? An den Wunsch, querfeldein mit dem Fahrrad fernab jeder Straße zu fahren, hat vor 25 Jahren keiner gedacht. Ähnliches gilt für das Inline-Skating. Wesentlich intensiver wird über neue Problemlösungen nachgedacht. Verschiedene Ansatzpunkte lassen sich unterscheiden. Ein Produkt kann neue *Leistungen* aufweisen, die als dominant erlebt werden (Leistungsneuheit). Eine elektrische Herdplatte gibt sofort nach Einschaltung die gewünschte Wärme ab, nach Abschalten erkaltet sie schnell (Highlight), während die herkömmlichen Platten sehr viel träger reagieren. Neu können auch damit zusammenhängende *Gestaltung*slösungen sein, indem neue Gestaltungsmittel (Material, Form usw.) gewählt werden. Und schließlich seien Vermarktungsinnovationen erwähnt, die allerdings nicht zum gewählten Thema gehören. Neben diesen Inhaltskomponenten sind Meta-Schwerpunkte denkbar. *Ökologische* Innovationen umfassen Anspruchs-, Leistungs- und Gestaltungskomponenten bezogen auf diesen Schwerpunkt. Unter dem Aspekt der *Arbeitsplatzbeschaffung* sind Innovationen mit manufakturellen Spuren denkbar. Unter strategischem Aspekt sind Innovationen mit Anspruchs-, Leistungs- und Gestaltungsunterschieden insofern denkbar, als entweder der Kosten- (→ Kostenführerschafts-strategie) oder der Leistungsaspekt (→ Leistungsführerschaftsstrategie: Kognitions- oder Emotionsstrategie) betont wird.

Die *Intensitätsdimension* erfaßt, ab wann ein Produkt als neu gilt. Folgen wir konsequent unserer reinen Subjektivitätssicht, muß das heißen: Ab wann wird ein Produkt als neu erlebt? Insbesondere bei Markenprodukten, also bei Beibehaltung der Marke und Neugestaltung des Produktes hat man die Wahl zwischen der zeitinvarianten Gestaltungskonstanz über die kontinuierliche, aber unbemerkte Variation bis zum neuen Produktauftritt in deutlich versetzten Zeitabschnitten. So stellt sich die Frage, ob der Kunde einen Mercedes 300 E als neu erlebt, wenn dieser als Nachfolgemodell bei nahezu gleichbleibender Karosserie einen neuen Motor aufweist. Hersteller werten dies eher als Produktvariation, weil sie feststellten, daß Kunden das Neue als für sie offenkundig wahrnehmen müssen. Eine „*Auffrischung*" (Produktvariation) erfolgt dann während des Lebenszyklus durch „Kerninnovationen" (z. B. neuer Motor). So wird offenkundig die Schale und nicht der Kern als neu erlebt, das Neue muß vom Kunden als signifikant different erlebt werden.

Die *Zeitdimension* erfaßt, wie lange, bis wann etwas als neu erlebt wird, ab wann der Neuigkeitsaspekt verblaßt. Ein neues, als besser erlebtes Produkt wird den Neuheitsgrad des bisher als Innovation erlebten Produktes verblassen lassen. Aber wie sieht das mit avantgardistischen Produkten aus, die der Zeit weit voraus sind und zumindest in der Anfangsphase mehr auf Ablehnung statt Zustimmung stoßen? Hier gibt es ein weites Feld von kurzen bis langen Erlebnisperioden des Neuen.

3.12 Gründe für die Produktneuentwicklung

Bereits frühzeitig belegt Schumpeter, daß Unternehmertum sich in der Durchsetzung neuer Kombinationen auszeichnet (1912, S. 172). An erster Stelle der neuen Kombinationen erwähnt er die „Erzeugung und Durchsetzung neuer Produkte oder Qualitäten von Produkten" (1927, S. 483). Auch heute noch wird bei Unternehmenspräsentationen (z. B. bei Bilanzpressekonferenzen, Analystengesprächen) gern und mit Stolz darauf verwiesen, daß X-Prozent des Umsatzes mit Y-neuen Produkten getätigt werden, die in den Z-letzten Jahren eingeführt wurden. Damit soll der Tätigkeitserfolg der Unternehmensleitung auch mit der Zahl der Produktinnovationen erläutert werden. So habe man die Grundlage für weiteres Unternehmenswachstum gelegt. Vielfach ist das gleichzeitig ein Hinweis darauf, daß sich deshalb der Gewinn unterproportional entwickelt habe. Wenn im Absatzgeschehen eines Unternehmens nichts so konstant ist wie der Wandel, scheint auf den ersten Blick einiges für die Strategie der Innovation zu sprechen. Auf den zweiten Blick sind allerdings die wichtigen Fragen unverzichtbar:

- Produktinnovationen sind mit Produktions- und Marktrisiken verbunden. Wie viele Risiken kann sich ein Unternehmen leisten?
- Innovationen erfordern Investitionen. Verfügt das Unternehmen über genügend cash-cows, um über den cash-flow-Überschuß die Investitionen zu finanzieren?
- Produktinnovationen erweitern das Produktprogramm (Sortiment). Ist der Gesamterfolg mit der Strategie der *Produktpflege* nicht höher?
- Bei gesättigten Märkten wird versucht, die Ersatzkauffrequenz durch Verkürzung der Innovationszeiten zu steigern. Welche Innovationszyklen akzeptiert der Markt noch? Ab wann muß mit Kaufverweigerung gerechnet werden? Sony als innovationsgeprägtes Unternehmen kann über unangenehme Erfahrungen berichten.
- Produktinnovationen haben nicht nur ergänzenden, sondern auch verdrängenden Charakter. Was hat das für innerbetriebliche und marktliche Konsequenzen?

Diese wenigen Fragen deuten bereits an, daß es angebracht erscheint, das eher modisch-euphorische Verhalten einer nüchternen Prüfung zu unterziehen.

Weil das Produkt als Kerninstrument im Marketing-Mix betrachtet werden kann, ruht auf ihm in starkem Maße der Markterfolg eines Unternehmens. Die eigene Marktprofilierung wird vorrangig vom Produkt geprägt. Dabei können wir zwei Marktsituationen unterscheiden:

- Man will sich in einem *etablierten* Markt profilieren.
- Man will sich einen *neuen* Markt schaffen.

In der Regel bewegt man sich in etablierten Märkten. Das Marktvolumen ist nur geringfügig kleiner als das Marktpotential. Durch Abwandlung vorhandener, Hinzufügen neuer Produkte versucht man, in den Augen der Kunden besser als die Konkurrenz abzuschneiden. Die Konkurrenzintensität ist stark ausgeprägt, Wachstum ist im wesentlichen nur zu Lasten der Konkurrenz erzielbar (→ Konkurrenzverdrängungsstrategie). Weil der eigene Erfolg aus dem Mißerfolg der Konkurrenz resultiert, die allerdings meist nicht dümmer als man selbst ist, muß bei etablierten Märkten das *Risiko* des *Konkurrenzerfolgs* hoch veranschlagt werden. Demgegenüber begegnet man bei der Schaffung neuer Märkte durch neue Produkte dem *Akzeptanzrisiko*. Das hat die Daimler-Crysler Tochter MCC mit dem Produkt Smart schmerzlich erfahren müssen. Dieses Auto basiert auf der grundsätzlich richtigen Idee eines kurzen Stadtautos, um sicher und vor Wetterunbilden geschützt überschaubare Entfernungen zu bewältigen. Nur war leider lediglich ein Drittel der erhofften Interessenten gewinnbar.

In der Literatur werden mehrere Gründe für den Erfolg von Innovationen genannt. Belegt sind in der Lebensmittelindustrie (Lebensmittelzeitung 1985, S. 9), die durch besonders hohe Flopraten gekennzeichnet ist, folgende Erfolgsfaktoren:

1. Überragende Produktqualität	5. Starker Werbedruck
2. Innovative Idee	6. Überlegene Technologie
3. Schlagkräftiger Außendienst	7. Gründliches Abtesten vor Einführung
4. Marktgerechte Preispolitik	8. Bessere Konditionen als Mitbewerber

Übersicht 51: Erfolgsbestimmende Faktoren für Neuprodukte

Was im einzelnen auch immer eine innovative Idee sein mag, sie kann ein signifikanter Baustein zum Angebotserfolg sein. Wichtig ist für die Erfolgsgeschichte, daß das Neue überzeugt und als besser erlebt wird als das bisher Angebotene. Um möglichst keine Kaufbarrieren zu errichten, empfiehlt es sich zu vergegenwärtigen, was und wieviel dem Käufer an Neuem zugemutet werden kann. Nicht immer besteht die Sehnsucht nach Neuem (→ Variety-Seeking), Neues erfordert Lernaktivitäten, Bewegen in unbekanntem Terrain und verursacht damit Risiko. Je mehr Innovationen ein neues Produkt aufweist und je intensiver das Neue ausgeprägt ist, um so mutiger muß sich der Käufer verhalten, um so mehr und um so schneller muß er lernen. Die Lernkosten steigen. Das führt häufig zur Verlängerung der Lernzeit oder anders ausgedrückt: zu einer langen Markteinführungsphase. Man kann sie durch eine aufwendige Kommunikationsarbeit verkürzen.

Die Höhe des Lernaufwandes hängt auch davon ab, ob es sich bei der Innovation um eine Probleminnovation oder lediglich um eine Problemlösungsinnovation handelt. Es überrascht nicht, wenn Käufer zögernd reagieren, die zunächst einmal mit einer ihnen neuen Problemsituation konfrontiert werden, um dann zu prüfen, ob das denn auch ihre Situation ist. Auch noch, aber schon weniger zögernd, kann das Verhalten ausfallen, wenn bei bekannter Problemsituation eine neue Problemlösung angeboten wird. Die meisten Untersuchungen zur Produktinnovation konzentrieren sich auf die Problemlösungsinnovation.

Neben diesen generellen Hinweisen gibt es im Regelfalle jedoch speziellere Anlässe, die zu gezielten Maßnahmen der Produktneuentwicklung führen. Einige dieser Anlässe wollen wir prüfen (vgl. eine ähnliche Einteilung bei Röttgen 1980, S. 69 ff.):

- autonome Anspruchsänderungen
- bessere Konkurrenzangebote
- Verschlechterung des Produktimage
- gesellschaftliche Änderungen
- technischer Fortschritt
- Potentialänderungen
- geänderte rechtliche Bedingungen

(1) Autonome Anspruchsänderungen

Die Ansprüche des Marktsegments, an das man sich bisher gewandt hat, können sich verändern. Das muß keine generelle Zeiterscheinung (Mode) sein. Gemeint sind hier die Ansprüche, die bezüglich der Marktpartner abgrenzbar sind. So können die Angehörigen des Marktsegmentes der modernen, erlesenen Wohnungseinrichtung (liberal-intellektuelles Milieu) Ansprüche äußern, die von modernen, gradlinigen Formen wegführen und sich hinbewegen zu grazilen, unikatähnlichen Einzelstücken. Die Betonung der außergewöhnlichen Individualität steht im Vordergrund. Für einen Vasenproduzenten hat das dann Konsequenzen. Gemeinsam mit phantasiereichem Design muß er sein Augenmerk auf die Entwicklung teurer Einzelstücke lenken, wobei neue oder alte Werkstoffe, neue oder vielleicht bereits als verschollen geltende Herstellungsverfahren im Mittelpunkt stehen. Daß damit besondere Vermarktungsaktivitäten verbunden sind, versteht sich nahezu von selbst.

(2) Bessere Konkurrenzangebote

Kein Produkt ist so gut, daß es nicht durch ein besseres verdrängt werden könnte, weil es nicht nur angeboten, sondern auch als solches wahrgenommen wird. Unsere Wirtschaft lebt davon, daß sich der jeweilige Konkurrent darum bemüht, den anderen zu übertrumpfen. Der Vorsprung muß nicht in einer neuen Erfindung liegen. Er kann viel einfacher begründet sein (z. B. neue Geschmacksnuance bei einer Pizza). Er muß auch nicht durch Sachleistungen bewirkt worden sein. Auch durch emotional wirkende Anmutungsleistungen (z. B. ästhetischere Formgebung) kann ein Vorsprung erzielt worden sein, der zur Reaktion herausfordert.

(3) Verschlechterung des Produktimages

Beide bisher genannten Anlässe können, wartet man mit Reaktionen längere Zeit, dazu führen, daß die Einstellungen gegenüber dem eigenen Produkt sich in der Qualität, der Intensität und der Richtung ändern. Ein Pkw wird nur solange über das Image der Sportlichkeit verfügen, wie die Mehrzahl der anderen Pkws weniger spritzige Motoren, ein geringer sportlich ausgelegtes Fahrwerk, eine weniger schnittige Karosserie aufweisen bzw. der Käufer Angebotsänderungen nicht bemerkt. Durchschnittliche Bewertungen können durch ein herausragend bewertetes Merkmal überstrahlt werden (→ Prägnanz). Sei es, daß das Interesse an diesem Merkmal (Leistung) nachläßt, sei es, daß die Konkurrenz Gleichwertiges bietet und der Käufer dieses wahrnimmt, mehrere Gründe können zu einer niedrigeren Bewertung führen. Auch kann es passieren, daß eine ursprünglich positive Bewertung (z. B. Schnelligkeit) möglicherweise durch äußere Einflüsse in eine negative umschlägt (ressourcenfeindlich).

(4) Gesellschaftliche Änderungen

Noch komplexer sind diese Änderungen, wenn man ihnen allgemein als Änderungen des Zeitgeschmacks, Änderung des Wertesystems und konkreter als Modeänderungen begegnet.

Ein höheres Maß an Umweltsensibilität kann dazu führen, daß man umweltfreundliche Verpackungen (z. B. recycling-geeignet) bevorzugt, daß man „natürliche" Lebensmittel präferiert usw.

Auch Modeänderungen kann man sich nur unter Schwierigkeiten entziehen, wobei wir diesen Aspekt nicht auf Bekleidungstextilien beschränken wollen. So kann man Material-, Formen- und Farbwellen bei den verschiedensten Produktbereichen im Zeitablauf beobachten.

Diesen Einflüssen unterwirft sich der einzelne. Er will oder kann sich diesem sozialen Einfluß nicht entziehen.

(5) Technischer Fortschritt

Neue technische Entwicklungen können sich beim unmittelbaren Konkurrenten ergeben haben. Dann haben wir den Fall, daß daraus möglicherweise bessere Konkurrenzangebote resultieren – dieses erwähnten wir bereits. Es sind aber auch zwei weitere Fälle denkbar, die eine gesonderte Erwähnung rechtfertigen. Auf dem Zulieferermarkt können neue Problemlösungen angeboten werden, die man für die eigene Produktpalette nutzen will. Die Vielfalt elektronischer Bauelemente kann Anreize dafür liefern, alte elektromechanische Produkte durch elektronisch gesteuerte abzulösen oder wieder zu rein mechanischen zurückzukehren. Neue technische Lösungen können aber auch innerhalb eines Unternehmens entwickelt worden sein. So wurden in der chemischen Industrie neue Werkstoffe hergestellt. Man stand dann mehrfach vor dem Problem herauszufinden, was man denn mit diesen neuen Werkstoffen alles machen könne. Die Entwicklung des geschäumten Polystyrols als Problemlösung ging der Anwendungsforschung als Problemidentifikation voraus. Auch beim Polyurethan haben sich erst im Zeitablauf darauf aufbauende Produktanwendungen herauskristallisiert.

(6) Potentialänderungen

Den Gedanken der Eigenentwicklung kann man erweitern. Ein Unternehmen ist kein statisches Gebilde. Seine Fähigkeiten (z. B. Produktions-, Absatz-, Beschaffungspotential → siehe hierzu Abschnitt 3.8) können sich im Zeitablauf verbessern. Dabei kann sich herausstellen, daß die bisher angebotenen Produkte diese Fähigkeiten nicht auslasten. Daraus folgt dann die Konsequenz, nach solchen neuen Produkten zu suchen, die den vorhandenen Rahmen besser nutzen.

(7) Geänderte rechtliche Bedingungen

Wie wir später noch sehen werden (Abschnitt 3.6), muß bei der Produktentwicklung und -vermarktung eine Vielzahl rechtlicher Bedingungen (Limitierungen) beachtet werden. Zwar dauert es in demokratischen Systemen meist einige Zeit, bis eine Änderung gültig ist; je früher man sich darauf vorbereitet, um so besser kann man den geltenden Anforderungen entsprechen.

Die Durchführung von betrieblichen Aktivitäten wird aber auch in hohem Maße von den damit verbundenen steuerlichen Auswirkungen beeinflußt. Im Interesse des Umweltschutzes hat der Gesetzgeber seit langem steuerliche Regelungen verwirklicht, die auf eine Förderung solcher Investitionen abzielen, die mit der Herstellung umweltfreundlicher Produkte verbunden sind oder deren Fertigungsbedingungen (→ Emissionen, Abwasser, Abfall) umweltfreundlich gestaltet sind (→ Abschreibungsvergünstigung nach § 7d EStG) (Riesterer/Feucht-Moosbach 1985).

Insbesondere im globalen Marketing muß man mit sich ständig wandelnden rechtlichen Einflüssen rechnen. Sie werden zunehmend aus protektionistischen Gründen als sogenannte nichttarifäre Handelshemmnisse eingesetzt. Will man einen mit Mühen aufgebauten Markt nicht über Nacht verlieren, muß man darauf mit entsprechend angepaßten Produktentwicklungen reagieren.

3.13 Ansatzpunkte für die Produktneuentwicklung

Im Marketing verfügt man nun über einige Analyseinstrumente, die Anhaltspunkte für die Notwendigkeit von Neuproduktentwicklungen geben können. Dabei wird der Ist-zustand analysiert, um aus Differenzen zum Sollzustand auf Handlungsnotwendigkeiten zu schließen. Da manche Analyseinstrumente geradezu euphorisch als Allheilmittel gepriesen werden, müssen wir uns um eine dezidiert kritische Analyse bemühen. Die folgenden analytischen Instrumente wollen wir prüfen

- Lebenszyklusanalyse,
- Programmstrukturanalyse,
- Portfolioanalyse.

(1) Produktlebenszyklusanalyse

Das Produkt wird wie ein Lebewesen betrachtet, das geboren wird, wächst, reift, in der Blüte des Lebens steht, um dann alt zu werden und schließlich zu sterben. Über die Länge der einzelnen Phase wird dabei nichts ausgesagt.

Man geht hierbei von einer s-förmigen Umsatzkurve aus. Der Grenzumsatz hat daher einen umgekehrt-u-förmigen Verlauf. Man kann den einzelnen Kurvenabschnitten bestimmte Phasen zuordnen. Übersicht 52 zeigt die Zusammenhänge:

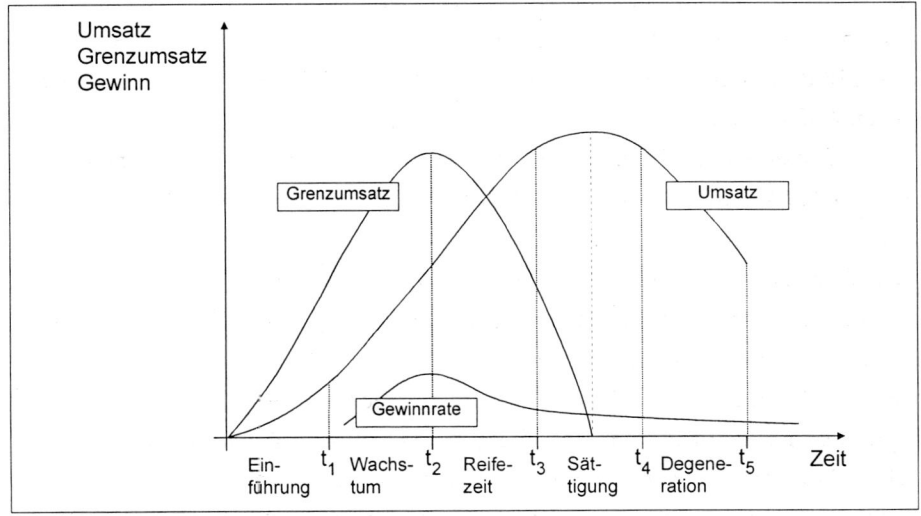

Übersicht 52: Die Phasen des Produktlebenszyklus

Der relativ schwache Umsatzanstieg in der *Einführungsphase* kann damit erklärt werden, daß das empfundene Risiko von vielen potentiellen Käufern hoch eingeschätzt wird und sie daher noch zurückhaltend reagieren. Die Zahl der „Konsumpioniere" ist begrenzt. Sie sollen die „Kinderkrankheiten" ertragen. Diese „Durststrecke" muß der Anbieter überstehen können.

Interessant wird das Geschäft mit der beginnenden *Wachstumsphase*. Das Produkt beginnt sich durchzusetzen. Möglicherweise positive Erfahrungsberichte der Pioniere veranlassen die Vorsichtigen des Marktsegments (→ Konsumkonformisten) zuzugreifen. Bei Verbrauchsprodukten kann der Ersatzbedarf hinzutreten. Dieser sich abzeichnende Produkterfolg kann Konkurrenzunternehmen veranlassen, etwas Ähnliches anzubieten. Die erweiterte Marktbearbeitung kann allen zugute kommen.

In der anschließenden *Reifephase* gehen die Umsatzzunahmen zurück, der Grenzumsatz sinkt, die Konkurrenzintensität steigt.

Die *Sättigungsphase* ist durch sehr geringe Umsatzveränderungen (anfangs steigend, später bereits fallend) gekennzeichnet. Der Grenzumsatz wird negativ.

Das mehr oder minder lange Ende von dem anfänglich schwach sinkenden über den stark zurückgehenden Umsatz bis zu dem Punkt, an dem keine Produktnachfrage mehr erfolgt, bezeichnet man dann als *Degenerationsphase*.

Erwähnt seien einige Konsequenzen, die sich für die Neuproduktplanung ergeben:
- Spätestens, wenn sich Produkte (Produktgruppen) in der Sättigungsphase befinden, wird man sich intensiv um Nachfolgeprodukte oder um die Suche nach neuen Märkten bemühen müssen. Diese Notwendigkeit zeigt sich bei vielen Massenprodukten.
- In Abhängigkeit von der Länge der jeweiligen Phase und der Zeit, die man für die Neuproduktentwicklung benötigt, kann es sinnvoll sein, früher mit der Neuproduktplanung zu beginnen. So arbeitet man in der Automobilindustrie.
- In der Einführungsphase verschlingen neue Produkte viel Geld. Dies muß durch Produkte vorfinanziert werden, die sich in der Reife- und Sättigungsphase befinden. Zu viele neue Produkte in der Einführungsphase und zu wenige in den umsatz- und gewinnstarken Phasen können somit den Bestand des Unternehmens gefährden.

Sehr viel mehr als diese Hinweise gibt die Produktlebenszyklusanalyse nicht her. Und auch diese Anmerkungen sind bezüglich entscheidungsorientierter Aussagen noch vorsichtig zu bewerten. Trotz seiner weiten Verbreitung sowohl in der Theorie als auch in der Praxis ist dieses Modell mit einigen Problemen versehen:
- Es handelt sich lediglich um ein *Erklärungsmodell*, in dem im nachhinein erklärt wird, was geschehen ist. Für Entscheidungen benötigt man jedoch frühzeitig Informationen darüber, was sich in einer bestimmten Situation zu tun

empfiehlt. Als *Prognosemodell* taugt es erst dann, wenn sich durch häufige empirische Analyse die Idealkurve von Umsatz usw. über die Zeit bestätigt hat. Das trifft noch nicht zu.

- Teilweise werden zur Abgrenzung der Phasen mathematische Kriterien (Wendepunkt zwischen Wachstums- und Reifephase) herangezogen; meist fehlt es jedoch an Kriterien zur Bestimmung der Phase. Dies ist insbesondere bei Produkten, die sich noch auf dem Markt befinden, außerordentlich wichtig, wenn man daraus Schlüsse ziehen will.

- Grundsätzlich ist der Produktmanager bestrebt, die einzelnen, hier gleichlangen Phasen unterschiedlich lang zu gestalten: die Einführungsphase möglichst kurz, die Wachstums- und Reifephase möglichst lang, eine jeweils gleichlange Phasenzeit dürfte eher formalästhetischen Ursprungs sein, denn betriebswirtschaftliche Realität verkörpern. Dies zeigen auch die verschiedenen empirisch ermittelten Lebenszykluskurven (Dhalla/Yuspeh 1980, S. 69 ff.).

- Die Umwelt wird zu undifferenziert betrachtet. So kann es durch einen Konjunkturabschwung in einem Produktbereich zu einem deutlichen Nachfragerückgang kommen, ohne daß man daraus auf eine Degenerationsphase schließen könnte. Bei einem Konjunkturaufschwung kann es wieder aufwärts gehen.

- Eine der wichtigsten Aufgaben des Produktmanagers besteht darin, durch Modifikationen an der Produktgestaltung und dem Vermarktungskonzept bei Sättigungserscheinungen wieder eine Anpassung zu bewirken und so den Lebenszyklus im Unternehmensinteresse zu beeinflussen, statt dessen besteht die Gefahr der „self-fullfilling prophecy" oder anders ausgedrückt: Wirkungen (Umsatzänderungen) und Ursachen (Marketing-Mix) werden vertauscht.

- Selbst wenn man das Lebenszykluskonzept nicht auf ein einzelnes Produkt, sondern auf umfangreichere Produktbereiche bezieht, sind Zuordnungen von Produktbereichen (Wirtschaftszweigen) zu einzelnen Phasen auf der allgemeineren Bezugsbasis höchst problematisch. So sind manche Produktbereiche, die man als reif bzw. gesättigt bezeichnet hat (z. B Eisenbahn), wie ein Phönix aus der Asche aufgestiegen ($\rightarrow$ Hochgeschwindigkeitszüge).

(2) Programmstrukturanalyse

Über die wenigen Hinweise, die eine Lebenszyklusanalyse geben kann, sind für die Neuproduktplanung durch die Analysen der Programmstruktur einige weitere Anhaltspunkte erhältlich. Unter diesem Aspekt wollen wir drei Strukturaspekte untersuchen:

- Umsatzstruktur,
- Kundenstruktur,
- Deckungsbeitragsstruktur.

Umsatzstrukturanalyse

Wie aus der folgenden Übersicht deutlich wird, versucht man, den Beitrag der verschiedenen im Angebot vorhandenen Produkte (Produktgruppen) zum Gesamtumsatz aufzuzeigen. Man beginnt mit dem Produkt, das den größten Beitrag liefert und endet bei dem, auf das der geringste Umsatz entfällt.

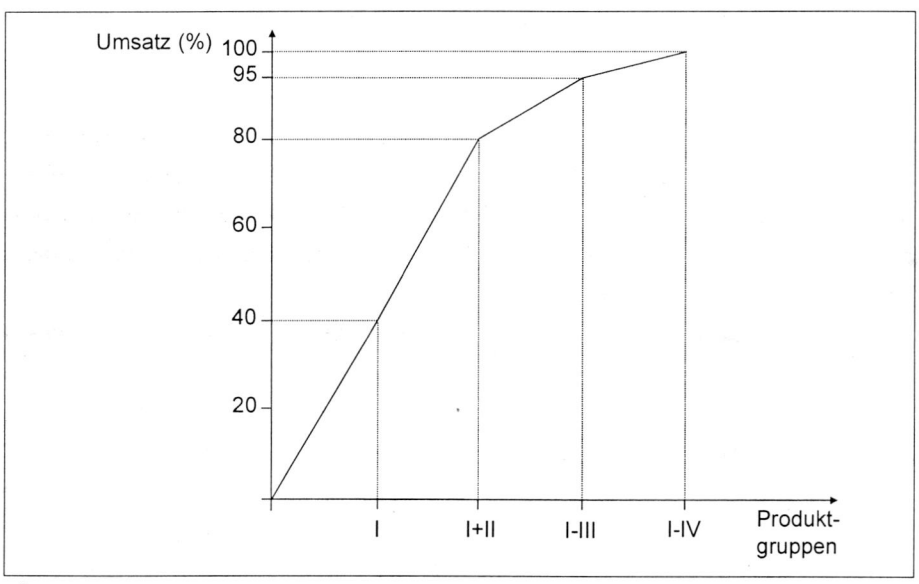

Übersicht 53: Ein mögliches Umsatzprofil verschiedener Produkte

Nur selten findet man eine gleichmäßige Verteilung. Meist hat man in einem Unternehmen umsatzmäßig bedeutsame Produkte (Kernprogramm) und wesentlich weniger bedeutsame (Randprogramm), die jedoch aus den verschiedensten Gründen angeboten werden. Über die Eliminationsproblematik werden wir später (siehe Abschnitt 6.22) nachdenken müssen. Eine prinzipiell ähnliche Darstellung wird bei der ABC-Analyse gewählt. Wenn das Kernprogramm gleichzeitig auch noch das „Butter-auf-dem-Brot-Programm" ist – also das Programm mit dem größten Gewinn oder Deckungsbeitrag –, dann wird man ihm besondere Aufmerksamkeit zuwenden müssen. Daraus kann der Hinweis entwickelt werden, sich verstärkt der Neuproduktentwicklung für das Kernsortiment zuzuwenden, dem Bereich, der den größten Umsatzbeitrag verspricht.

Das bedeutet Konzentration und widerspricht dem häufig geäußerten Streben nach Ausweitung des Programms (Diversifikation). Nach dem Motto „Schuster bleib bei deinen Leisten" soll aufgrund des vorhandenen Wissens und der etablierten Kundenkontakte das Fehlentwicklungsrisiko reduziert werden. Zwar birgt ein Produkt mit überproportionalem Umsatzanteil die Gefahr des Zusammenbruchs eines Unternehmens in sich, wenn es vom Markt nicht mehr akzeptiert wird – gerade deshalb muß man dem durch frühzeitige Neuproduktentwicklung begegnen -, andererseits weist aber gerade ein besonders starkes Produkt die Möglichkeit auf, Kostendegressionseffekte zu nutzen und durch intensiven Einsatz der Marketinginstrumente den Markt positiv zu beeinflussen (z. B. durch Imageaufbau, Durchsetzung höherer Preise).

Kundenstrukturanalyse

Wenn man die Umsatzverteilung der Produkte mit der Zahl der Kunden in Beziehung setzt, dann erhält man einige weitere Hinweise über mögliche Marktabhängigkeiten. Kunden sind in diesem Zusammenhang im Konsumgütersektor Händler, im Produktionsbereich können es Industrieunternehmen sein; es handelt sich bei dieser Betrachtung also nicht um Konsumenten.

Das Kundenprofil zeigt uns, mit wie vielen Kunden Produktumsätze (-mengen) getätigt werden.

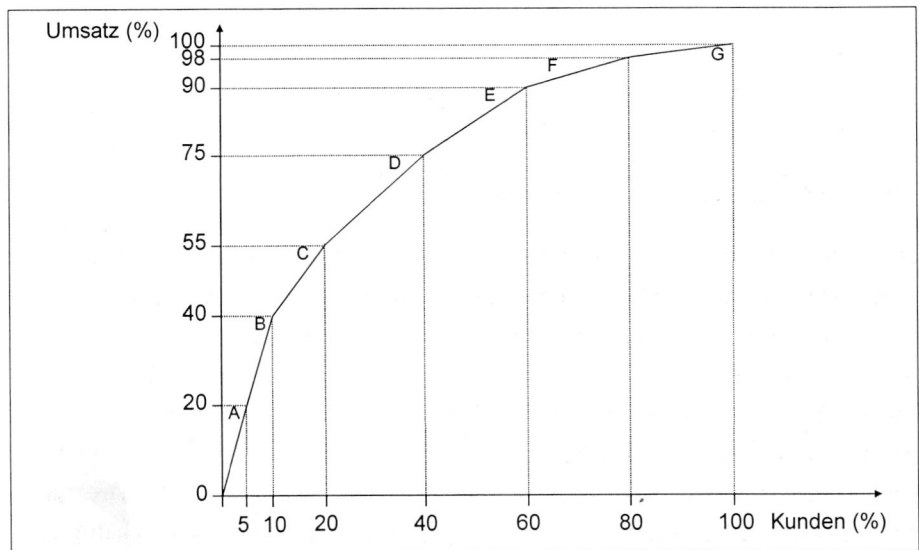

Übersicht 54: Ein mögliches Kundenprofil

Wenn ein Hersteller von Benzineinspritzpumpen nahezu 90 % dieser Produkte an einen Pkw-Hersteller liefert, dann kann das höchst problematisch werden. Er hängt zum einen von dessen Markterfolg ab. Und zum anderen muß er immer damit rechnen, daß sein Abnehmer, aus welchen Gründen auch immer, seinen Lieferanten wechselt, wenn noch ein anderer Anbieter auf dem Markt ist, oder ihn unter Verhandlungsdruck setzt. Im Konsumgüterbereich haben sich durch die Machtkonzentration des Handels ähnliche Probleme ergeben. Insbesondere im Produktbereich Lebensmittel wird über wenige zentralisierte Handelsgruppen die weitaus größte Menge abgesetzt. Ein äußerst harter Preis- und Konditionenwettbewerb (→ entgeltpolitischer Wettbewerb) ist die Folge.

Im Prinzip bieten sich drei Entwicklungslinien für den Hersteller an, die er einzeln oder kombiniert wählen kann:

a) Er kann sich um intensivste Produktionsrationalisierung bemühen. Durch Größenwachstum versucht man, die absolut niedrigsten Produktionskosten zu realisieren. Das setzt aufgrund der damit meist verbundenen steigenden Fixkosten Standardprodukte mit geringen Nachfrageschwankungen voraus (→ Kostenführerschaftsstrategie).

b) Durch deutliche Gestaltungsdifferenzierung und durch intensive image-stabilisierende Vermarktungsmaßnahmen versucht man, sich eine relativ wettbewerbsstabile Insel (hohes akquisitorisches Potential) zu schaffen, die es ermöglicht, die selbst gesetzten Ziele durchzusetzen (→ Leistungsführerschaftsstrategie).

c) Durch die Entwicklung von Produkten, die man als Spezialitäten bezeichnen könnte, versucht man, sich an andere weniger zentralisierte Handelsorgane (z. B. Spezialgeschäfte) zu wenden. Dann macht sich der Ausfall des einen oder anderen Kunden nicht mehr so negativ bemerkbar. Langfristig muß aus einer solchen Angebotspolitik ein starker Umbau der gesamten Distributionspolitik folgen.

Deckungsbeitragsanalyse

Die bisher geschilderten Umsatzstrukturanalysen sind nicht direkt erfolgsbezogen. Vor allem unter dem kurzfristigen Aspekt mag es hilfreich sein, die Erfolgsstruktur zu analysieren. Im Rahmen der Deckungsbeitragsrechnung werden die beschäftigungs-fixen Kosten ausgeklammert, um durch Subtraktion der zurechenbaren Beschaffungs-, Produktions- und Absatzkosten von den Verkaufserlösen den Beitrag zu ermitteln, den das Produkt zur Deckung der Fixkosten leistet. Um möglichst differenzierte

Informationen zu gewinnen, werden Deckungsbeiträge unter verschiedenen Aspekten errechnet (z. B. je Einzelerzeugnis; je Erzeugnis und Periode; in Prozent vom Nettoerlös; je DM 1,— variable Kosten; je Engpaßeinheit) (Riebel 1990).

Das so ermittelte Deckungsbeitragsprofil (Meffert 1991, S. 379) zeigt für die Produkte im Programm eine Reihenfolge ihrer erfolgsbezogenen Leistungsfähigkeit. Produkte mit niedrigem Deckungsbeitrag sind eliminationsverdächtig. Hier können sich Ansatzpunkte für die Entwicklung neuer Produkte ergeben. Wie wir später noch unter dem Aspekt der Produktelimination (siehe Abschnitt 6.22) sehen werden, ist dies jedoch nur ein Indikator. Für strategische Entscheidungen im Bereich der Neuproduktentwicklung taugt er nur bedingt. Andere Verfahren sind die Gewinnprofilanalyse und das Gewinn-Scoring (Koch 1982, S. 95 ff.).

(3) Portfolioanalyse

Portfolioüberlegungen werden im Zusammenhang mit der Planung von Marketingstrategien dargestellt (Kotler/Bliemel 1999, S. 95 ff.). Als Ziel dieser Überlegungen kann gelten, die Ressourcen eines Unternehmens in solche Bereiche (z. B. strategischen Geschäftseinheiten) zu lenken, in denen die Marktaussichten für das Unternehmen besonders günstig sind. Es handelt sich somit um ein zweistufiges Vorgehen. Zuerst wird das Programm des Unternehmens nach verschiedenen Kriterien untersucht und identifiziert. Danach werden Strategien für die einzelnen Programmteile entwickelt.

Es handelt sich bei der Portfolioanalyse um ein Instrument, das in der Praxis entwickelt wurde. Es wird mit den Beratungsunternehmen Boston Consulting Group und McKinsey & Co verbunden. Um nicht Einzelprodukte zu untersuchen – dies wäre bei Unternehmen mit umfangreichen Programmen (z. B. Siemens, Bosch) außerordentlich hinderlich –, hat man Gruppierungen nach sogenannten strategischen Geschäftseinheiten (-bereichen) (SGE) geschaffen. Für unsere Überlegungen reicht die Bezeichnung Produktgruppe aus. Mehrere Portfolio-Techniken werden diskutiert (Albach 1978, S. 702 ff.):

- das Wachstums-Marktanteils-Portfolio,
- das Attraktivitäts-Geschäftsfeldstärken-Portfolio,
- das Markt-Produktlebenszyklus-Portfolio,
- das Geschäftsfeld-Ressourcen-Portfolio,
- das Anfälligkeits-Portfolio.

Wir wollen uns hier auf die ersten beiden Portfolio-Techniken beschränken. Das Markt-Produktlebenszyklus-Portfolio wollen wir wegen der bereits beschriebenen Probleme

114

(z. B. Phasenabgrenzung) unberücksichtigt lassen; ebenfalls sei auf die Darstellung des Geschäftsfeld-Ressourcen-Portfolio verzichtet, weil zum einen die Beschaffungsziele besonders behandelt und die Geschäftsfelder vorher nach dem Lebenszyklus eingeteilt wurden. Damit entfällt auch das Anfälligkeits-Portfolio, das auf letzterem aufbaut, weil es die Geschäftsfeld-Ressourcen nach Krisenfaktoren gewichtet.

- *Das Wachstums-Marktanteils-Portfolio (Boston Consulting Group)*
  Ausgangspunkt dieses Portfolios ist die Überlegung, daß das Marktrisiko um so größer ist, je kleiner der Marktanteil ist bzw. vice versa. Dabei stützt man sich auf das sogenannte Erfahrungskurvenkonzept (Henderson 1974; Engeleiter 1981, S. 410). Es besagt, daß die Stückkosten mit jeder Mengenverdoppelung um ca. 20-30 % sinken. Das setzt jedoch Konstanz der Marktbedingungen voraus, Marktanteilssteigerungen auf stagnierenden Märkten werden meist mit Schmälerungen der Gewinnspanne erkauft. Die Gewinnspanne ist deshalb um so größer,
- je größer der Marktanteil ist,
- je größer das Marktwachstum ist.

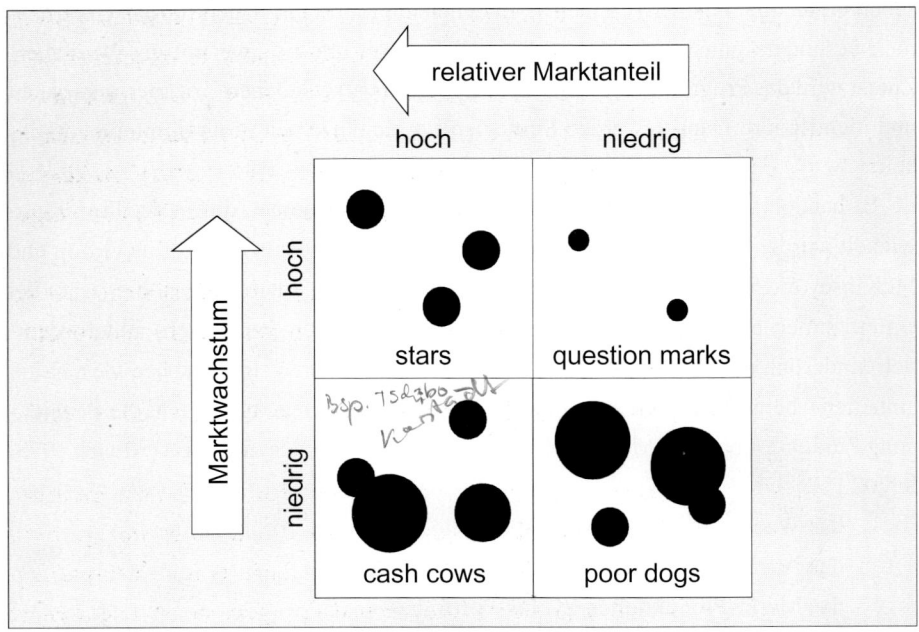

Übersicht 55: Das Wachstums-Marktanteils-Portfolio

Das Marktwachstum wird jährlich gemessen. Es zeigt, wie schnell die Märkte der Produktgruppen wachsen. Was als hoch oder niedrig zu beurteilen ist, hängt von der Dynamik der einzelnen Märkte ab. Generelle Aussagen sind nicht zweckdienlich.

Der Marktanteil wird in Relation zu dem jeweils stärksten Konkurrenten gesetzt. Er sagt also etwas über die Stärke der eigenen Position aus. Ist der Marktanteil größer als der des stärksten Konkurrenten, wird eine starke Marktposition unterstellt. Ordnet man nun die eigenen Produktgruppen in eine solche Matrix ein, so kann sich beispielsweise Übersicht 55 ergeben. Dabei zeigt die Kreisgröße die Umsatzbedeutung.

Dieses mögliche Angebotsprogramm eines Unternehmens ist nicht unbedingt günstig. Der hohe Umsatzanteil an „poor dogs" muß reduziert werden. Man verfügt nur über wenige Produktgruppen im Bereich der „question marks". Man hat viele „cash cows", es ist jedoch nicht ersichtlich, wozu der Geldüberschuß (positiver Cash-flow) benutzt wird. Man könnte ihn zur Stärkung der „stars" einsetzen, die meist mehr Geld verschlingen als sie einbringen, damit aus ihnen später „cash cows" werden. Man könnte ihn aber auch zum gezielten Aufbau der „question marks" verwenden, damit man Nachwuchs für die „stars" erhält. Deutlich wird aus diesem Portfolio die Notwendigkeit der Produktinnovation.

Betrachtet man diese Momentaufnahme im Zeitablauf, so findet man häufig die folgende Entwicklung. Produktgruppen beginnen als „question marks". Sind sie erfolgreich, entwickeln sie sich zu „stars", um dann bei zunehmender Marktsättigung zu „cash cows" zu werden. Paßt man nicht gut auf, so können sie zu „poor dogs" degenerieren. Als generelle Strategien werden nun vorgeschlagen:

- Investitions- oder Wachstumsstrategien (→ Aufbaustrategie) sollen der Stärkung von „stars" und der Überführung von „question marks" zu „stars" dienen.

- Erfolgsstrategien sollen die Position der starken „cash cows" festigen.

- Abschöpfungsstrategien (→ melken) bezwecken eine Steigerung des Cash-flow, ohne daß man langfristig am Erhalt der Produktgruppen interessiert wäre. Sie kann für schwache „cash „cows", für „question marks" mit ungewisser Zukunft und für „poor dogs" angewendet werden.

- Desinvestitionsstrategien zielen auf die Elimination von Produkgruppen ab. Sie eignen sich für „poor dogs" und „question marks".

Einige mit dieser Technik verbundene Probleme können nicht übersehen werden.

(a) Durch die Messung des relativen Marktanteils werden Aussagen vorrangig für den Marktführer vorgenommen. Für die kleineren Konkurrenten können jedoch Nischenstrategien durchaus erfolgreich sein. Der Aussagewert des Modells für den „Marktrest" ist gering.

(b) Das Erfahrungskurvenkonzept gilt als stark umstritten. So behauptet der Konkurrent der Boston Consulting Group, das Beratungsunternehmen McKinsey & Co., daß eine uneingeschränkte Gültigkeit nicht nachgewiesen werden konnte (Gabele 1980, S. 64). Zudem bleibt unberücksichtigt, inwieweit durch Produktionsmengensteigerungen oder überproportionale Vermarktungsbemühungen Kostensteigerungen hervorgerufen wurden. Es wird ja nichts darüber ausgesagt, wie man den hohen Marktanteil erhalten hat.

(c) Ein so grobes, an Cash-flow-Strömen orientiertes Modell verdeckt die vielfältigen, die Entscheidungssituationen bestimmenden Faktoren. Es trägt allenfalls dazu bei, das Denken zu strukturieren.

- *Das Attktraktivitäts-Geschäftsfeldstärken-Portfolio*

Das erwähnte Modell wurde von der Firma General Electric wesentlich erweitert. Neben quantitativen Faktoren wurden auch qualitative einbezogen. Statt einem Raster mit 4 Feldern wurde eines mit 9 Feldern entwickelt. Nach Clifford/ Bridgewater/Hardy (1975) gilt es als ein Instrument für „stürmische Wirtschaftswetterlagen". Es beruht auf folgenden Hypothesen:

- je größer die Stabilität der Nachfrage am Markt, um so geringer die Umfeldrisiken,
- je größer die Flexibilität der Branche (geringe Fixkostenintensität), desto geringer die durch das Umfeld bedingten Risiken,
- je größer die Wettbewerbsvorteile des Unternehmens, um so geringer die Unternehmensrisiken,
- je größer die finanzielle Stärke des Unternehmens, um so geringer die Unternehmensrisiken.

Die folgende Darstellung wurde in Anlehnung an Kotler übernommen (vgl. Kotler/Bliemel 1999, S. 107; eine ausführlichere Darstellung findet sich bei Abell/Hammond 1979). Die Kreise stellen Produktgruppen dar. Die Kreisgröße entspricht der jeweiligen Branchengröße. Das Kreissegment zeigt den eigenen Marktanteil.

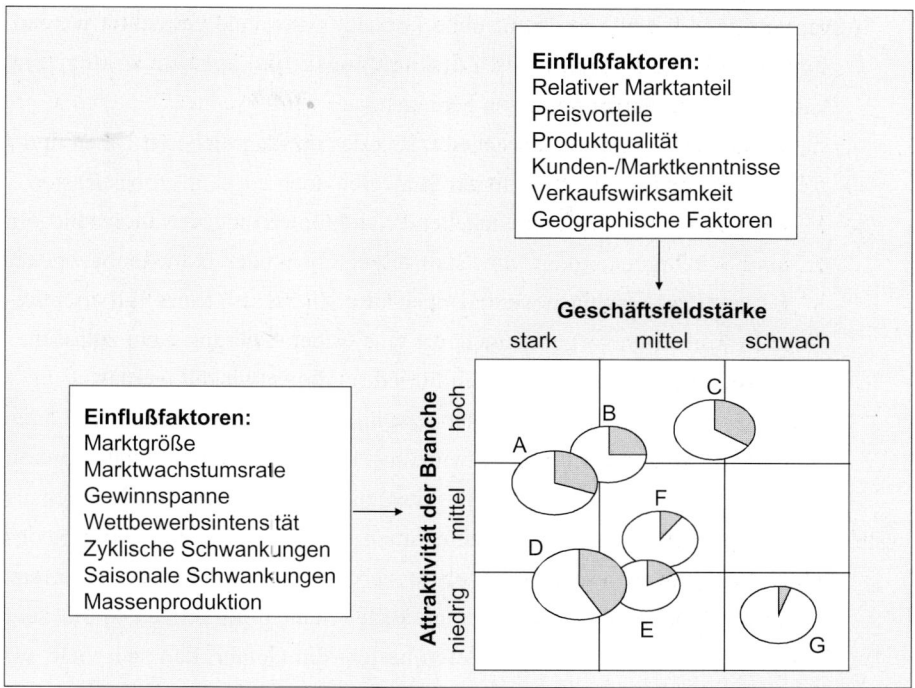

Einflußfaktoren:
Relativer Marktanteil
Preisvorteile
Produktqualität
Kunden-/Marktkenntnisse
Verkaufswirksamkeit
Geographische Faktoren

Geschäftsfeldstärke
stark   mittel   schwach

Einflußfaktoren:
Marktgröße
Marktwachstumsrate
Gewinnspanne
Wettbewerbsintensität
Zyklische Schwankungen
Saisonale Schwankungen
Massenproduktion

Attraktivität der Branche
hoch   mittel   niedrig

Übersicht 56: Attraktivitäts-Geschäftsfeldstärken-Portfolio

Das hier abgebildete Angebotsprogramm ist verbesserungsbedürftig. Zwar ist man in der uninteressanten Branche G nur schwach vorhanden. Der hohe Marktanteil in der Branche D kann, da es sich um eine Branche mit niedriger Attraktivität handelt, jedoch problematisch werden. In einer hoch attraktiven Branche verfügt man über keine starke Wettbewerbsposition. Faßt man die Strategien, die für diese 9 Felder entwickelt wurden, zusammen, so ergibt sich folgendes Bild:

Markt-attraktivität \ Geschäfts-feldstärke	stark	mittel	schwach
hoch	Investitions-/ Wachstums-strategien	Investitions-/ Wachstums-strategien	Offensivstrategie (Investition oder Aufgabe)
mittel	Investitions-/ Wachstums-strategien	Übergangsstrategie (Wachstum/ Abschöpfung)	Abschöpfung (stufenweise Desinvestition)
niedrig	Defensivstrategie	Abschöpfung (stufenweise Desinvestition)	Desinvestition

Übersicht 57: Geschäftsfeldbezogene Strategien

Auch dieses Modell kann nicht ohne kritische Einwände betrachtet werden, zumal wenn es nur allein als Entscheidungsgrundlage für strategische Produktentwicklungsmaßnahmen herangezogen wird:

-   Auch eine 9-Felder-Matrix bleibt trotz des umfangreicheren Dateninputs bezüglich der zu entwickelnden Strategien noch ein sehr grobes Raster.
-   Die für die Einteilung entwickelten Produktbewertungsverfahren spiegeln eine Scheingenauigkeit vor. Statt allgemeiner oder branchenbezogener Bewertungsvorschläge werden meist kasuistische, am Einzelfall orientierte Bewertungen vorgenommen, die eine Generalisierung nicht zulassen.
-   Neue Produkte können letztlich für jedes Feld entwickelt werden.
-   Wenn mehrere Produktideen für verschiedene Felder entwickelt und dann die Ideen ausgewählt bzw. Entwicklungsbudgets für die Ideen bereitgetellt werden, die zu den Wachstumsstrategien zählen, dann kann das durchaus problematisch sein. Denn zum einen hängt es von der Qualität des Entwicklungsergebnisses ab, ob es sich durchsetzt. Hat die Konkurrenz etwas Besseres zu bieten, ist man auch in einem attraktiven Markt zum Scheitern verurteilt. Zum anderen besteht die Gefahr, daß sich viele auf einen als attraktiv klassifizierten Markt stürzen und trotz z. B. mittlerer Konkurrenzposition wegen des dann engen Marktes dem eigenen Vorhaben kein Erfolg beschieden wird. So können letztlich auch unattraktive Märkte Markterfolge ermöglichen.

3.2 Marktanalyse als Prozeß

Der ersten Stufen im Problemlösungsprozeß des Produktmarketing wollen wir besonderes Augenmerk schenken, weil nur mit Hilfe einer akribischen Marktanalyse Chancen für erfolgversprechende Produkte geschaffen werden können. Eine gute und genaue Projektskizze reduziert späteren Reparaturaufwand.

Dem Gedanken der prozessualen Strukturierung wollen wir auch bei der Analyse der Prozeßstufe „Marktanalyse" folgen. Wir bemühen uns um eine systematische Reihenfolgestruktur. Der Grundgedanke der folgenden Ablaufstruktur ruht in dem Bemühen, vom Allgemeinen zum Besonderen zu gelangen. Das Allgemeine wird im Regelfall zwar immer überprüft, aber meist nur in längeren Zeiträumen verändert. Als zweckmäßig hat sich die folgende Struktur erwiesen:

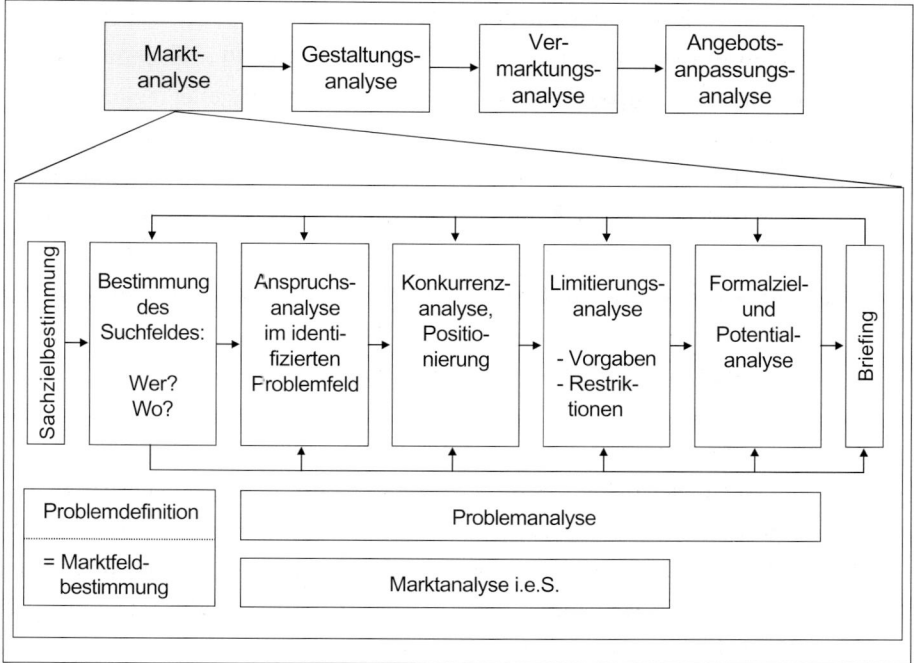

Übersicht 58: Der Prozeß der Marktanalyse

Hier steht weniger die gedankliche Gleichartigkeit als die gedankliche Reihenfolge im Vordergrund. Deshalb wurden Sach- und Formalzielaspekte auch auseinandergerissen.

3.3 Marktfeldbestimmung

Wo und bei wem sollen Probleme identifiziert werden? Das Problem muß eingegrenzt und definiert werden. Dabei sind verschiedene Aspekte zu prüfen, wie Übersicht 59 zeigt:

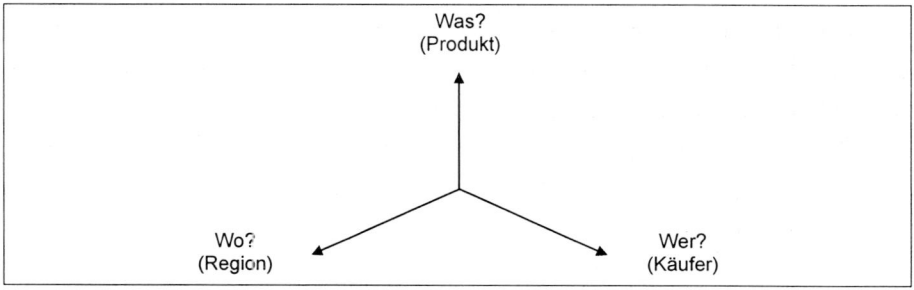

Übersicht 59: Marktfeldbestimmung

Es hängt von spezifischen Gegebenheiten des Unternehmens ab, ob man sich zuerst mit dem Käuferproblemkreis (Zielgruppenauswahl), dem Produktproblemkreis (Sachzielbestimmung) oder dem Marktweitenaspekt befaßt. Hersteller regionaler Spezialitäten (z. B. Biere des Typs Kölsch) befassen sich noch primär mit Käufer-Produktaspekten; Pkw-Hersteller wenden sich zunehmend globalen Problemlösungsprozessen zu. Des weiteren muß geklärt werden,

- ob man über ein *freies* Suchfeld verfügt,
- das Suchfeld durch bereits früher getroffene Marketingentscheidungen *begrenzt* ist.

Im Regelfall ist das Suchfeld begrenzt. Bereits existierende Unternehmen haben Entscheidungen getroffen, in die sich neue Produktentscheidungen einordnen lassen müssen. Der Vorteil liegt darin, daß das neue Produkt vom Bisherigen mitgetragen wird (z. B. Image, Distributionsaktivitäten), die stückfixen Kosten meist niedriger als bei einem neueingeführten Soloprodukt sind. Andererseits kann der bisherige Handlungsrahmen auch als Prokrustesbett empfunden werden, weil er produktoptimale Entscheidungen verhindert. Wir gehen im folgenden von der zunächst realitätsfernen Annahme aus, daß noch keine Beschränkungen vorliegen, um dann im Laufe des Prozesses begrenzende Nebenbedingungen einzuführen.

3.31 Bestimmung des Sachziels (Produktbestimmung)

Bei einer Unternehmensneugründung muß festgelegt werden, was man anbieten will. Bei einem bestehenden Unternehmen wird überprüft, ob man bei dem bisherigen Angebotsspektrum bleiben, es erweitern oder reduzieren will. Es muß also das Was, das Betätigungsfeld festgelegt werden.

In der Geschichte bereits existierender Unternehmen ist der Gründer auf die Idee gekommen, daß das Produkt X, das er entwickelt hat oder hat entwickeln lassen, auch für andere Menschen interessant sein könnte. Wenn dem so war, sind meist weitere Produkte hinzugekommen, andere weniger erfolgreiche wurden eliminiert. Diese Veränderungen können sich in einer Branche abspielen, sie können aber auch zu Branchenerweiterungen und Branchenumgruppierungen führen.

Erfolgreiche Unternehmen zeichnen sich durch dynamische Veränderungsprozesse in der Aufnahme neuer und Elimination alter Produkte aus. Das Feld, innerhalb dessen der Wandel nun stattfindet, kann unterschiedlich weit gesteckt sein:

- Eine enge Begrenzung auf eine herkömmliche Produktkategorie (z. B. Schlittschuhe) birgt die Gefahr in sich, daß man neue Entwicklungen verschläft, die sich am Rande der Produktkategorie auftun (z. B. Inline-Skater).

- Ein zu weites Produktfeld birgt die Gefahr in sich, die Feldgrenzen aus den Augen zu verlieren. Daimler Benz hatte sich als Technologiekonzern definiert in der Hoffnung auf mannigfache technische Synergien. Die Synergiekosten waren bei weitem höher als vermutet; jetzt versteht man sich noch als Transportmittelunternehmen, bald wird man wieder bei einer Fokussierung auf Automobile angekommen sein.

Sachziele können problemfindungs- oder problemlösungsorientiert sein. Einige Beispiele sollen dies erläutern. Unter dem Aspekt der *Problemorientierung* kann ein Kugelschreiberhersteller sich generell dem Problem des Schreibens und dann dem Problem markanter Schönheit funktionstüchtiger persönlicher Accessoires zuwenden. Montblanc bemüht sich, die hohe Wertigkeit der Schreibgeräte auf andere Produktfelder zu übertragen, das Sachziel somit abstrakter zu definieren. Oder ein Hersteller von Rasenmähern wendet sich dem Problem der Gartensäuberung (z. B. laubsaugender Rasenmäher) und dann dem Problem der Gartenpflege zu (Wolff: Gartenpflege mit Spaß).

Obwohl fast ausschließlich in der Marketingliteratur der Problemaspekt beschrieben wird, sollte man den *Technikaspekt* nicht vergessen. Hier stellt sich die Frage, bei welchen technischen Leistungen das Unternehmen so potent ist, daß sich eine Ausweitung mit dieser Technik in andere Bereiche als erfolgversprechend abzeichnet. Mehrere Schwerpunkte sind denkbar:

- Werkstofforientierung,
- Formgebungsorientierung,
- Funktionsprinziporientierung,
- Konstruktionsprinziporientierung

(vgl. zu diesen Begriffen Abschnitt 4.3).

So kann sich ein Unternehmen im Bereich der Kohlenstoffasertechnologie soviel Know-how erworben haben (z. B. bei der Entwicklung von Turbinenschaufeln), daß es sich nun darum kümmert, andere hochwertige Einsatzgebiete für Produktteile aus diesem Werkstoff zu finden.

Ein anderer Hersteller kann führend bei der Metallgewebeherstellung (z. B. Gebrüder Kufferath, Düren: GKD) sein. Die ursprünglich als Transportbänder benutzten Gewebe wurden dann auch mit Abwandlungen zur optischen Trennung, Raumgestaltung usw. benutzt.

3.32 Marktstrategie- und -weitenbestimmung

Ansoff (1957, S. 113 - 127) hat eine simple Strukturierungshilfe der Gegenüberstellung von alten/neuen Produkten und alten/neuen Märkten vorgeschlagen:

Märkte Produkte	alt	neu
alt	Marktpenetration	Marktentwicklung
neu	Produktentwicklung	Diversifikation

Übersicht 60: Suchfelder

(1) Zur Marktpenetrationsstrategie

Da es sich meist um eine aggressive Konkurrenzverdrängungsstrategie handelt, setzt sie potente Anbieter voraus. Die Produktionskapazität ist entweder schon groß und sucht nach Auslastung oder sie kann relativ problemlos erweitert werden. Da erfahrungsgemäß die von der Verdrängung Gefährdeten preisaggressiv ums Überleben kämpfen, sollte zum einen die eigene Kostenstruktur die relativ günstigste sein, und zum anderen sollte man auch in der Lage sein, zeitlich begrenzte Verluste zu verkraften, bis die Konkurrenten vom Markt verschwunden sind. Bei dieser intensiven Form der Penetrationsstrategie muß das eigene Produkt zumindest gleichwertig, möglichst ein wenig besser in den Augen des Käufers als das Konkurrenzprodukt sein. Niedrige Preise sind ein Argument, bessere Produkte ein anderes, um die Käufer von Produkten zu überzeugen.

Eine weitere, für die Wahl dieser Strategie günstige Bedingung liegt in den begrenzten Nachfrageschwankungen für dieses Produkt. Es ist offensichtlich, daß bei Produkten ohne Zukunft oder solchen, die mal stark, mal schwach nachgefragt werden, allein schon der Kapazitätsaufbau problematisch sein kann.

An der Verhaltensweise des Produktkäufers findet diese Strategie ihre Begrenzung. Zwar möchte er selbstverständlich das Bessere zu einem besonders günstigen Preis, wenn er dabei aber in Kauf nehmen muß, von einem Anbieter völlig abhängig zu werden, dann wird er nach Auswegen suchen, um das zu vermeiden. Das kann dazu führen, daß er trotz ungünstigerem Preis einen Teil seiner Produkte bei einem nicht so günstigen Anbieter beschafft.

Schon allein aus diesem Grunde erweist sich eine gemilderte Penetrationsstrategie als sinnvoll. Man erhält sich gewissermaßen den Gradmesser der eigenen Leistungskraft. Dies kann man u. a. dadurch erreichen, indem man absatzpolitisch besonderen Wert auf die interessanten (z. B. großen, ihrerseits innovativen und damit langfristig überlebensfähigen) Kunden legt. Man kann auf bestimmte Marktregionen verzichten (z.B. überproportionale Distributionskosten), man kann viele Produktausführungen entwickeln, indem man eben „alles aus einer Hand" anbietet.

Es zeigte sich, daß diese Strategie sich im wesentlichen für Marktführer eignet. Wo bleibt aber der Rest der anderen Anbieter?

(2) Zur Produktentwicklungsstrategie

Man kann diese Strategie auch als Produktinnovationsstrategie bezeichnen. Der Kreis der Unternehmer, die diese Strategie wählen können, dürfte größer sein als bei der Penetrationsstrategie. Die wichtigste Voraussetzung für die Wahl dieser Strategie liegt beim Anbieter im vorhandenen oder zu entwickelnden Innovationspotential. Und gerade dies ist häufig bei kleineren Unternehmen überproportional ausgeprägt. Einer der Gründe für diese Erscheinung liegt in dem vielfach höheren Engagement für und in der nicht selten stärkeren Geduld bei der technischen Entwicklung und Umsetzung innerhalb eines persönlich geführten Unternehmens.

Im Gegensatz zu der noch zu erläuternden Marktentwicklungsstrategie dominiert bei dieser Strategie das technische Problemlösungspotential. Es erstreckt sich sowohl auf die neuartige Sachleistungsgestaltung von Produkten (vgl. Abschnitt 4.41) als auch in jüngerer Zeit immer mehr auf die Anmutungsgestaltung.

(3) Zur Marktentwicklungsstrategie

Ohne behaupten zu wollen, daß es bei dieser Strategie ohne die mit der Produktentwicklung Betrauten gehe, kann man doch generell sagen, daß diese Strategie die Domäne der Marketingmanager ist. Diese Strategie wird voraussichtlich wenig erfolgreich sein, wenn man nicht über Marketingmanager verfügt, die kreativ und systematisch mit den Instrumenten

- der Informationsgewinnung und -verdichtung,
- der Marketingpolitik,
- der Marketingkontrolle

umgehen können.

Hierzu zählt vor allem die Suche und das Auffinden von Ansprüchen in neuen Marktsegmenten, die man bisher nicht bedient hat und die eventuell mit geringfügigen Gestaltungsänderungen mit dem bisherigen Produkt befriedigt werden können.

(4) Zur Diversifikationsstrategie

Man kann verschiedene Diversifikationen unterscheiden:

- konglomerative, laterale Diversifikation,
- horizontale Diversifikation,
- konzentrische Diversifikation (Kotler/Bliemel 1999, S. 113 f.).

Im ersten Fall geht es um die Suche nach neuen Produkten für neue Märkte. Produkte und Märkte haben mit den bisherigen nichts gemeinsam. Wenn sich ein Waffenproduzent (z. B. Rheinmetall) ein Unternehmen angliedert, das Automobilteile herstellt, dann wird man wohl durch den Einstieg ins Pkw-Geschäft die Abhängigkeit von öffentlichen Auftraggebern reduzieren.

Im zweiten Fall ist die Ähnlichkeit mit der Produktentwicklungsstrategie nicht zu übersehen. Die neuen Produkte sind zwar mit den bisherigen technisch nicht verwandt, wenden sich jedoch an ähnliche Kunden. Lediglich unter dem Aspekt, daß sich die Marktsegmente mehr oder weniger stark unterscheiden können, erscheint die Nennung dieser Strategie als gerechtfertigt.

Bei der konzentrischen Diversifikation liegt der Schwerpunkt in der Ansprache neuer Kundengruppen (Marktsegmente) durch neue Produkte, die selbst und bezüglich ihrer Vermarktung den bisherigen ähnlich sind. Diese Strategie stellt somit einen Übergang zu der Marktentwicklungsstrategie dar (Marktsegmenterweiterung).

Der wichtigste Fall ist zweifellos die konglomerative Diversifikation. Sie ist aber zugleich auch die mit den größten Risiken verbundene Strategie. Wendet man sich neuen Märkten zu, dann muß u. a. geklärt werden:

- Welche Entwicklungschancen verspricht dieser Markt?
- Welche Anbieter mit welchem Potential sind auf diesem Markt tätig?
- Ist das eigene Potential zumindest dem der zukünftigen Konkurrenten ebenbürtig?
- Ist es möglich, den bisherigen Good-will mit neuen Produkten in den neuen Markt zu übertragen?

Diese Strategie ist wegen ihres hohen Risikos (A. D. Little 1990, S. 35) inzwischen in Verruf geraten, statt dessen steht die Fokussierung auf das im Vordergrund, was man besonders gut kann.

Erleichtert wird diese Strategie, wenn man bisher beispielsweise erfolgreich mit der genannten Produktentwicklungsstrategie und/oder Marktentwicklungsstrategie gefahren ist. Auch die Marktstruktur kann erleichternd bzw. erschwerend wirken. Ist der neue Markt im wesentlichen polypolistisch strukturiert (also durch viele kleinere Anbieter), dann kann ein starker, großer Newcomer durchaus Chancen haben, ein Anbieter also, der in dem neuen Markt mit neuen Produkten die Marktpenetrationsstrategie wählt. Dies wird jedoch schwerlich in einem oligopolistischen Markt möglich sein. Sich gegen wenige große Anbieter durchzusetzen, dürfte nicht ganz einfach sein.

Ansatzpunkte für eine weitergehende und wohl auch realitätsnähere Differenzierung können der Übersicht 61 entnommen werden.

Markt Produkt/Branche		alt	neu
alt	Produktkonstanz	Marktpenetration	Marktentwicklung
	Produktvariation	Relaunch	Marktentwicklung
	Produktdifferenzierung	Marktsegmentierung	Marktentwicklung
neu	alte Branche	Produktentwicklung	konzentrische Diversifikation
	verwandte Branche	horizontale u. vertikale Programmausweitung	horizontale u. vertikale Diversifikation
	neue Branche	laterale Programmausweitung	laterale Diversifikation

Übersicht 61: Produkte-Märkte-Mix

Hier wurde versucht, Übergänge im Kontinuum des Alten zum Neuen zu finden. Ändert man das bisherige Produkt, modernisiert man es, so spricht man von Produktvariation, bei gleichbleibender Zielgruppe von Relaunch. Die weiteren Begriffe wurden bereits erklärt.

Eine andere strategische Positionierung ergibt sich aus der Festlegung der Marktweite. Der Markt kann lokal oder weltweit definiert werden (siehe Übersicht 62).

Für ein Handwerksunternehmen, das durch eine enge Kundenbindung und einen hohen Servicegrad gekennzeichnet ist, mag langfristig der *lokale* Markt ausreichen. Es gibt auch einige wenige *weltweit* tätige Handelsunternehmen (Schuhe, Bekleidung). Für spezifische Lebensmittelunternehmen (z. B. Kölsch-Brauereien) hat sich die *regionale* Verankerung als lebensfähig herausgestellt, Versuche der nationalen Ausbreitung waren bisher wenig erfolgreich. Die Beschränkung auf Deutschland, der nationale Schornsteinmarkt also, beinhaltet zwei Aspekte. Es kann sich um Produkte handeln, die nur in Deutschland nachgefragt werden; in anderen Ländern herrschen andere Gewohnheiten und Traditionen, die man glaubt, nicht ändern zu können. Der andere Aspekt schlägt gleich die Brücke zur Weltgestaltung.

Man entwickelte etwas für den eigenen nationalen Markt; an die erfolgreiche nationale Einführung schließt sich dann der Export dieses Produktes und dann vielleicht auch die internationale Produktion und Vermarktung an.

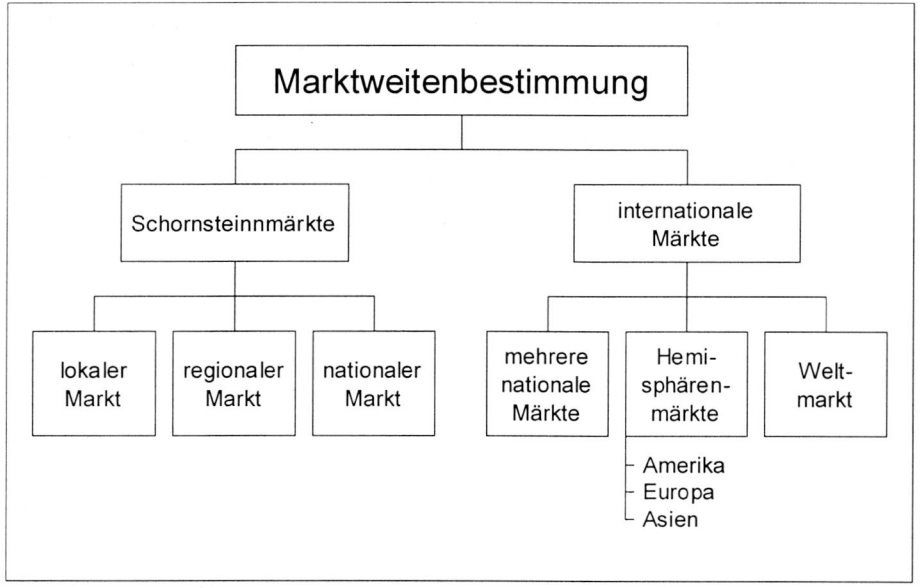

Übersicht 62: Märktebezogene Differenzierungsüberlegungen

Zunehmend tritt die *internationale* Marktwahl in den Blickpunkt. Damit ist meist im Rahmen der Globalisierungsdiskussion die Weltmarktwahl gemeint. Dabei handelt es sich zum einen um das im Marketing mögliche *kritische Standardisierungsmaß* (Gutenberg 1983, S. 114). Welche Marketinginstrumente müssen an die Märkte angepaßt werden und welche können unverändert bleiben? Das gelingt nur sehr selten, es hängt von spezifischen Bedingungen ab. Luxusprodukte einerseits (Dunhill, Dupont, Cartier, Rolls Royce usw.), Massenprodukte andererseits (Coca-Cola, Swatch, Big-Mac von McDonalds) bieten hier gute Voraussetzungen. Auch einige Designprägnanzen (siehe Abschnitt 4.442) eignen sich für eine weltweit gleiche Gestaltungsarbeit.

Dem steht die *nationale* Differenzierung gegenüber. Hiermit ist eine landestypische Produktgestaltung und eine entsprechende Vermarktungsgestaltung gemeint. Hieraus können grundlegende (z. B. andere Formgebung) oder eher einfachere (z. B. Farbvariation) Gestaltungsunterschiede erwachsen. Insbesondere im Bereich der Profilierung durch ästhetische Faszination kann sich das als notwendig erweisen, wenn die Produkte stark kulturell geprägt sind. So weist die Badezimmergestaltung noch starke nationale Unterschiede auf. Ähnliches gilt für die Wand- und Fußbodengestaltung von Wohnräumen. Als Zwischenlösung kann die *Hemisphärengestaltung* betrachtet werden. Hier spielen größere Kulturräume eine bedeutsame Rolle. Dies könnte eine wichtige Marktfeldabgrenzung schaffen für die Produkte, die zwischen oben und unten angesiedelt sind.

Bei Pkws, deren Leistungs- und Imageniveau sich im mittleren Bereich (MOR – middle of the road) bewegt, steht die Hemisphärengestaltung im Mittelpunkt (z. B. GM/Opel, Ford, Toyota).

Die Weltgestaltung bietet den Anknüpfungspunkt für einige Überlungen zur Globalisierung. Globale Unternehmen lassen sich durch folgende Einflußfaktoren charakterisieren:

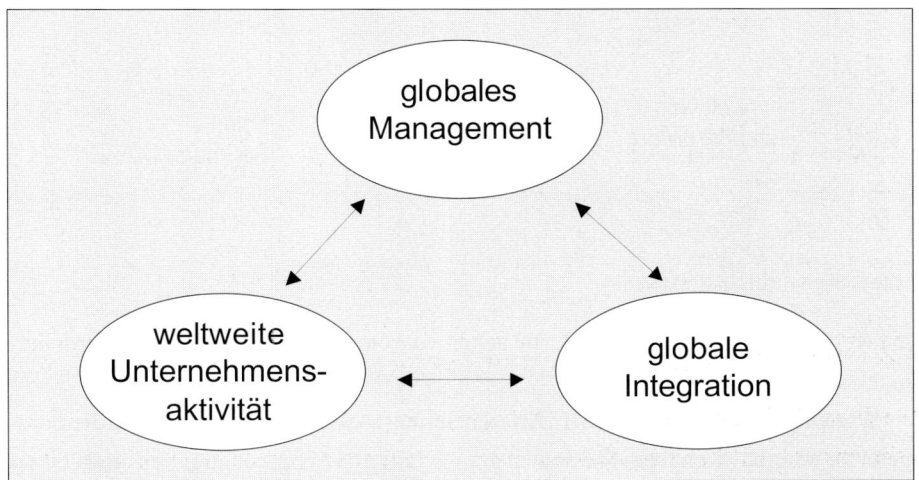

Übersicht 63: Charakteristika globaler Unternehmen

Neben der uns an dieser Stelle vorrangig interessierenden weltweiten Unternehmensaktivität spielt auch die weltweite Führung und Auswahl der Leitungspersonen sowie die weltweite Tätigkeitsintegration eine Rolle. Im wesentlichen wird im Absatzmarketing die Diskussion über die weltweite Unternehmensaktivität unter dem Stichwort der Standardisierung geführt.

„Marketing is global" oder „All Marketing is local" war ein Streitpunkt zwischen Levitt und Kotler (Levitt 1983, S. 92 ff.; Kotler 1984, S. 64).

Soll man bei der Problemdeckung Kulturgrenzen überschreitend, sie vernachlässigend vorgehen, Probleme der Weltgemeinde entdecken? Die Analyse bietet verschiedene Bezugspunkte, die miteinander verknüpft sind:

- Zuerst geht es um den *raumbezogenen* Aspekt: Der Weltmarkt wird als ein Markt ohne Sprach- und Kulturgrenzen betrachtet.
- Die Vergrößerung des Raumes soll zur Vergrößerung des Marktpotentials beitragen (→ *mengenbezogener* Aspekt). Bedacht werden muß bei raumbedingten Mengenvergrößerungen, daß die Raumerweiterungskosten nicht höher sind als die dadurch bedingten zusätzlichen Erlöse.

128

- Um die Kosten nicht stärker als die Erlöse steigen zu lassen, sollen die Beeinflussungsmaßnahmen standardisiert werden.

Wählt man somit die Polarität zwischen Standardisierung und Individualisierung, so sind Marketingmixprogramme denkbar zwischen weltweiter Standardisierung und differenzierter Marktbearbeitung.

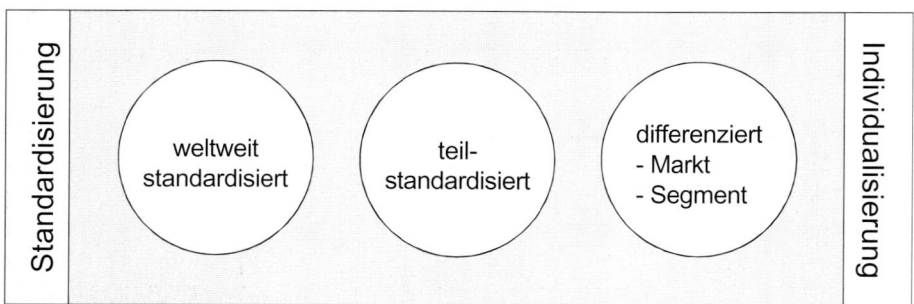

Übersicht 64: Globales Marketing

Die weltweite Standardisierung dürfte selten vorkommen, eher sind Teilstandardisierungen wahrscheinlich.

Wenn man die Frage nach der Differenzierung stellt, wird man sich über die Parameter zu unterhalten haben. Sie deuten an, wo Differenzierungen möglich sind (Übersicht 65).

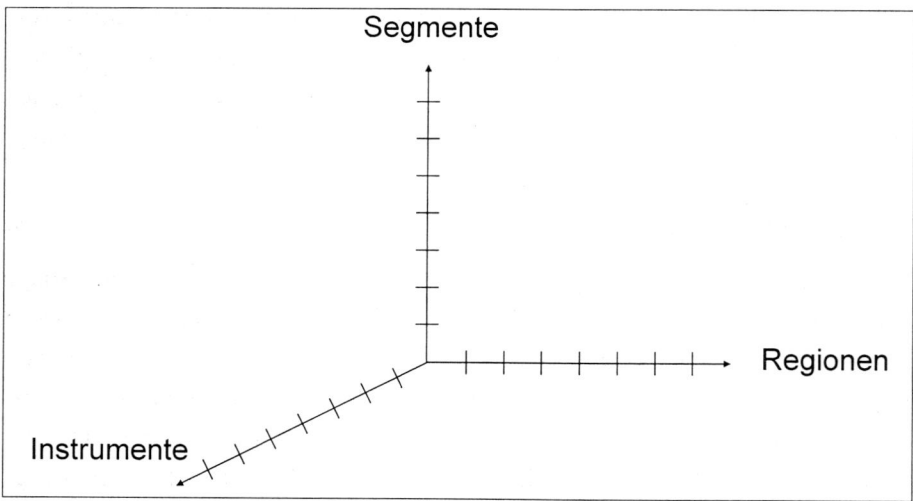

Übersicht 65: Parameter des globalen Marketing

Abgesehen von der Extremsituation, daß man dasselbe Produkt unverändert in allen Regionen immer den jeweils entsprechenden Segmenten oder undifferenziert mit gleichbleibendem Vermarktungsmix anbietet, wird man eher regionenspezifischen Schwerpunktbildungen begegnen. Das kann bedeuten,

- daß man nicht alle Regionen bedient, sondern bewußt auf einzelne verzichtet;
- daß man bei den verbleibenden Regionen nicht alle Marktsegmente bedient, sondern regionenabhängig auf einzelne Segmente verzichtet;
- daß man in den verbleibenden Regionen die ausgewählten Segmente unterschiedlich bedient; man betreibt globales Marketing, wendet sich dem Markt nur jeweils situationsspezifisch zu.

Dies läßt sich beispielsweise so darstellen:

Region \ Segmente	1	2	3	4	5	6
1	▩		▩		▩	
2	▩	▩		▩		
3	▩			▩		
4	▩			▩		
5	▩		▩		▩	▩
6	▩		▩		▩	▩

Übersicht 66: Regionenspezifische Segmentauswahl

Man kann nun jedem Segment in einer Region die dazu passenden Marketinginstrumente zuordnen. Dabei ist zu prüfen, welche Instrumentalausprägungen gleich bleiben und welche different ausfallen sollen. Erst später werden wir auf die Instrumentalkombination eingehen, so daß wir uns hier mit diesem Hinweis begnügen können.

3.33 Zielgruppenbestimmung

In den archaischen Zeiten des Absatzes entwickelte man ein Produkt (Problemlösung) und bot es auf dem Markt an. Wer bildete den Markt? Man suchte mehr oder minder systematisch nach Kaufinteressenten. Dieser Vorgehensweise begegnet man auch noch heute. Man entwickelt eine Problemlösung aufgrund einer vagen Idee eines virtuellen Problems und stellt dann die Problemlösung vor. Bei einer Messevorstellung liegt meist ein Branchenbezug vor. Zufällig entdecken Branchenangehörige diese Problemlösung. Trägt sie zu einer Lösung eines für sie wichtigen Problems bei? Wenn ja, hat man vielleicht ins Schwarze getroffen, wenn nein, handelt es sich um eine falsche Problemlösung, oder hat man nur, weil man das Pferd vom Schwanze aufgezäumt hat, die falschen Problemträger angesprochen? Wir könnten dieses Beispiel fortspinnen, wichtig ist an dieser Stelle lediglich die Feststellung, daß von planvoller Problembewältigung wohl nicht die Rede sein kann.

Grundprämisse der Zielgruppenauswahl ist, daß die Menschen und damit auch ihre Wünsche verschieden sind. Dies ist die Grundlage der allgemeinen seit der Industrialisierung geltenden *Individualisierungstendenz*. Zwischen Individuallösungen einerseits und uniformen Massenlösungen andererseits liegt der Schwerpunkt der Realität. Auch Individuallösungen (z. B. maßgefertigte Anzüge, Schränke, Parties) bauen auf Serienlösungen (Stoffe, Materialien, Speisen/Getränke usw.) auf. Und damit man Kunden findet, die bereit sind, die entstandenen Kosten zu tragen, muß versucht werden, Standardisierungen zu finden. Entsprechend dem ökonomischen Prinzip, z. B. in der Formulierung des Minimumprinzips, muß versucht werden, eine gewünschte Problemlösung zu geringstmöglichen Kosten für den Anbieter zu verwirklichen. Standardisierung der Planungs- und Realisationsinstrumente führt zu Lösungen, die gerade noch vertretbare Vereinheitlichungen mit möglichst großer Individualität verbinden. Dies gilt für das Bemühen um „mass customization", wenn Massenprodukte (z. B. Levis Jeans) auf die individuellen Körperbedingungen zugeschnitten werden. Auf dieser Grundlage basiert das Bemühen um die gedankliche Schaffung gleichwünschender Käufergruppen. Das Ziel der Marktsegmentierung (Zielgruppenauswahl) besteht also darin, in sich bezüglich des Problemfeldes möglichst homogen wünschende Menschen herauszufiltern, bei denen man relativ sicher ist,

- daß man Ihnen nicht zu wenig anbietet; weil sie den Eindruck haben, daß ihre Wünsche durch die angebotene Problemlösung nicht befriedigt werden, würden sie ansonsten das Angebot verwerfen,
- daß man nicht zu viel anbietet; entsprechend dem ersten und zweiten Profilierungsgebot, interessiert nur, was der Kunde wahrnimmt und was ihm wichtig ist. Darüber hinausgehende Leistungen verstoßen gegen das ökonomische Prinzip. Und nehmen sie etwas wahr, was sie gar nicht wollen, kann das zu Kaufwiderstand führen. Sie wollen beispielsweise nicht für etwas bezahlen, was sie gar nicht benötigen.

Bevor wir zur *Zielgruppeneingrenzung* kommen, müssen noch einige allgemeine Fragen beantwortet werden. Legt man den Wertkettengedanken zugrunde, müssen wir klären,

- an wen wir verkaufen,
- ob der Käufer auch der Benutzer ist,
- ob es sich um einen konsumtiven oder produktiven Nutzer handeln soll.

Beim indirekten Absatz (Verkauf über den Handel) haben wir es immer mit dem *Händlerkunden* und dem *Verwenderkunden* zu tun. Im Rahmen vertikaler Marketingkonzepte werden Maßnahmen ergriffen, die beide Bereiche miteinander vernetzen, aufeinander abstimmen. Aus der Sachzielbestimmung kann sich ergeben, ob die Verwenderkunden gewerblich (→ *Industriekunden*) oder konsumtiv (→ *Konsumkunden*) orientiert sind. Für Werkzeugmaschinen oder Aluminiummasseln ist noch eine eindeutige Trennung möglich, bei Pkws oder PCs ist dies nicht mehr so einfach.

Es kann sein, daß man sich nur mit einem Typ beschäftigen muß; in der Mehrzahl der Fälle muß an mehrere Kundentypen gedacht werden. Für den Konsumkunden lassen sich nun aus dem Strauß der verhaltensprägenden Faktoren Segmentierungskriterien ableiten. Dabei gilt wiederum das ökonomische Prinzip: Möglichst wenig Kosten bei der Ermittlung des Segmentierungskriteriums und der Maßnahmenumsetzung. Für einen Teppichhersteller ist die Trennung in Teppiche für den Privat- oder Office-Bereich und nach dem Wertaspekt recht einfach, wenn das für die Problemidentifikation genügt. Wesentlich teurer ist die auf der Lebensstilforschung basierende Segmentierung, die in Abschnitt 2.4 beschrieben wurde.

Je genauer die Zielgruppe umschrieben wird, um so besser können deren Wünsche/Ansprüche ermittelt und prognostiziert werden. Statt eines blinden Herumstocherns im Heuhaufen mit recht ungewissem Ausgangsergebnis ist eine zielgruppengerechte Problemlösungsplanung möglich. Das ist sicherlich mühseliger, als sich gleich in das Abenteuer der weltverbessernden Problemlösungsgestaltung hineinzustürzen.

Hat man nun festgestellt, daß es mehrere Zielgruppen gibt, muß überlegt werden, ob man sich auf eine Zielgruppe mit der Problemsuche und -lösung konzentrieren soll, oder ob es nicht sinnvoller ist, verschiedene vernetzte Zielgruppen anzusprechen. Mehreres muß hierbei bedacht werden:

- Eine Zielgruppe muß wirtschaftlich interessant sein. Sie wird es durch verschiedene Facetten: Die Mächtigkeit der Zielgruppe (Zielgruppenumfang) kann es sinnvoll erscheinen lassen, sich nur auf sie zu konzentrieren. Aber auch eine kleine Zielgruppe kann durch ihr disponibles Einkommen und ihre Ausgabenbereitschaft (Zielgruppenqualität) von Interesse sein. Und sicherlich spielt auch die Konkurrenzintensität in der Zielgruppe eine nicht unbeachtliche Rolle. Verfügt man selbst in einer Zielgruppe über das führende Image, wird man sich bemühen müssen, dieses Image durch neue Problemlösungen zu pflegen.
- Die Zielgruppenkonzentration entspricht dem bereits geschilderten Prägnanzerfordernis: „Wer es allen recht machen will, macht es keinem recht." Die Kon-

zentration auf die Kernzielgruppe bedeutet nicht unbedingt, daß man damit andere Käufer ausschlösse. Die Duftserie „Janine D" war für etwa 20- bis 23-jährige Frauen konzipiert. Spätere Marktuntersuchungen zeigten, daß der Erfolg der Serie im wesentlichen durch die 35- bis 40-jährigen mitgeprägt wurde, die von der Jugend träumten.

- Wichtig ist somit die Überlegung, wie verschiedene Zielgruppen miteinander zusammenhängen. Wenn wir auf Milieusegmentierung in Übersicht 35 zurückgreifen, dann können wir das postmoderne Milieu häufig zum Ausgangspunkt neuer Probleme machen, die sich bei den liberal-intellektuellen, den modernen bürgerlichen und dann dem aufstiegsorientierten Milieu in unterschiedlicher Ausprägung fortsetzen.

- Erscheint die interessante Zielgruppe doch etwas klein, wäre die Menge der an sie verkäuflichen Problemlösungen zu klein, um eine akzeptable Preisgestaltung zu ermöglichen, dann muß man sie nicht gleich wieder verlassen. Zu prüfen ist, ob man durch Produktliniengestaltung (→ Produktdifferenzierung) bei Konstanz des Basiskonzepts die engen Grenzen erweitern kann.

- Neben diesen zielgruppen*differenzierenden* Überlegungen müssen auch *homogenisierende* beachtet werden. Ist das Involvement („Ich-Beteiligung") bezüglich eines Produktes gering, kauft man also ein generisches Produkt, dann legt man häufig Wert auf eine „ordentliche" Mindestqualität und einen möglichst günstigen Preis. Man ist beim Aldi-Käufer angelangt. Damit korrespondiert die später beschriebene Kostenführerschaftsstrategie.

3.4 Anspruchsanalyse

Der nächste Schritt besteht nun in der Konkretisierung dessen, was die ausgewählte Zielgruppe für Probleme haben könnte, die wir dann zu lösen hätten.

Dem vor uns liegenden Problem wäre einfach beizukommen, wenn die Zielperson wüßte, welches Problem sie morgen drücken wird; sie weiß ja meist nicht einmal über ihre heutigen Probleme Bescheid. Deshalb müssen wir eine Struktur entwickeln, die dem Produktmanager einen Einstieg in die Problemwelt seines Kunden erleichtert.

3.41 Zur theoretischen Fundierung

Zunächst stellt sich die Frage, mit welcher Begrifflichkeit wir die hier zu erörternden Probleme erfassen wollen, da im Marketing keine einheitliche Terminologie herrscht. Da Sprache in diesem Kontext keine Frage von richtig oder falsch, sondern eher eine der Zweckmäßigkeit ist, müssen Eignungskriterien gefunden werden, anhand derer ausgewählt werden kann.

Wenn wir ein Problem analysieren und definieren wollen, auf dem die gesamte angebotsbezogene Problemlösung basieren soll, dann muß die Begrifflichkeit ein hohes Maß an realer *Problemnähe* aufweisen. Begriffe auf hohem Abstraktionsniveau kommen nur dann in Betracht, wenn sie im Sinne einer aufspaltenden Unterordnung generell an die Realität herangeführt werden können. Es ist unbefriedigend, wenn abstrakten Begriffen kasuistisch konkrete Entscheidungen zugeordnet werden, ohne daß deutlich wird, nach welchem Zuordnungsmuster verfahren wird (z. B. Herrmann 1998, S. 32). Mit der Realitäts-/Problemnähe verbunden ist die Forderung nach einer hohen *Differenzierungsfähigkeit*. Die hohe Marktsättigung und der hohe Wettbewerbsdruck sorgen dafür, daß es nur wenig große neue Probleme und dazu passende Lösungsentwürfe gibt. Die Differenzräume werden kleiner. Um so notwendiger wird die Entdeckung von Problemdifferenzen, vielfach sind es nur Nuancierungen. Die Sprache muß die Differenzen sichtbar machen können. Ein weiteres Eignungskriterium bildet die *logische Adäquanz*. Insulare Begriffswelten – sie mögen in sich noch so stimmig sein – bereiten dann Schwierigkeiten, wenn sie keine stimmige Verknüpfungen der Lösungskette zulassen. Aus den bereits in Kapitel 2 geschilderten verhaltensprägenden Faktoren ergeben sich mögliche Probleme des Kunden, die wir erörtern wollen. Daraus folgen Konsequenzen, die wir im Briefing festhalten. Sie sind die Vorgaben für die Produktgestaltung. Als Ergebnis aus Produktgestaltung und Vermarktungsmix erhalten wir einen marktwirksamen speziellen Leistungskatalog von dem wir erwarten, daß er die entdeckten und analysierten Probleme befriedigt. Daraus ergibt sich folgende Begriffskette:

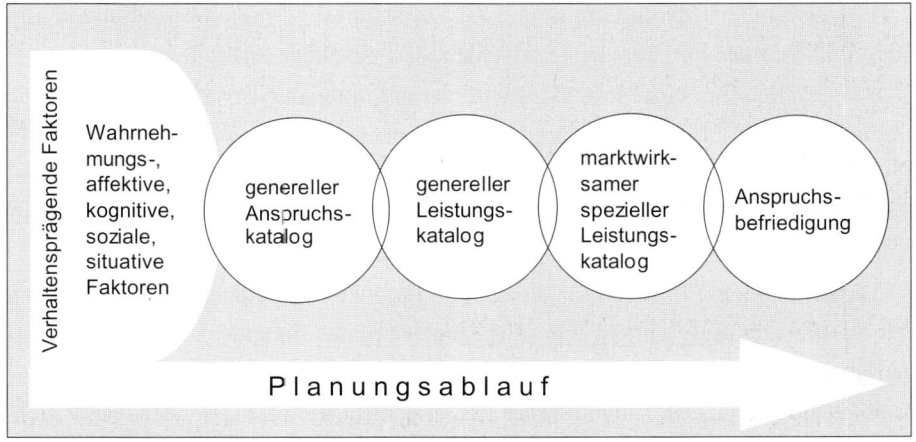

Übersicht 67: Eine prozeßorientierte Begriffskette

Und schließlich sei die *Prozeßtauglichkeit* der Begriffswelt betont. Zwar ist es richtig, daß letztlich der Konsument als Verwender den Ankerpunkt für das Marketinghandeln bildet. Aber in den wenigsten Fällen kommen direkte Interaktionen zustande. Der Handel wird zwischengeschaltet, logistische Aufgaben müssen – von wem auch immer – bewältigt werden. Und nicht zuletzt hat der Anbieter eigene Vorstellungen über das, was er weshalb anbieten will. Es kommt sogar vor, daß spezifische Anbietersituationen (z. B Nutzung von Leerkapazitäten) den Ausgangspunkt für Überlegungen zur Schaffung neuer Produkte darstellen.

Vor diesem Hintergrund wollen wir im folgenden einige Begriffskonzepte prüfen: Weit verbreitet sind die Begriffe Bedürfnis, Bedarf, Nachfrage. *Bedürfnis* wird als Streben nach Beseitigung eines Mangels umschrieben. Damit weist dieser Begriff eine deutliche Problemnähe und logische Adäquanz, dagegen eine geringe Differenzierungsfähigkeit – das Streben nach Mangelbeseitigung wird meist sehr undifferenziert geäußert (→ z. B. Trinkbedürfnis) – und eine geringe Prozeßtauglichkeit auf – außerhalb des konsumtiven Verwendungsbereichs wird selten von Bedürfnissen gesprochen. *Bedarf* wird als auf ein konkretes Wirtschaftsgut gerichtetes konkretes Bedürfnis erläutert (Scherhorn 1959, S. 84/85). Zwar sind Problemnähe und Prozeßtauglichkeit vorhanden, allerdings bereiten sowohl Differenzierungsfähigkeit als auch logische Adäquanz Schwierigkeiten, weil sich der Bedarf auf konkrete Ganzheiten (z. B. Produkte) und nicht auf Probleme richtet. Somit scheidet auch der Begriff *Nachfrage* als mit Kaufkraft versehener Bedarf aus.

Einen anderen Akzent setzt der *Nutzenbegriff*. Hier interessiert die absatzwirtschaftliche Komponente (Balderjahn 1995, Sp. 187/188). Weit verbreitet ist hier die in Übersicht 68 dargestellte sogenannte Nutzenleiter von Vershofen (1959, S. 89 ff.).

Eben weil die Begriffe Grund- und Zusatznutzen weit verbreitet sind und häufig nicht im Sinne des Initiators benutzt werden, darf eine kurze Prüfung nicht fehlen.

Als *Grundnutzen* eines Produktes wird der auf rationalen Erwägungen beruhende Gebrauchsnutzen erfaßt. Damit wird der „Gebrauchszweck" erfüllt. Was eben nicht einem rationalen Kalkül entspricht, wird mit *Zusatznutzen* bezeichnet. Das Hinzugefügte übersteigt also den eigentlichen Gebrauchszweck. Hinzugefügtes ist im wesentlichen emotional determiniert.

Daraus erwachsen Fragen für die heutige Produktwelt. Was ist der Grundnutzen von Schmuck, Krawatten usw.? Ist Zusatznutzen ohne Grundnutzen denkbar? Deutlich wird, daß diese Einteilung einer Zeit des Mangels entsprang; alles, was auf emotional getönte Wünsche zurückführbar war, war nicht notwendig sondern zusätzlich. Das hat sich in der jetzigen Wirtschaftssituation des Überflusses gewaltig verändert.

Naheliegender ist die Verwendung des Begriffspaares für die Trennung in den Kernaspekt (Grundnutzen) und dessen, wozu ein Produkt auch noch taugt (Zusatznutzen). Das entspricht der heute vielfach gewählten Begriffsbildung. Weil man nicht immer weiß, ob der Sprecher die Vershofensche Intention kennt oder nicht, stellt sich die Frage der Zweckmäßigkeit.

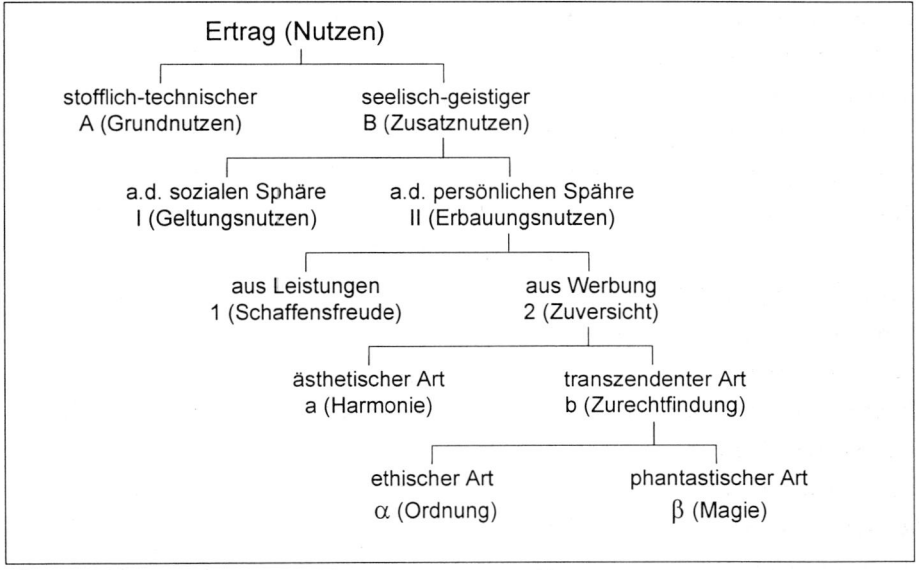

Übersicht 68: Vershofens Nutzenleiter

Damit befinden wir uns unmittelbar in der Kriteriendiskussion. Die ursprüngliche Begriffsintention kann heute nicht mehr als realitätsnah angesehen werden. Alles, was ein Angebot bewirkt, kann als Nutzen interpretiert werden – damit ist eine hohe *Realitätsnähe* und *Differenzierungsfähigkeit* verbunden, es kann auch von einer hohen *Prozeßtauglichkeit* ausgegangen werden; Zweifel tauchen dagegen bei der *logischen Adäquanz* auf. „Etwas stiftet Nutzen", damit bewegen wir uns bereits auf der Realisationsebene: Der in Übersicht 67 erwähnte marktwirksame spezielle Leistungskatalog ist der Nutzenträger. Im Rahmen der Problemanalyse benötigen wir jedoch einen Begriff, der noch jeder Lösungsform entbehrt. Wir wollen wissen, worin Probleme liegen können, allerdings noch nicht, wie man sie denn lösen kann.

Als Alternative zum Nutzenkonstrukt wird das *Präferenzkonstrukt* genannt, meist werden sie synonym behandelt (Balderjahn 1995, Sp. 188). Auch hier gilt das zum Nutzenbegriff Gesagte. Es liegen Angebote vor. Sie werden nach Präferenzen ausgewählt. Dies entspricht nicht der hier relevanten Problemanalyse.

Einen anderen Schwerpunkt setzt das *Means-end-Konzept* (Herrmann 1998,

S. 31 ff.). Es setzt bei den Einstellungen (Kroeber-Riel/Weinberg1999: Motivation plus kognitive Gegenstandsbeurteilung, S. 168) an. Das Modell von Reynolds/Gutmann (1984, S. 155 ff.) erfaßt die Eigenschaft (konkret und abstrakt), die Nutzenkomponente (funktional und sozialpsychologisch) und die Werthaltung (instrumental und terminal). Die funktionale Nutzenkomponente wird dem Grundnutzen und die soziale dem Zusatznutzen im Vershofenschen Sinne gleichgesetzt. Das ist realitätsfern – wir begründeten das bereits – und auch begriffsunscharf: Wieso sind psychische Wirkungen nicht funktional? Die Funktionalismusdiskussion (z. B. im Design) scheint hier nicht wahrgenommen worden zu sein. Das Means-end-Konzept bemüht sich zwar um eine Verbindung mit einigen verhaltensprägenden Faktoren, zeigt aber lediglich beispielhaft einige Zusammenhänge. Zudem erfaßt das einstellungsbezogene Werthaltungskonstrukt nur Teilaspekte dessen, was menschliches Verhalten beeinflußt. Realitätsnähe, Differenzierungsfähigkeit und logische Adäquanz sind somit gering ausgeprägt. Auch die Prozeßtauglichkeit ist durch die Beschränkung auf die Verbrauchersicht nicht gegeben.

Nachdem die bisherige Analyse für unsere Fragestellung – wie sollen wir die Zuwendung zu Gegenständen aus der Sicht verschiedener Prozeßstufen benennen? – keine befriedigende Antwort gegeben hat, müssen wir ein Begriffskonzept schaffen, das den gestellten Anforderungen gerecht wird. Dazu greifen wir auf Übersicht 67 zurück.

Menschliches Verhalten wird geprägt durch die Faktoren, die wir in Abschnitt 2.3 im einzelnen untersucht haben (Wahrnehmungs-, affektive, kognitive, soziale, situative Faktoren). Sie führen zu Spannungen im Menschen, die nach Lösungen drängen. Es entstehen *Wünsche*. Uns interessieren nicht Wünsche schlechthin, sondern lediglich *gegenstandsgerichtete* Wünsche, soweit sie Chancen haben, Austauschgegenstände in Marktprozessen zu werden. Diese Teilmenge wollen wir mit dem Begriff *Ansprüche* belegen. Das für wünschenswert Gehaltene geht dabei deutlich über die im Means-end-Konzept enthaltenen Werthaltungen hinaus. Die erläuterten verhaltensprägenden Faktoren bilden gleichsam das energiereiche Kraftwerk, aus dem die Ansprüche gespeist werden. Sie liegen näher an der Verhaltensoberfläche, sie können mit den Methoden der empirischen Sozialforschung ermittelt werden. Es ist auch möglich, sich in einem kreativen Prozeß vorzustellen, welche Ansprüche in welcher Intensität bei einer Zielgruppe aufgrund der sie charakterisierenden verhaltensprägenden Faktoren höchstwahrscheinlich sind. Wir gelangen zu folgender Umschreibung:

> Ansprüche sind nahe an der Verhaltensoberfläche
> liegende gegenstandsgerichtete Wünsche.

Sie stehen im folgenden Kontext:

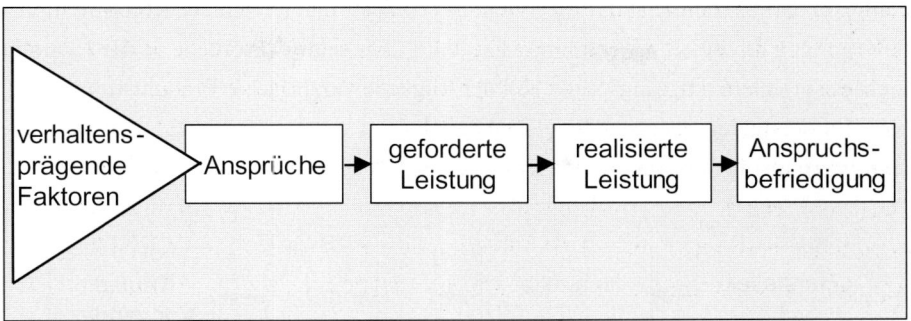

Übersicht 69: Der Anspruchszusammenhang

Aus den Ansprüchen folgen handlungsorientiert *Leistungen*. Leistung kann als Vermögen bezeichnet werden, Ansprüche zu befriedigen. Leistungen erbringen die Marktgegenstände. Da wir uns hier in starkem Maße mit der Produktgestaltung befassen wollen, spielt der Leistungsaspekt eine große Rolle. Die Trennung in geforderte und realisierte Leistungen soll die Möglichkeit des Auseinanderklaffens von gestellter (Input) und erfüllter Aufgabe verdeutlichen. Das, was wir hier als Leistung bezeichnen, wird in anderen Zusammenhängen auch mit *Eigenschaft* umschrieben. Sowohl in der volkswirtschaftlichen (z. B. Riepe 1984, Lancaster 1971) als auch häufig in der technischen Literatur wird von Eigenschaften gesprochen. Ein Gegenstand kann viele Eigenschaften haben, uns interessieren allerdings nur die Eigenschaften als Teilmenge, die das Vermögen haben, Ansprüche zu befriedigen. Bei einem Reifen interessiert nicht der Geschmack, wohl aber die für die Laufleistung wichtige Abriebfestigkeit.

Mit dieser Anspruchs-Leistungs-Begrifflichkeit erfassen wir die Marktrealität. Wie noch zu zeigen sein wird, läßt dieses Begriffspaar ein hohes Maß an Differenzierung zu. Mit ihm ist des weiteren die Erfassung der verschiedenen Analyseschwerpunkte logisch einwandfrei möglich. Und schließlich, auch das wird noch zu zeigen sein, ermöglicht das Begriffspaar eine prozessuale Strukturierung der Analyse- und Gestaltungsarbeit.

3.42 Der Prozeßaspekte (Anspruchskreise)

Wir haben bereits mehrfach auf die Notwendigkeit einer prozessualen Sichtweise hingewiesen.

Die noch im einzelnen zu prüfenden Ansprüche können recht unterschiedlichen Quellen entspringen. Im Konsumgütermarketing wird fast ausschließlich an den *Konsumenten* gedacht. Im Investitionsgütermarketing stehen diejenigen im Blickpunkt des

Interesses, die am *Beschaffungsprozeß* beteiligt sind (siehe Abschnitt 2.6). Obwohl Einigkeit darüber herrscht, daß die Macht des Handels durch intensive Konzentrationsbewegungen erheblich zugenommen hat, wird über seine Ansprüche in der Literatur nicht gesprochen. Ausgangspunkt soll der folgende vereinfachte Produktstromprozeß sein. Er ist angelegt an den Handelskettengedanken von Seyffert (1931), der weit vor dem Wertkettengedanken von Porter (1986, S. 50) entstand.

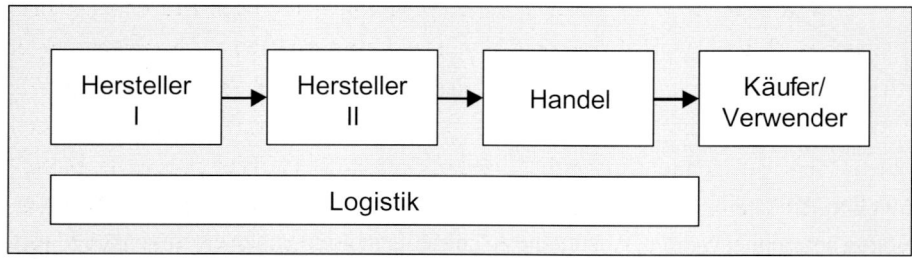

Übersicht 70: Eine mögliche Produktstromkette

Diesen idealtypischen Produktstrom benutzen wir zur Ableitung der folgenden Anspruchssteller:

- Verwender
- Händler
- Logistik
- Hersteller

Als *Verwender* wollen wir sowohl den konsumtiven als auch den produktiven Verwender zusammen betrachten. Der Verwender kann mit dem *Käufer* identisch sein, es können aber auch unterschiedliche Personenkreise sein. Der konsumtive Käufer eines Füllfederhalters kann diesen für sich erwerben, er kann ihn für seinen Sohn zum Schulgebrauch oder für seine Frau als Weihnachtsgeschenk kaufen. Im industriellen Bereich kommt es selten vor, daß Käufer und Verwender identisch sind. Häufig wird für andere (z. B. Produktion, Verwaltung, Forschung und Entwicklung) gekauft. Wenn wir uns trotz dieser divergierenden Personenkreise auf den Verwender konzentrieren wollen, muß das so umfassend gestaltet werden, daß es auch die Ansprüche der anderen Personenkreise möglichst mit abdeckt. Grundsätzlich sollten auch Verwenderansprüche im Mittelpunkt von Marktüberlegungen stehen, weil ohne deren bewußte Berücksichtigung ein Markterfolg nur zufällig zu erzielen ist.

An nächster Stelle wollen wir die Ansprüche der *Händler* untersuchen. Sie erwerben Produkte, um sie, zu besonderen Sortimenten zusammengestellt, wieder zu verkaufen. Wird an Konsumenten verkauft, handelt es sich um Einzelhändler; Großhändler sind ihnen in der Handelskette prinzipiell vorgelagert, sie können auch an Weiterverarbeiter liefern. Diese Handlungen können juristisch und wirtschaftlich selbständig agieren, einem Hersteller angeschlossen sein (z. B. Werksniederlassungen, Fabrikfilialen), sie können untereinander verflochten sein (z. B. Filiale eines selbständigen Handelsunternehmens, das Groß- und Einzelhandelsfunktionen ausübt, Einzelhändler als Mitglied einer Einkaufsgenossenschaft oder einer freiwilligen Kette). Auch in diesem Fall wird man mit unterschiedlichen Anspruchsnuancierungen zu rechnen haben. Dennoch wollen wir nicht zwischen den verschiedenen Formen als Anspruchssteller differenzieren, sondern uns auf den funktionellen Handelsaspekt beschränken. Erst im Rahmen der Anspruchsauswahl erscheinen Differenzierungen ratsam. Diese Beschränkung läßt sich auch damit rechtfertigen, daß in einigen Produktbereichen (z. B. Möbel) der Großhandel erheblich an Bedeutung verloren hat und weil sich durch die Handelskonzentration eine Verwischung der Grenzen zwischen Groß- und Einzelhandel ergeben hat, ja im Rahmen der vertikalen Handelsintegration der Einzelhandelsaspekt im Vordergrund steht.

Auf dem Weg vom Hersteller zum Händler und gegebenenfalls zum Verwender sind häufig Lagerungs- und Transportfunktionen zu erfüllen. Sie können von selbständig tätigen *Lagerhaltern* und *Frachtführern* übernommen werden. Genauso gut ist es möglich, daß sie vom Hersteller selbst oder dem Händler realisiert werden. Da uns auch hier vorrangig die aus der Funktionsübernahme resultierenden Ansprüche unabhängig von ihrer organisatorischen Anbindung interessieren, wollen wir von *Logistikansprüchen* reden.

Nicht ohne Bedacht seien die *Herstelleransprüche* an letzter Stelle erwähnt. Im Rahmen marktorientierter Überlegungen sollen sie nicht im Mittelpunkt des Interesses stehen. Sie können zwar als Ansatzpunkt für neue Produkte sehr wichtig sein, es hat jedoch erst Sinn, sich mit ihnen auseinanderzusetzen, wenn man sich über die marktorientierten Ansprüche Klarheit verschafft hat.

3.43 Ein Anspruchssystem

Wir wollen nun versuchen, ein Raster für Ansprüche aus verschiedenen Anspruchskreisen zu entwickeln, das so breit angelegt ist, daß damit die Vielzahl möglicher Ansprüche eingeordnet werden kann. Dabei stehen wir vor der Schwierigkeit, einen Weg zwischen möglichst hoher Vollständigkeit einerseits und Operationalität andererseits zu finden. Wenn ein solches System dazu dienen soll, Anregungen für die Ideengewinnung zu geben, dann wird ein zu ausführliches, dafür aber in bestimmten Pro-

140

duktbereichen um so besser nutzbares System der Neigung zum Schematisieren Vorschub leisten. Es muß genügend abstrakt sein, um kreative Ideen entfalten zu können.

Das nun im einzelnen vorzustellende System hat sich in der Vergangenheit bei einer Vielzahl empirischer Überprüfungen bewährt. Des besseren Verständnisses wegen sei eine grobe Übersicht vorangestellt. Sie zeigt, daß im folgenden Konsumenten- und Produzentenansprüche sowie Groß- und Einzelhändleransprüche zusammen betrachtet werden:

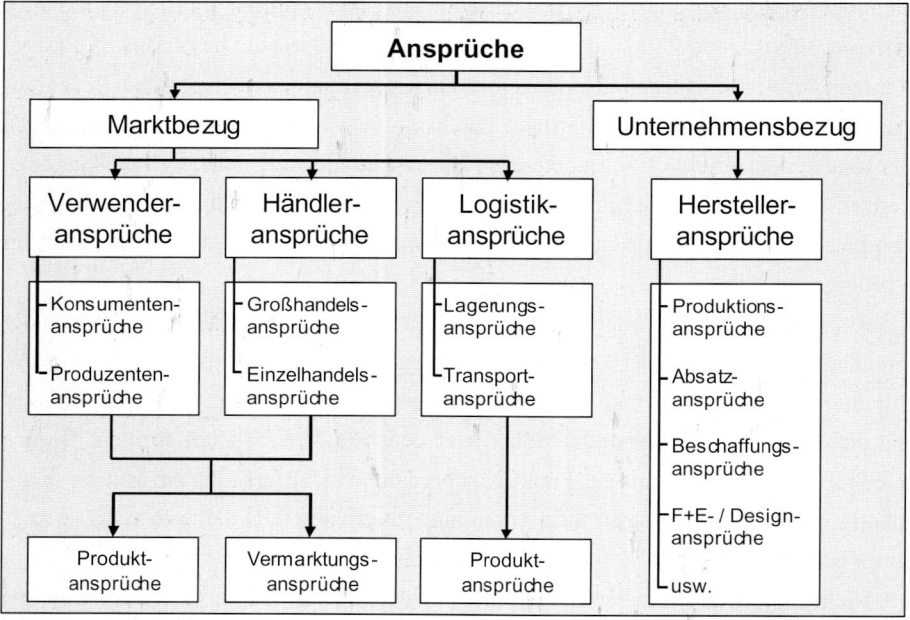

Übersicht 71: Ansprüche

Theoretisch höchst zufriedenstellend wäre es, wenn es gelänge, für die nun folgende Detailanalyse eine gemeinsame Struktur zu finden, innerhalb derer lediglich Inhalts- und Schwerpunktunterschiede deutlich würden. Aus mehreren Gründen haben wir darauf verzichtet:

- Das Abstraktionsniveau müßte so hoch sein, daß viele Erklärungen für den im System (in der Struktur) Ungeübten notwendig wären.
- Die Nutzbarkeit des Systems ist uns wichtiger als dessen Eleganz (diese Aussage gilt auch für die spätere Gestaltungsanalyse).
- Strukturunterschiede haben auch einen spezifischen Erklärungswert. Die Struktur der Händleransprüche zeigt die besonderen Interessenschwerpunkte dieses Anspruchskreises gegenüber anderen usw.

3.431 Verwenderansprüche

Für Marketingentscheidungen relevant sind die beiden großen Gruppen
- der Produktansprüche und
- der Vermarktungsansprüche.

Für uns sind die Produktansprüche besonders bedeutsam, weil sie die Grundlage für die neuen, erfolgversprechenden Angebote bilden. Es kann jedoch nicht ausgeschlossen werden, daß gleiche Produkte durch neue Vermarktungskonzeptionen eine unterschiedliche Beachtung durch den Verwender (Käufer) erfahren. Dieser Grund und die spätere Vermarktungsnotwendigkeit (siehe Kapitel 5) führen dazu, auch sie in die Überlegungen mit einzubeziehen. Es ist eben zweckmäßig, sich insgesamt und nicht nach Prozeßstufenbedarf um die Anspruchsanalyse zu kümmern. Aus der Sicht des Verwenders wird es nicht ohne weiteres zu der Einteilung in Produkt- und Vermarktungsansprüche kommen. Diese Einteilung ist vielmehr an den Denkgewohnheiten und Entscheidungsorientierungen des Produktmanagers ausgerichtet.

3.431.1 Produktansprüche des Verwenders

Wir wollen von folgender Anspruchsgruppierung ausgehen:

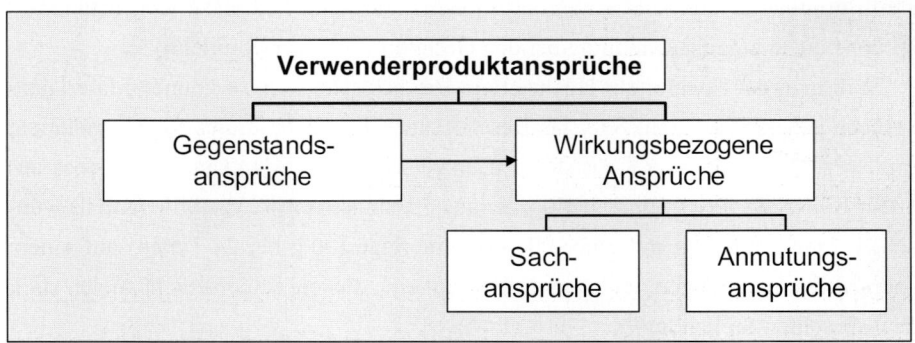

Übersicht 72: Produktansprüche des Verwenders

Der Darstellung der einzelnen Anspruchskategorien müssen einige allgemeine Bemerkungen vorangeschickt werden.

Bei den wirkungsbezogenen Ansprüchen wird aus der Anspruchsformulierung meist direkt ersichtlich, was der Verwender erreichen möchte. Bei den gegenstandsbezogenen Ansprüchen tritt dies nicht so klar zutage, sie bedürfen der Nachfrage oder der Interpretation.

Wenn beispielsweise ein Kunde zu einem Juwelier kommt und sagt, er möchte Eheringe aus Platin (Gegenstandsanspruch) kaufen, dann kann dies auf rationalen Erwägungen (z. B. hohe Abriebfestigkeit → Sachanspruch) ebenso wie auf emotionalen Beweggründen (z. B. Besonderheit → Anmutungsanspruch) aufbauen. Zum einen kann man nicht immer nachfassen und zum anderen ist dieser Hinweis für die Produktentwicklung recht hilfreich, schränkt er doch die Wahl der Produktgestaltungsmittel ein. Je umfangreicher das Wissen des Verwenders ist, um so eher muß mit der Äußerung von Gegenstandsansprüchen gerechnet werden, um so schwieriger wird die Anspruchsinterpretation.

Hinzu kommt, daß die Äußerung von Gegenstandsansprüchen von Fachleuten im Bereich industrieller Verwendung sehr häufig vorkommt. Aufgrund ihres Wissens handelt es sich hierbei immer um Kurzbezeichnungen für erwartete Wirkungen. Wenn sie gegossene statt gestanzte Teile wünschen, dann haben sie dafür rationale Erklärungen.

3.431.11   Gegenstandsansprüche

Für die Gliederung der Ansprüche, die gegenstandsbezogen sind, können wir die Gruppierung der Mittel für die Produktgestaltung heranziehen, denn durch sie werden Produkte konstituiert. Die Gegenstandsansprüche lassen sich, wie in Übersicht 73 dargestellt, gruppieren (vgl. zur Einteilung in elementare und komplexe Gegenstandsansprüche die analoge Behandlung bei den Gestaltungsmitteln, Kapitel 4).

Will man der Tochter zur Hochzeit ein Besteck schenken, so können Materialansprüche geäußert werden. Soll das Besteck aus Silber, Chromnickelstahl, vielleicht mit Holz-, Keramik- oder Kunststoffgriffen versehen sein? Man kann ein Besteck aus 835er Silber (8350/00 Silberanteil) oder aus Sterlingsilber (925‰ Silberanteil) wünschen. Man kann sich mit einer 90er-Silberauflage (90 g bei 24 Teilen) auf einem Tombak-Kern begnügen, wobei man Wert auf eine dickere Silberschicht an den stark beanspruchten Stellen legt.

Will man eine Fläche mit Farbe versehen, kann man eine Spraydose (aerosol-förmig), einen thixotropen Lack (pastenförmig) oder einen gut fließenden Lack verlangen, oder man beklebt die Fläche mit einer Folie oder Platte. Bei der Wahl eines Besteckes kann eine strenge moderne, eine ausgefallene, eine historische Form gewünscht werden (→ Formvariation). Der Kenner wird vielleicht geschmiedete Teile fordern (→ Formgebungsverfahren).

Beim Autokauf kann ein Farbanspruch (z. B. Silbermetallic) dominieren. Beim Kamerakauf wird Wert auf eine mattschwarze Gehäusegestaltung gelegt.

Die Zeitanzeige auf einer Armbanduhr muß nicht nur optisch erfolgen, akustische

Signale brechen in manche Stille ein. Während der eine römische Ziffern bevorzugt, hätte der andere lieber arabische Ziffern in schnörkelloser Form.

Auch an die Oberflächengestaltung können direkt Gegenstandsansprüche gestellt werden. Dieses zeigt sich z. B. bei dem Kauf von Bodenfliesen für den Schwimmbadbereich, deren Oberfläche so strukturiert sein soll (Noppen, Rillen), daß selbst bei Nässe eine gewisse Rutschfestigkeit gewährleistet ist.

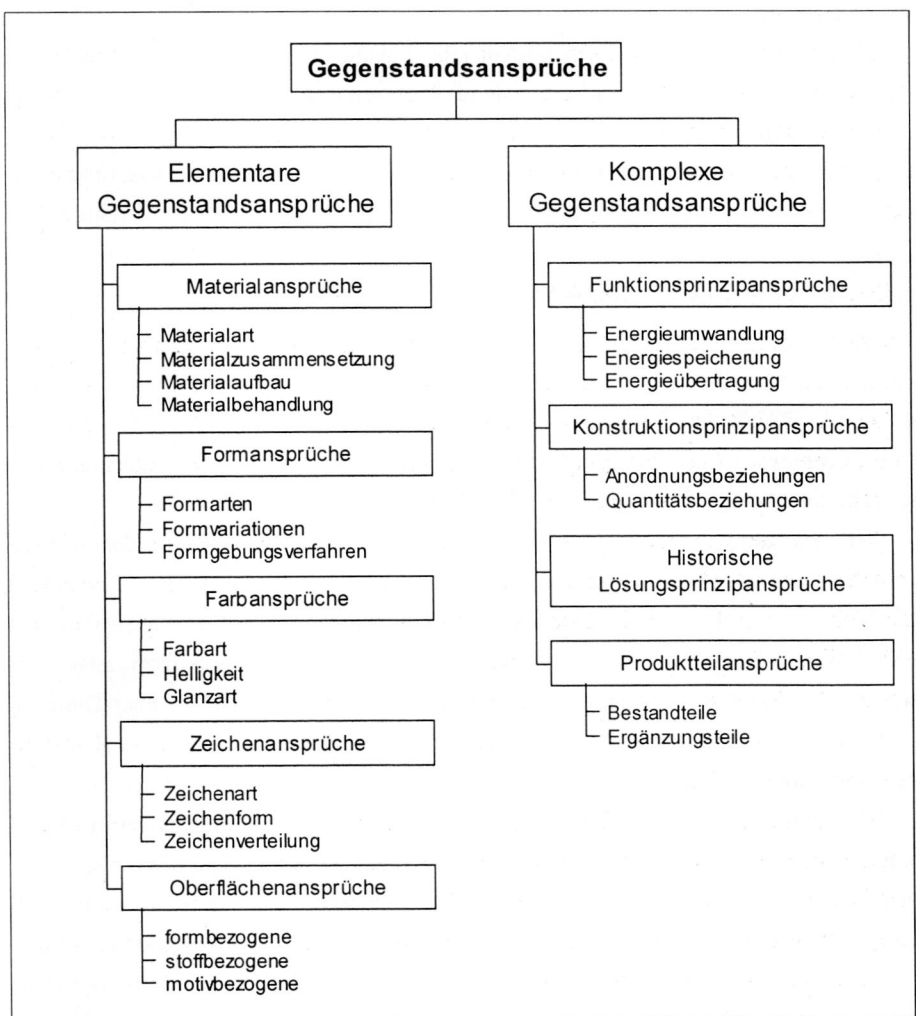

Übersicht 73: Gegenstandsansprüche

Beim Uhrenkauf dominiert derzeit die Wahl von batterieangetriebenen Uhren; vorrangig im höchsten Marktsegment findet man die altbekannten Federaufzüge (→ Funktionsprinzip). Die steuerliche Bevorzugung führte zu einer Zunahme von Dieselmotoren, während der Wankelmotor erhebliche Rückschläge erlitt.

Ansprüche bezüglich angetriebener Hinterachsen findet man im unteren bis mittleren Mittelklassebereich bei Pkw heute nur noch selten (→ Konstruktionsprinzip).

Zumindest eine Zeitlang dominierten bei HiFi- Anlagen Schiebeschalter zur Regulierung der Klangqualität (→ historische Lösungsprinzipien).

Vom Kauf einer Kamera mag der einzelne Abstand nehmen, wenn es zu ihr kein umfangreiches Sortiment an Objektiven gibt. Für gutverdienende „Vielfahrer" kann der Wunsch nach Ausstattung seines neuen Pkw mit einem Sperrdifferential wichtig sein (→ Produktteile).

Dieser kurze Überblick mag an dieser Stelle genügen. Will man diesen Anspruchsbereich genauer strukturieren, dann sei die analoge Übertragung aus Abschnitt 4.15 empfohlen. Bei Konsumprodukten müssen diese Gegenstandsansprüche meist interpretiert werden, bei Industriegütern ist diese Form der Anspruchsäußerung wegen des höheren *Wissensstandes* der Normalfall.

3.431.12   Sachansprüche

Die *Wirkungsansprüche* (Sach- und Anmutungsansprüche) klären, zu welchem Zweck man etwas wünscht. Sie begründen gleichsam die Gegenstandsansprüche.

Das kennzeichnende Merkmal der Sachansprüche liegt in der Dominanz der kognitiven Faktoren (siehe Abschnitt 2.33). Diese Ansprüche werden bewußt geäußert, man legt über sie Rechenschaft ab. Sie werden durch Überlegungen gefiltert. Dies trifft bei Anmutungsansprüchen deutlich weniger zu. Affektive Faktoren (siehe Abschnitt 2.32) können unmittelbare Anspruchsäußerungen zutage fördern, es fehlt die begründende Instanz. Auch soziale Faktoren können zu Anmutungsansprüchen führen, wenn sich der einzelne habituell verhält, ohne zu überlegen, warum er das tut.

Wie bereits bei der Analyse der verhaltensprägenden Faktoren festgestellt wurde, sind solche Unterscheidungen nicht trennscharf; man kann nur von einem Mehr oder Weniger sprechen. Wenn wir Sach- und Anmutungsansprüche als Pole auf einem Kontinuum auffassen, dann findet sich der einzelne Anspruch irgendwo zwischen diesen Polen. Eine Zuordnung zu dem einen Pol kann also nur aufgrund der Dominanz bzw. des Fehlens kognitiver Einflüsse erfolgen. Die hier gewählte Einteilung stellt demnach nur eine Möglichkeit dar, indem unterstellt wird, daß der kognitive Bezug so aussehen könnte.

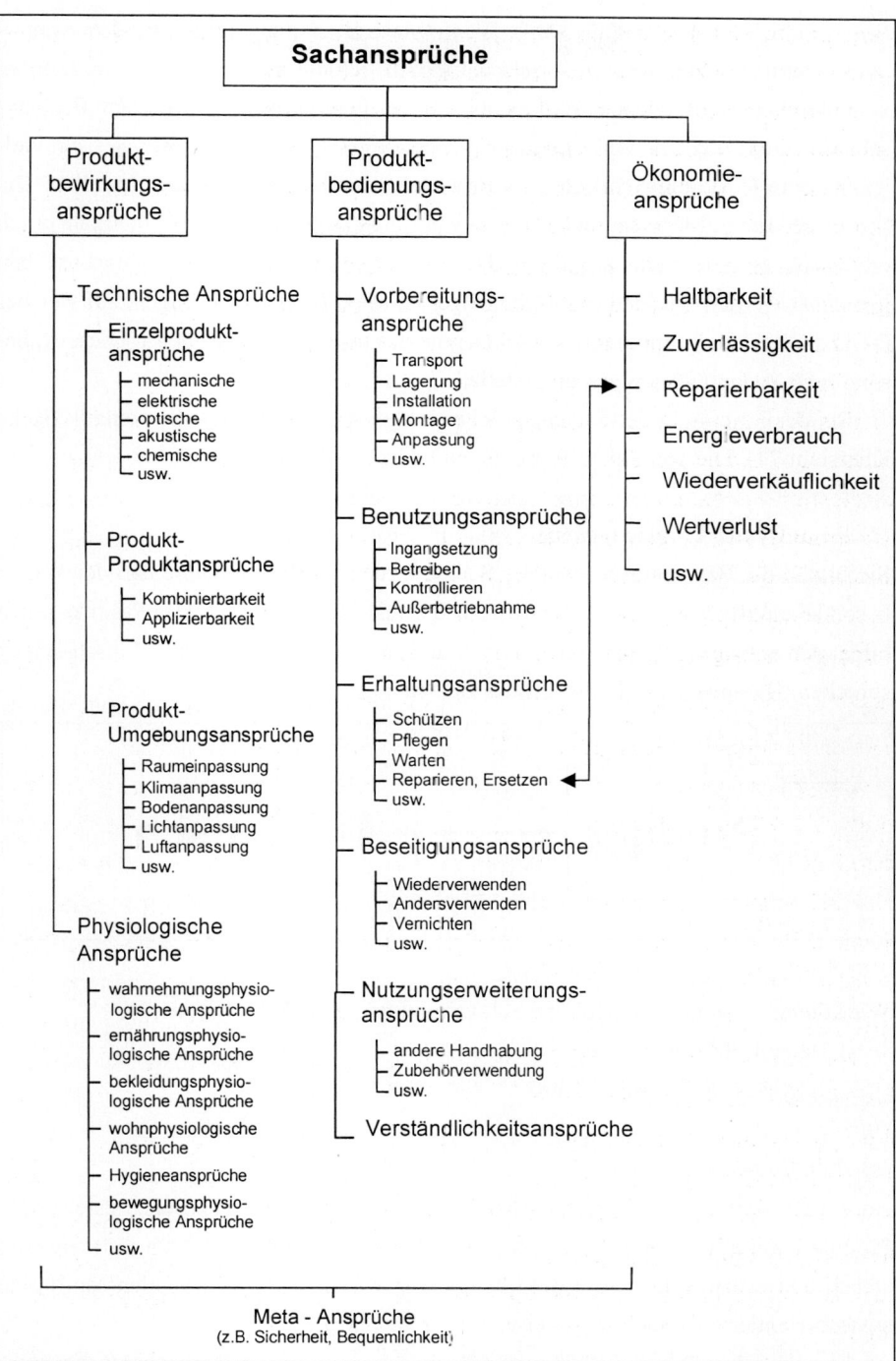

Übersicht 74: Sachansprüche

Eine zweite Relativierung ist nötig. Wenn wir z. B. Ästhetikansprüche den Anmutungsansprüchen zuordnen, so spricht dafür, daß sich die meisten Verwender darüber keine Rechenschaft ablegen. Will jedoch ein Designer einige Sessel für sein Büro anschaffen, in dem er mit Auftraggebern verhandelt, so kann er mit diesen Sesseln vielleicht seine Gestaltungsvorlieben ausdrücken, seine Kompetenz zeigen wollen. Die Sessel gewinnen Mittelcharakter, der bewußt eingesetzt wird. Der Ästhetikanspruch erhält also eine deutliche kognitive Überformung, er müßte zu den Sachansprüchen gerechnet werden. Für den Produktmanager ist es nun wichtig zu fragen, auf welcher Basis die Kernzielgruppe seines Marktsegmentes ihre Ansprüche äußert. Diese Äußerung muß er dann als typisch unterstellen.

Bei der Einteilung der Sachansprüche wählen wir die folgende Systematik (siehe Übersicht 74). Die vier Anspruchsgruppen bedürfen der Erläuterung.

(1) Produktbewirkungsansprüche
Sie bilden die Basis, auf der weitere Sachansprüche aufbauen. Ohne daß der Nutzer besonders aktiv werden müßte, wird vom Produkt etwas erwartet. Das Produkt selbst bildet den Schwerpunkt der Ansprüche. Man kann von einem Produkt-Mensch-Bezug sprechen. Daraus ergibt sich folgendes Beziehungsgefüge:

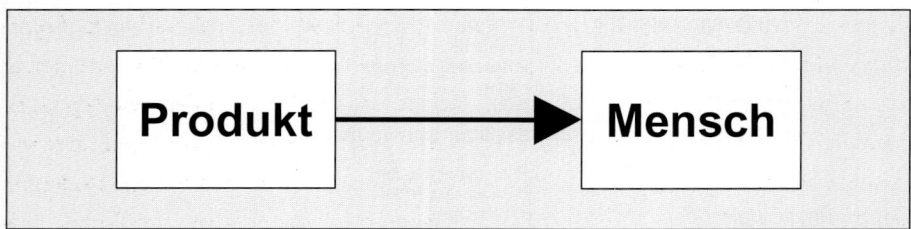

Wir können zwei unterschiedliche Schwerpunkte voneinander trennen:
- technische Ansprüche,
- physiologische Ansprüche.

(a) Technische Ansprüche
An ein Produkt werden in technischen Kategorien meßbare Ansprüche gestellt. Das Produkt kann allein von Interesse sein, es kann mit anderen Produkten in Beziehung stehen und es kann für die Produkt-Umgebung wichtig sein. Wir wählen somit eine systemorientierte Betrachtungsweise.

Einzelproduktansprüche können sich auf physikalische (z. B. mechanische, elektrische, optische, akustische) und auf chemisch orientierte Ansprüche erstrecken. So können an eine Filmkamera Ansprüche an die Bruchsicherheit des Gehäuses (mechanische Ansprüche), an die elektrische Blenden- und Zeitenregelung, an die Lichtstärke und Verzerrungsfreiheit des Objektivs und an Aufnahmecharakteristika, die Geräuschfreiheit bei der Aufnahme gestellt werden. Von einem Waschmittel kann gefordert werden, daß es auch über eine intensive Reinigungskraft bei starker organischer Verschmutzung (z. B. Blutflecken) verfügt.

Technische Produkt-Produktansprüche (Koppelmann 1981, S. 61 ff.) erstrecken sich darauf, wie man Produkte miteinander kombinieren kann. Hier kann es sich um mechanische (Passungen), um elektrische (z. B. gleiche Widerstände), um optische (z. B. zur Lichtstärke des Objektivs passendes Filmmaterial), um akustische (z. B. zum Tonbandgerät passende Mikrofone oder Lautsprecher) und um chemische Aspekte handeln (z. B. Klebstoff, dessen Lösungsmittel die zu verklebenden Teile nicht anlöst). Mit Applizierbarkeit ist die Eignung, z. B. von Lacken für unterschiedliche Trägermaterialien (z. B. Holz, Metall, Kunststoff) bei sich ändernden Bedingungen (z. B. Temperatur, Witterung) gemeint.

In der jüngeren Zeit haben technische *Produkt-Umgebungsansprüche* erheblich an Bedeutung gewonnen. Es handelt sich um recht vielschichtige Beziehungen. Raumeinpassungsansprüche werden dort gestellt, wo Produkte in gegebene Räume eingefügt werden müssen (z. B. bei Regalsystemen, Schrankwänden, Dekorationen, Teppichen). Mit der Bodenanpassung sollen andere Aspekte erfaßt werden. So wird man je nach Straßenverhältnissen (z. B. trocken, Regen, Schnee, Eis) und Fahrzeugtyp (z. B. normaler Pkw, Sportwagen, Rennwagen) verschiedene Reifentypen wegen ihrer unterschiedlichen Eignung auszuwählen haben. Bei Skiern wird man je nach Bodenbeschaffenheit und Laufart (z. B. Langlauf, Abfahrt) zweckmäßigerweise differente Skiarten wählen (z. B. Tiefschnee-, Abfahrts-, Slalom-, Langlaufski). Bei einigen Produktbereichen spielt die Luftanpassung eine große Rolle. Meist handelt es sich um die Reduzierung des Luftwiderstandes (z. B. möglichst niedriger Luftwiderstandsbeiwert bei Pkw: Cw-Wert). Daß Produkte auch an unterschiedliche Klimate (Temperaturen, Luftfeuchtigkeit) angepaßt werden müssen, ist nicht neu (z. B. Ölwannenheizungen für Pkws in nordischen Ländern). Ansprüche an die Korrosionsbeständigkeit, an die Luftdurchlässigkeit oder Gasdichtigkeit von Verpackungen werden genannt. Ansprüche an die Lichtanpassung spielen dort eine Rolle, wo z. B. bei wechselnden Lichtverhältnissen ein möglichst starker Kontrast zur Wahrnehmungsverbesserung erzielt werden soll. Deutlich in den Vordergrund haben sich in der letzten Zeit Ansprüche über die Umweltbelastung geschoben. Einen Aspekt können wir hier einordnen. Das Produkt soll sich leise, abgasfrei usw. in die Umwelt einpassen. Waschmittel sollen Ab-

148

wässer nicht belasten, Motoren möglichst niedrige Stickoxyd- und CO_2-Mengen abgeben.

(b) Physiologische Ansprüche

Es steht außer Frage, daß Produkte den besonderen physischen Gegebenheiten der Menschen entsprechen müssen. Es interessiert der körperliche Eignungsbezug für den Menschen. Die gewählte Einteilung ist stark an den Disziplinen orientiert, die sich speziell mit diesen Aspekten beschäftigen (z. B. Ernährungsphysiologie, Bekleidungsphysiologie). Als erstes wollen wir uns den *wahrnehmungsphysiologischen* Ansprüchen oder kurz den *Sensorikansprüchen* zuwenden. Aus der Einteilung der Sinne (Übersicht 19) läßt sich folgende Anspruchseinteilung ableiten:

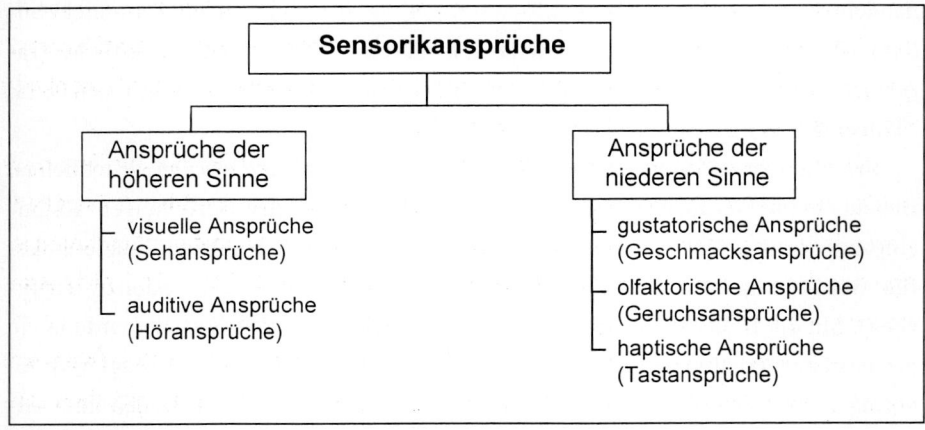

Übersicht 75: Sensorikansprüche

Entsprechend dem kognitiven Schwerpunkt geht es bei den *Sehansprüchen* um gute Sichtbarkeit, Eindeutigkeit, Unverwechselbarkeit bei schnellem Sehen, bei unterschiedlichen Lichtverhältnissen usw.

Die *Höransprüche* konzentrieren sich auf die Aspekte Tonumfang (Weite: breit, voll, offen; Stetigkeit: ausgeglichen, gerade, glatt), Timbre und Sound (brillant, sonor, dunkel, hell) und Klarheit (sauber, rein, deutlich). Die Höransprüche werden vorrangig bei Musikproduktionsgeräten und bei Akustikwiedergabegeräten (z. B. Hifi) geäußert.

Die *Geschmacksansprüche* werden bezüglich des Zungengeschmacks (Grundgeschmack: süß, sauer, bitter, salzig, herb, würzig usw.; Mischgeschmack: süß-sauer, herb-würzig, pikant, mild, delikat, frisch) und des Mundgeschmacks geäußert (Kauwiderstand: weich, kernig, hart, spröde; Temperatursinn: heiß, warm, lau, kühl, kalt, eisig; Berührungssinn: sahnig, ölig, glatt, sandig, trocken; Schmerzsinn: beißend, scharf, stechend, brennend).

Geruchsansprüche werden nicht nur bei Lebensmitteln, sondern auch bei Kosmetika, Reinigungsmitteln, Lederwaren usw. virulent. Bei Lebensmitteln kennen wir u. a. folgende Anspruchsäußerungen: würzig, blumig, fruchtig, ranzig, süßlich, harzig. Bei Parfüms werden z. B. süße, würzige, erdige, rauchige, herbe Düfte gewünscht.

Tastansprüche können sich auf die Flächen- oder Raumtastung erstrecken. Ansprüche bezüglich der Flächentastung beziehen sich auf Wärmeeindrücke (eiskalt, kalt, kühl, lau, warm) und auf Oberflächeneindrücke (rauh/glatt, fest/weich, feucht/trocken usw.). Raumtastansprüche können sein: hart/weich, plastisch/elastisch usw.

Ernährungsphysiologische Ansprüche (bei Lebensmitteln) können sich auf stoffbezogene Aspekte (z. B. vitaminreich, kalorienarm, fettarm, eiweißreich), auf Aspekte der Nahrungswirkung (z. B. leicht verdaulich, appetitanregend, sättigend, durstlöschend, anregend, stopfend, abführend) und auf Diätaspekte erstrecken (z. B. als Schonkost, als Krankenkost geeignet) (Küthe 1982, S. 142).

Zu den *bekleidungsphysiologischen* Ansprüchen zählen solche, die auf das sogenannte bekleidungsphysiologische Dreieck (Wärmehaltung, Luftdurchlässigkeit, Feuchtigkeitsaufnahme), die auf den Tragekomfort (z. B. Hautsympathie, Ausstattungskomfort, Bewegungsfreiheit) und auf weitere spezielle Aspekte (z. B. Anti-gliss-Ausstattung, wasserabweisend, optischer Schutz im Verkehr) abzielen.

Wohnphysiologische Ansprüche erstrecken sich auf verschiedene Prozeßaspekte (Sitzen, Liegen/Schlafen, Tätigwerden) in der Wohnung. Zu den Sitzansprüchen zählen die entspannte und ermüdungsfreie Sitzhaltung (gute Oberschenkelauflage, entspannte Rücken-, Kopf- und Nackenhaltung, günstiges Anlegen der Schultern, bequemes Abstützen der Arme usw.) (Küthe 1982, S. 145), die Veränderungsmöglichkeit der Sitzposition, die tätigkeits- oder ruheadäquate Sitzhöhe, einfaches Setzen und Aufstehen. Diese Sitzansprüche sind nicht nur in der privaten Wohnung bedeutsam, sie gelten überall dort, wo Menschen sitzen (z. B. in Kraftfahrzeugen, Flugzeugen, bei Spiel- und Sportgeräten, in Büros, in der Fertigung, in Restaurants). Es verschieben sich allerdings die Anspruchsakzente teilweise erheblich. Bei Liegemöbeln und Betten interessiert die ausreichende Bewegungsfreiheit, der Liegekomfort (z. B. Neigungswinkel der Liegefläche, Federvermögen der Matratzen, Wärmehaltung der Unterlage). Für das Tätigwerden in Wohnungen, Büros, Schulen sind die ermüdungsfreie Höhe und Größe von Arbeitsplatten, eine haptisch günstige Gestaltung der Arbeitsflächen, ein ergonomisch sinnvoller Bewegungsraum (bedingt durch Reichhöhe und Reichweite) wichtig. Positiv beeinflußt werden diese Prozesse durch angenehme Raumakustik (z. B. Schalldämpfung durch Teppiche, Gardinen, Wandgestaltung), durch ein behagliches Raumklima (Raumtemperatur: Heizungssystem, Lüftungsmöglichkeit; Raumfeuchtigkeit: Luftbefeuchter) und durch eine passende Raumbeleuchtung (z. B. direkt strahlende Leuchten: große Helligkeit, reizvolle Kontraste; indirekt strahlende Leuchten: keine Schatten; freistrahlende Leuchten: gleichmäßige Raumausleuchtung).

Hygieneansprüche können sich auf die Körperhygiene, die Wohnhygiene und die Einzelprodukthygiene erstrecken. Zur Körperhygiene gehören die Haut-, Haar- und Mundpräparate. Als besonders wichtige Ansprüche können solche über die Reinigung, Pflege, Regeneration, Beseitigung von Spezialproblemen (z. B. Schuppen) und über angenehmen Geruch sowie Geschmack gelten. Zur Wohnhygiene tragen die Wasch- und Reinigungsmittel bei. Sie sollen möglichst schnell, intensiv und schonend säubern, wobei Intensität und Schonung in einem widerstreitenden Verhältnis zueinander stehen: entweder intensive Reinigung und weniger Schonung oder starkes Schonen, dafür aber weniger intensive Reinigung. Zu diesen Wirkungen können noch besondere Aspekte hinzutreten (z. B. glänzende Oberfläche, Beibehaltung der Flauschigkeit, antistatische Ausrüstung). Ansprüche bezüglich der Einzelprodukthygiene können sich auf Glätte der Oberfläche, auf die leicht zu reinigende Form des Produktes (z. B. keine Ecken, Hinterschneidungen) und auf Reinigungsmittelverträglichkeit des gewählten Werkstoffes beziehen.

Bewegungsphysiologische Ansprüche spielen vor allem bei Sportgeräten eine Rolle. Es kann sich um anthropometrische Ansprüche, um Ansprüche zum Training bestimmter Muskelpartien oder um besondere Gesundheitsaspekte handeln.

Ein sehr großes Differenzierungspotential bieten diese Anspruchsbereiche nicht mehr. Weil ihre Befriedigung den Ausgangspunkt der Produktgestaltung bildet, hat man mit ihrer Analyse früh begonnen und inzwischen ein hohes branchenbezogenes Befriedigungspotential geschaffen. Produkte, welche dieses Anspruchsniveau nicht befriedigen, haben keine Erfolgschancen.

(2) Produktbedienungsansprüche
Bei der bisherigen Anspruchsäußerung stand das Produkt für sich im Vordergrund des Interesses. Jetzt kehrt sich das Beziehungsgefüge um:

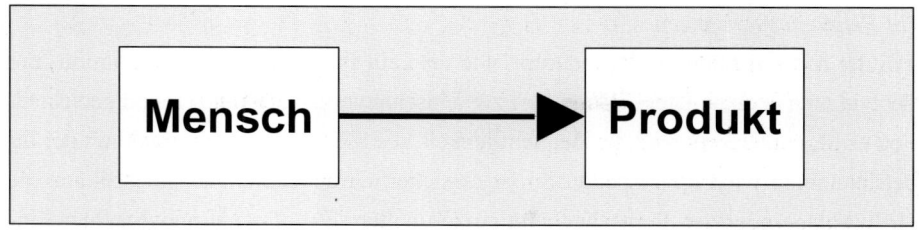

Der Mensch wird aktiv, wenn er das Produkt nutzt. Der Umgang des Menschen mit dem Produkt erstreckt sich auf die folgenden Phasen:

- Vorbereiten
- Benutzen
- Erhalten
- Beseitigen
- Nutzung erweitern

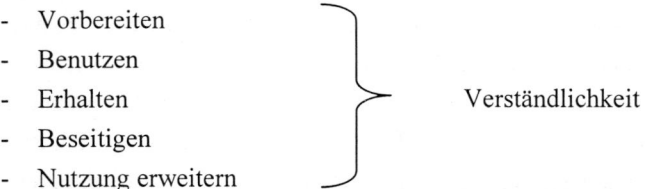

Verständlichkeit

Der Umgang mit dem Produkt soll in allen diesen Umgangsphasen verständlich sein. Wir wählen hier somit eine *prozeßorientierte* Einteilung.

(a) Vorbereitungsansprüche

Transportansprüche erstrecken sich darauf, wie das Produkt vom Verwender in seine Sphäre transportiert wird und wie das Produkt innerhalb seiner Sphäre getragen wird. Als Lagerungsansprüche können genannt werden: lange Lagerdauer, günstiges Lagerklima (Temperatur, Feuchtigkeit) und problemlose Lageranordnungsmöglichkeit (legen, stapeln, hängen). Ansprüche an die geringe Sperrigkeit, die Zerlegbarkeit, das Gewicht können sowohl für den Transport als auch für die Lagerung wichtig sein. Insbesondere bei stationären, technischen Produkten spielen Installationsansprüche eine große Rolle. Die Art und Weise des Wasser-, Gas- und Stromanschlusses kann ebenso betont werden wie der Ort und die Gestaltung des Ortes, wo das Produkt eingesetzt werden soll. Montageansprüche beinhalten Wünsche bezüglich des Produktaufbaus, sie können sich auf den Zusammenbau (z. B. Regalwand), auf die Regulierung, die Justierung (z. B. bei Plattenspielern) oder auf das Kombinieren verschiedener, aber zusammenpassender Produkte (z. B. Bohrmaschine/Handkreissäge) beziehen. Daneben ist der Produktabbau zu beachten, um das Produkt nutzen zu können (z. B. Lösen von Schrauben, Klammern usw.).

Anpassungsansprüche finden wir häufig im Textilbereich. Es können Ansprüche sein, wie Teppiche der Fußbodenfläche, Gardinen der Fenster- oder Wandfläche, Bekleidungstextilien den divergierenden Körpermaßen angepaßt werden können.

(b) Benutzungsansprüche

Bei der Ingangsetzung geht es darum, wie man ein Produkt in Gebrauch nimmt, mit der Nutzung beginnt. Diese Öffnungs- bzw. Einschaltvorgänge können sehr unterschiedlich erfolgen. Hierbei sind die Bequemlichkeit, die Sicherheit und Einfachheit der Inbetriebnahme wichtige Aspekte. So ist es sicherlich bequemer, vom Sessel aus die HiFi-Anlage oder den Fernsehapparat einzuschalten. Ein getrennt angebrachter Ein- und Ausschaltknopf ist bei seltener Bedienung einfacher zu bedienen als ein Mehrfunktionsschalter. Das Einlegen von Film- oder Tonbandkassetten ist einfacher und bequemer als das jeweilige Einfädeln. Ähnliches gilt für den eigentlichen Nutzungsakt (Betreiben). Eine automatische Licht- und Entfernungsmessung an einer Kamera ist bequemer, einfacher und verhindert Fehleinstellungen gegenüber einer Kamera, bei der diese Hilfen nicht gegeben sind. Die linsenkopfähnliche Tastengestaltung eines Taschenrechners verhindert durch sicheres Berühren falsches Eintippen. Hinzutreten kann der Gesichtspunkt der Ermüdungsfreiheit, wenn iterative Prozesse ablaufen. Die ergonomisch gestaltete Tastatur zur Benutzung eines PCs kann hierzu beitragen. Während des Umgangs mit einem Produkt können Kontrollen notwendig werden. Hierbei interessieren Deutlichkeit, Schnelligkeit und Genauigkeit, die im Rahmen der Funktionskontrolle und der Tätigkeitskontrolle wichtig sind. Bei einem Pkw beispielsweise müssen die wichtigsten Funktionskontrollen (z. B. Motoröldruck, Wassertemperatur, Lichtmaschine) und Tätigkeitskontrollen (z. B. Geschwindigkeitsangabe, gelöste Handbremse, Beleuchtung) nicht nur genau und deutlich, sondern auch schnell ablesbar sein. Bei HiFi-Geräten werden in zunehmendem Maße optische Kontrollmöglichkeiten für die optimale akustische Einstellung angeboten. Kameras werden mit zusätzlichen optischen Signalen zur Kontrolle der richtigen Objektiv- und Blendeneinstellung versehen. Manchmal stehen die Feinheiten zusätzlich geschaffener Kontrollmöglichkeiten im Mittelpunkt des Produktinteresses. Für das Außerbetriebnehmen gelten ähnliche Überlegungen wie für das Ingangsetzen.

(c) Erhaltungsansprüche

Bei Produkten mit mehrmaliger Nutzungsmöglichkeit muß die Gebrauchstauglichkeit erhalten werden. Gefordert werden können Schutzmaßnahmen, sei es, daß sie durchgeführt werden müssen oder sei es, daß sie durch besondere Vorkehrungen bei der Produktgestaltung erleichtert werden oder vielleicht sogar nicht mehr notwendig sind. Schutz kann notwendig werden gegenüber Stoß- und Erschütterungseinwirkungen, gegenüber Verschmutzung, Licht- und Feuchtigkeitseinwirkungen.

Wartungsmaßnahmen erstrecken sich meist auf technische Produkte. Die Vergrößerung der Wartungsintervalle bei Kraftfahrzeugen bildet einen häufig genannten Anspruch. Die Wartung ist um so notwendiger, je mehr Gefahren durch Produktschäden verursacht werden können.

Das Pendant zur Wartung bilden bei einigen Produktgruppen die Pflegemaßnahmen, die wir bei Textilien, Möbeln, Lederwaren usw. kennen. Die geringe Pflegebedürftigkeit (z. B. Unempfindlichkeit gegenüber sichtbarem Schmutz, leichte und randlose Fleckentfernungsmöglichkeit), die gute Waschbarkeit (z. B. Naßfestigkeit, Waschmittelbeständigkeit, gute Schmutzlöslichkeit, Schrumpffestigkeit, Eignung für verschiedene Waschverfahren), die einfache Trocknungsmöglichkeit (z. B. Naßtrocknung, Tumblereignung) und die problemlose Glättbarkeit (z. B. Knitter-unempfindlichkeit, Temperaturunempfindlichkeit, leichtes Glätten) zeigen einen kleinen Ausschnitt dessen, was allein im Textilbereich eine Rolle spielen kann.

Da meist nicht alle Produktteile die gleiche Lebensdauer aufweisen, können Reparaturen oder ein Produktaustausch notwendig werden. Hierbei geht es darum, wann was wie erfolgen muß. Daß bei Quarzuhren der Batteriewechsel erst nach 5 Jahren erfolgen kann, ist sicherlich ein ebenso wichtiger Anspruch wie die leichte Zugänglichkeit zu den reparaturanfälligen Teilen eines Kraftfahrzeuges. Auch die leichte Trennungs- und Fügungsmöglichkeit bei einem defekten Kotflügel (z. B. geschraubt statt geschweißt) vereinfacht die Reparatur.

(d) Beseitigungsansprüche

Die steigenden Müllberge und das wachsende Bewußtsein um Rohstoffprobleme werden wahrscheinlich dazu führen, daß diese Ansprüche in Zukunft weiterhin an Bedeutung gewinnen. Insbesondere im Verpackungsbereich ist die Diskussion (siehe Verpackungsverordnung, Duales System Deutschland, Grüner Punkt) aufgrund unterschiedlicher Interessen heftig entbrannt. Soll man wieder zu Mehrwegverpackungen (Wiederverwendung des Produktes) zurückkehren oder soll man die Einwegverpackung beibehalten? Der Hinweis auf die leichte Komprimierbarkeit einiger Einwegverpackungen soll dem Monitum des zu starken Müllvolumens begegnen, die Aufstellung von „Rohstoffcontainern" (z. B. Glascontainer) soll das Argument der Rohstoffverschleuderung ausräumen. Vor allem bei aufwendigeren Verpackungen kann die Verwendbarkeit in anderen Verwendungszusammenhängen genannt werden. Noch laufen hier öffentlich geäußerte Ansprüche (Forderung des Mehrwegsystems) und individuell praktiziertes Verhalten auseinander, wie das derzeitige starke Wachstum der Einwegbierdosen zeigt. Einen anderen Akzent zur Reduktion des Beseitigungsproblems kann man mit dem Wiederverwenden nicht nur bei Verpackungen setzen. Produkte sollen auch optisch „haltbar" gestaltet werden, um sie einem zweiten Nutzungskreis (Second hand) zuführen zu können. Hinzutreten kann der Anspruch der „optischen" Modernisierbarkeit – Kernelemente sollen konstant bleiben, Hüllenelemente werden ausgetauscht.

(e) Nutzungserweiterungsansprüche

Die Verwendungsuniversalität kann sicherlich einen wichtigen Anspruch darstellen. Daß man mit einem leistungsstarken Rasenmäher auch Laub aufsaugen und damit Wege reinigen kann, ist ein bisher noch wenig erwähnter Anspruch. Weit umfangreicher können die Ansprüche über die Verwendung im Zusammenhang mit Zubehör sein. Wenn das Normalobjektiv einer Kamera gegen ein Weitwinkel- oder Teleobjektiv ausgetauscht werden kann, wenn auf eine Küchenmaschine ein Mixeraufsatz, ein Schnitzelwerk, ein Fleischwolf aufgesetzt werden können, dann sind das sicherlich interessante Ansprüche, die für die Marktfähigkeit solcher „Systemprodukte" entscheidend sein können.

(f) Verständlichkeitsansprüche

Der virtuelle Umgang mit Produkten rückt näher. Ob dann die Bedienung von Produkten verständlicher wird, ist mit einem Fragezeichen zu versehen. Die Produktsprache befriedigt nicht immer. Dazu gehört auch das Lesen von *Bedienungsanleitungen*.

Wer häufiger mit einem Mietwagen fährt und dabei das Fabrikat wechselt, dürfte so seine Probleme im Erkennen der gewünschten Taste, des Hebels usw. gehabt haben. Und wie man dann einen Mehrfunktionshebel im Fahren ohne Sicherheitseinbuße bedienen soll, wenn die Bedienzeichen hinter dem Lenkrad verschwinden, bleibt allemal ein Rätsel. Mietwagen unterliegen intensivsten Bedienungsansprüchen; wenn Pkw-Designer meinen, von eigenen Erfahrungen ausgehen zu können und dann auch noch Wert darauf legen, die Einheitlichkeit und Ästhetik der Gestaltung des Cockpits als Leitmaxime wählen zu müssen, dann bleibt der individuelle unter dem Diktat des Zeitdrucks stehende Anspruch der Verständlichkeit auf der Strecke. Mehrere Aspekte sind zu beachten:

- Zuerst gilt: sowenig Bedienungsanleitung wie möglich. Das Lesen von Bedienungsanleitungen ist nicht immer erheiternd, zumal wenn es sich um schlechte Übersetzungen handelt. Außerdem hat man selten bei nicht ständig benutzten Produkten die Bedienungsanleitung sofort zur Hand. Die Lust der Produktnutzung sinkt, wenn man, weil die Nutzung nicht offenkundig verständlich ist, vor einem Rätsel steht.

- Der Bedienungszusammenhang soll offenkundig sein. Langes Suchen nach dem richtigen Zusammenhang von Tasten, Knöpfen, Hebeln, Schiebern usw. bereitet nur dem Memory-Spieler Freude. Dazu gehört auch der Wunsch, wichtige, ständig benutzte Bedienteile herauszuheben, andere thematisch zusammenzufassen (z. B. Regeln und Steuern) und abzugrenzen. Das, was man einmal zu Beginn der Nutzung einstellt, kann sogar durch Klappen verborgen werden, so daß keine Informationsüberlastung entsteht.
- Die Bedienungssymbole sollen an der Stelle, wo sie stehen, unmißverständlich sein. Das ist eine Frage der Produktsemantik, der Produktsprache. Es muß geprüft werden, *welche* Zeichen was aussagen, um Eindeutig- statt Mehrdeutigkeit zu gewährleisten. Lernen ist nur dann möglich, wenn das Konstanzprinzip beachtet wird, ständige Zeichenveränderungen verwirren dagegen. Standardisierte Zeichen können diesem Wunsch entgegenkommen. Und dann muß das gewählte Zeichen dort angebracht werden, wo es der spontane Bedienungsablauf nahelegt.
- Je weniger Bedienungszeichen um so besser. Der Anspruch lautet, die Gestaltung des Produktes soll die richtige Handhabung eindeutig nahelegen. Selbst bei erschwerten Sehbedingungen usw. soll das Produkt dem Nutzer keine andere Wahl lassen, als die richtige Anwendung.
- Je mehr sich die Produkte in ihren Bewirkungsansprüchen und deren Befriedigung ähneln, um so mehr muß damit gerechnet werden, daß die Produktbedienungsansprüche deshalb an Bedeutung gewinnen werden, weil sie noch eine Fülle an Differenzierungsmöglichkeiten zulassen. Daraus ergeben sich dann auch Konsequenzen für die Produktgestaltung.

(3) Meta-Ansprüche

Aus den Bewirkungs- und Bedienungsvorgängen können als Metaansprüche solche an die Sicherheit, die Bequemlichkeit, die Schnelligkeit, die Genauigkeit, die Einfachheit, die Problemlosigkeit usw. gestellt werden. Man kann prinzipiell zu jedem der aufgelisteten Ansprüche als besondere Ausprägung einen Sicherheitsanspruch hinzufügen. Es wird erwartet, daß das einzelne Produkt, Produktkombinationen oder das Produkt in seiner Umwelt ebenso die geforderten Ansprüche sicher erfüllt, wie man auch von ernährungs-, bekleidungs- oder wohnphysiologischer Sicherheit sprechen kann. Dies läßt sich zum Anspruch nach *Bewirkungssicherheit* zusammenfassen.

Und ebenso können wir von Ansprüchen nach *Bedienungssicherheit* sprechen. Im Rahmen der Vorbereitungsansprüche sind Wünsche nach Transport-, Lager-,

Installations- und Montagesicherheit denkbar. Der Anspruch nach Benutzungssicherheit ist unmittelbar evident. Als Erhaltungsanspruch ragt der Anspruch nach Pflegesicherheit und Wartungssicherheit heraus. Auch beim Beseitigen können Ansprüche nach sicherer Vernichtbarkeit geäußert werden.

Die Sicherheitsansprüche werden um so bedeutsamer, je weniger davon ausgegangen werden kann, daß bei komplexen Produkten der Verwender über den Produktaufbau Bescheid weiß und je gefährlicher und/oder gefährdeter die Produkte sind.

Auf ähnlichem Niveau bewegen sich Ansprüche an die Schnelligkeit, Genauigkeit, Bequemlichkeit, Einfachheit usw. Schnelligkeit und Genauigkeit spielen bei den technischen Ansprüchen, den Bedienungs- und Ökonomieansprüchen eine Rolle. Bequemlichkeit und Einfachheit überlagern die physiologischen, die Bedienungs- und Ökonomieansprüche.

(4) Ökonomieansprüche

Auch diese Anspruchskategorie läßt sich durch die Betonung eines besonderen Aspektes aus den beiden erstgenannten ableiten. Hierbei handelt es sich nicht um den besonders günstigen Preis des Produktes (siehe hierzu Abschnitt 3.421.23), sondern um Wünsche, die aus dem Wissen um die produktbedingten Folgekosten (Prozeßkosten) entspringen.

Haltbarkeit, Zuverlässigkeit und gute Verarbeitung spiegeln eine lange Gebrauchstauglichkeit wider. Sie bilden die Grundlage für das Soliditätsimage eines Produktes, eines Programms oder eines Unternehmens. Wenn das Technische im Vordergrund steht, keine schnelle technische Entwicklung stattfindet und die gesamtwirtschaftliche Situation unsicher ist, dann kommt gerade diesen Ansprüchen besondere Bedeutung zu.

Neben den Reparatur- und Ersatzansprüchen unter dem Blickwinkel der Erhaltung muß an dieser Stelle mit besonderer Betonung des Wirtschaftlichkeitsaspektes noch auf die Reparierbarkeit hingewiesen werden, denn es besteht ja durchaus ein Unterschied zwischen Ansprüchen, wie man etwas tun möchte und ob man es überhaupt durchführen kann. Hier befinden sich z. B. Hersteller elektrotechnischer Haushaltsgeräte in dem Dilemma, eine Reparierbarkeit einerseits zu ermöglichen, die andererseits aufgrund der Reparaturkosten unwirtschaftlich ist (z. B. Bügeleisenreparatur). Ihre Ergänzungen finden diese Ansprüche in Preis- (siehe Abschnitt 3.421.23) und Serviceansprüchen (siehe Abschnitt 3.421.21).

Als Auswirkung des zweiten Ölpreisschocks (1973/74) wurde vor allem im Kfz-Bereich eine inhaltliche Schwerpunktverlagerung der Ansprüche deutlich. Statt Ansprüche an die Beschleunigung, PS-Zahl, den Fahrkomfort und die Anmutung zu stellen, stand plötzlich der geringe Energieverbrauch im Mittelpunkt der Aussagen. Selbst bei Wagen der gehobenen Mittel- und Luxusklasse wurde der besonders niedrige Benzinverbrauch erwähnt. Und nach dem zweiten Ölpreisschock interessierte man sich wieder vorrangig für alle möglichen Maßnahmen der Benzineinsparung (z. B. Gewichteinsparung, Aerodynamik, Motorgestaltung). In der öffentlichen Diskussion wird das sogenannte „3-l-Auto" gefordert und inzwischen auch angeboten. Die Käuferanzahl ist allerdings gut überschaubar. Inzwischen tritt auch bei der sogenannten weißen (Küchengroßgeräte) und der braunen Ware (Rundfunk- und Fernsehgeräte) der geringere Energieverbrauch immer mehr in den Vordergrund. Und auch beim jetzigen Benzinpreis jenseits der 2 DM-Grenze konnte dieser Anspruch wieder in den Vordergrund treten.

Eng mit der Haltbarkeit verbunden ist die eindeutig ökonomische Größe des Wertverlustes. Wenn die Haltbarkeit der Karosserie einiger Pkw-Hersteller infolge schneller Korrosion stark begrenzt ist, schlägt sich das auch in einem höheren jährlichen Wertverlust, in einem höheren Abschreibungsbedarf nieder. Zwei italienische Pkw-Hersteller haben die reduzierte Rostanfälligkeit eine Zeitlang in den Mittelpunkt ihrer Informationspolitik gestellt. Solide, bewährte und weniger völlig neue Gestaltungskonzeptionen tragen meist zu einem reduzierten Wertverlust im Zeitablauf bei. Produkte, die einem schnellen technischen Leistungswandel unterliegen, sind demgegenüber nach dem jeweils neuesten Entwicklungsfortschritt durch einen hohen Wertverlust gekennzeichnet. Daraus können dann besondere entgeltpolitische Maßnahmen (z. B. Inzahlungnahme, Leasing) resultieren (vgl. Abschnitt 5.13).

Zu diesem Aspekt tritt bei der Wiederverkäuflichkeit ein weiterer Gesichtspunkt hinzu. Modellkonstanz, starke Verbreitung, solides Image sorgen meist dafür, daß ein Produkt sich gut für den Gebrauchtwarenmarkt eignet. Exotische Produkte, nur selten verkaufte Produkte heutiger Produktion haben einen schwierigeren Markt. Der relativ geringe Wertverlust und die gute Wiederverkäuflichkeit sind gern benutzte Argumente der Informationspolitik für Pkws der Marke Mercedes-Benz.

Bereits an dieser Stelle sei darauf hingewiesen, daß die Bedeutung dieses Anspruchsblockes stark von den jeweiligen Präferenzen der Zielgruppe abhängt. So können beispielsweise Ökonomieansprüche für den Käufer eines Mittelklassewagens aus ganz individuellen Gründen (Spareffekt) wichtig sein, während sie für Käufer von Luxuslimousinen mehr dazu dienen, dem Einwand allzu großer Verschwendung in der Öffentlichkeit entgegenzutreten, also sozial entlastend zu wirken.

3.431.13 Anmutungsansprüche

Als Gegenpol zu den Sachansprüchen haben wir die Anmutungsansprüche gewählt. Der Begriff wird nicht einheitlich benutzt. Seine frühe Verwendung fand er in der Gestaltpsychologie, die sich stark mit Wahrnehmungsphänomenen befaßte (Krüger 1937, Sander/Vockelt 1962, Wellek 1952). Zu Beginn des Wahrnehmungsprozesses bilden sich zwischen der Empfindung und der perzeptuellen Organisation bestimmte, durch das Wahrnehmungsobjekt ausgelöste Gefühlsregungen – sie werden als Anmutungserlebnisse bezeichnet – die den weiteren Verlauf der Wahrnehmung prägen. Spiegel (1958) spricht vom „spontanen Angemutetwerden", das der rationalen Überlegung vorgeschaltet ist und die tieferen Schichten der Person anspricht. Hier liegen die Verbindungen zur Persönlichkeitspsychologie. Lersch (1970, S. 216) erläutert Anmutungserlebnisse als Gefühlsregungen, die den stationären Gestimmtheiten des endothymen Grundes entstammen. Diesen Differenzierungen wollen wir nicht folgen, sondern vielmehr Anmutungen als pathische Gefühle (Empfindungen) und konative Strebungen (Antriebe) auffassen.

Wir sprechen von Anmutungsansprüchen, wenn Wünsche unmittelbar, ohne formalrationale Kontrolle geäußert werden; sie resultieren stark aus affektiven und sozialen Spannungszuständen. Sachansprüche könnte man auch als rationale, Anmutungsansprüche als emotionale Ansprüche bezeichnen. Je komplexer Produkte werden, je weniger der Verwender Produkte zu „durchschauen" vermag und je ähnlicher sich Produkte in der Befriedigung von Sachansprüchen werden, um so bedeutsamer werden die Anmutungsansprüche. Vor allem prägen sie, werden sie erfüllt, die „Produktpersönlichkeit".

Ein besonderer Grund zwingt zur relativ ausführlichen Darstellung. Werden in der Literatur Anmutungsaspekte genannt, handelt es sich fast ausschließlich um Prestige- oder Demonstrationsansprüche. Sei es mangelnde Phantasie oder sei es eine begrenzte Artikulationsfähigkeit, nichts rechtfertigt die unzulängliche Behandlung; das Feld der Anmutungsansprüche ist sehr umfangreich. Die psychologische Literatur gibt uns so viele Hinweise und auch unsere Sprache ist so reich an emotional bewertenden Ausdrücken, daß eine intensive Analyse gerechtfertigt erscheint.

Einen Überblick über die mögliche Gruppierung von Anmutungsansprüchen gibt
Übersicht 76.

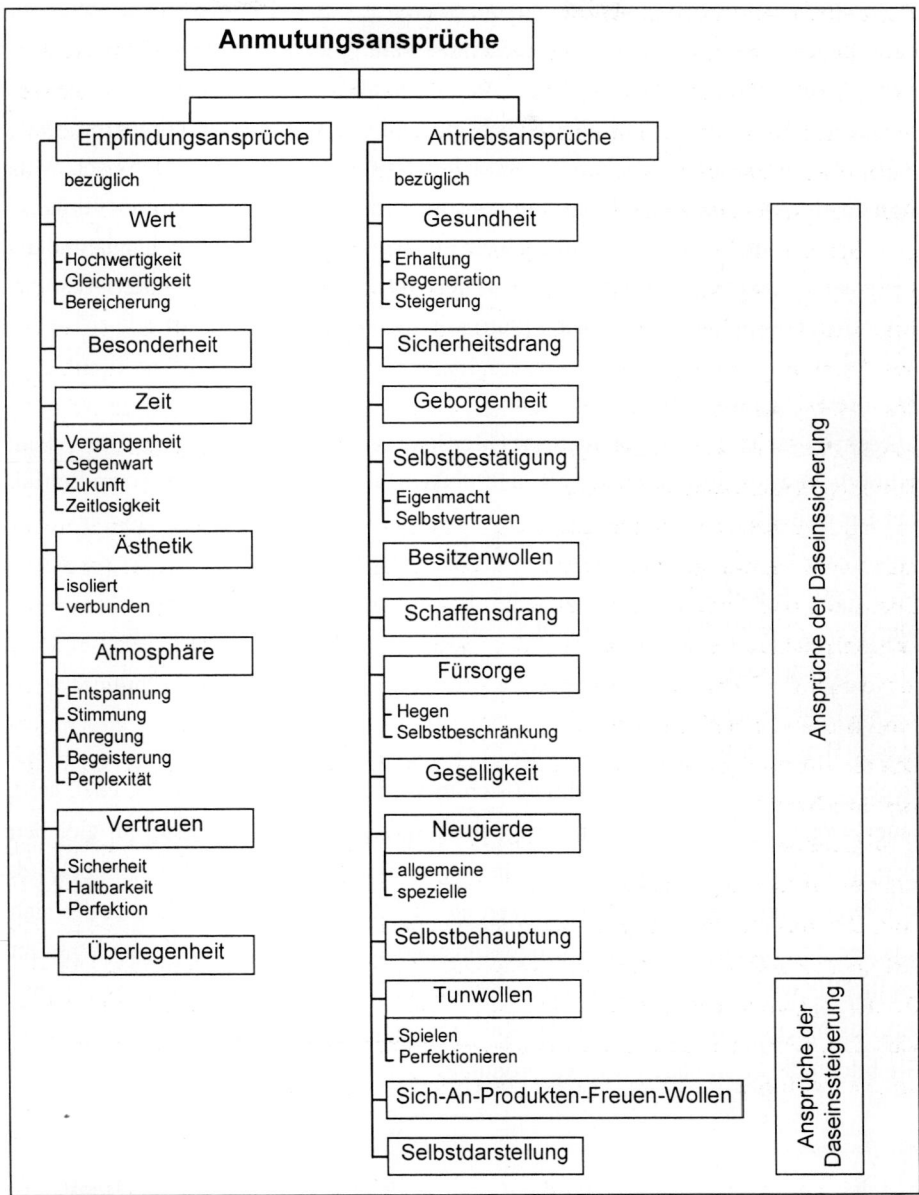

Übersicht 76: Anmutungsansprüche

Diese Gliederung hat sich inzwischen in einer Fülle von einzelnen empirischen Überprüfungen als zweckmäßig erwiesen. Das Feld der Anmutungsansprüche ist sehr um-

fangreich. Während wir für die Schwerpunktbildung innerhalb der Anmutungsansprüche theoretische Bezüge aus der Persönlichkeitspsychologie nutzen, greifen wir zur inhaltlichen Anreicherung (→ Facettierung) der Schwerpunkte auf die Theorie des sprachlichen Feldes (Weisberger 1950) zurück. Innerhalb eines Bedeutungsfeldes erfassen verschiedene Wörter unterschiedliche Aspekte ähnlicher Tatbestände. Dabei geht es um den begrifflichen Inhalt, den Nebensinn und den Gefühlssinn (Erdmann 1925, S. 106 ff.). Friedrich Liebenberg (1986) hat darauf aufbauend den Duden nach Wörtern durchforstet, die Anmutungshaftes ausdrücken. Darauf greifen wir hier zurück.

Wir haben die Anmutungsansprüche in die mehr statischen Empfindungs- und die mehr dynamischen, auf Erfüllung drängenden Antriebsansprüche gegliedert. Ausführlich hat sich Friedrich-Liebenberg (1986) mit diesem Bereich beschäftigt.

(1) Empfindungsansprüche
Diesem Komplex liegen Ansprüche des Menschen zugrunde, die aus einer unbewußten Hinwendung zur Umwelt und damit zu Produkten wie auch umgekehrt aus dem Einfluß der Umwelt auf ihn resultieren.

(a) Wertansprüche
Der Wert eines Produktes kann in der
- Hochwertigkeit,
- Gleichwertigkeit,
- Bereicherung

liegen. Die Hochwertigkeit erschließt sich in Worten wie luxuriös, nobel, edel, echt, teuer, wertvoll usw., die Gleichwertigkeit in Worten wie entsprechend, im gleichen Wert und gleicher Geltung, die Bereicherung schließlich in Worten wie schmückend, verzierend, aufwertend, auffüllend. Wert ist hier also als etwas aufzufassen, das sich aus der Beziehung des Subjektes, des Konsumenten zum Gegenstand, zum Produkt ergibt (Wiswede 1972, S. 21), das als wertvoll erscheint. Wertansprüche gewinnen mit zunehmendem Lebensstandard oder Reichtum einer Volkswirtschaft an Bedeutung. Sie bilden die Grundlage für Luxusprodukte.

(b) Besonderheitsansprüche
Mit diesem Anspruchsbereich wird ein etwas anderer Akzent gesetzt. Das Besondere eines Produktes kann in mehr als nur dem Wert liegen, das Spektrum der Besonderheitsansprüche ist damit wesentlich breiter. Das Besondere kann beschrieben werden mit den Worten wie exklusiv, exotisch, extravagant, raffiniert, originell, großartig, unge-

wöhnlich, selten, rar usw. Etwas soll aus dem normalen Alltag herausragen.

Diese Worte lassen bereits vermuten, daß diese Besonderheitsansprüche nur bei relativ wenig Verwendern auf Interesse stoßen und positive Wirkungen erzielen werden. Dafür besitzen diese eine größere Kaufkraft. Viele internationale Marken machen sich das zunutze. In dem Werbeslogan „Man gönnt sich ja sonst nichts" kommt dieser Anspruch zum Ausdruck.

(c) Zeitansprüche

Es handelt sich um unbewußte Ansprüche nach Erlebnisinhalten in einem bestimmten zeitlichen Kontext. Als Anspruchsbereiche interessieren solche der

- Vergangenheit,
- Gegenwart,
- Zukunft,
- Zeitlosigkeit.

Vergangenheitsansprüche erstrecken sich auf das Traditionelle, Bewährte, Überlieferte. Ihnen liegt ein konservatives Element zugrunde, meist verbunden mit der Scheu vor dem Auffälligen, Neuen, dem Wagnis. Dies ist vielmehr kennzeichnend für die Zukunftsansprüche; hier ist das Progressive, Fortschrittliche, Futuristische, Avantgardistische, Revolutionäre sehr viel wichtiger. Während sich derjenige, der sich für Zukünftiges interessiert, gleichsam auf Flügeln weiterbewegen möchte, steht derjenige, der Gegenwartsansprüche äußert, mit „beiden Beinen auf festem Boden". Er präferiert Ansprüche des Neuen oder Modernen, das, was gerade aktuell, „in" ist. Ebenso, wie man die Gegenwartsansprüche als eine Facette der Zukunftsansprüche auffassen kann, lassen sich die Zeitlosigkeitsansprüche als eine besondere Spielart der Vergangenheitsansprüche interpretieren. Worte wie bleibend, unvergänglich, dauerhaft, zeitlebens, klassisch, nicht der Mode unterworfen mögen das belegen.

(d) Ästhetikansprüche

Ästhetik, ursprünglich als die die Sinne betreffende Wissenschaft verstanden, wird heute als Wissenschaft oder Lehre vom Schönen bezeichnet (Brugger 1990, S. 29). „Schön, im Gegensatz zu häßlich, eine wohltuende Qualität unserer Empfindung, die uns, ohne daß unsere Begierden gereizt werden, gefällt" (Schischkoff 1991, S. 647). Die Bezugspunkte für das Ästhetische oder Schöne haben sich im Zeitablauf auch in der philosophischen Betrachtung stark gewandelt. Die ästhetische Bewertung hängt neben subjektiven Erlebnisqualitäten (Remplein 1967, S. 566) auch von sozialen Bezügen (geschichtlicher Wandel, Schichtzugehörigkeit, Wissen usw.) ab.

Es hat sich bei der Durchsicht der Wortfelder, die ästhetische Erscheinungen beschreiben, als zweckmäßig erwiesen, zwischen

- isolierten und
- verbundenen

Ästhetikurteilen zu unterscheiden. Isolierte ästhetische Ansprüche können einen stärker diffusen Charakter (z. B. harmonisch, zierlich, apart, schlicht, chic) oder einen stärker konkreten Charakter aufweisen (z. B. besondere Stil- oder Look-Hinweise: Maskulin-, Feminin-, Nostalgie-, Profi-Look). Verbundene ästhetische Ansprüche erfassen die ästhetischen Bezüge zur Umwelt. Dies können andere Produkte sein wie auch die Umgebung, in die die Produkte gestellt werden. Die verbundenen ästhetischen Ansprüche können mehr auf die Integration (z. B. passend, unaufdringlich, abrundend) oder auf den Kontrast (z. B. markant, akzentuierend) abgestellt sein.

Man kann die inhaltliche Dimension des Ästhetischen auch in polaren Adjektivpaaren darstellen, wie dies Hase (1989, S. 190) vorschlägt:

1. maskulin   -   feminin
2. rustikal   -   artifiziell
3. einfach   -   wertvoll
4. sachlich   -   nostalgisch
5. konventionell -   originell
6. klassisch   -   verspielt
7. traditionell -   avantgardistisch

Hier sind nicht nur ästhetische Aspekte erwähnt, dennoch sollen die Begriffe hier genannt werden, da wir später unter dem Gestaltungsaspekt noch auf sie zurückkommen.

(e) Atmosphärenansprüche

Personale Gestimmtheiten als leibliche Gefühlszustände (Lersch 1970, S. 306) und Stimmungen umfassen das, was wir als Atmosphäre verstehen wollen. Es gibt eine Fülle von Produkten, deren zentrale Botschaft im Atmosphärischen liegt. Hier sind verschiedene Akzente wählbar:

- Entspannung,
- Stimmung,
- Anregung,
- Begeisterung,
- Perplexität.

Entspannungsansprüche können ausgedrückt werden mit Worten wie gemütlich, erholsam, wohlig, häuslich, geborgen. Stimmungsansprüche können sein: gesellig, feierlich, festlich, fröhlich, amüsant, beschwingt, glücklich, zufrieden, romantisch. Anregungsansprüche lassen sich beschreiben mit reizvoll, aufmunternd, belebend, erheiternd, stimulierend, erregend, prickelnd, unterhaltend. Begeisterungsansprüche lassen sich wiedergeben mit Worten wie entzückend, hinreißend, faszinierend, blendend, toll, traumhaft, und Perplexitätsansprüche schließlich erfassen Worte wie erstaunlich, verblüffend, überraschend, umwerfend, unglaublich.

(f) Vertrauensansprüche

Die bewußte Scheu, etwas falsch zu machen, das Unsicherheitsgefühl bilden den Nährboden für Vertrauensansprüche. Hierbei kann es sich um Aspekte der

- Sicherheit,
- Haltbarkeit,
- Perfektion

handeln.

Insbesondere mit Sicherheit und Haltbarkeit werden Ansprüche wieder aufgegriffen, die bereits bei den Sachansprüchen behandelt wurden. Hier steht nun jedoch statt eines abwägenden Urteils ein diffuses Gefühl – „man weiß nicht so recht" – im Vordergrund. Gerade die Lebensbereiche, die Lebensphasen, die einem viel bedeuten, werden von diesem „Lebensgefühl" geprägt. Die Produktauswahl kann diesem Lebensgefühl unterliegen. Die Pkw-Marke Volvo wird mit diesem Anspruch noch verbunden.

Sicherheit kann umschrieben werden mit Worten wie narrensicher, problemlos, geschützt. Für die Haltbarkeit stehen Worte wie stabil, solide, zuverlässig, gediegen, unverwüstlich, dauerhaft, reell, unempfindlich zur Verfügung. Und die nächste Steigerungsstufe der Perfektion läßt sich umschreiben mit Worten wie ausgereift, fabelhaft, präzise, vollkommen, meisterhaft, vollendet.

(g) Überlegenheitsansprüche

Obwohl der Übergang zu den dynamischen Antriebskräften fließend ist, wollen wir die Aspekte der Überlegenheit als Überlegenheitsgefühl hier behandeln. Es kann sich auf die Überlegenheit des Nutzers über das Produkt, das Gefühl des Beherrschens und auf die Überlegenheit des Produktes über andere Produkte, das Gefühl, das Überragende zu haben, erstrecken. Dies läßt sich in Worte fassen wie professionell, souverän, mühelos, mächtig, unvergleichlich.

(2) Antriebsansprüche

Von Produkten können Antriebskräfte ausgehen, die weniger ein pathisches (passives) Empfinden, sondern mehr ein Streben auslösen, die somit primär konativen Charakter aufweisen (McDougall 1937, S. 92). Sie entsprechen damit Ansprüchen, die auf der Aktualitätsstufe des „schlichten Erlebens" (Lersch 1970, S. 598) menschliche Strebungen aktivieren. Durch Produkte soll ein unreflektiertes, unbewußtes Tätigwerden initiiert werden (Friedrich-Liebenberg 1986, S. 141).

Es ist nicht immer leicht, zwischen Empfindungs- und Antriebsansprüchen zu unterscheiden, da die deutsche Sprache diese Differenzen nur teilweise widerspiegelt. So kann der Anspruch „gesund" sowohl einen Wert- als auch einen Antriebsanspruch darstellen, mit diesem so bezeichneten Produkt etwas für die eigene Gesundheit zu tun, also aktiv zu werden. Empfindungsansprüche werden meist adjektivisch und Antriebsansprüche in starkem Umfange mit Verben ausgedrückt.

Es wird sich bei der kurzen Darstellung der Antriebsansprüche noch zeigen, daß die Empfindungen vielfach die Grundlage für Antriebe bilden. Es dürfte dabei aber auch klar werden, worin der besondere Akzent dieser Ansprüche liegt.

Antriebsansprüche lassen sich in Daseinssicherungs- und Daseinssteigerungsansprüche unterteilen. Der Trennung wird die Reihenfolge zugrunde gelegt, die die Erlebnisfolge kennzeichnen kann. Erst auf der Grundlage einer sicheren Existenz (Daseinssicherung) können sich Strebungen entwickeln, die zur Daseinssteigerung beitragen (Friedrich-Liebenberg 1986, S. 142). Eine Parallele zur Maslowschen Bedürfnis-(Motiv-)pyramide ist offensichtlich und damit gleichzeitig die ihr innewohnende Beweisbarkeitsproblematik.

Die Ansprüche zur Daseinssicherung lassen sich nach dem Gesichtspunkt untergliedern, ob sie mehr individuelle oder stärker soziale Züge aufweisen. Die individuellen Daseinssicherungsansprüche können darüber hinaus mehr auf das Subjekt oder stärker auf Objekte gerichtet sein.

(a) Gesundheitsansprüche

„Fast von Beginn der Geschichte an gehörten die Gesundheit und ihre Erhaltung zu den stärksten Antriebskräften des Menschen" (Dichter 1964, S. 237). Dies kann auch heute eine starke, unbewußte Triebfeder sein. Die verschiedenen Aspekte der Erhaltung, der Regenerierung und der Steigerung der Gesundheit spielen eine Rolle.

Erhaltungsansprüche können umschrieben werden mit den Worten wie: kerngesund, rein, frisch, echt, natürlich, kräftig. Regenerierungsansprüche fassen Worte wie: lindernd, heilsam, erfrischend, stärkend, kräftigend, Lebensgeister weckend. Steigerungsansprüche können ausgedrückt werden durch Worte wie: Ausdauer verleihend, Fitneß gebend, Kondition schaffend, Potenz steigernd.

(b) Sicherheitsdrangansprüche

Im Gegensatz zu den Sicherheitsansprüchen unter dem Vertrauensaspekt – dort handelt es sich um unreflektierte Empfindungen – interessieren hier die unbewußten Strebungsziele. Ihnen liegt das unbewußte Streben zugrunde, sich vor äußeren Schadenseinflüssen zu schützen. Dies wird mit Worten wie beschützen, beschirmen, unterbinden, überwinden, abwehren, im Keim ersticken, einen Riegel vorschieben usw. ausgedrückt. Die Emotion Angst, z. B. vor unberechtigtem Zugang, hat ein weites Geschäftsfeld für die Sicherheitsindustrie eröffnet.

(c) Geborgenheitsansprüche

Erst wenn der Sicherheitsdrang befriedigt ist, kommt das Geborgenheitsstreben zum Zuge, erst innerhalb eines gesicherten Lebensbereiches kann das Geborgenheitsstreben wirksam werden. Dieses Streben wird mit Worten wie Wärme, Ruhe, Zärtlichkeit, Treue, Verläßlichkeit, Vertrautheit, Intimität zum Ausdruck gebracht. Auch hier konkretisieren sich Emotionen.

(d) Selbstbestätigungsansprüche

„Das persönliche oder private Selbst entspricht dem Bild, das man unter normalen Umständen von sich selbst, seinen eigenen Bedürfnissen, Wünschen und Zielen hat" (Roth 1974, S. 92). Oder konkreter auf Produkte bezogen: „Das Individuum wird bemüht sein, die passenden (kongruenten, konsonanten) Produkte zu kaufen, die zur Stützung des Selbstbildes beitragen und die die Spannungen zwischen dem Selbstbild und dem Idealbild abzubauen in der Lage sind" (Wiswede 1973, S. 64).

Die Selbstbestätigung beinhaltet die Aspekte
- der Eigenmacht,
- des Selbstwertes.

Die Eigenmacht als menschliche Strebungsgröße kann gekennzeichnet werden durch die „Mächtigkeit gegenüber den Anforderungen und Anfechtungen des Lebenskampfes" (Lersch 1970, S. 321). Sie kann schwächer (statisch) oder stärker (dynamisch-vital) ausgeprägt sein. Ein schnittiges Produkt kann das Eigenmachtgefühl stützen, wenn schnittig mit Schnelligkeit, Leistungsfähigkeit, Überwindungskraft verbunden wird. In unserer Sprache kommen diese Aspekte lediglich durch den assoziativen Bedeutungshof zum Ausdruck. Wir müssen dazu auf bereits aus dem Empfindungsbereich bekannte Worte zurückgreifen, bei denen Eigenmachtaspekte mitschwingen können. Aus dem Bereich der Vertrauensansprüche können es Worte wie robust, zuverlässig, widerstandsfähig, perfekt, aus dem Bereich der Überlegenheitsansprüche Worte wie souverän, potent, professionell, spezialisiert und aus dem Bereich der Ästhetikansprüche Worte wie männlich, Navy-Look, Military-Look, Safari-Look, Western-Look sein. Einen stärker vitalen Ausdruck der Eigenmacht vermitteln Worte wie sportlich, lebendig, flott, forsch, schnittig, jugendlich.

Der Selbstwert (Selbstvertrauen) erfaßt die Person „als Träger eines Wertes und einer Würde" (Lersch 1970, S. 327). Dieses Selbstbild resultiert aus der eigenen Wertschätzung und den Vorstellungen, wie die Mitmenschen die eigene Person bewerten (Friedrich-Liebenberg 1986, S. 155). Der Unterschied zu den Selbstdarstellungsansprüchen liegt in der Innen- bzw. Außenorientierung. Während bei den Selbstdarstellungsansprüchen der Geltungsaspekt im Mittelpunkt steht, also eine Außenorientierung vorliegt, soll mit dem hier beschriebenen Selbstwert mehr die Innenorientierung erfaßt werden. Auch bei diesen Selbstwertansprüchen müssen wir wieder auf Worte zurückgreifen, die wir bereits aus verschiedenen Schwerpunkten des Empfindungsbereichs kennen. Hierzu zählen die Bedeutungshöfe von Worten aus dem Bereich der Wertansprüche (edel, fein, nobel, kultiviert usw.), der Zeitansprüche (traditionell, modebewußt, up-to-date, progressiv usw.), der Besonderheitsansprüche (exklusiv, extravagant, individuell usw.), der Ästhetikansprüche (elegant, schlicht, männlich, geschmackvoll usw.) sowie der Atmosphärenansprüche (romantisch, faszinierend, gesellig, lustig usw.).

Da die Selbstbestätigung für die menschliche Selbstverwirklichung außerordentlich bedeutsam ist und weil Produkte hierzu in entscheidendem Maße beizutragen vermögen, wird man dem Bereich der Selbstbestätigungsansprüche an Produkte besondere Beachtung schenken können. Werbeslogans wie „Das bin ich mir wert" oder „Das gönne ich mir" drücken den Anspruch aus.

(e) Besitzansprüche

Das Streben nach materieller Sicherheit, der Antrieb, etwas für ungewisse Zeiten als Sicherheitspolster zurückzulegen, kennzeichnen das vielfach unbewußte menschliche Streben nach Besitz. Hierin zeigt sich die dynamische Komponente des bereits beschriebenen Sicherheitsempfindens. Man will seine eigene Existenz sichern, was gerade in Zeiten mit unsicherer Beschäftigungslage besonders virulent wird. Produkte, die aufgrund ihres Alters, ihres hohen Materialwertes dieses aktive Sicherheitsstreben befriedigen, haben dann eine starke Wirkungskraft.

Auch das unreflektierte Horten von Produkten („Alles haben wollen") gehört in diesen Bereich. Mit deutlichem Bezug zur Reflektion läßt sich auch das Sammeln an dieser Stelle hervorheben.

Abzugrenzen ist das Besitzenwollen von dem anmutungshaften Tatbestand des „Sich-an-Produkten-freuen-Wollens", auf den wir später noch eingehen, dadurch, daß bei jenen eben erst auf der Grundlage materieller Sicherheit die Freude am Anblick oder im Umgang mit dem Produkt an Erlebnisrelevanz gewinnt. Bei Luxusprodukten werden beide Ansprüche befriedigt.

Dieses unbewußte Besitzenwollen erschließt sich in Worten wie begehrenswert, sein Eigen nennen wollen, Herr sein wollen, haben wollen, horten, sammeln usw. Nicht nur Kinder auch Erwachsene erliegen diesem Anspruch (z. B. Weihnachtsteller).

(f) Schaffensdrangansprüche

Im wesentlichen unter dem Blickwinkel der Daseinssicherung ist das unbewußte Ziel „Obdach und Gerät schaffen" (McDougall 1937, S. 77) zu betrachten. „Die Richtung auf etwas Objektives, eine Leistung, ein Werk unterscheidet den Schaffensdrang wesentlich von dem nur auf Subjektives, auf Funktionslust gerichteten Bewegungs- und Tätigkeitstrieb" (Remplein 1967, S. 187). Im Gegensatz zu dem später darzustellenden Aspekt des „Tunwollens", bei dem das Spielerische oder Perfektionierende im Vordergrund steht, überwiegt beim Schaffensdrang der „Arbeitsaspekt". Dies läßt sich mit Worten wie wirken, sich regen, sich rühren, fleißig sein, werken, sich betätigen umschreiben. So hat der Do-it-yourself-Bereich neben dem sachhaften Sparen sicherlich auch diese anmutungshafte Dimension des Schaffensdrangs, die Befriedigung, etwas selbst gestaltet zu haben. Wenn dann der homo faber stolz auf das eigene Werk verweist, kann die bestätigende Resonanz „man sieht es" durchaus zweischneidig sein. Bei einer Kosten-Nutzenbetrachtung liegt der Nutzen weniger im Ergebnis sondern mehr im Weg zum Ergebnis.

(g) Fürsorgeansprüche

Fürsorge läßt man anderen Personen in Familie, im Beruf oder in anderen Gruppierungen angedeihen. Dieser Antrieb ist sicherlich Kernbestand der Familie, wenn die Kinder von den Eltern fürsorglich behandelt werden (Mayntz 1955, S. 6). Dieser Antrieb als soziale Gesinnung (Remplein 1967, S. 185) soll aufgespalten werden in

- den Hegetrieb,
- den Selbstbeschränkungstrieb.

Hegeansprüche können ausgedrückt werden mit Worten wie pflegen, betreuen, umsorgen, bemuttern, schonen, sich kümmern. Selbstbeschränkungsansprüche erschließen sich aus Worten wie aufopfern, verzichten, entsagen, schenken, sich bescheiden. Dies kann sich im Kauf betont einfacher Produkte äußern.

(h) Geselligkeitsansprüche

„Der Geselligkeitsdrang äußert sich im Kontaktsuchen, in dem Bemühen, in seelische Kommunikation mit anderen zu treten ..." (Lersch 1970, S. 177). Die geselligen Regungen gehen über kognitive Beziehungen hinaus, sie setzen „... vitale Zusammenhänge voraus oder eine lebendige Kontaktzone zwischen Mensch und Mensch" (Klages 1969, S. 188).

Mit Produkten, die dem Geselligkeitsdrang entsprechen, läßt sich das, was Wiswede (1972, S 165) als Gruppenkonsum bezeichnet, verwirklichen. Das gemeinsame Essen, Trinken, Hören, Sehen, Lesen, Diskutieren, Schaffen, die dazu sich eignenden Produkte und die Informationen über das Was, Wie und Wo werden im Rahmen steigender Freizeit an Bedeutung gewinnen. Das frisch aus dem Faß gezapfte und gemeinsam genossene Bier drückt dies beispielhaft aus.

(i) Neugierdeansprüche

„Der Konsument übernimmt mit Vergnügen die Rolle des Entdeckers, der wie ein Pfadfinder jedes neue und interessante Produkt sofort erspäht" (Dichter 1964, S. 93). Sieht man einmal davon ab, daß diese Aussage so allgemein nicht haltbar ist, weil sie wohl nur für einen relativ kleinen Teil der Konsumenten (z. B. Innovatoren oder Konsumpioniere) zutrifft, richtig bleibt der Kerngedanke, daß der Drang des Entdeckers, sich mit dem Neuen auseinanderzusetzen, ein vitales Strebungserlebnis bilden kann. Die Antriebe können mehr allgemeiner Natur sein (z. B. erforschen, ergründen, erkunden, analysieren), sie können sich auch an die einzelnen Sinne wenden. Es kann sich dann um visuelle (beäugen, mustern, unter die Lupe nehmen, den Blick nicht abwenden können), um auditive (horchen, lauschen, Ohren spitzen, ganz Ohr sein), um haptische (befühlen, betasten, zerknautschen, streicheln, quetschen), um gustatorische (kosten, auf der Zunge zergehen lassen) und um olfaktorische Aspekte handeln (beschnuppern, beschnüffeln, beriechen).

(j) Selbstbehauptungsansprüche

„... alles allein zu machen und allein zu tun" (Lersch 1970, S. 151) kennzeichnet das Selbstbehauptungsstreben. Im Gegensatz zum nach innen gerichteten individuellen Selbstbestätigungsstreben steht hier der Kampf im Rahmen der sozialen Rangordnung im Mittelpunkt (Metzger 1968, S. 144). Das Selbstbehauptungsstreben ist dadurch gekennzeichnet, daß sich der Einzelne als Gruppenmitglied einen individuellen Lebensraum schaffen will, ohne auf soziale Kontakte zu verzichten. Hierzu können Produkte beitragen, die Selbständigkeit oder Emanzipation vermitteln (Friedrich-Liebenberg 1986, S. 174). Die folgenden Worte beschreiben dieses Selbstbehauptungsstreben: unabhängig, autonom, autark, selbständig, ungehindert, emanzipiert sein wollen, sich durchsetzen wollen, sich nicht unterkriegen lassen wollen. Insbesondere im Sportbereich begegnen uns diese Ansprüche.

(k) Ansprüche an das Tunwollen

Den Menschen kann es nach Taten drängen selbst dann, wenn das Dasein gesichert ist; es geht um das Tun um des Tunwillens, um den Spaß, den man dabei haben kann. Hierbei interessieren vor allem die Aspekte
- des Spielens,
- des Perfektionierens.

Für die Spielenden ist nicht nur die Tätigkeit, sondern auch das Ergebnis, die vollbrachte Leistung wichtig. Das Spielergebnis, der Spielverlauf können durch Stolz, Fröhlichkeit, Redseligkeit und Reproduktionslust gekennzeichnet sein (Hetzer 1973, S. 19 ff.). Im Gegensatz zum Schaffensdrang läßt sich das Streben durch Zeit-, Kraft- und Materialverschwendung kennzeichnen (Hetzer 1973, S. 13). Der „Funktionsdrang der Organe" wird für das Spielen verantwortlich gemacht (Rohracher 1965, S. 392).

Das Spielen beschränkt sich nicht nur auf die Kindheitsphase des Menschen, auch Basteln und Hobby gehören in diesen Zusammenhang. Das Spielen kann sich auf das Gestalten (formen, bauen, konstruieren, malen, musizieren), auf den Erwerb von Fähigkeiten (Geschicklichkeiten, Beherrschung von Produkten), auf das Experimentieren (Erprobung von Produkten, Erprobung eigener Fähigkeiten), auf das Sammeln, Entspannen und Erholen, die Geselligkeitsförderung, die körperliche Bewegung usw. erstrecken. Mit erstaunlichem Ernst werden Bridgenachmittage veranstaltet, Töpferkurse besucht, Koch-Events genossen.

Das Perfektionieren, das „Noch-besser-machen-Wollen", erfolgt vor dem Hintergrund des Strebens, Lücken schließen zu wollen. Das Perfektionieren im Sinne von etwas Tunwollen kann sich auf
- den Lebensraum,
- die Person

erstrecken.

Dem lebensraumbezogenen Perfektionierungsstreben liegen Produktansprüche

zugrunde, welche folgende Perfektionierungserlebnisse ermöglichen: Wert-, Beson-
derheit-, Zeit-, Ästhetik-, Atmosphären-, Vertrauens- und/oder Überlegenheitserlebnisse.
Das personenbezogene Perfektionierungsstreben kann sich auf geistige (noch mehr
Wissen, Neues wissen, Fachmann/Experte sein wollen) und auf körperliche Aspekte
(vollkommen aussehen, geschickter sein wollen) erstrecken.

(l) Ansprüche an das „Sich-an-Produkten-freuen-Wollen"
Das „Sich-freuen-Wollen" kann stärker egoistische oder stärker altruistische Züge tragen.

Egoistische Tatbestände des „Sich-freuen-Wollens" können sich auf das Betrachten, das Verwenden, das Wissen und auch die Askese gegenüber solchen Produkten
erstrecken. Die Freude am Betrachten kann in den verschiedenen Empfindungs-
dimensionen (Wert, Besonderheit, Zeit, Ästhetik, Atmosphäre, Vertrauen, Überlegenheit) liegen. Die Freude des Produktverbrauchs besteht im Genuß durch das Verzeh-
ren, Trinken usw. Die Wissensfreude kann sich auf den Stolz, die Freude am eigenen
Wissen über die Existenz bestimmter Produkte, über besondere Produktleistungsaspekte,
über die Produktgeschichte erstrecken. Aber auch genau im Gegenteil kann Freude
begründet sein; statt des hedonistischen tritt der asketische Aspekt, die Freude am
Verzicht (auf Essens-, Trink-, Bequemlichkeitsgenüsse) in den Mittelpunkt des Interesses.

Das stärker altruistisch orientierte „Sich-freuen-Wollen" kann darin begründet sein,
daß man anderen mit einem Produkt (z. B. Heimwerkergerät, Grillgerät) aushelfen
kann, daß man andere mit dem eigenen Wissen unterstützen kann.

(m) Selbstdarstellungsansprüche
Mit Produkten möchten Menschen unbewußt anderen Menschen zeigen, was sie sind,
wie sie gesehen werden wollen. Produkte erhalten damit einen personalen Symbol-
charakter. Diese Produktsymbole können dabei sowohl positiv wie auch negativ (z. B.
überspannt, „überkandidelt") wirken. „Der Verbrauch ... wird also einer möglicherweise ambivalenten Beurteilung ausgesetzt, die einmal negative Sanktionen verlangt
(Neid, Mißgunst, Verachtung oder das unverholene Lachen der Zeitgenossen), zum
anderen jedoch auch positive Sanktionen bereit hält, zu denen auch der Neid (jetzt im
positiven Sinne) gehört und zu dem sich noch Bewunderung, Prestige, Achtung, Anerkennung gesellen können" (Wiswede 1972, S. 88). Der sogenannte „demonstrative
Konsum" dient der Selbstdarstellung.

Diese Selbstdarstellung kann mehr auf die Einpassung in eine Gruppe oder mehr auf die Abhebung von einer Gruppe gerichtet sein. Die jeweilige Geltungsrichtung wird durch die prospektive Reaktion der anderen Gruppenmitglieder erzielt, also Rückwirkungen von Fremdanmutungen. Diese können sich auf Wert-, Besonderheits-, Zeit-, Ästhetik-, Atmosphären-, Vertrauens- und Überlegenheitsaspekte erstrecken.

Mit dieser Anspruchskategorisierung wollen wir uns begnügen, wohlwissend, daß es eigentlich ratsam wäre, noch weiter nach inter- und intrakategorialen Zusammenhängen zu forschen, wie das in bisherigen Auflagen auch geschah. Weil jedoch nicht auszuschließen ist, daß damit mehr verschüttet als gewonnen wird, haben wir darauf verzichtet.

3.431.2 Vermarktungsansprüche des Verwenders

Mit den Produktansprüchen können Wünsche nach den Angebotsmodalitäten verbunden sein. Diese Ansprüche können sehr bewußt wie auch stärker unreflektiert durch die Bevorzugung der einen oder anderen Alternative infolge beim Verwender entstandener Präferenzen geäußert werden. Weil nicht ohne weiteres ersichtlich ist, ob nun ein Sach- oder ein Anmutungsanspruch vorliegt (z. B. niedriger Preis: Sparsamkeit oder Lust am Sparen), wollen wir hier auf die vorher gewählte Trennung verzichten. Die Vermarktungsansprüche lassen sich in vier große Gruppen zusammenfassen:

- Serviceansprüche
- Erhältlichkeitsansprüche
- Entgeltansprüche
- Informationsansprüche

Während die Realisationsüberlegungen zu den Produktansprüchen im Rahmen der Produktgestaltung (Kapitel 4) erfolgen, werden wir uns der Realisation der Vermarktungsansprüche in Kapitel 5 (Produktvermarktung) zuwenden. Das Wissen um die Vermarktungsansprüche kann die vermarktungspolitische Differenzierung erleichtern. So kann sich ein Vermarktungskonzept ergeben, das sich durch andere Vermarktungsaktivitäten bezüglich Inhalt und Intensität von dem Konkurrenzangebot unterscheidet. Dabei ist sowohl ein Mehr als auch ein Weniger, ein Verzicht auf sonst übliche Vermarktungsleistungen möglich (z. B. bei Mitnahmemöbeln). Der Analyse der Anspruchsgruppen sei die Übersicht 77 vorangestellt. Die Gliederung der Ansprüche folgt der Einteilung des Vermarktungsinstrumentes, ist also zugleich lösungsorientiert angelegt.

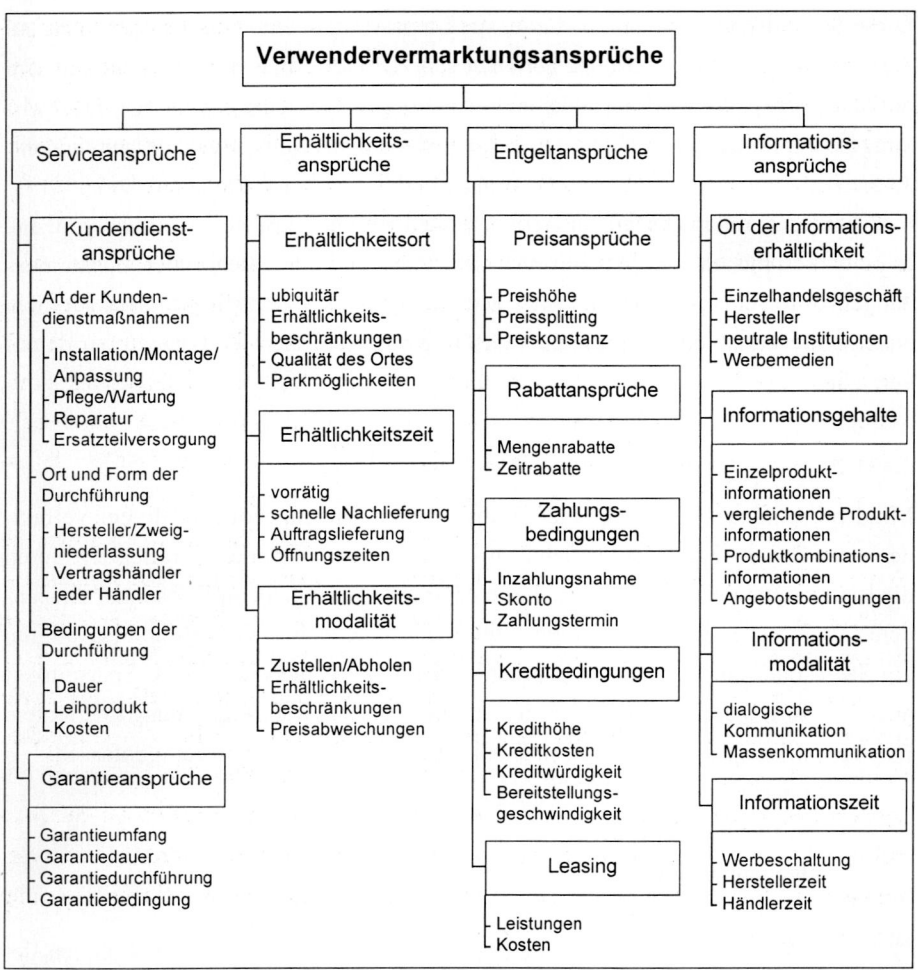

Übersicht 77: Vermarktungsansprüche des Verwenders

3.431.21 Serviceansprüche

Worauf können sich produktbezogene Serviceansprüche erstrecken? Kundendienst-
und Garantieansprüche erscheinen besonders wichtig.

(1) Kundendienstansprüche

Nicht bei jedem Produkt wird ein besonderer Kundendienst erwartet. Insbesondere im
Bereich konsumtiver Verwendung werden diese Ansprüche vorrangig bei längerlebigen
Gebrauchsprodukten geäußert. Die Kundendienstansprüche können die Ansprüche des
Was, Wo und Wie betonen.

Das Was erfaßt die *Arten von Kundendienstmaßnahmen*, die wünschenswert erscheinen. Je komplizierter es ist, ein Produkt zu installieren, auf-, aus- oder umzubauen, anzuschließen, einzupassen (Installation/Montage/Anpassung), je weniger Wissen bei dem Nutzer unterstellt werden kann und je notwendiger Spezialwerkzeuge für die fachgerechte Ausführung sind, um so intensiver kann der Anspruch sein, daß der Hersteller z. B. über den Handel für solche Maßnahmen sorgt.

Um bei langlebigen Gebrauchsgütern einem Nutzungsausfall oder einer Gebrauchstauglichkeitsminderung vorzubeugen, können Wartungs- oder Pflegemaßnahmen notwendig werden. Ohne eine im Bewußtsein präsumtiver Käufer verankerte Vorstellung, daß Pflege- und Wartungsmaßnahmen seitens des Herstellers sichergestellt sind, lassen sich viele Produkte nur noch schwer verkaufen. Ähnliches gilt für die Durchführung von Reparaturen, sollte sich ein Defekt eingestellt haben, was bei hochkomplexen Produkten (z. B. Pkws) im Zeitablauf kaum zu verhindern sein dürfte.

Es ist nicht nur wichtig, daß Ersatzteile erhältlich sind – auf die Kosten und die Schnelligkeit der Erhältlichkeit als Bedingungen kommen wir noch zu sprechen –, bedeutsam ist auch, wie lange man damit rechnen kann, die benötigten Ersatzteile zu bekommen. Hierzu soll auch der Fall gerechnet werden, wie lange der Nachkauf z. B. von Geschirr, Porzellan, Glaswaren, Bestecken, Möbelteilen sichergestellt wird, ein in diesem Produktbereich äußerst wichtiges Kaufargument. So hat ein Hersteller (Villeroy & Boch) längere Zeit die über 10jährige Nachkaufmöglichkeit werblich besonders herausgestellt. Diese Ansprüche müssen auch danach überprüft werden, worauf der Käufer unter welchen Bedingungen zu verzichten bereit wäre. Ein Erfolgselement von Ikea liegt in der Servicereduktion bei gleichzeitiger deutlicher Betonung der Preisgünstigkeit.

Wo und von wem wird der Kundendienst durchgeführt *(Ort und Form der Kundendienstdurchführung)*? Beides hängt eng miteinander zusammen. Es ist möglich, daß der Kundendienst zentral durch den Hersteller vorgenommen wird. Der Hersteller kann den Kundendienst aber auch dezentral z. B. über Zweigniederlassungen, Werksniederlassungen ausführen lassen. Der dezentrale Kundendienst kann beim Kunden den Eindruck höherer Realisationsgeschwindigkeit und höherer Flexibilität hervorrufen. Daneben existieren andere Formen dezentraler Kundendienstrealisation. So ist es beispielsweise möglich, Händler mit dem Kundendienst zu betrauen, die auf besondere Weise vertraglich an den Hersteller gebunden sind (Vertragshändler). Dies wird der Fall sein, wenn die Kundendienstdurchführung aufgrund der Kompliziertheit des Produktes und der Spezialisierung der Werkzeuge nicht ganz unproblematisch ist. Ein dichtes Vertragshändlernetz kann für Kaufinteressenten ein wichtiges Argument bilden. Je weniger spezielle Ausrüstung notwendig ist, um so breiter kann das Feld derer, die den Kundendienst durchführen, angelegt sein. So ist es beispielsweise möglich, daß alle in die Distribution eingeschalteten Händler den Kundendienst übernehmen. Das kann deshalb interessant sein, weil auf diese Weise die Wege zum Kundendienstdurchführenden verkürzt werden und weil der Freiheitsgrad in der Auswahl der Kundendienstorgane wächst; persönliche Präferenzen können somit berücksichtigt werden.

Das Wie erfaßt die *Bedingungen der Kundendienstdurchführung*. Ein wichtiges Merkmal der Durchführungsbedingungen bildet die Kulanz. Ebenso bedeutsam dürfte die Zeit sein, die von der Abgabe bis zum Rückerhalt des Produktes verstreicht oder die man auf das Eintreffen der Kundendienstorgane warten muß. Insbesondere bei für den Verwender wichtigen Produkten (z. B. Fernsehgeräte, Pkw, Lkw) kann die Zurverfügungstellung von Leihprodukten während des Nutzungsausfalles ein interessanter Service sein. Nicht zuletzt zählen zu den Kundendienstbedingungen die Kosten, die bei der Inanspruchnahme für den Produktbesitzer entstehen. Sie hängen von den Kundendienstmaßnahmen, von der Form der Durchführung und von den jeweils gesetzten Zielen ab. So kann es das Ziel des Herstellers sein, seine Kundendienstkosten über einen höheren, niedrigeren oder gleichhohen Preis weiterzugeben. Das hängt von der Konkurrenzlage und der eigenen Imageposition ab.

(2) Garantieansprüche

Hier, wie auch im allgemeinen Sprachgebrauch, wird Garantie weniger als Zusicherung einer Eigenschaft, sondern als erweiterte Sachmängelhaftung verstanden. Insbesondere Maßnahmen der Garantieerweiterung eignen sich gut für kurzfristige Maßnahmen der Konkurrenzdifferenzierung.

Die Ansprüche können sich darauf erstrecken, was ersetzt wird *(Garantieumfang)*, wenn ein Produktschaden eingetreten ist. Es kann das ganze Produkt sein, das umgetauscht wird, es kann sich um das Ersetzen von Produktteilen handeln, die defekt sind, wobei die jeweiligen Arbeitskosten eingeschlossen sind; aber auch lediglich der Ersatz der Arbeitskosten kann in Abhängigkeit von der bisherigen Nutzungszeit versprochen werden.

Ansprüche bezüglich der *Garantiedauer* erstrecken sich auf die Verlängerung gegenüber der Mindestgarantie von einem halben Jahr. Dies kann sich auf die Zeit beziehen (z. B. ein Jahr), es kann sich aber auch auf die Leistungsmenge (z. B. 100.000 km bei einem Pkw) erstrecken. Wenn unterstellt werden kann, daß die Nutzungsintensität starken Schwankungen unterliegt, können sich Alternativmaßnahmen als zweckmäßig erweisen. Insbesondere bei neuen Produkten, für die noch keine ausreichenden Erfahrungen über die Gebrauchstauglichkeit vorliegen, können diese Ansprüche aus Gründen der Risikominderung geäußert werden.

Für den Verwender kann es auch wichtig sein, wer beim Schadenseintritt die garantierten Reparaturmaßnahmen durchführt *(Garantiedurchführung)*. Dazu können wir auf die Ausführungen über den Ort und die Form in der Kundendienstdurchführung zurückgreifen. Je nachdem, welche Form gewählt wird, können die Verwender daraus Schlüsse, beispielsweise über die Geschwindigkeit der Garantiedurchführung, ziehen. Hinzutreten kann der Wunsch auf Hinweise über Maßnahmen, die vom Nutzer durchgeführt werden müssen, damit der Anspruch nicht erlischt *(Garantiebedingungen)*. So muß der Besitzer eines Pkws mit Rostschutzgarantie in zeitlich fixierten Intervallen seinen Pkw einer Inspektion unterziehen, damit der Anspruch nicht erlischt.

Weiterhin wird vielfach die Rücksendung einer vom Händler abgestempelten Garantiekarte im Schadensfall gefordert. Je deutlicher die Bedingungen bereits vor dem Kaufakt gemacht werden, um so geringer dürften Erwartungsenttäuschungen bei Schadenseintritt werden, der ja für sich schon bereits höchst unangenehm ist. Wenn sich im umgekehrten Falle der Käufer, der grundsätzlich weniger an den Schaden denkt, erst bei Schadenseintritt die verschlungenen Pfade der Garantiebedingungen erarbeiten muß, sind Frustrationen meist die unausbleibliche Folge. Kundenbegeisterung kann nur schwerlich entstehen.

3.431.22 Erhältlichkeitsansprüche

Besonders wichtig erscheinen uns Ansprüche an

- den Erhältlichkeitsort,
- die Erhältlichkeitszeit,
- die Erhältlichkeitsmodalität.

(1) Ansprüche an den Erhältlichkeitsort

Bei Produkten des täglichen Bedarfs (z. B. Lebensmittel, Zeitungen, Tabakwaren) ist die ubiquitäre Erhältlichkeit für den Käufer wichtig, was sich im Streben der Hersteller nach möglichst großer Distributionsdichte niederschlägt. Dies entspricht den Ansprüchen des Verwenders nach geringen Such- und Einkaufszeiten.

Ebenso gut ist es aber auch möglich, daß der Anspruch nach ausgewählten Distributionsorganen wegen deren Fachkompetenz, Sortimentsattraktivität, Präsentationsatmosphäre geäußert wird.

(2) Ansprüche an die Erhältlichkeitszeit

Hierunter fallen Ansprüche, wie schnell man das Produkt erhalten kann, zu dessen Kauf man sich entschlossen hat. Damit werden diese Ansprüche vorrangig für sogenannte „shopping-goods" wichtig. Ob Produkte vorrätig sind, hängt von der Auswahlvielfalt eines Programms, der Umschlagsgeschwindigkeit, der Programmkonstanz sowie der Üblichkeit innerhalb eines Produktbereichs ab. Es dürfte Erfahrungsallgemeingut sein, daß Möbel im Einzelhandelsgeschäft vorrangig als Ausstellungsstücke präsentiert werden. Je nachdem, welche distributionslogistischen Maßnahmen ergriffen werden, wie einfach aufgrund der Programmgestaltung die Zusammenstellung des Kundenauftrags beim Hersteller durchgeführt werden kann, welche konjunkturelle Situation für die einzelnen Hersteller gerade vorliegt, kann die Auftragslieferung relativ rasch erfolgen oder lange dauern. Daß man aufgrund der getroffenen Maßnahmen in der Lage ist, eine zügige (z. B. innerhalb von 4 Wochen) Lieferung zu garantieren, kann für den Kauf ausschlaggebend sein. Im Schmuckwaren- und Uhrenbereich, teilweise auch im Bereich der gehobenen Damen- und Herrenoberbekleidung, sind meist nicht alle eingeschalteten Händler in der Lage, das gesamte Programm mit allen Größenvariationen anzubieten. Hat sich der Kunde aufgrund der Durchsicht von Prospekten und nach der Vorlage von Vergleichsprodukten für ein „zufällig" nicht vorrätiges Produkt entschieden, kann für ihn die schnelle Zurverfügungstellung (Nachlieferung) wichtig sein. Nicht auszuschließen ist aber auch die Bereitschaft, lange zu warten, wenn es sich um etwas Besonderes, Ausgefallenes handelt, das sorgfältiger, handwerklicher Produktion bedarf.

(3) Ansprüche an die Erhältlichkeitsmodalität

Wie und unter welchen Bedingungen kann der Kunde in den Besitz des Produktes gelangen? Wird es ihm beispielsweise zugestellt oder muß er es selbst abholen? Ebenso können Wünsche für oder gegen Erhältlichkeitsbeschränkungen existieren. Wir kennen Erhältlichkeitsbeschränkungen bei Alkoholika (Kinder), Waffen, Pharmaka usw.

Wir wiesen bereits darauf hin, daß bei einigen Produkten der Kauf nach Katalog oder Muster üblich ist, hinzukommen die neueren Möglichkeiten des Tele-, Internetshopping; insbesondere dann, wenn Stoff- und Farbharmonien besonders wichtig sind (Ästhetikansprüche), sind Ansprüche bezüglich der Intensität der Abweichung des zu liefernden Produktes vom Muster usw. beachtenswert. Vor allem bei Produkten, die nur in kleinen Serien hergestellt werden, können diese Ansprüche eine große Rolle spielen.

Bei Produkten mit langer Lieferzeit kommt es teilweise zu unliebsamen Kontroversen, wenn nach der Bestellung der Preis erhöht wurde und dann nach Auslieferung der höhere Preis berechnet wird. Falls diese Preiserhöhung auch wirklich durchgesetzt werden muß, sollte durch eine frühzeitige Information (z. B. im Prospekt) die Verärgerung in Grenzen gehalten werden.

3.431.23 Entgeltansprüche

Bei einigen Herstellern gewinnt man den Eindruck, als ob Preise das einzige entgeltpolitische Instrument wären. Wir wollen uns mit Ansprüchen an:
- Preise,
- Rabatte,
- Zahlungsbedingungen,
- Kredite,
- Leasing

beschäftigen.

(1) Preisansprüche

Grundsätzlich möchte der einzelne Verwender das jeweils erstrebte Produkt möglichst billig erwerben. Der nicht immer rational begründbare Erfolg von Sonder-, Aus- und Schlußverkäufen belegt dies. Quasi als Ausnahme erstrebt er für sich einen einmalig niedrigen Preis. Insgesamt handelt er jedoch nach dem Motto: „Was nichts kostet, ist auch nichts." Innerhalb dieser Generallinie bewegt sich die heute beobachtbare Verhaltensweise, auch teure Produkte möglichst billig zu kaufen. Dieses Verhalten wird als Smart-shopping bezeichnet. Die Ansprüche an die *Preishöhe* kann man mit den Aspekten der Preislagen und der Preisschwellen erfassen. In nahezu jedem Produktbereich wird man hohe/mittlere/niedrige Preislagen finden. Es können sich dabei Preisschwellen herausgebildet haben, oberhalb derer ein Produkt als teuer und unterhalb als billig gilt. Ob nun Wünsche nach hohen/mittleren/niedrigen Preislagen geäußert werden, hängt von vielen Einflußfaktoren ab. So spielt die *Bedeutung* des Produktes für den einzelnen sicherlich eine Rolle. Bei Produkten des täglichen Konsums oder des betrieblichen Standardverbrauchs kann über die Betonung des Gattungscharakters eine niedrige Preislage gewünscht werden (→ Niedrigpreislage der No-names). Bei Produkten, die nur in ausgewählten Situationen verbraucht werden (z. B. Champagner bei der Hochzeitsfeier, Vertragsabschluß), findet man häufiger die Bevorzugung hoher Preislagen (→ Exklusivpreislage, Premiumpreis), wobei die Bekanntheit des hohen Preises besonders wünschenswert ist. Dies gilt auch für Gebrauchsprodukte. Die Diskussionen, die in Unternehmen, öffentlichen Verwaltungen usw. um die Beschaffung des Wagenparks geführt werden, finden häufig vor dem Hintergrund der aus Demonstrationsgesichtspunkten wichtigen Preisklasse statt. Daß Ansprüche an die Preishöhe auch vom verfügbaren Einkommen abhängen, ist eine Binsenweisheit. Das führt u. a. zur Marktsegmentierung durch unternehmensinterne Produktdifferenzierung (z. B. einfache Ausführung, Standardausführung, Luxus- bzw. Geschenkausführung).

Die Bedeutung von Höchstpreisgrenzen für bestimmte Produkte ist einleuchtend, wenn man an die Höchstgrenze von Werbegeschenken (DM 75,—) denkt. Diese sind gemäß § 4 EStG Abs. 5 Nr. 1 steuerlich abzugsfähig. Eine weitere Höchstgrenze bezieht sich auf selbständig nutzbare, geringwertige Wirtschaftsgüter, die in vollem Umfang (DM 800,—) sofort abgeschrieben werden können (§ 6 Abs. 2 EStG i. V. m. Abschnitt 40 Abs. 1 und 2 EStR). Diese Preisobergrenzen schränken den Gestaltungsmitteleinsatz (siehe Abschnitt 4.3) entsprechend ein.

In Anbetracht der ständig zunehmenden Angebotspalette und der gestiegenen Preisaggressivität des Handels kann der Wunsch entstehen, Produkte mit zeitlicher und örtlicher *Preiskonstanz* zu erwerben, da der Preisüberblick verlorengegangen ist. Für den einzelnen Käufer ist es außerordentlich ärgerlich, heute ein für ihn teures Gebrauchsprodukt erworben zu haben, das er morgen an anderer Stelle sehr viel günstiger angeboten sieht. Hier können kognitive Dissonanzen mit erheblichen negativen Imageauswirkungen entstehen. Ist dieser Wunsch nach Preiskonstanz sehr bedeutsam, wird man sich intensiv Gedanken darüber machen müssen, wie man das in Anbetracht der zunehmenden Verkäufe des Handels unter Einstandspreis verwirklichen kann.

Nicht ganz unwichtig können auch Wünsche nach einem *Preissplitting* sein. Der Preis muß nicht unbedingt alle Angebotsleistungen umschließen. Eine Differenzierung des Preises z. B. mit/ohne Lieferung, mit/ohne Montage kann die Kaufentscheidung beschleunigen.

(2) Rabattansprüche

Preisermäßigungsansprüche sind durch das Rabattgesetz noch begrenzt. Dessen ungeachtet werden sie intensiv erlebt. Mengenrabatte spielen sowohl im Rahmen konsumtiver wie auch produktiver Verwendung eine große Rolle. Insbesondere Konsumenten beachten dabei vielfach nur unvollständig, welche Kosten ihrerseits beim Einkauf z. B. einer Groß- oder Mehrfachpackung zu tragen sind. Vielfach überwiegt das Gefühl, einen guten Kauf getätigt zu haben (→ Schnäppchen). Ebenso kann sich der Preisermäßigungswunsch auf zeitlich befristete Preisabschläge (z. B. bei Saisonschlußverkäufen, bei Produkteinführungen) erstrecken.

(3) Ansprüche an Zahlungsbedingungen

Bei manchen langlebigen Gebrauchsprodukten existiert ein Gebrauchtwarenmarkt. Man möchte das noch funktionstüchtige Produkt durch ein besseres ersetzen. Der Verkauf des zu ersetzenden Produktes kann durch den Käufer selbst erfolgen. Vielfach angenehmer ist jedoch die *Inzahlungnahme* des gebrauchten Produktes. Ein Maschinenhersteller kann aufgrund seiner Kundenkontakte möglicherweise eher und zu besseren Bedingungen eine gebrauchte Werkzeugmaschine seines Kunden verkaufen als dieser selbst.

Die *Skontohöhe* als Rechnungsermäßigung bei Zahlung innerhalb einer bestimmten Frist ist meist branchenüblich fixiert (z. B. 2 % Skonto bei Bezahlung innerhalb von 14 Tagen). Produktive Verwender können zum einen nach Durchsetzung einer Prozenterhöhung oder nach Verlängerung der Zahlungsfrist trachten. Insbesondere im Anlagengeschäft wird sich der Käufer dem Streben des Anlagenherstellers zur Vorfinanzierung widersetzen. Auch hier gibt es branchenübliche Vereinbarungen (z. B. 1/3 bei Auftragserteilung, 1/3 bis zur Hälfte der Laufzeit, 1/3 bei Abnahme).

(4) Ansprüche an die Kreditbedingungen

Diese Ansprüche gelten vorrangig im produktiven Verwendungsbereich; bei zunehmender Verschuldungsbereitschaft werden diese Ansprüche auch von privaten Verwendern geäußert. Automobile werden im privaten Bereich zu 80 % finanziert. Der Käufer einer Anlage muß diese durch Einkünfte aus anderen Geschäften vorfinanzieren. Dies bereitet vor allem bei hohen Fremdfinanzierungskosten, angespannten Kapitalmärkten und begrenzter Verschuldungsfähigkeit teilweise erhebliche Schwierigkeiten. Manche Exportmärkte (z. B. Entwicklungsländer) sind nur über die Befriedigung von Kreditansprüchen erschließbar. Ansprüche können sich auf die *Kredithöhe* erstrecken, d. h. ob der ganze Kaufbetrag oder nur Teile davon kreditiert werden. Dann sind Ansprüche bezüglich der *Kreditkosten* wichtig, d. h. um wieviel die Kreditkosten des Herstellers unter denen liegen, die der Käufer bei Drittfinanzierung selbst aufzuwenden hätte. Das hängt natürlich auch von seiner *Kreditwürdigkeit* ab. Dies spielt insbesondere im Exportgeschäft in politisch instabile Regionen eine Rolle. Gelingt es dem Hersteller, staatliche Exportbürgschaften zu erhalten, wächst der Rahmen der Kreditwürdigkeit. Die Kreditwürdigkeitsprüfung kann die Geschwindigkeit der *Kreditbereitstellung* beeinträchtigen. Unternehmen mit hoher Liquidität und guter Risikovorsorge können hier sicherlich flexibel reagieren und dies auch informativ nutzen.

(5) Ansprüche an die Leasingmöglichkeiten und -bedingungen

Ohne hier im einzelnen erläutern zu wollen, worin der Unterschied zwischen Leasing und Kreditgewährung liegt, und welche Leasingaktivitäten im einzelnen möglich sind (Berekoven 1971, S. 770 ff.), wollen wir hier nur einige anspruchsrelevante Bedingungen herausgreifen.

Insbesondere interessiert das Verhältnis von *Leasingleistungen* und *Leasingkosten*. Die Leasingleistungen umschließen Aspekte wie Dauer des Mietvertrages, Umtauschmöglichkeit des Mietobjektes während der Vertragszeit, wenn eine Neuentwicklung vorhanden ist, Servicemaßnahmen am Mietobjekt während der Nutzungszeit, aber auch Verrichtungsleistungen während der Mietzeit und die Kaufmöglichkeit nach Ablauf des Mietvertrages zu einem Preis, der beispielsweise unter dem Marktwert liegt. Dem stehen die Leasingkosten gegenüber. In diese Kosten-Leistungsrechnung, die werblich häufig auch im Pkw-Sektor benutzt wird, fließen neben steuerlichen Erwägungen vor allem Liquiditätsargumente und Risikoüberlegungen ein.

3.431.24   Informationsansprüche

Insbesondere bei extensiven Kaufentscheidungsprozessen sucht der Verwender nach Informationen, welche ihm die Entscheidung erleichtern. Dabei interessieren das Wo, Was, Wie und Wann.

(1) Ansprüche an den Ort der Informationserhältlichkeit

Vielfach reichen die Informationen über das Produkt und dessen Vermarktung in der einzelnen werblichen Schaltung nicht aus, um das Informationsbedürfnis des Verwenders ausreichend zu befriedigen. *Händlerverweise* kommen dem Anspruch nach sortimentsbezogenem Überblick entgegen. Der *Hersteller* kann sich bereiterklären, umfangreiches Informationsmaterial auf Wunsch zuzusenden. Wünsche nach glaubwürdigeren und damit *neutralen Informationsquellen* können durch Verweise auf entsprechende Testveröffentlichungen befriedigt werden. Nur am Rande dürften Verweise auf spätere Werbeschaltungen interessant sein.

(2) Ansprüche an Informationsgehalte

Der Verwender kann mit Informationen über ein einzelnes Produkt zufrieden sein. Entweder bei hohem Wissensstand oder bei begrenzter Kaufbedeutung wird das ausreichen. Trifft das nicht zu, dann dürfte der Wunsch nach *vergleichenden* Produktinformationen virulent werden. Man möchte möglichst aus neutraler Quelle wissen, worauf es bei der Produktbewertung ankommen kann und wie die einzelnen Produkte bewertet wurden.

Dort, wo der Verwender weniger an das einzelne Produkt, sondern mehr an das Problemfeld denkt, können ihm Informationen über *Produktkombinationen* gegeben werden („Alles zum Backen", „Alles für die Gartenpflege"). Und nicht zuletzt interessieren ihn natürlich auch Informationen über die *Angebotsbedingungen*, die bisher erörtert wurden.

(3) Ansprüche an die Informationsmodalität
Bedingt durch Wissensstand und persönliche Vorlieben muß mit Verwendern gerechnet werden, die die *dialogische* Form der Kommunikation vorziehen (z. B. per Telefon oder Chat-room im Internet). Durch Frage und Antwort, durch Aktion und Reaktion kann das individuelle Informationsbedürfnis befriedigt werden. Diese Kommunikationsform kann der Hersteller vor allem durch die Einrichtung eigener Kommunikationsstellen (z. B. Telefonberatung) beeinflussen. Erheblich schwieriger ist die Beeinflussung von Meinungsführern, die dann ihrerseits die gewünschte Information weitergeben.

Weitverbreitet sind die verschiedenen Formen der Massenkommunikation, sei es, daß der Verwender die gewünschte Information schriftlich (Inserate, Broschüren, Kataloge usw.), akustisch (Radiowerbung) oder akustisch/optisch (Fernsehen, www-homepages) erhält. Insbesondere Verwender, die sich unsicher fühlen, die sich in ihrer Entscheidungsfreiheit schnell eingeengt fühlen, dürften diese mehr anonyme Kommunikationsform präferieren.

(4) Ansprüche an die Informationszeit
Nur der Vollständigkeit halber sei darauf verwiesen, daß der Verwender auch Präferenzen zur Informationszeit haben kann, sei es, daß sich der Anbieter seinen Zeitwünschen anpaßt oder daß er darauf verweist, wann Zeit zur ungestörten Beratung zur Verfügung steht.

3.431.25 Weiterführende Überlegungen

Greift man auf die Gliederungslogik bei den Produktansprüchen zurück, dann fällt auf, daß die bisher dargestellten Vermarktungsansprüche eher instrumentellen Charakter haben und insofern den Gegenstandsansprüchen entsprechen. Nicht behandelt haben wir den Wirkungs- bzw. Leistungsaspekt. Bezogen auf die Sachansprüche können solche der Zeit, Kosten- und Risikominimierung, der Bequemlichkeit. Flexibilität genannt werden. Unter dem Anmutungsaspekt sind prinzipiell alle Empfindungsansprüche bedeutsam. Es handelt sich um die Wirkungstonalität der Vermarktungsinstrumente.

3.432 Händleransprüche

Selbst wenn man von der grundsätzlichen Feststellung ausgeht, daß neue Produkte nur dann Erfolg versprechen, wenn sie den Verwenderansprüchen gerecht werden, kommt man an der Bedeutung der Händleransprüche nicht vorbei. Dies ergibt sich zum einen daraus, daß neue Produkte nur selten völlig neue Ansprüche befriedigen, daß der Verwender in der Mehrzahl der Fälle auf andere Produkte ausweichen kann, wenn sie im Sortiment des Händlers enthalten sind. Und das hängt zum anderen mit der zunehmenden Handelskonzentration zusammen. Erfüllt man beispielsweise im Lebensmittelbereich nur unvollkommen die Händleransprüche, so kann es trotz guter Verwenderanspruchserfüllung dazu kommen, daß ein Produkt nicht „gelistet" wird, daß eine Bestellmöglichkeit unterbunden wird.

Wenn man den häufig genannten Gedanken des „vertikalen Marketing" (Einbeziehung des Händlers in ein umgreifendes Marketingkonzept) ernst meint, muß man wissen, welche Ansprüche der Händler stellen kann. Dabei wird unterstellt, daß es „den" Händler gäbe. In Abschnitt 3.442 (5) werden wir das differenzierter betrachten.

Ebenso wie bei den Verwenderansprüchen wollen wir auch die Händleransprüche in die beiden großen Bereiche der

- Produktansprüche und
- Vermarktungsansprüche

untergliedern.

3.432.1 Produktansprüche des Händlers

Selbstverständlich sind Händler auch daran interessiert, daß neue Produkte die vom Verwender gestellten Ansprüche befriedigen. An dieser Stelle interessieren jedoch die Ansprüche, die sich aus ihrer eigenen händlerspezifischen Funktionserfüllung ergeben.

Aus diesem Grunde werden die Anmutungsansprüche an dieser Stelle nicht (noch einmal) als handelstypische Ansprüche behandelt, obwohl der Handel sehr genau darauf achtet, daß die Produkte die Anmutungsansprüche seiner typischen Kunden erfüllen.

Die händlerbezogenen Produktansprüche lassen sich unterteilen in

- Rationalisierungsansprüche,
- Verkaufssteigerungsansprüche,
- Marktstellungsansprüche.

Die *Rationalisierungsansprüche* konzentrieren sich auf Möglichkeiten der Kostensenkung, die Verkaufssteigerungsansprüche bezwecken die Möglichkeiten der Spannensteigerung bzw. -stabilisierung (Erhaltung der Handelsspanne) und der Umsatzsteigerung, und die *Marktstellungsansprüche* zeigen die Marktbedeutung des Produktes.

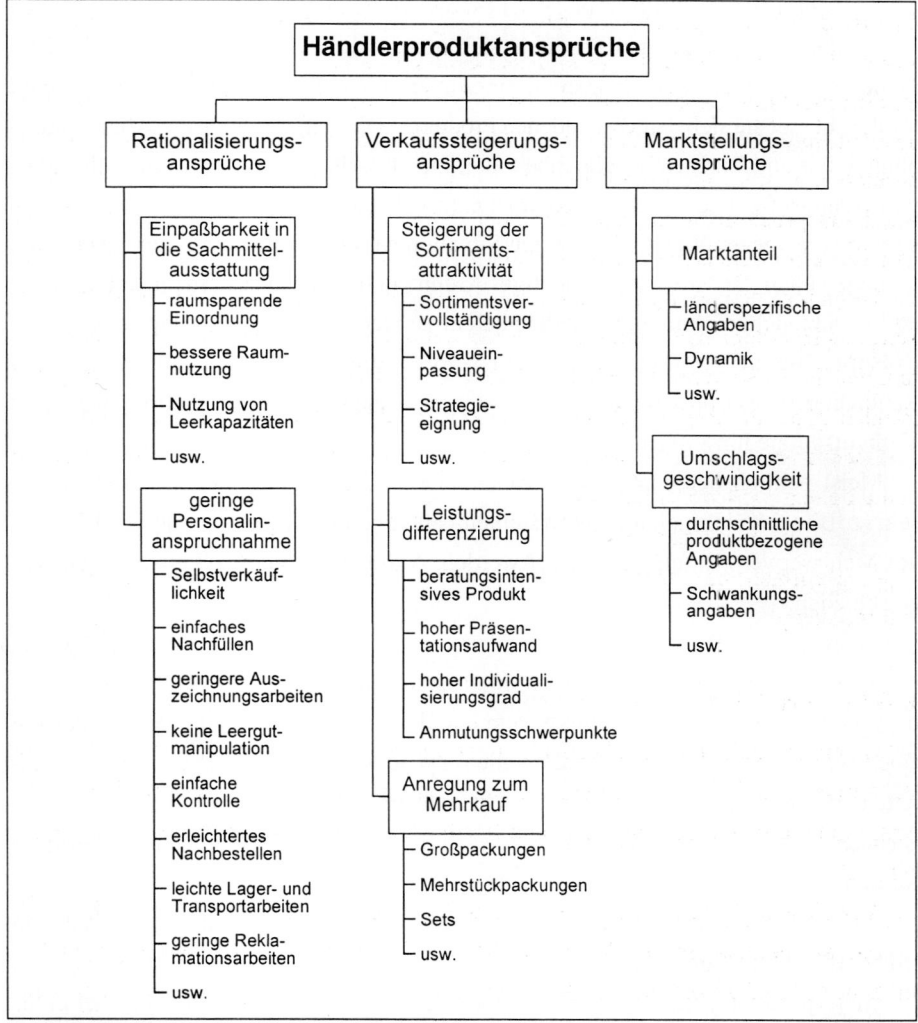

Übersicht 78: Händlerbezogene Produktansprüche

3.432.11   Rationalisierungsansprüche

Die Möglichkeiten der Kostensenkung können sich erstrecken auf die
- Einpaßbarkeit in die Sachmittelausstattung,
- geringe Personalinanspruchnahme.

(1) Einpaßbarkeitsansprüche

Bei meist ausufernden Sortimenten herrscht im Handel ein harter Kampf um den zur Verfügung stehenden Raum, sei es, daß es um Plätze am point of sale geht (z. B. Regalplätze, Raum für Zweitplazierung), sei es, daß es sich um die meist stark begrenzten Lagerplätze handelt. Je eher Produkte sich nun in die vorhandenen Regale, Theken, Gondeln, Truhen usw. raumsparend einordnen lassen, je weniger Raum verschenkt wird, je besser sie sich den vorhandenen Produkten (Waren) aufgrund der Abmessungsähnlichkeit und Darbietungsgleichheit zuordnen lassen, um so eher lassen sich Rationalisierungseffekte erzielen. Denkbar ist natürlich auch, daß man durch eine neue Gestaltung eine gegenüber der bisherigen Situation wesentlich bessere Raumausnutzung erreichen kann. Daß dies ein gewichtiges Argument für die Konkurrenzdifferenzierung ist, braucht sicherlich nicht besonders betont zu werden. Wenn allerdings zusätzliche Präsentationsmittel noch notwendig sein sollten, dann wird man unter dem Rationalisierungsaspekt auf die einfache, störungs- und wartungsfreie Anbringung dieser Verkaufsgeräte hinweisen können.

Meist zeitlich begrenzt dürften Ansprüche an die Nutzung von Leerkapazitäten sein (z. B. bei Kühlregalen). Als Systemeinpaßbarkeit kann die Alternative „Einwegvor Mehrwegverpackung" betrachtet werden. Aldi hat sich für die Einwegalternative entschieden.

(2) Ansprüche an die geringe Personalinanspruchnahme

In Abhängigkeit vom Bedienungssystem und der Branche können die Personalkosten einen wesentlichen Kostenblock darstellen. Da außerdem Probleme der Personalführung und der Personalzuverlässigkeit nicht zu übersehen sind, können Ansprüche nach geringer Personalinanspruchnahme durch Produktgestaltungsmaßnahmen virulent werden.

Die Personalinanspruchnahme kann durch verschiedene Gestaltungsmaßnahmen reduziert werden. Vor allem in der Lebensmittelbranche hat sich die selbstverkäufliche Packungsgestaltung durchgesetzt. Die Überführung darbietungsproblematischer in für die Selbstbedienung taugliche Produkte gewinnt zunehmend auch in anderen Branchen an Bedeutung.

Ein weiteres, häufig personalintensives Problem besteht darin, daß das Auffüllen der Regale erhebliche Schwierigkeiten bereiten kann. Diese lassen sich ebenfalls durch entsprechende Verpackungsgestaltung und durch die Anordnung der Produkte in der Versandverpackung reduzieren (regalgerechte Trays, einfach zu beseitigende Umverpackungen). Zeitvergleiche über die personelle Inanspruchnahme bei herkömmlicher und neuer Verpackungsgestaltung können ein gewichtiges Argument für den Handel bilden.

Ebenfalls der Reduktion der Personalinanspruchnahme beim Händler dienen Aktivitäten des Herstellers durch Übernahme von Auszeichnungsarbeiten (z. B. Preisauszeichnung). Werden weitere Handelsfunktionen (z. B. Nachfüllen, Kontrolle) durchgeführt, dann ist der Schritt zum Rack-Jobbing (Service-Merchandising) nicht mehr groß.

In einigen Branchen (z. B. bei Lebensmitteln) steht man vor der grundsätzlichen Entscheidung, ob man Einweg- (keine Leergutmanipulation) oder Mehrwegpackungen einsetzen soll, ein Problem, das durch die Umweltbelastungsproblematik auch politische Bedeutung gewonnen hat. Neben den bekannten händlerspezifischen Interessen („Einwegverpackungen verursachen keine personalintensiven Rücklaufkosten") kann es geraten erscheinen, weitere, auch volkswirtschaftliche Argumente zu benutzen, um die für das eigene Unternehmen günstige Händlerentscheidung zu stützen. Statt Produkte (z. B. Elektrogeräte) mehrfach zu verpacken (Versandverpackung und Verkaufsverpackung) wäre es denkbar, das einzelne Produkt in einer Mehrweg-Versandverpackung – vielleicht ähnlich einem Flaschenkasten – dem Handel anzuliefern, so daß das Produkt nahezu pur ins Regal gelangt. Die Kontrollfunktion des Handels kann ebenfalls sehr personalintensiv sein. Ob man nun die Verfallskontrolle, die Mengenbestandskontrolle oder die Diebstahlskontrolle erleichtert, dies dient immer der Personalkostenreduktion. Vor allem bei Produkten, die ein routinemäßiges Nachbestellen erfordern, spielt die Erleichterung dieser Tätigkeit eine wesentliche Rolle. Der Anschluß an ein internationales Kodierungssystem (EAN) erleichtert diese Aufgaben. Der jeweilige Code wird meist auf der Verpackung angebracht.

Auch Lager- und Transportarbeiten können durch geeignete Warenlieferung (z. B. hängender Kleiderversand, lager- und manipulationsadäquate Verpackungsgestaltung) erleichtert werden. Neben Poolpaletten wären auch Poolkleiderständer geeignete Hilfsmittel, die sich argumentativ verwerten ließen.

Besonders bei technischen Produkten kommen Reklamationen vor. Intensive Ausgangskontrollen, die für eine hohe Leistungskonstanz im Gebrauch sorgen, können ein überzeugendes Argument für den geringen Reklamationsaufwand beim Händler darstellen.

3.432.12 Verkaufssteigerungsansprüche

Prinzipiell als alternatives Pendant zur kostenbetonten Rationalisierung sind die Ansprüche dieser sich auf Umsatzsteigerung beziehenden Gruppe zu verstehen. Besonders wichtig erscheinen uns Ansprüche bezüglich der

-   Steigerung der Sortimentsattraktivität,
-   Leistungsdifferenzierung,
-   Anregung zum Mehrkauf.

(1) Ansprüche zur Steigerung der Sortimentsattraktivität

Aufgrund der Mittlerfunktion des Handels fließen hier zwei Aktivitätsaspekte zusammen: Zum einen muß das Sortiment für den Käufer in der Handlung an Attraktivität gewinnen, wenn mehr Käufer und ständige Kaufwiederholungen zustande kommen sollen, und zum anderen muß das Sortiment den Zielvorstellungen des Händlers entsprechen.

Einen Aspekt der Sortimentsattraktivität dürfte die Sortimentsvervollständigung bilden. Hierzu zählen Ansprüche, inwieweit das Sortiment in Tiefe und/oder Breite sinnvoll vergrößert werden soll. Ebenfalls können Ansprüche an verschiedene Innovationsgrade von Interesse sein, sei es, daß es sich um ein neues, so bisher noch nicht angebotenes Produkt handelt, sei es, daß ein im Trend liegendes Produkt angeboten wird oder sei es, daß ein immer „gehendes" Produkt (geringes Veralterungsrisiko) gewünscht wird. Einen anderen Aspekt stellt die Niveaueinpassung dar. Allein die Beschreibung der Niveauklasse erleichtert dem Händler die Zuordnung eines neuen Produktes und die dann daraus folgenden Entscheidungen.

Diese Informationen sind vor allem hilfreich für die alternativen Strategien des trading-up oder des trading-down.

Das Herstellerimage und das spezielle Markenimage eignen sich nun besonders als Instrument der verschiedenen trading-up-Strategien. Nur in Ausnahmefällen dürften sich hierfür Händlermarkierungen (z. B. bei hochwertigen Bekleidungstextilien oder Schuhen) empfehlen. Händlermarken, d. h. beispielsweise die Bereitschaft des Herstellers, für große Einkaufsorganisationen besonders markierte Produkte zu entwickeln, spielen eher eine Rolle für die untere Sortimentsabrundung.

(2) Ansprüche an die Leistungsdifferenzierung

Eng mit Sortimentsentscheidungen sind Überlegungen seitens des Händlers gekoppelt, wie er sich durch aktive Maßnahmen von seinen Konkurrenten unterscheiden kann. Dazu benötigt er dann u. a. Produkte, die diese Differenzierungsmaßnahmen tragen.

Beratungsintensive Produkte kann nicht jedermann anbieten, erst entsprechend geschultes Personal schafft die Grundlage für ein hochqualifiziertes Angebot, das meist einer weniger intensiven Preiskonkurrenz ausgeliefert ist.

Ähnliches gilt für Produkte, die einen hohen Präsentationsaufwand erfordern (Dodt 1980), gleichgültig, ob dieser unmittelbar mit dem Produkt verknüpft ist oder ob dies der Hersteller im Rahmen seiner Vertriebsbindung fordert. Insbesondere die Produkt-Look-spezifische Präsentation im Bereich hochgenriger Produkte reduziert die Umschlagsgeschwindigkeit und fördert die Individualisierung der Beziehungen zwischen Händler und Käufer.

In die gleiche Kerbe schlagen Produkte mit einem hohen Individualisierungsgrad, Produkte, die auf die speziellen Ansprüche eines relativ stark beschränkten Käuferkreises zugeschnitten sind. Dies gilt für „geplante" Küchen, Schrankwände usw.

Händler können bezogen auf ihre spezifischen Kundensegmente Anmutungsschwerpunkte setzen.

(3) Ansprüche zwecks Anregung zum Mehrkauf

Die Steigerung der Einkaufsmenge kann durch die Entwicklung transportgünstiger Packungen oder durch die Schaffung von Mehrstückpackungen erreicht werden. Insbesondere bei den Produkten, bei denen diese Packungsformen noch relativ ungebräuchlich sind, können diese Ansprüche zutage treten. Eine andere, ebenfalls zum Mehrkauf anregende Gestaltungsmaßnahme bietet der Set-Gedanke. Das Zusammenfügen verschiedener, aber für den gleichen Problemlösungszusammenhang geeigneter Produkte kann zur Reduktion der Einkaufsakte und zum gleichzeitigen Kauf auch der Produkte führen, die der Kunde bei getrennter Darbietung nicht gekauft hätte, nun aber, weil es so praktisch zusammenpaßt, doch erwirbt.

3.432.13 Marktstellungsansprüche

Für den Händler ist es nicht uninteressant zu wissen, welche Bedeutung das einzelne Produkt gegenwärtig auf dem Markt hat und mit welcher zukünftigen Bedeutung man rechnet.

(1) Marktanteilsansprüche

Hat ein Produkt einen gewichtigen Marktanteil errungen, wird dem Händler nur selten etwas anderes übrig bleiben, als dieses Produkt auch in seinem Sortiment zu führen. Wichtig sind für ihn allerdings weniger generelle Marktanteilsangaben, sondern vor allem solche, die auf seine spezifische Konkurrenzsituation Bezug nehmen. Dies bedeutet, daß ihn mehr lokale als nationale Marktanteilsangaben interessieren, und solche, die zumindest grob seine Kundenstruktur berücksichtigen. Auch die Entwicklung der Marktanteile sagt etwas über die Marktdynamik eines Produktes aus. Im Vergleich zur Umsatzentwicklung dieses Produktes in seinem Geschäft kann er daraus Schlüsse ziehen, ob er unter oder über dem Durchschnitt liegt, ob er dieses Produkt beispielsweise besonders forcieren sollte oder nicht.

Ebenfalls möglich sind unbezogene Angaben über den Produktumsatz pro Zeitperiode und über die Umsatzentwicklung. Soll der Hinweis jedoch mehr als lediglich einen „Rekordeindruck" erzielen, dürfte es aus der Sicht des Händlers hilfreich sein, die Umsatzentwicklung mit der des Produktmarktes zu korrelieren, also Marktanteile anzugeben.

Produkte mit einem hohen Marktanteil weisen im Regelfall einen hohen Kanalsog auf. Das Risiko der Fehldisposition ist niedrig. Man muß sie führen, um ein abgerundetes Sortiment anbieten zu können.

(2) Ansprüche an die Umschlagsgeschwindigkeit

Die durchschnittliche Verweildauer eines Produktes beim Händler sagt etwas über die Lager- und Kapitalkosten aus. So kann der Wunsch geäußert werden, Produkte zu beschaffen, die eine möglichst hohe Umschlagsgeschwindigkeit aufweisen. Insbesondere dann, wenn der Händler sich ein Kontrollinstrumentarium für Sortimentsteile aufgebaut hat, wird er vielleicht unter Bezugnahme auf Betriebsvergleiche im Handel einiges über die durchschnittliche Umschlagsgeschwindigkeit von Sortimentsbereichen in seinem Unternehmen wissen. Konsequenterweise wird er dieses Wissen für seine Aktionen (z. B. Sortimentsumgruppierung, Forcierung) nutzen. Dann kommen ihm natürlich Informationen über die durchschnittliche Umschlagsgeschwindigkeit eines einzelnen Produktes in vergleichbaren Handlungen sehr entgegen, ist dies doch ein wichtiges Erfolgsindiz.

Auch Informationen über Schwankungen der Umschlagsgeschwindigkeit im Zeitablauf (z. B. Saisonschwankungen) sind hilfreich, können sie doch dazu beitragen, Fehlinterpretationen in einer spezifischen Situation zu vermeiden.

3.432.2 Vermarktungsansprüche des Händlers

Während man tendenziell davon ausgehen kann, daß bei den Verwenderansprüchen die Produktansprüche im Mittelpunkt des Interesses stehen, wird man bei den Händleransprüchen häufig eine stärkere Stellung der Vermarktungsansprüche feststellen können. Wir gehen von Übersicht 79 aus:

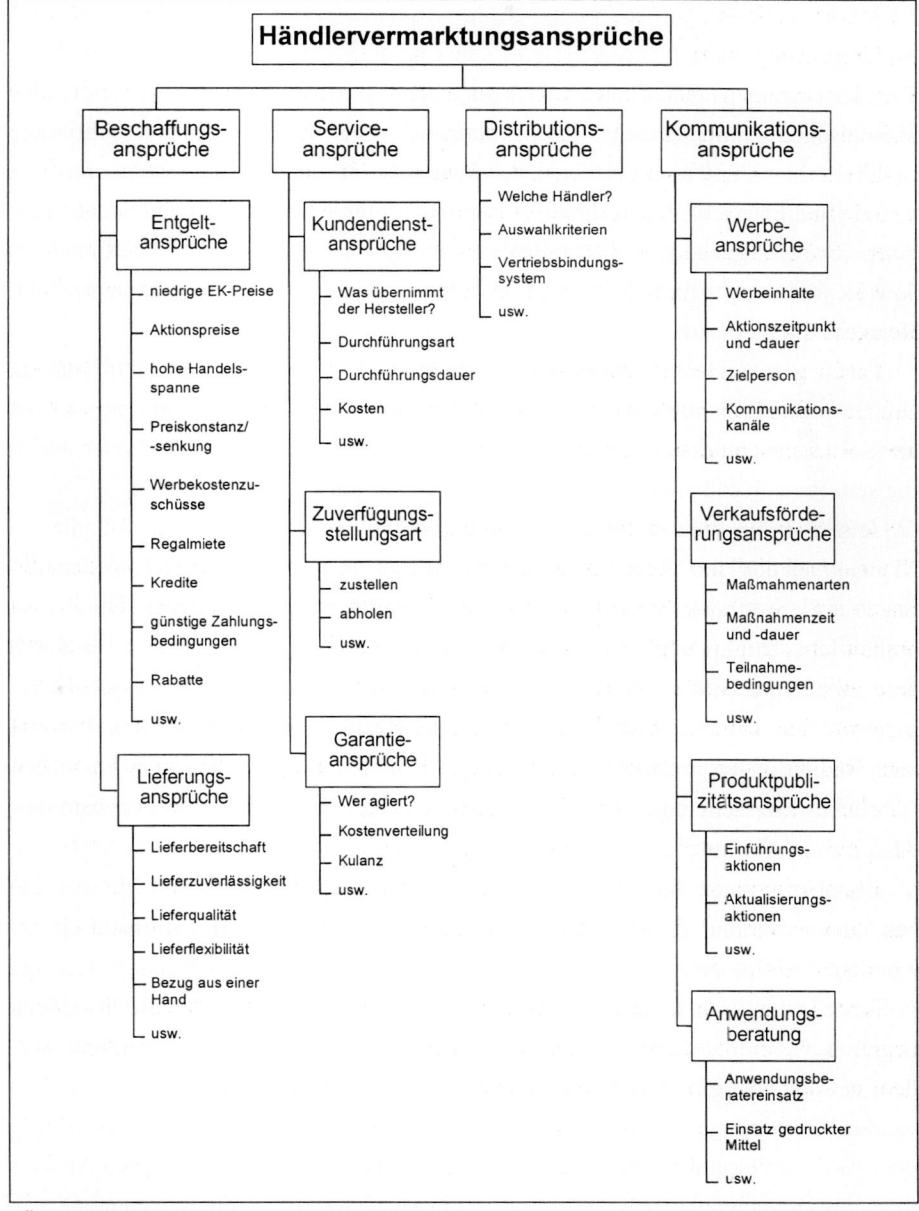

Übersicht 79: Vermarktungsansprüche der Händler

3.432.21 Beschaffungsansprüche

Im Rahmen des Beschaffungsmarketing haben wir es mit Bedarfsanforderungen zu tun (Koppelmann 2000, S. 160 ff.), hier stehen aus Absatzperspektive die Anforderungen des Händlers im Mittelpunkt.

Wir haben es mit *Entgelt-* und *Lieferungsansprüchen* zu tun.

(1) Entgeltansprüche

Daß der einzelne Händler einen vor allem gegenüber seinen mit ihm konkurrierenden Handelsunternehmen *günstigeren Einstandspreis* wünscht, um seinen preispolitischen Spielraum nach unten zu erweitern, ist eine nahezu triviale Aussage. Dem dienen ja vorrangig die verschiedenen Händlerzusammenschlüsse. Dazu gehören dann auch die Ansprüche nach günstiger Rabattstaffelung, günstigen Zahlungs- und Kreditbedingungen sowie Zuwendungen für besondere Maßnahmen (z. B. Zweitplazierung, Listungsgebühr, Regalmiete, Werbekostenzuschüsse).

Einen ganz anderen Aspekt wollen wir mit dem *Preisniveauanspruch* betonen. Wegen seines Preisniveaus (Preisklasse) kann sich ein Produkt mehr oder minder gut zur Sortimentseinpassung eignen, je nachdem, ob der Händler nach Produkten sucht, die sein Preisniveau abrunden oder nach oben bzw. unten ergänzen sollen.

Je stärker ein Preiskampf im Handel entbrennt, um so eher kann der Händler an Maßnahmen des Herstellers interessiert sein, die zu einer gewissen *Preiskonstanz* führen. Auf die wettbewerbsrechtlichen Probleme wollen wir nicht eingehen. Durch eine einheitliche, hart beibehaltene Preispolitik, durch begrenzte Rabattstaffelungen, durch Kommissionsverträge (→ Tchibo), durch die Schaffung von Händlerpartnergemeinschaften und andere Maßnahmen kann der Hersteller dem Wunsch des Händlers nach Reduktion der Preiskonkurrenz entgegenkommen. Daß daneben auch Ansprüche (jährliche) Preissenkungen gestellt werden, läßt die Handelspraxis im Lebensmitteleinzelhandel vermuten.

Daneben können Wünsche nach *Aktionspreisen* auftauchen. So möchte man bei besonderen Verkaufsförderungsmaßnahmen den Preis als aktives Instrument einsetzen oder dem Käufer während Produkteinführungswochen durch besonders günstige Preise das neue Produkt schmackhaft machen. Der Nutzen für den Händler ist jedoch begrenzt, wenn mal dieser, mal jener Handelsgruppe Aktionspreise eingeräumt werden, weil dies langfristig zu einer Gleichverteilung des Umsatzes führt. Inzwischen werden bereits einige Produktgruppen (z. B. Waschmittel, Tafelschokolade) bis zu 90 % über Aktionspreise abgesetzt. Bezogen auf die Handelsspanne des einzelnen Artikels führt das vielfach dazu, daß sie als nicht mehr kostendeckend zu bezeichnen ist.

(2) Lieferungsansprüche

Zwar gehört die Vordispositionsfunktion zum üblichen Funktionskatalog des Handels (Seyffert 1972, S. 8), nicht zu verkennen ist jedoch das Bemühen des Handels, diese Funktion weitgehend auf den Hersteller zu verlagern (efficient consumer response). Die Steigerung der Lieferbereitschaft kommt diesen Wünschen des Handels entgegen. So geht man in der Strickwarenindustrie teilweise zur Stückfärbung über, um den jeweiligen Farbwünschen des Handels schneller entsprechen zu können. So liefern bspw. einige italienische Polstermöbelhersteller Modelle in „Weißpolster" (d. h. ohne Bezugsstoff) nach Deutschland. Dort werden entsprechend den Kundenwünschen die Bezüge unmittelbar nach Bestelleingang von einer Vertragsnäherei hergestellt. Im Bekleidungsbereich geht die Firma Benetton im Prinzip ähnlich vor.

Ein anderer Wunsch kann in der Steigerung der *Lieferzuverlässigkeit* (Termin- und Mengeneinhaltung) liegen. Gerade italienische Interieurlieferanten haben unter dem Image der Lieferunzuverlässigkeit zu leiden. Durch die Einrichtung eines gut bestückten marktnahen Lagers können hier Konkurrenzvorteile erzielt werden.

Ein weiterer Wunsch kann der nach Steigerung der *Lieferqualität* sein. Dies gilt insbesondere bei hochwertigen Produkten, die einwandfrei vom Handel ausgeliefert werden müssen. Selbst geringfügige Beschädigungen würden beim Verwender zur Annahmeverweigerung führen.

Als *Lieferflexibilität* kann der Aufwand bezeichnet werden, besonderen Ausstattungswünschen des Händlers entgegenzukommen. Sonderanfertigungen ermöglichen es dem Händler, sein Sortiment noch individueller zu gestalten. Die Breite und Tiefe seines Angebotsprogramms kann dem Hersteller den Zugang zum Handel wesentlich erleichtern, da für den Händler der *Bezug „aus einer Hand bzw. wenigen Händen"* wesentlich einfacher abzuwickeln ist, als die Beschaffung von vielen spezialisierten Herstellern. Daß sich damit auch seine Einkaufskonditionen stark verbessern können, wird er im Regelfalle unterstellen.

3.432.22 Serviceansprüche

Hierunter fallen Ansprüche an
- den Kundendienst,
- die Art der Zurverfügungstellung,
- die Garantie.

(1) Kundendienstansprüche

Die Durchführung von Kundendienstmaßnahmen verschlingt meist viel Geld. Der Handel ist deshalb grundsätzlich daran interessiert, so wenig an Kundendienstaufgaben wie nur möglich übernehmen zu müssen. Dem setzen Branchenüblichkeit und Kundenerwartungen jedoch starke Grenzen. Auch aus Gründen der Leistungsdifferenzierung kann es sinnvoll erscheinen, durch besonders aktive Kundendienstpolitik zu glänzen.

Wenn der Hersteller den Kundendienst selbst durchführt, dann kann der Händler durchaus an schneller Durchführung interessiert sein, damit sein Kunde das Produkt möglichst ohne lange Verzögerung wieder nutzen kann. Ebenfalls zur Kundenzufriedenheit kann der Wunsch beitragen, die Preise für Kundendienstmaßnahmen niedrig zu halten (z. B. selbstkostendeckend).

(2) Ansprüche an die Art der Zurverfügungstellung

Grundsätzlich kann die Ware zugestellt oder abgeholt werden. Bei der Zustellung muß unterschieden werden, ob die Ware dem Händler oder dem Käufer direkt (z. B. bei Möbeln möglich) zugestellt wird. Aus Kostengründen ist für den Händler natürlich die letzte Art die interessantere. Der Kundenkontakt kann darunter jedoch leiden. Für den Hersteller kann die Kopplung von Direktzustellung und Montage deshalb sinnvoll sein, weil auf diese Weise Beschädigungen reduziert, eine fachmännische Montage sichergestellt und bei entsprechender Anleitung des Personals wichtige Informationen über die Situation des Käufers gewonnen werden können.

Das Abholen der Ware beim Hersteller wird meist auf Händler im unmittelbaren Einzugsbereich des Herstellers beschränkt bleiben. Neben der Kostenfrage ist entscheidend, ob durch das Abholen die eigene Lieferfähigkeit, z. B. beim Auftreten von Nachfragespitzen, gesteigert werden kann.

(3) Garantieansprüche

Der Eintritt eines durch Garantie abgedeckten Schadenfalles ist nicht nur im Verhältnis Händler - Kunde unangenehm, er kann auch mit Kosten für den Händler verbunden sein, wenn mit der Handelsspanne gleichzeitig auch die Übernahme von Garantieleistungen verbunden ist. Daß so wenig Garantiefälle wie nur irgend möglich auftreten sollen, versteht sich von selbst. Wichtig ist eine möglichst klare Kompetenzverteilung, um Zurechnungsstreitigkeiten von vornherein zu vermeiden. Gerade bei neuen Produkten wird sich ein erhöhtes Kulanzmaß empfehlen.

3.432.23 Distributionsansprüche

So überraschend das klingen mag, der Händler als Distributeur hat Wünsche, die sich aus dem gesamten Distributionskomplex ergeben.

So wird er im Regelfall Wert darauf legen, daß nur solche Händler bezüglich des neuen Produktes mit ihm konkurrieren, die ein ähnliches Leistungs- und Kostengefüge haben. Dies äußert sich z. B. im Wunsch nach Fachhandelstreue. Versucht ein Hersteller, seinen Absatz dadurch auszuweiten, daß er auch die Handelsformen in seine Distributionsstrategie mit einbezieht, die aufgrund ihrer Struktur den Massenabsatz pflegen, dann muß er mit großen Widerständen des Fachhandels rechnen. Durch eine selektive Distributionspolitik kann man dem begegnen. Ähnliche Skepsis gilt gegenüber Herstellerüberlegungen, den direkten Kontakt über das Internet zum Kunden suchen.

Darüber hinaus kann man dem einzelnen Händler noch mitteilen, nach welchen Kriterien seine Konkurrenten ausgewählt wurden. Das trägt seinem Wunsch nach Transparenz der Herstellerentscheidung Rechnung.

Nur in relativ begrenztem Umfang wird man dem Wunsch nach Gebietsschutz entsprechen können, um dem Händler eine regionale Angebotsmonopolstellung zu ermöglichen.

Da Händler eigene Ziele verfolgen, wird es häufig vorkommen, daß sich einzelne nicht an die vom Hersteller gewünschte Gesamtkonzeption halten, indem sie sich beispielsweise preisaggressiv verhalten. Hier wird dann vom Hersteller verlangt, alles in seiner Macht Stehende zu tun, um das zu unterbinden. Insbesondere auf dem Markt für exklusive Produkte gibt es eine Fülle von Nadelstichen, die man diesem Händler versetzen kann, um ihn wieder „auf Vordermann zu bringen". Dies ist meist eine Gratwanderung im Wettbewerbsrecht.

3.432.24 Kommunikationsansprüche

Der Händler kann Ansprüche bezüglich der
- Werbung,
- Verkaufsförderung,
- Produktpublizität,
- Anwendungsberatung

stellen.

(1) Werbeansprüche

Der Wunsch nach einem möglichst hohen Werbedruck für ein Produkt kann aus der Erkenntnis resultieren, daß dann der Abverkauf des Produktes leichter wird. Dabei müßten dann Gestaltungsniveau und Argumentation dem jeweiligen Handelstyp (siehe hier Abschnitt 5.122) entsprechen. Insbesondere interessieren den Händler Vorabinformationen darüber, was gesagt wird, damit er seine Verkaufsgespräche und Präsentationen dem anpassen kann. Dazu gehört auch das Wissen, wer angesprochen werden soll, um feststellen zu können, ob die Zielgruppe auch mit seinem Kundenstamm übereinstimmt. Auch sein Orderverhalten hängt vom Wissen darüber ab, wann geworben wird. Er muß vermeiden, daß Kunden aufgrund werblicher Informationen des Herstellers bei ihm vergeblich nach den umworbenen Produkten suchen. Nicht ganz unwichtig dürfte auch sein Interesse um Wissen über die eingeschalteten Kommunikationskanäle sein, da sie etwas über die Breite und Intensität der Ansprache aussagen können.

Nicht unerwähnt sollte bleiben, daß branchenbezogen nicht überall helle Begeisterung über Werbung des Herstellers herrscht. Je mehr der Händler seine Kunden an sich bindet (z. B. im höhergenrigen Möbelbereich, bei Brillen), um so skeptischer beurteilt der Handel die Werbeanstrengungen des Herstellers, da sie eine direkte Hersteller-Kundenbindung erreichen wollen.

(2) Verkaufsförderungsansprüche

Bei zunehmender Konkurrenz muß sich der Händler immer wieder etwas Besonderes einfallen lassen, um seine Stammkunden zu behalten und um neue Kunden zu gewinnen. Deren Kaufbereitschaft muß er über das hinaus, was sie geplant kaufen wollen, stimulieren. Dabei helfen ihm oftmals zeitlich begrenzte Verkaufsaktionen, bei denen heute meist der Preis gepaart mit den angepaßten Präsentationsformen im Mittelpunkt steht. Interessanter dürften für ihn umfassende Konzepte sein. Da er zu deren Planung und Umsetzung meist nicht die entsprechenden Kapazitäten besitzt, kann ihm der Hersteller hier einiges abnehmen. Für ihn sind dann Verkaufsförderungsaktionen des Herstellers interessant, die sich mit den eigenen Zielen und Möglichkeiten decken. Dazu muß er wissen, welche Maßnahmen der Hersteller geplant hat, wann der Hersteller seine Maßnahmen verwirklichen will und unter welchen Bedingungen er als Händler daran partizipieren kann.

(3) Produktpublizitätsansprüche

Maßnahmen der Produktpublizität haben an Bedeutung gewonnen (vgl. zum Begriff Abschnitt 5.143).

Auch der Händler kann daran interessiert sein, daß ein neues Produkt zu einem Gesprächsthema wird oder daß ein bereits vorhandenes Produkt wieder zum Thema wird. Manchmal liegen je nach Produktbereich bestimmte Themen in der Luft. Der Händler möchte sich darüber informieren, und er sähe es gern, wenn dieses Thema auch in die breite Öffentlichkeit getragen würde.

Auch bei bereits bekannten Produkten kann der Hersteller einiges dafür tun, daß neben werblichen und verkaufsfördernden Maßnahmen durch Publizitätsmaßnahmen etwas geschieht, damit das Produkt zum öffentlichen Thema der Diskussion wird. Daran ist der Händler interessiert, weil dadurch der Produktabsatz in seinem Geschäft beflügelt werden kann.

(4) Anwendungsberatungsansprüche

Vor allem bei neuen Produkten, für die noch keine Anwendungserfahrung der Verwender vorliegt, muß etwas darüber mitgeteilt werden, wie man sie nutzt. Der Händler wünscht neben guten schriftlichen Anwendungshinweisen (Gebrauchsanleitungen) vor allem mündliche Informationen und Produktdemonstrationen. Ist die eigene Personalkapazität begrenzt, dürfte der Wunsch nach Mitarbeitern der Hersteller erwachsen, die z. B. im Einzelhandelsgeschäft die Nutzungsvorteile (Leistungen) des neuen Produktes demonstrieren. Dies gilt vor allem bei neuen technischen Produkten, ist aber auch bei Geruchs- und Geschmacksproben möglich.

3.432.3 Anspruchszusammenhänge

Offenkundig werden nicht alle Ansprüche gleichzeitig geäußert, da sie sich teilweise widersprechen. Andere passen besser zusammen. Dazu einige kurze Hinweise aus dem Bereich der Produktansprüche:

Es tritt offen zutage, daß man nicht einerseits auf die geringe Personalinanspruchnahme und andererseits auf die Leistungsdifferenzierung durch Beratungsintensität verweisen kann. Entweder hat beim Händler die Kostensenkung (z. B. durch Personalreduktion) oder die Spannenerweiterung Priorität, was dann durch Beratungsintensivierung möglich ist.

Ein weiterer Anspruchswiderspruch dürfte mit den Aspekten Leistungsdifferenzierung und Steigerung der Umschlagsgeschwindigkeit verbunden sein. Die Maßnahmen der Beratungsintensivierung, der Präsentationsaufwandssteigerung oder der Individualisierung tragen verbunden mit der Notwendigkeit einer Preiserhöhung sicherlich nicht zu einer Steigerung der Umschlagsgeschwindigkeit bei.

Neben dem Gesichtspunkt des Anspruchswiderspruchs muß auch überlegt werden, ob es Ansprüche gibt, die so gut zueinander passen, daß eine Verstärkung der Befriedigungswirkung vermutet werden kann. Einige Beispiele sollen diese Möglichkeit belegen. So können Groß- und Mehrstückpackungen vielfach den Raum besser ausnutzen; die Personalinanspruchnahme wird stark reduziert, da die Werteinheit je Handlungsakt (z. B. Nachfüllen, Kassieren) steigt. Außerdem wächst natürlich die Umschlagsgeschwindigkeit bezogen auf den Einzelartikel. Ein anderes Beispiel: Soll die Strategie des trading-down besonders betont werden, dann empfiehlt es sich, auch gleichzeitig auf die dann meist notwendigen Rationalisierungsaspekte hinzuweisen und die Steigerung der Umschlagsgeschwindigkeit zu betonen.

Zusammenhänge zwischen den Vermarktungsansprüchen wollen wir an dieser Stelle nicht analysieren, da sie keine so deutlichen „Entweder-oder-Strukturen" zeigen. Außerdem werden wir diesen Aspekt unter dem Blickwinkel des Anspruchs-screening (-auswahl, -verdichtung) besonders aufgreifen (vgl. Abschnitt 3.43).

3.433 Logistikansprüche

Wir erwähnten bereits, daß bei diesem Anspruchsbereich der Funktionsaspekt im Vordergrund steht. Diese Ansprüche können von Händlern, Herstellern oder von ihnen beauftragten Lagerhaltern bzw. Transportführern geäußert werden, je nachdem, wer welche Funktionen übernimmt. Diese funktionale Betrachtung erspart uns eine Doppelbehandlung, erleichtert die Prozeßoptimierung. Hierin nicht enthalten sind die bereits dargestellten Lagerungs- und Transportansprüche der Verwender, da sie sich teilweise erheblich von denen der Hersteller und Mittler unterscheiden.

Den Ausgangspunkt der Überlegungen soll Übersicht 80 bilden.

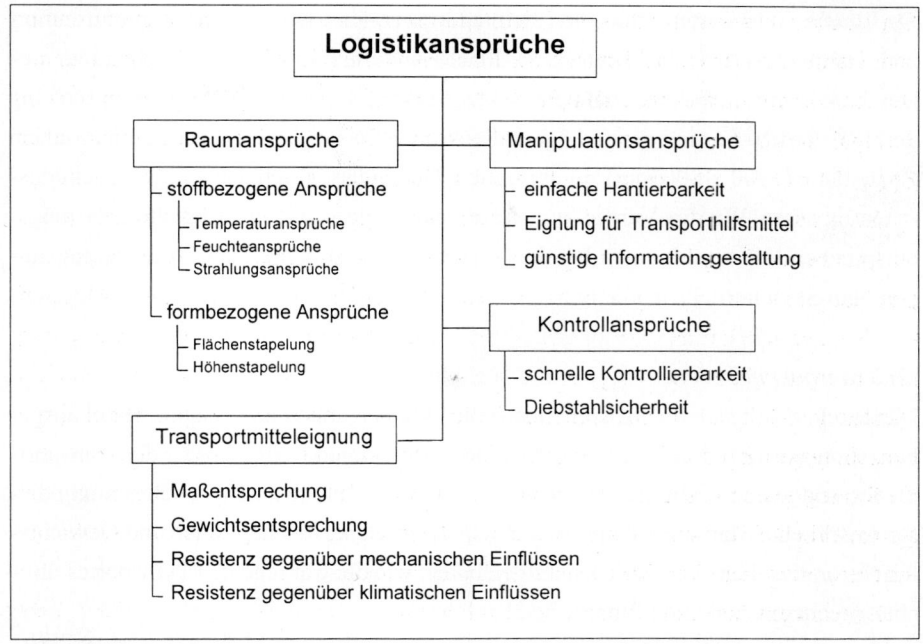

Übersicht 80: Logistikansprüche

(1) Raumansprüche

Neue Produkte müssen sich meist vorhandenen Lagerräumen anpassen. Dabei treten stoff- und/oder formbezogene Ansprüche auf.

Die vorhandenen Läger stellen häufig bestimmte klimatische Anforderungen (Temperatur, Luftfeuchte). Daß bei der Lagerung im Freien an das Produkt, insbesondere an seine Verpackung, andere Forderungen gestellt werden als bei einer Lagerung in der Halle, versteht sich von selbst. Kann bei dem neuen Produkt eine große Absatzmenge erwartet werden, hat man als Hersteller eher die Möglichkeit, die Lagerung zu beeinflussen, als wenn nur kleine Mengen abgesetzt werden. Hier muß sich das Produkt eher in den gesamten Distributionsfluß nach dem Aspekt der Üblichkeit einpassen.

Auch bei der Lagerung in Räumen muß deren Innenklima und die Lichtbeeinflussung (z. B. schädliche UV-Strahlen) berücksichtigt werden. Kann man klimatisierte (geheizte/gekühlte) Räume unterstellen? Welche Produkte werden üblicherweise nebeneinander gelagert und wie vertragen sie sich? Es geht also nicht nur darum, daß das eigene Produkt vor Schäden bewahrt wird, sondern auch darum, daß andere Produkte durch das eigene Produkt nicht in Mitleidenschaft gezogen werden.

Da Räume Geld kosten, wird man sich darum bemühen, sie möglichst gut auszunutzen. Daraus resultiert das Streben, die Fläche und die Raumhöhe weitgehend zu nutzen. Es können Ansprüche an die Produktzerlegbarkeit oder an die Normentsprechung gestellt werden. So sind ganze Lagerhallenkomplexe auf das Maß der internationalen Poolpalette (1200 x 800 mm) zugeschnitten. Dem müssen sich dann die Verpackungsmaße anpassen. Werden Verpackungen aufeinander gestapelt, erfordert das belastungsentsprechende Verstärkungen bei der Verpackungsgestaltung, damit die Verpackungen dem Stauchdruck standhalten.

(2) Transportansprüche

Das Produkt soll sich den Ansprüchen stellen können, die vom Transportmittel ausgehen (Transportmitteleignung). Je größer die Entfernungen sind, je größer die Transportmenge und je empfindlicher das Produkt ist, um so wichtiger wird die Beachtung dieser Ansprüche. Man wird die jeweils transportmittelspezifischen Maße und Gewichtslimitierungen ebenso zu berücksichtigen haben wie die während des Transportes üblichen mechanischen und klimatischen Einflüsse.

Transportmittel können nach verschiedenen Gesichtspunkten gewählt werden. Die genannten Ansprüche variieren in ihrer Bedeutung je nachdem, ob man nach möglichst geringen Kosten, nach möglichst geringer Transportzeit oder nach möglichst hoher Zuverlässigkeit (keine Schäden usw.) strebt. Vielfach hat man es mit gebrochenen Transporten zu tun – es werden mehrere verschiedene Transportmittel miteinander kombiniert. Will man Schäden vermeiden, dann muß man die Ansprüche des Transportmittels mit den härtesten Anforderungen beachten.

Insbesondere hier treten auch Ökologieansprüche auf (→ Verringerung der Transporte, des Transportvolumens usw.).

(3) Manipulationsansprüche

Während der Lagerung und für den Transport müssen die Produkte üblicherweise manipuliert werden. Dies soll möglichst einfach und beschädigungsfrei erfolgen. Dem kann man durch einfache Hantierbarkeit oder durch eine transporthilfsmittelgerechte Gestaltung entsprechen. Weiterhin muß dafür gesorgt werden, daß die Produkte richtig manipuliert werden, um Beschädigungen und Fehldispositionen (z. B. falsche Ortszuordnung) zu vermeiden. Dem dient u. a. die Verwendung genormter Bildzeichen auf den Verpackungen (vgl. DIN 55402).

(4) Kontrollansprüche

Vor allem in fremden Lägern sind immer wieder Kontrollen nötig. Bestands-, Frische- und Herkunftskontrollen werden durch einfache und deutliche Verpackungsgestaltungs- maßnahmen erleichtert. Insbesondere bei begehrlichen Produkten werden Maßnahmen zur Verringerung des sogenannten nicht bestimmungsgemäßen Verbrauchs gefordert.

3.434 Herstelleransprüche

Einer Idee für ein neues Produkt wird im eigenen Unternehmen eine um so größere Realisierungschance zu geben sein, wenn man den Ansprüchen derer entspricht, die innerhalb des Unternehmens an der Ideenrealisierung beteiligt sind. Obwohl das eigentlich selbstverständlich sein sollte, wird das häufig nicht genügend beachtet. Es ist auch möglich, daß Anregungen für neue Ideen aus Funktionsbereichen des eigenen Unternehmens kommen, die mit bestehenden Situationen unzufrieden sind. Dennoch sollen nicht sie, sondern die Verwenderansprüche (→ Kundenorientierung) im Mittelpunkt der Überlegungen stehen. Die Herstelleransprüche werden nach Funktionsbereichen gegliedert. Den Ausgangspunkt soll die nachstehende Übersicht 81 bilden:

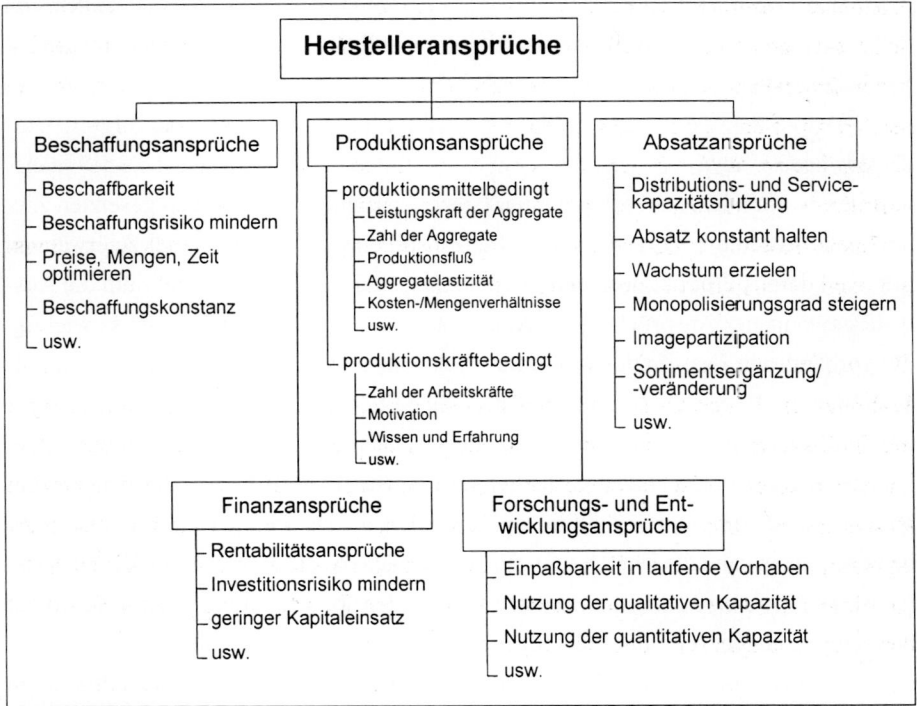

Übersicht 81: Herstelleransprüche

(1) Produktionsansprüche

Besonders wichtig erscheinen uns solche Produktionsansprüche, die sich der Art und Kapazität nach auf die Nutzung der vorhandenen Leerkapazitäten erstrecken, um z. B. Leerkapazitäten auszulasten. Aus den Fähigkeiten, dem Wissensstand und dem Umfang des vorhandenen Personals können ebenfalls Forderungen entspringen, seien sie restriktiver Art („Das können wir nicht") oder seien sie vorwärtsstrebender Art („Hier sind wir unschlagbar, da müssen wir was tun").

Neue Produkte müssen sich in den bisherigen Produktionsfluß einordnen lassen (nach Zeit, Art und Menge), will man kostensteigernde Friktionen vermeiden. Weiterhin bilden die Elastizität der Planbarkeit eines neuen Produktes sowie die Mengen- und Ausführungsveränderbarkeit je nach Marktsituation einen nicht zu unterschätzenden Wunsch. Produkte mit stark schwankender Nachfrage und den sich daraus häufig, insbesondere wegen des Kapitalmangels, ergebenden Konsequenzen der schnellen Produktionsanpassung erschweren das Geschäft der kontinuierlichen Kapazitätsausnutzung. Ähnlich motiviert scheint der Anspruch zu sein, Produktionsverfahren auswählen zu können, welche es erlauben, binnen kurzem im kostenoptimalen Bereich produzieren zu können. Aber auch der Wunsch nach Verfahren mit breiten, kostenoptimalen Tälern wird geäußert (Gutenberg 1983, S. 70 ff.). Direkt kostenbezogen sind die Ansprüche, den Ausschuß möglichst gering zu halten, mit bezüglich der Toleranzen beherrschbaren Technologien zu arbeiten.

(2) Absatzansprüche

Aus dem vorhandenen Absatzpotential (siehe Abschnitt 3.81) und den gesetzten Zielen (siehe Abschnitt 3.7) resultieren Absatzansprüche, die es bereits hier zu erwähnen gilt, weil daraus Produktideen entstehen können, während es später mehr um die Auswahl gewonnener Ansprüche geht. Auch unter Absatzgesichtspunkten ist es wichtig, die vorhandenen Distributions- und Servicekapazitäten möglichst umfassend zu nutzen. Wenn z. B. die distributionslogistischen Mittel (etwa Auslieferungsläger) über Leerkapazitäten verfügen, kann es naheliegen, nach Produkten Ausschau zu halten, welche helfen, die Lagerstückkosten zu senken (Sundhoff 1958 a, S. 94 ff.). Verfügt man über einen umfangreichen Stab an Reisenden, die bestimmte Distributionsorgane bedienen, dann kann die Überlegung, daß die Kontaktkosten mehr oder minder besuchsfix oder produktunabhängig sind, dazu führen, den Reisenden ein ganzes Sortiment betreuen zu lassen, das allerdings für ihn überschaubar bleiben muß.

Aus dem Bemühen, den Absatz konstant zu halten, kann die Suche nach Produkten erwachsen, die z. B. Saisonschwankungen ausgleichen. So ist es allein unter diesem

Aspekt nicht abwegig, z. B. neben der Skiproduktion auch mit der Herstellung von Tennisschlägern oder anderen Sommersportprodukten (z. B. Kickboard, Inlineskaters) zu beginnen. Die verstärkte Suche nach neuen Produkten, die selbstverständlich primär in der Suche nach neuen Verwenderansprüchen liegt, kann auch aus dem Bestreben heraus entstehen, den bisherigen Marktanteil zu steigern, dem Absatz Wachstumsimpulse zu geben, den Monopolisierungsgrad zu erhöhen. Es handelt sich hier offensichtlich nicht um differenzierte Produktansprüche, sondern um stärker diffuse, die möglicherweise am Anfang der Suche nach neuen Angeboten stehen.

Konkreter werden sie, wenn gefordert wird, diese oder jene Imagenische besonders zu nutzen oder aus Gründen stärkerer Monopolisierung nach Produkten zu forschen, die die Verwendung dieses oder jenen Patentes (Gebrauchs- oder Geschmacksmusters) zulassen, über das man verfügt. Oder wenn der Wunsch geäußert wird, Produkte zu finden, die in einem neuen Bereich vom guten Image eines anderen schon etablierten Produktbereiches profitieren können (Image- und Bekanntheitspartizipation). Auf einem ähnlichen Niveau bewegen sich die Wünsche, denen zufolge man an einem als erfolgreich eingeschätzten Trend partizipieren möchte („Auch wir wollen Möbel für die Einrichtung des Badezimmers entwickeln, da sehen wir Erfolgs-Chancen"). Andere Absatzansprüche können aus dem Streben nach Sortimentsergänzung bei gleichbleibendem, steigendem oder fallendem Angebotsniveau resultieren.

(3) Beschaffungsansprüche

Zur Erfüllung der Unternehmensziele werden im Beschaffungsbereich spezifische Funktionsziele entwickelt. Sie geben die Richtung für Beschaffungsstrategien an (Koppelmann 2000, S. 124 ff.). Bei ihrer Verwirklichung werden Entscheidungen getroffen, die zumindest eine mittelfristige Bindungswirkung haben (z. B. Standardisierung, Vorratshaltung). Daraus können dann Ansprüche entstehen, die bei der Produktneuentwicklung zu beachten sind. Wenn der Einkauf mit seinen spezifischen Ansprüchen zu Rate gezogen wird, dann muß schon annähernd feststehen, in welche Richtung die neue Angebotsentwicklung gehen soll. Ist dies nicht der Fall, müssen diese Überlegungen an der dafür geeigneten Stelle (z. B. nach den Überlegungen zur Auswahl und Kombination der Produktgestaltungsmittel) nachgeholt werden. Sie können dann zur Gestaltungsmodifikation führen. Sind die für die sich abzeichnenden Produktideen notwendigen Produktionsmittel, Materialien, Teilfabrikate in den gewünschten Mengen, Preisen und Zeiten überhaupt beschaffbar? Mit welchen Beschaffungsrisiken bezüglich Preisen, Mengen und Lieferzeiten muß gerechnet werden? Inwieweit kann mit konstanten Leistungen der Beschaffungsobjekte gerechnet werden? Eine möglichst enge Verzahnung mit dem Beschaffungsbereich bei der Ideenentwicklung kann dazu beitragen, die Anzahl nicht realisierbarer Produktideen erheblich zu senken.

(4) Finanzansprüche

Finanzansprüche können sich in bestimmten Rentabilitätsgeboten niederschlagen, die in Deckungsbeitragsvorgaben oder in fixierten Return-on-Investment-Kennzahlen niedergelegt wurden (Umsatzgewinnrate x Kapitalumschlag). Wie schnell muß sich eine durch die Entwicklung eines neuen Angebots notwendige Investition amortisiert haben? Welches Investitionsrisiko ist man wie lange zu tragen bereit? Solche meist restriktiven Vorgaben können im Grunde jetzt noch nicht beantwortet werden, weil der Informationsstand noch zu niedrig ist. Man weiß ja noch zu wenig darüber, was die Ideenrealisation in etwa kosten wird. Ebensowenig bekannt sind die Zahlen über die eventuell absetzbaren Produktmengen und die erzielbaren Produkterlöse. Da sich erfahrungsgemäß bei der Analyse der bisherigen Ansprüche schon, wenn auch vage, Vorstellungen über Lösungsmöglichkeiten gebildet haben, kann es durchaus sein, daß man zu dem Schluß kommt, die eine oder andere Idee fallenzulassen, weil sie mit den üblichen Rentabilitätsvorstellungen höchstwahrscheinlich nicht in Einklang zu bringen ist. Das gilt insbesondere dann, wenn man einen neuen, innovativen Markt erschließen möchte, der durch eine hohe Innovationsakzeptanzhürde gekennzeichnet ist.

(5) Forschungs- und Entwicklungsansprüche

Aus dem Forschungs-, Entwicklungs-, Design- und Konstruktionsbereich können nicht nur neue Ideen der Problemlösung kommen, sondern auch Ansprüche gestellt werden. Vor allem in größeren Unternehmen arbeitet man vielfach an längerfristigen Projekten. Daraus kann der Wunsch erwachsen, daß eine neue Produktidee mit diesem Projekt verschränkt wird, um den Anwendungsbezug zu erweitern. Mit der systematischen Sammlung von Ansprüchen aus den Bereichen Verwendung, Handel, Lagerung und Transport können bereits Probleme angedeutet worden sein, die noch der Lösung harren. Der Forschungs- und Entwicklungsbereich wird dann Ansprüche stellen, die mit seiner qualitativen und quantitativen Kapazität zusammenhängen.

Dem Ökologieaspekt wird man bei der Auswahl sortenreiner Werkstoffe, recycelbarer Komponenten usw. Beachtung schenken müssen.

Aus der Analyse dieses herstellerorientierten Problems erwachsen Ansprüche, die nicht ganz losgelöst von den unter dem Aspekt der Verdichtung noch zu untersuchenden Fragen der Unternehmenspotentialität betrachtet werden können, da sie eben auch mit dem Können, den Fähigkeiten des Unternehmens korrespondieren. Wird es sich dort allerdings mehr um die Frage handeln: „Was können wir denn von den vielen Anregungen aufgreifen?", so geht es hier mehr darum herauszufinden, wer denn welche Ansprüche stellt. Daß Ansprüche auch aus dem Vorwissen resultieren können, das mit den Fähigkeiten verknüpft ist, kann nicht geleugnet werden. Wichtiger ist jedoch, an dieser Stelle möglichst unvorbelastet Anforderungen festzustellen, bestünde doch sonst die Gefahr, daß man sich im Kreise dreht, „das Pferd vom Schwanze her aufzäumt".

3.44 Anspruchsscreening

Bisher lautete die Fragestellung: Welche Ansprüche sind denkbar? Diese Fragen haben wir durch ein konkret erscheinendes, in der praktischen Lösungsproblematik allerdings noch recht abstraktes Anspruchssystem beantwortet. Jetzt stehen *Konkretisierung* und *Auswahl* zur Diskussion.

3.441 Produktspezifisches Screening

Aus dem allgemeinen Anspruchssystem müssen wir einen konkreten Transfer auf den Problembereich schaffen, innerhalb dessen wir nach neuen Problemlösungen suchen wollen. Die breiteste Eingrenzung liegt in der Sachzielbestimmung. Sie gilt es, möglichst bis auf die *Produktgattung* herunterzubrechen, innerhalb derer man glaubt, erfolgversprechende Probleme und erfolgreiche Problemlösungen finden zu können. Das läßt sich hier nur beispielhaft aufzeigen, indem wir einige generelle Anspruchsbereiche herausgreifen und die dort erläuterten Ansprüche möglichst produktgattungsbezogenen Ansprüchen gegenüberstellen. Das kann beispielhaft so aussehen wie in Übersicht 82 dargestellt.

Diese Übersicht zeigt viererlei:
- Es gibt Leerfelder, die in der konkreten Produktsituation bedeutungslos sind.
- Es gibt allgemeine Ansprüche, die in der konkreten Produktsituation stark ausdifferenzierbar sind. Dies gilt für die Sachansprüche.
- Es gibt allgemeine Ansprüche, die nicht angepaßt werden müssen, sondern direkt zu Lösungsideen bzw. Gegenstandsansprüchen führen. Dies gilt für die Anmutungsansprüche
- Entsprechend einem systematischen-deduktiven Problemlösungsverfahren lassen sich neue Problemideen aus allgemeinen Ansprüchen ableiten.

204

Ansprüche allgemein	Produktbereichsspezifische Ansprüche	
	Lebensmittel	Fahrräder
Sachansprüche		
Produktbewirkungsansprüche		
Technische Ansprüche		
· Physikalische Ansprüche	Mechanische Belastbarkeit der Verpackung	Rahmenbelastbarkeit
· Chemische Ansprüche	Haltbarkeit	Korrosionsbeständigkeit
· Kombinierbarkeit/ Applizierbarkeit	Diätetische Eignung	Teile (sog. Parts)-Kompatibilität
· Umgebungsansprüche	Organoleptische Resistenz	AtB geeignet (all-terrain-Bike)
Physiologische Ansprüche	Ernährungsphysiologische Ansprüche: Vitaminreichtum, Eiweißvalenz usw.	Bewegungsphysiologische Ansprüche: Biomechanik/ Ergonomie
Produktbedienungsansprüche		
· Vorbereitungsansprüche	Blanchiert, Verlesen usw.	Fertiginstallation
· Benutzungsansprüche	Verkürzund der Garprozesse	Automatische Nachstellung der Bremsen
· Erhaltungsansprüche	Lagerfähigkeit/ Wiederverwendbarkeit	Wasserresistenz der Läger
· Beseitigungsansprüche	Kompostierbarkeit	Rahmenweiterverwendung
· Nutzungserweiterung	Kosmetikeignung	Umbaufähigkeit
Ökonomieansprüche	Geringer Energieverbrauch beim Garen (z. B. durch par boiling)	Hoher Wiederverkaufswert (nach Fahrrad-Schwacke-Liste)
Anmutungsansprüche		
Empfindungsansprüche (z.B. realisiert durch:)		
· Wert	Grand Cru (Wein)	Luxusteile: z. B. XTR von Shimano
· Besonderheit	Letzte Trüffel im Mai	Titanlegierungen als Achsenmaterial
· Zeit	Traditionelle Pressung (Öl)	Avantgardistisches Rahmendesign
· Vertrauen	Ungespritztes Gemüse, Eier von freilaufenden Hühnern	Handgeschweißte Gabel
· Überlegenheit	Kennerschaft: Steinpilze aus der Toscana	Rahmengeometrie: maßgefertigt
Antriebsansprüche		
· Gesundheit	Fitneß-Brot	Vollgefedertes Bike
· Schaffensdrang	Traditionelle Produkte ohne Convenience-Leistung	Funktionslust unterstützt Bewegungsdrang
· Neugierde	Neue Organoleptik	Entdeckung der physiologischen Leistungsgrenzen
· Tun wollen	Perfekte Menufolge	Experte für Fahrradteile werden
· Selbstdarstellung	Landbrot aus dem Holzbackofen	Handgefertigte Teile (regelmäßige Unregelmäßigkeit)

Übersicht 82: Ableitung konkreter Ansprüche aus einem allgemeinen Anspruchssystem

3.442 Prägnanzorientiertes Screening

Auf den marktprofilbildenden Prägnanzaspekt haben wir bereits hingewiesen. Alle in einem Produktbereich möglichen Ansprüche zu erfüllen, macht wenig Sinn, weil

- sich die Ansprüche gegenseitig ausschließen können (z. B. bei Pkw hohes Beschleunigungsvermögen und geringer Benzinverbrauch);
- die Erfüllung aller Ansprüche wegen der damit verbundenen Kosten zu einem nichtmarktfähigen Preis führen würde;
- man bei der Erfüllung aller denkbaren Ansprüche übersieht, daß das, was der eine wünscht, von einem anderen abgelehnt werden kann. Es ist wenig realitätsnah davon auszugehen, daß alle Menschen gleiche Ansprüche haben. Die „eierlegende Wollmilch-Sau" löst Widerstand aus.
- neben der Differenzierung der Ansprüche der Art nach (ja/nein) muß auch das Intensitätsproblem behandelt werden. Es macht nicht nur wenig Sinn, möglichst viele Ansprüche zu befriedigen (→ Featurismus), ebenfalls wenig zweckdienlich ist die Annahme, alle Ansprüche seien gleichgewichtig. Es geht darum, Anhaltspunkte dafür zu entwickeln, welche Ansprüche in welchem Kontext wichtiger bzw. weniger wichtig sind.

Für diese systematische Screeningarbeit greifen wir auf die Anspruchskreise (siehe Abschnitt 3.42) und auf sie kennzeichnende Einflußgrößen zurück. Den Ausgangspunkt der folgenden Überlegung bildet Übersicht 83.

Einige der Screeningkriterien haben wir bereits erläutert, auf andere müssen wir im folgenden eingehen.

206

Rangreihe	Auswahlkriterien / Ansprüche	Einstellungstypen	Wissens-/Rollentypen	Milieus	Verwendungszwecke	Einzelhandelstypen	Logistikziele	Unternehmensziele	usw.
1	Verwenderansprüche A_1 ... A_{n-1}	▓	▓	▓	▓				
2	Händleransprüche A_1 ... A_{n-1}					▓			
3	Logistikansprüche A_1 ... A_{n-1}						▓		
4	Herstelleransprüche A_1 ... A_{n-1}							▓	

Übersicht 83: Auswahlkriterien im Screeningprozeß

(1) Einstellungstypen als Auswahlkriterium

An dieser Stelle können wir auf die von Breuer (1986, S. 206 ff.) entwickelten Einstellungstypen zurückgreifen. Mit Hilfe eines Expertenratings hat er den Einstellungstypen Anspruchsschwerpunkte zugeordnet. Dabei zeigte sich recht deutlich, daß entsprechend dem affektiven Charakter der Einstellungen nur in wenigen Fällen Zuordnungen von Sachansprüchen möglich waren. Wesentlich aussagefähiger waren die Zuordnungen von Anmutungsansprüchen. Sie ergeben sich aus der Übersicht 84. Diese Zuordnungen tragen dazu bei, ein erhöhtes Maß an Sensibilität für das Verständnis von Einstellungstypen zu gewinnen.

Breuer zeigt in seiner Arbeit, wie man mit diesem System arbeiten kann.

Anmutungsansprüche \ Einstellungstypen	Prestigetyp	Neuheitentyp	Ästhetiktyp	Sicherheitstyp	Leistungstyp	Sensitivitätstyp	Aufwandstyp	Traditionstyp	Ökologietyp
Wert	xxx		xx	x	xx		x	xx	
Besonderheit	xxx		xx		x	xxx			
Zeit: Vergangenheit				x				xxx	
Zeit: Gegenwart		xx							x
Zeit: Zukunft		xxx							xx
Zeit: Zeitlosigkeit								x	
Ästhetik	x		xxx			xx			
Atmosphäre: Entspannung									
Atmosphäre: Stimmung	x		xxx						
Atmosphäre: Anregung		x	x			x			
Atmosphäre: Begeisterung, Perplexität	x		x			xxx			
Vertrauen: Sicherheit, Haltbarkeit				xxx	xx		x	xxx	xx
Vertrauen: Perfektion	xx				x				
Überlegenheit	xx	xx			x				
Gesundheit				xxx	x			x	xxx
Sicherheitsdrang				xxx	xx		x	xxx	
Geborgenheit								xx	
Selbstbestätigung	xx	xx	xxx			xx			
Besitzenwollen	x	xxx							
Fürsorge					xx			xx	
Geselligkeit									
Neugierde		xxx							
Selbstbehauptung									
Tunwollen		x				xx			
Sich-an-Produkten-Freuen-Wollen			xx			xxx			
Selbstdarstellung	xxx	x							x

xxx: sehr wichtig xx: wichtig x: weniger wichtig

Übersicht 84: Anmutungsanspruchsakzentuierungen der Einstellungstypen

(2) Wissenstypen als Auswahlkriterium

Es gibt Produktmärkte (z. B. Kamera-, HiFi-, Heimwerkermarkt), in denen es ausreichen kann, wenn man die Verwender nach dem Wissensstand gruppiert. Dieser und der differierende Wissensschwerpunkt kann auch zur Gruppierung für die unterschiedlichen Personenkreise im Bereich produktiver Verwender herangezogen werden. Übersicht 85 vermittelt einen Überblick über faktische (empirisch ermittelte) wie auch plausible Zuordnungen.

Wissenstypen \ Ansprüche	Gegenstandsansprüche	Technische Ansprüche	Physiologische Ansprüche	Vorbereitungsansprüche	Benutzungsansprüche	Erhaltungsansprüche	Beseitigungsansprüche	Nutzungserweiterungsansprüche	Haltbarkeits-/Zuverlässigkeitsansprüche	Reparierbarkeitsansprüche	Energieverbrauchsansprüche	Wiederverkäuflichkeitsansprüche	Wertansprüche	Besonderheitsansprüche	Zeitansprüche	Ästhetikansprüche	Atmosphärenansprüche	Vertrauensansprüche	Überlegenheitsansprüche	Daseinssicherungsansprüche	Daseinssteigerungsansprüche	Serviceansprüche	Erhältlichkeitsansprüche	Entgeltansprüche	Kommunikationsansprüche
Der Profi	xxx	xxx	xx	xx	x	x	x	xxx	xx	xx	x	x	x	x	xx	x			xxx	x	xx	xx	x	xxx	x
Der ambitionierte Laie	x	xx	xx	xx	xx	x	xx	xx	xx	x	xx	x	xx	xx	xx	xx	x	xx	x	x	x	x	xx	xx	xxx
Der "blutige" Laie	x	xx	xxx	xxx	xx	x	x	xxx	xx	x	xx	xx	xx	xx	x	xx	xxx			x	x	xx	xx	xx	x
Designer	xxx	xx	xxx	xx	xxx	x	x	xx	x	x	x	xx	xx	xx	xxx	xxx	xx	x	xx	x	x	x	x	x	x
Konstrukteur	xxx	xxx	x	x	xxx	xxx	x	xxx	xxx	xx	xxx											x	x	x	
Einkäufer	xxx	xx	xx	xxx	x	xxx	xx	x	xx	xx	xxx	xxx											xx	xxx	xxx

x: weniger wichtig xx: wichtig xxx: sehr wichtig

Übersicht 85: Anspruchsschwerpunkte bei unterschiedlichem Wissensstand und Wissensschwerpunkt

Der *Profityp* kennt sich in einem Produktbereich aus. Durch Lektüre, Gespräche mit Gleichgesinnten hält er sich auf dem laufenden. Er ist sich seines Urteils sicher. Das Produkt bildet das Mittel zur Verwirklichung seines Hobbies. Er hat aber auch Freude an dem Produkt, ist auf dieses stolz, zeigt es nicht ungern. Er zeigt Verwandtschaft zum Leistungstyp. Daraus wird man dann mit hoher Wahrscheinlichkeit auf Gegenstandsansprüche, die er ja interpretieren kann, auf technische Ansprüche, Nutzungserweiterungsansprüche, auf Überlegenheitsansprüche, die seine Position nach außen symbolisieren, und auf Entgeltansprüche, da er meist über erhebliche Markttransparenz verfügt, schließen können.

Der *ambitionierte Laie* bemüht sich vor allem bei langlebigen Gebrauchsgütern, das für seine Zwecke unter Beachtung der autonom gesetzten Preisgrenzen günstigste Produkt zu kaufen. Er verfügt zwar über ein relativ gutes Allgemeinwissen, spezifische Produktkenntnisse fehlen ihm jedoch. Er möchte ein Produkt wohl erwerben, zu einem Hobby möchte er es jedoch nicht machen. Daraus mag sich erklären, daß er viele Ansprüche auf mittlerem Niveau stellt.

Der *blutige Laie* weiß wenig, er ist sich seines Urteils unsicher, das wahrgenommene Kaufrisiko ist groß. Auf Erfahrungen kann er nicht zurückgreifen; das könnte auf relativ geringes Alter und unterdurchschnittliches Einkommen schließen lassen. Für ihn dürften Vorbereitungs-, Benutzungs- und Haltbarkeitsansprüche als Sachansprüche und bei den Anmutungsansprüchen vor allem Vertrauensansprüche wichtig sein.

Nach der bisherigen Beschäftigung mit konsumtiven Wissenstypen wollen wir uns jetzt mit Wissenstypen aus dem produktiven Bereich befassen.

Aufgrund seines Aufgabenfeldes und seiner Ausbildung wird der *Designer* Gegenstandsansprüche, einige Sachansprüche (z. B. Benutzungsansprüche) und einige Anmutungsansprüche (z. B. Zeit- und Ästhetikansprüche) äußern.

Der Wissensschwerpunkt des *Konstrukteurs*, obwohl vor relativ ähnliche Aufgaben gestellt, weicht hiervon stark ab. Sensorik- und Anmutungsansprüche sind für ihn meist unwichtig. Sehr bedeutsam sind dagegen Gegenstandsansprüche und aus dem Bereich der Sachansprüche die technischen Benutzungs-, Erhaltungs-, Nutzungserweiterungs-, Haltbarkeits- und Energieverbrauchsansprüche.

Dem herkömmlichen *Einkäufer* wird üblicherweise der innerbetriebliche Bedarf gemeldet. Unter Beachtung der für die Beschaffung gesetzten Ziele und Bedingungen (z. B. Preisgrenzen) muß er Produkte aussuchen, die den ermittelten Bedarfen entsprechen. Dies sind meist Gegenstandsansprüche und aus dem Bereich der Sachansprüche vor allem Vorbereitungs-, Erhaltungs-, Energieverbrauchs- und Wiederverkäuflichkeitsansprüche. Anmutungsansprüche sind für seine Tätigkeit relativ unbedeutend; besonders wichtig dürften dagegen Erhältlichkeits- und Entgeltansprüche sein. Diese Sicht ist in einem starken Wandel begriffen.

(3) Der Verwendungszweckbereich als Auswahlkriterium

Wir gehen von der Grundüberlegung aus, daß ein Produkt (eine Produktart) zu verschiedenen Gelegenheiten benutzt werden kann. Eine Damenarmbanduhr kann bei der Hausarbeit (z. B. beim Kochen), anläßlich einer festlichen Gelegenheit (z. B. Opernbesuch) oder bei der Ausübung einer Sportart (z. B. beim Tauchen) getragen werden. Es werden jeweils unterschiedliche Ansprüche neben dem Anspruch der Zeitanzeige gestellt.

Dieses objektspezifische Segmentierungskriterium soll den Produktmanager zwingen, systematisch nach alternativen Verwendungszweckbereichen Ausschau zu halten („Wozu kann man das Produkt benutzen?"). Diese am Schreibtisch durch eigene Denkarbeit erzielbaren Ergebnisse können wiederum durch Befragungen ergänzt werden, wie sie im Rahmen des consumtion grid (Verwendungszweck-Tableau-Verfahren) möglich sind (Green/Tull 1982, S. 528 ff.). Unter Bezugnahme auf amerikanische

Quellen (z. B. Belk 1975/1979; Sandell 1968; Miller/Ginter 1979) geben Bauer und Hannig (1987) ebenfalls konkrete Hinweise zur Nützlichkeit des Verwendungszweckansatzes.

Aufbauend auf den in Abschnitt 2.35 genannten *situativen* Faktoren kann das folgende Raster von Verwendungszweckbereichen entwickelt werden. Sicherlich kann vieles als Verdichtungsraster für Ansprüche unter dem Blickwinkel des Verwendungszweckbereichs herangezogen werden. Bisher bewährt hat sich eine aus Übersicht 86 zu entnehmende Einteilung, die zum einen auf den „normalen" Tätigkeitsablauf Bezug nimmt und zum anderen „besondere" Verwendungssituationen herausgreift. Wenn eine Produktgruppe die Verwendung in unterschiedlichen Verrichtungen und/oder Situationen zuläßt, so ist eine Anspruchsfilterung möglich.

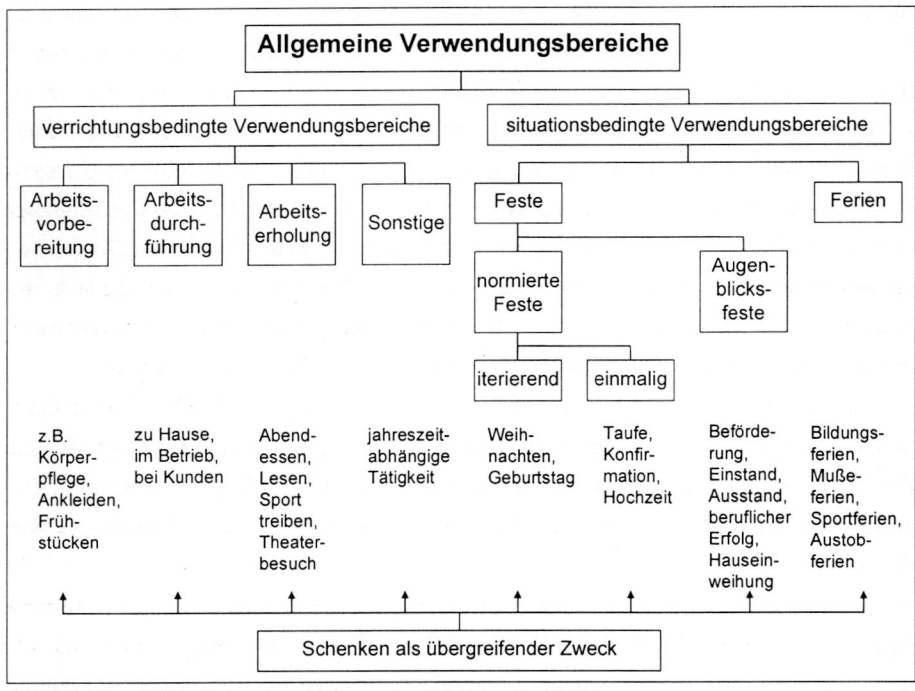

Übersicht 86: Allgemeine Verwendungszweckbereiche

Wir wenden uns zuerst den verrichtungsbedingten Verwendungsbereichen zu: Hier steht das Tun im Vordergrund: Wir unterscheiden die Stufen der Arbeitsvorbereitung, der Arbeitsdurchführung und der Arbeitserholung (Rekreation). Die Phase der Arbeitsvorbereitung ist meist durch mangelnde Zeit, durch Hektik gekennzeichnet. Alles muß schnell, zweckmäßig erfolgen. Arbeitssparende Produkte, die nur wenig Atmosphärisches vermitteln, erscheinen angebracht. Die Arbeitsdurchführung kann recht unterschiedlich erfolgen. Beschränken wir uns auf die Möglichkeiten zu Hause, in der Betriebsstätte und beim Kunden, so werden große Anspruchsunterschiede offenkundig. Das größte Individualitätsmaß dürfte im Regelfalle bei der häuslichen Arbeitsdurchführung bezüglich der Produkte gegeben sein, die man zur Tätigkeitsbewältigung benötigt (z. B. Bekleidung, Arbeitsgerät, Kommunikationsmittel). Im Betrieb werden demgegenüber starke soziale Zwänge virulent. Welche Bekleidung zweckmäßig ist, welche Bürogeräte benutzt werden, hängt vielfach weniger vom eigenen Geschmack als vielmehr von der hierarchischen Position ab, die man einnimmt. Außerdem spielt auch die Repräsentation der Firma durch den einzelnen eine nicht geringe Rolle. Will man z. B. einen Schreibtisch entwickeln, so wird man zu fragen haben, ob man sich an die Käufer und Verwender wenden will, die ihn zu Hause, privat oder beruflich im Betrieb und dann als Sachbearbeiter, als Abteilungsleiter oder als Geschäftsführer benutzen wollen. Die Arbeitsdurchführung beim Kunden wird in starkem Maße durch Repräsentativität gekennzeichnet; die Erscheinung ist häufig ebenso wichtig wie die Arbeit selbst. Die Kleidung, das Transportmittel, das Arbeitsgerät sollen Hinweise auf Seriosität und Leistungskraft der vertretenen Firma geben. Uns scheint die Arbeitserholung als Verwendungsbereich anderer Tönung ebenfalls Ansprüche zu filtern. Dieser Bereich eröffnet, falls man ihn zu nutzen versteht, ein Höchstmaß individueller Selbstentfaltung, die vom Fernsehen bis zum Theater-, Opern- oder Vernissagenbesuch, die von eremitärer Erholung (Lesen im Winkel) bis zur gruppenbezogenen Kontaktsuche mit den dann ganz unterschiedlichen Ansprüchen an Produkte reichen kann.

Nun zu den *situationsbedingten* Verwendungsbereichen: Sie sind selbstverständlich auch durch Verrichtungen gekennzeichnet. Wichtig erscheint uns jedoch der aus dem üblichen Lebensrhythmus herausragende Impuls zu spezifischen Verrichtungen zu sein. Er dürfte eine Klammer für konvergentes Verhalten bilden. Wir unterscheiden Feste und Ferien.

Wenden wir uns zuerst den Festen zu. Wir halten eine Gruppierung in normierte Feste und in Feste, deren Zeitpunkt sich kurzfristig ergibt (Augenblicksfest), für operational. Normierte Feste sind durch soziale Einflüsse, durch Gewohnheitsverhalten (Habitualisierungen) gekennzeichnet. Das stark von außen geprägte Besondere dieser Feste beeinflußt im erheblichen Umfang die Anspruchsfilterung und -ausprägung. Insbesondere bei den einmaligen Normfesten wird häufig nach dem Motto verfahren: „Dafür ist uns nichts zu schade". Die Selbstdarstellung ist häufig mit Fürsorgeelementen gepaart („Unsere Tochter heiratet nur einmal. Wir wollen ihr eine schöne Hochzeit mit auf den Lebensweg geben. Das sind wir ihr (und uns) schuldig"). Die Mühe bei der Produktauswahl ist sehr groß. Einen anderen Akzent scheinen uns Augenblicksfeste zu setzen. Sie erwachsen vielfach aus der Freude über einen Erfolg und dem Gefühl, andere daran teilhaben zu lassen; deshalb sind sie meist spontaner, zwangloser, möglicherweise auch einfallsreicher als erstere. Sie stehen weniger unter einem Erfolgszwang, die Produktauseinandersetzung scheint wesentlich geringer zu sein. Markentreue spielt nur eine geringere Rolle. Dementsprechend erfolgt die Produktauswahl.

Ferien als Zeitspanne, innerhalb derer man aus dem „Alltagstrott" heraustritt, bilden ebenfalls einen Anspruchsfilter. Je nachdem, was man in dieser Zeitspanne zu tun beabsichtigt, werden unterschiedliche Anspruchsschwerpunkte zu beobachten sein. „Mußeferien" fordern vom Einzelnen Erhebliches: eine Haltung, eine Einstellung, die das Nachdenken, Überdenken von Gesehenem, Gehörtem, Gelesenem ermöglicht. Für die Anspruchsfilterung sind sie weniger bedeutsam. Ganz anders verhält es sich mit den „Austobferien"; hier ist zwar auch das Streben „aus dem Alltag heraus" wichtig, doch wird der Akzent anders gesetzt. Mit anderen Menschen zusammen soll etwas erlebt werden, die Alltagszwänge sollen zurückgelassen werden, wodurch man sich häufig neue Zwänge einhandelt. Das Andersartige, soziale Stufen und Rollen Überspringende steht im Vordergrund und dies wirkt sich ganz erheblich in der Anspruchsfilterung aus. Zwischen diese beiden Extreme könnte man Sport- und Bildungsferien einordnen. Erstere resultieren vielfach aus den Antrieben des Schaffensdrangs, des Tunwollens sowie des Gesundheitsstrebens, um die im Jahresablauf versäumte körperliche Betätigung nachzuholen. Den Bildungsferien liegt eine ähnliche Spannungssituation zugrunde. Auch hier möchte man „nachholen", Gelesenes beobachten, erleben, aber auch zeigen, daß man das humanistische Wissen eben nicht nur schulisch erworben hat. Für die Anspruchsfilterung sind die Sportferien bedeutsam. Aufgrund der u. a. gesundheitsmotivierten Anspruchsgrundlage ist die Ausgabebereitschaft häufig höher, als man sie üblicherweise in der Relation zum Einkommen erwarten dürfte (z. B. Segeln, Tennis, Ski, Golf).

Auf einer anderen Ebene liegt der Geschenkzweck. Käufer und Verwender sind unterschiedliche Personen. Bei der Geschenkauswahl dominiert entweder nur die Sicht des Schenkenden oder die des Beschenkten; der Schenkende kann das Geschenk mehr aus egoistischer Motivation (Ansehen gewinnen, Eindruck machen, Zuneigung schaffen usw.) oder mehr aus altruistischen Gründen auswählen; dann wird er sich überlegen, wozu der Beschenkte das Geschenk benötigt, zu welchem Zweck er das Geschenk verwenden kann.

(4) Milieus als Auswahlkriterium

Auch hier wollen wir uns wieder auf die differenzierenden Anmutungsansprüche konzentrieren:

Anmutungsansprüche \ Milieus	konservativ-technokratisch	liberal-intellektuell	aufstiegsorientiert	kleinbürgerlich	traditionell	traditionsloses A.	hedonistisch	postmodern	modernes Arbeitnehmerm.	modern-bürgerlich
Wert	x	x	x							x
Besonderheit		x					x	x		
Zeit: Vergangenheit	x			x	x					
Zeit: Gegenwart						x			x	x
Zeit: Zukunftsorientiert		x					x	x		
Zeit: Zeitlosigkeit	x									x
Ästhetik	x	x						x		
Atmosphäre: Entspannung				x	x					
Atmosphäre: Stimmung			x							x
Atmosphäre: Anregung	x	x								
Atmosphäre: Begeisterung, Perplexität		x				x	x	x		
Vertrauen: Sicherheit, Haltbarkeit	x		x	x	x				x	x
Vertrauen: Perfektion	x	x								
Überlegenheit	x	x								
Gesundheit	x	x							x	x
Sicherheitsdrang			x						x	x
Geborgenheit				x	x					
Selbstbestätigung		x	x			x	x	x		
Besitzenwollen		x	x	x	x				x	x
Fürsorge	x									
Geselligkeit				x	x				x	x
Neugierde		x					x	x		
Selbstbehauptung		x							x	x
Tunwollen				x	x				x	x
Sich-an-Produkten-Freuen-Wollen	x	x					x	x		
Selbstdarstellung		x	x			x		x		

Übersicht 87: Milieuspezifische Produktansprüche

Aus der empirisch gestützten Beschreibung der Lebensstile ergibt sich diese Anspruchszuordnung. Sie bewegt sich auf Plausibilitätsniveau des Fachkundigen, also auf Wahrscheinlichkeitsniveau.

(5) Einzelhandelstypen als Auswahlkriterium

Der einzelne Händler weiß um seine Ziele und Möglichkeiten. Sie gewinnen gleichsam im gewählten Handlungstyp (Distributionsorgantyp) Gestalt. Infolgedessen haben wir den verschiedenen Einzelhandelstypen, die wir in Abschnitt 5.122 genauer beschreiben, besonders wichtige Händleransprüche zugeordnet und gefragt, welche Ansprüche für welchen Typ bedeutsam sind. Übersicht 88 zeigt den Zusammenhang.

Ansprüche an / Distributionsorgantypen	Spezialgeschäft	Fachgeschäft	Fachhaus	Warenhaus	Verbrauchermarkt SB-Warenhaus	Diskontgeschäft
Personalrationalisierung	x	x	xx	xx	xxx	xxx
Ausstattungsrationalisierung	x	x	x	xx	xxx	xxx
Sortimentsattraktivität	xxx	xx	xx	xx	x	x
Leistungsdifferenzierung	xxx	xx	xx	xx	x	x
Mehrkaufanreiz	x	x	xx	xxx	xxx	xxx
Marktanteil	x	x	x	xxx	xxx	(xxx)
Umschlagsgeschwindigkeit	x	x	x	xxx	xxx	xxx
Preisniveau (hoch)	xxx	xx	x	xx	x	
Preiskonstanz	xxx	xx	xx	xx		
Preisaktionen	x	xx	xx	xxx	xxx	(xxx)
Lieferbereitschaft	xx	xx	xx	xxx	xxx	xxx
Lieferzuverlässigkeit	xx	xx	xx	xx	xx	xx
Lieferqualität	xxx	xxx	xx	xx	xx	x
Lieferflexibilität	xxx	xx	xx	x	x	x
Bezug aus einer Hand	xxx	xxx	xx	x	x	x
Kundendienstdurchführung	xxx	xxx	xxx	xxx	xxx	xxx
Zustellen	xxx	xxx	xx	xx	xx	xx
Garantie des Herstellers	xx	xx	xx	xxx	xxx	xxx
Kulanz	xxx	xxx	xxx	xx	xx	xx
Gleiches Händlerniveau	xxx	xxx	xx	x		
Vertriebsbindung	xxx	xxx	xxx	x		
Werbeaktionen	xxx	xxx	xxx	xx	xxx	(xxx)
Verkaufsförderungsaktionen	x	xxx	xxx	xxx	xxx	(xxx)
Produktpublizität	xxx	xxx	xx	xx	x	x
Anwendungsberatung	xx	xxx	xxx	xxx	xx	xx

x: weniger wichtig xx: wichtig xxx: sehr wichtig (xxx): unter bestimmten Umständen sehr wichtig

Übersicht 88: Vom Distributionsorgantyp abhängige Anspruchsschwerpunkte

Es ist offensichtlich, daß Rationalisierungsansprüche vor allem von den Typen gestellt werden, die sich auf Massenabsatz und hohe Umschlagsgeschwindigkeit konzentriert haben. Da die Übersicht keine großen Leseschwierigkeiten bereiten dürfte, wollen wir uns eine Kommentierung schenken. Lediglich die Einklammerung in der Spalte Diskontgeschäft sei erläutert. Die im Lebensmittelbereich bedeutendste Diskontkette (Aldi) verfolgt eine völlig eigenständige Strategie (z. B. eigene Marken, eigene absatzpolitische Aktionen), so daß eine Einschränkung der Aussage nötig ist.

(6) Logistikziele als Auswahlkriterium
Während im Bereich der Distributionsorgane die Anspruchsakzente vor allem wegen der Macht der Distributionsorgane beachtet werden müssen, scheinen im Bereich von Lagerung und Transport die Anspruchsakzente wesentlich stärker von den eigenen Zielen (des Herstellers) geprägt zu werden, so daß es kaum sinnvoll sein dürfte, nach Anspruchsakzenten zu suchen, die durch Lager- und Transportsysteme gekennzeichnet würden.

Wir beschränken uns bei der Anspruchsakzentuierung auf drei uns besonders wichtig erscheinende Ziele, denen jeweils Priorität zukommen kann:
- Kostenminimierung,
- Zeitminimierung,
- Zuverlässigkeitsmaximierung.

Während es im ersten Fall darum geht, daß die zu lagernden und zu transportierenden Produkte mit möglichst geringen Kosten entweder zu den Handelsorganen oder direkt zum Verwender gebracht werden, steht im zweiten Fall das Streben im Vordergrund, möglichst schnell die Distanz zwischen Herstellung und Distribution bzw. Verwendung zu überwinden. Dieses Ziel finden wir beispielsweise bei verderbsgefährdeten Produkten; als Beispiel des ersten Falls kommen tendenziell alle Massenprodukte mit relativ konstant bleibender Nachfrage und Produktion in Frage. Zuverlässigkeitsmaximierung wird insbesondere dann als Ziel gelten, wenn es aus Imagegründen unabdingbar ist, daß Produkte zum vereinbarten Zeitpunkt am vereinbarten Zielort im erwarteten Eingangszustand (also ohne Schäden) eintreffen sollen. Dies gilt auch für sehr teure und empfindliche Produkte.

Blicken wir nun auf Übersicht 89, dann stellen wir fest, daß die Art des Zieles zu divergierenden Anspruchsakzenten führt. Die stoffbezogenen Raumansprüche sind unter der Zielsetzung der Zuverlässigkeitsmaximierung bedeutsamer als bei den beiden anderen Zielen, damit die Produkte keinen Schaden nehmen. Die formbezogenen Raumansprüche dominieren dagegen unter dem Aspekt der Kostenminimierung, um eine bestmögliche Raumausnutzung zu erzielen; unter dem Ziel der Zuverlässigkeitsmaximierung sind sie insofern nicht unbedeutend, als durch Stapelgerechtigkeit Schäden vermieden werden können, während sie für das Ziel der Zeitminimierung wohl weniger wichtig sind. Ansprüche nach Maß- und Gewichtsentsprechung interessieren unter dem Blickwinkel der Kostenminderung, ansonsten erscheinen sie – zumindest

216

teilweise – verzichtbar. Die Resistenzansprüche ragen unter der Zielsetzung der Zuverlässigkeitsmaximierung hervor, sie sind auch noch wichtig für das Ziel Kostenminimierung, weniger dagegen für die Zeitminimierung. Interessanter sind zur Erreichung des letztgenannten Ziels alle Manipulationsansprüche.

Für die Zuverlässigkeitsmaximierung scheinen die Akzente differenzierter zu sein: eine günstige Informationsgestaltung soll helfen, Schäden zu verhindern, und dazu beitragen, daß zugesagte Termine auch eingehalten werden. Bei hochgenrigen Produkten, für die vorrangig das Ziel der Zuverlässigkeitsmaximierung gilt, treten dagegen einfache Hantierbarkeit und die Eignung für Transporthilfsmittel in der Bedeutung zurück, da das Kostengerüst meist auch Spezialmaßnahmen erlaubt. Unter dem Ziel der Kostenminimierung sind dagegen alle Manipulationsansprüche bedeutsam, besonders diejenigen, die sich auf die Eignung für Transporthilfsmittel erstrecken. Die schnelle Kontrollierbarkeit scheint bei allen Zielen wichtig zu sein, während es für den Anspruch nach Diebstahlsicherheit Abstufungen gibt; es liegt auf der Hand, daß dieser Anspruch für die Zuverlässigkeitsmaximierung besonders bedeutsam ist, unter Kostengesichtspunkten sicherlich wichtig ist, während er unter dem Aspekt der Zeitminimierung relativ bedeutungslos wird.

Ansprüche		Ziele	Kosten-mini-mierung	Zeit-mini-mierung	Zuverlässig-keits-maximierung
Raumansprüche	Stoff-bezogene Ansprüche	Temperaturansprüche	x	x	xx
		Feuchteansprüche	x	x	xx
		Strahlungsansprüche	x	x	xx
	Form-bezogene Ansprüche	Flächenstapelung	xxx	x	xx
		Höhenstapelung	xxx	x	xx
Transportmittel-eignung		Maßentsprechung	xx	x	x
		Gewichtsentsprechung	xx	x	x
		Resistenz gegenüber mechanischen Einflüssen	xx	x	xxx
		Resistenz gegenüber klimatischen Einflüssen	xx	x	xxx
Manipulations-ansprüche		Einfache Hantierbarkeit	xx	xxx	xx
		Eignung für Transportmittel	xxx	xxx	x
		Günstige Informations-gestaltung	xx	xxx	xxx
Kontroll-ansprüche		Schnelle Kontrollierbarkeit	xxx	xxx	xxx
		Diebstahlsicherheit	xx	x	xxx

x: weniger wichtig xx: wichtig xxx: sehr wichtig

Übersicht 89: Anspruchsakzente in der Logistik

(7) Konkurrenzprofilierung als Auswahlkriterium

In dem hier gewählten Prozeßmodell werden Konkurrenzaspekte erst später (siehe Abschnitt 3.5) erörtert. Unter dem Themenaspekt „Anspruchsauswahl" muß jedoch bereits an dieser Stelle erwähnt werden, daß man nur dann Profil gewinnen kann, wenn man in den Augen des Kunden – das sind seine Ansprüche – etwas besser macht als die Konkurrenz. Das bedeutet zweierlei:

- Zunächst muß das Anspruchsniveau der ausgewählten Zielgruppe getroffen werden. Darunter angesiedelte Problemlösungen werden zurückgewiesen (siehe folgender Abschnitt).

- Dann muß überlegt werden, welcher besonders wichtige Anspruch erreichbar erscheint und bisher von der Konkurrenz noch nicht befriedigt wird. Nur durch eine solche Vorgehensweise ist eine USP(unique selling proposition) realisierbar.

3.45 Anspruchsniveauanalyse

Bisher haben wir uns lediglich mit Anspruchsinhalten und deren Schwerpunktbildung (Anspruchsintensität) auseinandergesetzt. Die Schwerpunktbildung ist jedoch intersubjektiv durchaus unterschiedlich bedeutsam insofern, als z. B. zwei Personen einen Anspruch als wichtig ansehen, dabei allerdings von einem unterschiedlichen Anspruchsniveau ausgehen. Um zu optimalen Vorgaben für die Produktgestaltung zu gelangen, muß versucht werden, intersubjektiv nachvollziehbare „Korsettstangen" für die Anspruchseinordnung zu finden. Es muß vermieden werden, daß der Produktgestalter nach seinen subjektiven Einschätzungen interpretiert. Zur Graduierung bedienen wir uns der ordinalen Stufung in Übersicht 90.

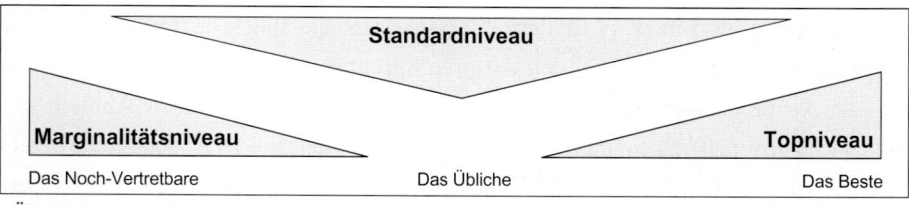

Übersicht 90: Ordinale Stufung von Ansprüchen

Diese Abbildung mit den überlappenden Dreiecken macht deutlich, daß wir keine exakte Grenzziehung erreichen. Zumal in einem allgemeinen Kontext, aber auch eingedenk der Tatsache, daß Ansprüche dynamischen Prozessen unterliegen, dürfte dieses Ergebnis nicht überraschen. Mit einer solchen Einteilung sind jedoch einige Probleme verbunden, die geklärt werden müssen:

- Was dient als Maßstab?
- Wer nimmt die Graduierung vor?
- Worauf erstreckt sich die Graduierung?
- Wie stellt man Niveauverschiebungen fest?

(1) Das Maßstabsproblem

Da es sich um eine ordinale Stufung handelt, empfiehlt sich die Einordnung von den Grenzen her. Bei den bisherigen empirischen Überprüfungen hat es sich als zweckmäßig herausgestellt, von oben zu beginnen (Topniveau). Hierbei interessieren nicht die maximal geäußerten Ansprüche, da sie durchaus utopische Züge tragen können; wichtiger sind vielmehr die maximal im Augenblick zu befriedigenden Ansprüche innerhalb eines Produktbereichs. Damit leiten wir bereits zum nächsten Problemfeld über.

(2) Das Personenproblem

Wenn jemand in der Lage sein soll zu bestimmen, was maximal zu befriedigen ist, dann muß er zum einen über Anspruchskenntnisse seines Marktes verfügen. Es kann sich nur um Expertenurteile handeln. Die sollten vom Produktmanager stammen. Ist er sich seines Urteils unsicher, dann kann er Mitarbeiter des Vertriebs, kundige Einzelhändler, marktorientierte Designer oder Konstrukteure mit in den Urteilsbildungsprozeß einbeziehen.

(3) Das Umfangsproblem

Die Niveaubestimmung kann zwischen den Extremen des Einzelanspruchs und der Gesamtheit aller Produktansprüche erfolgen. Während die Einzelniveaubestimmung meist zu arbeitsaufwendig sein dürfte, wird die Gesamtniveaubestimmung nur für ganz schmale Marktsegmente (z. B. für Perfektionisten) aussagefähig sein. Im Regelfall wird sich die Niveaugraduierung bei den Anspruchsgruppen empfehlen, die sich im Rahmen des Anspruchsscreening als besonders wichtig herausgestellt haben. Ähnlich wie bei der konkurrenzbezogenen Produktpositionierung (siehe hierzu Abschnitt 3.52) reichen hierzu meist einige wenige Anspruchsgruppen aus. So sind für den Ästhetiktypen als Einstellungstyp die Gegenstandsansprüche der Form, der Farbe, des Materials und aus dem Bereich der Anmutungsansprüche die der Ästhetik und des Sich-an-Produkten-Freuenwollens bedeutsam.

(4) Das Dynamikproblem

Wir wiesen bereits darauf hin, daß man Anspruchsentwicklungen nicht oder nur schlecht mit Hilfe von Befragungen erfassen kann. Wie soll man aber den ständigen Anspruchs-wandel berücksichtigen? Anspruchswandel und damit auch Niveauwandel kann auto-nom oder durch äußere Einflüsse (z. B. Modewandel, gesellschaftlicher Geschmacks-wandel) erfolgen. Daß sich etwas ändert, läßt sich an der Wiederkaufrate von Produk-ten ablesen. Um nun den Niveauwandel festzustellen, ist zum einen eine genaue Markt-beobachtung (auch der Konkurrenten) nötig; und zum anderen kann es sich als hilf-reich erweisen, zu Testzwecken Produkte mit unterschiedlichem Niveaubefriedigungs-potential gleichsam als Niveauspielprodukte mit anzubieten. Durch die Reaktion des Käufers auf dieses Angebot lassen sich Niveauverschiebungen feststellen.

Abrunden wollen wir diesen Abschnitt mit einigen Überlegungen dazu, wovon das Anspruchsniveau geprägt wird. Es lassen sich einige herausragende Einflußgrößen benennen. Mit zunehmendem *Wissensstand* und Involvement ist in der Regel eine Erhöhung des Anspruchsniveaus verbunden. So werden an Produkte, die zum Hobby des einzelnen gehören, höhere Ansprüche gestellt als an solche, die den einzelnen weniger interessieren. Ähnliches läßt sich für die Einflußfaktoren *Besitz, Einkommen* und soziale *Schicht* konstatieren. Es leuchtet unmittelbar ein, daß bei steigendem Einkommen neben den Möglichkeiten, Besseres zu kaufen, sich auch das Anspruchsniveau hebt. Auch bei den *Einstellungstypen* lassen sich unterschiedliche Niveaupräferenzen feststellen. Während der Aufwandstyp Ansprüche an Produkte eher auf mittlerem bis unterem Niveau stellt, ragen beim Leistungstyp Sachansprüche auf hohem Niveau heraus. Je genauer der Wissensstand über die Einflußfaktoren ist und je besser man das anvisierte Marktsegment durchschaut, um so eher sind planerische Niveauzuordnungen möglich.

3.46 Anspruchstrends

Auf dem Wissensfundus der heute geäußerten Ansprüche müssen wir darüber nach-denken, welche Ansprüche morgen unser Problem sein können. Wir können an die genannten Wahrnehmungsfelder anknüpfen.

3.461 Trendinhalte

Beginnen wollen wir mit einigen *generellen* Trendhinweisen. Dabei müssen wir unter-suchen, ob es sich um periodisch gekaufte Produkte des täglichen Bedarfs (→ Ver-brauchsprodukte) oder um aperiodisch gekaufte Produkte handelt. Bei den Verbrauchs-produkten des täglichen Bedarfs (Versorgungskäufe) lassen sich vermehrt Ansprüche an die besondere Preiswürdigkeit, die Bequemlichkeit des Großeinkaufs (Einkauf von Mengen für den Wochenbedarf, one-stop-shopping) und an eine zweckmäßige Produktdarbietung (→ rationelle Verkaufsatmosphäre) feststellen. Anders sieht es mit den aperiodischen Produkten aus. Hier läßt sich eine deutliche Spaltung erkennen: Zum einen scheinen einfache Produkte, solche mit wenig ausgeprägtem Leistungsimage (billige, gesichtslose Produkte, No-names) und zum anderen solche Produkte eine Rolle zu spielen, die außergewöhnlichen Ansprüchen genügen (Produkte mit „Pfiff", sophisticated products, Erlebniskauf). Individuelle Edelprodukte mit internationalem Flair passen auch in diese Richtung (Luxusprodukte). Ein anderer Trend weist in die Richtung der *Individualisierung*. Man möchte sein „Spaß-Produkt", seine Funlösung. Die Differenzierung von Kern und Hülle (→ Plattformstrategie) hat es möglich gemacht, Produkte für schmale Nischen zu entwickeln. Mit Produkten für jedermann (Massenprodukte) ist man heute nicht mehr überall zufrieden. Der Seniorenmarkt wird an Bedeutung gewinnen. Wenn man die 60- bis 70jährigen gewinnen will, muß man versuchen, sie mit auf ihre physischen und psychischen Gegebenheiten zugeschnittenen Angeboten zu faszinieren.

Konkreter sind Anspruchstrends im Bereich von *Produktarten*. Während die generellen Trends eher vage Leitlinien beinhalten, die nur grobe Anhaltspunkte für die Anspruchsdynamik geben, wird der Produktmanager nicht umhinkommen, die jeweils produktartenspezifischen Trends möglichst genau zu untersuchen. Dazu einige Beispiele: Küchen unterliegen weniger dem Diktat der raumhohen Wandnutzung. Der individuelle Spaß der nicht unbedingt einheitlichen Gestaltung gewinnt an Boden (→ Emanzipation der Ästhetik). Büromöbel sollen durch einfache Modularität schnelle Umwandlungen und individuelle Anpassungen ermöglichen. Authentische Stücke des Interieurbereichs müssen nicht unbedingt neu gekauft werden; die Pflege des Second-Hand-Marktes könnte interessant werden.

Weit verbreitet sind derzeit noch wandfüllende Schrankwandsysteme. Es gibt sie in allen Preislagen und vielen Individualisierungsmöglichkeiten. Trotz sehr differenzierter Gestaltungslösungen ist eine gewisse Konformität nicht zu verkennen. Es ist nicht ganz unwahrscheinlich, daß zukünftig ganze Schrankwandsysteme an Bedeutung verlieren werden zugunsten individueller Gestaltungslösungen mit Einzelschränken, kleinen Regalen. Sie ermöglichen einen leichten, lockeren, nicht so festgefügten Eindruck. Sie kommen auch dem Wunsch nach Umstellungsmöglichkeit, Variabilität entgegen. Man will sich nicht mehr auf ewig festlegen.

In der Politik wie auch im Anbieterkreis wird sehr viel, wie schon dargestellt, vom 3-l-Pkw gesprochen. Es ist zweifelhaft, ob das bei einem Benzinpreis von ca. DM 2,— ein kaufentscheidender Anspruch ist oder wird; Geschwindigkeit, Beschleunigungsvermögen, Sicherheit scheinen heute noch wichtiger zu sein. Ob dies auch so bleiben wird bei einem Benzinpreis über DM 3,—, kann bezweifelt werden.

Diese Beispiele ließen sich fortsetzen. Sie sollten lediglich zeigen, daß innerhalb eines Produktbereichs Wandlungen festgestellt werden können, die zum einen aus Anspruchswandlungen resultieren und zum anderen ihrerseits Anspruchswandlungen beeinflussen.

Ein Produktmanager wird in der konkreten Situation noch nach weit differenzierteren Anspruchsänderungen Ausschau halten müssen (Einzelaspekte). Grundsätzlich ist bei jedem für wichtig gehaltenen Anspruch zu klären, ob und wie er sich in Zukunft ändern wird. Auch dabei helfen als erklärende Variablen Veränderungen bei den verhaltensbeeinflussenden Faktoren. Den Begründungsrahmen kann die Theorie des Variety Seeking liefern.

3.462 Möglichkeiten der Trendprognose

Zur Ermittlung von Anspruchstrends eignen sich die quantitativen Prognoseverfahren weniger, weil sie auf der Verwertung quantitativ gefaßter Inhalte beruhen. Aber gerade die fehlen uns ja. Wir müssen daher verstärkt auf die qualitativen Prognoseverfahren zurückgreifen (siehe hierzu Abschnitt 2.533).

Umminger (1990) hat gezeigt, welche qualitativen Prognoseverfahren zur Vorhersage von Veränderungen im Bereich der Wirkungsansprüche verwendet werden können (siehe Übersicht 91). Umminger hat erläutert und begründet, welche Aussagen mit welchen Verfahren erzielbar sind.

Prognoseverfahren Wirkungsansprüche		Primärstatistische Verfahren	Sekundärstatistische Verfahren	Intuitive Verfahren	Systematisch-analytische Verfahren	Indikatorverfahren	Analogieverfahren	Delphi-Verfahren	Szenario-Verfahren
Sach-ansprüche	Produktbewirkungsansprüche	x	x	(x)	x	x	x	x	x
	Produktbedienungsansprüche	x	x	(x)	x	x	x	x	x
	Ökonomieansprüche	x	x		x	x	x	x	x
Anmutungs-ansprüche	Empfindungsansprüche	x	x		x	x	x	x	x
	Antriebsansprüche	x	x		x	x	x	x	x

Übersicht 91: Prognose der Wirkungsansprüche (Quelle: Umminger 1990, S. 184)

3.47 Zur praktischen Umsetzbarkeit der Anspruchsanalyse

Die bisher geschilderte, stark disaggregierte Betrachtungsweise kann die Vermutung provozieren, daß ein so detailliertes Vorgehen für die Praxis nicht geeignet sei. Dieser Eindruck täuscht aus mehreren Gründen:

- Eine verästelte Analyse der Ansprüche, deren Befriedigung für den Markterfolg ausschlaggebend ist, zeigt nicht nur dem Marketingstudenten, welche Zusammenhänge zu berücksichtigen sind. Auch der Praktiker wird gezwungen, eingeschliffene Denkschablonen, so nützlich sie auch sein mögen, zu verlassen. Der Bereich für neue Anspruchsaspekte, die man bisher vielleicht in der Branche nicht berücksichtigt hat, wird geweitet.
- Eine systematische Analyse führt zu einer stringenten disziplinierten Arbeit. Eine Brainstorming-Sitzung mag zwar gute Anhaltspunkte für neue Produktideen liefern. Das ist aber stark zufallsabhängig und nicht allein durch eine Steigerung der Ideenzahl auszugleichen. Da die Einflußgrößen auf die Anspruchsbildung und -entwicklung so umfangreich sind, verspricht eine diskursive (systematisch-analytische) Vorgehensweise besser durchdachte Ergebnisse.
- Eine systematische Analyse verbessert die Transparenz. Der Produktmanager muß „seine" neue Produktidee einer hierarchisch höher angesiedelten Person „verkaufen". Vor dem gleichen Problem stehen auch Designer oder Konstrukteure. In Gesprächen mit Praktikern zeigt sich häufig ein nicht zu übersehender Unmut darüber, daß von ihnen als erfolgreich eingestufte Projekte abgelehnt wurden. Neben vielen sicherlich gerechtfertigten Gründen kann es auch eine Rolle gespielt haben, daß der Produktmanager nicht überzeugend genug argumentiert hat. Lediglich bezogen auf die Anspruchsanalyse hat sich die hier geschilderte Vorgehensweise bisher als ein gangbares Argumentationsraster bewährt.

Um die Praktikabilität des Syxtems zu steigern, haben wir in Übersicht 92 eine prozessuale Vorgehensweise dargestellt.

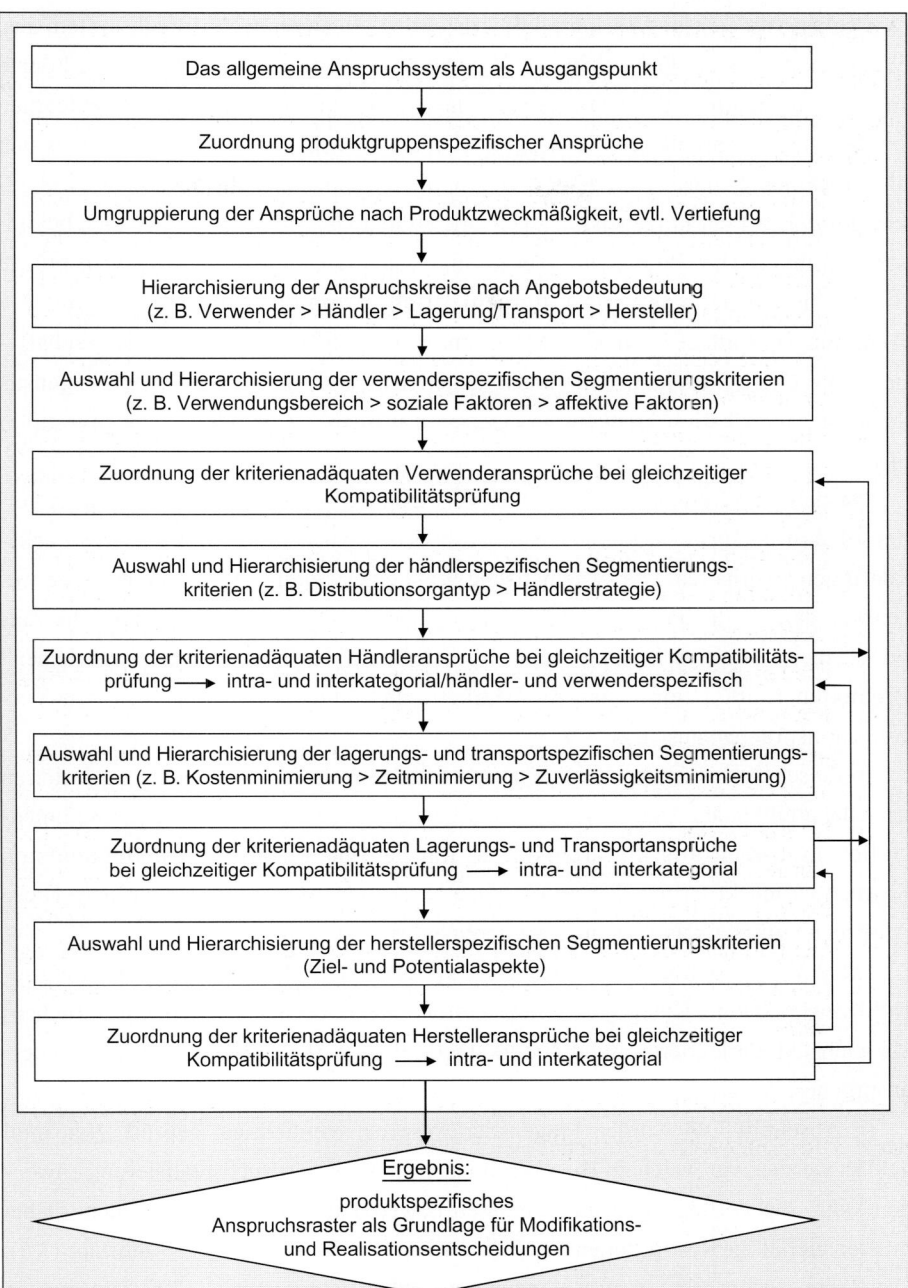

Übersicht 92: Vorgehensweise zur Gewinnung eines produktspezifischen
Anspruchsrasters

Wir gehen von dem in Abschnitt 3.43 erläuterten allgemeinen Anspruchssystem aus. Wir benutzen es als Fragenkatalog: Welche produktspezifischen Ansprüche könnte man den allgemeineren Ansprüchen zuordnen? Nach unseren Erfahrungen findet man im Regelfall Ansprüche, an die bisher noch nicht gedacht wurde. Dann erweist es sich als zweckmäßig, diese Ansprüche so zu gruppieren, daß man in der jeweiligen Produktkategorie damit gut umgehen kann (→ Operationalitätskriterium). So hat sich bei unseren umfangreichen Produktanalysen gezeigt, daß im Bereich der Verwenderansprüche die Sachansprüche jeweils unterschiedlich gruppiert wurden, während die Anmutungsansprüche kaum Gliederungsänderungen erfuhren. Eine einmal geschaffene Anspruchsstruktur kann dann meist längerfristig sowohl für Neuentwicklungen als auch für Modifikationsarbeiten herangezogen werden – eine langfristige Investition also.

Danach muß festgelegt werden, welcher Anspruchskreis als der bedeutsamste gelten soll, um so Hinweise auf die Anspruchsbedeutung und zur Lösung von Anspruchskonflikten zu erhalten. Die systematische Wahl eines Dominanzkriteriums dürfte wesentlich dazu beitragen, eine Lösung „aus einem Guß" zu finden, während die fallweise, meist intuitive Lösung von Anspruchskonflikten häufig zu „verwaschenen" Produkten führt. Nimmt man die Marketingidee ernst, wird man von den Verwenderansprüchen ausgehen.

In diesen Anspruchskreisen kann man dann jeweils die Segmentierungskriterien nach der abfallenden Angebotsbedeutung (Unternehmens- und Marktlage) zusammenstellen und ebenfalls hierarchisieren, um beginnend mit dem bedeutendsten Segmentierungskriterium diesem die dazu passenden Ansprüche zuzuordnen. Diese Ansprüche müssen dann bei allen weiteren Schritten beachtet werden.

Diese Vorgehensweise zwingt zu einer systematischen Kompatibilitätsprüfung sowohl innerhalb einer Kategorie (intrakategorial → z. B. bei den Verwenderansprüchen) als auch kategorieübergreifend (interkategorial → z. B. Händler- und Verwenderansprüche).

In Abschnitt 3.44 wurden Fragen der Anspruchsverdichtung geprüft. Nun muß geklärt werden, vor welchem Hintergrund man sich der Anspruchsrealisierung zuwenden kann, die vorliegenden Ideen müssen bewertet und ausgewählt werden. Dabei müssen vielfältige Restriktionen beachtet werden. Die Konkurrenz setzt Maßstäbe (3.5). Das Rechtssystem gibt vor, was man tun muß und zu unterlassen hat (3.6). Die eigenen Fähigkeiten engen den Handlungsraum ein (3.8). Und nicht zuletzt muß die Verträglichkeit der Anspruchsrealisierung mit den eigenen Zielvorstellungen geprüft werden (3.7).

3.5 Konkurrenzanalyse

Entgegen häufigem Brauch wollen wir erst nach der Anspruchsanalyse untersuchen, was die Konkurrenz wie tut. Der erste Blick auf die Konkurrenz gleicht dem gebannten Blick des Kaninchens auf die Schlange. Ein solches „Nachläufermarketing" führt vielfach zum Angebot von modifizierten Me-too-Produkten, zu Abhängigkeiten und zur Einengung der preispolitischen Spielräume. Damit sind dann aber viele Marketingmöglichkeiten vertan. Ohne die Analyse der Konkurrenz reichen andererseits auch die schönsten Anspruchsanalysen nicht aus, da man grundsätzlich davon ausgehen sollte, daß die Konkurrenz nicht dümmer ist als man selbst.

Ein weiterer Grund erfordert zwingend die Analyse der Konkurrenzaktivitäten. Das anzusprechende Marktsegment verfügt bereits über einen Erwartungshorizont, der durch die bisherigen Angebote geprägt wurde. Man kann nun bewußt diesen Erwartungshorizont überschreiten, ihm entsprechen oder auch unterschreiten. Soll diese Verhaltensweise nicht zufällig erfolgen, wird man die den Erwartungshorizont prägenden Angebote prüfen müssen.

Und schließlich spricht ein dritter Grund für die Analyse der Konkurrenz. Selbst ein wesentlich besseres Produkt muß noch kein Erfolgsgarant sein. Bei einem Marktführer als Konkurrenten hat man es wegen dessen wahrscheinlich vorhandenen größeren Potentials meist als kleinerer (z. B. mittelständischer) Anbieter schwerer, sich gegen ihn durchzusetzen, als wenn man einem ebenbürtigen Konkurrenten gegenüberstünde. Die Analyse der Marktgegebenheiten soll also klären:

- Gegen was man sich durchsetzen muß,
- Gegen wen man sich behaupten muß.

3.51 Konkurrenzidentifikation

Bereits unter dem Gesichtspunkt der Bestimmung des Sachziels (siehe Abschnitt 3.31) hatten wir auf die Möglichkeiten der Problem- oder Technikorientierung verwiesen. Damit erhalten wir bereits einen Fingerzeig, in welcher Richtung wir nach Konkurrenten suchen können. Dies reicht jedoch nicht aus.

Fragt man im Unternehmen Tätige danach, wen sie als ihren Konkurrenten betrachten, so erhält man häufig Antworten, die auf einen engen Konkurrenzbegriff schließen lassen. Wir wollen folgende Konkurrentenkreise untersuchen:

(1) Einkaufsbudgetkonkurrenten

(2) Problemlösungskonkurrenten

(3) Imagekonkurrenten

(4) Produktleistungskonkurrenten

(5) Angebotsmodalitätskonkurrenten

(1) Einkaufsbudgetkonkurrenten

Es gilt als Binsenweisheit, daß letztlich jeder Anbieter mit jedem anderen um das Geld konkurriert, das Käufer ausgeben können bzw. wollen. Bei Produkten, deren Kauf langfristig geplant wird, könnte es sinnvoll sein, die Anbieter als Konkurrenten im weiteren Sinne in die Analyse mit einzubeziehen. So können Hersteller von Personenkraftwagen mit den Anbietern von Wohnungseinrichtungen, mit „Ferien-Paket-Anbietern" usw. um den noch frei verfügbaren Einkommensanteil buhlen. Aber auch bei Produkten des täglichen Bedarfs kann es Einkaufsbudgetkonkurrenz geben. Coca Cola konkurriert z. B. um die DM 2,—, die Jugendliche täglich für das Naschen ausgeben, ob das nun Riegel, Eis oder Getränke sind.

(2) Problemlösungskonkurrenten

Wesentlich bedeutsamer dürfte dieses Konkurrenzfeld sein. Kotler bezeichnet es als Funktionsträger-Wettbewerb (Kotler/Bliemel 1999, S. 392). Beantworten läßt sich die Frage, wer als Problemlösungskonkurrent in Frage kommt, mit einer Antwort auf die spezifische Frage: Vor welchen Alternativen steht der Käufer/Verwender, wenn er ein spezielles Problem lösen will?

So könnte es langfristig für einen Hersteller von Zahnpasta schwerwiegende Probleme nach sich ziehen, wenn er lediglich die anderen Zahnpastahersteller als seine Konkurrenten betrachten würde. Hilfreicher dürfte es für ihn sein, wenn er das Problem Mundhygiene in den Mittelpunkt seiner Betrachtung stellen würde. Er müßte dann fragen, wer zur Lösung dieses Verwenderproblems beiträgt. Dann wird das Konkurrenzfeld wesentlich größer (z. B. Mundwasserhersteller, Hersteller von manuell oder elektrisch zu benutzenden Zahnbürsten, Hersteller von Mundduschen usw.). Eine solche Betrachtung erleichtert die Produktgestaltung wie auch die Auswahl und inhaltliche Gestaltung der dazu passenden Vermarktungsinstrumente (z. B. Werbung).

Vor einer Überstrapazierung des Problemlösungsgedankens muß allerdings gewarnt werden. Wenn ein Pkw-Hersteller die Problemlösung auf den Aspekt Transport zuschneiden würde, bestünde die Gefahr einer zu umfänglichen Betrachtung. Versucht sich jedoch ein zwischenzeitlich als Technologiekonzern verstehendes Unternehmen nunmehr auf den Transport zu reduzieren, mag das durchaus sinnvoll erscheinen.

(3) Imagekonkurrenten

Eine weitere Verengung des Konkurrenzfeldes resultiert daraus, daß man feststellt, welche Konkurrenten beim Käufer/Verwender über ein dem eigenen ähnliches Angebotsimage verfügen. So wird der Anbieter der Whisky-Marke „Racke rauchzart" imagemäßig kaum mit dem Anbieter der Marke „Dimple" konkurrieren. Der Pkw der Mercedes E-Klasse wird relativ wenig mit einem Opel Omega konkurrieren. Sogar bei ähnlichen Preissegmenten können Produkte aufgrund des in der Vergangenheit gewonnenen Images völlig unterschiedlich bewertet werden. Es haben sich verschiedene Marktsegmente herausgebildet, die sich auch durch das differierende Image voneinander abgrenzen lassen.

(4) Produktleistungskonkurrenten

Noch enger wird das Konkurrenzfeld, wenn man lediglich die unmittelbare Produktleistungskonkurrenz betrachtet. So bieten die Automobilhersteller Volkswagen, Opel und Ford im Segment der unteren Mittelklasse mit ihren Modellen „Golf", „Astra" und „Focus" Pkws an, die hinsichtlich Größe, Hubraum, Benzinverbrauch, Beschleunigungsvermögen, Höchstgeschwindigkeit u. a. relativ ähnliche Sachleistungen erbringen. Gegeneinander konkurrieren sie nun durch unterschiedliche Design-Gestaltungslösungen und durch Zusatzausstattungen. Die Konkurrenzintensität ist in einem solchen Fall besonders hoch, wenn man einmal von den markentreuen Käufern (z. B. „Golf-Freaks") absieht.

(5) Angebotsmodalitätskonkurrenten

Wenn die Firma Avon Cosmetics ihre Produkte im Direktvertrieb absetzt, dann ist der Grad der Konkurrenzintensität relativ gering gegenüber den Angeboten anderer Firmen, die z. B. über den Fachhandel anbieten, selbst wenn Image und Produktleistungen relativ ähnlich sind.

Neben der Produktkonkurrenz muß also auch die Vermarktungskonkurrenz geprüft werden, d. h. in welchem Maße man sich mit wem in Service-, Distributions-, Entgelt- und Kommunikationskonkurrenz (Vermarktungsmix-Konkurrenz) befindet. Hierbei spielt die Preiskonkurrenz üblicherweise eine große Rolle. Aufgabe des Marketing ist es bekanntlich dann, durch besondere, differenzierende Marketingmaßnahmen dieser Konkurrenz zu begegnen.

3.52 Objektanalyse

Wenn man weiß, wer als Konkurrent in Frage kommt, kann man gezielt nach den Produkten suchen, die sich zur Anspruchsbefriedigung eignen. Würde man sich lediglich auf die Angebote im Handel beschränken, dann wäre man allzusehr von dessen spezifischen Sortimentsbildungen abhängig. Diese Objektanalyse wollen wir wiederum stufenmäßig durchführen:

(1) Zusammenstellung der Konkurrenzangebote
Als Antwort auf die bereits gestellte Frage, vor welchen Alternativen der Käufer vor der Kaufentscheidung steht, erhalten wir eine meist große Anzahl möglicher Befriedigungsmittel (Produkte). Man kann die Zusammenstellung auf den engeren regionalen oder nationalen Markt beschränken. Für eine langfristige Lösung hilfreicher dürfte auch die Einbeziehung der Angebote internationaler Konkurrenten sein; selbst wenn diese im Augenblick noch keine große Rolle spielen. Je nach dem Umfang des eigenen Angebotsprogramms kann sich auch die Einbeziehung der eigenen Produkte empfehlen, wenn man sie als Problemlösungsalternativen ansehen kann. Dieser Überblick kann nur der ersten Orientierung dienen. Ein Instrument zur Bestimmung der Konkurrenzbeziehungen bildet die „item-by-use-matrix" von Stefflre (1979, S. 415 ff.). Sie gleicht der Verwendungsbereichsanalyse, wie sie in Abschnitt 3.442 vorgestellt wurde. Es handelt sich um einen iterativen Prozeß, in dem Versuchspersonen gebeten werden, vorher ermittelten Verwendungssituationen (Ankerreiz) möglichst viele Produkte zuzuordnen.

(2) Analyse der Angebote
Will man Anhaltspunkte vor allem für eine konkurrenzdifferenzierende Produktgestaltung gewinnen, dann wird man die Angebote näher zu prüfen haben.
Die zentrale Frage kreist um das Problem der Marktsegmentbestimmung. Wen sprechen die Konkurrenten mit ihren Produkten an? Gibt es noch Segmentnischen? Oder ist es möglich, mit leistungsstärkeren Produkten die vorhandenen Segmente besser anzusprechen? Die Bestimmung der Marktsegmente, welche die Konkurrenz anspricht, kann auf verschiedene Weise erfolgen:
- Deduktion der Ansprüche aus dem Leistungspotential des Produktes.
- Deduktion des Segments aus den vermarktungspolitischen Aktivitäten.
- Übernahme der Konkurrenzäußerungen bei Produkteinführungen oder Relaunches (Produktvariationen) anläßlich von Messen, Ausstellungen oder anderen Präsentationsgelegenheiten.

An dieser Stelle interessiert vorrangig die erste Alternative (*Leistungsanalyse).*

In einem marktorientierten Unternehmen sollte es Pflicht sein, die jeweils interessierenden Konkurrenzangebote auf ihre spezifische Leistungsfähigkeit zu überprüfen. Die vergleichende Beurteilung der Sach- und Anmutungsleistungen – sie dienen zur Befriedigung der entsprechenden Ansprüche – kann nach Komplexitätsgrad der Produkte zwar sehr aufwendig sein, ist jedoch für eine möglichst günstige Positionierung der neuen Produkte unumgänglich. Zwei Aspekte der Leistungsanalyse wollen wir herausschälen:

- faktische Produktleistungen,
- als Vorstellungsbild verzeichnete Leistungsschwerpunkte (Imageanalyse).

Neben der Auflistung der einzelnen konkreten Leistungen wird man zu prüfen haben, welche Leistungsschwerpunkte (Unterschiede in den Leistungsintensitäten) feststellbar sind.

Die Anordnung der Leistungen kann analog zu den beschriebenen Ansprüchen erfolgen. Mit einbezogen werden sollen auch Potentialaspekte (diese werden in Abschnitt 3.8 ausführlich analysiert). Meist werden nicht alle Aspekte gleich bedeutsam sein, unternehmensbezogene Spezifizierungen sind wahrscheinlich.

Die Bewertung selbst kann unterschiedlich erfolgen. Eine Möglichkeit ist die 100 %-Bewertung. Gemessen am Besten in der jeweiligen Branche, bezogen auf die einzelnen Leistungen (100 Punkte), ergeben sich dann sehr differenzierte Einzelbewertungen. Diese Bewertungen sollten von Fachleuten (z. B. Marketing, Verkauf) vorgenommen werden. Nicht nur, daß so ein systematischer Konkurrenzvergleich gelingen kann, es wird auch deutlich, wo Bewertungsunterschiede einzelner liegen. Das fördert die Transparenz und die Urteilsbindung.

Eine Reduktion der Bewertungsmerkmale erfolgt im Rahmen der Produktpositionierung. Man kann Produktpositionierung als Bewertung von Produkten anhand weniger, bedeutsamer Merkmale im Vergleich zu Konkurrenzprodukten beschreiben. Entsprechend unserer Kundenorientierung stehen die Kundenansprüche im Mittelpunkt der Bewertung. Um aussagefähige Informationen für morgen wirksames Handeln zu gewinnen, wird man, beispielsweise in einer Expertenrunde, die beiden morgen wichtigsten Ansprüche aufzeichnen. Aus der Analyse der beiden Unternehmen A und B können Schlüsse für Maßnahmen

- des Positionserhaltens,
- der Positionsänderung des eigenen Unternehmens

gezogen werden. Das kann bedeuten, daß man näher an den Konkurrenten heranrücken oder sich von ihm entfernen will. Ein Beispiel zeigt Übersicht 93.

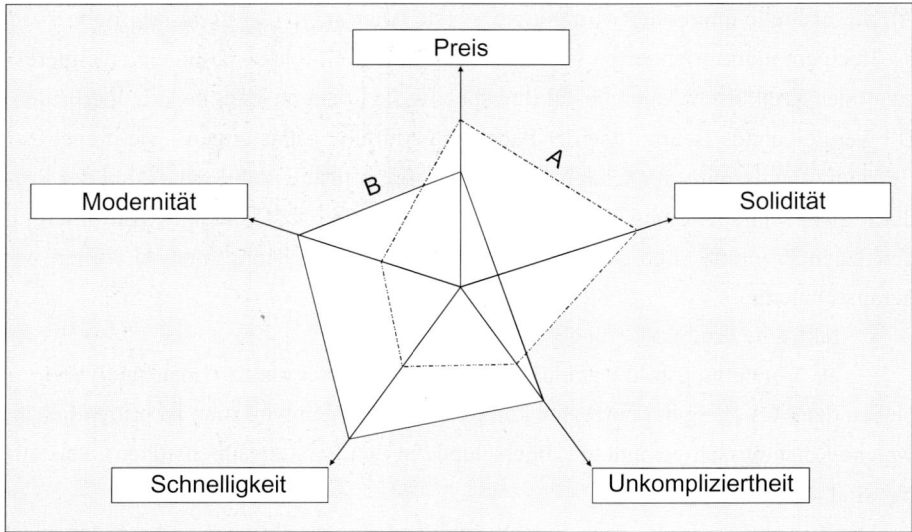

Übersicht 93: Leistungsbezogene Konkurrenzpositionen

In der Praxis wird diese auf das morgen Wichtige bezogene Imageanalyse eher auf das Heute bezogen, indem man mit Hilfe repräsentativer Befragungen ein möglichst genaues Abbild des Gültigen zu schaffen versucht. Hiermit sind zumindest zwei bedeutsame Probleme verbunden:

- das Validitätsproblem,
- das Entscheidungsproblem.

Mißt man mit Wortbefragungen wirklich Images? Es handelt sich ja um Bilder und Vorstellungen über Angebote, die zu einem großen Teil auch affektiven Ursprungs sind. Das Sprachliche ist dagegen stark kognitiv geprägt. Die Kunst besteht nun darin, valide Bilder für sprachlich Gemeintes zu finden. Hilfreich sind hier die Befunde von Paivio (1971), dessen dualer Kodierungstheorie zufolge wir neben einem Wort- auch über ein Bildgedächtnis verfügen. Die Bilderforschung befindet sich erst in den Anfängen (Kroeber-Riel 1992). Schmitz (1990) hat einige Wort-Bildzusammenhänge empirisch validiert. Er hat für die Anmutungsbegriffe Bilder entwickelt und gezeigt, wie sie in praktischen Imageanalysen genutzt werden können. Auch die folgenden Bilder in Übersicht 94 sind nicht zeitinvariant.

Neben der Bildanalyse gibt es vielfältige Formen der Befragung und Beobachtung als Datengewinnungsmethoden und verschiedene Techniken der Datenverarbeitung (Faktorenanalyse, Diskriminanzanalyse, mehrdimensionale Skalierung usw.).

Einfach

Bedeutungsraum
- praktisch
- normal
- Minimalanforderung
- Alltag
- Standardausführung

Luxuriös

Bedeutungsraum
- prunkvoll
- prachtvoll
- luxuriös
- üppig
- aufwendig
- reich verziert
- königlich
- prächtig

Klassisch

Bedeutungsraum
- klassisch
- Altertum
- antik
- griechisch
- Kultur

Modern

Bedeutungsraum
- modisch
- die neue Mode
- von heute
- up to date
- in

Traditionell

Bedeutungsraum
- Tradition
- Adel
- überliefert
- Exklusivität
- Familientradition

Nostalgisch

Bedeutungsraum
- nostalgisch
- gute alte Zeit
- Sehnsucht
- alt
- Trödel

Wuchtig

Bedeutungsraum
- wuchtig
- groß
- imposant
- gewaltig
- eindrucksvoll
- dauerhaft
- erhaben
- majestätisch

Behaglich

Bedeutungsraum
- Wärme
- Gemütlichkeit
- Stil
- wohlig
- behaglich
- beschaulich
- Winterabend
- anheimelnd

Leicht

Bedeutungsraum
- leicht
- Flauschigkeit
- Weichheit
- geschwungen

Grazil

Bedeutungsraum
- empfindlich
- zerbrechlich
- unpraktisch
- künstlerisch
- stilvoll
- schlank
- dünn
- artifiziell

Übersicht 94: Imageries

(3) Verteilungsanalyse

Diese leistungsbezogene Produkteinzelanalyse muß um Aussagen zu deren mengenmäßigen Bedeutsamkeit ergänzt werden. Hierbei interessieren vorrangig zwei Fragenkomplexe:

- Wie hoch sind die Marktanteile der Konkurrenten?
- Wird ein einzelnes Produkt oder ein Produktprogramm für einen Anspruchsbereich angeboten?

Zur Marktanteilsbestimmung muß der *relevante Markt* herangezogen werden. Die Bestimmung des relevanten Marktes durch die Kreuzpreiselastizität hilft nur wenig, da sie von vollständiger Information und keinen Präferenzen ausgeht. Das eine haben wir nicht (vollständige Information) und das andere wollen wir nicht (keine Präferenzen). Allenfalls bei Commodities könnte diese Methode eine Rolle spielen. Der relevante Markt wird zum einen von der Gebietsgröße des Marktes bestimmt (z. B. Regionalmarkt, nationaler Markt, europäischer Markt, internationaler Markt), den man ansprechen möchte. Und zum anderen hängt er von dem Marktsegment ab, an das man sich wenden möchte. Wenn man eine Zigarette mit betont damenhafter Ausstrahlung entwickeln will, dann interessiert der gesamte Zigarettenmarkt weniger als dieser noch relativ kleine Spezialmarkt. Während beispielsweise die Zigarettenmarke x auf dem Gesamtmarkt nur einen Anteil von 0,6 % aufweist – man würde sie für unbedeutend halten –, nimmt sie auf dem Spezialmarkt für Damenzigaretten einen Marktanteil von z. B. 70 % in Anspruch. Das deutet schon eher auf mögliche Schwierigkeiten hin, sich gegen diesen Konkurrenten mit einem neuen Produkt durchzusetzen.

Des weiteren sollte geprüft werden, ob die Konkurrenten das Marktsegment in seiner produktspezifischen Anspruchskombination mit nur einem Produkt, mit einer Produktlinie (leistungsdifferente Produktalternativen) oder mit einer Produktfamilie (leistungsdifferente Komplementärprodukte) bedienen. Denn dadurch werden jeweils unterschiedliche Erwartungen erzeugt, deren Berücksichtigung bei der eigenen Produktneuplanung die Durchsetzungsfähigkeit erleichtern kann.

3.53 Modalitätsanalyse

Bei der Konkurrenzbestimmung wiesen wir bereits auf die Angebotsmodalitätskonkurrenten hin. Selbst wenn man festgestellt haben sollte, daß das ausgewählte Marktsegment bereits mit Produkten bedient wird, die annähernd den eigenen Vorstellungen entsprechen, muß das nicht unbedingt die Konsequenz nach sich ziehen, auf weitere Überlegungen zu dieser Produktidee zu verzichten, denn in der Art und Weise

(Modalität), wie man etwas anbietet, können so erhebliche Unterschiede liegen, daß das Gesamtangebot trotz weitgehender Produktidentität als different vom Markt wahrgenommen wird.

Ein zweiter Grund, nach der Angebotsmodalität der Konkurrenz zu fragen, liegt selbstverständlich darin, Anhaltspunkte für die spätere Vermarktungsarbeit zu gewinnen. Da wir noch nicht unmittelbar mit der Vermarktungsanalyse beginnen, könnte man meinen, diese Überlegungen dann auch bis zum Beginn dieser Arbeit zurückzustellen. Die gewählte diskursive Vorgehensweise, nach der das analysiert wird, was man gerade benötigt, würde dies nahelegen. Aus ökonomischen Gründen halten wir es jedoch auch hier für sinnvoll, mit der Ermittlung dessen, was die Konkurrenz anbietet, gleichzeitig auch zu erheben, wie sie es anbietet, da beides praktisch untrennbar miteinander verbunden ist. Würde man erst später die Angebotsmodalität ermitteln, hätte das zwar die Vorteile, daß man über neuestes Material verfügte und daß man wirklich Schritt für Schritt ein Problem nach dem anderen gelöst hätte, man würde das jedoch mit dem Nachteil höherer, nicht unbedingt notwendiger Kosten erkaufen.

Das, was man bezüglich der Konkurrenzvermarktungsaktivitäten erheben sollte, ergibt sich im Überblick bereits aus der Übersicht 8, wenn man die produktpolitischen Instrumente wegläßt. Hilfreich dürfte die Nutzung der Übersicht 254 in Abschnitt 5.31 sein. Durch diese beiden Verweise ersparen wir uns Doppeldarstellungen.

Nun hat jedes Konkurrenzunternehmen eine spezifische Kombination dieser einzelnen Vermarktungsinstrumente entwickelt, die es für das interessierende Konkurrenzprodukt festzustellen gilt. Auch sollte man festzuhalten versuchen, worauf besonderes Schwergewicht gelegt wird und bei welchem Vermarktungsinstrument (bzw. bei welcher Variablenausprägung) das Konkurrenzunternehmen über besonders marktwirksame Stärken verfügt. Im einen Falle ist es infolge der Intensität des Mitteleinsatzes, im anderen Falle wegen der etablierten Marktstärke schwierig, sich gegen diese Maßnahmen marktwirksam durchzusetzen. Beide Aspekte können sich wie Ursache zu Wirkung verhalten. Durch Zusammenstellung und Vergleich der eingesetzten Vermarktungsinstrumente der Konkurrenz erhalten wir schließlich Hinweise darüber, wo Instrumentalhäufungen vorkommen und wo welche Instrumente weniger intensiv eingesetzt werden, wo also Lücken bei den Variablenausprägungen vorliegen.

3.54 Subjektanalyse

Auch über das, was hinter dem Angebot der Konkurrenz steckt, sollte man einige Informationen gewinnen. Zum einen scheint es zweckmäßig zu sein herauszufinden, was die Konkurrenz alles kann (Konkurrenzpotential), und zum anderen zu ermitteln, was die Konkurrenz will (Konkurrenzziele, -strategien). Dies wollen wir mit einigen Bemerkungen zum Konkurrenztrend abrunden.

(1) Zum Konkurrenzpotential

Können wir in etwa die *Beschaffungspotentiale* der Konkurrenz abschätzen, dann ermöglicht uns der Vergleich mit unserem eigenen Beschaffungspotential die Bestimmung der eigenen Beschaffungsposition. Ist der Konkurrent aufgrund seines großen Beschaffungsvolumens (z. B. weil er die Rohstoffe auch zur Herstellung anderer Produkte einsetzen kann) in der Lage, zu wesentlich günstigeren Bedingungen einzukaufen, als uns das jemals möglich sein wird, dann kann dieser Nachteil dazu führen, von der Produktidee gänzlich abzusehen, die Produktidee so zu modifizieren, daß ein unmittelbarer Vergleich nicht mehr möglich wird oder sich um Beschaffungskooperationen mit anderen Herstellern zu bemühen.

Auch der Vergleich der *Produktionspotentiale* der Konkurrenz mit den eigenen offenbart Schwächen und Stärken, die in das Entwicklungskalkül einbezogen werden müssen. Hierbei muß es sich nicht um Kostenvor- oder -nachteile handeln; auch Fragen flexiblerer, besserer (z. B. genauerer, präziserer) Produktion können entscheidend sein.

Für ebenso wichtig halten wir den Vergleich der *Absatzpotentiale*. Wie bekannt sind die Konkurrenzunternehmen? Wem sind sie bekannt? Über welches Image verfügen sie und ihre Produkte? Über welche Distributionsorgane setzen sie bei welcher Distributionsdichte ab? Sind die wichtigen Konkurrenzunternehmen z. B. bei der Mehrzahl der Distributionsorgane eingeführt und ist man selbst aufgrund des begrenzten Sortiments und der begrenzten Produktionskapazität nicht in der Lage, gleiches zu erreichen, muß das nicht unbedingt nachteilig sein, da eine Beschränkung auf spezifische Distributionsorgane zum einen von diesen honoriert werden kann (z. B. Fachhandelstreue) und zum anderen zur eindeutigen Imagebildung beiträgt. Sind jedoch die Distributionsbindungen zwischen Konkurrenten und den von ihnen ausgewählten Distributionsorganen besonders eng, dann wird dieser Distributionskanal nur mit Schwierigkeiten (d. h. mit Zugeständnissen der verschiedensten Art) benutzbar sein.

Das *Finanzpotential* des Konkurrenten ist insofern für die eigene Planung bedeutsam, als dies den Rahmen der absatzpolitischen Aktivitäten absteckt. Dabei kann es sich einerseits im Extremfall darum handeln, inwieweit und wie lange der Konkurrent eine eventuell verlustreiche Einführungsphase durchzustehen bereit ist; andererseits können z. B. Liquiditätsengpässe oder die zu geringe Eigenkapitalausstattung dazu führen, daß durch Sonderaktionen erhebliche Unruhe in den Markt gebracht wird, die langfristiges Planen nicht gerade erleichtert. Beide Extremfälle erschweren den Marktzugang. Zwischen ihnen dürfte jedoch in der Mehrzahl der Fälle das Finanzpotential der Konkurrenten anzusiedeln sein.

Das *Entwicklungspotential* sollte man näherungsweise deshalb kennen, weil man daraus Schlüsse für zukünftige Schwerpunkte in den Gestaltungslösungen ziehen kann. Verfügt z. B. ein Hersteller von Elektrokleingeräten für den Haushalt über eine gute Designabteilung mit einer bestimmten „Handschrift", dann kann man in etwa abschätzen, welche Gestaltungsschwerpunkte auch in Zukunft zu erwarten sind. Daraus können Schlüsse für die eigene Gestaltungsarbeit gezogen werden (z. B. stärkere Betonung der soliden Gebrauchstauglichkeit oder einer anderen „Designerhandschrift") .

Nicht zuletzt scheint uns das *Managementpotential* der Konkurrenz eine große Rolle zu spielen. Zum einen sollte man das Organisationskonzept kennen, das Anhaltspunkte für die Reagibilität der Konkurrenz auf eigene Maßnahmen bietet. Partizipativ geführte Unternehmen mit einem hohen Maß an Entscheidungs- und Verantwortungsdelegation dürften schneller als autoritär-funktional geleitete reagieren. Dann sollte man sich die Entscheidungsträger etwas genauer ansehen. Über welchen Wissens- und Erfahrungshorizont verfügen sie? Wenn Entscheidungsträger z. B. in mehreren Branchen bei erfolgreichen Unternehmen und vielleicht auch noch international tätig waren, so dürfte ihr Wissensspektrum tendenziell breiter als das solcher Entscheidungsträger sein, die nur ihre eigene Branche kennen, was häufig zu gewissen Handlungsstereotypien führt. Weiterhin ist die Identifikation mit der gestellten Aufgabe, das Engagement für deren Bewältigung ein Anzeichen dafür, mit welcher Reaktionsintensität und -härte man bei eigenen Aktionen rechnen muß. Schneidet man bezüglich dieser Managementqualifikationen schlechter als die Konkurrenz ab, dann wird die Konkurrenzsituation sicherlich sehr unbequem und man muß schon in der Lage sein, eine Menge anderer Vorteile (z. B. hohes Finanzpotential) in die Waagschale zu werfen.

Inhaltlich läge es nun nahe, die Analyse des Konkurrenzpotentials mit der eigenen Potentialanalyse abzurunden. Das wollen wir nicht tun. Unter dem hier gewählten Entscheidungsansatz interessiert uns die Potentialanalyse vor allem im Zusammenhang mit Zielentscheidungen (siehe hierzu Abschnitt 3.7).

(2) Zur Ziel- und Strategieanalyse

Wenn man zumindest näherungsweise weiß, was die Konkurrenten wollen und mit welchen strategischen Instrumentalkombinationen sie das erreichen wollen, dann erleichtert das die eigenen Entscheidungen. Insbesondere ist es dann in Grenzen möglich abzuschätzen, mit welchen Reaktionen man rechnen kann, wenn man sich mit einem interessanten eigenen Angebot an den Markt wendet. Durch Einbeziehung dieser Reaktionen in die eigene Planung wird der Rahmen autonomer Entscheidungen vergrößert.

Aus den vielfältigen, noch zu behandelnden Zielen (siehe hierzu Abschnitt 3.7) interessieren vor allem die Absatzziele und die zu ihrer Realisation dienenden Marketingstrategien als Rahmen für das Marketingmix. Dazu gehören auch die zu ihrer Verwirklichung dienenden Produktziele.

Wenn z. B. mehrere Konkurrenten verstärkt auf eine Exklusivstrategie setzen, kann der Markt sehr eng werden. Um sich dennoch durchzusetzen, wird ein hoher Vermarktungsaufwand nötig, dessen Einsatz aber möglicherweise wegen der begrenzten Produktmengen nicht rentabel erscheint.

Anhaltspunkte für die Ziel- und Strategieanalyse sind direkt oder indirekt erhältlich. Man kann direkt z. B. aus Messepräsentationen, Pressekonferenzen, Produktpublizitätsmaßnahmen (siehe hierzu Abschnitt 5.143) schließen, was Konkurrenten tun und vorhaben. Indirekte Schlüsse sind insofern möglich, als man die Maßnahmen untersucht und auf Ziele und Strategien zurückschließt. Wenn man nämlich – wie wir das noch zeigen werden – von Zielen über Strategien zu jeweils spezifisch dazu passenden Maßnahmen gelangt, muß auch in Grenzen umgekehrt von Maßnahmen auf Strategien und Ziele geschlossen werden können.

Da ein Bündel von Marktaktivitäten meist zur Verwirklichung mehrerer Ziele geeignet sein kann, damit also lediglich eine Zieleingrenzung möglich ist, wird man weitere Informationen sammeln müssen. Zum einen können wir Rückschlüsse aus anderen Marktaktivitäten (z. B. Vermarktung anderer Produkte) ziehen. Gleichen nämlich die Ergebnisse der bisher seitens der Konkurrenz entfalteten Marktaktivitäten denen, die für den hier interessierenden Produktbereich angenommen werden, dann erhöht sich die Wahrscheinlichkeit der Aktivitätskonstanz.

(3) Konkurrenztrendanalyse

Wenn wir heute etwas entwickeln, das sich morgen gegenüber den Konkurrenzangeboten erfolgreich behaupten soll, dann müssen wir natürlich auch darüber etwas wissen, was die Konkurrenzunternehmen zukünftig zu tun beabsichtigen und wie sich die Konkurrenzunternehmen voraussichtlich zukünftig entwickeln werden.

Aus den erklärten Zielvorstellungen sowie aus der Situation, in der sich die einzelnen Konkurrenzunternehmen befinden (Aufstiegs-, Niedergangs-, Umbruchs-, Diversifikationssituation), können wir Anhaltspunkte gewinnen, in welche Richtung sich die Art des Angebots (neue Produkte, Sortimentsveränderungen) und die Modalität des Angebots (z. B. Veränderungen der Distributionsorgane, andere Serviceschwerpunkte, Verschiebungen in der Preispolitik, Modifikationen der Kommunikationspolitik) aller Wahrscheinlichkeit nach verändern wird. Für einen Hersteller von Edelstahlhalbzeug kann die erklärte Absicht seines Konkurrenten, sich stärker der Weiterentwicklung zuwenden zu wollen, stärker mit den Abnehmern seiner Bleche kooperieren zu wollen, indem z. B. gemeinsam Werbemaßnahmen ergriffen werden, die eigenen Auslieferungsläger stärker ausbauen zu wollen, erhebliche Rückwirkungen für den Erfolg zukünftiger Angebotsprogramme haben. Es kann sich beispielsweise eine Ausweitung des Halbzeugprogramms als sinnvoll erweisen, weil die Flucht in die Verarbeitung den Konkurrenzdruck mindert. Die bevorzugte Bedienung des noch selbständigen Stahlhandels wird von diesem möglicherweise insofern honoriert, als er dem Halbzeugprogramm dieses Herstellers besondere Aufmerksamkeit widmet, um seine eigene Überlebenschance zu vergrößern. Je nach Marktsituation und eigenem Potential kann es aber auch ratsam sein, den Aktivitäten des Konkurrenten zu folgen.

3.6 Analyse der rechtlichen Restriktionen

Nicht alles, was gefällt, ist erlaubt. Solange menschlicher Geist nicht erlahmt, immer wieder Neues zu versuchen, um eigenen Zielen zu dienen, wird es Konflikte zwischen dem einzelnen und Gruppen geben. Je komplizierter die Gruppengefüge werden, je heterogener und prononcierter Gruppenegoismen auftreten, um so unabweisbarer wird der Zwang, allgemein verbindliche Regeln zur Konfliktminderung bzw. -kanalisierung zu schaffen. Eine Fülle von Gesetzen, Verordnungen, Richtlinien, Regeln, Normen greift vor diesem Hintergrund auch in das von uns abgesteckte Tätigkeitsfeld ein. Ob es nun das Eichgesetz (vom 08.03.1994), die darauf Bezug nehmende Fertigpackungsverordnung (vom 18.12.1981) oder das Textilkennzeichnungsgesetz (vom 14.8.1986) sind, sie lassen nur beschränkte Aktivitäten zu. Neben dem nationalen greift zunehmend internationales Recht (z. B. EU-Recht) in den eigenen Handlungsrahmen ein. Und wenn man dann noch die Grenzen des eigenen Marktes überschreitet, wird es noch komplizierter.

Man wird nun zwei Auffassungen unterscheiden können, wie man sich mit diesen

Beschränkungen arrangieren soll. Zu beobachten ist die eine, der zufolge versucht wird, Wege zu finden, um diese Limitierungen zu umgehen, nach Lücken Ausschau zu halten, um dennoch in dem beschränkten Bereich konkurrenzdifferenzierend aktiv werden zu können. Da wir es für eine langfristig erfolgreiche Markenpolitik im Regelfalle nicht für zuträglich halten, nach Gesetzeslücken zu stöbern, da wir davon ausgehen, daß dies meist allenfalls nur zu kurzfristigen Erfolgen führt, bis man wieder auffällt – man denke an die schädigenden Auswirkungen auf das Firmen- und Produktimage –, wollen wir diesen Weg nicht weiter verfolgen, sondern den gegenteiligen beschreiten, indem wir danach fragen, was wir bei der Angebotsgestaltung tun und unterlassen müssen. Ergänzen wollen wir dies durch Überlegungen, was an zukünftigen rechtlichen Limitierungen erwartet werden kann, um diese Beschränkungen bereits jetzt mit einbauen zu können und nicht später vor evtl. teure Veränderungsnotwendigkeiten gestellt zu werden.

Offensichtlich können wir hier keinen vollständigen Überblick über alle rechtlichen und quasi-rechtlichen Rahmendaten geben, die bei der Entwicklung neuer Angebote zu berücksichtigen sind. Wir können lediglich bei der Orientierung Hilfestellung leisten. Vier Problemkreise verdienen Beachtung:

1. Allgemeine Geschäftsbedingungen
2. Handelsbräuche mit Geltung unter Kaufleuten
3. Gewerblicher Rechtsschutz
4. Schutzgesetze, -verordnungen usw.

Die Allgemeinen Geschäftsbedingungen (AGB) (Raiser 1961) erstrecken sich u. a. auf so wichtige Tatbestände wie die Gewährleistung wegen Sachmängeln (§ 459 ff. BGB), Leistungsstörungen, Eigentumsvorbehalt, Sicherungsübereignung und Forderungsabtretung. Als Handelsbräuche (§ 346 HGB) besonders wichtig sind die Handelsklauseln (z. B. fob, cif). Für die Beantwortung unserer Frage dürften jedoch die Regeln des gewerblichen Rechtsschutzes und die Gruppe der Schutzgesetze bedeutsamer sein. Letztere geben Antworten auf die Fragen: Was müssen wir tun? Erstere auf die Frage: Was dürfen wir (nicht) tun?

3.61 Gestaltungsvorgaben

Prinzipiell handelt es sich um Vorschriften, die Hersteller, Importeure, Exporteure und Händler zum Schutze solcher Personen zu beachten haben, die ihre schutzwürdigen Interessen selbst nur schwerlich durchsetzen könnten. Wir können die Gestaltungsvorgaben entsprechend Übersicht 95 gliedern:

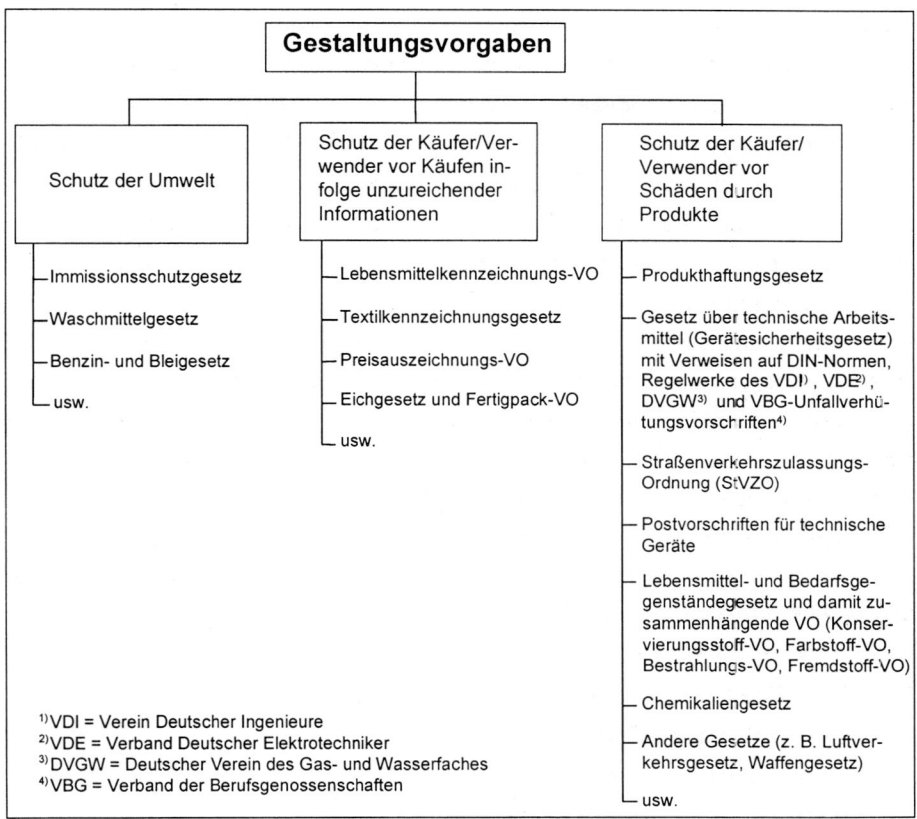

Übersicht 95: Für die Angebotsgestaltung wichtige Gestaltungsvorgaben

Mit *Maßnahmen zum Schutze der Umwelt* sollen die sozialen Kosten reduziert werden. Bei einer Gesellschaft, die zunehmend abwehrend auf Lärm, Luft- und Wasserverunreinigungen reagiert, werden Gesetze, Verordnungen usw. zunehmend restriktiv wirken. So wurde den Herstellern von Waschmitteln auferlegt, den Phosphatanteil bei Waschmitteln zu senken, um die Überdüngung der Gewässer zu verhindern. Den Herstellern von geschäumten Kunststoffen wurde nahegelegt, auf die Verwendung von FCKW als Treibmittel zu verzichten. Das gleiche gilt für Kühlschrankhersteller.

Der zweite Bereich betrifft Informationsschutzmaßnahmen. Der Käufer und Verwender soll vor Übervorteilung durch nicht vorhandene, teilweise richtige oder nur schwer deutbare Informationen bewahrt werden. Hier wird festgelegt, worüber informiert werden muß. Dabei wird häufig auch das Wie der Informationsgestaltung vorgegeben.

Den für die Produktgestaltung wichtigsten Aspekt bildet der dritte Bereich. Auch hier wird man sich besonders mit den Auswirkungen des Gerätesicherheitsgesetzes von 1968 auseinandersetzen müssen. In § 2 dieses Gesetzes wird beschrieben, auf welche Produkte es sich erstreckt. Es handelt sich um verwendungsfertige Arbeitseinrichtungen ..., „vor allem Werkzeuge, Arbeitsgeräte, Arbeits- und Kraftmaschinen, Hebe- und Fördereinrichtungen sowie Beförderungsmittel". Dazu gehören:

- „Schutzeinrichtungen, die nicht Teil eines technischen Arbeitsmittels sind,
- Einrichtungen, die zum Beleuchten, Beheizen, Kühlen sowie Be- und Entlüften bestimmt sind,
- Haushaltsgeräte,
- Sport- und Bastelgeräte sowie Spielzeug ...".

Richtschnur für den geforderten Sicherheitsstandard sind die allgemein anerkannten Regeln der Technik sowie die Arbeitsschutz- und Unfallverhütungsvorschriften der Berufsgenossenschaften. Die *produktrelevanten Sicherheitsnormen* und die Unfallverhütungsvorschriften befinden sich in den Anhängen der allgemeinen Verwaltungsvorschriften zum Gerätesicherheitsgesetz.

Der Verkauf von Produkten, die nicht dem geforderten Sicherheitsstandard genügen, kann von den Gewerbeaufsichtsämtern unter bestimmten Bedingungen untersagt werden. Weicht man von dem geforderten Sicherheitsstand ab, so sind auch ohne Untersagungsverfügungen damit erhebliche Risiken im Rahmen der Produzenten- und Produkthaftung verbunden (Thomsen/Wagner 1979, S. 281 ff.). Hierauf nimmt auch das Produkthaftungsgesetz (§ 19) Bezug. Abweichungen bewirken die Umkehr der Beweislast.

Diese bisher auf den deutschen Raum beschränkten Überlegungen werden noch differenzierter, wenn man an den Export denkt. Jeweils spezifisch für Exportmärkte ausgelegte Produktvarianten verhindern die Nutzung des Kostendegressionseffektes bei zunehmenden Produktionsstückzahlen. Dieser Nachteil entfällt im gemeinsamen EU-Binnenmarkt weitgehend, da Produkte, die in einem EU-Mitgliedsland rechtmäßig hergestellt und in Verkehr gebracht worden sind, auch in allen anderen EU-Staaten auf den Markt gebracht werden dürfen. Dies ist wegen des Grundsatzes der gegenseitigen Anerkennung nationaler Vorschriften möglich. Darüber hinaus interessieren in diesem Zusammenhang Harmonisierungsrichtlinien, die EU-weit Mindestanforderungen an solche Produkte festlegen, die grundlegende Gesundheits-, Sicherheits- oder Umweltanforderungen erfüllen müssen (Kommission der EG, 1985). Dies trifft beispielsweise für Lebensmittelzusatzstoffe, pharmazeutische Produkte, Spielzeug und andere Produktarten zu.

Unter kommunikativen Gesichtspunkten kann die Sicherheitsentsprechung insofern genutzt werden, als man sein Produkt z. B. einer TÜV-Prüfstelle zum Sicherheitstest übergibt. Bei bestandenem Test erhält man das genormte GS-Zeichen (geprüfte Sicherheit), das man am Produkt anbringen und in der Werbung verwenden kann. Dieses Produkt wird dann auch nicht mehr vom Gewerbeaufsichtsamt auf seine Sicherheit überprüft.

Es erscheint als durchaus vertretbar, wenn man vom Produktmanager erwartet, daß er die nationalen und internationalen produktspezifischen Gestaltungsvorgaben zusammenstellt oder deren Sammlung veranlaßt. Damit wird die spätere gemeinsame Gestaltungsarbeit erleichtert.

3.62 Gestaltungsrestriktionen

Neben den allgemein gültigen Restriktionen des UWG (Gesetz gegen unlauteren Wettbewerb) und des GWB (Gesetz gegen Wettbewerbsbeschränkungen) interessiert in diesem Zusammenhang vorrangig der gewerbliche Rechtsschutz. Wir können von folgender Übersicht ausgehen:

Übersicht 96: Gewerblicher Rechtsschutz

Durch den gewerblichen Rechtsschutz sind Rechte Dritter geschützt. Daraus ergeben sich Beschränkungen für andere Anbieter. Sie erstrecken sich auf Beschränkungen der Produktgestaltung und -vermarktung.

Patente werden erteilt für technische Erfindungen, die neu sind, den bekannten Stand der Technik wesentlich erhöhen und eine höhere geistige Leistung verkörpern, als sie dem Durchschnittsfachmann möglich ist (→ Erfindungshöhe) (vgl. §§ 1, 2 PatG sowie Krause/Kathlun/Lindenmaier 1970, S. 36 und 95 ff.). Wichtig für die Erteilung eines Patentes ist auch die gewerbliche Verwertbarkeit. Der Schutz und damit die Restriktion beginnt mit der rechtskräftigen Patenterteilung durch das Patentamt (§ 6 PatG). Vorher gilt § 823 BGB. Die Schutzdauer beträgt 18 Jahre. Wenn einem Unternehmen für eine Erfindung ein Patent erteilt wurde und die Kosten für eine andere, nicht das

Patent verletzende Lösung zu hoch erscheinen, kann man sich um die Erhaltung einer Lizenz bemühen. Lizenzen können sich auch auf die Verwertung anderer Rechte erstrecken.

Das *Gebrauchsmusterrecht* stellt nicht so hohe Anforderungen wie das Patentrecht. Hier wird die materielle Schutzfähigkeit nicht geprüft. Deshalb ist der Gebrauchsmusterschutz schneller zu erhalten (Benkard 1981). Der Schutz und damit die Restriktion beginnt mit der Eintragung. Er dauert drei Jahre. Der *Geschmacksmusterschutz* erstreckt sich auf flächige oder körperliche Muster, die ästhetisch eigenständig wirken (v. Gamm 1965a). Hierbei handelt es sich um das Produktdesign und um das Design in der Werbung. Es werden geringere Anforderungen als im Urheberrecht gestellt. Es sollen die gewerbliche Vervielfältigung und Verbreitung durch andere unterbunden werden. Der Schutz beginnt mit der Anmeldung und Hinterlegung eines Exemplares oder einer Abbildung. Die Schutzdauer beträgt in der Regel ein bis drei Jahre, in Extremfällen maximal 15 Jahre.

Durch das *Urheberrecht* sollen individuelle Geisteswerke auf dem Gebiet der Kultur geschützt werden (§§ 1 + 2, URG). Auswirkungen kann das auf Werbemaßnahmen und die Produktgestaltung (angewandte Kunst) haben. Hierbei werden höhere Anforderungen als im Rahmen des Geschmacksmusterrechts gestellt. Es muß die besondere subjektive Gestaltungskraft, z. B. des Designers, zum Ausdruck kommen (Hübmann 1974). Der Schutz beginnt mit der Schöpfung; die Schutzdauer entspricht der Lebenszeit des Schöpfers zuzüglich 70 Jahre nach seinem Tod.

Mit Hilfe des *Warenzeichenrechts* soll es ermöglicht werden, durch ein bestimmtes eingetragenes Zeichen die Herkunft eines Produktes zweifelsfrei bestimmen zu können. Im Rahmen des Warenzeichenrechts spielt auch der *Ausstattungsschutz* (§ 25 WZG) eine Rolle (v. Gamm 1965b), demzufolge die eigenständige Aufmachung eines Produktes dann geschützt wird, wenn sie Verkehrsgeltung erlangt hat, während man dies für die bisher genannten Schutzrechte nicht nachzuweisen braucht. Ist es dem Konkurrenten gelungen, etwas in der einen oder anderen beschriebenen Weise schützen zu lassen, bildet dies ein Datum, das zu anderen Lösungen zwingt.

Besonders im Rahmen der Werbung ist noch § 16 III UWG interessant, durch den vom Namen unabhängige Unternehmenswerbung, Schlagworte und Slogans dann geschützt sein können, wenn sie Verkehrsgeltung erlangt haben und Unterscheidungskraft besitzen. Der Schutz dauert bis zum Ende der Verkehrsgeltung. Einen aggregierten Überblick gibt Übersicht 97.

Art des Schutz-rechts	Zuordnung zu produkt-politischen Entschei-dungstatbe-ständen	wichtige nationale Rechts-quellen	Schutzge-genstand	materielle Schutz-voraus-setzungen	räumlicher u. zeitlicher Geltungsbereich	Benutzungs-u. Abwehrbefug-nisse der Schutz-rechtsinhaber
Patent	Produkt-gestaltung	Patentgesetz vom 5.5.1936 i.d.F. vom 2.1.1968	größere techni-sche Erfindun-gen (Verfahrens-u. Erzeugniserfin-dungen)	-Neuheit -techn. Fortschritt u. schöpferische Erfin-dungshöhe -gewerbliche Verwert-barkeit -keine Vorpatentierung	-(nach dem Terri-torialitätsprinzip Begrenzung aufs) Bundes-gebiet -max. 18-jährige Schutzfrist	-Recht auf ausschließ-liche gewerbliche Ver-wertung u. Erfindung -Unterlassungs- u. Schadensersatz-ansprüche -bei vorsätzlich wider-rechtlicher Benutzung Strafbarkeit
Ge-brauchs-muster	Produkt-gestaltung, Verpackungs-gestaltung	Gebrauchs-musterge-setz vom 5.5.1936 i.d.F. vom 2.1.1968	kleinere, in einer Raumform verkör-perte techn. Ent-wicklungen an Ar-beitsgerätschaf-ten oder Gebrauchs-gegenständen bzw. Teilen davon	-Neuheit -gewisser Erfindungs-gedanke -der Erhöhung der Arbeits- u. Gebrauchs-fähigkeit dienender techn. Fortschritt -gewerbliche Verwertbarkeit	-Bundesgebiet -reguläre Schutzfrist 3 Jahre, max. 6 Jahre	-Recht auf ausschließ-liche Benutzung der Erfindung -Unterlassungs- u. Schadensersatz-ansprüche -bei vorsätzlicher Ver-letzung Strafbarkeit
Ge-schmacks-muster	Produkt-gestaltung, Verpackungs-gestaltung	Geschmacks-mustergesetz vom 11.1.1876 (RGBL S.11) u. EG StGB vom 2.3. 1974	Gewerbliche Mus-ter (Flächenfor-men) und Modelle (Raumformen), die der ästhe-tischen Formge-bung dienen	-ästhetische Form-gebung -Neuheit -Eigentümlichkeit -gewerbliche Verwertbarkeit	-Bundesgebiet -je nach Antrag 1-3 Jahr; max. bis auf 15 Jahre ver-längerbar	-ausschließliches Recht auf gewerbliche Verwertung des Form-gedankens -Unterlassungs- u. Schadensersatz-ansprüche -bei vorsätzlicher Ver-letzung Strafbarkeit
Urheber-recht	Produkt-gestaltung, Verpackungs-gestaltung	Urheber-rechtsgesetz vom 9.9.1965	Der Urheber und sein individuelles Geisteswerk auf dem Gebiet der Kultur	-persönliche geis-tige Schöpfung mit künstlerischer Ge-staltungshöhe des konkreten Werkes	-Bundesgebiet -bis 70 Jahre nach dem Tod des Urhebers	-neben den Urheberper-sönlichkeitsrechten die ausschließliche Befug-nis zur gewerblichen Aus-nutzung seines Werkes -Unterlassungs- u. Schadensersatz-ansprüche
Einge-trage-nes Waren-zeichen	Markierung	Warenzeichen-gesetz vom 5.5.1936 i.d.F. vom 2.1.1968	Produktkenn-zeichen, die flä-chenmäßig be-grenzte Wort-, Bild- oder Kom-binationszeichen sind	-Unterscheidungs- u. Kennzeichnungskraft (abs. Eintragungshin-dernis) -keine Übereinstim-mung mit für gleichar-tige Waren benutzten älteren Warenzeichen (rel. Eintragungshin.)	-Bundesgebiet -reguläre Schutz-dauer aber be-liebig oft ver-längerbar	-ausschließliches Recht zur Benutzung des Kenn-zeichens für Waren der angemeldeten Art -Unterlassungs- u. Schadensersatz-ansprüche -bei vorsätzlicher Ver-letzung Strafbarkeit
Aus-stattung	Produkt-gestaltung, Verpackungs-gestaltung, Markierung	25 WZG	Jede äußere Aufma-chung der Ware, auch flächenartige Gebilde und plas-tische Formen	-Unterscheidungskraft -Benutzung u. Verkehrsgeltung	-Gebiet in dem sich die Aus-stattung durch-gesetzt hat -Bestand hängt von der Dauer der Verkehrs-geltung ab	-ausschließliches Recht zur Benutzung der Ausstattung für Waren der angemel-deten Art -Unterlassungs- u. Schadensersatz-ansprüche -bei vorsätzlicher Ver-letzung Strafbarkeit

Übersicht 97: Der gewerbliche Rechtsschutz im Überblick (Quelle: Pollmüller 1978, S. 136)

Die Restriktionen, die aus diesen Schutzrechten resultieren, sind nicht immer eindeu-tig abgrenzbar. Dies hat vor allem im internationalen Handel zu einer Fülle von Imitationen geführt. Daraus sollte jedoch nicht die Konsequenz eines lässigen Umgangs mit diesen Rechten gezogen werden. Verliert man einen daraus resultierenden Prozeß, können die Schadensersatzforderungen erheblich sein. Über die eintretenden image-schädigenden Wirkungen braucht man wohl kaum zu diskutieren. So vergibt das Beratungsunternehmen Busse Design (Elchingen) jedes Jahr einen „Plagiarius" für die vollständigste Kopie. Diese wird in den Medien stark beachtet.

3.63 Das Plagiatproblem

Der Erfolg von Produkten zeigt sich auch an seinen Plagiaten. Wenn eine Rolex-Uhr täuschend ähnlich bei Tchibo für deutlich weniger als einem Hundertstel des Original-preises angeboten wird, wer wird hier eigentlich geschädigt? Wenn man am Strand in Italien Lacoste-Hemden für ein Zehntel des Originalpreises erhält, warum nicht? Wenn in großformatigen Zeitungsanzeigen klassische Designmöbel direkt aus Italien zum halben Preis von Herstellern angeboten werden, die nicht über die Urheberrechte ver-fügen, so mag es den Konsumenten freuen. Wirklich? Die Praxis des gewerblichen Rechtsschutzes hat so ihre Tücken.

Wie die folgende Übersicht 98 zeigt, können wir von einem fließenden Übergang zwischen Ident-, Me-too- und Neugestaltung ausgehen. Hier interessiert die Grauzone zwischen Ident- und Me-too-Gestaltung. Wer beurteilt, was gleich und was ähnlich, aber dennoch erkennbar verschieden ist? Die Identgestaltung kann in betrügerischer Absicht erfolgen – das wird der Normalfall sein. Der Käufer soll meinen, ein beson-ders günstiges Hemd von Lacoste erworben zu haben. Demgegenüber gibt der Versand-unternehmer aus Italien nicht vor, Cassina zu heißen, wenn er einen Mackintosh-Stuhl zum halben Preis anbietet. Cassina verfügt über die Urheberrechte an diesem Stuhl, hat u. a. dafür den Markt erschlossen usw. In Italien gilt allerdings das in Deutschland bekannte Urheberrecht nicht.

Da der Handel in Deutschland geschützte Produkte von anderen Herstellern, die über die entsprechenden Schutzrechte nicht verfügen, nicht in den Verkehr bringen darf, liegt der Versandhandel aus Italien nahe. Damit entzieht sich der Versender gleich-zeitig dem Leistungs-(Qualitäts-)Vergleich. Es handelt sich eindeutig um minderwer-tige Kopien. So erzwingt die Konsumentenperspektive Schutzmaßnahmen. Denkbar wäre es auch, daß der Kopierer genauso gut arbeitet (→ Gestaltungsklonung); und selbst, wenn er besser gestalten würde, er könnte immer noch billiger sein, weil er an den gesamten Markterschließungskosten nicht beteiligt ist. Um das Innovationsrisiko in Grenzen zu halten, muß jetzt der Innovator geschützt werden. Das kann der Gestal-ter (z. B. Designer) oder auch der Hersteller selbst sein.

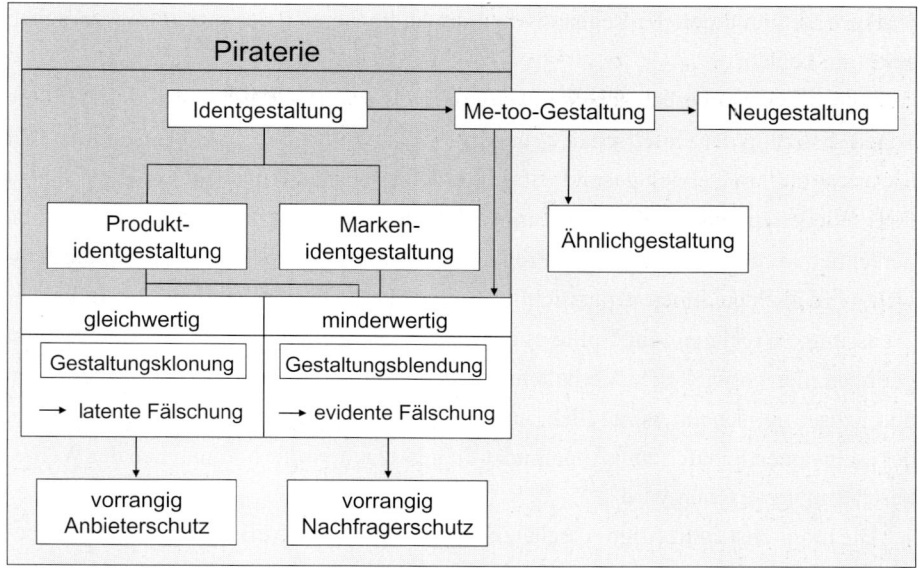

Übersicht 98: Das Plagiatproblem (Quelle: Lutz 1996)

Um sein Recht besser verteidigen zu können, muß der Hersteller bei der Konzeption neuer Produkte *Klonbarrieren* einbauen:

- Der Name des Schöpfers (Designers) und der des Herstellers müssen im Kommunikationsauftritt eine Einheit bilden.
- Der Herstellername muß unzerstörbar Produktbestandteil sein. Er muß werblich am Produkt herausgestellt werden.
- Durch die Wahl der Gestaltungsmittel und des Produktionsverfahrens muß die Möglichkeit der Identgestaltung erschwert werden. So wird ein Kloner durch hohe Werkzeugkosten, hohe Komplexität abgeschreckt.

3.64 Limitierungstrends

Da gesetzliche und gesetzesähnliche Maßnahmen in starkem Maße von der politischen Situation abhängen, die in einer Gesellschaft herrscht, bewegt man sich hier auf besonders schwankendem Boden. Die Lobbyisten der jeweiligen Berufs- und Standesorganisationen tragen das ihre dazu bei, daß Interessenkompromisse gefunden werden müssen. Sie bilden gleichzeitig die Informationsquellen dafür, um zu erfahren, wer sich mit welchen Vorhaben beschäftigt und für welche unter Beachtung der „politischen Landschaft" ein gewisses Maß an Erfolgsaussicht besteht.

Es ist nicht von der Hand zu weisen, daß sich im Bereich der von uns als Gestaltungsrestriktionen bezeichneten rechtlichen Regelungen wenig grundsätzlich ändern wird.

Stärkere Bemühungen der Legislative wird man im Bereich der Gestaltungsvorgaben erwarten können.

Trotz der Unsicherheit scheinen einige Trends unverkennbar zu sein. Die stärkere Sensibilisierung der Gesellschaft gegenüber Gefahren für Leben und Gesundheit läßt erwarten, daß im Bereich gesundheitsgefährdender Produkte wie auch solcher, die zu ihrer Wiedergewinnung und Erhaltung (Pharmaka) dienen, mit erheblichen Auflagen gerechnet werden muß. Belasten Produkte, z. B. durch schädliche Abgase, die Umwelt, wird auch bei ihnen voraussichtlich mit stärkeren Einschränkungen, z. B. bei der Zulassung, zu rechnen sein. Sollte es dem Zentralausschuß der Werbung (ZAW) nicht gelingen, den entwickelten Verhaltenskodex stärker als bisher bei seinen Mitgliedern durchzusetzen, scheint es möglich, daß die Konsumerismusbewegung das Verhalten der „schwarzen Schafe" zum Angelpunkt für gesetzgeberische Maßnahmen der Werbebeschränkung machen wird.

Die möglichst frühzeitige Abschätzung von rechtlichen Auflagen und deren Einbeziehung in die Angebotsplanung kann dazu beitragen, spätere, möglicherweise teure Gestaltungsmodifikationen nicht durchführen zu müssen. Je nach Marktbedingungen kann in der Vorwegnahme von Gestaltungslimitierungen bereits ein besonderer USP (unique selling proposition), ein besonderer Leistungsaspekt des Angebotes liegen. Dies läßt sich vor allem bei sensiblen Leistungsaspekten (z. B. Gesundheit) auch werblich herausstellen.

3.7 Zielanalyse

Bisher haben wir externe Bedingungen untersucht. Damit wollten wir den Blick für die Marktmöglichkeiten schärfen. Wie bereits bei den Prognoseüberlegungen anklang, ist es zwar auch möglich, in Grenzen Nachfrage zu schaffen, Ansprüche über Lernvorgänge zu prägen; da aber auch dann die Durchsetzungsfähigkeit um so größer ist, je mehr dem latente Ansprüche entsprechen, ist es ratsam, die bisherige Marktanalyse als Datum für die weitere Beeinflussungsplanung zu nehmen. Auf die eher reaktive Feststellung folgt nun die aktive Gestaltungsplanung.

Führen wir Zielüberlegungen an dieser Stelle ein, so haben sie vorrangig *restringierenden* Charakter, da es zu prüfen gilt, welche anspruchsinduzierte Produktidee zum vorhandenen Zielsystem paßt bzw. wegen Zielunverträglichkeit gestrichen werden muß. *Ideeninitiierenden* Charakter hätten Zielüberlegungen, wenn sie am Anfang der gesamten Überlegungen stünden. Davon wird mehrheitlich in der Literatur ausgegangen. Dies halten wir deshalb für falsch, weil entsprechend dem hier zugrunde gelegten Marketingverständnis unternehmensbezogene Zielüberlegungen sich an den Marktgegebenheiten zu orientieren haben und nicht umgekehrt.

Während wir uns in Abschnitt 3.3 mit der Frage beschäftigten, wo man mit der Suche nach neuen Produktideen beginnen soll und dabei Bezug nahmen auf bereits gewählte Strategien (Abschnitt 3.32), interessiert uns jetzt, inwieweit vorgegebene Ziele und Strategien die *Auswahl* gewonnener Ideen beeinflussen.

3.71 Allgemeine Zielaspekte

Mit Zielen werden zukünftige Realitätszustände beschrieben, die man durch Aktionen erreichen, erhalten oder verhindern möchte. Sie zeigen die Richtung für die Maßnahmenplanung an und dienen gleichzeitig als Führungsgröße in spezialisierten organisatorischen Gebilden (Oertel 1982, S. 124).

Unter dem hier gewählten Entscheidungsaspekt kommen Zielen mehrere Funktionen zu (Klein/Wahl 1970, S. 147; Simon 1964, S. 1-22; Szyperski 1971, S. 649 ff.):
- Identifikationsfunktion,
- Selektionsfunktion,
- Deskriptionsfunktion,
- Bewertungsfunktion.

Zur Prozeßstruktur von Entscheidungen gehört die Problemerkennung. Dies ist jedoch nur möglich, wenn man Differenzen zwischen Soll- und Ist-Zustand feststellt (Identifikationsfunktion). Ebenfalls gehört zur Entscheidungsstruktur das Vorhandensein von Alternativen. Ziele dienen dann dazu, den Alternativenraum zu begrenzen; es werden nur die Maßnahmen ergriffen, die zur Zielerreichung dienen (Selektionsfunktion). Die Auswirkungen von Maßnahmen müssen beschrieben werden. Dazu benötigt man Kriterien. Sie lassen sich aus Zielen ableiten (Deskriptionsfunktion). Nachdem Maßnahmen ergriffen wurden, muß man sie bezüglich ihrer Wirkungen kontrollieren. Als Maßstab dienen dazu wiederum die gesetzten Ziele (Bewertungsfunktion).

Damit Ziele diese Aufgaben erfüllen können, müssen sie so formuliert werden, daß sie mehreren Kriterien entsprechen. Es sind dies vor allem die Kriterien der
- Zieldimension und
- Zieloperationalität (hierzu ausführlicher z. B. Bidlingmaier 1968, 1973; Bidlingmaier/Schneider 1976, Sp. 4731; Hauschildt 1977; Heinen 1971, 1976; Magyar 1969; Schmidt-Sudhoff 1967; Berthel 1973).

Als beachtenswerte Zieldimensionen gelten:

- der Zielinhalt,
- das Zielausmaß,
- der zeitliche Bezug.

Mit dem Zielinhalt legt man fest, was man eigentlich erreichen möchte (z. B. Wachstum). Die folgenden Überlegungen werden vorrangig um Zielinhalte kreisen. Mit Zielausmaß ist das Wieviel gemeint (z. B. Wachstum von 5 %). Und mit dem Aspekt des zeitlichen Bezuges wird schließlich festgelegt, innerhalb welcher Zeitspanne das Ziel erreicht werden soll (z. B. im kommenden Jahr). Ziele können kurz-, mittel- und langfristige Gültigkeit haben.

Als Kriterien der Zieloperationalität sind wichtig:

- die Meßbarkeit,
- die Entscheidungsbereichsadäquanz,
- die Prüfung der Kompatibilität,
- die Bildung von Zielhierarchien.

Um später kontrollieren zu können, ob das, was man erreicht hat, mit dem übereinstimmt, was man erreichen wollte, empfiehlt sich die Vorgabe solcher Größen, die man befolgen kann. So ist das Wachstumsziel als Umsatzgröße einfach meßbar. Schwieriger wird es, wenn man ein qualitatives Wachstum vorgibt. Dann muß man sagen, worauf sich das erstrecken soll (z. B. höherer Umsatzanteil der höher rentierlichen Produkte). Gesetzte Ziele sind Vorgaben für die in einem Unternehmen Tätigen. Sollen sie zur Zielerreichung beitragen, müssen die Ziele so formuliert werden, daß die Erreichung im wesentlichen auch von ihnen beeinflußt werden kann. Dies gilt vor allem für Ziele, die in abgrenzbaren Funktionsbereichen erfüllt werden sollen. So ist das Ziel „Umsatzsteigerung um 5 % im nächsten Jahr" für den Marketingbereich möglich, weil er durch seine Aktionen stark zur Erfüllung beitragen kann; für die Werbeabteilung müßte jedoch ein anderes, daraus ableitbares Subziel gefunden werden.

Erst in jüngerer Zeit hat man die Prämisse der eindimensionalen Zielbetrachtung (Gewinnmaximierung) aufgegeben. Zum einen gibt es neben diesem Ziel eine Fülle weiterer. Und zum anderen ist die betriebliche Praxis durch ein hohes Maß meist heterogen strukturierter Zielvorstellungen gekennzeichnet. Wenn es nun mehrere Ziele gibt, muß geprüft werden, welche Ziele zueinander passen (kompatibel sind → Zielkompatibilität), welche Ziele sich nicht gegenseitig beeinflussen (→ Zielneutralität) und welche Ziele sich untereinander konfliktär (→ Zielkonflikt) verhalten. Diese Überprüfung gilt einmal für den Tatbestand, daß mehrere Ziele gleichzeitig verfolgt werden sollen (→ Prüfung der Einebenenkompatibilität). Und sie ist auch für den Fall vorzunehmen, daß aus Oberzielen Unterziele usw. abgeleitet werden (→ Prüfung der Mehrebenenkompatibilität). Damit sind wir bereits beim letzten Aspekt: Liegen mehrere Ziele vor, muß analysiert werden, ob aus ihnen eine Zielhierarchie geschaffen werden kann. Man muß wissen, welches Ziel als Oberziel gelten soll und durch welche Unterziele, Detailziele usw. es verwirklicht werden soll. Unterzielen kommt hier bereits ein Mittelcharakter zu.

Mit der Kompatibilitätsprüfung und Hierarchiebildung von Zielen hat man sicherlich die wichtigsten Möglichkeiten der Zielkonfliktlösung vor Augen. Neben anderen Möglichkeiten hat Schweitzer (1967) die der *Zieldominanz* und der *Zielüberführung* erwähnt. Aus konfliktären Unterzielen kann ein gemeinsames abstraktes Oberziel gewonnen werden (→ Überführung), aus dem man dann wieder nicht konfliktäre Unterziele ableitet. Oder die Bestimmung eines Zieles aus mehreren konfliktären Zielen als dominantes Ziel führt dazu, daß die anderen als Nebenbedingungen insoweit hinzutreten, als sie die Erfüllung des Hauptzieles nicht stören.

Bevor wir uns der Darstellung von Zielinhalten zuwenden, erscheint noch eine begriffliche Klärung nötig zu sein. Kurz sei der Zusammenhang von *Zielen*, *Strategien* und *Maßnahmen* angedeutet. Dabei wollen wir von Folgendem ausgehen:

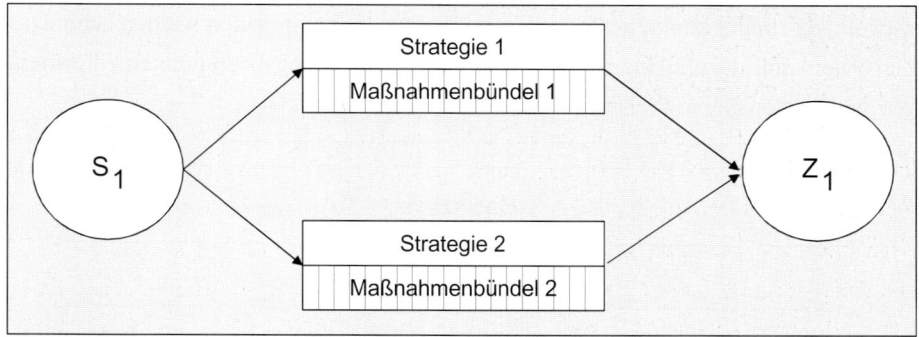

Übersicht 99: Zum Zusammenhang von Zielen, Strategien und Maßnahmen

Ausgehend von einer unternehmensspezifischen *Situation* S_I, beschrieben durch Marktmöglichkeiten, Marktgegebenheiten, rechtliche Restriktionen und Potentiale, soll ein bestimmtes *Ziel* Z_I erreicht werden. Man kann nun verschiedene Wege beschreiten, um dieses Ziel zu erreichen. Während die Strategie 1 z. B. als Produktentwicklungsstrategie (siehe Abschnitt 3.32) definiert werden kann, mag die Strategie 2 als Marktpenetrationsstrategie überschrieben sein. Die Strategie gibt den grundsätzlichen Tätigkeitsschwerpunkt an, der das Handeln als Klammer, als verbindendes Glied bestimmen soll. Diese Strategie muß nun inhaltlich so ausgefüllt werden, daß man mit ihr auch das Ziel erreicht. Dies geschieht durch die Auswahl und Kombination strategieadäquater Maßnahmen zu einem spezifischen Maßnahmenbündel (Marketing-Mix).

Maßnahmen und die sie verbindenden Strategien verhalten sich somit zu Zielen wie Mittel zum Zweck. Da Unterziele sich zu Oberzielen ebenso verhalten, wird der Unterschied zwischen Zielen und Strategien häufig verwischt. So kann das Teilziel Preisanhebung um x % eine Maßnahme sein, um die Strategie der Marktprofilierung zu realisieren, die ihrerseits wiederum dem Ziel der Unternehmenssicherung dienen soll. Es wechseln also die Ebenen der jeweiligen Betrachtung. Um den jeweiligen Aspekt der Betrachtung richtig zu betonen, wird man bei Zielen den *Endpunkt*, bei Strategien den maßnahmenspezifischen *Weg* dorthin vor Augen haben, der immer durch *mehrere* Maßnahmen bestimmt ist. Die gedankliche Reihenfolge ist dabei:

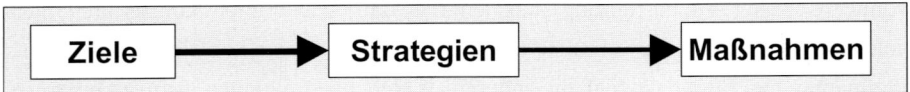

3.72 Ein mögliches Zielsystem

Die Vielfalt von Zielen und deren hierarchische Schichtung können wir hier nicht darstellen (siehe umfassender Becker 1998, S. 9 ff.). Wir wollen lediglich ein Raster entwickeln, das in der konkreten Situation erweitert oder komprimiert werden kann. Das Zielsystem soll dazu zwingen, die jeweiligen Entscheidungsbedingungen zu prüfen. Wir wollen von einem dreistufigen Zielsystem ausgehen:

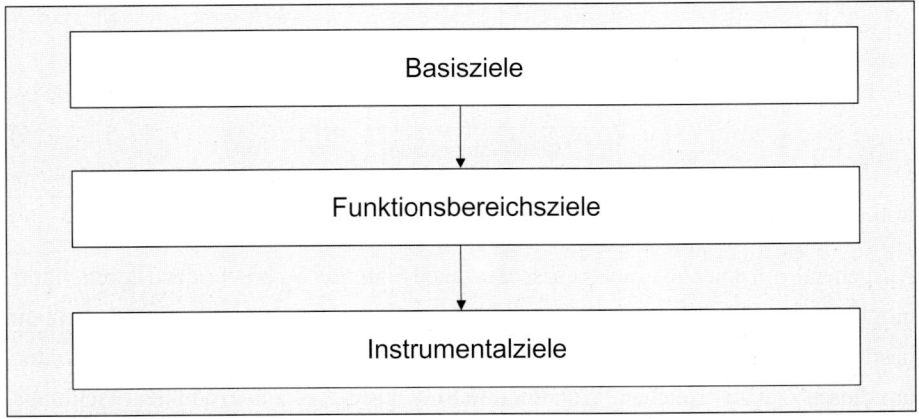

Übersicht 100: Ein dreistufiges Zielsystem

3.721 Basisziele

Mit diesen Basiszielen wollen wir die Unternehmensziele erfassen, welche die Gesamtheit unternehmerischen Handelns bestimmen sollen. Sie haben grundsätzliche Bedeutung. Sie sind Vorgaben für alle Funktionsbereiche im Unternehmen. Sie liegen allen Plänen zugrunde. Basisziele haben meist langfristige Gültigkeit. Es ist kaum möglich, sie ständig zu ändern, da sich aus ihnen ja die verschiedenen Ziele auf den nachfolgenden Ebenen ableiten. Ein ständiger Wechsel würde die Unternehmensplanung und die darauf aufbauende Teilplanung überfordern und das Hauptaugenmerk auf die Zielanpassung statt auf die Zielverwirklichung richten. Wir gehen von folgender Gruppierung von Basiszielen aus (Meyer 1986, S. 64 ff.):

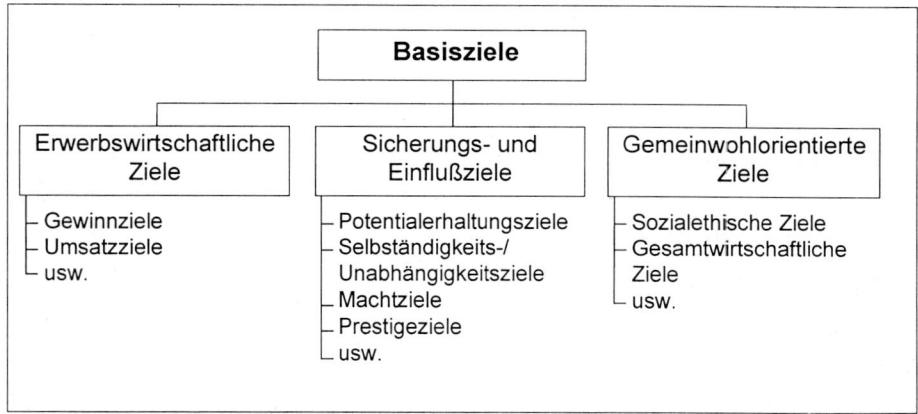

Übersicht 101: Einige wichtige Basisziele

(1) Im Mittelpunkt der erwerbswirtschaftlichen Ziele steht nach wie vor das *Gewinnziel*. Es ist das typische Ziel erwerbswirtschaftlichen Strebens (Eucken 1989, S. 206 ff.). Das Ziel kann absolut (z. B. Erzielung eines bestimmten Mindestgewinns/eines maximal möglichen Gewinns) oder relativ formuliert werden (z. B. Kapitalrentabilität, Umsatzrentabilität vor/nach Steuern).

Obwohl meist nicht losgelöst von Gewinnzielen, kann sich das Streben nach Umsatzsteigerung, Umsatzerhaltung zumindest für begrenzte Zeiträume verselbständigen. Die eine Zeitlang zu beobachtende Jagd, möglichst auch zu den „Hektolitermillionären" bei den Bierbrauern zu gehören, wurde vielfach unter bewußter oder unbewußter Hintanstellung befriedigender Gewinne erkauft. Wenn z. B. japanische Wälzlagerproduzenten (auch Kamerahersteller) versuchen, den deutschen Markt zu erschließen, so kommt dem *Umsatzziel* in den ersten Jahren primäre Bedeutung zu. Mergers in der jüngsten Vergangenheit liegt meist das Ziel zugrunde, der möglichst weltweit größte

Anbieter gemessen am Umsatz zu sein, um aus der Position der Marktstärke die jeweiligen anderen Vorstellungen einfacher durchsetzen zu können. Die Realität zeigt aber auch (z. B. BMW/Rover), daß diese Zielsetzung häufig nicht den gewünschten Erfolg hat. Der Umsatz ist hier die Schlüsselgröße, ohne daß unbedingt Gewinnaspekte während dieses Zeitraums dahinter stehen müssen. Es können auch Zwänge der Kapazitätsnutzung sein, was dann den Vorwurf der Konkurrenz provoziert, hier handele es sich um Dumping. Wenn die Umsatzdominanz über längere Zeiträume so stark im Vordergrund betrieblichen Handelns steht, scheint es gerechtfertigt zu sein, dieses Ziel an dieser Stelle zu erwähnen. Für die Fälle, in denen dieses Ziel deutlichen Mittelcharakter pro Planperiode hat (z. B. zur Sicherstellung von Gewinnen), werden wir dieses Ziel in einer tieferen Ebene (z. B. Wachstum, Marktanteil steigern) ansiedeln müssen.

(2) Nicht nur oder nicht nur vorrangig spielt der Einkommenserwerb eine Rolle. Die Erhaltung der Vermögenswerte und der Leistungskraft des Unternehmens können als ebenso bedeutungsvoll eingeschätzt werden (Sicherungs- und Einflußziele).

Das Streben nach *Potentialerhaltung* soll durch Erhaltung der betrieblichen Wirtschaftskraft die Existenz des Unternehmens sichern (Sandig 1953, S. 78). Dazu werden natürlich Gewinne benötigt. Hier soll jedoch der Sicherheitsaspekt betont werden. So wird beispielsweise aus Sicherheitsgründen eine höhere Liquiditätsreserve gehalten, als sie nach dem Plan der Zahlungsströme nötig wäre, um für unvorhergesehene Situationen gewappnet (z. B. Zahlungsausfall eines großen Kunden) zu sein; das reduziert jedoch den Gewinn. Riskante Investitionen mit großen Gewinnchancen werden zugunsten weniger riskanter bei reduzierten Gewinnmöglichkeiten zurückgestellt. Das *Selbständigkeits- und Unabhängigkeitsziel* findet man häufig im Mittelstand. Neben der Durchsetzung des eigenen Willens kann auch die Familientradition (Erbe) eine Rolle spielen. Hier wird das Problem der Operationalität besonders deutlich: Unabhängig von wem (Personal, Markt, Kapitalgeber, Öffentlichkeit) und in welcher Intensität? Das Unabhängigkeitsstreben kann zum Verzicht auf eine erfolgversprechende Investition führen, wenn damit eine selbst gesetzte Fremdverschuldungsgrenze überschritten würde. Auch die Abwehr einer feindlichen Übernahme kann für das Management eine wichtige Zielgröße sein. Im Gegensatz zu diesem Ziel, bei dem die Abwehr von Einflußmaßnahmen der Umwelt deutlich wird, will man beim *Machtziel* selber Einfluß ausüben. So kann über den Aufbau von Marktmacht versucht werden, eigene Standards (z. B. VHS-Videorecordersystem) durchzusetzen, um damit langfristig wieder die Gewinnposition zu verbessern. Dies ist der Firma Microsoft mit ihrer Computersoftware im internationalen Computermarkt offenkundig gelungen.

Daß auch das Gewinnen von Ansehen, Prestige in der Öffentlichkeit eine Leitmaxime unternehmerischen Handelns sein kann, hat Kreikebaum (1961, S. 31 ff.) nachgewiesen.

(3) *Gemeinwohlorientierte* Ziele orientieren sich nicht an den eigenen Unternehmensinteressen, sondern orientieren sich am Wohl einer übergeordneten Gesamtheit (Meyer 1986, S. 75). Bei den *sozialethischen* Zielen können weltanschauliche Ziele (z. B. keine Herkunfts-, Geschlechts-, Minderheitendiskriminierung), ökologische Ziele (Beschaffung, Produktion und Absatz umweltverträglicher Produkte) und interaktionsbezogene Ziele eine Rolle spielen (z. B. Humanisierung der Arbeitsplätze, keine Geschäfte mit totalitären Regimen). Die *gesamtwirtschaftlichen* Ziele findet man vorrangig bei Unternehmen des öffentlichen Sektors. Dazu zählen bedarfsdeckende Ziele (z. B. flächendeckende Versorgung eines Landes mit Brief- und Paketdiensten → bedarfsgerechte Versorgung, Berücksichtigung von Verbraucherinteressen), Beschäftigungsziele (z. B. Arbeitsplatzerhaltung in strukturschwachen Gebieten) und Preisniveauziele (Beeinflussung des Preisniveaus durch antizyklische Auftragsvergabe).

3.722 Funktionsbereichsziele

Aus diesen Basiszielen müssen nun Ziele heruntergebrochen werden, die das Handeln und Planen der Funktionsträger leiten.

In der Literatur gibt es einige Hinweise auf Zielinhalte (Bidlingmaier 1973, S. 131 ff.; Meffert 1991, S. 74 f.; Hill 1988, S. 72; Kotler 1982, S. 74; Nieschlag/ Dichtl/Hörschgen 1985, S. 823 ff., Becker 1998, S. 9 ff.).

Ein allgemein anerkanntes System für den Absatzmarketingbereich hat sich nicht durchgesetzt. Für die Schaffung eines entscheidungsbezogenen Systems von Funktionsbereichszielen bieten sich prinzipiell zwei Möglichkeiten:

- Man entwickelt ein funktionsspezifisches System, um die Eigenart des Funktionsbereichs gut erfassen zu können (Marketing: z. B. Marktanteilssteigerung).
- Man entwickelt ein System, das übergeordneten Prinzipien gehorcht, um dann auch ähnliche Zielkataloge anderer Funktionsbereiche schaffen zu können, die dann die funktionsintegrierende Prozeßarbeit erleichtern.

Wir wollen hier die zweite Alternative wählen. Wenn wir von simultaner Planungsvernetzung sprechen, müssen wir dafür sorgen, daß dies auch durch ähnliche Zielstrukturen ermöglicht wird. Die in Übersicht 102 dargestellte Zielstruktur erscheint uns als zweckmäßig.

254

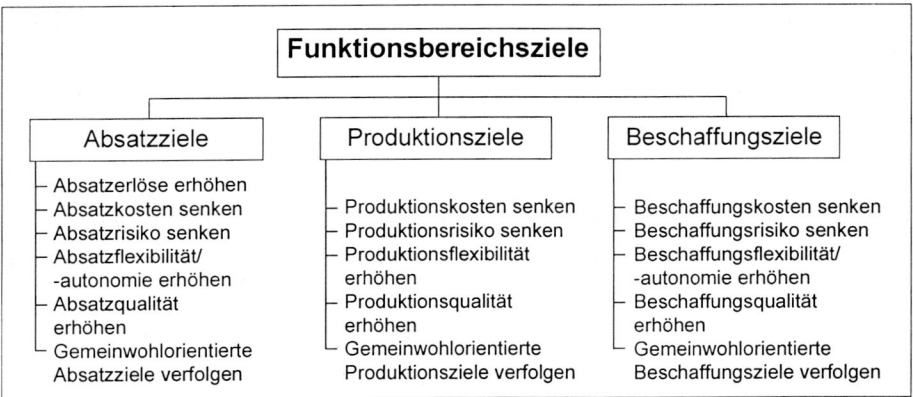

Übersicht 102: Einige Funktionsbereichsziele

Ein erster Überblick zeigt bereits, daß eine ähnliche und damit die Vernetzbarkeit erleichternde Zielstruktur möglich ist. Lediglich das Ziel der *Erlöserhöhung* fällt heraus. Es ist das eigenständigste, wiewohl auch schwierigste Absatzziel. In den meisten Fällen ist man in der Praxis ja schon zufrieden, wenn die Stückerlösstabilisierung gelingt. Bezieht man die Mengenkomponente mit ein, dann kann damit auch die Umsatzsteigerung gemeint sein. Neue Produkte können dazu beitragen, die Stückerlöse der alten zu stabilisieren. Als Grenzfall kann das Ziel gesetzt werden, daß Erlösschmälerungen niedriger als bei der Konkurrenz ausfallen.

Der Erlössteigerung kann die *Kostensenkung* gegenüberstehen. So kann ein neues Produkt geschaffen werden, um mit ihm auf mehrere alte verzichten zu können, eine Programmkonzentration zu ermöglichen. Dadurch lassen sich zum Beispiel Distributions-, Werbungs- und Servicekosten einsparen. In jüngerer Zeit stehen Bemühungen um Distributionskostensenkung im Vordergrund. Dabei wird zu prüfen sein, inwieweit das Internet wesentliche Beiträge leisten kann, ohne überproportionale Erlösschmälerungen zu bewirken.

Absatzschwankungen des bisherigen Programms können zu unvorhergesehenen Auftragslöchern führen; Abhängigkeiten von Großkunden, Länderkonjunkturen erleichtern nicht unbedingt das Geschäft. Daraus kann die Suche nach Produkten mit konstantem Absatzverlauf, mit gleichmäßiger Kundenverteilung usw. folgen. Die Vermeidung des Risikos von *Absatzschwankungen* steht im Vordergrund.

Hat man erkannt, daß Absatzschwankungen unvermeidlich sind – vieles spricht eher dafür, daß sie zunehmen werden – dann kann im Fokus des Absatzbemühens die *Flexibilitätssteigerung* stehen. Das frühzeitige Erkennen von Nachfragezu- oder abnahmen und die Planung der rechtzeitigen Reaktion darauf soll verhindern, daß das Unternehmen ins Trudeln kommt.

Wenn sich herausstellt, daß die eigenen Produkte in Vergleichstests (z. B. ADAC-Pannenstatistik) ungünstig abgeschnitten haben, wenn der Handel ständig unvollständige und beschädigte Lieferungen reklamiert, kann das Ziel der *Qualitätssteigerung* virulent werden. Häufige Rückrufaktionen können dem Markenimage schaden.

Und schließlich können *gemeinwohlorientierte* Absatzziele nicht ausgeschlossen werden; sie fungieren jedoch eher als Nebenbedingungen.

3.723 Instrumentalziele

Während die Funktionsbereichsziele einem ganzen Bereich (z. B. Absatzmarketing) vorgegeben sind, haben die Instrumentalziele konkreteren handlungsleitenden Charakter. Gerade im Absatzmarketing findet man häufig Abteilungsgliederungen (z. B. Verkauf, Werbung, Service), die einen deutlichen Instrumentalbezug aufweisen. Hierfür müssen die groben Funktionsbereichsziele konkreter heruntergebrochen werden. Eine mögliche Gliederung kann so aussehen:

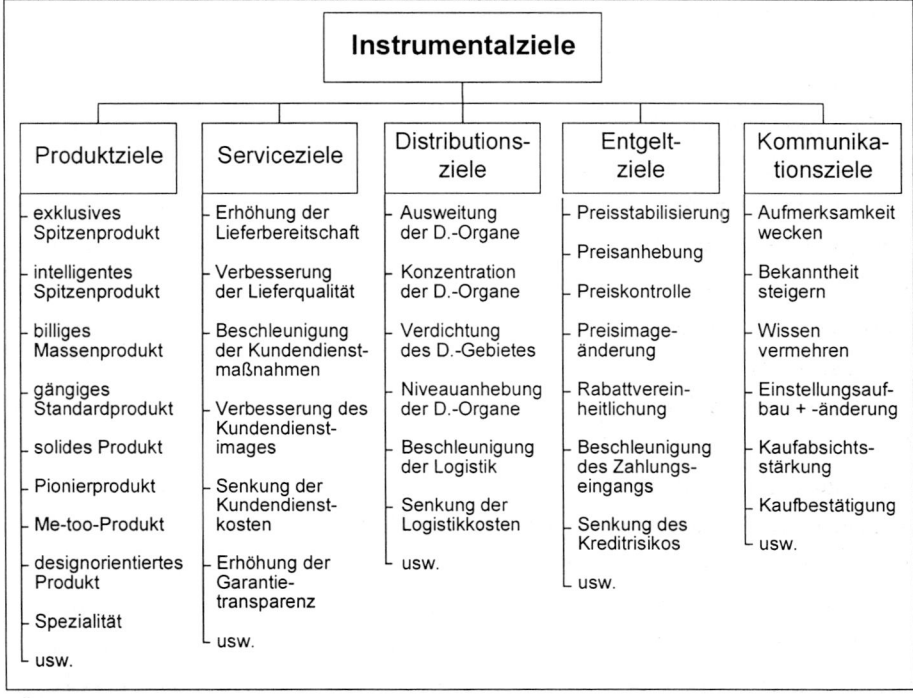

Übersicht 103: Instrumentalziele

Entsprechend der hier gewählten Fokussierung auf das Produkt wollen wir lediglich die *Produktziele* näher erläutern, bei den anderen Instrumentalzielen gehen wir davon aus, daß sie auch ohne Erläuterung verständlich sind.

Die folgende Beschreibung der Produktziele rechtfertigt sich auch daher, weil sie über eine große Vernetzungskraft mit anderen Funktionsbereichen verfügen. Das kann man beispielsweise auch daran erkennen, daß es einige, nicht gerade unbekannte Unternehmen gibt, die eines der folgenden Ziele in ihre Unternehmenssatzung aufgenommen haben. Und auch im Absatzmarketing dominieren sie insofern, als aus ihrer Fixierung spezifische andere Instrumentalziele folgen. Wir gehen von Übersicht 104 aus.

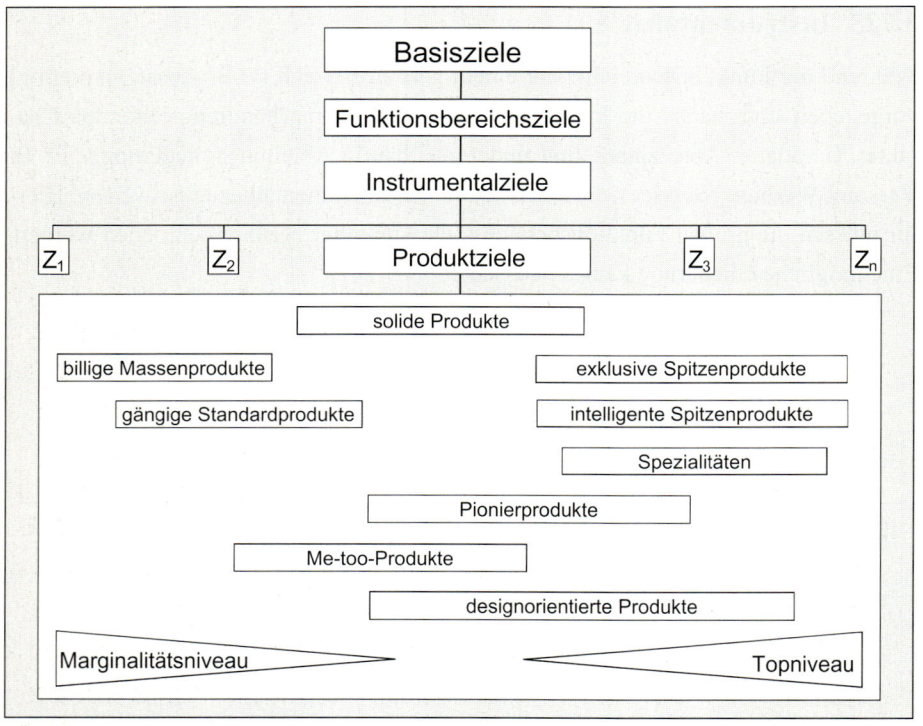

Übersicht 104: Zur Einordnung von Produktzielen

Diese Gruppierung zwischen oberstem und unterstem Leistungsniveau zeigt, daß die Niveaubereiche unterschiedlich breit sind ($\rightarrow$ Niveauspektrum) und daß sie sich teilweise überlappen. Bei Niveaugleichheit müssen inhaltliche Unterschiede vorliegen. Die wollen wir jetzt erörtern. Um die Darstellung zu straffen, wollen wir uns auf produktpolitische Akzente konzentrieren, während wir die daraus resultierenden Auswirkungen auf andere Instrumente des Marketing-Mix später tabellarisch zusammenfassen wollen.

Das Ziel *„billige Massenprodukte"* – häufig euphemistisch mit „preiswerte Produkte in kostengünstiger Großserie" umschrieben – finden wir nicht nur beim Import aus Entwicklungsländern, sondern auch bei heimischen Herstellern. Gemeinsam scheint ihnen zu sein, daß es sich meist um längst bekannte Problemlösungen handelt (geringer Neuigkeitsgrad). Wenn überhaupt Mitarbeiter im Rahmen der Produktentwicklung tätig sind, dann beschäftigen sie sich eher mit wertanalytischen „Produktabmagerungskuren" als mit der Schöpfung neuer Ideen. Gespart wird vorrangig im Bereich der Befriedigung von Anmutungsansprüchen. Produkte dieser Zielart finden wir häufiger bei unkomplizierteren, wenig erklärungsbedürftigen Produktbereichen (z. B. Strümpfe, Büchsenmilch, Werkzeug, Hemden, Feuerzeuge, Kugelschreiber usw.). Je weniger die Produkte dieser Zielart ein eigenständiges Gesicht erhalten, um so eher muß damit gerechnet werden, daß sie als Gattungsartikel gekauft werden. Dies ist der erste Schritt zu den „namenlosen" (No-names) Handelsmarken. Deshalb findet man neben markierten Produkten (z. B. Swatch-Armbanduhren, bic-Feuerzeuge, nur-die-Strümpfe) auch viele Produkte mit Namen, die für Handelsunternehmen (Paladium → Neckermann; Universum → Quelle; Elite → Kaufhof) entwickelt wurden. Dieses Ziel eignet sich eher für Großunternehmen, die aufgrund ihrer Produktionsstruktur Kostendegressionseffekte intensiv nutzen können. Das bedingt wiederum, daß nur geringe Nachfrageschwankungen auftreten, um eine stetige Fixkostenverteilung zu gewährleisten. Problematisch wird dieses Ziel, wenn mit Importen aus Ländern mit anderer Kostenstruktur und aggressiver Preispolitik gerechnet werden muß.

Völlig andere Auswirkungen ergeben sich bei der Zielsetzung, nur *„exklusive Produkte"* anzubieten. Exklusivität und Seltenheit gehen Hand in Hand, wobei der im Verhältnis zu anderen Produkten der gleichen Art hohe Preis als Regulativ dient. Mit exklusiven Produkten werden meist höchste Anmutungsansprüche befriedigt, während Sachansprüche vielfach etwas dahinter zurücktreten. Da evidente Diskrepanzen jedoch zu Wahrnehmungsdissonanzen führen würden, darf der Unterschied kaum augenfällig für den Angesprochenen sein. Meist haben wir es mit international bekannten Marken zu tun. Dunhill-Pfeifen, Dupont-Kugelschreiber, Piaget-Armbanduhren, Meißner-Porzellan, Hermès-Lederwaren sollen zu dieser Produktzielklasse gerechnet werden. Teure Materialien und hochwertige Verarbeitung sind kennzeichnend. Da die Produktmengen relativ klein sind, findet man vielfach Auftragsfertigung. Die eigenen Produktionskapazitäten sind eher begrenzt und werden allenfalls vorsichtig ausgeweitet. Um Imagestörungen zu vermeiden, muß dafür gesorgt werden, daß sich die Mitarbeiter mit diesem Ziel identifizieren. Hohe Produktionskompetenz, insbesondere aufgrund der manufakturiellen Bezüge und Handwerkskompetenz, die bekannt ist, sorgen für eine starke Traditionskomponente – man kann auch vom *Luxusproduktziel* sprechen.

Während sich das Ziel der Exklusivität hauptsächlich in dem hohen Niveau der Anmutungsleistungen und den sich daraus ergebenden absatzpolitischen Maßnahmen widerspiegelt, liegt der Schwerpunkt bei dem Produktziel, nur *„intelligente Spitzenprodukte"* anbieten zu wollen, mehr auf dem hohen Sachleistungsniveau. Dies setzt grundsätzlich einen hohen technischen Entwicklungsstand und das Bestreben voraus, ihn auch zu erhalten. Aufgrund der begrenzten Nachfrage kann es sich aber auch um eine Lücke im Angebotssortiment von Massenherstellern handeln, die aufgrund ihrer Produktion und Absatzstruktur nicht in der Lage sind, Produkte zu für sie tragfähigen Bedingungen dieser Zielrichtung anzubieten. Das Intelligente dieser Produkte erstreckt sich nicht nur auf die Gestaltungslösung, sondern auch auf die Bereitschaft des Marktsegmentes, das Besondere dieser Gestaltungslösung nachzuvollziehen und sich damit auseinanderzusetzen. Als Beispiele seien die Leitz-Trinovid-Ferngläser, die Atmos-Kaminuhr der Firma Jaeger le Coultre, der Quadronda-Klapptisch der Firma Rosenthal genannt. Es handelt sich um unkonventionelle Gestaltungslösungen, die aufgrund einer hohen Komponentensimplizität eine hohe gestalterische Prägnanz aufweisen. Man trifft sie weniger bei komplizierten Produkten, da bei ihnen nur schwer die einfache und doch gleichzeitig originelle Gestaltungslösung sichtbar wird. Auch hier handelt es sich meist um Unternehmen mittlerer Größe bezogen auf den jeweiligen Produktbereich. Sie verfügen über eigene Produktionsanlagen und einen relativ großen Stamm an hochqualifizierten Mitarbeitern in der Entwicklungs- und Designabteilung. Sie verstehen sich als Perfektionisten auf ihrer Suche nach besseren Problemlösungen. Ähnlich wie das Ziel der Produktexklusivität liegt auch dieses Produktziel auf der Ebene des erwähnten Trends der Individualisierung des Konsums.

Auf ähnlichem Niveau mit allerdings ganz anders gearteter inhaltlicher Ausprägung sei das Produktziel *„Spezialität"* angesiedelt. Hier wird vor allem im Business-to-Business das Ziel verfolgt, z. B. durch den Einsatz eines Hilfsstoffes eine wesentliche Problemlösung zu erzielen. Der Mengenanteil am Gesamtprodukt soll dabei betont niedrig bleiben. Damit soll zum einen vermieden werden, daß der Kunde eventuell an Eigenproduktion oder an Alternativen denkt; und zum anderen soll die Konkurrenz nicht auf die Idee gebracht werden, hier läge ein interessantes Geschäftsfeld vor. Die geringe Menge wird kompensiert mit hohen Deckungsbeiträgen, mit Preisen, die durch Substitutpreise oder totalen Problemlösungsverzicht begrenzt werden. Das Handeln mit „Kilopreisen" führt in der Regel zu absolut niedrigen Rechnungsbeträgen, das Produkt wird als notwendiges „C-Produkt", als Lappalie behandelt. Würde das

Produkt in großen Mengen gehandelt, verschöbe sich dieser Blickwinkel. Aus diesem Produktziel folgt, daß man besonderen Wert auf die Problemdeckung (Marketing) – insbesondere das Finden neuer Nischen – und die Problemlösung (z. B. Forschung und Entwicklung) legen muß.

Zwischen diesen niveaumäßig extremen Zielen lassen sich zwei weitere ansiedeln. Während das Ziel „Solidität" mehr zum höheren Niveau hin tendiert, können wir das Ziel „Gängigkeit" (Üblichkeit) mehr in der Nähe des beschriebenen Zieles „billige Massenprodukte" einordnen.

„*Solide Produkte*" sind weniger durch hohe Anmutungsleistungen gekennzeichnet, sie werden eher als nebensächliches Beiwerk aufgefaßt, das doch nur verteuernd wirke und deshalb im Grunde zu vernachlässigen sei, wenn es nicht gar unter puristischem Blickwinkel gänzlich verneint wird. Bei den Sachleistungen wird weniger Wert auf modernste Konzeptionen, auf Fortschrittlichkeit gelegt, sondern mehr die Langlebigkeit, die Tauglichkeitssicherheit betont. Nach dem Motto „bieder aber sicher" wendet man sich mehr an Konsumkonformisten denn an Konsumpioniere. Produkte sollen vertrauenswürdig sein. Dieses Produktziel eignet sich eher für größere Unternehmen, die schon längere Zeit einen Markt bedienen und sich dabei große Produktionserfahrungen erworben haben. Für „Marktneulinge" (Newcomer) ist dieses Ziel mit größeren Anlaufschwierigkeiten verbunden.

Eine Stufe unter diesem Ziel kann das Produktziel „*Gängigkeit*" angesiedelt werden. Es handelt sich um übliche, biedere Produkte. Verfolgt man dieses Ziel bewußt, dann will man tendenziell durch nichts auffallen, es wird mehr imitiert als initiiert. Bei den Sachleistungen will man das Standardniveau erreichen, bei den Anmutungsleistungen paßt man sich den jeweiligen Geschmackswellen an, indem man „gut gehende" Looks (siehe Abschnitt 4.42) mehr oder weniger (meist weniger) gut und damit billiger kopiert. Es handelt sich dann um Imitationen meist erfolgreicher, exklusiver Produkte. Durch kostensparende Vereinfachungen glaubt man, ein neues, weniger kritisches Marktsegment erschließen zu können. Erfolgen die Imitationen zu sklavisch, können sich Konflikte mit dem Gebrauchs- und Geschmacksmusterschutz Dritter ergeben (siehe Abschnitt 3.62). Es handelt sich vielfach um Produkte, die nicht vom Hersteller markiert werden; hin und wieder findet man sie als Zweitmarken, mehr jedoch als Handelsmarken. Häufig wird dieses Ziel von kleineren bis kleinsten Betrieben (z. B. „Waschküchenbetriebe") verfolgt, die sich teure Produktentwicklungen nicht leisten können. Das Absatzrisiko scheint erheblich zu sein, was sich einmal aus der Spezialisierung auf die Großformen des Einzelhandels ergibt, und zum anderen aus dem imitativen Nachhinken hinter dem gerade „Laufenden" resultiert. Die Verwirklichung dieses Zieles hat in der letzten Zeit an Bedeutung gewonnen. So sind die erfolgreichsten Küchenmöbelhersteller weniger die mit bekannten Namen, sondern diejenigen, die namenlos für große Einkaufsverbände produzieren.

Neben diesen deutlich niveaubezogenen Produktzielen seien noch einige weitere, durch andere Schwerpunkte gekennzeichnete Ziele erwähnt.

Geht man vom Innovationsgrad eines Produktes aus, dann kann man die Pole Pionierprodukt und Me-too-Produkt bilden.

„Pionierprodukte" schaffen zu wollen, bedeutet, von bisherigen Gestaltungslösungen abweichend Produkte zu entwickeln. Diese neue Gestaltung kann sich auf bekannte Anspruchskomplexe ebenso erstrecken wie auf neue. Dabei sind Pionierprodukte mit einem neuen Sach- oder Anmutungsleistungsbündel oder mit beiden denkbar. Der Unterschied zu den intelligenten Produkten liegt bei einem sachleistungsbezogenen Pionierprodukt darin, daß hier nicht das Perfekte oder der technische „Pfiff", sondern das ungewöhnlich Neue betont wird. So kann man aufgrund dieser Merkmale die Produkte der Firma Ferrero als Pionierprodukte bezeichnen. Als anderes Beispiel für die Verfolgung des Produktziels Pionierprodukte kann die Firma Sony („Never follow others") angesehen werden. Das Floprisiko des Pioniers, der für sein Produkt häufig erst einmal einen Markt schaffen muß, ist relativ groß. Es kann durch die verschiedenen Testverfahren (siehe Abschnitte 4.543 und 5.42) reduziert werden. Er erwirbt sich jedoch bei geschickter Kommunikationspolitik sowohl beim Händler als auch beim Verwender einen positiven Imagevorsprung, welcher das Akzeptanzverhalten günstig beeinflußt. Das schlägt sich dann in der preisbezogenen Erlöskomponente nieder. Dieses Ziel setzt also höhere Risikobereitschaft voraus. Ihr begegnet man vorrangig bei dezentral geführten Unternehmen. Lange Instanzenwege erweisen sich als eher hinderlich. Hinzutreten muß ein erhöhtes Maß an Motivation und Mut. Bei einer durchschnittlichen Arbeits- und Entscheidungsmotivation der Produktmanager wird man mit diesem Ziel auf Schwierigkeiten stoßen.

Dann sollte man eher das Produktziel *„Me-too-Produkte"* wählen. Auf dieses Ziel trifft man in der Praxis häufiger. Ohne daß unbedingt die Entwicklungstätigkeit eingestellt worden sein müßte, ohne daß man unbedingt über weniger Know-how verfügen müßte, ziehen es manche Unternehmen vor abzuwarten, zu beobachten, mit welchem Erfolg und mit welchem Mitteleinsatz die Pioniere agieren, um dann später, wenn sich der Erfolg abzeichnet, das günstigste Reaktionsangebot zu machen. Dieses reaktive Marketingverhalten wird unterschiedlich motiviert. Man will die Markterschließungskosten auf den Pionier abwälzen; er soll das Risiko der Fehleinführung tragen; er soll ausprobieren (z. B. im Testmarkt), wie ein neues Produkt am zweckmäßigsten eingeführt wird; erst wenn der Konkurrenzkampf entbrennt, würden sich interessante Mengen absetzen lassen. Das setzt dann hohe Lieferbereitschaft voraus. Nicht zu verkennen ist jedoch das Problem, daß der selbständige Handel gegenüber einem Me-too-Anbieter härter auftritt, daß Me-too-Anbieter häufig nur die Chance haben, wesentlich unterhalb des Preisniveaus der Pioniere angesiedelt zu werden. Dies muß nicht unbedingt nachteilig sein, wenn z. B. die Gesamtkostensituation dies infolge ersparter Entwicklungskosten zuläßt. Nicht selten wird der Preis jedoch wesentlich stärker gedrückt. Dieses Ziel stellt also auch auf die kosten- und die mengenmäßige Erlöskomponente ab. Nun müssen Me-too-Produkte nicht unbedingt Imitate sein. Es ist jedoch nicht auszuschließen, daß die Marktadressaten das so sehen. Dann kann man sich um eine Modifikation des Marktsegmentes bemühen. Unterstellt, dies sei möglich, wird diesem Käuferkreis das Ähnlichsein mit einem anderen, schon auf dem Markt befindlichen Produkt nicht auffallen. Das Me-too-Produktziel findet man häufig bei Unternehmen, die es gewohnt sind, große Mengen an breite Kreise abzusetzen. Gefördert wird der Me-too-Wille, wenn durch Konkurrenzaktionen der eigene Markt tangiert wird. Wenn z. B. der eigene Backpulvermarkt durch fertige Kuchenmischungen der Konkurrenz beschnitten wird, dann fühlt man sich zu ähnlichen Angeboten herausgefordert. Ein weiterer Grund dafür, daß Me-too-Ziele verfolgt werden, kann darin liegen, daß die Organisationsform die Entscheidungsfreude sowie marktaktives Verhalten lähmt, daß die Eigeninitiative etwas verkümmert. Erst dann kommt die Abteilung „auf Hochtouren", wenn die Marktsituation brenzlig wird. Die Grenze des rechtlich Zulässigen wird bei der Gestaltungspiraterie überschritten (siehe Abschnitt 3.63).

Und schließlich soll das Ziel „*designorientiertes Produkt*" erwähnt werden. Einige bekannte Unternehmen sind mit diesem Ziel groß geworden (z. B. Wilkhahn, Knoll international, Braun, Lamy, Erco). Sie legen bei ihrer Produktgestaltung Wert auf unverwechselbare ästhetische Lösungen. Auf einige inhaltliche Facetten dieses Gestaltungsbereichs werden wir noch in Abschnitt 4.44) gesondert eingehen.

Nachdem diese Produktziele durch Beschreibung verständlich geworden sein dürften, erscheint auch eine vorläufige weitere Instrumentalzuordnung möglich. Sie wurde durch Beobachtung der Marketingaktivitäten der Unternehmen gewonnen, die sich diesen Instrumentalzielen widmen. Allerdings muß bedacht werden, daß das, was sich in der Vergangenheit bewährt hat, nicht automatisch auch morgen erfolgreich sein muß. Ständiges Überprüfen aufgrund neuer Marktsituationen ist unabdingbar. Übersicht 105 zeigt einige mögliche Zuordnungen.

Auswirkung auf die Produktziele	Produkt-politik	Service-politik	Distributions-politik	Entgelt-politik	Kommunikations-politik
billige Massen-produkte	geringer Neuigkeits-grad; entkom-pliziert; niedriges Anmutungsleis-tungsniveau; stärker anonyme Produkte	starke Lieferbereit-schaft; geringer Kun-dendienst	indirekter D'weg; auf Massenabsatz spe-zialisierte Einzel-handels-Typen; Ent-problematisierung des Einkaufs; rei-bungslose D'logistik	niedrige Preise; Kampfpreise; hohe Mengenrabatte; be-grenzte Funktions-rabatte	nur bei markierten Produkten aggres-sive Werbung mit breiter Streuung; geringer Präsenta-tionsaufwand
exklusive Produkte	hohe Anmutungs-, etwas niedrigere Sachleistungen	hohe Lieferzuver-lässigkeit und -qualität; umfang-reicherer Kunden-dienst; Garantie; Umtauschrecht	teilweise direkter D'weg, sonst Spezial- und Fach-geschäft	höchste Preise; Preiskonstanz; hohe Funktions-rabatte	distinguierte Pros-pektgestaltung; hoher Präsentations-aufwand; Ver-käuferschulung
intelligente Produkte	hohes Sach-leistungsniveau; unkonventionelle Gestaltungslösun-gen; Komponenten-simplizität; hohe gestalterische Prägnanz	gut qualifiziertes Kundendienst-personal; hohe Lieferbereitschaft, -zuverlässigkeit und -qualität	vorwiegend indi-rekter D'weg über Spezial- und Fach-geschäfte	angemessen er-scheinende Preise, hohe Funktions-rabatte	indirekte Werbung; Fachwerbung (Leistungswerbung)
solide Produkte	Langlebigkeit; ge-ringer Zierrat; be-währte Problemlö-sungen statt neuer	breiter Kunden-dienst; hohe Liefer-qualität; umfang-reiche Garantie	vorrangig indirekter D'weg über Fach-, Warenhäuser, Fachgeschäfte	"vernünftige" Preise; mittlere Funktions-rabatte	Massenumwer-bung; Leistungs-werbung, Ver-käuferschulung
gängige Produkte	einfache, biedere, im Trend liegende Produkte; als Handelsmarke möglich	hohe Lieferbereit-schaft	Großformen des Einzelhandels mit Spezialisierung auf Massenabsatz	"interessante" Preise; hohe Mengenrabatte	aggressive Wer-bung in Händler-prospekten
Pionier-Produkte	neue Problem-lösungen (Sach- und Anmutungs-leistungen)	umfangreiche Garantie	direkter D'weg mög-lich, sonst alle Ein-zelh.formen mit Ausnahme von Diskontgeschäften	relativ hohe Ein-führungspreise, hohe Funktionsrabatte möglich	intensive Leistungs-, Gruppenwerbung, Verkäuferschulung
Me-too-Produkte	Nachahmung er-folgversprechender Pionierprodukte auf ähnlichem oder niedrigerem Niveau	hohe Lieferbereit-schaft; üblicher Kundendienstum-fang	Einzelhandelsfor-men des mittleren bis unteren Niveaus	Kampfpreise, Mengenrabatte	Massenumwer-bung; Preiswer-bung, teilweise Leistungswerbung; Präsentationsmittel
design-orientierte-Produkte	überlegte Gebrauchswerte (Sachleistung), un-verwechselbare Ästhetik u. soziale Anmutungsleistung	hohe Lieferqualität, schneller und kostengünstiger Kundendienst	indirekter D'weg über Spezial- und Fachgeschäfte	Überschwellen-preise, die "ange-messen" erscheinen	Gruppenwerbung im ästhetischen Stil, Präsentationshilfen, Verkäuferschulung
Spezialitäten	hohe Sachleistungs-qualität, begrenzter Leistungsumfang	hohe Lieferbereit-schaft, hohe Kunden-dienstverfügbarkeit	eher direkter D'weg	hohe Preise, konstante Preise	direkte Kommuni-kation, Anwen-dungsberatung

Übersicht 105: Zur Charakterisierung von Produktzielen

Die Produktzielbetrachtung wollen wir um eine weitere Zuordnung ergänzen. Bevor sich ein Unternehmen für ein Produktziel entscheidet, muß es sich darüber klar wer-den, ob dies denn der bereits ausgewählten Zielgruppe mit ihrem Problembedarf (→ An-sprüche) entspricht. Wir wollen dazu auf die erläuterten Milieutypen zurückgreifen (siehe Abschnitt 2.4). Wir können den Produktzielen Einstellungsschwerpunkte zu-ordnen:

Produktziel	Einstellungsdimension
billige Massenprodukte	Aufwandsdimension
gängige Produkte	Aufwandsdimension
solide Produkte	Traditions- und Sicherheitsdimension
exklusive Produkte	Prestigedimension
intelligente Produkte	Leistungs- und Ästhetikdimension
Pionierprodukte	Neuheitsdimension
Me-too-Produkte	Aufwandsdimension
designorientierteProdukte	Ästhetikdimension

Übersicht 106: Zuordnung von Einstellungsdimensionen zu Produktzielen

Welche Produktziele werden nach den bisherigen Erfahrungen von welchen Milieutypen präferiert? Einige Antworten gibt die folgende, empirisch basierte Übersicht:

Produktziele \ Milieutypen	konservativ-technokratisch	liberal-intellektuell	aufstiegsorientiert	kleinbürgerlich	traditionell	traditionsloses A.	hedonistisch	postmodern	modernes Arbeitnehmerm.	modern-bürgerlich
Billige Massenprodukte			x	x	x	x			x	x
Exklusive Spitzenprodukte	x	x	x							
Intelligente Spitzenprodukte			x	x				x		x
Solide Produkte	x		x							x
Gängige Produkte				x	x	x			x	x
Pionierprodukte		x	x				x	x		
Me-too-Produkte				x	x	x			x	x
Designorientierte Produkte	x	x	x				x	x		

Übersicht 107: Milieuspezifische Produktziele

Da Spezialitäten eher im Industriegütergeschäft vorkommen, haben wir sie hier unbeachtet gelassen.

3.73 Kompatibilitätsaspekte

Um Zielkonflikte zu vermeiden, ist es nötig zu prüfen

- welche Ziele auf derselben Ebene zueinander passen (Einebenenkompatibilität),
- welche Unterziele sich zur Erfüllung welcher Oberziele eignen (Mehrebenenkompatibilität).

Es dürfte naheliegen, daß hier nicht alle Zielvernetzungen geprüft werden können. Lediglich an einigen Beispielen soll der Gedankengang erläutert werden.

(1) Einebenenkompatibilität

Auf der *Basiszielebene* verhalten sich Gewinnziele und Umsatzziele sowohl harmonisch wie auch konfliktär. Eine Gewinnsteigerung ist durch Umsatzsteigerung (die Mengenkomponente) möglich, wenn die Umsatzsteigerung nicht durch einen überproportionalen Einsatz von Marketinginstrumenten erkauft wird. Stagniert der Markt, der von starken und wachsamen Konkurrenten bedient wird, ist dagegen Marktanteilssteigerung im Regelfall mit hohen Marketingkosten verbunden, die den Gewinn schmälern. Das Selbständigkeitsziel führt im Regelfall zu risikoaversem Verhalten; Sicherheit kostet Geld (Chancen) und stützt damit nicht gerade das Gewinnziel.

Einige Beispiele auf der *Funktionszielebene*: Wer die Absatzerlöse steigern will, kann selten gleichzeitig die Absatzkosten senken. Die Erhöhung der Absatzqualität führt im Regelfall zur Steigerung der Absatzkosten und hoffentlich der Absatzerlöse. Mit der Senkung des Absatzrisikos sind zumindest in der Einführungsphase hohe Kosten verbunden.

Und schließlich einige Hinweise auf der *Instrumentalebene:* Einfacher als bisher fallen uns Überlegungen über das Harmonie-(Konflikt-)spektrum der verschiedenen Produktziele. Führen wir uns die Zuordnung der Produktziele im Niveauspannungsfeld vor Augen, dann stellen wir rasch fest, daß sich billige Massenprodukte nur schlecht mit exklusiven und intelligenten Produkten vertragen, bedenkt man allein das Problem der Imageeindeutigkeit eines Programms oder entsprechende Vermarktungsprobleme. Der Ausweg über Zweitmarken ist deshalb nicht ganz unproblematisch, weil bei Bekanntwerden der gleichen Quelle – und das kann man nicht mit Sicherheit ausschließen – eindeutige Imageverluste eintreten. Eher vertragen sich die Zielsetzungen Gängigkeit und Solidität, insbesondere im niveauüberlappenden Bereich. Pionierhafte Produkte scheinen eher mit intelligenten Produkten kombinierbar. Sie dürften nur schlecht zu den Zielen Solidität und Gängigkeit passen, da sich in jenen mehr Traditionelles manifestiert. Das dürfte eher bei den Me-too-Produkten möglich sein, weil auch ihnen nur eine begrenzte Risikobereitschaft zugrunde liegt. Spezialitäten als Produktziel lassen sich wegen der hervorragenden Sachleistungsdimension mit intelligenten Produkten und wegen der Tendenz zur Einzigartigkeit mit Pionierprodukten verbinden.

(2) Mehrebenenkompatibilität

Auch bei Aussagen darüber, inwieweit sich die Unterziele als Mittel zur Verwirklichung von Oberzielen eignen, müssen wir uns mit Tendenzaussagen auf Plausibilitäts-niveau begnügen. Auf der Ebene der *Basisziel-Funktionsbereichszielkompatibilität* soll offenkundig die Absatzkostenverringerung der Gewinnsteigerung dienen. Das gilt für alle anderen Absatzziele mit Ausnahme des gemeinwohlorientierten. Die Absatz-kostensenkung wirkt im Regelfall sofort, ob sie allerdings langfristig zu einer Gewinn-stabilisierung beiträgt, erscheint fraglich. Dies dürfte eher mit anderen Zielen erreich-bar sein.

Einige beispielhafte Zuordnungen auf der *Funktionsbereichs-Produktzielebene* mögen genügen: Die Absatzerlöse lassen sich steigern, wenn man das Produktziel-niveau bei bekannten Produkten senkt, um damit eine breitere Distribution zu gewähr-leisten. Wenn man allerdings über einen etablierten, meist konservativen Fachhandel verkauft (z. B. über Apotheken) kann es passieren, daß man plötzlich weniger ver-kauft, weil dieser Fachhandel aus Verärgerung nicht mehr ordert. Ähnliches gilt für das Marketingziel der Absatzkostensenkung. Wer das Absatzrisiko senken will, wird wahrscheinlich eher das Me-too-Ziel wählen und auf Pionierhaftes verzichten. Solide Markenprodukte verzeichnen in der Regel wesentlich geringere Absatzschwankungen als gängige Standardprodukte. Diese Zuordnungen lassen sich fortführen.

3.74 Entscheidungsorientierte Zielwahl und -fixierung

Wenn aus Zielen, die man sich setzt, Marketingmaßnahmen folgen, bedarf es der Klä-rung, welche Ziele man wie auswählt. Auf die Zielwahl wirken umweltbedingte Markt-möglichkeiten und -bedingungen und vorhandene Fähigkeiten (→ Potentiale) ein. For-mal läßt sich das in einer Entscheidungsmatrix darstellen (Meffert 1991, S. 52). Für die praktische Entscheidungsfindung benötigen wir jedoch inhaltliche Klarstellungen.

Bezogen auf die erwähnten Ziele wollen wir im folgenden versuchen, einige Aus-wahl- und Fixierungsüberlegungen zu den Dimensionen

- der Zielinhalte,
- des Zielausmaßes,
- der Zieldauer

zu erörtern; abschließen wollen wir mit einigen Gedanken zur Zieldynamik.

(1) Zur Auswahl von Zielinhalten
Die Auswahl von Zielinhalten kann als ein Zielhierarchisierungsprozeß mit Kompatibilitätsüberlegungen aufgefaßt werden. Man kann ihn sich entsprechend Über-sicht 108 vorstellen.

266

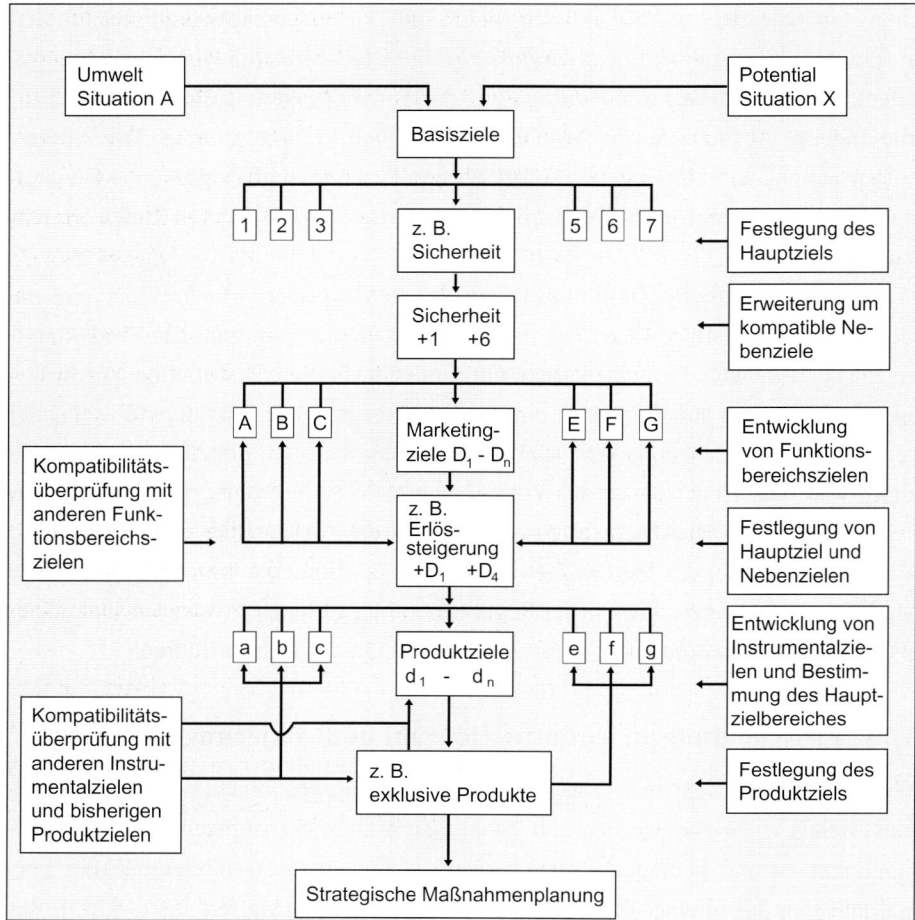

Übersicht 108: Zur Auswahl von Zielinhalten

Die Umweltsituation A ist durch die unternehmensspezifischen Marktmöglichkeiten (siehe Abschnitt 3.3), Marktgegebenheiten (Abschnitt 3.5) und Restriktionen (Abschnitt 3.6) gekennzeichnet. Die Potentialsituation X ergibt sich aus den Überlegungen in Abschnitt 3.8. Sie wirken möglicherweise über die Basisziele auf die Zielwahl in den verschiedenen Zielebenen ein. Es werden dabei Ziele ausgewählt, die unter den gegebenen Umständen über das höchste Erfolgspotential zur Erreichung des Oberziels verfügen. Dabei muß dann jeweils geprüft werden, ob die Unterziele zu den Oberzielen und ob diese bei der Festlegung von Nebenzielen zu den Hauptzielen passen.

(2) Zur Bestimmung des Zielausmaßes

Es erscheint als wenig sinnvoll, allgemeine quantitative Angaben zur Bestimmung des Zielausmaßes zu entwickeln. Mehrere Gründe sprechen dagegen:

- Es gibt einige Ziele (z. B. Sicherungs- und Einflußziele, Produktziele), die sich schlecht quantitativ fassen lassen. Hier sind lediglich graduelle Angaben möglich. So sind beispielsweise exklusive und intelligente Spitzenprodukte nicht allein durch geringe Mengen und hohe Preise, sondern vor allem durch unterschiedliche Gestaltungs- und Wirkungsschwerpunkte gekennzeichnet. Durch Einbeziehung von qualitativen Aspekten z. B. von Konkurrenzprodukten und ordinalen Bewertungen sind in solchen Fällen Fixierungen des Ausmaßes möglich.

- Die Bestimmung des Zielausmaßes wird in starkem Maße vom Produktbereich geprägt. Während beispielsweise im Zigarettenmarkt eine Zielvorgabe von 1 % Marktanteil schon ein sehr anspruchsvolles Ziel darstellt, kann ein Lkw-Hersteller (ab 16 t Gesamtgewicht) damit überhaupt nicht zufrieden sein.

- Die Wahl des Zielausmaßes hängt in erheblichem Umfang von den eigenen Potentialen ab. Dies sind nicht nur die finanziellen Möglichkeiten, um z. B. über eine teure Kommunikationsstrategie ein hohes Zielausmaß zu verwirklichen. Dazu gehört auch die Bekanntheit, das vorhandene Image und die bisherige Präsenz am Markt.

- Die Marktsituation spielt eine ähnlich relativierende Rolle. In einem stagnierenden Markt, der dazu auch hart umkämpft ist, wird man im Regelfall andere Zielausmaße vorgeben als in Wachstumsmärkten, in denen man selbst bereits eine gute Position erworben hat und in denen die Konkurrenzintensität nicht sehr groß ist.

(3) Zur Bestimmung der Zieldauer

Nicht minder schwierig ist die Festlegung des Zeitpunktes, bis zu dem ein Ziel erreicht werden soll. Vor allem kurzfristige Gewinnorientierung kann dazu führen, daß ein Ziel in zu kurzer Zeit erreicht werden soll und, falls das nicht geschieht, das gesamte Maßnahmenbündel für gescheitert erklärt wird. Andererseits muß auch vermieden werden, daß zu lange Zielräume eine Zielkontrolle verhindern. Bei der Bestimmung der Zieldauer müssen einige grundsätzliche Aspekte beachtet werden:

- Die Fristigkeit der einzelnen Zielinhalte kann erheblich differieren. So sind Gewinnziele mit recht unterschiedlicher Fristigkeit möglich. Das Ziel der Absatzkostensenkung kann häufig in gut überschaubaren Zeiträumen (z. B. 6-12 Monate) erreicht werden. Umgekehrt ist das Ziel „Reduktion des Absatzrisikos" nur langsam zu verwirklichen. Da dürfte meist nicht einmal das übliche Geschäftsjahr ausreichen.

- Ziele, die vorrangig der Kostensenkung dienen, sind wesentlich schneller zu verwirklichen als Ziele, die eine Erlössteigerung vor allem durch Preissteigerung bewirken sollen.
- Ziele, die auf eine Anhebung des Angebotsniveaus abstellen (z. B. Spitzenprodukte), brauchen mehr Zeit als solche, die sich auf eine Niveausenkung (z. B. gängige Produkte) richten.
- Die Diffusionstheorie lehrt uns, daß ungewöhnlich innovative Angebote sehr viel mehr Durchsetzungszeit benötigen als solche Angebote, die nur wenig vom Üblichen abweichen. Archetypprodukte (z. B. solide Produkte) sind diffusionsfähiger als Avantgardeprodukte (z. B. Pionierprodukte). So hat man dem Smart – einem Pionierprodukt – zunächst viel zu hohe Mengenziele (200.000 Stück/Jahr) gesetzt und dann auch noch eine gefährlich hohe Mengenvorgabe Ende 1999 als k.o.-Kriterium (80.000 Stück) vorgegeben. Von hoher Sachkenntnis waren diese Ausmaß- und Dauervorgaben nicht gerade getrübt.
- Der Produktbereich, in dem man sich betätigt, beeinflußt ebenfalls die Zieldauer. Bei Produkten des täglichen Bedarfs (→ z. B. periodische Verbrauchsprodukte) treten sehr viel früher Wiederholungskäufe ein als bei Produkten, die über längere Zeiträume benutzt werden (z. B. Kameras als Gebrauchsprodukte). Während man im ersten Fall die Zieldauer nicht zu kurz bemessen sollte, um Neugier- und Probierkäufe auszuschalten, wird man im zweiten Fall die Zieldauer nicht so lang setzen können, bis ein Wiederholungskauf eintritt.
- Beabsichtigt man die internationale Einführung eines Produktes (→ sequentielle Produkteinführung), wird man besonders sorgfältig und damit meist auch über einen längeren Zeitraum prüfen, ob dieses Produkt das hält, was man sich von ihm verspricht.

3.75 Zur Zieldynamik

Einmal gewählte Ziele müssen nicht unbedingt für die Unternehmenssituation geeignet sein, in der sich das Unternehmen morgen befindet. Die heutige Zielplanung hilft, die morgige Unternehmenssituation zu bewältigen.

Die Zielplanung wird durch die in Abschnitt 3.73 erörterten Kompatibilitätsaspekte erleichtert. Bei unseren jetzigen Überlegungen wollen wir uns auf einige *Produktziele* konzentrieren. Es gilt, unter Beachtung der Markt- und Potentialsituationen *Produktzielketten* zu entwickeln, die möglichst geringe Konflikte in den Zielinhalten erwarten lassen.

Als Ausgangspunkt der Überlegungen können wir die Niveaueinteilung der Produktziele (Marginalitäts-/Topniveau) wählen. Daraus ergibt sich, daß man Ziele hintereinander schalten kann, die der Niveausteigerung (→ Trading-up), der Niveausenkung (→ Trading-down) oder dem Niveauerhalt dienen.

Hat man beispielsweise bisher das Ziel *billige Massenprodukte* verfolgt, dann ist eine Niveausteigerung möglich. Dazu eignen sich aber nur einige Ziele. Aufgrund des vorhandenen Potentials (z. B. Produktionskapazitäten, Distributionsorgane, Firmen- und Produktimage) erscheint als nächstes Glied der Zielkette das Produktziel *Me-too-Produkt* als geeignet. Da man dieses Ziel vorrangig in wachsenden Märkten wählt, wenn ein nicht geringer Mengenausstoß möglich ist, können die vorhandenen Produktions- und Absatzkapazitäten genutzt werden. Wenn man in der Zwischenzeit für ein höheres Maß an Produktionsflexibilität und vor allem an Entwicklungskapazität sorgt, kann sich als nächste Zielstufe das Produktziel *Pionierprodukt* als sinnvoll erweisen. Während der Me-too-Phase könnte die Entwicklungsabteilung quantitativ und qualitativ ausgebaut worden sein. Beim Nachentwickeln können neue Lösungsmöglichkeiten gefunden worden sein, die Pionierhaftes ermöglichen. Dabei werden dann höhere Anforderungen an die Absatz- und Produktionskapazität gestellt. Dieses Ziel weist jedoch einen beachtlichen Nachteil insofern auf, als die vorhandene Kapazität zumindest tendenziell nur schwach genutzt wird. So kann es aufgrund des inzwischen verbesserten Kapazitätsniveaus sinnvoll sein, mit dem Aufbau des Produktziels *solide Produkte* zu beginnen. Sollte der Anteil einkommensstarker Personen beträchtlich sein, ist es langfristig auch möglich, das bisherige Programm mit einem „Starprodukt" zu krönen *(Spitzenprodukt)*. Mehreres mit unterschiedlichen Gewichten spricht dafür, daß dies ein langwieriger Prozeß sein wird. Bei *exklusiven Produkten* dauert es lange, bis ein entsprechendes Image aufgebaut wird und der Markt das Ursprungsziel „billige Massenprodukte" vergessen hat. Nicht ganz so bedeutsam ist das Image bei *intelligenten Spitzenprodukten* wegen der höheren kognitiven Steuerung. Allerdings benötigt man für die Entwicklung dieser Produkte im Regelfall sehr viel mehr Zeit, um sich in der technischen Produktentwicklung eine Spitzenposition zu erwerben.

Zeitliche Überlappungen oder Parallelen sind insofern denkbar, als man eine *„Mehrmarkenstrategie"* wählt. Die Firma als Dachmarke tritt zurück, die einzelnen auf unterschiedlichem Niveau befindlichen Marken gewinnen an Eigenbedeutung. Diese Mehrmarkenstrategie ist unter der Zielsetzung des Trading-up eher möglich als beim Trading-down-Ziel. Hier besteht die Gefahr der „Kannibalisierung" der Topmarke. Es treten Imageverluste ein, die zum Tod einer Marke führen können.

Legt man dagegen Wert auf eine deutliche Trennung, so sind Niveausenkungen meist relativ kurzfristig möglich. Wichtig ist in diesem Zusammenhang, daß man sich die Konsequenzen genau überlegt. Zwar wird gehofft, daß man große Teile des alten Marktsegmentes, der alten Distributionsorgane (z. B. Spezialgeschäfte) usw. behält, dies ist jedoch häufig ein Trugschluß. Kunden ändern die Markenwahl, Spezialgeschäfte streichen die Marke aus dem Sortiment, wie das mannigfache Beispiele in der Vergangenheit gezeigt haben (z. B. Armbanduhren).

Wichtig dürfte bei diesen dynamischen Zielüberlegungen sein, welche *Endziele* man anstrebt, um eine langfristig wirksame Verstärkung der Marktposition zu erreichen. Dazu kann es erforderlich sein, sich *Durchgangsziele* mit befristeter Gültigkeit zu setzen, die im Verhältnis zu den Endzielen einen horizontalen Mittelcharakter annehmen.

3.76 Profilierungsstrategien

Im Abschnitt 1.31 wurde bereits auf das Profilierungsgebot in offenen Marktwirtschaften mit hohem Konkurrenzdruck hingewiesen.

Die erwähnten Ziele geben das Wohin vor. Nun soll geklärt werden, auf welchen Wegen das Ziel erreicht werden soll. Strategien werden als Maßnahmenbündel verstanden, die durch eine gemeinsame inhaltliche Klammer zusammengehalten werden. Will man Profilierungsstrategien entwickeln, dann benötigt man Ansatzpunkte (Dimensionen), die sich zur Strukturierung eignen. Hilfreich könnte die folgende Dimensionsstruktur sein.

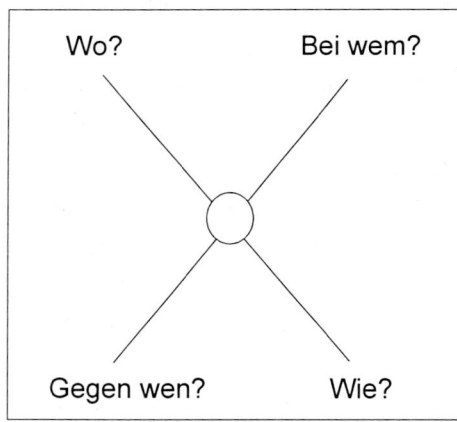

Das „Wo?" klärt die Marktweite. Die Frage „Bei wem?" soll die Zielgruppenproblematik beantworten. Und „Gegen wen?" klärt die Konkurrenzsituation. Diese Fragen haben wir zu beantworten versucht. Jetzt geht es um die Frage des „Wie?". Dies alles faßt die nebenstehende Übersicht 109 zusammen.

Übersicht 109: Profilierungsdimensionen

Porter (1986, S. 31 ff.) hat drei Strategien hervorgehoben:
- Kostenführerschaft,
- Differenzierung,
- Konzentration auf Schwerpunkte (Kosten/Differenzierung).

Wenn wir uns auf Grundbegriffe der Betriebswirtschaftslehre konzentrieren, so stehen den Kosten Leistungen gegenüber. Die Kostenführerschaftsstrategie ist eher input-orientiert, die Leistungsführerschaftsstrategie eher outputorientiert. Wir kommen somit zu folgender Übersicht:

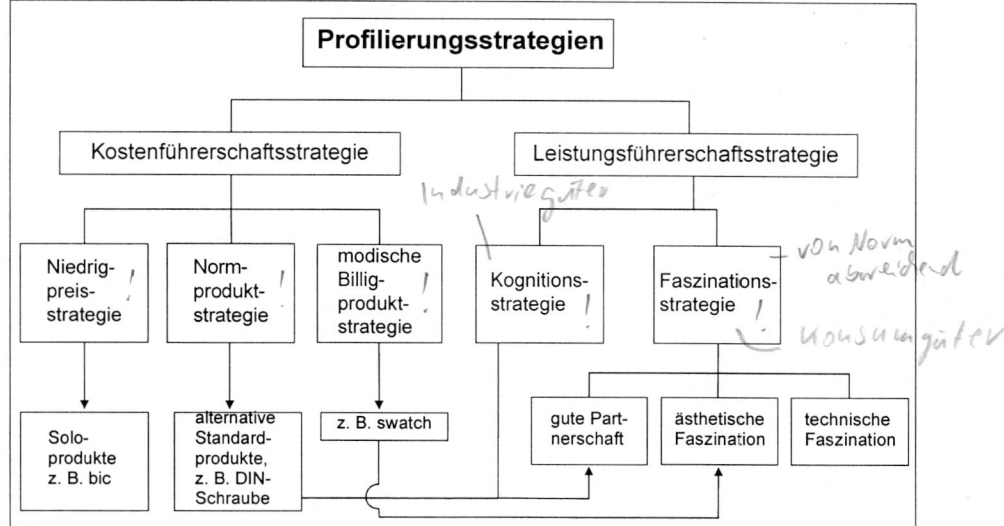

Übersicht 110: Profilierungsstrategien

Bei der *Kostenführerschaftsstrategie* geht es darum, die in der Branche niedrigsten Stückkosten zu gewährleisten, um über Tiefstpreise möglichst große Absatzmengen zu erzielen. Hohe Automationsgrade, ständige Auslastung, keine Leerkapazität, möglichst keine Sortenwechselkosten sollen das ermöglichen. Es herrscht eine Tendenz zu Commodities, Standardware. Der Break-Even-Punkt liegt vielfach in der Nähe vollständiger Kapazitätsauslastung. Damit sind Nachfrageschwankungen verpönt. Es herrscht prinzipiell eine Tendenz zum Monopol. Das Ausscheiden der Grenzanbieter hinterläßt jedoch bei allen „Schrammen", da in der Übergangsphase nicht mit Vollkosten gerechnet wird. Damit wird deutlich, daß es sich um eine risikoreiche Strategie handelt. Wir können mehrere Ausprägungen identifizieren.

Die absolute *Niedrigpreisstrategie* erfordert stete Nachfrage, die einfachst mögliche Problemlösung, Massendistributionsfähigkeit. Bei der *Normproduktstrategie* lohnt immer wieder die Frage, ob man bei bekannten, leistungs- oder gestaltungsgenormten Produkten nicht doch noch einen billigeren Lösungsweg finden kann. Wenn die Branche sehr zersplittert ist, kann die Konzentration auf wenige bekannte Lösungsvarianten Erfolg versprechen. Mit einem erheblichen Schuß Emotion ist die *modische Billig-*

produktstrategie verbunden. Die Uhrwerke der Swatch-Uhren werden kontinuierlich in Höchstmengen gefertigt, lediglich Armband und Zifferblatt werden ästhetisch durchdekliniert. Hier hilft wieder das noch zu erläuternde Archetypkonstrukt (Gladbach 1994).

Für westeuropäische Unternehmen ist eher die *Leistungsführerschaftsstrategie* kennzeichnend. Man bemüht sich um eine möglichst genaue Anpassung von Leistungen an Ansprüche. Das führt meist zu Differenzierungen, um Käuferrenten (Konsumentenrenten) abzuschöpfen. Schmalere Marktsegmente erzwingen tendenziell internationale Marktbearbeitung, um die Stückkosten nicht ausufern zu lassen. Kostensenkend kann ein ausgefeiltes modulares System (→ Plattformstrategie) wirken, das vielfältige leistungsdifferenzierende Varianten zuläßt und dessen Hüllengestaltung (z. B. Karosserie) jeweils neue Gesamteindrücke ermöglicht.

Die nun folgenden Strategiebezeichnungen sind unüblich. Mit der *Kognitionsstrategie* wird besonderer Wert auf möglichst hohe Sachleistungen gelegt. Sie sind belegbar und vielfach auch exakt kontrollierbar, insbesondere wenn es sich um quantifizierbare Leistungsangaben handelt. Diese Strategie herrscht im Industriegüterbereich vor. Hier dominiert die kognitive Verhaltensvariable. Im Konsumgüterbereich begegnet uns dagegen eher die *Faszinationsstrategie.* Affektive und soziale Faktoren dominieren. Hier liegt der Schwerpunkt auf der Faszination durch Anmutungsleistungen. Aus der Vielzahl möglicher Teilstrategien haben wir hier die Strategien der *technischen* und *ästhetischen Faszination* sowie die *Partnerschaftsstrategie* herausgegriffen.

Ein Pkw mit 12-Zylindermotor muß seinen Besitzer wohl wegen der Laufruhe usw. so faszinieren, daß er zu erheblichen Mehrausgaben bereit ist, ohne daß er dabei die technischen Leistungen (z. B. Höchstgeschwindigkeit) auskosten darf. Mit einer Drosselklappe wird die Höchstgeschwindigkeit auf 250 km/h begrenzt. Ähnliche Beispiele für technische Faszination sind im Kamera- oder HiFi-Bereich bekannt.

Mit der ästhetischen Faszination befassen sich Designer (siehe hierzu Abschnitt 4.44). Die Partnerschaftsstrategie legt hohen Wert auf vertrauenschaffende Maßnahmen, die auch rational nachvollziehbar sind. Glaubwürdigkeit wird betont. Hier ist nicht das Angebot der Held, sondern die Beziehung zwischen Hersteller und Käufer/ Verwender. Je mehr sich Produkte gleichen, um so mehr Wert muß auf die Beziehungspflege gelegt werden. Der Kunde muß das Gefühl gewinnen, bei seinem Lieferanten in guten Händen zu sein, bei dem die Gesamtleistung – dazu gehört die Beratung – wichtiger als der aktuelle Niedrigstpreis ist. Diese Strategie kann durch die wertkettenorientierte Prozeßbetrachtung gestützt werden. Sie befindet sich im Zwischenraum zwischen Kognitions- und Faszinationsstrategie.

Der Zusammenhang von Ziel und Strategie legt es nahe zu überlegen, welche Strategie denn für welches Produktziel geeignet ist. Das zeigt die folgende Übersicht:

Produktprofilierungsstrategien / Produktziele	Kostenführerschaftsstrategie	Kognitionsstrategie	Gute Partnerschaftsstrategie	technische Faszinationsstrategie	ästhetische Faszinationsstrategie
Billige Massenprodukte	x				
Exklusive Spitzenprodukte					x
Intelligente Spitzenprodukte		x		x	
Solide Produkte		x	x		
Gängige Produkte	x				
Pionierprodukte		x		x	x
Me-too-Produkte	x				
Designorientierte Produkte					x
Spezialitäten		x			

Übersicht 111: Zur Eignung von Profilierungsstrategien bei verschiedenen Produktzielen

An dieser Stelle lohnt es sich nun, auf einige Gedanken der Gestaltpsychologie zurückzukommen, die unter den Wahrnehmungsfaktoren bereits erläutert wurden. Die Wahl einer Profilierungsstrategie hat *Konsequenzen*, auf die wir in Abschnitt 1.31 bereits hingewiesen haben.

(1) Die Profilierung erfolgt nach dem *Figur-Grund-Prinzip*, Profilierung erfolgt relational. Vor einem lauten Hintergrund empfiehlt sich eine leise Profilierung, weniger eine noch lautere. Das kann auch zur Suche nach passenden Hintergründen führen, indem man Umpositionierungen vornimmt. Vor den gewünschten Hintergründen fällt dann die Profilierung leichter. Auf die Polarität laut-leise werden wir im Rahmen der Positionierung von Designprägnanzen noch einmal zurückkommen.

274

(2) Vor dem Hintergrund muß die eigene Profilierung *prägnant* sein. Das setzt voraus, daß

- der Kunde das Angebot wahrnimmt und identifiziert,
- es für ihn wichtig ist,
- er es für vorteilhafter als Konkurrenzangebote hält.

Seine Wahrnehmungsaktivitäten werden erleichtert, wenn das Angebot (Produkt) den Anforderungen an eine gute Gestalt entspricht, wenn es hohe Ordnung und geringe Komplexität aufweist (vgl. Birkhoff'sches Maß). Das muß nicht unbedingt die einfache Gestalt sein. Auch pfiffige, aber markante Lösungen sind denkbar.

Aus dem Wichtigkeitsaspekt können wir Irradiationsphänomene ableiten. Das Bemerkte und für wichtig Gehaltene überstrahlt anderes, dem man sich dann eher sparsam zuwenden kann.

Die Profilierung durch Prägnanz kann auf verschiedenem Weg erfolgen. Das soll die folgende Übersicht ausdrücken:

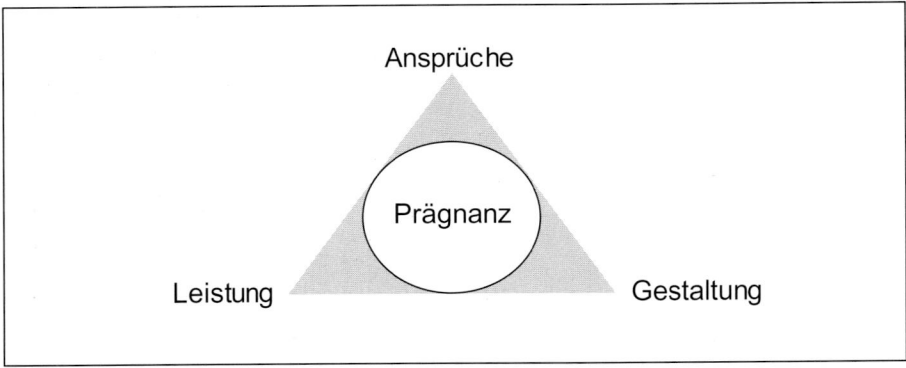

Übersicht 112: Prägnanzbereiche

Im Regelfall geht man von der *Gestaltungsprägnanz* aus. Als Outputvariante orientiert sie sich an der Wahrnehmung. Mit ihr werden wir uns im 4. Kapitel befassen. In diesem Kapitel interessiert zunächst die *Anspruchsprägnanz*, auf die wir bereits hinwiesen. Dabei handelt es sich um Entscheidungen,

- welche Ansprüche man nicht erfüllen will,
- welche Ansprüche man gerade so erfüllen will, daß keine Ablehnung erfolgt,
- welche Ansprüche man als prägnanzbildend herausstellt, um durch deren Erfüllung das Besondere (→ Uniqueness) des Angebotes herauszustellen.

Und schließlich folgt aus der Anspruchsprägnanz im Produktbriefing die *Leistungsprägnanz*, das, was man von dem neuen Produkt besonders herausragend fordert.

(3) Die Profilierungslösung muß lernbar sein. Daraus erwächst die Konstanzforderung. Die neue Lösung erfordert Zeit zum Lernen. Je innovativer, je ungewohnter eine Profilierungslösung ist, um so mehr Geduld ist nötig, damit der Kunde sich damit anfreunden kann. Durch eine Steigerung der Lernanstöße (z. B. häufige Produktpräsentation) kann die Lernzeit reduziert werden. Wichtig ist daher, daß die Lernanstöße gleichbleiben. Wechselnde Werbekampagnen, Verpackungsgestaltungen, ständige sich überschlagende Innovationen usw. mögen zwar Reaktionen auf bisher unbefriedigende Lösungen sein, sie erfordern jedoch neues Lernen, sie irritieren mehr, als daß sie verstärken.

Man kann diese Profilierungsstrategien unterfüttern durch spezifische Schwerpunktbildungen. Einige seien erläutert (siehe auch Übersicht 113).

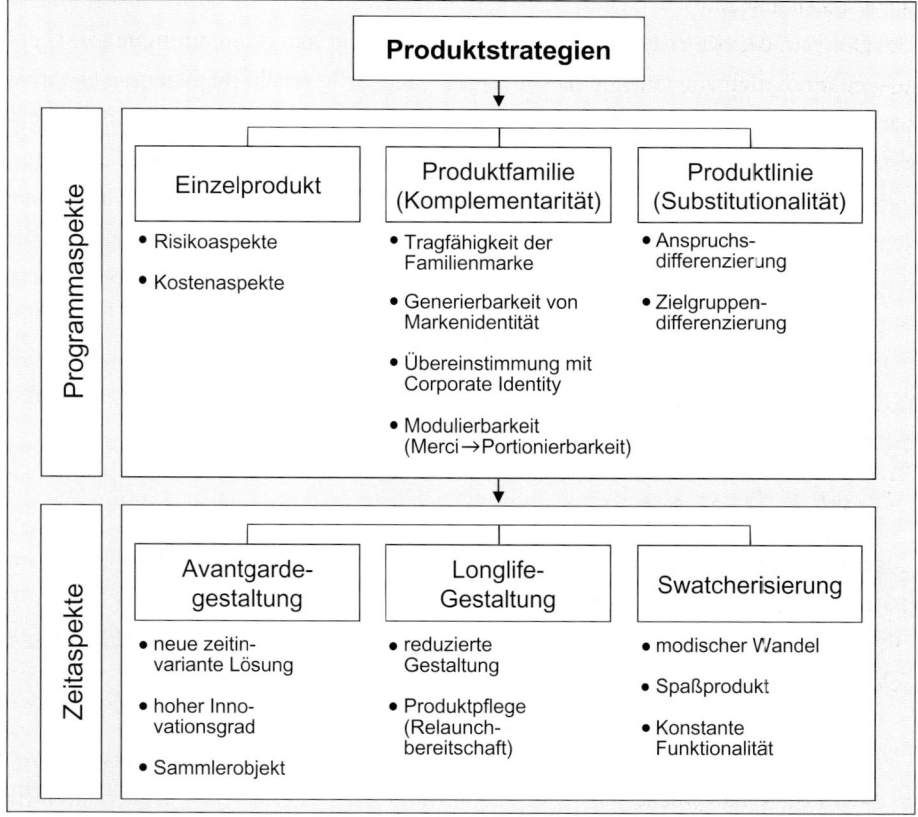

Übersicht 113: Produktstrategien

Der *Programmaspekt* legt die Frage nahe, ob man mit einem oder mit mehreren Produkten starten soll. Je innovativer, je risikoreicher eine neue Idee erscheint, um so eher wird man vorsichtig konzentriert mit dem Monoprodukt beginnen. Die geringe Menge verbietet geradezu eine Zersplitterung auf mehrere Varianten, um den Lernerfolg nicht zu kannibalisieren. Bei Nachfolgeprodukten, in reiferen Märkten also, wird die *Produktlinien-* oder *-familienstrategie* schon deshalb kaum zu umgehen sein, weil das Erwartungsniveau der Branche dies einfach fordert. Auch das Bemühen um Stückkostensenkung kann dazu beitragen.

Unter dem *Zeitaspekt* kann man sich zwischen den Polen des Zeitlosen und des Modischen bewegen. Das Zeitlose ist auf den Zeitraum des Wahrnehmenden bezogen, kann allerdings auch deutlich darüber hinaus gehen. So finden wir auch heute noch hergestellte Möbel des Jugendstils (z. B. Cassina: Mackintosh), des Bauhauses usw. Meist handelt es sich um Avantgardegestaltung (siehe Abschnitt 4.272). Diese Strategie sucht den Marktwiderstand, den man brechen will; man will die Welt verändern. Das fällt auf, das stärkt das eigene Image. Eine schnelle Marktdurchdringung ist ebenso wenig möglich wie Gewinn usw. Nur sehr langfristig ist die Realisierung erwerbswirtschaftlicher Ziele möglich. Anders kann es bei der als Swatcherisierung bezeichneten modischen Variante aussehen. Man bemüht sich darum, den Zeitgeschmack genau zu treffen. Statt Widerstand entsteht Nachfragesog. Man bewegt sich auf einem schmalen Grat des Zeitgeistes und des damit korrespondierenden Zeitgeschmacks, die Absturzgefahr ist groß. Zwischen beiden Strategien liegt die der Longlife-Gestaltung. Statt des ständigen Wechsels dominiert die Konstanz. Man bemüht sich um Innovationen, die eine möglichst lange Marktlebensdauer ermöglichen. Eine ständige Produktpflege, sei es durch kaum merkliche Produktvariationen, sei es durch Produktdifferenzierungen, trägt zur Marktaktualisierung bei.

3.77 Corporate Identity

Abschließen wollen wir die Zielüberlegungen mit dem vernetzenden Corporate Identity-Aspekt. Er betrifft durchaus die Auswahlüberlegungen.

(1) Strukturaspekte
In jüngerer Zeit gewinnen gesamtheitliche Unternehmensaspekte an Bedeutung. Um den Zielvernetzungsaspekt zu verdeutlichen, sollen einige Überlegungen zur Corporate Identity angeschlossen werden. Wir wählen die in Übersicht 114 dargestellte Struktur.

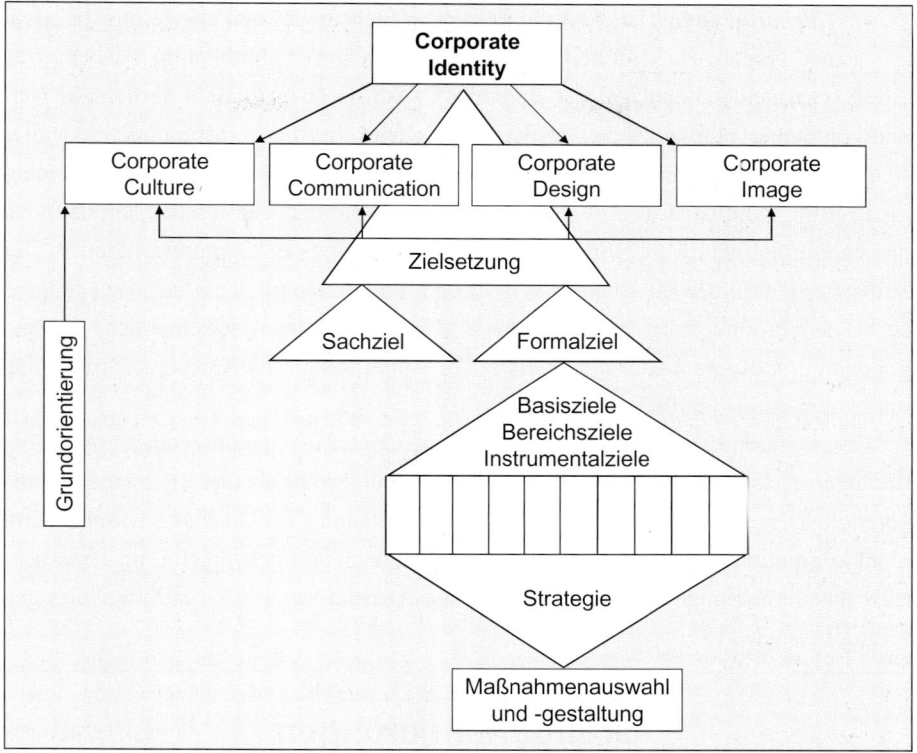

Übersicht 114: Corporate Identity

Jedes Unternehmen verfolgt zumindest Teilaspekte einer CI-Strategie, nur wissen es viele nicht, und deshalb werden häufig Ressourcen verschleudert. Zuerst zum Begrifflichen:

- *Corporate Identity* ist das gewollte Selbstverständnis eines Unternehmens. In ihrer Außenwirkung dient sie vor allem der Wettbewerbsprofilierung, in der Innenwirkung soll sie insbesondere durch Mitarbeitermotivation zur Leistungssteigerung beitragen.
- *Corporate Culture* erfaßt die Normen, Denk- und Werthaltungen, die das Verhalten der Mitarbeiter prägen (Pümpin/Kobi/Wüthrich 1985, S. 8).
- *Corporate Communication* umspannt die firmenspezifische Nachrichtengestaltung in inhaltlicher und formaler Art.
- *Corporate Design* legt die Rahmenbedingungen für das optische Erscheinungsbild des Unternehmens fest, das von der Briefbogengestaltung bis zur Architektur reichen kann. Damit können auch Grundüberlegungen der Produktgestaltung verbunden sein.

- *Corporate Image* kann als die Gesamtheit der subjektiven Vorstellung bezeichnet werden, die Mitarbeiter und Öffentlichkeit vom Unternehmen haben.

Alle Komponenten können als Ist- und/oder als Soll-Größe aufgefaßt werden. Sie werden von den erwähnten Zielen gespeist, wie umgekehrt diese, insbesondere wenn es sich um Soll-Größen handelt, von ihnen beeinflußt werden. Wenn sich ein Unternehmen für die Dominanz des Produktziels „Pionierprodukte" entschieden hat, dann hat das eben erhebliche Rückwirkungen auf die Bausteine der Corporate Identity. Das Selbstwertgefühl der Mitarbeiter ist in diesem Falle wesentlich einfacher zu steigern als bei dem Produktziel „Standardprodukte". Und daß das dann auch erhebliche Auswirkungen auf Corporate Communication, Corporate Design und Corporate Image hat, muß kaum lange begründet werden.

Des weiteren kann man bei der Analyse von Unternehmen prägende Grundorientierungen feststellen. Sie haben sich in der Vergangenheit als das Bleibende herausgeschält. Dieses Denk- und Handlungsselbstverständnis erklärt auch, warum damit nicht kompatible Vorschläge, seien sie generell noch so überzeugend, im Unternehmen scheitern. Einige Beispiele für derartige Alternativen von Grundorientierungen zeigt Übersicht 115:

Grundorientierungen

- Preisorientierung   - Leistungsorientierung
- Vertrauensorientierung   - Traditionsorientierung
- Technikorientierung   - Designorientierung

Übersicht 115: CI Grundorientierungen

Daß die verschiedenen Produktziele nicht unabhängig von diesen Grundorientierungen gewählt werden können, versteht sich von selbst. Daß solide Produkte gut zur Traditionsorientierung, intelligente Spitzenprodukte sowohl zur Technik- als auch zur Leistungsorientierung passen, leuchtet unmittelbar ein.

Aus dem bisherigen Kontext ergibt sich bereits, daß Corporate Identity-Überlegungen interne und externe Bezüge aufweisen. Zu den internen Bezügen zählen *Ich- und Wir-Zufriedenheit* (Tätigkeitsinhalt, -umfeld, Perspektive, Stolz auf das Unternehmen mit seinem Leistungsprogramm, Konfliktlösungsfähigkeit usw.). Die externen Bezüge reflektieren die Kunden-, Lieferanten-, Händler-, Konkurrenz- und sonstigen Öffentlichkeitsbeziehungen.

(2) Begründungsaspekte

Im Wachstum von Unternehmen liegt die Gefahr des sektoralen Ausuferns. Die im Produkt-Markt-Bereich Y Tätigen erweitern ihr Programm aus Begründungszusammenhängen, die ihre Sektorsicht widerspiegeln. Das muß nicht die Gesamtsicht des Unternehmens sein. Formulierte und ständig überprüfte *Sachziele* bieten da einen *Filter* an, der die kursierenden back-to-the-roots-Rufe überflüssig macht.

In ein Unternehmen wird man selten hineingeboren und herausbeerdigt. Neue Mitarbeiter kommen, andere gehen. Die Neuen müssen das Eigenständige, das Besondere, das Identische erlernen. Hier wird eine *Rahmenkonstanz* geschaffen, um intern wie auch extern Beulen zu vermeiden.

Das *Bewußtmachen* von bisher unbewußt Gelebtem kann, wenn sich der einzelne damit identifiziert, zusätzlich motivieren, aber auch diejenigen, die sich bisher unbewußt unwohl fühlten, zum Wechsel animieren. Das Engagement kann so steigen.

Damit ist eine *Vertrauenskomponente* verbunden. Eine akzeptierte Identität schafft ein Grundgefühl der Sicherheit, des „Sichverlassenkönnens". Das gilt für die Mitarbeiter ebenso wie für Lieferanten und Kunden. Vor allem in neuen Situationen kann so lähmende Unsicherheit in Grenzen gehalten werden.

Und schließlich sollte die *Rationalisierungskomponente* nicht übersehen werden. Ein tragfähiges identitätsstiftendes Fundament erleichtert die Kreation homogener, zueinander passender Maßnahmen und beschleunigt das Finden neuer Maßnahmenbündel.

(3) Realisationsaspekte

Zuerst wird man die historische *Ist-Identität* feststellen müssen. Das ist zum einen die interne, auf den verschiedenen Hierarchiestufen bewußt oder unbewußt gelebte Identität. Und zum anderen muß die nach außen bewirkte Identität – sie entspricht dem externen Unternehmensimage – erhoben werden.

Sie wird konfrontiert mit der von der Unternehmensleitung langfristig gewollten *Soll-Identität*. Aus der für machbar gehaltenen Soll-Identität – große Diskrepanzen zur

Identität sollten zur Vorsicht gemahnen – werden *Firmengrundsätze* abgeleitet. Diese Firmengrundsätze müssen auf allen Hierachiestufen internalisiert werden. Während dieses Internalisierungsprozesses können sich Modifikationen als notwendig herausstellen. Der Lern- und Akzeptanzprozeß kann somit auch rekursiv den Kreationsprozeß beeinflussen. Die Firmengrundsätze bilden dann die Grundlage für *Maßnahmenkataloge* für Corporate Culture-, Corporate Communication-, Corporate Design-Aktivitäten. Die Wirkung der Maßnahmen bedarf ständiger *Kontrolle*. Das kann zur Maßnahmenänderung wie auch zur Änderung der Soll-Identität führen. Zwar ist auch hier neben dem bereits erwähnten Prägnanz- das Konstanzprinzip zu beachten, doch sollte das nicht zur Starrheit verleiten. Da die Identität ja etwas bewirken soll, muß man die Wirkungsbedingungen im Auge behalten und sich fragen, ob nicht neue Bedingungen zur *Identitätsmodifikation* führen sollten. Das muß nicht unbedingt heißen, daß man die Identitätsflagge in den Wind wechselnder Strömungen halten müsse, nur wird man ohne Beachtung der Windrichtung auch nicht vorwärts kommen – für Segler eine Binsenweisheit.

3.8 Potentialanalyse

In der konkreten Entscheidungssituation eines Produktmanagers mag es vielleicht sinnvoll sein, mit einer Situationsanalyse zu beginnen, also zuvor zu fragen, was man kann (Stärken-/Schwächenanalyse) und was man will, um sich den Vorwurf utopischer Ideenpräsentationen zu ersparen. Wenn man so vorgeht, muß man jedoch den Nachteil in Kauf nehmen, bereits an den Anfang der Überlegungen Denkgrenzen zu setzen, die nicht zu einem systematischen Infragestellen der jetzigen Potential- und Zielsituation führen. Des weiteren engen die frühzeitig gewählten Denkgrenzen das Finden innovativer Vorschläge ein. Hat man nämlich neue Ideen ohne diese Begrenzungen gewonnen, kann man immer noch prüfen, ob sie realisierungswürdig sind oder nicht. Geht man umgekehrt vor, kommt man gar nicht zu solchen neuen Ideen. Diese Ideen können dann ja im Grenzfall zu Diversifikationsmaßnahmen führen. Zumindest bei langfristiger Betrachtung scheint sich somit für die Gewinnung neuer Ideen für die Produktentwicklung und -vermarktung die Situationsanalyse erst dann zu empfehlen, wenn man die Marktmöglichkeiten und Marktgegebenheiten geklärt hat.

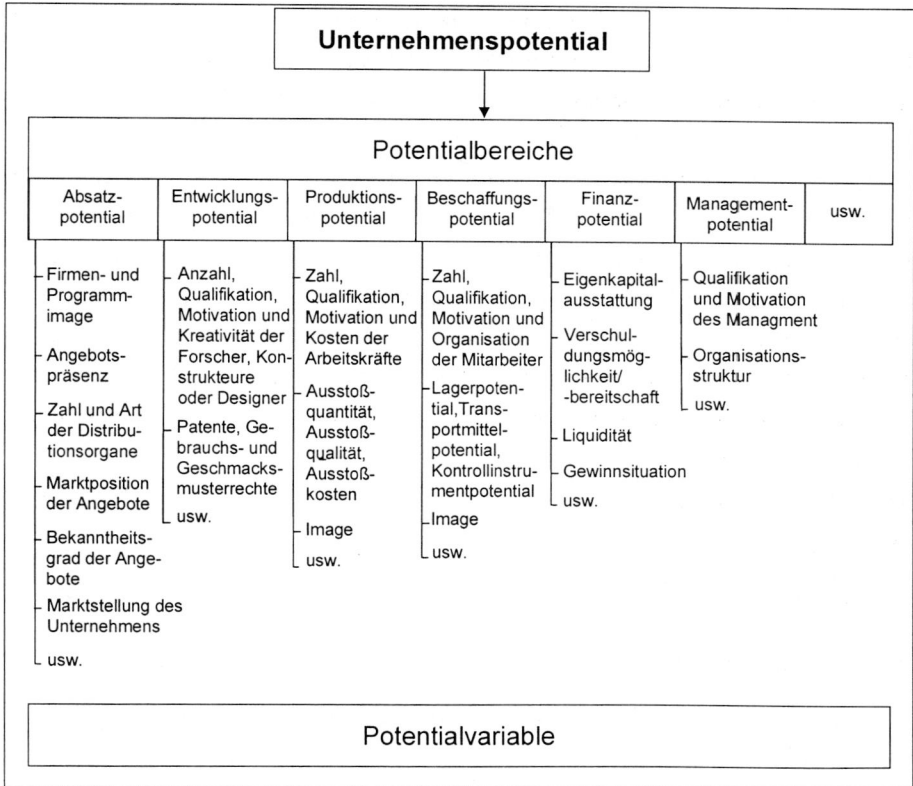

Übersicht 116: Potentialbereiche des Unternehmens

Das Potential eines gesamten Unternehmens ergibt sich aus den Potentialen der verschiedenen Funktionsbereiche, Geschäftseinheiten usw. sowie deren Beziehungen zueinander. Zwar ist es richtig, daß das Ganze mehr ist als die Summe seiner Teile (→ Phänomen der Übersummenhaftigkeit), dennoch wollen wir uns mit der Darstellung der Potentiale einzelner wichtiger Funktionsbereiche begnügen. Die Überlegungen können im konkreten Falle gestrafft oder ergänzt werden. Um Wiederholungen bei der Darstellung zu vermeiden, wollen wir einige generelle Fragen voranstellen. Sie müssen für jeden Potentialbereich geprüft werden, und sie sollten ständig wiederholt werden:

- Ist unser Potential höher als das der Konkurrenz?
- Besteht die Absicht, diese Situation langfristig zu sichern?
- Welche Leer- bzw. Schwachstellen kennzeichnen unser Potential (Potentiallücke)?
- Besteht die Möglichkeit der Potentialveränderung?

- Wie schnell kann das Potential verändert werden und wie teuer ist das?
- Verspricht das neue Angebot eine lohnende Verzinsung der Potentialinvestition bzw. stellt die Potentialerweiterung eine lohnende Zukunftsinvestition dar?
- Wie schnell kann die Konkurrenz nachziehen?

Einen Überblick über die im folgenden darzustellenden Potentialbereiche gibt Übersicht 116.

Es werden Potentialbeispiele verschiedener Unternehmensbereiche deshalb genannt, weil der Erfolg neuer Problemlösungen heute wesentlich durch die Vernetzung aller Unternehmensfähigkeiten geprägt wird. Nicht benötigte Potentiale müssen langfristig abgebaut werden. Zuerst muß also das Potential-Ist erhoben werden. Dazu nun einige Beispiele.

3.81 Absatzpotential

Die komplexeste Größe dürfte das *Firmen- und Programmimage* bilden. Als wie bekannt, beliebt, glaubwürdig gilt man bei denen, an die man sich wenden will? Ist man z. B. als Anbieter solider Mittelklassewagen bekannt (z. B. Opel), dann fällt es schwer, sich gegenüber Konkurrenten der Premiumklasse (z. B. Mercedes) erfolgreich durchzusetzen. Das konkurrenzdifferenzierende Image, das man sich erworben hat (z. B. hochwertige Designprodukte), sollte man pflegen und nicht durch Angebote verspielen, die nicht zu diesem Image passen. Eine nicht hierzu passende Produktidee muß nicht unbedingt verworfen werden. Man kann sie weiterverfolgen, dann als Zweitmarke z. B. über ein Tochterunternehmen absetzen oder zur Not als fertige Entwicklung an ein Unternehmen verkaufen, in dessen Programm sie paßt.

Die *Angebotspräsenz* offenbart, wie dicht und breit die Produkte angeboten werden, wie gegenwärtig man wo ist. Hat man eine hohe Angebotspräsenz erreicht, ist es leichter, mit einer Programmergänzung bei den ausgewählten Distributionsorganen zu reüssieren. Im umgekehrten Falle kann es notwendig werden, einen sehr aufwendigen Kanalsog (z. B. durch kommunikationspolitische Maßnahmen) zu erzeugen, um den Handel zur Aufnahme dieses Produktes geneigter zu machen.

Zahl und Art der Distributionsorgane, derer man sich bisher bedient, bestimmen weiterhin in starkem Maße den Bewegungsspielraum. Sind zur Ansprache des ausgewählten Anspruchssegments andere Distributionsorgane zweckmäßiger als solche, über die man bislang absetzte (z. B. anstelle von Warenhäusern jetzt Spezialgeschäfte), dann erfordert das zusätzliche Anstrengungen. Gute Absatzbeziehungen zu ausgewählten

Distributionsorganen, z. B. ausgedrückt in Fachhandelstreue, erleichtern die Einführung neuer Angebote wesentlich.

Das Interesse der Distributionsorgane wird weiterhin beeinflußt von der *Marktposition der Angebote*. „Laufen" die bisher angebotenen Produkte gut, liegen sie im Trend, wissen die Händler, daß der Hersteller nur intensiv im Markt getestete Produkte anbietet, dann sind sie eher geneigt, neue Angebote, über deren Absatzmöglichkeiten man naturgemäß relativ wenig weiß, mit in das Sortiment aufzunehmen. Das wiederum kann multiplikative Wirkung auf die Durchsetzung eines Produktes ausüben. Der Zusammenhang zum Programmimage ist hier offenkundig.

Auch die durch besondere Kommunikationsmaßnahmen erreichte Bekanntheit kann dazu beitragen, den Händler „listungswillig" zu machen. Durch den erzeugten Kanalsog erhöht sich die für ihn wichtige Umschlagsgeschwindigkeit. Gegenüber einem unbekannten Anbieter genießt ein bekannter bei positivem Image eher Vertrauen beim Käufer, so daß er auch bereit sein kann, einmal etwas Neues auszuprobieren. Aufgewogen werden können begrenzte Absatzpotentiale selbstverständlich durch besonders interessante Angebote, insbesondere auch dann, wenn es gelingt, eine markt-adäquate „Monopolinsel" zu schaffen, so daß den geeigneten Distributionsorganen kaum etwas anderes übrigbleibt, als – wenn auch vielleicht zähneknirschend – das Produkt in ihr Sortiment aufzunehmen. Im Sinne eines langfristigen Markterfolges dürfte es jedoch liegen, diese käufer- bzw. verwenderbezogene Monopolinsel um den distributiven Bereich zu erweitern, indem man den Verwenderwünschen, soweit es sinnvoll ist, näherkommt.

3.82 Entwicklungspotential

An die Gewinnung einer für den Markt interessanten Produktidee wird sich ihre Realisierung anschließen müssen (siehe hierzu Kapitel 4). Wenn sich jedoch bereits an dieser Stelle schon abschätzen läßt, daß der Ideenverwirklichung aller Voraussicht nach im eigenen Unternehmen unterschiedliche Hindernisse im Weg stehen werden, dann sollte man entweder die Idee modifizieren oder die Weiterverfolgung dieser Idee abbrechen. Das Entwicklungspotential wird beeinflußt

- vom gegenwärtigen Entwicklungsstand und
- den Fähigkeiten sowie den Möglichkeiten der in der Entwicklung Tätigen.

Der gegenwärtige *Entwicklungsstand* kann sich in den augenblicklich sowie zukünftig nutzbaren Patenten, Gebrauchs- und Geschmacksmusterrechten niedergeschlagen haben. Wichtig bei einer solchen Potentialfeststellung ist der Vergleich mit Konkurrenzunternehmen. Wie wir bereits in Abschnitt 3.5 ausführten, ist es nicht ganz einfach, die Konkurrenzfähigkeiten festzustellen. Da sich die Mitarbeiter der verschiedenen Abteilungen jedoch nicht selten anläßlich von Branchentagungen mit ihren Kollegen aus den Konkurrenzunternehmen treffen, können sie durchaus interessante Hinweise geben. Es handelt sich dabei mehr um subjektive Beurteilungen.

In der Entwicklung können z. B. naturwissenschaftliche Forscher (Physiker, Chemiker, Biologen), Konstrukteure oder Designer tätig sein. Von ihrer Wissensförderung, ihrer Neigung, sich auf dem jeweils neuesten Stand zu halten, und ihrer Kreativität hängt im großem Maße der Erfolg eines Unternehmens ab. Nicht zu verkennen ist derzeit der Trend, sich der Mitarbeit fremder Organisationen (z. B. Universitäten bei der Gen- und Computertechnologie, Design-Beratungsunternehmen bei Konsumgütern) zu bedienen. Dies eröffnet auch für mittelständische Unternehmen die Möglichkeit der Potentialerweiterung, ohne daß damit hohe Fixkosten verbunden wären.

Nicht nur für die Entwicklung gilt, daß der eigene Potentialrahmen nicht durch das abgesteckt wird, was man bisher gemacht hat („geht nicht"); nur durch herausfordernde Aufgabenstellungen sind Inventionen möglich.

3.83 Produktionspotential

Daß der Produktionsbereich eines Unternehmens Grenzen setzen kann, bedarf keiner langwierigen Begründung; daß er aber auch Chancen gegenüber Konkurrenten bieten kann, sollte nicht übersehen werden. Grenzen und Chancen werden geprägt von den vorhandenen *Produktionsmitteln und -kräften* (Arbeitskräfte). Zur Charakterisierung des Potentials der Produktionskräfte dürften vier Aspekte wichtig sein, wobei die Bedeutungsrangfolge von Situation zu Situation schwankt. Die Zahl der vorhandenen Arbeitskräfte setzt Grenzen. Dies gilt einmal für die Produktionsausdehnung, so daß hier Produkte in großer Stückzahl und mit großem Arbeitsaufwand an Grenzen stoßen. Umgekehrt kann es bei nicht ausgenutzten Kapazitäten – das gilt auch für die Produktionsmittel – vorkommen, daß solche Produkte favorisiert werden, die zur Kapazitätsauslastung beitragen, darauf hatten wir bei den Herstelleransprüchen bereits hingewiesen. Die *Qualifikation der Arbeitskräfte* setzt ebenfalls Grenzen in beide Richtungen: nach oben, wenn die Realisierung der Angebotsidee zu schwierig ist, nach unten, wenn ein hoher Qualifikationsstand die Auswahl komplizierter Angebote geradezu verlangt. Als dritten Aspekt wollen wir auf die *Motivation* aufmerksam machen. Wieweit fühlt sich der einzelne in der Produktion Tätige als nützliches, auch Verantwortung tragendes Glied einer Kette? In welchem Maße wird er dahin geleitet (z. B. durch Lohnsysteme, Sozialmaßnahmen, Informationspolitik, Mitentscheidungsmöglichkeiten, Kontrollmaßnahmen)? Daß hierdurch Arbeitsquantität und -qualität beeinflußt werden kann, ist inzwischen Binsenweisheit geworden. Und schließlich geht es um die *Kosten der Produktionskräfte.*

Über das *Potential der Produktionsmittel* kann man sicherlich eine Fülle von einzelnen Aspekten ausführen. Wir wollen uns auch hier lediglich um einige allgemeine kümmern. Wir stehen vor der Frage, was unsere Produktionsmittel leisten (Maschinen, Lager- und Transportmittel usw.). Drei Aspekte verdienen Beachtung. Die Ausstoßquantität legt den Mengenrahmen fest, innerhalb dessen man sich bewegen kann, der durch Maschinenvermehrung, -veränderung, bessere Kombination oder lediglich durch höhere Zeitinanspruchnahme verändert werden kann. Mit *Ausstoßqualität* wird umschrieben, in wie engen Grenzen die Fertigungstoleranzen liegen können (→ Zero-Defect), wie wenig Ausschuß anfällt, wieviel Kontrollarbeit notwendig ist und in welchem Maße Unterschiedliches auf denselben Maschinen erzeugt werden kann, ohne daß die Qualität signifikant sinkt (Herstellungsvariabilität bei Qualitätskonstanz). Sehr viel komplexer kann der Aspekt der Ausstoßkosten sein, der sowohl von der Quantität pro Zeit, der konstanten Qualität, aber auch von der Elastizität der Anpaßbarkeit an unterschiedliche Beschäftigungs- bzw. Nachfragesituationen abhängt (Ellinger 1959, S. 19 ff).

3.84 Beschaffungspotential

Der allgemeine Satz: „Für Geld kann man letztlich (fast) alles bekommen" mag zwar grundsätzlich gelten. Beschaffungsprobleme, insbesondere bei Rohstoffen, einerseits und die Begrenzung der ökonomischen Handlungsmöglichkeiten im Produktions- und Absatzbereich andererseits, haben zu einer Aufwertung des Funktionsbereiches Beschaffung geführt. Man wird damit rechnen müssen, daß in Zukunft die Beschaffungsabteilung weniger als ausführende Bestell- und Materialverwaltungsabteilung fungiert, sondern mehr strategisch zu denken gezwungen sein wird. Das kann dann zu Strategie- und Maßnahmenkonflikten führen; sie lassen sich durch die bereits anfangs geforderte Teamarbeit reduzieren. Je weniger strategisches Denken in diesem Bereich vorhanden ist, um so eher muß mit Behinderungen bei der Durchsetzung neuer Ideen gerechnet werden. Wenn sich beispielsweise der Einkäufer eines Schokoladenherstellers beim Einkauf von Zutaten, z. B. Rosinen, Mandeln, Walnüssen, auf den wichtigsten Markt, z. B. Kalifornien, verlassen hat, weil dort das Preis-Leistungs-Verhältnis besonders günstig ist, dieser Markt jedoch wegen einer Mißernte ausfällt, dann wird das gesamte Produktions- und Kostengefüge durcheinander gebracht. Will man nun mit einer neuen Kreation in der Konsumpreisklasse am Markt auftreten, dann wird die Vermarktung eines solchen Produktes bei diesem Beschaffungsverhalten sehr riskant.

Das Beschaffungspotential wird durch technische und personelle Aspekte geprägt. Das *personelle* Beschaffungspotential hängt von der *Zahl,* der *Qualifikation*, der *Organisation* und der *Motivation* der Mitarbeiter ab. Daß zwei gute Köpfe mehr bedenken können als nur einer, ist unmittelbar einsichtig. Zur Qualifikation wollen wir das Produkt- und Marktwissen, die Flexibilität und die Kooperationsbereitschaft zählen. So kann man Hinweise auf Beschaffungsschwierigkeiten ebenso erhalten wie Hinweise darauf, daß man bestimmte Produktkomponenten, Teile usw. besser kauft als selbst herstellt oder welche Möglichkeiten existieren, die Preisrisiken bei der Beschaffung so weit zu reduzieren, daß man langfristig kalkulieren kann. Von der aufbau-organisatorischen Einbindung hängen Anforderungen an den Beschaffungsmanager und sein Durchsetzungsvermögen ab. Die Bereitschaft, selbst aktiv zu werden, Bezüge zu anderen Funktionsbereichen zu beachten, eigene Vorschläge aufgrund der Marktkenntnisse zu machen, wird sicherlich stark geprägt von den Anreizen, die ihm in Unternehmen gegeben werden. Vor allem bei Produkten, die schnelle Variationen erfordern (z. B. modische Produkte), ist ein Planungs- und Informationssystem nötig, das diese Reaktionen ermöglicht.

Als *technische Aspekte* des Beschaffungspotentials seien das Lager-, Transportmittel- und Kontrollinstrumentpotential genannt. Die Bedeutung dieser Potentialaspekte wird geprägt von Produktbesonderheiten (z. B. Verwendung von Naturrohstoffen, Notwendigkeit schneller Verfügbarkeit).

Ob man die benötigten Produkte in der jeweiligen Menge, zum gewünschten Zeitpunkt und zu vertretbaren Preisen erhält, hängt auch vom *Image* des beschaffenden Unternehmens ab. Bei einem engen Markt (geringe Mengenverfügbarkeit) wird das Unternehmen bessere Chancen haben, das als besonders leistungsfähig, seriös usw. gilt.

3.85 Finanzpotential

Finanzielle Grenzen (vgl. umfassender Kreikebaum 1971, S. 263 ff.) können sehr schnell zum Ende einer interessanten Angebotsidee führen. Die *Eigenkapitalausstattung*, die *Verschuldungsmöglichkeit* und *-bereitschaft*, die *Liquidität*, die derzeitige wie auch zukünftig *erwartete Gewinnsituation* erleichtern bzw. erschweren die Aufnahme einer als erfolgsversprechend eingestuften Idee. Dabei muß eine ungünstige finanzielle Situation nicht unbedingt zur Aufgabe einer Idee führen. Zu beobachten sind hin und wieder Fälle, bei denen man hofft, gerade eine neue Produktidee gleichsam als rettenden Strohhalm benutzen zu können, indem nun alle freisetzbaren Aktivitäten auf die neue Angebotsidee konzentriert werden. Erstaunlicherweise kommt es dann tatsächlich auch vor, daß gleichsam in einem „Husarenstreich" durch den glücklichen Produkterfolg das Unternehmen wie ein „Phönix aus der Asche steigt" (iMac). Dieses „Vabanque-Marketing" unterscheidet sich jedoch sehr wesentlich von unserem Bemühen um systematisch abgesicherte, langfristig erfolgversprechende Marketing-Lösungen.

Die permanente Entwicklung neuer bzw. die Weiterentwicklung alter Produkte ist für den Erfolg eines Unternehmens wichtig. Dabei muß die steuerliche Behandlung der möglichen Forschungs- und Entwicklungskosten geprüft werden (vgl. ausführlicher Rose 1972, S. 396 f.). So ist doch ein sehr großer Teil von steuerlichen und nicht-steuerlichen Anreizen auf die Projektförderung aus Mitteln des Bundesministers für Forschung und Technologie durch Investitionszulagen und Sonderabschreibungen (§ 82d EStDV) und im Rahmen verschiedener Sonderprogramme (z. B. „Anwendung der Mikroelektronik", „Fertigungstechnik") gerichtet (Behrens-Ramberg 1984, S. 197 f.). Aber auch die Bedeutung von Markteinführungshilfen ist nicht zu verkennen, da insbesondere in der Einführungsphase ein hoher Finanzmittelbedarf besteht.

3.86 Managementpotential

Stehen mehrere neue Angebotsideen zur Auswahl, wird man sich zusätzlich zu den bisherigen Überlegungen zu fragen haben, ob man über das Management verfügt, das für eine erfolgreiche Realisierung nötig ist.

Dabei spielt zum einen die *Organisationsstruktur* eine wichtige Rolle. Unterliegt das neue Produkt voraussichtlich starken Marktschwankungen, z. B. bei kurzlebigen modischen Produkten, dann steht man vor dem Zwang, die Zeit zwischen erkannter Marktveränderung und angepaßter eigener Reaktion zu minimieren. In einem stark hierarchisch strukturierten Unternehmen würde der Instanzenweg viel Zeit beanspruchen, so daß in diesem Falle Organisationsformen mit starker Entscheidungs- und Verantwortungsdelegation unabdingbar sind. Grundsätzlich Ähnliches gilt vice versa.

Erfahrung (Wissen) und *Motivation* füllen gleichsam wie Fleisch das Gerippe aus. Bei der Auswahl einer neuen Produktidee muß die Frage gestellt werden, ob und wieweit die mit der Entwicklung und Vermarktung dieser Aufgabe betrauten Personen (z. B. Produktmanager) sich in dem neuen Produktbereich auskennen, mit den Beson-

288

derheiten dieses Produktbereichs vertraut sind. Wenn man sich im Waschmittelmarkt auskennt, bedeutet das noch lange nicht, daß man damit auch alle anstehenden Probleme, z. B. im Bereich der Bekleidungstextilien, lösen könnte, zumal dann nicht, wenn man bisher nur diesen einen Marktausschnitt bearbeitet hat und es versäumte, ein allgemeineres Rüstzeug zum Lösen von Problemen zu erwerben. Der Motivation schließlich kommt gerade im Produktmarketing besondere Bedeutung zu, weil der Angebotserfolg in starkem Maße von der Identifikation der mit dieser Aufgabe verantwortlich betrauten Person abhängt. Weiß z. B. ein Produktmanager, daß er sich mit einem langfristigen Angebotserfolg auch selbst Sporen verdienen kann, dann wird er sich eher und intensiver ganz seiner Aufgabe widmen als in einem solchen Falle, in dem bekannt ist, daß der Stuhl eines Produktmanagers einem Schleudersitz gleichkommt, den man am besten möglichst schnell nach Erzielung kurzfristiger Erfolge selbst verläßt, wobei es gleichgültig ist, was man zurückläßt, auch wenn es binnen kurzem schon ein Scherbenhaufen ist.

3.87 Der Potentialbestimmungsprozeß

Die folgende Vorgehensweise empfiehlt sich für die Nutzung der bisher erläuterten Bausteine.

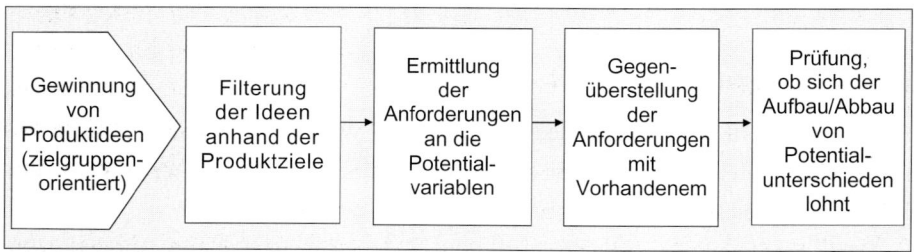

Übersicht 117: Der Potentialbestimmungsprozeß

Es dürfte zweckmäßig sein, die bis hier gewonnenen Ideen – wahrscheinlich aus Zielgruppensicht – den für sinnvoll gehaltenen Produktzielen zuzuordnen, um so eine Markt-Unternehmensabstimmung vorzunehmen. Zu diesem frühen Prozeßzeitpunkt geht es nun darum zu prüfen, was die bisherigen Ideen grob für Potentiale erfordern. Dies ist deshalb noch nicht detailliert möglich, weil die konkrete Ideenumsetzung noch aussteht. Dennoch empfiehlt sich an dieser Stelle die Überlegung, ob die neue Idee nahe am bisherigen Tätigkeitsfeld liegt oder sehr weit davon entfernt ist. Und dazu ist dann der noch vorläufige Vergleich zwischen vermuteten Potentialanforderungen und vorhandenem Potential zweckdienlich. Formal kann das wie in Übersicht 118 dargestellt aussehen.

Potentiale		Intensität				
		min.			max.	
Absatz-potential	a1	•	•	•	•	•
	a2	•	•	•	•	•
Entwicklungs-potential	e1	•	•	•	•	•
	e2	•	•	•	•	•
Produktions-potential	p1	•	•	•	•	•
	p2	•	•	•	•	•
Beschaffungs-potential	b1	•	•	•	•	•
	b2	•	•	•	•	•
Finanz-potential	f1	•	•	•	•	•
	f2	•	•	•	•	•

.... Istpotential ———— Sollpotential

Übersicht 118: Zur Methodik der Potentialbestimmung

Ist- und Soll-Profil zeigen Differenzen. Ist es möglich, die Differenzen zu beseitigen? Lohnt sich die Differenzreduktion? Oder muß durch Ideenvariation das Soll-Profil reduziert werden? Dieser Potential-Katalog kann in einem Unternehmen einmal grundsätzlich erarbeitet werden, um ihn dann periodenweise zu überprüfen. Er steht dann jeweils für die passenden Fragestellungen zur Verfügung und braucht nicht immer wieder grundsätzlich neu zusammengestellt zu werden. Das eigene Potential ist zum einen eine *relative* und zum anderen eine *dynamische* Größe.

Die Relativität ergibt sich aus dem Vergleich mit den Möglichkeiten. So mag es in einigen Bereichen absolute Möglichkeitsgrenzen geben, die man dann mit den eigenen Fähigkeiten vergleichen könnte. Im Rahmen einer Wettbewerbswirtschaft empfiehlt es sich jedoch auch, die Konkurrenten mit ihren Fähigkeiten zum Maßstab zu nehmen und die Bewertung der eigenen Stärken und Schwächen an ihnen vorzunehmen (best-practice-Benchmarking).

Einmal fixierte Bewertungen bedürfen der ständigen Aktualisierung. Durch eigene Aktionen und durch Maßnahmen der Konkurrenz sind ständige Bewertungsverschiebungen des Potentials zu erwarten.

Die Potentialbestimmung kann analog zur schon geschilderten Konkurrenzbestimmung erfolgen. Man kann sie auf das ganze Unternehmen oder auf einzelne Produktprojekte beziehen.

3.88 Potentialverbindungen

Das Entdecken und Lösen eines neuen Problems kann nun vor dem bisher geschaffenen Hintergrund noch weiter spezifiziert werden, indem wir verschiedene Analyseergebnisse formal miteinander verbinden. Wir modifizieren dazu einen Strukturvorschlag von Nieschlag/Dichtl/Hörschgen (1994, S. 878), in dem die an dieser Stelle interessierende Stärken-Schwächen- und Chancen-Risikenanalyse enthalten sind:

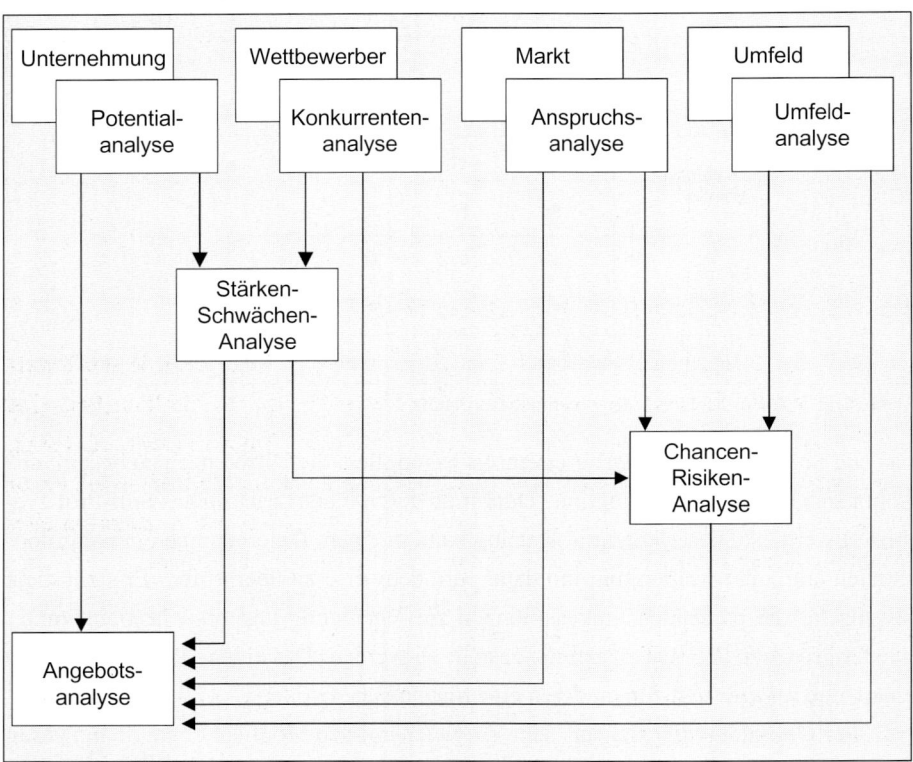

Übersicht 119: SWOT-Analyse (Strentgh/Weakness/Opportunities/Threats)

Mit dem Hinweis auf das Profilierungsgebot in Wettbewerbswirtschaften hatten wir den Aspekt der Vorteilhaftigkeit erwähnt. Man muß in den Augen des Kunden besser als die Konkurrenz erscheinen. Das eigene Potential muß somit dem Konkurrenzpotential gegenübergestellt werden. Die Potentiale müssen aus der Kundensicht bewertet werden, die interne Sicht ist prinzipiell belanglos. Der Potentialvergleich wird dann auch als *Stärken-Schwächen-Analyse* bezeichnet. Dabei sollte eine derartige Analyse immer auf eine Aufgabe bezogen werden.

Neben die Stärken-Schwächen-Analyse kann man die *Chancen-Risiken-Analyse* setzen. Die Beschäftigung mit einem Problem und dessen gewinnbringender Lösungsversuch hängt eben nicht nur vom eigenen Wollen, sondern von vielen weiteren Einflüssen ab, die wir schon erwähnt haben. Chancen liegen in der richtigen „Anspruchsentdeckung" darin, daß die Konkurrenz sie möglichst lange nicht auch entdeckt, und auch darin, daß das Umfeld (z. B. das Rechtssystem) sie eher fördert als behindert. Beide Analysebereiche kann man wie folgt in einer Matrix verbinden:

	Unternehmensexterne Chancen	Unternehmensexterne Risiken
Unternnehmensinterne Stärken		
Unternehmensinterne Schwächen		

Übersicht 120: SWOT-Matrix

3.9 Ideenfindung und Produktbriefing

Im Laufe der bisherigen Prozeßbearbeitung – hier abstrakt allgemein, in der Praxis konkret – wird sich beginnend mit einer vagen Idee im Laufe der Marktanalyse eine zunehmend konkreter werdende Vorstellung des entdeckten Problems, dessen Lösung lohnend erscheint, herausgebildet haben. Deshalb ist es an dieser Stelle sinnvoll, bevor überlegt wird, wie man das Problem des Produktbriefing lösen kann, zunächst eher zusammenfassend den Komplex Ideenfindung und -auswahl zu streifen.

3.91 Ideenfindung und -auswahl

An verschiedenen Stellen des Prozesses werden Ideen geboren und wieder verworfen. Die verstreuten Überlegungen fassen wir hier zusammen.

3.911 Überlegungen zur Ideenfindung

Ideengewinnung oder -produktion kann als kreativer Vorgang eines einzelnen bezeichnet werden. Es können auch mehrere Personen gemeinsam neue Ideen generieren. Die Geburt einer neuen Idee kann spontan erfolgen, dann ist es nicht ganz leicht, etwas über den kreativen Prozeß auszusagen; sie kann aber auch das Ergebnis systematischer Suche sein. Dann hat man eher die Chance, über den Prozeß einige allgemeingültige Aussagen zu machen. Wenn die Ideenproduktion für Unternehmen als so wichtig anerkannt würde, wie wir das bisher unterstellt haben, dann ist es unumgänglich, diesen Prozeß zu untersuchen.

Die Ideengewinnung kann als ein Problem verstanden werden, das sich dem einzelnen stellt und das er lösen will. Folgt man den Aussagen von Klix (1976, S. 640 ff.) und Dörner (1974, S. 20), so hat man es mit drei wichtigen Aspekten zu tun:

- einem Anfangszustand,
- einem Zielzustand, den man erreichen möchte,
- einer Barriere, die es verhindert, sofort vom Anfangs- zum Zielzustand zu gelangen.

Die verschiedenen Methoden, die es nun zu untersuchen gilt, tragen zu diesen drei Aspekten in unterschiedlichem Umfang bei. Dies ist deshalb durchaus begrüßenswert, weil im einen Fall der Anfangszustand und auch der Endzustand bekannt sind, es aber an Ideen mangelt, ihn zu erreichen, während im anderen Fall alles unklar ist oder nur der Anfangszustand bewußt ist.

Kennzeichen der Problemdefinition und -analyse ist, noch wenig über den Ausgangszustand zu wissen. Ideen können mit unterschiedlichem Aufwand gewonnen werden. Dies soll durch die im folgenden gewählte Dreiteilung zum Ausdruck kommen:

- Ideensammlung,
- Ideenermittlung,
- Ideengenerierung.

3.911.1   Methoden der Ideensammlung

Zweifellos dürften viele neue Produktideen durch eine mehr zufällige Konfrontation mit neuen Gegebenheiten entstehen. Der Marketingmanager hat die ausländische Niederlassung besucht und dabei ist ihm auf dem dortigen Markt ein Problem (Anfangszustand) oder eine Problemlösung (Barrierenüberwindung) aufgefallen, die ihn anregt, darüber in seinem Produktbereich nachzudenken. Oder als Produktmanager eines Herstellers für elektrische Haushaltsgeräte ärgert er sich darüber, daß seine Küchenuhr über keine exakte Kurzzeitmessung verfügt. Viele Probleme werden durch diese zufällige Situationskonfrontation bewußt. Dies reicht jedoch für eine zielgerichtete und ökonomische Ideengewinnung nicht aus.

Der nächste Schritt kann darin bestehen, daß man sich um eine systematische Ideensammlung bemüht. Viele Menschen und Institutionen können Anregungen geben, die es sich lohnt zu verfolgen. Als Ideenlieferanten können die folgenden Quellen (siehe Übersicht 121) herangezogen werden (Hill 1988, S. 41 ff.; Meffert 1991, S. 383).

Ideenlieferanten	
unternehmungsintern	**unternehmungsextern**
Forschungs- und Entwicklungs-abteilung	Kunden
	Groß- und Einzelhandel
Konstruktionsabteilung	Konkurrenzanbieter
Produktionsabteilung	Lieferanten
Beschaffungsabteilung	Erfinder
Marketingabteilung - Verkäuferstab - Produktmanager - Kundendienst - Marktforschung	Forschungsinstitute Marktneuheiten auf anderen Märkten, Produkte anderer Branchen
Betriebliches Vorschlagswesen	Hersteller von Komplementär-produkte
Verbraucherreferat	Marktforschungsunternehmen, Werbe-agenturen und andere Absatzhelfer
Designabteilung	Unternehmungsberater
Patentabteilung	Wirtschaftsverbände, Ministerien und andere staatliche Institutionen

Übersicht 121: Ideenlieferanten

Diesen Quellen können unterschiedliche Informationen entnommen werden. So werden sich aus der Forschungs- und Entwicklungsabteilung (F&E), der Konstruktionsabteilung und der Patentabteilung Hinweise auf technische Innovationsmöglichkeiten ergeben. Während die F&E-Abteilung sowie die Konstruktionsabteilung durch eigene Arbeiten möglicherweise nebenbei zu originellen Lösungen gelangen, die bei der eigentlichen Arbeit abfallen, beobachtet die Patentabteilung das relevante Schrifttum und kommt aufgrund des eigenen Wissens zu Hinweisen, was man davon aufgreifen, was man wie abwandeln könnte. Aus der Designabteilung können durch die Beschäftigung mit einem Problem Ideen anfallen, die sich für die Entwicklung und Vermarktung eines neuen Produktes eignen. Aus der Produktionsabteilung dürften weniger Ideen für neue Produkte, sondern mehr Hinweise für Produktionsvereinfachungen kommen, die man für die unternehmensinterne Produktdifferenzierung nutzen kann. In der Marketingabteilung selbst sollten vielfältige Ideen gesammelt werden. Die Verkäufer können zur systematischen Marktbeobachtung angeleitet werden. Die Probleme ihrer

Kunden sollten sie ergründen, um dann daraus Gedanken für neue Produkte abzuleiten. Verstärkt gilt das für den Produktmanager in seinem Produktbereich – darauf wiesen wir ja bereits hin. Kundendienstberichte, Reklamationsstatistiken geben Anhaltspunkte für offenkundige Probleme. Das betriebliche Vorschlagswesen kann als Sammelstelle für interne Anregungen (Kaizen), das Verbraucherreferat als Sammelstelle für externe Anregungen dienen. Die organisierte Ideensammlung im Rahmen des betrieblichen Vorschlagswesens erstreckt sich meist auf die gesamte Bandbreite betrieblicher Funktionen; damit können auch Anregungen für neue Produkte oder Produktmodifikationen gegeben werden. Im Verbraucherreferat werden im Konsumgüterbereich Kontakte zu den Produktverwendern, Meinungsführern (z. B. Lehrer, Journalisten) geschaffen und aufrecht erhalten. Hier ist es möglich, daß der eine oder andere Anhaltspunkt für eine Neuentwicklung oder Verbesserung genannt wird, um dann aufbereitet mit weiteren Informationen an das Produktmanagement, die Marketingabteilung weitergeleitet zu werden.

Verstärkt im Produktionsgütersektor können Kunden Anregungen geben, Wünsche äußern. Im Konsumgütersektor ist dies in Verbindung mit bestimmten Methoden (z. B. Gruppendiskussion) möglich. Der *Handel* hat durch seinen täglichen Kundenkontakt und durch seine sortimentsübergreifende Tätigkeit die Möglichkeit, auf Marktveränderungen und auf Sortimentslücken im Angebotsspektrum des Herstellers hinzuweisen.

Konkurrenzanbieter können nur begrenzt „im Stillen" arbeiten. Irgendwann müssen sie sich an Lieferanten, Händler, Verwender wenden. Informationen darüber können recht hilfreich sein. *Lieferanten* machen sich Gedanken darüber, was das beschaffende Unternehmen für seinen Absatz mit dem beschafften Produkt anfangen kann. Mit diesem zweistufigen Problemlösungsdenken können interessante Hinweise für Neuentwicklungen verbunden sein.

Nicht unternehmensgebundene *Erfinder* können durch ihre Erfindungen, die sie vielleicht einschließlich aller Rechte an ein Unternehmen verkaufen, zu interessanten Neuentwicklungen beitragen. Marktneuheiten auf *anderen Märkten* oder Produkte *anderer Branchen* können Überlegungen stimulieren, wie man durch Einbau dieser Produkte, durch deren Gestaltungsabwandlungen usw. im eigenen Produktbereich oder Markt zu neuen Produkten gelangen kann.

Hat ein Hersteller von Produkten (z. B. Kamerahersteller), die sich zu den eigenen komplementär verhalten (z. B. Filme), etwas Neues entwickelt, kann es angezeigt sein, nun ein hierzu passendes Produkt zu schaffen, um ein komplexes Problem zu lösen.

Marktforschungsunternehmen und ähnliche Funktionsträger (z. B. Unternehmungsberater) entwickeln auch ohne besonderen Kundenauftrag Vorschläge im Rahmen von Marktanalysen, die man für Neuentwicklungen aufgreifen kann. Und nicht zuletzt ist es möglich, daß Wirtschaftsverbände, Körperschaften des öffentlichen Rechts (z. B. Industrie- und Handelskammern im Ausland) und ähnliche Institutionen (z. B. Forschungsinstitute, Universitätsseminare) interessante Informationen bereitstellen, die gute Anregungen für die Neuproduktentwicklung geben.

Diese externen Ideenlieferanten werden unternehmensintern genutzt. Im Marketing werden die Informationen gefiltert, verdichtet und möglicherweise problemspezifisch umorganisiert. Das Problem liegt nun darin, wie man einen ständigen Fluß interessanter Informationen so kanalisiert, daß möglichst wenig Informationen verloren gehen, und sie möglichst dorthin gelangen, wo man mit ihnen etwas anfangen kann. Zwar sollen letztlich alle Informationen bei denen ankommen, die mit der Neuentwicklung betraut sind (z. B. Produktentwicklungsteam, Produktmanager), dies ist jedoch vielfach ein mehrstufiger Informationsprozeß. So kann sich der Erfinder an die Konstruktionsabteilung wenden. Nachdem sie den neuen Vorschlag geprüft hat, wendet sie sich möglicherweise an die F&E-Abteilung und diese fragt dann beim Marketing an, wie man denn die Marktmöglichkeiten beurteilt.

Um die Informationsverluste zu reduzieren, kann es empfehlenswert sein, für typische Informationssituationen Raster für die Informationsweiterleitung zu entwickeln. Durch solche „Informationsdienstwege" ist eine Routinisierung von Informationsströmen möglich.

3.911.2 Methoden der Ideenermittlung

Ein gut organisiertes System zur Ideensammlung kann sehr hilfreich sein. In vielen Fällen reicht das jedoch für eine eingehende Ideenanalyse nicht aus. Erst die intensive Beschäftigung mit einem Problem kann zu der Überzeugung führen, daß die detaillierte Analyse Erfolg verspricht.

Ideen für neue Produkte lassen sich durch folgende Methodenbereiche gewinnen:
- Befragung,
- Beobachtung,
- Experiment.

(1) Befragung
Mehrere Befragungsmethoden stehen zur Verfügung:

- mündliche Befragung,
  - → unmittelbare mündliche Befragung (Interview vor Ort),
  - → mittelbare mündliche Befragung (Telefoninterview),
- schriftliche Befragung,
  - → einmalige Befragung,
  - → ständige Befragung (Panelerhebung),
- face-to-sreen-Befragung

Als Befragte kommen Verwender, Händler bzw. Experten in Betracht. Die verschiedenen methodischen Aspekte werden in der Literatur eingehend beschrieben (Scheuch 1962, S. 136-196; Hüttner 1972; Behrens 1974). Wir verzichten, darauf näher einzugehen, da sich die grundsätzliche Frage nach der Eignung dieser Methoden für die Ideengewinnung stellt. Gleichgültig in welcher Form das Interview erfolgt (z. B. standardisiert, teilstandardisiert, freies Interview), es muß bezweifelt werden, daß diese Formen der Verwenderbefragungen wichtige Fortschritte in der Ideenermittlung bringen. Dieser Zweifel wird genährt durch die meist stark begrenzte Phantasie der Befragten. Sie antworten im Regelfall aufgrund traditioneller Vorstellungen; sie orientieren sich an Jetzigem, ihnen fällt es schwer, sich für morgen mögliche Problemlösungen vorzustellen. Die analytischen und prognostischen Fähigkeiten der Befragten sind begrenzt, so daß sich eine direkte Befragung meist als wenig hilfreich für die Ideengewinnung erweist. Tauber formuliert das so: "Present market research relies on consumers to recognize their needs and be favorably disposed toward the products that fulfill them. When large numbers of consumers can perceive a need for a product, it is usually a simple product improvement. Major innovations and the need for them are beyond the foresight of masses of people. Few could have perceived a need for automobiles or televisions" (Tauber 1974, S. 25). Wenn nun die durch direkte Leistungsbefragung gekennzeichnete Need-Benefit-Analyse wenig erfolgversprechend erscheint, liegt es nahe, nach Ergebnissen auf einem Umweg zu suchen.

Tauber (1975, S. 67-70) hat dafür eine „Problem Inventory Analysis" entwickelt. Die internationale Werbeagentur BBDO (Wind 1982, S. 256 ff.) geht mit der von ihr entwickelten Methode des „Problem Detection System" einen ähnlichen Weg. Das System besteht aus den Schritten:

- Problemermittlung,
- Problemoperationalisierung,
- Problembewertung,
- Verrechnung und Aufbereitung der Daten.

In Gruppendiskussionen kompetenter Personen werden Probleme eines Produktbereichs ermittelt. Experten reduzieren dann die genannten Probleme nach den Aspekten Realitätsnähe und Bewältigungswahrscheinlichkeit. Die noch vorhandenen Probleme werden nach Häufigkeit des Auftretens und nach Störbedeutung gewichtet. Hinzutritt eine Gewichtung unter dem Aspekt der Alleinstellungsmöglichkeit.

(2) Beobachtung

„Jedes Beobachten besteht in einer auf bestimmte Inhalte konzentrierten Wahrnehmungsfähigkeit einer Person" (Traxel 1974, S. 146). Man unterscheidet die teilnehmende (der Beobachter handelt wie der Beobachtete) und die nicht teilnehmende Beobachtung. Man trennt die Feldbeobachtung (Beobachtete befinden sich in ihrer Umwelt) von der Laborbeobachtung (künstliche Umweltbedingungen).

Beobachtet werden können nur Verhaltensweisen (Mimik, Gestik, Stimmlage, Blickverhalten, Aktionen), man erfährt nur wenig darüber, warum sich Menschen so verhalten.

Für die Ermittlung von Produktideen interessiert die systematische Beobachtung der Verhaltensäußerung

- der Produktverwender,
- der Händler,
- der Konkurrenten,
- der Lieferanten.

Den *Produktverwender* kann man am Ort der Produktverwendung oder am Ort des Einkaufs (z. B. Einzelhandel) beobachten. Will beispielsweise der für elektrische Küchengeräte zuständige Produktmanager in diesem Produktbereich nach Innovationen suchen, dann kann es sich durchaus als sinnvoll erweisen, das Verhalten von Hausfrauen bei der Zubereitung des Mittagessens, beim Backen usw. zu beobachten.

Diese Beobachtungen können ihn zumindest sensibilisieren für die bei den verschiedenen Küchentätigkeiten anfallenden Probleme. So kann er auf die Idee kommen, daß die bisher angebotene Küchenmaschine zu groß, zu schwer und zu laut ist. Die Beobachtung am Einkaufsort dient weniger der Ideengewinnung für neue Produkte als der Kontrolle der Produktwirkung ($\rightarrow$ z. B. store-test).

Händler können bezüglich ihres Produktpräsentationsverhaltens (Produktdarbietung) und der produkttypischen Art von Verkaufsgesprächen beobachtet werden. So mag es auf den ersten Blick plausibel klingen, für ein neues Produkt auch eine dazu passende Präsentationsform zu entwickeln. Wenn man aber feststellt, daß sich die eigenen Händler sehr konservativ verhalten, und weil man ihre Macht kennt, mag es ratsam sein, für ein neues Produkt eine solche Verpackung zu wählen, die sich gut in die bisherige Präsentationsform einfügt.

Die *Konkurrenzbeobachtung* ist nicht nur wichtig, um zu imitieren. So kann es ratsam sein, bei einem kleinen Marktvolumen auf die Ideengewinnung zu verzichten, wenn ein Konkurrent den eigenen Maßnahmen zuvorkommt. Die Konkurrenzbeobachtung erstreckt sich darauf festzustellen, was die jeweiligen Konkurrenten zu welchen Bedingungen anbieten bzw. was sie nicht offerieren. So kann man aus der vom Konkurrenten gewählten Produkt- und Vermarktungsstrategie Schlüsse auf zumindest momentane Lücken ziehen. Neben die laufende Konkurrenzbeobachtung tritt die Feststellung, was auf bekannten Testmärkten geschieht. Dazu zählt insbesondere die Messebeobachtung. Bei den jeweils produktgruppenspezifischen Messen werden vielfach neue Produkte, die noch nicht in Serie gefertigt werden, ausgestellt. Man will prüfen, wie Verwender oder Händler reagieren. Bei diesen Messepräsentationen läßt sich besonders Interessantes über die Absichten eines Konkurrenten erfahren. Von begrenztem Aussagewert sind Käuferbeobachtungen. Je höher der Innovationsgrad, um so höher die Akzeptanzbarriere. Darauf werden wir noch unter dem Aspekt des Archetypen eingehen.

Im Rahmen der Beschaffungsaktivitäten ist die ständige Markt- und *Lieferantenbeobachtung* notwendig. Auch hier erweisen sich Messebesuche als ergiebige Informationsmöglichkeit. So kann eine technische Neuerung des Lieferanten dazu führen, daß man eine Produktidee wieder aufgreift, deren Entwicklung man bisher zurückgestellt hat, weil man auf zu große Schwierigkeiten stieß.

(3) Experimente

Das Experiment dient dazu, Ursache-Wirkungsbeziehungen unter kontrollierten Bedingungen aufzudecken. Durch Veränderung einer oder mehrerer Fragen (Variablen) soll die Wirkung auf andere festgestellt werden. Bei der eindimensionalen Analyse wird ein Faktor, bei der mehrdimensionalen Analyse zwei oder mehrere Faktoren variiert; und bei der Kovarianzanalyse werden qualitative Faktoren um einen quantitativen erweitert, um deren Auswirkung zu prüfen (Green/Tull 1982, S. 319 ff.; Meffert 1991, S. 206). Diese mehr sozialwissenschaftlich orientierten Experimente eignen sich jedoch weniger dazu, Produktideen zu gewinnen. In diesem Zusammenhang interessieren mehr naturwissenschaftlich-technische Experimente (z. B. werden alle Sensorikansprüche experimentell erhoben). Aus dem Marketing können allenfalls Problembereiche kommen, die als Vorgabe für die jeweilig neuen Problemlösungsmöglichkeiten dienen. Die Grenze zwischen neuer Ideenkonzeption und Ideenrealisierung (siehe Kapitel 4) ist fließend.

3.911.3 Methoden der Ideengenerierung (Kreativitätstechniken)

Eine strenge Trennung von den Verfahren der Ideenermittlung erscheint wenig hilfreich. Auch bei dem Einsatz der dort genannten Verfahren ist ein problemgerechter Einfallsreichtum nötig. Kennzeichnend für die Kreativitätstechniken (Übersicht 122) ist, daß die sie Anwendenden von sich aus zu Lösungsvorschlägen gelangen, während Befragung und Beobachtung immer den anderen benötigen, dessen Aussagen oder Verhalten Anregung für neue Ideen gibt.

Methodengruppen	Verfahren
Prospektive Methoden	Delphi-Verfahren Szenario-Verfahren Trendprojektion Visionäre Prognosen
Systematische Lösungsansätze	Fragenkataloge Methode der Negation Attribute Listing Funktionskombinationen Auflockerung des Suchfeldes
Logisch-diskursive Techniken	Heuristiken Funktionsanalyse Morphologische Methode Progressive Abstraktion Bionik Problemlösungsbaum
Intuitiv-kreative Techniken	Brainstorming und verwandte Techniken (z. B. Diskussion 66 oder Brainwriting) Methode 635 Synektik Laterales Denken

Übersicht 122: Kreativitätstechniken

Mit Hilfe einiger Kreativitätstechniken versucht man, sich vom logisch-konvergenten Denken zu lösen und offene, *divergente* Denkprinzipien anzuwenden. Die Zahl der inzwischen entwickelten und vor allem in Seminaren angebotenen Kreativitätstechniken ist kaum noch überschaubar. Hier können im folgenden nur einige besonders wichtige Techniken kurz erläutert werden. Die Öffnung für ein neues Problem kann sehr bewußt und systematisch erfolgen – man spricht dann von logisch-diskursiven (bzw. logisch-systematischen oder logisch-analytischen) Techniken, wobei das konvergente

Denken betont wird. Man kann sich einem neuen Problem aber auch mehr unbewußt-intuitiv zuwenden – man spricht deshalb von intuitiv-kreativen Techniken.

Einen Ausschnitt aus den zur Verfügung stehenden Kreativitätstechniken zeigt Übersicht 122.

Die logisch-diskursiven Methoden beruhen im wesentlichen auf den Denkprinzipien der Abstraktion oder der Zerkleinerung, die intuitiv-kreativen Methoden auf den Prinzipien der Assoziation oder der Analogie. Von der Aufgabenstellung hängt es ab, welche Methode gewählt werden sollte. Hilfreich zur Methodenauswahl ist die Schaffung von Problemtypen. Schlicksupp (1980, S. 88/89) unterscheidet fünf Problemtypen:

- Suchprobleme: Suchkriterien sind vorgegeben; die Suche bezieht sich auf das Finden bereits vorhandener Lösungen.
- Analyseprobleme: Elemente und Elementbeziehungen sollen entdeckt, Zusammenhänge erkannt werden.
- Konstellationsprobleme: Vorhandene Wissenselemente sollen so geordnet werden, daß sich eine neue Lösung ergibt.
- Auswahlprobleme: Auswahl von Elementen, die sich zur Leistungsrealisation eignen.
- Konsequenzprobleme: Durch Anwendung von bekannten Gesetzmäßigkeiten werden Lösungen erzielt.

Die Kreativitätstechniken werden nur bei den drei erstgenannten Problemen verwendet.

3.912 Ideenbewertung

Die bisherigen Überlegungen können mehrere Ideen zutage gefördert haben. Wenn man nicht alle Ideen realisieren kann, muß man auswählen. In größeren Unternehmen kann es dazu vorkommen, daß verschiedene Produktmanager Ideen entwickelt haben. Nun muß entschieden werden, welche Idee man aufgrund der begrenzten Ressourcen weiter verfolgt und welche Idee ausgeschieden wird. Man benötigt Verfahren zur *Ideenbewertung* (-evaluation), um sich im Falle der *Ideenkonkurrenz* für die Idee zu entscheiden, die den größten Erfolg verspricht. Bei der Ideenauswahl sind prinzipiell lediglich Methoden des *Grobscreening* (Ideenvorauswahl) zulässig. Sie sind notwendig, um die unterschiedlichen subjektiven Beurteilungen auf eine allgemein gültige Grundlage zu stellen. Dadurch wird die Transparenz des Urteils erhöht und es wird ein Begründungszwang geschaffen.

3.912.1 Einige in der Literatur beschriebene Methoden

Entgegen der in der Literatur (Schmitt-Grohé 1972, S. 101 ff.; Meffert 1986, S. 390 ff.) vertretenen Auffassung dürften Verfahren der Wirtschaftlichkeitsanalyse zu diesem Zeitpunkt – also vor der Produktgestaltung und der Fixierung des Vermarktungsmix – nicht sinnvoll sein. So ist beispielsweise eine Break-Even-Analyse, wozu Umsatz- und Kostenannahmen nötig sind, deshalb nicht möglich, weil man erst nach der Produktgestaltung Genaueres über die Kosten aussagen kann und Umsatzschätzungen einen Überblick über das Vermarktungsmix erfordern. Wir befinden uns in einer sogenannten „informationsarmen" Entscheidungssituation.

Zur Lösung des Problems werden *Scoring-Modelle* (Punktbewertungsmodelle) vorgeschlagen (Schmitt-Grohé 1972, S. 84; Stern 1975). Ein relativ einfaches Verfahren erwähnt Kotler (1991, S. 320; ähnlich auch Nieschlag/Dichtl/Hörschgen 1985, S. 192). Wie aus der folgenden Übersicht 123 hervorgeht, werden verschiedene Bewertungskriterien – sie sind teilweise mit den verschiedenen Funktionsbereichen des Unternehmens identisch – bezüglich ihrer Bedeutung für die Auswahl einer Idee gewichtet. Dazu wird geschätzt, wie gut die neue Idee zu den Kriterien paßt. Durch Multiplikation von Bewertung und relativer Gewichtung erhält man den Zeilenwert. Durch Addition der Zeilenwerte erhält man den Gesamtwert.

Bewertungskriterien	(A) Relative Gewichtung	0,0	0,1	0,2	0,3	0,4	0,5	0,6	0,7	0,8	0,9	1,0	Bewertung (AxB)
Unternehmensimage und Goodwill	0,20							x					0,120
Marketing	0,20										x		0,180
Forschung	0,20								x				0,140
Personal	0,15							x					0,090
Finanzierung	0,10										x		0,090
Produktion	0,05									x			0,040
Produktionsort und -anlagen	0,05				x								0,015
Einkauf und Bestandteile	0,05										x		0,045
Insgesamt	1,00												0,720*

* 0,00 - 0,40 = schlecht   0,41 - 0,75 = zufriedenstellend   0,76 - 1,00 = gut

Übersicht 123: Ein Scoring-Verfahren zur Ideenbewertung

Spezifischer auf das Marketing bezogen ist das Modell von O'Meara (1968, S. 499 ff.). Der für die Bewertung relevante Entscheidungskomplex wird in Teilaspekte zerlegt, indem Marketingfaktoren als Bewertungskriterien geschaffen werden. Sie erstrecken sich auf folgende Bereiche:

- Marktfähigkeit,
- Lebensdauer,
- Produktionsmöglichkeiten,
- Wachstumspotential.

Diese Bereiche werden mit weiteren Merkmalen versehen. Diesen Merkmalen werden ordinal gestufte Ausprägungen zugeordnet. Sie führen zu einer fünfstufigen Bewertung. Die inhaltliche Ausprägung geht aus Übersicht 124 hervor.

Marketing-Faktoren	Bewertungskriterien				
	sehr gut	gut	durchschnittlich	schlecht	sehr schlecht
I. Marktfähigkeit					
A. Erforderliche Absatzwege	ausschließlich gegenwärtige	überwiegend gegenwärtige	zur Hälfte gegenwärtige	überwiegend neue	ausschließlich neue
B. Beziehung zur bestehenden Produktgruppe	Vervollständigung der zu schmalen Produktgruppe	Abrundung der Produktgruppe	Einfügbar in die Produktgruppe	stofflich mit der Produktgruppe verträglich	unverträglich mit der Produktgruppe
C. Preis-Qualitätsverhältnis	Preis liegt unter dem ähnlicher Produkte	Preis liegt z.T. unter dem ähnlicher Produkte	Preis entspricht dem ähnlicher Produkte	Preis liegt z.T. über dem ähnlicher Produkte	Preis liegt meist über dem ähnlicher Produkte
D. Konkurrenzfähigkeit	Produkteigenschaften werblich verwertbar und Konkurrenzprodukten überlegen	mehrere werblich bedeutsame Produkteigenschaften sind Konkurrenzprodukten überlegen	werblich bedeutsame Produkteigenschaften entsprechen den Konkurrenzprodukten	einige überlegene Produkteigenschaften	keine überlegenen Produkteigenschaften
E. Einfluß auf Umsatz der alten Produkte	steigert Umsatz der alten Produkte	unterstützt Umsatz der alten Produkte	kein Einfluß	behindert Umsatz der alten Produkte	verringert Umsatz der alten Produkte
II. Lebensdauer					
A. Haltbarkeit	groß	überdurchschnittlich	durchschnittlich	relativ gering	schnelle Veraltung zu erwarten
B. Marktbreite	Inland und Export	breiter Inlandsmarkt	breiter Regionalmarkt	enger Regionalmarkt	enger Spezialmarkt
C. Saisoneinflüsse	keine	kaum	geringe	etliche	starke
D. Exklusivität der Ausführungen	Patentschutz	z.T. Patentschutz	Nachahmung schwierig	Nachahmung teuer	Nachahmung leicht und billig
III. Produktionsmöglichkeiten					
A. Benötigte Produktionsmittel	Produktion mit stilliegenden Anlagen	Produktion mit vorhandenen Anlagen	vorhandene Anlagen können z.T. verwendet werden	teilweise neue Anlagen notwendig	völlig neue Anlagen erforderlich
B. Benötigtes Personal und technisches Wissen	vorhanden	im wesentlichen vorhanden	teilweise erst zu beschaffen	in erheblichem Umfang zu beschaffen	gänzlich neu zu beschaffen
C. Benötigte Rohstoffe	bei Exklusiv-Lieferanten erhältlich	bei bisherigen Lieferanten erhältlich	von einem Neulieferanten zu beziehen	von mehreren Neulieferanten zu beziehen	von vielen Neulieferanten zu beziehen
IV. Wachstumspotential					
A. Marktstellung	Befriedigung neuer Bedürfnisse	erhebliche Produktverbesserung	gewisse Produktverbesserung	geringe Produktverbesserung	keine Produktverbesserung
B. Markteintritt	sehr hoher Investitionsbedarf	hoher Investitionsbedarf	durchschnittlicher Investitionsbedarf	geringer Investitionsbedarf	kein Investitionsbedarf
C. Erwartete Zahl an Endverbrauchern	starke Zunahme	geringe Zunahme	Konstanz	geringe Abnahme	erhebliche Abnahme

Übersicht 124: Ideenbewertung nach O'Meara

Der Bewertungsprozeß erfolgt dann in mehreren Schritten:

-   Zuerst wird festgelegt, wie bedeutsam die genannten Marketingfaktoren sind.

Als Faktorgewichte – abhängig von den Unternehmens- und Marktsituationen- denkbar wären z. B.: 0.4 für Marktfähigkeit, 0.1 für Lebensdauer, 0.3 für Produktionsmöglichkeit, 0.2 für Wachstumspotential. Sie ergänzen sich auf 1.

- Dann wird festgelegt, welches Teilgewicht der jeweilige Teilfaktor erhält. Aus rechentechnischen Gründen wird vorgeschlagen, daß sich die Teilfaktorgewichte auf 10 summieren lassen.
- Dann werden die Wahrscheinlichkeiten geschätzt, mit denen das neue Produkt die Eigenschaft sehr gut, gut usw. erreichen wird. So werden subjektive Urteile quantifiziert.
- Der Erwartungswert wird mit dem Teilfaktorgewicht multipliziert.
- Die gewichteten Teilfaktorwerte werden addiert, die Summe wird mit dem Gewicht des jeweiligen Marketingfaktors multipliziert.
- Der gesamte Punktwert ergibt sich aus der Addition der gewichteten Marketing- faktoren.

Diese Vorgehensweise trägt zweifellos zur Steigerung der Transparenz von Aus- wahlentscheidungen bei. Das besondere Problem einer solchen Auswahl liegt jedoch darin, voneinander möglichst überschneidungsfreie Merkmale zu finden; es besteht nämlich die Gefahr, daß ein Aspekt dadurch überbewertet wird, daß er mehrmals be- wertet wird. So sind die Beziehungen zwischen dem Teilfaktor „Beziehungen zu be- stehenden Produktgruppen" und dem Teilfaktor „Einfluß auf Umsatz der alten Pro- dukte" doch sehr eng.

Des weiteren ist die Bewertungsangabe nicht ganz unproblematisch. Zum einen kann man z. B. darüber streiten, ob die Bewertung der Marktstellung als sehr gut mit- tels des Merkmals „Befriedigung neuer Bedürfnisse" immer angebracht ist. So wissen wir aus der Diffusionstheorie, daß marktneue Produkte es anfangs meist sehr schwer haben (Schmitt-Grohé 1972, S. 89 ff.).

Mit Hilfe von Produktprofilen (Hirsch 1968, S. 291 ff.) und stärker formalisierten Punktbewertungsverfahren (Hart 1966, S. 347 ff.) hat man versucht, bessere Ergebnis- se zu erzielen. Statt diese Verfahren nachzuzeichnen, wollen wir versuchen, einen Weg zu entwickeln, der stärker Bezug auf die bisher entwickelten Überlegungen nimmt.

3.912.2 Ein heuristischer Auswahlprozeß

In den in der Literatur beschriebenen Fällen der Ideenauswahl herrscht die Auffassung vor, daß eine Idee vorliegt, ohne auf den Ideengenerierungsprozeß ausdrücklich Rück- sicht zu nehmen. Unser bisheriges Bemühen galt aber gerade dem Versuch zu zeigen,

304

wie eine Idee Konturen erhält. Wir haben bereits eine Fülle von Filtergrößen entwikkelt. Es geht nun darum, sie so miteinander zu kombinieren, daß ein transparenter und „guter" Auswahlprozeß möglich ist.

Die Einbeziehung der Aspekte

- rechtliche Restriktionen,
- Ziele,
- Potentiale

erleichtert das Finden von „angemessenen" Bewertungskriterien. So ist die Bewertungsgruppierung von O'Meara zwar grundsätzlich einsichtig, für das Finden „guter" Entscheidungen ist sie jedoch deshalb nur begrenzt tauglich, weil sie nicht auf die Unternehmenssituation Bezug nimmt. Wir wollen die voranstehende Schrittfolge wählen (siehe Übersicht 125).

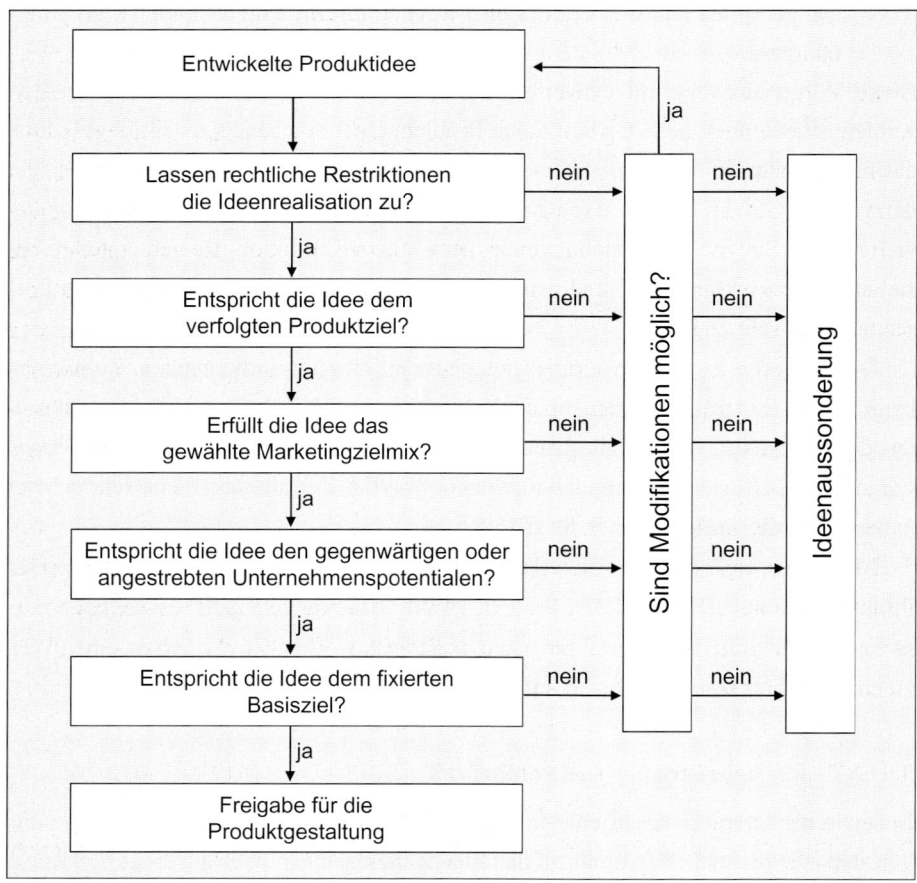

Übersicht 125: Zum Prozeß der Ideenauswahl

Es bedarf kaum einer Begründung, daß zuerst die rechtliche Zulässigkeit der Produktidee bei der Ideenrealisation geprüft werden muß. Rechtliche Restriktionen sollten zum einen aus gesellschaftlicher Verantwortung und zum anderen unter dem Blickwinkel langfristigen Unternehmenserfolges als Datum betrachtet werden.

Daran schließen sich Zielfilter an. Entgegen der in Abschnitt 3.7 gewählten Vorgehensweise dürfte an dieser Stelle jedoch die Filterung von der größeren Konkretisierungsstufe des Produktzieles hin zur abstrakteren Zielstufe sinnvoll sein, um die bereits getroffenen Entscheidungen integrieren zu können. (Eine umgekehrte Vorgehensweise wählt Brockhoff 1988, S. 129 ff.). Der Kontrollprozeß läuft von unten nach oben, ansonsten bestünde die Gefahr der Gedankenwiederholung.

Vor die Überprüfung der Produktidee auf ihre Eignung zur Basiszielerfüllung haben wir die Potentialüberprüfung gesetzt, weil dieser Filter im Regelfall konkretere Filterfragen zuläßt, also eher zu „Stop-and-Go-Entscheidungen" führt.

Es ist durchaus möglich, daß dieser generelle Filterprozeß bereits zu der gewünschten Auswahlentscheidung führt. Wahrscheinlicher ist jedoch, daß in einem Unternehmen, das über ein großes Angebotsprogramm verfügt, und in dem intensiv über neue Produkte nachgedacht wird, noch mehrere Ideen um die knappen Ressourcen der Realisierung konkurrieren. Dann muß die Auswahlentscheidung detaillierter erfolgen. Deshalb ist es nötig, für die einzelnen Filterstufen konkretere Filterfragen zu entwickeln. Anhaltspunkte für Filterfragen ergeben sich zum einen aus den bisherigen Ausführungen und zum anderen aus dem Merkmalskatalog von O'Meara. Ebenfalls benutzbar dürften die Merkmale sein, die im Rahmen der Portfolio-Methoden zur Marktattraktivitäts- und Geschäftsfeldstärkenbestimmung herangezogen werden (Abell/Hammond 1979). Insgesamt ergibt sich damit der folgende Bewertungsprozeß (siehe Übersicht 126).

Erst nachdem alle diese Fragen beantwortet wurden, sollte die Eignung für die *Basiszielerfüllung* überprüft werden. Hier konzentriert sich nämlich noch einmal die gesamte Eignungsproblematik. Denn es ist durchaus denkbar, daß bisher alle Fragen zufriedenstellend beantwortet wurden und daß dennoch die Produktidee insgesamt als problematisch beurteilt wird. Das kann daran liegen, daß

- die Filterfragen unvollständig waren,
- die Gewichtungen bei den Einzelaspekten falsch vorgenommen wurden,
- Synergieeffekte unvollständig berücksichtigt wurden.

Diese Filterfragen können in der konkreten Situation erweitert werden – es handelt sich nicht um einen als vollständig anzusehenden Katalog.

306

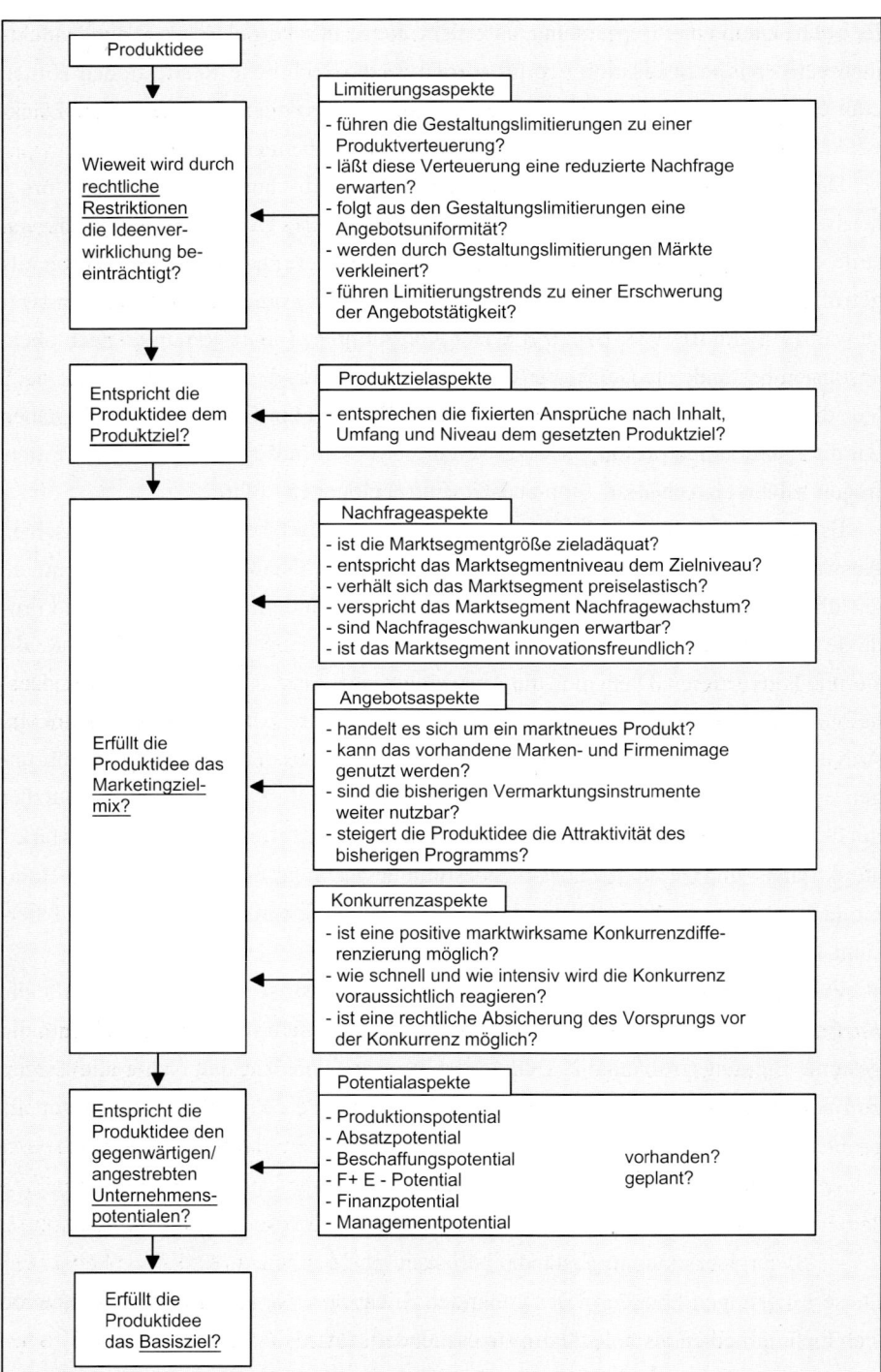

Übersicht 126: Ein heuristischer Ideenauswahlprozeß

Es stellt sich nun die Frage, ob der bisher beschriebene Filterprozeß ausreicht. Mehrere Einflußfaktoren können eine Verfeinerung nahelegen:

- Es sind am Entscheidungsprozeß mehrere Personen beteiligt. Jede Person kann versucht sein, ihre Lieblingsidee durchzusetzen. Es ist eine größere Transparenz des Entscheidungsprozesses nötig.
- Die neue Produktidee „reißt nicht von den Stühlen". Bei allen oder mehreren Filterfragen kommt man zu keinem eindeutigen, befürwortenden Ergebnis.
- Es liegen mehrere ähnlich positiv bewertete Produktideen vor, die man aber nicht alle verwirklichen möchte.

Analog zum Bewertungsprozeß von O'Meara kann man die Filterungsaspekte nach ihrer Filterwirkung gewichten. Dabei geht es zuerst um die Bedeutungsrangfolge der

- Limitierungsaspekte,
- Produktzielaspekte,
- Nachfrageaspekte,
- Angebotsaspekte,
- Konkurrenzaspekte,
- Potentialaspekte.

Da die Gewichtung von der konkreten Unternehmenssituation abhängt, dürfte es ausreichen, Gewichtungstendenzen anzugeben. Die konkrete Angabe von Gewichtungsfaktoren dürfte nicht hilfreich sein. Denkbar wäre folgende Rangordnung:

- Potentialaspekte,
- Nachfrageaspekte,
- Konkurrenzaspekte,
- Angebotsaspekte,
- Produktzielaspekte,
- Limitierungsaspekte.

Hierzu einige begründende Hinweise: Wenn eine neue Idee nicht oder nur schlecht mit dem vorhandenen oder angestrebten Potential zu verwirklichen ist, sollte man auf sie verzichten. Die Hoffnung, daß man mit einer neuen Aufgabe wachsen kann, erscheint hier trügerisch. Entsprechend der Intention des Marketing sollten Nachfrageaspekte die nächste Rangstelle einnehmen. Sie bilden den Ausgangspunkt der Marketingüberlegungen. Als relative Gleichgewichtung werden Konkurrenz- und Angebotsaspekte erachtet. Sie lassen sich als aus den Nachfrageaspekten abgeleitete Größen betrachten. Dies gilt in besonderem Maße für Produktzielaspekte. So ist es durchaus denkbar, bereits fixierte Produktziele zu modifizieren. An die letzte Stelle wurden Limitierungsaspekte deshalb gesetzt, weil sie für alle Unternehmen eines Marktes gelten, weil ihre

Ausfüllung im Regelfall einen nicht unerheblichen Gestaltungsfreiraum beläßt.

Nach der Festlegung der Bedeutungsrangfolge der Teilaspekte könnte man sich an eine Hierarchisierung der Fragen heranwagen. Auch in diesem Fall erscheint die generelle Angabe von Punktgewichten deshalb nicht glücklich zu sein,

- weil die Bewertung durch die Unternehmenssituation stark beeinflußt wird,
- weil die Filterfragen nicht vollständig sein können,
- weil die Filterfragen nicht überschneidungsfrei sind.

Um aber zu vermeiden, daß durch eine stark negativ beantwortete Frage die Verfolgung einer Produktidee in Frage gestellt wird, muß in der konkreten Situation festgelegt werden, welche Fragen wichtiger und welche weniger wichtig sind. So können die im Zusammenhang mit den Nachfrageaspekten erwähnten Fragen in Abhängigkeit vom jeweils gesetzten Marketingziel eine recht unterschiedliche Bedeutung erlangen. Steht beispielsweise das Ziel „Absatzrisiko senken" im Vordergrund, dann werden die Fragen eine andere Rangfolge aufweisen, als wenn man das Ziel „Absatzqualität steigern" verfolgen würde. Beispielhaft könnte folgende Bedeutungsrangfolge der Fragen zu den Nachfrageaspekten so aussehen:

Ziel: Absatzrisiko senken	Ziel: Absatzqualität steigern
1. Sind Nachfrageschwankungen erwartbar?	1. Entspricht das Marktsegmentniveau dem Zielniveau?
2. Verhält sich das Marktsegment preiselastisch?	2. Ist das Marktsegment innovationsfreundlich?
3. Ist die Marktsegmentgröße zieladäquat?	3. Verspricht das Marktsegment Nachfrageschwankungen?
4. Entspricht das Marktsegmentniveau dem Zielniveau?	4. Sind Nachfrageschwankungen erwartbar?
5. Verspricht das Marktsegment Nachfragewachstum?	5. Ist die Marktsegmentgröße zieladäquat?
6. Ist das Marktsegment innovationsfreundlich?	6. Verhält sich das Marktsegment preiselastisch?

Übersicht 127: Hierarchisierung von Filterfragen

Formal ist es uns noch möglich, Bewertungsstufen innerhalb der einzelnen Fragen zu bilden, wie das O'Meara vorschlägt. Wir wollen davon aus mehreren Gründen absehen:

- Auch die Bewertungsstufen hängen von der Unternehmenssituation ab. Man müßte auch sie ständig der neuen Situation anpassen.
- Ein realistischer Vergleich wird nur dann möglich, wenn für mehrere alternative Ideen der gesamte Bewertungsrahmen gleich bliebe – das dürfte nur in Ausnahmefällen zutreffen.
- Die Entwicklung der Faktorgewichte, die Multiplikation mit der Wahrscheinlichkeit des Zutreffens eines Teilfrageaspektes und die Addition der Werte führt zu einer Scheingenauigkeit, welche die Entscheidungsproblematik zudecken kann. Verläßlicher, wenn auch nicht so elegant gelöst, dürften hier systematisch geleitete qualitative Urteile von Experten sein, die ihre Urteile verbal begründen, statt auf einen höchst komplexen quantitativen Wert zu verweisen.

3.92 Produktbriefing

Zuletzt wollen wir uns in diesem Kapitel der Konkretisierung zuwenden. Auch das geschieht mehrstufig.

3.921 Programmanalyse

Wenn man den relativ seltenen Fall einer Unternehmensneugründung und den Start mit nur einem Produkt unberücksichtigt läßt, dann stellt sich die Frage, ob die inzwischen bereits relativ konkrete Produktidee in das vorhandene Angebot des Unternehmens paßt. Es geht um die Nutzung von *Synergieeffekten*. Sie können sich erstrecken auf:

- die Produktgestaltung, indem Gestaltungslösungen aus bisherigen Programmen übernommen werden,
- die akquisitorische Programmwirkung, indem das neue Produkt zu einer Steigerung des Interesses am Gesamtprogramm führt,
- die Produktvermarktung, indem sich das neue Produkt nahtlos in das bisherige Vermarktungskonzept einfügen läßt und dadurch niedrigere Vermarktungskosten entstehen als im Falle der isolierten Produkteinführung.

3.921.1 Zur Einbettung der neuen Idee in das vorhandene Programm

Bei der Antwort auf die Frage, ob die neue Produktidee in das vorhandene Programm paßt oder nicht, müssen zuerst einmal die Produktzielverträglichkeit und die Niveaukompatibilität überprüft werden. Zur Produktzielverträglichkeit haben wir uns bereits in Abschnitt 3.73 geäußert, so daß wir uns jetzt auf die Kompatibilität des Leistungsniveaus beschränken können. Wie Schewe (1981, S. 88 ff.) nachgewiesen hat, dürfte eine Kombination von Sach- oder Anmutungsleistungen auf Marginalitätsniveau einerseits mit den gleichen Leistungen auf Topniveau andererseits zu erheblichen Problemen bei der Marktwirkung führen. Andere Kombinationen von Produktleistungsniveaus erscheinen möglich.

Dann wird man sich Klarheit darüber verschaffen müssen, welche programmpolitischen Strategien mit der Entwicklung des neuen Produktes verfolgt werden sollen. Denkbar sind folgende Alternativen:

- Programmexpansion,
- Programmkontraktion,
- Programmumgruppierung,
- Programmteilevariation.

Programmexpansion, auch als additive Programmänderung (Rohlmann 1977, S. 165) umschreibbar, führt durch das neue Produkt zu einer Vergrößerung der Programmtiefe oder -breite. Es kann sich um Maßnahmen der Innovation, Diversifikation oder Differenzierung handeln. Hier interessieren vor allem Innovationsaspekte. Durch die Entwicklung eines neuen Produktes soll das bisherige Programm aus der Sicht der Marktpartner interessanter werden.

Die *Programmkontraktion* – analog auch subtraktive Programmänderung nennbar – führt dazu, daß man durch ein neues Produkt eines oder mehrere alte Produkte eliminieren kann. Nach dem Motto „weniger ist mehr" müssen aus den verschiedensten Gründen unattraktive Produkte aus dem Programm genommen werden. Ist ein neues Produkt in der Lage, sie zu ersetzen, kann dies insgesamt zu einer Steigerung der Programmattraktivität führen. Vielfach ist gerade diese Situation der Ausgangspunkt für das Bemühen um Produktinnovationen.

Die *Programmumgruppierung* interessiert in diesem Zusammenhang weniger. Bei ihr geht es darum, der gegenwärtigen Marktsituation durch eine andere Zusammenstellung besser gerecht zu werden. Es finden sich beispielsweise Umgruppierungen nach dem Schwerpunkt der Distributionsorgane.

Auch die *Programmteilevariation* wird erst an späterer Stelle zu analysieren sein (siehe Abschnitt 6.212). Es wird weder der Programmumfang noch seine Struktur verändert, lediglich einzelne Produkte werden durch Variation neuen Konstellationen angepaßt.

Je nach der gewählten Programmstrategie (Expansion oder Kontraktion) können im Einzelfall unterschiedliche Einflüsse modifizierender Art auf die spätere Leistungsfixierung ausgeübt werden.

Neben diesen Überlegungen über die Beziehungen des neuen Produktes zu schon vorhandenen Produkten, wollen wir uns nun der Frage zuwenden, ob man mit *einem* oder *mehreren* neuen Produkten auftreten soll.

3.921.2   Monoprodukt, Produktfamilie oder Produktlinie?

Die bisherigen Überlegungen gingen von der Entwicklung *eines* neuen Produktes aus (Monoprodukt). Reicht das für den Markterfolg einer neuen Idee aus? Kann man nicht durch die Gestaltung mehrerer Produkte, die man alternativ ausstattet (Produktlinie), die Konsumentenrenten besser abschöpfen? Erwartet der Verwender in anderen Fällen nicht ein umfangreiches Paket sich komplementär ergänzender Produkte (Produktfamilie)?

(1) Monoproduktaspekte

Legt man den Einzelaspekt (nur ein Produkt in einer Ausführung) streng aus, so findet man nicht gerade viele Beispiele in der Praxis für diese Vorgehensweise. Eine Uhr wird mit mehreren Zifferblättern, ein neues Waschmittel in unterschiedlichen Pakkungsgrößen usw. angeboten. Ähnliches gilt für die Produkte, die im gewerblich-industriellen Bereich benötigt werden. Dennoch muß auf diese Möglichkeit verwiesen werden.

Es kann sein, daß der *Verwendungszweck* so eindeutig die Produktgestaltung beeinflußt, daß verschiedene Produktausführungen oder sich ergänzende Produkte nicht nötig sind.

Ein anderer Grund für die Entscheidung, mit nur einer Produktausführung zu starten, kann darin liegen, daß der Innovationsgrad des Produktes sehr hoch liegt (z. B. Smart). Man schätzt das *Floprisiko* als dementsprechend hoch ein, und man wagt sich erst mit einem Produkt auf den Markt, um diesen langsam an dieses neue Produkt heranzuführen. Man scheut die höheren Kosten, die dann entstehen würden, wenn man mit einer Produktfamilie oder -linie antreten würde. Dabei wird auch die Überlegung zurückgestellt, daß man möglicherweise gerade mit einem umfassenderen neuen Angebot die Marktchancen vergrößern könnte. Erweist sich das einzelne Produkt als Erfolg, dann entwickelt man später hierzu passende Varianten.

(2) Produktlinienaspekte

Bei vielen Produkten ist es geradezu ein Qualitätskennzeichen, wenn ein ganzes Spektrum von alternativen Ausführungen einer Grundgestalt angeboten wird. Die sichtbaren Gestaltungsvariationen liegen in der unterschiedlichen Wahl und Ausprägung der einzelnen Gestaltungsmittel (siehe Abschnitt 4.3).

Ein Hemdenhersteller muß bei konstant bleibendem Schnitt und Material unterschiedliche Muster (Dessins) und Größen anbieten. Ein Sanitärkeramikhersteller muß einen Waschtisch bei gleicher Form und gleichem Material in unterschiedlichen Farben und Größen anbieten. Ein Pkw-Hersteller variiert eine Linie nach Innenausstattungsdetails, Motorstärke, Heckformen usw.

Mit der Entwicklung eines Produktlinienkonzepts statt eines Einzelprodukts will man einen höheren Individualisierungsgrad, eine bessere Anspruchs-Leistungsentsprechung bei gleichbleibendem Grundkonzept erzielen. Dabei spielen objektive Nutzerdifferenzen (z. B. unterschiedliche Körpermaße) und subjektive Präferenzen eine Rolle. Man kann folgende Produktliniensegmente unterscheiden (Schewe 1981, S. 160 ff.):

- Das *differenzierte* Produktliniensegment: Hier erfolgt eine Segmentdifferenzierung nach dem Verwendungsbereich (z. B. Tennisschuhe für die Halle, für Aschen- oder Rasenplätze) oder dem Verwendertyp (z. B. VW Golf Diesel für den Aufwandstyp, VW Golf VRG für den Leistungstyp)
- Das *akzentuierte* Produktliniensegment: Verwendertyp und Verwendungsbereich können konstant bleiben. Es werden andere Segmentierungsgrößen herangezogen. So wird bei Pkw z. B. auf länderspezifische Besonderheiten (Abgasreduktion, Sicherheitsgurte, Lenkungsanordnung usw.) Rücksicht genommen. Physische Unterschiede (z. B. unterschiedliche Körpermaße, Haarprobleme) oder differenzierende Haushaltsgrößen (z. B. unterschiedliche Packungsgrößen) führen ebenfalls zu mehreren Produktvarianten
- Das *abwechslungsreiche* Produktliniensegment: In einigen Produktbereichen haben sich ohne die Beachtung der vorher erwähnten Segmentierungskriterien Usancen herausgebildet, mehrere Varianten anzubieten, um den Ansprüchen nach Abwechslung, Auswahl, Vielfalt gerecht zu werden (Lebensmittel: Suppen, Marmeladen, Säfte, Schokolade usw.).

Es stehen mehrere Differenzierungsparameter zur Verfügung:

- unterschiedliche Produktleistungssegmente,
- unterschiedlicher Differenzierungsumfang,
- unterschiedliches Leistungsniveau.

Produkte in einer Linie müssen sich durch Leistungen unterscheiden, sonst wären es keine Varianten. An dieser Stelle kann deshalb lediglich der Sach- oder Anmutungsleistungsschwerpunkt (z. B. Innenausstattungsvarianten) betont werden. Mit dem Differenzierungsumfang wird auf den Unterschied zwischen kleiner oder großer Produktdifferenzierung hingewiesen. Das Leistungsniveau betont die Möglichkeit, daß die Leistungsinhalte konstant bleiben können, daß lediglich die Leistungshöhe (-intensität) variiert wird.

(3) Produktfamilienaspekte

Das Denken in Verwendungszusammenhängen bei Problemlösungen statt in Einzelprodukten und deren Leistungspotentialen gewinnt an Boden. Für Hersteller von Trinkgläsern, Porzellanservicen, Bestecken ist es seit je üblich, den Verwendungsgesamtzusammenhang zu beachten. Hersteller von Produkten für die industrielle Verwendung achten in zunehmendem Maße auf die Entwicklung miteinander kompatibler Produkte (z. B. Werkzeugmaschinen, EDV-Anlagen). Man spricht vielfach auch von

Serien. Mehrere Parameter können eine Produktfamilienkonzeption konstituieren (Schewe 1981, S. 234 ff.):

- Art der Komplementarität,
- Intensität der Produktverbundenheit,
- relativer Rang der Produkte,
- Dimensionen der Produktfamilie.

Die *Art der Komplementarität* gibt den Schwerpunkt der gegenseitigen Ergänzung und Unterstützung durch die Familienprodukte an. Es kann sich um eine vorrangig sachleistungsbedingte, um eine vorrangig anmutungsleistungsbedingte oder um eine, bezogen auf die Leistungsart, ausgewogene Komplementarität handeln.

Der Grad oder die *Intensität der Produktverbundenheit* spielt eine Rolle bei der *Produktnutzung* oder beim *Produktkauf.* Bei der *Produktnutzung* gibt es unselbständige Produkte (z. B. Rasierapparat + Rasierklinge), bedingt selbständige Produkte (das einzelne Produkt ist einzeln nutzbar, eine Komplementarität ist aber nur innerhalb der Produktfamilie, nicht jedoch mit Konkurrenzprodukten möglich) und selbständige Produkte (der Verwender kann alle, mehrere oder nur ein einzelnes Produkt auswählen ® Kosmetikserie). Beim *Produktkauf* können die gleichen Kriterien eine Rolle spielen. Für den Hersteller erhebt sich die Frage, ob er z. B. lediglich in Verbundpackungen zusammengefaßte Produkte (→ unselbständig), Mindestsets (→ bedingt selbständig) oder jeweils die Produkte einzeln (→ selbständig) anbieten soll.

Der *relative Rang der Produkte* soll die Bedeutung der Familienprodukte berücksichtigen, die sich zur Befriedigung der aus dem Verwendungsbereich resultierenden Ansprüche beziehen. Gleichrangige Produkte liegen vor, wenn Leistungsumfang und -intensität der Produkte gleichbedeutsam sind (z. B. bei Kosmetikprodukten). Ungleichrangige Produkte weisen dann einen unterschiedlich bedeutsamen Leistungsumfang auf (z. B. Bohrmaschine mit Stichsägenvorsatz).

Mit dem *Dimensionsaspekt* wird die Programmbreite und -tiefe der Produktfamilie erfaßt. Bezüglich der *Breitendimension* kann man von vollständigen (komplette Abdeckung des Verwendungsbereiches) oder von unvollständigen (es werden bewußt Lücken gelassen) Produktfamilien sprechen. Bezüglich der *Tiefendimension* gibt es neben eindimensionalen (jeweils nur eine Ausführung) auch mehrdimensionale Produktfamilien. Abhängig von den Ansprüchen der jeweiligen Marktsegmente, dem spezifischen Verwendungszusammenhang und dem selbstgesteckten Ziel der Produktfamilienkonzeption lassen sich nun Entscheidungen über die Parameter treffen. Dabei gilt es, mehreres zu berücksichtigen:

314

- Welche Produktfamilienpolitik hat man bisher betrieben?
- Will man weiter an ihr festhalten? Oder lohnt es sich, über Veränderungen nachzudenken?
- Welche Produktfamilienpolitik haben die unmittelbaren Konkurrenten gewählt? Welchen Erfolg hat welche Maßnahme, soweit man darauf aus zugänglichen Daten (z. B. Panel-Daten) schließen kann?
- Wo könnten sich in Zukunft neue Schwerpunkte in der Produktfamilienpolitik ergeben?

3.922 Produktdefinition als Leistungsvorgabe

Nach diesen umfangreichen Überlegungen der Ideengewinnung und -auswahl kommen wir endlich zu den Vorgaben, die für die Produktgestaltung in Form eines Pflichtenheftes, Lastenheftes bzw. einer Aufgabenstellung gemacht werden müssen. Eine direkte Umsetzung ist jedoch meist nicht möglich.

3.922.1 Einige allgemeine Überlegungen

Beginnen müssen wir mit einer wichtigen terminologischen Klärung. Bisher haben wir uns mit Ansprüchen von Menschen und Institutionen an neue Angebote auseinandergesetzt. Von nun an wechseln wir die Betrachtungsseite, indem wir uns Gedanken über die Angebote machen, die diese Ansprüche befriedigen können. Die Fähigkeit von Angeboten (hier Produkten), Ansprüche zu befriedigen, nennen wir Leistungen (hier Produktleistungen).

Im Idealfall entsprechen die Leistungen in Inhalt (Qualität) und Umfang (Quantität/Intensität) den Ansprüchen (siehe Übersicht 128).

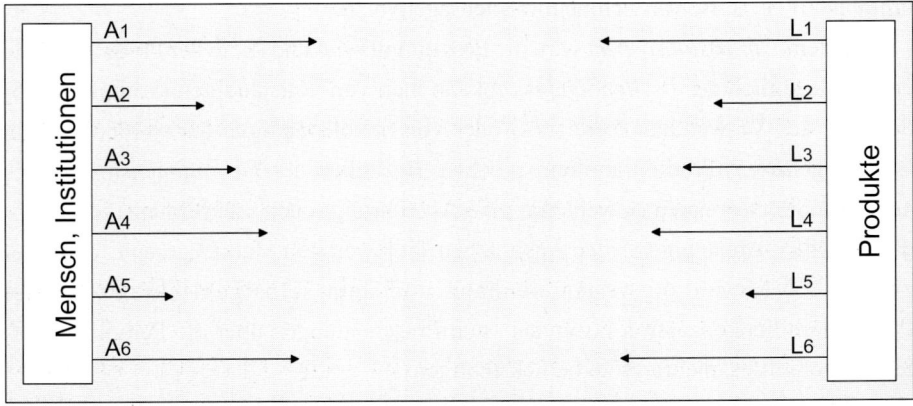

Übersicht 128: Der Idealfall identischer Ansprüche und Leistungen

Dieser Idealfall bildet den Ausgangspunkt in der Planung. Aber bereits zu diesem Planungszeitpunkt sind Differenzen zwischen Leistungen und Ansprüchen sowohl dem Inhalt als auch der Intensität nach nicht nur möglich, sondern höchstwahrscheinlich unter dem Prägnanzaspekt auch gewollt. Dies zeigt der folgende Fall des Auseinander-klaffens von Leistungen und Ansprüchen:

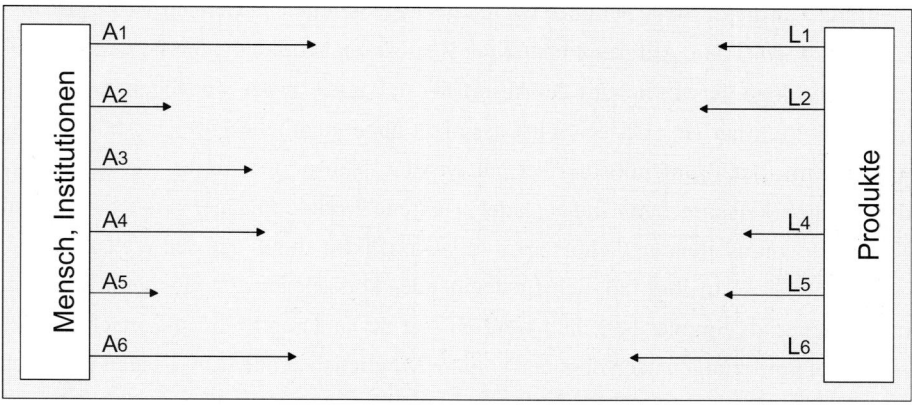

Übersicht 129: Der realtypische Fall divergenter Ansprüche und Leistungen

Mehrere Gründe können zu Anspruchs-Leistungsdivergenzen führen:

- Anspruchskonflikte,
- generelle technische Hemmnisse,
- rechtliche Restriktionen,
- Potential- und Zielrestriktionen des eigenen Unternehmens,
- konkurrenzbezogene Prägnanzsetzungen.

Auf die drei letzten Punkte sind wir bereits ausführlich eingegangen, so daß wir uns auf die beiden ersten beschränken können.

Anspruchskonflikte sind auf verschiedenen Ebenen möglich:

(1) auf der höchsten Ebene zwischen den Anspruchskreisen (Verwender/Händler/ Lagerung und Transport/Hersteller),

(2) auf der Ebene eines Anspruchskreises (z. B. Produktansprüche/Vermarktungs-ansprüche des Verwenders),

(3) auf der Ebene der Hauptanspruchskategorien (z. B. Sachansprüche/Anmutungs-ansprüche),

(4) auf der Ebene von Teilanspruchskategorien (z. B. Produktbewirkungsansprüche/ Produktbedienungsansprüche).

Hierzu einige Erläuterungen: Als Beispiel für Anspruchskonflikte zwischen Verwendern und Händlern mag der bekannte Fall der Ein- oder Mehrwegverpackung von Milch dienen. Lebensmittelsupermärkte wünschen einen möglichst rationellen Warenfluß; dabei stören dann Mehrwegverpackungen. Der umweltbewußte Verwender möchte dagegen den Müllanfall reduzieren. Ein Beispiel für Konflikte auf der zweiten Ebene: Der Verwender möchte einen Pkw, der von 0 auf 100 km in 8 Sekunden beschleunigt, aber nicht mehr als DM 20.000,— kostet.

Bereits an dieser Stelle befinden wir uns genaugenommen im Bereich der *Anspruchs-realisationskonflikte*. Aufgrund bisheriger Realisationsmöglichkeiten wissen wir, daß die gleichzeitige Verwirklichung der Ansprüche A, B und C in den jeweiligen Intensitäten nicht durchführbar ist. Hier erwächst das nicht unbeträchtliche Problem, daß diejenigen, die mit der Problemlösung betraut werden, häufig zu voreilig von der Nichtdurchführbarkeit sprechen. Und auch der erfahrene Produktmanager versucht – fast im Sinne des vorauseilenden Gehorsams – den Konflikt dadurch aus der Welt zu schaffen, daß er sich auf ihm möglich Erscheinendes konzentriert. Er möchte schließlich nicht wieder als Spinner belächelt werden. Auf der anderen Seite ist Fortschritt aber nur durch Forderungen nach dem bisher nicht Möglichen denkbar. Aussagen wie „Das geht nicht", „Das haben wir noch nie so gemacht" sollten nicht planungsleitend, sondern entlarvend sein.

Ein Beispiel für die dritte Ebene: Der Verwender möchte einen Tisch, der einerseits stabil und abriebfest ist und andererseits grazil und edel wirkt. Und schließlich als Beispiel für die vierte Ebene: Er möchte ein kühlendes Sommerhemd (→ Seide), das er nicht zu bügeln braucht. Über das Wie der Lösung derartiger Anspruchskonflikte müssen wir uns noch Gedanken machen. Weitaus einfacher ist der Fall technischer Hemmnisse zu lösen. Wenn der Verwender aufgrund nicht vorhandenen Wissens Ansprüche äußert, die nicht verwirklicht werden können (z. B. 4-Personen-Pkw mit großem Kofferraum und maximaler Außenlänge von 3 m), dann kann man diesen Anspruch in dieser Ausprägung als irrelevant verwerfen. Man kann aber auch nach Kompromißlösungen suchen bei Fixierung der Dominanz eines Anspruchs.

3.922.2 Briefinggrundlagen

Jetzt müssen die Vorgaben geschaffen werden, nach denen sich die Arbeiten im Rahmen der Produktgestaltung zu richten haben. Formal sieht das so aus wie in Übersicht 130 dargestellt.

Es gilt, einen Leistungskatalog zu fixieren, damit die an der Produktgestaltung Beteiligten wissen, was vom Produkt erwartet wird. Das bedeutet:

-   Es müssen die *Leistungsinhalte* – das Was – fixiert werden.

- Es muß die *Leistungsintensität* der jeweiligen Leistungsinhalte – das Wieviel – vorgegeben werden.

- Es muß der *Leistungsrang* der jeweiligen Leistungsinhalte – das Wie bedeutsam – festgelegt werden (z. B. die Basisleistungen, Kernleistungen oder Randleistungen).

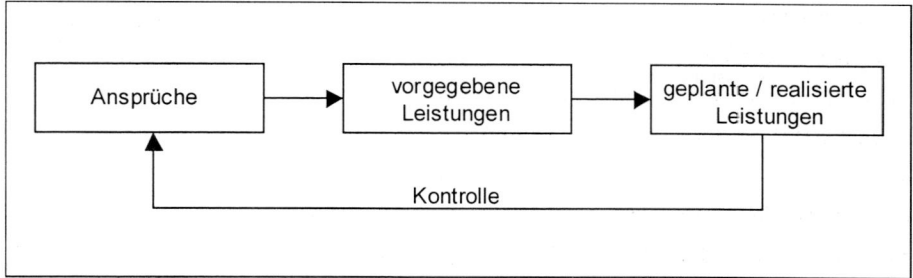

Übersicht 130: Zum Prozeß der Anspruchsumsetzung

Die Leistungsinhalte können wir analog zu den Ansprüchen ableiten. Zur Orientierung dient die Übersicht 131:

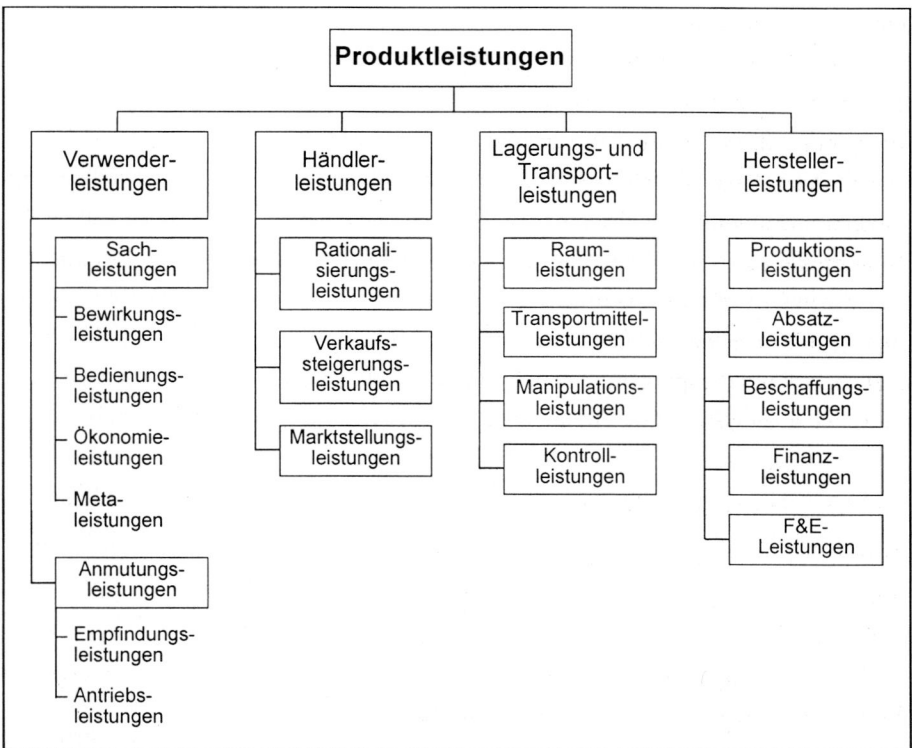

Übersicht 131: Leistungsvorgaben

318

Um dem ökonomischen Prinzip zu gehorchen (z. B. eine definierte Wirkung mit geringstmöglichem Mittelverbrauch), muß die Frage des Leistungsrangs genau geprüft werden. Als Ausgangspunkt der Überlegungen dient die folgende Übersicht 132:

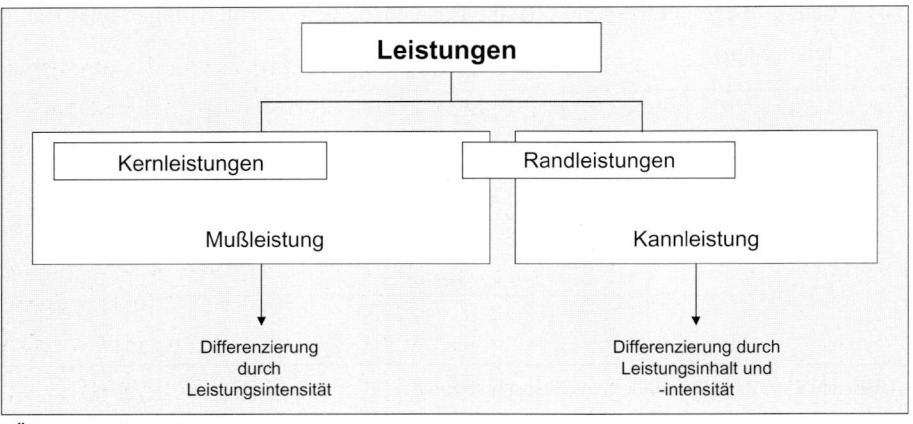

Übersicht 132: Leistungen

Die *Kernleistungen* konstituieren die Leistungsfähigkeit eines Produktes; werden sie nicht erbracht, liegt ein offenkundiger Mangel vor, sie sind somit unabdingbar. Die *Randleistungen* bringen ein Mehr, das nicht unbedingt nötig ist, ein Produkt jedoch besonders interessant erscheinen läßt. Ein Pkw mit Sperrdifferential (ASD), Servolenkung, ABS-Bremssystem usw. mag dies verdeutlichen.

Diese generelle Trennung läßt sich relativ einfach durchführen, indem nach dem Produktkonstituierenden gefragt wird. Sie muß jedoch zielgruppenspezifisch verfeinert werden, zum objektiven muß der subjektive Bezug hinzutreten. Das zielgruppenspezifische Anspruchsniveau schlägt sich in den *Mußleistungen* nieder: Es werden neben den Kernleistungen auch die „üblichen" Randleistungen erwartet, sonst dränge das Produkt überhaupt nicht in den Begehrkreis ein. Eine Konkurrenzdifferenzierung erfolgt hier lediglich über die Veränderung der Leistungsintensität. Daneben seien *Kannleistungen* erwähnt. Produktartenspezifisch rekrutieren sie sich aus dem Bereich der Randleistungen, der für die Zielgruppe nicht Pflichtbestandteil ist. Das könnte beispielsweise bei einem Kleinwagen die Ausrüstung mit einer elektronischen Fahrwerkskontrolle (ESP) sein. Kannleistungen tragen also zur Konkurrenzdifferenzierung sowohl durch inhaltliche wie auch durch intensitätsmäßige Leistungsvariationen bei, hier liegt das Zentrum der Prägnanzarbeit.

Für den Produktmanager sind somit die heutigen und morgigen Muß- und Kannleistungen ausschlaggebend. Die Anspruchsdynamik zwingt ihn zu einer ständigen

Überprüfung. Das muß nicht immer ein Mehr sein, auch ein Weniger kann angezeigt sein. Dieser Trend „weniger ist mehr" deutet sich bei einigen Zielgruppen an.

3.922.3 Zur Briefingdurchführung

Den Abschluß der Marktanalyse bildet die *Aufgabenbeschreibung* für die kommende Umsetzungs-(Gestaltungs-/Materialisations-)phase. Hier wird die sogenannte Schnittstellenproblematik besonders deutlich: Zwischen Aufgabenstellern (z. B. Produktmanager) und Aufgabennehmern (z. B. Designer/Konstrukteure) muß es schon wundersam zugehen, wenn sie jeweils genau das verstehen, was der andere meint. Zum einen kann sich der Aufgabensteller mißverständlich ausdrücken, vielleicht hat er aufgrund der üblichen Hektik die Aufgabe auch noch gar nicht zu Ende gedacht. Und unsere abstrakte Sprache macht es dem Auftragnehmer, selbst wenn er sensibel zuhört, auch nicht gerade leicht, die richtige Interpretation zu finden. Mißverständnisse sind die unausbleibliche Folge. Das führt zu Zeitverzögerungen und damit zu Kostensteigerungen. Genau das muß eingedenk der Konkurrenzlage vermieden werden.

Dem Briefingproblem hat man deshalb bisher wenig Augenmerk geschenkt, weil bei der Entwicklung technischer Produkte das Sprachproblem nicht ganz so virulent ist. Abgesehen davon, daß man bereits häufig Lösungen entwickelt hatte und nun „lediglich" das Problem noch entdecken mußte, bewegte man sich in einer fachsprachlich determinierten Welt, die vielfach gut quantitativ beschreibbar war. Aber schon der Übergang zu Überlegungen, wie denn ein Produkt sinnvoll zu bedienen sei (z. B. aus wessen Perspektive), bietet Ansatzpunkte für Mißverständnisse. Und noch viel schwieriger wird es, wenn wir uns den Anmutungsleistungen zuwenden. Es hat zwar Versuche gegeben, z. B. Ästhetik quantitativ zu beschreiben (vgl. Dörner 1976 und die dort angeführte Literatur), der Versuch muß allerdings als gescheitert betrachtet werden, weil die Addition von Teilaspekten (z. B. Linienerstreckungen) keinesfalls das Ganze ergibt. Dieser elementaristische Ansatz war ein Weg in die falsche Richtung – er war exakt, aber leider nicht valide. Mehrere Wege werden heute beschrieben:

(1) Lastenheft/Pflichtenheft

Über diesen Weg der Briefingdurchführung müssen heute nicht mehr viele Worte verloren werden, er ist der übliche. Lediglich zwei Ergänzungen erscheinen als ratsam. Zum einen geht es an dieser Stelle nur um ein *outputorientiertes* Briefing (Lastenheft). Damit ist ein Briefing gemeint, in dem lediglich die erwarteten Leistungen der Art und der Intensität nach aufgelistet, vielleicht sogar strukturiert werden. An dieser Stelle interessiert noch nicht das *inputorientierte* Briefing (Pflichtenheft), in dem vorgegeben wird, *wie* die Leistungen zu erzielen sind. Das ist erst im Anschluß an die Gestaltungsüberlegungen im 4. Kapitel möglich. Und zum anderen soll die Begrenzung dieses Briefingweges auf technische Lösungen empfohlen werden, dort also, wo die Sprachsysteme wenig Interpretationsspielraum zulassen.

(2) Die kooperative Lösung oder die Protokollösung
Wir wiesen bereits unter dem Planungsaspekt auf die Notwendigkeit *simultaner* statt sukzessiver Vorgehensweise hin. Wenn man sich in diesem mühevollen Analyseprozeß etwas ausdenkt und dann aus seinem Kämmerlein wieder in die Welt zurückkehrt, darf man sich nicht wundern, wenn die Welt verständnislos reagiert, sei es, daß man nur eine Maus geboren hat, aber keiner weiß, warum, oder daß man einen mutigen Schritt nach vorn empfiehlt, den sich viele eben noch nicht vorstellen können. Die gemeinsame Beteiligung derer, die sich im nun folgenden Schritt vorrangig mit der Leistungsumsetzung befassen (z. B. Konstrukteure, Designer), an der Problemdeckung und -definition, an der Problemanalyse also, schafft die Grundlage für eine gemeinsam tragbare Projektlösung. Gemeinsam findet ein Ringen um die zu befriedigenden Ansprüche vor dem Hintergrund des Wettbewerbsfeldes statt. Vernetzendes Denken bietet darüber hinaus Gewähr für bessere Ansätze als die immer noch häufig praktizierte isolierte Vorgehensweise.

In den Teamsitzungen wird Protokoll geführt. Bei jeder neuen Sitzung wird das alte Protokoll genehmigt. Änderungen früherer Beschlüsse werden begründend vermerkt. Im Schlußprotokoll dieses Sitzungsabschnitts der Teamarbeit wird dann unter Bezug auf die bisherigen Festlegungen noch einmal die Ausgangsgrundlage für die Gestaltungsarbeit zusammengefaßt.

(3) Die Bildlösung
Wir hatten bereits darauf hingewiesen, daß wir gemäß der dualen Kodierungstheorie von Paivio neben einem Wortgedächtnis auch über ein Bildgedächtnis verfügen. Selbst abstrakten Begriffen ordnen wir konkrete Bilder zu. Unser Bildgedächtnis neigt zur Speicherung von Urbildern (Archetypen). Gladbach (1995) hat nachgewiesen, daß diese Bilder wenig differieren. Die Schaffung und Übertragung von Bildern verspricht vor allem dort Möglichkeiten besseren Verstehens, wo nur bedingt rationale, also eher Anmutungsbotschaften ausgetauscht werden sollen: „Ein Bild sagt mehr als 1000 Worte". Nun dürfte es außerordentlich schwierig sein, *das* Bild zu finden, das insgesamt das ausdrückt, was man den anderen mitteilen möchte. Über einen ausdrucksfä-

higen Set von Bildern kommt man zur *Collage* (Küthe 1995). Collagen als geklebte, geschnittene, gerissene und wieder gefügte Bildteile sind aus der Bildkunst seit langem bekannt, in der Neuzeit von Picasso und Matisse wiederentdeckt. Neben der Kunstcollage, die von Th. Schriefers in jüngster Zeit zu neuer Blüte gebracht wurde, interessiert hier vor allem die *Zweckcollage*. Eine Botschaft soll möglichst facettenreich so dem Gestalter überbracht werden, daß er neben dem Hauptthema auch Nebennuancierungen versteht. Denkbar ist folgender Prozeß:

- Zuerst wird das *Zentralthema* fixiert. Das beherrschende Thema kann aus den Ansprüchen als der *dominierende* Anspruch abgeleitet werden. Er wird sich vorrangig aus dem Kann-Bereich ergeben. Denkbar ist auch, daß man nach ganzheitlichen Themen sucht, die vor allem morgen das Denken und Handeln der Zielgruppe bestimmen. Es kann sich dabei um begrifflich gefaßte Zeitgeistprognosen der Zielgruppe handeln (z. B. neue Heimeligkeit bei den Trendorientierten). Dieses Thema bildet den Positionsschwerpunkt des neuen Produktes, nimmt also auch Bezug auf die Konkurrenz.

hochwertig	○—○—○—○—○—○—○	einfach
exklusiv	○—○—○—○—○—○—○	üblich
verschwenderisch	○—○—○—○—○—○—○	sparsam
modisch	○—○—○—○—○—○—○	klassisch
avantgardistisch	○—○—○—○—○—○—○	traditionell
innovativ	○—○—○—○—○—○—○	konservativ
originell	○—○—○—○—○—○—○	konventionell
technisch	○—○—○—○—○—○—○	natürlich
exotisch	○—○—○—○—○—○—○	vertraut
provokativ	○—○—○—○—○—○—○	angepaßt
elegant	○—○—○—○—○—○—○	massiv
fein	○—○—○—○—○—○—○	grob
weiblich	○—○—○—○—○—○—○	männlich
harmonisch	○—○—○—○—○—○—○	dissonant
reduziert	○—○—○—○—○—○—○	opulent
leise/dezent	○—○—○—○—○—○—○	laut/schrill
leger	○—○—○—○—○—○—○	streng
verspielt/dekorativ	○—○—○—○—○—○—○	funktionell
artifiziell	○—○—○—○—○—○—○	rustikal
anregend	○—○—○—○—○—○—○	beruhigend
heiter	○—○—○—○—○—○—○	ernst
warm	○—○—○—○—○—○—○	kalt
romantisch	○—○—○—○—○—○—○	sachlich
extravertiert	○—○—○—○—○—○—○	introvertiert
zerbrechlich	○—○—○—○—○—○—○	stabil
komplex	○—○—○—○—○—○—○	elementar
dynamisch	○—○—○—○—○—○—○	statisch
perfekt	○—○—○—○—○—○—○	improvisiert
spezialisiert	○—○—○—○—○—○—○	normiert
sportlich	○—○—○—○—○—○—○	gesetzt

Übersicht 133: Anmutungsdifferential

-   Das Zentralthema muß differenziert werden, um Bedeutungsfacetten für die Bildteile zu gewinnen. Dazu eignet sich das Anmutungsdifferential von Frey (1993, S. 225), welches wir in Übersicht 133 abbilden.

Diese Adjektive ermöglichen Akzentuierungen in der Bildgestaltung. Da es sich um eine Zweckcollage handelt, bedarf das Bild der Ordnung. Formal ist folgende Struktur möglich:

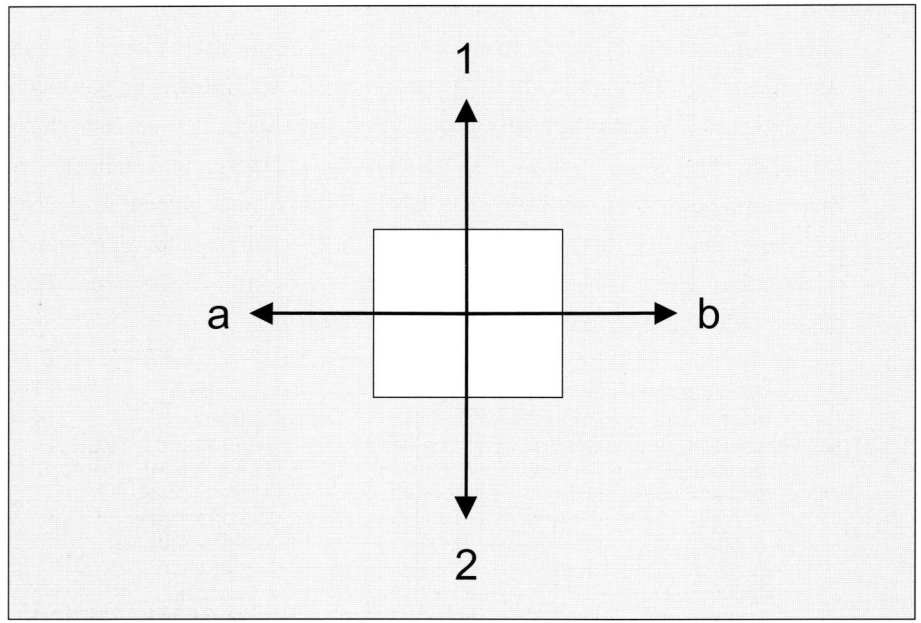

Übersicht 134: Bildpositionsstruktur

In den Mittelpunkt der Polarkoordinaten wird das Bild geklebt, das nach Meinung des Produktmanagers oder des Entwicklungsteams die zentrale Botschaft möglichst prägnant wiedergibt. Und dann werden, hier geordnet nach jeweils zwei geeignet ausgesuchten Begriffspaaren, Bildfacetten hinzugefügt (z. B. männlich/ weiblich; jung/alt; wertvoll/einfach). Je weiter die Bilder vom Mittelpunkt entfernt sind, um so weniger nehmen sie auf die Gestaltungsidee prägenden Einfluß. Um so wichtiger ist damit das dem Zentralthema entsprechende Zentralbild. Mißlingt dieses Bild, ist es mehrdeutig oder schief gewählt, dann kann der Übergang von der Analyse- zur Realisationsplanung nur zufällig Erfolg haben. Finden sich alle am bisherigen Analyseprozeß Beteiligten in dem gewählten Bild wieder, wird die Gefahr der Fehlinterpretation reduziert.

(4) Die Briefingübersicht

Gleichgültig nun, wie man die Vorgaben formuliert, wichtig ist, daß die folgenden Aspekte im Briefing enthalten sind:

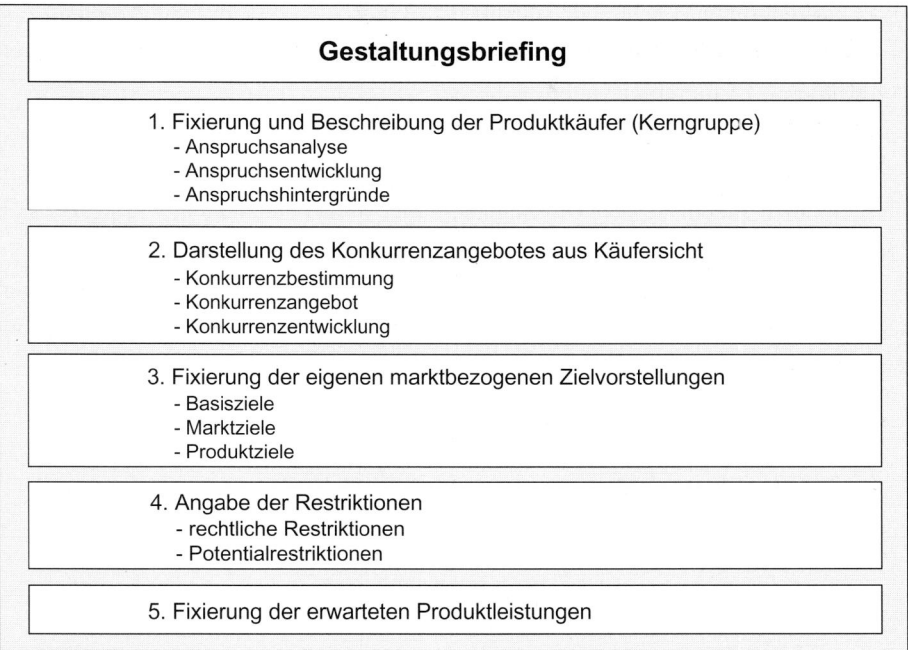

Gestaltungsbriefing

1. Fixierung und Beschreibung der Produktkäufer (Kerngruppe)
   - Anspruchsanalyse
   - Anspruchsentwicklung
   - Anspruchshintergründe

2. Darstellung des Konkurrenzangebotes aus Käufersicht
   - Konkurrenzbestimmung
   - Konkurrenzangebot
   - Konkurrenzentwicklung

3. Fixierung der eigenen marktbezogenen Zielvorstellungen
   - Basisziele
   - Marktziele
   - Produktziele

4. Angabe der Restriktionen
   - rechtliche Restriktionen
   - Potentialrestriktionen

5. Fixierung der erwarteten Produktleistungen

Übersicht 135: Gestaltungsbriefing

Wenn in einem Gestaltungsbriefing nichts über die *Zielgruppe* enthalten ist, dürfte die Marketingaufgabe verfehlt sein. Die Zielgruppe muß präzise beschrieben werden, damit man Klarheit über diejenigen hat, die den Maßstab setzen. Wenn wir anfangs betonten, daß Profilierung heute nur subjektiv möglich ist, muß das Subjekt auch Maßstabgeber sein. Statt dessen wird häufig lieber über die Zielgruppe spekuliert und es wird dem diffusen Kundenkreis ein Spektrum an Alternativen angeboten in der Hoffnung, daß irgend etwas Passendes darunter sei. So werden viele Themen, also bereits Lösungsansätze, entwickelt und auf der Messe nach dem trial-and-error-Prinzip angeboten. In der Modeindustrie führt das zu Flopraten um 80 %, obwohl sogenannte Modeforschung im Deutschen Modeinstitut betrieben wird. Insbesondere dann, wenn der Problemlöser (z. B. Designer) nicht von Anfang an im Team mitwirkt, z. B. weil er wegen seiner Prominenz zu teuer ist, muß mit der Zielgruppenbeschreibung begonnen werden.

Dann ist es Aufgabe des Produktmanagers, das *Konkurrenzangebot* übersichtlich zusammenzustellen. Dazu gehören Bewertungen aus Kundensicht – eigene Konkurrenzbewertungen sind nur am Rande interessant. Hilfreich wären auch Informationen darüber, was die Konkurrenz morgen vorhat (→ Konkurrenzangebotsprognose).

Vor diesem Hintergrund muß die eigene *Zielsetzung* beschrieben werden. Neben einer konzentrierten Beschreibung des eigenen Vorhabens (entsprechend Abschnitt 3.7) sollte auch die Stellung des neuen Angebots im bisherigen Angebotsprogramm umrissen werden (→ Programmsynergie).

Die *Restriktionen* sollten von Anfang an klar sein. Dazu gehören die externen juristischen Restriktionen und die internen, die sich aus den Potentialgrenzen ergeben. Verlangt man ein eindeutiges Briefing, ist immer wieder erstaunlich, wie schwer sich Unternehmen mit der Nennung ihrer Potentialgrenzen tun.

Und erst zum Schluß sollten in einem guten Briefing die sich aus den bisherigen Überlegungen ergebenden *Produktleistungen* folgen. In den meisten Briefings stehen nur sie.

4 Produktgestaltungsanalyse

Die Umsetzung von vorgegebenen Leistungen in konkrete Produktleistungen läßt sich als ein Materialisationsprozeß auffassen. In den folgenden Ausführungen steht dabei der *Planungsprozeß* im Vordergrund.

Vorrangig werden wir im folgenden von *Leistungen* sprechen, wenn wir die Beiträge der Gestaltungsmittel zur Anspruchserfüllung darstellen. Aus sprachlichen Gründen empfiehlt es sich, hin und wieder den Terminus *Wirkungen* zu gebrauchen. Der Wirkungsaspekt ist stärker auf den Menschen, der Leistungsaspekt eher auf das Produkt bezogen.

4.1 Die Problemlage

Bevor wir mit der Analyse des Materialisationsprozesses beginnen können, sind einige allgemeine vorbereitende Überlegungen nötig.

4.11 Zur Terminologie

Im deutschsprachigen Schrifttum haben wir es mit folgenden Begriffen zu tun:

Produktpolitik	Produktentwicklung
Produktgestaltung	Erzeugnisgestaltung
Produktplanung	Programmgestaltung

In der angloamerikanischen Literatur begegnen uns vorrangig die Begriffe:

product planning	product strategy
product policy	product development

Schaut man sich nun an, was welcher Autor mit welchem Begriff meint, so zeigt sich eine erstaunlich große Begriffsvielfalt. Da es uns hier um eine zweckmäßige Eingrenzung des Begriffes Produktgestaltung für unsere weiteren Überlegungen geht, wollen wir darauf verzichten, die unterschiedlichen Auffassungen nachzuzeichnen. Der folgende Überblick soll die Zusammenhänge verdeutlichen (siehe Übersicht 136).

Dem hier gewählten Terminus Produktgestaltung entspricht in der anglo-amerikanischen Literatur vorrangig der Begriff product development (Hisrich/Peters 1978, S. 67 ff.; Pessemier 1982, S. 361 ff; Berg/Shuchman 1963, S. 331 ff.). Auch der Begriff product design taucht auf (Urban/Hauser 1980; Wind 1982, S. 338 ff.), wobei zu beachten ist, daß der Begriff Design im Englischen eine größere Begriffsextension als der deutsche aufweist.

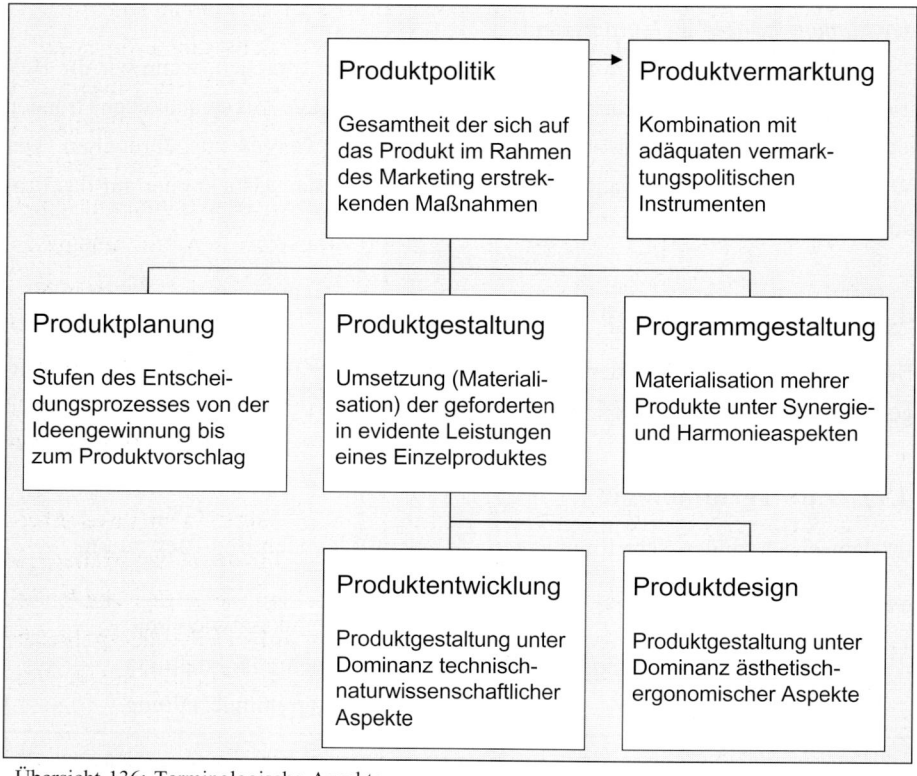

Übersicht 136: Terminologische Aspekte

4.12 Produktgestaltung in der Literatur

Würde sich nun herausstellen, daß die bisher erhältlichen literarischen Ausführungen zum Themenkreis Produktgestaltung – in welchen Zusammenhängen auch immer – für die Verwirklichung unserer Konzeption ausreichen, dann könnten wir uns entweder auf eine mehr oder minder thematisch und didaktisch geeignete Zusammenfassung beschränken oder uns im Extremfall mit einigen Literaturverweisen begnügen, um den Raum für andere Schwerpunkte einzusparen. Letzteres wäre uns am liebsten.

Wenn wir von „relevanter" Literatur sprechen, müssen wir auf das Relevanzkriterium hinweisen. Wir beschränken uns auf die Durchsicht der Literatur, die aufgrund der Themenstellung und -behandlung für die hier näher in Betracht gezogene Personengruppe der Produktmanager oder ähnlicher Funktionsträger Hilfen bei der Bewälti-gung von Problemen im Rahmen der Produktgestaltung versprechen.

Wo finden wir also marketingrelevante Aspekte der Produktgestaltung, möglicher-weise auch der Produktentwicklung? Diese Frage können wir hier nur andeutungswei-se behandeln. Eines der wenigen Werke zum gestellten Themenkreis stammt von Hansen/ Leitherer (1984, S. 11 ff.). In unserem Rahmen interessieren die Ausführungen über den Aktionsbereich und die Aktionsmöglichkeiten. Dargestellt werden Probleme der Produktqualität, des Produktprogramms, der Produktverpackung und der Produktmarke (ähnlich auch Kapferer/Disch 1967, S. 59 ff.). Diese sicherlich marketingrelevanten Gestaltungsaspekte reichen für unsere Aufgabe der Umsetzung von Anforderungen an Produkte in geplant-konkrete Produkte jedoch bei weitem nicht aus. Sie liefern kein Instrumentarium für Handlungsweisen, sondern zeigen lediglich Teilaspekte, die bei der Gestaltung auch beachtet werden müssen. Vorgelegt wird also eine Aspekt-behandlung und keine hier dringend nötige Instrumentalbehandlung, wie wir sie ent-sprechend der alternativen Notwendigkeit für die hier gewählte Entscheidungs-orientierung benötigen.

Unter dem Titel Produktpolitik befaßt sich auch Brockhoff (1999) mit unserer Pro-blematik. Er wählt jedoch einen völlig anderen Schwerpunkt in der methodischen Be-handlung, so daß weder Übernahmen noch Verweise weiterhelfen. Auch die Veröf-fentlichung von Herrmann (1998) erläutert unter der Überschrift „Der produktpolitische Gestaltungsspielraum" lediglich die Aspekte Leistungskern, begleitende Dienste, Ver-packung, Markierung.

Gutenberg (1984, 1954) hat sich bereits frühzeitig mit dem Themenkreis Produkt-gestaltung auseinandergesetzt. Aus den drei Teilen (Bestimmungsfaktoren und Mittel der Produktgestaltung, Gestaltung des Absatzprogramms als Ganzes, das Produkt als Gestaltungselement des Absatzprogramms) interessieren in unserem Zusammenhang die Ausführungen zum ersten Teil (Bedarf, Technik, Wettbewerb, akquisitorische Mittel) und hier insbesondere, welche akquisitorischen Mittel erfolgsbeeinflussend wirken. Genannt werden Warenzeichen, Ausstattung, Verpackung, Styling, Image, Sortiment. Eine Antwort darauf, wie wir denn diese verschiedenen Aspekte unterschiedlichen Komplexitätsgrades miteinander verknüpfen können, erhalten wir nicht.

Mehrere Quellen stehen uns zum Stichwort Produktentwicklung zur Verfügung. Siegwart (1974, S. 76 ff.) beschreibt im Produktentwicklungsprozeß vorrangig den Produktgestaltungsprozeß, den er in die Anregungs- und Konkretisierungsphase trennt. Hier interessiert vor allem die Konkretisierungsphase, die er mit Produkt- und Projekt-definition, konstruktionstechnischer Entwicklung, Prototypenbau und -test sowie

Fabrikationsvorbereitung mit Pilotserie einteilt. Der technische Schwerpunkt wird offenkundig, über Marktorientierung und Instrumente erfahren wir wenig.

Viel näher liegt dem hier gewählten Vorgehen die Betrachtung der Mittel der Produktgestaltung durch Hamann (1975, S. 63 ff.). Kurz behandelt werden folgende Mittel:

Material	Geruch
Konstruktion und Ausführung	Schrift und Text
Form	Markierung und Illustration
Größe und Gewicht	Styling und graphische
Farbe	Gestaltung

Sieht man von der unbefriedigenden Einteilung ab – so hängen z. B. Schrift/Text, Markierung und graphische Gestaltung eng zusammen – so muß darüber hinaus festgestellt werden, daß eine deskriptive Merkmalsbeschreibung für eine Entscheidungsvorbereitung allein nicht ausreicht.

Wind (1982, S. 341 f.) untersucht im Rahmen der „product design decisions" Produkt-, Verpackungs- und andere Serviceaspekte. Dabei konzentriert er sich im wesentlichen auf funktionale, strukturelle (size, shape, form, material etc.) und ästhetische Aspekte (style, color etc.), die er stichwortartig behandelt. Hier werden bereits für die weitere Arbeit wichtige Merkmale angedeutet, jedoch nicht alle analysiert und entscheidungsorientiert aufbereitet.

Zum Abschluß dieses eher kursorischen Überblicks sei bemerkt, daß das Stichwort Produktgestaltung in der 2. Auflage des Handwörterbuchs des Marketing (1995) nicht mehr auftaucht.

Dieser kurze Literaturüberblick zeigt, daß das entscheidungsorientierte *Transferproblem* bisher nicht befriedigend gelöst wurde. Diesem Problem kann man sich dadurch nähern, daß man

- ein möglichst operationales System von Gestaltungsmitteln entwickelt,
- dabei möglichst eine Sprache schafft, welche die Kommunikation zwischen denen, die an der Produktgestaltung beteiligt sind, zuläßt (vgl. Abschnitt 4.14),
- prüft, wie weit die Gestaltungsmittel durch ihre spezifischen Leistungsbeiträge zur Realisierung der Produktgesamtleistung beitragen,
- versucht, eine methodische Schrittfolge der Gestaltungsmittelkombination zu entwickeln, um sinnfällige Ganzheiten zu ermöglichen.

4.13 Produktgestaltung als interdisziplinäre Aufgabe

Interdisziplinarität zu fordern, ist modern, sie zu realisieren mühsam. Zwischen der Skylla des einzelwissenschaftlich zwar Richtigen, aus der Sicht eines ökonomisch Ausgebildeten aber Unverständlichen und der Charybdis des zwar Verständlichen aber nicht mehr ganz Richtigen die untiefenfreie Fahrtrinne – sprich: noch richtig und trotzdem verständlich – zu finden, bereitet erhebliche Schwierigkeiten und erfordert sicherlich mehr Mut, als wenn man sich auf angestammten Pfaden tummelt. Zwar kann man sich mit dem Hinweis zufrieden geben, der Produktmanager möge sich die für seine Disziplin übergreifenden Kenntnisse (z. B. technische) gefälligst am Arbeitsort aneignen, doch sollten neben einigen evidenten Vorteilen (z. B. man braucht dann darüber in der Universität nichts mehr auszusagen) auch die Nachteile bedacht werden. Wir wollen fünf hervorheben:

1) Es ist fraglich, ob insbesondere während der ersten Berufsjahre genügend Zeit für die Wissensaneignung zur Verfügung steht.

2) Das häufig praktizierte Lernen nach dem trial-and-error-Prinzip ist zwar wirksam, aber langwierig und daher teuer.

3) Gerade in der Situation des Produktmanagers, der seine Koordinationsfunktion mehr durch Überzeugung denn durch Anordnung erfüllt, spielt die fachliche Autorität eine große Rolle. Ist er weder in der Lage, sich anderen verständlich zu machen, noch deren Anliegen in sein Kalkül einzubeziehen, dürfte er auf weitgehend verlorenem Posten stehen.

4) Das Lernen „vor Ort" ist eingeengt auf die besondere Situation des Unternehmens, in dem man beschäftigt ist. Der Wechsel zu einem anderen Unternehmen wird erschwert, die als pädagogisches Ziel angestrebte Berufsmobilität eingeengt.

5) Induktives Lernen nach dem trial-and-error-Prinzip verhindert den Blick über den Tellerrand. Es ist für die Entwicklung des Unternehmens, für die Entwicklung neuer Produkte nicht ganz ungefährlich, wenn man „ständig im eigenen Saft schmort". Analoges Denken, um den Alternativenraum zu vergrößern, verlangt Grenzüberwindung. Wie soll Teamorientierung Erfolg versprechen, wenn jeder sich nur um den eigenen Vorgarten kümmert?

Neben dem isolierenden, eher auf Funktionsbereiche begrenzten Denken werden wir bei der Produktgestaltung mit einem weiteren Problem konfrontiert: Weil die gefundene Problemlösung wahrnehmbar, vor allem sichtbar ist, meint jeder, sich an der Diskussion des Ergebnisses beteiligen zu können und zu müssen. Und wenn es sich um Geschmacksfragen handelt – gemeint sind meist Ästhetikurteile – dann fragt man, weil man nicht ganz sicher ist, seine Sekretärin, Ehefrau usw. Jedermann statt Fachleute werden zur Beurteilung herangezogen. Während man sich bei Steuer-, Finanzierungs- usw. -entscheidungen auf den Sachverstand des Fachmanns verläßt, wird bei der Produktgestaltung eine gute Lösung „gekippt", weil sie dem Höherverantwortlichen nicht gefällt. Daß dies eher für Inkompetenz spricht, daß bei Fremdbedarfsdeckung nicht das eigene Gefallen, sondern das des Kunden gefragt ist, sollte offenkundig sein. Äußerungen wie „gefällt mir nicht" sprechen für geringe Professionalität. Vielmehr müssen wir einen rational begründeten Entscheidungsweg finden.

Wenn nun das mit einer neuen Entwicklungsaufgabe betraute Team auch die Ergebnisverantwortung erhält, wäre damit ein großer Entscheidungskompetenzgewinn verbunden. Vetoentscheidungen des Vorstandes usw. sollten nur in Ausnahmefällen zulässig sein und umfangreich vom Vetoeinlegenden begründet werden.

Wenn wir dem Produktmanager in der angedeuteten Weise helfen wollen, ist zuerst nach den Problembereichen zu fragen, mit denen er sich neben seinen eigenen auseinandersetzen muß.

In Übersicht 137 sind einige wichtige Abteilungen mit spezifischen, differenten Denkweisen innerhalb des Unternehmens genannt, die sich mit Fragen der Produktgestaltung befassen:

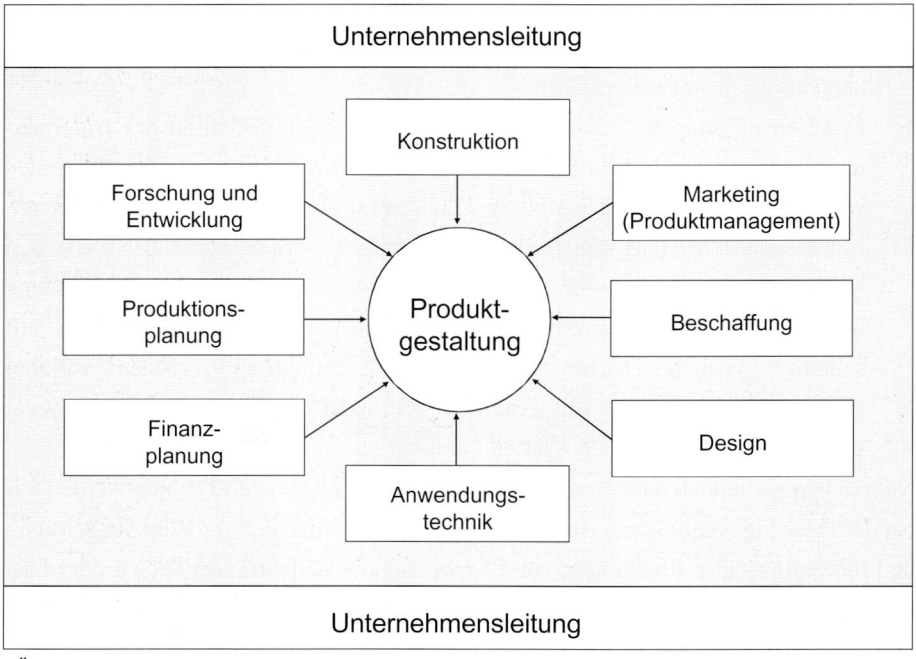

Übersicht 137: Einflußbereiche auf die Produktgestaltung

Wenn es sich um professionelle Arbeit handeln soll, ist Produktgestaltung nur als Gemeinschaftsarbeit denkbar. Jeder Funktionsbereich muß seine spezifischen Kenntnisse und Verantwortlichkeiten einbringen, damit ein gutes Gesamtresultat entsteht.

In die Diskussion mit dem Team muß der Produktmanager vorrangig folgende Überlegungen ständig einbringen:

- Als Marktagent ist es seine Hauptaufgabe, alle Vorschläge an den jetzigen und morgigen Ansprüchen insbesondere der Zielgruppe zu spiegeln.
- Damit die Wettbewerbssituation jeweils allen präsent ist, muß er ständig über den Profilierungshintergrund informieren. Er muß für das subjektive Vorteilserlebnis sorgen.
- Weil das Produktmanagement als Querschnittsfunktion angelegt ist, kann es Aufgabe des Produktmanagers sein, die Koordinationsfunktion in inhaltlicher, zeitlicher und kostenmäßiger Hinsicht zu übernehmen.

Für den Produktmanager ist es nun wichtig, ein Gespür für die typische Denkweise derer zu bekommen, mit denen er zusammenarbeiten muß. Dazu greifen wir auf die in Übersicht 137 genannten Abteilungen zurück. Die folgenden Ausführungen beruhen auf nicht repräsentativen Beobachtungen, sie bewegen sich damit auf Plausibilitätsniveau.

(1) Mitarbeiter der Abteilung *Forschung und Entwicklung* (F&E) können je nach Produktbereich Physiker, Chemiker, Biologen, Mediziner oder Techniker der verschiedensten Richtungen sein. Ihre Aufgabe konzentriert sich im wesentlichen darauf, mit Hilfe wissenschaftlicher Methoden *neue Erkenntnisse* über Natur oder Kulturphänomene sowie die neue oder erstmalige *Anwendung dieser Kenntnisse* anzustreben (Kern/ Schröder 1977, S. 16). Der Schwerpunkt der Tätigkeit liegt somit in der naturwissenschaftlichen und/oder technischen Wissensgewinnung und das Ziel in der Schaffung technisch neuer Problemlösungen. Es werden *Vorarbeiten* für die Produktgestaltung geleistet. Dies kann insofern mit klar abgegrenzter Aufgabenstellung erfolgen, als die Suche nach besseren Teilproblemlösungen für bereits vorhandene oder zu entwickelnde Produkte vorgegeben wird; möglich ist aber auch, daß die Aufgabenstellung weniger deutlich auf die unmittelbare Verwertbarkeit eingeengt wird, wenn gefordert wird, z. B. nach Werkstoffen mit geringerem Gewicht und höherer Zugfestigkeit zu forschen. Insgesamt läßt sich sagen, daß in dieser Abteilung der unmittelbare Erfolgsdruck relativ niedriger als in den anderen Abteilungen und die Marktferne am größten ist.

Konflikte zwischen F&E und Produktmanagement liegen vorrangig darin, daß der

F&E-Mitarbeiter an der Gewinnung neuer Problemlösungen interessiert ist, dazu grund-sätzlich neue Wege sucht, dafür u. U. viel Zeit benötigt, während der Produktmanager in Unkenntnis der Problemschwierigkeiten möglichst morgen bereits eine fertige Lö-sung haben will. Hinzukommt, daß er aufgrund fehlender technischer Phantasie sich nur schwer vorstellen kann, was morgen infolge neuer Problemlösungen zu neuen Ansprüchen führen kann.

(2) Ganz anders sieht das bei den Mitarbeitern der Abteilung *Anwendungstechnik* aus. Ihre Aufgabe ist es, die Einsatzbedingungen von Produkten vor allem der In-vestitionsgüterindustrie zu erforschen, Anwendungsmöglichkeiten herauszufinden, Vorschläge für die Art und Weise der Produktverwendung zu machen und dieses Wis-sen an den Kunden weiterzugeben. Hierin sind Ähnlichkeiten zum technischen Kun-dendienst zu sehen. Das verfahrenstechnische Wissen und das Bemühen um Schaf-fung von Verwendungslösungen stehen hier im Vordergrund. Das Prüfen und Verbes-sern der Anwendungsbedingungen bedeutet eine starke Kundennähe. Cum grano salis könnte man sagen, daß der Anwendungstechniker das technische Pendant zum Pro-duktmanager ist, den ja die ökonomische Marktsicht kennzeichnet.

Trotz anderer Ausbildung dürfte aufgrund der Verwendungsorientierung das ge-meinsame Verständnis zwischen Produktmanager und Anwendungstechniker noch am ehesten vorstellbar sein. Die Anwendungstechnik muß sich nicht auf Investitions- oder Produktionsgüter beschränken. Auch im Konsumgütersektor findet man hin und wie-der Abteilungen, die sich mit der jeweiligen Technik aus Kundensicht befassen (z. B. Kochstudio).

Bei der Suche nach neuen Verwendungslösungen läßt sich häufig das Bemühen um die Entwicklung sehr individueller Lösungen beobachten. Das mag in manchen Fällen (z. B. Anlagen, Großkunden) gerechtfertigt sein, im Serien- und Massengeschäft ist das jedoch eher hinderlich. Als Informationsquelle besitzt der Anwendungstechniker große Bedeutung. Er kennt am ehesten die technischen Kundenprobleme. Damit ist er gleichzeitig eine gute Quelle für die Problementdeckung.

(3) Zwischen den Vorarbeiten der Forschung und Entwicklung und der eindeutig verwendungsorientierten Arbeit der Anwendungstechnik liegt die eigentliche Produkt-gestaltung. Hier können verschiedene Schwerpunkte gesetzt werden. Die eindeutige Aufgabendominanz der *Konstruktion* liegt in der technischen Sachleistungsgestaltung. Alle diejenigen sollen zu diesem Bereich der Einfachheit halber gezählt werden, die

entsprechend dem jeweiligen Produktbereich (z. B. Lebensmittel, Pharmaka) zwar anders bezeichnet werden (z. B. Lebensmitteltechnologe, Koch, Apotheker), deren Aufgabenstellung jedoch analog zu werten ist. Aufgrund von Vorgaben (z. B. Lastenheft/ Briefing), an deren Erstellung sie möglichst mitgewirkt haben sollten, müssen sie unter Verwendung des vorhandenen technischen Wissensstandes das gewünschte Produkt entwickeln. Sie operieren vorwiegend mengenökonomisch, während der Produktmanager eher preisökonomisch denkt. Häufig ist das Streben nach technischer Perfektion nicht zu übersehen. Dem versucht man dann mit Hilfe der Wertanalyse (Schanz/ Stange 1979, Sp. 2251 ff.) zu begegnen.

Konflikte zwischen Konstrukteur und Produktmanager können vorrangig durch zwei Auffassungsunterschiede hervorgerufen werden. Der eine kann sich aus der Traditionalität des Unternehmens ergeben. Während der Produktmanager etwas Außergewöhnliches, Besonderes, einen USP (unique selling proposition) wünscht, um Interesse für das neue Produkt zu wecken, kann sich der Konstrukteur aufgrund seiner Vorliebe für ein bestimmtes Konstruktionsprinzip (oder anderer Gestaltungsmittel) auf die Verbesserung bisheriger Problemlösungen konzentrieren, wobei dann das Neue möglicherweise nicht sonderlich innovativ ist. Die andere Konfliktrichtung kann daraus resultieren, daß der Konstrukteur zu stark neuerungswillig ist, während sich das Käufersegment eher traditionell verhält. Gerade an diesen Schnittstellen erweist sich die Zusammenarbeit als notwendig. Eine der wichtigsten Aufgaben des Produktmanagers liegt darin festzustellen, welche Verbesserungen für wen erfolgversprechend sind, wo sich Marktnischen auftun. Ohne diese Informationen können weder Konstrukteure noch Designer zielgerichtet arbeiten.

(4) Einen ganz anderen Schwerpunkt kann man bei den Mitarbeitern der *Produktionsabteilung*, insbesondere der Produktionsplanung unterstellen. Sie sind an einem effizienten Produktionsfluß interessiert. Wenn große Produktmengen in möglichst geringer Zeit und geringer Maschinenzeitinanspruchnahme erstellt werden sollen, dann kann es nicht überraschen, wenn Produktions- und/oder Produktwechsel bei ihnen auf wenig Gegenliebe stoßen. Die Effizienz der Produktion läßt sich eben steigern, wenn es nur ein Produkt in gleicher Menge langfristig herzustellen gilt. Quantitative und qualitative Nachfrageschwankungen müßten tunlichst vermieden werden. Gerade das sind aber die üblichen Marktgegebenheiten. Der Kompromiß zwischen dem, was der Markt fordert, und dem, was aufgrund der Produktionskosten sinnvoll ist, hat Gutenberg (1983, S. 114 f.), bezogen auf den Vereinheitlichungsaspekt, als „Kritisches Standardisierungsmaß" umschrieben.

(5) Besonders eng kann die Verzahnung zum Design oder *Designmanagement* ausfallen. Eben weil im Rahmen der Leistungsführerschaftsstrategie dem Design zunehmende Bedeutung zukommt, sei dieser Bereich etwas ausführlicher beschrieben. Auf die inhaltlichen Schwerpunkte gehen wir in einem gesonderten Abschnitt ein, hier geht es jetzt um die Managementaufgaben. Designmanagement steckt noch in den Kinderschuhen. Spies (1992) hat die Entwicklung beschrieben; analog zu allgemeinen Managementfunktionen (Schreyögg 1991) hat er dann Aufgabenbereiche des Designmanagements dargestellt (siehe Übersicht 138).

	Strategisches Designmanagement	Operatives Designmanagement
Planung	• Strategische Situationsanalyse • Strategische Früherkennung • Festlegung Designziele • Fixierung Designstrategien	• Projektplanung • Briefing
Organisation	• Entwicklung Team-Management- struktur und Aufgabenverteilung	• Designprozeß • Projektorganisation
Personal- einsatz	• Make or buy-Design	• Designerauswahl • Projektteam-Zusammensetzung
Führung	• Fixierung von Designgrundsätzen, -philosophie • Konfliktbewältigung • Kommunikation • Repräsentation	• Information • Leitung • Ergebnispräsentation
Kontrolle	• Design-Audit	• Projektkontrolle • Projektkosten • Termin • Designbewertung • Designschutz

Übersicht 138: Aufgabenbereich des Designmanagement (Quelle: Spies 1993, S. 65)

Die Unterteilung in einen strategischen und einen operativen Bereich erweist sich dabei als hilfreich. Während im Rahmen der strategischen Überlegungen allgemeine Designrichtlinien und Vorgehensweisen festgelegt werden, widmet sich der operative Teil ausschließlich projektabhängigen Aufgaben. Zentrale Aufgabe der Führungsfunktion bleibt die Entwicklung von Designgrundsätzen, die, abhängig von der jeweiligen Unternehmensphilosophie, als Designrahmen maßgeblich wirken sollen und sowohl den Lerneffekt nach außen wie auch die Identifikation nach innen positiv beeinflussen.

Demgegenüber beinhaltet die strategische Planung, z. B. ausgehend von einer strategischen Status- und Trendanalyse, basierend auf einem zu entwickelnden strategischen Früherkennungssystem, die Ableitung von unternehmensbezogenen Designzielen und die Fixierung adäquater Strategien. Organisatorische Maßnahmen legen die Struktur des Team-Management-Konzeptes fest und schaffen die Basis für eine kooperative Produktentwicklung. Schließlich sorgt ein permanentes Design-Audit für eine ständige Anpassung der Designmanagement-Konzeption an veränderte Bedingungen.

Auf der operativen Ebene steckt das Designmanagement den Rahmen für einen erfolgreichen Designprozeß ab. Hierbei gilt es, ausgehend von einem möglichst transparenten Briefing in enger Zusammenarbeit mit dem Produktmanagement die Vorgaben für den verantwortlichen Designer zu entwickeln. Mögliche Inhalte beziehen sich auf die strategischen Vorgaben, aber auch die eigentliche Projektplanung, d. h. die Vorgabe eines festen Budgets, terminliche Restriktionen oder personale Voraussetzungen. Eine der wichtigsten Funktionen des Designmanagers besteht in der Auswahl des richtigen Designers und in der Bewertung der entwickelten Designvorschläge. Dabei ist die Bestimmung der jeweiligen Designrichtung (siehe Übersicht 193) von ausschlaggebender Bedeutung, ist sie doch oftmals an einen bestimmten Designer geknüpft. Der Designmanager sollte idealerweise als „Agent" des Designers innerhalb des Unternehmens auftreten, als die Stelle, die seine fachlichen Probleme anerkennt und ihn hinsichtlich der Lösung seiner Aufgaben unterstützt (Koppelmann 1988, S. 308). Es ist notwendig, die Designbewertung in fachkompetente Hände zu legen, sie von der Willkür ignoranter Funktionsträger zu befreien; subjektive Gefallenskundegebungen stören; so wie in der Technik muß auch hier der Fachmann urteilen. Schließlich koordiniert das Designmanagement den gesamten Designprozeß und zeichnet für eine kooperative Zusammenarbeit mit anderen Funktionsbereichen verantwortlich. Vor allem die ständige Einbindung des Produktmanagements in die Entscheidungs- und Kontrollphasen trägt zu einer Floreduktion bei und bildet die Voraussetzung für ein praktizierbares „simultaneous engineering" (Clark/Fujimoto 1989).

Im Rahmen des Teammanagements gibt es Verknüpfungen, die sich an dem hier unterstellten Produktmarketingprozeß orientieren, dessen erste Stufe bereits erläutert wurde und dessen Gestaltungsphase in diesem Kapitel beschrieben wird. In diesem Kontext bietet es sich nun an, den Vorschlag von Spies zur Verknüpfung wiederzugeben (siehe Übersicht 139).

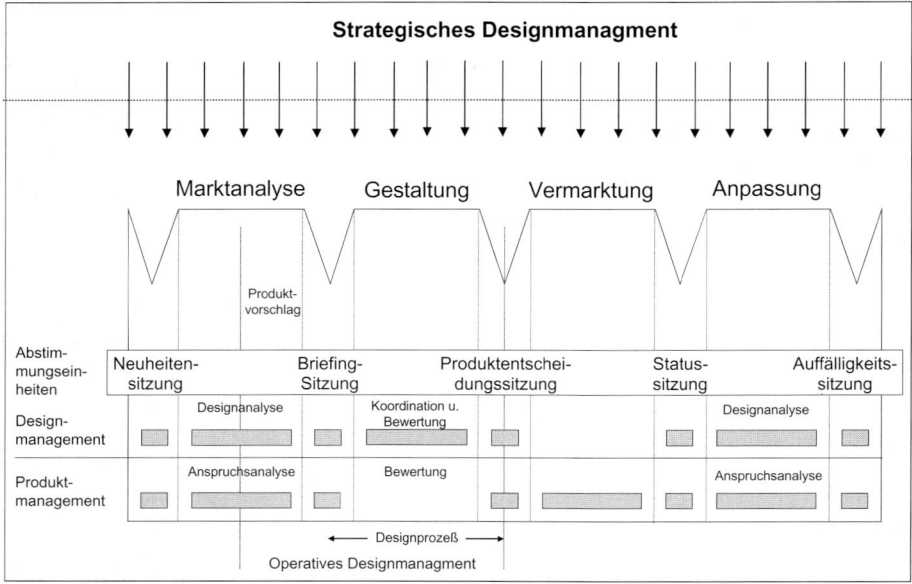

Übersicht 139: Zur Verknüpfung von Produkt- und Designmanagement

(6) Das Denken und Handeln im *Beschaffungsmanagement* befindet sich im Umbruch (Koppelmann 2000). Noch ist das preisreduzierende, an der Versorgungssicherheit orientierte Handeln nicht ausgestorben. Auch daß eher auf Anfrage denn selbstinitiativ beschafft wird, ist noch vielfach anzutreffen. Modular sourcing, simultaneous engineering usw. verlangen allerdings hohe Markt- und Lieferantenkenntnis, um den Alternativenraum wesentlich auszuweiten. Das Denken des Beschaffungsmarketing ist eng mit dem des Produktmarketing verbunden. Hat es sich in einem Unternehmen etabliert, reduziert sich der Konfliktstoff.

(7) Mit kritischem Blick werden über das *Finanzmanagement* (oder Controlling) die Rechengrößen kontrolliert. Hier wird die Basis für die Einhaltung quantitativ formu-lierter Ziele gelegt (z. B. Deckungsbeiträge). Je kurzfristiger die Ziele formuliert sind und je innovativer die Produktidee ist, um so größer wird der Konfliktstoff sein. Ge-niale Ideen können hier zum Scheitern verurteilt werden. Andererseits muß das Produkt-team zur Budgeteinhaltung gezwungen und anschließend geprüft werden, ob die ge-meinsam verabschiedeten Ziele denn auch erreicht wurden.

4.14 Zur Aussagenstruktur

Wenn so viele Personenkreise an der Produktgestaltung beteiligt sind, wird man sich Gedanken über die Ansatzpunkte der Aussagen machen müssen, die im Rahmen der Produktgestaltung eine Rolle spielen können. Je deutlicher der Standort der Aussagen wird, desto besser dürfte die Aussageninterpretation gelingen. Den Ausgangspunkt bildet Übersicht 140.

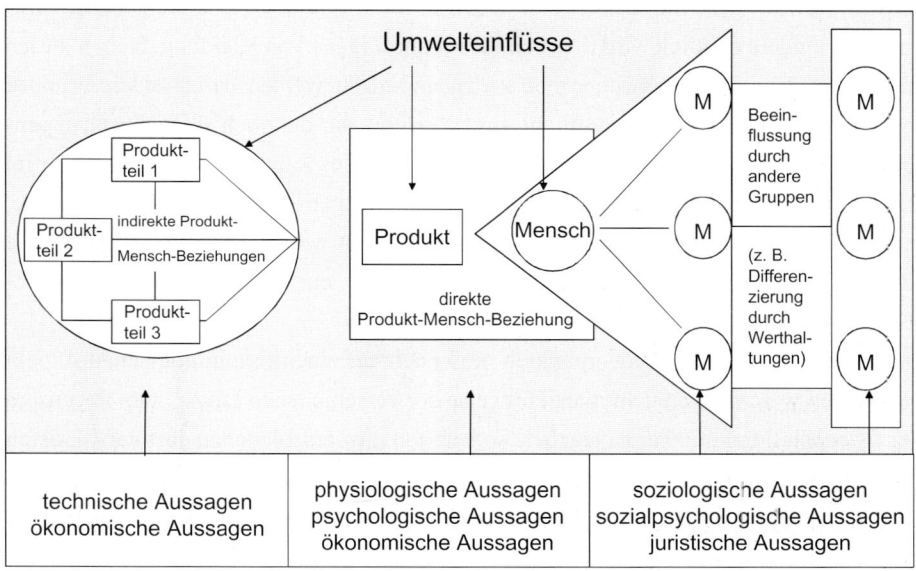

Übersicht 140: Produktgestaltungsaussagen

Produkte werden geschaffen, um Ansprüche zu befriedigen. Damit lassen sich dann die gesetzten Ziele verwirklichen. Im Zentrum stehen damit die direkten Beziehungen zwischen Mensch und Produkt. Es interessiert, was der Mensch vom Produkt hat. Hierzu werden physiologische, psychologische und ökonomische Aussagen benötigt. Sich hier, wie auch in anderen Bereichen, lediglich auf die ökonomischen Aussagen zu beschränken, wie es hin und wieder gefordert wird (Schneider 1983, S. 197 ff.), hieße, den Abstimmungsprozeß der Produktgestaltung auf eine andere, höhere Ebene zu verschieben, auf die man allerdings dann vor demselben Abstimmungsproblem stünde. Eine solche isolierte Betrachtung läuft unserem entscheidungsorientierten Vorgehen zuwider. Problemlösungen orientieren sich nicht unbedingt an den Grenzen der Ausbildungsdisziplinen.

Die direkten Mensch-Produktbeziehungen müssen durch indirekte ergänzt werden, damit die direkten zur vollen positiven Entfaltung kommen können. Das sind auf der einen Seite die Beziehungen zwischen Produkten, Produktteilen oder Produktaspekten.

Ein Kugelschreiber erbringt die gewünschte Produktleistung erst im Zusammenspiel von Schaftgestaltung, Druckmechanik und Minengestaltung. Dazu werden technische und ökonomische Aussagen benötigt. Und auf der anderen Seite kann der Mensch nicht allein betrachtet werden – wir haben keine Robinson-Crusoe-Idylle. Wie wir in Abschnitt 2.34 darstellten, ist der einzelne eingebunden in größere Personenkreise (z. B. Familie, Freundeskreis, Berufskollegen), die ihn wiederum beeinflussen. Wir werden uns dieser Einflüsse möglicherweise selten bewußt, und doch sind sie ständig wirksam. Besonders deutlich wird dies beim Kauf und Tragen von Kleidung. Neben diesen Einflüssen der jeweiligen Gruppe muß auch noch bedacht werden, daß es andere Gruppen gibt, denen man zwar gerade nicht angehört und die dennoch über die Gruppenbeziehungen den einzelnen indirekt beeinflussen. Dies kann sich beispielsweise im Differenzierungsstreben äußern. Die Gruppenbeziehungen können durch soziologische, sozialpsychologische und juristische Aussagen erfaßt werden. Sie können Hinweise darauf geben, was alles bedacht werden muß, damit ein Produkt als erfolgversprechend bezeichnet werden kann.

Neben den Aussageschwerpunkten muß noch auf einen terminologischen Aspekt verwiesen werden. Versucht man, Hinweise der verschiedenen Disziplinen für unsere Aufgabenstellung nutzbar zu machen, so bereiten die verschiedenen dort verwendeten Termini Schwierigkeiten. In der Technik wird vorrangig von *Eigenschaften* der uns interessierenden Gestaltungsmittel gesprochen. In der Normung herrscht der Begriff *Merkmal* vor und wir wollen von *Leistung* (siehe Übersicht 69) bzw. *Wirkung* sprechen. Ist es notwendig, einen weiteren Begriff einzufügen, der dazu noch recht schillernd anderweitig benutzt wird? Die uns umgebenden Gegenstände lassen sich durch die verschiedensten Eigenschaften kennzeichnen, ein Nagel z. B. durch: Länge, Durchmesser, Kopfform, Gewicht, Farbe, Geruch, Geschmack. Einige dieser unendlich vielen Eigenschaften interessieren uns, weil sie uns erfahrungsgemäß etwas sagen – wir „merken" sie. Mit Merkmalen werden also die Teilmengen der uns interessierenden Eigenschaften umfaßt. Nicht alle diese Merkmale sind zur Beantwortung unserer Fragestellung wichtig. Wir wollen nur etwas wissen über die Merkmale, die dazu beitragen können, Ansprüche zu befriedigen. Diese Teilmenge nennen wir Leistungen (Vermögen, Ansprüchen genügen zu können). Diesen mittelbar (Produkt-Produkt-Mensch) oder unmittelbar (Produkt-Mensch) auf den Menschen bezogenen Leistungsmerkmalen sieht man jedoch nicht immer sofort an, worin denn ihr Vermögen liegt, Ansprüchen genügen zu können. Die Leistungsinterpretation hängt in starkem Maße vom Wissensstand der Interpretierenden ab. Je unbezogener Merkmale formuliert werden, je weniger deutlich wird, wozu etwas taugt, um so weniger wird der uns interessierende Produkt-Mensch-Bezug offenkundig. Von größter Wichtigkeit sind für uns also die offensichtlich auf die Anspruchsbefriedigung bezogenen Merkmale, wir wollen von evidenten Leistungen sprechen. Tritt der Zweckbezug nicht so deutlich zutage aus der Sicht desjenigen, der die Einteilung vorzunehmen hat, wollen wir von latenten Leistungen sprechen; sie müssen aus seiner Sicht bezüglich ihrer Zweckeignung interpretiert werden. Wenn beispielsweise ein Kofferradio u. a. mit der Angabe „200 g" beschrieben wird, so bildet diese Gewichtsangabe für den weniger Informierten in dieser „Schlichtheit" eine latente Leistung, die er erst interpretieren muß. Wird diese Angabe dann für ihn deutlicher formuliert: „Aufgrund des in seiner Größenklasse geringen Gewichts kann der Apparat bequem transportiert werden", dann wird der Leistungsbezug der Angabe evident, „200 g" wird zu einer evidenten Leistung. In der Technik haben wir es vielfach mit – aus der Sicht des Ungeschulten – latenten Leistungsangaben zu tun. Sie müssen wir jedoch stets mit berücksichtigen, wenn wir die Gestaltungsmittel daraufhin untersuchen wollen, wozu sie sich bei der Produktgestaltung eignen.

4.15 Produktgestaltung im Überblick

4.151 Die Gestaltungsmittel

Wenn der Produktmanager sich mit Mitarbeitern anderer Abteilungen zusammensetzt, um eventuell gemeinsam ein Konzept zu entwerfen, dann benötigt er neben dem gemeinsam akzeptierten Prozeßmodell ein System von Instrumenten (Instrumententool-box), das sich zur Materialisation der geforderten Produktleistungen eignet. Er muß zumindest einen Überblick darüber haben, womit – das sind die Gestaltungsmittel – er was – das sind die fixierten Produktleistungen – bewirken kann. An dieser Stelle interessiert das Womit.

In der Marketingliteratur wird als „Womit" im wesentlichen *Produktqualität, Verpackung, Markierung* beschrieben. Diese Aspekte können jedoch nur vordergründig als Mittel betrachtet werden. Genauso gut könnte man gleich das gesamte Produkt als Mittel ansehen. Das steht aber erst am Ende des Gestaltungsprozesses fest. Wie man das Produkt gestalten kann, über welche Parameter man verfügt, um die gewünschten Wirkungen zu erzielen, darüber erfährt man nichts. Diese Darstellungen überraschen um so mehr, als die meist postulierte Entscheidungsorientierung ja gerade die Alternativenentwicklung fordert. Produktqualität, Verpackung oder Markierung sind insofern keine Alternativen sondern Entscheidungsfelder. Man muß vielmehr fragen, womit man denn eine gewünschte Produktqualität erzielen kann. Dies läßt sich nur dadurch erreichen, daß man überlegt, welche Mittel zur Verfügung stehen, was sie in

340

der spezifischen Situation leisten und wie man sie unter Wahrung des ökonomischen Prinzips so miteinander kombiniert, daß ein Höchstmaß an Marktwirkung erzielt wird.

Wir wollen nun ein System entwickeln, das die Kommunikation mit den verschiedenen an der Gestaltung beteiligten Personen erleichtert. Das bedeutet, daß wir nicht irgendein System übernehmen können, sondern nach einem Kompromiß suchen müssen, der nicht allzuweit von den Vorstellungen der verschiedenen Beteiligten entfernt ist. Das folgende System hat sich in einer Mehrzahl von empirischen Untersuchungen als zweckmäßig erwiesen (vgl. zur historischen Entwicklung: Koppelmann 1970, S. 47 ff.; 1971, S. 52 ff.; 1972, S. 1 ff.; 1974, S. 38 ff.; 1976, S. 101). Bei der Entwicklung dieses Systems stand anfangs das Bemühen um logische Trennschärfe im Vordergrund. Davon mußten wir bald Abschied nehmen, weil wir in Abgrenzungsschwierigkeiten kamen, die nur noch schwer vermittelbar waren. Uns interessiert die schnelle Verständigungsmöglichkeit mit den am Gestaltungsprozeß beteiligten Personen, also weniger die Logik als die Zweckmäßigkeit.

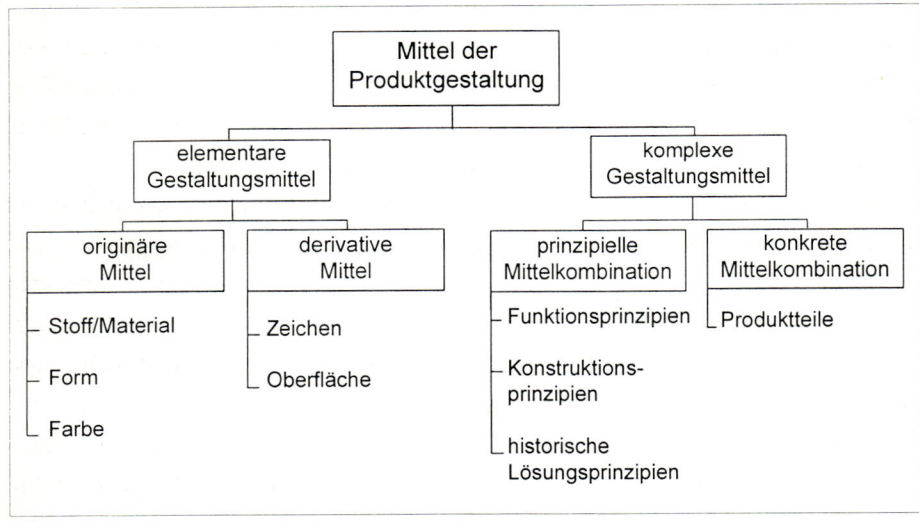

Übersicht 141: Das System der Gestaltungsmittel

Ein prinzipiell ähnlicher Gedankengang führte zu einer etwas anderen Einteilung der Gestaltungsmittel für Dienstleistungen (Kaufmann 1977).

Wir unterscheiden die Gestaltungsmittel in *elementare* und *komplexe* nach dem Kriterium der Einfachheit, indem wir davon ausgehen, daß eine weitere Aufschlüsselung (Elementarisierung) der elementaren Gestaltungsmittel aus der Sicht des Produktmanagers unzweckmäßig ist, während die komplexen Gestaltungsmittel bereits jeweils spezifische Kombinationen der elementaren darstellen, darüber hinaus jedoch ein Mehr verkörpern, als die elementaren Gestaltungsmittel zum Ausdruck bringen. Da dieses spezifische Mehr selbst wieder instrumentellen Charakter haben kann, rechtfertigt sich ihre besondere Darstellung.

Die elementaren Gestaltungsmittel scheinen uns nicht ganz homogener Natur zu sein, deshalb bilden wir die *originären* und *derivativen* Gestaltungsmittel. Die originären Gestaltungsmittel können nicht auf weitere, einfachere zurückgeführt werden.

Jedes Produkt hat eine *stoffliche*, eine *formale* und eine *farbliche* Seite (siehe Abschnitt 4.31-4.33); jedes Produkt besteht aus einer spezifischen Kombination dieser drei Gestaltungsmittel, über die man sich unbedingt Klarheit verschaffen muß. Bei der im ersten Abschnitt der Gestaltungsmitteluntersuchung notwendigen analytischen Betrachtung gehen wir von der realitätsfernen Annahme aus, als ob wir diese Gestaltungsmittel isoliert untersuchen könnten, obwohl wir in der Realität immer spezifischen Kombinationen von ihnen begegnen. Eine Produktform ohne Stoff (Materie) und Farbe kommt zwar in der Realität nicht vor, um jedoch Aussagen über Gestaltungsbeiträge z. B. der Form gewinnen zu können, unterstellen wir, daß wir die Form allein untersuchen könnten. Wir arbeiten also unter ceteris-paribus-Bedingungen. Über Interdependenzen können wir uns dann erst später in einem zweiten Abschnitt äußern. Diese Vorgehensweise wird uns auch bei den Vermarktungsüberlegungen begegnen. Sie ist der Untersuchung von Marketinginstrumenten nicht fremd.

Im genetischen Gestaltungsprozeß folgen Überlegungen zur Auswahl derivativer Gestaltungsmittel. Sie weisen bereits Kombinationsaspekte auf und bilden damit den Übergang zu den komplexen Gestaltungsmitteln, ohne jedoch den dort sichtbaren Komplexitätsgrad zu erreichen. Produkte werden nach den verschiedensten Gesichtspunkten gekennzeichnet, markiert – welche *Zeichen* (vgl. Abschnitt 4.34) sollen also wie benutzt werden? Zeichen sind durch eine symbolische Sinnträgerschaft charakterisiert. Ob man sich ihrer bedient, steht dahin. Daß sie sich zur absatzwirtschaftlichen Heterogenisierung insbesondere zur Markierung eignen, steht außer Frage. Zwar benötigen Zeichen zu ihrer Gestaltung im Sinne wahrnehmbarer Figur-Grundbeziehungen auch Formen, Farben und Stoffe. Das interessiert bei ihrer Behandlung jedoch weniger; wichtiger ist das Element der Sinnträgerschaft. Die Übergänge z. B. zwischen Zeichen und Form werden bei entsprechend gestalteten Verpackungen (z. B. Maggi- oder Odol-Flasche) deutlich. Die Form erhält Zeichencharakter.

Außer den Zeichen gilt es, bei den derivativen Gestaltungsmitteln auch die *Oberfläche* (Musterung, Texturierung, siehe Abschnitt 4.35) zu beachten. Zunächst muß begründet werden, weshalb die Oberfläche hier als eigenständiges Gestaltungsinstrument behandelt werden soll, denn selbstverständlich ist das nicht. Ist dies nicht ein Teilaspekt des Gestaltungsmittels Form? Auch Stoffe und ihre Behandlung können teilweise unter dem Oberflächenaspekt behandelt werden. Für Farben ließe sich Ähnliches sagen. Daraus lassen sich zwei alternative Konsequenzen ziehen:

- entweder werden Oberflächenaspekte jeweils bei den originären Gestaltungsmitteln behandelt
- oder man stellt die Oberflächenaspekte, soweit sie über Stoff-, Form- und Farbaspekte hinausgehen, zusammen dar.

Wir haben uns für die zweite Alternative entschieden. Zum einen wird man vor Abgrenzungsprobleme gestellt, ob z. B. das Rauhen eines Kunststoffgehäuses unter Stoff- oder Formgesichtspunkten behandelt werden soll. Die Abgrenzung mikroskopischer Oberflächenbehandlung ($\rightarrow$ Stoffaspekt) und makroskopischer Oberflächenbehandlung ($\rightarrow$ Formaspekt) mag zwar theoretisch trennscharf erscheinen, sie ist jedoch wenig praktikabel.

Und zum anderen wird die Oberflächengestaltung in der Praxis durchaus als eigenständiges Gestaltungsinstrument betrachtet. Entweder geht man von einem bestimmten Stoff aus, dem man eine zweckmäßige Form gibt, um dann zu überlegen, welche Oberfläche dazu paßt – auch die Form kann den Ausgangspunkt der Überlegungen bilden – oder man hat in einem konkreten Fall bestimmte Oberflächenvorstellungen und sucht nun nach dem Stoff, der sie zuläßt. Insgesamt sind es also Überlegungen zur Operationalität, die dazu führen, die Oberflächengestaltung als eigenständiges Gestaltungsinstrument zu behandeln.

Der Zugang zu den elementaren Gestaltungsmitteln ist noch relativ einfach, ihre Marktwirksamkeit noch plausibel. Schwieriger wird es bei den komplexen Gestaltungsmitteln. Hier stehen naturwissenschaftlich-technische Aspekte im Vordergrund, deren Inhaltsreduktion zur Verbesserung der Verständlichkeit nicht ganz unproblematisch ist.

Funktionsprinzipien (Abschnitt 4.36) beschreiben dynamische Beziehungen von Elementen in Produkten (Bergmann 1978). Ihnen liegen vorrangig physikalische Effekte zugrunde, aus ihnen resultiert dann die Art und Weise, wie ein Produkt funktioniert (Rodenacker 1971, S. 11 ff.; Hansen 1965, S. 25 ff.; Erdey- Gruez 1971, S. 174 ff.; Wiendahl 1970, S. 115 ff.). Wie wird beispielsweise bei einer Armbanduhr die Zeit angezeigt (analog oder digital)? Wie wird die Anzeige bewirkt (mechanisch oder elektrisch)?

Bei *Konstruktionsprinzipien* (Abschnitt 4.37) interessiert die Zahl und die räumliche Anordnung von Elementen. Es handelt sich hierbei um statische Beziehungen in/ und zwischen Produkten (Beitz 1972; Koller 1976).

Aus Zweckmäßigkeitsgründen haben wir die Gruppe der *historischen Lösungsprinzipien* (siehe auch Abschnitt 4.38) geschaffen, dieser Begriff kommt so in der Technik nicht vor. Es handelt sich um bekannte reale Lösungsvarianten (z. B. bei verschiedenen Lichtschaltern), über deren gestalterischen Aufbau (z. B. Funktionsweise, Konstruktion) man sich in der konkreten Situation weniger Gedanken macht als über die jeweiligen Leistungen. Bei diesem Gestaltungsmittel lohnt sich die technische Analyse weniger. Der Problemlösungsweg ist bekannt. Auch über die Leistungen (Vor- und Nachteile) weiß man Bescheid. Es handelt sich eher um ganzheitliche Lösungsalternativen, die, hat man sich für eine entschieden, der Detailgestaltung bedürfen.

Die *Produktteile* (Abschnitt 4.39) als bereits konkretisierte Mittelkombinationen wollen wir auch unter dem Gesichtspunkt eines Gestaltungsmittels betrachten, weil in manchen Fällen Produktteile geringeren (z. B. genormte Schrauben, Dichtungen) oder höheren Komplexitätsgrades (z. B. elektronische Benzineinspritzung, Motor, Achsen, Verpackungen) Vorgaben darstellen, die aus verschiedenen Gründen bei der Gestaltung mit berücksichtigt werden müssen. Nicht allzu oft kommt es vor, daß ein kompliziertes Produkt völlig neu konzipiert wird. Fremdbezogene und eigengefertigte Teile bilden somit ein zu beachtendes Gestaltungsmittel, das nicht weiter reduziert werden sollte, da es ein Datum darstellt. Soll man bei einem komplexen Produkt auf handelsübliche Komponenten zurückgreifen oder Speziallösungen in Auftrag geben? Je geringer die eigene Fertigungstiefe wird und je mehr der Kostendruck steigt, um so mehr wird man sich dieses Gestaltungsmittels bedienen. Die Vernetzung zeigt sich deutlich bei modular sourcing.

Der Zusammenhang zwischen den Gestaltungsmitteln kann wie folgt dargestellt werden:

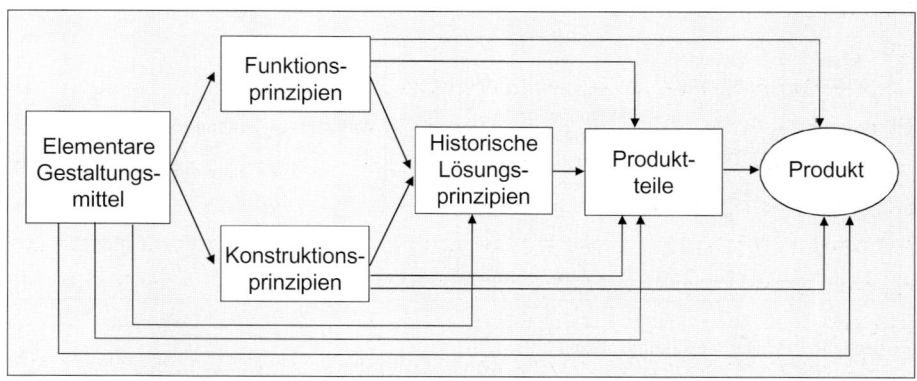

Übersicht 142: Interdependenzen zwischen Gestaltungsmitteln

344

Diese Gestaltungsmittel werden in Abschnitt 4.3 unter dem Leistungs- bzw. Wirkungs-aspekt geprüft. Was leisten sie zur Anspruchserfüllung? Dazu greifen wir auf Über-sicht 131 zurück. Die dort geforderten Produktleistungen müssen durch die Wahl und Kombination der Gestaltungsmittel realisiert werden. Formal läge es nun nahe, jedes Gestaltungsmittel nach diesem Strukturraster abzuhandeln. Damit wäre die Einheit-lichkeit des Gedankengangs offenkundig. Weil dies allerdings die Geduld des Lesers über Gebühr strapaziert, wollen wir es vom Gestaltungsmittel abhängig machen, wel-che Leistungen herausgehoben werden.

4.152 Der Gestaltungsprozeß

Selbst wenn der Gestaltungsprozeß keine originäre Aufgabe des Produktmanagers ist, dürfte es für die Bewältigung des komplexen Problems hilfreich sein, eine prozessuale Struktur zu finden, die

- den Zugang zur Problembewältigung erleichtert (Struktur statt Chaos, Redukti-on der Komplexität),
- die Zusammenarbeit der verschiedenen Personenkreise richtet, ordnet, die deut-lich macht, an welcher Stelle der Problemlösung man sich befindet, was man noch zu lösen hat, auf was man zurückgreifen kann.

Die folgende Prozeßstruktur hat sich bisher als zweckmäßig erwiesen:

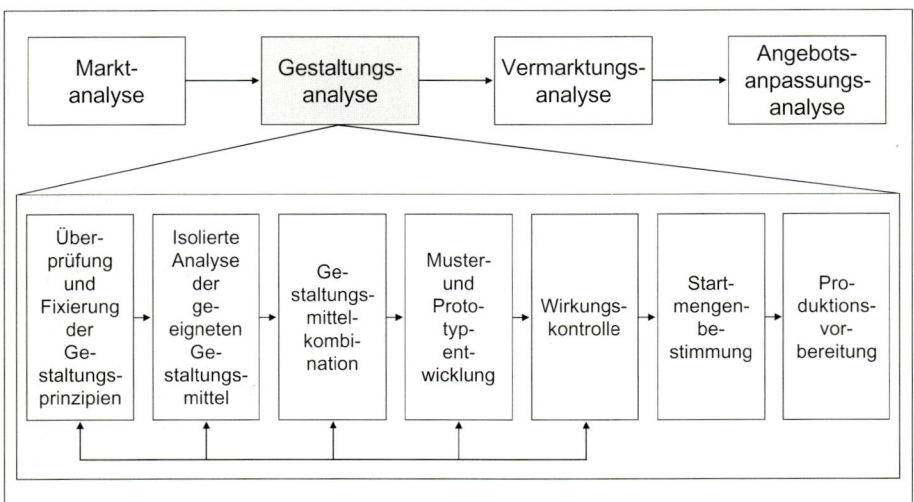

Übersicht 143: Der Gestaltungsprozeß

Auch hier handelt es sich um einen Prozeß, der auf einem denkbaren Handlungsraster aufbaut; im realen Einzelfall ist durchaus ein Vor- und Rückspringen (rekursiver Prozeß) denkbar. Ohne einen solchen Prozeß gerät man in Gefahr, den Überblick zu verlieren.

Für diese Stufen des Prozesses spricht, daß man von allgemeineren zu spezielleren Überlegungen, von Ursachen zu Wirkungen übergeht, Überlegungen der Stufe 1 haben Konsequenzen in Stufe 2 usw.

4.2 Gestaltungsprinzipien

Der Materialisation, der Realisation der im Briefing geforderten Leistungen können mehrere unterschiedliche Gestaltungsprinzipien zugrunde liegen. Es handelt sich um grundsätzliche Leitgedanken, die dem Gestaltungsweg eine bedeutsame Richtung geben. Man könnte sie auch als *strategische Gestaltungsentscheidungen* bezeichnen. Es handelt sich um grundsätzliche Aspekte für die Gestaltungsarbeit, die man entweder neu festlegt oder die in der Vergangenheit fixiert wurden, und die dann auch für die weitere Arbeit gelten sollen.

4.21 Standardisierung

Unter diesem Aspekt können Vereinheitlichungs-, Normungs- oder Typungsaspekte zusammengefaßt werden. Standardisierungsbemühungen spielen vor allem dort eine große Rolle, wo

- große Produktmengen erzeugt werden,
- ein großes Produktprogramm vorhanden ist,
- die Gestaltungsarbeit längerfristige Auswirkungen hat.

Mit der Standardisierung sind vor allem Rationalisierungseffekte verbunden. Die Vorteile lassen sich, wie in Übersicht 144 dargestellt, zusammenfassen (Berger 1979, Sp. 1354 f.).

In der Praxis kann das bedeuten, daß vorgegeben wird, in welchem Normenrahmen man sich bei der Neugestaltung zu bewegen hat. Diese Normen können internationale, nationale oder unternehmensbezogene Bedeutung haben. Diese Eingrenzungen erstrecken sich vorrangig auf die elementaren Gestaltungsmittel (z. B. Werkstoff, Abmessungs-, Farbzeichennormen). Bei der Entwicklung einer Produktlinie kann auch verlangt werden, daß man soweit wie möglich nach dem *Baukastenprinzip* verfährt. Das Baukastenprinzip wird als Gestaltungsprinzip verstanden, bei dem „aus einem gegebenen Repertoire von Elementen mit definierter Teilfunktion zahlreiche verschiedene Produktsysteme mit unterschiedlichen Gesamtfunktionen" (Ropohl 1979, Sp. 293) dadurch hergestellt werden, daß man die Elemente in unterschiedlicher Auswahl und verschiedenartigen Relationen kombiniert. Wenn beispielsweise ein Pkw-Hersteller drei neue Pkw-Linien (z. B. Golf, Vento, Audi A4) entwickeln will, dann kann die Forderung lauten, möglichst viele Teile in allen Pkw-Linien (z. B. Motoren, Fahrgestell) zu verwenden. Die Wirkungen sind ähnlich den bereits genannten Standardisierungsvorteilen. Die Standardisierung als Leitidee kann sich in der Wahl aller Gestaltungsmittel niederschlagen.

Herstellervorteile	Händlervorteile	Verwendervorteile
Produktionskostensenkung durch vereinfachten Werkzeugpark	Verminderung der Lagerhaltung durch Sortimentsbeschränkung	Möglichkeit des billigeren Einkaufs
Beschaffungskostensenkung durch größeren Mengeneinkauf	Sofortige Lieferfähigkeit	Schnelle Erhältlichkeit
Kontinuierliche Beschäftigung durch Verwendung in unterschiedlichen Bereichen	Schnellere Kundenbedienung durch leichteren Informatinsaustausch	Erhöhung der Betriebssicherheit durch bewährte Produkte
Vereinfachung der Entwurfsarbeit durch Verwendung bewährter Lösungen	Erhöhung der Absatzmöglichkeit durch vielseitige Verwendbarkeit	Kombinationsmöglichkeit mit anderen Produkten
Reduktion des Werkstoffverbrauchs durch Sparkonstruktionen	Verringerung der Absatzschwankungen durch Ausweitung des Teileeinsatzes	Schnellere Instandsetzung
Reduktion der Kapitalbindung durch höhere Durchlaufzeiten		Vereinfachung der Kaufentscheidung
Erhöhung der Sicherheit durch einheitliche Bedienungsvorschriften		Individualisierung möglich

Übersicht 144: Rationalisierungsaspekte der Standardisierung

4.22 Spezialisierung

Man findet auch die gegenteilige strategische Gestaltungsentscheidung. Die Spezialisierung kann sich auf zwei Aspekte erstrecken:

- das einzelne Produkt
- das Produktprogramm

Im ersten Fall soll das gesamte Produkt von Grund auf neu gestaltet werden. Dies kann mehrere Gründe haben:

- Es handelt sich um ein einzelnes neues Produkt. Es kann marktneu sein, so daß es auch keine vergleichbaren Gestaltungslösungen auf dem Markt gibt. Es kann auch unternehmensneu sein, so daß intern noch keine Ansatzpunkte für Standardisierungsmaßnahmen vorliegen.
- Es handelt sich um ein Produkt, das nur in kleinen Mengen hergestellt wird. Dann lohnt sich der Standardisierungsaufwand nicht. Die Käufer auf diesem engen Markt erwarten Spezialitäten.

- Der Anbieter möchte das Ersatzteilgeschäft monopolisieren. Bei langlebigen Gebrauchsprodukten ist die Haltbarkeitsdauer der verschiedenen Produktkomponenten unterschiedlich lang. Ein genormtes Ersatzteil könnte den lukrativen Ersatzteilverkauf schmälern.

Die Spezialisierung ist nicht an eine Unternehmensgröße gebunden. Man findet diese Gestaltungsstrategie sowohl bei kleinen als auch bei größeren Unternehmen. Bei letzteren begegnet man der Standardisierung vorrangig im Seriengeschäft, der Spezialisierung im Sondergeschäft. Beim Standardgeschäft dominiert der Preis, beim Sondergeschäft die Leistung. Bei letzterem fällt es leichter, Kundenbindungen zu schaffen.

4.23 Leistungsvariabilität

Eine völlig andere strategische Gestaltungsentscheidung stellt die Vorgabe an die Produktgestaltung dar, bei der Gestaltungsarbeit besonderen Wert darauf zu legen, daß es unter Wahrung des Produktgesamteindrucks möglich ist, die Produktleistungen zu verändern. Da insbesondere im Konsumgütermarkt weder die spätere Produktakzeptanz exakt zu prognostizieren ist, noch vorausgesagt werden kann, welche Anspruchswandlungen wann wirksam werden, kann man versuchen, das Risiko nicht anspruchsadäquater Produktgestaltung insofern zu reduzieren, als man Änderungsmöglichkeiten von vornherein mit einplant. Diese Leistungsvariabilität als Gestaltungspostulat kann sich sowohl auf eine Leistungsverminderung als auch auf eine Leistungsvermehrung erstrecken. So hat sich beispielsweise im Pkw-Bereich in der Vergangenheit mehrfach gezeigt, daß ein „Spar-Pkw" (z. B. die erste Polo-Ausführung von VW) erst dann zunehmend nachgefragt wurde, als man durch leistungsstärkere Motoren, durch eine aufwendigere Innen- und Außengestaltung eine Leistungsvermehrung anbot.

Die Leistungsvariabilität wird vor allem bei der Material- und Formwahl, bei der Fixierung der Konstruktions- und Funktionsprinzipien und bei der Produktteilewahl eine Rolle spielen.

Das Gestaltungsprinzip der Leistungsvariabilität ist dominierend bei der Entwicklung von Produktlinien. Die Entwicklung einer leistungsdifferenzierten Produktlinie entspricht ja gerade vielfach der Unsicherheit darüber, welche Produktausführung besonderen Anklang finden wird. Und zum anderen geht es darum, die Grundlage dafür zu schaffen, im Rahmen der Produktpflege (→ Monitoring) über Möglichkeiten der marktadäquaten Leistungsvariation zu verfügen. Ein bereits in der Gestaltungsphase „ausgereiztes" Gestaltungskonzept ist dabei sehr hinderlich.

Das Konzept der Leistungsvariabilität hat jedoch auch Grenzen. Bei spezifischen designorientierten Produkten (z. B. Produkte des ästhetischen Funktionalismus), bei Produkten in einem spezifischen Look (siehe hierzu Abschnitt 4.42) führen Veränderungen schnell zum Verlust der Gestaltidentität. Es geht das verloren, was als das Charakteristische eines Produktes anzusehen ist. So sollte man an der bekannten Corbusier-Liege, dem Barcelona-Chair von Mies van der Rohe, dem Charles Eames Lounge-Chair möglichst nichts unmittelbar Sichtbares ändern, um nicht die Gesamtwirkung zu zerstören.

4.24 Firmenstilidentität

Im Regelfall verfügen Unternehmen über eine besondere Produktgeschichte. Nicht jedes Unternehmen legt Wert auf ein bestimmtes Maß an *Gestaltungskontinuität*, die notwendig ist, damit Lerneffekte eintreten können. Diese identitätsstiftenden Lerneffekte können innerhalb des Unternehmens und auch auf dem Markt eintreten.

Innerhalb des Unternehmens kann das im positiven Fall zu einem „Wir-Gefühl", zu einem Teil dessen führen, was auch als *Corporate-Identity* (vgl. Abschnitt 3.77) umschrieben wird. Man identifiziert sich mit dem, was man bietet, man ist vielleicht sogar stolz darauf. Wir wollen darauf verzichten zu untersuchen, welche internen und externen Wirkungen das haben kann.

Hinzutreten können erhebliche rationalisierende Wirkungen (Schultz/Koppelmann 1983). Es dürfte kaum überraschen, daß Rationalisierungspotentiale vorrangig in der *Produktgestaltung* liegen. Ein systematisch aufbereitetes Gestaltungskonzept erleichtert die Kombination früherer Gestaltungserfahrungen mit jetzigen Gestaltungsnotwendigkeiten. Es muß nicht bei jedem Produkt nach einem neuen Stil gesucht werden, wenn man sich beispielsweise für einen Stil des „ästhetischen Understatement" (Kellner/Poeskecher 1978, S. 79) (→ Ulmer Stil) entschieden hat. Hier sind Analogien zum Erfahrungskurvenkonzept Hendersons (1974; Engeleiter 1981, S. 410) denkbar.

Prinzipiell ähnliche Überlegungen gelten für die Gestaltung des zum jeweiligen Produkt passenden *Vermarktungsmixes.* Wenn man durch externe Produktdifferenzierungen, Imageprofilierungen ein Segment markentreuer Käufer geschaffen hat, wird die Vielzahl von Auswahl- und Kombinationsmöglichkeiten der Vermarktungsinstrumente stark reduziert. Durch konsequente Weiterentwicklung des Instrumenteneinsatzes und dessen Anpassungen an die jeweiligen Marktbedingungen ist eine erfolgreiche Marktbearbeitung möglich. Damit wird der Planungsaufwand für das Vermarktungsmix eingeschränkt. Wichtig ist bei diesen Tätigkeiten, daß neben der Konstanz auch die jeweilige Marktdynamik beachtet wird.

Ein weiterer Rationalisierungseffekt liegt in möglichen *Synergiewirkungen.* Sie können vielfältiger Natur sein. Ein Beispiel mag genügen: Vor allem in den Großformen des Einzelhandels findet man firmenspezifische Formen der Warenpräsentation, wenn diese Produkte eine besondere Ausstrahlungskraft haben – dazu soll ja das Design beitragen. Wird nun ein neues Produkt angeboten, dann partizipiert es von vornherein, ohne daß der Erfolg bereits feststeht, an dieser Möglichkeit der herausgehobenen Präsentation. Es hat damit erhebliche Startvorteile gegenüber Konkurrenzprodukten, denen diese Möglichkeit nicht gewährt wird.

Mehrere *marktbezogene* Wirkungen sind möglich:

- Produktdifferenzierung,
- Aufbau eines Firmenimages (differenzierende Firmenpositionierung → corporate image),
- Schaffung eines markentreuen Käufersegments.

Durch die Schaffung und Wahrung eines besonderen Firmenstils kann man sich deutlich von Produkten der Konkurrenten abheben. Aus der Konkurrenzanalyse kennen wir *Gestaltung*sschwerpunkte und Produkt*leistung*sschwerpunkte der Konkurrenten. Im Rahmen der Ziel- und Potentialanalyse wurden die generellen eigenen Schwerpunkte festgelegt. Die Wahrung des differenzierenden Firmenstils kann dann zu einer Stärkung des Firmenimages führen. Es werden Wissen und Einstellungen übertragen, das Risikobewußtsein wird reduziert. In nicht allzu vielen Fällen kann es dann gelingen, durch Gestaltungsidentität im Zeitablauf einen markentreuen Kundenstamm zu schaffen, der sich vor jedem Kaufakt auf jeden Fall zuerst einmal über die Produkte des identitätswahrenden Unternehmens informiert.

Ansatzpunkte zur Klärung des Firmenstils finden wir zum einen bei den bereits dargestellten *Produktzielen* und zum anderen bei den noch zu behandelnden Produktlooks (siehe Abschnitt 4.42).

Prinzipiell geht es dabei um die Frage, was als Figur vor dem Umfeldhintergrund hervortreten soll, wodurch das Unternehmen zur Figur für den Käufer vor dem Konkurrenzhintergrund werden will. Das ist zum einen eine Frage der Prägnanz (siehe 4.323). Sie ergibt sich aus der Originalität (der Neuheit), der Distanz (der Andersartigkeit) und der Harmonie (Abgestimmtheit der Gestaltungsmittel). Und zum anderen ist die Figurwirkung abhängig von der *Kontinuität/Konstanz.* Zur Identifikation gehört neben dem Erkennen auch das Wiedererkennen. Man benötigt mehrfache, möglichst gleichbleibende Anstöße im Zeitablauf, um zu lernen, Zuordnungen treffen zu können. Pflegt man heute dieses, morgen jenes Gestaltungskonzept, so verwirrt man und behindert Kaufentscheidungen. Leitlinien, etwas, woran sich der Käufer orientieren kann, erleichtern und beschleunigen die Produktwahl.

4.25 Gestaltungsmittelbindung

Durch in der Vergangenheit getroffene Entscheidungen kann die Wahl eines oder mehrerer Gestaltungsmittel eingegrenzt worden sein.

So sind viele Tochterunternehmen von Rohstoffproduzenten gegründet oder durch Kauf angegliedert worden, um für eine kontinuierliche Werkstoffabnahme zu sorgen. Ein weiterer Grund für diese Werkstofforientierung kann in dem Bemühen liegen, die Anwendungsmöglichkeit in einem bestimmten Produktbereich zu erweitern oder zu verbessern. Je mehr diese Tochterunternehmen jedoch als eigenverantwortliche Profit-Center geführt werden, um so geringer dürfte die Werkstoffbindung werden. Ebenso findet man aber auch die bewußte Beschränkung auf einen Werkstoffbereich, um hier mit Kompetenz zu glänzen (z. B. Curver: Produkte für den Haushalt aus Kunststoff, Authentics: Alltagsprodukte aus transluzentem Kunststoff).

Diese Bindung findet man nicht nur bei Werkstoffen. Wenn ein Hersteller von luftgekühlten Dieselmotoren in diesem Bereich sich ein besonderes Know-how und Image erworben hat, dann liegt es nahe, daß ein auf diesem Funktionsprinzip basierendes Produktteil nahezu zwingend auch als Antrieb in einem neuen Produkt fungieren muß. Die Gestaltungsfreiheit ist erheblich eingeengt.

Es gibt sicherlich eine Fülle weiterer Beispiele. Wichtig ist, daß in der konkreten Situation geprüft wird, über welche Freiheitsgrade man bei der Gestaltung verfügt, damit der spätere Gestaltungsvorschlag nicht an deren Nichtbeachtung scheitert.

4.26 Mengenbegrenzung

Mengenbegrenzungen können nach oben (Konzentration auf kleine Mengen) und nach unten erfolgen (Konzentration auf große Mengen). Man kann nun grundsätzlich davon ausgehen, daß bei kleineren Mengen auch teurere, aufwendigere Gestaltungsmittel und Verfahren eingesetzt werden. Eine Verbreiterung des Marktsegments wird in der Regel mit einer Senkung des Anspruchsniveaus verbunden sein, dort können dementsprechend auch häufig einfachere, billigere Gestaltungsmittel eingesetzt werden.

Diese Überlegungen rechtfertigen noch nicht die besondere Betonung der Mengenbegrenzung als Gestaltungskriterium, insbesondere dann nicht, wenn bereits bei den Marketingzielen Mengenziele geäußert wurden. Der Grund liegt vielmehr in der Beobachtung, daß auch Unternehmen, die sich auf große Mengen beschränken wollen, manchmal gezwungen sein können, Produkte in kleineren Serien anzubieten. Dies trifft beispielsweise dann zu, wenn man über Meinungsführer den Prozeß der „Multi-step-flow-communication" zur Schaffung eines besseren Markenprofils nutzen möchte (z. B. über Redakteure von Zeitschriften). Diese Meinungsführer haben insbesondere beim Kauf langlebiger Gebrauchsprodukte einen großen Einfluß auf den Entscheidungsprozeß. Wenn ein Produkt nur in kleinen Mengen gekauft wird, heißt das also nicht unbedingt, daß es uninteressant ist für den Markt (→ Mehrheitstrugschluß). Man muß wissen, wer es kauft und welche Bedeutung der Käufer für den Gesamtmarkt hat.

Es gibt noch einige weitere Gründe, die gegen das Prinzip der Mengenbegrenzung nach unten sprechen können. Wenn wir uns an die Produkte-/Märkte-Matrix von Ansoff (siehe Abschnitt 3.32) erinnern, dann bestehen u. a. die Möglichkeiten der Entwicklung neuer Produkte für neue Märkte oder für alte Märkte. Diese Möglichkeiten kann man teilweise nur mit großen Schwierigkeiten nutzen, wenn man sich auf große Mengen konzentriert. So geraten Großunternehmen mit diesem Gestaltungsprinzip häufig technologisch in Rückstand, weil sie nicht geduldig den langsamen Penetrationsprozeß einer neuen Technologie auf sich nehmen wollen. Haben sie sich dennoch für eine neue Technologie (z. B. Corfam als Lederersatzstoff) entschieden, kann ein Grund für den Mißerfolg darin liegen, daß man mit einer Penetrationsstrategie über zu große Mengen das Produkt nicht interessant genug werden läßt. Der Erfolg eines anderen Lederersatzstoffes (Alcantara) zeigt, daß eine hochpreisige Einführung bei geringen Mengen u. U. der richtige Weg sein kann. Nicht zuletzt sollte an die einfache ökonomische Erkenntnis gedacht werden, daß sich der Gewinn aus der positiven Differenz von Erlösen und Kosten ergibt, und die Erlöse aus der Multiplikation von Preisen und Mengen entstehen.

Diese betont kritische Betrachtungsweise des Gestaltungsprinzips der Konzentration auf große Mengen ist das Resultat häufiger Diskussionen in Unternehmen, bei denen Gestaltungsvorschläge wegen zu geringer Mengenrelevanz abgelehnt wurden.

4.27 Innovationsintensität – Zwischen Archetyp und Avantgarde

Es ist möglich, daß ein Unternehmen aus bisherigen Erfahrungen die grundsätzliche Konsequenz zieht, Innovationen nur noch in kleinen Sprüngen zuzulassen. Große Innovationen können auf den Markt zum falschen Zeitpunkt gebracht werden – die Ansprüche haben sich noch nicht so weit entwickelt. Oder der Penetrationsprozeß kann sehr langsam erfolgen – einige Anhaltspunkte liefert dazu die bereits mehrfach erwähnte Diffusionstheorie. Aber auch innerhalb des Unternehmens können bei großen

Innovationen erhebliche Probleme auftreten. So werden Produktion und Beschaffung mit völlig neuen Situationen konfrontiert. Hier müssen vielleicht nicht unbeträchtliche Lernkosten bezahlt werden, wenn vorhandenes Wissen und Fähigkeiten nur in Grenzen übertragen werden können. Diese Erfahrungen können zu der Gestaltungsvorgabe führen, neue Produkte mit nur begrenztem Innovationssprung zu entwickeln. Hinter dieser Vorgabe können natürlich auch noch andere, nicht offen zutage tretende Gründe liegen. Man kann grundsätzlich davon ausgehen, daß das Floprisiko mit der Innovationshöhe wächst, weil die Zahl der unbekannten Einflußgrößen steigt; die Möglichkeit, sich an Vergangenheitserfahrungen zu orientieren, geht stark zurück. Hoch innovative Produktgestaltungslösungen erfordern also Mut. Der Mut zu höherem Risiko hängt zum einen von der Person des Entscheidenden und zum anderen von seiner Stellung im Unternehmen ab. Der Mut kann bei den pionierhaften Eigentümern von Unternehmen größer sein als bei einem angestellten Manager, der auf die Qualitätskonstanz des Jahresabschlusses Wert legen muß.

Für den großen Innovationssprung spricht das, was über den Schumpeterschen Pionierunternehmer bekannt ist. Wenn man seine Marktstellung wesentlich verbessern will, wenn man sich einen monopolistischen Preisbildungsspielraum verschaffen will, dann dürfte dies am ehesten durch Innovationssprünge gelingen. Wenn wir noch den Aspekt der Imageprägung hinzuziehen, dann ist folgende Anordnung denkbar:

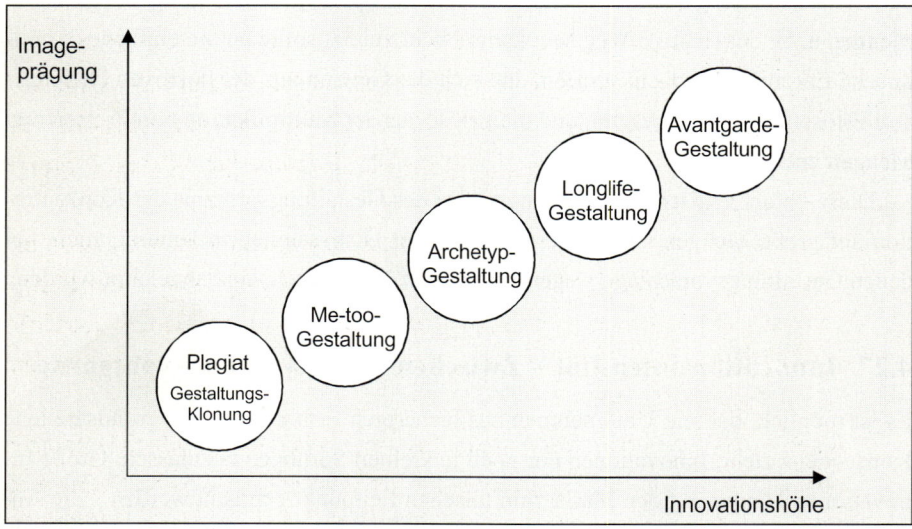

Übersicht 145: Gestaltung in Abhängigkeit von Imageprägung und Innovationshöhe

Auf das Plagiat verwiesen wir in Abschnitt 3.63. Die meistgebräuchliche Me-too-Gestaltung entspringt dem Me-too-Produktziel. Hier wollen wir uns auf Archetyp contra

Avantgarde konzentrieren – ob das eine oder andere zur Longlifegestaltung führt, hängt von der ermüdungsfreien Prägnanz der Gestaltung ab. Der Raum für die Gestaltung sogenannter „Klassiker" (→ Klassikergestaltung) reicht mit zunehmender Tendenz von der Archetyp- zur Avantgardegestaltung. Vielleicht etwas überspitzt läßt sich der Unterschied auf die Frage des Akzeptanzrisikos reduzieren. Damit können wir von der folgenden Darstellung (Übersicht 146) ausgehen:

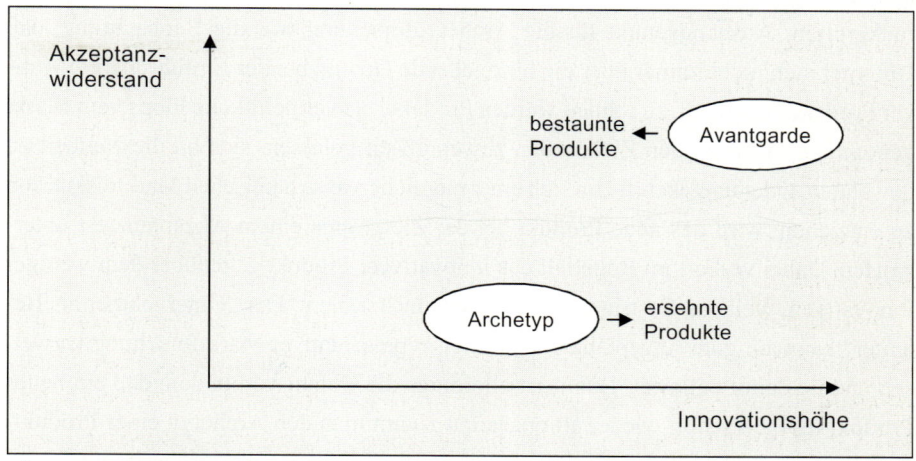

Übersicht 146: Gestaltungsprinzipien in Abhängigkeit von Innovationshöhe und Akzeptanzwiderstand

Der hier angedeutete Zusammenhang ist nicht neu. Loewy (1953, S. 191) hat mit seinem Hinweis auf die Maya-Schwelle (most advanced – yet acceptable) auf Ähnliches verwiesen (siehe auch Klöcker 1981, S. 66 ff.). Er geht von einem Schock-Bereich aus, der die Trennung von Innovationsablehnung und -annahme symbolisiert. Kritisch ist anzumerken, daß

- die statische Vorstellung der Maya-Schwelle realitätsfremd ist. Wenn man im Augenblick der Planung oder der Einführung des neuen Produktes durch Befragung erhebt, was gerade noch an Neuigkeitsintensität akzeptiert wird, übersieht man, daß Neues gelernt werden kann, wenn es der Zielgruppe wichtig erscheint (3. Profilierungsaspekt).
- die Aufmerksamkeitsbereitschaft nicht generell, sondern individuell betrachtet werden muß. Nicht jeder ist gleich innovationsinteressiert. Das hat Rogers bei der Entwicklung seiner Diffusionstheorie erklärend beobachtet (Rogers 1962), wenn er von Innovatoren, Frühadaptoren, früher Mehrheit, später Mehrheit und Nachzüglern spricht. Bezogen auf die bereits erwähnten Lebensstile können wir genauere Aussagen erhoffen.

Das Spannungsfeld zwischen Archetyp und Avantgarde verspricht eine bessere theoretische Erklärungs- und Verwendungsbasis für das grundsätzliche Problem der Innovationshöhe.

4.271 Archetypforschung

Bei den folgenden Ausführungen können wir auf die Arbeit von Gladbach (1995) zurückgreifen. Ausgangspunkt für die Archetypforschung war die Beobachtung, daß Unternehmen nicht immer über die hinreichende Geduld bei der Einführung innovativer Produkte verfügen; zu schnell werden Produkte als vermeintliche Flops vom Markt genommen; man hat den Zielkunden zuwenig Zeit gelassen, sich an die Neuheit zu gewöhnen. Oder umgekehrt: Um sich einer möglicherweise hämischen Marktdiskussion zu entziehen, wird das neue Produkt bei der Zielgruppe einem Akzeptanztest unterworfen. Dabei verliert im Regelfall das innovativere Produkt gegenüber dem weniger innovativen, weil das Gestrige als Vergleichsmuster dient. Der „Unternehmer als Beamter" kann auf gute Akzeptanzwerte mittels repräsentativer Marktforschung verweisen und ist damit entlastet. Damit ist allerdings die Gefahr verbunden, daß ein neues Produkt morgen schon wieder alt erscheint. Kennt man den Archetyp einer Produktgestaltung (z. B. Milchglas), dann kann man sich Gedanken darüber machen, wie nah man an diesem Archetyp gestalten will, mit der großen Chance, schnell akzeptiert zu werden (→ Ritzenhoff-Gläser), oder ob man sich weit davon entfernen soll, ob man Avantgarde gestalten soll mit der Chance, Maßstäbe zu setzen.

Der Begriff Archetyp hat eine lange Tradition (siehe Gladbach 1995, S. 15 ff.). Die Autorin stellt das folgende Begriffsfeld vor:

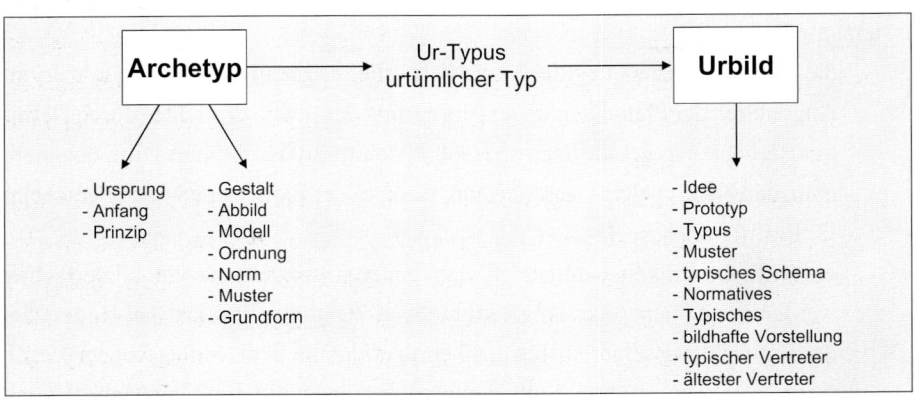

Übersicht 147: Begriffsfeld 'Archetyp'

Wir folgen hier der Charakterisierung von Archetypen, wie sie Gladbach vorgeschlagen hat (S. 46 f.):

(1) Archetypen von Produkten sind *kollektive, ganzheitliche, bildhafte Vorstellungen*, die sich fest im Gedächtnis der Menschen eines Kulturkreises verankert haben. Ihre Entstehung ist primär *kulturbedingt* und setzt sehr früh ein. Damit entsprechen sie *unbewußt gelernten Produktmustern*, die unabhängig von den individuellen Merkmalen des Einzelnen (z. B. soziodemographische oder psychologische Daten) gespeichert werden und stetig zur Wirkung kommen.

(2) Die *unbewußte* Entstehung und Speicherung solcher vielen Menschen gemeinsamen archetypischen Produktvorstellungen legt die Vermutung einer *Wert- und Anmutungsneutralität* und der damit verbundenen *breiten Akzeptanzbasis* archetypisch gestalteter Produkte nahe. Archetypen verkörpern die *typische Form/Urform* eines Produktes und entsprechen damit der *Norm*. Erst durch Variation bzw. Differenzierung der Grundform erhalten Archetypen ihre zielgruppenspezifische Wert- und Ortsbestimmung. Durch die unbewußte Speicherung können Archetypen nur *spontan*, unter Ausschluß rationaler Momente, wiedergegeben werden.

(3) Produkt-Archetypen besitzen als Urbilder einen *historischen Bezug*. Ihre Ausnahmestellung haben sie erst im Zeitablauf gewonnen. In der Regel orientiert sich die abstrahierte Form der Archetypen an einer aus der Entwicklungsgeschichte eines Produktes hervortretenden Gestaltungslösung, die heute die wesentlichen, *charakteristischen Merkmale* eines Produktes repräsentiert. Mit derartigen Produkten wurden und werden fast alle Menschen täglich konfrontiert. Das Brauchbare, das sich auf Dauer bewährt hat, bleibt beständig als 'ästhetisches' Gesetz in den Vorstellungen der Konsumenten erhalten. Als *typische Vertreter* haben sie den *Gattungsbegriff* geprägt und sind durch große zeitliche *Stabilität* und *Konstanz* gekennzeichnet. Sie fassen das Wesentliche einer Produktart zusammen und eliminieren in dieser *abstrahierten Form* alle stilistisch-historischen Ausprägungen der Einzelerscheinungen.

(4) Als *typische Formen des Auffassens* und *Ordnungsprinzipien gedanklicher Vorstellungen* lenken bzw. organisieren archetypische Produktvorstellungen die *Wahrnehmung* und beeinflussen das *Ausmaß der Produktakzeptanz*. An ihnen wird Übereinstimmung und Verschiedenheit überprüft und das Urteil geformt. Unbewußt wird die 'richtige' Form des Produktes erwartet, ein Muster, an dem die Dinge der Realität überprüft werden. Treten zu starke Formerneuerungen auf, stößt das Produkt beim Konsumenten auf einen gewissen Widerstand.

(5) Archetypen von Produkten sind unendlicher Entwicklung und Differenzierung fähig. Aus der Grundform können *systematisch Variationen abgeleitet werden*. Als Grundform repräsentieren Archetypen die *Position der Mitte*, um die sich die Einzelerscheinungen scharen. Die Urgestalt ermöglicht und begrenzt zugleich die Ableitung neuer Varianten. Damit lassen sich Archetypen als ‘*Gestaltungsprinzip*’ nutzen."

Theoretische Fundierungen finden sich in der kognitiven Wahrnehmungspsychologie, in der Gestaltpsychologie und der morphologischen Psychologie.

Das Konstrukt läßt sich so nutzen: Versuchspersonen werden aufgefordert, ein benanntes Produkt spontan zu zeichnen. Dies muß unter Zeitdruck (z. B. 10 – 15 Sekunden) erfolgen. Die Zeichnungen werden contentanalytisch ausgewertet. Dazu ist als Vergleichsmaßstab ein produktspezifisches Kategorienschema zu entwickeln. Aus der Vielzahl der einzelnen ausgewählten Produkte werden zeichnerische Stilisierungen geschaffen. Damit werden die erhaltenen Zeichnungen der Versuchspersonen verglichen. Gladbach weist im Detail an 12 Produkten (Telefon, Wecker, Kaffeekanne, Teekanne, Fön, Kaffeemaschine, Staubsauger, Weinglas, Flaschenöffner, Nußknacker, Stuhl, Armbanduhr) nach, daß sich bei einer breiten Probandenbasis (2.467 Personen) deutliche Bildhäufungen herausbilden, die sich als Archetypen, als vertraute Produktbilder interpretieren lassen. Produkte, die diesen vertrauten Produktbildern nahekommen, haben prinzipiell ein niedriges Akzeptanzrisiko. Man wird sich mit diesen Gestaltungslösungen profilieren können, wenn

- die gerade angebotene Produktrealität dem nicht entspricht. Dies zeigt die erstaunlich hohe positive Resonanz auf den neuen New Beetle von VW.
- die Designrichtungen im Bereich des Opulenten (rechtspolige Lösungen → siehe Abschnitt 4.445.2) dominieren und damit reduzierte, vereinfachte Lösungen auffallen.

Der Erfolg der Swatch-Armbanduhren erklärt sich vor allem aus der archetypischen Reduktion des Uhrengehäuses und der modischen Deklination von Zifferblatt und Armband. Die Braun-Kaffeemaschine Aroma Select KF 145 lebt vom Doppelkonus, der Filter orientiert sich am Archetyp des Melittafilters. Die Ritzenhoff-Milchgläser entsprechen dem Archetyp Milchglas, ihren Erfolg beziehen sie aus der farbigen Oberflächengestaltung. Die von Starck für Hoesch entworfene Badewanne orientiert sich am hölzernen Badezuber. Noch sind es wenige Beispiele, die in jüngerer Zeit auf den Markt kamen. Dieses Gestaltungsprinzip wird sich ausbreiten. Bezüge zum *Retrodesign* sind unverkennbar.

4.272 Avantgardeforschung

Avantgarde, ursprünglich Vorhut einer Armee, kann als Vorkämpfer einer geistigen Entwicklung beschrieben werden.

Bürgers (1997), auf deren Aussagen wir uns im folgenden stützen, analysiert mehrere Theoriekonzepte. Als *handlungstheoretisches* Konzept kann die Umschreibung von Lohner (1976, S. 28 f.) dienen, demzufolge Avantgarde in ihren Anfängen ein auf politischen, intellektuellen und künstlerischen Voraussetzungen fußender kollektiver, beweglicher Verband, eine Vorhut ist, die sich zum Ziel setzt, in neue, noch nicht erforschte Bereiche vorzudringen, um Marschwege für ein erhofftes nachfolgendes Gros aufzuklären.

Entsprechend der *Elitetheorie* wird Avantgarde als künstlerische Elite verstanden, die mit dem Anspruch auftritt, die Kunst und durch sie die Gesellschaft zu erneuern (Poggioli 1968, S. 84; Enzensberger 1962, S. 94 f.). Die Agitation wird betont. Darauf fußt wiederum die *Kunsttheorie*. Avantgardistische Kunst enthält die Weltauffassung des Künstlers, die seiner Gegenwart entspricht, als Aussage, die den Kunstbetrachtern Aufschluß gibt über aktuelle oder bevorstehende zeit- und auch ortsgeistige Tendenzen. Sie hilft ihnen, ihre Gegenwart oder die sich ankündigende Zukunft zu verstehen und bereitet dadurch unter Umständen die Grundlage für politische, wissenschaftliche und technische Erneuerungen (Langer 1989, S. 58). Diese theoretischen Konzeptionen faßt Bürgers zusammen: „Avantgarde bezeichnet eine kleine Bewegung, die durch innovative und originelle Elemente auf seismographische Signale reagiert, um dem Betrachter vorzeitig neue, in Opposition zum Derzeitigen bestehende Möglichkeiten bewußt zu machen." Sie entwickelt verschiedene, die Avantgarde charakterisierende Kriterien:

- hoher Neuigkeitsgrad
- originale Problemlösung
- Bruch mit Traditionen
- Nutzenerweiterung
- hohes Sachleistungsniveau
- hohes Anmutungsleistungsniveau
- hohe Symbolik
- starke, radikale Diskrepanz zum Herkömmlichen
- unkonventionelle Gestaltung
- nonkonform
- induziert Gesellschaftswandel
- richtungsweisende Abweichung
- ikonographisch

358

Diesen Avantgardekriterien stellt sie im späteren Verlauf ihrer Arbeit verschiedene Vermarktungsinstrumente gegenüber, um zu prüfen, welche sich in welcher Ausprägung eignen, um die mit diesen Kriterien verbundenen Widerstände zu beseitigen. Sie entwickelt dabei das folgende Prozeßmodell:

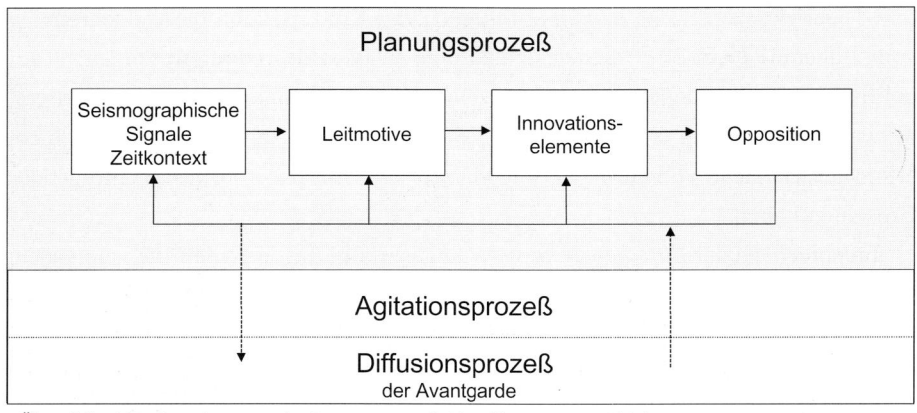

Übersicht 148: Der Avantgardeplanungsprozeß (Quelle: Bürgers 1997)

Uns interessiert an dieser Stelle vor allem der Planungsprozeß. Auslöser des Planungsprozesses können verschiedene *seismographische Signale* sein. Ökologische Signale (z. B. neue Wellpappmöbel), rechtliche Signale (z. B. das Überspringen von Normen), soziokulturelle Signale (z. B. in Szene-Zeitschriften), technologische Signale (z. B. neue Fertigungspotentiale) und ökonomische Signale (z. B. die reichen Alten) bereiten den Nährboden für Neues vor. Zu beachten sind verschiedene *Leitmotive* der Avantgardisten. Sie wollen etwas der Gesellschaft bewußt machen; sie wollen Fortschritt bewirken, verändern; dies soll innovativ sein und geschieht aus Opposition. Als *Innovationselemente* dienen zum einen die noch zu erläuternden Gestaltungsmittel und zum anderen spezifische Techniken, die aus Kunst und Design bekannt sind (z. B. Ready-made, Objet trouvé, Ironie/Karikatur, Objektcollagen, Spiel des cadavres exquis, Designpoker, Virtual Reality). Insgesamt entwickelt Bürgers ein Erklärungsmodell, das wir in Übersicht 149 abbilden.

Der Diffusionsprozeß ist nur im sozialen System erklärbar. Exogen wirken die Marketinginstrumente als Beeinflussungsinstrumente und die jeweiligen ökonomischen, technischen usw. Bedingungen. Endogen oder auch als Wirkbereitschaft spielen der Eigeneffekt (z. B. Aufnahmebereitschaft), der Erfahrungsfundus (z. B Wissen, Phantasie), der Übernahmedruck (z. B. soziale Konformität) und Innovationsinformationen (soziale Information) eine Rolle. Die diffusionsendogenen Einflußfaktoren lassen sich spezifisch nach den Lebenswelten (Milieutrends) einteilen. Die Hedonisten, Post-modernen und Liberal-Intellektuellen können als Ansprechpartner für avantgardisti-sche Prozesse betrachtet werden. Der Akzeptanzprozeß kann verkürzt werden, wenn es gelingt, segmentspezifische Change-Agents in den Prozeß einzubeziehen.

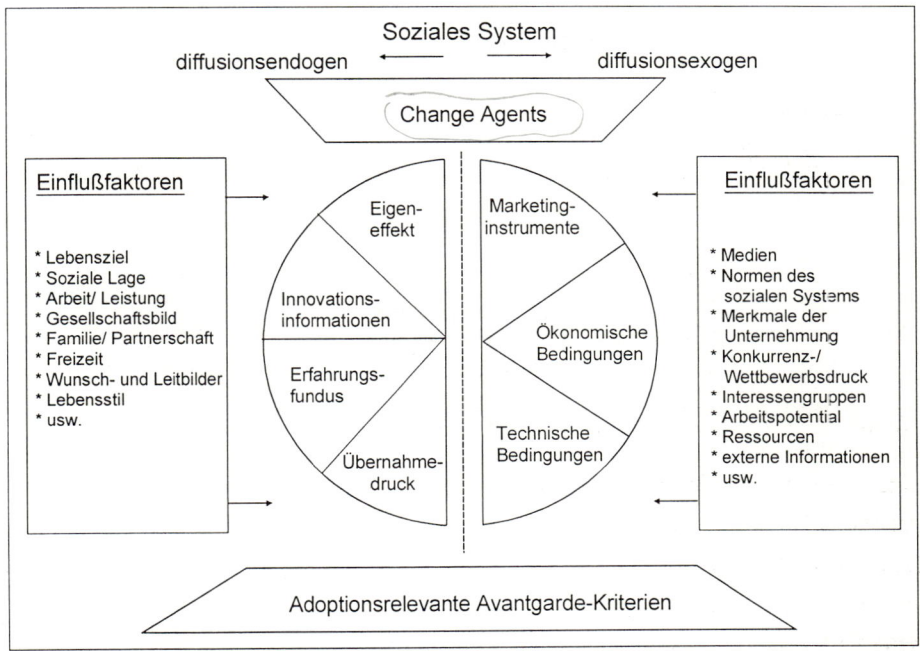

Übersicht 149: Diffusionsrelevante Einflußfaktoren im sozialen System (Quelle: Bürgers 1997)

4.3 Isolierte Gestaltungsmittelanalyse

Wir müssen nun der Frage nachgehen, inwieweit die Gestaltungsmittel zur Ma-terialisierung der geforderten Produktleistungen (siehe Übersicht 131) beitragen.

Um ein Gefühl für die Handhabbarkeit der Gestaltungsmittel zu bekommen, gehen wir von der realitätsfernen Annahme aus, daß es lediglich um die Auswahlentscheidung eines Gestaltungsmittels geht. Erst wenn man einen Überblick darüber gewonnen hat, wozu welches Gestaltungsmittel dient, kann man sich der realitätsnahen Kombinations-betrachtung mehrerer Gestaltungsmittel zuwenden.

Sowohl in der Wahl eines spezifischen Gestaltungsmittels als auch in deren Kom-bination kann eine besondere Innovation begründet sein. Um so mehr überrascht es, wenn im Rahmen der Literatur zur Produktinnovation dieser Bereich nicht untersucht wird (Schmitt-Grohé 1972; Sabisch 1991).

4.31 Die Stoff- oder Materialwahl

Wir stehen vor einer kaum zu lösenden Aufgabe, wenn wir einen Überblick über alle für die Produktgestaltung zur Verfügung stehenden Stoffe (Materialien) geben wollten. Die Schwierigkeiten liegen

- in der nahezu unüberschaubaren Stoffvielfalt,
- in der meist sehr speziellen Behandlung von Einzelproblemen in der technischen Literatur.

In der Übersicht 140 haben wir die verschiedenen Aussagenbereiche erwähnt, die bei Gestaltungsfragen in Betracht kommen. Das kann nun im vorliegenden Fall nicht bedeuten, daß wir die in der Literatur vorhandenen Aussagen hier unverändert übernehmen könnten. Wir können lediglich versuchen, uns auf sie zu stützen. Denn wir können und wollen den Produktmanager ja nicht z. B. zum Werkstofftechniker ausbilden. Der Produktmanager muß sich dessen bewußt sein, daß über Werkstoffe – dies gilt auch für die anderen Gestaltungsmittel – andere an der Produktgestaltung Beteiligte besser Bescheid wissen. Durch Strukturierung der Möglichkeiten und Aufbereitung einiger Wirkungs- bzw. Leistungsaspekte können wir ihm lediglich den Zugang zum Problem der Werkstoffauswahl und den Kontakt mit den Fachleuten erleichtern. Wir folgen dabei diesem System:

Was leistet es? / Was gibt es?	L_1	L_2	L_3	L_4
Parameter 1				
2				
n				

Übersicht 150: Stoffnutzungsmatrix

4.311 Die Stoffparameter

Da die Zahl der Stoffe fast unbegrenzt groß ist, benötigt man ein Ordnungsraster. Lange Jahre dominierten die warenkundlichen Ordnungen, die auf den Eigenschaften (Leistungen) der Materialien basierten. Man gliederte z. B. in Metalle, Nichtmetalle, organische Naturstoffe usw., die Metalle wurden dann nach ihrem Gewicht und der Korrosionsbeständigkeit weiter unterteilt. Diese eigenschaftsorientierten Ordnungen können heute nicht mehr befriedigen, da es immer mehr geplante, d. h. ingenieurmäßig entwickelte Materialien gibt, die im Hinblick auf einen ganz bestimmten Verwendungszweck optimiert wurden. Diese Materialkomplexe können dann z. B. aus Glas und Kunststoff bestehen (Beispiel GFK = Glasfaserverstärkte Kunststoffe). Sie sind als Makro-Objekt in sich wieder homogen. Sie werden in der Fachsprache „Composits" genannt.

Die „Werkstofftechnologen" haben sich aus Praktikabilitätsgründen darauf geeinigt, vier Materialkategorien zu formulieren: Metalle, Glas und Keramik, Polymere und eben Composits:

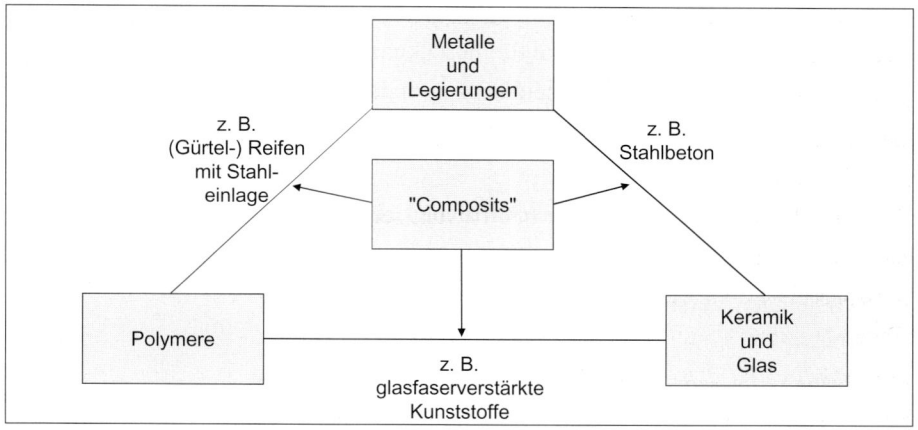

Übersicht 151: Die Grundmaterialien und ihre Zusammenhänge

4.312 Stoffleistungen

Stoffe werden ausgewählt, um Leistungen zu erbringen. Für den Produktmanager ist es nun außerordentlich wichtig, daß er den Boden unter den Füßen bei der Fülle von Leistungsaspekten nicht verliert und auf die Wahrung der Zusammenhänge achtet. So kann ihm der Techniker viele Detailinformationen geben, die den Werkstoff X als besonders sinnfällig erscheinen lassen. Er muß jedoch immer wieder die Frage stellen, ob dessen Werkstoffbewertung – selbst wenn sie völlig richtig wäre – allein für die Auswahl ausreicht. Der Beschaffungsmanager (Einkäufer, Materialwirtschaftler) wird vielleicht zu einer völlig anderen Bewertung aufgrund seiner Marktkenntnisse gelangen. Der Produktmanager wird an die ihm mögliche Verarbeitungsfähigkeit denken. Und schließlich muß ja vor allem daran gedacht werden, wie der zukünftige Käufer den Werkstoff bewertet.

Bei der Auswahl eines Stoffes anhand seiner spezifischen Leistungen wird es sich im Regelfall um einen Kompromiß handeln. Den idealen Stoff, der alle ausgewählten Ansprüche optimal erfüllt, wird es wohl nicht geben, insbesondere wenn man auch noch auf den Preis achtet. Um nun die Diskrepanz zwischen angebotenen Leistungen und Anspruchserfüllung so niedrig wie möglich zu halten, ist eine systematische Leistungsbeurteilung nötig. Dies gilt um so mehr, je weniger ein einmal gewählter Werkstoff bei einem Produkt verändert werden kann. Je mehr man auf eine langfristige Gestaltungslösung Wert legt, je höher das Gestaltungsniveau angesiedelt sein soll (z. B. bei designorientierten Produkten), um so bedeutsamer ist die Entscheidung, um so höhere Bindungswirkung hat sie für die Zukunft.

Einige Aspekte, die der Entscheidung zugrunde gelegt werden können, wollen wir nun kurz erörtern.

4.312.1   Technisch-naturwissenschaftliche Leistungen

Wir wollen im folgenden einige Leistungen systematisieren und einige Hinweise zum weiterführenden Verständnis geben.

(1) Mechanische Leistungen
Fünf Leistungsgruppen sind kennzeichnend:
- - Steifheit (Gegenteil: Elastizität),
- - Bruchverhalten,
- - Härte,
- - Festigkeit und
- - Dauerfestigkeit (bei Belastung).

Unter *Steifheit* versteht man den Widerstand, den ein Stoff seinem Verbiegen entgegensetzt. Die Glaswerkstoffe z. B. sind sehr steif – sie lassen sich nicht verbiegen (also geringe Elastizität). Bei den Metallen ist es genau umgekehrt, sie sind elastisch und kehren nach einer entsprechenden Verformung wieder in den Ausgangszustand zurück. Bei den Composits kann der Grad der Steifheit konstruktiv festgelegt werden (so ersetzen sie z. B. Scharniere).

Das *Bruchverhalten* ist bei Glas, Keramik und Steinen schlecht. Die Bruchfestigkeit nimmt bei den Polymeren mit abnehmender Temperatur jedoch auch stark ab (Kältesprödigkeit). Auch wenn einige Kunststoffe als „unkaputtbar" annonciert werden, gilt das nur für kleine Temperaturintervalle. Bei Metallen ist die Bruchfestigkeit bei Dauerbelastung (dynamische Festigkeit) eines der wichtigsten Leistungskennzeichen.

Härte wird oft mit Festigkeit verwechselt. Dieser technische Begriff bezieht sich jedoch nur auf die Oberfläche von Materialien. Kunststofflinsen haben z. B. im Gegensatz zu solchen aus Glas eine geringe „Härte", d. h. sie verkratzen leicht. Durch entsprechende Vergütung versucht man, die Oberflächenhärte von Kunststoffen zu erhöhen (Keramikbeschichtung).

Festigkeit ist der komplexeste Begriff der mechanischen Leistungen. Hierbei können auf das Material unterschiedliche Kräfte wirken. Die bekanntesten Festigkeitsmodule sind die der Druck- bzw. Zugfestigkeit. Stahl hat eine hohe Zugfestigkeit jedoch eine geringe Druckfestigkeit. Bei Beton ist es genau umgekehrt. Deshalb ist der Verbundwerkstoff „Stahlbeton" ein gelungenes Compositmaterial. Die jeweils besten Festigkeiten werden kombiniert, die negativen vermieden.

Belastung (*Dauerfestigkeit*) ist eine dynamisch wichtige Leistung. Man findet immer wieder Konstruktionen (z. B. im Fahrradbau), bei denen man aus Imagegründen mit hochfesten Werkstoffen arbeitet. Hierbei wird vergessen, daß dieses Material zwar statisch sehr fest ist, jedoch sehr schnell brechen kann (Materialermüdung). Nicht immer sind die bruchfesten Werkstoffe auch die, die eine Langzeitfestigkeit haben. Die Rohrbrüche und Leckagen in Atomkraftwerken sind hierfür traurige Beispiele.

(2) Thermische Leistungen

Wir haben schon darauf verwiesen, daß Kunststoffe bei niedrigen Temperaturen verspröden. Viele Metalle büßen bei höheren Temperaturen ihre Härte und Festigkeit ein.

Eine besondere thermische Leistung ist das Verhalten bei Temperaturwechsel. Für keramische Erzeugnisse (z. B. Porzellan) ist dieses Verhalten ein bedeutsames Leistungskennzeichen (ofenfest). Das generelle Kriterium für thermische Leistungen ist die Leitfähigkeit. Metalle sind gute Wärmeleiter, Polymere sehr schlechte.

(3) Elektrische Leistungen

Bei den Materialien sind nur die polaren Leistungen Leitfähigkeit bzw. Isolationsfähigkeit von Interesse. Die Metalle haben gute Leitwerte, Produkte aus Glas/Keramik werden als Isolatoren eingesetzt.

Die elektrischen Leistungen verändern sich auch bei Temperatureinfluß. Je kälter ein Medium ist, um so geringer ist der elektrische Widerstand (Supraleitfähigkeit).

(4) Optische Leistungen

Sie sind die zentralen Kriterien des Werkstoffs Glas. Wird Glas z. B. zu Linsen verarbeitet, spielen optische Maßgrößen wie Brechungsindex und Aberration eine große

Rolle. Zu den optischen Leistungen zählt auch der Oberflächenglanz (Poliergrad von Metallen).

(5) Korrosionsbeständigkeit als Leistung

Im Rahmen der Umweltbelastung (z. B. saurer Regen) kommt dieser Leistung eine immer größere Bedeutung zu. Es wird daher nötig, die gegen Korrosion empfindlichen Metalle (Ausnahme: Edelmetalle) entsprechend zu schützen. Dieser Korrosionsschutz wird dadurch erreicht, indem man Legierungen herstellt (z. B. sog. rostbeständiger Stahl) oder aber die Metalle durch Überzüge schützt. Die metallischen Überzüge (z. B. verzinken, verchromen) unterscheiden sich von den polymeren Überzügen (z. B. lakkieren, pulverbeschichten) durch ihre größere Härte, jedoch nicht unbedingt durch die Haltbarkeit. Aluminium wird elektrolytisch oxidiert (Eloxal).

4.312.2 Ökologische Leistungen

Neben dem Nutzen während der Verwendung muß auch die Phase danach bedacht werden.

Grundsätzlich lassen sich alle Metalle wiederverwerten. Auch die Legierungen zerfallen beim Verhüttungsprozeß in ihre Komponenten. Glas hat den Vorteil, ebenfalls recycelt werden zu können, wobei die Zahl der Kreisläufe fast beliebig ist. Ähnliches gilt für Aluminium. Schwieriger ist das Recycling von Weißblech. Das auf das Stahlblech aufgetragene Zinn erschwert die Wiederverwertung ganz erheblich.

Polymere dagegen lassen sich nur einmal wiederverwerten und auch nur dann, wenn sie sortenrein gesammelt wurden. Mehrere Aufarbeitungsprozesse verträgt heute kein Polymer.

Die Composits lassen überhaupt kein Recycling zu, sie sind mit ihrer Entstehung schon zu „Sondermüll" geworden. Da die Composits auch nicht korrodieren, ist die Entsorgung das zentrale Problem dieser Stoffgruppe.

4.312.3 Wahrnehmungsleistungen

In Abschnitt 3.421.12 haben wir auf die wahrnehmungsphysiologischen Ansprüche verwiesen. Stoffe erbringen vor allem haptische, olfaktorische sowie gustatorische Leistungen.

Stoffe können sich unterschiedlich anfühlen ($\rightarrow$ haptische Aspekte): hart/weich, glatt/rauh, kalt/warm. So resultiert der subjektive Temperatureindruck aus der Wärmeleitfähigkeit des Stoffes. Dies hat beispielsweise dazu geführt, daß gekühlt getrunkene

Säfte (Wässer etc.) eine Zeit lang nicht in leichten Kunststoff-Flaschen angeboten wurden, weil der Eindruck entstand, daß sie nicht ausreichend gekühlt seien. Dies war eine unangenehme Erfahrung der verschiedenen Fluggesellschaften, die eine Gewichtsersparnis erzielen wollten. Hier findet heute eine Wende statt. Die Duftnote eines Stoffes oder die Möglichkeit der Aromatisierung kann ganz erheblich zur Steigerung der Akzeptanz eines Produktes beitragen (z. B. Kosmetik-, Lebensmittel-, Wasch- und Reinigungsmittelindustrie). Auch die verschiedenen Geschmackseindrücke werden vorrangig durch die verwendeten Stoffe hervorgerufen.

4.312.4 Anmutungsleistungen

Wie Schmitz-Maibauer (1976) nachgewiesen hat, können Stoffe zur Befriedigung aller Anmutungsansprüche beitragen. Die folgende Übersicht 152 versucht, Anmutungsschwerpunkte für konkrete Stoffgruppen festzuhalten. Wichtig ist der Hinweis, daß sich die Schwerpunkte je nach Einsatzgebiet verlagern können.

Anmutungswirkung / Stoffe	Hochwertigkeit	Tradition	Zeitlosigkeit	Moderinität	Avantgarde	Besonderheit	Haltbarkeit	Gesundheit	Natürlichkeit	Perfektion	Besitzenwollen	Selbstdarstellung	Überlegenheit
Krokoleder	x					x					x	x	
Wildleder		x					x		x				
Porzellan	x		x										
Steingut		x					x						
Platin	x						x			x			x
Gold	x	x					x		x				
Titan					x								
Zinn		x						x	x				
Eiche		x	x				x		x			x	
Mahagoni	x				x	x						x	x
Seide	x		x			x					x	x	x
Wolle		x	x					x	x				
Beton				x			x						
Marmor	x		x		x				x		x	x	x
usw.													

Übersicht 152 : Ausgewählte Anmutungsleistungen bei Stoffen

Diese Aussagen wollen wir um einige allgemeinere Kategorien ergänzen, die im wesentlichen auf anmutungshaften Bewertungen beruhen:

(1) Natürliche – künstliche Stoffe

Man kann von der folgenden, auf Einstellungen gegenüber Stoffen beruhenden Einteilung ausgehen:

natürliche Stoffe:	Holz, Leder, Tier- und Pflanzenfasern, Naturstein, Tonwaren usw.
künstliche Stoffe:	Kunstoffe, Metalle, Glas, Porzellan, synthetische Farb-, Aroma-, Konservierungsstoffe usw.

Vor allem die „Ökowelle" hat in weiten Kreisen der Bevölkerung dazu beigetragen, künstlichen Stoffen (d. h. so in der Natur nicht vorhandenen Stoffen) mit Reserviertheit gegenüberzutreten. Andere wiederum erfreuen sich an den Ergebnissen menschlichen Erfindungsgeistes.

(2) Rustikale – feine Stoffe

Diese Unterteilung ist wesentlich schwieriger. Sie erstreckt sich auch nicht mehr auf die jeweiligen Stoffgruppen, sondern trennt mehr innerhalb der Stoffgruppen.

feine Stoffe:	Seide, Palisander, Walnußholz, Schlangen-/Reptilleder, Platin, Weißgold, Porzellan, Bleikristallglas usw.
rustikale Stoffe:	Schafwolle, Fichte, Kiefer, Eiche, Büffelleder, Zinn, Kupfer, Messing, Steingut, Natronglas usw.

Diese isolierte Aussage ist nicht ganz unproblematisch, da bei dieser Bewertung im Regelfall ein konkreter Produktbereich im Hintergrund steht. Seide oder Schafwolle kann sich z. B. auf das Fasermaterial für einen Teppich, einen Pullover, einen Anzug erstrecken. Um die hier gewählte Einteilung zu rechtfertigen, müssen wir dann noch von der Form abstrahieren bzw. unterstellen, daß stoffbewertungsadäquate Formen gewählt wurden.

(3) Moderne – altbewährte Stoffe

Auch bei dieser Einteilung muß der Produktbezug bedacht werden. So sind Keramik-werkstoffe im Motorenbau hochmodern, bei Tafelgeschirr altbewährt. Da es sich hier jedoch um Anmutungswirkungen ganzheitlichen Charakters handelt, dürfte die fol-gende Einteilung in der Tendenz gerechtfertigt sein.

moderne Stoffe:	Aluminium, Titan, Chromnickelstahl, Kunststoffe, Verbundwerkstoffe (glasfaserverstärkte Polyester) usw.
altbewährte Stoffe:	Zinn, Messing, Kupfer, Bronze, Stahl, Holz, Leder, Keramik usw.

(4) Warme – kalte Stoffe

Physikalisch gibt es keine warmen oder kalten Stoffe; Stoffe weisen lediglich eine unterschiedliche Temperaturleitfähigkeit auf. Wir lernen dies durch Erfahrung und bewerten dann Stoffe in dieser Art. Hinzutreten kann ein Oberflächeneindruck, der zu dieser Bewertung führt. Eine glänzende, spiegelnde Oberfläche, wie man ihr nur bei einigen Stoffen (z. B. glanzlackierte, polierte, glanzverchromte Metalle) vorrangig begegnet, verstärkt den Kälteeindruck. Eine matte oder rauhe Oberfläche (z. B. bei Hölzern, Nubukleder) bewirkt das Gegenteil.

kalte Stoffe:	Metalle, Glas, Keramik, Steine usw.
warme Stoffe:	Holz, Leder, Tier- und Pflanzenfasern usw.

(5) Leichte – schwere Stoffe

In der Werkstofftechnik werden Metalle in Leicht- und Schwermetalle je nachdem eingeteilt, ob das spezifische Gewicht unter oder über 3,5 g/cm^3 liegt. Bei den Bauwerk-stoffen spricht man von Leichtbaustoffen, wenn das spezifische Gewicht bei etwa 1 g/cm^3 liegt. Diese Erfahrungen können, müssen aber nicht zu der Bewertung leicht- bzw. schwerwirkender Stoffe beigetragen haben. So wirken transparente Stoffe (z. B. Glas) trotz relativ hohen Gewichts leicht, während Stoffe, deren Eigenfarbe dunkel ist, eher als schwer eingeschätzt werden.

leichte Stoffe:	Kiefer, Fichte, Ahorn, Birke, Glas, Aluminium usw.
schwere Stoffe:	Mahagoni, Granit, Schiefer, Stahl (brüniert), Bronze, Blei usw.

4.313 Entwicklungsaspekte

Unter *technischem Blickwinkel* wird u. a. Wert gelegt (Ilschner 1982, S. 405 ff.):
- auf die Entwicklung von Werkstoffen nach Maß,
- auf Rationalisierungsmöglichkeiten durch kombinierte Verfahrenstechnik,
- auf Möglichkeiten der Rohstoffeinsparung durch Recycling.

Je höher der mengenmäßige Anteil eines Werkstoffes ist, um so größerer Wert wird auf die kostengünstige Gewinnung und Verarbeitung gelegt. Je größer die technische „Multiplikatorwirkung" eines Werkstoffes ist, um so bedeutsamer ist die Entwicklung hochspezialisierter Werkstoffe. Hier scheint die Tendenz hin zu Verbundwerkstoffen, zu verwendungsadäquaten Werkstoffkombinationen zu gehen. Vor allem bei in großen Mengen produzierten Werkstoffen bemüht man sich durch Umgestaltung des Herstellungsprozesses in Richtung eines kontinuierlichen Fließprozesses um Kostensenkung und Steigerung der Leistungskonstanz (→ Herstellung von Stahl im Stranggußverfahren). Die Zunahme des Energie- und Umweltbewußtseins hat die Überlegungen zur Rohstoffeinsparung durch Recycling gefördert. Anstelle kurzfristiger Überlegungen (→ konjunkturbedingte Preisreduktionen bei wichtigen Rohstoffen) gewinnt das langfristig-strategische Denken an Bedeutung. Das gilt vor allem für nicht nachwachsende Rohstoffe.

Damit sind bereits *beschaffungspolitische* Aspekte angesprochen. Legt man sich bei der Entwicklung eines neuen Produktes auf einen Werkstoff fest, muß bedacht werden, daß man diesen Werkstoff während der Lebensdauer des Produktes zu Bedingungen erhält, die der eigene Absatzmarkt honoriert. Damit sind sowohl Erhältlichkeitsrisiken als auch Preisrisiken angesprochen. Steigen die Erhältlichkeitsrisiken z. B. deshalb, weil die politischen Probleme im Gewinnungsland einen Konflikt erwarten lassen, und verfügt dieses Land über eine monopolähnliche Stellung, dann scheint es ratsam, nach einem anderen Werkstoff zu suchen. Ähnliche Überlegungen gelten für Werkstoffe mit hohen Preisrisiken; die Situation kann dann besonders prekär werden, wenn bei starken Preiserhöhungen der eigene Absatzmarkt Preissteigerungen nicht zuläßt. So war die Entscheidung eines deutschen Unternehmens sicherlich richtig, nicht wie seine Konkurrenten auf die anfänglich billigere Erdölchemie, sondern auf die Fettchemie natürlicher Rohstoffe zu setzen.

Nicht vergessen werden sollte, daß die Einschätzung von Stoffen durch die *Verwender* auch dynamischen Prozessen unterliegt. Diese sich wandelnden Stoffpräferenzen resultieren u. a. aus gesellschaftlichen Wandlungen und sicherlich auch aus dem Abwechslungswunsch, der die Mode beeinflußt. Präferenzänderungen sind meist auf Produktbereiche bezogen. Es empfiehlt sich für ein Unternehmen das folgende schrittweise Vorgehen:

(1) Feststellung der Werkstoffpräferenzen (z. B. Furnier, Lackierung) in der Vergangenheit.

(2) Feststellung der zeitlichen Dauer einer Werkstoffpräferenz. Dabei wird sich bei einer ausgedehnten Längsschnittanalyse mit hoher Wahrscheinlichkeit ergeben, daß

- die Präferenzänderungen nicht in großen Sprüngen erfolgen. Theoretische Erklärungen bietet uns die Individualpsychologie mit dem Hinweis auf das Prinzip der Vertrautheit und die Evolutionstheorie mit dem Hinweis auf nur kleine Mutationsschritte.

- sich die Präferenzänderungen größtenteils in einem bestimmten Rhythmus wiederholen. Entsprechend dem jeweiligen Marktsegment wird die Dauer der Präferenz eines Werkstoffes unterschiedlich lang ausfallen.

(3) Feststellung von Leitprodukten (Indikatoren), die eine ähnliche Präferenzwandlung in der Vergangenheit gezeigt haben.

(4) Feststellung der augenblicklichen Präferenzphase. Außerdem ist zu prüfen, wie lange diese Phase in der Vergangenheit währte und wo man sich derzeit in dieser Phase befindet (am Anfang/Ende).

(5) Vergleich der eigenen Prognose mit dem Akzeptanzverhalten bzgl. der Werkstoffe der Leitprodukte.

Der Vergleich mit der eigenen Entwicklung in der Vergangenheit und mit Leitprodukten oder Leitinformationen aus anderen Bereichen (z. B. Präsentationen in der Zeitschrift „Schöner Wohnen") verbessert die Prognosequalität.

4.314 Rechtliche Restriktionen

Die bereits in Abschnitt 3.62 umrissenen Bereiche rechtlicher Einflüsse auf die Angebotsgestaltung wirken sich auch auf die Materialwahl aus.

Neben allgemeinen Erfordernissen aus dem gewerblichen Rechtsschutz (Patent- und Gebrauchsmusterrecht) sind es vor allem Vorschriften aus besonderen Produktbereichen. So enthält das Lebensmittel- und Bedarfsgegenständegesetz eine Vielzahl stofflicher Vorschriften, um Gesundheitsschädigungen zu vermeiden. Sie erstrecken sich auf Lebensmittel, Kosmetika und Produkte, die mit Lebensmitteln in Berührung kommen (z. B. Verpackungen). Im Waschmittelgesetz werden Vorschriften bezüglich des Phosphatanteils und der Abbaufähigkeit von Tensiden gemacht.

4.32 Die Formwahl

Jeder Stoff hat oder erhält eine besondere Form. In vielen Produktbereichen ist die Stoffwahl aufgrund der geforderten technischen Leistungen im wesentlichen vorgegeben. Die Auswahl einer spezifischen Form kann dann prägende Bedeutung gewinnen. Neben ständigem *Formwechsel* begegnet uns auch das Bemühen um *Formkonstanz* im Zeitablauf. Die immer wieder sichtbar werdende Handschrift eines Designers, der die Produktgestaltung eines Unternehmens prägt, oder die bewußte Beibehaltung einer einmal gewählten Form über lange Zeiträume (z. B. Coca-Cola-Flasche, Maggiflasche, Odolflasche, 4711-Echt-Kölnisch-Wasser-Flasche) erleichtert die Wahrnehmung, stärkt die Vertrautheit mit dem Produkt.

4.321 Die Formparameter

Zuerst muß wieder geprüft werden, über welches Formenspektrum man verfügt. Worin liegen Ansatzpunkte der Formprofilierung vor dem Hintergrund der Konkurrenzlösungen?

Die Formparameter in Übersicht 153 sind hinreichend abstrakt, um den Rahmen für konkrete Lösungen geben zu können.

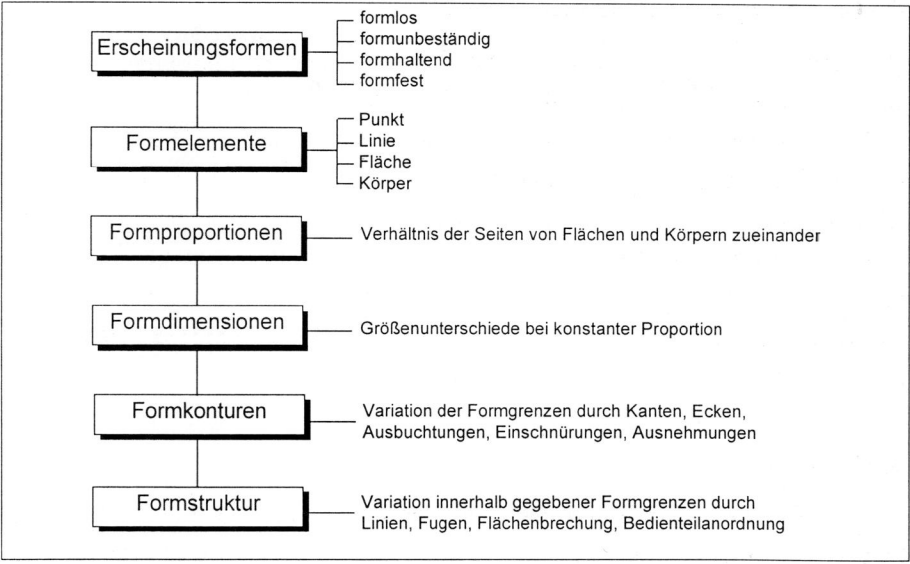

Übersicht 153: Parameter der Formgestaltung

(1) Üblicherweise denkt man bei Formen an die Kontur fester Körper und hat dabei z. B. geometrische Körper vor Augen (z. B. Kugel, Zylinder, Würfel, Quader, Pyramide). Die Möglichkeiten der Formvariation sind jedoch wesentlich umfangreicher. So kann man Waschmittel in flüssiger, pastöser, pulvriger, granulierter oder in Tablettenform kaufen; Zahnpasta gibt es als Paste oder als Pulver; Seife benutzen wir als formfestes Stück oder in flüssiger Form. Dies erfolgt nicht aus Gründen der Formspielerei, sondern weil damit jeweils unterschiedliche Leistungen verbunden sind. Als ersten Formparameter wollen wir somit unterschiedliche Erscheinungsformen (Koppelmann 1971, S. 143 ff.) hervorheben:

formlose Erscheinungsformen:	Gase, Flüssigkeiten, Aerosole
formunbeständige Erscheinungsformen:	Pulver, Griese, Granulate, Körner
formhaltende Erscheinungsformen:	Pasten, Schäume, Gele
formfeste Erscheinungsformen:	alle festen Körper

Die folgenden Überlegungen zu den Formparametern erstrecken sich im wesentlichen auf feste Körper.

(2) Als nächsten Aspekt wollen wir uns den Formelementen zuwenden. Es handelt sich gewissermaßen um die Bausteine einer Form. Sie dienen gleichzeitig dazu, Formveränderungen wahrzunehmen. Es handelt sich hierbei um:

372

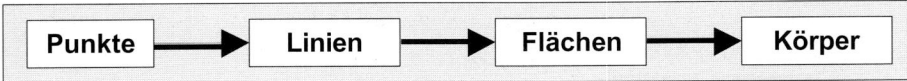

Sie dienen der konkreten Produktgestaltung. Stark (1996) hat in seiner Arbeit über Zusammenhänge zwischen Architektur und Design die folgende Übersicht erstellt:

Formparameter	Binnenstruktur	Lage im Raum	Anordung mit anderen Elementen
Runde Spur	Verlauf: z. B.: ● rund ■ eckig ◤ unregelmäßig Größe: ● ●	z. B.: zentral dezentral	Addition: z. B.: rasterförmige Reihung (Symmetrie) Kombination: z. B.: Asymmetrische Streuung
Linie	* geometrische Formen: Flachbogen / Gerade / stumpfer Winkel Rundbogen / spitzer Winkel Spitzbogen * organische Formen * Stärke/Länge:	z. B.: horizontal vertikal ansteigend abfallend	Addition: z. B.: Symmetrische Reihung Raster Asymmetrische Gruppierung
Fläche	* geometrische Formen: Dreiround / Dreieck / Trapez Kreis / Quadrat Vierrund * organische Formen * Größe:	z. B.: Krümmen, Schrägen konkav konvex abgeschrägt	Addition: z. B.: Symmetrische Reihung Kombination: z. B.: Durchdringung
Körper	* geometrische Formen: Kegel / Tetraeder / Pyramide Kugel / Würfel Zylinder * organische Formen * Länge/Höhe/Breite:	z. B.: Kippen, Drehen	Addition: z. B.: Symmetrisches Stapeln Kombination: z. B.: Aufständern

Übersicht 154: Formelemente (Quelle: Stark 1996, S. 68)

Des weiteren hat er dann Anwendungsbeispiele aus Architektur und Design zugeordnet:

Parameter	Anwendungsbeispiele (Design)
Runde Spur	Bedienungselemente wie Knöpfe, Schalter, Schrauben, punktähnliche Perforierungen der Fläche
Linie	Silhouette des Produktes, grafische und stilisierte Zeichen oder Muster, Lüftungs- oder Lautsprecherschlitze, Fugen, auch Tisch- und Stuhlbeine
Binnenfläche	Oberflächen; Frontplatten, Seitenteile, Abdeckungen, Standflächen
Körper	Produkte, Produktteile, Zubehörprodukte
Kontur	Ecken und Kantengestaltung, Einschnürungen und Ausbuchtungen; Silhouette des Produktes
Struktur	Fugen, Noppen, Griffmulden, spezielle Oberflächenbehandlung
Proportion	Lage der Linien und Flächen zueinander, Verhältnis von Produktteilen, Seitenteilen zu Abdeckungen, Standflächen
Dimension	Größe einer Produktform im Verhältnis zu ergänzbaren Produktteilen oder gattungsgleichen Produkten

Übersicht 155: Materialisierungsmöglichkeiten von Formparametern im Design (Quelle: Stark 1996, S. 70)

Dörner hat in einer früheren Arbeit (1976) die Wirkungen von Linien, Flächen und Körpern beschrieben. Unter dem Leistungsaspekt werden wir darauf zurückkommen.

Diese Formelemente deuten nur erste grobe Gestaltungsaspekte an, Verfeinerungen enthalten die folgenden.

(3) Die *Formproportion* beschreibt die genauere Figur-Grundbeziehung. Sie erfaßt die Lage der Linien und Flächen zueinander. Neben geometrischen Flächen- und Raumformen (Kreis/Kugel, Quadrat/Würfel, Rechteck/Quader usw.) existieren vielfältige irreguläre Phantasieformen. Besondere Bedeutung wird seit dem Altertum dem „goldenen Schnitt" zugemessen. Er gilt als zeitinvariante ästhetische Form, wobei hier jedoch erhebliche Zweifel angebracht sind.

(4) Mit der *Formdimension* wird der Größenaspekt einer Form erfaßt. Gleiche Form-proportionen können durch Verkleinerung oder Vergrößerung andere Bedeutungs-gewichte oder unterschiedliche Wahrnehmungseindrücke bewirken. Die Variation der Dimension dient als Differenzierungsinstrument z.B. bei der Verpackungsgestaltung, bei Größendifferenzierungen in der Bekleidungsgestaltung und bei den DIN-A-Pa-pierformaten.

(5) Die *Formkontur* als Parameter weist darauf hin, daß man eine Form durch
- Ecken- und Kantengestaltung,
- Einschnürungen oder Ausbuchtungen

verändern kann.

Je nachdem, ob Ecken oder Kanten z. B. rechtwinklig oder gerundet sind, wird man mit unterschiedlichen optischen und haptischen Wirkungen zu rechnen haben. Einschnürungen/Ausbuchtungen können der Bedienungsvereinfachung nützen.

(6) Haben wir mit der Formkontur die Veränderung der äußeren Begrenzung betont, wollen wir mit *Formstruktur* die Variation einer gegebenen Fläche erfassen. Durch die Anordnung von Bedienungselementen, durch den bewußten Einsatz von Fugen lassen sich Flächen gliedern. Dies dient nicht nur der ästhetischen Wirkung, auch die Bedienungs-/Verwendungsfreundlichkeit kann dadurch erheblich gesteigert werden.

4.322 Formleistungen

Formen können vielfältige Leistungen erbringen.

4.322.1 Technische Leistungen

Formen sind nicht nur technisch determiniert. Die Bedeutung technischer Einflüsse hängt von der Funktion des jeweiligen Produktes ab. Die Form eines Kugel- oder Nadel-lagers unterliegt fast ausschließlich technischen Einflüssen, bei der Formwahl für ein neues Besteck verschieben sich die Bedeutungsgewichte erheblich.

Nur einige wenige Aspekte seien zur Veranschaulichung erwähnt. Es hängt von den Ansprüchen an ein Produkt ab, ob man eine große oder kleine *Oberfläche* wählt. Soll sich ein Produkt z. B. schnell auflösen, ohne daß man es flüssig anbietet, so wird man es in Granulatform herstellen (z. B. Kaffee, Waschmittel). Will man dagegen, um Material zu sparen, eine möglichst kleine Oberfläche erzielen, dann wird man sich um eine der Kugel oder dem Würfel angenäherte Form bemühen.

Vielfältig sind die Möglichkeiten der *Stabilitätssteigerung* durch geeignete Formwahl. Jedermann bekannt sind die Versteifungsmöglichkeiten durch Wellung (Aneinanderreihung von Ein- und Ausbuchtungen). Eine besondere Form der „Sickung" ist zum Markenzeichen der Kofferfirma Rimova geworden.

Der Tatbestand, daß Formen verschiedener Produkte, die kombiniert werden, aufeinander abgestimmt werden, wird mit dem Begriff der Passung erfaßt. Dieser Aspekt läßt sich auch auf verschiedene Produkte erweitern. Wem wäre es nicht schon passiert, daß sein Laptop nicht mit dem am Vortragsort vorhandenen Beamer kompatibel war?

Zur Senkung der Treibstoffkosten bemühen sich die Autoproduzenten um einen möglichst günstigen Luftwiderstandswert (c_w-Wert). Das führt zur Formenangleichung. Dieser *umgebungsbezogene* Aspekt dominiert bei der Formgebung weiterer Produkte (z. B. Reifen, Skier).

4.322.2 Ergonomische Leistungen

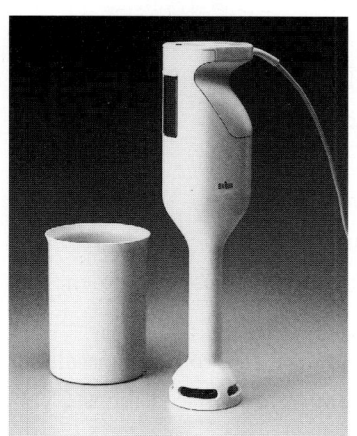

Man muß viele Produkte greifen, tragen und bedienen können. Neben diesem Mensch-Produkt-Bezug muß auch an den Produkt- Mensch-Bezug gedacht werden. Dies gilt vor allem für Sitz- und Liegemöbel. Beginnen wir mit dem Aspekt der *Greiftauglichkeit*. Dies läßt sich an einigen Beispielen eindrucksvoller demonstrieren, als wenn man umfangreiche allgemeine Erläuterungen gäbe.

Die nebenstehende Abbildung zeigt die griffgünstige Ausnehmung eines Stabmixers durch Variation der Formkontur.

Bei diesem Taschenrechner wird die Bedienungssicherheit durch die linsenkopfförmige Tastengestaltung (Formproportion) gesteigert.

Bei dieser Küchenmaschine wird durch die Anord-
nung des Knebelschalters (Formstrukturierung) die Bedienung für Rechts- und Links-
händer gleichermaßen gewährleistet.

Beim Produkt-Mensch-Bezug geht es um die Beachtung der körperlichen Bedingungen, um eine entlastende und zugleich dynamische Funktion auszuüben. Die Variation der Sitzhöhe, der Sitzfläche, der Rücken- und vielleicht auch Armlehne soll ein
bequemes und sicheres Arbeiten, Essen usw. ermöglichen.

4.322.3   Ökonomische Leistungen

Im Mittelpunkt stehen hier Überlegungen über die formabhängigen Produktionskosten. Die Formkosten hängen im wesentlichen ab von

-   den Maschinen- und Energiekosten,
-   der Stückzahl, die kontinuierlich produziert werden kann,
-   der Anzahl der Fertigungsschritte und Fertigungsprozesse,
-   den Anforderungen, die an die in der Produktion Tätigen gestellt werden
    (→ Lohnkosten).

Nehmen wir an, daß man relativ genaue Vorstellungen über die pro Zeitintervall ab-
setzbare Menge habe, dann läßt sich das für die gewählte Form wirtschaftlichste Verfahren bestimmen. Im günstigen Fall verfügt man über die dazu notwendigen Maschinen und Mitarbeiter (inklusive Know-how). Man kann sich die Frage stellen, wie man
die Gesamtform so zerlegt, daß möglichst niedrige Stückkosten entstehen.

Ein anderer ökonomischer Aspekt erstreckt sich darauf, ob und wie durch entsprechende Formgebung die *Reparierbarkeit* ermöglicht wird. So kann es bei aus einem
Teil bestehenden geschlossenen Formen schwierig sein, sie bei einem Defekt zu öff-

nen, um die nötige Reparatur vorzunehmen. Wenn der Produktpreis wahrscheinlich unter den Reparaturkosten liegt, mag das so sinnvoll erscheinen. Aber nicht die Freiheit zu haben, darüber selbst zu entscheiden, kann zur Kundenverärgerung führen.

Neben der generellen Reparierbarkeit spielen auch die Reparaturkosten eine nicht unerhebliche Rolle. Welchem Autobesitzer ist es nicht schon einmal passiert, daß er sich über eine ihm unangemessen hoch erscheinende Reparaturrechnung geärgert hätte? Die Höhe der Reparaturkosten kann daran liegen, daß es sich nicht um gefügte Formteile (z. B. geschraubt, geschweißt), sondern um aus einem Stück gefertigte Teile handelt, die eine Teilreparatur sehr erschweren. Die leichte Zugänglichkeit von Pflegeteilen im Motorraum usw., Reparaturkostenvergleiche pro Pkw-Typ spiegeln den ökonomischen Aspekt wider.

4.322.4 Verständlichkeitsleistungen

Die Form bildet den wesentlichen Gestaltungsparameter für die Produktverständlichkeit. Das bezieht sich auf das Produkterkennen (→ Identifikation) und den gewünschten Produktgebrauch. Diese Thematik wird auch unter den Stichworten *Produktsemantik* oder *Produktsprache* (Reinmöller 1995) abgehandelt.

Je näher sich die Produktform (insbesondere die Kontur) am Archetyp einer Produktkategorie befindet (siehe Abschnitt 4.271), um so leichter fällt das *Erkennen*; avantgardistische Lösungen neigen dagegen zu Unverständlichkeit. Ein elektrischer Schraubendreher, der wie eine Bohrmaschine gestaltet ist, benötigt mehr Lernzeit, als ein wie ein herkömmlicher Handschraubendreher („Schraubenzieher") gestalteter Elektroschrauber. Die Erkennungsverständlichkeit muß sich nicht auf das gesamte Produkt erstrecken. Es kann ausreichen, daß wesentliche Produktteile bekannt sind und somit durch Generalisierung vom Teil auf das Ganze geschlossen werden kann. Der folgende ungewöhnlich gestaltete Fernsehapparat von Phillips zeigt das Gemeinte:

Der Bildschirm erschließt das Gerät, die Korpusgestaltung ist eher verwirrend. *Wieder*erkennen setzt also voraus, daß Teile des Gebrauchs deutlich in den richtigen Zusammenhang gestellt werden. Das wird bei den eher verhüllenden Gestaltungen hoher Ordnung (→ Ästhetizismus) erschwert.

Produktformen können mehr oder minder *gebrauchsfreundlich* gestaltet werden. Einen Teilaspekt haben wir bereits unter der Ergonomieüberschrift abgehandelt. Hier geht es nun um die Verständlichkeit des Gebrauchs. Die *Gebrauchsverständlichkeit* birgt mehrere Facetten:

- Die Eindeutigkeit der Information soll zum sicheren Gebrauch beitragen.
- Die gebrauchsgerechte Informationsdifferenzierung soll zum schnellen Finden der benötigten Informationen führen.

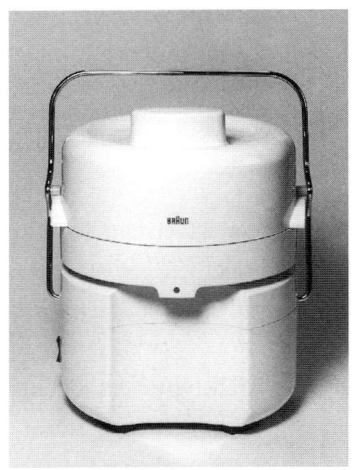

Mehrere Gestaltungsmittel erleichtern die Gebrauchsverständlichkeit. Neben der Form tragen dazu die Gestaltungsmittel Zeichen, Oberfläche und Farbe bei. Hier konzentrieren wir uns auf den Formaspekt. Der nebenstehende Entsafter fördert durch die Einbuchtung der unteren Mantelkontur die Informationseindeutigkeit insofern, als man nahezu automatisch den Saftbecher dorthin stellt.

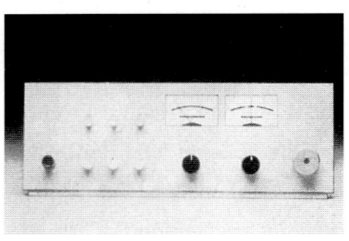

Eine thematische Ordnung von Bedienungsknöpfen erleichtert sicherlich auch den schnellen und sicheren Umgang, wie das nebenstehende Schemabild zeigt.

4.322.5 Anmutungsleistungen

Nahezu alle Anmutungsansprüche lassen sich durch jeweils passende Formparameter befriedigen. Statt dies im einzelnen facettenreich nachzuzeichnen, wollen wir uns hier mit einigen anmutungshaften Formkontrasten begnügen. Dies läßt sich an Sitzmöbeln gut darstellen (Frey 1970):

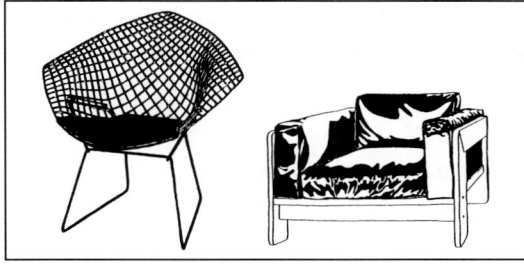

Der *Filigran-stabil-Kontrast*:
Harry Bertoia, Sessel,
1952 (links);
Tobia Scarpa, "Bastiano"
Polstersessel, 1961 (rechts).

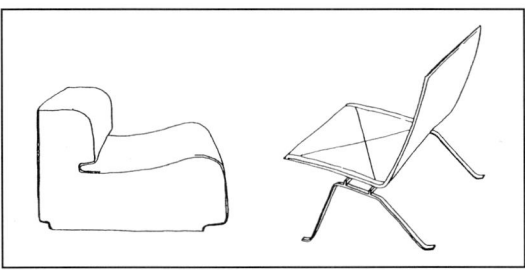

Der *Schwer-leicht-Kontrast*:
Cini Boeri, "Bobo" Sessel,
1968 (links);
Paul Kjaerholm, Sessel,
1956-1960 (rechts).

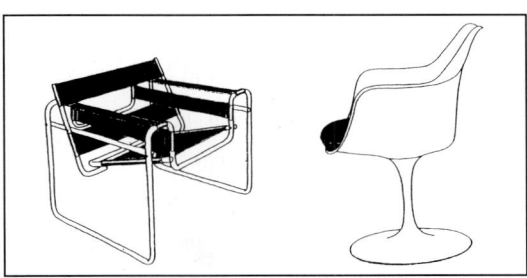

Der *Hart-weich-Kontrast*:
Marcel Breuer,
"Wassily" armchair, 1925 (links);
Eero Saarinen, "150S" Sessel,
1948-1955 (rechts).

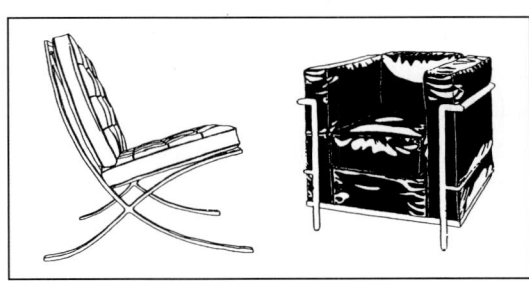

Der *Geschwungen-kantig-Kontrast*:
Ludwig Mies van der Rohe, "Barcelona" Chair, 1929 (links); Le
Corbusier, Pierre Jeanneret,
Charlotte Perriand Komfortabler
Ledersessel, 1928.

Der *Natürlich-konstruktivistisch-Kontrast*:
Gerrit Rietveld, "Red, Blue and
Yellow Chair", 1918 (links);
Eero Aarnio, "Pastilli" Sessel,
1967 (rechts).

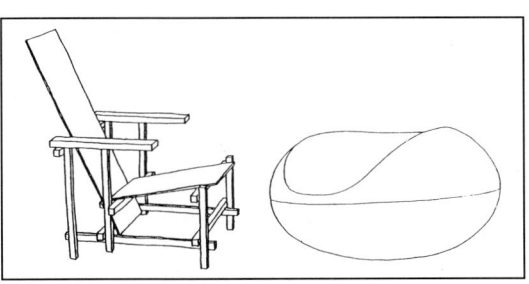

Übersicht 156: Formcharaktere von Sitzmöbeln

Diese unterschiedlichen Formcharaktere bedürfen wohl kaum einer näheren Einzelinterpretation. Die unterschiedlichen Formwirkungen kommen im wesentlichen dadurch zustande, daß

- gerade oder gebogene Linien dominieren,
- transparente oder geschlossene Flächen gewählt werden,
- reduzierte oder opulente Formen im Vordergrund stehen.

4.323 Formprinzipien

Im Abschnitt 4.2 haben wir einige Gestaltungsprinzipien herausgestellt. Damit korrespondieren die folgenden Überlegungen zu den Formprinzipien.

(1) Formprägnanz
Dieses Prinzip spielt in der Ästhetik eine große Rolle. In Anlehnung an den Prägnanz-Begriff von Katz (1969, S. 51) kann man darunter Produkte mit den Merkmalen Regelmäßigkeit, Symmetrie, Geschlossenheit, Eigenständigkeit, Ausgeglichenheit, Einfachheit, Knappheit usw. verstehen. Für seine Designarbeit formuliert Rams (1980, S. 186): „Ein mir wichtiges Gestaltungsprinzip ist das Weglassen alles Unwesentlichen mit der Absicht, das Wesentliche besser zur Geltung zu bringen".

Formprägnanz erfaßt die Eigenständigkeit und Geordnetheit einer Form (Dörner 1976, S. 234 ff.). Birkhoff hat versucht, die Merkmale Ordnung und Komplexität in einen Zusammenhang zu bringen, und hat das Verhältnis dieser Prägnanzgrößen „ästhetisches Maß" genannt.

$$M = f(O, C)$$

O: Ordnung, Symmetrie
C: Komplexität, Gebrauch von Formparametern

$$M = O / C$$

Eine Form weist also dann ein hohes „ästhetisches Maß" auf, wenn die Ordnungsparameter erhöht und die Komplexitätsgrade gesenkt werden.

Daraus folgt, daß eine Form um so prägnanter ist, je mehr Wahrnehmungsbeziehungen vorliegen und je weniger unterschiedliche Formparameter benutzt werden. Die Produkte der Braun AG folgen diesen Prägnanzüberlegungen.

Die bisher geschilderte Prägnanzidee geht infolge des Figur-Grundprinzips von der ungewöhnlich *regelmäßigen Gestaltung* aus. Das Pendant dazu bildet die ungewöhnlich *unregelmäßige Gestaltung*. Auch die Komplexität kann vor einem einfachen Hintergrund prägnant wirken. Allerdings bedingt die komplexe Prägnanz eine deutlich höhere Lernzeit. Wellek (1965) trennt deshalb in figurale Prägnanz ($\rightarrow$ Einfachheit) und Sinnprägnanz ($\rightarrow$ ausdrucksmäßige Bedeutsamkeit). Das führt zu einer Erweiterung der bisherigen Beziehung. Prägnanz wird jetzt als eine Funktion von Ordnung *und* Komplexität verstanden (Bürdeck 1995, S. 185)

$$P = f\,(O,C)$$

Daraus werden zwei Teilaspekte entwickelt:

(1) $\quad P_h = O \times C \qquad\qquad P_h = $ *Gestalthöhe*

(2) $\quad P_r = O\,/\,C \qquad\qquad P_r = $ *Gestaltreinheit*

(2) Formkontinuität

Das Prinzip der Kontinuität soll darauf aufmerksam machen, daß die Wahrnehmung erleichtert wird, falls man sein Formkonzept nicht ständig wechselt. Wenn immer wieder unterschiedliche Designer mit der Gestaltung neuer Produkte betraut werden, dann bleibt es nicht aus, daß mal dieses, mal jenes Formkonzept realisiert wird, ohne daß eine gemeinsame formale Klammer erkenntlich ist. Auch dies kann dem Entstehen eines markanten Marken- oder Produktimages abträglich sein. So sind Sitzmöbel der Firmen Wilkhahn, Thonet, Cor eher erkennbar und zuordenbar als solche der Firmen Vitra, Cassina; Büromöbel der Firma USM-Haller sind unverwechselbar. Auf die Wahl eines oder mehrerer Designstile werden wir noch eingehen.

(3) Purismus versus Opulenz

„Less is more", radikale Vereinfachung, das Weglassen alles Überflüssigen kann als eine Formphilosophie gelten. Der sparsame Umgang mit Formparametern führt zu einer geringen Komplexität. Als Prototyp dieser Richtung gelten Shaker-Möbel – sie werden noch heute nach über 100jährigen Vorbildern gefertigt. Man erfreut sich an ihrer Einfachheit, Leichtigkeit und zugleich auch Gebrauchstauglichkeit. Auf der anderen Seite kann die Kargheit, die nur durch hohe Rationalität der Gestaltung möglich ist, zur Langeweile führen ($\rightarrow$ Variety Seeking). Das war die Geburtsstunde der Memphisbewegung Anfang der 80er Jahre. Mit dem Ausbruch einer starken Emotionalität war auch die Lust am Spiel, am Unnützen verbunden. Auf das derzeit den Markt bestimmende Spannungsfeld zwischen Purismus einerseits („linkspolig") und Opulenz („rechtspolig") andererseits werden wir noch im Abschnitt über Design genauer eingehen.

4.324 Rechtliche Restriktionen

Zum einen wirkt der gewerbliche Rechtsschutz restriktiv. Das Gebrauchsmusterrecht schützt technische Flächen- und Raumformerfindungen, das Geschmacksmusterrecht ästhetische Flächen- und Raumformen.

Je erfolgreicher Produkte sind, um so mehr begegnet man immer wieder Versuchen, gerade die Form aufgrund ihrer Wahrnehmungsdominanz zu kopieren. Prozesse, die dann geführt werden, dauern meist lange. Wegen der schwierigen Beweislage deckt in vielen Fällen der erzielte Schadensersatz nur selten den materiellen und immateriellen Verlust. Deshalb ist die bereits erwähnte Initiative des Designers Busse zu begrüßen.

Des weiteren muß der Aufmachungsschutz nach § 25 WZG beachtet werden. So sind z. B. Flaschenformen geschützt, die Verkehrsgültigkeit erlangt haben (vgl. ausführlicher Koppelmann 1967, S. 636 ff.).

4.33 Die Farbwahl

In der Farbwahl liegt eine einfache und eine hochkomplizierte Differenzierungsmöglichkeit für die Produktgestaltung zugleich. Eine marktgerechte Formwahl kann durch die „falsche" Farbwahl zum Flop werden. Eine nicht mehr ganz aktuelle Form kann durch eine interessante Farbe in der Marktwirkung überstrahlt werden. Die Farbe ist ein erfolgversprechendes Instrument in der Produktvariation (→ Relaunch).

4.331 Farbparameter

Denkt man an Farben, meint man im Regelfall die Spektralfarben (Regenbogen-farben). Das reicht für unsere Zwecke nicht aus. Wir benötigen für die Produktgestaltung eine differenziertere Betrachtung. In der Praxis hat sich die folgende Einteilung bewährt:
- bunte Farben (Spektralfarben),
- unbunte Farben (weiß, grau, schwarz),
- Erdfarben (Brauntöne),
- Metall- und Metallic-Farben,
- Sonderfarben (Leuchtfarben, Perlmutt, Craquelée, Hammerschlag usw.).

Wir wollen uns auf die ersten vier Gruppen konzentrieren.

4.331.1 Buntfarben

Bei der Kategorie der bunten Farben taucht neben der Frage nach der Farbart auch das Problem der sogenannten Grundfarben auf. Während die Farbartenanalyse die Zahl der bunten Nuancen zu klären versucht, zielt die Grundfarbenfrage auf ein Reduktionsphänomen. Man versucht, aus unterschiedlicher Sicht zu beantworten, wie viele Farben man benötigt, um alle bunten Farben „herstellen" oder „darstellen" zu können.

Eine kurze Beschreibung der sogenannten Grundfarben ist notwendig, um dem Produktmanager die Diskussionsbasis seiner Teamkollegen zu verdeutlichen. Zum anderen legt die gewählte Zahl der Grundfarben fest, welche Farbarten dann als Zwischenfarben anzusehen sind. Wählt man z. B. ein dreigliedriges Grundfarbensystem, gibt es auch nur drei Zwischenfarben – bei fünf Grundfarben erhöht sich die Palette entsprechend.

(1) Die Dreier-Systeme

Am bekanntesten ist das sogenannte Grundfarbensystem der *subtraktiven* Farbmischung. Die Pigmentfarben Magenta, Blau und Gelb lassen es zu, durch entsprechende Mischanteile jede Farbnuance (mit Ausnahme von Weiß, Erdfarben sowie den Metall- und Sonderfarben) darzustellen.

Die sogenannten elektronischen Farben (*additive Farbmischung*) der Fernsehbildröhre dagegen arbeiten mit den Farblichtern Rot, Violett und Grün. Durch Projektion der unabhängig zu erzeugenden Farblichter können ebenfalls alle Farbarten erzeugt werden (mit Ausnahme von Schwarz und den Metallfarben).

Es sei darauf verwiesen, daß viele Malsysteme (vgl. z. B. Itten 1987) die Grundfarben Rot, Blau und Gelb formulieren. Dies ist eine unzulässige Verbindung der additiven und subtraktiven Farbsysteme. Die Reproduktion aller bunten Farben ist damit nicht möglich.

(2) Die Farbsysteme für Bemusterungszwecke

In der praktischen Arbeit der kreativen Koloration und der Farbabsprachen haben sich zwei Farbsysteme bewährt. Es handelt sich um das NCS-System (welches die überholte DIN-Farbenkarte ersetzt) und das Munsell-System. Das NCS-System (SIS Farbatlas 1989) arbeitet mit den sogenannten psychologisch determinierten Grundfarben. Damit ist gemeint, daß es vier archetypische Buntnuancen gibt: Rot, Blau, Gelb und Grün. Violett und Magenta sind nach Ansicht der Psychologen derivative Farben, die „keinen ursprünglichen Platz in der Psyche" haben. Das NCS-System benutzt die vier Grundfarben und stellt ein Farbsystem vor, welches zwischen den Grundfarben jeweils sechs

384

Zwischenfarben positioniert. Jede Grundfarbe wird dann durch den Zusatz von Weiß und Schwarz moduliert, so daß ein Farbraum in der Art eines Doppelkegels entsteht, der eine mittlere Auswahl an Farbarten bietet:

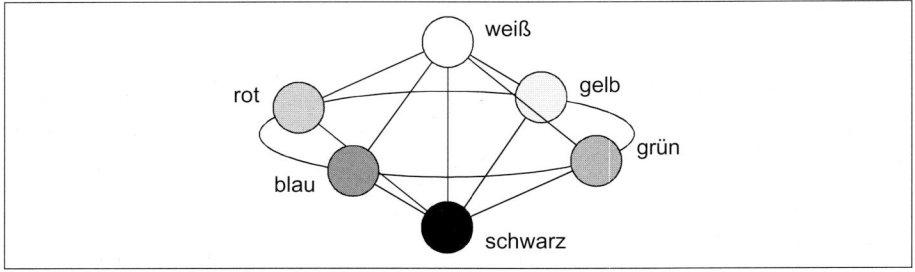

Übersicht 157: Das NCS-System (Quelle: SIS 1989)

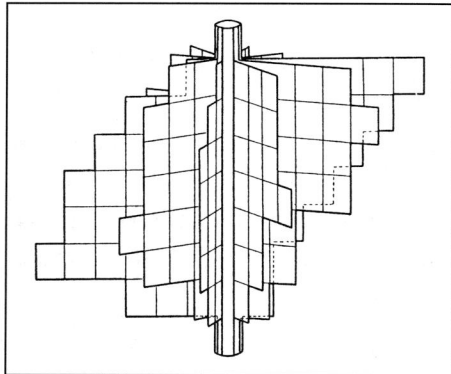

Übersicht 158: Munsell-Farbkörper

Das Munsell-System (Schultze 1975) arbeitet mit fünf Grundfarben: Rot, Blau, Gelb, Grün und Magenta (welches in diesem System Purpur heißt). Die Hauptfarbtöne werden achtmal unterteilt, so daß sich 40 Farbarten ergeben.

Eine weitere Ausdifferenzierung nach Sättigung (Farbkräftigkeit) und Helligkeit (Zusatz von Schwarz und Weiß) schafft ein sehr nuancenreiches System.

(3) Das vollständige Farbsystem

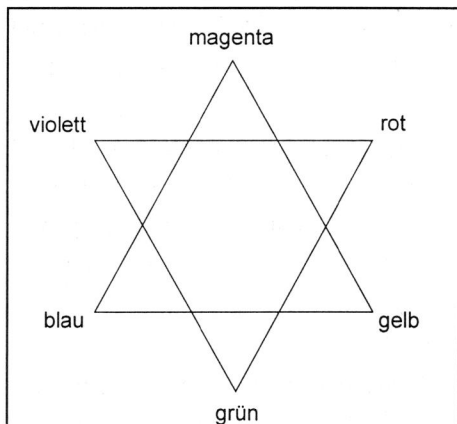

Übersicht 159: Ein 6-elementiges System der Grundfarben

Ordnet man die additiven und die subtraktiven Grundfarben jeweils in Form eines Dreiecks an, erhält man ein Sechseck mit nebenstehender Figuration. Dieses sechsphasige System der Grundfarben hat für die Produktgestaltung nennenswerte Vorteile:

- Es differenziert die Zwischenfarben hinreichend breit.
- Es identifiziert die Komplementärfarben als die jeweils gegenüberliegenden Nuancen: Magenta vs. Grün, Rot versus Blau, Gelb versus Violett.

Komplementärfarben haben als physikalische Besonderheit die Eigenschaft, sich zu unbunten Farben „physiologisch" zu ergänzen. Nach dieser Deutung sind komplementäre Farbpole besonders harmonisch. Sie bieten eine angenehme, wenig ermüdende Betrachtungsbasis. Dieses „sechselementige" Grundfarbensystem läßt sich in vier Richtungen verändern:

- *Sättigung*: Vermindert man die Intensität der Farbe (mehr Lösungsmittel), so erhält man z. B. lasierende Farben. Sie erzeugen den Eindruck des „in die Farbschicht Hineinsehens".
- *Aufhellung*: Der Zusatz von Weiß erschließt eine neue Farbfamilie: die Pastellfarben. Diese sind leicht und haben einen weichen Charakter.
- *Abdunkelung*: Der Zusatz von Schwarz führt zu den abgedunkelten Farben. Sie sind vom Charakter her schwer und lastend.
- *Verhüllung*: Der Zusatz von Grau (Weiß und Schwarz gleichzeitig) ergibt eine Farbserie, die einen gedämpften Charakter aufweist. Verhüllte Farben zeichnen sich durch eine zurückhaltende Wirkung aus.

4.331.2 Unbunte Farben

Die unbunten Farben bauen sich zwischen den Polen Weiß und Schwarz auf. Die Mitte wird durch das sog. „Mittelgrau" definiert. Zwischen Mittelgrau und Schwarz liegt das sog. Anthrazitgrau (bezugnehmende Bezeichnung) und auf der anderen Seite das Perlgrau. Je nach gestalterischer Notwendigkeit lassen sich zwischen diese „fünf Pole" weitere Graunuancen einfügen.

Neben den reinen unbunten Farben müssen wir jedoch zwei weitere „Grausysteme" herausarbeiten: die „farbigen Graus" und die „beseelten Grautöne". Die farbigen Graus sind kräftige Graunuancen (zwischen Mittelgrau und Schwarz), die mit einer bunten Farbe aufgemischt wurden:

Eisengrau   =   Anthrazit mit Blau

Betongrau   =   Anthrazit mit Grün

Die Vielzahl der Möglichkeiten ist in der RAL-Farbkarte (kein Farbsystem) dokumentiert – hier wurde den farbigen Graus sogar eine eigene Farbgruppe zugewiesen.

Die beseelten Graus sind leichte Grautöne (zwischen Mittelgrau und Weiß positioniert), die ebenfalls mit einer bunten Farbe aufgemischt wurden. Der Name „beseelte Graus" hat seinen Ursprung in der Beobachtung, daß sich die farbige Unterfütterung der Grundnuance oft erst nach mehrmaliger Betrachtung erschließt.

4.331.3 Erdfarben

Es gibt vielfältige Brauntöne. Es lassen sich nun für die Spektralfarben die entsprechenden Brauntöne beschreiben:

Rot	→	Umbra-Palette
Gelb/orange	→	Ocker-Palette
Grün	→	Oliv-Palette
Blau	→	Petrol-Palette
Violett	→	Aubergine-Palette

Wichtig erscheint der Hinweis, daß sich Farbarten im Braunbereich aus Magenta (Purpur) nur schwer „darstellen" lassen. Erdfarben mit Weiß gemischt sind die sogenannten „Isabellefarben".

Brauntöne sind eher ruhig wirkende Farben. Passen sie in die Marktzeit, halten sie sich meist über einen vergleichsweise langen Zeitraum.

4.331.4 Metall- und Metallicfarben

Als vierte Kategorie wollen wir die Metallfarben herausarbeiten: Goldfarben, Silberfarben, Aluminiumfarben, Messingfarben usw. Metallfarben sind in der Regel an den farbgebenden Stoff gebunden. Es gibt jedoch heute die Möglichkeit der Pigmentierung, die Erzeugung einer Metallfarbe ohne das (oft teure) Basismaterial.

Nicht mehr wegzudenken aus der Produktgestaltung sind die sog. Metallic-Farben. Hierbei handelt es sich um Farbkompositionen, bei denen Nuancen der bunten, der unbunten oder der Erdfarben mit fein verteilten Metallpartikeln optisch aufgewertet werden. Die Palette der Metallic-Farben ist ziemlich breit: Man kann von geringeren Anteilen der Pigmentierung, die noch die Farbkategorie verdeutlichen, bis zu hohen Anteilen variieren. Im letzten Fall hat die Metallic-Farbe dann schon den Eindruck einer Metallfarbe.

Metallfarben lassen sich nur relativ schwierig in Farbarten zerlegen. Ihr Materiecharakter dominiert. Es ist jedoch möglich, die „Farben" der verschiedensten Metalle zu positionieren, um ihre „Wirkungen" zu verdeutlichen. Die Anmutungen warm und kalt bzw. leicht und schwer ergeben folgendes Positionierungsraster (Übersicht 160):

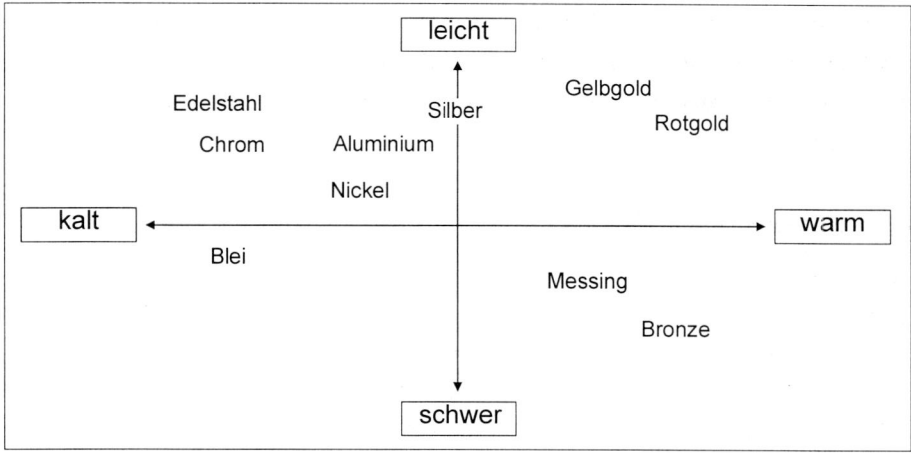

Übersicht 160: Zur Positionierung der Metallfarben

4.332 Farbleistungen

Einige besonders wichtige Wirkungsaspekte sollten kurz erläutert werden.

4.332.1 Identifikationsleistungen

Das Heraustreten signifikanter Farben als Figur vor einem diffusen Hintergrund und die häufige Zuordnung von Farben zu einem besonderen Gegenstand erleichtern über Lernvorgänge die Gegenstandsidentifikation.

Durch signifikante Farben bei Konstanz der einmal getroffenen Entscheidung kann die Identifikation von:

- Firmen
- Produktgruppen
- Einzelprodukten

erleichtert werden.

Lange, bevor von Corporate Identity gesprochen wurde, haben sich einige Unternehmen für bestimmte Farbkombinationen entschieden (z. B. Shell: Gelb/Rot, Aral: Blau/Weiß, BP: Grün/Gelb). Über den Aspekt der Verkehrsgeltung wurde dann versucht, eine bestimmte Farbkombination in einer Branche zu monopolisieren (vgl. den Rechtsstreit um die Gelb/Rot-Kombination im Bereich der Nahrungsmittel: Maggi, Knorr usw.). Die Farbe ist zu einem Bestandteil der Marke geworden (z. B. Lila bei Milka)..

Vor allem bei Unternehmen, die umfangreiche Sortimente in gleichen oder ähnlichen Märkten anbieten, findet man die Tendenz, einzelne *Produktfamilien* durch besondere Farbgebung zusammenzufassen und herauszuheben (z. B. Nivea: Blau/Weiß).

Innerhalb von *Produktlinien* ist es darüber hinaus möglich, einzelne Produkte, z. B. bei der Verpackungsgestaltung farbig so zu gestalten, daß das Erkennen und Wiedererkennen beschleunigt wird. So wird Bitterschokolade häufig Dunkelbraun, Vollmilchschokolade Blau usw. verpackt.

4.332.2 Informationsleistungen

Über die gerade geschilderte Groberkennungs- und Rubrizierungsfunktion hinaus kann die Farbe konkrete Informationen vermitteln.

Als bekanntestes Beispiel mögen die Farben bei Verbotszeichen auf unseren Straßen gelten. Rot-Weiß steht in Verbindung mit besonderen Formen für Gefahrenhinweise, gelbe Tafeln geben Richtungs- und Ortsinformationen usw. Bei Leitungen für nicht sichtbare Ströme (Gase, Flüssigkeiten [DIN 2340; Kennzeichnung von Rohrleitungen], Elektrizität) wurden Normen geschaffen, um richtiges und schnelles Handeln zu ermöglichen. In Verbindung mit besonderen Bildzeichen (siehe hierzu Abschnitt 4.341.1) haben sich Standards für die Farbplanung von Instrumenten an Armaturenbrettern herausgeschält (z. B. Gelb: Beleuchtung, Blau: Fernlicht, Grün: Blinker, Rot: Gefahren).

Besonders sei in diesem Zusammenhang der Sicherheitsaspekt hervorgehoben. Dies gilt für die Bekleidung gefährdeter Personen im Straßenverkehr, z. B. Kinder, Radfahrer und auch den Pkw selbst. Orange und Gelb fallen vor dunklem Hintergrund besonders auf. Weiße Skianzüge erleichtern sicherlich nicht das Auffinden verunglückter Skifahrer.

4.332.3 Physiologische Wirkungen

Wenn man vor der Frage steht, wie man sein Arbeitszimmer farblich gestalten soll, stellen sich vielfältige Probleme. Einen kleinen Raum wird man möglichst durch helle Farben „vergrößern". Die Teppichfarbe und das Teppichmuster sollten dazu beitragen, daß die Verschmutzung möglichst nicht auffällt. Farbtupfer durch Stellwände, Vorhänge, Bilder sollen Langeweile vermeiden, etwas Spannung in den Raum bringen, ohne jedoch Aggressivität zu erzeugen.

Farbe	Distanzwirkung	Temperaturwirkung	Typische Stimmung
Blau	Entfernung	kalt	beruhigend
Grün	Entfernung	sehr kalt bis neutral	sehr beruhigend
Rot	Nähe	warm	sehr aufreizend und beunruhigend
Orange	sehr nahe	sehr warm	anregend
Gelb	Nähe	sehr warm	anregend
Braun	sehr nahe, einengend	neutral	anregend
Violett	sehr nahe	kalt	aggressiv, beunruhigend, entmutigend

Übersicht 161: Einige Farbwirkungen

Gerade bei Räumen, die von mehreren Personen unterschiedlichen Alters genutzt werden, empfiehlt sich ein eher zurückhaltender Umgang mit Spektralfarben. Einige generelle Hinweise hierzu geben Frieling (1961) und Grandjean (1967).

4.332.4 Anmutungsleistungen

Farben können in einem spezifischen Produktkontext einfach oder hochwertig usw. wirken. Für konkrete, produktspezifische Farbentwicklungen läßt sich das Anmutungsdifferential von Frey verwenden (siehe Übersicht 162).

Einem Sollwirkungsprofil muß dann das zeitpunktspezifische Istwirkungsprofil der jeweiligen Zielgruppe gegenübergestellt werden.

Als einen besonderen Aspekt wollen wir *Farbharmonien* behandeln. Dieser Bereich der Farbästhetik bereitet bekanntlich große Schwierigkeiten. Im Hinblick auf die *Farbartenharmonie* wollen wir zuerst einfache und dann schwierige Harmonien untersuchen. Als einfache Harmonien, die auch von Ungeübten meist beherrscht werden, gelten:
- Unbunt-Harmonien,
- Unbunt-Bunt-Harmonien,
- Ton-in-Ton-Harmonien.

Unbunt-Harmonien leben vom Hell-Dunkel-Kontrast. Starke Kontraste bilden Weiß und Schwarz, milde Kontraste die Grautöne. Wichtig ist hierbei, daß ein Pol dominiert, gleiche Farbmengen wirken unharmonisch.

hochwertig	O——O——O——O——O——O——O	einfach
exklusiv	O——O——O——O——O——O——O	üblich
verschwenderisch	O——O——O——O——O——O——O	sparsam
modisch	O——O——O——O——O——O——O	klassisch
avantgardistisch	O——O——O——O——O——O——O	traditionell
innovativ	O——O——O——O——O——O——O	konservativ
originell	O——O——O——O——O——O——O	konventionell
technisch	O——O——O——O——O——O——O	natürlich
exotisch	O——O——O——O——O——O——O	vertraut
provokativ	O——O——O——O——O——O——O	angepaßt
elegant	O——O——O——O——O——O——O	massiv
fein	O——O——O——O——O——O——O	grob
weiblich	O——O——O——O——O——O——O	männlich
harmonisch	O——O——O——O——O——O——O	dissonant
reduziert	O——O——O——O——O——O——O	opulent
leise/dezent	O——O——O——O——O——O——O	laut/schrill
leger	O——O——O——O——O——O——O	streng
verspielt/dekorativ	O——O——O——O——O——O——O	funktionell
artifiziell	O——O——O——O——O——O——O	rustikal
anregend	O——O——O——O——O——O——O	beruhigend
heiter	O——O——O——O——O——O——O	ernst
warm	O——O——O——O——O——O——O	kalt
romantisch	O——O——O——O——O——O——O	sachlich
extravertiert	O——O——O——O——O——O——O	introvertiert
zerbrechlich	O——O——O——O——O——O——O	stabil
komplex	O——O——O——O——O——O——O	elementar
dynamisch	O——O——O——O——O——O——O	statisch
perfekt	O——O——O——O——O——O——O	improvisiert
spezialisiert	O——O——O——O——O——O——O	normiert
sportlich	O——O——O——O——O——O——O	gesetzt

Übersicht 162: Anmutungsdifferential (Quelle: Frey 1993, S. 225)

Wer Unbunt-Kontraste als zu nüchtern und charakterlos ablehnt, wer Grau für eine indifferente Nichtfarbe hält, der kann Gefallen an einfachen *Unbunt-Bunt-Harmonien* finden. Alle farbstoffintensiven Grundfarben (Rot, Blau, Grün und Violett) lassen sich harmonisch mit Weiß kombinieren. Wichtig ist jedoch immer, daß die unbunte Farbe dominiert. Ebenfalls passen alle Pastellfarben (z. B. Bleu, Rosé usw.) zu Weiß. Seltener wird Schwarz mit einer bunten Farbe kombiniert. Birren (1971) hat herausgefunden, daß insbesondere die trüben Farben sich gut mit Grau kombinieren lassen. Eine der bekanntesten Unbunt-Bunt-Harmonien ist die Kombination von Schwarz und Weiß und einer bunten Farbe. Wichtig ist bei dieser Harmoniefolge, daß die gewählte Urfarbe stark gesättigt ist. Aufgehellte oder abgedunkelte und getrübte Farben eignen sich weniger. Zum anderen muß darauf geachtet werden, daß der Anteil der bunten Farben gering bleibt. Die Farbanteile der unbunten Farben müssen überwiegen.

Unter *Ton-in-Ton-Harmonien* versteht man Farbakkorde, die einen Grundton auswählen und diesen mit aufgehellten und abgedunkelten Nuancen des gleichen Farbtons
ergänzen. Wichtig ist der Hinweis, daß man keine trüben Farben wählt. Die trüben
Farben haben nämlich ein eigenständiges Farbverhältnis, welches die Reinheit des Ton-
in-Ton-Akkordes beeinträchtigt. Auf eine Besonderheit sei verwiesen: Für die Misch-
farbe Braun gibt es nur dann Ton-in-Ton-Harmonien, wenn man die Braun-Nuancen
eines Bereichs (z. B. des Rotbereichs) verbindet. Brauntöne des Gelbbereichs oder des
Grünbereichs und solche des Rotbereichs bilden in der Regel untereinander Disharmonien.

Als schwierige Harmonien seien
- die Basisfarbharmonien und
- die Schattenreihen

erwähnt. Zu den Basisharmonien zählen die Komplementärfarben und einige Buntharmonien.

Komplementärfarben nach Itten (1991, S. 22) sind, wie in Übersicht 163 dargestellt, die Nuancen, die sich in seinem Farbkreis gegenüberliegen.

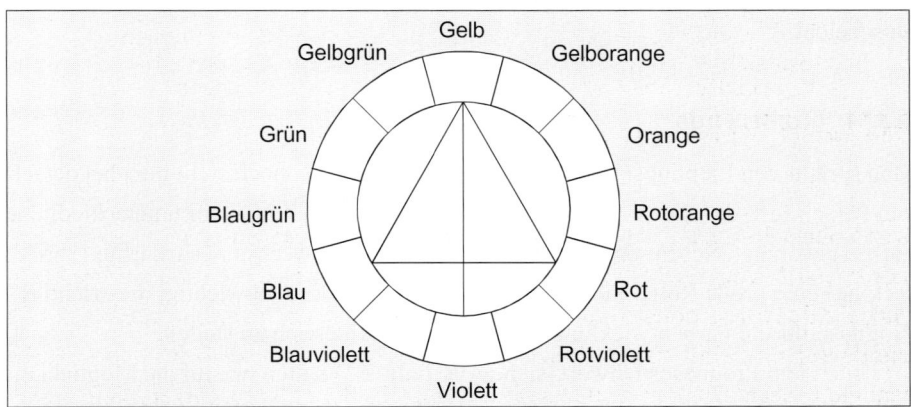

Übersicht 163: Harmoniekennzeichen nach Itten

Itten führt des weiteren aus, daß die drei Grundfarben, die sich durch ein gleichseitiges
Dreieck definieren, harmonische Eindrücke ergeben (*Buntharmonien*). Benachbarte
Farben werden dagegen als unharmonisch empfunden.

Die Begründung für die harmonische Wirkung basiert auf der Theorie des
Dissimilations- und Assimilationsausgleichs. Für die Sehfähigkeit werden angenehme
Farbkomponenten langfristig als harmonisch erlebt.

Schattenreihen sind der Natur abgesehene Farbharmonien. Jede Farbe kann durch Licht und Finsternis im Farbeindruck verändert werden. Es bilden sich dabei immer dem Auge angenehme Farbakkorde. Näheres dazu findet sich bei Birren (1971, S. 12 ff.).

4.333 Rechtliche und technische Restriktionen

Es lassen sich nicht alle Farbnuancen herstellen, weil umweltpolitische und technische Gründe dagegensprechen. Insbesondere die Schwermetalle (z. B. Cadmiumgelb) dürfen für Farbüberzüge nicht mehr verwendet werden. Die bisher verfügbaren Austauschpigmente haben zwei große Nachteile: entweder sind sie zu wenig farbgenau oder, wenn sie farbgleich sind, überaus teuer. Aus technologischer Sicht gibt es Farben, die nicht genutzt werden können, weil die Pigmente temperaturempfindlich oder hochtoxisch sind. So ist es bisher z. B. nicht gelungen, „Echtrot" als Keramikfarbe zu brennen. Auch Violettöne sind lasurtechnisch nicht beherrschbar, da die entweichenden Chromdämpfe den Brennraum verunreinigen und langfristige Gesundheitsschäden verursachen können.

Diese wenigen Beispiele mögen reichen, um zu zeigen, daß eine umfassende Analyse aller Restriktionen notwendig ist, bevor man sich marktorientiert für eine Nuance entscheidet.

4.334 Farbtrends

Man spricht von Lieblingsfarben eines Menschen. Und dennoch stellt man bei derselben Person fest, daß sie in Abhängigkeit vom Produkt im Zeitablauf unterschiedliche Farben bevorzugt. Neben sozialen Einflüssen spielt das Abwechslungsbedürfnis (variety seeking) eine große Rolle. Für den Produktgestalter ist es nun wichtig, die „richtige" Prognose für die Farbentwicklung in seinem Produktbereich zu stellen.

Unter dem Prognosestichwort (siehe Abschnitt 2.5) hatten wir auf die Möglichkeit historischer Forschung verwiesen. Unter der Annahme, daß sich bestimmte Erscheinungen im Zeitablauf wiederholen, und daß sich diese Wiederholungsbeobachtung mehrfach bestätigen läßt, ist bis zum Beweis des Gegenteils (→ Falsifikationskriterium nach Popper) die Vermutung zulässig, daß dieser Beobachtung prognostische Wirkung zukommt.

Unseren Überlegungen liegen Arbeiten von Darmstadt (1982, 1985, 1987) zugrunde. Sie untersuchte Farbkonzepte von Gebäuden und stellte zwischen 1860 und 1980 vier gleichbleibende Zyklen fest, die jeweils zwischen 15 und 25 Jahre dauerten. Sie ermittelte vier Phasen:

- die starkbunte Phase (Regenbogenfarben),
- die schwachbunte Phase (gedämpfte Farben),
- die erdige Phase (Brauntöne),
- die unbunte Phase.

Ein neuer Zyklus beginnt dann wieder mit der starkbunten Phase.

Vor diesem Hintergrund haben wir verschiedene Produktbereiche in den oberen, modern orientierten Marktsegmenten beobachtet und daraus folgendes Modell entwickelt (Koppelmann/Küthe 1987):

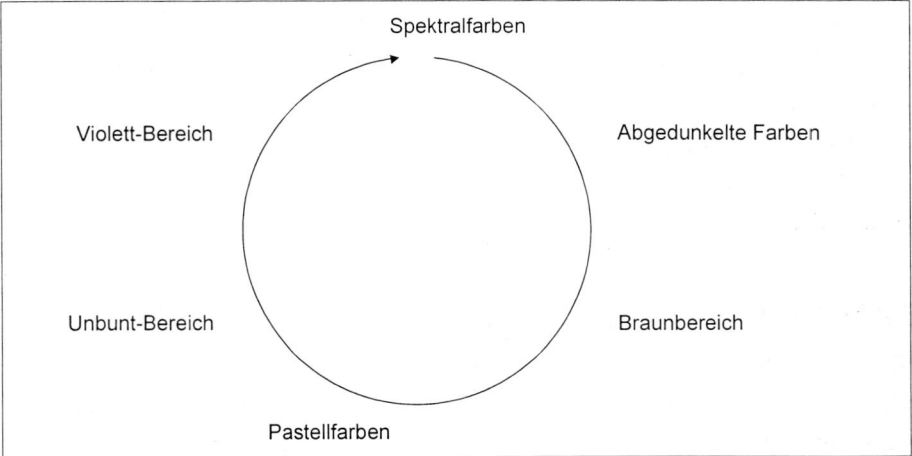

Übersicht 164: Farbzyklus

Der Nutzungshinweis lautet: Bestimme für deine Zielgruppe deren gegenwärtige Farbpräferenz in deinem Produktbereich.

Damit wird eine innovative Farbpolitik leichter, statt vielfältiger trial-and-error Farbangebote ist die Entwicklung zielgenauerer Farbthemen möglich. Dieses Grundmodell kann durch bedeutsame Ereignisse (z. B. farbdominierte Filme) gestört werden.

4.34 Die Zeichenwahl

Wenn man sich in der Produktgestaltungsliteratur überhaupt zu Gestaltungsmitteln äußert, dann wird meist von Markierung gesprochen (Hansen/Leitherer 1984, S. 104 ff.; Kapferer/Disch 1967, S. 59 ff.). Die Kennzeichnung eines Produktes mit Firmen- oder Produktname ist jedoch nur ein Aspekt.

Wir wollen unter Zeichen eine symbolische Figur-Grundbeziehung mit *Sinnträgerschaft* verstehen. Es sollen Informationen vermittelt werden. Hierunter wollen wir jedoch nicht ikonische Figur-Grundbeziehungen fassen, wie sie durch die Formgebung eines Produktes (z. B. Coca-Cola-, Maggi-, Odol-Flasche) möglich ist.

Im Gegensatz zu den bisher dargestellten Gestaltungsmitteln kann bei der Produktgestaltung auf Zeichen verzichtet werden. Nägel, Kartoffeln usw. können lose kiloweise verkauft werden. Dies wird jedoch immer seltener. In einigen Produktbereichen hat sich inzwischen ein wahrer Zeichenkult entwickelt. Im Markenzeichen soll das Besondere, Einzigartige, schnell Wiedererkennbare eines Produktes Gestalt gewinnen. Das Markenzeichen schafft die Vertrauensgrundlage für den Produktkauf, mit ihm wird die emotionale Brücke zum Käufer gebaut. Darauf gehen wir in Abschnitt 4.7 gesondert ein.

4.341 Zeichenparameter

Zeichen stehen für etwas, sie sind es nicht. Zeichen als designans sagen über etwas (z. B. das Produkt als designatum) etwas aus. Das Produkt kann selbst über seinen Gebrauch Hinweise z. B. durch die formale Gestaltung (Formensprache) geben. Diesen Aspekt der Verständlichkeit haben wir schon behandelt. Hier geht es um die Stellvertreterfunktion: Statt des Produktes selbst sollen Zeichen Informationen abgeben. Wir haben es demzufolge gegenüber den bisherigen Gestaltungsmitteln mit einem höheren Abstraktionsniveau zu tun (vgl. auch Welbers 1996).

Für die weiteren Überlegungen wählen wir die Parameterstruktur der Übersicht 165. Wir haben dabei den formalen (Zeichenarten) und den inhaltlichen Teil getrennt.

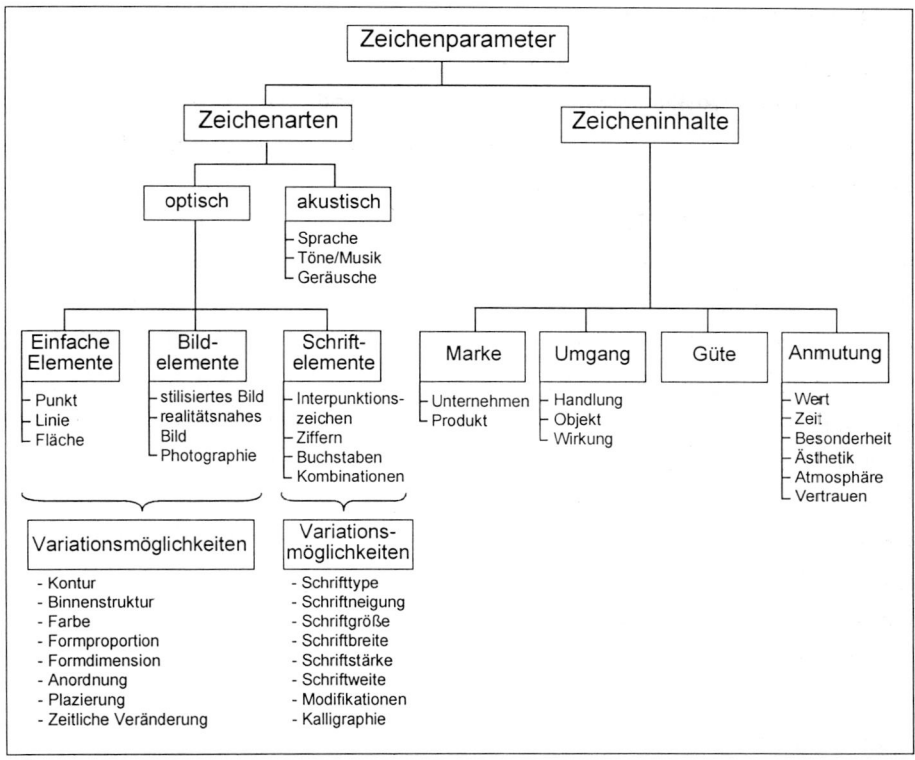

Übersicht 165: Zeichenparameter

4.341.1 Zeichenarten

Bei den *Zeichenarten* dominieren die optischen Zeichen, akustische Zeichen spielen eine Nebenrolle. Welbers (1996) schlägt eine Dreiteilung der *optischen Zeichen* vor. Den sehr abstrakten einfachen Elementen (Punkt, Linie, Fläche) stellt er die Bildelemente (stilisiertes Bild → Piktogramm, realitätsnahes Bild, Photographie) und die Schriftelemente (Interpunktionszeichen, Ziffern, Buchstaben, Silbenzeichen) gegenüber.

Für die *einfachen* und *Bildelemente* zeigt Welbers vielfältige Variationsmöglichkeiten auf (Kontur, Binnenstruktur, Farbe, Formproportion, Formdimension, Anordnung, Plazierung, zeitliche Veränderung). So kann der Drehknopf als Lautstärkeregler mit einem Punkt am Rand für die Nullstellung, mit einem Pfeil für die Lautstärkezunahme oder mit einem flachen Dreieck in Richtung Lautstärkezunahme versehen werden. Diese Elemente lassen reichhaltige Variationen zu. Bildelemente können als stilisierte Bilder sehr abstrakt sein (z. B. das BMW-Zeichen). Als Piktogramme werden sie konkreter. Standardisierte, genormte Piktogramme erleichtern den Produktumgang (-gebrauch). Viele Firmenzeichen (z. B. Erdalfrosch, Pelikan, Krokodil von Lacoste, Hufeisen von Aigner) bewegen sich auf realitätsnahem Niveau. Weniger auf Produkten selbst, eher auf Verpackungen finden sich realistische Bilder (Fotos). Als *Schriftelemente* kennen wir Interpunktionszeichen (z. B. Ausrufezeichen), Ziffern (z. B. 4711, 8x4), Buchstaben (z. B. S-Klasse) und Kombinationen davon (z. B. 600 SL). Schriften sind durch Schrifttypen (Druck-/Schreibschriften) Schriftneigung, -größe, -breite, -stärke, -weite, durch ästhetische Modifikationen, durch Kalligraphie veränderbar. Dies ist die Domäne des Grafik-Design. Diese Zeichen bilden einen Baustein der *Markengestaltung*.

Akustische Zeichen sind bei wenigen Produkten selbstverständlich (Wecker, Eierkocher, Backofen mit Zeitschaltuhr), bei anderen sollen sie die Bedienungssicherheit erhöhen (Pkw-Bedienung: Warnton bei voller Beleuchtung im Parkzustand). Auch der satte Klang einer zuschlagenden Pkw-Tür drückt etwas aus. Sprache, Töne, Geräusche sind die wählbaren und kombinierbaren Elemente.

4.341.2   Zeicheninhalte

Worin soll der „Sinn" der Zeichen liegen? Was soll vermittelt werden?

(1) Markierung zwecks Identifikation

Der Anteil der unmarkierten Produkte hat in der jüngeren Vergangenheit deutlich abgenommen. Es gibt nur noch wenig Konsumprodukte, die nicht markiert sind. Auch sogenannte „No-names" sind als Handelsmarken einem Distributionsorgan zuordenbar. Bei Industrieprodukten wird der große Bereich der „Commodities" unmarkiert gehandelt; weil die Leistungen standardisiert sind, entscheiden Preis und Lieferfähigkeit. Auf den Aspekt der Markengestaltung werden wir wegen seiner besonderen Bedeutung später gesondert eingehen.

(2) Informationen für den Produktumgang

Bei den Sachansprüchen haben wir die Produktbedienungsansprüche erwähnt. Die Produktbedienung weist zumindest zwei unterschiedliche Aspekte auf:
-   gute Produktbedienbarkeit,
-   Verständlichkeit der Produktbedienung.

Den Verständlichkeitsaspekt haben wir bereits unter dem Formthema gestreift. Dort handelte es sich um ikonische Verständlichkeitsgestaltung durch das Produkt selbst.

Jetzt geht es prinzipiell um die zweitbeste Lösungsmöglichkeit, die symbolische Verständlichkeit. Das, was das Produkt selbst nicht verständlich machen kann, soll durch Zeichengestaltung erreicht werden.

Der Produktumgang und die dazu notwendigen Informationen leiten sich aus dem Benutzungsprozeß ab:

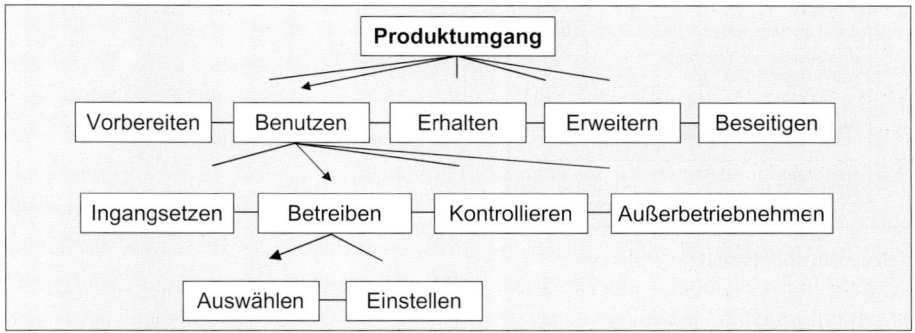

Übersicht 166: Anhaltspunkte für verständliche Zeichengestaltung

Zu allen Tätigkeitsfeldern können Zeichen herangezogen werden. Welbers (1996) erwähnt

- Bezeichnungen für Tätigkeiten (z. B. starten),
- Bezeichnungen für Objekte (z. B. Motorhaube),
- Anzeigen für Zustände (z. B. Benzinmenge),
- Anzeigen für Prozesse (z. B. Geschwindigkeitsmessung).

Man hat grundsätzlich die Möglichkeit, alle Zeichen zu wählen. Darauf werden wir noch eingehen.

(3) Informationen über Leistungsstandards

Die Bedeutung von Gütezeichen hat abgenommen, weil es sich nur selten für Unternehmen lohnt, Produkte auf den Markt zu bringen, die Mindestleistungen nicht erfüllen. Einige Beispiele müssen genügen (Übersicht 167 und 168):

Übersicht 167: Gütezeichen

398

Produkt-Information

Elektro-Herd
AEG   **REGENT FN 5.23**

Kochplatten   **4**
davon Automatik-Platten   **1**

Backofen
Volumen   **56 l**
Bräunungsunterschied   **25%**

Energieverbrauch pro Stunde
und Aufheizen (200 °C)

                    1,22 kWh
niedriger ◁━━━━━━━━━━▷ hoher
          0,5   1   1,5   2

Norm CENELC TC 59X (SEC) 13   Norm IEC 350
PI-Mbl D 0802-7   F.-Reg.-Nr. 1007

Übersicht 168: Produktinformation

Auch die Zeiten des „informative labelling" sind im wesentlichen vorüber, wiewohl manche personalreduzierte Großflächenvertriebsform sie eigentlich verlangen würde.

(4) Anmutungsinformationen

Die Anmutungsinformationen nehmen direkten Bezug auf die Anmutungsansprüche. Den Kern bilden im wesentlichen die Empfindungsansprüche (Wert, Besonderheit, Zeit, Ästhetik, Atmosphäre, Vertrauen, Überlegenheit). Es geht darum, die gewünschte Tonalität für Sinninhalt und -ausdruck zu schaffen, der anmutungshafte Schwerpunkt muß deutlich werden.

Während wir später auf die anmutungshafte Markengestaltung eingehen werden, wollen wir uns hier auf den anmutungshaften Inhalt bei der Produktgestaltung beschränken – die Grenzen sind fließend. Die Zeichen im Cockpit eines Sportwagens differenzieren von denen in einer Luxuslimousine. Das Zifferblatt einer Schmuckuhr fällt anders aus als das einer puristischen Designuhr.

4.342 Leistungsgerechte Zeichengestaltung

Dieser Abschnitt wendet sich dem „Wie" zu. Nachdem wir im Überblick erörtert haben, welche Zeichen zur Verfügung stehen und worüber man berichten kann (Zeicheninhalt), stellt sich nun die Frage, worauf man bei der Gestaltung besonderen Wert legen sollte.

(1) Verständlichkeitsleistungen

Das, was man ausdrücken will, muß verstanden werden. Daraus ergeben sich mehrere Konsequenzen:

- die Zeichen müssen inhaltsadäquat sein,
- die Zeichen müssen den Kommunikanten bekannt sein; geläufige Zeichen sind gefordert,
- die Zeichen müssen vom Kommunikanten in der vom Kommunikator gewünschten Weise interpretiert werden.

Man kann noch zwei weitere Bedingungen hinzufügen:

- die Zeichen sollen leicht und schnell verstanden werden,
- die Zeichenverständlichkeit soll zeitstabil sein, Zeichen sollen heute und morgen gleich interpretiert werden.

Die Verständlichkeitsleistung von Zeichen wird somit vorrangig unter kognitiven Aspekten betrachtet. Der Zeicheninhalt steht im Vordergrund, das passende Zeichen richtet sich nach dem Inhalt. Die Verständlichkeit erstreckt sich auf die Markenverständlichkeit und die Umgangsverständlichkeit. Auf Markenaspekte gehen wir in Abschnitt 4.7 ein.

Zur *Umgangsverständlichkeit* gehört das *Vereinfachen*, um die Wahrnehmung zu erleichtern. Soll man sich bei einem Zeichen an den Erstkäufer einer Produktkategorie richten und damit das Zeichen laienverständlich gestalten? Des weiteren muß entschieden werden, ob das kontextabhängige Zeichen kontextunabhängig gestaltet werden soll. Muß ein Zeichen für Lagerarbeiten auch einem Pfarrer, Hochschullehrer usw. verständlich sein? Entscheidend dürfte die Fehlerrobustheit eines Zeichens bei den Umgangspersonen sein. Diese haben etwas gelernt, sie kennen Tätigkeiten, Kontext usw.

Bei einer Waschmaschinentemperatureinstellung ist sicherlich das erste Zeichen (in Übersicht 169, links) am wenigsten mißverständlich. Gelernt werden muß jedenfalls der untere Strich als Hinweis auf „Schonwäsche". Ist aber die Wellenlinie für Wasser nötig? Und dann kann man auch fragen, ob der untere Strich wie auch die Null nicht doch weggelassen werden können.

Übersicht 169: Zeichenreduktion (Quelle: Funck 1983, S. 61)

Andere Mittel der Wahrnehmungserleichterung bieten die graphischen Figur-Grund-Differenzierungen durch Umrahmungen, Farbkontraste usw. Dann stellt sich die Frage, ob man Schrift- oder Bildzeichen wählen soll. Schriftzeichen (Objekt, Verb, Adjektiv) haben den Nachteil der Sprachgrenzen, auch Englisch ist nicht für jedermann verständlich. Die Verständlichkeitsbarrieren von Bildzeichen sind weniger hoch. Erstrecken sie sich auf Handlungen, können sie die unmittelbare Aktion (z. B. ↻ für Drehen in diese Richtung) oder das Handlungsziel (z. B. ⚟ für starkes Licht) erfassen.

An diese Stelle gehören auch Zuordnungzeichen zwischen Wirkort und Stellort. Wer hätte nicht schon einmal vor einer Herdplatte gestanden und gerätselt, welcher Schalter zu welcher Heizstelle gehört? Die nebenstehende Lösung ist sicherlich beispielhaft.

Objektzeichen (z. B. am Armaturenbrett eines Pkw) dienen der richtigen Identifikation des Hebels, Knopfes, Schalters als Voraussetzung für die richtige Bedienung. Folgezeichen/Wirkzeichen sollen dazu beitragen, daß gewünschte Wirkungen erreicht, unerwünschte vermieden werden. In DIN 55402, Blatt 1 sind einige normierend gestaltet:

Bildzeichen	Bedeutung	Bildzeichen	Bedeutung
↑ ↑	Oben, senkrecht stellen	☂	Vor Nässe schützen
🍷	Vorsicht, zerbrechliches Gut	☀	Vor Hitze schützen

Übersicht 170: Transportzeichen

(2) Anmutungsleistungen
Durch die adäquate Wahl der Zeichenform soll der gewünschte Zeicheninhalt ausgedrückt werden.

Sowohl für die Marken- wie auch für die Einzelproduktgestaltung gilt, daß die Bild- und Schriftzeichen dem gewählten Anmutungsschwerpunkt gerecht werden müssen.

männlich		weiblich	
rustikal		artifiziell	
wertvoll		einfach	
sachlich		nostalgisch	
konventionell		originell	
klassisch		verspielt	
modern		traditionell	

Übersicht 171: Anmutungswirkungen bei der Zifferblattgestaltung

Dazu wollen wir auf die Anmutungscharaktere von Hase (1989) zurückgreifen, auf die wir später unter dem Kombinationsaspekt noch genauer eingehen werden. Übersicht 171 zeigt, wie verschiedene Zeichengestaltungen unterschiedliche Anmutungswirkungen erzeugen.

4.35 Die Oberflächenwahl

Oberflächen werden aus den beschriebenen Gestaltungsmitteln Material, Form, Farbe und Zeichen gebildet. Wenn Stahlblech zum Zweck des Korrosionsschutzes mit Lack beschichtet wird, wenn ein Griff zum Zwecke der Greifergonomie mit einem Relief versehen wird, wenn einem Topf aus ästhetischen Gründen ein Streifenmuster aufgedruckt wird, immer dann spricht man von Oberflächen, die gestaltet werden. Wenn man ein Material gewählt hat, wenn man dem Material eine spezifische Form gegeben hat, dann kann man das so belassen oder man plant zur Realisation besonderer Leistungen Veränderungen an der Oberfläche. Dieser zusätzliche gestalterische Aspekt rechtfertigt die eigenständige Behandlung der Oberfläche als Gestaltungsmittel.

4.351 Oberflächenparameter

Man kann die material-, die form- und die motivbezogene Oberflächengestaltung unterscheiden.

4.351.1 Formbezogene Oberflächenparameter

Wir wollen vier Bereiche formbezogener Oberflächenparameter erwähnen:
- ebene Gestaltung,
- erhabene/vertiefte Gestaltung,
- Glätten,
- Rauhen.

Es handelt sich schwerpunktmäßig um mechanische Veränderungen der Form. Eine *erhabene/vertiefte Oberfläche* unterscheidet sich von einer ebenen dadurch, daß Stoffbestandteile aus einer Oberfläche hervortreten (z. B. Reliefs, aufgedoppelte Streifenbänder, Noppen) oder in ihr versinken (z. B. Flachreliefs, Einfräsungen, Ausätzungen), daß die Oberfläche also dreidimensional wahrgenommen wird.

Der Rasierapparat der Firma Braun verbessert durch die weiche Noppenoberfläche die Rutschfestigkeit. Nach der Entscheidung, eine flächenbündige oder plastische Oberfläche zu gestalten, stellt sich die Frage, ob man diese glätten oder rauhen soll.

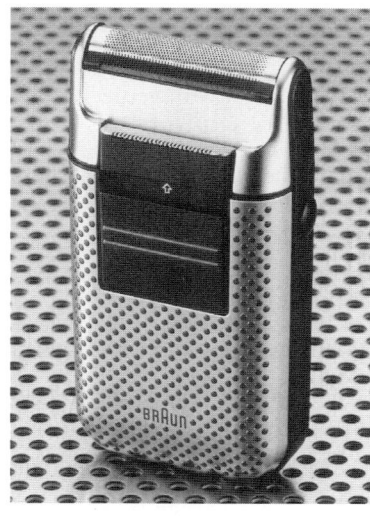

Zum *Glätten* gehören solche Verfahren wie Walzen, Kalandern, Schleifen, Polieren, Honen, Läppen, Hobeln, Schmirgeln. Die Wahl dieser Verfahren zur Oberflächenänderung hängt vom Werkstoff ab. Als Glättemaß wird die Rauhtiefe benutzt.

Das gegenteilige Bemühen liegt beim *Rauhen* der Oberfläche vor. Die Maserung von Holz kann durch Sandstrahlen hervorgehoben werden. Leder erhält durch Schleifen oder durch Sandstrahlen eine samtige Oberfläche. Metalle oder Kunststoffe lassen sich bürsten, eine matte Oberfläche ist die Folge.

4.351.2   Stoffbezogene Oberflächenparameter

Grund-material	Schichtmaterial					
	Metall	Holz	Kunststoff	Papier	Gewebe	Glas
Metall	verchromen, vergolden, usw., z.B. Armaturen	bekleben mit Holzfunier, z.B. Möbel-kanten	wirbelsintern, lackieren, usw., z.B. Lampen	---	kaschieren, bespannen, usw., z.B. Paneele	emalieren, z.B. Töpfe
Holz	kaschieren, bespannen, usw., z.B. Tischplatten	funieren, aufleimen, z.B. Möbel-fronten	beschichten, aufkleben, z.B. Küchen-möbel	---	kaschieren, bespannen, usw., z.B. Paneele	---
Kunststoff	bedampfen, galvanisieren, z.B. Türklinken	---	lackieren, beschichten, z.B. Ski	---	kaschieren, bespannen, usw., z.B. Paneele	---
Papier	kaschieren, verkleben, usw., z.B. Efferktpapiere	---	beschichten, z.B. Spezial-papiere	kaschieren, z.B. Kartons	kaschieren, bespannen, usw., z.B. Buchrücken	---
Gewebe	---	---	beschichten, tränken, usw., z.B. Regenjacken	---	---	---
Glas	bedampfen, belegen, z.B. Spiegel	---	---	---	---	aufschmelzen, z.B. Über-fanggläser

Übersicht 172: Stoffkombinationen zur Oberflächenvariation

Einige grundsätzliche Möglichkeiten *stoffbezogener* Oberflächenveränderung können der Übersicht 172 entnommen werden. Auf ein Trägermaterial (Grund-Material) wird ein weiterer Werkstoff aufgetragen. Der ursprüngliche Werkstoff wird verdeckt, verändert. Diese Stoffveränderung hätte man auch in Abschnitt 4.31 behandeln können wegen der besonderen, auf die Oberfläche begrenzten Bedeutung der Gestaltungsalternative erwähnen wir diesen Gestaltungsaspekt hier.

4.351.3 Motivbezogene Oberflächenparameter (Muster)

Die Musterung von Produkten war in vergangenen Jahrhunderten eine der wichtigsten Gestaltungsaufgaben. Chirurgische Instrumente wiesen Muster auf, Handwerkszeug war verziert, ein Label war ohne Ornamentik undenkbar. Die von England ausgehende „Reformbewegung" (W. Morris), der Werkbund in Deutschland und nicht zuletzt die Ideen des Bauhauses sorgten dafür, daß das Muster (bis auf den textilen Bereich) immer mehr verdrängt wurde. Erst in den 80er Jahren kam es durch die Memphis-Bewegung (siehe Abschnitt 4.442) und durch die postmoderne Architektur zu einer Rehabilitierung des Musters. Heute spielt es wieder eine Rolle. Deshalb sind hier einige Hinweise zum Einsatz dieses Gestaltungsparameters nötig.

Man muß zunächst einmal die Vorlagen für Muster (die sogenannten Motivarten) von der Ausprägung der Motive (z. B. dem Abstraktionsgrad) trennen. Darüber hinaus ist die Verwendung der Motive zu differenzieren (Küthe/Küthe 1998, S. 26 ff.).

(1) Motivarten

Man unterscheidet vier Herkunftsstränge bei den Motiven: geometrische Motive, Motive der Natur, Embleme und Trophäen sowie Biomuster.

Bei den *geometrischen Motiven* sind einmal die geometrischen Grundformen (Kreis, Quadrat, Oval, Dreieck usw.) als Repertoire zu nennen. Man kann diese Urformen als Ganzes (z. B. Produktmuster) zur Oberflächengestaltung heranziehen oder auch Teilungen in Form von Rauten, Trapezen usw. benutzen.

Sehr viel strenger werden die geometrischen Motive, wenn man sie in Netze einspannt. Man erhält dann die sogenannten Bandmotive wie Mäander, Ketten, Flecht- oder Rosettenbänder. Aus der Gotik bekannt ist das sogenannte Maßwerk. Hierbei werden regelmäßige Figuren nur durch den Einsatz von Zirkel und Lineal erzeugt. Beispiele dieser Figurationen: Fischblasen, Dreiblatt, Dreipaß und seine Veränderungen usw.

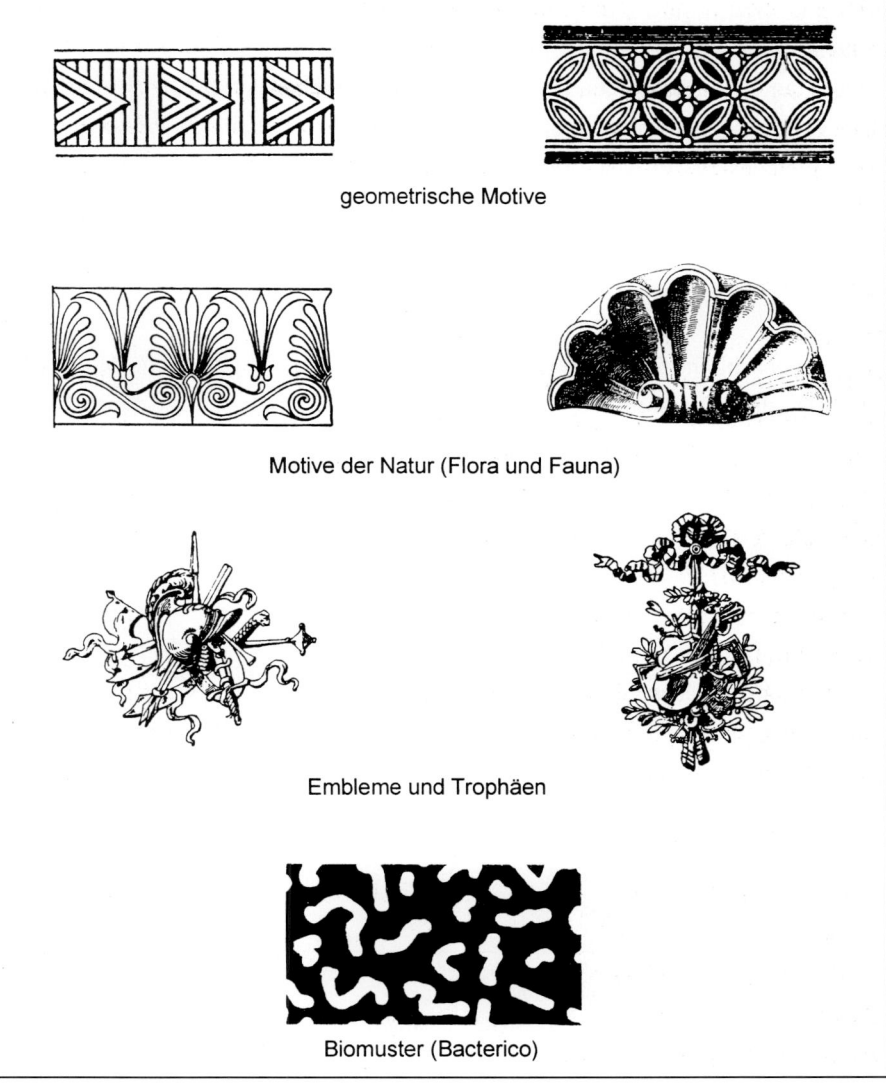

geometrische Motive

Motive der Natur (Flora und Fauna)

Embleme und Trophäen

Biomuster (Bacterico)

Übersicht 173: Herkunft der Motive

Die *Motive der Natur* stammen aus zwei Zentralbereichen: Fauna und Flora. Bei den pflanzlichen Motiven spielen Blätter, Blüten, Ranken und Früchte die zentrale Rolle. Besonders das Akantusblatt, die Rebe und die Rose sind zu nennen. In Form von Bändern und Girlanden und Festons werden sie miteinander verbunden. Bei den Motiven des Tierreichs spielen seit alters her der Löwe, der Adler und der Delphin eine Rolle. Auch Schnecken, Muscheln und Schlangen werden verwendet. Für Firmenlogos oder

Embleme werden Motive des Tierreichs heute wieder verwendet, allerdings stark vereinfacht.

Aus der Heraldik und aus den Bereichen der Rangzeichen (Militär/Adel) werden heute verstärkt Muster abgeleitet und ebenfalls zu *Emblemen und Trophäen* arrangiert. Im Bereich des Textildrucks für T-Shirts kann man das sehr gut beobachten.

Besonders das Memphis-Design hat sich der *Biomuster* bedient. Das berühmteste Muster ist das Bacterico-Muster von Sottsass. Hierbei handelt es sich um ein Mikromuster. Es sind auch Makromuster (z. B. Lagerfeld: Weltkartenmuster für Teppiche) möglich.

Der menschliche Organismus war als Motivvorlage lange Zeit tabu. Heute werden – inspiriert durch Versace – besonders Masken (die Medusenmaske bildet mit Mäandern das Versace-Logo), Halbfiguren (Sphinx) und Grotesken für textile Muster (z. B. bei Halstüchern) vielfältig genutzt. Nur der Vollständigkeit halber sei angedeutet, daß auch die Astrologie und die unbelebte Natur (Stein- und Holzstrukturen) als Motivsubstrat herangezogen werden.

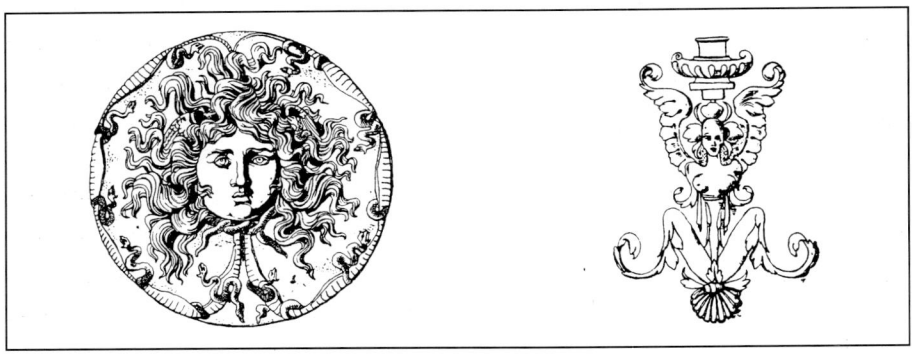

Übersicht 174: Medusenmaske und Groteske

(2) Motivausprägungen

Ein Blumenmotiv z. B. kann man sehr unterschiedlich als Muster darstellen. Auf der einen Seite kann man die möglichst exakte Wiedergabe einfordern. Zum anderen kann man eine einfache abstrakte flächenhafte Darstellung vornehmen, die linienbetont ist und schon den Charakter eines Piktogramms hat. Zwischen diesen beiden Extremen kann man nun Motivausprägungen wählen, die der Gotik, der Renaissance, dem Klassizismus, dem Biedermeier, dem Kubismus, dem Ex- oder Impressionismus usw. entsprechen.

Darüber hinaus muß bedacht werden, daß man die Motivarten auch miteinander kombinieren kann. Sehr schön kann man diese Kombination bei Themenmustern beobachten. Bei maritimen Mustern, jahreszeitlichen Motiven oder Mustern ums Reiten (z. B. Hermes) wird die Kombinationsmöglichkeit deutlich.

Zum Schluß muß noch darauf verwiesen werden, daß die Ausprägungen der Motive sehr stark von der Farbgebung abhängen.

(3) Motivverwendung

Es kann hier nicht eine produktgattungsbezogene Würdigung der Musterverwendung erfolgen. Wir wollen auf die generelle Plazierung der Muster verweisen.

Muster haben einmal eine säumende, eingrenzende, verknüpfende Funktion. Man spricht in diesem Fall auch von „Bändern". Im Bad z. B. wird der normale Fliesenspiegel nach oben durch Listelli-Bordüren oder -Streifen abgeschlossen. Diese Bänder werden heute in allen erdenklichen Motivarten und Stilrichtungen angeboten.

Muster können auch freie „Endungen" schmücken. Ihre Funktion ist abzuschließen bzw. zu bekrönen. „Endungen" kommen vor als Knöpfe, Vasen, Zapfen, Rosetten usw.

Die dritte Verwendung von Mustern bezieht sich auf das Schmücken von Feldern. Es handelt sich dabei um begrenzte Flächen, die man auch Füllungen nennt. Nur in diesem Fall nennt man die Motive Ornamente. Nun wird auch verständlich, daß man die dreidimensionalen Motive oft Ornamente nennt. In diesem Fall sind diese in eine Holzfläche z. B. hineingearbeitet.

Motive werden vorrangig auf unbegrenzten Flächen in Form von Parkett, Mosaik, Wandmalerei, Zäunen und Gittern eingesetzt. Nur in diesem Fall spricht der Fachmann von (echten) Mustern. Muster im engeren Sinne haben also immer einen Rapport (Musterwiederholung), eine Eigenschaft, die bei Ornamenten so nicht vorkommt.

4.352 Oberflächenleistungen

Wir wollen vier wichtige Wirkungsbereiche herausstellen:
- technische Leistungen,
- sensorische Leistungen,
- ästhetische Leistungen,
- symbolische Leistungen.

(1) Es erübrigt sich eigentlich zu begründen, weshalb wir uns bei den *technischen Leistungen* mit beispielhaften Aussagen begnügen müssen, da die Vielzahl technischer Einzelaspekte den Blick für das Wesentliche trüben würde. Diese Beschränkung wird auch dadurch erleichtert, daß in einem Unternehmen im Regelfall Techniker zur Ver-

fügung stehen, die ähnlich wie bei der Werkstoffauswahl Bescheid wissen. Will man das Verewigungsbemühen von Schülern und Studenten reduzieren, wird man eine Holzplatte durch entsprechende Beschichtung (z. B. Melaminharz) kratz- und ritzfest machen. Im Karosseriebau spielt die Frage der Steigerung der Korrosionsbeständigkeit eine Rolle. Stahlbleche lassen sich verzinken und weiter durch einen mehrschichtigen Lackaufbau schützen. Im Labor benötigt man Geräte, die chemikalienbeständig sind. Man kann sie emaillieren. Um das Anbrennen von Speisen in Töpfen zu verhindern, kann man neben der Leitfähigkeitsverbesserung des Topfbodens zwecks gleichmäßiger Temperaturführung die Bodenfläche auch mit besonderen Kunststoffen beschichten (z. B. Teflon). Insgesamt läßt sich sagen, daß es möglich ist, stoff- oder formbedingte technische Nachteile im Hinblick auf die Erzielung vorgegebener Produktleistungen durch Oberflächenvariationen auszugleichen. In welchem Umfang man dies tut, ist letztlich eine ökonomische Frage.

(2) Im Rahmen der *sensorischen Wirkungen* haben wir es mit optischen und haptischen Wirkungen zu tun. Je nachdem, ob und wie eine Oberfläche regelmäßig (Oberflächentextur) oder unregelmäßig (Oberflächenstruktur) gegliedert ist, ergeben sich unterschiedliche optische Eindrücke. Matte Oberflächen können ungewöhnlich, warm, zurückhaltend wirken, glatte bzw. glänzende Oberflächen wirken distanzierend, klar, sauber. Mehrere haptische Wirkungen erscheinen beachtenswert. Nicht das Glatte, sondern das Rauhe, Borstige vermittelt einen natürlichen Eindruck. Das Harte schafft den Eindruck des Soliden, Stabilen, das Weiche den des persönlich Prägbaren. Eine glatte Oberfläche fühlt sich kalt an, eine rauhe angenehm warm. Das spielt bei den Lederbezügen für Sitzmöbel eine Rolle. Eine gebürstete oder genoppte Oberfläche eines Rasierapparates liegt rutschfester in der Hand als eine glatte.

(3) Die Verarbeitung der Motive zu Mustern, Ornamenten, Texturen oder Strukturen hängt davon ab, welche *ästhetischen Leistungen* erbracht werden sollen. Wir unterscheiden bei ästhetischen Leistungen grundsätzlich drei Stilisierungen:

Motive können *historisierend* angelegt werden und bilden damit authentisch eine vergangene Stilrichtung ab. So gibt es gotische, barocke, klassizistische usw. Muster (Brandlhuber 1992).

Es gibt darüber hinaus eine weniger authentische Ästhetik, die sich an der neueren Geschichte der Motive orientiert (z. B. altdeutsch). Diese Ästhetik wird als *tradiert* bezeichnet. *Zeitbezogene* Ornamente sind kontemporär und spiegeln das Schmuckbedürfnis von heute (z. B. die stark benutzten Blümchenmotive) wider.

(4) Früher war die *Symbolik* der Muster regional festgelegt. Drei Beispiele der Muster-symbolik des Bergischen Landes sollen das belegen:

- Weintraube = Symbol der Fruchtbarkeit
- Sonnenblume = Symbol des Reichtums
- Ranken = Symbol der Verbindung von Mann und Frau

Diese Symbolik ist längst aufgelöst. Die Symbole, die mit Mustern heute angedeutet werden, sind Luxus, Jugendlichkeit, Individualität, Kennerschaft, Modebewußtsein usw. (vgl. dazu die entsprechenden Swatch-Kollektion). Da sich heute die Symbolik des Musters zeitbezogen stark ändert, müssen die Entscheidungen aktuell und fallweise gefällt werden. Eine Generalisierung oder eine Zyklusorientierung bereitet Schwierigkeiten.

4.36 Die Funktionsprinzipienwahl

Bei komplizierten Produkten taucht häufig die Frage auf: „Wie funktioniert das denn?" Mit Funktionsprinzipien werden die dynamischen Wirkmechanismen in Produkten beschrieben, die auf der Basis physikalischer oder chemischer Effekte Energieflüsse zielgerichtet umwandeln, übertragen oder speichern (vgl. umfassender Bergmann 1979, S. 56 ff.). Neben anderen Begriffen (z. B. prinzipielle Wirkungsweise, Arbeitsprinzip, Wirkprinzip, Funktionsweise, Lösungsprinzip) spielt auch der Terminus Funktions-prinzip in der technischen Literatur eine Rolle (Koller 1976, S. 66 ff.; VDI-Richtlinie 2222, Blatt 2, 1977, S. 12).

Zunächst einige Beispiele, damit deutlich wird, was gemeint ist:

Produkte	Funktionsprinzipien
Pkw-Motor	Dieselmotor, Ottomotor, Wankelmotor, Elektromotor
Kühlschrank	Absorber-, Kompressorprinzip
Wagenheber	mechanisches Hebelprinzip, Hydraulik

4.361 Funktionsprinzipienparameter

Entsprechend der fixierten Aufgabenstellung, den Produktmanager zu naiven, aber nicht dummen Fragen in ihm fremden Arbeitsfeldern zu befähigen, kann es hier nicht darum gehen, eine technische Propädeutik zu entwickeln. Wir wollen uns vielmehr damit begnügen, ein systematisches Grundraster für Fragestellungsmöglichkeiten zu schaffen. Bei den Funktionsprinzipien geht es um die Bereiche:

410

- der Energieumwandlung,
- der Energiespeicherung,
- der Energieübertragung.

Wir konzentrieren uns hier auf den Aspekt der Energieumwandlung.

Um die Bausteine und damit auch die Veränderungsmöglichkeiten zu erschließen, schlägt Bergmann (1979, S. 74 ff.) einen zweistufigen Weg vor:

(1) Er gliedert die Energiebereiche (mechanische Energie, elektrische und magnetische Energie, chemische Energie, Wärmeenergie, Strahlungsenergie) und bildet mit ihrer Hilfe matrizenhafte Tableaus (siehe hierzu die umfangreichen Übersichten in Bergmann 1979, S. 81 ff.). Sie dienen zur Lokalisierung der jeweils denkbaren Funktionsprinzipien.

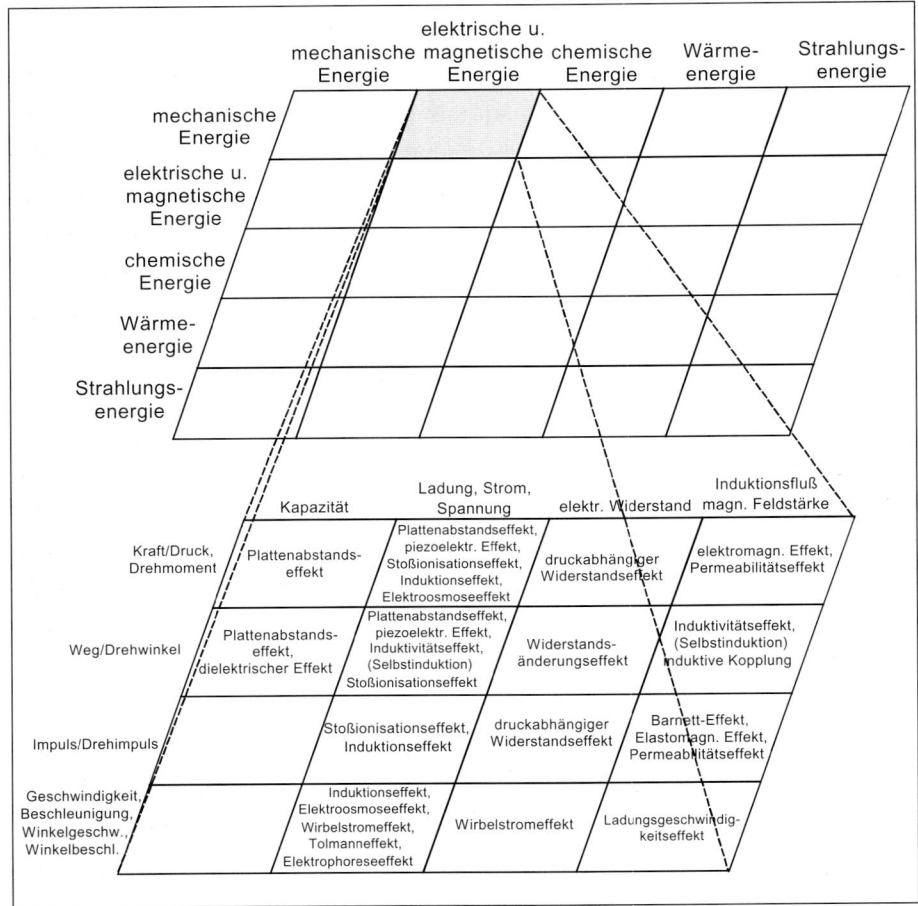

Übersicht 175: Zur Schichtung der Parameter bei Funktionsprinzipien
(Quelle: Bergmann 1979, S. 81)

(2) Wenn der Produktmanager genauere Fragen stellen will, dann benötigt er Informationen darüber, was sich im einzelnen hinter diesen Kästchen verbirgt. Bergmann hat Funktionsgrößen zusammengestellt, die dazu dienen, die hinter den Funktionsprinzipien stehenden Effekte zu beschreiben. Übersicht 175 zeigt für das Feld der Umwandlung mechanischer in elektrische und magnetische Energie einige Effekte, die zur Verfügung stehen.

4.362 Funktionsprinzipleistungen

Wie bei allen Gestaltungsmitteln gilt auch hier, daß das jeweilige Funktionsprinzip Vor- und Nachteile gegenüber anderen aufweist. Es gilt, nach den zielspezifischen Vorteilen auszuwählen.

(1) Technische Leistungen
Man kann davon ausgehen, daß ein Funktionsprinzip um so zuverlässiger ist, je weniger mechanische Teile es aufweist. Baut man Produkte nach dem Baukastensystem auf (siehe hierzu Abschnitt 4.392.3), dann ist es notwendig, Funktionsprinzipien zu wählen, die eine gute Größen- und Leistungsvariation zulassen. Über die Umweltbelastung wird viel diskutiert. Daß der Elektromotor (z. B. bei Pkw, Rasenmäher) bezüglich der Schadstoffbelastung dem Otto- oder Dieselmotor vorzuziehen ist, steht außer Frage. Dies gilt auch für die Lärmbelästigung. Problematisch ist jedoch die Energieversorgung.

(2) Bedienungsleistungen
Ein Elektromotor ist sofort startbereit. Besitzer von Rasenmähern mit Benzinmotor wissen, daß das für diese nicht unbedingt gilt. Demgegenüber bereitet das Mähen mit einem Elektrorasenmäher wegen des Elektrizitätsversorgungskabels Schwierigkeiten. Der wiederum weist Wartungsvorteile infolge Wartungsarmut gegenüber einem Benzinmäher auf.

(3) Ökonomieleistungen
Eine Standuhr (Atmos von Jaeger le Coultre), die ihre Energie aus den Temperaturschwankungen des umgebenden Raumes bezieht, ist zweifellos billiger in der Energieversorgung als eine batteriebetriebene Uhr. Das Energieinput-Outputverhältnis von Elektroloks ist günstiger als das von Diesel- oder Kohlelokomotiven. Die Ausgereiftheit

eines Funktionsprinzips reduziert die Reparaturkosten. Besitzer von Pkw mit Wankel-motor wissen davon zu berichten. Das kann sich in der Amortisationsdauer nieder-schlagen. In diesem Zusammenhang muß auch die Reparaturfreundlichkeit eines Funktionsprinzips genannt werden. Bezogen auf den Hersteller sind einige weitere Aspekte zu berücksichtigen. Das mit einem Funktionsprinzip verbundene Know-how und die dafür vorhandenen Produktionsanlagen können es nahelegen, dieses Prinzip auch für ein neues Produkt zu bevorzugen. Die Realisationskosten von Funktions-prinzipien können unterschiedlich ausfallen. So sind auf elektrodynamischen Effekten aufbauende Funktionsprinzipien billiger als elektrostatische, was bei der Herstellung von Mikrofonen bedeutsam sein kann. Durch die Wahl eines neuen, modernen, positiv diskutierten Funktionsprinzips ist eine Verbesserung des Absatzimages möglich.

(4) Anmutungsleistungen

Selbst ein so deutlich technisch determiniertes Gestaltungsinstrument kann starke anmutungshafte Ausstrahlung aufweisen. Beim Kauf einer auf der Solartechnik basie-renden Heizung für das neue Haus wird sicherlich auch der Anspruch, die Aufge-schlossenheit für neue energiesparende, umweltfreundliche Techniken zu demonstrie-ren, eine Rolle spielen. Die Demonstration der Überlegenheit beim Erwerb eines Pkw mit Turbolader ist manchmal wichtiger als der Aspekt der aktiven Sicherheit, zumal wenn der Pkw vorrangig in der Stadt gefahren wird. Eine Quarzuhr mit eingebautem Rechner und sonstigen Funktionen dient wohl mehr dem Spieltrieb als der Erfüllung rational bedingter Aufgaben. Gleiches gilt auch für WAP-Handys. Für ein Motorrad mit Wankelmotor zahlte man einen Preis, der dem eines Pkws der gehobenen Mittel-klasse entsprach, und dies wohl weniger wegen der Fahrleistungen, sondern mehr wegen der Besonderheit des Funktionsprinzips.

4.37 Die Konstruktionsprinzipienwahl

Hierunter wollen wir die statischen Anordnungsbeziehungen von Teilen in einem Pro-dukt verstehen. Auch sie sind hier im wesentlichen technisch geprägt. „Technische Gebilde ... sind ... Systeme, die aus einer Gesamtheit geordneter Elemente bestehen, die aufgrund ihrer Eigenschaften miteinander durch Relationen verknüpft sind" (Beitz 1972, Heft 2, S. 68). Handelt es sich um statische Relationen, lassen sie sich mit Konstruktionsprinzipien erfassen.

4.371 Konstruktionsprinzipienparameter

In der Literatur werden verschiedene Ausprägungen genannt, die das Gestaltungsmittel Konstruktionsprinzip bestimmen und damit als Parameter betrachtet werden können. Erwähnt werden Wirkflächen, Wirkräume, Kinematik (Beitz 1972, Heft 3, S. 110), Form-, Lage-, Zahl- und Abmessungswechsel (Koller 1973, Heft 3, S. 845 ff.). Da wir hier den Produktmanager nicht zum Konstrukteur ausbilden wollen, sondern unser Schwergewicht darauf zu legen haben, daß er in der Lage ist, an wichtige Produktaspekte zu denken, sie zu artikulieren, Alternativen anzuregen, ohne sie im Detail zu realisieren, wollen wir die für unsere Fragestellung relevanten Parameter auf den Wirkraum, den Lage- und Zahlwechsel beschränken; dies auch deshalb, weil die anderen Parameter (Wirkfläche, Form- und Abmessungswechsel → Form, Kinematik → Funktionsprinzipien) uns in Abgrenzungsschwierigkeiten systematischer Art bringen würden.

(1) Lagewechsel
Bei unseren bisherigen Produktanalysen erwies sich der Lagewechsel als der dominante Parameter im Bereich der Konstruktionsprinzipien. Wo und wie sollen die verschiedenen Teile angeordnet werden? Einige Variationen des Lagewechsels zeigt Übersicht 176 am Beispiel der Kaffeemaschine.

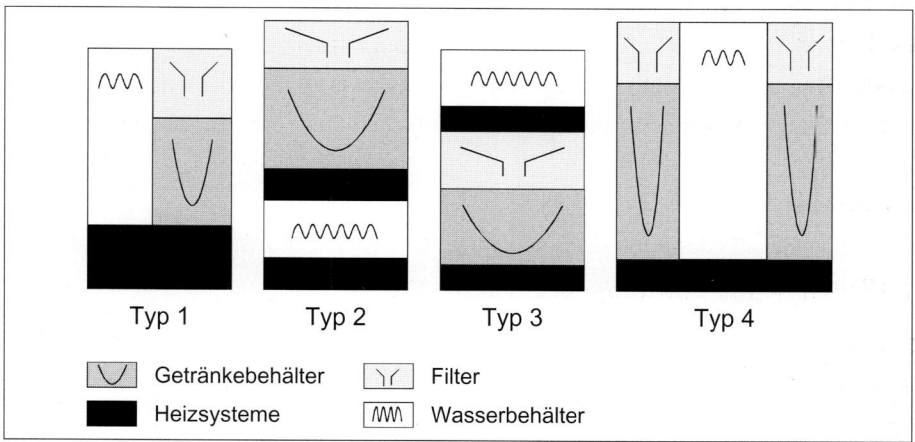

Übersicht 176: Zur Anordnung von Teilen bei Kaffeeautomaten

Je nach gewähltem Konstruktionsprinzip ergibt sich ein unterschiedlicher Teile- und Raumverbrauch. Auch andere Beispiele (z. B. Anordnungsbeziehungen der Zylinder eines Motors, Lage des Motors im Motorraum; Lage von Motor, Staubreservoir und Saugstück eines Staubsaugers) deuten auf vielfältige Gestaltungsmöglichkeiten hin. So kann die Anordnung von Motor, Getriebe und Antrieb in einem Pkw zu recht unterschiedlichen Ergebnissen führen:

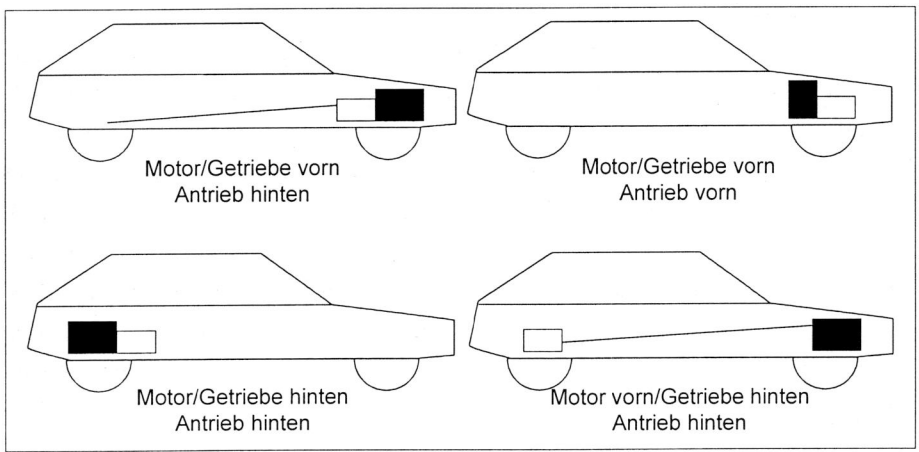

Motor/Getriebe vorn
Antrieb hinten

Motor/Getriebe vorn
Antrieb vorn

Motor/Getriebe hinten
Antrieb hinten

Motor vorn/Getriebe hinten
Antrieb hinten

Übersicht 177: Zur Anordnung von Produktteilen im Raum

(2) Zahlwechsel

Mit dem Parameter Zahlwechsel wollen wir die Variationsmöglichkeiten allein durch die Anzahl von Produktkomponenten erfassen. So kennen wir im Pkw-Bereich 2-, 3-, 4-, 5-, 6-, 8- und 12-Zylinder-, 18-Zylindermotoren werden vorbereitet. Die abgebildeten Kaffeemaschinen weisen entweder einen oder zwei Getränkebehälter auf. Die Firma Philips weist mit Stolz auf drei rotierende Scherköpfe ihres Rasierapparates hin.

(3) Wirkraum

Unter dem Aspekt des *Wirkraums* wollen wir Überlegungen zusammenfassen, die sich auf Form- und Stoffbeziehungen verschiedener Teile oder Produkte erstrecken. Will man z. B. bei Heimwerkergeräten an die Bohrmaschine als Antriebsaggregat eine Vorsatzstichsäge anschließen, dann müssen neben dem energetischen Verhalten (Kinematik) auch die Formen und Werkstoffe so bestimmt sein, daß sie zueinander passen. Ob dies nun direkt möglich ist oder über Kupplungsteile erreicht werden kann, steht dahin. Dies ist für die Verwirklichung von Produkten, die in Form von Baukastenprinzipien gestaltet werden sollen, eine wichtige Voraussetzung.

4.372 Konstruktionsprinzipleistungen

Auch hier wollen wir wieder an einigen Beispielen die jeweiligen Leistungen erläutern.

(1) Technische Leistungen

Ein Reihenmotor hat weniger bewegliche Teile als ein V-Motor, die Reibungsverluste sind geringer, die Zuverlässigkeit damit höher. Der V-Motor erlaubt eine kompakte Bauweise; dies ist die Grundlage für ein günstiges Leistungsgewicht. Der Vorderradantrieb ermöglicht vor allem bei glattem Boden eine bessere Bodenhaftung. Das Transaxle-Konstruktionsprinzip (Motor vorn, Getriebe und Antrieb hinten) sorgt für eine gleichmäßige Gewichtsverteilung. Ein solcher Pkw läßt sich in schwierigen Grenzsituationen deshalb besser beherrschen. Ein quergestellter Motor ermöglicht eine bessere Raumnutzung und deshalb einen kleineren Motorraum. Die Kaffeemaschine nach dem Turmbauprinzip verbraucht weniger Standfläche als eine, deren Teile nebeneinander angeordnet sind.

(2) Physiologische Leistungen

Prinzipiell kann man davon ausgehen, daß die Laufruhe eines Motors mit steigender Zylinderzahl wächst. Dies wirkt sich angenehm auf das Befinden der Fahrzeuginsassen vor allem bei langen Fahrten aus.

Ein Ziel der Gestalter von Pkw geht dahin, bei stark begrenzten Außenmaßen der Karosserie einen möglichst großen Innenraum zu gewährleisten. Dabei helfen z. B. der quergestellte Frontmotor und der Vorderradantrieb. Im Gegensatz zum Frontmotor mit Hinterradantrieb fehlt hier der störende Kardantunnel in der Innenraummitte. Damit wird das Sitzen für eine dritte Person im Fond oder das seitliche Durchrutschen erleichtert.

(3) Bedienungsleistungen

Vor allem bei glatten Fahrbahnen stört das sogenannte „Twisten" hinterradangetriebener Pkw; das Traktionsvermögen vorderradangetriebener Pkw, z. B. auf verschneiten Spuren, erleichtert den Umgang.

Bei einem Staubsauger ist die Anordnung des ständig zu leerenden Staubbehälters unter Bedienungsaspekten bedeutsam. Die Frage, wie man Motor, Staubbehälter und Saugschlauch anordnet, hängt davon ab, wo und wieviel gesaugt werden soll. Für Treppen ist beispielsweise der Handstaubsauger günstiger als der Bodenstaubsauger. Staubsauger im Objektreinigungsbereich weisen wiederum andere Anordnungsbeziehungen auf.

(4) Ökonomieleistungen

Im Energieverbrauch erweisen sich Motoren mit nicht sehr hoher Zylinderzahl als günstiger. Ähnliches gilt für Reihenmotoren. Sie sind zudem auch besonders wartungsfreundlich. Das auf der wirkraumbezogenen Kompatibilität beruhende Baukastenprinzip ermöglicht es, individuelle Leistungsangebote mit begrenztem Gestaltungsaufwand zu realisieren. Das Baukastenprinzip kann auch dazu beitragen, Absatz- und Produktionsschwankungen zu reduzieren.

Nicht vergessen sollte man, daß unterschiedliche Konstruktionsprinzipien auch unterschiedlich hohe Kosten verursachen können. So benötigt man bei der Kaffeemaschine nach dem Turmbauprinzip zwei Heizplatten. Bei einem sehr preiselastisch reagierenden Markt wird eine solche Kaffeemaschine nicht in großen Stückzahlen verkauft werden können.

(5) Anmutungsleistungen

Neben die technischen Wirkungen können bedeutsame andere, dem Verwender nicht unmittelbar bewußte Wirkungen treten; sie können die technischen Wirkungen sogar überlagern. Die Besonderheits- und Überlegenheitswirkungen eines 12-Zylindermotors können dies sicherlich ebenso belegen wie die Selbstbehauptungswirkungen eines geländegängigen, allradangetriebenen Pkw. Wer wäre in Deutschland schon in der Lage, die Vorteile eines solchen Pkw, z. B. auf dem Weg zur Arbeit, zu nutzen – Förster vielleicht ausgenommen.

4.38 Die Wahl historischer Lösungsprinzipien

Historische Lösungsprinzipien als bereits früher in ähnlichen oder anderen Problemlösungszusammenhängen realisierte Konzepte haben gezeigt, wozu sie taugen, was sie können oder welche Nachteile sie gegenüber anderen aufweisen.

Als Gestaltungsmittel stehen sie in einer eigenartigen Zwitterstellung: einerseits fertiges Produkt oder Produktteil, andererseits zum Zeitpunkt der Gestaltung bereits länger bekannte Gestaltungsalternative, Problemlösungsmöglichkeit mit Vor- und Nachteilen. Dies rechtfertigt aus der Sicht der Gestaltung die Prinzipbetrachtung. Zugleich erschwert es die Beantwortung der Frage, welche Parameter oder Ausprägungen dieses Prinzip bestimmen. Es handelt sich immer um Neugestaltung nach bekanntem Muster. Die Grundidee bleibt, die Gestaltungsrealisierung im Detail verändert sich.

4.381 Lösungsprinzipienparameter

Da sich von vornherein keine Lösung für die Parametrisierung anbietet, stellt sich die Frage, ob man nicht einfach abweichend vom bisherigen System auf die Betrachtung verzichten sollte. Dies ließe sich damit rechtfertigen, daß hier ja nicht nach grundsätzlich Neuem gesucht wird, sondern lediglich zu prüfen ist, welche der bekannten Lösungen ausgewählt werden sollen. Ganz so einfach wollen wir es uns nicht machen, sondern zumindest versuchen, ein begriffliches Fragengerüst zu entwickeln, das dem Produktmanager Fragen zu Alternativlösungen aus einem bekannten Gestaltungsfundus erleichtert. Man kann sich verbaler Sprachfelder des Umgangszyklus (vgl. Übersicht 166) bedienen. Wir wollen dies beispielhaft zeigen.

(1) Das *Öffnen/Schließen* einer Tür, eines Fensters, einer Schublade ist recht unterschiedlich möglich. Der Griff kann gedreht und dann gedrückt/gezogen, nur gedreht/gedrückt werden. Beim Knopf wird das Ziehen und Drücken, weniger das Drehen nahegelegt. Außentüren sind deshalb eher mit Knöpfen, Innentüren eher mit Klinken versehen. Bei Verpackungen ist das Repertoire wesentlich größer: Korken/ Kronkorken/Pilver-Proof/Kniehebelverschluß/Aufreißverschluß.

(2) Das *Anschalten/Ausschalten* eines Gerätes, des Lichtes usw. kann durch Dreh-, Kipp-, Druck- oder Tastschalter erfolgen. Im Haushalt hat sich der Tastschalter oder Druckschalter durchgesetzt, im Maschinenbau dominiert noch der Kippschalter, um unbeabsichtigtes Einschalten zu erschweren.

(3) Das *Verbinden/Trennen* von Teilen kann durch Druckverschluß, Bajonettverschluß, Drehverschluß erreicht werden. Bei Füllfederhaltern und Kameras finden wir diese Lösungen. Im Bekleidungsbereich sind bei Schuhen, Miedern, Hemden, Jacken usw. die Lösungsprinzipien Klettverschlüsse, Reißverschlüsse, Knöpfe, Druckknöpfe, Schnürungen, Schnallen, Riegel, Haken und Ösen bekannt. Heimwerker kennen als Verbindungslösungen das Nageln, das Verschrauben, das Dübeln, das Nieten, das Verschweißen, das Verzapfen, das Verkleben usw.

(4) Häufig kommt es vor, daß Teile *bewegt* werden müssen. Der Kaffeefilter in der Kaffeemaschine muß herausgeschwenkt werden können. Bei der Zapf-/Nutlösung muß man genau hinschauen und treffen, kann den Filter dafür aber herausnehmen; die Scharnierlösung ist einfacher, sie läßt aber nur das Herausschwenken zu.

Den Cursor des Computers kann man mittels Maus, Joystick, Trackball, Tastatur, Softpad oder Sprachsteuerung bewegen.

(5) Das *Steuern/Regeln* von Prozessen (z. B. Lautstärkeregelung) ist mit Hilfe von Drehschaltern, Schiebereglern, Druckschaltern möglich. Profigeräte verfügen vielfach über Schieberegler.

(6) Hat man etwas richtig eingeschaltet, kann es notwendig werden, zu *kontrollieren*, ob die Einstellung oder die gerade vollzogene Tätigkeit auch noch richtig/ zulässig ist. Die Geschwindigkeitskontrolle kann analog oder digital erfolgen. Die akustische Kontrolle kann durch eine optische ergänzt werden (z. B. bei Lautsprechern).

4.382 Lösungsprinzipleistungen

Auch hier sollen nur einige Beispiele genannt werden.

(1) Bedienungsleistungen

Wer mit vollen Händen aus dem Keller kommt und das Licht mit einem Drehschalter löschen muß, ist dem Fluchen nahe – er benötigt eine freie Hand; bei einem Druckschalter ist das mit dem Ellenbogen, dem Knie usw. möglich.

Sieht man Kleinkindern in ihren Mühen um das Schließen einer Jacke (Knöpfe), der Schuhe (Schleife binden) zu, dann fragt man sich, warum vorrangig bei Sportkleidung benutzte Klettverschlüsse oder Druckknopfverschlüsse hier nicht angewendet werden. Wie schwierig Knopf- und Kippverschlüsse (z. B. Manschettenknöpfe) sein können, bemerkt auch der Erwachsene, der als ausgeprägter „Rechtshänder" mit der linken Hand die rechte Manschette verschließen will.

Auswirkungen auch auf andere Anspruchsbereiche sollten nicht vergessen werden. So liegen besondere Vorteile des Reißverschlusses in bekleidungsphysiologischen Leistungen hoher Dichtigkeit und hoher Reißfestigkeit, da sie eine nahezu kontinuierliche Verbindung zweier Flächen (anders als bei Knöpfen) und eine mechanisch sehr stabile Verbindung bewirken. Bei extremen Bewegungen kann der Klettbandverschluß nämlich aufplatzen.

(2) Ökonomieleistungen

Der Kronkorken ist aus Herstellersicht die billigste Lösung, der Drehverschluß läßt ein Wiederverschließen zu; die Haltbarkeit/Nutzbarkeit des Inhalts kann verlängert werden.

Wenn sich ein Hersteller von elektrischen Schalterelementen dazu entschließt, den Tastschalter durch einen Flächenschalter zu ersetzen, wird damit auch ein einfacheres, billigeres Gehäusedesign erreicht. Ein einfacher Tastschalter hat wegen seiner kleinen Abmessungen einen geringeren Schaltweg. Man benötigt also Umlenkteile zur Realisierung eines geprägten Schaltvorgangs. Bei einem Flächenschalter ist wegen der Abmessungen der Schaltweg schon von vornherein größer und es fallen deshalb diverse Kleinteile aus. Ein Flächenschalter ist nicht nur bedienungsgünstiger, sondern auch von der Herstellungstechnik her ökonomischer.

(3) Anmutungsleistungen
In Deutschland ist es kaum möglich, Wein in Flaschen mit Kronkorken, Drehverschlüssen zu verkaufen. Auch Sekt/Champagnerkorken müssen aus Naturkorken bestehen; gewachsener Naturkork mit Stempel erhöht das Wertempfinden. Eine HiFi-Profianlage benötigt Schieberegler, um die professionelle Studioatmosphäre anzudeuten. Die Hörperfektion wird gesteigert, wenn man durch Verwendung entsprechender Bausteine sieht, was man hört (oder hören sollte?). Durch die Wahl eines modernen historischen Lösungsprinzips ergeben sich zum Teil kleinere Abmessungen, die Produkte lassen sich besser integrieren und sehen dadurch auch harmonischer aus (slimline). Darüber hinaus können auch Oberflächen glatter werden (Flächenschalter als Beispiel), die Ästhetik wird prägnanter, weniger dominant (slick).

Es darf auf der anderen Seite nicht vergessen werden, daß man durch die Wahl antiker, tradierter historischer Lösungsprinzipien auch Zeitleistungen erzeugen kann. Das Verstiften von Metallteilen, das Dübeln von Möbelelementen läßt eine historische Anmutung allein schon durch diese Verbindungsart entstehen.

4.39 Die Produktteilewahl

Bei der Gestaltung von Produkten, die aus mehreren Einheiten bestehen, tritt häufig bereits als Gestaltungsvorgabe die Forderung auf, diese oder jene Teile zu verwenden. Von Bedeutung ist, daß es sich bei Produktteilen um Gestaltungsmittelkombinationen handelt, die im Verhältnis zu der Gestaltung des Endproduktes auf einer zeitlich vorgelagerten Stufe bereits fixiert worden sind und damit einen Vorgabecharakter für die

Produktgestaltung besitzen. Ob ein Produktteil eigengefertigt oder fremdbezogen ist, spielt in diesem Zusammenhang keine Rolle. Auch der Komplexitätsgrad ist für das Produktteil kein konstituierendes Merkmal. Sowohl bei einem Kleinteil wie einer nicht weiter zerlegbaren Schraube als auch bei einem kompletten Elektromotor, die beide beispielsweise in einen Rasierapparat eingebaut werden, kann es sich um Produktteile handeln, wenn diese Teile bei der Gestaltung des Rasierapparates bereits vorhanden waren. Das bedeutet aber nicht, daß diese Teile auch physisch, z. B. als Ansammlung von bereits erstellten Teilen im Lager, vorliegen müssen. Denkbar ist auch, daß sie in Form einer Konstruktionszeichnung oder eines Modells vorhanden sind. So läßt sich folgende Definition für Produktteile ableiten:

Ein Produktteil ist ein (eigengefertigtes oder fremdbezogenes) Element eines Endproduktes und stellt für die Gestaltung dieses Endproduktes als eine, auf einer zeitlich vorgelagerten Stufe, bereits konkretisierte Gestaltungsmittelkombination eine Vorgabe dar.

Die Bedeutung dieses Gestaltungsinstruments wächst. Die bereits mehrfach erwähnte Konkurrenzintensität zwingt den Hersteller, sich auf die Produktion dessen zu konzentrieren, was er besonders gut kann, und nur das neu zu gestalten, was einen Konkurrenzvorteil bringt. Zur Beantwortung dieser Frage sei auf die Unterscheidung in Muß- und Kann-, sowie Kern- und Randleistungen (siehe Abschnitt 3.922.2) verwiesen.

Man wird somit eine bisherige Gestaltungslösung in das neue Produkt übernehmen, wenn dies billiger als eine Neuentwicklung ist und wenn dies nicht zur Leistungsreduktion führt.

In vielen Fällen wird der Zukauf von einem Spèzialisten die günstigere Lösung sein (Buy-Variante). Sie interessiert hier lediglich als Katalogware. Spezielle Anfertigungen können wir deshalb diesem Gestaltungsprinzip nicht zuordnen, weil sie einer Neuentwicklung und damit dem Gesamtkonzept unseres Prozesses entsprechen.

Wenn wir im Beschaffungsmarketing (Koppelmann 2000, S. 125 ff.) eine starke Tendenz zur Vereinheitlichung erkennen, so muß sich das Absatzmarketing, selbst wenn die Anforderung hier nicht entsteht, intensiv mit der Frage auseinandersetzen, was der Markt an Gleichheit bei unterschiedlichen Produkten unter welchen Bedingungen akzeptiert. Plattformstrategie, Badgeengineering sind bekannte Schlagworte. Die bereits mehrfach gewählte Unterscheidung in Kern und Hülle liefert Anhaltspunkte. Wie die Marktreaktionen zeigen, ist es erfolgreich möglich, gleiche Elektrogeräte bei Hüllenvariation unter verschiedenen Marken und zu unterschiedlichen Preisen (z. B. Bosch-Siemens-Hausgeräte) zu verkaufen, während gleiche Hüllenelemente (z. B. Scheinwerfer beim Porsche-Boxter und der 911er-Serie) zu Widerständen führen.

4.391 Teileparameter

Bei den folgenden Überlegungen greifen wir auf die Arbeit von Endler (1992) zurück. Die Vielzahl von Produktteilen ordnet er anhand der Merkmale

- Komplexität,
- Normungsgrad,
- Leistungsbedeutsamkeit.

Die Komplexität wird durch die Anzahl der Elemente und ihrer Relationen bestimmt. Der Normungsgrad erfaßt, ob es sich um ein voll- oder nicht genormtes Teil handelt. Und die Leistungsbedeutsamkeit beschreibt, wie intensiv das Produktteil die Gesamtleistung des Endproduktes beeinflußt. In diesem dreidimensionalen Raum positioniert Endler verschiedene Produktteilkategorien oder -typen:

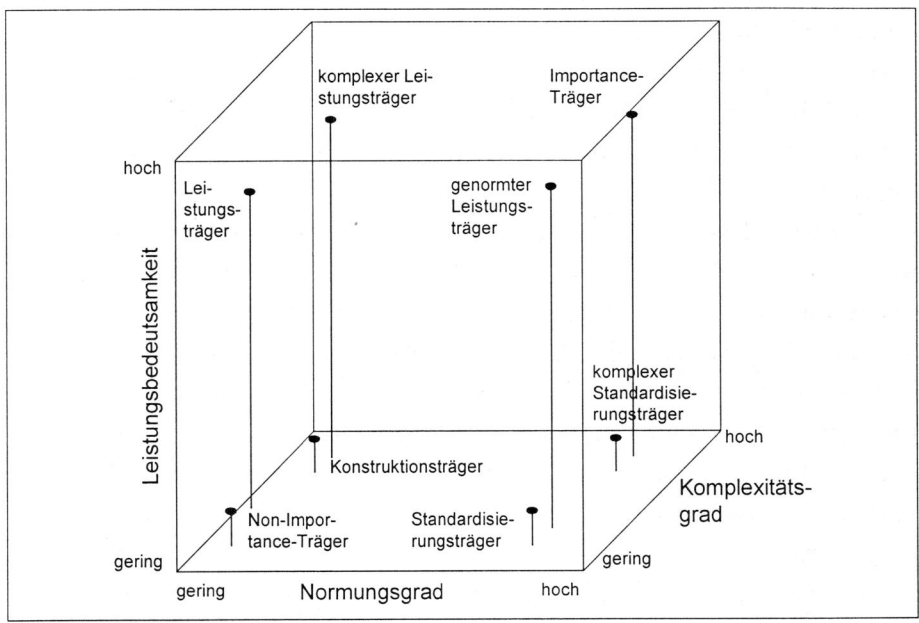

Übersicht 178: Ein Positionierungsmodell für Produktteile (Quelle: Endler 1992, S. 84)

Beispiele für diese Produkttypen können der folgenden Übersicht entnommen werden:

Kategorien:	Leistungs-bedeutsamkeit	Komplexitäts-grad	Normungsgrad	Beispiel:
Importance-Träger	+	+	+	DVD-Laufwerk
komplexer Leistungsträger	+	+	-	Hauptplatine
genormter Leistungsträger	+	-	+	Speicher-Baustein
Leistungsträger	+	-	-	Frontabdeckung
Standardisierungsträger	-	-	+	Gehäuseschraube
komplexer Standardisierungsträger	-	+	+	Lüfter
Konstruktionsträger	-	+	-	Innengehäuse
Non-Importance-Träger	-	-	-	Kunststoffhalterung

+ = starke Ausprägung   - = schwache Ausprägung

Übersicht 179: Analyse der Produktteiltypen

Für die Parameterbetrachtung können wir auf die Dimensionen oder auf die Typen zurückgreifen. Wegen der größeren Realitätsnähe und der damit verbundenen Alternativität wollen wir die Typen als Alternativen heranziehen.

(1) Der *Importance-Träger* beeinflußt die Leistungsfähigkeit des Endproduktes in starkem Maße – bei dem als Beispiel genannten DVD-Laufwerk ist das z. B. die Zugriffsgeschwindigkeit. Gleichzeitig weist er eine hohe Komplexität und einen hohen Normungsgrad auf.

(2) Der *komplexe Leistungsträger* unterscheidet sich von der zuvor genannten Variante durch den geringeren Normungsgrad. Er prägt das Besondere des Produktes, macht die Leistungsdifferenz aus.

(3) Der *Leistungsträger* individualisiert ebenfalls das Endprodukt, allerdings eher im Anmutungsbereich; er ist deshalb nicht genormt und auch nicht sonderlich komplex.

(4) Der *genormte Leistungsträger* differenziert ebenso wie der Importance Träger wenig, bestimmt ebenso die Leistung, ist allerdings weniger komplex.

(5) Als Beispiel für einen *Standardisierungsträger* kann man eine Schraube nennen – das Urbild eines Normteils; sie ist weder leistungsbedeutsam noch komplex.

(6) Der *komplexe Standardisierungsträger* unterscheidet sich dadurch, daß er zwar auch genormt, aber deutlich komplexer aufgebaut ist.

(7) Der *Konstruktionsträger* ist zwar komplex, allerdings nicht genormt und auch nicht leistungsentscheidend.

(8) Und schließlich entwickelt Endler den *Non-Importance-Träger*, als Gegenstück zum erstgenannten Typ. Ein eigengefertigtes/nicht genormtes, einfaches und nicht leistungsentscheidendes Produktteil wie eine Kunststoffhalterung gehört in diese Kategorie.

4.392 Teileleistungen

Aus welchen Gründen und wann lohnt es sich, auf vorhandene Produktteile zurückzugreifen? Wo liegen Grenzen, die zur Wahrung der Produktidentität nicht übersprungen werden sollten?

4.392.1 Technische Leistungen

Der Einbau von bewährten Teilen ist ein häufiger Grund für das Vorliegen von Produktteilen. Es handelt sich hierbei um einen bewußten Rückgriff auf „Bewährtes" mit dem Ziel einer Konservierung der Leistung des Endproduktes.

Jede Neuentwicklung ist immer mit einem Fehlkonstruktionsrisiko verbunden. Kommt es hingegen zum Rückgriff auf bewährte Teile, wird der Leistungsstand des Endproduktes zwar eingefroren, auf der anderen Seite verringert sich aber gleichzeitig das Risiko einer Fehlkonstruktion. Auch hinsichtlich der Fertigung sowie der Montage kann der Einbau von bewährten Teilen sinnvoll sein. Man hat diesbezüglich Erfahrungen gesammelt, was sich positiv auf den Ablauf der Fertigung und damit auch auf die Qualität auswirken kann.

Bewährte Produktteile finden sich besonders in den Kategorien von leistungsbedeutsamen Produkten, wie Importance-Trägern und Leistungsträgern, da das „Bewährte" ja gerade die Leistung des Endproduktes sichern soll.

Gründe für den Einbau von Produktteilen können sich aber auch direkt aus der produktionstechnischen Kapazität eines Unternehmens ergeben. So kann das im Unternehmen existierende Fertigungs- und Montagepotential, besonders bei nicht genormten, wenig leistungsbedeutsamen Teilen, zu derartigen Vorgaben führen. Denkbar ist z. B., daß die begrenzten Möglichkeiten einer Maschine die Gestaltungsmittelkombination eines bestimmten Einbauteils fixieren.

Auch bei grundsätzlichen Überlegungen zu einer Make-or-Buy-Entscheidung muß der Gestaltungsaspekt von Produktteilen berücksichtigt werden. Kommt es zum Zukauf bestimmter Teile, so heißt das nicht automatisch, daß es sich bei ihnen auch um

Produktteile handelt. Nur dann, wenn die Entwicklungs- bzw. Gestaltungsleistung für das Einbauteil bei dem Lieferanten liegt und nicht speziell auf das eigene Endprodukt abgestimmt worden ist, kann von bereits konkretisierten Gestaltungsmittel-kombinationen gesprochen werden. Ein typisches Beispiel hierfür ist der Katalogkauf.

Im Rahmen technischer Leistungen von Produktteilen ist vor allem die Nutzung von Spezialistenwissen des Zulieferanten bedeutsam (z. B. im Bereich Autoelektrik, Anzeige- und Bedieninstrumenten, Bereifung). Die Spezialisierung des Lieferanten auf bestimmte Bereiche führt hier zu Problemlösungen, die man selbst nicht erbringen könnte.

Auch der rechtliche Schutz derartiger Problemlösungen durch den Lieferanten hat zur Folge, daß sich ein Hersteller für das „Buy" entscheiden muß. Besonders bei leistungsbedeutsamen Teilen können derartige Überlegungen eine grundsätzliche Be-deutung für den Gesamterfolg des Produktes haben.

4.392.2 Bedienungsleistungen

Im Bereich der Bedienungsleistungen spielen bewährte Produktteile eine nicht unbe-deutende Rolle. Sie können für den Verwender den Umgang mit dem Endprodukt er-leichtern. Seine gemachten Erfahrungen führen für ihn, besonders bei der eigentlichen Benutzung des Produktes, aber auch bei der Wartung und Reparatur, zu einer Verein-fachung. Hat man einmal gelernt, wie die Scharniere von Türen (z. B. bei Küchen-schränken) variiert werden können und ist man z. B. umzugsbedingt zu einem Nach-kauf gezwungen, dann dürfte es Schwierigkeiten bereiten, wenn die neuen Küchen-elemente mit neuen Scharnieren versehen sind.

Gleiches läßt sich grundsätzlich für Normteile sagen, auf die im nachfolgenden Punkt näher eingegangen wird. Bei diesen ergeben sich auch gerade unter dem Aspekt der für den Verwender einfacheren und herstellerunabhängigen Möglichkeit zur Er-satzteilbeschaffung zusätzliche Leistungen.

4.392.3 Ökonomische Leistungen

Der bedeutendste Grund für den Einsatz von Produktteilen ist die Normung. Oft ist die Produktgestaltung gezwungen, bestimmte Normteile in ein Produkt einzubauen.

Auch bei ihnen handelt es sich um eine zeitlich vorgelagerte Gestaltungsmittel-kombination, die für die Produktgestaltung eine Vorgabe darstellt. Voraussetzung hierfür ist aber eine umfassende Normung des Teils in Form einer Vollnorm. Dabei kann es sich um intern genormte Teile (Werksnormen) oder extern genormte Teile (Verbandsnormen, nationale [z. B. DIN] und internationale Normen) handeln.

Besonders Kostengründe führen in der Praxis immer wieder zu Entscheidungen für den Einbau von Normteilen. Es kommt zu einer Aufgabe individueller Gestaltungsmöglichkeiten zu Gunsten wirtschaftlicher Vorteile (Gassert 1979, S. 409). Einbauteile, die für mehrere Produktverwendungen standardisiert wurden, führen zu Größendegressionseffekten, die ihre positiven Auswirkungen besonders bei der Produktion, der Entwicklung sowie der Beschaffung finden.

So ermöglicht der Einsatz von Normteilen bei Absatzschwankungen der einzelnen Produkte eher eine kontinuierliche Produktion als bei der Verwendung von Spezialteilen. Auch läßt das breite Verwendungsspektrum tendenziell eine Verkleinerung des Zwischenlagers zu, da der Sicherheitsbestand reduziert werden kann.

Eine extreme Ausprägung der Normung von Teilen ist das Baukastensystem, bei dem das gesamte Endprodukt aus genormten Bausteinen zusammengesetzt wird. Gerade im Rahmen der Individualisierung der Nachfrage gewinnt dieses Prinzip bei der Produktgestaltung zunehmend an Bedeutung (Masscustomisation).

Während sich der Einbau von bewährten Produktteilen auf die technischen Leistungen des Endproduktes bezieht, kann es aber auch aus wirtschaftlichen Gründen zu der Anwendung bereits vorhandener Gestaltungslösungen kommen.

Da eine Neugestaltung unökonomisch wäre, wird ein entsprechendes Teil nicht nach den neuesten Anforderungen entworfen, sondern schon vorhandene Entwicklungen, die z. B. aus dem Vorgängerprodukt stammen, werden übernommen.

Aber auch die mangelnde Kapazität der Design- oder Konstruktionsabteilung kann dazu führen, daß auf bereits existierende Gestaltungslösungen zurückgegriffen wird. Es kommt hier zu einem bewußten Verzicht auf die Nutzung von quantitativer Gestaltungs-Kapazität, weil z. B. andere Entwicklungen eine höhere Präferenz im Unternehmen besitzen.

Möglichen Leistungseinbußen durch die Übernahme eines „alten" Teils müssen hier den geringeren Entwicklungskosten bzw. Investitionskosten gegenübergestellt werden.

Dieses Vorgehen ist hinsichtlich der Leistung des Endproduktes sehr kritisch zu betrachten. Nur in einem begrenzten und kontrollierbaren Maße darf es zu negativen Ausstrahlungen des Produktteils kommen. Tendenziell ist das eher bei nicht oder nur wenig leistungsbedeutsamen Teilen gegeben. Auch muß in diesem Zusammenhang beachtet werden, daß zu einer Optimierung der Gesamtleistung des Endproduktes die einzelnen Elemente optimal aufeinander abgestimmt sein müssen. Es stellt sich dabei die Frage, ob bei einer derartigen „Mußsituation" zum Einbau von Produktteilen, z. B.

aus dem Vorgängermodell, dies noch gewährleistet werden kann.

Im Unternehmen vorhandene Teile, seien sie eigengefertigt oder fremdbezogen, können eine Vorgabe für die Produktgestaltung darstellen. Dies ist z. B. der Fall, wenn es im Vorfeld zum Kauf oder der Produktion einer zu großen Menge eines bestimmten Einbauteils kam, die jetzt im Unternehmen vorhanden ist und aus Wirtschaftlichkeitsgründen in der Montage verbraucht werden muß. Meist handelt es sich dabei um wenig leistungsbedeutsame und nicht genormte Kleinteile (Non-Importance-Träger). Durch die Verwendung vorhandener Teile ist auch die Entwicklung von Nischenprodukten (z. B. Audi TT) möglich, deren vollständige Neuentwicklung zu nicht marktadäquaten Preisen führen würde.

Gerade auch im Bereich der Fremdfertigung von Einbauteilen ergeben sich ökonomische Leistungen. Besonders deutlich wird dies, wenn im Rahmen einer Make-or-Buy-Entscheidung aus Kostengründen der Fremdbezug von Einbauteilen vorgezogen wird.

Aber auch langfristige Beschaffungsverträge, die eine Bindung an einen Lieferanten bedeuten, führen bei der Gestaltung des Endproduktes aus wirtschaftlichen Gesichtspunkten zur Vorgabe, diese oder jene Zukaufteile einbauen zu müssen. Gleiches gilt für die Notwendigkeit, bestimmte Teile im Rahmen von Gegengeschäften mit Käufern aus devisenarmen Ländern abzunehmen sowie für den durch vertikale Integration bedingten Zwang, Einbauteile aus der eigenen Unternehmensgruppe zu beziehen.

4.392.4 Wahrnehmungsleistungen

Produktteile werden als Gestaltungseinheit in das zukünftige Produkt übernommen. Von grundlegender Relevanz ist in diesem Zusammenhang die Frage, ob sie als Einheit in dem Endprodukt wahrnehmbar bleiben oder ihre Identität aufgeben und nicht mehr als losgelöste Gestaltungsmittelkombination erkennbar sind.

Allgemein kann gesagt werden, daß ein Produktteil dann wahrnehmbar ist, wenn es bestimmte Informationen über sich selbst in die Marktsphäre ausstrahlt. Eine Kombination bestimmter visueller, auditiver, gustatorischer, olfaktorischer sowie haptischer Ausdrucksformen dient zur Übermittlung dieser Informationen.

Bezüglich der Informationsinhalte kann zwischen Existenz-, Herkunfts- und Leistungsinformationen unterschieden werden (Ellinger 1966, S. 259 ff.).

Auf der ersten Ebene liegen die Existenzinformationen. Hier geht es einfach darum, ob ein eingebautes Produktteil durch den Verwender oder Käufer wahrnehmbar ist. Beispielsweise ist die Existenz von Autoreifen an einem Pkw für jeden Autofahrer offensichtlich. Dies ist bei einem im Motor eingebauten Spezialteil anders.

Zu den Existenzinformationen können Informationen über die Herkunft sowie die Leistung hinzutreten.

Im Rahmen der Herkunftsinformationen sind es vor allem Markierungen, die den Verwender über den Ursprung des Teils aufklären. Es geht hier z. B. um fremdbeschaffte Produktteile, die in das Endprodukt eingebaut werden. Dabei sind insgesamt zwei gegensätzliche Tendenzen festzustellen. Beispielsweise ist im Bereich der Automobilindustrie erkennbar, daß immer weniger Produktteile mit Lieferantenmarkierungen versehen werden. Dies bezieht sich vor allem auf elektrische Komponenten sowie Anzeigeinstrumente. In vielen anderen Sparten hingegen wird durch entsprechende Markierung aber auch durch Herausstellung innerhalb kommunikationspolitischer Maßnahmen bewußt auf die Herkunft bzw. auf den Hersteller des Produktteils hingewiesen. Dies gilt z. B. für die Schalt- und Bremsanlagen bei Rennrädern, die Prozessoren bei EDV-Geräten (→ ingredient branding, z. B. „Intel-inside").

Ziel ist oftmals, auf diese Art und Weise an einem bestimmten Image des Lieferanten zu partizipieren. Es handelt sich dabei gleichzeitig um einen direkten Grund für den Einbau von Produktteilen, auf den im Rahmen der Anmutungswirkungen noch näher eingegangen wird.

Auch Leistungsinformationen über ein Produktteil, die durch den Verwender wahrgenommen werden, können von großer Bedeutung sein. So kann z. B. der Fahrer einer mit einem Airbag-System ausgestatteten Mercedes-Benz-Limousine die Existenz der hiermit verbundenen Sicherheitsleistungen dieses Systems durch die besondere Form des Lenkrades aber auch durch den dort befindlichen Schriftzug erkennen.

Grundsätzlich muß aber herausgestellt werden, daß die Fähigkeit zur Wahrnehmung der drei genannten Informationsinhalte in starkem Maße von dem Wissen der entsprechenden Person abhängt.

Im Rahmen der Überlegungen zur Wahrnehmung ist darüber hinaus auch ein anderer Problembereich von Bedeutung. Sollen Produktteile in ein Endprodukt übernommen werden, stellt sich die Frage, inwieweit die Umsetzung der Gestaltungsidee dadurch gefährdet werden könnte.

Gerade wenn eine große Anzahl unterschiedlicher Teile, z. B. aus Standardisierungsgründen, eingebaut wird, kann die Situation eintreten, daß der Eindruck eines eigenständigen Produktes in der Gesamtwirkung verloren geht.

Grundsätzliche Aussagen über die maximal vertretbare Anzahl an einzubauenden Produktteilen können nicht gemacht werden. Der Gestalter muß im Einzelfall zwischen möglichen Einbußen hinsichtlich der Gesamtwirkung und den Leistungen des Produktteils abwägen. Wie in der Übersicht 180 deutlich wird, nehmen hierauf besonders die Merkmale des Produktteils (Produktteilkategorien), die Merkmale des Endproduktes (z. B. Produktziele) sowie die Anzahl der einzubauenden Produktteile und ihre Wahrnehmbarkeit Einfluß (Endler 1992).

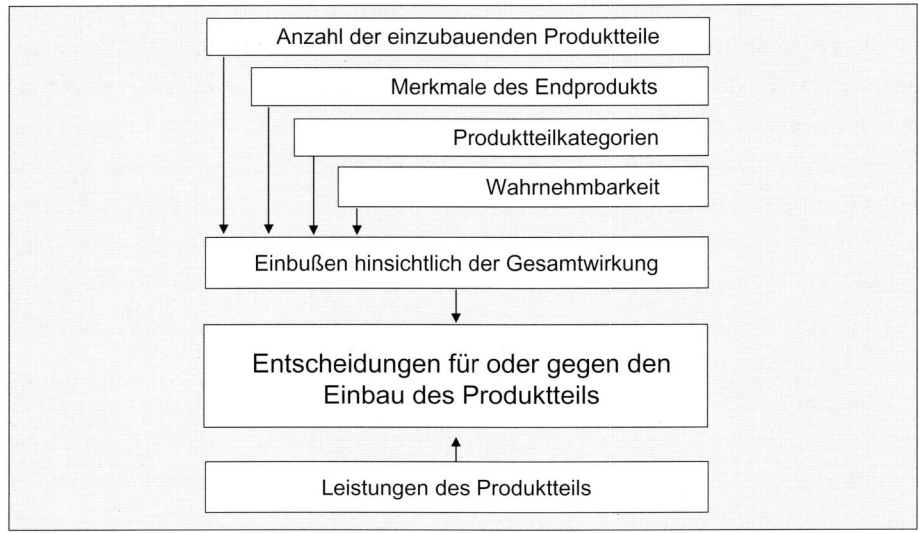

Übersicht 180: Produktteil-Einbau-Entscheidung (Quelle: Endler 1992, S. 216)

So ist es beispielsweise ein großer Unterschied, ob lediglich ein Standardisierungsträger oder ein Leistungsträger zur Anwendung kommt. Auch ist die Gefahr, daß die Gesamtwirkung des Endproduktes verloren geht, bei einem billigen Massenprodukt geringer als bei einem exklusiven Spitzenprodukt.

4.392.5 Anmutungsleistungen

Der Einbau von bewährten Teilen ist auch hier bedeutsam. Da der Verwender schon positive Erfahrungen mit dem Einbauteil gemacht hat, können bei ihm beispielsweise Anmutungen im Bereich Vertrauen oder Sicherheit hervorgerufen werden. Zeitbezogene Anmutungswirkungen von bewährten Produktteilen haben eher einen vergangenheitsorientierten Charakter.

Ähnliche Anmutungswirkungen können auch durch den Einbau von Normteilen hervorgerufen werden. Insbesondere bei unternehmensübergreifenden Normen assoziiert der Verwender oftmals Sicherheit und Haltbarkeit.

Ein weiterer Grund, der zu einer Entscheidung für den Fremdbezug von Produktteilen führen kann, ist die oben schon erwähnte Imagepartizipation. Durch den Einbau eines zugelieferten Teils soll ein existierendes Image des Lieferanten bzw. des Einbauteils auf das eigene Endprodukt übertragen werden, das sich dort durch bestimmte Anmutungswirkungen ausdrückt. So hebt möglicherweise die Bestückung eines Pkw-Typs mit Recaro-Sitzen (es handelt sich hierbei um einen komplexen Leistungsträger) das sportliche Image des Fahrzeugs.

Die Imagepartizipation bezieht sich besonders auf nicht genormte, aber leistungsbedeutsame Produktteile, die entsprechend auch durch den Verwender wahrgenommen werden.

4.310 Gestaltungsmittelprognose

Über die bei den einzelnen Gestaltungsmitteln unerläßliche Prognose (siehe z. B. Abschnitt 4.334) hinaus muß hier noch einmal betont werden, daß die morgige Gestaltungsmittelakzeptanz entscheidend ist. Das hat mehrere Facetten:

- Der technische Wandel/Fortschritt kündigt sich früh in den jeweiligen Disziplinen an. In den einschlägigen Forschungsinstituten und aus deren Veröffentlichungen kann man einiges Neues erfahren. Je innovativer das Produkt, um so schwieriger ist die Voraussage des Nutzungszeitpunktes.
- Der rechtliche Wandel betrifft bei Gestaltungsmitteln Anwendungsrestriktionen/ -vorgaben. Die Probleme einzelner Gestaltungsmittel kündigen sich früh an, die Probleme sind meist bekannt. Einschneidende Ereignisse können dann zu juristischen Kodifizierungen führen (denkbar z. B. das Verbot von PVC in Großbauten).
- Der Wahrnehmungswandel wurde bereits erwähnt (siehe Abschnitt 2.5). Da der menschliche Sinnesapparat wenig Veränderungen unterworfen ist, sind Wiederholungen in der Präferenz von Gestaltungsmitteln wahrscheinlich. Das sei am Design der getragenen Damenmode (gehobenes Niveau) für die Zeit von 1900 - 1991 stark verkürzt hier nachgewiesen (Abshof 1992).

Die Verfasserin hat Modeveröffentlichungen des deutschen Marktes untersucht. Die dargestellte und beschriebene Damenmode hat sie nach den Parametern Formkontur (Silhouette) und Struktur (Binnengliederung: Taschen, Knöpfe, Nähte, Paspelierungen, Muster usw.) geordnet. Für die Silhouette ergab sich der in Übersicht 181 dargestellte Zyklus.

430

Die androzentrische Silhouette wird auch als Y-Silhouette, die weibliche als X- und die androgyne als H-Silhouette bezeichnet. Es handelt sich um fließende Übergänge mit unterschiedlich langer Gültigkeit. Neben der Zyklizität ist auch überraschend, daß selbst Kriege dieses Akzeptanzverhalten wenig störten.

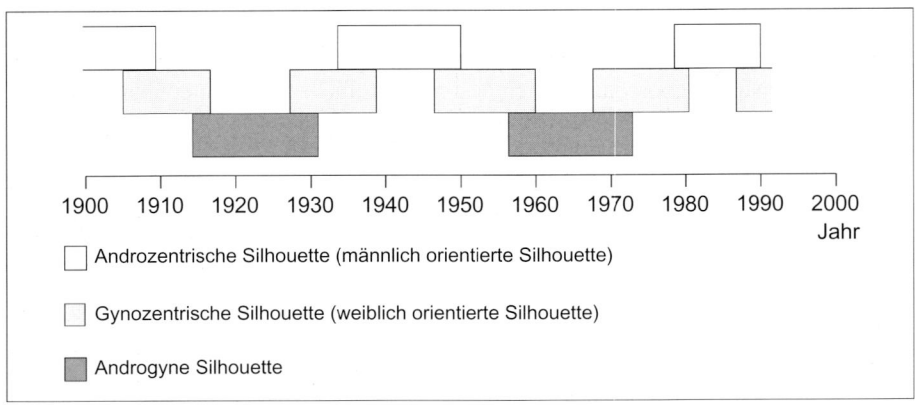

Übersicht 181: Formkonturtrends in der Mode (Quelle: Abshof 1992, S. 295)

Die Binnengliederung hat die Verfasserin polarisiert in bescheiden und opulent. Der Gestaltungsmittelverbrauch (Komplexität) schwankt zwischen niedrig und vielfältig, wie das folgende Bild zeigt:

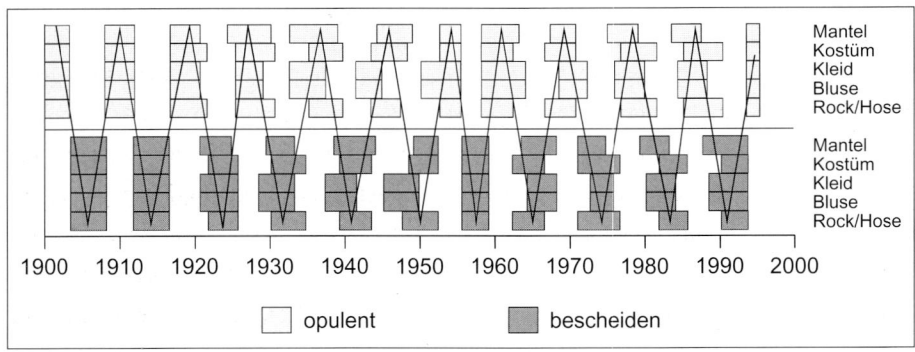

Übersicht 182: Formstrukturtrends in der Mode (Quelle: Abshof 1992, S. 290)

Verbindet man beide Bilder, dann erkennt man, daß eine neue Silhouette meist pur beginnt, die die Silhouette unterstützende Binnengliederung löst sich in eine kontrastierende Form*struktur* auf, um dann in eine neue Form*kontur*phase überzugehen. Abschließen wollen wir die Prognoseüberlegungen mit einem methodischen Hinweis. Die folgende Übersicht macht deutlich, welche Methoden sich wozu eignen:

Prognose-verfahren Gestaltungsmittel (GM)-bezogene Prognosearten		Primärstatistische Verfahren	Sekundärstatistische Verfahren	Intuitive Verfahren	Systematisch-analytische Verfahren	Indikatorverfahren	Analogieverfahren	Delphi-Verfahren	Szenario-Verfahren
Stoff/Material, Form, Farbe, Oberfläche	Variationsprognose bez. GM-Ausprägungen	x	x			x	x	x	
	Restriktionsprognose bez, GM-Ausprägungen	x	x		(x)	x	(x)	x	x
	Innovationsprognose bez. GM-Ausprägungen	x	x	(x)	x	x	x	x	x
Zeichen	Variationsprognose	x	x	(x)		x	x	(x)	
	Restriktionsprognose	x	x		(x)	x	(x)	(x)	(x)
Funktions-, Konstruktions-, historische Lösungsprinzipien, Produktteile	Variationsprognose	x	x		(x)	x	x	x	(x)
	Restriktionsprognose	x	x		(x)	x	(x)	x	x
	Innovationsprognose	x	x	(x)	(x)	x	x	x	x

Übersicht 183: Prognoseverfahren im Bereich Gestaltungsmittle (Quelle: Umminger 1990, S. 201)

4.4 Integrierte Gestaltungsmittelanalyse

Die bisher isolierte Leistungsanalyse der Gestaltungsmittel hat uns zwar einige Antworten darauf geben können, wodurch die einzelnen Gestaltungsmittel zur Anspruchsbefriedigung beitragen können; das realitätsnähere Problem, wie wir denn jetzt mehrere Gestaltungsmittel miteinander so kombinieren können, daß bei möglichst geringem Mittelverbrauch (Mitteleinsatz) die gewünschte Anspruchsbefriedigung ermöglicht wird, ist damit noch nicht gelöst. Sollen wir einen teuren Werkstoff, der ein einfaches Konstruktionsprinzip ermöglicht, aber eine komplizierte Form nach sich zieht, oder vielleicht ein kompliziertes Funktionsprinzip wählen, das jedoch einen billigeren Werkstoff zuläßt, aber eine schwierige (teure) Form erfordert?

Ähnlich dem Problem, das sich uns bei der Kombination der Marketinginstrumente stellt, stehen wir auch hier vor der Schwierigkeit, daß jedes eingesetzte Gestaltungsmittel die jeweils anderen mehr oder minder beeinflußt und damit eine Lösung unter dem Gesichtspunkt der Minimalkostenkombination in die Ferne gerückt wird. Formal können wir bei der Kombination verschiedener Gestaltungsmittel als Auswirkung auf das Leistungsresultat folgende Möglichkeiten unterscheiden:

- Leistungsverstärkung,
- Leistungsverminderung,
- Leistungsneutralität.

Für die Gestaltungsarbeit besonders interessant ist selbstverständlich der erste Fall, d. h. das Bemühen, solche Gestaltungsmittel zu verwenden, deren Leistungen sich gegenseitig verstärken, die Leistungssynergien ermöglichen. Wir stehen also vor der Aufgabe, Leistungsharmonien zu suchen und Leistungskonflikte auszuschalten.

Neben diesen Leistungsinterdependenzproblemen macht uns in der praktischen Arbeit ein weiterer Problemkreis zu schaffen. Wir nennen die daraus resultierenden Probleme Engpaßprobleme. Nicht immer ist es möglich, das am besten geeignete Gestaltungsmittel auszuwählen. Stoffliche Engpaßprobleme können darin liegen, daß durch besondere Unternehmenssituationen der Einsatz bestimmter Werkstoffe (z. B. Kunststoffe) vorgeschrieben wird, die Werkstoffwahl also wesentlich eingeengt wird. Vielfach läßt sich die Suche von Werkstoffherstellern nach Produkten beobachten, die ihre Stoffe „verbrauchen", um zu einem kontinuierlichen Absatz zu gelangen – das Produkt als Werkstoffvernichter (z. B. Filme – Kameras). Formbedingte Engpässe können u. a. in den Schutzrechten Dritter (s. Abschnitt 3.62) liegen. Durch Gebrauchs- oder Geschmacksmusterschutz reservierte Formen der Konkurrenz können die eigene Wahl einengen. Ähnlich verhält es sich mit den zeichen-(aufmachungs-)bedingten Engpässen. Wenn eine Biermarke mit der Bezeichnung „Bit" angeboten wird, ist es nach dem letzten Stand der Rechtssprechung unzulässig, ein Budweiser Pils unter der Bezeichnung „Bud" zu vertreiben. Der Ausgang des schon einige Jahre zurückliegenden Farbenstreits über die Farbkombination Rot-Gelb erschwert es den Konkurrenten der Firmen Maggi und Knorr, sich bei Lebensmitteln dieser Farbkombination zu bedienen. Weiterhin gehören zu den Engpaßproblemen Vorschriften darüber, was getan werden muß, welche Werkstoffe verwendet werden müssen, welche Handhabungssicherheiten zu gewährleisten sind (z. B. aufgrund des Gerätesicherheitsgesetzes), welche Informationen mit dem Produkt zu verbinden sind (z. B. Textilkennzeichnungsgesetz).

Diese Überlegungen reduzieren den Einsatz der best*geeigneten* Gestaltungsmittel auf den der best*möglichen.*

Wie sollen wir nun das Kombinationsproblem lösen? Aufgrund der begrenzten simultanen menschlichen Denkkapazität bleiben uns nur zwei grundsätzlich unterschiedliche Wege offen: Entweder wir versuchen, das Problem simultan mit Hilfe quantitativer Methoden zu lösen, oder wir zerlegen das Gesamtproblem in Teilprobleme soweit, bis sie „denkbar" werden. Quantitative Lösungsversuche gibt es zwar, sie beschränken sich jedoch auf Detailprobleme. Nach dem derzeitigen Wissensstand bieten sie wegen der Vielzahl der Einflußfaktoren und deren Abhängigkeiten auch kaum Aussichten für die zukünftige Gestaltungsarbeit, bevor das Vernetzungsproblem nicht wesentlich transparenter ist. Allein weil so viele wissenschaftliche Disziplinen an der Lösung von Gestaltungsaufgaben beteiligt sind, dürfte sich der quantitative Ansatz als Irrweg erweisen.

Wir sind also auch hier wieder auf den weniger exakten Weg der Entwicklung von Heuristiken angewiesen. Aufgrund der unterschiedlichen Gestaltungsschwerpunkte wollen wir die Kombinationsarbeit aufteilen in die Bereiche:

- der Sachleistungskombination,
- der Anmutungsleistungskombination,
- der Sach- und Anmutungsleistungskombination.

So lassen sich leistungsbezogene Kombinationsheuristiken entwickeln, die einen möglichen Weg der Gestaltungsarbeit widerspiegeln.

4.41 Die Sachleistungskombination

In Abschnitt 3.91 wurde die morphologische Methode erwähnt. Wie erinnerlich, wird das Gestaltungsproblem in wichtige, voneinander unabhängige Elemente zerlegt, denen man dann möglichst viele Lösungsmöglichkeiten zuordnet. Die Gestaltungslösung ergibt sich dann durch Verbindung der gut zueinander passenden Lösungsmöglichkeiten. Die Grundstruktur zeigt die folgende Übersicht 184:

Funktions-elemente		Alternativen							
Fleischauflage P_1	Auflage auf Rost	L_{11}	Auflage auf Draht	L_{12}	Spieß	L_{13}	Aufhängen an Drähten	L_{14}	---	L_{15}
Fleisch zuführen P_2	von Hand	L_{21}	kontinuierliches Tranportband	L_{22}	Halterung mit Fleisch auswechseln	L_{23}	---	L_{24}	---	L_{25}
Hitze erzeugen P_3	Kohle	L_{31}	Holzkohle	L_{32}	Strom	L_{33}	Gas	L_{34}	Sonnen-energie	L_{35}
Regulierung der Hitze P_4	wechselhafte Brennstoffzufuhr	L_{41}	Verstellung der Fleisch-halterung	L_{42}	Abschirmung durch Zwischenblech	L_{43}	Kühlmittel-zugabe	L_{44}	---	L_{45}
Grillgestell P_5	feste Mauerung	L_{51}	verankertes Gestell	L_{52}	Rollgestell, fest	L_{53}	zusammen-klappbares Gestell	L_{54}	---	L_{55}

Übersicht 184: Morphologischer Kasten für einen Gartengrill
(Quelle: Geschka/Schlicksupp 1974, S. 47 ff.)

Da wir in den vergangenen Abschnitten nicht von Funktionselementen, sondern generell von Gestaltungsmitteln (-instrumenten) gesprochen haben, liegt es nahe, die erste

Spalte mit den neuen Gestaltungsmitteln zu besetzen. Wir könnten dann zu jedem konkreten Fall die in Frage kommenden Gestaltungsmittelparameter (Variablen) zuordnen.

Dieser Lösungsweg befriedigt jedoch aus mehreren Gründen nicht. Wie generell bei dem Entwurf morphologischer Kästen ist die Forderung nach der Unabhängigkeit der Elemente nur schwer zu erfüllen. Wählt man beispielsweise Aluminiumblech als Gehäusematerial, dann liegen kantige Formen nahe usw. Und zum weiteren wird der Gestaltungsweg aus der Sicht des Produktmanagers nicht transparent genug. Warum welcher Verbindungsweg gewählt wird, das bestimmt das Wissen und die Erfahrung des Konstrukteurs. Er hat zuwenig Chancen, Fragen nach dem Warum zu stellen. Wir wollen deshalb einen komplizierteren Weg wählen, der den Gedankengang der Verknüpfungsüberlegungen besser abbildet (siehe Übersicht 185).

(1) Aufgrund der in Abschnitt 3.922 fixierten Produktleistungen wissen wir, was von dem neuen Produkt erwartet wird. In der Zwischenzeit dürfte sich eine mehr oder minder vage Vorstellung herausgebildet haben, wie das Produkt aussehen könnte. Daraus kann eine grobe Produktbeschreibung abgeleitet werden. Es scheint unzweckmäßig zu sein, hier bereits detaillierte Angaben zu machen.

(2) Nach dieser groben Ideenbeschreibung kann insbesondere bei nicht ganz einfach aufgebauten Produkten versucht werden, die Gestaltungsidee zuerst einmal in Komponenten zu zerlegen, um sie der Gestaltungsarbeit zugänglich zu machen. Bleiben wir bei dem bereits gewählten Beispiel des Fernsehapparates, das wir, um die Übersichtlichkeit zu erhalten, stark vereinfachen wollen. Wir können den Fernsehapparat in einen äußeren Teil mit Bildschirmteil, Anschlußteil, Lautsprecherteil, Bedienteil und Gehäuse und in einen inneren Teil (Chassis) mit Hochspannungsteil, Tunerteil, Ton- und Bildteil zerlegen. Wichtig ist bei diesem Zerlegen, daß es sich um möglichst geschlossene Komplexe handelt, die eine einheitliche Lösung verlangen, welche dann nicht oder nur schlecht gewährleistet wäre, würde man noch weiter zergliedern.

(3) Nehmen wir an, es würde eine Gruppe von Mitarbeitern unter der koordinierenden Hand eines Produktmanagers damit betraut, Vorschläge für das Äußere eines Fernsehapparates zu machen. Sie wird nicht gleichzeitig mit allen Komponenten beginnen, sie muß sich für ein Teil entscheiden, das sie für das wichtigste hält. Diese Gewichtung der Produktkomponenten kann erfolgen nach dem Gesichtspunkt:

435

Fixierte Produktsachleistung	

1. Formulierung einer adäquat erscheinenden Produktidee

2. Zerlegung dieser Idee in gestaltbare Komponenten, z. B. P1, P2, P3, P4, P5

3. Gewichtung dieser Produktkomponenten nach ihrer Bedeutung für das Produktgesamt, z. B. P4>P5>P1>P2>P3

4. Auflistung der für P4 geeignet erscheinenden Mittel

Stoff	S1, S2, S3, S4, S5, S6, S7
Form	F1, F2, F3, ..., F15
Farbe	C1, C2, C3, C4, C5
Zeichen	Z1, Z2, Z3, Z4
Oberfläche	O1, O2, O3, O4
Funktionsprinzipien	U1, U2, U3
Konstruktionsprinzipien	K1, K2, K3
Historische Lösungsprinzipien	L1, L2, L3, L4
Produktteile	T1, T2, T3, T4, T5, T6

5. Isolierte Bewertung der Mitteleignung für P4

Stoff	S3, S5, S7, S1, S2, S4, S6
Form	F2, F3, F4, F14, F15, F5, F1, ...
Farbe	C1, C5, C4, C3, C2
Zeichen	Z4, Z1, Z2, Z3
Oberfläche	O3, O2, O1, O4
Funktionsprinzipien	U2, U1, U3
Konstruktionsprinzipien	K2, K3, K1
Historische Lösungsprinzipien	L2, L3, L1, L4
Produktteile	T4, T3, T2, T1, T5

6. Rangreihenbestimmung der Mittelgruppen für P4, z. B. F>L>K>C>Z>S>U>T>O

7. Auswahl der einzelnen Gestaltungsmittel unter dem Kriterium bestmöglicher Sachleistungsharmonie, z. B. F2, L2, K2, C2, Z1, S4, U1, T2, O2 und Bildung eines Mittelgesamts M1

8. Auswahl eines Mittelgesamts, das von einem weniger einschränkenden Gestaltungsmittel ausgeht, z. B. F3, L2, K2, C2, Z1, S3, U1, T2, O3 und Bildung eines Mittelgesamts M2

9. Vergleich der Leistungsbündel der Mittelgesamte M1 und M2 und Auswahl des leistungsfähigeren Mittelgesamts, z. B. M2

10. Vollzug der Schritte 4-9 für P5, dann für P1, P2, P3 unter Beachtung der bereits gefällten Mittelentscheidungen, ggf. Veränderung bereits gefällter Mittelentscheidungen

11. Gesamtkombination der einzelnen Komponenten unter dem Blickwinkel bestmöglicher Gesamtharmonie

Übersicht 185: Zur Gestaltung günstiger Sachleistungsbündel

- der bestmöglichen Konkurrenzdifferenzierung,
- der stärksten unternehmensinternen Probleme (Restriktionen),
- des zukünftig erwartbaren Präferenzschwerpunktes (Trends),
- der Abrundung der bisherigen Produktpalette usw.

Anhaltspunkte für die Komponentengewichtung haben wir in den Überlegungen zur Anspruchshierarchisierung gewonnen. Zumindest für langfristig erfolgversprechende Produkte dürften die wichtigen Ansprüche eine Hilfe für die Komponentenhierarchisierung bieten. Wir unterstellen nun folgende Bedeutungsfolge:

Bedienteil > Gehäuseform > Bildschirmteil > Anschlußteil > Lautsprecherteil

Mit dieser Gewichtung gehen wir bereits über das hinaus, was im Rahmen der Morphologie (morphologischer Kasten) vorgeschlagen wird.

(4) Erst jetzt scheint es uns angebracht zu sein, nach der Realisationsmöglichkeit zu fragen. Wir listen zuerst einmal die Gestaltungsmittel auf, die sich für die Gestaltung der gewählten Komponente (Bedienteil) eignen. Wir listen auf: die Werkstoffe (z. B. Kunststoff in den verschiedenen Variationen, Zinkdruckguß, Aluminium, Holz), Formen (zylindrische, quaderförmige Stäbe, konvexe, konkave Tastflächen, flach- oder hochrechteckige Anordnung), die Farben, die Zeichen (z. B. genormte, laienhaft verständliche Bildzeichen, Wortzeichen), die Oberflächen (z. B. geriffelte, gerändelte Bedienknöpfe, gerauhte Tastflächen), die Funktionsprinzipien (z. B. Ultraschallbedienung, mechanische Tastbedienung am Gerät), die Konstruktionsprinzipien (z. B. Vieltasten-, Eintastenbedienung), die historischen Lösungsprinzipien (z. B. Druckschalter, Tastschalter, Schiebeschalter, Drehschalter) und Produktteile. Dieses „Sammelsurium" an Gestaltungsmitteln muß nun zielgerichtet geordnet werden.

(5) In einem ersten Ordnungsschritt gewichten wir die Gestaltungsmittel nach ihrem jeweiligen Leistungsbeitrag für die Gestaltungsaufgabe. Es sei besonders betont, daß es sich noch um eine isolierte Bewertung handelt, bei der aber durchaus schon der Umfang der Leistungsbeiträge einzelner Gestaltungsmittel berücksichtigt werden kann. So kann ein Gestaltungsmittel ein ganzes Bündel von Ansprüchen befriedigen, während ein anderes nur wenige befriedigt. Wieder konkret auf unser Beispiel bezogen, kann sich nachstehende zielabhängige Rangfolge ergeben:

Stoff	Polypropylen > Polyvinylchlorid > Polyamid > Aluminium > Zinkdruckguß
Form	zylindrische Stäbe mit konkaver Tastfläche in flachrecht-eckiger Anordnung >
Farbe	einzelfunktionsbezogene Farbkontraste > einheitlich bunte Farbgebung > einheitlich unbunte Farbgebung
Zeichen	verstehbare Bildzeichen > Wortzeichen > fachliche Bildzeichen > ...
Oberfläche	gerändelte > geriffelte > glatte Bedienköpfe
Funktionsprinzipien	Ultraschallbedienung > sensortasten > mechanische Tasten
Konstruktionsprinzipien	Vieltastenbedienung > Eintastenbedienung > ...
histor. Lösungsprinzien	Tastschalter > Druckschalter > Drehschalter
Produktteile	Regler > Schalter > Skalenanzeigeinstrument

Übersicht 186: Beispielhafte Bedeutungsrangfolge von Gestaltungsmitteln

(6) Nach diesem analytischen Schritt müssen wir zusammenfassen. Wir müssen die Wechselwirkungen mit einbeziehen. Wir überlegen uns, welches Gestaltungsmittel (Gestaltungsmittelgruppe) den bedeutsamsten Beitrag für die Gestaltungsrealisation liefert, welches erfolgsdeterminierender zu sein scheint und welches als das nächstwichtige anzusehen ist. Bei unserem Beispiel kann die Rangfolge so ausfallen: Form > historisches Lösungsprinzip > Konstruktionsprinzip > Farbe > Zeichen > Stoff > Funktionsprinzip > Produktteil > Oberfläche.

Es kann sich hierbei als zweckmäßig erweisen, das eine oder andere Gestaltungsmittel vorerst aus der Betrachtung herauszulassen, weil es für die zu gestaltende Komponente weniger wichtig ist und weil man weiß, daß es bei einer anderen Komponente eine weitaus größere Bedeutung einnimmt. Das legt es nahe, die dort zu fällende Entscheidung später in die ranghöhere Komponente entsprechend modifiziert zu übernehmen.

(7) Jetzt kann die konkrete Gestaltungsarbeit beginnen. Aus dem Katalog der einzelnen Gestaltungsmittel wird das ausgewählt, welches als besonders geeignet erscheint. Die Vorarbeit in Schritt 5 trägt jetzt Früchte. Bezogen auf unser Beispiel wählen wir aus: zylindrische Stäbe mit konkaver Tastfläche in flachrechteckiger Anordnung. Dann wird nach der Ausprägung des nächstgeeigneten, hierzu passenden Gestaltungsmittels gesucht. Das kann aufgrund der jetzt zu berücksichtigenden Interdependenz zweier Gestaltungsmittel zu einem Abweichen von der isolierten Rangordnung führen. Anstelle von Tastschaltern halten wir Dreh- und Druckschalter für geeignet, die ihnen obliegenden Funktionen im Zusammenhang mit der gewählten Form zu erfüllen. Bei der Wahl des nächstwichtigen Gestaltungsmittels werden wir weiter eingeengt. Wel-

che Farbwahl paßt zu den bisherigen Festlegungen? Für die wichtigen Druckschalter zum An- und Ausschalten wählen wir Rot als Signalfarbe. Die Druckschalter für die Senderwahl sollen zurückhaltend unbunt gestaltet werden, der Drehschalter für die Lautstärkeeinstellung soll in Rot, die Drehschalter für den Hell-Dunkel-Kontrast und die Bildabstimmung sollen in Grün erscheinen, um die Bedienung zu vereinfachen. Die geringe zur Verfügung stehende Fläche läßt nur genormte Bildzeichen zu. Als Werkstoff scheint Polypropylen deshalb besonders günstig zu sein, weil in einem Arbeitsgang Form-, Farb- und Zeichengebung erfolgen kann. Als Funktionsprinzip entscheiden wir uns für die Ultraschallbedienung usw.

Durch diese Hintereinanderreihung schalten wir zum einen die nicht so günstigen Alternativen aus, wir beschränken die Gestaltungsmittel und zum anderen berücksichtigen wir die Interdependenzen. Wir erhalten ein Mittelgesamt M1.

(8) In der gewählten Schrittfolge liegt eine Gefahr. Je weniger Alternativen die an erster Stelle gewählte Gestaltungsmittelausprägung zuläßt, je restriktiver sie also wirkt, um so eher können sich insgesamt ungünstige Ergebnisse einstellen. Deshalb scheint bereits an dieser Stelle für die gewählte Produktkomponente ein Kontrollschritt angebracht zu sein. Eine Kontrollmöglichkeit kann so erfolgen: Man beginnt zwar wie bisher mit dem wichtigsten Gestaltungsmittel, jedoch nicht mehr mit der bestgeeigneten Gestaltungsmittelausprägung, sondern mit einer zwar noch guten, die dafür aber einen größeren Gestaltungsspielraum zuläßt. Die dann folgende Vorgehensweise ist mit der in Schritt 7 genannten identisch. Als Ergebnis erhalten wir das Mittelgesamt M2.

(9) Im Anschluß daran vergleicht man das Gestaltungsmittelgesamt M1 mit dem Mittelgesamt M2 und wählt das bessere aus.

(10) Nun kann man sich der Gestaltung der nächstwichtigen Komponente zuwenden. Formal vollzieht man die geschilderten Schritte 4-9 für diese Komponente mit der einen wichtigen Einschränkung, daß die bereits für die erste Komponente gefällten Entscheidungen jetzt mitberücksichtigt werden müssen. Grundsätzlich sind Widersprüche im Gestaltungsmitteleinsatz zugunsten der bereits fixierten Gestaltungsmittelentscheidungen zu lösen. Sollte sich jedoch herausstellen, daß bereits getroffene Entscheidungen zu einer so ungünstigen Gestaltung einer nachrangigen Komponente führen müssen, kann es zweckmäßig sein, die frühere Entscheidung erneut unter diesem Blickwinkel zu überprüfen. Je näher die Leistungen der alternativen Gestaltungsmittelausprägungen in dem früheren Entscheidungsschritt lagen, um so leichter dürfte eine

Gestaltungsmittelrevision fallen, auf die dann die weiteren Schritte wiederum abgestimmt werden müssen. Sollte sich beispielsweise in unserem Falle bei der nächstwichtigen Komponente des Gehäuses eine hochquadrige Form als besonders bevorzugenswert herausstellen, dann kann dies zu einer Überprüfung der gewählten flachrechteckigen Form für das Bedienteil führen. Diese Überlegungen werden für alle Produktkomponenten vollzogen.

(11) Die Arbeit der Gestaltungsmittelkombination endet mit der Kombination der Komponenten. Obwohl die Abstimmungsarbeit durch die einschränkende Schrittfolge im wesentlichen geleistet worden sein dürfte, können sich doch noch sachliche Disharmonien (Diskrepanzen) ergeben, die zu einer nochmaligen Überprüfung zwingen. Sie kann dann, wie im Schritt 10 geschildert, erfolgen.

Eine Kontrolle könnte bereits an dieser Stelle stattfinden; um Wiederholungen jedoch zu vermeiden, werden wir darauf erst im Anschluß an alle Gestaltungsmittelüberlegungen eingehen. Diese systematisch-diskursive Vorgehensweise muß die Kreativität nicht hemmen, sie wird vielmehr gelenkt, gesteuert, um zufallsbedingte Entscheidungslücken zu verhindern.

4.42 Die Anmutungsleistungskombination

Je mehr der technische Fortschritt erlahmt, je ähnlicher die Sachleistungen von Produkten werden und je mehr sich Sättigungserscheinungen bemerkbar machen, um so notwendiger wird der erlebnisbezogene Leistungsdimensionsraum von Produkten. Das Streben des Herstellers geht dahin, Produktpersönlichkeiten mit einer ganz spezifischen, unverwechselbaren Aura zu schaffen. Das Produkt wird mit Leistungen ausgestattet, die bei rationaler Abwägung eigentlich überflüssig sind. Wir haben jedoch gesehen, daß das menschliche Verhalten auch von anderen Faktoren geprägt wird (siehe Abschnitt 2.3). Daraus erwachsen Anmutungsansprüche, die es zu befriedigen gilt. Man kann dies mit langfristig gültigen Gestaltungslösungen versuchen – dazu könnte man designorientierte Produkte zählen – vielfach findet man jedoch auf ständigem Wechsel beruhende Konzepte (z. B. Swatch-Konzept). Sie erscheinen vertretbar, weil sie das menschliche Abwechslungsbedürfnis reflektieren. Ideologische Bewertungen, wie sie aus der Literatur unter dem Stichwort „geplanter Verschleiß (Obsoleszenz)" bekannt sind (Hillmann 1977, S. 48 ff.; Bodenstein/Leuer 1977), helfen da wenig.

Der Maßstab für richtig oder falsch kann im Marketing nicht aus ethischen Normen, sondern nur aus den Gesetzen der eigenen Disziplinen bezogen werden, und der liegt im Akzeptanzverhalten oder in der Kaufverweigerung. Was aufgrund ethischer Normen zulässig sein darf, hat die Gesellschaft zu klären, in Normen zu fixieren, die dann als limitierende Einflüsse (siehe Abschnitt 3.6) im Marketing als Daten beachtet werden müssen. Ideologische Verkürzungen menschlicher Verhaltensrealität helfen weder uns bei der Produktgestaltung noch dem Verbraucher im Rahmen der Verbraucherpolitik.

Das Entscheidungsfeld der Anmutungsgestaltung von Produkten ist die Domäne der „industrial designer". Sie kreieren zweifellos immer wieder gelungene Gestaltungslösungen. Mit ihnen muß der Produktgestalter zusammenarbeiten, um marktfähige Produkte zu gewinnen. Da bei ihnen die intuitive Kreativität im Vordergrund des Bemühens steht, ist die Kommunikation nicht ganz einfach. Systematisches Arbeiten findet nicht immer die gewünschte Gegenliebe. So überrascht es denn auch wenig, wenn man bei Durchsicht der Designliteratur feststellt, daß sie nur wenig zu den uns hier interessierenden Problemen beiträgt (partielle Ausnahmen bilden z. B. Bürdeck 1973; Löbach 1976, S. 137 ff.).

Damit keine Mißverständnisse entstehen: Wir wollen den Designer nicht ersetzen, sondern vielmehr versuchen, daß der Produktmanager die Arbeit des Designers besser versteht. Wir wollen die Basis für eine bessere gemeinsame Kommunikation schaffen. So kann der Produktmanager seine Initiativ- und Koordinationsfunktion wahrnehmen.

Auch bei der Anmutungsleistungskombination empfiehlt sich zur Effizienz- und Transparenzsteigerung ein schrittweises Vorgehen (siehe Übersicht 187).

(1) Im Gegensatz zur Sachleistungskombination gehen wir hier nicht vom einzelnen Baustein aus; hier dürfte es ratsam sein, Ganzheiten in den Mittelpunkt zu stellen. Es ist die Frage zu beantworten, welche typischen Anmutungsleistungskombinationen auf dem Markt existieren. Man kann sie auch als *Anmutungscharaktere* oder kürzer als Looks oder Stile bezeichnen. Sie weisen eine spezifische Kombination von Gestaltungsmitteln auf. Der Lookbegriff begegnet uns vor allem im Bereich der Bekleidungstextilien. Wir wollen ihn jedoch generell verwenden. Der Stilbegriff ist mehrdeutig. Er wird sowohl für gegenwärtige (so spricht man beispielsweise vom „Ulmer Stil" – eine durch die Hochschule für Gestaltung in Ulm geprägte Richtung des Design, bei der die Beschränkung auf das „Funktionsnotwendige" besondere ästhetische Wirkungen hervorruft; vgl. hierzu Kellner/Poessnecker 1978) als auch für historische (vgl. Lindemann/Boekhoff 1974; Kreisel 1968-1973; Schmitz o. J.; Mollesworth/Kenworthy-Brown 1972; Honour 1972; Crescinsky o. J.; Nickerson 1963; Frey 1970; Montgomery/

Cole 1970; Montgomery/Forman 1970; Chippendale 1955) Anmutungscharaktere benutzt.

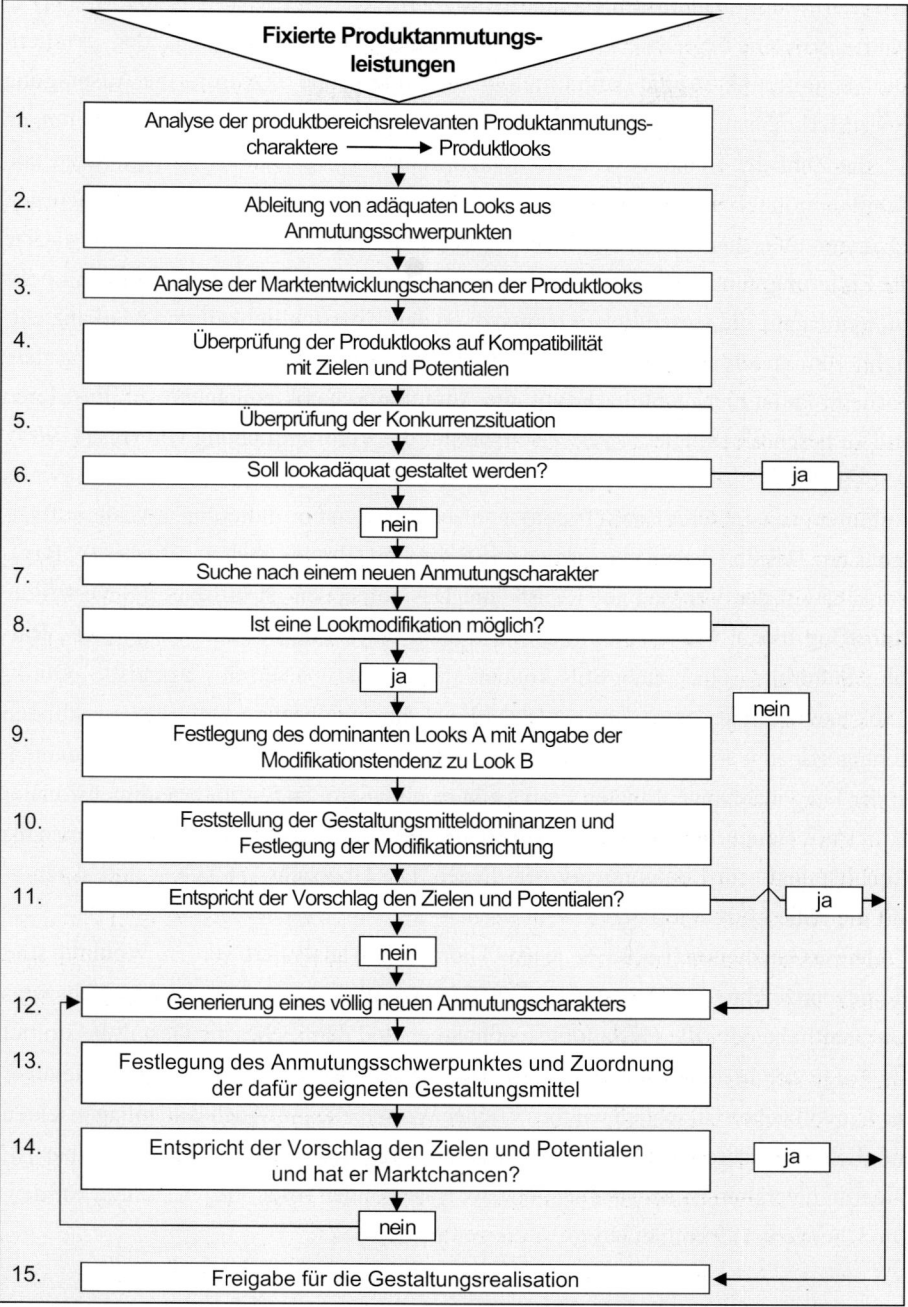

Übersicht 187: Prozeßlösungsweg zur ganzheitlichen Produktanmutungsgestaltung

Uns interessiert die Produktgestaltung von heute, ohne dabei bezweifeln zu wollen, daß sie vielfach deutlich historische Bezüge aufweist. Um die Identifikation von auf den Märkten beobachtbaren Produktlooks zu erleichtern, hat Hase (1989, S. 247) in Matrixform eine begrenzte Menge von differenten Merkmalen miteinander korreliert. Die „Schnittpunkte" sind dann durch die dominante und akzessorische Ausprägung eines Merkmals markiert. Die Neuigkeit des Ansatzes liegt darin, daß es uns gelungen ist, die Zahl der Looks bzw. der stildeterminierenden Merkmale zu begrenzen und damit handhabbar zu machen. Auf einem mittleren Abstraktionsniveau wurden 15 Anmutungscharakterelemente formuliert, die in der dargestellten Art einer Matrize die Fixierung von 225 Look-Typen zulassen. Damit ist die Identifizierung von Looks zum einen auf die wesentlichen begrenzt, so daß Übersichtlichkeit und Markanz entsteht, zum anderen jedoch so breit, daß ein expressives und nuancenreiches System vorliegt. Es ist hier nicht der Raum, die Anmutungscharakterelemente zu illustrieren und zu beschreiben. Hierzu verweisen wir auf die Veröffentlichung von Hase (1989). Wichtig erscheint uns jedoch der Hinweis, daß die folgende Übersicht jeweils Anmutungscharaktere (Look-Typen) unterschiedlichen Formulierungsniveaus aufweisen: Zum Teil sind dominante Firmenstile formuliert (Braun-, Stelton-, Burberry-, B+O-Look usw.); der Verweis auf Kunst- und Designfacetten ist hilfreich (Neue Wilde, Kunstflug usw.); Materialdominanzen können einen Look definieren (Kiefer-, Rattan-, Stahlrohr-Look); auch Stile können einen Look übersetzen (Jugendstil-, Gotik-Look usw.). Nicht genug damit, auch Milieus, Regionalbezüge, Gefühle usw. können herangezogen werden, um die Vielfalt der Looks einzufangen. Neben den prägnanten, in der Diagonale angeordneten Looks gibt es einen großen Strauß zweidimensionaler Looks mit Haupt- und Nebenwirkung sowie Leerfelder. Vor allem letztere können als Anhaltspunkte für Lookinnovationen dienen. Die Übersicht 188 belegt und akzentuiert die reale Look-Vielfalt.

Diese Ganzheiten (Looks, Stile usw.) können nun analysiert werden. Wodurch sind sie gekennzeichnet? Man kann die Gestaltungs-(Wirkungs-)idee und damit eher das Ganzheitliche oder die Gestaltungsmaßnahmen und damit eher die Gestaltungsmittel als Folge der Idee beschreiben. Weil der zweite Weg konkreter und damit leichter nachzuvollziehen ist, wollen wir dies in einer Worttabelle tun. Auch Bildcollagen wären möglich. Das hätte jedoch wesentlich mehr Platz erfordert, als er hier verfügbar ist; außerdem veralten Bilder sehr schnell. Bei Hase können Bildcollagen studiert werden. Die Übersicht 189 enthält lediglich die zentralen Looks.

dominant (↓) \ akzessorisch (→)	maskulin	feminin	rustikal	artifiziell	einfach	wertvoll	sachlich	nostalgisch	konventionell	originell	klassisch	verspielt	traditionell	zeitbetont modern	avantgardistisch
maskulin	Maskulin-Look		Western-Look		Tramper-Look	Profi-Look		Safari-Look			Gentlemen-Look		Wander-vogel-Look	Navy-/Military-Look	
feminin	Business-look	Feminin-Look		Diva-Look	Landfrauen-Look	Lady-Look		Romantik-Look			Style Blanche	Mädchen-/Rüschen-Look	(China-Look)		
rustikal	Rancher-Look	Folklore-Look	Rustikal-Look	Nordic-Look	Nature-Look								Bauernmalerei	Schwarz-wald-Look	
artifiziell	Porsche-Look	(Art Deco)	(Kunsthandwerk)	Art-Look				Jugendstil		(Memphis) (Frankfurter Schrank)	(Macintosh)		(Rokoko)		Beton-Look
einfach	Workman-Look	Lieschen-Müller-Look	Kiefern-Look	Rattan-Look	Discount-Look		Nuts and Bolts-Look	Streublümchen					Herzchen-Look	Kisten-/Sponti-Look	
wertvoll		Luster-/Kristall-Look	Naturholz-Look	Fin-Look		Nobel-Look							(Louis Vuitton)		(Urushi-Look)
sachlich	Profi-Look		Factory-/Working-Look	High-Tech-Look	(Braun-Look)		Technik-Look		Bürostuben-Look					Edelstahl-Look	
nostalgisch	Jugend-/Werkbundstil	Kolonial-Stil	Land-Look	Tiffany-Look				Nostalgik-Look	Weichholz-Look				Messing-Look		
konventionell		Boudoir-Look	Gute-Stube-Look	(B&O-Look)	Alu-Look	Goldrand-/Mahagoni-Look			Usual-Look						
originell					(Stelton)					Lustiger-Pfiff-Stil					New-wave-Look
klassisch	Burberry-Look	(Empire Stil)	Provence-Look	(Klassizismus)	(Schleiflack-Look)	(Wiener Moderne)	Bauhaus-Look (M.v.d.Rohe)	Antik-Look		Egyptian-Azteken-Look	Klassik-Look		Distinguierter-Stil	International Style	(Klassische Avantgarde)
verspielt		Backfisch-Look		Glitter-Look	Setzkasten			(Carl Larsson)				Nippes-Look	Puppenstuben-Stil	(Björn Windblad)	
traditionell	Gothic-Revival	Friesen-Stil	(Arts and Crafts) Landhaus	Rokoko-Stile		Gediegene bürgerliche Stile	Ewige Formen	(Biedermeier)	"Alt-deutscher Stil"			(Jugend-Stil)	Stil-Look		
zeitbetont modern	Cockpit-Look					Marmor-/Transparent-Look		Pepita-Look	Stahlrohr-Look	Two-tone-Look (Kunstflug)			Yuppie-Look	Modern-Look	Post-moderner-Look
avantgardistisch	(Neue Wilde)			Italia-Look	Puristen-Look		Bauhaus-Look (Le Corb.)								Avantgarde-Look

Übersicht 188: Zur Strukturierung der Lookvielfalt (Quelle: Hase 1989, S. 247)

	Material	Form	Farbe	Oberfläche	Funktions-prinzip	Konstruktions-prinzip
Maskulin look	Stahl, Alu, in massiver Ausführung, dunkler Marmor, feine Naturfasern	geometrisch einfache, horizontal betonte Formen, schwer und wuchtig	unbunte Farben, Erdfarben, kontrastierende Farben	stumpf bis seidenmatt, strukturierte Flächen	techn. aktuelle Funktionsprinzipien zur Erzielung langsamergleitender Bewegungen	einfach, statisch, massiv, sichtbare Verbindung
Feminin look	Messing, Kupfer, heller Marmor, feine Naturfasern	leicht und fragil, organische Linien, Betonung der Vertikalen	Pastelltöne, leicht und duftig, sichere Farbharmonien	seidenmatt bis hoch glänzend, effektreiche Flächen	einfach, unsichtbar	"stabile" Zerbrechlichkeit, präzise
Rustikal look	Gußeisen, Bronze, Kupfer,Zinn,naturgegerbtes Leder, derbe Fasern	kantig, schwer, betonte Horizontale	Erdfarben	unbehandelt, roh, offenporig, Salzglasuren	betont reduziert	sichtbar offen, (Nieten, Keile, Splinte)
Art-look (artifiziell)	Silber, Messing, ausgefallene Steine, exotische Hölzer, feines Leder	raffiniert, nicht zu technisch, überdehnte, gestreckte Formen, zerbrechlich	klare Farben, Pastellfarben, schwarz, weiß	hochwertige Lacktechniken, matte satinierte bis polierte Oberflächen	unüblich, nicht technisch	unsichtbare Verbindungsteile, Strukturelemente verdeckt
Discount-look (einfach)	dünne Bleche, Kunststoffe, Weichholz	symmetrisch, geometrisch	braun, bunt	glatt, wenig Struktur, Beschichtung	simpel, einfach	aufwandslos,Verbindungen genagelt, gepreßt, gegossen
Nobel-look (wertvoll)	Gold, Rubinglas, erlese Hölzer (z.B. Bruyere)	schwere, breite Formen	kräftige, satte Farben	perfekte Flächenbehandlung (Schellack, Chinalack, usw.)	hochwertig	solide, dauerhaft, Massivität der Elemente
Technik-look (sachlich)	neuartige Legierungen, Verbundwerkstoffe, Buche	Reißbrettformen, technisch funktionale Fugen	Metallic, monochrome Farben	hochglänzend, griffig, strukturiert	hochwertig, technische Prinzipien	Baukastenprinzip, Sandwichtechnik
Nostalgie-look	alte, bekannte Werkstoffe (Steingut, Peddingrohr)	voluminös bis grazil, floral organisch	matt, gealtert, Braunnuancen	gewachst, gedunkelt	--------	-------
Usuallook (konventionell)	Messing, Kupfer, Kunststein	einfach, unkompliziert, harmonisch proportioniert	wenig auffallend, matte, verhüllte Farben	glatt, aber matt	einfach, techn. bewährt	solide, handwerklich, wenig Aufwand
lustiger Pfiff-Stil (originell)	unübliche Materialien, überraschend, ungewohnter Einsatz	ausgefallene Formen, Verzerrungen, Über- oder Unterproportionierungen	bunt, Neonfarben, Signalfarben	alles in Verfremdung möglich	innovativ, unverhoffte Effekte	neuartig, Modulbauweise
Klassik-look	Gußeisen, Bronze vergoldet, Alabaster	strenge Harmonie, ausgewogene Symmetrie, antikisierend	matt, schimmernde Effekte, wenig Kontraste	klares Finish, poliert, gelackt	--------	handwerklich, hochwertig
Nippes-look (verspielt)	beschichtetes Stahlblech, weiche Hölzer	Kleinteiligkeit, organische Formen (Blätter, Muscheln, Schnecken)	bunt und kontrastreich	stark strukturiert, Craquelé	geräuschvoll, schiebbar, steckbar	-------
Stillook (traditionell)	Messing, Zinn, Gußwerkstoffe, Keramik, kräftiges Leder	schwer, kantig, Voluten, barocke Schnörkel, Architekturformen	gedeckt, naturbelassen	offenporig, ungleichmäßiges Finish	--------	schwere, deutlich akzentuierte Verarbeitung
Modernlook (zeitbetontmodern)	Edelstahl, Plexi, weiche, feinporige Hölzer	geometrisch orientiert	zeitorientiert, farbzyklisch	matt-glänzend, technisch strukturiert	zeitgemäß	Baukastenstrukturen
Avant garde-look	unbearbeiteter Stahl, ausgefallene Kunststoffe, exotische Hölzer	exzentrisch, Symmetrievermeidung, Überdehung, großzügige Dimensionierung	kontrastreich, gewagte Harmonien	von unfertig bis hochwertig	intelligente, neuartige Lösungen	experimentell

Übersicht 189: Look-abhängige Gestaltungsmitteldominanzen

Wie die Kopfspalte dieser Übersicht verdeutlicht, prägen nicht alle Gestaltungsinstrumente einen Look. Produktteile und historische Lösungsprinzipien wirken nur in Ausnahmefällen determinierend. Für besondere Produktbereiche sind spezifische Untersuchungen möglich (vgl. Medeyros 1982).

(2) Es ist nun notwendig, denjenigen Look auszuwählen, der den Anforderungen des Marktes am besten entspricht. Hilfreich erscheint es hier, zentrale, tonangebende, strukturbestimmende Anmutungsleistungen von den mehr peripheren, nur „mitklingenden" Leistungen zu trennen. Darüber hinaus kann die Klarheit der Überlegungen durch die Zusammenfassung bzw. Clusterung von sich ergänzenden Anmutungsleistungen verbessert werden. Die endgültige Zuordnung eines Looks zu den vorgegebenen Anmutungsleistungen obliegt aber dem Produktgestalter, dessen Gefühl für Looks und Stile durch die marktbezogene Erfahrung des Produktmanagers ergänzt werden muß.

(3) Wenn man das Feld der für eine konkrete Gestaltungsaufgabe relevanten Produktanmutungscharaktere durch die Auswahl eines oder einiger weniger verdichtet hat, wird man sich die Frage stellen müssen, welche Bedeutung denn dem einzelnen Anmutungscharakter heute und vor allem zukünftig zukommt. Die Antwort wird etwas erleichtert durch die bereits gewonnenen Anspruchstrendinformationen (siehe Abschnitt 3.45).

(4) Hat sich nun ergeben, daß ein Look besonders günstige Zukunftsaussichten aufweist, dann bleibt zu fragen, ob dieser Look mit dem anfangs gesetzten Produktziel, dem erworbenen Firmenimage und dem sonstigen vorhandenen Potential vereinbar ist. Diese Frage wird noch häufiger zu beantworten sein.

(5) Neben den generellen Marktaussichten muß auch geprüft werden, ob der Markt selbst groß genug ist, wenn man als zusätzlicher Anbieter in die Arena tritt. Die Konkurrenzlage muß geklärt werden. Was dabei alles bedeutsam ist, haben wir an früherer Stelle (siehe Abschnitt 3.5) bereits erörtert.

(6) Ist man mit den Antworten zufrieden, kann man mit der Gestaltungsarbeit, d. h. mit der Kombination der Gestaltungsmittel beginnen. Der in Übersicht 189 dargestellte Zusammenhang kann hierbei Hilfestellung leisten.

(7) Bei einer negativen Antwort muß die Suche nach einem neuen Anmutungscharakter einsetzen.

(8) Der Neuheitsaspekt kann unterschiedlich intensiv ausfallen. Mehrere Gründe (z. B. Können, Wagemut) mögen dazu führen, daß man zuerst die Frage prüft, ob eine Lookmodifikation ausreicht.

(9) Im Falle der positiven Antwort muß festgelegt werden, welcher Produktlook dominant ist und in welcher Lookrichtung er abgewandelt werden soll.

(10) Hierzu kann man wieder auf Übersicht 189 zurückgreifen. Es ist zu prüfen, welches Gestaltungsmittel vorrangig den Produktlook A prägt und welches Gestaltungsmittel deutlich den Produktlook B beeinflußt. Man kann nun versuchen, das prägende Gestaltungsmittel des Looks A in Richtung des prägenden Gestaltungsmittels des Looks B abzuwandeln. Das läßt sich auch mit den weniger prägenden durchführen.

(11) Bevor man mit der konkreten Gestaltungsarbeit beginnt, muß wieder geprüft werden, ob diese Modifikationsidee mit den vorgegebenen Zielen und Potentialen übereinstimmt. Trifft das nicht zu, kann man entweder noch einmal diese Arbeitsschritte vollziehen oder man entschließt sich, einen völlig neuen Anmutungscharakter zu entwickeln.

(12) Wählt man letztere Alternative, so hat man den Eindruck, als ob nun der Designer seiner Kreativität freien Lauf lassen könne, ohne ihr irgendwelche Fesseln anzulegen. Das könnte gutgehen, wenn der Designer seinerseits ein wichtiges Marktsegment verkörpert, für das er nun mehr unbewußt gestaltet. Manche bekannten Produkte sind sicherlich so entstanden. Diese mehr zufällig erfolgreiche Vorgehensweise kann uns jedoch nicht befriedigen. Wir wollen unseren systematischen Weg fortsetzen.

(13) Die Anspruchsanalyse und -auswahl dürfte uns im Anmutungsbereich gezeigt haben, welche Ansprüche bedeutsamer und welche weniger wichtig sind. Dies ist gerade bei der Anmutungsleistungsrealisierung deshalb unumgänglich, damit kein „Anmutungspotpourri", sondern markante Anmutungsakzente geschaffen werden. Hierzu wollen wir die Empfindungsansprüche heranziehen. Wir beschränken uns auf sie, weil Produktlooks stark eindrucks(empfindungs-)bezogen erlebt werden. Wir unterstellen, daß Anmutungscharaktere entwickelt werden können, bei denen die Wert-, Zeit-, Besonderheits-, Ästhetik-, Atmosphären-, Vertrauens- oder Überlegenheitsdimensionen im Vordergrund stehen. Wir haben deshalb in Übersicht 190 der jeweiligen Charakterdominanz die vorrangigen Gestaltungsmittel zugeordnet.

Gestaltungsmitteldominanz / Charakterdominanz	Stoff	Form	Farbe	Zeichen	Oberfläche	Funktionsprinzipien	Konstruktionsprinzipien	Historische Lösungsprinzipien	Produktteile
Wertvolles	edle, bekannt-teure, exquisite Werkstoffe, z. B. Veloursteppiche	traditionelle, handwerkliche Formen, z. B. geschwungenes Holzarmaturenbrett	satte, dunkle Farben, Metallic-farben, z. B. Anthrazit-metallic	historische Zeichenformen, z. B. Mercedes-Stern	außergewöhnliche Oberfläche, z. B. Walnußmaserung am Armaturenbrett	professionelle, perfekte Funktionsprinzipien, z. B. mechanische Benzineinspritzung	solide, bekannte Konstruktionsprinzipien, z. B. 8-Zylindermotor	massive, bewährte Bedienteile	allenfalls in unsichtbarem Bereich Normteile, wenige Produktteile, nur bei hochqualif. Teilen
Zeitbetontes, z. B. Modernes	neue Werkstoffe, z. B. polyurethangeschäumte Stoßzonen	zeitgemäße Formen, z. B. Keilformen	alle im Trend liegende Farben z. B. Sicherheitsfarben	im Trend liegende Zeichen, z. B. das "alte" Ford-Emblem	weiche Oberfläche, z. B. aufprallelastisches Armaturenbrett	neue Funktionsprinzipien, z. B. Turboaufladung	neuere, vorteilhafte Konstruktionsprinzipien, z. B. Frontantrieb	im Trend liegende histor. Lösungsprinzipien, z. B. Kippschalter	geringe Normteile, z. B. geschmiedete Alufelgen
Besonderes	exotische Werkstoffe, z. B. Lederpolster	ausgefallene, exquisite Formen, z. B. Citroen CX-Form	auffällige, unübliche Farben, z. B. goldmetallic-schwarz	ungewöhnliche Zeichen, z. B von Pininfarina	samtige Oberfläche, z. B. lederbespanntes Armaturenbrett	seltene, raffinierte Funktionsprinzipien, z. B. selbst anlegende Sicherheitsgurte	eigenwillige Konstruktionsprinzipien, z. B. Mittelmotor	technisch neue historische Lösungsprinzipien, z. B. Check-up-Board	Zubehör, z. B. Zentralverriegelung
Ästhetisches, z. B. unter dem Aspekt der Harmonie	der Form angepaßte Werkstoffe, "passende" z. B. Abstimmung des Materials von Lenkrad u. Armaturenbrett (alles aus Holz)	ausgewogene Formen, z. B. "stimmiges" Armaturenbrett	Komplementärfarben, Farben desselben Enstehungsgrundes, z. B. Ausstattung Ton-in-Ton		z. B. matte Oberfläche des Armaturenbretts passend zur Velourspolsterung			Form und Stoff angepaßte historische Lösungsprinzipien, z. B. nur Druckknöpfe	passende Produktteile, z. B. zur Leuchtenform passende Zusatzbedienung
Atmosphärisches	leichte, unprätentiöse Werkstoffe, z. B. Jeansbezüge	leichte, verspielte, überraschende Formen, z. B. Sitzgestaltung im 2CV	helle, bunte Farben, z. B. bunte Schonbezüge	lustige Inhalte, z. B. Buggy/Chopper				"spaßige" Bedienteile, bei Autos verboten	Golfball als Schaltknauf bei Golf GTI
Vertrauensvolles	haltbare, bekannte Werkstoffe, z. B. Chrom-Nickel-Stoßstangen	traditionelle solide Formen, z. B. Stufenheckform	keine poppigen Farben z. B. Beigetöne	Wortzeichen in Antiqua, Wortinhalte mit Vergangenheit, z. B. VW Derby	stabile Oberflächen, z. B. Armaturenbrett in kunststoffbeschichtetem Stahlblech	bekannte, bewährte Funktionsprinzipien, z. B. Otto-Motor	bewährte Konstruktionsprinzipien, z. B. 6-Zylinder-V-Motor	solide hist. Lösungsprinzipien, z. B. Drehschalter	viele Markenprodukte anderer Hersteller, z. B. Batterie, Vergaser
Überlegenes	"hochkarätige" Werkstoffe, z. B. Ganzalumotor	professionelle Formen, z. B. Front- und Heckspoiler	keine bunten Farben, z. B. mattschwarze Motorhaube	bekannte, mit hohem Image versehene Zeichen, fremdsprachige Zeichen, z. B. Alpina-Aufklebefolie	harte, matte Oberflächen (Rennwagenlook)	professionelle Funktionsprinzipien, z. B. thermogesteuerter Kühlventilator, z. B. Alpina-Zubehör	Konstruktionsprinzipien nach dem neusten Stand der Forschung, z. B. 4-Zylinder-Boxermotor (Lancia)	professionelle hist. Lösungsprinzipien, z. B. Leuchteinstellung nach Lenkeinschlag	hochqualitatives Zubehör, z. B. Chromnickelstahl-Auspuff

Übersicht 190: Anmutungscharakterabhängige Gestaltungsmittelschwerpunkte

Die Übersicht ist zweigeteilt. Zuerst werden allgemeine Aussagen gemacht, die die Richtung angeben. Was nun beispielsweise ein edler oder exquisiter Werkstoff ist, hängt davon ab, welche Werkstoffe so in einem bestimmten Produktbereich bewertet werden. So gilt das für Silber bei Tafelgeschirr sicherlich, bei Schmuck dagegen nur weniger. Man muß also immer nach dem Produkthintergrund fragen.

Dann haben wir versucht, durch Beispiele zu erläutern, was die allgemeinen Aussagen im konkreten Fall bedeuten können. Es zeigt sich dabei, daß konkrete Aussagen möglich sind, die Gefahr der tautologischen Beschreibung reduzierbar ist.

Sollen mehrere Anmutungsschwerpunkte realisiert werden, empfiehlt es sich festzulegen, welcher Schwerpunkt primär, sekundär usw. zu gelten hat. Die für den zweiten Schwerpunkt typischen Gestaltungsmittel werden dann unter dem Aspekt der Harmonie zu dem bereits Ausgewählten in die Gestaltungsüberlegungen einbezogen.

(14) Auch dieses Ergebnis muß wieder im Hinblick auf die Kompatibilität mit Zielen, Potentialen und auch noch einmal mit den Marktchancen überprüft werden. Ist man mit dem Ergebnis nicht zufrieden, beginnt man wieder bei Stufe 12.

(15) Letztlich kann bei positivem Ergebnis dann die Freigabe für die Gestaltungsrealisation erfolgen. Der Weg bis hierher mag lang erscheinen. Er steht unter dem Motto: „Systematisches Denken ist billiger als blindes Handeln".

4.43 Die Gesamtleistungskombination

Nur selten kommt einem Produkt lediglich die Aufgabe zu, Sach- *oder* Anmutungsansprüche zu befriedigen, so daß meist Sach- *und* Anmutungsleistungen realisiert werden müssen. Je nach der Bedeutung, die die Anspruchsbefriedigung besitzt, und nach der Schwierigkeit, die die Umsetzung in Leistungen bereitet, wird man den Weg der Kombination beider Teilaspekte zu wählen haben. Uns stehen grundsätzlich drei Möglichkeiten offen:

(1) Sollen bei der Gestaltung die Sachleistungen im Vordergrund stehen, wird man damit beginnen, deren Realisation einem geeigneten Team zu übertragen. Das Resultat dieser Arbeit bildet dann die Grundlage für das Team, das sich mit der Realisation der Anmutungsleistungen auseinandersetzen muß, wobei deren Gestaltungsfreiraum im wesentlichen auf kosmetische Korrekturen beschränkt bleibt.

(2) Steht die Realisation der Anmutungsleistungen im Vordergrund, wird man offenkundig zuerst ein geeignetes Team mit dieser Aufgabe betrauen. Dem „Sachleistungsteam", das nach der Schaffung eines konkreten Anmutungscharakters mit der Realisation der Sachleistungen beginnt, kommt jedoch größere Bedeutung zu als dem Anmutungsleistungsteam in der erstgenannten Alternative. Ein noch so gut anmutungshaft wirkendes Produkt, dessen Gebrauchstauglichkeit begrenzt ist, wird allenfalls kurzfristig erfolgreich sein.

(3) Man kann auch zwei unterschiedlich zusammengesetzte Teams gleichzeitig jeweils mit der einen bzw. anderen Aufgabe betrauen, um die Gestaltungszeit wesentlich zu verkürzen. Damit ein „Aneinandervorbeiarbeiten" vermieden wird, scheinen gemeinsame Arbeitssitzungen zweckmäßig zu sein, bei denen die zwischenzeitlich gewonnenen Arbeitsergebnisse vorgestellt werden; daraus können dann Angleichungen der anderen Arbeit resultieren, langwierige Korrekturarbeiten reduziert werden.

4.44 Design als besonderer Kombinationsaspekt

Das Designthema wurde bereits mehrfach genannt. Jetzt wollen wir es vertiefen. Neben dem technisch-konstruktiven Gestalten spielt das ästhetisch-ergonomische eine besondere Rolle. Und weil die Lösung des Schnittstellenproblems zwischen Marketing und Design häufig mißlingt, liegt es nahe, etwas mehr als nur einige Verweise zu geben.

Den Ausgangspunkt der Überlegungen bildet die emotionale Profilierungsstrategie (siehe Abschnitt 3.76). Sie trägt im besonderen Maße zur Kundenbindung bei. Designorientierte Produkte fördern die Identifikation mit dem Produkt, der Marke, dem Unternehmen.

4.441 Das Themenfeld

Design ist eine noch jüngere Disziplin als die Betriebswirtschaftslehre. In Deutschland tauchte der Begriff ähnlich dem des Marketing in den 60er Jahren auf. Er hat allerdings Vorgänger. Die Gruppen um den Werkbund anfangs dieses Jahrhunderts, in den 20er Jahren die Gruppen des Bauhauses und dann der Ulmer Hochschule für Gestaltung in der Nachkriegszeit haben von *Formgebung, Formgestaltung* gesprochen. Die deutsche Designrepräsentanz/German Design Council heißt immer noch Rat für Formgebung. Und auf der anderen Seite wird für vieles der Designbegriff benutzt (z. B. hair-design, food-design), was eher als unpassend, inflationär zu bezeichnen ist.

450

Design wird oft mit Kunst gleichgesetzt. In der Abgrenzung zeigt sich das Eigene. Beiden Bereichen ist das Ästhetische gemein. Kunst wird um ihrer selbst willen produziert, Design verbindet das Ästhetische mit dem Nützlichen, wobei das Nützliche, Praktische unterschiedlich interpretiert wird. Design ist Mittel zum Zweck.

Man kann Design als *planmäßige Gestaltung serieller Artefakte mit starkem ästhetischen Bezug und deutlicher Wahrnehmungsorientierung* umschreiben. Nicht das Einzelprodukt, sondern die Tendenz zur Großserie dominiert. Ästhetik und Wahrnehmungsorientierung hängen eng zusammen. Das Tätigkeitsfeld kann wie folgt umrissen werden:

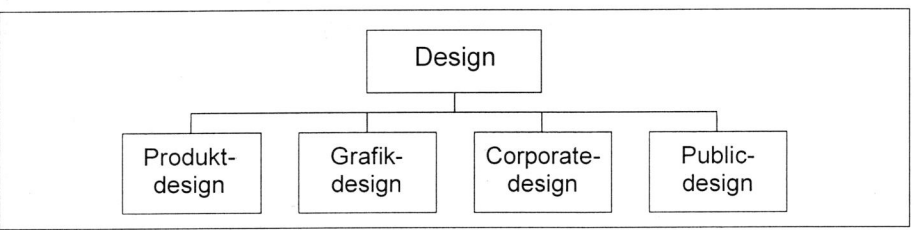

Übersicht 191: Designfelder

Das Produktdesign umschließt die dreidimensionale Gestaltung; neben dem Industriedesign (industrial design) wird das Mode- und Schmuckdesign wegen der besonderen Schwerpunktbildung genannt. Für Produkte ist auch das flächenhafte Grafikdesign wichtig. Dazu zählt neben der Verpackungsgestaltung auch die Gestaltung der Oberfläche (surface-design). Wie und wo sollen welche Zeichen usw. angeordnet werden? Aus der Unternehmensidentität folgt der Gestaltungsauftritt, das Corporate-design. So sollen auch die Briefbögen, der Messeauftritt usw. das Selbstverständnis deutlich machen. Noch relativ jung ist das Publicdesign. Die Gestaltung von Straßenbahnhaltestellen, Bahnhofperrons, Sitzzonen usw. gehört in diesen Bereich.

Im Mittelpunkt der folgenden Überlegungen steht das *Produktdesign*. Seine Gestaltungsparameter lassen sich in drei Dimensionen beschreiben. Es handelt sich um die

- praktische,
- ästhetische,
- semantische Dimension.

Die praktische Dimension erfaßt die Gebrauchstauglichkeit, Nutzbarkeit und Anwendungsfunktion des Produktes. Die ästhetische Dimension erstreckt sich auf das subjektive Gefallen des Gegenstandes – sie läßt große Spielräume zu. Die semantische Dimension schließlich – man könnte auch von einer symbolischen Dimension sprechen – beschreibt die Ausdruckskraft des Produktes. Sie erstreckt sich zum einen vom Produkt auf den Besitzer und zum anderen vom Besitzer auf die Umwelt („Was sagt das Produkt über seinen Besitzer aus? Was soll es aussagen?"). Man kann diese Dimensionen des Design mit Funktionen für den Menschen verbinden, wie die folgende Übersicht zeigt:

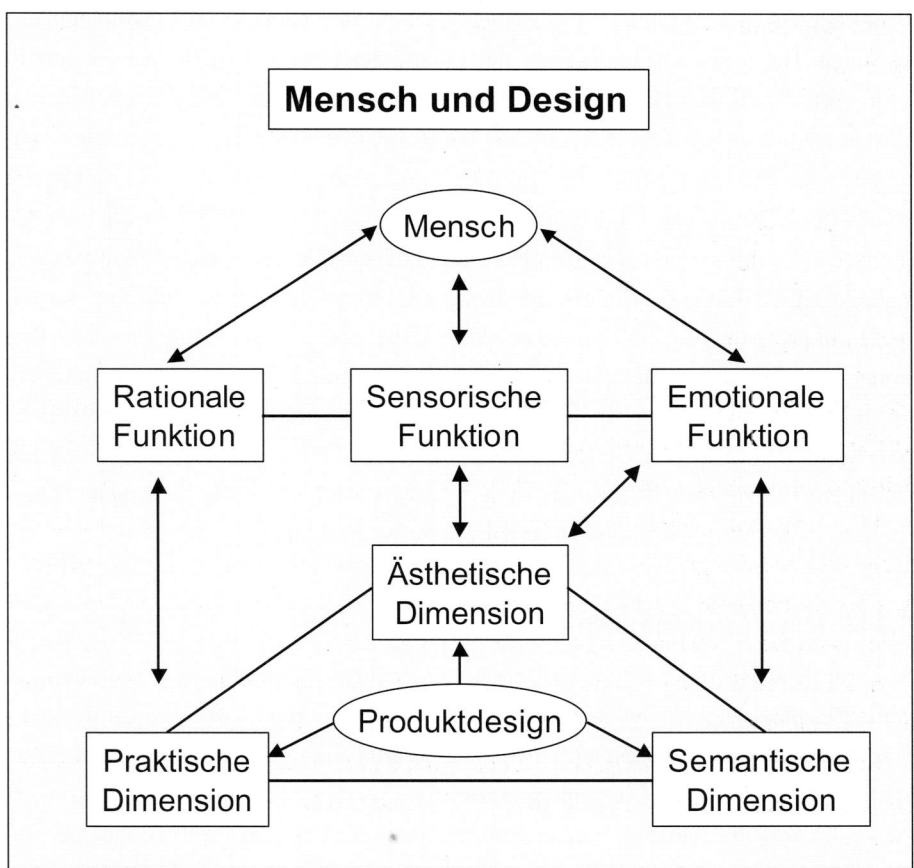

Übersicht 192: Mensch und Design

Die praktische Dimension erfüllt rationale Aufgaben, die ästhetische Dimension sensorielle und emotionale und die semantische ebenfalls emotionale Aufgaben

Nach dieser generellen Charakterisierung muß noch auf den Unterschied und die Beziehungen zwischen *Look* und *Design* eingegangen werden. Letzteres ist eine besondere Teilmenge des erstgenannten: Alle Designprodukte haben auch einen Look, häufig haben sie für die Lookentwicklung sogar prägenden Einfluß. Von Design wollen wir gemäß unserer bereits dargestellten Produktzielkategorien allerdings nur dann sprechen, wenn das Leistungsniveau (bezogen auf die obengenannten Dimensionen) besonders hoch ausgeprägt ist. Produkte, die lediglich nach einem Look gestaltet werden (Look-alikes) können sich dagegen auch auf deutlich niedrigerem Leistungsniveau bewegen. Die Verwechslungsgefahr der Inhalte der beiden Begriffe stammt möglicherweise daher, weil Hase zur Bezeichnung der Looks (wegen ihres prägenden Einflusses auch Namen einzelner Designer, Designschulen oder designorientierter Unternehmen gewählt hat. Es bleibt jedoch festzuhalten, daß sich z. B. Me-too-Produkte im Braun-Look (einfach/sachlich) zum Teil erheblich von Braun-Produkten, die dem Ästhetischen Funktionalismus verpflichtet sind, unterscheiden. Designprodukte erlangen durch die Gestaltungshandschrift des Designers besondere Authentizität. Bei der reinen Lookgestaltung ist eine solche originale Urheberschaft nicht zu erkennen. Allerdings: In dem Maße, in dem Design als Profilierungsmöglichkeit auch von Anbietern der unteren Leistungsniveaus erkannt und eingesetzt wird und Designer ihr Wissen und Können auch bei der Gestaltung von Massenprodukten einbringen ("Demokratisierung des Design", z. B. Swatch), in dem Maße verliert diese Abgrenzung an Schärfe. Dies ist zur Zeit allerdings nur vereinzelt zu beobachten.

4.442 Designprägnanzen

Auch in diesem Kontext stellt sich die bereits mehrfach betonte Frage nach dem jeweils Besonderen, nach den kennzeichnenden Akzenten. Bevor wir Designstile oder -prägnanzen erläutern, wollen wir kurz auf das Warum eingehen. Mehrere Gründe sprechen für die Suche nach Designprägnanzen:

- Es soll die interfunktionale Kommunikation zwischen Produktmanager und Designer erleichtert werden. Es soll der Blick des Produktmanagers für Prägnanzdifferenzen geschärft werden.
- Gestaltungsorientierungen erleichtern die Zuordnung zu Marktsegmenten.
- Leerfelder in einem Matrixfeld können Hinweise auf neue Prägnanzen geben.

Bis Ende der 70er Jahre war die Welt des Produktdesign eher übersichtlich, ob sie auch in Ordnung war, ist umstritten. Design war eher mit den puristischen Ideen des Bauhauses und der Ulmer Hochschule für Gestaltung identisch. Muster und bunte Farben waren verpönt. Mit der Protestbewegung der Gruppen Alchimia und Memphis (Italien) anfangs der 80er Jahre brach ein Damm. Gestaltungen wurden immer opulenter, die Nützlichkeit reduziert, der Spaß, die Lust gesteigert. Das hat zu einem heute nur schwer überschaubaren Designpluralismus geführt, in den wir nun etwas Ordnung bringen wollen. Als Ordnungsraum dienen uns die erwähnten Dimensionen. Im folgenden Designwürfel (Lehnhardt 1996, S. 139) sind die heute prägnanten Designstile positioniert. Er greift auf frühere Positionierungen zurück (Koppelmann 1994, Sp. 447/ 448). Einige der Bezeichnungen haben sich inzwischen durchgesetzt.

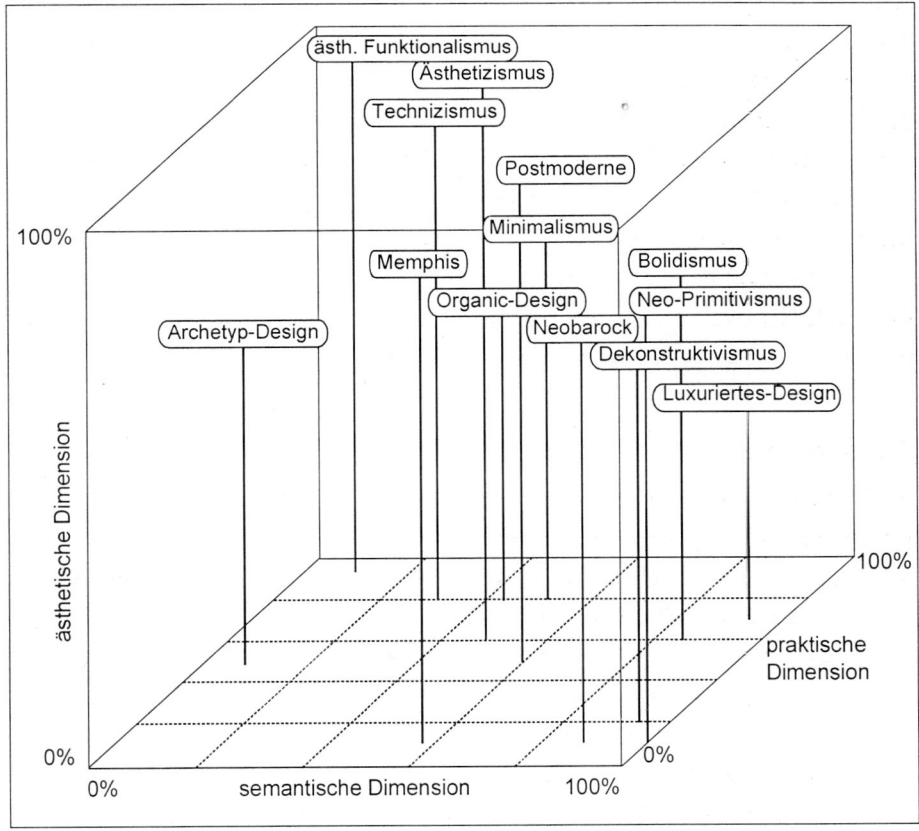

Übersicht 193: Positionierung der aktuellen Designprägnanzen

Vor der Beschreibung dieser Designprägnanzen sei betont, daß man die Positions-
genauigkeit nicht überbewerten sollte – es handelt sich um Tendenzaussagen. Die ver-
ständlichste Beschreibung würde über Bildcollagen erfolgen. Der Raum fehlt uns hier.
In den bisherigen Auflagen dieses Buches haben wir die einzelnen Prägnanzen satz-
weise beschrieben. Noch kürzer ist die jetzt gewählte, von Lehnhardt übernommene,
tabellarische Beschreibung. Dabei ist zu beachten, daß Lehnhardt den Gestaltungs-
mittelbereich Oberfläche insofern modifiziert, als sie das Ornament gesondert darstellt. Die Tabellen können auch als Gestaltungsmittelkombinationen verschiedener
Designideen interpretiert werden.

Gestaltungs-instrumente / Design-prägnanzen	Form	Material	Farbe	Ornament	Oberfläche
Ästhetischer Funktionalismus	einfache, geord-nete, streng-abstrakte, geo-metrische Formen	Stahlrohr, Eisen, Aluminium, Chrom, Kunststoff, Sperr-holz, Glas, Leder, Edelstahl	unbunte Farben wie schwarz, weiß, grau, Erdfarben, Metallfarben	Ornamentlosigkeit	glatte und rauhe, ebene u. erhabene oder vertiefte Oberfläche
Technizismus	komplexe, zerglie-derte, reduzierte, technische Formen	Panzerglas, Loch-blech, Aluge-stänge, Gummi, Chrom, Titan	unbunte, technische Farben wie grau, silber, chrom, schwarz	Röntgenprinzip als Ornament	glatte oder gebür-stete Oberfläche, Einfräsungen, Stanzungen, Noppen
Postmoderne	historische und architektonische Formen wie Säulen, Kapitelle, Giebel, Friesen, Erker	hochwertige Ma-terialien wie Edel-hölzer, Marmor, Porzellan, Leder, Spiegelglas, Stichwort: "neue Antiquitäten"	verspielte Buntheit, z.B. Pastellfarben wie zart-türkis, hell-violett u. Hervorheb-ung der Holzfarbe	Ornamentreichtum durch Überbetonung einzelner additiver Elemente	kannelierte, glatte, erhabene oder ver-tiefte Oberfläche
Memphis	additive, geome-trisch simple Grund-formen, skulptur-artige Figurität	Holz. Glas, Kunst-stoff, Keramik, Metall, Zelluloid, Preßplatten	bunte Primärfarben, Farben der "Naiven", schrillgrelle Farben und Pastellfarben	Figurität als Or-nament, reich-haltiges Dekor durch gemusterte Oberflächen	sog. "verfälschte" Oberfläche auf Kunststofflaminat wie Resopal
Minimalismus	volumenreduzierte, fast schon zwei-dimensionale, ge-ordnete, geome-trische Formen	Stahl, Gummi, Leder, Kunststoff	dunkle Farben wie matt-schwarz, matt-metallisch, grau, silbern	Ornamentlosigkeit	glatte, harte, ebene Oberfläche
Dekonstruktivismus	Dreiecke, spitze Winkel, schräge Formkonturen, un-gewohnte Propor-tionsverhältnisse	Eisen, Blei, Stahl, Aluminium, Gummi, Panzerglas, Chrom	unbunte Farben, Metallfarben	Ornamentik durch gezackte Linien-verläufe und in sich verkeilte Körper	kantige, spitze Reliefs, ineinander geschobene Oberflächen
Bolidismus	schwere, wuchtige, aerodynamische Formen, tropfen-förmige, fließende Formen	Holz, Messing, Bronze, Marmor, Glas	Holzfarben oder oftmals Cartoon-Farben	Gesamtfiguration des Produktes selbst als plas-tisches Ornament	glatte, erhabene Oberflächen

Übersicht 194: Gestaltungsmittel bei Designprägnanzen I (Quelle: Lehnhardt 1996, S. 237)

Gestaltungsinstrumente / Designprägnanzen	Form	Material	Farbe	Ornament	Oberfläche
Archetyp-Design	geordnete, strenge regelmäßige, schlichte Formen	traditionelle, bekannte Materialien wie z. B. Holz	unauffällige, unaufdringliche Farben, unbunte Farben	Ornamentlosigkeit	glatte und rauhe ebene Oberfläche
Organic-Design	geschwungene, gerundet organoide, plastisch-dynamische Formkonturen, biomorphe Formen	häufig Kunststoffe wie Thermoplaste oder glasfaserverstärkte Kunstharzverbindungen	bunte Farben und unbunte Farben	skulpturartige Figurität als dynamographische Ornamente	glatte, ebene und erhabene oder vertiefte Oberfläche, sog. "Handschmeichler"
Ästhezismus	integrale, umhüllte Form, häufig schlanke Primärform "Slimline"	Chrom, Aluminium, experimentelle Kunststoffe, Spiegelglas	schwarz, silberfarben, chromfarben	Ornamentlosigkeit, Ornamentik der Fläche	makellose, perfekte, glatte, ebenmäßige, oftmals spiegelnde Oberfläche
Neo-Barock	üppige, geschwollene, dickleibige Formen, komplexe, verspielte Formen	Edelholz, Leder, Porzellan, Glas, Marmor, Kunststoff, Steingut, Samt, Satin, Plüsch, Spitze	bunte, abgedunkelte Farben, mystische Farben wie Blau, Purpurrot, Grün	florale Ornamente, Spitzenbordüre	plastische Oberfläche durch florale Reliefs
Neo-Primitivismus	irreguläre, zergliederte, archaische Formen	Tierfell, Leder-häute, Federn, Stroh, Hanf, Rattan, Naturstein, Holz	Naturfarben	ursprüngliche Materialbelassung als Ornamentik, ethnische, volkstümliche Ornamente	rauhe, unbehandelte Oberflächen (z. B. Tierfell)
Luxuriertes-Design	üppige, komplexe überladene Formen	ausgefallene Materialien wie Gold, Marmor, Granit, Kirsch- oder Mahagoniholz, Kroko-leder	gold- und silber-farben, demonstrative Farbigkeit	Ornamentreichtum	perfekte, noble Oberfläche

Übersicht 195: Gestaltungsmittel bei Designprägnanzen II

Ständig entstehen neue Prägnanzen, bisherige verlieren an Marktbedeutung. Die Übergänge neuer, zu schon vorhandenen Prägnanzen sind fließend. So kann man das „Retrodesign" der jüngeren Tage wegen der historischen Prägnanzbezüge häufig dem Archetypdesign zuordnen.

4.443 Designzwecke

Wozu taugt Design? Den Hauptzweck haben wir schon mehrfach genannt: *Profilierung*. Daneben sind einige weitere Zwecke zu nennen, weshalb sich dieser Abschnitt rechtfertigt.

Durch unterschiedliche Designprägnanzen kann man zur *Programmdifferenzierung* beitragen. So wählte der Türklinkenhersteller FSB bewußt unterschiedliche Designer mit betont unterschiedlicher Handschrift (z. B. Rams, Mendini, Starck, Hollein), um unter der Designüberschrift – dafür bürgen die Gestalternamen – Geeignetes für verschiedene Geschmacksrichtungen anzubieten.

Das Designthema eignet sich für das Feuilleton. Durch professionelle *Beiträge zur Alltagskultur* schafft man eine überdurchschnittlich hohe Bereitschaft zur Berichterstattung. Das läßt sich im Rahmen der Produktpublizität kostengünstig vor allem dann nutzen, wenn man mit Innovationen in einer Branche auftritt. So hätte sich die bereits erwähnte Firma FSB niemals den medialen Auftritt leisten können, der nahezu kostenlos nach der Präsentation einsetzte. Design ist für Kulturredakteure noch ein interessantes Thema.

Nicht vergessen sollte man, daß die Profilierung durch Design auch Spuren bei den *Mitarbeitern* hinterläßt. Die intrinsische Wirkung führt zur Identifikation mit der Sachzielverwirklichung, man ist überzeugt, etwas „Vernünftiges" zu tun. Und die extrinsische Wirkung resultiert aus der Anerkennung der Umwelt, der Bekanntheit, die diese Produkte erreicht haben. Damit wird die Corporate Identity und die Corporate Culture gestärkt, nach Firmenangaben soll die Mitarbeiterfluktuationsrate niedriger sein.

Und schließlich sei auf den *Produktzielbezug* (siehe Übersicht 104) hingewiesen. Produktdesign dient nicht nur der Konkretisierung des Ziels designorientierter Produkte. Das Designthema ist auch bei anderen Produktzielen nutzbar. Im oberen Bereich der billigen Massenprodukte sind modische Differenzierungen (→ Swatcherisierung) mit allen Designprägnanzen, ausgenommen dem luxurierten Design, möglich. Das wiederum dominiert bei exklusiven Spitzenprodukten, ebenso kommt der Ästhetizismus hier vor. Intelligente Spitzenprodukte werden dagegen eher im Technizismus, Minimalismus oder ästhetischen Funktionalismus angeboten. Pionierhafte Produkte benötigen für die Zielgruppe neue Designlösungen, luxuriöses Design kommt nicht vor. Bei Me-too-Produkten wird der Designaufwand eher reduziert. Solide Produkte greifen tendenziell auf tradierte Gestaltungslösungen zurück, Design spielt eine untergeordnete Rolle, das Gute, Bewährte, Vertrauenerweckende muß betont werden – eine von Designern noch nicht professionell gelöste Aufgabe.

4.444 Designakzeptanz

Neben der Aufgabe des Produktmanagers, die Ausprägungsvielfalt einigermaßen kategorial ordnen zu können, muß er sich vorrangig um die Kundenakzeptanz kümmern. Er muß vor der Festlegung einer Designprägnanz prüfen, welche Akzeptanzwahrscheinlichkeit bei welcher Zielgruppe für welche Designprägnanz zu erwarten ist. Und ebenso muß er nach dem Entwurf, Muster, Prototyp usw. den neuen Vorschlag auf Zielgruppenentsprechung überprüfen, testen.

Die bereits beschriebenen Lebenswelten/Milieus bieten zur Beantwortung dieser Fragestellung deshalb eine gute Basis, weil das vorliegende Bildmaterial über die milieutypischen Wohnungseinrichtungen eine Zuordnung zu den Designprägnanzen zuläßt. Es ergib sich folgende Eignungsmatrix:

Design-prägnanzen / Milieus	ästhetischer Funktionalismus	Technizismus	Postmoderne	Memphis	Minimalismus	Dekonstruktivismus	Bolidismus	Archetyp-Design	Organic-Design	Ästhetizismus	Neo-Barock	Neo-Primitivismus	Luxuriertes-Design
konservativ-technokratisch	x				(x)					x			
liberal-intelektuell	x	x	x	x	x	x	x	x	x	x	x	x	
aufstiegsorientiert	x	x								x			x
kleinbürgerlich													
modern bürgerlich	x				x			x					
moderner Arbeitnehmer		x			x			x					
postmodern			x			x	x	x			x	x	
hedonistisch			x	x		x	x	x	x		x	x	
traditioneller Arbeiter													
traditionsloser Arbeiter													

x = Eignung   (x) = Eignung vielleicht

Übersicht 196: Milieuabhängige Designprägnanzen

Mehreres wird deutlich:

- Design ist ein Phänomen für die mittleren und oberen Schichten.
- Das liberal-intellektuelle Milieu interessiert sich mit Ausnahme des luxurierten Design für alle Prägnanzen.
- Das Archetyp-Design, dicht gefolgt vom ästhetischen Funktionalismus erfreut sich breiter Beliebtheit.

Die Frage des „Design für wen?" kann man weiter herunterbrechen. Wenn wir die ganzheitliche Sicht der Lebenswelten verlassen, können wir uns der Frage zuwenden, welche Designprägnanzen von welchen Einstellungstypen bevorzugt werden. Um eine Zuordnung nachvollziehbar zu machen, ordnen wir den Designprägnanzen

Anmutungscharakterelemente zu. Sie dienen als Brücke für die Zuordnung von Einstellungstypen:

Designprägnanzen	Anmutungscharakterelemente
Ästhetischer Funktionalismus	sachlich, einfach, klassisch
Technizismus	maskulin, sachlich
Postmoderne	zeitbetont, verspielt, originell
Memphis	originell
Minimalismus	streng, filigran, reduziert
Dekonstruktivismus	überraschend, architektonisch
Bolidismus	wuchtig, schwer, fließend
Archetyp-Design	schlicht, streng, geordnet
Organic-Design	geschwungen, biomorph
Ästhetizismus	artifiziell, modern, feminin
Neo-Barock	verspielt, üppig, geschwollen
Neo-Primitivismus	archaisch, rauh, überraschend
Luxuriertes-Design	traditionell, wertvoll

Übersicht 197: Anmutungscharakterelemente für Designprägnanzen

Wir können dann zu der folgenden Eignungszuordnung von Designprägnanzen zu Einstellungstypen gelangen:

Designprägnanzen / Einstellungstyp	ästhetischer Funktionalismus	Technizismus	Postmoderne	Memphis	Minimalismus	Dekonstruktivismus	Bolidismus	Archetyp-Design	Organic-Design	Ästhetizismus	Neo-Barock	Neo-Primitivismus	Luxuriertes-Design
Prestigetyp										x			x
Neuheitentyp			x	x	x	x	x	x	x	x	x	x	
Ästhetiktyp	x	x	x	x	x	x	x	x	x	x			
Sicherheitstyp	x	x											(x)
Leistungstyp	x	x											
Aufwandstyp	x							x					
Traditionstyp	x												x
Ökologietyp	x							x					

x = Eignung   (x) = Eignung vielleicht

Übersicht 198: Einstellungstypen und Designprägnanzen

Es wird deutlich, daß der ästhetische Funktionalismus viele Einstellungstypen erreicht. Das hängt sicherlich mit der langen Geschichte und der zurückhaltenden, puristischen Gestaltung zusammen. Damit können dann Nebenbedingungen der Milieufelder getroffen werden.

4.445 Designprognose

Immer wieder steht der Produktmanager vor der schwierigen Aufgabe zu beurteilen, ob denn der neue Designentwurf auch „zeitgemäß" sei. Je neuartiger, innovativer der Gestaltungsvorschlag, um so willkürlicher werden die Entscheidungen. Wird der neue Entwurf bei der anvisierten Zielgruppe morgen ankommen? Soll dem neuen Entwurf die Chance der Lernphase gegeben werden?

Vielfach fallen Entscheidungen insbesondere in den dem Produktmanagement übergeordneten Gremien aus dem subjektiven „Geschmacksbauch" („Find´ ich häßlich!" usw.). Dem Produktmanager müssen Hilfen gegen die Entscheidungsinkompetenz gegeben werden. Zum einen wollen wir auf die Indikatormethode zurückgreifen und zum anderen wollen wir den erwähnten Pendeltyp inhaltlich füllen.

4.445.1 Architektur und Design

Designer leben nicht als Robinson Crusoe. Sie nehmen Signale der Umwelt auf. Dazu gehören nicht nur Wahrnehmungssignale der Designbenutzer, sondern auch solche der ästhetischen Anreger. Ästhetische Anreger können Modedesigner, Architekten, Bühnenbildner und Künstler, hier insbesondere Maler sein. Fragt man weltbekannte Designer nach dem Personenkreis, mit dem sie häufig Kontakt haben, so fallen Namen, die in diese Berufskategorien passen.

Für den Produktmanager ist es nun wichtig, deren Artefakte zu kennen, um sicherer zu werden, daß der neue Entwurf durchaus Parallelen oder auch Vorgänger zu bereits Geschaffenem aufweist. Der Besuch der documenta in Kassel sollte Pflicht nicht nur der ästhetischen Schulung wegen, sondern auch zur Sensibilisierung für zukünftig Mögliches sein. Die Analyse eines Kunstwerkes gemeinsam mit einem sensiblen Kunsthistoriker und die anschließende substantivische Übersetzung in abstrakte Sprache kann Anregung für Designneuschöpfungen sein. Das sind dann „frühe" Neulösungen.

Als „späte" Neulösungen kann man die Zusammenhänge zwischen Architektur und Design betrachten. Stark hat nachgewiesen (1996), daß zwischen wichtigen Architekturströmungen und Design enge, zeitlich vernetzte Zusammenhänge existieren.

Dies soll an einigen Beispielen verdeutlicht werden:

460

(1) Organic Design

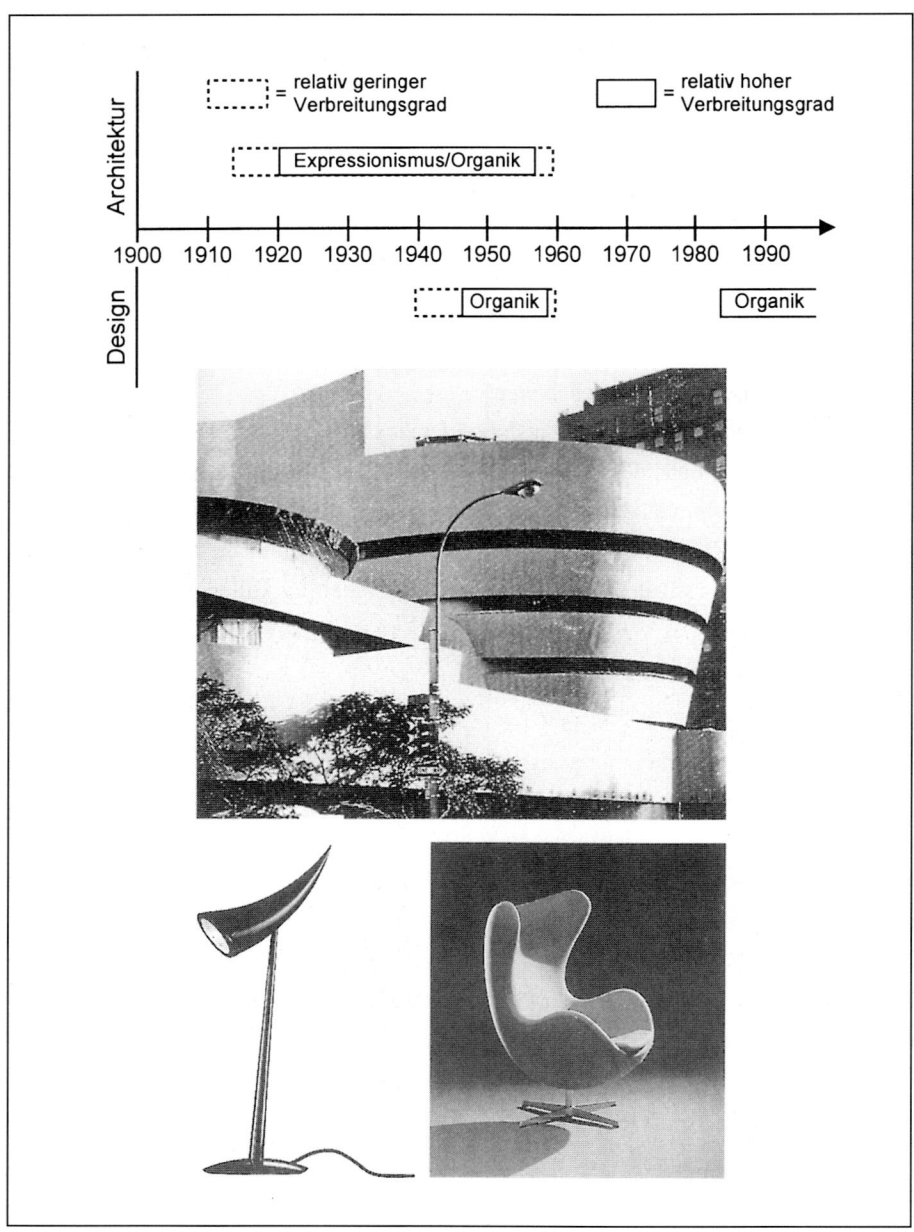

Übersicht 199: Zeitliche Einordnung von Expressionismus und Organik

Das Organic-Design taucht häufiger auf; der bekannteste derzeitige Vertreter ist
Philippe Starck.

(2) Ästhetischer Funktionalismus

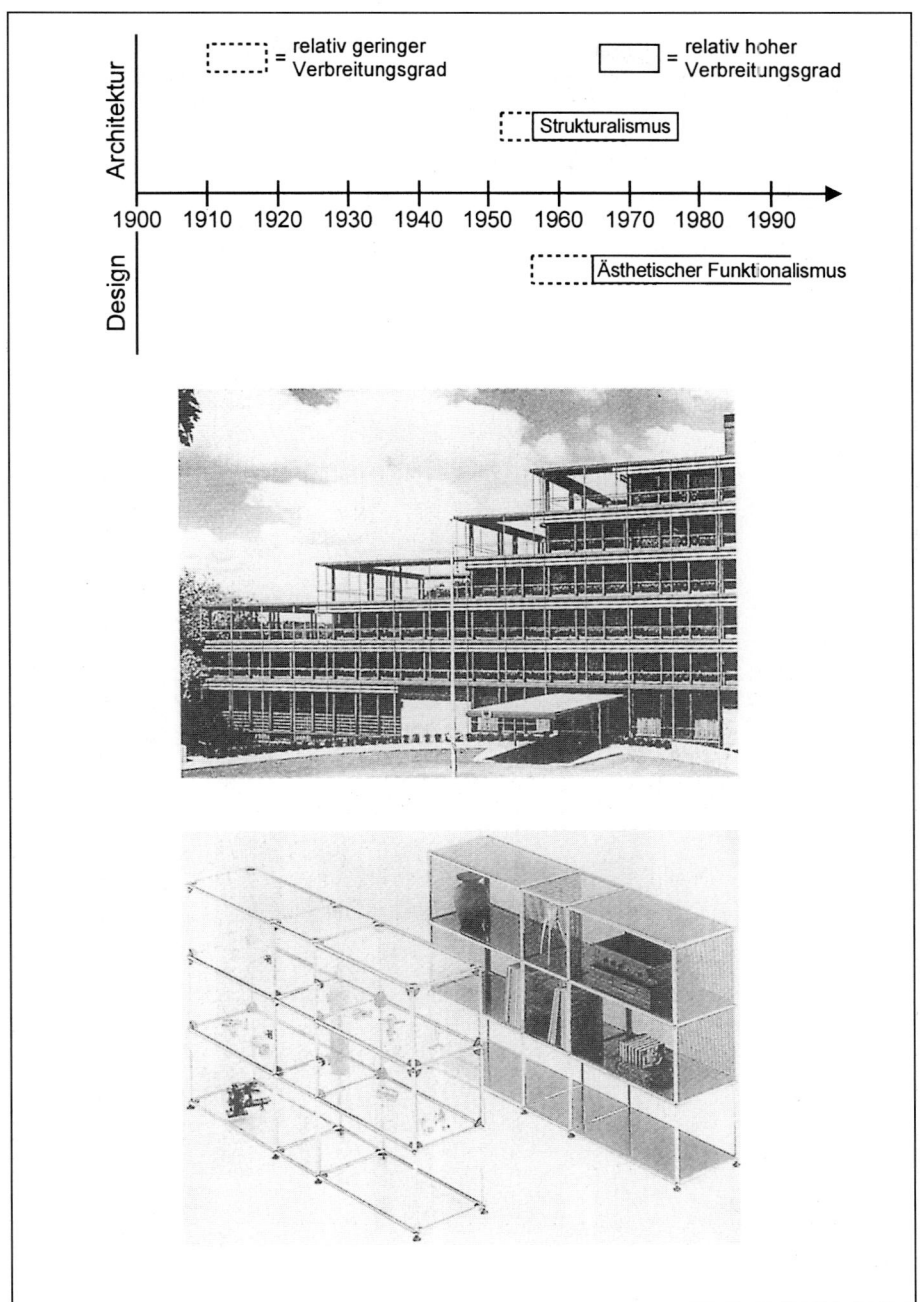

Übersicht 200: Zeitliche Einordnung von Strukturalismus und Ästhetischem Funktionalismus

462

(3) Ästhetizismus

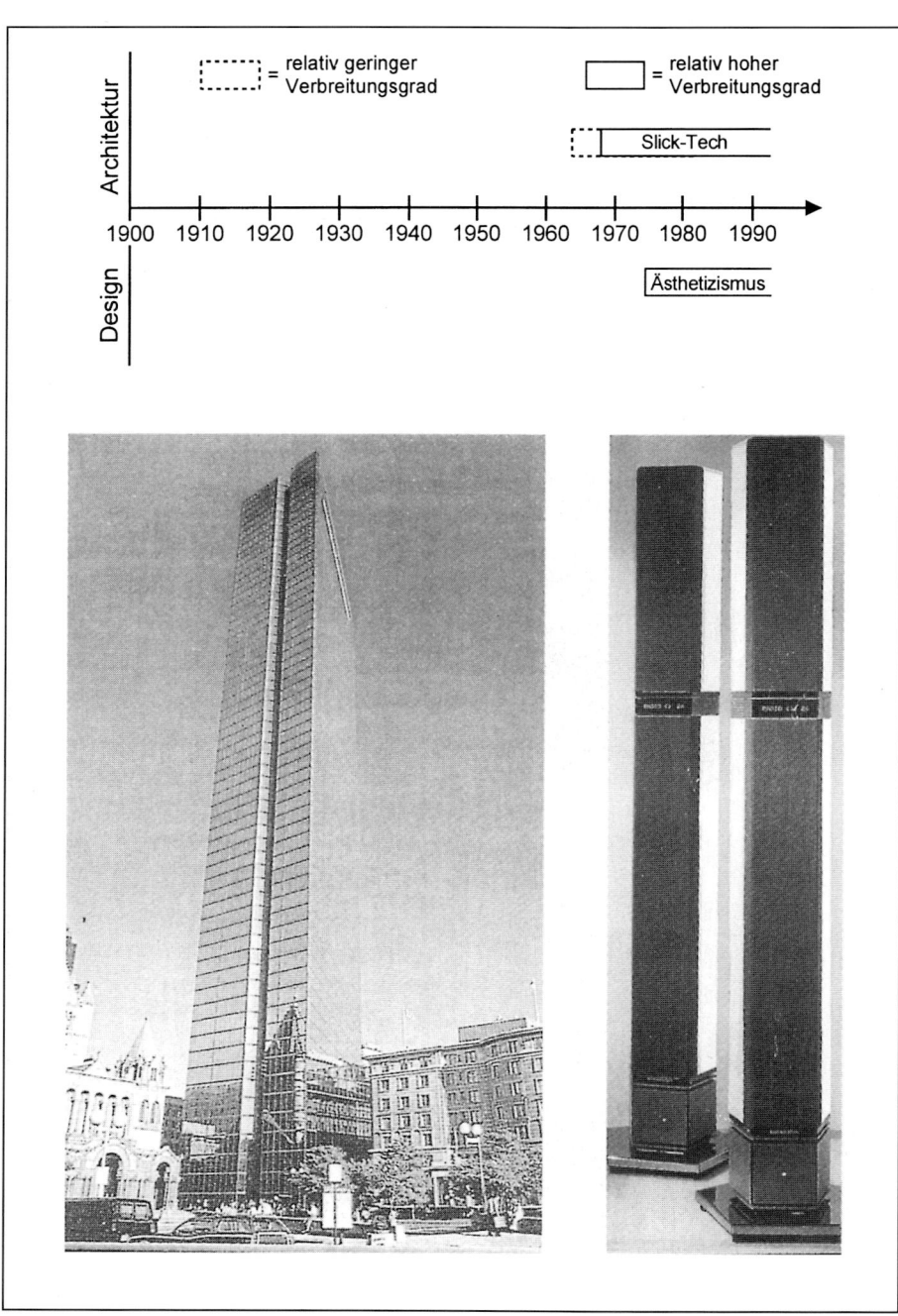

Übersicht 201: Zeitliche Einordnung von Slick-Tech und Ästhetizismus

(4) Technizismus

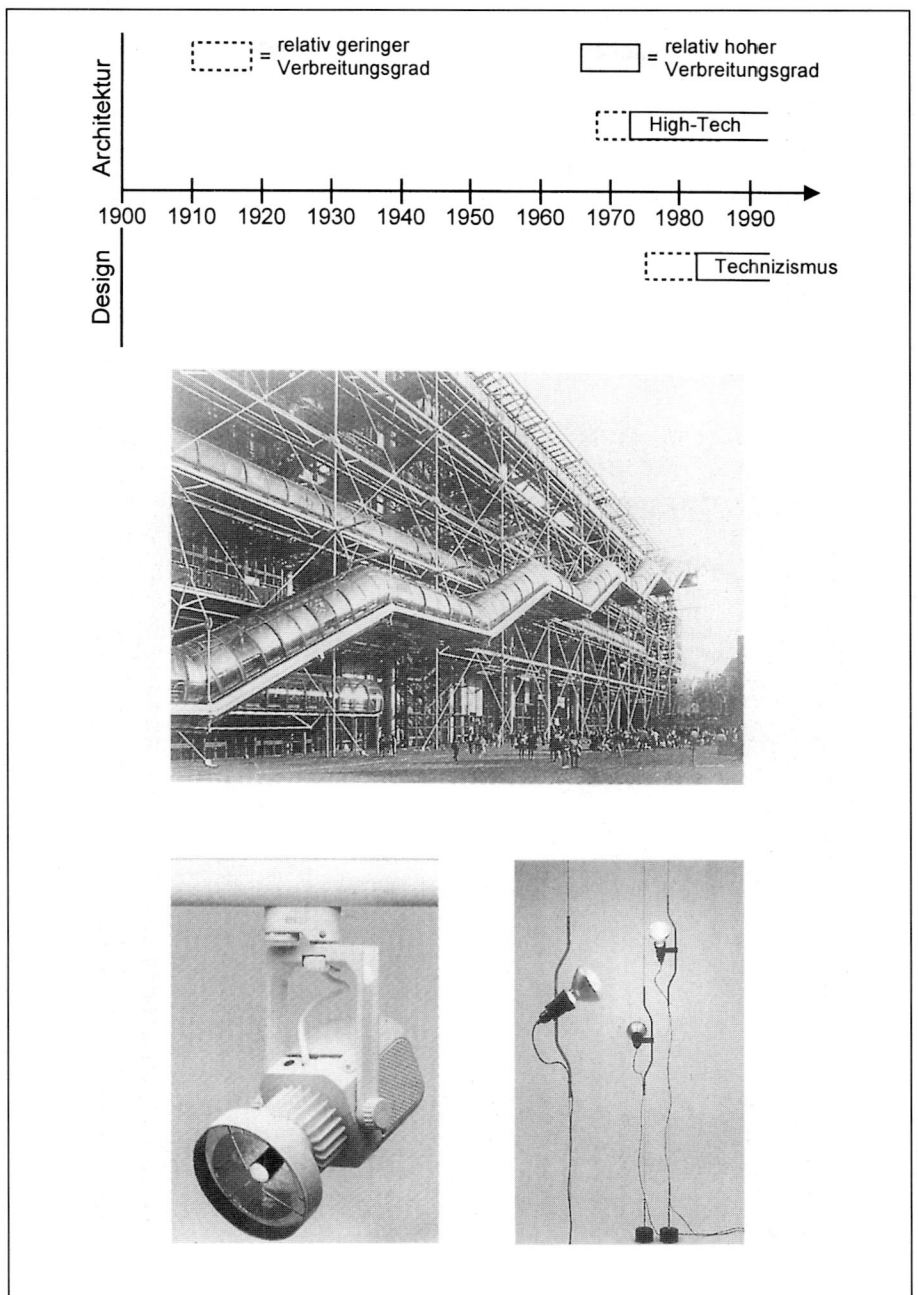

Übersicht 202: Zeitliche Einordnung von High-Tech und Technizismus

464

(5) Postmoderne

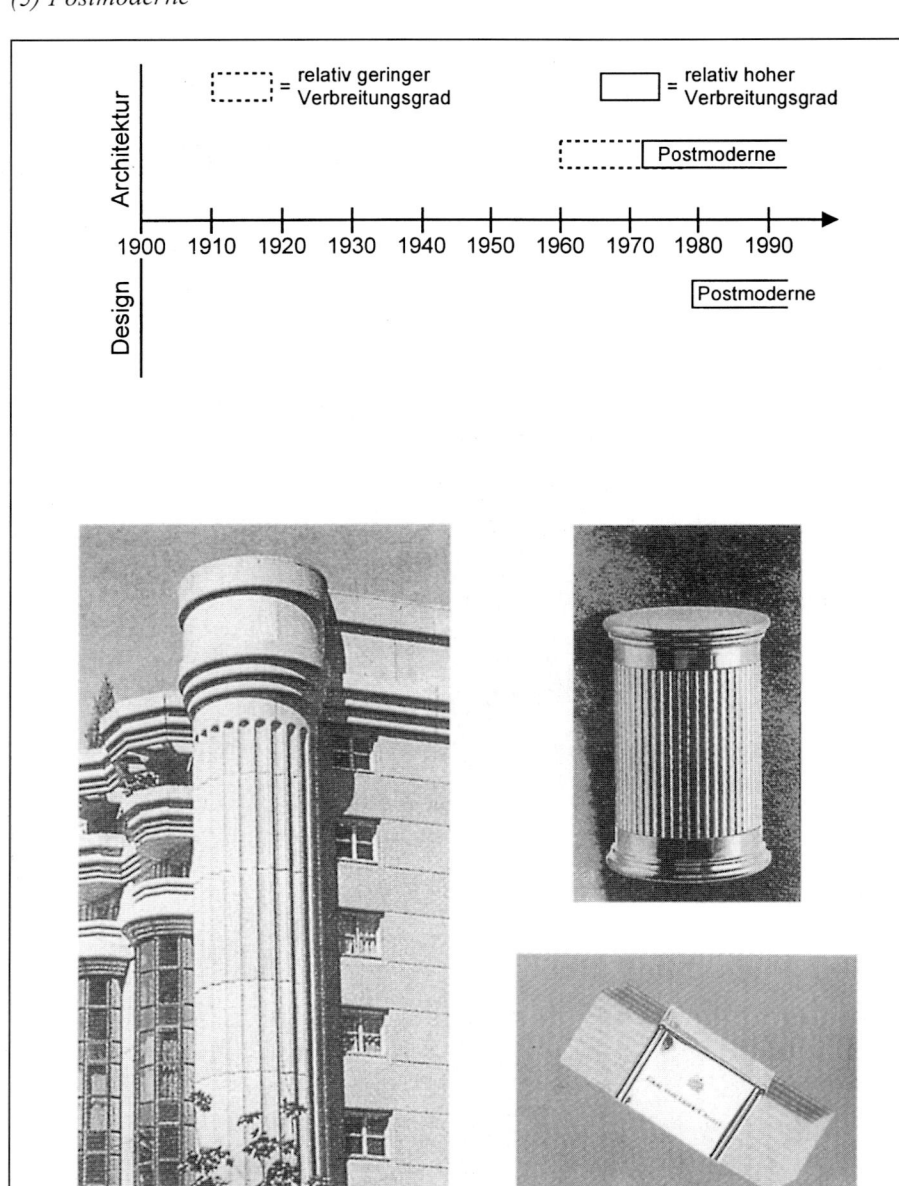

Übersicht 203: Zeitliche Einordnung der Postmoderne

(6) Dekonstruktivismus

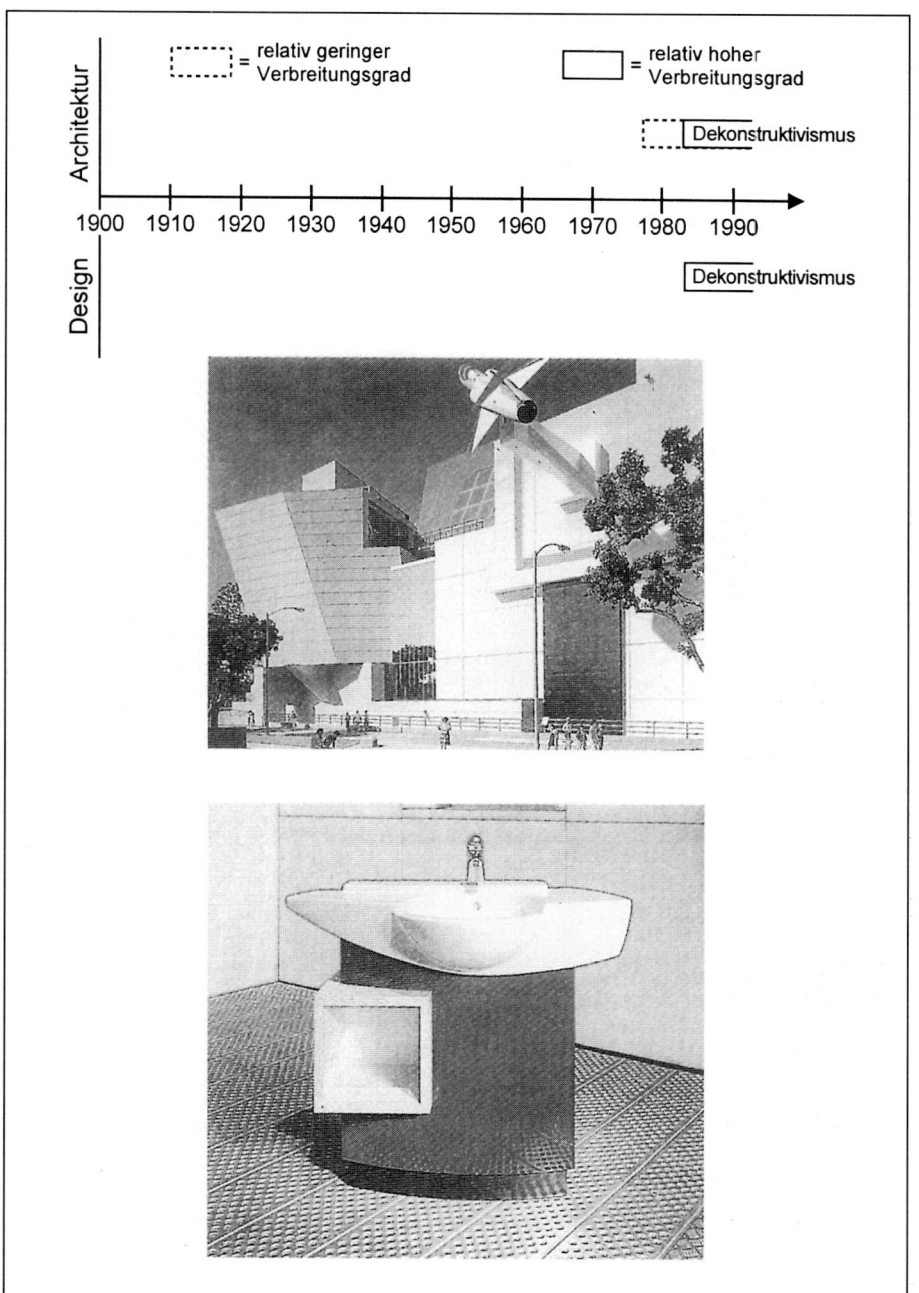

Übersicht 204: Zeitliche Einordnung des Dekonstruktivismus

4.445.2 Designwirkungen

Neben der Beschreibung und Positionierung der einzelnen Designprägnanzen anhand
ihrer Gestaltungsmittel, insbesondere der Form (siehe Lehnhardt, 1996, S. 57 f.) kann
auch die anmutungshafte Wirkung untersucht werden. Soll etwas leise oder laut, reduziert oder barock wirken? Mies van der Rohes „less is more" oder das ästhetische Maß
von Birkhoff tendieren zum reduziert Leisen. Mitte der 90er dominierte das Schrille,
Laute, Überraschende. Eine ähnliche Pendelbewegung ergab sich bereits aus der erläuterten Modeuntersuchung von Abshof (1992).

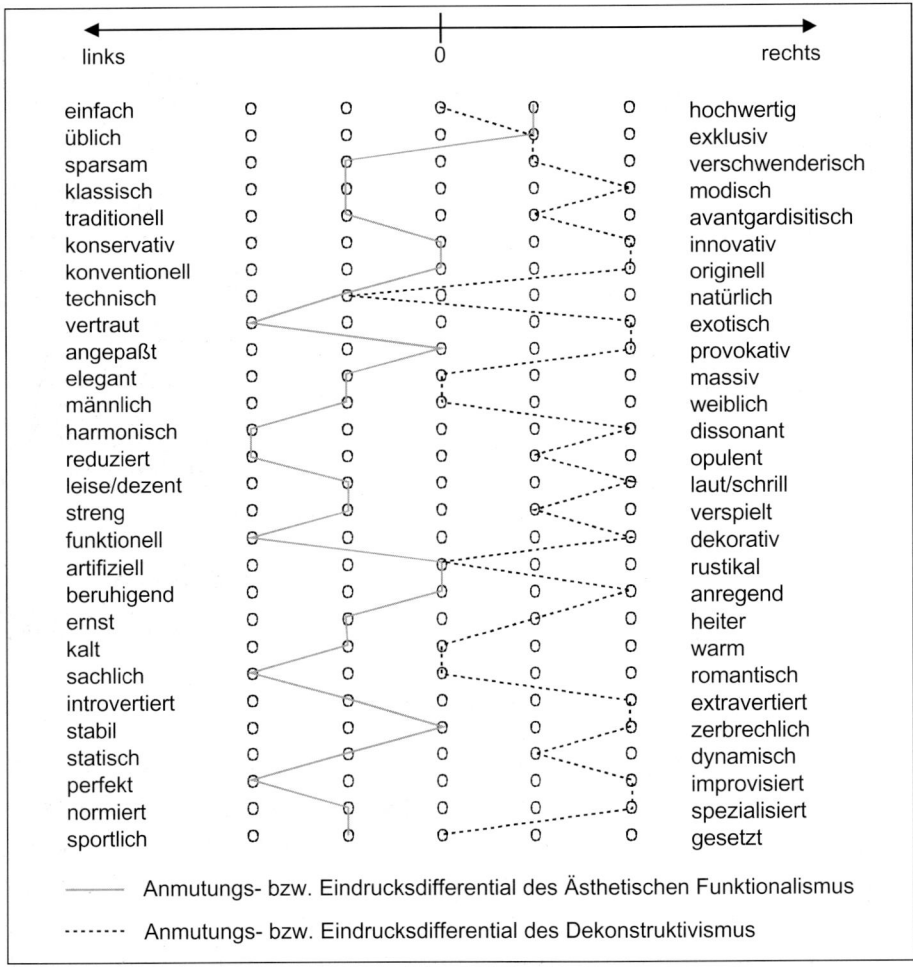

Übersicht 205: Anmutungsdifferential des Ästhetischen Funktionalismus/Dekonstruktivismus

Lehnhardt (1996, S. 191 ff.) hat nun zurückgreifend auf das ebenfalls schon erwähnte Anmutungsdifferential von Frey (1993, S. 225) ein nach „Mehr-Weniger" geordnetes Eindrucksdifferential für die verschiedenen Designprägnanzen entwickelt und die einzelnen Prägnanzen von Fachleuten bewerten lassen. Zwei Beispiele in Übersicht 205 sollen Vorgehensweise und Ergebnisse zeigen. Eine wesentliche Grundlage für die Zuordnung der präferierten Wirkungen zu den jeweiligen Marktsegmenten bildete das vorliegende Bildmaterial des Sinus-Instituts.

Bewertet man *alle* Designprägnanzen nach diesem Muster, so erhält man folgende Übersicht:

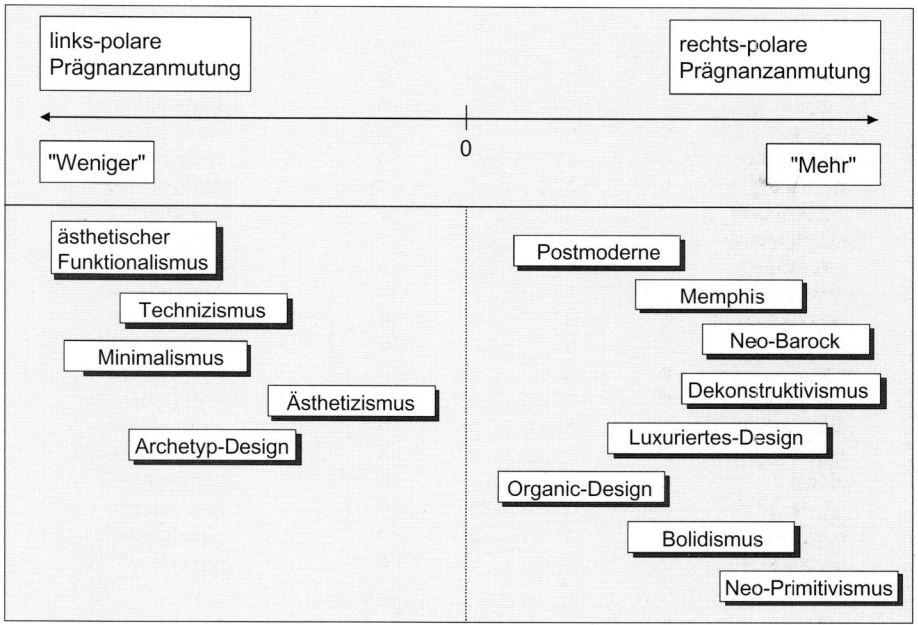

Übersicht 206: Positionierung der Designprägnanzen nach links- und rechtspolaren Prägnanzanmutungen (Quelle: Lehnhardt 1996, S. 210)

Bezogen auf unsere Prognosefrage zeigt dieses Bild eine auch zur Jahrtausendwende noch starke Dominanz der Angebote im rechtspolaren Angebotsraum. Das Pendel ist auf „laut" gestellt. Einzig das jüngere Archetyp-Design hebt sich aus dieser lauten Gestaltungswelt durch Reduktion auf Urbilder ab. Kündigt sich hier etwas Neues an?

Schaut man sich das zumeist noch eher experimentelle Design an, dann entsteht der Eindruck des Bemühens um noch schrillere Gestaltung. Lehnhardt untersucht die konträrpolaren Mischtypen Barock-Tech, dissonanter Minimalismus, bolides Bauhaus, poetischer Ästhetizismus, barocker Minimalismus und Minimal-Exotik. Konträrpolar bedeutet, daß die Nullinie bewußt übersprungen wird, daß ein Produkt sowohl redu-

468

ziert als auch opulent wirkt, sowohl sachlich wie auch romantisch usw. Am Beispiel des Barock-Tech sei dies gezeigt:

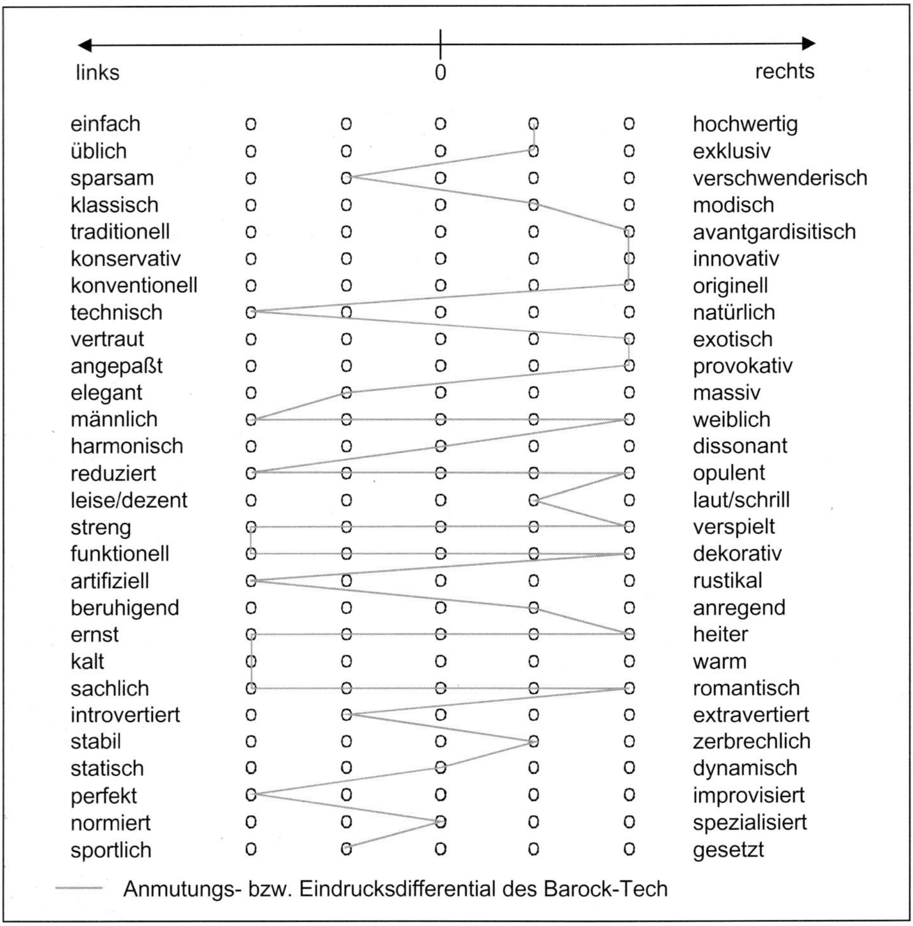

links			0		rechts
einfach	o	o	o	o	o	hochwertig
üblich	o	o	o	o	o	exklusiv
sparsam	o	o	o	o	o	verschwenderisch
klassisch	o	o	o	o	o	modisch
traditionell	o	o	o	o	o	avantgardisitisch
konservativ	o	o	o	o	o	innovativ
konventionell	o	o	o	o	o	originell
technisch	o	o	o	o	o	natürlich
vertraut	o	o	o	o	o	exotisch
angepaßt	o	o	o	o	o	provokativ
elegant	o	o	o	o	o	massiv
männlich	o	o	o	o	o	weiblich
harmonisch	o	o	o	o	o	dissonant
reduziert	o	o	o	o	o	opulent
leise/dezent	o	o	o	o	o	laut/schrill
streng	o	o	o	o	o	verspielt
funktionell	o	o	o	o	o	dekorativ
artifiziell	o	o	o	o	o	rustikal
beruhigend	o	o	o	o	o	anregend
ernst	o	o	o	o	o	heiter
kalt	o	o	o	o	o	warm
sachlich	o	o	o	o	o	romantisch
introvertiert	o	o	o	o	o	extravertiert
stabil	o	o	o	o	o	zerbrechlich
statisch	o	o	o	o	o	dynamisch
perfekt	o	o	o	o	o	improvisiert
normiert	o	o	o	o	o	spezialisiert
sportlich	o	o	o	o	o	gesetzt

—— Anmutungs- bzw. Eindrucksdifferential des Barock-Tech

Übersicht 207: Anmutungsdifferential des Barock-Tech

Noch sind nicht alle Designprägnanzen auf ihre konträrpolaren Gestaltungsmöglichkeiten hin durchdekliniert worden. Das Laute wird noch lauter werden. Nicht jeder liebt das Laute und wer das Laute schon hat, ermüdet (→ variety-seeking). Das Pendel wird zurückschlagen – statt „form follows phantasy" wird dann wieder das Motto „form follows purpose" stehen.

Übersicht 208:   Beispiel des Barock-Tech

4.46 Designinnovationen

Bei der Begründung der Suche nach Designprägnanzen wiesen wir bereits auf den Entdeckungszusammenhang hin. Lehnhardt (1996, S. 217 ff.) hat einen Weg gezeigt, der sich systematisch in die hier gewählte Vorgehensweise integrieren läßt.

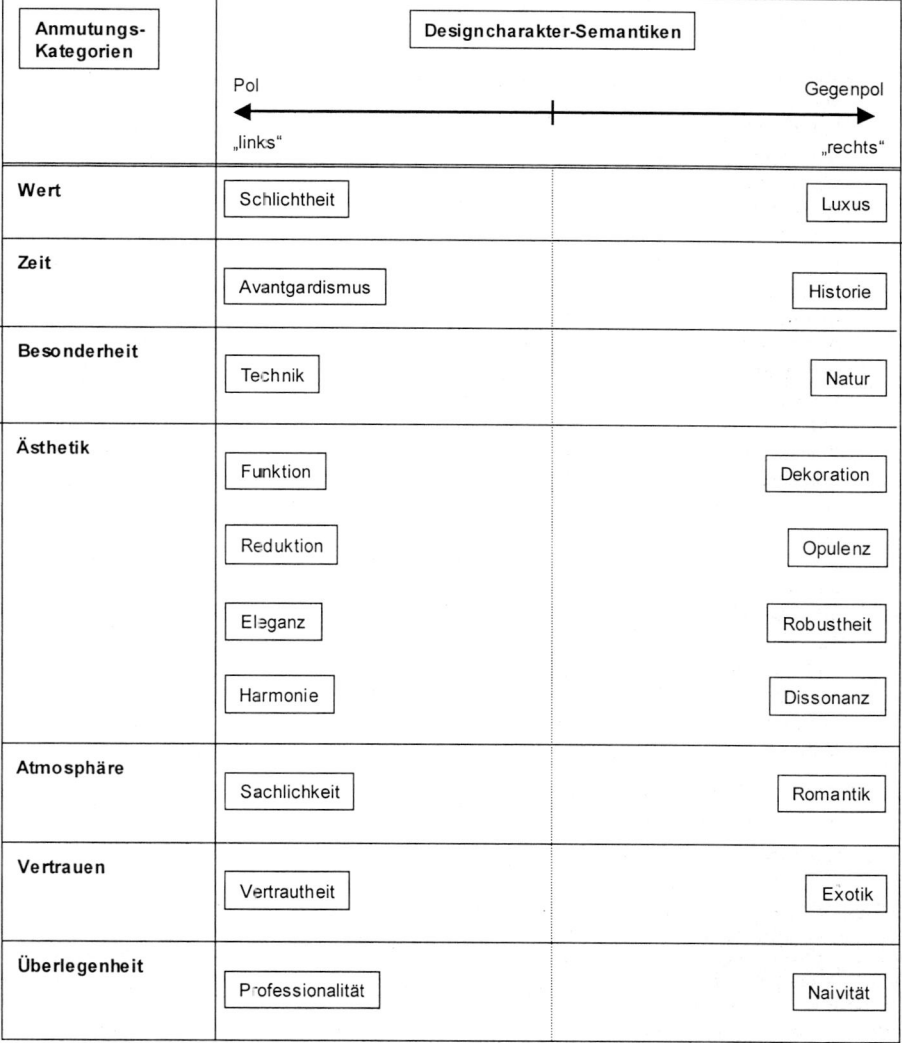

Übersicht 209: Designcharakter-Semantiken

Den Ausgangspunkt bildet die Überlegung, mit abstrakten Begriffen Designprägnanzen zu erfassen. Um die Differenzen zu akzentuieren, empfehlen sich hochabstrakte Begriffe (Hussy 1984, S. 91). Als Raster für die Begriffsfindung hat Lehnhardt die Empfindungsansprüche herangezogen Die Begriffsauswahl orientiert sich dann an den Prägnanzprofilen. Daraus ergab sich dann die Übersicht 209 über Designcharakter-Semantiken.

Der hohe Abstraktionsgrad dieser Begriffe läßt eine relativ zeitinvariante Gültigkeit erwarten. Im nächsten Schritt hat Lehnhardt dann diese Begriffe bezüglich ihrer Gestaltungsrealisierung beschrieben. Hier ist die Zeitinvarianz nicht mehr so stark ausgeprägt, weil auf heutige Gestaltungslösungen Bezug genommen wird. Der Wandel in der Zeit ergibt sich jedoch eher in der Wahl anderer Designcharakter-Semantiken als in der Wahl anderer Gestaltungsmittel. Die beiden folgenden Übersichten zeigen die Zuordnungen:

Gestaltungs-instrumente / Design-charakter-Semantiken	Form	Material	Farbe	Ornament	Oberfläche
Funktions-Semantik	geordnete, geometrische, gradlinige Formen	Eisen, Aluminium, Chrom, Kunststoff, Glas, Leder, Edelstahl	unbunte Farben, Erdfarben, Metallfarben	Ornamentlosigkeit	glatte u. rauhe, ebene u. erhabene vertiefte Oberflächen
Dekorations-Semantik	komplexe, additive, geschwungene Formen	Edelholz, Glas, Marmor, Samt, Seide, Porzellan, Edelmetalle	bunte Farben, gold- u. silberfarben	OrnamentreichtumBild- u. Muster- ornament	glatte, ebene u. erhabene o. vertiefte, z. B. lackierte Oberfläche
Technik-Semantik	geometrische, gradlinige, eckige, zergliederte Formen	Aluminium, Titan, Panzerglas, Kunststoff, Chrom	unbunte Farben, Metallfarben, Metallic-Farben,	Offenlegung der Konstruktions-technik als Ornament	glatte, z.B. verchromte Oberfläche
Natur-Semantik	irreguläre, geschwungene, abgerundete Formen	Kunststoffe, Glas, Holz, Steingut, Pflanzenfasern	Erdfarben, Naturfarben	Figurität als Ornament: plastisches Ornament	glatte u. rauhe, ebene u. erhabene o. vertiefte Oberfläche
Reduktions-Semantik	geordnete, geometrische, gradlinige, gestreckte Formen	Eisen, Blei, Aluminium, Gummi, Glas, Chrom	unbunte Farben, Metallfarben	Ornamentlosigkeit	glatte u. rauhe, ebene u. vertiefte Oberfläche
Opulenz-Semantik	komplexe, irreguläre, abgerundete, gedrungene Formen	Holz, Messing, Bronze, Marmor, Glas	bunte, stark gesättigte Farben	Ornamentreichtum strukturiertes, plastisches Ornament	glatte, erhabene Oberfläche
Eleganz-Semantik	geordnete, integrative, regelmäßige gestreckte Formen	Kunststoff, Chrom, Edelstahl, Marmor, Schlangen-/Reptil- leder, Glas	unbunte Farben, gold- u. silberfarben, Spektralfarben	Ornamentlosigkeit	glatte, ebene z.B. beschichtete o. lackierte Oberfläche
Robustheits-Semantik	komplexe, kompakte, gedrungene Formen	Holz, Steingut, Schwermetalle	dunkle, bunte u. unbunte, getrübte Farben	strukturiertes Ornament	glatte u. rauhe, ebene u. erhabene o. vertiefte Oberfläche
Avantgardismus-Semantik	additive, irreguläre, asymmetrische Formen	Chrom, Aluminium, experimentelle Kunststoffe, Spiegelglas	schwarz, silberfarben, chromfarben, Leuchtfarben	Musterornament	glatte u. rauhe, ebene u. erhabene o. vertiefte Oberfläche
Historie-Semantik	komplexe, additive, gradlinige u. geschwungene Formen	Edelholz, Leder, Porzellan, Marmor, Kunststoff, Steingut, Glas	helle, bunte Farben (sog. Pastellfarben), Erdfarben, goldfarbig	archtektonisches, plastisches Ornament, Bild u. Musterornament	glatte, ebene, u. vertiefte Oberfläche

Übersicht 210: Hilfsinstrumentarium zur formalen Gestaltung von Designprägnanzen (Teil 1)

Design-charakter-Semantiken \ Gestaltungs-instrumente	Form	Material	Farbe	Ornament	Oberfläche
Harmonie-Semantik	symmetrische, im "Goldenen Schnitt" befindliche Formen	keine spezifische Aussage möglich	Komplementärfarben, Nutzung des Komplementärkontrastes	keine spezifische Aussage möglich	glatte, ebene, erhabene u. vertiefte Oberfläche
Dissonanz-Semantik	komplexe, irreguläre, zergliederte, asymmetrische Formen	keine spezifische Aussage möglich	bunte, dunkle, benachbarte Farben des Farbkreises	spitze Winkel, Zacken als plastisches Ornament	rauhe, vertiefte, erhabene zerklüftete Oberfläche
Professionalitäts-Semantik	geordnete, geometrische, gradlinige, eckige Formen	Chrom, Edelstahl, Kunststoff, Spiegelglas	dunkle, unbunte Farben Metallfarben	Ornamentlosigkeit	glatte, ebene Oberfläche
Naivitäts-Semantik	komplexe, additive, geometrische u. irreguläre Formen	Kunststoff, Holz, Leder, Pflanzenfasern, Steingut, Metall	helle u. dunkle, bunte Farben, Neonfarben	Ornamentreichtum: Bild- u. Musterornament, plastisches Ornament	glatte (z.B. beschichtete), ebene, erhabene u. vertiefte Oberfläche
Sachlichkeits-Semantik	geordnete, geometrische, gradlinige, eckige Formen	Kunststoff, Stahl, Plexiglas, Leder, Steingut	unbunte Farben, Metallic-Farben, chromfarbend	Ornamentlosigkeit	glatte u. rauhe, ebene Oberfläche
Romantik-Semantik	komplexe, additive, irreguläre, geschwungene, abgerundete Formen	Holz, Porzellan, Tierfelle, Kristallglas, Leder	bunte Farben, Erdfarben	Ornamentreichtum: Bildornament	glatte, ebene, erhabene u. vertiefte Oberfläche
Vertrautheits-Semantik	geordnete, geometrische, symmetrische Formen	altbewährte Materialien wie Holz, Leder, Keramik	alle Farben möglich außer Neonfarben	Ornamentik möglich	glatte u. rauhe, ebene, erhabene u. vertiefte Oberfläche
Exotik-Semantik	komplexe, additive, geometrische u. irreguläre Formen	Holz, Steingut, Tierhäute, Tierfelle, Pflanzenfasern	Erdfarben, Naturfarben, gedeckte bunte Farben	Ornamentreichtum: Bildornament, plastisches Ornament	rauhe, erhabene u. vertiefte Oberfläche
Schlichtheits-Semantik	geordnete, integrative, geometrische Formen	Titan, Aluminium, Gummi, Eisen, Glas	unbunte Farben, Metallfarben, Metallic-Farben,	Ornamentlosigkeit	rauhe u. glatte, ebene Oberfläche
Luxus-Semantik	komplexe, additive, irreguläre, geschwungene, abgerundete Formen	Edelmetall, Edelhölzer, Leder, Spiegelglas, Marmor, Tierfelle	gesättigte, bunte Farben, gold- u. silberfarben	Ornamentreichtum: Bildornament	glatte, ebene, erhabene u. vertiefte Oberfläche

Übersicht 211: Hilfsinstrumentarium zur formalen Gestaltung von Designprägnanzen (Teil 2)

Bildet man nun aus den 20 Semantiken eine Matrix, dann fällt in dem sich ergebenden Feld von 400 Möglichkeiten auf, daß neben der Verortung der hier beschriebenen Designprägnanzen vielfältige weitere benannt werden können, die allerdings noch nicht existieren. Und ebenso viele Leerfelder fallen auf. Hieraus können Aussagen für Designinnovationen erwachsen.

472

4.5 Die Wirkungskontrolle

Wie bereits in Abschnitt 1.4 erläutert, bedarf auch der Planungsaspekt intensiver Kontrolle. Es muß geprüft werden, ob die geplante Gestaltung das zu erfüllen verspricht, was man sich im Briefing vorgenommen hat. Dabei geht es lediglich um die Reduktion der Ungewißheit. Je innovativer das Produkt ist, um so problematischer wird die Wirkungskontrolle. Übliche Markttests versagen, mehr als eine Plausibilitätskontrolle mit Hilfe von Fachleuten ist bei strenger Betrachtung nicht möglich. Um so mehr überrascht die in der Praxis immer noch vorherrschende Meinung zur Großzahlakzeptanzforschung: Die exakten Ergebnisse sind leider selten valide. Weil man vom Markt wenig versteht, glaubt man sich durch Tests auf der sicheren Seite zu bewegen – ein eklatanter Verstoß gegen das ökonomische Prinzip. Mit dem Hinweis auf solide Marktforschung werden spätere Flops legitimiert.

4.51 Zur Terminologie

Im Rahmen der Wirkungskontrolle werden wir mit mehreren Begriffen konfrontiert, die wir sortieren wollen. Dazu dient die folgende Übersicht:

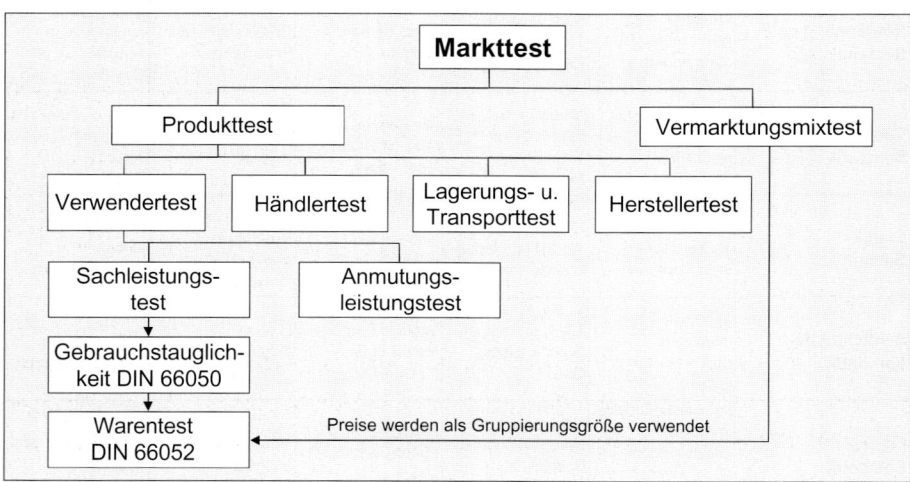

Übersicht 212: Testaspekte

Der *Markttest* als Oberbegriff erstreckt sich auf die Kontrolle der Wirkungen, die bei einem Produktverkauf unter kontrollierten Bedingungen beim Einsatz aller oder einzelner Vermarktungsinstrumente eintreten. Daraus leiten wir die beiden Unterbegriffe Produkttest und Vermarktungstest ab. Während es beim *Vermarktungstest* auf die

Kontrolle der Wirkungen des inhaltlich oder intensitätsmäßig variierten Einsatzes der Vermarktungsinstrumente (siehe hierzu Kapitel 5) ankommt, interessiert uns beim *Produkttest*, welche Wirkungen sich einer planmäßigen Prüfung/Erprobung eines Produktes bei bestimmten Personen oder Institutionen ergeben (Meffert 1991, S. 393 f.). Im Regelfall konzentriert man sich beim Produkttest auf den Verwendertest. Das muß nicht sein; ein Produkttest kann auch für andere Bereiche interessant sein, die mit diesem Produkt etwas zu tun haben.

Der Warentest erstreckt sich nun fast ausschließlich auf die Kontrolle der *Sachleistungen*. Nur in ganz wenigen Fällen hat man sich bisher mit der Kontrolle von *Anmutungsleistungen* befaßt. Außerdem werden im vergleichenden Warentest die Produkte meist zu ähnlichen Preisklassen zusammengefaßt.

Umstritten ist, ob sich der Warentest in Zukunft mehr mit den Anmutungsleistungen auseinandersetzen soll. Dafür spricht, daß bei zunehmender Sachleistungsähnlichkeit innerhalb einer Produktgruppe der Verwender Informationen über die Anmutungsleistungsunterschiede benötigt. Dem stehen jedoch nicht unerhebliche methodische und juristische Probleme im Wege.

4.52 Kontrollbereiche

Worauf kann sich die Wirkungskontrolle erstrecken? Grundsätzlich müssen wir von dem in Übersicht 213 dargestellten Beziehungsgefüge ausgehen.

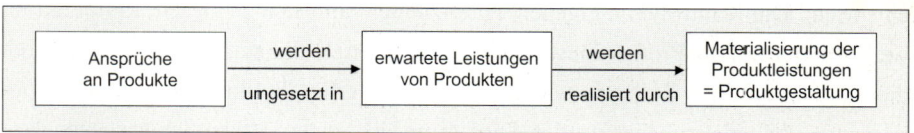

Übersicht 213: Beziehungsgefüge der Wirkungskontrolle

Wird man mit der geplanten oder bereits realisierten Produktgestaltung und den damit verbundenen Produktleistungen die Ansprüche der Marktpartner sowie die des eigenen Unternehmens erfüllen? Die Antwort wird sich nicht nur mit einem Ja/Nein zufrieden geben dürfen, es gilt auch zu prüfen, in welcher Intensität eine Anspruchsbefriedigung stattfindet.

Die Produktwirkungskontrolle kann sich auf die in Übersicht 214 abgebildeten Bereiche erstrecken.

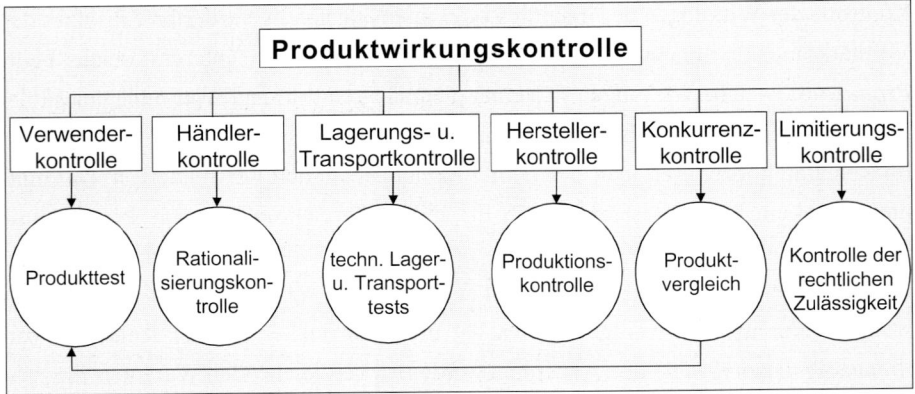

Übersicht 214: Produktwirkungskontrolle

Die hier möglichen Kontrollen sind nur bedingt realitätsnah, da wir uns auf das Produkt konzentrieren und die Vermarktungsbedingungen unbeachtet lassen. Andererseits zeigt die Übersicht, daß sich die Wirkungskontrolle nicht allein auf den verwenderbezogenen Produkttest erstreckt, daß vielmehr auch andere Bereiche geprüft werden müssen.

Beim Handel kann unter realistischen Bedingungen festgestellt werden, ob das neue Produkt die geforderten Rationalisierungs- und Verkaufssteigerungsleistungen erbringt. Im Rahmen der Lager- und Transportkontrolle interessiert, ob und in welchem Umfang das neue Produkt den jeweils maximalen Lager- und Transportanforderungen entspricht. Die Kontrolle im eigenen Unternehmen muß sich zu diesem Zeitpunkt im wesentlichen auf die Produktionskontrolle erstrecken. Dies kann beispielsweise durch die Realisation einer Nullserie erfolgen. Auch das fertige Produkt muß mit den Konkurrenzprodukten verglichen werden. Dies ist mit Hilfe einer Stärken-Schwächenanalyse möglich. Und nicht zuletzt ist eine Kontrolle der rechtlichen Zulässigkeit nötig. Wir haben auf die vielfältigen rechtlichen Restriktionen hingewiesen. Noch einmal sollen juristisch geschulte Personen (z. B. Patentanwalt, Wettbewerbsrechtler) prüfen, ob das Gestaltungskonzept bzw. das neue Produkt auch gegen keine rechtlichen Restriktionen verstößt.

4.53 Kontrollurteile

Urteile können als Bewertungen von Tatbeständen anhand eines vorgegebenen Maßstabes aufgefaßt werden. Wir wollen von folgendem Zusammenhang ausgehen:

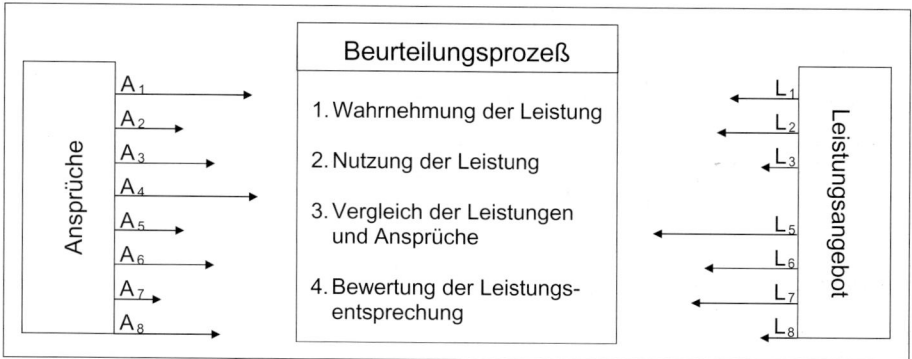

Übersicht 215: Zum Prozeß der Qualitätsbeurteilung

Grundlage bilden die geäußerten Ansprüche, die man befriedigen will. Wir unterstellen der Einfachheit halber, daß man sie kennt. Bei der Suche nach Befriedigungsmitteln wird man auf Produkte stoßen, die mehr oder minder anspruchsgerechte Leistungen bieten. Verfügt man über ein Produkt, wird man dessen Leistungen nutzen. Bereits in dieser Phase des Beurteilungsprozesses können erhebliche Probleme auftauchen. Bedient man das Produkt richtig, nutzt man alle Leistungen oder nur Teilleistungskomplexe? Während oder nach der Nutzung stellt sich die Frage, ob die genutzten Leistungen den gestellten Ansprüchen entsprechen. Bei statischer Betrachtung mag dieser Vergleich noch einfach sein. Nicht auszuschließen ist aber, daß beim Nutzungsvorgang z. B. Lernprozesse einsetzen, die zu einer Veränderung der Ansprüche führen. Der Beurteilungsprozeß wird schließlich durch eine Bewertung abgeschlossen. Man bemerkt, bezogen auf die gestellten Ansprüche, Leistungsdefizite, Leistungsidentitäten oder vielleicht sogar Leistungsüberschüsse. Letztere scheinen auf den ersten Blick unökonomisch zu sein. Berücksichtigt man jedoch die Möglichkeit der Anspruchsentwicklung durch Erfahrungen im Umgang mit dem Produkt, so können diese Leistungsreserven sehr wohl sinnvoll sein. Folgender Prozeß ist denkbar:

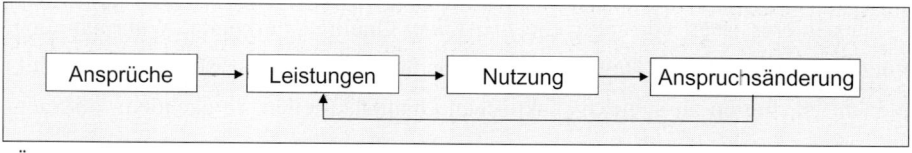

Übersicht 216: Zum Prozeß der Anspruchsänderung

Grundsätzlich empfiehlt es sich, zwei unterschiedliche Urteilskategorien zu beachten:

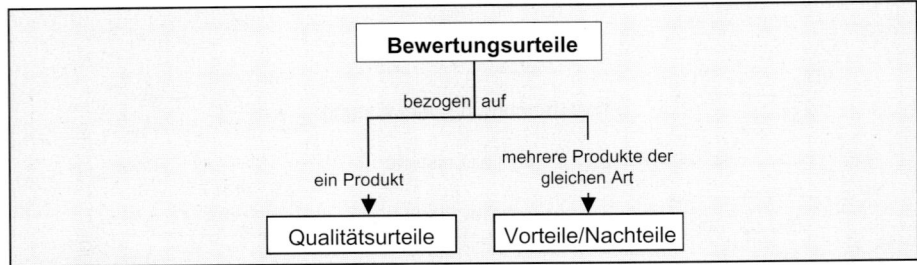

Übersicht 217: Bewertungsurteile

Beginnen wir mit den *Qualitätsurteilen.* Sowohl in der Literatur als auch in der Alltagssprache werden wir mit unterschiedlichen Begriffsextensionen konfrontiert. In der betriebs- und volkswirtschaftlichen Literatur lassen sich prinzipiell drei Auffassungen unterscheiden:

- der objektive Qualitätsbegriff,
- der subjektive Qualitätsbegriff,
- der teleologische Qualitätsbegriff.

Beim *objektiven* Qualitätsbegriff wird eine personen-, raum- und zeitunabhängige, kardinale Messung der Produktleistung vorgenommen. Beim *teleologischen* Qualitätsbegriff werden Zwecke unterstellt und es wird dann anhand dieser Zwecke personenunabhängig (→ Stiftung Warentest) gemessen. Wir folgen hier dem *subjektiven* Qualitätsverständnis, wie sich das aus den Profilierungsüberlegungen bereits ergab. Um eine weitere Gültigkeit des Urteils zu erzielen, sind Personensegmentierungen nötig, die bezüglich ihrer Anspruchsinhalte und -intensitäten Ähnliches äußern. Damit bewegen wir uns auf einem realitätsnäheren Niveau als die Stiftung Warentest (→ teleologischer Konflikt). Auch dort müßte es zu denken geben, daß trotz Gleichbewertung die jeweiligen Marken recht unterschiedliche Marktanteile aufweisen. Auch die Beurteilung der Anmutungsqualität führt zu subjektiven Urteilen. Damit wollen wir einen Begriffsrahmen bilden, innerhalb dessen wir uns hier bewegen.

Uns interessieren vorrangig die *faktischen* Qualitätsmerkmale. Wahrnehmung, Nutzung, Vergleich und Bewertung der Leistungen durch den, für den das Produkt gedacht ist, führen zu subjektiv faktischen Qualitätsurteilen. Je nachdem, ob Sach- oder Anmutungsleistungen bewertet werden, sprechen wir von Sach- oder Anmutungsqualitiätsurteilen.

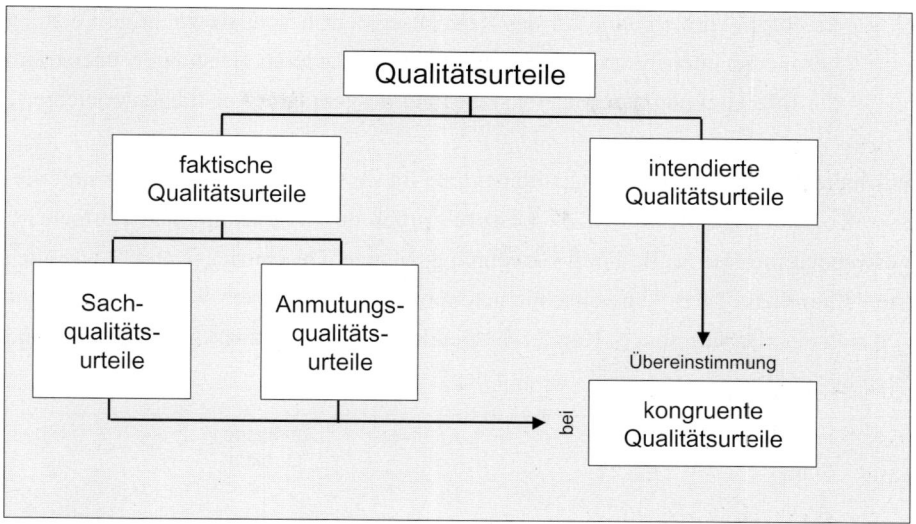

Übersicht 218: Mögliche Qualitätsurteile

Wir benötigen noch einen weiteren Qualitätsbegriff. Insbesondere bei der Entwicklung von Produkten für anonyme Märkte ist es notwendig, sich über mögliche Produktbewertungen Gedanken zu machen. Dies ist ja auch für unser Vorgehen weitgehend typisch. Man wird dabei nach typischen Bewertungen des jeweiligen Marktsegments Ausschau halten. Diese *intendierten* Qualitätsurteile haben hypothetischen Charakter. Durch die jetzt stattfindende Kontrolle soll überprüft werden, daß dieses Zielurteil möglichst wenig vom faktisch Erlebten abweicht, wir also ein *kongruentes* Qualitätsurteil erhalten. Erfahrungsgemäß wird es Differenzen geben. Das kann zu Nachbesserungen führen, aber auch dazu, daß man bei innovativen Produkten durch Kommunikationsarbeit bei gleichbleibendem Produkt Bewertungsverbesserungen erzielt.

Mit diesen generellen Überlegungen lassen sich einige unternehmenspolitische Konsequenzen verbinden:

- das kritische Qualitätsstandardisierungsmaß,
- das Bemühen um zeitkonstante Qualitätsurteile.

Aufbauend auf Gutenbergs Begriff vom kritischen Standardisierungsmaß (Gutenberg 1983, S. 114) halten wir den des kritischen Qualitätsstandardisierungsmaßes für hilfreich. Er führt zu folgenden Überlegungen:

- Es dürfen nicht zu viele und zu umfangreiche Leistungen angeboten werden, da Kostengründe sonst zu einem Abwandern der Kunden führen würden.
- Zu wenige und zu gering ausgeprägte Leistungen können den gleichen Effekt aufweisen; Käufe unterbleiben wegen Fehleignung.

478

- Es empfiehlt sich, eine für das Kundensegment besonders wichtige Leistung besonders intensiv zu realisieren, da sie die anderen Leistungen überstrahlt (→ Inferenz) und den Ausgleich weniger ausgeprägter Leistungen erleichtert.

Wir hatten bereits betont, daß Qualitätsurteile im Zeitablauf Schwankungen unterliegen. Konkurrenzeinflüsse (z. B. bessere Angebote), der technische Fortschritt, Verwendereinflüsse (z. B. durch Gewöhnung, Moden, Geschmackswandel) wie auch Umwelteinflüsse (z. B. Umweltschutzbetonung) führen zu einem Wandel. Daraus ergibt sich eine Brücke zum 6. Kapitel. Folgende Divergenzen zwischen faktischer und intendierter Qualität sind im Zeitablauf denkbar:

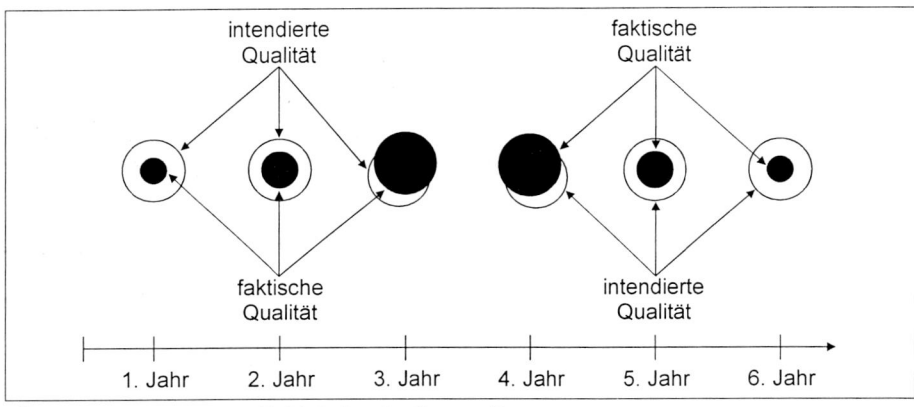

Übersicht 219: Zur Dynamik faktischer Qualitätsurteile

Unternehmenspolitische Konsequenzen dieser Beurteilungsdifferenzen können sein:
- „leise" Produktgestaltungsanpassung,
- markante Produktvariation,
- Variation des Marktsegments.

Im ersten Fall ist die ständige Produktverbesserung und -modernisierung (Stoffvariation, Modernisierung der Verpackungsgestaltung usw.) gemeint, die wegen der meist kleinen Schritte nicht sonderlich auffällt. Im Gegensatz dazu wird bei der markanten Produktvariation (→ Relaunch) ein Gestaltungssprung sichtbar; die intendierte Qualität wird offenkundig verbessert, um ein möglichst gleich großes Feld faktischer Qualitätsbeurteilung zu sichern. Möglich ist es natürlich auch, das Produkt zu belassen und nach neuen Marktsegmenten zu suchen, deren Bewertung die des bisherigen ersetzt. Dazu müssen wir uns noch an späterer Stelle (siehe Kapitel 6) eingehender äußern.

Mit den *Vorteils-Nachteilsurteilen* fügen wir die Dimension des Vergleichs zumindest zweier Produkte untereinander im Hinblick auf die Anspruchsbefriedigung ein. Wir haben es somit mit einer doppelten Relationalität zu tun.

Wir haben gelernt, daß es nicht nur vorteilhafte Produkte zu tragfähigen Preisen gibt. Eine besonders herausragende Leistung eines Produktes (z. B. Ästhetikleistung einer Marmortischplatte) weist gegenüber einem anderen Produkt (z. B. Tisch mit melaminbeschichteter Platte) Nachteile (z. B. Sprödigkeit, Kratzempfindlichkeit) auf. Die Nachteile sind nur in Grenzen reduzierbar, da die Gestaltungsmittel nicht kontinuierlich variierbar sind. Mehrere Konsequenzen ergeben sich aus diesen Überlegungen für die Gestaltungsarbeit :

- Die Nachteile müssen aus der Sicht des typischen Verwenders (Kernsegment) gegenüber dem Konkurrenzprodukt möglichst klein gehalten werden.
- Die Summe der Vorteile eines Produktes, die für den Verwender bedeutsam sind, muß größer sein als die Summe der Nachteile.
- Es muß versucht werden, daß nur solche Produktaspekte als nachteilig bewertet werden, die für den typischen Verwender nicht so bedeutsam sind.
- Es scheint ratsam, zumindest einen Vorteil des Produktes so intensiv auszuprägen, daß durch ihn (USP = unique selling proposition) bemerkte Nachteile überdeckt werden.

4.54 Zur Kontrollmethodik

4.541 Kontrollanforderungen

An die Durchführung der Wirkungskontrolle sind einige formale Forderungen zu stellen. Beachtet werden müssen die Aspekte:

- der Objektivität,
- der Validität,
- der Reliabilität.

Eine Kontrollmethode gilt als valide, wenn sie in der Lage ist, das zu messen, was man feststellen will; sie ist objektiv, wenn sie Verzerrungen vermeidet; sie ist reliabel, wenn sie unter gleichen Umständen zu gleichen Ergebnissen kommt.

Zwar grundsätzlich selbstverständlich, jedoch nicht immer berücksichtigt, wird der Hinweis, daß sich die Methodenwahl dem Problem anzupassen hat und nicht umgekehrt. Sowohl in der Wissenschaft als auch in der Praxis begegnet man hin und wieder „Methodenverkäufern", die ihre Methoden oder ihr Methodenarsenal für das Instrument der Problemlösung schlechthin halten, die letztlich das „Pferd vom Schwanz aus aufzäumen".

Diese Forderungen lassen sich im Regelfall nur teilweise erfüllen. Damit sinkt die Prognosegenauigkeit der Wirkungskontrolle. Darüber hinaus sei noch ein weiteres Problem erwähnt. Beurteilungen erfolgen in der Regel an Maßstäben, die der Proband gelernt hat, also letztlich an gestrigen Lösungen. So kommt es häufig vor, daß Produkte mit einem deutlichen innovativen Sprung gegenüber konventionelleren Lösungen schlechter abschneiden. Dieses Problem der *Meßlattentraditionalität* sollte sowohl bei der Interpretation der Kontrollergebnisse als auch bei der Wahl des Kontrollverfahrens beachtet werden. Nach diesen allgemeinen Kriterien wollen wir uns jetzt den Fragen zuwenden:

- Wer soll kontrollieren?
- Welches Verfahren kann man wählen?

4.542 Kontrollpersonen

Die Lagerungs- und Transportkontrolle läßt sich je nach Bedeutsamkeit vom eigenen Personal – vor allem, wenn man über einen eigenen Fuhrpark verfügt – oder von hierauf spezialisierten Institutionen durchführen. Der Produktionskontrolle können sich Mitarbeiter des Produktionsbereichs widmen. Je nach Umfang und Schwierigkeit der juristischen Limitierungen kann man die Limitierungskontrolle eigenen Mitarbeitern oder externen, besonders erfahrenen Beratern übertragen. Die Händlerkontrolle können eigene Vertriebsmitarbeiter gemeinsam mit ausgewählten (d. h. wichtigen und problembewußten) Händlern durchführen. Und für die Konkurrenz- und Verwenderkontrolle wird man zuerst an typische Vertreter des anzusprechenden Marktsegments denken. Zum einen aus Kostengründen ($\rightarrow$ Repräsentativität) und zum anderen wegen der Meßlattentraditionalität sollte immer auch überlegt werden, ob nicht ein Expertengremium besser geeignet ist. Um morgen valide Ergebnisse zu erzielen, ist ein hohes Maß an Sensibilität für neue Strömungen, Kundenvorstellungen und natürlich auch Phantasie vonnöten.

4.543 Produkttests

Wir wollen den *Produkttest* als eine spezielle Untersuchung experimentellen Charakters (Bauer 1981, S. 335 ff.) definieren, bei der Reaktionszusammenhänge zwischen realisierten Produktleistungen (realisierte Verwender-, Händler-, Lagerungs- und Transport- sowie Herstellerleistungen) und den Ansprüchen des anzusprechenden Marktsegmentes (Verwender-, Händler-, Lagerungs- und Transport- sowie Herstelleransprüche) aufgedeckt und analysiert werden sollen. Als Testobjekte kommen in Frage:

a) ein Prototyp,

b) ein Muster (Dummy),

c) eine Beschreibung/Zeichnung.

Produkttests lassen sich hinsichtlich ihrer Erkenntnisziele in:

- verhaltenswissenschaftlich orientierte,

- methodenorientierte und

- entscheidungsorientierte Produkttests

unterscheiden (Bauer 1981, S. 18-25).

(1) Verhaltenswissenschaftlich orientierte Produkttests

Durch die verhaltenswissenschaftlich orientierten Produkttests sollen die Hypothesen über die zwischen physikalisch beschreibbaren Produktleistungen und subjektiven Wahrnehmungen bestehenden psycho-physischen Beziehungen (Hajos 1972, S. 17) gebildet und kontrolliert werden. So können beispielsweise den Versuchspersonen verschiedene Gestaltungslösungen vorgelegt werden, die sich nur durch die Variation eines Parameters unterscheiden. Nach einem probeweisen Gebrauch oder Verbrauch werden die Testpersonen um ein Urteil hinsichtlich der wahrgenommenen Unterschiede befragt. Derartige experimentelle Untersuchungen werden Diskriminationstests genannt. Dabei können die Versuchspersonen zum wiederholten Male um die gleiche Urteilsabgabe bezüglich der gleichen Testprodukteinheit befragt werden („repeat measures designs") (Peryam 1958, S. 47-63; Amerine/Pangborn/Roessler 1965, S. 278 ff.).

Mit Hilfe experimenteller Methoden der psychologischen Marktforschung können Wahrnehmungs-, Entscheidungs- und Handlungsabläufe von Konsumenten analysiert werden (Salcher 1978, S. 117). Man bedient sich dabei bestimmter apparativer Verfahren, wie z. B. des Tachistoskops oder der Schnellgreifbühne. Das *Tachistoskop* ist ein Instrument, mit dessen Hilfe es möglich ist, einen Gegenstand in beliebig kurzen Zeitintervallen bis hin zu 1/1000 sec. sichtbar zu machen. Hierdurch können wertvolle Informationen über die anmutungshafte Wirkung von Produkten und Werbemitteln gewonnen werden. Dieses Verfahren stützt sich auf die Theorie der Aktualgenese, welche die visuellen Wahrnehmungen als prozessual charakterisiert. In den ersten Phasen des Wahrnehmungsvorganges werden nur die tieferen Schichten der Person (unbewußte, stark affektiv getönte Reaktionen) angesprochen, während erst in den späten Phasen der Wahrnehmung die höheren und bewußten Schichten (rationales, bewußtes Erkennen) hinzukommen (Salcher 1978, S. 119).

Vor dem Hintergrund, daß der überwiegende Teil aller Alltagseinkäufe unreflektiert vollzogen wird und das Handeln dabei entscheidend von den tieferen Schichten determiniert wird, wird die Bedeutung der Analyse gefühlsbetonter und unreflektierter Anmutungen evident (Spiegel 1970). Die *Schnellgreifbühne* geht über die reine Analyse des Wahrnehmungsvorgangs hinaus, indem sie eine zusätzliche Wahlhandlung, also eine konkrete Entscheidung der Testperson, fordert (Salcher 1978, S. 123). Sie besteht in der Regel aus einem großen Kasten, in dem mehrere Produkte ausgestellt werden und der mit einer Klappe verschlossen wird. Über einen Schließmechanismus kann die Klappe so gesteuert werden, daß die Produkte im Kasten für eine bestimmte Zeit sichtbar werden. „Die Zeit wird dabei so bemessen, daß es einer Testperson gerade noch möglich ist, eines der ausgestellten Produkte aus dem Kasten zu nehmen, ohne daß ihr die Möglichkeit bleibt, länger nachzudenken oder in Ruhe auszuwählen" (Salcher 1978, S. 123). Mit der Schnellgreifbühne kann auf die spontane Anmutung eines neuen Produkts oder einer neuen Verpackung geschlossen werden, indem sein Durchsetzungsvermögen im konkreten Wahlverhalten beim Vergleich mit anderen Neuentwürfen analysiert wird (Salcher 1978, S. 125). „Der entscheidende Unterschied zwischen Schnellgreifbühne und Tachistoskop ist durch den relativ großen Zeitaufwand bedingt, der für das Herausnehmen eines Produkts aus dem Kasten erforderlich ist" (ca. 5 sec.) (Salcher 1978, S. 123). Er führt dazu, daß in den Wahrnehmungsvorgang bereits rationale Bewußtseinsvorgänge eingeflossen sind, und die Wahlhandlung einer Testperson nicht mehr rein gefühlsbetont und unreflektiert vorgenommen wird. Ihr Einsatz zur Erforschung spontaner Produktanmutungen ist daher umstritten (Salcher 1978, S. 125).

Die Aufgabe dieser verhaltenswissenschaftlich orientierten Produkttests besteht in ihrer explikativen Zielsetzung (Bauer 1981, S. 20). Es sollen Informationen zur Beschreibung und Erklärung psycho-physischer Zusammenhänge gefunden werden, um die Kenntnisse über das Verhalten des Menschen zu vergrößern.

(2) Methodenorientierte Produkttests

Durch methodenorientierte Produkttests soll u. a. dem Aspekt der Vor- und Nachteile verschiedener Testverfahren Rechnung getragen werden. Hierdurch können Aussagen über die für eine Fragestellung zweckmäßigste Untersuchungsmethode geliefert werden.

Vor der Durchführung eines Produkttests müssen vor allem folgende Punkte geklärt werden (Bauer 1981, S. 21 ff.):

- *Bestimmung der Testobjekte*

  Es ist festzulegen, welche eigenen Produkte zusammen mit möglichen Konkurrenzprodukten in den Test mit einbezogen werden sollten.

- *Bestimmung des Testzieles*

  Woraufhin soll die subjektive Gesamtwirkung des Testproduktes bzw. die subjektive Teilwirkung einzelner Gestaltungsmittel getestet werden (Volltest oder partieller Test)?

- *Bestimmung der Testpersonen*

  Aus der Vielzahl potentieller Verwender soll eine entsprechende Stichprobe entnommen werden.

- *Bestimmung des Testortes*

  Sollen die Testpersonen das (die) Testprodukt(e) in lebensechter (biotischer) Situation, z. B. zu Hause (Haushaltstests) (Spiegel 1970, S. 41 ff.) testen oder in lebensnaher oder lebensferner (experimenteller) Situation unter eher kontrollierten Bedingungen in einem stationären oder mobilen Teststudio (Labor- oder Caravantest)?

- *Bestimmung der Erhebungsmethode*

  Hier kommen die Beobachtung, die schriftliche oder mündliche Befragung und das Experiment (siehe Abschnitt 3.911.2) in Frage.

- *Bestimmung der Testmethode*

  Es sollen an dieser Stelle nur einige wichtige Tests skizziert werden.

Einzeltest

Bei diesem Test wird i. d. R. nur eine Ausprägungsform der Produktgestaltungslösung untersucht. Dies wird besonders bei Marktneuheiten bedeutsam, wenn das Testprodukt im relevanten Markt auf kein vergleichbares bzw. vorhandenes Produkt bezogen werden kann. Speziell bei innovativen, technisch komplizierten Produkten, zu denen das Unternehmen bislang keine Produktalternativen gestaltet hat, wird der Einzeltest durchgeführt. Vom Probanden soll u. a. ein Akzeptanzurteil abgegeben werden.

Vergleichstest

Bei diesem Test wird der experimentelle Charakter offensichtlich, weil hier mehrere Gestaltungsentwürfe unter weitgehend kontrollierten Bedingungen, meist im Labor, untersucht werden. Der Vergleichstest erlaubt auch den Vergleich des eigenen Produktes mit konkurrierenden Produkten von Mitbewerbern oder Produkten des eigenen Sortiments.

Eindruckstest

Zur Gewinnung eines ersten Eindruckes bei dem Probanden wird ihm das Produkt vorgelegt. Der Test wird bei solchen Produkten interessant, bei denen spezifische Stimuli unmittelbar nach der ersten Wahrnehmung einen Aufforderungs- oder Aktivierungscharakter mit sich bringen sollen.

Im *Präferenztest* soll von dem Probanden ein Präferenzurteil (Vorzugsurteil) nach dem probeweisen Ge- oder Verbrauch von einem oder meist zwei vorgelegten Produkten abgegeben werden, d. h. es soll ermittelt werden, ob die Testperson in welchem Ausmaß und aus welchen Gründen ein bestimmtes Produkt vorzieht (Bauer 1981, S. 96 ff.). Eine in diesem Zusammenhang benutzte Methode stellt die Conjoint-Analyse dar (Teichert 1999, S. 473 ff.).

Dagegen sollen über sogenannte *Deskriptionstests* durch Befragungen Informationen über die Art und Weise erhalten werden, wie das (die) Testprodukt(e) wahrgenommen werden.

Durch Ausfüllen von z. B. skalierten Begriffen soll nicht eine vollständige Erfassung des gesamten subjektiv wahrgenommenen Produktbildes, sondern vielmehr eine vollständige Erfassung des produkteinstellungsrelevanten Produktbildes realisiert werden (Bauer 1981, S. 167 ff.). Die Messung von Einstellungen, wie sie von Fishbein (1963, S. 233-239; 1967) und Trommsdorff (1967, S. 28-32; 1975) thematisiert wurde, wird hier bedeutsam. So kann die Beschreibung der subjektiven Wahrnehmung im Hinblick auf produkteinstellungsrelevante Merkmale zu einer bestimmten Produktmarke in einer numerischen Item-Batterie erfaßt werden.

Über Befragungen bei einem *qualitätsbezogenen Evaluationstest* können Informationen darüber gewonnen werden, wie ein Testprodukt als Ganzes, nur bestimmte Produktkomponenten oder gewisse Gestaltungslösungen von den Testpersonen bewertet werden. Die Antworten können auf einer „evaluatorischen" Ratingskala kenntlich gemacht werden (Amerine/Pangborn/Roessler 1965, S. 356 ff.).

Qualitätsbezogene Akzeptanztests sind solche experimentell angelegten Untersuchungen, in welchen die produktleistungsinduzierte Handlungsbereitschaft bei der Testperson intensitätsmäßig gemessen werden soll (Kauf-, Ge- oder Verbrauchsabsicht) (Lohmeier 1959, S. 186 ff.; Taylor/Houlahan/Gabriel 1975, S. 90 ff.).

Die Fragestellung, wann welcher Test verwendet werden soll, läßt sich erst nach Festlegung von Art, Umfang und Inhalt spezieller Zielsetzungen und Informationsaufgaben des jeweiligen Produkttests beantworten (Bauer 1981, S. 247 ff.).

Darüber hinaus muß festgelegt werden, in welcher Zeit, zu welchen Kosten und durch wen der Produkttest durchgeführt werden soll (Bauer 1981, S. 220 ff.).

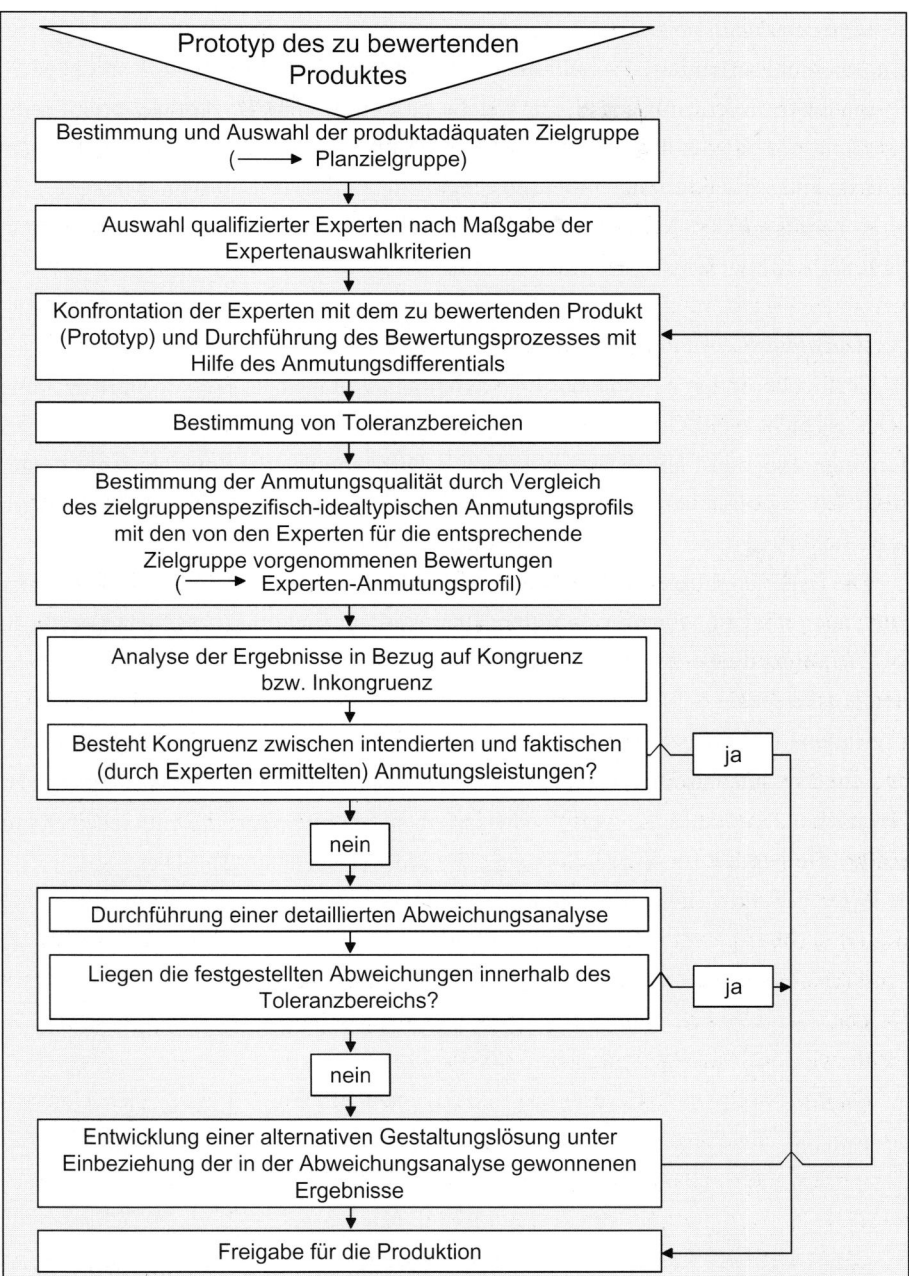

Übersicht 220: Ablauf des Bewertungsprozesses im Rahmen der Anmutungsqualitätsbewertung

(3) Entscheidungsorientierte Produkttests

Entscheidungsorientierte Produkttests können dem Produktmanager z. B. darüber Informationen liefern, ob und durch welche gestaltungsmäßige Produktvariation die Wirkung des eigenen Produkts verbessert werden kann oder ob bei substitutionalem Einsatz anderer Gestaltungsmittel (kostengünstigere Einsatzstoffe) die Marktstellung eines bereits auf dem Markt befindlichen Produktes (nach der Markteinführung) (Bauer 1981, S. 21) geschwächt werden könnte.

(4) Anmutungsbeurteilung

Wegen der besonderen Problematik – was heißt im Rahmen der Fremdbedarfsdeckung „Das ist nicht mein Geschmack" – sei die Anmutungsbeurteilung im Rahmen eines Expertenratings mit Hilfe des semantischen Differentials etwas ausführlicher dargestellt. Dazu greifen wir auf die Arbeit von Frey (1993) zurück. Sie empfiehlt den Prozeß (S. 274), den wir in Übersicht 220 abgebildet haben.

Die Experten müssen neben ausreichender thematischer Qualifikation und Urteilskraft auch über Imagination, Intuition, Interesse und Empathie am Thema verfügen (S. 276). Empathie erfaßt die Fähigkeit, sich in die Bewertungsposition der Zielgruppe hineinzuversetzen.

Hauptaufgabe der Experten ist es, ein Profil des vorgelegten Produktes/Musters usw. zu erstellen und dann mit dem von Frey entwickelten Sollprofil der Zielgruppe zu vergleichen. Sie hat für die verschiedenen Lebenswelten Sollprofile entwickelt. Zwei Sollprofile werden zur Verdeutlichung abgebildet (Übersicht 221). Diese Sollprofile bedürfen der Aktualitätsüberprüfung.

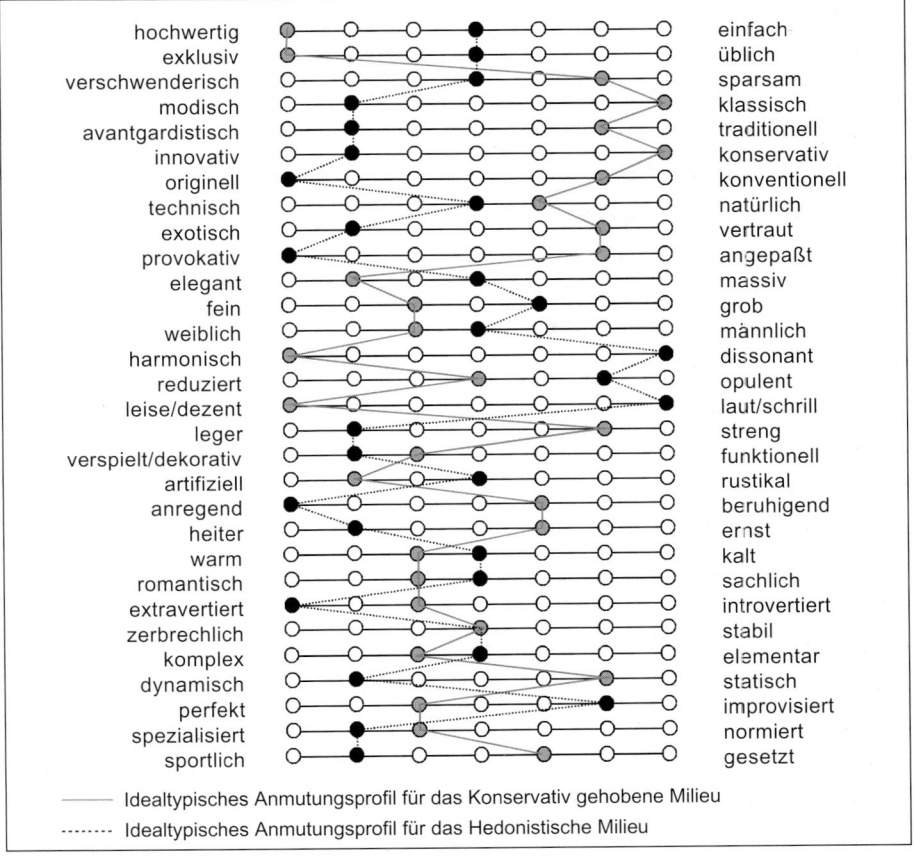

Übersicht 221: Milieutypische Sollprofile (Quelle: Frey 1993)

4.55 Kontrollkonsequenzen

Was kann die Kontrolle ergeben haben und welche Konsequenzen sind daraus zu ziehen?

Der günstigste Fall liegt offenkundig dann vor, wenn der Test die Gestaltungsüberlegungen bestätigt, wenn festgestellt werden kann, daß die Ansprüche der Testpersonen, von denen z. B. unterstellt wird, daß sie das gesetzte Marktsegment repräsentativ wiedergeben, durch das neue Produkt befriedigt werden. Sie sind mit dem Produkt zufrieden. Wenn aber nicht, was dann? Wir müssen die bisherigen Überlegungen überprüfen. Wo sollen wir anfangen? Das hängt davon ab, wie aufwendig unser Produkt ist und wieviel Zeit wir zur Gestaltungsmodifikation haben. Fassen wir grob unsere bisherigen Tätigkeitsschritte in folgende Blöcke zusammen:

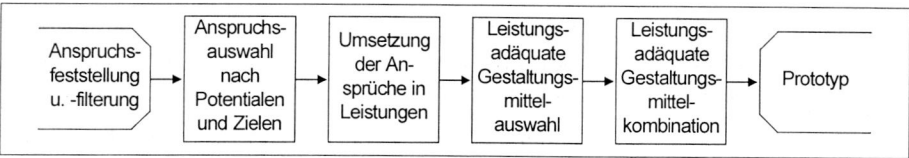

Übersicht 222: Zur Entwicklung eines Prototyps

Uns stehen drei unterschiedliche Ansatzpunkte zur Modifikation offen:

a) Weil ein „Flop" zu riskant wäre und weil wir uns die Zeit nehmen können, beginnen wir am Anfang unserer Schrittfolge, indem wir überprüfen, ob wir die „richtigen" Ansprüche für die „richtige" Zielgruppe ausgewählt haben, ob die Potenti-
al- und Zielfilterung auch vom Adressatenkreis des Produktes in den produkt-
bezogenen Konsequenzen akzeptiert wird, ob wir keine Fehler bei der Umsetzung
der Ansprüche in zu gestaltende Produktleistungen (Umfang, Intensität und hierarchische Stellung) gemacht haben, ob wir die hierfür geeigneten Gestaltungsmittel in der vom Käufer gewünschten Intensität und Kombination ausgewählt
haben. Der Test kann Ansatzpunkte für die verschiedensten Modifikationen liefern. Mit Partialtests können möglicherweise Informationslücken geschlossen
werden.

b) Es liegt die zeitlich gegenteilige Situation vor. Wir rollen die Entscheidungen von
hinten auf. Wir überprüfen, ob wir richtig kombiniert haben usw. Die Modifikations-
ergebnisse versuchen wir „abzutesten". Die Zeitersparnis kann groß sein, ebenso
wie die Gefahr, an Symptomen herumkuriert und weniger die Ursachen der Negativ-
bewertung erkannt zu haben.

c) Das Testergebnis, verbunden mit dem eigenen „unguten" Gefühl, bietet Anhaltspunkte dafür, wo besondere Schwachstellen bei den bisherigen Entscheidungen
zu vermuten sind. Diese Entscheidungen nimmt man sich noch einmal vor, modifiziert sie gegebenenfalls mit den sich daraus ergebenden Konsequenzen für die
Folgeentscheidungen.

4.6 Startmengenbestimmung

Obwohl die Marktanalyse sorgfältig vorgenommen wurde, vieles detailliert geprüft
wurde, ist eine möglichst genaue Angabe der Menge, die man glaubt, absetzen zu
können, nicht ganz einfach. Wenn Mercedes-Benz (genauer: MCC) nach langjähriger
Vorarbeit plant, eine Jahresmenge x (z. B. 200.000) des Smart abzusetzen, und dann
feststellt, daß der Markt weniger als die Hälfte aufnimmt, dann hat das auch unangenehme produktions- und beschaffungswirtschaftliche Konsequenzen. Und wenn man

bei halber Menge noch einen Gewinn bei gleichbleibendem Preis erzielen will, dann muß man schon eine hohe Marge eingeplant haben. Ebenso fatal ist die Planung einer zu geringen Startmenge. So führte die Firma Krups vor längerem einen neuartigen Kontaktgrill im Herbst für das Weihnachtsgeschäft ein. Bereits nach vier Wochen war die geplante Restjahresmenge verkauft. Der Handel konnte nicht nachbestellen. Die Konkurrenz reagierte schneller und nutzte die Markteinführungsaufwendungen von Krups.

Wir wollen uns der Lösung der Frage schrittweise unter Nutzung der bisherigen Informationen zuwenden.

(1) Die Segmentierungsüberlegungen sollten deutlich gemacht haben, welches Marktpotential in dem neuen Produkt steckt. Dazu gehört auch zu überlegen, welche weiteren Segmente zu dem Kernsegment mit der Zeit stoßen können.

(2) Dann ist zu prüfen, wie sich die Menge über die *Zeit* verteilt. Damit sind mehrere Detailprognosen verknüpft. Wie schnell wird sich das neue Produkt die Gunst der Zielgruppe erwerben? Ein zeitgemäßes Produkt wird schneller Anklang als ein noch innovatives Produkt finden. Die Lernzeit kann durch Erhöhung der Lernanstöße verkürzt werden – das erfordert einen höheren Einführungsaufwand. Archetypische Produktformen erleichtern gegenüber avantgardistischen die schnelle Akzeptanz. Spielt das Meinungsführerkonzept im speziellen Produktbereich eine Rolle? Wenn die Liberal-Intellektuellen den Aufstiegsorientierten als Leitbild dienen, dann kann man sich zuerst auf die Liberal-Intellektuellen konzentrieren, um sie als Multiplikatoren zu benutzen. Generell kann man auf das Diffusionskonzept (s. Übersicht 223) von Rogers zurückgreifen.

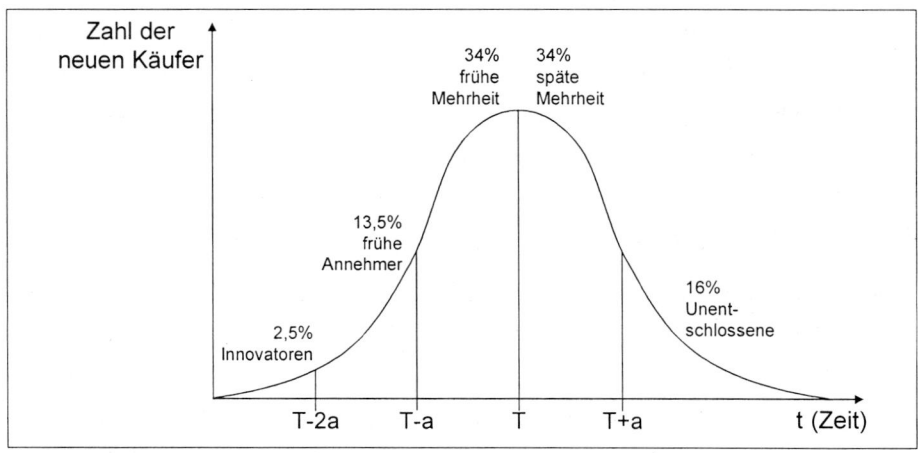

Übersicht 223: Diffusionsverlauf nach Rogers

Was für Produkte der Landwirtschaft in den USA zu einem bestimmten Zeitpunkt gegolten haben mag, muß – zumal in dieser formalen Schönheit – nicht überall gelten (→ induktiver Fehlschluß). Bei Produkten mit längerer Marktlebensdauer wird man generell davon ausgehen können, daß die Risikoaversion ungleich verteilt ist. Die Neuheitenorientierten sind schneller als die Traditionsorientierten zu begeistern.

(3) Ein anderer Mengen-/Zeitaspekt ergibt sich aus der Produktzielsetzung. Zumindest tendenziell enthält die folgende Übersicht einige Antworten:

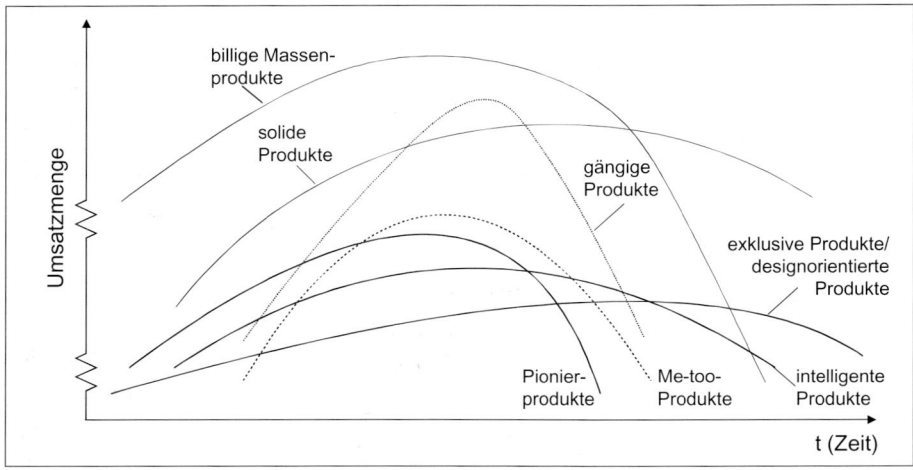

Übersicht 224: Produktzielabhängige Mengen in der Zeit

Der Absatz billiger Massenprodukte steigt sehr steil an, um dann möglichst stabil auf hohem Niveau zu verharren. Der günstige Preis als Verkaufsargument muß durch kontinuierliche und hohe Kapazitätsauslastung sichergestellt werden. Aus der Zielbeschreibung in Abschnitt 3.723 ergibt sich diese Mengentendenz. Sie ist erfahrungsgestützt und darf deshalb nicht überinterpretiert werden.

(4) Das Verwenderverhalten prägt darüber hinaus die Mengenkomponente. In welchem Zeitraum erfolgen Kaufwiederholungen? Gelingt eine intensive Nutzung, die zu schnellem Verbrauch oder zu hoher Abnutzung führt, um dann danach ein neues Produkt zu kaufen? Oder besteht die Möglichkeit modischer Veralterung durch Swatcherisierung?

(5) Neue Produkte müssen im Handel gezeigt werden. Bei breiter indirekter Distribution (z. B. beim Pkw-Verkauf) benötigt man Vorführprodukte (Vorführ-Pkw). Die ausreichende Ausstattung des Handels mit Produkten bildet eine wichtige Erfolgsgrundlage.

(6) Je mehr ein Produkt Erfolg verspricht, um so mehr stürzt sich die Konkurrenz auf diesen neuen Markt, um daran zu partizipieren. In die Mengenbestimmung müssen Konkurrenzaktivitäten einbezogen werden. Je größer und erfolgversprechender neue Produktmärkte und je geringer die Markteintrittsbarrieren sind, um so schneller muß mit Mengenteilung durch Konkurrenzangebote gerechnet werden. Nur selten hat man die Chance der patentrechtlichen Monopolisierung.

(7) Märkte können sukzessiv oder simultan erschlossen werden. So kann man bei designorientierten Produkten zuerst Deutschland als Testmarkt betrachten. Es mögen sich ca. 200 Designfachgeschäfte zur Distribution eignen. Man kennt näherungsweise deren durchschnittliche Umschlagsgeschwindigkeit bei vergleichbaren Produkten. Das kann als Richtgröße für die Mengenbestimmung dienen. Oder man führt ein neues Produkt zeitgleich auf dem Weltmarkt ein (→ Ford Mondeo). Dann wachsen die Prognoserisiken. Die jeweilige ortsgebundene Teilmarktplanung kann zur Begrenzung des gesamten Prognoseirrtums beitragen.

4.7 Markengestaltung

In den bisherigen Auflagen wurden Markenaspekte im Zusammenhang mit den Überlegungen zur Zeichenwahl dargestellt. Bezogen auf die Analyse der Gestaltungsmittel – Zeichen als Mittel der Markengestaltung – war das sicherlich nur konsequent. Diese radikale Sicht wollen wir jetzt erweitern, um das, was über die Zeichengestaltung hinausgeht, besser erfassen zu können.

Wegen uneinheitlicher Terminologie in der Literatur sei hier kurz das eigene Begriffsverständnis erläutert. *Marke* wird hier als mit einer Zeichenform versehener Inhalt verstanden, Designanz und Designatum gehören zusammen. Wie bereits aus Übersicht 165 ersichtlich, stellt die Marke einen Spezialfall der Zeicheninhalte dar. Mit einem Zeichen sollen Produkte (Sachgüter/Dienstleistungen) und Unternehmen wiedererkannt werden. Als *Markenartikel* werden mit einer Marke versehene Konsumgüter eines Herstellers bezeichnet. Die häufig noch hinzugefügten Merkmale der weiten Bekanntheit, Ubiquität und gleichbleibenden Qualität dürften heute so nicht mehr begriffsbildend sein. Bekanntheit ist eine Frage des Marktalters und der Zielgruppe. Nischenmarkenartikel sind weder vielen bekannt, noch werden sie ubiquitär angeboten. Luxusmarkenartikel sind gerade durch ihre Seltenheit/Exklusivität gekennzeichnet. Diese Bemühungen, begriffskonstitutive Merkmale für die Marke zu generieren, haben in letzter Zeit die sogenannten wirkungsbezogene Betrachtungsweise des Markenbegriffs forciert: Eine Marke hängt in starkem Maße von der Akzeptanz der Zielgruppe ab, man spricht dann von einer Marke, wenn sie von den Konsumenten als Marke empfunden wird. Kurz gefaßt kann man also Markenartikel mit Konsumgütermarke gleichsetzen.

Analog zur Trennung von Produktpolitik und Produktgestaltung (siehe Übersicht 136) wollen wir *Markengestaltung* von Markenpolitik insofern trennen. als wir uns hier auf die Umsetzungsfragen konzentrieren wollen.

4.71 Markenarten

Bei der bisherigen Betrachtung der Gestaltungsmittel haben wir der Leistungsanalyse jeweils eine Parameterbetrachtung vorangestellt. Der folgende Versuch, die Vielfalt der Markenbegriffe zu ordnen, kommt dem sehr nahe. Wir gehen von folgender Gliederung aus:

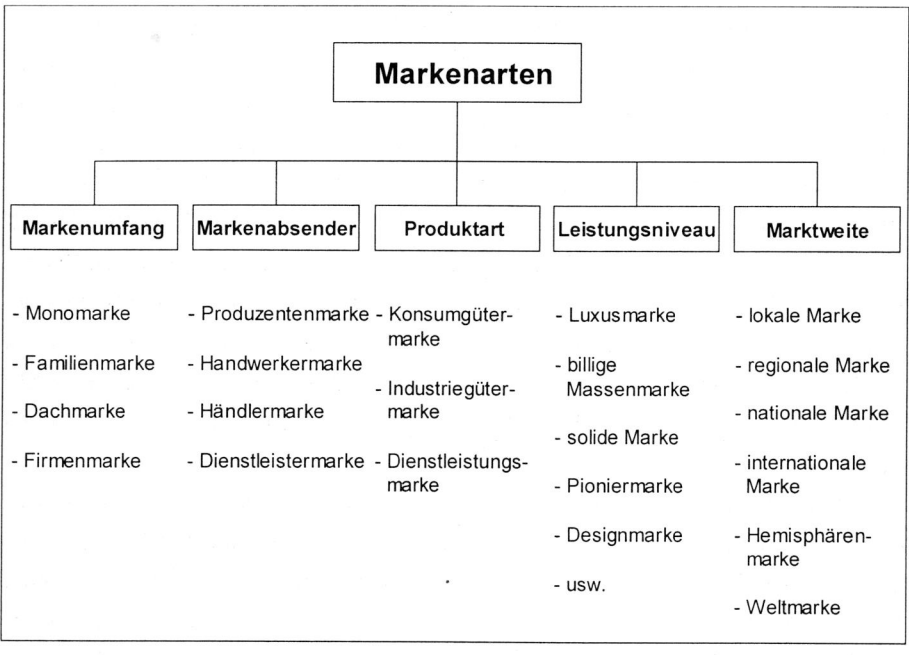

Übersicht 225: Markenarten

Im *Markenumfang* wird die Spannweite des Markierten erfaßt. Der *Monomarke* stehen *Familien-* und *Dachmarke* gegenüber. Im ersten Fall wird eine Marke für ein einzelnes Produkt mit möglicherweise kleinen Differenzierungen gewählt. Diesen Weg wählt die Firma Ferrero (Nutella usw.). Demgegenüber spannt die Firma Beiersdorf unter der Dachmarke Nivea ein weites Produktfeld auf, das von der Haut- und Haarpflege bis zur Verschönerung (Nivea beauté) reicht. Was man früher als Familienmarke (neben 8x4 usw.) erfaßte, hat sich inzwischen unter der gleichen Marke zu einem breiten Angebotssortiment ausgeweitet. Die Frage, die sich der Produktmanager immer wieder stellen muß, lautet, wieweit das Markenimage für andere (neue) Produkte mitgenutzt werden kann, ohne daß eine Verwässerung des Bisherigen eintritt. Wieweit ist ein Markenimagetransfer möglich (broad extension)?

Für die Wahl von *Monomarken* spricht das Argument der Konzentration und Isolation. Wenige starke Marken lassen eine intensive Marktpflege zu. Der Werbeaufwand pro Monomarke liegt bei Ferrero deutlich über dem der Konkurrenz. Auch das hat zur Markenstärke beigetragen. Die Isolation der Monomarke soll negative Imagetransfereffekte z. B. nach einem Einführungsflop begrenzen. Die Grenzen der Vorteile von Monomarken zeigen sich dann, wenn statt weniger großer, viele kleine Marken zu einem blassen Marktauftritt führen.

Zwischen Mono- und Dachmarken kann man *Familienmarken* ansiedeln. Sie gehen über kleinere Differenzierungen des einzelnen Produktes hinaus. Die Grenzen zu Dachmarken sind fließend, die Zuordnung hängt von der Markenarchitektur des Unternehmens ab. Unter der Dachmarke VW gibt es die Familienmarken Golf, Polo, Lupo, Passat. Im Volkswagenkonzern existieren mehrere Dachmarken (Seat, Skoda, Audi) nebeneinander. Ob Mono-, Familien- oder Dachmarke, sie können durch die Firmenmarke (z. B. Ferrero, BAYER) ergänzt werden. Der Stützung auf der einen Seite – sowohl der Mono-, Familien- oder Dachmarke durch die *Firmenmarke* als auch der Firmen- durch die Mono-, Familien- und Dachmarke – steht auf der anderen Seite die Gefahr der Beschädigung gegenüber. Auch dies gilt für beide Richtungen. Gerät eine Mono- oder Familienmarke ins Gerede, nimmt auch die Firmenmarke Schaden und vice versa.

Mit der Firmenmarke haben wir die Verbindung zu den verschiedenen *Absendern* geschaffen. Am bekanntesten sind Produzentenmarken (→ industrielle Herstellermarken). Händler- oder Handelsmarken sind im Konsumgüterbereich meist unter Produzentenmarken angesiedelt – wenige Ausnahmen (z. B. Wempe) bestätigen die Regel. Im Industriegüterbereich spielen Händlermarken fast keine Rolle, Herstellermarken nehmen an Bedeutung zu. Im Dienstleistungssektor hat die Markenführung noch nicht die Bedeutung, die ihr wegen der Immaterialität eigentlich zukommen müßte. Handwerkermarken sind noch selten, bei Luxusprodukten (z. B. Schuhen) begegnen sie vermehrt.

Aus den Markenabsendern kann man die *Produktart* ableiten. Neben der Konsumgüter- stehen die Industriegüter- oder die Dienstleistungsmarken.

494

Bezogen auf das *Leistungsniveau* kann man Marken zwischen den Polen Luxusmarke und billige Massenmarke ansiedeln. Wir können hier Bezug nehmen auf Übersicht 104. Luxusmarken bilden das Pendant zu den exklusiven Spitzenprodukten, billige Massenmarken zu den ebenso bezeichneten Produkten usw. Bezüglich der *Marktweite* lehnen wir uns an Übersicht 62 an. Die Spannweite reicht von lokalen Marken (z. B.Päffgen-Kölsch) über regionale (z. B. Reisdorf-Kölsch), nationale (z. B. König-Pilsner), Hemisphären- (z. B. Kirin-Bier) bis zu Weltmarken (z. B. Beck´s-Bier).

4.72 Markenfunktionen

In Kräfteparallelogrammen des Marktes lassen sich vielfältige Funktionen der Marke identifizieren (Koppelmann 1994, S. 219 ff.). Wir wollen von folgender Übersicht ausgehen:

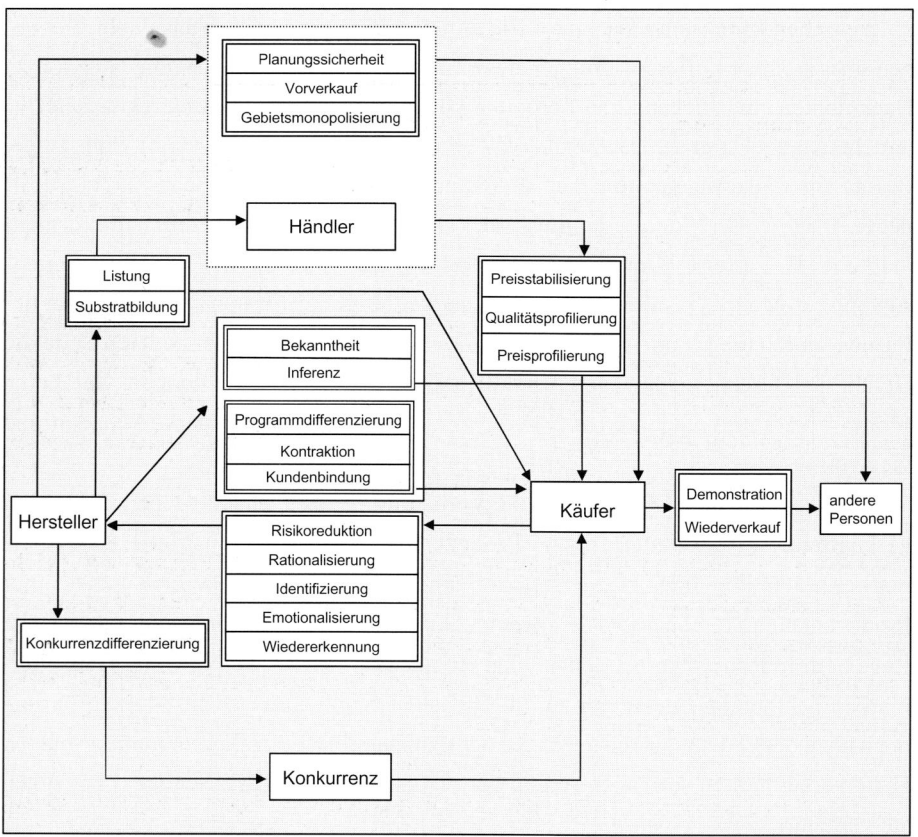

Übersicht 226: Markenfunktionen im Beziehungsgeflecht zwischen den Marktteilnehmern

Im Gegensatz zum Produkt selbst kommt der Marke insgesamt eine *Stellvertretungs-funktion* zu. Man kann auch von einer *Symbolfunktion* sprechen. Statt des eigentlichen Produktes, der Dienstleistung, des Unternehmens usw. übernimmt ein Zeichen die Inhaltsaussage. Ein Zeichen verkürzt abstrahierend das Produktbild. Als theoretischen Bezugspunkt kann man die Dualkodierungstheorie von Paivio (1975) heranziehen. Wir kodieren sequentiell logische Informationen in einem verbalen und in einem nicht ver-balen Bildspeichersystem. Die Marke, ursprünglich im verbalen System beheimatet, übernimmt im Laufe der Zeit die bildhaften, plastischen Vorstellungen des Produktes, des Unternehmens usw. in kurzer, pointierter Form. Dieses bildhafte *„Marken-gedächtnis"* beschleunigt die jeweilige Aufnahme durch eher simultane statt sequenti-eller Verarbeitung; der Bildercode verhält sich außerdem gegen gedächtnisreduzierende Einflüsse als besonders widerstandsfähig.

4.721 Herstellerbezogene Markenfunktionen

Die folgenden Ausführungen sind dem angegebenen Beitrag aus dem von Bruhn (1994) herausgegebenen Handbuch Markenartikel entnommen.

Aus welchen Gründen befaßt sich ein Hersteller mit spezifischen Markierungs-überlegungen für die von ihm erstellten Leistungen? Was rechtfertigt den Aufwand markenpolitischer Maßnahmen?

(1) Bei zunehmender Distanz zwischen Hersteller und Kunde, gleichsam als Instru-ment gegen zunehmende Anonymität, soll die Marke *Kundenbindung für Wieder-holungskäufe* schaffen. Der sich mit dem Markenprodukt identifizierende Käufer wie-derholt zu späteren Zeitpunkten seine Entscheidung. Diese Funktion korrespondiert mit der vom Käufer ausgehenden Identifikationsfunktion.

(2) Diese Kundenbindung wird möglich durch Imageladung. Das Produkt soll gleich-sam als Persönlichkeit mit verschiedenen Facetten empfangen werden. Das trägt zur *Konkurrenzdifferenzierung* bei. Dazu gehört es herauszufinden, was für die eigene Kundengruppe als Imagefacetten interessant sein könnte und seitens der Konkurrenz bei der eigenen Zielgruppe bereits besetzt ist.

(3) Bedient man mehrere Kundensegmente, kann die eigene *Programmdifferenzierung* notwendig werden. Die Duftserie „My Melody" ist deutlich anders positioniert als zum Beispiel „Janine D", als „Gabriela Sabatini", als „Moments" usw. Um sogenann-

te Kannibalisierungseffekte zu vermeiden, um Konsumentenrenten abzuschöpfen, sind derartige Differenzierungen vonnöten.

(4) Entsprechend dem aus der Gestaltpsychologie bekannten Figur-Grund-Prinzip muß ein Produkt zur Figur vor dem „rauschenden" Hintergrund des Wettbewerbs werden. Eine Marke bildet die Grundlage für die zur Figurierung notwendige Kommunikationsarbeit. Dies kann man als *Substratfunktion* bezeichnen; die Marke ist nötig, um an ihr die Botschaft „festzuzurren".

(5) Aus der Substratfunktion lassen sich nun die verschiedenen Kommunikationstatbestände ableiten, die den Erfolg einer Kommunikationsmaßnahme bestimmen. Hier sei lediglich der Bekanntheitsaspekt herausgehoben. Die Produkterscheinung und die Marke sind für das Bekannt*werden* neben den bekannt*machenden* Maßnahmen wichtige Voraussetzungen.

(6) Die vom Markt positiv gewürdigte Markenbekanntheit bildet eine wichtige Voraussetzung für die Listungsmacht (*Listungsfunktion*) gegenüber dem Handel. Ein hoher Marktanteil einer Marke hinterließe bei Auslistung nicht nur Umsatzverluste, sondern auch den Eindruck der Sortimentsinkompetenz. Eine hochgenrige Marke wird auch bei niedrigem Marktanteil beim Handel zur Kompetenzstärkung benutzt.

(7) Überlegungen zum Imagetransfer stellen die Frage nach dem Bedeutungsgehalt des Markenkerns in den Mittelpunkt ihrer Überlegungen. Die *Inferenzfunktion* einer Marke deutet Ausweitungsmöglichkeiten von einem Produktbereich (z. B. Zigarre) auf einen anderen (Duftwässer) an. Luxusmarken haben hier im Regelfall Startvorteile.

(8) Im Gegensatz ist auch die *Kontraktion* denkbar. Statt vielfältiger, im einzelnen kaum noch ökonomisch zu pflegenden Marken, werden z. B. Rangemarken (Familienmarken) eingeführt, die dann als Werbekonstante bei verschiedenen Produkten dienen.

Dies ist ein offener Katalog von Markenfunktionen. Ihre Wirkungsbeziehungen sind teilweise handelsorientiert (6), teilweise konkurrenzorientiert (2) oder stärker käuferorientiert/kundenorientiert (1, 3, 4, 5, 7, 8).

4.722 Händlerbezogene Markenfunktionen

Die Wirkungsbeziehungen von Marken aus der Sicht des Handels haben einen dualen Charakter. Zum einen kann dies die aktive Markenpolitik des Handels selbst (Handelsmarken) sein, zum anderen kann sich dies auf die Wirkungsbeziehungen zwischen Handel und Hersteller erstrecken.

(1) Der *Händlerprofilierung* kann die Händlermarke dienen. Unterschiedliche Profilierungsschwerpunkte sind denkbar. Die Diskontmarke („No-name-Marke") wird zur *Preisprofilierung* eingesetzt. Im Gegensatz zum *Sonder*angebot der preisreduzierten Herstellermarke handelt es sich hier um eine zeitkonstante Niedrigpreispolitik. Noch wenig verbreitet ist die handelsbezogene „Qualitätsmarke" (*Qualitätsprofilierung*). Sei es, daß der Händler (z. B. Tengelmann) über eigene Produktionsunternehmen verfügt, sei es, daß er als Verleger produzieren läßt; er bemüht sich um eigene, hochwertige Produkte, um so alle Marketinginstrumente allein beeinflussen zu können.

(2) Händlermarken dienen auch der *Preisstabilisierung*. Meist handelt es sich um Standardqualitäten, um marktübliche Gestaltungslösungen, die so ausschließlich für Großformen des Einzelhandels bzw. Einkaufsverbände (z. B. im Küchenmöbelbereich: VKG, Der Kreis, Musterring) produziert werden. Während bekannte Herstellermarken dem Preisvergleich ausgesetzt sind und damit die Tendenz des Preiswettbewerbs „nach unten" besteht, kann der Händler mit seiner Marke für Preis- und damit auch für Spannenkonstanz sorgen.

(3) Im Rahmen des vertikalen Marketing eignen sich gehobene bis Luxusmarken zur selektiven Distributionspolitik. Daraus erwächst für den Händler die Möglichkeit der *Gebietsmonopolisierung*. „Vor Ort" bietet nur er diese Marke an; seine Absatzanstrengungen zahlen sich in adäquaten Verkäufen innerhalb seines Gebietes aus; Partizipationseffekte von Handelskonkurrenten werden begrenzt.

(4) Durch Markenbekanntheit ergeben sich produktspezifische Käufereffekte, die noch beschrieben werden. Sie führen im Verbund mit den Maßnahmen des Herstellers (z. B. Werbung) zu einem Nachfragesog. Die *Vorverkaufsfunktion* entlastet den Händler von eigenen absatzgerichteten Maßnahmen.

(5) Die Einführung neuer, unbekannter Produkte ist mit einem hohen Akzeptanzrisiko verbunden. Der bereits beschriebene Inferenzeffekt einer bekannten Marke reduziert dieses Risiko. Damit kann einer Marke für den Handel eine *Planungssicherheitsfunktion* zukommen.

Fassen wir diese Wirkungsbeziehungen wieder zusammen, dann konzentrieren sich Preis- und Qualitätsprofilierung und Preisstabilisierung auf den Beziehungsstrang Händler-Käufer, während Vorverkaufs- und Planungssicherheitsfunktion den Strang vom Hersteller über den Händler zum Käufer erfassen.

4.723 Käuferbezogene Markenfunktionen

Letztlich entscheidet der Käufer als der „Wirkboden" über den Erfolg markenpolitischer Maßnahmen.

(1) Als *Wiedererkennungsfunktion* (Orientierungsfunktion) soll die Möglichkeit beschrieben werden, gleiches (der Art, der Herkunft usw. nach) zu identifizieren.

(2) Aus dieser Funktion erfolgt die *Rationalisierungsfunktion* (Beschleunigungsfunktion, Routinisierungsfunktion). Die Suche nach dem „richtigen" Produkt wird durch das Entdecken (Identifizieren) des gesuchten Produktes beschleunigt. Der Informationsaufwand durch die Suche nach neuen Alternativen wird reduziert.

(3) Parallel zur Suchzeitreduktion kann auch eine Verminderung des empfundenen Risikos eintreten (*Risikoreduktionsfunktion*). Statt langen Abwägens, verbunden mit dem möglichen Vorteil, eine noch bessere Lösung zu finden, wird die Sicherheit präferiert, eine bekannte, befriedigende Lösung zu haben (Generalisierung).

(4) Ein ganz anderer Aspekt wird mit der *Emotionalisierungsfunktion* erfaßt. Hier wird der Differenzierungsaspekt aus der Herstellersicht fundiert durch die inhaltliche Komponente (was dient der Differenzierung?). Aufbauend auf eine entsprechend gestaltete Emotionalisierungsstrategie kann durch Imageladung eine Differenzierung relativ homogener Produkte gelingen. Vorrangig durch Kommunikationsmaßnahmen versucht man, Produkten spezifische Markenpositionen zu geben, die als unverwechselbare „Produktpersönlichkeiten" erlebt werden. Als Wirkungsbasis dient hier das gesamte Spektrum der Anmutungsansprüche.

(5) Einen Schritt weiter ist man mit der *Identifikationsfunktion* gelangt. Über die wirkungsgerechte Ansprache hinaus ist hier der Internalisierungsschritt gelungen. Der Käufer identifiziert sich mit dem Bild, welches die Marke vermittelt – es ist seine Marke. Dies kennen wir nicht nur im Zigarettenbereich.

(6) Einen anderen Akzent setzt die *Demonstrationsfunktion*. Hier wirkt der Käufer mit dem Vorzeigen (Besitz) seines Markenproduktes auf andere Personen ein. Dies setzt voraus, daß die anderen die entsprechende Emotionsbotschaft (siehe Punkt 4) auch gelernt haben und sie gleichgerichtet interpretieren. Damit baut diese Funktion auch auf der herstellerbezogenen Bekanntheitsfunktion auf.

(7) Schlägt man in Tageszeitungen den Teil des Gebrauchtwarenmarktes auf, dann wird man mit der *Wiederverkaufsfunktion* von Marken vertraut gemacht. Nicht nur für Markenmöbel erzielt der Verkäufer überdurchschnittliche Preise; in zunehmendem Maße entdeckt man Sammlermärkte für Markenprodukte (z. B. Braun-Geräte, Swatch-Uhren).

4.73 Markierung oder Nichtmarkierung?

Es wäre zu einfach, für die Tatsache, daß es unmarkierte Produkte gibt, Unwissenheit anzuführen.

Aus Übersicht 225 wurde bereits deutlich, daß auch Händlermarken (Handelsmarken) als Marken gelten. No-names (z. B. Ja, Tip) können als billige Massen- oder Standardproduktmarken erfaßt werden. Durch Namensgebung, Farbgestaltung werden einzelne Produkte (z. B. Choceur, Il Tizio bei Aldi) oder ganze Sortimentsteile (z. B. Aro bei Metro) herausgehoben. Daneben gibt es aber auch Produkte, die nicht markiert sind. Im Industriegüterbereich ist das der Normalfall. Dabei reicht es für ein Markenprodukt nicht aus, wenn es in Preislisten unter einer firmenspezifischen Bezeichnung geführt wird. Wenn die Marke, wie meist bei Roh- und Hilfsstoffen, schon schlecht auf dem Produkt geführt werden kann, dann muß sie zumindest im größeren Rahmen der Kommunikation (z. B. Werbung, Messepräsentation) auftauchen. Möglich, allerdings noch relativ selten, ist auch das ingredient branding (z. B. intel inside), indem die Lieferantenmarke quasi als Qualitätsausweis mit im Endprodukt genannt wird.

Bevor eine Marke etabliert ist, um dann ihre Marktwirkung zu entfalten, muß in die Marke investiert werden, so daß sich die Frage nach dem Sinn der Markierung stellt.

Einen Teil dieser Nützlichkeitsfrage haben wir mit der Erläuterung der Markenfunktionen bereits beantwortet. Anderes steht noch aus:

(1) Wiedererkennung und Kundenbindung wurden genannt. Wann werden diese Funktionen durch Marken benötigt? In anonymen Massenmärkten muß bei Wiederholungskäufen das bisher zufriedenstellende Produkt bzw. dessen Nachfolger „dingfest" gemacht werden können. In einer kleinzelligen, dialogischen Marktsituation (z. B. Herrenschneider mit ca. 200 Stammkunden) ist dies ohne angestrengte Markenpolitik durchaus möglich. Ähnliche transparente Austauschbeziehungen sind für Industriegütermärkte nicht untypisch.

(2) Das, was für breite Konsumgüterbereiche als Pflichtbestandteil des Marketing gilt, stößt in wenigen anderen auf Widerstand (z. B. Möbelindustrie). Die erfolgreichsten Möbelhersteller sind nahezu unbekannt. Sie überlassen das Marketing den Großeinkaufsverbänden. Sie entwickeln und fertigen Produkte vielfach exklusiv im Auftrag des Handels, der sie dann manchmal mit seiner Handelsmarke versieht. Die Großformen des Einzelhandels (z. B. Ikea, Porta) und die Einkaufsverbände (z. B. Musterring, Der Kreis) wollen in ihrem Bereich eigene Qualitäts- und Preisprofilierung gewährleisten, Konkurrenzvergleiche sollen unterbleiben. Demgegenüber kann man mit starken Marken (bekannt, prägnant, konstant) das Marktungleichgewicht zugunsten des Herstellers verschieben; der Handel muß die Marke aufgrund des Nachfragesogs zu Herstellerbedingungen führen (→ pull-Strategie).

(3) Marken sollen psychische und materiale Sicherheit geben. Bei sicherheitsrelevanten Produkten des täglichen Lebens können Produktmängel anderer Markenmitglieder die Dach- oder Firmenmarke beschädigen. Die Wahl der Monomarke erfolgt bereits unter diesem Risikoaspekt, der Verzicht auf die Marke kann eine folgerichtige weitere Entscheidungsmöglichkeit bilden.

(4) Marken haben einen strategischen Kern. Strategisches Handeln reduziert den Alternativenraum bei der Instrumentalwahl, um durch synergetische Wirkungen dem ökonomischen Prinzip zu folgen. Auch Strategien bedürfen der kontinuierlichen Anpassung an die Marktgegebenheiten. Um nun den eigenen Freiheitsraum so groß wie möglich zu halten, wird hin und wieder der Verzicht auf strategische Positionen proklamiert, häufig wird strategieinkonform gehandelt, weil das der Markt angeblich so

fordert. Bei genauerer Prüfung kann man sich dann des Eindrucks nicht erwehren, daß den Protagonisten kein strategiekonformes Handeln eingefallen ist. Zur langfristigen Marktwirkung gehören die Prinzipien der Prägnanz und Konstanz eben zusammen. Durch Marktinvestitionen gewonnene Spuren sollte man nicht ohne große Not verlassen.

(5) Wählt man vorrangig kognitiv fundierte Strategien, dann steht die rational nachprüfbare Marktleistung im Vordergrund. Das kann der Preis sein (→ Kostenführerschaftsstrategie), im Rahmen der Leistungsführerschaftsstrategie die Kognitionsstrategie. Beide Strategiebereiche sind kennzeichnend für das Industriegütergeschäft. Hier wird das bessere Produkt gemessen an den spezifischen Anforderungen (Ansprüchen) ausgewählt. So können auch Konsumenten mit hohem Fachwissen (→ Profis) und hohem Involvement einkaufen. Für die Mehrheit der Konsumenten ist das jedoch eher untypisch. Statt differenzierter kognitiver Leistungsbetrachtung wird mit der Marke ein positiv besetztes Leistungskonglomerat gekauft, das man im einzelnen selten durchschaut.

(6) Im Marktüberangebot wachsen die Einführungskosten auch bei innovativen Produkten. In dieser Situation haben es unmarkierte Produkte schwer. Innovationen unter dem Schirm einer bekannten Marke bauen auf einem Vertrauens- und Bekanntheitsplafond auf, der wesentlich zur Verkürzung der Einführungs- und Wachstumsphase beitragen kann. Deshalb findet man unmarkierte Produkte eher im Standard- und Me-too-Produktzielbereich.

(7) Für die eigene Beschaffungs-, Produktions- und Absatzplanung spielt neben der Leistungs- auch die Mengenplanung eine beachtliche Rolle. Es interessiert nicht nur die richtige Startmenge sondern auch die Mengenkontinuität. In der Markentreue schlägt sich der wahrscheinliche Wiederholungskauf nieder. Neben der absoluten Markentreue ist auch die Verankerung der eigenen Marke im Raum alternativer Marken (→ *evoked set*) bedeutsam. Er bildet einen engen Ausschnitt aus dem Bereich der Möglichkeiten und gibt damit mehr Planungssicherheit.

4.74 Gestaltungsüberlegungen

Es erscheint ratsam, Gestaltungsüberlegungen in einen *inhaltlichen* und einen *formalen* Schwerpunkt zu trennen.

(1) Wenn man die Marke als die in einem Zeichen geronnene Botschaft über ein Produkt, ein Unternehmen auffaßt, dann muß die Gestaltung mit der Fixierung oder Entschlüsselung der Botschaft beginnen.

Während die Produktgestaltung eher detailverliebt ist, viele Ansprüche sollen unter Beachtung von Figur-Grundwirkungen, Prägnanz, Konstanz und Aktualität befriedigt werden, ist die Markengestaltung holistischer angelegt. Sie entspricht damit dem höheren Abstraktionsniveau, das wir aus den Positionsüberlegungen kennen. Die Produktpositionierung mit ihrer Reduktion auf wenige wichtige Merkmale kann damit als Anhaltspunkt für die inhaltliche Schwerpunktsetzung herangezogen werden.

Für die eigene inhaltliche Position müssen mehrere Anhaltspunkte beachtet werden:

- Wer ist mein Kunde, wer soll es werden?
- In welchem Konkurrenzumfeld will ich mich bewegen?
- Wie ordnen mich meine Kunden ein?

Hilfreich kann folgende Feldstruktur sein:

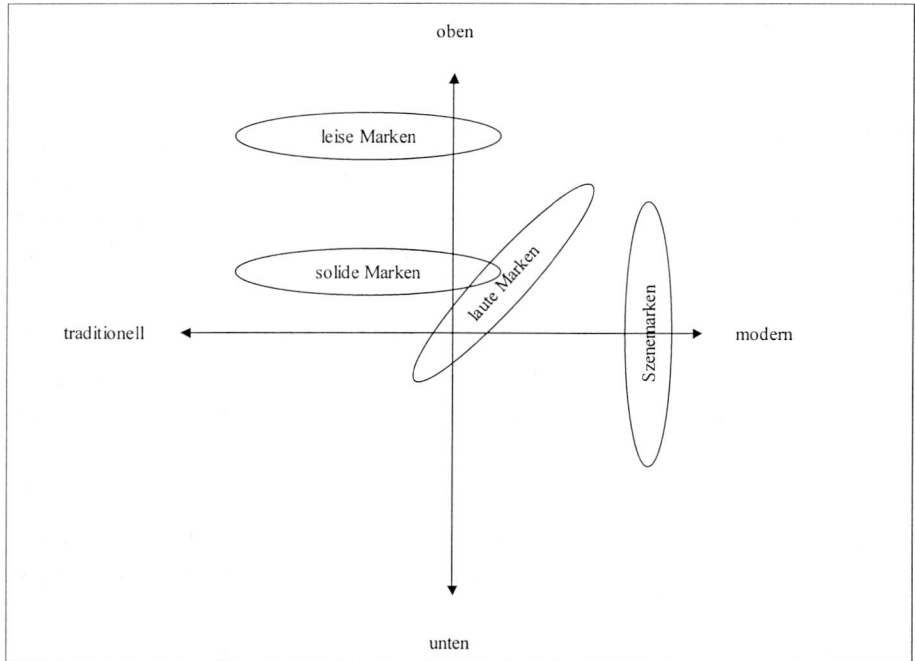

Übersicht 227: Zur Markenpositionierung

Die Dimensionen sind hier bewußt abstrakt gehalten, um eine breite Anwendungsstruktur zu ermöglichen. So kann sich oben/unten auf das Preis-, Leistungs-, Imageniveau erstrecken; jung/alt kann die Zielgruppe, die Produktgruppe erfassen.

Eine nützliche Methode zur Erhebung der Markenposition bildet die bereits beschriebene Imageanalyse mit Hilfe von Imageries (siehe Abschnitt 3.52). Aus der Betonung des Botschaftskerns ergibt sich, daß die inhaltliche Komponente der Marke zwar stark von der Produktbotschaft gespeist, getragen wird, dies aber zur Kennzeichnung allein nicht ausreicht. So wie bei den einzelnen Produktzielen (siehe Abschnitt 3.723) folgen aus dem Botschaftskern Konsequenzen insbesondere für die Kommunikationspolitik und zumindest auch für die Distributionspolitik. So findet man bei Szenemarken nur wenig direkte Kommunikation (fast keine Firmenwerbung, eher two-step-flow-communication), die Distribution erfolgt eher selektiv.

(2) Die *formalen* Gestaltungsfragen beziehen sich auf
- die Wahl des Markennamens,
- die Wahl des Markenzeichens,
- das Zeichen-Design.

Als Kriterien für die Wahl des *Markennamens* kann man hervorheben:
- die Prägnanz,
- die Lernbarkeit,
- die Internationalität.

Anstelle der Prägnanz kann man auch von Unverwechselbarkeit und Eigenständigkeit (Gotta 1994, S. 779) sprechen. Dies können Worte, Ziffern oder Buchstaben-Ziffern-kombinationen sein. Worte der Alltagssprache sind zwar verständlich, bezogen auf ein singuläres Produkt jedoch wenig differenzierend und auch nicht schutzfähig (siehe Abschnitt 3.62). Als Typen von Markennamen erläutert Gotta (1994, S. 780 ff.) deskriptive (z. B. Katzenschmaus), assoziative (z. B. Topas), artifizielle (z. B. Xerox) und verbrauchte (z. B. Gourmet) Namen und hebt als geeignet die artifiziellen hervor.

Lange Kunstworte, mehrstellige Ziffernkombinationen erschweren das Lernen, Sinnbrücken wirken erleichternd.

Selbst bei Handwerkernamen kann heute nicht mehr die Internationalität völlig ausgeschlossen werden. Also muß man bereits bei der Kreation die internationale Nutzbarkeit prüfen. Bei KitKat als Süßriegel ist das für den deutschen Sprachraum deutlich mißlungen.

Bei der Wahl des *Markenzeichens* kann zum Markennamen Bildhaftes hinzutreten, das dann zum Bildzeichen verschmilzt (z. B. das BAYER-Logo, das Rolls-Royce-Zeichen). Ein Blick auf die Entwicklungsgeschichte bekannter Markenzeichen zeigt die Tendenz zur Vereinfachung:

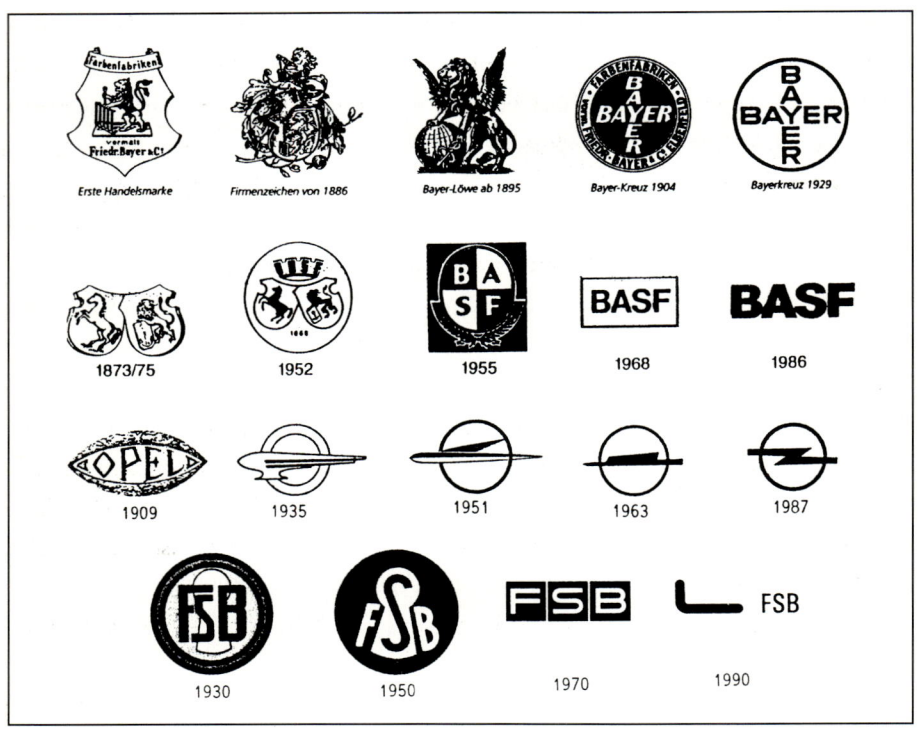

Übersicht 228: Vereinfachungstendenzen bei Markenzeichen (Quelle: Welbers 1996, S. 161)

Die gestalterische Umsetzung erfolgt durch Grafik-Design (siehe Abschnitt 4.441). Hier fließen zwei Einflußströme zusammen. Professionelle Gestaltungsarbeit vorausgesetzt, wird durch das Corporate Design (siehe Abschnitt 3.77) festgelegt, in welchem Rahmen der Designer arbeiten kann, welche typografischen Freiheiten er hat, welche Farben er wählen darf. Und dann muß die markenspezifische Aufgabe gelöst werden. Dabei kann er vielfältige Möglichkeiten nutzen. Er kann versuchen, assoziative Bilder zu gestalten:

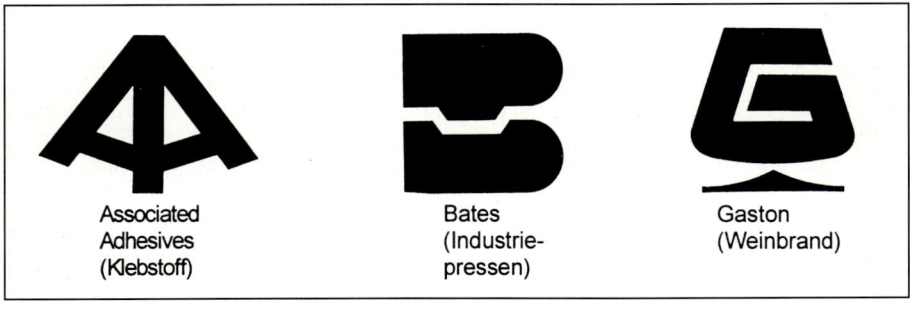

Übersicht 229: Assoziative Markenzeichen (Sahihi/Baumann 1987, S. 187 f.)

Einen anderen beispielhaften Schwerpunkt bildet das gestaltpsychologische Phänomen der Ergänzung, um so die Aufmerksamkeit deutlich zu steigern:

Übersicht 230: Reduktion und Ergänzung bei der Markenzeichengestaltung

4.8 Verpackungsgestaltung

Die Verpackung selbst ist ein Produkt, deshalb ist es auch möglich und prinzipiell hinreichend, sich dem Thema Verpackungsgestaltung mit Hilfe der bisherigen Ausführungen zuzuwenden. Die besondere Bedeutung dieses auf die Hüllenfunktion konzentrierten Produktes läßt es jedoch als sinnvoll erscheinen, den bisherigen einige Überlegungen hinzuzufügen.

Die folgende Begriffsverwendung (Koppelmann 1970, S. 22 ff.) hat sich inzwischen etabliert:

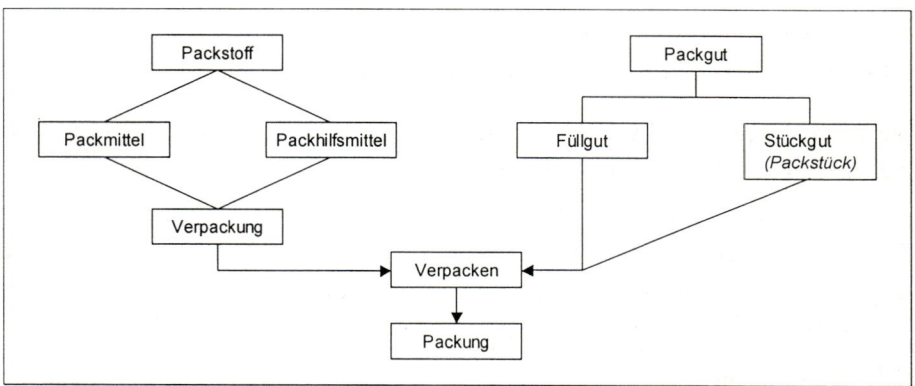

Übersicht 231: Verpackungsbegriffe

Verpackung kann als meist vollständige, nach dem Verpackungsprozeß feste, relativ leicht zu beseitigende Umhüllung des Packgutes zur Erzielung verschiedener Funktionen verstanden werden. Als *Packgut* wird der Verpackungsinhalt (Füllgut, Stückgut/ Packstück) verstanden. Die Verpackung besteht aus *Packmitteln*, die nur Verpackungszwecken dienen und Hauptbestandteil der Verpackung bilden, und *Packhilfsmitteln*, die Teilfunktionen (z. B. verstärken, polstern, umreifen) erfüllen und quantitativ hinter die Packmittel zurücktreten. Das Zusammenfügen (*Verpacken*) von Packgut und Verpackung führt zur *Packung*. Die Packung kann als Konsumpackung wieder zu Verkaufszwecken (Handelsverpackung) und mehrere hiervon zu Transportzwecken (Transportverpackung) umhüllt werden.

Bereits diese Umschreibung legt eine prozeßorientierte Betrachtung nahe.

4.81 Die Prozeßkette Verpacken

Wir können von folgender Prozeßstruktur ausgehen:

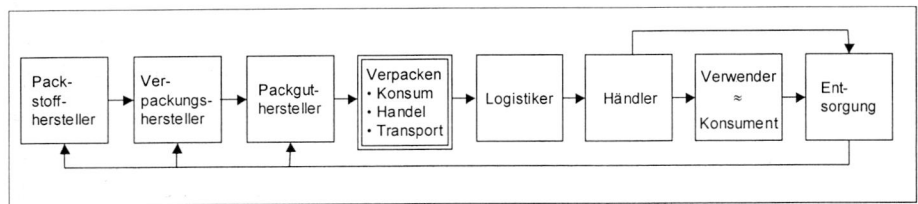

Übersicht 232: Die Prozeßkette Verpackung

Ökonomische und ökologische Gründe haben zu einer starken Prozeßvernetzung geführt.

Je nach Packstoff können Packstoff- und Verpackungsherstellung zusammenfallen. In einer Glashütte wird Glas erschmolzen und im Blasautomaten die gewünschte Verpackung hergestellt. Die bisherige Sicht des Produktmanagers konzentriert sich auf die Perspektive des Packgutherstellers. Der kann das Verpacken selbst vornehmen oder ein Dienstleistungsunternehmen (Abpacker) damit beauftragen. Es gibt bereits Logistikunternehmen, die diese Aufgabe neben Lagerung, Transport, Steuerung und Regalpflege übernehmen. Es hängt von der bewegten Produktmenge und ihrem Wert ab, ob aus Kostengründen die Transport- und Lagersysteme des Herstellers oder Logistikers die Verpackungsgestaltung beeinflussen. Auf die Bedeutsamkeit der Ansprüche des Handels wurde bereits eingegangen (siehe Abschnitt 3.422). Allein die gewählte Verpackung kann als Listungshemmnis (Aldi: Einwegverpackung im Gegensatz zu Tengelmann) auftreten. Der Einfachheit halber sei unterstellt, der Verwender sei Konsument, dann spielen neben den Sachansprüchen (→ Verpackungsbedienung) auch Anmutungsansprüche (z. B. Wert: Verschenken) eine Rolle. Der Prozeß endet mit der Entsorgung; vom System (Einweg/Mehrweg) und vom Packstoff (z. B. Glas, Kunststoff) hängt es ab, ob und in welchem Umfang eine Wiedernutzung möglich ist.

4.82 Verpackungsfunktionen

Die Verpackung hat nur in Ausnahmefällen (z. B. als Schmuckgegenstand) eine originäre, ansonsten eine derivative (dienende) Funktion; sie ist nicht um ihrer selbst willen interessant. Dennoch kann sie in starkem Maße den Erfolg eines Packgutes (Produktes) beflügeln. Dies soll durch die Erörterung der folgenden Funktionen deutlich werden. Dabei wollen wir uns an der soeben entwickelten Prozeßkette orientieren.

Am Anfang der Prozeßkette steht die *Produktionstauglichkeit*. Dieser Funktionsaspekt umfaßt Mehreres. Die gewünschte Form muß aus dem gewünschten Material entsprechend dem ökonomischen Prinzip herstellbar sein. Die Herstellung kann beim Verpackungshersteller, beim verpackenden Packguthersteller oder beim verpackenden Logistikunternehmen stattfinden. So ist es möglich, daß in einer Molkerei Verpackungsautomaten stehen, die von der Rolle Milchschachteln fertigen und dann befüllen. Damit soll als Produktionstauglichkeit auch der Verpackungsvorgang erfaßt werden. Er betrifft die einzelne Verpackung wie auch die transportgerechte Versandverpackung (z. B. Bierkasten).

Es schließen sich die Funktionen der *Transportierbarkeit* und *Lagerbarkeit* an – typische der Gebrauchsfunktion vorgelagerte Logistikfunktionen. Hier spielen die in Abschnitt 3.423 erläuterten Ansprüche eine Rolle. Die Transportverpackung muß hilfsmittelgerecht (palettengerecht) und transportmittelbezogen (z. B. Lkw-Standardmaße) gestaltet werden. Für die Lagerung wird Stapelbarkeit und Klimafestigkeit gefordert.

Der Händler erwartet Beiträge zur *Rationalisierung* und *Verkaufssteigerung* (siehe Abschnitt 3.422.1). Das Packgut soll selbstverkäuflich verpackt sein, es soll durch die Verpackung den Käufer ansprechen und sich selbst erklären. Die Packung soll in das vorhandene Präsentationssystem integrierbar sein, um eine möglichst hohe Rentabilität pro Maßeinheit (Fläche/Raum) zu sichern. Zur Verkaufssteigerung können Geschenkverpackungen zu besonderen Festanlässen, Verpackungen für Sonderplazierungen usw. beitragen.

Aus der Verwenderperspektive ergeben sich bezugnehmend auf die Sach- und Anmutungsansprüche Funktionen der *Gebrauchs*- und *Anmutungseignung*. Die Gebrauchseignung erstreckt sich vorrangig auf die Erfüllung von Bedienungsansprüchen, die Anmutungseignung im wesentlichen auf die Befriedigung der Empfindungsansprüche. Bei manchen Tiegeln und Flakons scheint weniger die Nutzbarkeit sondern sehr vielmehr die markentypische Originalität im Vordergrund zu stehen. Damit wird bereits eine Verbindung zwischen Markenprodukthersteller und Verwender betont. Die *Markierbarkeit* bzw. die markentechnische Nutzbarkeit einer Verpackung bezieht die Abgrenzung zur Konkurrenz in die Überlegungen ein. Dazu gehören Prägnanz- und

Konstanzüberlegungen (siehe Abschnitt 4.7). In einigen Fällen wird das Markenzeichen stark von der Verpackungsgestaltung geprägt (z. B. Maggi-, Odol-, Coca-Cola-, Underbergflasche).

Mehrere Entsorgungsaspekte erscheinen erwähnenswert. Mit der *Weiterverwendungseignung* wird die Mehrfacheignung (→ Doppelnutzung) erfaßt. Die Verpackung dient im Haushalt in einer zusätzlichen Behälterfunktion weiter – eine eher selten nutzbare Lösung. Demgegenüber begegnet die *Wiederverwendungseignung* (Mehrwegsysteme) häufiger, die Wiederverwendungsquoten sinken allerdings. Es schließt sich die Funktion der *Abfallverwertung* (Recycling) an. Bekannt ist der „grüne Punkt" des Dualen System Deutschland (DSD). Und schließlich muß noch die Funktion der *Abfallvernichtung* erwähnt werden.

Eingerahmt werden die erwähnten Funktionen von der des *Schutzes*, das Packgut muß vor der Umwelt und die vor dem Packgut geschützt werden.

4.83 Perspektiven der Systemglieder

Die Verpackungsgestaltung ist nicht nur deshalb behandelnswert, weil der Produktmanager sich damit häufig zu befassen hat, sondern auch wegen der hochgradig vernetzten Struktur und wegen der sich daraus ergebenden Problemvielfalt. Hier sind vielfältige Koalitionsinteressen abzustimmen. Wir gehen von folgender Struktur aus:

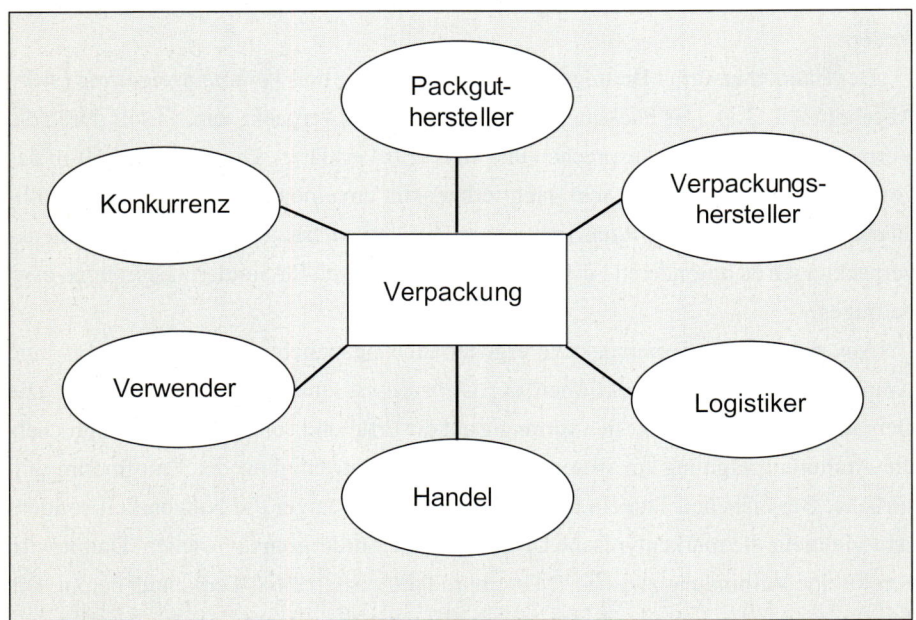

Übersicht 233: Die Systemglieder im Verpackungsprozeß

Das Handeln des *Packgutherstellers* wird vorrangig von seinen Zielen, seinem bisherigen Handeln und seinem Zielmarkt geprägt. Will er der Kosten- oder Leistungsführerschaftsstrategie folgen? Welche Investitionen hat er wann getätigt, wann sind sie abgeschrieben? Häufig scheitern Verpackungsinnovationen, weil sie mit den gestern getätigten Systeminvestitionen nicht kompatibel sind. In welcher Weise will er sich von seinem Konkurrenten unterscheiden? Bereits mehrfach wurde auf das Differenzgebot des Marktes (→ Figur-Grundprinzip) verwiesen. Die Konkurrenzprofilierung kann neben der Kernprofilierung (→ Packgut) auch der Hüllenprofilierung (Verpackungsprofilierung) gelten. Das trifft vor allem für imagegetriebene Märkte zu, bei denen die Sachleistungen ähnlich sind. Hüllenstandardisierung oder -differenzierung bilden die Alternativen. Es ist zumindest erstaunlich zu beobachten, daß auf einem um starke Kommunikationsdifferenzierungen bemühten Markt (Premiumbiermarken) eine starke Konsumverpackungsstandardisierung sich breit gemacht hat, lediglich die Transportverpackung (Bierkästen) werden geringfügig (farblich) differenziert.

Der *Verpackungshersteller* unterliegt gleichen Marktbedingungen, dennoch sind andere Schwerpunkte des Handelns feststellbar. Alle Verpackungshersteller haben Materialschwerpunkte gewählt. Dies wird durch die globale Ausrichtung einiger Großanbieter noch gefördert. Das führt zu einer Zweiteilung des Marktes. Mengenanbietern stehen Nischenanbieter – meist materialbezogen – gegenüber. Sieht man von flexiblen Verpackungen ab, handelt es sich um die Herstellung von Hohlräumen, die transportkostenintensiv sind; es wird versucht, die Produktion in die Nähe des Abpackens zu legen. Insbesondere bei chargenweise hergestelltem Füllgut wäre eine Übertragung des Abpackprozesses auf den Verpackungshersteller denkbar.

Die Freiräume der Verpackungsherstellung werden zunächst im Rahmen der Standardisierungsbemühungen in Grenzen gehalten. Bei Differenzierungsstrategien entscheidet der Packguthersteller aus seiner Perspektive (Zielgruppeneignung, Markentypik). Auch müssen die Grenzen seines Maschinenparks und die Entwurfskapazität eingebundener Verpackungsdesigner mit in die Überlegungen einbezogen werden. Ausschlaggebend für Änderungen des bisherigen Potentials wird dann letztlich die Prüfung des Verhandlungspaketes zwischen beschaffendem Packguthersteller und lieferndem Verpackungshersteller sein. Welche Anforderungen dabei verhandelt werden können, wurde an anderer Stelle ausführlich behandelt (Koppelmann 2000, S. 162 ff.).

Der Systempartner *Logistik* kann aufgrund seines inzwischen breiten Dienstleistungsangebots über recht unterschiedliche Interessen verfügen. Da sich dieser Dienstleistungsbereich in starkem Umbruch befindet, besteht eine erhöhte Bereitschaft, über das vorhandene Dienstepotential zu diskutieren, um die Prozeßkette zu optimieren, das Outsourcen des Abpackens wird zunehmen. Einer der Funktionsübernehmer kann der Logistiker sein. Auch bei ihm gilt der gewählte Ziel- und Strategieschwerpunkt. Will er sich als ein Ein- oder Mehrbranchenlogistiker, als ein Ein- oder Mehrmarkenlogistiker sowie der Verbindung beider Aspekte profilieren? Soll dabei der Kosten- oder der Leistungsschwerpunkt im Vordergrund stehen? Leistung kann dabei mehreres bedeuten: Zeiteinhaltung, Zeitreduktion, Qualitätseinhaltung, zusätzliche Dienste. Zusätzliche Dienste eines Logistikers können im Rücktransport der Mehrwegverpackungen, in deren Sortierung, Reinigung und in markenreiner Zustellung beim Packguthersteller liegen.

In Abhängigkeit von der Typik des jeweiligen Einzelhandelsorgans (siehe Abschnitt 5.122) – bei Mehrtypenzusammenschlüssen (z. B. REWE) entfällt dieser Aspekt – kann der rationalisierende oder der verkaufssteigernde Aspekt im Vordergrund stehen. Im deutschen Lebensmitteleinzelhandel steht mit Ausnahme von Spezialgeschäften und partiell auch von Fachgeschäften die Kostensenkung im Mittelpunkt des Interesses. Wie kann das Nachfüllen erleichtert werden, wie können Transportverpackungen (trays usw.) kostengünstig entsorgt werden, wie kann der Raum, die Fläche maximal genutzt werden? Noch nicht weit verbreitet sind großformenspezifische Verpackungslösungen einer Marke, um hierdurch dem Anspruch nach Händlerprofilierung entgegen zu kommen.

Und nicht zuletzt spielt das Interesse des *Verwenders* eine nicht immer ausreichend beachtete Rolle. Zunächst ist er vorrangig an der Gebrauchsfähigkeit der Konsumverpackung interessiert – alle Bedienungsansprüche gelten auch für die Verpackung. Ähnliches trifft für die Ökonomie- (z. B. Wiederbefüllbarkeit → Mehrweg) und die Metaansprüche (Sicherheit, Bequemlichkeit) zu. Bei den Anmutungsansprüchen dominieren die der Besonderheit, des Wertes, der Ästhetik und der Zeit. Das Eigenständige der Marke kann sich in der Verpackung ausdrücken.

4.84 Entscheidungsaspekte

Die bisherigen Überlegungen lassen sich entsprechend der bereits häufiger praktizierten „Wenn-Dann-Zuordnung" kombinieren.

Eine Funktionsbetrachtung erhält ihre realitätsnahe Bedeutung erst dann, wenn man sie mit den Perspektiven verknüpft, aus denen Funktionen bedeutsam sein können. Ist eine Funktion aus mehreren Perspektiven bedeutsam, erhält sie zwar besonderes Gewicht; allerdings muß dann auch mit Positionskonflikten gerechnet werden.

Wir können von folgender Zuordnung (Übersicht 234) ausgehen:

Systemglieder Verpackungs- funktionen	Verpackungs- hersteller	Packguthersteller	Logistiker	Handel	Verwender
Produktionstauglichkeit	X	X			
Transportierbarkeit	X	X	X	X	
Lagerbarkeit	X	X	X	X	
Einzelhandel-Rationalisierung				X	
Einzelhandel-Verkaufsleistung				X	
Gebrauchseignung					X
Anmutungseignung					X
Markierbarkeit		X			X
Weiterverwendungseignung					X
Wiederverwendungseignung		X		X	X
Abfallverwertung	X	X		X	X
Schutz		X	X	X	X

Übersicht 234: Funktionsschwerpunkte in Abhängigkeit vom Systemglied

Die Schutzfunktion der Verpackung gilt mit Ausnahme des Verpackungsherstellers bei allen anderen Prozeßbeteiligten. Weil die Schutzaspekte jedoch aufgrund des unterschiedlichen Wertschöpfungsbeitrages jeweils anders geprägt sind, können daraus Realisationskonflikte resultieren. Je eindeutiger eine Funktion nur einem Systemglied (Anspruchskreis) zugeordnet werden kann, um so geringer dürften die Realisationskonflikte ausfallen.

Bezogen auf Gestaltungsentscheidungen kann man nun einen Funktionsbereich herausgreifen, um ihn zunächst isoliert aus den Perspektiven der Anspruchskreise zu lösen. Diese isolierte Vorgehensweise erscheint dann gerechtfertigt, wenn man mit der für das eigene Angebot am stärksten differenzierenden Funktion beginnt. Im übrigen paßt sich die Vorgehensweise an die in Abschnitt 4.4 dargestellten Prozesse an.

Beispielhaft sei hier der Aspekt der Anmutungseignung herausgegriffen. Medeyros hat in ihrer Arbeit (1982, S. 283 ff.) verschiedene Wege der Akzentuierung gezeigt; sie bezieht sich auf Überlegungen, die in Abschnitt 4.42 bereits erläutert wurden. Konkret greifen wir die Aussagen hier zur *Wertanmutung* bei Zigarettenpackungen heraus (S. 284):

Charakter-dominanz \ Gestaltungsmittel-dominanzen	Stoff	Form / Verschluß	Farbe	Zeichen
Wertvolles	– fester Karton – hochglänzende Oberflächen – Goldfolie für Innenverpackung	– formstabile "Hartbox" – Klappdeckel – goldener Aufreißstreifen	– dezente Verwendung von Gold für a) Zweifarbenkontraste (purpurgold, schwarzgold, dunkelblaugold) b) Innenfolie, Klappdeckel innen c) Aufreißstreifen	– Goldwappen und Typographie – differenzierte Typographie (abgestufte Größenkontraste, 2-3 Schrifttypen) hochwertig anmutender – Name (alter Adel) hochwertig anmutende – Information (...majesty, world's finest)

Übersicht 235: Gestaltungshinweise bei Wertanmutung

Einen anderen Akzent wählt sie mit der *Lookbetrachtung* (S. 306) ebenfalls bezogen auf Zigarettenpackungen:

Look / Anmutungen	Stoff	Form / Verschluß	Farbe	Zeichen	Marke/ Hersteller
Maskulin-Look	– Papier – Silberfolie (innen) – Kunststoffhülle (außen)	– einfacher Einschlag mit Aufreißöffnung – zusammenknautschbar bes. kurz (filterlos) kompakt	– einfache Dominanzfarbe (orange, rot, grün, blau)	– zentrale Plazierung des Namens – meist große, kräftige Blockversalien	– Overstolz (Haus Neuerburg) – Eckstein – Reval (Reemtsma) – Gauloise (Regie Française) – Roth-Händle (Reemtsma)

Übersicht 236: Gestaltungshinweise bei Look-Schwerpunkt

5 Produktvermarktungsanalyse

Nicht unbedingt erst jetzt setzen Überlegungen ein, wie man das neu entwickelte Produkt auf dem Markt anbieten kann. Es ist durchaus sinnvoll, mit diesen Überlegungen bereits früher, zeitlich z. B. mit Produktgestaltungsfragen überlappend, zu beginnen. Je genauer man jedoch weiß, wie das Produkt aussieht, um so leichter dürfte die *Auswahl* und *Kombination* der Vermarktungsinstrumente sein.

Üblicherweise spricht man von Marketinginstrumenten (absatzpolitischen Instrumenten). Als eines der bedeutsamsten gilt die Produktpolitik (Produktgestaltung usw.). Da wir sie bereits entsprechend der gewählten prozessualen Vorgehensweise behandelt haben, müssen wir für die restlichen Marketinginstrumente einen anderen Begriff wählen. Vermarktungsinstrument erscheint als zweckmäßige Bezeichnung. Hiermit werden die Instrumente erfaßt, „...to market the product". Oder anders ausgedrückt:

$$\text{Vermarktungsinstrumente} = \text{Marketinginstrumente} . /. \text{Produktpolitik}$$

Die Vermarktungsinstrumente beschreiben durch die Fixierung
- der Instrumentalart,
- der Instrumentalintensität,
- der Instrumentalkombination

die *Angebotsmodalität*. Die Fixierung der produktspezifischen Angebotsmodalität läßt sich auch als Marketing-Mix-Problem auffassen. In konsequenter Fortsetzung der bisher gewählten entscheidungsorientierten Betrachtung wollen wir auch die Vermarktungsproblematik prozessual strukturieren.

Das Mixproblem kann als Optimierungsproblem entsprechend dem ökonomischen Prinzip aufgefaßt werden. Ausgehend von einer unterstellten Marktwirkung geht es darum, solche Instrumente (Variablenausprägungen) auszuwählen, die
- wenig kosten,
- viel bewirken,
- sich gegenseitig positiv beeinflussen ($\rightarrow$ Synergiewirkung).

Diese auch dem Laien einleuchtende Forderung kann allerdings nicht so einfach erfüllt werden, weil das Zurechnungsproblem der Wirkungen eines einzelnen Instrumentes aufgrund der Interdependenzproblematik nicht gelöst wurde. Auf das Kombinationsproblem werden wir zurückkommen. Zunächst muß der Alternativenraum geklärt werden.

Auch die Lösung dieses Problems soll wieder schrittweise erfolgen, wie die Übersicht 237 zeigt.

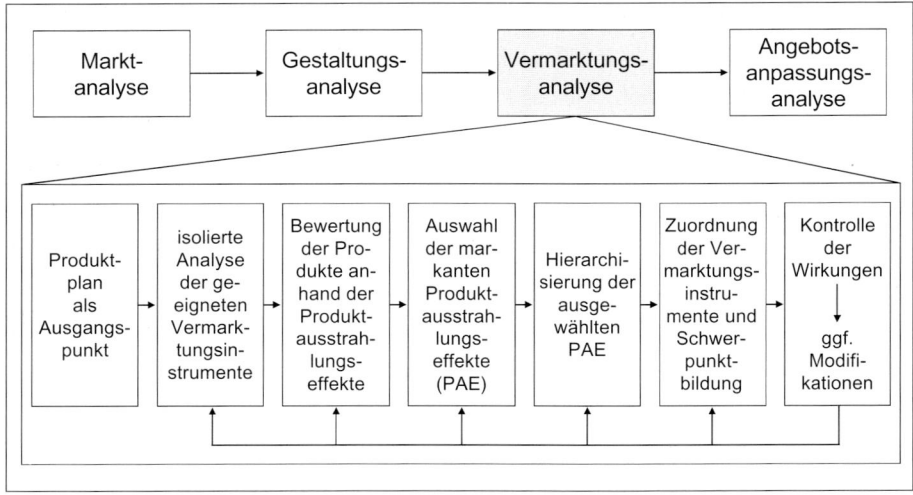

Übersicht 237: Der Prozeß der Vermarktungsanalyse

Dieses Bild deutet bereits an, daß hier nicht der Schwerpunkt auf die Analyse der Vermarktungsinstrumente selbst, sondern auf deren Kombination gelegt wird.

5.1 Die Vermarktungsinstrumente im Überblick

Es sollte ein leichtes sein, aus der umfangreichen Marketing-Literatur die Vermarktungsinstrumente zusammenzustellen, die zum Erfolg eines neuen Produktangebotes beitragen. Wie es auf den ersten Blick scheint, dürfte die einzige Schwierigkeit darin liegen, die umfangreichen Ausführungen anderer so zu verkürzen, daß sie den hier gesteckten Rahmen nicht überschreiten und dennoch nicht banal erscheinen. Nehmen wir jedoch einige Gesamtdarstellungen (Gutenberg 1984, S. 104 ff.; Bidlingmaier 1973, S. 227 ff.; Hill 1972, S. 9 ff.; Kalussis 1970, S. 57 ff.; Nieschlag/Dichtl/ Hörschgen 1997, S. 93 ff., Meffert 1998, S. 317 ff.; Kotler/Bliemel 1999, S. 669 ff.; Kotler 1999) näher unter die Lupe, dann stellen wir schnell fest, daß das, wenn auch verkürzte, Übertragen nicht so ganz einfach ist. In den meisten Fällen finden wir nämlich die vorrangige Behandlung kausaler Fragestellungen. An einem Beispiel gezeigt: Hill (1972, S. 89 ff.) beschreibt insbesondere, wie Preise zustande kommen, welche Einflußfaktoren den Preis bestimmen, wenn es sich um firmenneue oder marktneue Produkte handelt. Obwohl für die wissenschaftliche wie auch praktische Analyse außerordentlich wichtig, interessiert uns das an dieser Stelle weniger. Wir wollen etwas über die preispolitischen Möglichkeiten wissen, derer sich der Anbieter eines Produktes in seiner spezifischen Situation bedienen kann. Dabei müssen wir einfach die Kenntnis, warum dies so sein kann, voraussetzen. Über die preispolitischen Alternativen (Instrumentalvariablen) erfahren wir jedoch weit weniger. Ähnliches läßt sich über andere Vermarktungsinstrumente aussagen (vgl. z. B. Absatzwerbung).

Für eine entscheidungsorientierte Betrachtungsweise sind jedoch Alternativen in der Instrumentalbox notwendig. Wie soll man nun die Instrumente gruppieren? Instrumentalgliederungen gehorchen logischen Prinzipien und Zweckmäßigkeitsüberlegungen, so daß man weniger von einer richtigen oder falschen Einteilung sprechen kann.

In einer Vielzahl empirischer Arbeiten hat es sich als zweckmäßig erwiesen, die Vermarktungsinstrumente in folgende Gruppen einzuteilen:

- Servicepolitik,
- Distributionspolitik,
- Entgeltpolitik,
- Kommunikationspolitik.

Diese *Instrumente* – man könnte auch von Instrumentalbereichen sprechen – haben wir weiter untergliedert. Wir haben je nach deren Abstraktionsgrad für die unmittelbar unter der Instrumentalebene befindlichen Maßnahmen die Gruppe der *Instrumentalvariablen* angesiedelt. Und auf der darunter befindlichen Ebene sprechen wir von *Instrumentalvariablenausprägungen*.

Um die Übersichtlichkeit zu wahren, verzichten wir auf weitere Stufen, obwohl sie möglich und hilfreich wären. Das bedeutet, daß unsere späteren Aussagen (vgl. Abschnitt 5.33) keine Handlungsempfehlungen für den Einsatz einer einzelnen nicht mehr weiter aufspaltbaren Maßnahme geben, sondern nur eine „mittelfeine" Zerlegung der absatzpolitischen Maßnahmen zulassen. Durch die Einengung der Alternativen werden dennoch die zu treffenden Entscheidungen erleichtert.

5.11 Servicepolitik

Was kennzeichnet die Servicepolitik als Marketinginstrument? Ist es überhaupt sinnvoll, sie als eigenständiges Instrument zu betrachten? In manchen Fällen werden einige Servicemaßnahmen anderen Instrumenten (z. B. der Distributionspolitik, vgl. Nieschlag/Dichtl/Hörschgen 1997, S. 484 ff.) zugeordnet, noch häufiger bleiben sie unerwähnt. Dem wollen wir nicht folgen, werden doch die mit dem Produkt verbundenen Dienstleistungen zwecks Angebotsdifferenzierung an Bedeutung zunehmen (Mann 2000,

S. 375 ff.). Wie sich zeigen wird, hängen viele servicepolitische Maßnahmen eng mit dem Produkt zusammen. Sie ergeben sich mehr oder minder aus der Konzeption eines Produktes, ohne unbedingt mit dem Produkt identisch zu sein. Wurde das Produkt bereits als ein instrumentaler Marketingkomplex beleuchtet, ohne servicepolitische Maßnahmen dort darzustellen, wird man sie anschließend untersuchen müssen. Servicemaßnahmen liegt der immaterielle Dienstleistungscharakter zugrunde. Wegen des engen Produktzusammenhanges wenden wir uns ihnen an erster Stelle zu, bevor wir zu den bekannteren Instrumenten kommen.

Servicemaßnahmen können als Sekundärleistungen im Verhältnis zu den Primärleistungen der Produktmaßnahmen aufgefaßt werden (Pfohl 1977, S. 239 ff.; Sundhoff 1958b, S. 31 ff.). Statt nach terminologischen Abgrenzungen zu suchen, wollen wir einzelne Maßnahmen beschreiben. Als Instrumentalvariable scheinen besonders bedeutsam zu sein:

(1) Lieferleistungspolitik,

(2) Kundendienstpolitik,

(3) Garantieleistungspolitik.

Daß andere Organe der Distributionskette (z. B. Einzelhandlungen) über weitere servicepolitische Maßnahmen verfügen (z. B. Kauferleichterungen wie Abrechnungsvereinfachungen, Parkraum, Kindergarten, Umtauschrecht) sei unbestritten; für den Produktmanager eines herstellenden Unternehmens sind sie an dieser Stelle jedoch zunächst uninteressant. Sie gewinnen erst bei der Auswahl der Distributionsorgane an Bedeutung.

5.111 Maßnahmen der Lieferleistungspolitik

Die Instrumentalvariable Lieferleistungspolitik wird bestimmt durch die Variablenausprägungen

- Zustellung/Selbstabholung,
- Lieferbereitschaft,
- Lieferzuverlässigkeit,
- gelieferte Produktqualität.

Die Wahl, *Zustellung* oder *Selbstabholung*, wird nicht nur durch die damit verknüpften Transportkosten beeinflußt. Kann der Händler z. B. plötzlich entstandene Angebotslücken außerhalb der üblichen Belieferung oder vielleicht schneller als bei üblichem Lieferrhythmus auffüllen? Kann er durch Selbstabholen Mindermengenzuschläge bei geringen Mengen reduzieren? Da immer mehr Unternehmen dazu übergehen, sogenannte B-Ware direkt ab Fabrik zu verkaufen, kann auch geprüft werden, ob man den Preis auch noch dadurch attraktiv reduzieren kann, indem man dem Kunden den Warentransport zumutet.

Daneben gilt es zu prüfen, ob es nicht einige Produktmerkmale gibt, die für die Wahl der einen oder anderen Variablenausprägung sprechen. Dieser Überlegung wollen wir bei allen weiteren Variablenausprägungen nachgehen, weil sie die Grundlage für die spätere Kombinationsarbeit (Vermarktungsmix) bildet.

Produkte werden nach unserer Beobachtung eher vom Hersteller dem Händler oder Verwender zugestellt, wenn sie nur über eine geringe Haltbarkeit verfügen, wenn sie also schnell verderben oder wenn sie besonders empfindlich oder gefährlich sind, um Transportschäden durch unsachgemäße Behandlung auszuschließen. Ein anderer produktspezifischer Grund kann in der großen Bedarfsmenge eines Kunden liegen, die eine Zustellung interessant erscheinen läßt. Auch der durch das Anwendungsspektrum eines Produktes bedingte Wunsch, es möglichst schnell zu bekommen (hohe Bedarfsintensität), kann die Zustellung veranlassen.

Das Maß der *Lieferbereitschaft* hängt stark von der Produktsituation ab. Bei Neueinführungen, saison- oder modeabhängigen Produkten sowie Märkten mit hohem Konkurrenzdruck wird sie tendenziell hoch ausfallen müssen. Auch bei Produkten, die einem schnellen technischen Leistungswandel unterliegen (→ hoher technischer Fortschritt), dürfte der Zwang groß sein, jeweils das Neueste schnell liefern zu können. Auch für den Fall, daß große Mengen benötigt werden, empfiehlt sich ebenso eine hohe Lieferbereitschaft wie dann, wenn plötzlich auftretender Bedarf deshalb schnell gedeckt werden muß, weil sonst erhebliche Schäden (z. B. Gesundheitsschäden, Kosten) eintreten würden.

Handelt es sich um exklusive, intelligente oder Pionierprodukte mit hoher positiver Imageladung, kann vielfach eine ungewöhnlich große Wartebereitschaft bestehen, so daß sofortige Lieferbereitschaft nicht unbedingt erforderlich ist. Seltener läßt sich beobachten, daß sie geradezu vermieden wird (Kontingentierung). Langfristig ist dies jedoch – sieht man von der Nichtanpassung an Nachfragespitzen einmal ab – zumindest zweischneidig, da Käufer auf das zweitbeste Produkt umsteigen können, Distributionsorgane wegen des entgangenen Umsatzes auf dieses Produkt verzichten oder es zumindest nicht mehr forcieren.

Die *Lieferzuverlässigkeit* umschreibt, in welchem Maße vereinbarte Lieferungen eingehalten werden. Grundsätzlich ist dies eine Variablenausprägung, die immer von allen Marktpartnern gewünscht wird. Damit wäre es genau genommen keine Variable, sondern eine Konstante, die man immer unter allen Umständen realisieren müßte. Nun kann aber unterstellt werden, daß die Marktpartner gelernt haben, daß unter bestimmten Bedingungen dieses Instrument nur mit Schwierigkeiten realisiert werden kann. So ist man „Kummer gewöhnt" bei exklusiven Export- bzw. Importprodukten. Bei Pionierprodukten in der Phase der Markteinführung kennt man ebenso Kinderkrankheiten der Belieferung. Das führt dazu, daß man zu Abstrichen gegenüber der strikten Lieferzuverlässigkeit in besonderen Fällen bereit ist. Damit erhält dieses Instrument wiederum einen gewissen Variablencharakter. Demgegenüber spielt die Lieferzuverlässigkeit bei Produkten mit hoher Umschlagsgeschwindigkeit eine besonders wichtige Rolle. Bei stark saison- und modeabhängigen Produkten ist die Einhaltung von Lieferterminen unabdingbar. Auch bei Marktneuheiten ist eine hohe Lieferzuverlässigkeit um so notwendiger, je umfangreicher die Einführungskampagne ausfallen soll. Produkte mit einem hohen Leistungsniveau oder bei Bekanntheit mit einem hohen Image verlangen die Einhaltung zugesagter Liefertermine, will man dem Image keinen Abbruch tun. Auch ein hoher Produktindividualisierungsgrad, der meist mit einem Hauch Exklusivität einhergeht, verlangt vielfach nach hoher Lieferbereitschaft.

Mit *gelieferter Produktqualität* ist der Empfangszustand des Produktes beim Kunden gemeint. Muß jedes Produkt in einwandfreiem Zustand beim Empfänger ankommen oder werden Transportschäden toleriert, die selbstverständlich später beseitigt werden? Das verursacht unterschiedliche Kosten und stellt unterschiedliche Anforderungen an die Distributionslogistik. Bei Produkten mit hohem Produktleistungsniveau und hohem Image dürfte die Lieferqualität wichtiger als bei billigen Massenprodukten sein. Hier ist also die Lieferqualität mehr unter Imagegesichtspunkten denn unter Kostengesichtspunkten zu bewerten. Auch komplizierte und empfindliche Produkte dürften im Regelfall eine hohe Lieferqualität erfordern.

Aufgrund des inzwischen erreichten hohen Qualitätsstandards ist die Frage nicht abwegig, ob man bei dieser Instrumentalvariablenausprägung überhaupt Entscheidungsfreiheit besitzt. In der Tendenz handelt es sich eher um ein Zwangsinstrument (-variablenausprägung). Nur in Ausnahmefällen sind Abweichungen denkbar. Produkte aus heimischem ökologischen Anbau sollen in erster Linie gesund sein, gut schmecken und nicht unbedingt edel aussehen. Das makellose Aussehen macht sogar eher verdächtig (→ Gewächshaustomaten).

5.112 Maßnahmen der Kundendienstpolitik

Die Instrumentalvariable Kundendienstpolitik (Löbel 1965; Kroos 1966; Melcher 1972; Schade 1968) wird beeinflußt von den Variablenausprägungen:

- Anpassung/Installation/Montage,
- Pflege/Wartung/Inspektion,
- Reparatur,
- Ersatzteilversorgung,
- Kundendienstorganisation,
- Verbraucherreferat.

Bei manchen Produkten (z. B. Bekleidung, Dekorationen, Teppiche, Schrankwandsysteme) sind *Anpassungsmaßnahmen* an örtliche oder persönlich individuelle Gegebenheiten unumgänglich. Ebenso wie bei den folgenden Kundendienstmaßnahmen können Anpassungsmaßnahmen sowohl vom Käufer (bzw. Verwender) als auch vom Distributionsorgan oder dem Hersteller durchgeführt werden. Je stärker das Gesamtergebnis von einer fachgerechten Anpassungsmaßnahme abhängt, je weniger der Käufer (bzw. Verwender) oder ein Handelsorgan dazu in der Lage sind, um so notwendiger wird diese Variablenausprägung als Maßnahme für den Hersteller. Bei technischen Produkten sind vielfach *Installationsmaßnahmen* notwendig. Wasser-, Gas- und Elektrizitätsanschlüsse sind nicht nur gefährlich, sie erfordern auch Kenntnisse und Werkzeuge, über die nicht jeder Verwender verfügt. Ähnlich verhält es sich mit den *Montagearbeiten*. Das Aufstellen von Schrankwandsystemen, das Einbauen von Zubehör in Autos (z. B. Radio, zusätzliche Leuchten), das Anbringen von Markisen usw. ist nicht jedermanns Sache.

Intensiviert wird die Notwendigkeit, wenn die Produkte darüber hinaus auch noch ständig verändert werden und damit immer wieder neue Handgriffe bei der Installation und Montage nötig werden.

Ist ein Produkt betriebs- oder verwendungsbereit, bedarf es der *Pflege*, um es im nutzungsfähigen Zustand zu halten. Von Pflege spricht man vorrangig bei Textilien, die Begriffe *Wartung* und *Inspektion* werden bei technischen Produkten verwendet. Vom Maß des Schadens, der durch Nichtpflege eintreten kann, hängt die Notwendigkeit ab, ein Produkt zu inspizieren (zu überprüfen), zu pflegen bzw. zu warten. Die frühzeitige Schadenserkennung und -beseitigung kann spätere Totalschäden oder Gefährdungen vermeiden.

Man wird hierzu dann greifen, wenn Produkte länger genutzt werden (Nutzungsdauer) und dies kontinuierlich erfolgt (Nutzungshäufigkeit). Gesteigert wird diese Empfehlung, wenn in der Nutzung selbst oder in der starken Gebrauchsabnutzung Gefährdungen liegen, die durch Überprüfung der Gebrauchstauglichkeit reduziert werden können. Wirtschaftlich sinnvoll können Pflegemaßnahmen bei teuren und empfindlichen Produkten sein.

Sind Schäden eingetreten, kann die *Reparatur* sinnvoll sein. Dies ist zum einen eine ökonomische Frage (Neuanschaffung versus Reparaturkosten), zum anderen wird sie geprägt von der geringen Bereitschaft, sich etwas Neues zu kaufen, aus eben nicht nur ökonomisch bedingten Gründen (z. B. Geiz, Freude am Alten, Scheu vor Wertvernichtung).

Bei komplizierten Produkten läßt es sich nur schwer vermeiden, daß alle Komponenten gleich lange halten; fällt eine Komponente aus, kann deren Reparatur sinnvoll erscheinen. Meist bedingen lange Nutzungsdauer und häufiger Gebrauch Abnutzungserscheinungen. Bei Produkten, die für die Nutzung wichtig sind (hohe Bedarfs-intensität), weil sie z. B. Teile größerer Einheiten bilden (z. B. bei Transferstraßen), kann der Nutzungsausfall durch Reparatur reduziert werden, wenn sie schneller als der Einbau eines neuen Produktes möglich ist.

Eng mit der Reparatur hängt die *Ersatzteilversorgung* zusammen. Sind Ersatzteile vorrätig, schnell beschaffbar? Wie lange wird ihre Lieferung garantiert? Beim Kauf von Automobilen bildet dies eine wichtige Entscheidungsgröße. Gläser-, Haushaltsporzellan- und Besteckhersteller im oberen Leistungsniveaubereich sind in starkem Maße gezwungen, eine einmal angebotene Produktserie über längere Zeit auch nachliefern zu können, um die Vollständigkeit eines Services sicherzustellen. Will man eine Tafel für 12 Personen schön gestalten, hat man aber nur noch 9 Weingläser von einer Serie, die nicht nachlieferbar ist, dann hat diese Serie wesentlich an Wert eingebüßt. Beim nächsten Kauf wird man wahrscheinlich Produkte eines solchen Herstellers bevorzugen, von dem bekannt ist, daß man bei ihm nachkaufen kann, daß bei ihm Serien nicht nach kurzer Zeit „auslaufen". Dies ist einer der Fehler in der Angebotspolitik der Firma Rosenthal, Villeroy und Boch hat sich da klüger verhalten. Darüber hinaus gelten auch die bereits im Reparaturzusammenhang genannten Merkmale.

Bereits kurz angedeutet wurde die Frage, wer denn den Kundendienst durchführen soll. Bei der *Kundendienstdelegation* bedient man sich des selbständigen Reparaturhandwerks, erschließt sich damit ein breites Potential; man erweitert die Wahlmöglichkeit des Verwenders. Nachteilig ist jedoch, daß damit der Informationsstrom nur noch begrenzt beherrschbar wird, daß man die Preispolitik nur noch bedingt beeinflussen kann. Der selbst durchgeführte Kundendienst (*Kundendienstselbstdurchführung*) muß nicht billiger sein, auch wenn man nur Kostendeckung erzielen will; man kann aber die Preisabstände Neuprodukt-Reparatur festsetzen, weiterhin erfährt man schneller etwas über die Produktschwachstellen. Ein gewichtiger Nachteil kann in der starken Kapitalbindung und den Organisationskosten liegen. Einen Kompromiß bildet die autorisierte Vertragswerkstatt, die zwar juristisch selbständig bleibt, sich jedoch an einen

Hersteller bindet, der dann vielfach die Reparaturpreise mehr oder minder festlegt.

Unter Kostengesichtspunkten hängt die Entscheidung für die eine oder andere Alternative von der Bedarfsdichte, -weite und -menge ab. Erst bei hoher Bedarfsdichte läßt sich ein eigener Kundendienst optimal nutzen. Große Bedarfsweite spricht für die Delegation, um die Anreisekosten zu reduzieren. Hat man wenige, dafür aber große Abnehmer (geringe Bedarfsdichte, große Bedarfsmenge), kann ein eigener Kundendienst lukrativ sein. Bei technisch sehr komplizierten Produkten, die dazu noch stark auf die Wünsche eines Kunden zugeschnitten sind, spricht einiges für den eigenen Kundendienst.

Die Kundenpflege kann Aufgabe des *Verbraucherreferats* (Kundenforum usw.) sein. Beschwerden über Produktschäden, schwierige Produkthandhabung, unverständliche Gebrauchsanweisungen werden aus Kundensicht bearbeitet. Man kann auch von einem Ombudsmann sprechen. Gelingt es den Mitarbeitern des Verbraucherreferats, den Kunden von der Ernsthaftigkeit des Bemühens um Lösung seiner Probleme zu überzeugen, wird man damit eine sehr viel intensivere Bindung als durch Bestätigungswerbung erzielen. Der Kunde muß wissen, an wen er sich wenden kann; Existenz und Effizienz des Verbraucherreferats müssen kommuniziert werden. Je wichtiger das Markenimage für den Produktkauf ist, um so notwendiger sind das Verbraucherreferat oder anders benannte Mitarbeiter, die mit dieser Aufgabe betraut werden.

5.113 Maßnahmen der Garantieleistungspolitik

Bei der Instrumentalvariable Garantieleistungen sind die Variablenausprägungen

- Garantieumfang und
- Garantiedauer

beachtenswert. Obwohl sie häufig eng miteinander verzahnt auftreten, wollen wir sie als einzelne Ausprägungen betrachten, da sie unterschiedlich variiert werden können.

Im *Garantieumfang* wird festgelegt, worauf sich die Garantie erstreckt. Es handelt sich hierbei weniger um die Zusicherung einer Eigenschaft (Leistung) als vielmehr um die Erweiterung der Sachmängelhaftung; dennoch wollen wir bei diesem üblichen Begriff bleiben. Die Garantie kann sich auf das ganze Produkt (es wird ein neues Produkt geliefert), auf Produktteile (z. B. Motor, Bildröhre) und/oder auf die Arbeitskosten erstrecken.

Mit der *Garantiedauer* wird fixiert, wie lange man bereit ist, Schäden zu Lasten des Herstellers zu akzeptieren. Meist handelt es sich um zeitliche Fixierungen (z. B. 6 Monate). Je größer die Risikoscheu der Käufer ist, um so mehr kann man ihr durch eine Verlängerung der Garantiedauer begegnen. Die Garantiedauer kann auch gestaffelt werden (z. B. 6 Monate: Arbeit + Teile; 12 Monate: Teile).

Die Ausweitung der Garantie eignet sich in angespannten Marktsituationen als öffentlichkeitstaugliches Instrument. Es muß allerdings beachtet werden, daß

- sie relativ schnell von der Konkurrenz nachgeahmt werden kann, die Marktwirkung sich damit lediglich in Imagevorteilen niederschlägt.

- sie genau formuliert wird, um spätere Erwartungsenttäuschungen zu vermeiden, da sich der Käufer (Verwender) erfahrungsgemäß erst dann mit der Garantie genau auseinandersetzt, wenn der Schadensfall eingetreten ist. Ergeben sich dann mehr Beschränkungen der Kaufrechte als Ausweitungen, dürfte das Imageschmälerungen bewirken.

- sich der Tauglichkeitsstandard des Produktes, dessen Garantie verlängert werden soll, dafür auch eignet. Bei reparaturanfälligen Produkten ist Vorsicht geboten. Hier wird der Zusammenhang mit der Produktgestaltung besonders deutlich.

Vor allem bei längerer Produktnutzung und häufiger Verwendung werden Garantiemaßnahmen ergriffen, um bei komplizierten und empfindlichen Produkten die Furcht vor den Folgen eines Nutzungsausfalles zu nehmen. Insbesondere auf Produktmärkten mit hohem Konkurrenzdruck handelt es sich um beliebte Maßnahmen. Stoßen neue Produkte auf Skepsis bezüglich ihrer Funktionstüchtigkeit, kann sie durch umfangreiche Garantie reduziert werden. Von Produkten auf einem hohen Leistungsniveau und Produkten mit einem hohen Image erwartet man generell adäquate Garantiemaßnahmen.

Einige Verwendungsaspekte dieser servicepolitischen Maßnahmen sollen betrachtet werden.

- Die Einsatzgeschwindigkeit differiert erheblich. Während Garantieleistungen relativ schnell geändert werden können, sind Veränderungen der Lieferleistungen, insbesondere der Lieferbereitschaft und des Kundendienstes, meist nur längerfristig möglich.

- Die Erwartungshaltung der Marktpartner bestimmt weiterhin Umfang und Wirksamkeit servicepolitischer Maßnahmen. Die Anspruchsanalyse hat uns gezeigt, welche Servicewünsche geäußert werden, welche Servicemaßnahmen daher unerläßlich sind, welche als üblich empfunden werden, welche verzichtbar erscheinen und welche gern gesehen würden. Die ständige Überprüfung des Umfanges der Maßnahmen erscheint jedoch nötig, um sowohl ein Zuwenig als auch ein Zuviel im Leistungsangebot zu vermeiden. Einige der jüngeren Distributionsformen haben sich gerade aus einem Zuviel an Serviceleistungen entwickelt (z. B. Cash and Carry, Diskontgeschäfte). Andere Serviceleistungen müssen dagegen erbracht werden, sie werden vorgeschrieben, um Gefährdungen des Nutzenden und anderer zu verhindern.

5.12 Distributionspolitik

Wie und durch wen soll das Produkt seiner Bestimmung zugeführt werden? Als Variable des Instruments Distributionspolitik wollen wir behandeln:

(1) Distributionswege,

(2) Distributionsorgane,

(3) Distributionslogistik.

5.121 Distributionswegepolitik

Bei der Wahl der Distributionswege geht es darum festzulegen, wieviele Distributionsorgane (siehe Abschnitt 5.122) eingeschaltet werden sollen, wieviele Stationen das Produkt durchlaufen soll, bis es der Verwender erhält.

Seyffert (1972, S. 643) hat sich intensiv mit der Erforschung der Handelsketten beschäftigt. Mit umfangreichen Handelskettensymbolen können die verschiedensten Stationen beschrieben werden. Das dort entwickelte Instrumentarium hat seine Eignung für die Distributionskostenanalyse unter Beweis gestellt (Klein-Blenkers 1964).

Uns ist es an dieser Stelle nicht möglich, alle denkbaren Distributionswege zu analysieren, deshalb wollen wir uns beschränken. Mit den in der Übersicht 238 dargestellten zwölf verschiedenen Distributionswegen kann die Mehrzahl der Erscheinungsformen in der Realität erfaßt werden:

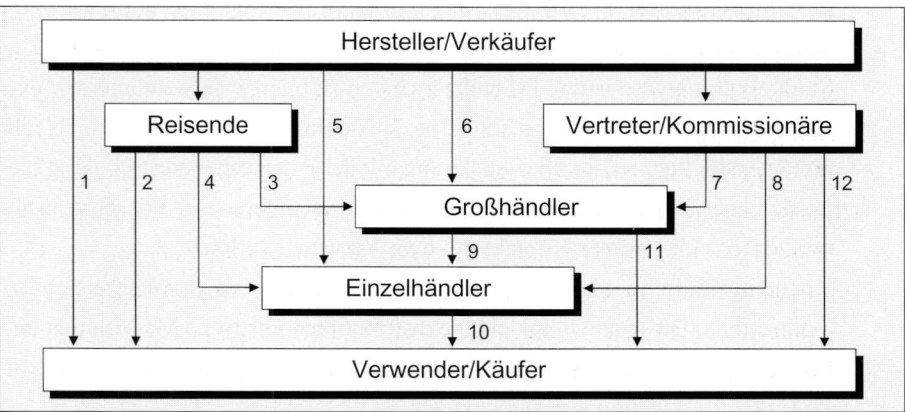

Übersicht 238: Wichtige Distributionswege

Was die verschiedenen Gruppen der erwähnten Distributionsorgane im einzelnen leisten, soll uns an dieser Stelle weniger interessieren. Wir fragen hier mehr danach, was dafür spricht, den einen oder anderen Weg zu wählen. Um die Wegevielfalt handhabbarer zu gestalten, bilden wir zwei Gruppen:

- direkte Distributionswege,
- indirekte Distributionswege.

Als *direkte Distributionswege* bezeichnen wir die Wege mit den Ziffern 1, 2 und 12. Werden Handlungen – unabhängig davon, ob sie selbständig oder unselbständig, ob es eigene oder fremde sind – eingeschaltet (Wege 3-11), sprechen wir von *indirekten Distributionswegen*. Direkte Distributionswege können auch durch ihre Kürze, indirekte durch ihre Länge gekennzeichnet werden (Tietz 1975, S. 1190). Tritt der Hersteller unmittelbar oder durch Einsatz ihm zugeordneter Reisender – der Weg 12 hat hier nur geringe Bedeutung – mit dem Käufer in Kontakt, wollen wir hier von direkten Distributionswegen sprechen. Factory outlets gehören hier noch zum direkten Distributionsweg, wenn ohne selbständige Organisationsform z. B. auf dem Firmengelände verkauft wird, ansonsten liegt der indirekte Weg vor. Als neue Form der direkten Distribution etabliert sich die online Distribution. Über das Internet bemüht sich der Hersteller um einen direkten Kontakt zum Kunden. Im B2B-Bereich ist das nichts Neues (z. B. Dell), im B2C-Bereich treten jedoch Konflikte mit dem Handel auf, das gilt insbesondere für selektiv vertriebene Produkte.

Welche Bedingungen können die Wahl *direkter Distributionswege* nahelegen?

- Je individueller Produkte auf Verwender zugeschnitten sind, je mehr man den Ansprüchen eines Verwenders entsprechen will (z. B. im Anlagenbau), um so notwendiger ist der direkte Kontakt zu ihm. Die Notwendigkeit oder Möglichkeit individueller Produktleistungsabstimmung legt die Wahl direkter Distributionswege nahe.
- Stark erklärungsbedürftige Produkte zwingen zu intensiver Schulung des Verkaufspersonals. Das kann zu starker Spezialisierung des Verkaufspersonals führen. Die Möglichkeit der Spezialisierung mit der entsprechenden Schulung bietet sich eher bei Mitarbeitern des eigenen Unternehmens. Der Wissenstransfer wird durch den direkten Kontakt mit dem Verwender erleichtert.
- Hochempfindliche oder gefährliche Produkte erfordern besondere Schutzmaßnahmen. Dies kann durch eigene distributionslogistische Maßnahmen und durch Verkürzung des Absatzweges erreicht werden. Kurze Absatzwege reduzieren die Beschädigungsmöglichkeiten.

- Unterliegen Produkte starkem Konkurrenzdruck, bietet der direkte Distributionsweg eine Möglichkeit, diesem Druck zu entgehen. Kosmetika, Staubsauger, Möbel, Wein durch Reisende an der Haustür angeboten, werden in dieser Situation weniger mit Konkurrenzprodukten verglichen als beispielsweise in einer Einzelhandlung, die mehrere Produkte verschiedener Anbieter offeriert, die dann ob ihrer Leistungseignung verglichen werden.

- Entsprechen die Möglichkeiten der Produktpräsentation der Distributionsorgane nicht den Vorstellungen, wie das Produkt angeboten werden sollte, dann kann man

  a) die Distributionsorgane mit Hinweisen bezüglich einer besonderen Präsentation versehen,

  b) den Distributionsorganen Präsentationsmittel zur Verfügung stellen,

  c) den Distributionsorganen eigenes Verkaufspersonal (Propagandisten) zur Verfügung stellen,

  d) eigene Reisende so auswählen und ausstatten, daß sie beim Kundenbesuch die gewünschte Präsentation (Atmosphäre) „mitbringen".

  Der letzte Fall gehört als Maßnahme hierher.

- Bei Produkten mit besonders geringer Bedarfsdichte, wenn sich also eine begrenzte Anzahl von Verwendern über einen großen Raum (große Bedarfsweite) verteilt, wird es schwer sein, Distributionsorgane außerhalb des Unternehmens zu finden, die dieses Produkt in ihr Sortiment aufzunehmen bereit sind. Dann bleibt nur der direkte Absatz. Auch der andere Extremfall ist denkbar. Besonders große Bedarfsdichte auf einem relativ eng umgrenzten Raum (geringe Bedarfsweite) kann es geraten erscheinen lassen, diese Kunden direkt zu bedienen.

- Häufig findet man den direkten Absatz dann, wenn es aufgrund ihrer Nachfragemenge (Bedarfsmenge) interessante Kunden zu bedienen gilt. Nicht selten ist dies der Grund für eine Spaltung in direkten und indirekten Absatz. Während die Verwender mit geringer Nachfragemenge indirekt erreicht werden, wendet man sich an die Verwender mit großer Nachfragemenge (z. B. Anstaltshaushalte) direkt.

- Bei Produkten, deren Bedarf plötzlich entsteht und möglichst schnell gedeckt werden muß (große Bedarfsintensität), besteht auch die Tendenz zur Verkürzung des Distributionsweges, der dann im Extremfall in direkter Belieferung liegen kann.

- Je weniger eigenständige Willensträger in die Vermarktungsrealisierung einge-schaltet werden, je kürzer damit der Absatzweg und je weniger außerhalb des Unternehmens stehende Entscheidungsträger benötigt werden, um so besser kann das eigene Vermarktungskonzept in die Tat umgesetzt werden, um so weniger Hindernisse stellen sich in den Weg. Der Informationsfluß wird schneller, auf Nachfrage- und Konkurrenzaktionen und -reaktionen kann man schneller rea-gieren.

- Mit dieser Entscheidungsautonomie ist beim direkten Distributionsweg auch die Preiskontrolle verbunden. Mit dieser Preiskontrolle kann man einerseits verhindern, daß der Handel das eigene Produkt als Lockvogelartikel zu Preisen verkauft, die deutlich unterhalb der Preisvorstellung des Herstellers liegen und damit negative Auswirkungen auf das Produkt- und das Markenimage haben können. Mit der Preiskontrolle kann man andererseits, wie im Falle der meisten Factory outlets, trotz sinkender Endverkaufspreise durch Einsparung der Han-delsspanne die erzielbaren Stück-Deckungsbeiträge steigern.

Fragen wir nun nach den Bedingungen der *indirekten* Distributionswege. Die Mehr-zahl von Produkten wird indirekt abgesetzt. Die Leistungen müssen also ausgeprägter (umfangreicher oder bedeutungsvoller) als die bereits erwähnten sein.

(1) Grundsätzlich ist der indirekte Absatz kostengünstiger als der direkte. Distributions-aktivitäten haben Dienstleistungscharakter, sie können damit nicht auf Lager pro-duziert werden, sie haben damit einen starken intervallfixen Charakter. Ob pro Zeitintervall 10 Stücke oder 100 Stücke abgesetzt werden, verursacht meist keine beträchtliche Kostensteigerung. Deshalb versucht man, eine vorhandene Kapazi-tät möglichst weitgehend auszunutzen. Z. B. werden bei einem bedarfsorientier-ten Sortiment, einer vorhandenen Personal- und Sachmittelausstattung die Distributionskosten von vielen Artikeln getragen; aufgrund der besseren Kosten-verteilung (Kostendegression) können sich daher gegenüber dem direkten Distributionsweg geringere Distributionskosten ergeben. Man kann davon ausge-hen, daß dies vielen Käufern nicht unbekannt ist, daß der direkte Absatz mit dem Etikett des Teueren versehen wird. Hinzu kommen Berichte in den verschiedenen Medien über teilweise rüde Verkaufspraktiken beim direkten Absatz, die dessen Seriositätsimage nicht gerade gesteigert haben.

(2) Bei indirektem Absatz entstehen, wendet man sich an die bereits etablierten, vor-rangig selbständigen Distributionsorgane, vorrangig primär variable Kosten – wobei wir besondere Maßnahmen der Verkaufsförderung unberücksichtigt lassen. Zum

einen wird damit der Kapitaleinsatz begrenzt, zum anderen kann man sich schnell an neue Marktbedingungen anpassen.

(3) Kaufakten geht häufig eine Informationssuche voraus. Dies kann dort erfolgen, wo Produkte im Sortiment, z. B. im Verwendungszusammenhang oder einfach nebeneinander präsentiert werden. Die mögliche Vielzahl der Präsentationsorte kann die Informationssuche erleichtern. Der Produktvergleich kann zur Produktauswahl, zum Kauf führen. Dies spielt vor allem dann eine Rolle, wenn Produkte verschiedener Hersteller miteinander kombiniert werden. Daß die beendete Informationssuche auch zum Bemühen des präsumtiven Käufers führen kann, nun das ausgewählte Produkt direkt, weil erhofft billiger, vom Hersteller zu beziehen, sei nicht geleugnet; nur wird der Hersteller diesem Bemühen unter allen Umständen einen Riegel vorschieben müssen, will er vermeiden, daß seine Produkte aus dem Sortiment des Handels „geworfen" werden.

(4) Käufe besitzen auch erlebnishafte Dimensionen. Je nachdem, welche Erlebnisdimension bei einem Produkt im Vordergrund stehen soll, eignet sich mehr der indirekte oder der direkte Absatz. Soll beispielsweise Wein in ruhiger, gelassener (später vielleicht ausgelassener), individueller Atmosphäre ausgewählt werden, dann dürfte sich der direkte Weg (Winzerklause, Probe zu Hause) gut eignen. Der Kauf einer Wohnungseinrichtung erfordert dagegen Preisvergleiche, das Ausprobieren, Ansehen an dafür besonders geeigneten Orten (z. B. in Einzelhandlungen). Beim Katalogkauf gehen diese Dimensionen verloren. Eine andere Erlebnisdimension liegt im Gefühl der größeren Entscheidungsfreiheit, die in Einzelhandelsgeschäften möglich ist, gegenüber dem direkten Absatz, wenn der Reisende darum ringt, den für sein Einkommen entscheidenden Abschluß zu tätigen.

(5) Der Multiplikatoreffekt des Handels spricht für diesen Absatzweg. Mit erfolgreichen Produkten kann der Handel eher seinen Zielvorstellungen näherkommen. Erkennt er, daß Produkte „gut laufen", tut er ein übriges, um dies zu verstärken. Kann man nun die Distributionsorgane dazu zwingen, ihre eigenen Absatzaktivitäten mit denen des Herstellers in Einklang zu bringen, dann verstärkt dies sicherlich erheblich die eigenen Absatzbemühungen.

(6) Bei direktem Absatz besteht die Schwierigkeit, die richtigen Adressen zu bekommen. Handlungen verfügen dagegen häufig über einen eigenen Kundenstamm. Hierin liegt eines der wichtigsten Potentiale der verschiedenen Handlungstypen. Ist der Kundenstamm bekannt, wird über die entsprechende Handlungsauswahl die Kundenansprache erleichtert.

(7) Werden durch ein Produkt viele Verwender angesprochen (große Bedarfsdichte) und sind diese Verwender breitgestreut (große Bedarfsweite), dann verspricht der indirekte Distributionsweg aufgrund seiner großen Kundenkontaktmöglichkeiten erhebliche Vorteile (siehe auch Punkt 1).

5.122 Distributionsorganpolitik

Mit der Entscheidung für den einen oder anderen Distributionsweg sind bereits Weichen für die Auswahl der Distributionsorgane gestellt, d. h. wer wodurch dazu beitragen soll, daß das Produkt seiner Bestimmung zugeführt wird. Auf die Auswahl und weniger auf die Ausgestaltung der Distributionsorgane erstrecken sich die Maßnahmen der Distributionsorganpolitik. Die Auswahl kann nur nach Leistungskriterien erfolgen, die jeweils kurz angedeutet werden sollen. Man kann die Distributionsorgane wie folgt gruppieren:

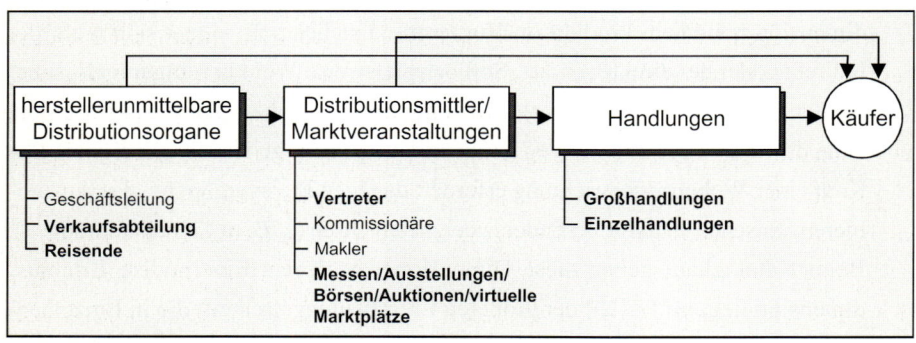

Übersicht 239: Überblick über wichtige Distributionsorgane

Die Pfeile der Übersicht weisen auf Distributionsbeziehungen hin. Die für unsere Betrachtung wichtigsten Distributionsorgane werden durch Fettdruck hervorgehoben.

(1) Bedingungen für den Einsatz herstellerunmittelbarer Organe
Die herstellerunmittelbaren Organe unterliegen ganz dem unternehmerischen Einflußbereich, deshalb hat man bei ihnen, anders als bei den dann folgenden Distributionsorganen, erhebliche Möglichkeiten qualitativer Gestaltung.

Sieht man von dem Sonderfall ab, daß die gesamte Absatzfunktion auf externe Institutionen (z. B. Vertriebsgesellschaften, Verkaufssyndikate) übertragen wurde, verfügen Unternehmen immer über *Verkaufs- oder Vertriebsabteilungen*, die häufig infolge ihrer aktiven Marktbearbeitung von der Marketingabteilung getrennt wurden.

Aufgabe dieser Abteilung ist es nun, die verschiedenen Kunden der verschiedenen

Distributionsstufen zu betreuen. Die Betreuung umfaßt mehr als nur den Verkauf. Die Leistungsfähigkeit einer Vertriebsabteilung wird vor allem geprägt durch:

- Kenntnis der Kunden und Konkurrenz,
- Produktkenntnis,
- Bereitschaft zu umfangreichen Kundeninformationen,
- Bereitschaft zur Lösung von Kundenproblemen,
- innerbetriebliche Kompetenz zur Lösung von Kundenproblemen (z. B. Liefer-service, Kundendienst),
- Einhaltung gesetzter Ziele und Durchsetzungsvermögen beim Kunden.

Werden die Mitarbeiter der Vertriebsabteilung nicht nur als Auftragssachbearbeiter betrachtet, werden sie ausgewählt nach Kriterien, die Kundenkontakten förderlich sind (wie z. B. Wendigkeit, Ausstrahlungskraft, Kompetenz, Konditionenfestigkeit, Verantwortungsbereitschaft), dann trägt dies wesentlich zum Produkterfolg bei.

Reisende können als Außenorgane der Vertriebsabteilung (Außendienst) aufgefaßt werden, die unmittelbar den Außenkontakt zu den Kunden wahrnehmen. Handelt es sich um wichtige Großkunden (z. B. bei Großformen des Einzelhandels), spricht man von Key-Account Managern. Anders als beim Einsatz selbständiger *Handelsvertreter* bietet sie die Möglichkeit, Kunden intensiv und unternehmenszieladäquat zu beein-flussen. Durch geeignete Schulung und Entlohnung kann es gelingen, Reisende mit den notwendigen Produkt-, Markt- und Unternehmenskenntnissen zu versehen, was den Verkauf und die Beratung insbesondere erklärungsbedürftiger Produkte wesent-lich erleichtert. Leistungsstarke Produkte und solche mit gutem Image bedürfen be-sonderer Pflege und Kontrolle beim Handel. Ziel sollte es sein, daß sich die Reisenden mit ihren Angeboten identifizieren können. Bei großer Bedarfsdichte und -weite eig-nen sich Reisende für eine intensive Marktbearbeitung. Da Reisende nach Kunden-typen ausgewählt werden können, ergibt sich eine zusätzliche Zielungsmöglichkeit (z. B. Großkunden als Letztverwender, Groß- oder Einzelhandlungen).

Bei Produkten, die auf spezielle Bedürfnisse einiger weniger Bedarfsträger zuge-schnitten sind (hoher Individualisierungsgrad), können Reisende eher die notwendige, spezifische Beratungsfunktion ausüben. Auch Produkte mit schnellem Leistungswandel lassen den Einsatz von Reisenden geraten erscheinen. Aus der Eignung empfindlicher und gefährlicher Produkte für den direkten Absatz folgt der Einsatz von Reisenden. Bei großen Bedarfsmengen können Reisende zielgerichtet eingesetzt werden. Reisen-de verursachen erhebliche Fixkosten (z. B. Fixum, Sozialkosten); deshalb erscheint ihr Einsatz bei risikobeladenen Produkten nicht unbedenklich. Weitere mit der Ent-scheidung für Reisende (Außendienstmitarbeiter) zusammenhängende Probleme bilden die Besuchshäufigkeit und -dauer, die Kundenkreisgröße, die Planung des Verkaufs-budgets, die Reiserouten, die Reisemittel usw.

Der Außendienst wird in der amerikanischen Literatur (Hansen, 1967, S. 738 ff.; Kotler 1991, S. 650 ff.) häufig als besonderes Instrument des „personal selling" abge-handelt. Man kann ihn den kommunikationspolitischen Entscheidungen subsumieren (Tietz 1975, S. 1137 ff.; Meffert 1986, S. 481 ff.). Wir gehen davon aus, daß hier die Distribution im Vordergrund steht, die selbstverständlich auch Kommunikationsaspekte beinhaltet.

Es kommt auch vor, daß die *Geschäftsleitung* in die Distributionsaktivitäten einge-schaltet wird. Das kann einmal von der Marktsituation einer Produktart (z. B. Anla-genbau) und zum anderen von der Konkurrenzsituation abhängen. Hat man beispiels-weise einige Großkunden, die stark den Markterfolg prägen, kann die Geschäftslei-tung der geeignete Verhandlungspartner sein. Dies ist insbesondere dann vorteilhaft, wenn sie über umfangreiche Markt- und Produktkenntnisse verfügt, um gegebenen-falls schnell mit realisierbaren Angebotsmodifikationen Verhandlungen zu einem po-sitiven Ende führen zu können.

(2) Bedingungen für den Einsatz von Distributionsmittlern

„Handelsvertreter oder Reisende?" heißt eine beliebte Examensaufgabe. Manches ist hierzu gesagt worden (Gutenberg 1984, S. 109 ff.; Nieschlag/Dichtl/Hörschgen 1991, Meffert 1998, S. 608 ff.; Schenk/Spannagel/Wölk 1974; Tietz 1975, S. 1630 ff.). *Han-delsvertreter* sind selbständige Gewerbetreibende, die Geschäfte vermitteln (vgl. hier-zu die §§ 84-93c HGB). Sie verfügen meist über einen eigenen Kundenstamm. Darin liegt einer ihrer besonderen Vorzüge. Sie kennen die Marktbedingungen, insbesondere die Wünsche ihrer Kunden. Daraus erwachsen häufig persönliche Präferenzen. Einem schon durch andere Produkte anderer Hersteller eingeführten Vertreter öffnen sich die Türen leichter als einem Reisenden eines Herstellers, der noch nicht oder nur gering im Sortiment einer Handlung vertreten ist. Hinzu kommt, daß der Handelsvertreter für den in Sortimenten denkenden Händler deshalb interessant ist, weil er nicht unbedingt an einen Hersteller gebunden ist, sondern, falls er dazu in der Lage ist, die für seine Kunden günstigsten Angebote zusammenstellen kann (Mehrfirmenvertreter). Dies und seine häufig größere Markenkenntnis steigern seine Glaubwürdigkeit bezüglich gün-stiger Kundenberatung. Diesem Vorteil aus der Sicht des Händlers kann der Nachteil gegenüberstehen, in Reklamationsfällen weder über die notwendigen Informationen noch über die Realisationsmöglichkeiten für eine schnelle problemlose Abwicklung zu verfügen.

Aus der Sicht des Herstellers können noch weitere Vorteile hinzukommen. Besonderes Augenmerk wird immer wieder den Kosten geschenkt (Meffert 1998, S. 609 ff.). Vertreter werden vorrangig auf Provisionsbasis entlohnt. Sie verursachen im wesentlichen variable Kosten. Besondere Investitionen sind nicht nötig. Dies kommt dem Hersteller in seinem Streben nach Unabhängigkeit von Marktschwankungen entgegen. Außerdem sind die Vermittlungskosten (Kundenkontaktkosten) bedeutsam. Bei welcher Menge zu vermittelnder Produkte ist der Handelsvertreter günstiger als der Reisende? Es geht um die Feststellung des „kritischen Umsatzniveaus" (Meffert 1998, S. 610 f.), bis zu dem der Vertreter und ab dem der Reisende günstiger ist. Bei neuen Produkten mit zumindest zuerst noch relativ geringer Bedarfsdichte weist der Handelsvertreter Vorteile auf. Ähnliches gilt für mode- und saisonabhängige Produkte. Ist das Produkt dagegen erfolgreich eingeführt, liegt ein hoher Kanalsog vor, sind die Bedarfsmengen relativ groß und liegt die Hauptaufgabe in der Pflege der Hersteller-Händlerbeziehungen, dann weist der herstellerunmittelbare Reisende Vorteile auf. Analog kann man sagen, daß bei großer Bedarfsweite und mittlerer Bedarfsdichte der Mehrfirmenvertreter Kostenvorteile verspricht.

Immer wieder zeigt sich, daß der Einsatz von Handelsvertretern bzw. Reisenden von bestimmten Bedingungen abhängt, die jeweils geklärt werden müssen, ohne deren Kenntnis sinnvolle Entscheidungen kaum möglich sind. Übersicht 240 dient dazu, Stärken und Schwächen der Reisenden und Handelsvertreter anhand einiger unternehmensrelevanter Merkmale zu zeigen.

Man kann diese Merkmale ordinal bewerten und dann durch Summation den relativen Vorteil ermitteln. Diese mögliche Vorgehensweise soll hier nicht weiter verfolgt werden.

Handelsvertreter scheinen in einigen Produktbereichen an Bedeutung zu verlieren. Unternehmen mit eingeführten Produktsortimenten verfügen meist über einen marktadäquaten Außendienstmitarbeiterstab (Reisende), der ihm eine intensive Marktbearbeitung ermöglicht. Je größer die Sortimente werden, um so weniger können Handelsvertreter für verschiedene Firmen den Markt intensiv bearbeiten. Bei Exporten bzw. Importen greift man dagegen gern solange auf selbständige Handelsvertreter zurück, bis man soweit etabliert ist, daß der Absatz eine eigene Absatzorganisation trägt.

Obwohl *Messen* als zeitlich begrenzte Marktveranstaltungen keinen personalen Charakter aufweisen, wie es die Überschrift eigentlich erwarten läßt, wollen wir sie aus dem Kreis der Marktveranstaltungen (hierzu zählen nach Nieschlag/Dichtl/Hörschgen (1994, S. 462 ff.) auch noch Kleinhandelsmessen, Märkte (Jahr-, Wochen- und Tagesmärkte), Großmärkte, Exportmusterschauen, Musterungen, Ausstellungen,

Distributionsorgane / Merkmale	Reisender	Vertreter
Kundenkontakte (Händlerstamm)	O	+
Marktkenntnis	O	+
Händlerpräferenzen	O	+
neues Produkt/ geringe Bedarfs- menge/ geringe Bedarfsdichte	O	+
keine Investitionskosten	O	+
intensive Kundenberatung	+	O
gute Steuerbarkeit	+	O
Reklamationsabwicklung	+	O
schnelle Markteinführung	+	O
intensive Kundenpflege	+	O

+: trifft zu / geeignet für   O: trifft nicht zu

Übersicht 240: Schwächen und Stärken von Reisenden und Handelsvertretern

Auktionen und Warenbörsen herausgreifen. Ergänzen kann man diese Aufzählung um Trademarkets als ständige Ausstellungen wegen ihres allgemein bedeutsamen und Absatzkontakte vermittelnden Charakters.. Die eigentlichen Distributionsorgane während einer Messe sind die herstellerunmittelbaren Distributionsorgane sowie aus dem Bereich der Mittler möglicherweise Vertreter. Aber es tritt eben noch etwas Eigenständiges hinzu. Das Image einer Fachmesse, der geballte Angebotsüberblick über einen Produktbereich, die Möglichkeit konzentrierter, umfangreicher Kundenkontakte erleichtern die Tätigkeit der Distributionsorgane. Fachmessen sind besonders als Test und als Auftakt für die Einführung neuer Produkte geeignet. Dieser Punktmarkt kann bei besonders leistungsstarken Produkten ohne allzu großen Informationsaufwand dazu führen, daß dieses Produkt aufgrund der messebedingten Informationsmultiplikation zum Messe- und möglicherweise damit zum Branchengespräch wird, vielleicht sogar zum „Branchenschlager".

(3) Bedingungen für den Einsatz von Handlungen

Unserer Aufgabenstellung entsprechend beschränken wir uns auf die distribuierenden Handlungen (vgl. hierzu Seyffert 1972, S. 643). Da wir durch die Auswahl aus einer

Fülle von Handelsformen bzw. deren betonter Vernachlässigung den Absatzerfolg unseres Produktes beeinflussen können, müssen Handlungen als Vermarktungsinstrumente untersucht werden.

Aufgrund der unterschiedlichen Aufgabenschwerpunkte scheint es zweckmäßig zu sein, zwischen Groß- und Einzelhandlungen zu unterscheiden.

Großhandlungen tätigen als Institutionen Geschäfte mit gewerblichen Partnern (Handel unter Kaufleuten). Daraus resultieren meist besondere Geschäftsbedingungen, große Absatzmengen usw. Im Absatz von Konsumprodukten sind Großhandlungen meist den Einzelhandlungen vorgelagert, zu deren Beschaffungserleichterung sie beitragen. Beim Absatz von Produkten im produktiven Bereich werden Einzelhandlungen seltener nachgeschaltet. Hier finden wir häufig Werkshandelsgesellschaften als wirtschaftlich unselbständige Großhandlungen des Herstellers.

Über die Funktionen der Handlungen ist umfangreich gearbeitet worden (Seyffert 1972, S. 6 ff.; Oberparleiter 1955, S. 5 ff.). Uns interessiert hier mehr, was für den Einsatz welchen Typs spricht. Üblicherweise spielen folgende Kriterien zur Einteilung von Großhandlungen eine Rolle:

- der Beschaffungs- bzw. Absatzort (Import- und Exporthandlungen),
- die Sortimentsbreite und -tiefe (Spezial-, Fach- und Sortimentsgroßhandlungen),
- der Produktbereich (Konsum- oder Produktionsgüterhandel),
- einzelne Produktgruppen (z. B. Holz-, Wollgroßhandel),
- die Art der Belieferung (Selbstbedienungs-, Fremdbedienungs- bzw. Zulieferungsgroßhandel,
- die Umschlagsgeschwindigkeit (Lieferung nur von Produkten mit hoher Umschlagsgeschwindigkeit bei besonderen Verkaufshilfen ® rack jobbing).

Der Einsatz von Großhandlungen ist zum einen von der Marktüblichkeit innerhalb einer Branche abhängig. In einigen Produktbereichen (z. B. bei Uhren, Möbeln, hochwertigen Bekleidungstextilien) hat der Großhandel nur geringe Bedeutung. Zum anderen hängt der Einsatz von Großhandlungen als eigenständige Institution davon ab, über welche Einzelhandlungstypen man seine Produkte absetzen will. Hält man die auf Massenabsatz ausgerichteten Formen der Warenhäuser, Verbrauchermärkte, filialisierte Fachgeschäfte (Filialketten) und teilweise auch Diskontgeschäfte für geeignet, dann wird man keine Wahlmöglichkeit mehr bezüglich der Großhandlungen haben, da die Großhandelsfunktion von diesen Einzelhandlungstypen selbst wahrgenommen wird. Der größte Abnehmerkreis selbständig tätiger Großhandlungen dürfte mit den Spezial- und Fachgeschäften gegeben sein. Somit können wir uns bei den weiteren Betrachtungen auf Sortiments- und Spezialgroßhandlungen beschränken.

Während Sortimentsgroßhandlungen aufgrund ihres breiten, allerdings weniger tiefen Sortiments eher in der Lage sind, Einzelhandlungen zu beliefern, die sich auf Bedarfsgruppen (z. B. Bekleidung, Ernährung) ausgerichtet haben, weisen Spezialgroßhandlungen ein engeres, dafür aber auch ein tieferes Sortiment auf. Sie haben sich auf Sortimentsausschnitte (z. B. Obst und Gemüse, Molkereiprodukte) spezialisiert. Sie liefern entweder an Einzelhandlungen des Typs Spezialgeschäft oder sie ergänzen die Sortimente anderer Einzelhandelsformen.

Großhandlungen verlängern zwar den Absatzweg, können dafür aber zur Distributionsrationalisierung beitragen. Wir können hier auf die Kostenüberlegungen direkter – indirekter Distributionsweg verweisen (siehe Abschnitt 5.121). Je größer der Preiswettbewerb eines Produktes ist, um so eher wird man Großhandlungen benutzen, wenn man über Spezial- und Fachgeschäfte absetzen will.

Ein weiterer Grund ihrer Einschaltung kann im Bemühen um Vereinfachung der Bestellvorgänge liegen. Ändern sich weniger die Artikel als die Bestellmengen und besteht ein Hang zum Bezug aus einer Hand, dann dürften Sortimentsgroßhandlungen sicherlich und Spezialgroßhandlungen zu großen Teilen erhebliche Vorteile aufweisen. Je mehr das Sortiment der Einzelhandlungen von dem des Herstellers abweicht, da es in der Regel größer ist, um so mehr erleichtern Großhandlungen die Sortimentszusammenstellung.

Mit Abstrichen ist es möglich, die Zusammensetzung des Kundenstammes an Einzelhandlungen einer Großhandlung zu erfahren; und da es auch möglich ist, zumindest etwas Wissen über deren Kunden zu erlangen, kann das die Zielgenauigkeit der Produktansprache möglicherweise verbessern, wenn der jeweilige Kundenstamm in das eigene Absatzkonzept paßt. Hat man dann die passenden Großhandlungen gewonnen, ist die Türe zu den Einzelhandlungen bereits geöffnet.

Ein weiterer Vorteil der Großhandlungen kann darin liegen, daß über ihre Lagerhaltungsfunktion die Lieferbereitschaft der ortsnahen Einzelhandlungen kurzfristig sichergestellt werden kann. Tendenziell dürfte das zumindest dann billiger sein, wenn die Umschlagsgeschwindigkeit eines Produktes bzw. die Bedarfsmenge nicht allzu groß ist.

Die lange Absatzkette (Hersteller – Großhandlung – Einzelhandlung) wird bevorzugt bei kleinen Bedarfsmengen, großen Bedarfsweiten und mittleren bis großen Bedarfsdichten. Insbesondere Spezialgroßhandlungen werden bei erklärungsbedürftigen Produkten eingeschaltet, da der Kundenstamm dieser Großhandlungen sich vorrangig aus Einzelhandlungen mit Bedienungspersonal und dem darauf abgestimmten Sortiment zusammensetzt. Empfindliche oder gefährliche Produkte, die besondere Rücksicht erfordern, werden häufig über die Großhandelsform vertrieben. Auch wenn Spezial-großhandlungen vorrangig an Spezial- und Facheinzelhandlungen verkaufen, muß ihr Sortiment nicht unbedingt mit deren Niveau übereinstimmen. Meist reicht das Leistungsniveau vom mittleren bis zum oberen Niveau mit deutlichem Schwerpunkt bei leistungsstarken und bekannten Produkten mit hohem Image. Um bedarfsintensive Produkte schnell zu erhalten, ist Kundennähe zweckmäßig. Dazu tragen Spezialgeschäfte bei, die ihren Bedarf bei Spezialgroßhandlungen decken können.

Bei Sortimentsgroßhandlungen wird großer Wert auf Produkte mit hoher Umschlagsgeschwindigkeit gelegt. Das Stammsortiment wird durch saisonabhängige Produkte ergänzt.

Einzelhandlungen – nur interessant beim Absatz von Konsumprodukten – begegnen uns in einer schier unübersehbaren Fülle von Ausprägungen. Welche soll man aufgrund welcher Bedingungen auswählen? Die Formen der Einzelhandlungen werden unterschiedlich gegliedert (Müller-Hagedorn 1998, S. 45; Barth 1999, S. 86 ff.). Wir wollen uns auf folgende Typen beschränken, die sich für unsere produktorientierte Fragestellung als aussagekräftig erweisen:

- Spezialgeschäft,
- Fachgeschäft,
- Fachmarkt,
- Warenhaus,
- Kaufhaus/Verbrauchermarkt,
- Diskontgeschäft,
- Versandhandel/online-Handel.

Das *Spezialgeschäft* (vgl. zu den folgenden Umschreibungen: Kommission zur Förderung der handels- und absatzwirtschaftlichen Forschung, Katalog E 1995) ist meist durch ein enges, tiefes Sortiment gekennzeichnet; es wird im Bedienungsverkauf abgesetzt; dies erfordert Produkte, deren Preis die Bedienungskosten trägt; die Produkte befinden sich daher meist auf einem hohen Leistungsniveau („hochgenrig"). Das wiederum erfordert hohen Präsentationsaufwand. Ihr Imageniveau liegt am relativ höchsten, sie verfügen über eine große Stammkundschaft.

Neben bekannten Produkten werden auch neue, die diesem Niveau entsprechen, angeboten. Produkte mit starkem Leistungswandel passen hier in das Sortiment. Den Schwerpunkt bilden erklärungsbedürftige Produkte, die darüber hinaus auch in der Nutzung kompliziert sein können. Je mehr Rücksicht die Empfindlichkeit bei der Distribution erfordert, um so mehr dürften gerade Spezialgeschäfte geeignet sein. Ähnliches gilt bei stark begrenzter Haltbarkeit. Mode- und saisonabhängige Produkte werden eher im Spezialgeschäft bei relativ großer Sortimentstiefe angeboten. Auch der Produktindividualisierungsgrad ist relativ stark ausgeprägt. Aufgrund des engen aber tiefen Sortiments findet man Produkte mit hoher Bedarfsintensität, deren Umschlagsgeschwindigkeit jedoch meist begrenzt ist, was durch die für diese Einzelhandelsform typische Handelsspanne mit beeinflußt wird. Spezialgeschäfte sind meist mittelständisch strukturiert. Das bedingt eine meist begrenzte Zahlungsfähigkeit und eine nicht allzu stark ausgeprägte Bereitschaft zu gemeinsamen Absatzaktivitäten.

Beim *Fachgeschäft* verliert das Sortiment an Tiefe und gewinnt an Breite. Fachgeschäfte decken mit ihrem Sortiment häufig ganze Bedarfsbereiche (z. B. Ernährung, Bekleidung) ab. Das Leistungsniveau der im Sortiment geführten Produkte (Sortimentsniveau) sinkt insbesondere dann, wenn die Form der Selbstbedienung gewählt wird. Meist findet man Mischformen. Stehen mehrere Fachgeschäfte unter einheitlicher Leitung und wird der Bezug gemeinsam geregelt, dann spricht man von Filialen. Wir finden sie bei Lebensmitteln, Textilien, Drogeriewaren, im Photobereich und teilweise auch im Uhren- und Schmuckwarenbereich. Supermärkte gelten als größere Fachgeschäfte (vgl. Katalog E 1995). Wir finden sie vorwiegend im Lebensmittelbereich. Fachgeschäfte weisen bei einem Niveauvergleich ein unter dem Niveauimage des Spezialgeschäftes liegendes Image auf, das um so niedriger wird, je weniger der Präsentationsaufwand und je geringer die Bedienung ausgeprägt sind (vgl. umfassender Henseler 1977). Das kann sich in einer anderen Zusammensetzung der Stammkundschaft niederschlagen. Ausgeglichen wird dies durch verstärktes absatzaktives Verhalten (Werbung, Sonderaktionen). In den Großformen der Fachgeschäfte (z. B. Filialbetriebe) nimmt die Marktmacht erheblich zu. Die erhöhte Umschlagsgeschwindigkeit wird dann durch besondere Forderungen an den Hersteller (z. B. Werbezuschüsse, Rabatte) erkauft.

Fachmärkte unterscheiden sich von den Fachgeschäften durch breitere Sortimente, die auf größerer Fläche jeweils aktuell präsentiert werden. Durch günstige Miete und stark reduziertes Verkaufspersonal werden die Kosten gesenkt. Die wenigen Verkaufskräfte sind gut geschult, um mehr in Ausnahme- denn in Normalfällen Auskünfte geben zu können. Die gegenüber Fachgeschäften niedrigeren Kosten führen zu einer aktiven Preispolitik. Das verlangt wiederum umfangreichere Werbemaßnahmen. Die typische Sortimentsaktualität erfordert das Bemühen um neue Produkte; der Niveauschwerpunkt liegt im mittleren Bereich; modeabhängige Produkte sind ebenso möglich wie Produkte, die starkem technischen Wandel unterliegen. Für die nötige Kundenfrequenz sorgen entweder ein großes Einzugsgebiet oder eine starke örtliche Kundenagglomeration.

Die in der Citylage größerer Städte befindlichen *Warenhäuser* bieten im Regelfall ein sehr umfangreiches, nahezu den gesamten Lebensbereich tangierendes Sortiment an. Die Sortimentstiefe schwankt häufig von Abteilung zu Abteilung. Auch innerhalb einer Abteilung kann sie sich z. B. in Abhängigkeit von der Saison ändern. Durch den verstärkten Ausbau des shop-in-the-shop-Prinzips hat man versucht, eine fachgeschäftsähnliche Atmosphäre zu schaffen. Dieser Versuch des „trading up" war nicht immer erfolgreich, insbesondere dann nicht, wenn die Umstellung zu schnell für den bisherigen Kundenkreis erfolgte und auch das Verkaufspersonal den Fach- oder Spezialgeschäftsansprüchen nicht gerecht wurde. Erfolgreicher und konsequenter am Spezial- und Fachgeschäft orientiert war demgegenüber die Schaffung von Shopping-Centers, in denen Einzelhandlungen selbständig nach zusammenpassenden sortimentspolitischen Erwägungen tätig werden. Wir brauchen daher diese Erscheinungsform nicht besonders zu erwähnen. Das Sortimentsniveau bewegt sich bei Warenhäusern im Durchschnitt auf einem mittleren Level. Die Absatzaktivitäten (z. B. Sonderangebote, Werbung, Preispolitik) sind beträchtlich. Bei Warenhäusern wie auch den folgenden Distributionsorganen haben Handelsmarken erheblich an Bedeutung gewonnen. Infolge der partiellen Austauschbarkeit des Lieferanten sind hiermit für den Hersteller Gefahren verbunden, wenn er sich in zu starke Abhängigkeit des Handelsorgans begibt. Da Warenhäuser meist an Orten mit größeren Einzugsbereichen als Filiale geführt werden, unterstehen sie strafferer Leitung; ihre Zahlungsfähigkeit ist besonders ausgeprägt. Es kann grundsätzlich eine große Bereitschaft zu gemeinsamen Marketingaktivitäten unterstellt werden. Eine persönliche Bindung von Kunden liegt im Regelfalle aufgrund der Größe dieser Einzelhandlungsformen nicht vor; durch besondere zusätzliche kauferleichternde Leistungen (z. B. Parkraum, Kindergarten, bargeldloser Einkauf, Umtauschrecht) versucht man dies zu ersetzen.

Der breite Sortimentsumfang läßt ständig neue Schwerpunktbildungen in Abhängigkeit von sich wandelnden Gegebenheiten (z. B. Saison) zu. Um den Raum und das vorhandene Personal maximal zu nutzen, besteht auch ein großes Interesse an neuen Produkten, ohne daß sie langfristig erfolgreich sein müßten („Kurzläufer"). Im Durchschnitt – von speziellen Sortimentsschwerpunkten abgesehen (z. B. Lebensmittel) – herrschen Produkte des mittleren Leistungsniveaus vor. Damit ist meist ein hoher Konkurrenzgrad verbunden. Bekannte Produkte werden gern als obere Sortimentsabrundung ins Sortiment aufgenommen, häufig auch deshalb, um das eigene Image zu heben. Insbesondere die großen Warenhäuser sind an Produkten mit großer Bedarfsdichte und -weite interessiert, um durch Großeinkauf günstige Beschaffungsbedingungen zu erzielen. Ebenso werden Produkte mit hoher Umschlagsgeschwindigkeit präferiert, wenn die Handelsspanne kostendeckend ist. Das bedeutet, daß Produkte, die noch einfacher angeboten werden können, trotz hoher Umschlagsgeschwindigkeit bei Warenhäusern weniger stark repräsentiert sind. Gegenwärtig beobachtet man Tendenzen der Sortimentsteilausgliederung („selektives" Warenhaus).

Bei *Kaufhäusern* (vgl. anders: Katalog E 1995, S. 27) geht die Sortimentstiefe noch mehr zurück. Gleichzeitig wird auch die Sortimentsbreite verringert. Optisch niedrige Preise führen zu einem relativ niedrigen Sortimentsimage. Der Präsentationsaufwand ist begrenzt, um niedrig kalkulieren zu können und um das günstige Preisimage nicht zu stören. Verkauft werden meist in Selbstbedienung weniger neue als gut eingeführte Produkte auf mittlerem bis unterem Sortimentsniveau. Die Umschlagsgeschwindigkeit ist relativ hoch, die Stammkundschaft, abgesehen von örtlichen Besonderheiten, gering. Vieles wird, da es besonders günstig erscheint, mehr zufällig mitgenommen. Shopping-goods sind weniger stark im Sortiment vertreten. Kaufhäuser werden vorrangig als Filialen von Großunternehmen straff geführt. Das kann zwar die Möglichkeit großer Mengenabschlüsse aber auch die Wahrscheinlichkeit härterer Entgeltverhandlungen (Preise, Rabatte, Zahlungsbedingungen) nach sich ziehen.

Selbstbedienungswarenhäuser und *Verbrauchermärkte* können zwischen Kauf- und Warenhäusern angesiedelt sein; sie tendieren je nach Konkurrenzlage und unternehmenspolitischer Zielrichtung einmal mehr in die eine oder andere Richtung. In der Mehrzahl der beobachtbaren Fälle haben sie einen stärkeren Kaufhauscharakter, deshalb werden Verbrauchermärkte und Kaufhäuser später zusammengefaßt dargestellt.

Ein wesentlich engeres und größtenteils auch flacheres Sortiment weisen *Diskontgeschäfte* auf, die in einfachster Ausstattung Produkte eines Bedarfsbereichs (z. B. Lebensmittel) anbieten, die eine hohe Umschlagsgeschwindigkeit sicherstellen. Unempfindliche, nicht erklärungsbedürftige Produkte werden zu niedrigen Preisen angeboten. Nicht alle Produkte vertragen diese Angebotsform ohne Imageverlust. Produkte, bei denen die Herstellermarke weniger wichtig ist, die mehr als Gattungsartikel (z. B. Milch, Mehl, Zucker, Salz) gekauft werden, eignen sich besonders.

Eine exponierte Stellung nimmt der *Versandhandel/online-Handel* ein. Ähnlich vielfältig, wie die bereits erwähnten Einzelhandlungsformen auftreten, begegnen uns auch die verschiedensten Versandhandelsformen. Neben den bekannten Großversandhäusern, deren Sortiment in Umfang und Tiefe dem der Warenhäuser gleicht, gibt es die verschiedensten spezialisierten Versandhäuser, die Produkte auf verschieden hohem Niveau anbieten (Bundesverband des Deutschen Versandhandels e. V. 1984). Das erschwert naturgemäß einen allgemeinen Leistungsvergleich. Da wir mit den bisher erwähnten Einzelhandelsformen die wichtigsten Prototypen meinen behandelt zu haben, die in ihrer Sortimentszusammensetzung Leitbildfunktion für die verschiedensten Versandhandelsformen besitzen, wollen wir bei den späteren Aussagen auf den heterogenen Versandhandel nicht mehr eingehen, da wir sonst jeweils die spezifischen Bedingungen nennen müßten; dies wiederum würde der Übersichtlichkeit der Aussagen schaden. In jüngerer Zeit bemühen sich auch Handelsunternehmen (z. B. Kaufhof, Karstadt) um die Nutzung des Internet. Bei Markenprodukten sind Konflikte mit den dieses Medium ebenfalls nutzenden Herstellern vorprogrammiert. Noch schreiben die meisten online-Anbieter rote Zahlen. Nutzungsvereinfachungen (z. B. elektronische Unterschrift, erweitertes Rückgaberecht → Fernabsatzgesetz v. 30.06.2000) werden die Nutzung allerdings erweitern.

Fassen wir einige Leistungsschwerpunkte der verschiedenen Einzelhandelsformen zusammen, könnte das so aussehen:

Einzelhandelstypen / Leistungsschwerpunkte	Spezialgeschäft	Fachgeschäft	Warenhaus	Verbrauchermarkt	Diskontgeschäft
Sortimentstiefe	xxx	xx	xx	x	x
Sortimentsbreite (branchenbezogen)	x	xx	xxx	xx	x
Sortimentsniveau	xxx	xx	xx	x	x
Präsentationsaufwand (Kaufatmosphäre)	xxx	xx	xx	x	x
Geschäftsimage (Vorstellung über die Güte des Angebotes)	xxx	xx	xx	x	x
Stammkundschaft (Zielgenauigkeit)	xxx	xx	x	x	xx
qualifiziertes Verkaufspersonal	xxx	xx	x	x	x
preisaktives Verhalten	x	x	xxx	xxx	xxx
Bereitschaft zu gemeinsamen Marketingaktionen	x	x	xxx	xx	xx
Umschlagsgeschwindigkeit	x	x	xx	xx	xxx

xxx=hoch, xx=mittel, x=niedrig

Übersicht 241: Leistungsschwerpunkte verschiedener Einzelhandelsformen

In vielen Fällen wird man mehrere Distributionsorgane einschalten (Distributions-organmix). Dies kann historisch bedingt sein. Man kann aber auch in einer neuen Situation dazu gezwungen werden, weil die bisherigen Distributionsorgane nicht den gewünschten Erfolg bringen, weil Distributionsorgane an Attraktivität verlieren (store erosion) (Berger 1977) bzw. gewinnen. In einer solchen Situation kann man die verschiedenen Distributionsorgane nicht einfach wie Ersatzteile austauschen. Selbst wenn man das eindeutig günstigste Distributionsorgan gefunden hat, welches es naheilegen würde, darüber in Zukunft schwerpunktmäßig abzusetzen, heißt das noch nicht, daß man nun den Stein der Weisen gefunden hätte. Die Distributionsorgane stehen untereinander in starker Konkurrenz. Die Macht, insbesondere der Großformen des Einzelhandels, hat erheblich zugenommen. Das führt vielfach dazu, daß sie nur unter bestimmten Bedingungen bereit sind, ein Produkt in ihr Sortiment aufzunehmen. Eine dieser Bedingungen liegt im Streben nach Ausschließlichkeit des Absatzes.

Wenn man seine Vitamin-C-Brausetabletten bisher über Apotheken abgesetzt hat, dieser Distributionsorgan-Typ jedoch nicht mehr als ausreichend erscheint, und man zusätzlich Drogerien einschaltet, dann sollte es aufgrund des hohen informalen Organisationsgrades der Apotheken kaum überraschen, daß diese sich abrupt weigern, das Produkt weiter anzubieten. Wenn man „hochgenrige Uhren" bisher über ausgewählte Uhrenfachgeschäfte und Juweliere absetzte und sich dann entschließt, auch Warenhäuser in die Distributionskette einzuschalten, dann hat das nicht nur Imageverluste beim Konsumenten, sondern auch erhebliche Distributionsstörungen bei den Spezial- und Fachgeschäften zur Folge. Dies ist durchaus verständlich. Jeder Einzelhandlungstyp bietet ein ganzes Bündel von Serviceleistungen an, die sich meist wesentlich von den jeweiligen anderen Typen unterscheiden. Das beeinflußt die Kosten und damit im Regelfall die Handelsspanne. Unterschiedliche Preise für das gleiche Produkt führen dann tendenziell dazu, daß viele Käufer das ihnen am billigsten erscheinende Angebot wählen und damit eine nicht unwesentliche Absatzverlagerung zu den weniger Service anbietenden Einzelhandelsformen eintritt. Das Produkt wird für die bisherigen Einzelhandelstypen uninteressant. Nur im Falle der besonderen Markenstärke, wenn der Hersteller die Absatzbedingungen weitgehend diktieren und kontrollieren kann, scheint ein relativ konfliktfreies Nebeneinander verschiedener Einzelhandelstypen möglich zu sein.

Eine denkbare Konsequenz, aus diesem scheinbaren Dilemma herauszukommen, liegt darin, das Angebot so zu variieren, daß ein unmittelbarer Vergleich erschwert wird.

5.123 Distributionslogistik

Damit das Produkt

- zur richtigen Zeit
- in der richtigen Menge
- am gewünschten Ort
- im gewünschten Zustand
- zu möglichst niedrigen Kosten

ankommt, müssen Maßnahmen ergriffen werden, die dies unter Abwägung verschiedener Ziele sicherstellen (Der enge Zusammenhang zu lieferpolitischen Maßnahmen wird offenkundig. Die distributionslogistischen Maßnahmen sollen lieferpolitische Maßnahmen gewährleisten.). Wodurch werden welche Maßnahmen geprägt (ausführlicher Pfohl 1996; Schulte 1990)?

(1) Lagerpolitische Maßnahmen

Wie soll das Auslieferungsnetz aussehen? Wie viele Produkte sollen wo auf Lager genommen, vorrätig gehalten werden? Diese beiden Fragen spiegeln zwei wichtige Problemkreise wider: den des Lagerstandortes und den des Lagerumfangs.

Bei der Wahl des Lagerstandorts stehen wir vor der Frage, ob wir uns für ein zentrales, unmittelbar beim Herstellungsort gelegenes Lager (*Zentrallager*), für nach Abnehmerschwerpunkten regional verteilte Läger und bei diesen wiederum für eigene Auslieferungsläger, für Kommissionsläger oder für Kombinationen entscheiden sollen (*Außenlager*). Für die erste Alternative spricht, daß die Kapitalbindung tendenziell niedriger ausfällt, daß die Informationsströme schneller fließen; dezentralisierte Auslieferungsläger binden zwar mehr Kapital, erhöhen dafür aber beträchtlich die Lieferbereitschaft. Dies ist vor allem in Branchen wichtig, bei denen die nachgeschalteten Distributionsorgane wenig Neigung zur ausreichenden Lagerhaltung aufweisen, besonders dann, wenn das Streckengeschäft dominiert. Um nach dem Ablauf einer Saison das Lager von diesen Produkten geräumt zu haben, empfiehlt sich aus Gründen der Überschaubarkeit eine zentrale Lagerung. Ähnliches gilt für Produkte, die schnellem Leistungswandel unterliegen. Je geringer die Bedarfsintensität ist, je höher das Produktimage und das Produktleistungsniveau liegen, um so eher scheint zentrale Lagerung möglich. Produkte hohen Individualisierungsgrades machen Außenläger weitgehend überflüssig. Wenn man nicht bereits über Außenläger verfügt, wird man bei Marktneuheiten tendenziell eher zuerst einmal zentral lagern, bevor man sich an den kostspieligen Aufbau von Außenlägern wagt. Bei geringer Bedarfsdichte und großer Bedarfsweite wird man zentral lagern.

Bei Produkten mit großer Bedarfsdichte und -weite empfehlen sich dezentrale Läger. Das gilt auch dann, wenn Produkte nur begrenzt und unter bestimmten Bedingungen haltbar sind, um den die Haltbarkeit beschränkenden Transport zu verkürzen. Über eine entsprechende Preis- und Rabattpolitik kann eine Kombination beider Formen erreicht werden: Das Massengeschäft wird als Streckengeschäft (zentrales Lager) und das Geschäft mit kleinen Mengen als Lagergeschäft (über Außenläger) abgewickelt. Es sind jeweils Kosten und Erlöse abzuwägen. Die zunehmende Leistungsfähigkeit von Logistikunternehmen hat inzwischen die Bedeutung dieser Alternativen reduziert.

Bei der Frage des Lagerumfangs geht es darum, ob alle Produkte vorrätig sein sollten und wieviel man lagern will. Das hängt zum einen wieder von Kostenüberlegungen ab. Will man die Lagerhaltungskosten so niedrig wie möglich halten (geringer Lagerumfang), geht man das Risiko ein, nicht lieferbereit zu sein, der Kunde wählt möglicherweise einen anderen Lieferanten. Diese Fehlmengenkosten müssen auch berücksichtigt werden. Zum anderen wird der Lagerumfang von der gewünschten Lieferbereitschaft, einer qualitativen Größe, bestimmt. Bei Produkten, die nur geringen Nachfrageschwankungen unterliegen, kann der Lagerumfang begrenzt werden, wenn eine kontinuierliche Produktion möglich ist. In dem anderen Extremfall stark saisonabhängigen Absatzes mit ausgeprägten Akzeptanzrisiken wird versucht, durch Saisonorders (z. B. bei Bekleidungsmoden: Durchreise, Messen, Modewochen) das Problem der Lagerhaltung zu reduzieren. Dem widersetzt sich der Handel verstärkt.

(2) Transportpolitische Maßnahmen

Welche Transportmittel soll man wählen? Soll man eigene oder fremde Transportmittel wählen? Wie soll man die Transportmittel einsetzen? Es müssen somit Transportmittel- und -wegeentscheidungen gefällt werden.

Wichtige Einflußfaktoren auf die Wahl von Transportmitteln sind die transportmittelspezifischen Kosten, die Transportdauer und -stetigkeit sowie die Transportgüte. Je nachdem, wie für die verschiedenen Transportmittel kalkuliert wird (Gewichts-, Wert-, Raum- oder gemischte Tarifierung), ergeben sich unterschiedliche Transportkostenminima. Geht man von der Gewichtstarifierung aus, dann gilt der Schiffstransport als der kostengünstigste; es folgen der Bahn-, Lastkraftwagen- und der Flugzeugtransport. Nun sagen die Tarife für die einzelnen Transportmittel für sich allein nicht allzuviel aus. Man muß – das gilt auch für die Aspekte der Dauer und Güte – vielmehr die gesamte Transportkette betrachten.

Für die Transportdauer ist einmal die Geschwindigkeit des einzelnen Transportmittels und bei gebrochenen Transporten das zeitliche Ineinandergreifen der verschiedenen Transportmittel wichtig. Zum anderen muß aber auch bedacht werden, welche Be- und Entladeaktivitäten entfaltet werden müssen, ob sie überhaupt durchgeführt werden können (Sind Häfen, Flughäfen usw. vorhanden und wie sind sie frequentiert?).

Die Transportstetigkeit sorgt für eine gesteigerte, seitens des Kunden planbare Lieferzuverlässigkeit. Ob man fallweise Touren zusammenstellt oder nach einem fixen Plan verfährt, ist sicherlich vor allem eine kostendeterminierende Entscheidung. Weiß der Kunde jedoch, wann in seinem Gebiet geliefert wird, kann er danach seine Bestellungen ausrichten. Das kann zu zusätzlichen Bestellungen führen. Dies zeigt den deutlich absatzwirtschaftlichen Charakter einer derartigen Entscheidung und die Begrenzung von Kostenaussagen.

Die Transportgüte beeinflußt die Liefergüte. Während des Transportes treten vor allem in Abhängigkeit vom gewählten Transportmittel unterschiedliche Beanspruchungen des Transportgutes auf. Nach den stärksten Beanspruchungen muß sich die Verpackung richten ($\rightarrow$ siehe 4.82). Hierbei helfen Beanspruchungsprofile (Koppelmann 1971, S. 169). Gerade bei empfindlichen Produkten wird man dies besonders berücksichtigen müssen. Das führt vielfach zum Einsatz eigener, speziell ausgerüsteter Transportmittel, selbst wenn dies unter dem Aspekt der Transportwegekosten ungünstig erscheint. Diese Entscheidung kann dann obsolet werden, wenn auf die Produktart zugeschnittene Transportmittel und -kapazitäten auf dem Markt angeboten werden (z. B. spezielle Kleiderspeditionen). Die Verwendung eigener Transportmittel bietet darüber hinaus die Möglichkeit, werbliche Maßnahmen zu ergreifen. Dem tragen Fremdspeditionen dadurch Rechnung, daß sie ihre Fahrzeuge für die werbliche Gestaltung zur Verfügung stellen.

Ob die eigene Spedition auch deshalb vorteilhafter ist, weil sie vorrangig von eigenen Entscheidungen geprägt wird, kann nicht unbedingt bejaht werden, da ihr ein höheres Erfahrungspotential und möglicherweise auch niedrigere Kosten, die dazu noch variabel sind, seitens der Fremdspedition gegenüberstehen.

Von der Höhe der Kundenaufträge, den Lagerstandorten, den Lagerbeständen, dem kalkulatorischen Transportkostensatz pro Menge und Kilometer und den zugesagten Lieferterminen hängt die Wahl der Transportwege ab. Außerdem muß berücksichtigt werden, daß in der Regel mit zunehmender Entfernung die Transportkosten pro Strecke abnehmen, da die Manipulationskosten (Staukosten) wegunabhängig anfallen, so daß statt gebrochener Transporte Transportumwegekosten günstiger ausfallen können. Zur Optimierung stehen viele Verfahren zur Verfügung (Kern 1987, S. 32 ff.; Dück/

Bliefernich 1972, S. 93-101; Müller-Merbach 1973, S. 173-175, S. 264-274, S. 307-313; Churchman/Ackoff/Arnoff 1971, S. 250-374).

Fassen wir kurz zusammen, was für *eigene Transportmittel* spricht: Bei großer Bedarfsdichte und großen kontinuierlich absetzbaren Mengen, die eine ständige Auslastung des Fuhrparks sicherstellen, wird man selbst eher transportieren, wenn auch der ausgelastete Rücktransport gesichert ist. Auch ein hohes Produktleistungsniveau und Produktimage, verstärkt durch Transportprobleme des Produktes (z. B. Empfindlichkeit, Sperrigkeit), lassen eigene Transportmittel geraten erscheinen. Je individueller die Belieferung des Kunden erfolgen soll und je weniger fremde Transportunternehmen unter tragbaren Bedingungen gewonnen werden können, um so eher wird man zu eigenen Transportmitteln greifen.

Bei nur diskontinuierlich absetzbaren Produkten (saison- und modeabhängig) wird man *fremde Transportmittel* bevorzugen. Unterliegen Produkte starker Konkurrenz, wird man aus Ersparnisgründen eher zu fremden Transportmitteln greifen. Sind die Bedarfsgebiete groß, ist der Bedarf weit gestreut, empfiehlt sich die gleiche Maßnahme. Verfügt man nicht schon über eigene Transportmittel, die man zusätzlich auslasten könnte, wird man marktneue Produkte eher mit fremden Transportmitteln befördern.

(3) Verpackungspolitische Maßnahmen
In diesem Kontext genügt der Hinweis auf Abschnitt 4.8, in dem auf logistische Maßnahmen eingegangen wurde. Als Instrumentalvariablenausprägungen wollen wir im folgenden nur schutz- und transportoptimale Verpackungen betrachten.

5.13 Entgeltpolitik

Vorrangig in älteren Veröffentlichungen wird lediglich von Preispolitik gesprochen. Diese Betrachtungsweise dürfte unter der entscheidungsorientierten Zielsetzung zu eng sein. Man beschneidet so nämlich den Alternativenraum ganz erheblich. Vor diesem Hintergrund ist es weniger wichtig, ob man den Instrumentalbereich nun Konditionen- (Meffert 1986, S. 346 ff.) oder Entgeltpolitik (Tietz 1987, S. 186 ff.) nennt.

Als Variablen des Instruments Entgeltpolitik wollen wir die
- Preispolitik,
- Rabattpolitik,
- Zahlungsbedingungen,
- Kreditpolitik einschließlich Leasing
behandeln.

5.131 Preispolitik

Die ausführliche Beschäftigung mit Preisphänomenen in der Nationalökonomie und deren Verdichtung zu preistheoretischen Aussagen (Schneider, 1972; Triffin 1949) hat vielfach dazu geführt, daß man diese Aussagen mehr oder minder modifiziert in absatzwirtschaftliche Überlegungen transponierte, ohne die Verschiebung des Erkenntnisschwerpunktes gebührend zu beachten. So reicht es nicht aus, den Preis als abhängige Variable von der Menge zu betrachten. Die Aussagen zu den unterschiedlichen Preis-Absatz-Funktionen setzen voraus, daß bei konstant bleibenden Absatzsituationen umfangreiche Preishöhenexperimente bei einem Produkt durchgeführt werden. Aufgrund der Vernetzung des Preises mit den anderen Marketinginstrumenten ist dies allenfalls in engen Grenzen möglich. Man muß sich der realitätsfernen Prämissen dieser Ausführungen bewußt sein, um sie betriebswirtschaftlich würdigen zu können.

Aufgabe des Marketing ist es, durch die Entwicklung eines marktadäquaten Angebots einen preispolitischen Autonomiebereich (vgl. hierzu die Aussagen Gutenbergs zur doppelt geknickten Preisabsatzfunktion; Gutenberg 1984, S. 238 ff.) zu finden, der

- den eigenen Gewinnzielen entspricht,
- sich gegenüber der Konkurrenz behaupten läßt,
- von den Marktpartnern akzeptiert wird.

Im Kern besteht die Marketingaufgabe darin, Präferenzen zu schaffen; dies wird durch mechanistische Preis-Mengenfunktionen zugedeckt.

Dabei kann man zwei Aspekte von einander unterscheiden. Bei der *Preissetzung* geht es darum, den für die Produkteinführung „richtigen" Preis zu finden. Das interessiert hier vorrangig. Daneben stehen auch Überlegungen zur *Preisveränderung* im späteren Marktlebenszyklus.

(1) Einflußgrößen

Zur Erläuterung der vielschichtigen Einflüsse auf die Fixierung des Preises dient die Übersicht 242.

Im Regelfall müssen zumindest langfristig die Kosten des Produktes gedeckt werden. Bei „question marks" und „stars" (siehe Abschnitt 3.13), bei Produkten in der Einführungsphase muß dem nicht so sein. Vorübergehend kann es sinnvoll erscheinen, z. B. aus Konkurrenzgründen (z. B. Erhaltung des Marktanteils) oder weil Käufer erst durch den Umgang mit dem Produkt vom Nutzen überzeugt werden müssen, auf den vollen Kostenersatz zu verzichten.

Preise werden im Regelfall zwischen der kostenbedingten Untergrenze und der

546

durch die Preisbewilligungsbereitschaft der *Käufer* gekennzeichneten Obergrenze gesetzt. Je innovativer das Produkt ist, um so schwerer wird es, die Obergrenze zu ermitteln. Das liegt an der begrenzten Phantasie, um sich den Produktnutzen und das, was
man wirklich ausgeben würde, vorzustellen. Ob die bisher weit verbreitete Angebotspolitik, ein Produkt „imagemäßig so aufzuladen", daß sogar der hohe Preis schon wieder ein Grund dafür wäre, dieses Produkt zu erwerben, auch in Zukunft noch erfolgversprechend ist, muß zumindest partiell bezweifelt werden. Der „einsichtige", der
„faire" Preis wird aufgrund der angedeuteten Wandlungen bei den Konsumenten-
präferenzen an Bedeutung gewinnen, so daß der Unterschied zwischen der Preispolitik
für Konsum- und Investitionsgüter kleiner wird. An der Leistungskraft der Konkurrenzangebote, deren Image und den dafür geforderten Preisen kann man sich auch orientieren. Dies erfolgt mehr adaptiv oder mehr differenzierend.

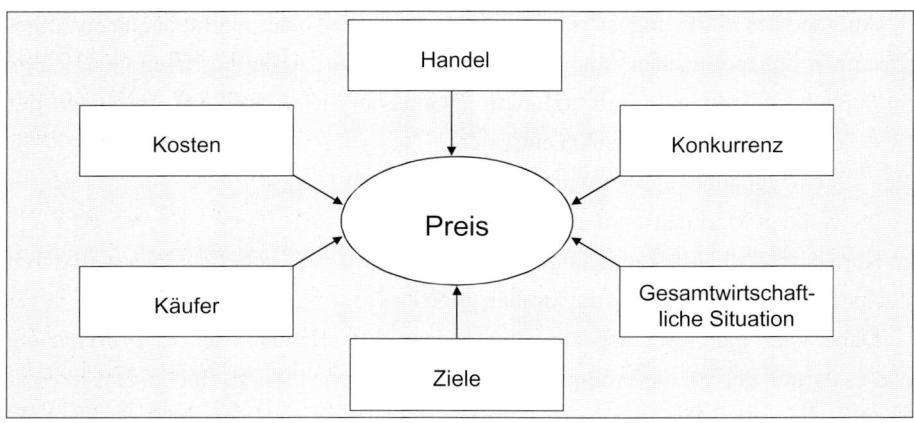

Übersicht 242: Preiseinflüsse

Die *gesamtwirtschaftliche Situation* führt u. a. dazu, daß man Exportpreise länder-
spezifisch differenziert, um sich den Marktmöglichkeiten anzupassen. Solange diese
Warenströme kontrollierbar sind, mag das zweckmäßig sein; die häufig zu beobachtenden Klagen über Reimporte aus dem jeweils billigeren Land sollten zu einem Überdenken dieser Verhaltensweise veranlassen.

Des weiteren wird die Preishöhe von den *Zielen* beeinflußt. Die jeweils gewählten
Ziele auf der Basis-, Funktionsbereichs- und Instrumentalzielebene bestimmen in starkem Maße die Preispolitik (Kotler/Bliemel 1992, S. 692 ff.). In diesem Zusammenhang ist auch an die Preisverbundenheit verschiedener Produkte des Angebotsprogramms
zu denken (→ interdependente Preispositionierung).

Auch der *Handel* hat spezifische Preisinteressen. Er will seine Preislagen nach oben
oder unten ergänzen, mittlere stärken usw. Seine Preislagen sollen seiner Kostenlage

entsprechen. Stark verbreitet ist das Bemühen um Preisprofilierung.

Aufgrund des gewählten Abstraktionsniveaus kann es jetzt nicht unsere Aufgabe sein darzustellen, wie man den Preis für ein Produkt findet. Wichtiger ist vielmehr, unterschiedliche preispolitische Maxime zu erläutern, aus denen dann Preisfixierungen folgen können.

(2) Preispolitische Maßnahmen

Bei der Fixierung der *Preislage* (untere/mittlere/obere) orientiert man sich an den Preisen der Konkurrenz und versucht, durch die Bestimmung der Niveauhöhe Nähe oder Abstand zu gewinnen. Als theoretischen Bezugspunkt kann man sich auch der stark mikroökonomisch geprägten doppelt geknickten Preisabsatzfunktion von Gutenberg (1984, S. 238 ff.) bedienen und bestimmen, in welchem Sektor des reaktionsfreien Raumes man seinen Preis ansiedeln will. Die Entscheidung für eine bestimmte Preislage wird vorrangig von den Produktzielen und dem damit jeweils spezifischen Produktimage geprägt. Eine hohe Preislage ist bei hohem Produktleistungsniveau, hohem Individualisierungsgrad und eventuell auch bei hoher Bedarfsintensität zu erwarten. Bei factory outlets erwartet man dagegen deutlich niedrigere Preise.

Ein etwas anderer Akzent wird mit der *Preisschwellenpolitik* gesetzt. Sie spielt vor allem bei Konsumprodukten eine Rolle, bei denen sich eine Hauptpreislage herausgebildet hat. In dieser Preislage wird der Hauptumsatz getätigt. Bemühungen, seinen Preis etwas oberhalb dieser Preislage anzusiedeln, stoßen auf große Widerstände. Erst wenn das Produktleistungsniveau und das Image sich deutlich nach oben abheben, ist es möglich, eine Überschwellenpreispolitik zu betreiben. Wählt man eine Unterschwellenpreispolitik, so wird der Preis zum entscheidenden Kaufstimulus bestimmt. Dies kann bei starker Produktkonkurrenz der Fall sein (→ Kostenführerschaftsstrategie).

Je nach Produktziel spricht einiges für die *Preisdurchdringungspolitik* (penetration-policy), ein Verhalten, bei dem versucht wird, die Marktdurchdringung möglichst schnell über den günstigsten (niedrigen) Preis zu erreichen. So eignen sich die Produktziele billige Massenprodukte, gängige Produkte, Me-too-Produkte und Pionierprodukte im mittleren und unteren Leistungsbereich für diese Preispolitik. Bei relativ einfach nachahmbaren Angeboten kann der Konkurrenz der Appetit auf diesen Markt verdorben werden. Verfügt man dazu noch über eine relativ günstige Kostenstruktur, hat diese Preispolitik sicherlich Vorteile. Bei großen Marktsegmenten (große Bedarfsdichte und -weite) und großen Bedarfsmengen kann diese preispolitische Maßnahme für ein neues Produkt zweckmäßig sein, wenn zu erwarten ist, daß dieses Produkt schnell Nachahmer finden würde, um die potentielle Konkurrenz im Keime zu ersticken. Weisen

Produkte z. B. wegen stark modischer Ausprägung nur sehr kurze Lebenszyklen auf, kann bei unterem bis mittlerem Leistungsniveau und nicht stark ausgeprägtem Produktimage die penetration policy sinnvoll sein.

Als Alternative ist die *Preisabschöpfungspolitik* (skimming policy) anzutreffen, bei der man am oberen Ende des Preisbewilligungsspielraums beginnt, um dann je nach dem Stand fortschreitender Markterschließung den Preis sukzessiv herabzusetzen. Häufig wird dies mit dem Ausnutzen der großen Serie (Kostendegression) begründet. Der Markterfolg dieser Preispolitik wird verständlich, wenn man sich die zum Diffusionsprozeß von Produkten gehörigen Akzeptanztypen (Rogers 1962: innovators, early adopters, early majority, late majority, laggards) vor Augen führt, die sich größtenteils verschieden preiselastisch verhalten. Insbesondere dann, wenn der Markt für ein neues Produkt erst langsam aufgebaut werden muß, wenn das Neue des Produktes erst langsam überzeugen kann, wenn sich die Anwendungsbereiche erst langsam herausbilden, scheint diese preispolitische Maßnahme sinnvoll zu sein. Pionierprodukte werden vielfach mit dieser Preispolitik angeboten, für die in ihrer Anfangsphase meist eine geringe Bedarfsdichte und begrenzte Bedarfsmenge kennzeichnend sind. Neue Produkte, deren Neuheitsvorsprung vor der Konkurrenz längere Zeit gehalten werden kann, eignen sich für diese preispolitische Maßnahme um so mehr, wenn sie sich auf einem hohen Leistungsniveau befinden; und das wiederum führt zu einer langsamen Markterschließung (große Bedarfsweite, temporär jedoch geringe Bedarfsdichte). Erleichtert wird die skimming policy bei nutzungskomplizierten und erklärungsbedürftigen Produkten. Sind Produkte so konzipiert, daß sich ihr anfänglich hoher Individualisierungsgrad reduzieren läßt, liegt diese preispolitische Maßnahme nahe. Auch die Geschwindigkeit der Preissenkung will bedacht sein. Zu schnelle und zu große Preissprünge nach unten vermindern die Glaubwürdigkeit der Marke; man wartet auf den morgen noch günstigeren Kauf.

Wiederum ein anderer Akzent wird mit der preispolitischen Maßnahme der *Preiskonstanz* gesetzt. Über die Gleichsetzung von Preis und Qualität kann sich, falls man auf Leistungs- (bzw. Qualitäts-)konstanz Wert legt, der Zwang zu möglichst konstanten Preisen ergeben. Hierbei handelt es sich insbesondere um die örtliche Konstanz, während im Rahmen längerer Zeiträume Preisanhebungen durchaus imagefördernd sein können. Preiskonstanz paßt gut zu den Produktzielen solide, exklusive, intelligente, designorientierte Produkte. Preiskonstanz erleichtert die Distribution, wenn man sich an Marktsegmente mit hohem Informationsstand wendet, da diese am ehesten in der Lage sind, niedrigere Preise in Erfahrung zu bringen und damit zur Beunruhigung der Distributionsorgane beitragen, die allerdings auch nützlich sein kann. Soll die Exklusivität der Distribution sichergestellt werden, wird man auf Preiskonstanz großen Wert legen müssen, damit das gesamte Leistungsangebot der Distributionsorgane auch erhalten bleibt. Wählt man bei hoher Bedarfsintensität konstante Preise, schafft man den Eindruck des fairen Partners, der Notlagen nicht zu Preissteigerungen ausnutzt.

Soll dagegen mehr der Preis als kaufstimulierender Anreiz benutzt werden, dann stößt man auf die *Preisvariabilität* als Maßnahme. Vor allem bei indirekter Distribution über die Großformen des Einzelhandels läßt sich häufig die Wahl von „Aktionspreisen" beobachten. Diese Preisscharmützel haben in einigen Produktbereichen dazu geführt, daß die Preisvariabilität nach unten zu einer Zementierung von Aktionspreisen geführt hat. Zu den höheren „Normalpreisen" werden kaum noch Umsätze getätigt. Als situationsspezifische Merkmale dieser Preispolitik lassen sich somit hoher Konkurrenzdruck und große Bedarfsmenge nennen. Hinzutreten können die Merkmale des schnellen Leistungswandels sowie die Mode- und Saisonabhängigkeit – bei jeweils neuen Produkten müssen die alten Bestände mit Preisabschlägen angeboten werden. Preissteigerungen sind im allgemeinen schwieriger und auch nur langwieriger realisierbar. Je stärker die Marktstellung, je positiver das Marken- und Produktimage, um so leichter wird dieser preispolitische Weg.

5.132 Rabattpolitische Maßnahmen

Rabatte können verstanden werden als Nachlässe von fixierten Ausgangspreisen und/ oder Mengenzugaben (Naturalrabatt) für produktbezogene Leistungen. Bei Produkten mit großer Bedarfsweite und -dichte können preispolitische Maßnahmen dazu führen, daß man nur im Groben den Marktbedingungen gerecht wird. Rabattpolitische Maßnahmen können der entgeltpolitischen Feinregulierung dienen. Rabatte sind auf allen Handelsstufen möglich. Den Rabatten ähneln Prämien, die dem Handel von der Industrie gewährt werden. Der Erfindungsreichtum von Forderungen und Angeboten ist groß (z. B. Leistungsprämie, Regalprämie, Schachtprämie → Zigarettenautomaten). Da die Grenze wettbewerbsrechtlicher Zulässigkeit hier häufig überschritten wird (Diskriminierungsverbot), wollen wir auf sie nicht weiter eingehen.

Aus der schier endlosen Fülle der Rabattmöglichkeiten, die man in der Praxis immer wieder bei Entgeltverhandlungen antreffen kann, wollen wir nur einige grundsätzliche Rabattypen herausgreifen. Auf der Ebene der Distributionsorgane und der produktiven Verwendung begegnen uns vor allem Funktions-, Mengen-, Zeit- und Treuerabatte.

Funktionsrabatte kennen wir grob als Groß- oder Einzelhandelsrabatte. Mit diesen Abschlägen auf den Letztverwenderpreis („unverbindliche Preisempfehlung") sollen die Leistungen dieser Distributionsorgane entgolten werden. Je nach den in einer Branche üblichen Leistungen sowie den Leistungen, die die ausgewählten Distributionsorgane erbringen, haben sich häufig branchenspezifische Rabattsätze ergeben, die den wesentlichen Teil der Handelsspanne ausmachen. Je grober dieses Instrument gehandhabt wird, um so mehr „Preiswirrwarr" ist zu erwarten. Zweckmäßiger ist es daher, die Funktionsrabatte nach den Leistungsbestandteilen zu staffeln. Disponiert der Händler so, daß er stets lieferfähig ist? Disponiert er langfristig? Welchen Service bietet er an? Wenn beispielsweise infolge der verstärkten Verwendung von servicefreundlichen Bauelementen und höherer Fertigungsgenauigkeit die Reparaturanfälligkeit und die Reparaturkosten wesentlich gesenkt werden konnten, dann liegt es nahe, auch die Funktionsrabatte zu senken, um die Bildung nicht funktionsbezogener Renten zu verhindern. Weiterhin werden Funktionsrabatte vom Präsentationsaufwand geprägt. Da die Präsentation wesentlich vom Einzelhandelstyp abhängt, kann sich der Funktionsrabatt nach dem Einzelhandelstyp richten. Auch der Zweitplazierungsrabatt hat präsentationsbedingte funktionale Bestandteile. Mit ihm wird zusätzliche Verkaufsfläche einzukaufen versucht. Daß die Höhe des Funktionsrabatts auch von der Umschlagsgeschwindigkeit abhängt, ist bekannt; daraus folgt, daß Produkte mit hoher Umschlagsgeschwindigkeit (z. B. große Bedarfsmengen) generell niedrigere Funktionsrabatte als umschlagschwache Produkte aufweisen.

Dies hat zu produktartenspezifischen Rabatten und Handelsspannen geführt. Innerhalb einer Produktart kann es jedoch auch zu recht unterschiedlichen Umschlagsgeschwindigkeiten kommen, insbesondere dann, wenn die Leistungskraft des Produkts und die Informationsintensität für dieses Produkt herausragen. Ist somit der „Kanalsog" besonders groß, kann der Hersteller statt einer Erhöhung des Herstellerabgabepreises, der zu einer Erhöhung des Endverkaufspreises führen würde, eine Spannenkürzung erwägen und sie dem Händler eben mit der hohen Umschlagsgeschwindigkeit und seinen dahinterstehenden Aufwendungen (z. B. Werbekosten) begründen.

Weiterhin wird die Höhe von Funktionsrabatten durch vermarktungsabhängige Risiken geprägt. Modeabhängige Produkte, Produkte mit schnellem Leistungswandel, nur begrenzt haltbare Produkte bergen hohe Vermarktungsrisiken in sich. Das führt tendenziell zu hohen Funktionsrabatten. Ähnliches gilt für erklärungsbedürftige Produkte (→ Personalkosten) und Produkte mit hoher Bedarfsintensität (→ Lager- und Kapitalkosten).

Mengenrabatte können anstelle von (z. B. bei Großabnehmern, produktiven Verwendern) oder ergänzend zu Funktionsrabatten gewährt werden. Das (negative) Pendant bilden Mindermengenzuschläge. Da die Auftragsbearbeitungskosten nicht stückproportional verlaufen, liegt es nahe, den Abnehmer zum Kauf großer Mengen zu bewegen. Letztlich handelt es sich um teilweise Kostenverlagerungen. Mengenrabatte können sich in Preisnachlässen oder Naturalrabatten (kostenlose Produktzugabe) niederschlagen. Eine Kombination von Mengen- und Treuerabatt stellt der Bonus dar, der für die Abnahme bestimmter Mengen pro Zeitintervall gewährt wird. Mengenrabatten haftet eine starke Kostenorientierung an. Ob sie ein Marketingprogramm langfristig günstig beeinflussen, kann nicht ohne weiteres bejaht werden. Man sollte nämlich an die Folgewirkungen denken. Wenn man sich vorrangig an Großformen des Einzelhandels wenden will, dürften sie distributionstypkonform sein. Möchte man allerdings über Spezialgeschäfte absetzen, sind sie vor allem dann problematisch, wenn man Wert auf einheitliche Endverbraucherpreise legt. Damit ist gleichzeitig auch die unterschiedliche Eignung für die genannten Produktziele angedeutet. Massen- und Standardprodukte eignen sich für Maßnahmen des Mengenrabatts, exklusive, intelligente, designorientierte und Pionierprodukte dagegen wohl weniger.

Als Produktmerkmale schälen sich somit die große Bedarfsmenge und -dichte heraus. Förderlich können Mengenrabatte bei Produkten sein, die sich in starker Konkurrenz befinden und die sich aufgrund ihres Produktalters dem Eliminationszeitpunkt nähern.

Treuerabatte können als euphemistische Umschreibung für entgeltpolitische Bestechungsmaßnahmen aufgefaßt werden, um den einmal gewonnenen Kunden „bei der Stange zu halten" Je besser das Angebot, um so überflüssiger werden Treuerabatte. Wieweit der Händler diesen Rabatt zur Ausweitung der eigenen Handelsspanne oder zu Preissenkungen nutzt, steht dahin. Ob Treuerabatte eine langfristig wirksame Marketingmaßnahme darstellen, darf bezweifelt werden. Im Falle hohen Konkurrenzdruckes (→ Kampf um Regalplätze) können Treuerabatte ebenso angebracht erscheinen wie bei Produkten mit geringer Haltbarkeit, da hierbei verläßliche Vordispositionen kostensenkend wirken können.

Zeitrabatte nehmen auf Aktivitäten zu bestimmten Zeitpunkten Bezug. Mit Einführungsrabatten soll Händlern die zusätzliche Arbeit, die sie mit einem neuen Produkt haben (Disposition, Regalplatzänderung, Information usw.), entgolten werden. Je risikoreicher ein neues Produkt ist, um so höher wird der Einführungsrabatt ausfallen. Dem Einführungsrabatt bei Händlern entspricht bei Endverbrauchern der Subskriptionspreis z. B. bei Büchern, Wein. Der Einführungsrabatt dürfte vor allem bei der Preis-durchdringungspolitik ratsam sein. Analog dem Einführungsrabatt bei neuen Produk-ten ist der Aktionsrabatt bei schon länger angebotenen Produkten aufzufassen. Hier handelt es sich um Preisnachlässe in Kombination mit anderen Marketingmaßnahmen (Werbung, Verkaufsförderung usw.). Zu den Zeitrabatten zählen auch Saisonrabatte, um ein saisongegenläufiges Bestellverhalten zu induzieren, da eine gleichmäßigere Kapazitätsauslastung eine kostengünstigere Produktion ermöglicht. Ähnlichen Über-legungen des Handels war bisher weniger Erfolg beschieden.

Verbraucherrabatte (Letztverwenderrabatte) haben mit der Aufhebung der „Preis-bindung der zweiten Hand" an Bedeutung verloren. Für den Hersteller wären sie dazu nur dann interessant, wenn er neben der indirekten Distribution auch direkt absetzen würde (Fabrikhandel/factory outlets/B-to-C-Commerce). Die von ihm gewählten Distributionsorgane dürften das jedoch nur insofern tolerieren, wie das ihren Absatz nicht beeinträchtigt. Selbst im Falle des Absatzes an die eigene Belegschaft, können sich erhebliche Probleme ergeben, wie das einige Automobilunternehmen feststellen mußten, die über lange Lieferzeiten verfügen. Gewährt der Handel Rabatte über 3 % auf die empfohlenen Endverkaufspreise, muß der preisempfehlende Hersteller mit ei-nem Einschreiten des Kartellamtes („Mondpreise") rechnen. So wurde in der Küchen-möbelindustrie zum 1.1.1986 ein rabattloses Nettopreissystem eingeführt.

Im Regelfalle dürften Kombinationen verschiedener rabattpolitischer Maßnahmen je nach Marktsituation sinnvoll sein. Will man preispolitische Kämpfe zur Stabilisie-rung des Image möglichst vermeiden, dürfte der Gesichtspunkt des produktadäquaten Leistungsentgelts als Maßstab der Rabattgewährung wichtiger sein als das mengen-orientierte Kostendenken.

5.133 Zahlungsbedingungen

Geklärt werden muß die Zahlungsmodalität.

Eine Gruppe von Maßnahmen zur Regelung der Zahlungsweise erstreckt sich auf den *Zahlungstermin*. Es kann vereinbart werden, bei Bestellung den gesamten Betrag (Vorkasse), Teilbeträge (Anzahlung), nach Fortschritt der Fertigstellung (z. B. im Anlagenbau), nach Lieferung oder mit einer fixierten Frist nach Lieferung zu zahlen. Die fixierte Zahlungszeit wird beeinflußt von dem, was in einer Branche üblich ist, und von der jeweiligen Marktsituation, die auch die Einhaltung der Zahlungsziele mit-bestimmt. Aber auch Macht und Bonität der Abnehmer können dazu führen, daß ver-einbarte Zahlungstermine nicht eingehalten werden, sich diese Abnehmer zinslose

Kredite ertrotzen. Als Äquivalent zu den vereinbarten Zahlungsterminen können unterschiedliche *Skonti* gewährt werden (z. B. 5 % bei 1/3-Anzahlung, 3 % bei Lieferung, ohne Abzug nach 4 Wochen). Je stärker eine Marke im Markt etabliert ist, je stärker das Markenimage ausgeprägt ist, um so einfacher wird die Durchsetzung der vereinbarten Skonti, um so eher können knappe Zahlungsziele durchgesetzt werden. Das Umgekehrte wird bei neuen Produkten gelten.

Das, was gezahlt wird, muß nicht unbedingt ganz oder teilweise in *Geldform* erfolgen (Zahlungsweise). Bei der *Inzahlungnahme* gebrauchter Geräte (Maschinen usw.) wird eine Geldzahlung nur in Höhe des Differenzbetrages zwischen geschuldeter Geldsumme und dem vereinbarten Preis für das zurückgenommene Produkt fällig. Für diese Gebrauchtwaren können nun Marktpreise oder darüberliegende Preise vereinbart werden. Insbesondere in relativ gesättigten Märkten, in denen der Kampf um Marktanteile vorherrscht, bedient man sich dieser Maßnahme, ein Instrument, das für kapitalkräftige Unternehmen geeignet ist, die sich gleichzeitig im Gebrauchtwarenmarkt engagieren. Beim Export in sog. „Weichwährungsländer" wird häufig über Kompensationsgeschäfte verhandelt. So kann ein Anlagen- oder Maschinenbauexporteur gezwungen sein, den Import von Rohstoffen oder Konsumprodukten in bestimmtem Umfang zu garantieren. Dies kann zu einer unfreiwilligen Ausdehnung der eigenen Absatztätigkeit führen. Bekannt geworden sind auch Verträge, in denen als Entgelt menschliche Arbeitskraft zur Verfügung gestellt wird. *Kompensationsgeschäfte* sind also märkteabhängig und werden weniger von Produktmerkmalen bestimmt.

5.134 Kreditpolitik und Leasing

Je nach Marktsituation kann es sinnvoll sein, auf eine sofortige Zahlung zu verzichten. Insbesondere kapitalschwache Kunden können vielfach erst aus ihrem eigenen Geldrücklauf ihre Zahlungsverpflichtungen erfüllen. Bei Konsumwaren spielt der Kredit des Herstellers nur in einigen Bereichen eine Rolle (z. B. bei Pkw). Wir wollen uns mit zwei Maßnahmenbereichen der Kreditpolitik kurz auseinandersetzen, dem Lieferantenkredit und dem Leasing.

Durch den *Lieferantenkredit* kann es gelingen, zusätzliche Abnehmer zu gewinnen, die Einführung neuer Produkte zu forcieren, woraus Folgegeschäfte resultieren können. Für den kreditierenden Hersteller erwachsen vor allem Probleme daraus, daß die Kredite kostendeckend entgolten werden, daß er selbst kapitalstark genug ist, um Kredite vergeben oder beschaffen zu können, und daß die Planungen seines Kunden „aufgehen", damit dieser den Kredit zurückzahlen kann.

Leasing kann in verschiedenen Formen gewährt werden. Je nach Zielsetzung sind die Verträge unterschiedlich gestaltbar. So kann der Hersteller in einem Leasingvertrag den ständigen Ersatz der „geleasten" Produkte durch die jeweils neuesten Entwicklungen, Wartungsarbeiten usw. zusichern, um die Risikoscheu vor Produkten zu nehmen, deren Leistungspotential sich schnell ändert. Beim Mietkauf werden die Leasingraten auf den später möglichen Kauf angerechnet; es ist allerdings auch die Rückgabe des Leasingobjektes oder eine Vertragsverlängerung unter wesentlich reduzierten Leasingsätzen möglich. Immer dann, wenn sich der Produktverwender nur begrenzt kapitalmäßig binden will, weil er beispielsweise seine eigene geschäftliche Entwicklung als unsicher einschätzt, oder dann, wenn der Produktvorteil nicht ohne weiteres offenkundig zutage tritt, scheint der Mietkauf eine Möglichkeit zu sein, zusätzliche Kunden zu gewinnen. Der Mietkauf herrscht noch im Bereich produktiver Verwendung vor, es ist jedoch zu vermuten, daß er auch bei Konsumprodukten (z. B. Geschirrspülmaschinen, Wäschetrocknern, Hifi-Anlagen, Kücheneinrichtungen, teuren Freizeitgeräten) an Bedeutung gewinnen wird. Dies gilt vor allem dort, wo neue Produkte mit traditionellen (habitualisierten) Wertvorstellungen brechen.

5.14 Kommunikationspolitik

Im Gegensatz zur Informationspolitik als Maßnahmenrahmen für die Gestaltung einseitiger Informationsströme wird mit der Kommunikationspolitik angedeutet, daß es sich um Maßnahmen für einen zumindest zweiseitigen Informationsaustausch handeln soll, um einen Informationsaustausch, der wechselseitig verläuft, vom Hersteller zum Verwender und ggf. auch wieder zurück (Cherry 1967, S. 21). Im Mittelpunkt steht somit die *Beeinflussung* anderer durch *Nachrichten.* Hierauf konzentrieren sich die folgenden Ausführungen.

Kommunikation kann *direkt* oder *indirekt* erfolgen. Im ersten Fall spricht man auch von „one-step-flow-communication", im zweiten Fall von „multi-step-flow-communication" (Katz 1960, S. 346 ff.; Rogers/Shoemaker 1971, S. 203 ff. Seyffert spricht vom „Werbeweiterpflanzer" [1966, 2. Bd., S. 1489].). Im Gegensatz zum ersten Fall versucht man bei der indirekten Kommunikation vorrangig andere Personen als die eigentliche Zielgruppe zu beeinflussen; dies geschieht in der Absicht, damit diese Personen ihrerseits aufgrund ihrer besonderen Position (z. B. Meinungsführer) die eigentliche Zielgruppe informieren. Das wirkt neutraler und damit glaubwürdiger. Außerdem besteht die Chance gezielter Ansprache. Das führt zu einem weiteren Unterschied: *Massen*kommunikation versus *dialogischer* Kommunikation (Gloy/Bandura

1972, S. 9). Bei der Ansprache vieler bleibt der Kommunikant dem Kommunikator verborgen; zwar kann die Nachrichtenstreuung kostengünstig erfolgen, die individuelle Wirkung beim Kommunikanten wie auch seine Reaktionen bleiben jedoch anonym, sie sind nur schwer entschlüsselbar. Um diesem häufig zu beobachtenden Nachteil der Werbung zu begegnen, bemüht man sich im Rahmen der Verkaufsförderung um eine individuellere Ansprache, die auch das Gespräch ermöglicht.

Kommunikationsmaßnahmen sollen etwas bewirken. Lapidar ausgedrückt, sollen sie zum Erfolg eines Produktes beitragen. Vordergründig werden sie deshalb auch heute noch mit verkaufsbezogenen Umsatz- oder Gewinnzielen in Verbindung gebracht. Solche Zielformulierungen verstoßen jedoch gegen die Forderung der Bereichsadäquanz. Der Ausweg liegt in der Formulierung nicht ökonomisch gefaßter Ziele. Wir stoßen in der Realität auf folgende Kommunikationsziele (siehe auch Koppelmann 1981, S. 113):

- Aufmerksamkeitsgewinnung,
- Wissensvermittlung,
- Einstellungsprägung,
- Bekanntheitssteigerung,
- Handlungsabsichtsverstärkung und -auslösung,
- Bestätigung richtiger Handlung.

In diesen Zielen kommt eine zeitliche Abfolge zum Ausdruck. Das bedeutet jedoch nicht, daß sie in jedem Fall eingehalten werden müßte. Zum einen haben die verschiedenen Kommunikationsinstrumente unterschiedliche Schwerpunkte und zum anderen hängt es von der speziellen Unternehmenssituation ab, ob man auf die Betonung des einen oder des anderen Zieles besonderes Gewicht legen will. Außerdem existieren Zielinterdependenzen (z. B. Aufmerksamkeit → Bekanntheit).

Bevor wir auf die Instrumentalvariablen der Kommunikationspolitik eingehen, seien kurz einige Bedingungen hervorgehoben, die das Erreichen dieser Ziele fördern. Gleichgültig, um welche Instrumentalvariablen es sich handelt, scheinen vor allem folgende Einflußfaktoren beachtenswert zu sein:

Je mehr die Beeinflussungsabsicht deutlich wird und je intensiver sie erlebt wird, um so eher muß mit Reaktanzerscheinungen, mit Widerständen gerechnet werden (Kroeber-Riel 1992, S. 214 ff.). Daraus kann u. a. das Bemühen um mehr Neutralität des Kommunikators erwachsen. Wird der neutrale Kommunikator auch noch als kompetent eingeschätzt, dann gewinnt die Informationsquelle an *Glaubwürdigkeit.*

Diese Erkenntnis hat zum starken Aufschwung der Produktpublizität geführt. Glaubwürdigkeit kann der Hersteller aber auch dadurch erzielen, daß er sich durch eine fair erscheinende Angebots- und Informationspolitik das Image eines akzeptablen Partners verschafft. Die Glaubwürdigkeit trägt zur Reduktion des latenten Mißtrauens gegenüber vermehrter „Manipulation" bei. Hier ergeben sich deutliche Zusammenhänge zur Corporate Communication. Ein *beliebter* Kommunikator ist bereits einen Schritt weiter. Sei es durch die angebotenen Produkte, sei es die besondere Kommunikationsgestaltung (z. B. amüsante Werbegestaltung), seinen Maßnahmen wird großes Interesse entgegengebracht, eine positive Grundstimmung liegt bereits vor. Beliebtheit ist eine Facette der *Bekanntheit*. Das Wiedererkennen des Kommunikators beschleunigt die Nachrichtenaufnahme und -verarbeitung.

Die kommunikative Tätigkeit wird erleichtert, wenn man etwas über ein attraktives oder interessantes Produkt aussagen soll. Und das bedeutet tendenziell Reduktion der Kommunikationskosten. Aufgrund der weit verbreiteten menschlichen Neugierde gilt ähnliches für *neue* Produkte, wenn sie anspruchsadäquat sind. So wie die Kommunikatorbekanntheit vereinfacht auch die Bekanntheit des Nachrichtenobjektes die Beeinflussung.

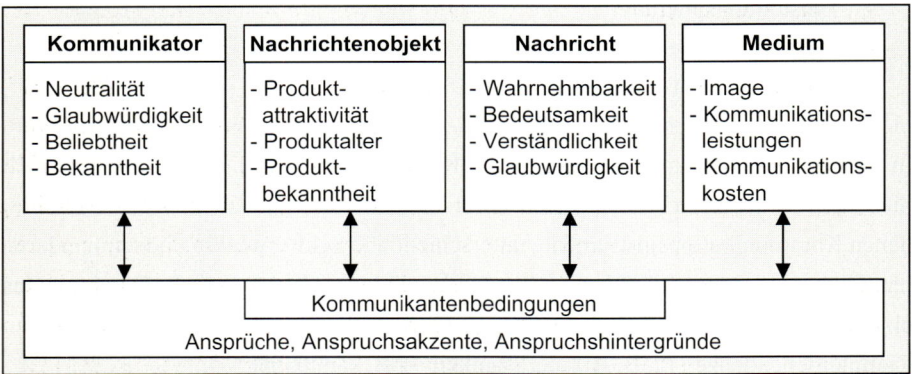

Übersicht 243: Den Kommunikationserfolg beeinflussende Faktoren

Besonderes Augenmerk wird üblicherweise auf die Nachrichtengestaltung gelegt. Daß eine Nachricht *wahrnehmbar* sein muß, versteht sich von selbst. Wahrnehmbarkeit wird vielfach mit Lautstärke verwechselt. Entsprechend dem Figur-Grundprinzip der Gestaltpsychologie muß das nicht sein. Wichtig ist, daß die ausgewählten Nachrichten für den Kommunikanten *bedeutsam*, wichtig und interessant aufbereitet sind. Sie müssen ihn berühren. Wenn man sein Wissen vermehren will, müssen die Nachrichten natürlich auch für ihn *verständlich* abgefaßt sein. Schaut man sich Gebrauchsanweisungen an, so wird dagegen häufig verstoßen. Auch anmutungshafte Nachrichten müssen so „verständlich" gestaltet werden, daß sie ohne intensives kognitives Interpretieren in der Weise verarbeitet werden, wie sie der Kommunikator gemeint hat. Und schließlich sollten Nachrichten über Sachleistungen diesen auch entsprechen. Die *Glaubwürdigkeit* der Botschaft steigert die Kommunikationswirkung. Im Rahmen der Inokulationsstrategie (McGuire 1985) wird der Rezipient gegenüber Gegenargumenten kognitiv geimpft.

Der Kanal oder das Medium, das man zur Nachrichtenverbreitung einsetzt, beeinflußt die Kommunikationswirkung ebenfalls. Kompetentes Image („Fachmann-Image") bildet die medienspezifische Glaubwürdigkeitskomponente. Die verschiedenen Medien verfügen über unterschiedliche Leistungsspektren. In Abhängigkeit von der Nachricht, die man verbreiten möchte, dem Kommunikationssegment, das man ansprechen möchte, und schließlich den medienspezifischen *Kosten*, die man glaubt, vorfinanzieren zu können, lassen sich wirkungsfördernde Medienkombinationen herausfiltern.

Die bisherigen Überlegungen orientierten sich immer am Kommunikanten. Wenn wir ihn dennoch als weiteren Bereich erwähnen, so hängt das mit seiner besonderen Bedeutung zusammen. Je mehr und besser man über seine Ansprüche und Anspruchsakzente Bescheid weiß, um so besser wird man adäquate Nachrichten gestalten und streuen können.

Welche kommunikationspolitischen Instrumente stehen zur Verfügung? In der Literatur wird Unterschiedliches subsumiert. Unstrittig ist, daß Werbung und *Verkaufsförderung* hierher gehören. Vielfach wird auch die Öffentlichkeitsarbeit (Public Relations/PR) erwähnt (Nieschlag/Dichtl/Hörschgen 1994, S. 537 ff.). Die Abteilung *Öffentlichkeitsarbeit* mag zwar in einigen Unternehmen aus der Werbeabteilung hervorgegangen sein, ihre Aufgabe besteht jedoch in der positiven Darstellung des Unternehmens in der *gesamten* unternehmensrelevanten Öffentlichkeit. Und dazu zählen nicht nur Kunden, sondern auch die Nachbarschaft, Lieferanten, Geldgeber, das politische Umfeld usw. Eine Betrachtung der Öffentlichkeitsarbeit lediglich unter den Bedingungen des Absatzmarketing würde das Aufgabenspektrum wesentlich verkürzen. Unbestritten bleibt allerdings, daß nicht unbeträchtliche Interdependenzen existieren.

Ein in der jüngeren Zeit in der Praxis verstärkt eingesetztes kommunikationspolitisches Instrument bildet die *Produktpublizität*. Wegen ihrer besonderen Bedeutung auch für kleinere Unternehmen wollen wir sie mit in unsere Überlegungen einbeziehen. Höchst erstaunlich ist dagegen, daß der Bereich *Anwendungsberatung* in der Literatur nicht erwähnt wird, kommt ihm doch in der Investitionsgüterindustrie besondere Bedeutung zu. Vielleicht wird der Blick für die Vermarktungsfunktion dadurch verstellt, daß die in der Anwendungsberatung Tätigen über die Anwendungstechnik dem Gesamtbereich Technik zugeordnet werden. Das soll uns nicht hindern, dieses kommunikationspolitische Instrument hervorzuheben.

5.141 Werbepolitische Maßnahmen

Vorrangig haben kommunikationstheoretische Untersuchungen ihren praktischen Niederschlag in Überlegungen zur Werbepolitik gefunden. Da Werbung den Maßnahmenbereich bildet, der schon sehr früh im Mittelpunkt absatzwirtschaftlicher Überlegungen stand, ja Marketingabteilungen häufig aus Werbeabteilungen hervorgegangen sind, verwundert die umfangreiche Literatur kaum.

Entsprechend unseren bisherigen Bemühungen um die Entwicklung und Darstellung von Instrumenten, die wir später zu einer produktadäquaten Kombination benötigen, wollen wir auch hier darauf verzichten, einen Überblick über Werbeprobleme zu geben. Weder Modelle der Budgetoptimierung noch der Mediaselektion usw. sollen hier dargestellt werden.

Werbung wollen wir verstehen als den systematischen Einsatz von Instrumenten zur Beeinflussung anderer, damit sie sich im Sinne der eigenen Zielsetzung verhalten. Die aus der Sicht des werbenden Unternehmens (Kommunikator) möglichen Werbeziele lassen sich ohne weiteres aus den bereits kurz erläuterten Kommunikationszielen ableiten (vgl. genauer Koppelmann 1981, S. 112 ff.).

Über alternative werbepolitische Maßnahmen finden sich in der Literatur nur wenig Hinweise. Alternativen wollen wir aus folgenden Aspekten ableiten:
- der Zahl der Umworbenen (Kommunikanten),
- der Art des inhaltlichen Schwerpunktes der Nachricht,
- dem Schwerpunkt des Werbestils.

Je nach der *Zahl* der Umworbenen kann man sich für Einzel-, Gruppen- oder Massenumwerbung entscheiden. Bei Produkten hohen Individualisierungsgrades, Produkten, die auf besondere Wünsche weniger Leute zugeschnitten sind, kann die Einzelumwerbung sinnvoll sein. Hier kann ein Höchstmaß der beschriebenen Faktoren berücksichtigt werden, hier kann Kommunikation (Informationsrückfluß) zustande kommen. Einzelumwerbung bietet die beste Chance, den gewünschten Informationserfolg zu erzielen. Die Informationskosten sind jedoch erheblich. Über die Gruppen- bis zur Massenumwerbung nehmen die Zielgenauigkeit und der Umfang mitteilbarer Nachrichten wesentlich ab. Die Kosten pro Informationskontakt sinken erheblich, wenn viele die Information wahrgenommen haben. Sie eignet sich für Produkte mit großer Bedarfsdichte und -weite.

Bezüglich des *Werbeinhaltes* wollen wir Leistungswerbung von Preiswerbung unterscheiden. Was ist für den Kommunikanten an der Werbebotschaft interessant? Einmal kann es das sein, was er erhält, zum anderen das, was er dafür aufzuwenden hat. Je leistungsstärker ein Produkt ist, je höher sein Image ist, um so eher empfiehlt sich die Leistungswerbung. Für exklusive, intelligente, solide, designorientierte sowie für Pionierprodukte eignet sich die Leistungswerbung. Bei Produkten, die in hartem Konkurrenzkampf stehen und dazu noch wenig Neues, wenig sie Auszeichnendes bieten, hat die Preiswerbung Vorteile.

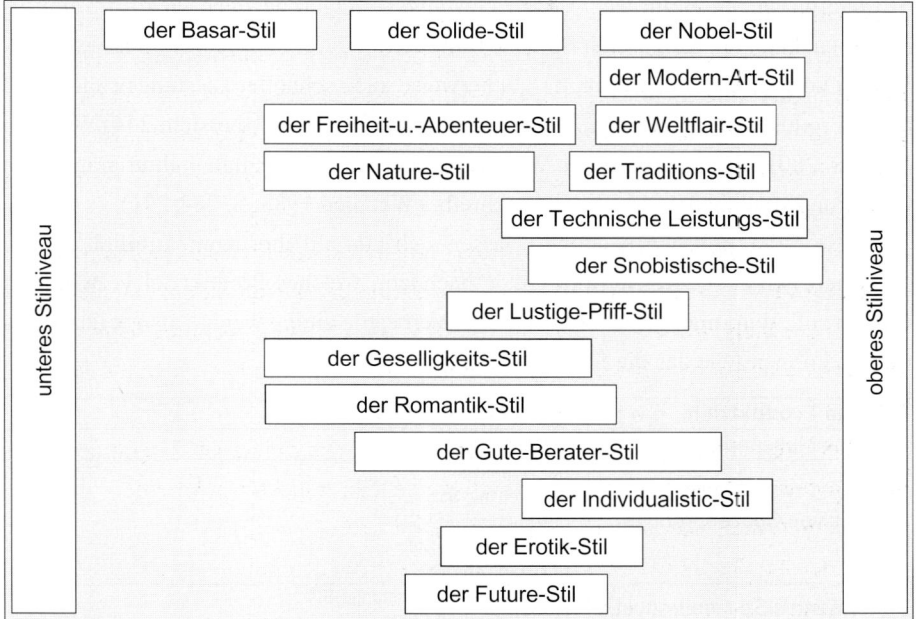

Übersicht 244: Zur niveaumäßigen Einordnung der Werbestile

Ein *Werbestil* liegt dann vor, wenn die werbepolitischen Maßnahmen eines Unternehmens inhaltlich und formal ein für den Werbenden (Kommunikator) charakteristisches Gepräge aufweisen (vgl. Gutenberg 1984, S. 383). Wir können Firmenstile, (Produkt-) Markenstile und generelle Werbestile unterscheiden. Letztere interessieren uns (vgl. ausführlicher Koppelmann 1981, S. 344 ff.; Weuthen 1988). Werbestile erleichtern die Wahrnehmung, sie prägen das Image, wenn sie dem Prägnanz- und Konstanzprinzip gehorchen. Sie müssen sich aus der Diffusität anderer Werbemaßnahmen abheben (Prägnanz) und im Zeitablauf ein gewisses Maß an Gestaltungskonstanz aufweisen, um Spuren zu hinterlassen. Wir haben u. a. folgende Werbestile empirisch ermittelt: Der schreierische, aggressive *Basarstil* wird bei leistungsschwachen Produkten mit nur noch kurzer Marktlebensdauer bevorzugt. Dieser Stil geht häufig mit der Preiswerbung Hand in Hand. Dem steht der *Nobelstil* gegenüber, der durch Zurückhaltung, Noblesse, Understatement gekennzeichnet ist. Man findet ihn vor allem bei Produkten mit hohem Leistungsniveau und hohem Image. Beim soliden Werbestil steht das Bewährte, Bekannte, Vertraute im Mittelpunkt. Ihn finden wir vor allem bei weit verbreiteten Produkten. Diesem Stil ist der *gute Beraterstil* eng verwandt. Hier wird auf die partnerschaftliche Belehrung großer Wert gelegt. Erklärungsbedürftige Produkte, Produkte mit schnellem Leistungswandel findet man bei diesem Stil häufig wieder. Beim *technischen Leistungsstil* ragen dagegen viele Einzelinformationen, knapp in technischer Sprache formuliert hervor. *Intelligente Spitzenprodukte*, also hohes Leistungsniveau, möglicherweise auch schneller Leistungswandel und hohes Produktimage finden wir bei diesem Stil relativ häufig. Übersicht 244 (Weuthen 1988, S. 280) zeigt einige weitere Werbestile, die Weuthen bezüglich ihrer prägnanten Gestaltungsmaßnahmen im Detail beschreibt (Weuthen 1988, S. 284-291).

Diese gestalterischen Klammern lassen sich nun auf ihre Kompatibilität zu den beschriebenen Produktzielen prüfen. Je nachdem, welches Produktziel verwirklicht werden soll, wird man aus dem Strauß der Werbestile einige wenige als geeignet auswählen können, wie das die folgende Übersicht zeigt:

Einige Produktziele	Passende Werbestile
billiges Massenprodukt	der Basar-Stil
exklusives Spitzenprodukt	der Nobel-Stil der Weltflair-Stil der Snobistische-Stil der Modern-Art-Stil der Traditions-Stil
intelligentes Spitzenprodukt	der Teschnische-Leistungs-Stil der Lustige-Pfiff-Stil
solides Produkt	der Solide-Stil der Gute-Berater-Stil der Natur-Stil
Pionierprodukt	Stile des mittleren bis oberen Niveaubereichs, z.B. der: - Technische-Leistungs-Stil - Lustige-Pfiff-Stil - Future-Stil
Me-too-Produkt	Imitation der Werbestile der Pionierprodukte auf mittlerem Niveau Deutliche Abhebung vom Werbestil der Konkurrenz auf mittlerem Stilniveau, z.B. der - Geselligkeits-Stil - Romantik-Stil - Freiheit-und-Abenteuer-Stil
designorientiertes Produkt	Stile des oberen Niveaubereichs, z.B. der - Modern-Art-Stil - Weltflair- Stil - Future-Stil - Individualistic-Stil

Übersicht 245: Zu Produktzielen passende Werbestile

Deutlich wurde an den bisherigen Ausführungen, daß das Abstraktionsniveau Auswahlentscheidungen auf dem Medienniveau unberücksichtigt läßt und somit z. B. nicht auf die Alternativität offline/online eingeht.

5.142 Verkaufsförderungsmaßnahmen

Dieser Bereich ist aus der Werbung hervorgegangen und erschwert somit eine Abgrenzung. Das Besondere, Zusätzliche der Verkaufsförderung hat dann sogar dazu geführt, auch andere Instrumentalausprägungen (z. B. Aktionsrabatte, Sonderverkaufspreise, Prämien) diesem Bereich zuzuordnen (Nieschlag/Dichtl/Hörschgen 1994, S. 535). Doch das sind bereits Kombinationen von verschiedenen Vermarktungsinstrumenten, die über das kommunikative Element hinausgehen.

Statt eines Definitionsvorschlages wollen wir einige wichtige abgrenzende Merkmale hervorheben (Koppelmann 1981, S. 33 ff.):

- Verkaufsförderung hat kommunikationspolitisch meist ergänzenden Charakter (Aspley 1965, S. 24). Der langfristige Absatzerfolg wird nur dann erzielt, wenn zu Verkaufsförderungsmaßnahmen werbepolitische Maßnahmen hinzutreten. Umgekehrt können Werbemaßnahmen ohne Verkaufsförderungsmaßnahmen erfolgreich sein.
- Mit Verkaufsförderungsmaßnahmen versucht man, den Adressaten (Händler, Kunde, Außendienstmitarbeiter) direkt zu beeinflussen (ähnlich auch Ulrich 1972, S. 18). Es handelt sich somit vorrangig um Kommunikationsmaßnahmen „vor Ort" (vgl. die grundsätzlich ähnliche Definition des Bundes Deutscher Verkaufsförderer und Verkaufstrainer [BDVT], 1974, S. 329), sei es beim Einzelhändler, sei es beim Verwender zu Hause, sei es beim Außendienstmitarbeiter innerhalb des Unternehmens.
- Verkaufsförderungsmaßnahmen werden vorrangig situationsspezifisch getroffen (z. B. bei der Einführung eines Produktes, zur Aktualisierung, bei einem Relaunch). Sieht man von den materiellen Einrichtungshilfen ab, werden Verkaufsförderungsmaßnahmen meist entsprechend der jeweiligen Situation zeitlich begrenzt; werbepolitische Maßnahmen weisen dagegen häufiger eine größere zeitliche und inhaltliche Konstanz auf (Wagner 1974, Sp. 2060).
- Der zeitliche Planungsvorlauf von Verkaufsförderungsmaßnahmen ist bei gleichem Mitteleinsatz meist geringer als der von werbepolitischen Maßnahmen.

- Verkaufsförderungsmaßnahmen können gegenüber Werbemaßnahmen aggressiver gestaltet werden. So soll beispielsweise nach der werblichen Vorbereitung der Kunde geradezu auf das Produkt „mit der Nase gestoßen" werden.

Aus der Vielzahl der in der Literatur (Cristofolini/Thies 1979, S. 71 ff.) genannten und in der Praxis vorfindbaren Maßnahmen wollen wir die folgenden herausheben:

Richtung	Maßnahmen
Verwender- **promotions**	Zugaben, Preisausschreiben, Gewinnspiele, Proben, Muster, Rezepte, Geschenkaktionen (couponing), give-aways, usw.
Händler- **promotions**	Verkäuferschulung, Präsentationsschulung, allgemeine Marketing- schulung, Organisationsschulung; Zurverfügungstellung von Verkaufspersonal, Dekorationsdienst, gemeinsame Aktionsplanung, Wettbewerbe, Preisauschreiben, Gewinnspiele, Displaymaterial, Stopper, Gondeln, Regale, Truhen, Ständer, usw.
Mitarbeiter- **promotions**	Verkaufshandbücher, Verkaufsmappen, Verkaufsinformationen, Argumentationssammlungen, Testergebnisse, Verkäuferzeitung, Verküuferseminare, Verkäuferwettbewerbe, Tonbildschauen, Videobänder, Salesfolder, usw.

Übersicht 246: Einige Maßnahmen der Verkaufsförderung

Nicht bei allen diesen Maßnahmen wollen wir fragen, wann sich ihr Einsatz empfiehlt. Produktproben werden bei neuen Produkten abgegeben, wenn Beschreibung oder visueller Eindruck nicht ausreichen, wenn z. B. besonderer Geruch oder Geschmack diese Erklärungsform gebieten. Preisausschreiben findet man vor allem bei der Einführung neuer Produkte oder in stark konkurrierenden Situationen.

Modisch neue Produkte verlangen nach Unterweisung des Verkäufers (Produktleistungsschulung). Dies gilt auch für Produkte, deren Sachleistungen sich schnell ändern. Ebenfalls bei bereits bekannten Produkten können Schulungsmaßnahmen notwendig werden, wenn man zu Informationsformen und -inhalten fähig ist, die auch dem erfahrenen Verkäufer die Arbeit erleichtern können. Je höher das Leistungsniveau ausfällt, um so fruchtbarer dürften diese Informationsmaßnahmen wirken. Bei Produkten hohen Individualisierungsgrades wird insbesondere die Schulung des eigenen Verkaufspersonals sinnvoll sein. Sind die Unterschiede bei Produkten aufgrund geringer technischer Weiterentwicklungsmöglichkeiten auf wenige anmutungshafte Aspekte (z. B. Marke, Farbgebung, Bedienungsknöpfe) beschränkt, kann man den dann meist herrschenden starken Konkurrenzdruck durch geeignete Verkäuferschulung solange günstig für sich beeinflussen, wie die Konkurrenz nichts Ähnliches unternimmt.

Produkte, die vorrangig über Spezial- und Fachgeschäfte abgesetzt werden, eignen sich für die Produktpräsentationsschulung. Damit beschränkt sie sich im wesentlichen auf Produkte des oberen Leistungsbereichs und einer hohen Imagestufe, die überdies natürlich noch besonderer Präsentationsmaßnahmen bedürfen. Auch für modeabhängige Produkte kann die Präsentationsschulung z. B. bezüglich der Accessoireauswahl und -kombination hilfreich sein.

Neue Produkte können durch eigenes Verkaufspersonal (Propagandisten) in fremden Handlungen forciert angeboten werden. Bei bereits eingeführten Produkten kann man mit Propagandisten versuchen, sie wieder etwas stärker in den Blickpunkt zu rücken oder mit gleichzeitiger Probenverteilung neue Verwenderschichten zu gewinnen. Dies setzt jedoch große Bedarfsdichte voraus, um eine ausreichende Kundenkontaktfrequenz sicherzustellen.

Erfordern Produkte besondere Präsentationsmaßnahmen und ist der Handel dazu nicht in der Lage oder nicht willens, wird man besondere Präsentationsmittel entwikkeln müssen, wenn man davon ausgehen kann, daß der Handel sie auch später akzeptiert. Je höher das Leistungsniveau und das Produktimage ausfallen, um so mehr wird man sich um adäquate Präsentationsmittel kümmern. Gesteigert wird diese Notwendigkeit, wenn die Darbietung z. B. infolge nur begrenzter Haltbarkeit, hoher Empfindlichkeit Probleme in sich birgt.

Im wesentlichen entscheiden das Produktalter und die Produktkonkurrenz über den Einsatz von Displaymaterial. Bei neuen Produkten ist Displaymaterial beliebt, allerdings auch nicht ganz unumstritten; bei schon längere Zeit im Markt befindlichen Produkten dient Displaymaterial zur verstärkten Heraushebung. Auch in besonders harten Konkurrenzsituationen kann es eingesetzt werden.

5.143 Produktpublizität

Wenn das eigene Produkt (z. B. Pkw, Küche) konstant in einer Fernsehserie (z. B. GZSZ, Lindenstraße) auftaucht, wenn Hersteller vor der Markteinführung Redakteure der für ihr Marktsegment wichtigsten Zeitschriften einladen oder wenn ein kleiner Hersteller die üblichen Insertionskosten nicht tragen kann und er statt dessen erreicht, daß sein Produkt im redaktionellen Teil als Neuheit mit Bezugsquellenhinweis abgebildet wird, immer dann liegt Produktpublizität vor.

Formal hat Labonté (1988, S. 56) das so dargestellt:

564

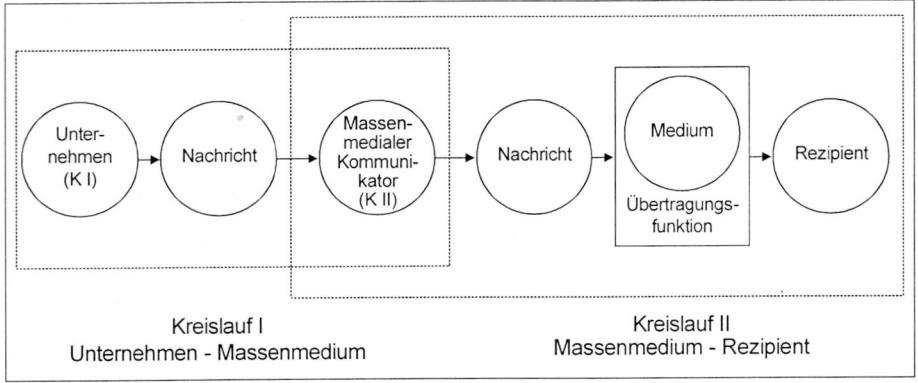

Übersicht 247: Indirekter Kommunikationsfluß der Produkt-Publizität

Kommunikator I (das Unternehmen) tritt für den Rezipienten in den Hintergrund, ein neutraler massenmedialer Kommunikator II (z. B. redaktionelle Nachricht) an seine Stelle. Die Nachricht mag zwar mehr oder minder verändert werden, sie wirkt aber wegen der nicht offenkundigen Beeinflussungsabsicht glaubwürdiger, weil neutraler.

Eine exzessive Ausnutzung dieser Instrumentalvariable stößt nicht nur auf presse-rechtliche Probleme, sondern auch auf das Glaubwürdigkeitsproblem der redaktionel-len Arbeit der Medien selbst. Oder anders ausgedrückt: Aufgrund des Neutralitäts- und Unabhängigkeitsstrebens von Redakteuren ist die Nachrichtensteuerung mehr oder minder begrenzt. Je mehr Kompetenz, je interessanter die Nachrichten und je besser man sie medienspezifisch aufbereitet, um so weniger wird man mit unliebsamen Än-derungen und Verkürzungen rechnen müssen. Für kleine und mittelständische Unter-nehmen ist die Produktpublizität wegen der selbst steuerbaren Kosten vielfach das vorrangige Kommunikationsinstrument, hin und wieder sogar das einzige.

Aus der Vielzahl möglicher Publizitätsmaßnahmen wollen wir einige bedeutsame herausgreifen. Die eine Gruppe hat mehr vorbereitenden, initiierenden Charakter. Dazu zählen die bekannten Presseinformationen, redaktionelle Beiträge, Vorträge, Interviews, aber auch die Zurverfügungstellung von Produkten bis zur Produktüberlassung. Bei der anderen Maßnahmengruppe fließen direkt Geldströme. Beim Product-Placement zahlt man dafür, daß das eigene Produkt, z. B. im Film, als Requisite benutzt wird. Oder man tritt als Sponsor auf, indem man eine Person (z. B.Jan Ullrich) oder eine Mannschaft (z. B. 1. FC Köln) sponsort.

Bei Marktneuheiten erscheint Produktpublizität geraten; sie wird einfacher und damit billiger und vielfach auch wirksamer, wenn es sich um interessante Produkte auf ho-hem Leistungsniveau und mit hohem Image handelt. Bei der Auswahl der Mediatoren muß man an das eigene Marktsegment denken und prüfen, wieweit es mit der Leser-schaft etc. übereinstimmt. Das wiederum führt häufig dazu, daß Produktpublizität eher bei Produkten mit großer Bedarfsweite als bei regional begrenzten Produkten verwendet wird.

5.144 Anwendungsberatung

Über die verschiedenen Promotionsmaßnahmen geht man hinaus, wenn versucht wird, die Anwendungsmöglichkeiten und -bedingungen als Hersteller selbst in Erfahrung zu bringen, dieses Wissen zu speichern, um es dann dem späteren Verwender wiederum zur Verfügung zu stellen.

Die Anwendungsberatung wird vor allem im Bereich produktiver Verwendung praktiziert. Hat man beispielsweise einen neuen oder veränderten Werkstoff entwikkelt (z. B. eine modifizierte synthetische Faser), dann ist es heute vielfach nicht mehr möglich, ihn allein mit den bisher beschriebenen Vermarktungsinstrumenten anzubieten. Den Verwender interessiert neben dem Hinweis, daß es sich um ein ausgezeichnetes neues Produkt handelt, vor allem, was er damit anfangen kann. Das Wissen, das in den meist als anwendungstechnische Beratungsstellen (Aweta) bezeichneten Unternehmensbereichen entwickelt und gesammelt wird, muß nun in geeignete Formen übertragen werden. Dies kann *persönlich* oder *schriftlich* erfolgen .

Nichts Neues stellt die schriftliche Anwendungsberatung in Form von Gebrauchsanweisungen, -anleitungen usw. dar (Krautmann 1981). Nichtsdestotrotz scheint hier manches im argen zu liegen. Meist von Technikern mehr mit der linken Hand für doch so scheinbar Selbstverständliches entwickelt, gleichen sie einer lästigen Pflichtübung. Unverständlichkeit und Anwendungsverdrossenheit sind häufig zu beobachtende Konsequenzen. Kann man im Bereich produktiver Verwendung noch ein ähnliches Maß technischer Kenntnisse und ein Erfahrungswissen voraussetzen, welches das Lesen von Gebrauchsanweisungen erleichtert, so gilt das zumindest für die Konsumgüterverwendung generell nicht. Bei der Durchsicht von Gebrauchsanweisungen fällt auf, daß man sich gerade bei technisch komplizierten Produkten (z. B. Kameras, Hifi-Geräte, Autozubehör) recht wenig darum kümmert, dem Verwender das Erlebnis der Produktverwendung zu erleichtern. Beiseite gelegte Gebrauchsanweisungen führen dann zum Ausprobieren, zum teuren Lernen nach dem trial-and-error-Prinzip. Daß dabei auch Beschädigungen möglich sind oder daß Produkte nur zu einem Bruchteil ihrer Leistungskraft genutzt werden, sind unausweichliche Folgen. Es ist unverständlich, wenn einerseits ganze Stäbe zum Finden neuer Markennamen eingesetzt werden, dann aber, wenn das Produkt verkauft wurde, dem Verwender nur wenige Hilfen bei der Anwendung gegeben werden. Imageschäden sind nur solange begrenzt, wie alle Konkurrenten den Verwender ähnlich stiefmütterlich behandeln. Darüber hinaus haben fehlerhafte oder unverständliche Gebrauchsanweisungen nach dem Produkthaftungsgesetz sowie nach dem Produktsicherheitsgesetz auch rechtliche Konsequenzen für den Anbieter. Obwohl das mancher Firmentradition zuwiderläuft, muß doch gefordert werden, daß Gebrauchsanweisungen vom Produktmarketing verantwortet werden; dies allein schon deshalb, weil die hier Tätigen am meisten über diejenigen wissen, für die das Produkt konzipiert wurde, weil sie am ehesten zu Gebrauchsanweisungstests in der Lage sind.

An dieser desolaten Lage hat sich in den letzten 20 Jahren nur wenig geändert. Besonders ärgerlich sind die Gebrauchsanleitungen vieler importierter Produkte. Ob die online Anwendungsberatung in realtime hier eine wesentliche Verbesserung bringt, bleibt abzuwarten.

Im Bereich produktiver Verwendung hat die *persönliche Anwendungsberatung* große Bedeutung. Die Anwendungsberater, die nicht selbst verkaufen und daher nicht als Distributionsorgane zu bezeichnen sind, können beim Kunden das Anwendungsproblem klären, können Hilfen bei der Einweisung der Mitarbeiter der Kunden geben. So werden beispielsweise lichttechnische Berater im „Objektgeschäft" eingesetzt, um nach der Anbahnung des Kontaktes durch das Verkaufspersonal den Architekten bei der optimalen lichttechnischen Planung zu beraten, da er hiervon meist nur wenig versteht.

Auch beim Absatz von Konsumgütern findet man vereinzelt Anwendungsberater. Sie empfehlen sich dann, wenn ein Produkt stark erklärungsbedürftig ist und die Nutzungsmöglichkeiten durch das Beherrschen von „Kniffen" wesentlich ausgeweitet werden können. Auch dann scheint ihr Einsatz erfolgversprechend, wenn mit dem neuen Produkt traditionelle Verhaltensweisen geändert werden müssen. Neben einigen Einrichtungsgegenständen des Haushalts (z. B. Mikrowellenherd) bietet sich zum Einsatz von Anwendungsberatern auch der große Bereich des Heimwerkermarktes an. Sie könnten die Nutzungsmöglichkeiten der Maschinen wie auch die Anwendbarkeit von Werkstoffen (z. B. Parkett verlegen) erläutern und demonstrieren.

In der Nutzung komplizierte und damit auch erklärungsbedürftige Produkte lassen Anwendungsberater sinnvoll erscheinen. Je höher Leistungsniveau und Image sind, je teurer sie sind, um so eher wird man sich zu ihrem Einsatz durchringen. Neue Produkte erfordern eher Anwendungsberater als bereits eingeführte. Ähnliches gilt für Produkte, die schnellem Leistungswandel unterliegen und besonderen Einzelansprüchen genügen sollen.

Läßt der Produktpreis den Einsatz von Anwendungsberatern nicht zu, wird man bei gleichen Produktmerkmalen auf die Gebrauchsanleitung zurückgreifen müssen.

5.2 Das Kombinationsproblem

Bisher haben wir nahezu isoliert die verschiedenen zur Verfügung stehenden Vermarktungsinstrumente erläutert. Wir haben gleichsam die „Baumaterialien" beschrieben. Was uns nun fehlt, ist der Bauplan – Hinweise auf Kombinationsmöglichkeiten. Prinzipiell wäre es denkbar, die Vermarktungsansprüche in adäquat ausgewählte Vermarktungsinstrumente zu übersetzen. Das ist jedoch wegen der Interdependenzproblematik wenig sinnvoll.

Formal ließe sich das Problem insofern lösen, daß man fordert, die Instrumente bzw. ihre verschiedenen Ausprägungen so lange dem Inhalt und Umfang nach zu variieren, bis ihre Grenzproduktivitäten gleich sind. Eine bessere Lösung ist dann nicht mehr möglich. Diese marginalanalytische Betrachtung (Gutenberg 1984, S. 612 ff.) setzt voraus, daß man Grenzproduktivitäten berechnen kann (→ stetige Wirkungsfunktionen). Das ist jedoch nur in seltenen Fällen möglich. Und zum zweiten wird *Substitutionalität* der Instrumente unterstellt. Wie soll man jedoch Grenzproduktivitäten bei *limitationalen* Instrumentalbeziehungen, bei Instrumentalinterdependenzen feststellen? Gerade in der Beachtung der Instrumentalinterdependenzen liegt jedoch das Schwergewicht der Kombinationsproblematik (Beyeler 1964, S. 39 ff.). Derartige elementaristische Ansätze verstoßen gegen das hier gültige Gesetz der Übersummativität („Das Ganze ist mehr als die Summe der Teile" → Ganzheits- und Gestaltpsychologie).

5.21 Produktspezifische Kombinationsheuristiken in der Literatur

Heuristiken dienen dazu, neue Erkenntnisse zu gewinnen. Häufig als Modell konstruiert, zeigen sie, wie man aus einer Abfolge gedanklicher Schritte zu einem Ergebnis gelangen kann. Man entwickelt heuristische Regeln (Prinzipien). In unserem Fall müssen sie dazu dienen, die fast unüberschaubare Fülle von Kombinationsmöglichkeiten zu reduzieren. Das Ergebnis sind dann gute oder befriedigende und nur ausnahmsweise optimale Lösungen.

Eine Methode zur Entwicklung heuristischer Prinzipien ist die Hermeneutik; sie wird auch als Methode des Verstehens bezeichnet (Dilthey 1923; Stegmüller 1969, S. 360). Dabei geht man von der realitätsnahen Prämisse aus, daß sowohl der Marketingpraktiker als auch der -theoretiker sich nicht erst seit heute mit dem Kombinationsproblem befassen. Sie verfügen über theoretisches und praktisches Wissen („Vorwissen"), wenn sie sich einem neuen Marketingproblem zuwenden; sie sind zur sachadäquaten Hypothesenbildung fähig.

Vor diesem Hintergrund müssen einige Aussagen über produktspezifische Kombina-

568

tionen von Vermarktungsinstrumenten, die in der Literatur vorgestellt wurden, gesehen werden (Knoblich 1969; derselbe 1974, Sp. 167 ff.). Man spricht auch vom *commodity approach*. Die Gedanken einiger bekannter Vertreter dieser Richtung seien kurz vorgestellt.

Aspinwall (1962, S. 633 ff.) hat Produkte anhand der folgenden Merkmale in drei Klassen eingeteilt (siehe auch Burkheiser 1970, S. 177 ff.):

Gütergruppe Merkmale	rote Güter	orange Güter	gelbe Güter
1. Wartezeit	klein	mittel	groß
2. Gesamtspanne	klein	mittel	groß
3. Notwendigkeit der Anpassung	klein	mittel	groß
4. Konsumdauer	klein	mittel	groß
5. Suchzeit	klein	mittel	groß

Übersicht 248: Gütergruppen nach Aspinwall

Die Wartezeit erfaßt die Zeitspanne, die vergeht, bis der Käufer den Kaufakt im Durchschnitt wiederholt. Die Gesamtspanne gibt die Differenz zwischen Endabnahmepreis und Herstellkosten an. Mit der Anpassungsnotwendigkeit wird die Kundendienstbedürftigkeit erfaßt. Die Konsumdauer entspricht der Produktnutzungsdauer. Und die Suchzeit gibt die Mühe wieder, die der Käufer zur Erlangung des Produktes aufwenden muß.

Aspinwall stellt dann die Konsequenzen für die Distribution und die Werbung dar.

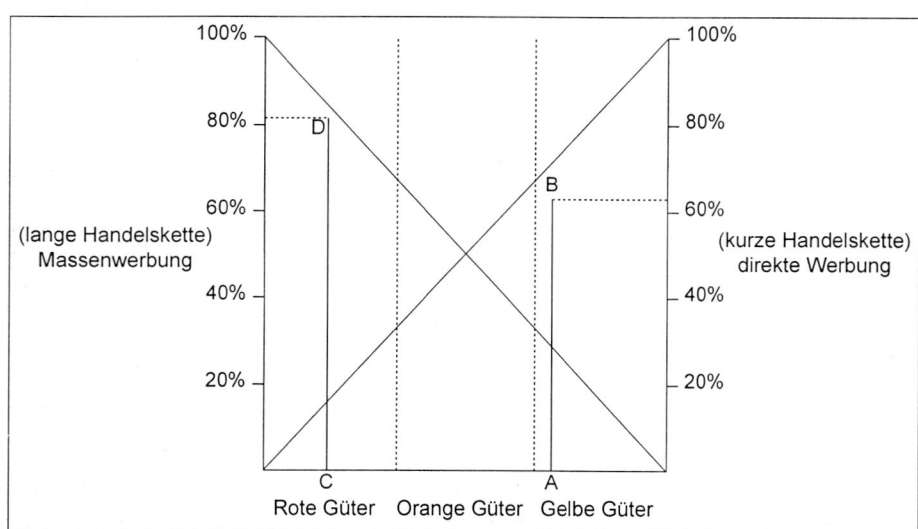

Übersicht 249: Auswahl von Marketing-Instrumenten nach Aspinwall

Das durch die Linie AB gekennzeichnete Produkt hat einen Gelbanteil von 63 % und einen Rotanteil von 37 %. Das kann bedeuten, daß der größte Teil dieses Produkts ohne Einschaltung von Großhandelsunternehmen durch unmittelbaren Verkauf an Großformen des Einzelhandels abgesetzt wird, während der kleinere Teil über selbständige Großhandlungen abgesetzt wird. Mit der breiten Distribution (lange Handelskette) geht Massenwerbung einher, während bei direktem Absatz an Produktverwender auch direkte werbliche Ansprache (Einzelumwerbung) sinnvoll ist.

An diese Überlegungen knüpft Miracle (1965, S. 18 ff.) an. Er erweitert die Produktmerkmale und bildet auch mehr Produktklassen, wie sich aus Übersicht 250 ergibt.

Produktgruppen / Produktmerkmale	Zigaretten, Süßwaren, Rasierklingen und soft drinks I	Kolonialwaren, pharmazeutische Markenwaren, kleinere Haushaltsgeräte und industrielle Verbrauchsgüter II	Radio- und Fernsehgeräte, größere Haushaltsgeräte, Kleider, Autoreifen sowie größere Sportartikel III	Qualitativ hochwertige Kameras, landwirtschaftliche Maschinen, Personenwagen und hochwertige Möbel IV	Elektronische Rechenanlagen, Generatoren, Turbinen und Werkzeugmaschinen V
Preis (unit value)	sehr niedrig	niedrig	mittel bis hoch	hoch	sehr hoch
Bedeutung des einzelnen Kaufes (significance of each individual purchase to the consumer)	sehr niedrig	niedrig	mittel	hoch	sehr hoch
Technologische und modische Änderungsempfindlichkeit (rate of technological change including fashion changes)	sehr niedrig	niedrig	mittel	hoch	sehr hoch
Suchzeit (time and effort spent purchasing by consumer)	sehr niedrig	niedrig	mittel	hoch	sehr hoch
Technische Komplexität (technical complexity)	sehr niedrig	niedrig	mittel bis hoch	hoch	sehr hoch
Bedürfnis für Serviceleitungen (consumer need for service before, during and after the sale)	sehr niedrig	niedrig	mittel	hoch	sehr hoch
Häufigkeit des Kaufes (frequency of purchase)	sehr hoch	mittel bis hoch	niedrig	niedrig	sehr niedrig
Geschwindigkeit des Verbrauchs (rapidity of consumption)	sehr hoch	mittel bis hoch	niedrig	niedrig	sehr niedrig
Zahl der Verwendungsmöglichkeiten (extend of usage-number and variety of ways in which the product provides utility)	sehr hoch	hoch	mittel bis hoch	mittel bis hoch	sehr niedrig

Übersicht 250: Güterklassifikation nach Miracle

Diesen 5 Produktklassen – auch sie bewegen sich in der Farbenwelt Aspinwalls von rot (Zigaretten) bis gelb (Generatoren) – ordnet Miracle nun verschiedene Marketinginstrumente und einige ihrer Ausprägungen zu. Die Zuordnung erfolgt auf Plausibilitätsbasis. Sie ist in Übersicht 251 enthalten.

Marketing-instrumente	Produkt-gruppen		I	II	III	IV	V
From der Produkt-differenzierung		eine oder sehr wenige Varianten	x				
		wenige Varianten		x			
		einige Varianten			x		
		viele Varianten				x	
		verschiedene Varianten bei jedem Kauf					x
Form des Vertriebs		nur indirekter Vertrieb	x				
		überwiegend indirekter Vertrieb		x			
		direkter und indirekter Vertrieb			x		
		überwiegend direkter Vertrieb				x	
		nur direkter Vertrieb					x
Form der Werbung		nur Massenwerbung	x				
		überwiegend Massenwerbung		x			
		Massen- und Direktwerbung			x		
		überwiegend Direktwerbung				x	
		nur Direktwerbung					x
Form der Preispolitik	Preisver-handlung	Festpreise	x				
		überwiegend Festpreise		x			
		Fest- und Verhandlungspreise			x		
		überwiegend Verhandlungspreise				x	
		nur Verhandlungspreise					x
	Preiskontroll-möglichkeiten	keine Kontrolle	x				
		geringe Kontrolle		x			
		mittlere Kontrolle			x		
		deutliche Kontrolle				x	
		starke Kontrolle					x

Übersicht 251: Zur güterklassenspezifischen Auswahl von Marketinginstrumenten nach Miracle

In dem Bemühen, diesen Gedanken der produktspezifischen Marketingmixgewinnung zu vervollständigen, gehen Lipson, Darling, Reynolds (1970, S. 40) noch einen Schritt weiter (siehe Übersicht 252), indem sie unter Verwendung der Produktmerkmale und der Produktklassen von Miracle ein Tableau zur Instrumentalauswahl vorstellen, das die produktklassenspezifische Instrumentalzuordnung erleichtert (siehe auch Meffert 1998, S. 903).

Die in dem inneren Quadrat angegebenen Zahlen sollen die klassenspezifische Punktaufteilung andeuten: 20 Punkte = Produktklasse 1 usw. Je nachdem, welche Punktzahl einem Produkt gegeben wird, ob es sich nun in der Mitte oder am Rand einer Produktklasse befindet, werden dann die diesem Zahlenstrahl entsprechenden Instrumente zugeordnet.

Die *Mängel* dieser Vorgehensweise sind trotz ihrer zunehmenden Detaillierung nicht zu übersehen. Natürlich kann man sich auch kritisch mit den Produktmerkmalen auseinandersetzen (siehe Burkheiser 1970, S. 193 ff.).

Vorhandene Mängel sind behebbar, wenn man sich um mehr Operationalität bemühen würde. Aber das Grundproblem bleibt: Als Produktmanager betreibt man *kein* Branchen- oder Produktklassenmarketing. Mit seinem Marketingmix will er sich von seinem unmittelbaren Konkurrenten differenzieren. Und dieser Konkurrent befindet sich im Regelfall in der *gleichen* Produktklasse.

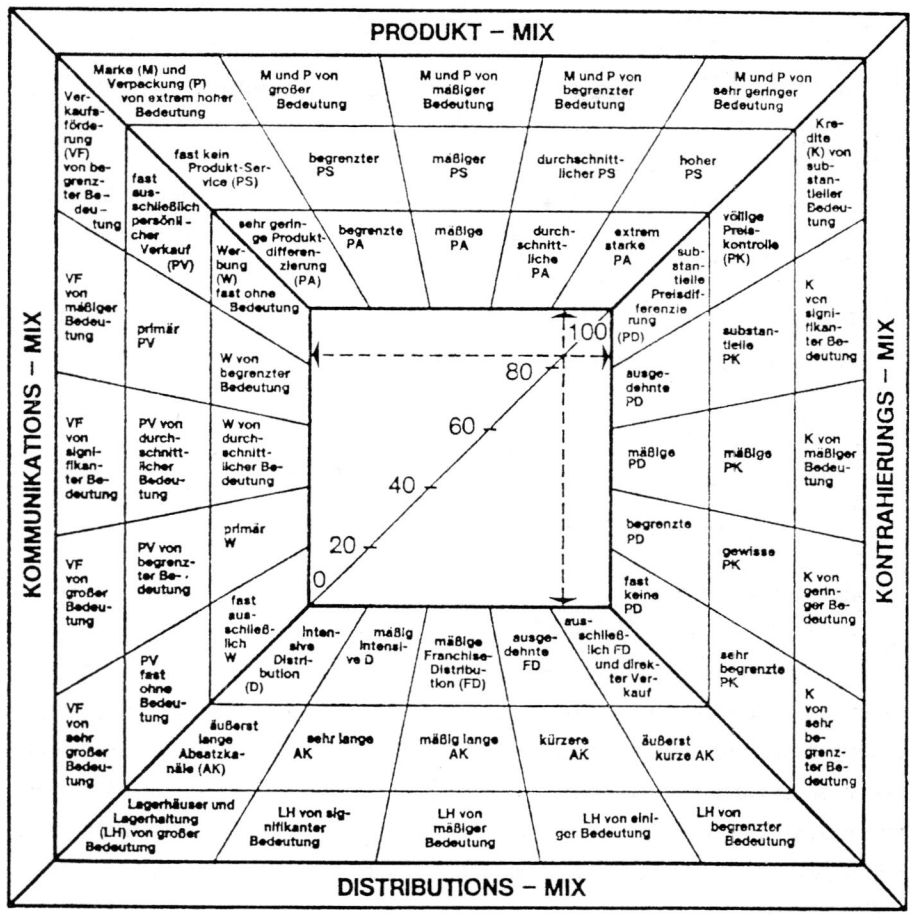

Übersicht 252: Produktspezifische Kombinationsheuristik von Marketinginstrumenten nach Lipson, Darling, Reynolds

Nach diesen Modellen würden alle ein *ähnliches* Marketingkonzept vorbereiten. Die Zahl der Firmenzusammenbrüche würde stark wachsen.

Unter dem Blickwinkel realitätsnaher Entscheidungsorientierung war dieser Weg der Vorauswahl von Marketinginstrumenten ein *Irrweg*. Die Modellaussagen sind allenfalls für einen Branchenneuling während der ersten Arbeitstage oder einen Marketingstudenten am Beginn seiner Bemühungen hilfreich. Deshalb wollen wir diesen produktklassenspezifischen Gedanken nicht weiter verfolgen, sondern uns vielmehr darauf konzentrieren, einen Weg zu finden, der die Schaffung eines Vermarktungsmix für ein *spezifisches* Produkt in seiner besonderen *Einzelsituation* ermöglicht.

5.22 Einige generelle Überlegungen zu den Einsatzbedingungen

Bevor wir zu dem in der Praxis mehrfach getesteten produktspezifischen Vermarktungsmix kommen, müssen wir zum besseren Verständnis noch einige allgemeine Aussagen gleichsam vor die Klammer ziehen.

Wenn man möglichst gute Kombinationsergebnisse erzielen möchte, dann reicht es nicht aus, unzweckmäßige Instrumentalkombinationen zu vermeiden, sondern man muß auch noch danach trachten, aus den verbleibenden Möglichkeiten die effizienten auszuwählen. Effizienz als Kosten-Nutzen-Größe wird stark von den Bedingungen des Instrumentaleinsatzes geprägt. Dabei stoßen wir auf vier Problemkreise:

- das Zeitproblem,
- das Zielproblem,
- das Konkurrenzproblem,
- das Erwartungsproblem.

(1) Nicht alle Instrumente wirken gleich schnell, nicht alle Instrumente lassen sich gleich schnell verändern (Zeitproblem).

Im Prinzip kann man davon ausgehen, daß Instrumente, die gegen den Kundenwiderstand dennoch eingesetzt werden sollen, einen längeren Penetrationszeitraum benötigen. So sind Preisanhebungen (z. B. Übergang von einer mittleren zu einer oberen Preislage) im allgemeinen schwieriger durchsetzbar als Preissenkungen. Reziprok dazu verhalten sich Rabattsteigerungen. Ähnlich schwierig ist es, zusätzlich zu den Einzelhandlungen des bisherigen Sortimentsniveaus (z. B. Verbrauchermärkte) solche auf höherer Niveauebene (z. B. Fachgeschäfte) zu gewinnen. Bei bekannten Markennamen ist der umgekehrte Weg leichter und damit schneller begehbar – auf die damit verbundenen Probleme wollen wir hier nicht eingehen. Ebenfalls schnell realisierbar sind Maßnahmen zur Steigerung von Garantieleistungen, vorausgesetzt, daß das Produkt dies zuläßt. Ähnliches gilt für die direkte Einzelumwerbung, wenn man den Adressaten kennt und weiß, was man aussagen will.

Andere Instrumente bedürfen erheblicher Vorbereitungen. Diese können stärker marktbezogen oder mehr unternehmensbedingt sein. Will man den bisher von Handel und Gewerbe durchgeführten Kundendienst selbst realisieren, dann benötigt man Zeit zum Aufbau z. B. einer Reparaturabteilung. Im umgekehrten Falle müßten Handel und Gewerbe erst geschult und mit den nötigen Werkzeugen versehen werden. Hat man bisher indirekt abgesetzt und will nun z. B. zur besseren Kundenpflege und um den

Konkurrenzdruck etwas zu mindern, direkt absetzen, so bedarf dies langer Vorbereitungen (z. B. Mitarbeitergewinnung und -schulung). Die Entscheidung für die Durchsetzung eines konzentrierten Vertragshändlerkonzepts mag noch relativ schnell herbeiführbar sein; die Realisation benötigt meist viel Zeit. Will man das bisher in fremder Regie betriebene Lager- und Transportwesen in eigene Verantwortung übernehmen, so ist damit in der Regel ein großer Vorbereitungsaufwand verbunden. Wenn man kurzfristig auf Konkurrenzmaßnahmen bezüglich des eigenen Produktes kontern möchte, muß man sich der medienspezifischen Planungselastizität anpassen. Die Produktion eines TV-Spots dauert länger als die eines Funkspots. Ähnlich der Kundendienstselbstdurchführung bedarf auch der Aufbau einer Stelle „persönliche Anwendungsberatung" erheblicher Vorlaufzeit (Personalgewinnung, -schulung). Während man bei vorhandenem Schulungspersonal Maßnahmen der Produktleistungsschulung noch relativ schnell durchführen kann – im wesentlichen ist die Zeit zur Entwicklung des Schulungskonzepts entscheidend – sind für die Entwicklung spezifischer Produktpräsentationssysteme erhebliche Vorbereitungen nötig.

So ließen sich bei Beachtung jeweils spezifischer Bedingungen die meisten Instrumentalausprägungen bezüglich ihrer Einsatz- und Variationsgeschwindigkeit darstellen. Diese auf Plausibilitätsniveau und durch Praxiserfahrungen gestützten Aussagen mögen hier genügen.

(2) Gehen wir zur *Zielproblematik* über. Das Konstrukt der Produktziele hat nicht nur Bedeutung für den Akt der Anspruchsbefriedigung, die daraus folgende Leistungsfixierung und die darauf aufbauende Produktgestaltung, sondern wirkt sich auch auf die Auswahl der Vermarktungsinstrumente aus. Daß die Service-, Distributions-, Entgelt- und Kommunikationspolitik bei einem billigen Massenprodukt anders aussieht als bei einem exklusiven Produkt – wen wundert's?

(3) Wenden wir uns nun dem *Konkurrenzproblem* zu. Das Konkurrenzverhältnis wird geprägt durch die Wettbewerber auf der gleichen Stufe (Anbieterkonkurrenz), durch das Verhältnis zum Handel (Anbieter – Mittlerkonkurrenz), das Verhältnis innerhalb der Handelsstufe, das Verhältnis zum Käufer (Anbieter – Nachfragerkonkurrenz) und das Verhalten der Käufer unter sich. Es ist wahrscheinlicher, daß ein Unternehmen in einer monopolistischen Angebotssituation andere Vermarktungsinstrumente einsetzen wird, als wenn es sich als eines unter vielen nur wenigen großen Nachfragern gegenübersieht. Sowohl durch die Produktpolitik als auch durch den Einsatz eines besonders

nachfragewirksamen Vermarktungsmix wird sich der Anbieter langfristig darum bemühen, seinen monopolistischen Marktspielraum zu erweitern. Sieht er keine Chance, auf lange Sicht der Anbieter- und Mittlerkonkurrenz zu trotzen, lohnt es sich, darüber nachzudenken, ob es nicht Instrumente zur Konkurrenzmeidung gibt. So trägt hauptsächlich der Übergang von der indirekten zur direkten Distribution wesentlich zur Minderung des Konkurrenzdruckes bei.

Bei einem Nachfragerückgang nach dem eigenen Produkt stellt sich die Frage, ob man das Produkt eliminieren soll oder nicht. Wenn die Produktleistungen nicht mehr interessant genug sind, wenn es also bessere Konkurrenzprodukte gibt, man selbst ein Nachfolgeprodukt entwickelt, es aber noch nicht marktreif ist, dann muß man das Leistungsdefizit durch ein geschicktes Vermarktungsmix ausgleichen. Die Anfängerlösung liegt in der Preisreduktion. Vielfach hat es sich als gewinnträchtig erwiesen, andere Instrumente einzusetzen. Dazu zählen Maßnahmen zur Pflege des Handels (z. B. Lieferleistungspolitik, Verkaufsförderung) und Maßnahmen zur Garantieausweitung, die allerdings den Nachteil haben, daß sie von den anderen Anbieterkonkurrenten relativ schnell nachgeahmt werden können. Bei einem Nachfragerückgang innerhalb der gesamten Branche bieten sich ebenfalls die Handelspflegemaßnahmen an. Hinzutreten können Überlegungen zur Positionsverbesserung im Konkurrenzumfeld durch Konzentration auf spezifische Distributionsorgane. So kann man sich z. B. aus den Großformen des Einzelhandels zurückziehen und vorrangig Spezial- und Fachgeschäfte bedienen, oder man kann sich auf Diskont- und Verbrauchermärkte konzentrieren. Im ersten Fall kommt der Kommunikationspolitik, im zweiten Fall der Entgeltpolitik mehr Bedeutung zu.

(4) Und schließlich das *Erwartungsproblem*. Die Käufer haben in der Vergangenheit Erfahrungen gesammelt. Bei ihnen hat sich ein Erwartungsniveau bezüglich des Inhalts und des Niveaus des Vermarktungsmix herausgebildet. Sinn einer adaptiven Strategie ist es, sich an diesen traditionellen Erwartungen zu orientieren, sie vielleicht geringfügig zu ändern. Dieses Marketing begegnet uns ständig. Und wenn dann ein Unternehmen wie Ikea durch provokatives Abweichen von diesem Standard („das unmögliche Möbelhaus aus Schweden") in kurzer Zeit überdurchschnittliche Erfolge erzielt, beginnt das Klagen. Daß der bewußte Verzicht auf teure Serviceleistungen (Lieferung, Montage usw.) und der dadurch erreichbare Preisvorteil als sich ändernde Erwartungen bei einem wachsenden Teil der Bevölkerung in der Luft lagen, hatte man nicht wahrgenommen. Aus dieser und auch anderweitig gemachten Erfahrungen kön-

nen wir nur den Schluß ziehen, das jeweils gewählte Erwartungsniveau bezüglich der Vermarktungsinstrumente als Fragenkomplex aufzufassen. Es muß geprüft werden, ob die historisch geprägten Erwartungen auch zukünftig erfüllt werden sollen.

5.3 Eine produktbezogene Vermarktungsmixheuristik

Aufgrund der teilweise angedeuteten Interdependenzen der Marketinginstrumente ist eine simultane Mixlösung unmöglich. Auch vor diesem Hintergrund erweist sich das hier vorgestellte produktorientierte Marketingkonzept als hilfreich. Die Produktpolitik bildet den Kernpunkt der zu treffenden Entscheidungen. Nach unserer schrittweisen Vorgehensweise sollten wir wissen, was der Markt morgen wünscht und welches Produkt mit welchem Leistungsspektrum wir dafür entwickeln wollen. Jetzt suchen wir nach einem diesem Produkt angemessenen Vermarktungsmix. Die produktpolitischen Entscheidungen sind somit Vorgaben für die Auswahl der übrigen Marketinginstrumente, die wir deshalb Vermarktungsinstrumente nennen. Eine produktbezogene Mixheuristik kann damit konsequenterweise auch keine produktpolitischen Instrumente mehr enthalten.

In unserem heuristischen Suchprozeß haben wir somit bereits Rahmenbedingungen geschaffen. Wir müssen jetzt nach Kombinationskriterien suchen, Kriterien, die einzeln oder in spezifischen Verknüpfungen eine produktspezifische Instrumentalkombination nahelegen.

Dazu greifen wir auf Abschnitt 1.322 zurück. Wir hatten dort in Analogie zum allgemeinen Denken ein Entscheidungsraster mit Bedingungskomponenten auf der einen und Handlungskomponenten auf der anderen Seite entwickelt. Die Handlungskomponenten im Vermarktungsraum haben wir bereits dargestellt. Gleichzeitig haben wir auch Einsatzbedingungen erörtert. Es handelt sich um *situative Entscheidungskriterien*. Diese Kriterien bezeichnen wir als Produktausstrahlungseffekte. Sie sollen so facettenreich sein, daß produktspezifische, also Individual- statt Großgruppenlösungen (siehe Abschnitt 5.21) möglich sind. Den folgenden Ausführungen liegt die Vorgehensweise der Übersicht 253 zugrunde.

Übersicht 253: Überblick über den Produktvermarktungsprozeß

5.31 Die Vermarktungsinstrumente

Hier können wir uns kurz fassen. Wir verweisen auf die Ausführungen in Abschnitt 5.1. Um die vielfältigen Instrumente übersichtlich darstellen und bereits jetzt einige Beziehungen andeuten zu können, haben wir eine Schichtung in drei Ebenen vorgenommen:
- die Instrumentalebene,
- die Variablenebene,
- die Ebene der Variablenausprägungen.

Damit bleiben wir auf einem mittleren Abstraktionsniveau. Bei einigen Variablenausprägungen wäre nämlich zumindest eine 4. Ebene möglich (z. B. Zahlungsweise: Ware gegen Geld/Ware gegen Ware/Ware gegen Ware plus Geld). Und auch auf der dritten Ebene wären noch weitere Variablenausprägungen zu nennen. Vollständigkeit ist hier nicht das Ziel, sondern *Operationalität*. So gibt es beispielsweise weitere Einzelhandelsformen. Für unsere Betrachtungen dürften die genannten jedoch als wichtige Prototypen ausreichen. Unter einer weiteren Auffächerung würde die Operationalität leiden. In der konkreten Situation kann man ja eine spezifizierte Gruppierung wählen. Nur sollte man sie nicht zu eng (zu spezifisch) wählen, weil sonst allzu schnell „Branchenscheuklappen" entstehen. Und man sollte eine zweckmäßige Gruppierung nicht zu häufig wechseln, um Transparenz innerhalb des Unternehmens sowie Prägnanz und Konstanz auf dem Markt zu erzielen.

Des weiteren gehen wir davon aus, daß die Vermarktungsinstrumente in einem *limitationalen* Verhältnis zueinander stehen; sie sind alle notwendig, reale Absatzpolitik dürfte nur schwer möglich sein, würde man auf eines von ihnen verzichten. Das führt dazu, daß bei einem später zu gewinnenden Vermarktungsmix immer eines oder mehrere Teilinstrumente aus den jeweiligen Gruppen der Vermarktungsinstrumente eingesetzt werden müssen. So erfordert die Wahl eines indirekten Distributionsweges den Einsatz von Handlungen. Bei den dann aufgelisteten Teilinstrumenten (Instrumentalvariablen) kann es vorkommen, daß auf das eine oder andere (z. B. Rabatte, Kredite, Anwendungsberatung) verzichtet wird. Noch deutlicher treten *substitutive* Beziehungen bei den konkreteren Variablenausprägungen zutage, weil es sich um alternative Maßnahmen handelt. Aufgelistet haben wir nur die Variablenausprägungen, derer man sich fallweise bedient. Diejenigen, die man nahezu immer benötigt (z. B. Verkaufsabteilung), haben wir fallengelassen, da durch ihre Erwähnung der Aussagewert nicht gesteigert wird. Wir gehen somit von folgender Instrumentalstruktur aus (siehe Übersicht 254):

Vermarktungsinstrumente	Instrumentalvariablen	Variablenausprägung
Servicepolitik	Lieferleistungspolitik	Zustellung/Selbstabholung
		Lieferbereitschaft
		Lieferzuverlässigkeit
		gelieferte Produktqualität
	Kundendienstpolitik	Anpassung
		Installation/Montage
		Pflege/Wartung/Inspektion/Reparatur
		Ersatzteilversorgung
		Kundendienstselbstdurchführung/-delegation
		Verbraucherreferat
	Garantieleistungspolitk	Garantieumfang
		Garantiedauer
Distributionspolitik	Distributionswegepolitik	direkter/indirekter Distributionsweg
	Distributionsorganpolitk	Verkaufsabteilung/Reisende/Vertreter
		Messen
		Spezial-/Sortimentsgroßhandlung
		Spezial-/Fachgeschäft
		Fachmarkt
		Warenhaus
		SB-Kaufhaus/Verbrauchermarkt
		Diskontgeschäft
	Distributionslogistik	Zentral-/Außenlager
		eigene/fremde Transportmittel
		schutz-/transportoptimale Verpackung
Entgeltpolitik	Preispolitik	untere/mittlere/obere Preispolitik
		Unterschwellen/Schwellen-/ Überschwellenpreispolitik
		skimming/penetration policy
		Preiskonstanz/-variabilität
	Rabattpolitik	Funktionsrabatte
		Mengenrabatte
		Treuerabatte
		Zeitrabatte
	Zahlungsbedingungen	kurzes/langes Zahlungsziel
		Skonto
		Zahlungsweise
	Kreditpolitik	Lieferantenkredit
		Leasing
Kommunikations- politik	Werbepolitik	Einzel-/Gruppen-/Massenumwerbung
		Leistungs-/Preiswettbewerb
		Basarstil/Nobelstil/solider Stil/guter
		Beraterstil/technischer Leistungsstil
	Verkaufsförderung	Produktleistungsschulung
		Produktpräsentationsschulung
		Propagandisten
		Präsentationsmittel
		Displaymaterial
		Produktproben
		Preisausschreiben
	Produktpublizität	Presseinformation
		redaktioneller Beitrag
		Produktbemusterung
		Sponsorship
		Product Placement
	Anwendungsberatung	Anwendungsberater
		Gebrauchsanweisung

Übersicht 254: Für die Produktvermarktung wichtige Instrumente

Gemäß unseren an anderer Stelle geäußerten Überlegungen (Koppelmann 2000, S. 282 ff.) können Marketinginstrumente im Sinne der Anreiz-Beitrags-Theorie Forderungs- oder Anreizcharakter haben Dies trifft auch für die oben genannten Vermarktungsinstrumente zu. So haben z. B. Rabatte ausgesprochenen Anreiz-, Garantieeinschränkungen, Vorauszahlungen oder Anwendungsberatungsverzichte primär Forderungscharakter (vgl. zu forderungspolitischen Vermarktungsinstrumenten Ernst/Fröhlich-Glantschnig/Liebing 1997, S. 148 ff.; Krus 2000). Bei der im folgenden zu beschreibenden produktspezifischen Vermarktungsmix-Gestaltung ist somit auch immer darauf zu achten, daß aus Sicht des Käufers im gesamten Marketing-Mix die Forderungen die Anreize nicht übersteigen.

5.32 Produktausstrahlungseffekte als Auswahlkriterien

Wenn wir nach Produktmerkmalen suchen, die den Einsatz spezifischer Variablenausprägungen nahelegen (Wenn-Bedingungen, siehe Abschnitt 1.322) dann müssen wir umgekehrt fragen, welche Produktmerkmale im Regelfall vorliegen, damit man diese oder jene Variablenausprägung einsetzt. Diese Frage haben wir bereits in Abschnitt 5.1 jeweils im Anschluß an die Darstellung der jeweiligen Variablenausprägungen beantwortet.

Diesem Gedanken müssen wir an dieser Stelle etwas größeres Augenmerk widmen. Die Merkmale sollen *Entscheidungen* erleichtern. Es handelt sich um situative Wenn-Bedingungen, die durch Merkmale erfaßt werden.

Wie sieht die Grundstruktur aus? Die Variablenausprägungen als konkretisiertes Instrument bilden eine abhängige Variable der externen Marktbedingungen und der internen Unternehmensbedingungen. Die zentralen Pfeiler der externen Marktbedingungen sind die Kunden- und Händler*ansprüche* einerseits und die *Konkurrenz*aktivitäten andererseits. Die internen Unternehmensbedingungen werden geprägt durch *Potentiale*, *Ziele* und *Strategien*. Gemäß unserer allgemeinen Planungsstruktur orientieren wir uns also an der Problemanalyse in Form der Marktanalyse.

Uns stehen nun zwei grundsätzlich unterschiedliche Wege offen:
- Man kann sich um eine direkte Zuordnung von spezifischen Marktfaktoren zu Instrumenten, von Unternehmensfaktoren zu Instrumenten bemühen. Bei diesem Weg verlöre man allerdings wegen der Einflußvielfalt die Orientierung.
- Man kann versuchen, die Einflußvielfalt indirekt in einer reduzierten Anzahl von Merkmalen abzubilden, um dann diesen die Instrumente zuzuordnen. Diesen Weg wählen wir. Er sieht formal so aus:

580

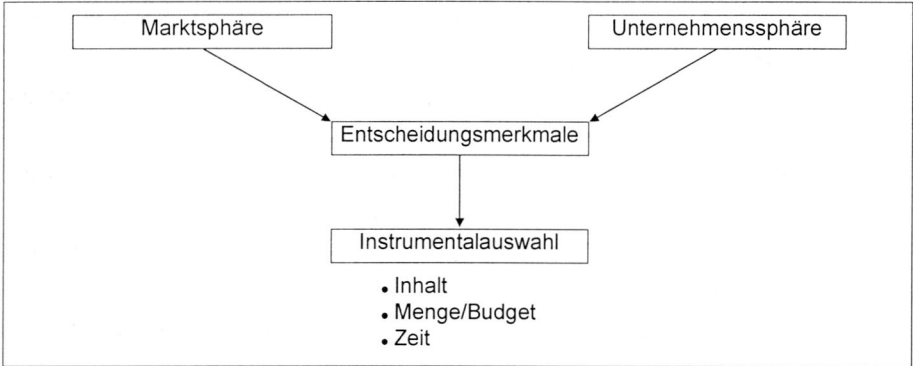

Übersicht 255: Der heuristische Prozeß der Instrumentalkombination

Über welche Merkmale kommen wir nun zu welcher Instrumentalwahl? Wir müssen einen Weg zwischen einer zu großen, nicht mehr handhabbaren Merkmalsmenge und einer zu kleinen, die Entscheidungsrealität nur unzulänglich abbildenden Merkmalsmenge finden. Aus einer ursprünglich sehr viel größeren Menge haben wir Merkmale nach inhaltlicher Nähe zusammengefaßt (z. B. Empfindlichkeit und Gefährlichkeit) und Merkmale ausgeschlossen, die nur in einem Instrumentalbereich bedeutsam sind – sie leisten nur wenig bei der Lösung des Interdependenzproblems.

Die Merkmale, die eine hohe instrumentelle Diskriminierungsfähigkeit haben, wollen wir als *Produktausstrahlungseffekte* bezeichnen. Die folgenden Produktausstrahlungseffekte (PAE) haben sich in über 30 empirisch angelegten Diplomarbeiten als für die Instrumentalauswahl nützlich erwiesen.

Angebotsaspekte	Zielaspekte	Nachfrageaspekte
Produktleistungsniveau	billige Massenprodukte	Bedarfsdichte
Marktneuheit	Standardprodukte	
Produktkonkurrenz	solide Produkte	Bedarfsweite
Produktleistungswandel	exklusive Spitzenprodukte	
Modeabhängigkeit	intelligente Spitzenprodukte	Bedarfsmenge
Individualisierungsgrad	Pionier-Produkt	
Produktgefährdung	Me-too-Produkte	Bedarfsintensität
Erklärungsbedürftigkeit	designorientierte Produkte	
	Spezialitäten	Produktimage

Übersicht 256: Produktausstrahlungseffekte

(1) Die *Zielaspekte* müssen wir nicht mehr erläutern. Hier ist ein Rückgriff auf Abschnitt 3.723 möglich. Diese zielorientierten Merkmale kann man als konstitutive Merkmale bezeichnen; eines von ihnen spielt immer eine das gesamte Handeln dominierende Rolle. Hinzutreten meist einige der folgenden akzessorischen Merkmale.

(2) Ausführlicher müssen wir uns mit den angebotsorientierten Produktausstrahlungseffekten beschäftigen.

Produkte auf hohem *Leistungsniveau* ragen aus dem üblichen Leistungsspektrum der Branche heraus. Gemessen wird also am gegenwärtig realisierten Leistungsspektrum der Branche. Das Leistungsniveau erfaßt das gesamte Leistungsspektrum des Produktes. Über Inferenz- oder Generalisierungseffekte ist es auch möglich, daß einzelne Leistungen so dominierend erlebt werden, daß sie auf die Bewertung des gesamten Produktes ausstrahlen.

Mit *Produktleistungswandel* erfassen wir den schnellen technischen Wandel innerhalb einer Branche (z. B. bei PCs, Handys). Als Maßstab könnte die Modellkonstanz (geringer Leistungswandel) bzw. die Modellneuheiten von einem zum anderen Messetermin (z. B. Orgatech, Photokina) gelten. Manchmal werden sogar zwischen den Messeterminen neue technische Lösungen angeboten, die dann zum Messetermin durch wiederum neue abgelöst werden.

Die Facette des anmutungsbedingten Leistungswandels wollen wir mit Mode- und Saisonabhängigkeit erfassen – im folgenden sprechen wir der Einfachheit halber nur noch von der *Modeabhängigkeit.* Verändert sich die Produktgestaltung im Zeitablauf (z. B. Frühjahrs-, Sommer-, Herbst-, Wintermode, jahreszeitabhängige Süßigkeiten) und ist das keine Ausnahmeerscheinung, dann wollen wir diesen Tatbestand mit diesem Ausstrahlungseffekt erfassen.

Bringt man ein Produkt auf den Markt, das es für diesen Markt in dieser Leistungskonstellation noch nicht gegeben hat, so sprechen wir von *Marktneuheit.* Wichtig ist bei der Beurteilung dieser innovativen Leistungskonstellation der Markt. Erleben die Käufer das Produkt als neu, dann scheint uns eine entsprechende Beurteilung als gerechtfertigt. Verbunden mit der Frage „wie neu" sind natürlich Abstufungen möglich. Die Neuheit kann sich auf die Sach- und/oder Anmutungsleistungen erstrecken.

Läßt die Konzeption eines Produktes die Realisation spezifischer individueller Wünsche zu, so sprechen wir von hohem *Individualisierungsgrad.* Es werden Schrankwandsysteme angeboten, die sich verschiedensten Nutzungssituationen (z. B. Wohnzimmer, Arbeitszimmer, Büro) und Geschmacksvorlieben (z. B. Oberflächen- und Aufbauvariationen) anpassen lassen, ohne daß ein Teil extra gefertigt werden müßte. Gemessen wird der Individualisierungsgrad an dem, was in einer Branche Standard ist.

Manche Produkte sind erklärungsbedürftig. Der Umgang mit ihnen ist vielleicht kompliziert. Dadurch, daß man sie nicht täglich nutzt (z. B. Kamera), kommt es zu keinem nachhaltigen Lernvorgang. Oder man kann nicht auf bisherige Erfahrungen zurückgreifen. Der Grad der *Erklärungsbedürftigkeit* wird an den Bedürfnissen des Marktsegments gemessen, das man bedienen will. Die Erklärungsbedürftigkeit ist somit eine subjektive Größe.

Die *Produktgefährdung* ist demgegenüber objektiv meßbar. Die Empfindlichkeit als eine Gefährdungsausprägung hängt von der physikalischen und/oder chemischen Widerstandskraft ab (z. B. Kratz-, Bruch-, Korrosionsempfindlichkeit). Andererseits kann das Produkt selbst gefährlich sein, indem es z. B. durch Aggressivität, Explosivität, Geruchsübertragung, Verschmutzungsgefahr andere Produkte und oder Menschen stark beeinträchtigen kann.

Einen anderen Marktaspekt wollen wir mit dem Ausstrahlungseffekt *Produktkonkurrenz* erfassen. Befindet sich das Produkt innerhalb seiner Branche in einem harten Konkurrenzkampf oder nicht? Theoretisch ergibt sich die Messung aus der Breite des reaktionsfreien Astes der Preisabsatzfunktion. Einfacher meßbar ist dieser Bereich durch die Beantwortung der Frage, ob man beispielsweise eine Preiserhöhung oder eine andere attraktivitätsmindernde Maßnahme nicht oder einfach durchsetzen kann, ohne daß negative Marktreaktionen eintreten.

(3) Ebenfalls etwas ausführlicher seien die *nachfrageorientierten* Produktausstrahlungseffekte vorgestellt. Eine Verbindung von Angebot und Nachfrage bildet das Image.

Durch in der Vergangenheit realisierte Marketingmaßnahmen kann es gelungen sein, auf dem Markt ein spezifisches *Produktimage* (Markenimage) aufzubauen. Die Armbanduhren von Piaget, Audemars Piguet, Ebel oder Rolex gehen kaum genauer als die von Junghans oder Citizen und kosten das Zigfache. Gemessen wird das gesamte Produktimage von Fachleuten innerhalb einer Branche, die über einen Gesamtüberblick verfügen.

Für den Absatz eines Produktes ist es wichtig zu wissen, wie groß das Absatzgebiet ist. Die größte *Bedarfsweite* liegt bei globaler Distribution vor (z. B. Europa, Amerika, Asien, Australien).

Mit Bedarfsdichte wollen wir eine ordinale Gewichtung der Abnehmerzahl je Gebiet bezeichnen. Die Messung, ob viele oder wenige Abnehmer vorliegen, sollte sich daran orientieren, ob nur vereinzelte (gering) oder viele, nicht mehr identifizierbare Käufer (groß) in Frage kommen. Eine Branchenorientierung erscheint hier nicht sinnvoll. Beide Produktausstrahlungseffekte treten uns in jeweils spezifischer Kombination gegenüber: große Bedarfsweite/geringe Bedarfsdichte → internationaler Individualanbieter; geringe Bedarfsweite/große Bedarfsdichte → Absatz um „Schornstein"; große Bedarfsweite/große Bedarfsdichte → internationaler Massenabsatz.

Die *Bedarfsintensität* soll die Wartebereitschaft der Kunden kennzeichnen. Uns interessieren vor allem die sich aus großer Bedarfsintensität ergebenden Vermarktungsmaßnahmen. Wenn Leben und Gesundheit von einem Produkt abhängen oder wegen eines Produktdefektes eine Produktionsanlage stillsteht (Leerkosten, Opportunitätskosten), dann wird rasche Belieferung gewünscht. Hohe Bedarfsintensität kann aber auch vom Versorgungsprinzip (→ Kanban-Prinzip) des weiterverarbeitenden Kunden beeinflußt werden.

Und mit *Bedarfsmenge* wollen wir schließlich die Konsequenzen erfassen, die sich daraus ergeben, ob ein einzelner für sich kauft (gering) oder ob z. B. eine Institution (auch Großfamilie) für viele einkauft (groß). Während Großabnehmer vielfach identifizierbar sind (z. B. im sogenannten Objektgeschäft), ist dies bei großer Bedarfsdichte wegen der Anonymität des einzelnen nicht mehr möglich.

In einer im Jahre 1983 durchgeführten Expertenbefragung (Pfeiffer 1983, S. 36 ff.) wurde die Effizienz dieser Produktausstrahlungseffekte deutlich bestätigt.

5.33 Zuordnung von Variablenausprägungen

Hatten wir uns in Abschnitt 5.1 gefragt, welche Produktmerkmale typisch dafür sind, damit die jeweilige Variablenausprägung gewählt würde, bauen wir jetzt auf diesem Wissen auf und ordnen nun den Produktausstrahlungseffekten die jeweils typischen Variablenausprägungen zu.

In einer ersten Veröffentlichung beruhten die Zuordnungen im wesentlichen noch auf eigenen Beobachtungen. Inzwischen wurden diese Beobachtungen vor allem durch Beratung „vor Ort", durch eine Vielzahl empirischer Einzelfalldarstellungen und durch die bereits erwähnte Expertenbefragung bereichert. Dabei bestätigte sich in der deutlichen Mehrzahl der Fälle die anfänglich gewählte Zuordnung. Während bei den Einzelfalldarstellungen häufig firmen- und produktspezifische Gründe für Abweichungen im Detail genannt wurden, zeigte sich bei der Expertenbefragung, daß sich bei 82 % der Zuordnungen eine Bestätigung ergab. Das hat dann dazu geführt, daß einige Variablenausprägungen jetzt nicht mehr auftauchen. Andere wurden deshalb beibehalten, weil wegen der Allgemeinheit des Modells ein zu geringer Auswahlfundus zu nachträglichen Ergänzungen zwänge. Das sollte vermieden werden.

Anstelle weiterer Tableaus haben wir die Zuordnungen konzentriert in die zwei folgenden Übersichten „gepackt".

		unternehmensorientiert									angebotsorientiert								nachfrageorientiert				
Produktausstrahlungseffekte / Variablenausprägungen		intelligente Spitzenprodukte	exklusive Spitzenprodukte	billige Massenprodukte	Standardprodukte	solide Produkte	Pionierprodukte	Me-too-Produkte	designorientierte Produkte	Spezialprodukte	hohes Leistungsniveau	starker Leistungswandel	hohe Modeabhängigkeit	Marktneuheit	hoher Individualisierungsgrad	hohe Erklärungsbedürftigkeit	starke Produktkonkurrenz	starke Produktgefährdung	hohes Produktimage	große Bedarfsweite	große Bedarfsdichte	hohe Bedarfsintensität	große Bedarfsmenge
Bedeutung																							
Servicepolitik	Zustellung	x	x	x	(x)	x	x	x	x	x								x				x	x
	Selbstabholung				x		(x)															x	
	Lieferbereitschaft			x	x	x		x		x	x	x	(x)				x					x	x
	Lieferzuverlässigkeit	x		x	x	x					x	x	x	x		x		x		x			
	gelieferte Produktqualität	x	x			x		x	x	x					x	x		x					
	Anpassung		x											x									
	Installation/Montage	x	x			x		x	x					x	x	x		x					
	Pflege/Wartung/Inspektion/Reparatur	x	x			x		x		x						x						x	
	Ersatzteilversorgung	x	x		x	x		x		x					x	x		x				x	
	Kundendienstselbstdurchführung	x	x			x	x		x							x						x	x
	Kundendienstdelegation			x	x	(x)		x												x			
	Garantieumfang	x	x					x	x	x				x		x	x		x				
	Garantiedauer	x	x				x	x	x	x				x		x	x	x					
	Verbraucherreferat	x	x			x		x	x	x				x		x		x					
Distributionspolitik	direkte Distributionsorgane	(x)					x	x		x	x	x			x	(x)	x	x					x
	indirekte Distributionsorgane	x	x	x	x	x	x	(x)	x		x		x	x					x	(x)	x	x	
	Reisender	x	x	x		x	(x)	x	x	x	x				x	x			x	x	x	x	x
	Vertreter		(x)	x		x		(x)					x	x						x			
	Messen	x						x						x									
	Spezialgroßhandlung							(x)		x								x		(x)	x	(x)		x
	Sortimentsgroßhandl.				x		x							x									
	Spezialgeschäft	x	x			x	x		x					x	x	(x)	x		(x)	x	(x)	x	x
	Fachgeschäft	x				x	x		x					x	x	x		x		x	x	x	
	Fachmarkt	x		(x)	x	x	x	x		x													
	Warenhaus			x	x	x	x	x	(x)					x				x			x	x	(x)	(x)
	Verbrauchermarkt			x	x	x		x										x					(x)
	Diskontgeschäft			x	x			x										x				(x)	(x)
	Zentrallager	x	x				x		x	x	x	x	x	x				x	x				
	Außenlager		x	x	x		x											x				x	x
	eigene Transportmittel		x		(x)						x					x				x	x		x	x
	fremde Transportmittel	x	x	(x)	x	x	x	x	x	x			x	x				x			x		
	schutzoptimierte Verpackung	x	x			x		x	x	x							x	x					
	transportoptimierte Verpackung		x	x	x		x											x					

Übersicht 257: Vermarktungsentscheidungen nach Produktausstrahlungseffekten I

Übersicht 258: Vermarktungsentscheidungen nach Produktausstrahlungseffekten II

Produktausstrahlungseffekte / Variablenausprägungen

Spaltengruppen: **unternehmensorientiert** (intelligente Spitzenprodukte – Spezialprodukte) · **angebotsorientiert** (hohes Leistungsniveau – starke Produktgefährdung) · **nachfrageorientiert** (hohes Produktimage – große Bedarfsmenge)

Variablenausprägung	intelligente Spitzenprodukte	exklusive Spitzenprodukte	billige Massenprodukte	Standardprodukte	solide Produkte	Pionierprodukte	Me-too-Produkte	designorientierte Produkte	Spezialprodukte	hohes Leistungsniveau	starker Leistungswandel	hohe Modeabhängigkeit	Marktneuheit	hoher Individualisierungsgrad	hohe Erklärungsbedürftigkeit	starke Produktkonkurrenz	starke Produktgefährdung	hohes Produktimage	große Bedarfsweite	große Bedarfsdichte	hohe Bedarfsintensität	große Bedarfsmenge
Entgeltpolitik – Bedeutung																						
untere Preislage			x	x			x															
mittlere Preislage					x	(x)	(x)	(x)														
obere Preislage	x	x				x				x	x	x			x	x		x				
Unterschwellenpreis			x				x														x	x
Überschwellenpreis	x	x								x	x				x	x		x			x	
Durchdringungspolitik			x				(x)						x								x	x
Abschöpfungspolitik	x	x				x				x	x				x	x		x				
Preiskonstanz	x	x			x					x	x	x						x			x	
Preisvariabilität			x				x							x					x	x		
Funktionsrabatte	x	x								x			x		x			x				(x)
Mengenrabatte			x	x			x											x			x	x
Einführungsrabatte													x									
kurzes Zahlungsziel	x	x					x											x				
Inzahlungnahme											x					x						
Leasing						x					x				x							
Kommunikationspolitik																						
Einzelumwerbung	x	x						x	x	x					x							x
Gruppenumwerbung	x	x				x	(x)	x		x								x				
Massenumwerbung			x	x	x	(x)	x	(x)								x				x	x	(x)
Leistungswerbung	x	x			x	x		x	x	x	x	x	x	x	x			x				
Preiswerbung			x	x			x											x				x
Basarstil			x	x																		
distinguierter Stil	x	x						x							x			x				
solider Stil					x																	
guter Beraterstil					x				x													
techn. Leistungsstil	x						(x)		x													
Leistungsschulung	x	x			x	x		x	x	x	x	x	x	x	x							
Präsentationsschulung	x	x					x			x	x							x				
Propagandisten						x	x								x					x		
Präsentationsmittel	x	x					x										(x)	x				
Displaymaterial					x										x		x					
Produktproben					x										x	x						
Preisausschreiben			x				x								x		x					
Presseinformation	x	x			x	x		x														
redaktioneller Beitrag	x					x																
Produktbemusterung	x	x			x	x		x														
Sponsorships	x	x			x																	
Product Placement					x																	
Anwendungsberater	x						x			x	x	x			x	x	x					
Gebrauchsanweisung	x	x	x	x	x	x	x	x							x		x			x		

Bei der Zuordnung haben wir einen jeweils spezifischen Schwerpunkt des Produktausstrahlungseffekts unterstellt (hoch, stark usw.). Eine Zuordnung wäre auch bei umgekehrter Bewertung möglich. Darauf verzichten wir, weil dies in Abschnitt 5.1 nicht vorbereitet wurde und weil die Aussagekraft auf jeden Fall nicht größer wäre. In einigen Fällen gelten die Zuordnungen nur unter besonderen Bedingungen (x). Deshalb haben wir entweder Alternativen (z. B. Zentrallager/Außenlager; Vertreter/Reisende; Preisdurchdringungspolitik/Preisabschöpfungspolitik) oder in Klammern die möglicherweise anderen oder zusätzlichen Variablenausprägungen erwähnt. So findet man Produkte hohen Individualisierungsgrades auch in Spezialgeschäften und nicht nur in dem von uns für stärker typisch gehaltenen direkten Distributionsweg. So können empfindliche Produkte eben auch indirekt abgesetzt werden, wenn die Distributionsorgane entsprechend eingerichtet sind. Produkte hoher Bedarfsintensität werden auch in den auf Massenabsatz spezialisierten Großformen des Einzelhandels angeboten, wenn die Umschlagsgeschwindigkeit hoch ist. Wenn die Bedarfsweite und -dichte groß ist, werden Produkte mit großen Bedarfsmengen auch indirekt in dafür geeigneten Distributionsformen verkauft. Dann empfiehlt sich auch Massenumwerbung, die bei direktem Absatz meist weniger stark ausgeprägt ist.

Die Variablenausprägungen haben wir auch geringfügig geändert. So haben wir auf die Ausprägungen „Skonto", „Treuerabatt" und „Lieferantenkredit" verzichtet, weil sie nur recht lockere Zusammenhänge zu Produktausstrahlungseffekten ergaben; es handelt sich eher um branchen- oder firmenspezifische Gepflogenheiten. Des weiteren haben wir etwas konkretisiert. Als Detailausprägung der Zahlungsweise haben wir die Inzahlungnahme erwähnt.

5.34 Das konkrete produktspezifische Vermarktungsmix

Nach diesen für das Verständnis notwendigen Überlegungen kann die konkrete Produktvermarktungsarbeit beginnen. Auch sie wird prozessual strukturiert, indem wir folgende Aufgaben erledigen:

(1) Bewertung eines Produktes anhand der Produktausstrahlungseffekte,
(2) Auswahl der markanten Produktausstrahlungseffekte,
(3) Hierarchisierung der Produktausstrahlungseffekte,
(4) Zuordnung der Variablenausprägungen zu den markanten Produktausstrahlungseffekten,
(5) Korrekturen am systematisch-deduktiv gewonnenen Vermarktungsmix,
(6) Schwerpunktbestimmung der Variablenausprägungen.

(1) Bewertung eines Produktes

Zuerst muß die Frage beantwortet werden, wer denn bewertet. Die gewählte hermeneutische Methodik verlangt, daß dies nur ein *Fachmann* tun kann. Um der Gefahr zu begegnen, durch Überschätzung des eigenen Produktes zu Fehlschlüssen zu gelangen, kann man beispielsweise einen sensiblen und kompetenten Händler eine Parallelbewertung vornehmen lassen.

Aufgrund der Marktdynamik muß man dann noch festlegen, für welches *Zeitintervall* die Bewertung vorgenommen werden soll, da nämlich einige Produktausstrahlungseffekte (z. B. die Produktziele, bei neuen Produkten das Produktimage) zukünftige, also Sollpositionen darstellen.

Hilfreich dürfte es sein, die gegenwärtige Unternehmenssituation einschließlich Konkurrenzumfeld um die am Ende der Planungsperiode erreichten Sollpositionen zu ergänzen.

Um nun die geforderte Bewertung vorzunehmen, müssen wir von einem konkreten Produkt ausgehen. Als Beispiel wählen wir den links abgebildeten iMac von Apple, der 1999 auf dem Markt eingeführt wurde. Der kompakte desktop-Rechner wurde bisher weltweit 2 Mio. Mal verkauft. Das ovoide Gehäuse ist aus transparentem Kunst

stoff und in sechs Farben erhältlich. Der Endverkaufspreis liegt je nach Ausstattung zwischen DM 2.299,— und DM 3.499,—. Das erstrebte Produktziel von Apple liegt in der Prägung eines neues Designstils für Computer. Darüber hinaus sollen anhand dieses leicht zu bedienenden Multi Media Rechners vor allem die Bereiche Internet und Bild-/Video- bzw. Tonbearbeitung einer breiten Nutzerschaft zugänglich gemacht werden.

Übersicht 259: iMac-PC von Apple

(2) Auswahl der markanten Produktausstrahlungseffekte

Als dominantes Produktziel läßt sich die *Designorientierung* herausstellen. PCs unterliegen einem *starken Leistungswandel*. Bei seiner Einführung handelt es sich um eine auffällige *Marktneuheit*, so ist es auch heute noch. Damit kann sich der iMac in starker Produktkonkurrenz zunehmend besser behaupten. Apple-Computer und speziell der iMac haben ein hohes *Produktimage* erworben. Computer werden weltweit nachgefragt (*Bedarfsweite*).

(3) Hierarchisierung der Produktausstrahlungseffekte

Bevor wir diesen Produktausstrahlungseffekten die jeweils passenden Variablenausprägungen zuordnen, müssen wir noch die Rangfolge dieser Ausstrahlungseffekte für das ausgewählte Produkt klären. Die Hierarchisierung hat den Zweck, Konflikte zwischen den Variablenausprägungen zu vermeiden, da das Dominanzprinzip bekanntlich ein Instrument zur Lösung von Konflikten ist. Wir entscheiden uns für folgende Rangfolge:

1. designorientiertes Produkt
2. hohes Produktimage
3. auffällige Marktneuheit
4. starker Leistungswandel
5. hohe Produktkonkurrenz
6. große Bedarfsweite

(4) Zuordnung der Variablenausprägungen

Um Raum zu sparen und um die Schematisierungsmöglichkeit der Zuordnung zu zeigen, wollen wir ein tabellarisches Vorgehen wählen. In der Kopfspalte von Übersicht 257, 258 sind die Produktausstrahlungseffekte aufgeführt, in der vertikalen die dazupassenden Variablenausprägungen. In der ersten Zeile wird die Rangstellung der einzelnen das Produkt charakterisierenden Produktausstrahlungseffekte angegeben. Wir beginnen mit der Zuordnung der Variablenausprägungen entsprechend demerstrangigen Produktausstrahlungseffekt (designorientiertes Produkt).

Dann wählen wir die Variablenausprägungen des zweitbedeutsamen Produktausstrahlungseffektes (hohes Produktimage) insofern, als diese Variablenausprägungen die bereits vorher angeführten in ihrer Wirkung sinnvoll ergänzen. So fahren wir analog bis zum 6. Produktausstrahlungseffekt (große Bedarfssweite) fort.

(5) Korrekturen

Unserer systematisch-deduktiven Vorgehensweise haftet etwas Starres an. Um den Besonderheiten eines Produktes, eines Herstellers, eines Marktes Rechnung zu tragen, empfiehlt sich ein besonderer Korrekturschritt. Auch diesen wollen wir strukturieren:

- Plausibilitätskorrekturen:

Zuerst können Plausibilitätskorrekturen notwendig werden. Anstelle eines Verbraucherreferates dürften chat-rooms, news groups etc. produktgeeigneter sein. Die Vorstellung des neuen Produktdesigns auf Messen (z. B. Cebit) liegt nahe. Neben der oberen Preislage muß auch der Überschwellenpreis erwähnt werden. Kürzere Zahlungsziele als die der Konkurrenz wird man kaum umdrehen können. Präsentationsmittel spielen nur eine geringe Rolle – das Produkt spricht für sich. Hilfen für redaktionelle Beiträge erscheinen empfehlenswert.

Hinsichtlich des hohen ästhetischen Innovationsgrades ist eine Anpassung an modische Strömungen nötig. Auch die Betonung der einfachen Internetnutzung durch den iMac, der hohe Konkurrenzdruck und der starke Leistungswandel verpflichtet dazu, sich den technologischen Entwicklungen in diesem Bereich flexibel anzupassen. In diesem Zusammenhang sollte auch die Entwicklung der korrespondierenden Software (Updates, Shareware etc.) sowie der Peripherieprodukte (Mouse, Drucker, Cards etc.) vorangetrieben werden. Die Konkurrenzsituation und die große Bedarfsweite legen Massenumwerbung nahe. Bezogen auf die subjektiv empfundene Komplexität und Erklärungsbedürftigkeit des Produktes und seinen Verwendungsbereich (vor allem Internet) ist eine fachgerechte Anwendungsberatung bzw. eine klar verständliche Gebrauchsanweisung notwendig. Um diese Qualität besonders im Rahmen der Anwendungsberatung zu gewährleisten, können Produktleistungs- und Präsentationsschulungen durchgeführt werden. Aufgrund des hohen Produktimages und der Marktneuheit des Produktes bietet sich die Distribution über den Fachhandel (Spezial- und Fachgeschäft, Fachmarkt, Spezialgroßhandel) und direkt über das Internet (Apple Store) an.

- traditionsbedingte Korrekturen:

Mit Ausnahme von Neugründungen hat jedes Unternehmen seine Geschichte. Das gilt auch für das bisherige Vermarktungsmix, das man selbst bei einem neuen Produkt nicht ohne Not grundsätzlich verändert. So führt Apple selbst Systemberatungen durch, hat aber auch freie Systemberater damit beauftragt.

- Innovationskorrekturen:

Ein anderer Nachteil unserer Vorgehensweise liegt darin, daß wir historische Erfahrungen unserem Vermarktungsmix zugrunde legen. Das innovative Moment kommt etwas zu kurz. Nun kann man zwar behaupten, daß wirkliche Vermarktungsmixneuerungen nur sehr selten vorkommen, daß das Alltagsgeschehen vorrangig von

Vergangenheitserfahrungen geprägt wird. Dennoch sollte man den Versuch, eine neue Kombination zu wagen, ein neues Instrument einzubauen, als Möglichkeit berücksichtigen. Beispielsweise wäre es denkbar, den iMac Werbeakademien zu einem Sonderpreis zur Verfügung zu stellen, damit die angehenden Werbeprofis in ihren Agenturen für den iMac werben. Darüber hinaus ist neben der Bestellung über das Internet auch eine individuelle Online-Anwendungsberatung durch Vernetzung des jeweiligen iMac's mit einem Apple Server denkbar. Weiterhin können Systemlösungen angedacht werden, in deren Rahmen der User keinen eigenen Rechner mehr besitzt, sondern sich von beliebigen Orten aus unter seinem persönlichen Paßwort in das Apple-Network einwählen kann und seine Ressourcen online nutzt.

- anspruchsbedingte Korrekturen:
In Abschnitt 3.421.2 haben wir uns Gedanken über Vermarktungsansprüche der Verwender, in Abschnitt 3.422.2 der Händler gemacht. Bei Direktabsatz ist es nun zweckmäßig zu überprüfen, inwieweit Abweichungen der Verwenderansprüche von den bisher festgelegten Vermarktungsinstrumenten vorliegen, bei indirektem Absatz wird man sowohl Händler- als auch Verwenderansprüche bezüglich der Vermarktung gemeinsam mit dem jetzt entwickelten Vermarktungsmix abstimmen müssen. Korrekturen können nach den Aspekten der Konkurrenzdifferenzierungsintensität, der Kosten und der Präferenzwirkung vorgenommen werden.

(6) Schwerpunktbestimmung
Für das gewählte Beispiel iMac müssen wir jetzt die aus den Übersichten 257 und 258 resultierenden Instrumente für die Budgetierung ordnen. Entsprechend dem ökonomischen Prinzip soll das gewählte Ziel (z. B. Marktanteil halten) mit dem geringstmöglichen Aufwand erreicht werden.

Welche Variablenausprägung soll man in den Vordergrund rücken? Wie soll man das Vermarktungsbudget verteilen? Auf welche Variablenausprägung soll man besondere Sorgfalt verwenden und welche soll man stärker bei der Mittelvergabe berücksichtigen? Formal läßt sich das Problem recht elegant durch marginalanalytische Überlegungen lösen. Die dazu notwendigen Prämissen

- Substitutionalität der Variablenausprägungen,
- Kenntnis der isolierten Wirkungen,
- Stetigkeit und Teilbarkeit der Wirkungen,
- Additivität der Teilwirkungen

scheinen uns jedoch nur wenig realitätsnah zu sein bzw. zuwenig unserem jetzigen Wissensstand über die Instrumentalwirkungen zu entsprechen. Wir müssen uns also auch hier wieder mit qualitativen Andeutungen begnügen, indem wir Determinanten für die Schwerpunktbildung schildern. Drei Determinantenbereiche ragen hervor:

- die gegenwärtige Marktsituation,
- die zukünftige Marktsituation,
- das Herstellerpotential.

Die *gegenwärtige Marktsituation* wird neben den eigenen Aktivitäten zum einen stark von den Präferenzen der Marktpartner (Händler, Verwender/Käufer) und zum anderen von den Maßnahmen der Konkurrenz geprägt. Dadurch wird der Erfolgsbeitrag der Variablenausprägung beeinflußt.

Die Marktpartner auf der Handelsseite sind am iMac besonders wegen seines hohen Images, seiner relativen Marktneuheit und seines vergleichsweise hohen Preises interessiert. Um diesen Intentionen des Handels nachzukommen, sollten verkaufsfördernde Maßnahmen der Produktleistungs- und Präsentationsschulung durchgeführt werden. Das kann die eigene Position gerade im Fachhandel stärken und somit den hohen Konkurrenzdruck mildern bzw. einen Preiskampf vermeiden. Der hohe Konkurrenzdruck erfordert darüber hinaus eine ständige Weiterentwicklung der technischen Leistungsfähigkeit und modischer Erneuerung.

Bezüglich der *zukünftigen Marktsituation* ist besonders die Entwicklung des Internet bzw. der darin vertretenen Netze (z. B. www, t-online, AOL, GTS) und die damit fortschreitende Konvergenz der Medien (TV., Internet, Radio, Telefon, Haustechnik etc.) von Bedeutung. Die Integration dieser Entwicklungen sowohl im Rahmen der Produktgestaltung als auch im Zuge der Vermarktung wird entscheidend sein. Weiterhin wird die Konkurrenzintensität durch andere Computerhersteller (z. B. Dell, IBM, Compaq) aber auch durch Service- und Nutzanbieter weiter zunehmen.

Hinsichtlich des *Herstellerpotentials* geht es im konkreten Fall um die Stärkung des designorientierten Firmen- und Produktimages durch eine poppige Leistungswerbung. Darüber hinaus ist so das positive Image, das Apple als Anbieter von Graphiksystemen erworben hat, auf den Bereich der „Normal-Nutzer" weiter zu übertragen.

Für das betrachtete Produkt ergeben sich folgende mögliche Schwerpunkte, die sich im Zeitverlauf verschieben können:

I   Produktleistungs- und Präsentationsschulung
    Leistungswerbung in zieladäquaten Medien (Internet)
    Anwendungsberatung (online)

II Redaktionelle Beiträge

Hohe Lieferzuverlässigkeit und -qualität

Preiskonstanz,

Obere Preislage

III Spezial- und Fachgeschäft

Fachmarkt

Spezialgroßhandlung

Direkte Distribution online (Apple store)

Präsentationsmittel

Schutz- und transportoptimale Verpackung

IV Kundendienstdelegation

Zustellen

Lange Erstatzteilversorgung

Lange Garantiedauer

Weiter Garantieumfang

Prophylaktisch sei bereits an dieser Stelle darauf hingewiesen, daß die Bewertung eines Produktes anhand der entwickelten Produktausstrahlungseffekte wie auch die Variablenzuordnung zu diesen Produktausstrahlungseffekten nicht etwas Konstantes, ein für allemal Gültiges darstellen, sondern vielmehr dynamischen Entwicklungen unterliegen, die ständig überprüft werden müssen (siehe hierzu insbesondere Kapitel 6).

Worin liegen nun die Vorteile dieser Vorgehensweise?

- Der intuitiven Alternativenauswahl und -kombination wird eine systematische Vorgehensweise an die Seite gestellt (Vollständigkeit).

- In vielzähligen Diplomarbeiten wurde bei der Aufarbeitung praktisch realisierter Vermarktungsmixe für völlig unterschiedliche Produktbereiche die Leistungsfähigkeit der Vorgehensweise nachgewiesen (Anwendbarkeit).

- Innerhalb weniger Stunden konnten Studenten, die vorher mit dem Produktmarkt vertraut gemacht wurden, ein Vermarktungsmix entwickeln, das nicht selten interessante Anhaltspunkte für zusätzliche oder alternative Variablenausprägungen enthielt (Schnelligkeit).

- Die Transparenz der Vorgehensweise erleichtert die Kommunikation sowohl in der eigenen Unternehmung als auch nach außen (z. B. mit der Werbeagentur) (Eindeutigkeit). Dieses auf mittlerem Abstraktionsniveau befindliche Vermarktungsmix kann nun noch verfeinert werden. Dazu lassen sich dann auch quantitative Verfahren benutzen.

5.35 Prognosen im Bereich Vermarktung

Unter Zuhilfenahme der bekannten Prognoseverfahren (siehe Abschnitt 2.533) lassen sich im Bereich Vermarktung zukünftige Veränderungen vorhersehen, die es gestatten, schon heute das Vermarktungsmix an neue Situationen anzupassen. Die folgende Übersicht macht die Verfahrenszuordnung deutlich.

Prognose- verfahren Vermarktungs- instrumente	Primärstatistische Verfahren	Sekundärstatistische Verfahren	Intuitive Verfahren	Systematisch-analytische Verfahren	Indikatorverfahren	Analogieverfahren	Delphi-Verfahren	Szenario-Verfahren
Variationsprognose bezüglich der Variablenausprägung	x	x		x	x	x	x	x
Restriktionsprognose bezüglich der Variablenausprägungen	x	x		(x)	x	x	x	x
Innovationsprognose bezüglich der Variablenausprägung	x	x	(x)	x	x	x	x	x

x = Zuordnung möglich   (x) = Zuordnung nur bedingt möglich

Übersicht 260: Prognoseverfahren im Bereich Vermarktung (Quelle: Umminger 1990, S. 208)

5.4 Marketingkontrolle

Jede Tätigkeit sollte daraufhin kontrolliert werden, ob sie zur Zielerreichung führt. Als Ziele haben wir Basis-, Funktionsbereichs- und Instrumentalziele (insbesondere Produktziele) genannt. Wieweit trägt das nun entwickelte Angebot zur Realisierung dieser Ziele bei?

Über die Produktwirkungskontrolle haben wir uns schon Gedanken gemacht (siehe Abschnitt 4.5). Eine Kontrolle der Wirkungen der ausgewählten Vermarktungsinstrumente, wie man sie jetzt wahrscheinlich erwarten würde, scheint uns nicht ganz sinnvoll zu sein. Bei einer derartigen Kontrolle bleiben die uns so wichtig erscheinenden Interdependenzwirkungen der Instrumente einschließlich der Produktpolitik unbeachtet. Deshalb steht jetzt das gesamte Marketingpaket auf dem Prüfstand.

Die Kontrolle kann unterschiedlich erfolgen. Man steht zuerst einmal vor der grundsätzlichen Entscheidung, ob man sofort mit der Markteinführung beginnen soll oder ob man die Erfolgswahrscheinlichkeit erst einmal in einem kleinen Bereich testet, um bei erfolgreich bestandenem Test oder nach Abwandlung des Marktangebots bei begrenztem Testerfolg dann an den Gesamtmarkt heranzutreten.

5.41 Ex-post- oder ex-ante-Kontrolle?

In den meisten Modellen der Neuproduktplanung findet man vor der Markteinführung eine Kontrollstufe. In der Realität findet man sowohl erfolgreiche Unternehmen, die sehr testintensiv arbeiten, als auch solche, die sich sehr testkritisch verhalten. Für beide Positionen stehen gewichtige Gründe.

(1) Für die ex-ante-Kontrolle spricht, daß es kostengünstiger ist, vor der Marktinvestition zu prüfen, ob sie sich denn auch lohnt, ob sie das bewirkt, was man prognostiziert hat. Bekanntlich soll man ja schlechtem Geld kein gutes hinterherwerfen. Außerdem muß man abwägen, wieweit das Firmenimage bei einem Angebotsflop beim Handel und/ oder Käufer leidet. Für den Handel ist die Aufnahme eines neuen Produktes bei einem meist sowieso schon zu prallen Sortiment mit erheblichen Problemen verbunden (z. B. Orderverhalten, Mitarbeiterschulung, Regalplazierungen). Wenn man ihn von dem neuen Produkt überzeugt hat und das Produkt doch ein Mißerfolg wird, so ist das für ihn nicht nur mit Kosten, sondern meist auch mit Erlösrückgängen verbunden. Ein Unternehmen mit sehr niedriger Flopquote hat beim Handel eine günstige Verhandlungsposition.

Auch der Verwender ärgert sich über Angebote, bei denen er im nachhinein feststellt, daß sie seinen Vorstellungen doch nicht entsprechen, oder, wenn er nachkaufen will, bemerkt, daß es dieses Produkt nicht mehr gibt, weil sich der Hersteller zur Angebotseinstellung entschlossen hat.

(2) Einige Argumente sprechen allerdings gegen eine ex-ante-Kontrolle „um jeden Preis" und damit für die ex-post-Kontrolle, für eine Kontrolle, nachdem das Produkt am Markt eingeführt wurde.

Die Kontrolle in einem für den gesamten Markt repräsentativen Teilmarkt setzt die Möglichkeit des Schließens vom Kleinen aufs Große voraus. Über die Probleme, die mit der Repräsentanz zusammenhängen, ist manches geschrieben worden (Höfner 1966, S. 43 ff.). Dies wollen wir hier nicht wiederholen. Darüber hinaus setzt die Überlegung, erst einmal auf einem kleinen Markt oder im Kleinen die Angebotswirkungen zu überprüfen, doch voraus, daß es sich um Angebote für viele (große Bedarfsdichte) bei großer Verteilung (große Bedarfsweite) handelt. Für Produkte mit hohem Individualisierungsgrad und damit geringer Bedarfsdichte erübrigen sich diese Testmarktüberlegungen.

Ein weiterer Grund, der gegen ex-ante-Kontrollen sprechen kann, liegt darin, daß nicht genügend Zeit zum Testen zur Verfügung steht. Weiß man, daß die Konkurrenz an einem ähnlichen Angebot arbeitet und ebenfalls kurz vor der Markteinführung steht, kann der Wunsch, das Pionierimage für sich in Anspruch zu nehmen, stärker als das Sicherheitsbemühen (ex-ante-Kontrolle) sein. Daß dieses Handeln unter „Zugzwang" riskant ist, sei jedoch noch einmal besonders betont.

Aus einem anderen, hiermit jedoch verwandten Grund, kann man sich auch gegen die ex-ante-Kontrolle entscheiden. Ist der Novitätsgrad des neuen Angebots nicht allzu hoch, besteht also die Gefahr, daß die Konkurrenz aus einer testweisen Angebotseinführung schnell Rückschlüsse für die eigene Angebotsmodifikation ziehen kann, um dann den späteren Markteinführungserfolg wesentlich zu schmälern, wird man versuchen müssen, die „eigene Fährte zu verwischen". Ex-ante-Kontrollen verbieten sich von selbst.

Zu einer ex-post-Kontrolle kann man auch deshalb gezwungen werden, weil das Vermarktungsmix eine Gebietsverkleinerung nicht zuläßt. Hat man beispielsweise einen Kommunikationskanal gewählt, der nicht gesplittet werden kann (z. B. Insertion in den Zeitschriften „Architektur und Wohnen", „Schöner Wohnen") und kann man unterstellen, daß diese kommunikationspolitische Maßnahme den Markterfolg nicht unmaßgeblich beeinflussen wird, scheint eine ex-ante-Kontrolle wenig sinnvoll zu sein.

Dennoch dürften die für die ex-ante-Kontrolle genannten Gründe so gewichtig sein, daß man grundsätzlich immer versuchen sollte, sie zu ermöglichen. Dazu muß jedoch die Relativität der Aussagen bedacht werden. Eine Zeitpunktanalyse sagt nur begrenzt etwas über morgiges Verhalten aus. Dynamisches Verwenderverhalten (z. B. infolge Lernens) wird nicht erfaßt.

5.42 Kontrollverfahren

Mit einer Vielzahl von Verfahren kann kontrolliert werden, ob unser Gesamtangebot den Erwartungen entspricht. Für besonders erwähnenswert halten wir:
- den Storetest,
- den Markttest,
- die Panelerhebung,
- den Imagetest,
- die Vertriebskosten- und Vertriebserfolgsrechnung.

Während der Store- und Markttest vorrangig als ex-ante-Kontrollverfahren eingesetzt werden, eignen sich die Panelerhebungen, der Imagetest und die Vertriebskosten- und -erfolgsrechnung besonders zur ex-post-Kontrolle.

(1) In ausgewählten Geschäften wird beim *Storetest* (Nieschlag/Dichtl/Hörschgen 1991, S. 729) beobachtet, wie sich der Kunde bei der Konfrontation mit dem neuen Produkt verhält. Durch dieses Testverfahren wird das Spektrum der untersuchbaren Marketinginstrumente begrenzt. Der erste Produkteindruck, das ausgewählte Distributionsorgan, der Preis und einige Distributions-Promotionsmaßnahmen lassen sich testen; andere Produktaspekte und Vermarktungsinstrumente entziehen sich zwangsläufig der Kontrolle. Da es sich um ein zeitlich und umfangmäßig (z. B. 20-30 Geschäfte) eng begrenztes Verfahren handelt, sind allenfalls erste Hinweise möglich. Aufgrund der einigermaßen überschaubaren Testbedingungen können die Ergebnisse dazu führen, das Angebot zu modifizieren, um Akzeptanzänderungen experimentell zu beobachten. Die Aussagekraft dieser Beobachtungen ist jedoch infolge der Realitätsferne stark beschränkt.

(2) Wendet man sich bei *Markttestverfahren* bestimmten ausgewählten Testmärkten zu, kann das Gesamtangebot bezüglich seiner Marktwirkungen geprüft werden. Man muß einen abgrenzbaren Teilmarkt finden, der einen Einsatz des gesamten Angebotsinstrumentariums zuläßt und der dem späteren Gesamtmarkt im wesentlichen entspricht. Zweckmäßigerweise wird dem Testmarkt ein Kontrollmarkt gegenübergestellt, um die Auswirkungen verschiedenen Variableneinsatzes zu überprüfen. Bei der Interpretation muß etwas realitätsfern unterstellt werden, daß die Angebotsauswirkungen nur von den eigenen Aktionen abhängen und daß die Gebiete in ihrer Struktur gleich sind. Der innerhalb der Werbewirkungsforschung bekannte GfK Behavior Scan in Haßloch stellt eine derart quasi-experimentelle Versuchsanordnung dar. Während des Markttests werden die Wirkungen ständig kontrolliert; das setzt einmal die Mitarbeit der ausgewählten Distributionsorgane voraus, und zum anderen müssen die eingesetzten Marketinginstrumente variabel sein, um im Falle nicht erreichter Akzeptanzgrade nach neuen Instrumentalmixen zu suchen. Das ist jedoch bei den nur langfristig änderbaren Instrumenten (z. B. Kommunikationskampagne, Kundendienstmaßnahmen) nicht möglich. Dadurch werden die Markt-Testaussagen im wesentlichen auf Hinweise „erfolgreich – nicht erfolgreich" beschränkt.

(3) Die Nutzung von *Paneldaten*, die durch spezialisierte Marktforschungsunternehmen (GfK, G&I, Nielsen) erhoben und bereitgestellt werden, stellt eine weitere Kontrollmöglichkeit dar. Durch wiederholte Befragung (Verbraucherpanel) oder durch Beobachtung (z.B. Einzelhandelspanel) einer annähernd gleichbleibenden Stichprobe von Zielpersonen erhält man Anhaltspunkte über Marktreaktionen im Zeitablauf. Panel-

daten sind auch deswegen von besonderer Aussagekraft, weil sie neben Daten zum eigenen Angebot die selben Größen der Konkurrenzangebote gleichfalls transparent machen.

Haushaltspanel enthalten Kontrollinformationen über produktspezifisches Einkaufsverhalten, z.B. über Einkaufsmengen, Marken- und Einkaufsstättentreue, Mediennutzung sowie in begrenztem Umfang auch über die Auswirkungen von Preis- und Werbeaktionen und zwar untergliedert nach Geschäftstypen, Organisationen, Regionen und Marktsegmenten (Milde 1995, Sp. 1976). Allerdings ist die Repräsentativität dieser Paneldaten wegen der Phänomene Panelsterblichkeit, Overreporting und Panelerstarrung (Meffert 1998, S. 156) nicht bedingungslos gegeben, dies schränkt die Nutzbarkeit der Daten ein. Handelspanel informieren z. B. über Umsatzentwicklungen (Absatzvolumina und Marktpreise), Umschlagsgeschwindigkeiten, Aktionserfolge, Markttrends, Preiselastizitäten, Distributionswanderungen, Entwicklungen von Neuprodukteinführungen (Milde 1995, Sp. 1971 f.) und zwar sowohl im allgemeinen, aber auch für einzelne Marken, Sorten usw. Werden die Daten im Handel per Scanner erfaßt (Scannerpanel) und an die Marktforschungsinstitute zur Verarbeitung weitergegeben, so stehen sie zeitnah zur Verfügung. Problematisch ist die unterschiedliche Marktabdeckung (Coverage) der Panel, dies führt zu ungleichmäßiger Markttransparenz (Meffert 1992, S. 219).

(4) Die für unsere Fragestellung wichtigsten Verfahren entstammen der Imageforschung (Johannsen 1971; Trommsdorff 1975; Richter 1977). Bereits bei den Überlegungen, wovon Ansprüche abhängen (siehe Abschnitt 2.3) wiesen wir darauf hin, daß wir noch wenig darüber wissen, wie Stimuli vom Adressaten verarbeitet werden. Das bedeutet ganz simpel, daß die gewählte Maßnahme nicht unbedingt die intendierte Wirkung erzielen muß. Der *Imagetest* soll nun Aufschlüsse über die beim Adressaten feststellbaren Wirkungen geben.

Kontrolliert werden kann das Gesamtangebotsimage und das der einzelnen Angebotsmodalitäten. Vorrangig wird das Produktimage getestet. Haben sich die Produktleistungen in entsprechenden positiven Bewertungen beim Verwender niedergeschlagen? Welche Produktleistungen werden von ihm wie bewertet? Sind vorhandene Produktleistungen in der Bewertung untergegangen? Das kann beispielsweise im mangelnden Kommunikationserfolg begründet sein. Wie wird das eigene Produkt im Verhältnis zu Konkurrenzprodukten bewertet? Wie wird es im Verhältnis zum Idealprodukt bewertet? Hat man das gesteckte Produktziel erreicht? Über das Messen von Einstellungen gibt es umfangreiche Literatur (vgl. Kroeber-Riel/Weinberg 1999, S. 188 ff.).

(5) Innerhalb des Unternehmens fallen während der Markteinführung vielfältige Informationen an, die sich nutzen lassen. Neben verschiedenen statistischen Aufbereitungen (z. B. Reklamationsstatistik, Kundenbesuchsstatistik) kommt den *Vertriebskosten-* und *-erlösrechnungen* große Bedeutung zu. Die Feststellung der Vertriebskosten, ihre Bewertung und Verteilung bereitet erhebliche Probleme (Hessenmüller 1966; Nieschlag/Dichtl/Hörschgen 1997, S. 966 ff.). Zwar kann man feststellen, welche Kosten eine Kommunikationsmaßnahme, die Betreuung der Kunden, die Entwicklung eines Produktes, Lagerungs- und Transportmaßnahmen, Kundendienstaktivitäten verursacht haben, welchen Erlösen soll man sie aber gegenüberstellen? Würde man die Produkterlöse heranziehen, für die die jeweiligen Maßnahmen schwerpunktmäßig gewählt wurden, ließe man außer acht, daß die meisten Maßnahmen sich nicht nur auf ein Produkt erstrecken, vielmehr Verbundwirkungen haben, daß die Interdependenzen der Wirkungen zwischen den Maßnahmen verschüttet werden, daß die Wirkungen nicht nur von den kostenverursachenden Maßnahmen des Unternehmens selbst, sondern auch von anderen Marktdaten geprägt werden (z. B. Veröffentlichungen der Zeitschrift „test"). Wenn es gelingt, marktrelevante Erfolgsblöcke zu Absatzsegmenten zusammenzufassen, dann lassen sich für sie (z. B. für Abnehmergruppen, Absatzgebiete, Produktgruppen) Leistungsrechnungen durchführen. Hierbei unterscheidet man die Möglichkeit der Vollkosten- und der Teilkostenrechnung (Deckungsbeitragsrechnung). Was sie leisten können und wozu sie nicht imstande sind, wurde ausführlich an anderen Stellen beschrieben (Geist 1975; Böcker/Dichtl 1975).

5.43 Kontrollkonsequenzen

Stellt sich heraus, daß man mit dem neuen Angebot den Marktanforderungen entspricht und damit die eigenen Erwartungen erfüllt werden können, erübrigen sich weitere Überlegungen. Den anderen Extremfall des totalen Mißerfolgs wird man zwar auch im Auge behalten müssen, wir hoffen jedoch, durch unser heuristisches Vorgehen dazu beigetragen zu haben, daß diese in der Realität allerdings häufig zu beobachtende Möglichkeit wesentlich reduziert werden kann. Für wahrscheinlicher halten wir den Fall, daß das Angebot zwar kein Mißerfolg wird, aber auch nicht ganz den Erwartungen entspricht.

Wie bereits die hier gewählte Überschrift erkennen läßt, entsprechen die jetzigen Überlegungen den bereits im Rahmen der Produktkontrolle (siehe Abschnitt 4.5) dargestellten Gedankengängen, wobei wir uns nun auf die umfangreichere Fragestellung der Gesamtangebotskontrolle konzentrieren müssen.

Ansatzpunkte für die Angebotsmodifikation bieten alle bereits beschriebenen Tätigkeitskomplexe:

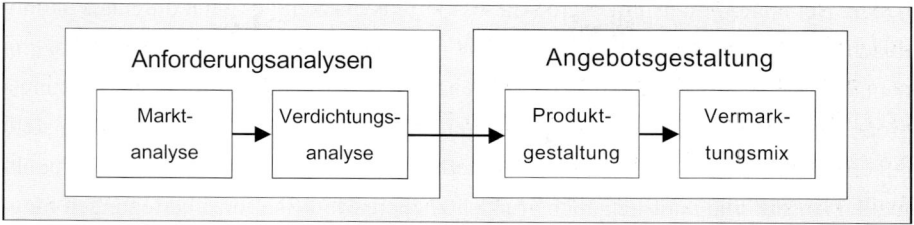

Übersicht 261: Anhaltspunkte für die Angebotskontrolle

Die genannten Verfahren geben in unterschiedlicher Intensität Anhaltspunkte für modifizierende Überlegungen bei den verschiedenen Tätigkeitskomplexen. Auch hier stehen uns grundsätzlich drei Modifikationswege offen:

(1) Man versucht, dadurch eine bessere Marktwirkung zu erzielen, daß man beim letzten Tätigkeitskomplex mit Modifikationsüberlegungen beginnt. Diese Alternative wollen wir als „Symptomweg" bezeichnen. Man geht weniger den Ursachen auf den Grund. Man verändert die Kombination und Intensität der Variablenausprägungen. Möglicherweise liefern Storetest, Markttest oder Panelerhebung direkte Hinweise für Korrekturen (z. B. andere Werbemedien, andere Distributionsorgane). Es kann sich beim Markttest auch herausstellen, daß die Produktbewertung anhand der Produktausstrahlungseffekte nicht ganz den Marktgegebenheiten entspricht und damit grundsätzlichere Modifikationen notwendig werden. Lassen die Daten so eindeutige Rückschlüsse auf die Vermarktungsmixmodifikation zu, verspricht dieser kurze „Symptomweg" Erfolg.

(2) Grundsätzlicher sind die Modifikationsüberlegungen, wenn man den Hebel bei der Anforderungsanalyse ansetzt. Diese Alternative wollen wir als „Ursachenweg" bezeichnen. Imagetests und Markttestergebnisse können Anhaltspunkte dafür liefern, daß man Fehler bei der Anspruchssammlung und -auswahl begangen hat, daß man sich beispielsweise bei der Zielgruppe etwas geirrt hat. Je unsicherer man sich über die mögliche Fehlerquelle ist, um so notwendiger wird der lange Ursachenweg sein.

(3) Weniger genau kann der Ansatzpunkt beim „Schwachstellenweg" vorgezeichnet werden. Selbst wenn man bezüglich der Fehlerquelle etwas „im Dunkeln tappt", kann man doch häufig beobachten, daß diejenigen, die an der Angebotsverwirklichung be-

teilig waren, übereinstimmende Fehlervermutungen äußern. Sie haben das Gefühl, an dieser oder jener Stufe des Entwicklungsprozesses nicht sorgfältig genug gearbeitet zu haben. Bei hohem Plausibiltätsgrad dieses Gefühls erscheint es dann durchaus ökonomisch sinnvoll, an dieser oder jener Stelle mit Modifikationsüberlegungen zu beginnen. So können die Paneldaten beispielsweise ergeben haben, daß die eigene Packungsgröße trotz Zweckmäßigkeit weniger als andere geschätzt wird. Entweder man stellt auf eine andere Größe um oder man erweitert das Produktangebot. Neben diesem punktuellen Ansatz sind natürlich auch grundsätzlichere Modifikationsüberlegungen möglich. Dazu ist es dann nötig, das Problem, das man definiert, genau zu umreißen, um nun den Modifikationsweg wieder systematisch beschreiben zu können.

6 Anpassungsanalyse

Gehen wir davon aus, daß unser Produkt so vom Markt akzeptiert wurde, wie wir das geplant haben, wobei durchaus positive oder negative Planabweichungen mit einkalkuliert wurden. Es ist jedoch höchst unwahrscheinlich, daß dieser Zustand der „heilen Welt" ewig erhalten bleibt. Eine dynamische Betrachtung wird nötig, weil
- sich eigene Ziele und Potentiale im Zeitablauf ändern können,
- es unwahrscheinlich ist, daß die Wünsche der Kunden im Zeitablauf konstant bleiben und daß sich die Zusammensetzung der Kundschaft nicht ändert,
- im Regelfall die Konkurrenz nicht schläft, sie vielmehr versucht, uns mit besseren Angeboten unseren Marktanteil streitig zu machen.

Daraus ergibt sich die Konsequenz, ständig den Markt zu beobachten. Hieraus können sich Anzeichen für Angebotsvariationen, insbesondere Produktvariationen, ergeben. Aber auch aus der Änderung der eigenen Position lassen sich Variationsnotwendigkeiten ableiten. Wir müssen somit die Störgrößen prüfen. Noch professioneller als ihre *Konstatierung* ist jedoch die *Prognose*. Als Anhaltspunkt für die wiederum prozessuale Struktur der Anpassungsanalyse dient Übersicht 262.

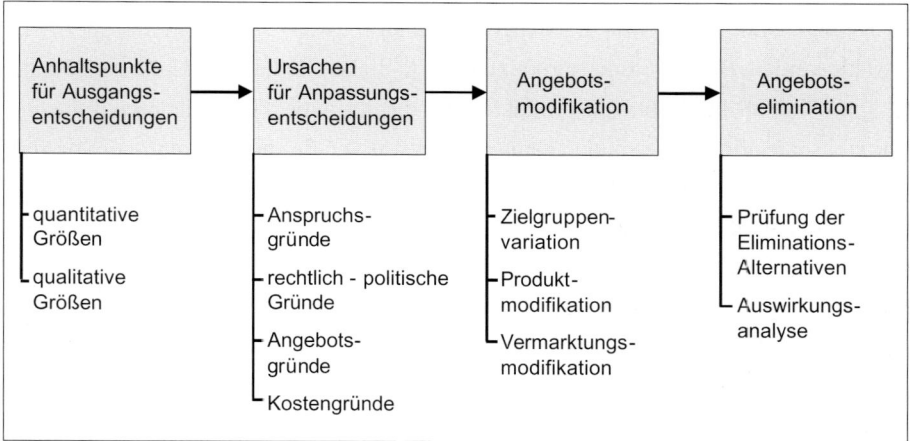

Übersicht 262: Der Entscheidungsprozeß bei Angebotsanpassungen

6.1 Diagnose der Störgrößen

Ein rückläufiger Marktanteil, sinkende Deckungsbeiträge, fallender Umsatz bei gleichzeitigem Wachstum der Branche mögen einige bekannte Anhaltspunkte dafür sein, daß man über Angebotsanpassungsmaßnahmen intensiv nachdenkt. Welche Störgrößen lassen sich isolieren (vgl. ausführlicher Röttgen 1980, S. 70 ff.)?

6.11 Anhaltspunkte für Anpassungsentscheidungen

In dieser ersten sondierenden Phase geht es ähnlich wie bei der Screening-Phase darum, die Produkte auszusondern, über die sich das Nachdenken zwecks Anpassung lohnt. Ein anpassungsverdächtiges Produkt ist aber noch lange kein anpassungswürdiges Produkt, so wie ein Tatverdächtiger noch lange kein Täter sein muß. Die Spannweite der Fingerzeige für die Anpassungsverdächtigkeit kann sehr breit sein. Wir wollen zwischen *quantitativen* und *qualitativen* Größen unterscheiden.

6.111 Quantitative Größen

Hier erscheint eine Unterteilung in einfache und komplexe Anhaltspunkte hilfreich. Zu den einfachen, quantitativen Anhaltspunkten zählen wir *Mengenrückgänge*, *Absatzpreisrückgänge* und *Kostensteigerungen*. Diese relativ einfachen Daten kann das Rechnungswesen (Kostenrechnung, Controlling) zur Verfügung stellen.

Was heißt aber *Mengenrückgang*? Werden Werte gegenüber dem Vormonat, dem Vergleichsquartal usw. verglichen? So leicht das festzustellen ist, so wenig aussagefähig kann eine solche Angabe sein. Sinnvoller dürfte der Vergleich mit der geplanten Menge sein. Die Zeiträume für die Mengenvergleichsmessung müssen produktspezifisch gewählt werden. Bei Verbrauchsprodukten des täglichen Bedarfs sind kürzere Zeiträume sinnvoller als bei Gebrauchsprodukten, für die der Aspekt der Wiederkaufrate erst sehr viel später eine Rolle spielen kann. Bei innovativen Produkten kommt es vor, daß nach ersten umfangreichen Probekäufen (Neugierde der Innovatoren) die Absatzmenge plötzlich stark zurückgeht und erst jetzt der zähe Penetrationsprozeß beginnt. Es können also Fehler in der Mengenplanung vorliegen. Bei innovativen Gebrauchsprodukten kann die Gewöhnungsbedürftigkeit zu einer für den Unerfahrenen überraschend zurückhaltenden Akzeptanz führen.

Etwas komplizierter ist der Vergleich der eigenen Absatzmenge mit der in der gesamten Branche eines umgrenzten Marktes abgesetzten Menge, der Veränderung des eigenen stückbezogenen Marktanteils (vgl. Abschnitt 3.13). Die Kenntnis des Marktvolumens (in Stück) und der Absatzmenge des Konkurrenten ist meist nur unter Schwierigkeiten oder mit nicht unbeträchtlichem Aufwand (z. B. über Handels-, Haushaltspanels) zu erhalten. Wichtig für Anpassungsüberlegungen ist es nicht nur zu wissen, daß der eigene Marktanteil gesunken ist und um wieviel; darüber hinaus benötigt man *Schwellenwerte* – dies gilt natürlich auch für die absoluten Mengenangaben – die gleichsam Schmerzschwellen anzeigen. Dazu können Mindestplanmengen zählen, deren Unterschreiten infolge von Leerkosten zu Verlusten führen würde, oder es handelt sich um Periodenplanmengen, deren Erreichen man sich zum Ziel gesetzt hat.

Eine nur partiell von der Menge unabhängige Größe (und vice versa) ist der *Preis*. Bei stark kostenorientierter Kalkulation ist der Preis mengenabhängig, andererseits kann der Preis Mengen-(Absatz-)steigerungen bzw. -rückgänge verursachen. Es kommt aber auch der Fall vor, daß sich Preisänderungen unabhängig von Mengenänderungen einstellen, und das erfüllt unsere ceteris-paribus-Bedingung. Stellt man fest, daß der eigene erzielte Durchschnittspreis für das Produkt X gegenüber der Vorperiode gesunken ist, wird man vor dem Läuten der Alarmglocken zu prüfen haben, ob das eine Branchenerscheinung ist – auch die erzielten Durchschnittserlöse der Konkurrenz sind im gleichen Ausmaß gesunken – oder ob dies ein firmenspezifisches Problem ist. Auch gilt es wieder, nach der Feststellung des Tatbestandes festzuhalten, in welchen Grenzen sich der Preisrückgang bewegt. Diese Grenzen sollten bei der Einführungsplanung fixiert werden, sie sind zielabhängig. Liegt der gesunkene Preis noch oberhalb des Break-even-Punktes, ist der Entscheidungsdruck noch mäßig. Bewegt sich der Preisrückgang aber bereits stetig auf den Break-even-Punkt zu, gewinnen Anpassungsüberlegungen an Gewicht.

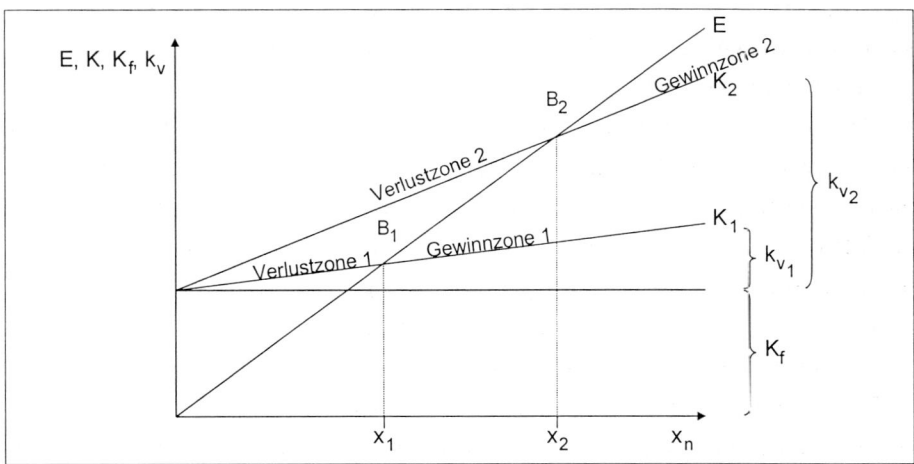

Übersicht 263: Break-Even-Analyse mit veränderten variablen Kosten

Die bereits angeschnittene Frage nach der Abhängigkeit bzw. Unabhängigkeit der Variablen trifft auch für den nächsten Anhaltspunkt *Kostensteigerungen* zu. Der zumindest in bestimmten Grenzen mögliche Effekt der mengenbedingten Stückkostendegression ist ja bekannt. Wir gehen wiederum von der ceteris-paribus-Bedingung aus, daß die Preise konstant bleiben, während die variablen Kosten ansteigen. Betrachten wir Übersicht 263, so sieht man, daß die Gesamtkostenkurve aufgrund erhöhter variabler Kosten steiler ansteigen kann (K_2) als in einer anderen Kostensituation (K_1). Dadurch verschiebt sich der Break-even-Punkt von B_1 nach B_2. Die Gewinnschwelle B_2 kann erst durch eine erhöhte Absatzmenge (X_2) erreicht werden.

Verschiedene, durch höhere Mengen gekennzeichnete Break-even-Punkte sind denkbar, die Gewinnzonen verschieben sich nach rechts oben. Befindet man sich im unteren Bereich der Gewinnzone und hat man weder die Chance einer merklichen Stückerlössteigerung (damit steilerer Verlauf der Gesamterlösgeraden) noch einer Mengensteigerung (z. B. über X_2 hinaus), dann findet man sich in der Verlustzone wieder. Ebenso wie sich bei den Anhaltspunkten Mengen- und Preisrückgang ein Vergleich der Unternehmens- mit der Branchensituation anbietet, sollte man die eigene Kostensteigerung mit der Kostenlage innerhalb der Branche vergleichen. Liegt das eigene Kostenniveau deutlich über dem Branchenniveau, hat man es möglicherweise in der Hand, durch eigene Maßnahmen die Kostensteigerungen wieder rückgängig zu machen oder für einen späteren langsameren Kostenanstieg zu sorgen. Ist der Kostenanstieg ein Branchenproblem, ebenso wie Mengen- und Preiskonstanz, dann gewinnt dieser Anhaltspunkt an Gewicht für eine Anpassungsentscheidung. Der Kostenanstieg kann weiterhin nach der Intensität (stark/schwach) und der zeitlichen Entwicklung (kontinuierlich/sprunghaft) differenziert werden. Es mag auch noch sinnvoll sein, Relationen zu anderen, für das Produkt relevanten Bereichen mit in die Überlegungen einzubeziehen (z. B. Steigerung der Lebenshaltungskosten, Einkommensniveau).

Aus diesen einfachen quantitativen Größen setzt sich die komplexe Größe „Gewinn" zusammen. Dabei interessiert neben der zeitpunktbezogenen vor allem die zeitraumbezogene Betrachtung. Vorrangig wird in der Praxis der Gewinn/Verlust als Anhaltspunkt für Anpassungsüberlegungen genannt. Man kann dabei von der Vollkostenrechnung, wie im folgenden Beispiel, ausgehen:

Produkt	Absatz-menge	Einzelkosten des Produkts		Gemein-kosten	Erzielbarer Marktpreis je Stück		Gewinn
		DM je Stück	Stück x DM		DM je Stück	Stück x DM	
	in Stück	in DM	in DM	in DM	in DM	in DM	in DM
A	1.200	10	12.000	3.600	14,99	17.988	2.388
B	4.800	4,55	21.840	6.552	6,8	32.640	4.248
C	2.150	5,9	12.685	3.806	9,48	20.382	3.891
D	1.800	13,47	24.246	7.274	15,6	28.080	./. 3.440
E	750	8,84	6.630		11,58	8.685	66
Summe	---	---	77.401	23.221	---	107.775	7.153

Übersicht 264: Vollkosten als Anhaltspunkt für eine Produktelimination
(Quelle: Nieschlag/Dichtl/Hörschgen 199, S. 279)

Hier erscheint das Produkt D als anpassungsverdächtig. Doch ganz so einfach ist die Realität leider nicht. Es bereitet natürlich im Regelfall erhebliche Schwierigkeiten, die

Herstellkosten kostenträgergerecht zu erfassen. Und selbst wenn dies erreichbar wäre, müßte man vor einer voreiligen Entscheidung warnen. Im Rahmen der *Auswirkungsanalyse* müssen wir nämlich fragen, welche Konsequenzen sich aus den Anpassungsentscheidungen ergeben (vgl. Abschnitt 6.222).

6.112 Qualitative Größen

Mit diesen quantitativen Anhaltspunkten wollen wir es nicht bewenden lassen. Qualitative Größen können ebenfalls zum Nachdenken über Anpassungsentscheidungen zwingen.

Die Reklamationsabteilung, das eigene Verbraucherreferat oder der eigene Außendienst erfährt von vereinzelten oder häufiger auftretenden *Produktschäden.* Je gefährlicher diese Schäden für die Gesamtheit der an der Produktnutzung Beteiligten oder auch Unbeteiligten ist, um so schneller wird man über die Ursachen- und Auswirkungsanalyse zur Entscheidung kommen müssen. Die Ausweitung der *Produzentenhaftung* (Hollmann 1985) und die menschlichen wie auch wirtschaftlichen Folgen des Conterganfalles sollten in dieser Situation zu höchster Sensibilität zwingen. Dabei ist auch zu beachten, daß Produkte von Personen benutzt werden können, für die sie nicht konzipiert wurden, und auch, daß sie unwissentlich falsch benutzt werden.

Während es in diesem Falle noch eindeutig ist, ein Produkt als anpassungsverdächtig zu bezeichnen, wird es schwieriger, wenn ein Produkt öffentlich „ins Gerede" kommt, man selbst aber aufgrund seines Wissens von der Unhaltbarkeit der Vorwürfe überzeugt ist. Im nachhinein hat es sich als richtig erwiesen, daß sich die Süßstoffhersteller von der Diskussion um die Möglichkeit karzinogener Wirkung nicht haben irritieren lassen und ihre Produkte unverändert weiter anboten. In einer solchen Situation muß man sich bei einer solchen Entscheidung schon sehr sicher sein.

Ein anderer qualitativer Anhaltspunkt für die Anpassungsverdächtigkeit ist dann gegeben, wenn das Produkt nicht mehr dem Produktziel (siehe Abschnitt 3.723.2) entspricht. Dieser Fall kann eintreten, wenn man beispielsweise das Pionierziel verfolgt, durch das Marktangebot eines Konkurrenten das eigene Produkt plötzlich sehr „alt" aussieht und befürchtet werden muß, daß darunter auch das pionierbetonte Image leiden könnte.

Und nicht zuletzt kann ein deutlich eingetretener Imageverlust des Produktes die Gefahr in sich bergen, daß dies im Wege der Generalisation zu unangenehmen Auswirkungen auf das Gesamtangebot führt. Dabei ist es durchaus denkbar, daß in allen diesen Fällen das Produkt noch Gewinne abwirft. Und dennoch sollte geprüft werden, ob man dieses Produkt nicht aus dem Angebot herausnehmen sollte.

Jeder dieser Anhaltspunkte kann für sich allein zu Anpassungsüberlegungen führen. Um so mehr müssen wir das bei Merkmalsverknüpfungen erwarten.

6.12 Ursachenanalyse

Grundsätzlich sollte man vor Anpassungsentscheidungen nach den Ursachen forschen. Dies gilt um so mehr, je weniger sie offenkundig sind. Gründe der Anpassungsverdächtigkeit können im Unternehmen selbst liegen oder sie können durch *Marktentwicklungen* hervorgerufen worden sein (vgl. Übersicht 265).

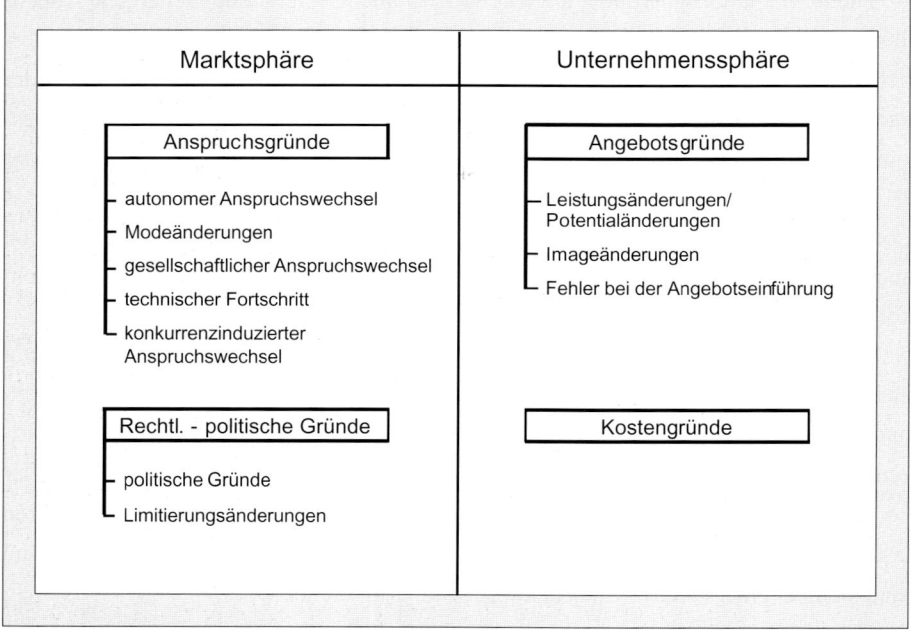

Übersicht 265: Ursachen für Anpassungsmaßnahmen

Sie führen prinzipiell zu Anspruchs-Leistungsdivergenzen. Das bedeutet zum einen, daß die Leistungen des eigenen Produktes sinken, und zum anderen, daß die Ansprüche sich ändern oder in der Intensität zunehmen und dem die Leistungskonstanz oder nur eine unterproportionale Leistungssteigerung gegenübersteht. Prinzipiell sind die mehr in der Unternehmenssphäre liegenden Ursachen besser beherrschbar als die mehr marktbedingten Ursachen.

6.121 Marktsphäre

6.121.1 Anspruchsgründe

6.121.11 Autonomer Anspruchswandel

Im Mittelpunkt der Anpassungsanalyse steht die Beobachtung der Ansprüche. In Kapitel 2 haben wir eine Vielzahl von Faktoren dargestellt, welche anspruchsbeeinflussende Wirkungen haben. In Kapitel 3 haben wir daraus Konsequenzen für die Anspruchsgenerierung und -verdichtung gezogen.

Nur wenig ist einem so starken Wandel unterworfen wie Ansprüche. Als einfaches Beispiel mag die Altersabhängigkeit von Ansprüchen mit sich daraus ergebenden Konsequenzen genügen.

Die Einschränkung auf *autonome*, mehr innengeleitete Anspruchsänderungen haben wir gewählt, um den Aspekt des *Modewandels* besser herausheben zu können. In ihm kommt eine wesentlich stärkere Außenorientierung zur Geltung. Der autonome Anspruchswandel kann aus dem Anspruchsträger *selbst* herauskommen; möglich ist aber auch, daß *Konkurrenten* mit ihren Angeboten neue Maßstäbe setzen und so das Anspruchsniveau verändern. Im wesentlichen konzentrieren sich die autonomen Anspruchsänderungen auf die Anspruchskreise von *Verwender* und *Handel* und dort jeweils auf *Produkt- und Vermarktungsansprüche*. Um den Anspruchswandel zu erfassen, können wir uns auf die in Kapitel 3.4 enthaltenen Anspruchsübersichten berufen, die – jeweils produktspezifisch konkretisiert – Anhaltspunkte für Anspruchswandlungen geben können. Wir haben dort auch auf Anspruchstrends hingewiesen. Die dort aufgestellten Prognosen müssen nun ständig überprüft werden, um damit eventuell die Güte der nächsten Prognose zu steigern. Das wiederum setzt Hypothesen über den Anspruchswandel voraus.

Vergegenwärtigen wir uns nur die Veränderungen bei den Gegenstandsansprüchen im Pkw-Sektor: Die Chromfülle hat abgenommen, der Anteil elastischen Kunststoffes steigt, neue Karrosseriewerkstoffe (Audi A 8/A 2 $\rightarrow$ Materialansprüche: Aluminium) treten hinzu; die Windschlüpfrigkeit (c_w-Wert) führt zur Keilform; sowohl Gründe reduzierter Umweltbelastung wie auch das Bemühen um Energieverbrauchsreduktion begünstigt das Diesel-Motor-Prinzip (Funktionsprinzip), soweit geeignete Rußfilter eingebaut werden. Insbesondere in der Klein- bis Mittelwagenklasse hat sich der Frontantrieb bei quereingebautem Frontmotor etabliert (Konstruktionsprinzip). Pkws, die gegen diesen Anspruchstrend gerichtet sind, müßten gewichtige Vorteile aufweisen, wenn sie reüssieren sollten. Aber was kommt danach? Wird der ständige Vierradantrieb sich auch im Massenautomobilbau durchsetzen? Werden teure Energiespartechniken (Haus-, Automobilbau) durch die Verteuerung der Energien akzeptiert? Infolge der langen Entwicklungszeiten im Automobilbau reicht es nicht aus, Anspruchsänderungen festzuhalten. Denn dann kann es passieren, daß man an einem Boom (z. B. Dieselboom) nicht partizipieren kann, weil man das Produkt noch nicht fertig hat. Je mehr von einem Produkt für das Unternehmen abhängt, um so notwendiger sind Entwicklungen von Angebots-, insbesondere Produktvariationen, um für den Eintritt verschiedener Anspruchsänderungen gewappnet zu sein.

Wichtig in diesem Zusammenhang ist die Prüfung der Intensität und Dauer des Wandels. Wie wahrscheinlich ist es, daß die bisherigen Käufer übermorgen wieder zur vorherigen Anspruchslage zurückkehren? Kann man mit Angebotsmodifikationen das Produkt den geänderten Ansprüchen anpassen – ist ein Relaunch sinnvoll? Bei Verbrauchsprodukten ist eine derartige Überlegung erfolgversprechender als bei technischen Gebrauchsgütern.

Für Anpassungsentscheidungen, die auf dem Anspruchswandel beruhen, ist die Trendprognose außerordentlich bedeutsam (siehe Abschnitt 3.45).

Was spricht dafür, daß es sich lediglich um eine kurzfristige Anspruchsänderung handelt, daß nach kurzer Zeit wieder frühere Ansprüche geäußert werden? Mit welcher Macht werden die Ansprüche geäußert? Wenn es z. B. dem Käufer von Milch relativ gleichgültig ist, wie Milch verpackt wird, der Handel aber mit massivem Druck Einwegverpackungen fordert, weil dies für ihn kostengünstiger ist, wird sich eine Molkerei dem nicht entziehen können. Wenn nun aber Käufer die Mehrwegalternative deutlich präferieren, dann muß sich dem der Handel – wenn auch ächzend – anpassen und die vorausschauenden Molkereien können ihre ehemals „eingemotteten" Reinigungs- und Abfüllanlagen wieder in Betrieb nehmen.

6.121.12 Modeänderungen

Mode läßt sich verstehen als fluktueller Wandel „peripherer Verhaltensformen, der durch willkürliche Vorbildsetzung und wesentliche Beeinflussung sozialer Strukturen erfolgt und sich auf größere Bevölkerungsteile erstreckt" (Wiswede 1971, S. 80 ff.). Moden begegnen uns vorrangig im Bekleidungssektor. Ob man auch in anderen Branchen von Moden sprechen soll, wollen wir dahingestellt sein lassen. Wichtig für uns ist die Periodizität des Wandels. Vielfach wird vom Modediktat gesprochen. Das ist jedoch eine Verkürzung der Realität. Richtig ist, daß lange vor der jeweiligen Modesaison firmenübergreifend geplant wird, was im Mittelpunkt des neuen Saisonangebots stehen soll (Farbpalette, Materialien, Mischungen, Schnitte, Dessins usw.). Ob dieses Angebot dann jedoch von genügend Käufern akzeptiert wird, das ist immer wieder die große Frage. Es führt häufig zum schnellen Aufstieg wie auch Fall von Unternehmen. Um das Risiko zu begrenzen, haben sich einige italienische Bekleidungshersteller darauf konzentriert, die neuen Produkte so zu gestalten, daß sie mit den alten kombinierbar sind (z. B. Armani). Das kommt auch dem stärker ausgeprägten konsumkritischen Selbstverständnis der oberen Schichten entgegen, wenn nicht mehr die ganze Garderobe ausgetauscht werden muß, sondern lediglich ein modischer Akzent hinzugefügt wird.

Wiswede hat einige Hypothesen für die Akzeptanz einer Mode formuliert (1974, Sp. 1501):

- Je mehr die anzusprechenden Individuen für Abwechslung motiviert sind,
- je geringer die mit der Perzeption der neuen Mode verbundene kognitive Dissonanz der Individuen,
- je höher die dem Individuum zur Verfügung stehende Anpassungszeit,
- je stärker der soziale Druck, der von Bezugsgruppen und Bezugspersonen auf die Individuen ausgeübt wird,
- je höher der ökonomische Aufwand der Modeveranstalter,

desto eher wird sich die betreffende Mode durchsetzen.

Eine empirische Überprüfung dieser Hypothesen steht noch aus.

6.121.13 Gesellschaftlicher Anspruchswandel

Während autonome Anspruchs- und Modeänderungen einen stärkeren Produkt(bereichs)bezug aufweisen, ist der gesellschaftliche Anspruchswandel durch einen allgemeineren Charakter gekennzeichnet. Nach dem sogenannten Ölpreisschock (1973/ 1974) mußten sich einige Pkw-Hersteller fragen, ob sie ihre Wagen mit hohem Benzinverbrauch (z. B. > 25 l pro 100 km) weiterproduzieren sollten. Es verbreitete sich nämlich in der Öffentlichkeit eine Stimmung in Richtung einer sozialen Ächtung derer, die mit ihrem hohen Benzinverbrauch zu volkswirtschaftlichen und Umweltproblemen beitrugen. Der Absatz dieser Wagen schrumpfte beträchtlich, und es bestand auch die Gefahr, daß das Image der weniger verbrauchenden Wagen in Mitleidenschaft gezogen wurde. Die deutschen „Nobelmarkenhersteller" haben allerdings nur mit einer Veränderung der Inhalte ihrer werblichen Konzeptionen reagiert. Im nachhinein hat sich das als richtig erwiesen. Denn gerade der durch gesellschaftliche Einflüsse bedingte Anspruchswandel birgt deshalb die Gefahr der kurzfristig begrenzten Geltung, weil er stark außengeleitet und häufig wenig internalisiert ist.

Darüber hinaus läßt sich jedoch ein durch Wertewandel verursachter längerfristiger gesellschaftlicher Anspruchswandel feststellen. So führt z. B. das gestiegene Umweltbewußtsein zu Konsequenzen in verschiedenen Produktbereichen. Erkennt der Produktmanager derartige Entwicklungen nicht, so kann dies zu erheblichen Umsatzeinbußen führen.

6.121.14 Technischer Fortschritt

Technischer Fortschritt bedeutet, daß man Gestaltungslösungen gefunden hat, die entweder mit geringerem Aufwand die bisherigen Ansprüche befriedigen oder die bei gleichem bzw. geringfügig höherem Aufwand eine wesentlich bessere Anspruchsbefriedigung zulassen. Der technische Fortschritt konzentriert sich im Gegensatz zur Mode (→ Anmutungsansprüche) vorrangig auf die Sachansprüche. Dadurch, daß nun bekannt wird, daß es Produkte mit einem besseren Leistungspotential gibt, verlieren die bisherigen Produkte in den Augen des jeweiligen Marktsegments an Wertschätzung.

Wichtig ist es hierbei, neben der *technischen Leistungskomponente* auch an die subjektive *Wahrnehmungs-*, *Bedeutsamkeits-* und *Vorteilskomponente* zu denken. Wenn der technische Fortschritt dem Marktsegment unwichtig erscheint, und er auch durch kommunikationspolitische Maßnahmen nicht zu einem wichtigen Entscheidungskriterium gemacht werden kann, dann ist er in diesem Segment eben bedeutungslos, mögen ihn die Fachleute für noch so wichtig halten.

6.121.15 Konkurrenzinduzierter Anspruchswandel

Dadurch, daß ein Konkurrent mit einem „besseren" Produkt auftritt, wird sowohl der Leistungs- wie auch der Anspruchsast berührt. Im Zeitpunkt des Markteintritts ist es lediglich der Leistungsaspekt. Das Konkurrenzprodukt erfüllt besser als das eigene Produkt die vorhandenen Ansprüche. Erlangt das Konkurrenzprodukt Marktgeltung, dann prägt es auch die Ansprüche insofern, als das Anspruchsniveau gehoben wird. In der Beurteilung findet sich unser Produkt auf einem niedrigeren Niveau wieder. Je lockerer die Markenbindung, um so eher erfolgt ein Markenwechsel. Liegt dagegen hohe Markentreue vor, kann man sich mit Angebotsmodifikationsmaßnahmen (siehe Abschnitt 6.21) bis zur Einführung eines neuen Produktes hinüberretten, das diesen Leistungsnachteil gegenüber der Konkurrenz ausgleicht. Dies ist bei Produkten mit langen Entwicklungszeiten (z. B. Automobilindustrie) ein größeres Problem als bei Produkten, die sich relativ schnell einem neuen Leistungsstandard anpassen lassen.

6.121.2 Rechtlich-politische Gründe

6.121.21 Politische Gründe

Mit einem ganz anderen marktbedingten Problem hat man zu kämpfen, wenn die *Preisrückgänge* währungsbedingt sind. Wenn man in ausländischer Währung verkauft hat, diese Währung abgewertet wird, ist dies zwar ein einmaliger Vorgang. Wenn dann aber die einheimische Industrie durch ihre Preispolitik dafür sorgt, daß keine Preisanhebung möglich ist, dann kann das zur Überlegung führen, ob man diesen Markt aufgeben soll. Wichtig ist dabei zu prüfen, wie die Inflationsraten des eigenen und des ausländischen Marktes verlaufen. Bei eigener Währungsstabilität und hoher Inflationsrate des ausländischen Marktes kann sich relativ schnell die Möglichkeit einer Preisanhebung bei eigener Kostenkonstanz ergeben. Bei Unternehmen, die mit einem Produkt vor allem einen Auslandsmarkt beliefern, kann diese „Außenursache" den Druck zur Entwicklung von Produkten für mehrere Marktfelder steigern.

Mit den Preisveränderungen können, wir deuteten es bereits an, *Mengenveränderungen* zusammenhängen. Bei isolierter Mengenbetrachtung können die Ursachen der Mengenreduktion in den bereits geschilderten anspruchs- oder leistungsbedingten Ursachen liegen. Hinzu kommt im Zusammenhang mit steigenden Produktionsmengen die Gefahr, daß Exportmärkte begrenzt oder geschlossen werden, ohne daß individuelle Anspruchsänderungen vorlägen. Man könnte von überlagerten und verordneten kollektiven Anspruchsänderungen sprechen. In einer derartigen Situation kann man auf positive Auswirkungen im internationalen „politischen Poker" warten. Das setzt natürlich eine aktive Branchenpolitik im politischen Raum voraus. Je bedeutsamer und interessanter das eigene Produkt für den Importmarkt ist, um so eher hat man Chancen, im politischen Bereich des Importlandes selbst aktiv zu werden. Wegen der nicht ökonomisch bedingten Imponderabilien wird man sich Gedanken darüber machen müssen, ob nicht in wichtigen „Mengenmärkten" durch partielle Eigenfertigung den politisch bedingten Mengenrückgängen vorgebeugt werden kann.

6.121.22 Limitierungsänderungen

Wenn der Gesetzgeber bestehende Gesetze (z. B. durch Novellierung) ändert oder ergänzt, wenn neue Gesetze beschlossen und verabschiedet werden, dann können davon vor allem bisherige Produkt- und Kommunikationskonzeptionen betroffen werden. Da die Mühlen des Gesetzgebers meist recht langsam mahlen, zumal in einer parlamentarischen Demokratie ja erst ein Kompromiß zwischen den Interessen verschiedener Parteien gefunden werden muß, hat man Zeit, sich mit dem möglicherweise Kommenden auseinanderzusetzen. Darauf zu hoffen, daß es keine Limitierungsänderungen geben wird und deshalb auch keine Vorbereitungen, z. B. durch die Entwicklung neuer Produktkonzeptionen bzw. Teilkonzeptionen zu ergreifen, kommt eher einem Vabanquespiel gleich als planender Unternehmungsführung. Die Katalysatordiskussion im Automobilbereich des Jahres 1985 hat u. a. auch die verschiedenen Unternehmenspositionen offengelegt. Einige europäische Pkw-Hersteller waren darauf schlecht vorbereitet.

Ähnlich problematisch kann es für eine Branche werden, wenn bedeutsame Werbemedien für dieses Produkt mit einem Werbeverbot belegt werden. So werden in der Zigarettenindustrie Konzepte entwickelt, um über die Sortimentsausweitung (z. B. Reisen, Bekleidung, Schuhe) bei Markenkonstanz (z. B. Camel) über Imagetransfereffekte die Werbung für andere Produkte und damit gleichzeitig indirekt für das Trägerprodukt zu ermöglichen (Koppelmann 1982a, S. 41 ff.). Inzwischen (2000) ist das EU-weite Werbeverbot für Zigaretten vom Europäischen Gerichtshof aufgehoben worden.

6.122 Unternehmenssphäre

6.122.1 Angebotsgründe

6.122.11 Leistungsänderungen/Potentialänderungen

Als häufigste im Unternehmen selbst verankerte Ursache für gesunkene Leistungen begegnet man *Produktionsproblemen*. Möglich sind Mitarbeiter-(Produktionskräfte-), Maschinen-(Produktionsmittel-) oder Verfahrensprobleme. Insbesondere bei komplexen Serienprodukten kommt es vor, daß für wichtige Produktteile Spezialisten herangezogen werden. Kündigungen von Spezialisten oder ähnliche Gründe können dann zu Leistungsminderungen dieser Teile führen. Darunter leidet die Gesamtleistung.

Das *Produktionspotential* kann sich verschlechtern. Vorrangig wird man sich jedoch wohl mit den Auswirkungen von Verbesserungen auseinandersetzen. Während wir beim technischen Fortschritt (Abschnitt 6.121.14) den Konkurrenzaspekt hervorheben, steht hier die intern bedingte Veränderung im Mittelpunkt der Analyse. Andere Maschinen, andere Fertigungsprozesse usw. können Gestaltungsänderungen nahelegen oder sogar erzwingen.

Auch *Beschaffungsprobleme* können zu Leistungsänderungen führen. Wenn die für die Produktion benötigten Roh- und Werkstoffe nicht mehr in der benötigten Menge (z. B. wegen Ernteschäden) oder nicht auf dem gewünschten Leistungsniveau erhältlich sind, steht man vor der Frage, ob man Produktion und Absatz temporär einstellen soll (wenn man die Leistungskonstanz für wichtig hält) bzw. ob man die Menge reduzieren soll oder ob man eine Leistungsreduktion glaubt vertreten zu können (Soll z. B. ein Hersteller von Tafelschokolade die Produktion seiner Mandelschokolade einstellen, weil er wegen Frostschäden die Mandeln in der bisherigen Leistungsstufe auf dem Weltmarkt nicht mehr erhalten kann? Soll er auf eine niedrigere Leistungsstufe ausweichen?). Das verbietet sich bei leistungssensiblen Märkten. Durch entsprechende Beschaffungsmaßnahmen kann man versuchen, diese unerwünschte Situation zu vermeiden (Koppelmann 1980, S. 434 ff.).

Diese funktionsbereichsbedingten Probleme können sich natürlich auch in *Kostensteigerungen* niederschlagen. So gibt es eine Fülle von Gründen, die zu Verteuerungen von Beschaffungsobjekten führen können. Je stärker z. B. das bezogene Produktteil die Leistung des Fertigproduktes bestimmt, um so geringer ist die Chance der Suche nach alternativen Produkten. Und wenn dann auch noch keine alternativen Lieferanten vorhanden sind bzw. aufgebaut werden können, dann wächst der Anpassungsdruck.

Das *Beschaffungspotential* kann sich aber auch verbessern: Man kann Roh- und Werkstoffe billiger einkaufen, man kann bessere einkaufen, man hat von neuen Produktteilen Kenntnis erhalten, deren Einbau in das eigene Produkt statt der bisherigen Produktteile zu einer wesentlichen Leistungssteigerung führen würde.

Auch *Absatzprobleme* sind denkbar. Im Rahmen des Absatzpotentials kann der Verlust oder Gewinn von Distributionsorganen (z. B. ganzer Absatzketten) Anpassungsmaßnahmen erzwingen. Vor allem wenn es sich um den Gewinn von zum bisherigen Niveau unterschiedlichen Distributionsorganen handelt, folgen daraus vielfach *Differenzierungsmaßnahmen*.

Ähnliches läßt sich auch für die übrigen Vermarktungsinstrumente feststellen. So kann beispielsweise die Kürzung des Werbeetats zu Absatzeinbrüchen führen, weil der geplante Werbeerfolg nicht mehr erreicht werden kann.

Insbesondere im Absatzbereich müssen Interdependenzen zu den übrigen Unternehmenspotentialen beachtet werden. So können beispielsweise gestiegene Kosten im Produktionsbereich (z. B. Lohnkosten), im Beschaffungsbereich (z. B. Beschaffungsobjektkosten), im Finanzbereich (z. B. Kreditkosten) eine Anpassung der Entgeltpolitik notwendig machen.

6.122.12 Imageänderungen

Wie wir gesehen haben, werden Angebote subjektiv und selektiv wahrgenommen. Die Vorstellung, die z. B. ein Käufer von einem Produkt hat, wird im Regelfall nur durch für ihn prägnante und wichtige Produktleistungen geprägt. Ein solcher detaildominanter Faktor kann dann im Wege der Irradiation (Wiswede 1973, S. 146) auf die Bewertung der übrigen Produktleistungen ausstrahlen. Und wenn nun diese Produktleistung anders eingeschätzt wird, führt das zur Bewertungsänderung des Produktes. So kann die anfängliche Sportlichkeit einer Marke (z. B. bei einem Motorrad), wenn man sie allzusehr betont, in Aggressivitätsbewertungen umschlagen. Sollten sich solche Inkonsistenzen in den Produktbildern herausbilden, wird man sie durch Maßnahmen der Angebotsvariation beseitigen müssen. Sonst ist die Markentreue dahin. Aber zuerst einmal müssen die negativen Angebotsimageänderungen ermittelt werden.

6.122.13 Fehler bei der Angebotseinführung

Bezogen sich die bisher genannten Störgrößen in ihren Anpassungsnotwendigkeiten meist auf größere Zeiträume, so müssen wir jetzt damit rechnen, daß bereits nach der Produkteinführung Anpassungsbedarf besteht, weil Inkongruenzen zwischen Leistung und Ansprüchen den jeweiligen Markterfolg verhindern. Diese Inkongruenzen sind aufgrund der begrenzten Prognosekapazität in Verbindung mit der begrenzten Leistungsfähigkeit von ex-ante-Kontrollmöglichkeiten sogar sehr wahrscheinlich. Dies trifft sowohl testintensive wie auch weniger testgläubige Unternehmen.

Entsprechend unserer Anspruchs-Leistungs-Betrachtung können die Fehler zum einen in der falschen Anspruchsermittlung, -auswahl und -gewichtung und zum anderen in der falschen Leistungsgestaltung liegen.

Die falsche Anspruchsermittlung kann sich darauf erstrecken, daß man bei der richtigen Zielperson Wünsche falsch interpretiert hat. Möglich ist auch, daß man durchaus von marktrelevanten Ansprüchen ausgegangen ist, sich nur an die Personen gewandt hat, die diese Ansprüche nicht geäußert haben (→ Zielgruppenfehler). Aufgrund der ausgeweiteten Produzentenhaftung und der steigenden Internationalisierung der Märkte kommen Produktgestaltungsfehler immer seltener vor. Ob man sie gänzlich vermeiden kann, hängt davon ab, wie genau man vorher die Produktverwendung im Zeitraffer simulieren kann.

Je innovativer Konstruktions- und Funktionsprinzipien sind, um so eher muß man mit „Kinderkrankheiten" rechnen. Vor allem bei Massenprodukten ergibt sich damit der Zwang zu schnellen Reaktionen und damit zu intensiver Produktbeobachtung nach der Markteinführung. Neben Gestaltungsfehlern sind auch Vermarktungsfehler denkbar. Nicht ausreichender Service, falsche Distributionsorgane, keine marktgerechten Preise, falsche Werbeziele usw. können den Markterfolg verhindern. Entsprechend den Ausführungen in Abschnitt 5.22 lassen sich die Vermarktungsinstrumente unterschiedlich schnell variieren.

6.122.2 Kostengründe

Im Rahmen der Absatzprobleme sind wir schon kurz auf die Möglichkeit eingegangen, daß Kostensteigerungen über die Entgeltpolitik auf den Verbraucher abgewälzt werden. Sind jedoch keine äquivalenten Preissteigerungen auf dem Absatzmarkt möglich, führt dies zwangsläufig zu Gewinneinbußen. Zu prüfen ist, ob die unmittelbaren Konkurrenten vor dem gleichen Problem stehen und ob die Kostensteigerung nicht vielleicht eine nur vorübergehende Erscheinung ist. Als Alternative zur Anpassung muß dann die Länge und der Umfang der Verlustphase prognostiziert werden.

Stellt sich heraus, daß die Kostensteigerungen lediglich auf das eigene Unternehmen beschränkt sind, ist eine intensive Kostenanalyse unumgänglich. Hierbei muß zwischen Kosten, die das Unternehmen beeinflussen kann, und Kosten, die kurz- bis mittelfristig nicht veränderbar sind, unterschieden werden. Sind nicht veränderbare Kosten der Auslöser der Kostensteigerungen, muß intensiv über Angebotsanpassungsmaßnahmen nachgedacht werden.

6.2 Anpassungsalternativen

Hat die bisherige Diagnose der Störgrößen ergeben, daß Anpassungsentscheidungen erforderlich sind, stehen grundsätzlich zwei Alternativen zur Auswahl:
- Angebotsmodifikation und
- Angebotselimination.

Während es sich bei der Modifikation um eine Veränderung des bisherigen Marktangebots handelt, führt die Angebotselimination über kurz oder lang zu einem Wegfall aller oder nur einzelner Marketinginstrumente. Die Produktelimination ist der wichtigste Sonderfall.

Aus der detaillierten Analyse der Ursachen lassen sich Anhaltspunkte für die zu präferierende Entscheidungsalternative gewinnen. Erscheint aufgrund der gewonnenen Informationen die Alternative Modifikation erfolgversprechend, so sind die unterschiedlichen Strategien hinsichtlich ihrer Eignung zur Lösung der vorliegenden Problematik zu überprüfen. Lassen die analysierten Daten eine Modifikation nicht zu, so sind die Auswirkungen einer Eliminationsentscheidung zu untersuchen.

6.21 Angebotsmodifikation

Die Anpassung des Angebots an Marktbedingungen, die von den ursprünglich geplanten abweichen, kann sich erstrecken:
- auf *andere* Angebotsleistungen,
- auf *Niveauveränderungen* der Angebotsleistungen,
  d. h. auf Leistungsvermehrung oder Leistungsverringerung,
- auf Maßnahmen zur besseren Anspruchskongruenz.

Eine strenge Trennung der Modifikationsstrategien ist nicht immer möglich, vielfach folgen aus der Wahl der einen Strategie Maßnahmen, die wir einer anderen Strategie subsumiert haben. Deshalb müssen wir die folgenden Ausführungen so interpretieren, daß es sich jeweils um Schwerpunkte von Anpassungsmaßnahmenbündeln handelt.

6.211 Zielgruppenvariation

Steht die Zielgruppenveränderung im Mittelpunkt der Bemühungen, so können wir verschiedene Stoßrichtungen unterscheiden:
- Zielgruppenkonzentration,
- Zielgruppenexpansion,
- Zielgruppenergänzung,
- Zielgruppendifferenzierung.

(1) Zielgruppenkonzentration
Mehrere Gründe können für die Zielgruppenkonzentration sprechen:
- Die anfänglich gewählte Zielgruppe war zu groß. Dies führte zu einem nicht ausreichend markanten (verwaschenen) Image. Eine kleinere Zielgruppe ermöglicht jedoch eine Imageprofilierung, die wiederum eine günstigere Preisstellung zuläßt.
- Wenn der Marketingaufwand, der zur Erreichung der bisherigen Zielgruppe notwendig war, im Vergleich zu Erlöseinbußen überproportional gesenkt werden kann, scheint diese Maßnahme sinnvoll zu sein. So mag es sein, daß beispielsweise die Kommunikationskosten wesentlich reduziert werden können, weil man nun auf Kommunikationskanäle mit wesentlich geringeren Streuverlusten und höherer Kommunikationswirkung umstellen kann.

- Bei einer kleineren, exakter umrissenen Zielgruppe können die Marketinginstrumente zielgenauer eingesetzt werden. Dabei lassen sich Konsumentenrenten abschöpfen.

Die Strategie der Zielgruppenkonzentration läßt sich wie in Übersicht 266 darstellen.

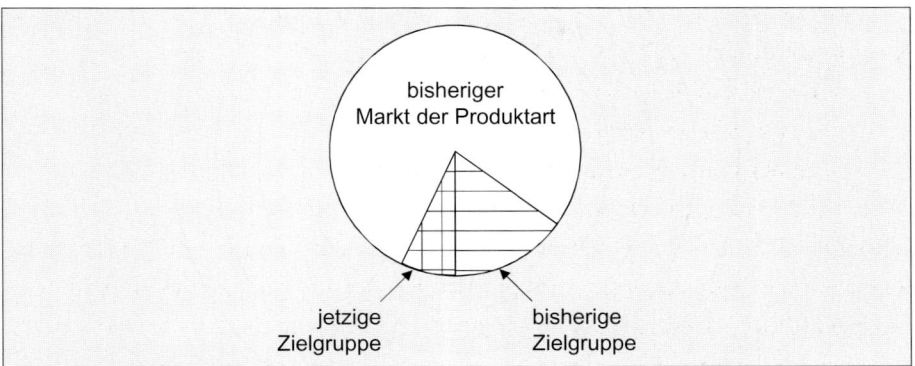

Übersicht 266: Zielgruppenkonzentration

Die Zielgruppenkonzentration dürfte damit vor allem bei der Ursache „Fehler bei der Angebotseinführung" angemessen sein.

(2) Zielgruppenexpansion

Bei der Zielgruppenexpansion wird vorrangig das Gebiet der Bedarfsträger, der Zielgruppe, erweitert. Es handelt sich somit um eine geographische Ausweitung vom regionalen bis zum globalen Markt. Formal kann das so aussehen wie in Übersicht 267 dargestellt.

Inhaltlich bedeutet das nur selten, daß man einfach die bisherigen Marketingaktivitäten vom kleineren auf den größeren Markt übertragen kann. Während das Produkt meist nur wenig geändert wird, indem man es z. B. den jeweiligen sicherheitstechnischen Bedingungen anpaßt oder indem die Verpackungen geändert werden, ergeben sich meist größere Änderungsnotwendigkeiten bei den übrigen Marketinginstrumenten, um den jeweiligen größeren Märkten und den sie kennzeichnenden Bedingungen gerecht zu werden. Damit befinden wir uns bereits im Übergang zu den Angebotsvariationen. Da der Ausgangspunkt jedoch in der Zielgruppenveränderung liegt, scheint diese Betrachtung gerechtfertigt zu sein.

Die Zielgruppenexpansion liegt am ehesten bei positiven Potentialänderungen (z. B. Ausweitung des Absatzpotentials) nahe.

618

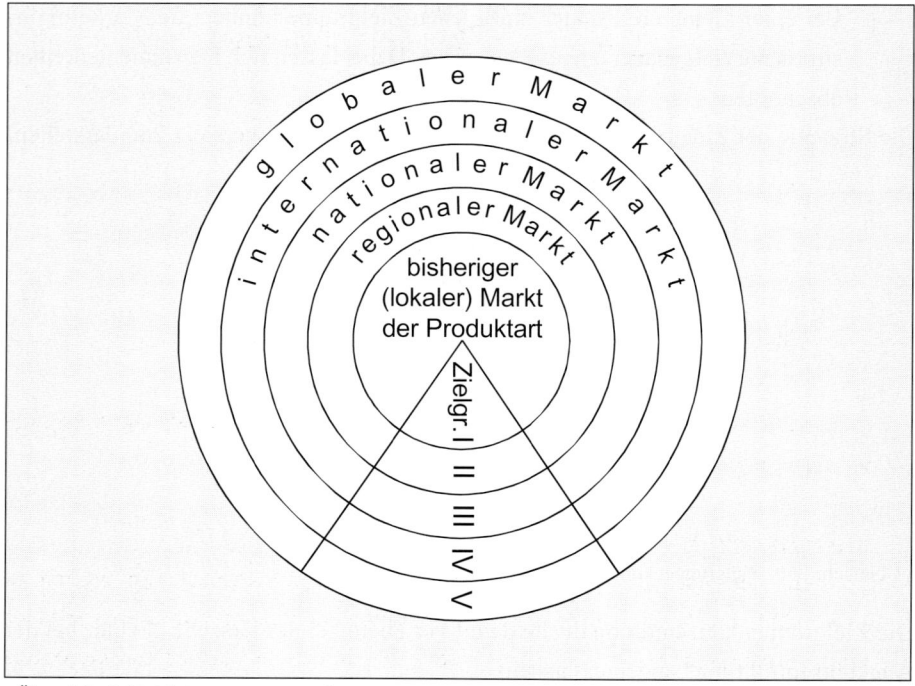

Übersicht 267: Zielgruppenexpansion

(3) Zielgruppenergänzung

Man kann auch den bisherigen Produktmarkt beibehalten und dennoch den Umsatz steigern, indem man nach zusätzlichen Zielgruppen sucht, die nur bei geringfügiger Angebotsvariation für das bisherige Angebot in Frage kommen. Dabei muß das Verhältnis der Zielgruppen zueinander geprüft werden. Stört es die bisherige Zielgruppe, wenn man das bisherige Angebot auch einer neuen Zielgruppe macht? In welchem *Sympathie-Antipathieverhältnis* stehen sie zueinander? Anhaltspunkte zur Beantwortung dieser Frage haben wir bei der Verhaltensanalyse in Kapitel 2 gewonnen.

Sollten die Kontakte störend sein, wird man abzuwägen haben, durch welche Maßnahmen der Angebotsdifferenzierung der Ähnlichkeitseindruck des Angebots reduziert werden kann. Denkbar wäre beispielsweise ein anderer Markenname, ein anderes Distributionsorgan (z. B. Verbrauchermarkt) und statt der Insertionswerbung Prospektverteilung. Dann kann die bisher gewählte formale Darstellung folgende Abwandlung erhalten:

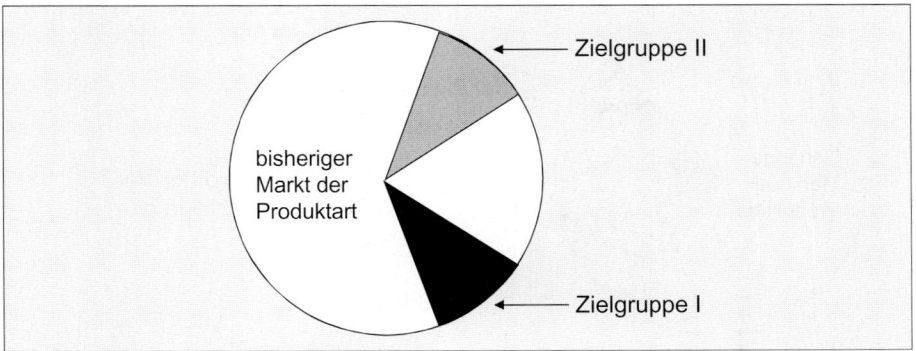

Übersicht 268: Zielgruppenergänzung

Die Zielgruppenergänzung wird man dann wählen, wenn sich Änderungen im Angebotsimage bemerkbar machen.

(4) Zielgruppendifferenzierung

Häufig stellt sich erst im Zeitablauf heraus, daß man die Zielgruppe anfänglich zu diffus gewählt hat. Das kommt bei Innovationen als Marktneuheiten vor. Der Zielgruppenreduzierung steht die Möglichkeit gegenüber, die bisher zu heterogene Zielgruppe in homogenere Gruppen aufzuspalten, um dann deren Ansprüchen gezielter Rechnung tragen zu können. Bei dieser Zielgruppendifferenzierung steht man vor dem Problem, in wieviele Teilgruppen man die bisherige Zielgruppe zerlegen sollte. Zwischen dem Extrem der Einzelansprache und dem der bisherigen zu heterogenen Gruppenansprache muß der ökonomisch tragbare Mittelweg gefunden werden. Als Richtschnur hierfür können die Anspruchsschwerpunkte herangezogen werden. Dort, wo sie offenkundig auseinanderklaffen, ergeben sich Hinweise für die Zielgruppendifferenzierung. Daß aus der Zielgruppendifferenzierung Maßnahmen zur Angebotsdifferenzierung folgen müssen, versteht sich am Rande. Unsere formale Darstellung erhält nun folgende Abwandlung (siehe Übersicht 269).

Die Zielgruppendifferenzierung stellt die Alternative zur Zielgruppenkonzentration dar, wenn Fehler bei der Produkteinführung gemacht wurden. Verbindet man die Zielgruppendifferenzierung mit der Produktdifferenzierung, so scheint sie auch bei relativ begrenzten autonomen Anspruchsänderungen möglich zu sein.

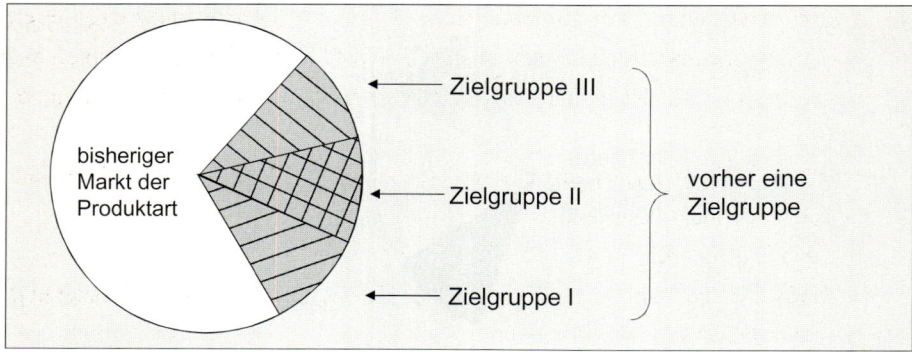

Übersicht 269: Zielgruppendifferenzierung

6.212 Produktmodifikation

Produktmodifikation bedeutet Produktveränderung. Bezieht sich die Veränderung darauf, daß nur noch das veränderte Produkt angeboten wird, dann wollen wir hier von *Produktvariation* sprechen. Werden dagegen neben den bisherigen Produkten weitere Varianten angeboten, erfassen wir damit die *Produktdifferenzierung*.

Um einen Angebotserfolg langfristig abzusichern, dürften kontinuierliche Überlegungen darüber besonders erfolgversprechend sein, wie man das Produkt den jeweiligen Marktbedingungen sinnvoll anpassen kann. Dabei können sich grundsätzlich vier unterschiedliche Alternativen ergeben:

1. Das bisherige Produkt ist so gut konzipiert, daß in einem überschaubaren Zeitraum keine Modifikationen notwendig werden. Viele Pionierprodukte aus den verschiedensten Produktbereichen beweisen dies. Sie weisen im Zeitablauf nahezu keine Veränderungen auf und sind dennoch erfolgreich (Produktklassiker).

2. Das Produkt verträgt nur ganz geringfügige Veränderungen, will man seinen besonderen Charakter nicht zerstören. Dies gilt insbesondere für Produkte, deren Leistungsschwerpunkt im Anmutungshaften und dort insbesondere bei den Empfindungsleistungen (z. B. der Ästhetik) liegt. Bei Designprodukten verbieten sich häufig aus gestaltungsrechtlichen Gründen derartige Veränderungen.

3. Das Produkt wurde so gestaltet, daß es erhebliche Modifikationen verträgt, ohne daß grundsätzliche Änderungen notwendig wären. Dies gilt sicherlich für die Mehrzahl der entwickelten Produkte, insbesondere wenn sie nach dem Prinzip der Leistungsvariabilität gestaltet wurden.

4. Das Produkt wurde nur für eine kurze, begrenzte Lebensdauer entwickelt. Modifikationsmaßnahmen erweisen sich als überflüssig. Dies trifft beispielsweise für Produkte zu, die starken modischen oder saisonbedingten Einflüssen unterliegen.

Die weiteren Überlegungen konzentrieren sich somit auf die Alternative 3. Ansatzpunkte für die Produktmodifikation bieten:

- Leistungsänderungen der Gestaltungsmittel,
- Präferenzänderungen gegenüber einzelnen Gestaltungsmitteln sowie Gestaltungsschwerpunkten,
- Notwendigkeiten der Produktdifferenzierung.

(1) Leistungsänderungen der Gestaltungsmittel

Das Leistungspotential der Gestaltungsmittel ist mehr oder minder ständig in Bewegung. Wenn Werkstoffe durch besondere Veredelungsmaßnahmen einen Haltbarkeitssprung nach vorn tun, können sie andere, vielleicht teurere, schwerer hantierbare Werkstoffe ersetzen. Damit können dann beispielsweise wieder Formen möglich werden, auf die man bisher aufgrund des derzeit eingesetzten Werkstoffes verzichten mußte. Die teilweise sehr viel billigeren elektronischen Bauteile ermöglichen kleinere, kompaktere Formen bei teilweise wesentlich gesteigerten Leistungen gegenüber bisher verwendeten mechanischen Funktionsprinzipien. Für jedes Gestaltungsmittel lassen sich Beispiele in diesem Rahmen finden.

Um in einer solchen Situation nicht in die Gefahr zu geraten, von der Leistungsentwicklung der Gestaltungsmittel überrollt zu werden, wie es verschiedenen Industriezweigen (z. B. Uhrenindustrie, Bürogeräteindustrie) passierte, wird zumindest eine ständige Leistungsüberwachung und -beobachtung notwendig sein. Je nach Produktbereich, insbesondere bei komplizierteren Produkten, wird man sich in der Leistungsforschung und -entwicklung selbst engagieren müssen, will man nicht Gefahr laufen, hinter der Entwicklung herlaufen zu müssen.

(2) Präferenzänderungen

Die Wertschätzung, also die mehr anmutungshafte Bevorzugung, kann sich auf einzelne Gestaltungsmittel und auf Gestaltungsmittelschwerpunkte bzw. -komplexe erstrekken. Trotz nicht wesentlich veränderter Leistungen können einzelne Gestaltungsmittel im Zeitablauf völlig unterschiedlich bewertet werden.

Daneben können sich auch ganze Gestaltungsmittelkomplexe in der Wertschätzung ändern. Wenn beispielsweise die aktive und passive Sicherheit bei Automobilen einen besonderen Stellenwert in der Gunst der Verwender einnimmt, bedeutet dies, daß man entsprechende Werkstoffe (z. B. energieabsorbierende), besondere Formen (steife Fahrgastzelle), auffällige Farben (Sicherheitsfarben), Motoren mit starkem Beschleunigungsvermögen, Konstruktionen, die eine sichere Straßenlage gewährleisten, auswählen muß. Oder wenn die Einstellung zur Umweltfreundlichkeit an Bedeutung gewinnt, dann werden Motoren mit niedrigen schädlichen Abgaswerten, mit Abgaskatalysatoren oder gut isolierte Schalldämpfer notwendig. Wenn Wirtschaftlichkeitsüberlegungen in den Blickpunkt rücken, dann können z. B. bei Waschmaschinen besondere Energie- und Wassersparprogramme („Sparen bei halber Wäschemenge") interessant werden, bei Personenkraftwagen Dieselmotoren usw. Produktvariationen erweisen sich prinzipiell bei allen Störgrößen als mögliche Anpassungsstrategie.

(3) Produktdifferenzierung

Wenn es der Markt in der jeweiligen Produktgruppe nicht verlangen würde, käme man wohl weniger auf die Idee, bei der Einführung eines neuen Produktes gleich mit mehreren Ausführungen zu starten. Je unbekannter das Terrain für das neue Produkt, um so eher wird man sich langsam herantasten. Man wird also mit einem Produkt beginnen und bei Produktakzeptanz den Markt durch Hinzufügung weiterer Varianten intensiver bearbeiten. Je größer die Bedarfsdichte, je größer die Bedarfsweite und je größer der eigene Marktanteil sind, um so eher bietet sich die Wahl der Produktdifferenzierungsstrategie an.

Bei geringfügigem Anspruchswandel kann die Produktdifferenzierung als Pendant und in Verbindung mit der Zielgruppendifferenzierung ratsam erscheinen. Das gleiche gilt für kleinere, bei der Einführung gemachte Fehler. Auch bei Potentialänderung kann sich die Voraussetzung für eine Produktdifferenzierung ergeben.

6.213 Vermarktungsmodifikation

Nicht selten induzieren Zielgruppenvariationen Produktvariationen und diese haben dann häufig Vermarktungsvariationen zur Folge. Letztere begegnen uns als

- isolierte Instrumentalmodifikationen,
- integrierte Instrumentalmodifikationen.

In beiden Fällen kann es sich um Differenzierungen oder Variationen handeln.

(1) Isolierte Instrumentalmodifikationen

Die Marktentwicklung kann es mit sich bringen, daß man statt einer bisher gewählten Variablenausprägung sich nunmehr für eine andere, wirksamer erscheinende Variablenausprägung entscheidet. So können wir Attraktivitätsveränderungen einzelner Instrumente des Vermarktungsmixes beobachten. So sind derzeit Maßnahmen des Sponsoring stärker ins Gespräch gerückt. Verbunden mit einer beobachtbar steigenden Reserviertheit gegenüber der reißerischen Basarwerbung hat die argumentative Werbegestaltung (Leistungswerbung) an Raum gewonnen. Sogar in der Waschmittelwerbung ändern einige Kommunikatoren dementsprechend ihre Werbestile.

Die isolierte Instrumentalvariation ist jedoch auf kleine Variationen beschränkt; sie dürfte nur dann sinnvoll sein, wenn es sich um annähernd äquivalente Instrumente handelt, wenn durch die Substitution des einen Instruments durch ein anderes nicht der Gesamtcharakter des Instrumentalmixes zerstört wird. In ihrer Wirkung müssen die Instrumente also relativ nahe beieinander liegen. Instrumente mit konträrer Ausstrahlung würden sicherlich kaum imagefestigend wirken. Selbst dann, wenn das eine oder andere bisher fixierte Instrument falsch gewählt wurde, sollte man überlegen, ob man den Weg zum „richtigen" Instrument nicht schrittweise wählt, um nicht den Eindruck eines „Vermarktungszickzackkurses" entstehen zu lassen.

(2) Integrierte Instrumentalvariationen

Da das Angebot meist als Gesamterscheinung wirkt, weil die einzelnen Instrumente miteinander verknüpft sind, liegt es näher, ganze Instrumentalpakete zu verändern, wenn das notwendig ist.

Wenn ein italienischer Hersteller hochgeniger Kunststoffmöbel das bisherige, auf kleine Stückzahlen zugeschnittene Fertigungsverfahren auf eine hochmechanisierte Massenproduktion umstellt, müssen und können die Preise erheblich gesenkt werden, müssen andere Distributionsorgane als bisher gewählt und gefunden werden, auch wird es nötig, den Kommunikationsaufwand wesentlich zu steigern und entsprechende Kommunikationskanäle (z. B. Insertionswerbung statt der bisherigen Beschränkung auf Prospekte) einzuschalten. Hilfreich für integrierte Instrumentalvariationen dürften die Überlegungen zu den Produktausstrahlungseffekten und den ihnen zuordenbaren Variablenausprägungen sein.

Beziehen sich die autonomen Anspruchsänderungen auf die Vermarktungsinstrumente (z. B. Reduktion der Serviceansprüche), legt dies die beschriebene Strategie nahe. Nur in wenigen Fällen dürfte es gelingen, bei Modeänderungen mit

Vermarktungsvariationen Erfolg zu haben. Eher sinnvoll erscheint ein geändertes Vermarktungsmix bei Veränderungen im Angebotsimage. Auf den Fall des veränderten Produktionspotentials und der sich daraus ergebenden Konsequenzen für die Vermarktung wurde bereits hingewiesen. Die bisherigen Überlegungen lassen sich tabellarisch in der folgenden Übersicht zusammenfassen:

Anpassungsstrategien / Störgrößen	Zielgruppen-variation	Produkt-variation	Produkt-differenzierung	Vermarktungs-variation
Autonome Anspruchsänderung	x_D	x	x	x
Modeänderung		x		(x)
technischer Fortschritt		x		
Angebotsimageänderungen	x_G	x		x
Limitierungsänderungen		x		x
Potentialänderungen	x_E	x	x	x
Fehler bei der Angebotseinführung	$x_K \, x_D$	x	x	

x = trifft zu   (x) = trifft nur bedingt zu

x_K = Konzentration x_E = Expansion x_G = Ergänzung x_D = Differenzierung

Übersicht 270: Störgrößenabhängige Anpassungsstrategien

6.22 Angebotselimination

Es gehört zu den Sternstunden eines Produktmanagers, wenn er ein Produkt eingeführt hat, das die Merkmale eines sogenannten Dauerbrenners aufweist. Es gibt einige Beispiele (z. B. Persil, Odol, Nivea), die als Prototypen der Langlebigkeit im Bereich der *Verbrauchsprodukte* gelten können. Aber auch bei *Gebrauchsprodukten* begegnen uns Beispiele für die Langlebigkeit eines Produktes im Angebotsprogramm eines Unternehmens. Firmen wie Interlübke, Knoll International, Cassina USM und Vitra zeigen, daß gelungene, eigenständige Produktentwicklungen (z. B. Interlübke-Schrankwand, Bertoia-Produkte, Charles-Eames-Produkte) unterschiedliche modische Strömungen überdauern.

Und dennoch wollen wir nicht behaupten, daß Eliminationsfragen nur vom einzelnen Produkt abhängen. Die Branche kann außerdem eine Rolle spielen. Besonders auffällig ist dies bei *modischen* Produkten der Bekleidungsindustrie. Die meisten Unternehmen planen für die jeweilige Frühjahr-/Sommer- bzw. Herbst-/Winter-kollektion. Bedingt durch die Hochpreisigkeit versuchen einige italienische Modehäuser, etwas längerfristige Gestaltungskonzepte zu realisieren. Bei Produkten mit geplanter modischer Veralterung ersetzt im Regelfall die neue Kollektion die alte. Der *Kollektionswechsel* erfolgt in einem branchentypischen zeitlichen Rhythmus. Die Einführungsentscheidung hat die Elimination der bisherigen Produkte zur Folge – von einer Eliminationsentscheidung ist somit nicht die Rede. Bei technischen Produkten kann ähnliches passieren. Sei es, daß ein technischer Leistungssprung geglückt ist (→ technischer Fortschritt im Hause) und man dies zur Konkurrenzdifferenzierung und Angebotsprofilierung sofort nutzen möchte, oder sei es, daß man die langfristig geplante Neuentwicklung marktreif vorbereitet hat (z. B. neuer Pkw-Typ), immer bedeutet jedoch das neue, bessere Produkt nahezu automatisch den Tod (→ Elimination) des alten Produktes. Diese Situationen werden uns im folgenden nicht interessieren. Uns geht es vielmehr darum, in einem *ständigen* Analyseprozeß zu prüfen, ob die bisher angebotenen Produkte auch weiterhin im Programm bleiben sollen oder nicht. Wir haben die Freiheit der Wahl einer Alternative. Es handelt sich also um eine Entscheidung.

Umfangreiche Beobachtungen der Praxis haben nun ergeben, daß viele Produkteliminationsentscheidungen recht willkürlich und meist auch wenig systematisch erfolgen. Kommt dann schließlich vom Produktmanager eine gut fundierte Eliminationsempfehlung, dann wird sie allzu häufig von hierarchisch höher angesiedelten Instanzen blockiert; das ist nämlich „ihr" Produkt, mit dem sie groß geworden sind. Daraus ergibt sich die Forderung nach Objektivität. Bezüglich der Elimination bedeutet das:

- Objektivität des *Zeitpunktes* der Eliminationsüberprüfung; durch geschickte Wahl des Zeitpunktes kann das Analyseergebnis willkürlich beeinflußt werden. Geeignete Zeitpunkte oder Zeiträume müssen vor der Analyse aus Gründen der Vergleichbarkeit bereits festliegen. Das kann sowohl zu kontinuierlicher wie auch zu sporadischer Analyse führen.
- Objektivität des *Verfahrens*; die der Eliminationsentscheidung zugrunde liegende Analyse muß transparent, für alle gültig und sachgerecht sein; individuelle Variationen bedürfen der ausführlichen Begründung und sollten prinzipiell vermieden werden.
- Objektivität der *Beurteilungsmethoden* und der Werte, an denen das Produkt gemessen wird; durch Methoden- und Wertevariationen lassen sich „gewünschte" Ergebnisse produzieren; sie stellen den Sinn der Eliminationsanalyse in Frage.

Die Literatur zum Problemkreis Produktelimination ist eher begrenzt. Umfangreichere Darstellungen finden sich in den Werken von Dichtl (1970), Majer (1969), Reinöhl (1981) und Brauckschulze (1983).

6.221 Eliminationsalternativen

Bevor man eine Entscheidung trifft, sollte man sich über die damit wahrscheinlich verbundenen Konsequenzen klar werden. Über welche Eliminationsinstrumente verfügen wir?

Eliminationsentscheidungen haben eine *zeitliche* und eine *inhaltliche* Dimension. Man kann Eliminationsentscheidungen mit sofortiger Gültigkeit treffen. Das Produkt wird ab sofort nicht mehr ausgeliefert. Bei indirektem Absatz kann man auch die noch beim Handel vorhandenen Bestände zurücknehmen. In Extremfällen (z. B. bei Gesundheitsgefährdung) kann man auch den Verwender um Rückgabe bei entsprechender Vergütung bitten. Der andere Pol dieses zeitlichen Intensitätskontinuums könnte die Ankündigung beim Handel, möglicherweise auch beim Verwender sein, daß man ab dem Zeitpunkt X das Produkt Z nicht mehr herstellen werde. Diesen Weg hat VW beim Übergang vom „Käfer"- zum „Golf-Cabriolet", Braun zum „Auslaufen" der gesamten Audio-Palette (1991) gewählt.

Die *inhaltliche Dimension* der Eliminationsentscheidung legt fest, was man nicht mehr zu tun gedenkt. Als totale Produktelimination wollen wir den Fall auffassen, wenn das Produkt nicht mehr angeboten werden soll und damit seine Produktion eingestellt wird. Als Extremfall totaler Produktelimination ist die Einstellung aller mit dem Produkt zusammenhängender Aktivitäten zu bezeichen. Bei komplexen Produkten (z. B. Maschinen, Küchengeräte, HiFi-Anlagen) wird man im Regelfall Ersatzteile entweder selbst weiterproduzieren oder von einzelnen Unterlieferanten herstellen lassen. Man kann auch größere Mengen auf Vorrat produzieren.

Denkbar ist aber auch, daß man das Produkt unter reduziertem Vermarktungsaufwand weiter anbietet. Das wollen wir als *partielle* Produktelimination bezeichnen. So gibt es in der Zigarettenindustrie bekannte Beispiele dafür, daß man das Produkt zwar weiter im Sortiment behält, aber die aufwendige Werbung nahezu einstellt. Die Grenze zwischen Vermarktungsmixvariation und partieller Produktelimination ist sicherlich fließend und nicht eindeutig fixierbar. Wir wollen die Grenze da ziehen, wo ein dominierendes Vermarktungsinstrument oder Instrumentalpaket nahezu eingestellt wird, zur Bedeutungslosigkeit verurteilt wird. So setzt man häufig an dem Instrument mit dem höchsten Kostenblock an. Je nachdem wie wichtig dieses Instrument für das Überleben des Produktes ist, kann die partielle Produktelimination im Zeitablauf auch zur totalen führen.

Wenn wir nun die Intensitäts- mit der Inhaltsdimension verbinden, so erhalten wir die *härteste* Produkteliminationsform bei sofortiger Eliminationsgültigkeit für alle Marketinginstrumente und die weichste Form bei späterer Einstellung nur eines wichtigen Instrumentalbereichs.

6.222 Auswirkungsanalyse

Das Nachdenken über mögliche Auswirkungen der einen oder anderen Maßnahme, das gilt prinzipiell auch für die Modifikationsmaßnahmen, setzt voraus, daß man Anhaltspunkte darüber hat, was passiert, wenn man so oder so handelt. Die *Wirkungsprognose* ist hier jedoch schwieriger als sie aussieht.

Beginnen wir mit der *Kostenprognose*. Dabei wollen wir uns zuerst einmal auf die Wertdimension konzentrieren und Mengenkonstanz unterstellen. Bei totaler und sofortiger Produktelimination spart man lediglich die sofort abbaubaren Kosten ein. Das ist nicht neu und dennoch nur bedingt richtig. Was passiert z. B. mit den vorhandenen Warenbeständen? Abschreibungen auf die Fertigwarenbestände werden notwendig. Und bei dem beschafften Material (Teilen usw.) muß geprüft werden, ob man es anders einsetzen kann, dem Lieferanten zurückgeben oder vielleicht am Markt an andere Abnehmer veräußern kann. Wegen der vorhandenen Beschaffungsobjektbestände wird dann häufig die Produktelimination erst mit dem Verbrauch dieser Bestände gültig. Ähnliche Überlegungen kann man auch für Vermarktungsinstrumente anstellen. Stoppt man die gesamte Werbekampagne – unterstellt das ginge so einfach – so können den daraus verbundenen Einsparungen Vertragsstrafen (z. B. Werbeagentur, Werbeträger) oder mit Kosten verbundene zusätzliche Maßnahmen (z. B. Mehraufwand des Außendienstes beim Fachhandel) gegenüberstehen.

Auch bei den Gemeinkosten wird die Wirkungsprognose nicht einfacher. In dem Beispiel zur Vollkostenrechnung (siehe Abschnitt 6.111) zeigte sich das Produkt D als anpassungs- bzw. konkreter als eliminationsverdächtig. Eine Eliminationsentscheidung würde bei Konstanz der übrigen Bedingungen bedeuten, daß die anfallenden Gemeinkosten DM 23.221 statt eines Aufschlages von 30 % auf DM 77.401 nun durch ihre Verteilung auf DM 53.155 zu einem Aufschlag von 43,68 % führen. Im Rahmen der

Auswirkungsanalyse müßten wir nämlich fragen, welche Konsequenzen sich daraus ergeben, daß im Falle einer Eliminationsentscheidung die bisher vom Produkt D getragenen Gemeinkosten nun von den anderen Produkten mit übernommen werden müssen. Das bewirkt, daß auch Produkt E in die Verlustzone gerät (siehe Übersicht 271).

Produkt	Einstandskosten (=Einzelkosten des Produkts)	Selbstkosten (=Einzelkosten + Gemeinkosten)	Erlös	Gewinn
	in DM	in DM	in DM	in DM
A	12.000	17.242	17.988	746
B	21.840	31.380	32.640	1.260
C	12.840	18.226	20.382	2.156
D	———————————————————— eliminiert ————————————————————			
E	6.630	9.526	8.686	./.841
Summe	53.155	76.374	79.695	3.321

Übersicht 271: Eine Produkteliminations-Entscheidungssituation bei Vollkostenkalkulation (Quelle: Nieschlag/Dichtl/Hörschgen 1997, S. 280)

Auch die Gemeinkosten von E müßten auf A, B und C verteilt werden. Der Gesamtgewinn würde weiter schrumpfen.

Einen relativ einfachen, jedoch nicht ganz unproblematischen Ausweg bildet die Teilkostenrechnung (Deckungsbeitragsrechnung). Wie aus dem folgenden Beispiel ersichtlich, subtrahiert man von den erzielten Erlösen je Produkt die Einzelkosten und erhält als Differenz den Betrag, den das Produkt zur Abdeckung der Gemeinkosten leistet. Die Summe der Deckungsbeiträge, vermindert um die gesamten Gemeinkosten, zeigt dann den Gewinn an.

Produkt	Einstandskosten (=Einzelkosten des Produkts)	Erlös	Deckungdsbeitrag (=Erlös ./. Direkt zurechenbare Kosten)
	in DM	in DM	in DM
A	12.000	17.988	5.988
B	21.840	32.640	10.800
C	12.840	20.382	7.697
D	24.246	28.080	3.834
E	6.630	8.686	2.055
Summe	77.401	107.775	30.374
Gemeinkosten	---	---	23.220
Gewinn	---	---	7.154

Übersicht 272: Teilkosten als Anhaltspunkt für die Produktelimination (Quelle: Nieschlag/Dichtl/Hörschgen 1997, S. 281)

Deshalb erscheint es nach dieser Rechnung sinnvoller, das Produkt D nicht zu eliminieren, da es ja einen Deckungsbeitrag liefert. Dies können Kosten sein, die in allen Unternehmensbereichen anfallen. Aber auch das kann eine vordergründige Entscheidung sein. Denn bei ihr wird unterstellt, daß bei Elimination nicht abbaufähige Leerkosten entstünden. Wegen vorhandener Kapazitätsengpässe ist es ja denkbar, daß die Produktion anderer Erzeugnisse ausgeweitet wird und bei konstanten Preisen der Deckungsbeitragsausfall vielleicht sogar überkompensiert wird. Das gleiche kann auch durch die Einführung eines neuen Produktes erreicht werden.

Wenn man bei der Ursachenanalyse festgestellt hat, daß es sich nicht um eine grundsätzliche, sondern eher um eine momentane, also bald wieder vorübergehende Produktschwäche handelt, dann gilt es zweierlei zu prüfen. Ist es billiger, die Produktion vorübergehend einzustellen und sie nach der Schwächeperiode wieder aufzunehmen, als die Produktion vielleicht mit reduzierten Mengen aufrechtzuerhalten? Und damit hängt der andere Aspekt zusammen: Wie schnell kann man nach der Schwächeperiode wieder lieferfähig werden? Man muß also die Opportunitätskosten der Nichtlieferfähigkeit beachten. Je komplexer Produkte sind, je spezifischer Produktionskräfte und Produktionsmittel sind, um so schwieriger wird das Eliminieren und Wiedereinführen. Dies gilt vor allem im Anlagenbau. Aber auch ganze Berufsfertigkeiten können einem Unternehmen verloren gehen, die später mit hohem Aufwand wieder erworben werden müssen.

Ein anderer Aspekt der Kostenverbundwirkungen liegt darin, daß die Beschaffungsobjektkosten steigen. Wenn man bei einem Lieferanten einen umsatzbezogenen Jahresbonus ausgehandelt hat und z. B. bei ihm auch für das eliminierte Produkt Werkstoffe gekauft wurden, dann erhöhen sich die Einstandskosten für andere Produkte.

Wenden wir uns jetzt der *Erlösprognose* zu. Bei partieller und sukzessiver Elimination geht es dabei sowohl um die Erlöse des partiell zu eliminierenden Produktes wie auch um die Erlöse der anderen Produkte. Bei totaler Elimination interessieren lediglich die Erlösauswirkungen auf die anderen Produkte.

Mit der Ankündigung, daß man das Produkt X zum Zeitpunkt Z aufgeben werde, kann man den Effekt erreichen, daß aufgeschobene bzw. beabsichtigte Käufe vorgezogen und in dem noch möglichen Zeitrahmen realisiert werden. Damit können in der verbleibenden Zeit über Mengensteigerungen Erlöszuwächse erzielt werden. Dies spielt bei Produkten mit hoher Wertschätzung in einem „Freaksegment" ebenso eine Rolle wie dort, wo Ergänzungskäufe vorkommen. Wenn beispielsweise die Firma Rosenthal (bzw. ihr Vertragshändler) ankündigt, daß man eine Trinkgläserserie gegen Ende des Jahres aufgeben werde, dann können die Besitzer dieser Gläser bereits erforderliche und für die Zukunft antizipierte Ergänzungskäufe in dem für notwendig erachteten Rahmen tätigen. Bei derartigen Produkten ist z. B. wegen der Einheitlichkeit des Tafelbildes die Möglichkeit einer Ergänzung unabdingbar, da die Geschlossenheit der Serie, das auch zahlenmäßig vollständige Passen der Teile nahezu genauso wichtig ist wie der Wert des einzelnen Produktes. Würde man sich für eine sofortige Produktelimination entscheiden und spräche sich das herum, müßte man bei Neukäufern mit Verunsicherungen rechnen, da die lange Nachkaufmöglichkeit ein wichtiges Kaufargument ist.

Reduziert man im Falle partieller Produktelimination den Aufwand für ein Vermarktungsinstrument, dann muß man sich natürlich auch die Frage nach den *Erlöswirkungen* stellen. So kann der gesunkene Werbeaufwand zu einem Käuferrückgang führen. Das wiederum kann im konkreten Fall auch einen Mengenrückgang und damit einen Gesamterlösrückgang bedeuten. In Ausnahmefällen ist jedoch ein Ausgleich insofern denkbar, als die Vermarktungsintensität für die Kernkäufer zunimmt und gleichzeitig bei ihnen auch höhere Preise realisierbar sind. Zumindest kann dies zu einer Milderung des Erlösrückgangs führen.

Im Sortimentsverbund kann die partielle Produktelimination insofern noch vorteilhaft sein, als man zwar die Vermarktungsinstrumente auf die übrigen Produkte konzentriert, aber durch die Angebotsbereitschaft des Produktes selbst Sortimentsvollständigkeit anzeigt und damit attraktiver als bei Totalelimination bleibt.

Die Totalelimination hat bezüglich der Sortimentsverbundwirkung sowohl positive wie auch negative Aspekte. Positiv macht sich die Elimination eines imagestörenden Produktes bemerkbar, negativ die eines imagefördernden Produktes. Zur eindeutigen Entscheidung wird man vor allem in den Grenzbereichen kommen. Wenn man weiß, daß das stark imagefördernde Produkt auch die Preishöhe der anderen Produkte mit stützt, man somit erwarten muß, daß eine Elimination zu Preisinstabilitäten der anderen Produkte führt, dann ist die Entscheidung wesentlich schwieriger als im umgekehrten Fall. Wenn man auch die Kostenauswirkungen geprüft hat, wird man bei einem stark imageschädigenden Produkt relativ schnell zur Eliminationsentscheidung kommen.

Gegen eine Elimination wird man sich selbst im Falle eines imageschädigenden Produktes entscheiden, wenn man den Stamm markentreuer Kunden erhalten möchte, bis man mit einem moderneren, leistungsfähigeren und anspruchsgerechten Produkt fertig ist, um die Entwicklungszeit zu überbrücken. Dafür gibt es in der Automobilindustrie prägnante Beispiele.

Die Eliminationsentscheidung wird im Regelfall von der Firmenleitung getroffen. Sie sollte in einem Team unter Beachtung der Ursachen und Wirkungen möglichst transparent vorbereitet werden. Schließt sich die Firmenleitung nicht der Teamempfehlung an, so dürfte es zweckmäßig sein, wenn sie das gut begründet.

6.3 Prognose des Anpassungsbedarfs

Angebotsanpassungen können durchgeführt werden, wenn akuter Bedarf besteht, d. h. wenn die Störgrößen bereits wirksam geworden sind. Dieser Zeitpunkt kann unter Umständen zu spät sein; vor allem dann, wenn die Durchführung der Anpassungsmaßnahme einen längeren Zeitraum in Anspruch nimmt. Eine solche reaktive Anpassungspolitik sollte daher besser durch eine *antizipative* Anpassungspolitik ersetzt werden. Dazu sind Prognosen notwendig, die Aussagen darüber machen, ob, in welcher Richtung und in welchem Ausmaß die potentiellen Störgrößen zukünftig auftreten können. Anhaltspunkte dafür kann die Prognose der Umfeldbereiche des Unternehmens liefern (indirekte Prognose). Impulse bzw. schwache Signale aus

- dem ökologischen,
- dem politisch-rechtlichen,
- dem sozio-kulturellen,
- dem technologischen und
- dem ökonomischen

Umfeldbereich des Unternehmens können für später virulent werdende Störgrößen ursächlich sein. Daher können diese Impulse als Frühwarnsystem in der Anpassungsanalyse genutzt werden. Im folgenden soll gezeigt werden, wie welche Umfeldbereiche auf die Störgrößen einwirken können und mit welchen Prognoseverfahren Entwicklungen in den Umfeldbereichen prognostiziert werden können.

Interdependenzen zwischen den Umfeldbereichen seien an dieser Stelle lediglich erwähnt, eine detaillierte Analyse erfolgt an dieser Stelle jedoch nicht.

Veränderungen im *ökologischen Umfeldbereich* – dazu zählen zunehmende Belastungen und Zerstörungen der Natur sowie Rohstoffverknappungen – können autonomen und gesellschaftlichen Anspruchswandel bewirken (steigende Bedeutung von Ökologieansprüchen bei einzelnen Personen oder in der ganzen Gesellschaft), Einfluß auf den technischen Fortschritt nehmen (begrenzte fossile Ressourcen zwingen zur Entwicklung von Techniken zur alternativen Energieerzeugung, die zudem umweltfreundlich sein müssen) und das Image eines Unternehmens bzw. einer ganzen Branche nachhaltig beeinflussen

Einige wichtige Komponenten des *politisch-rechtlichen Umfeldbereichs* sind der wachsende Einfluß des EU-Rechts, zunehmende Demokratisierungs- und Mitbestimmungstendenzen sowie die Privatisierung von Unternehmen in Osteuropa. Es ist unmittelbar evident, daß Veränderungen in diesem Bereich politische Gründe der Angebotsanpassung haben können, insbesondere werden sie als Änderung der rechtlichen Limitierungen wirksam. Mittelbar ist der Einfluß des politisch-rechtlichen Umfeldbereichs auf den technischen Fortschritt, wenn diese Veränderung zur beschleunigten Weiter- bzw. Neuentwicklung von jetzt nicht mehr statthaften Technologien führt.

Der *sozio-kulturelle Umfeldbereich* umfaßt demographische Tatbestände (Bevölkerungsentwicklung, Geburtenziffern, Alters- und Familienstrukturveränderungen, geographische Bevölkerungsverlagerungen und ethnische Bevölkerungsveränderungen, Ausbildungsniveau, etc.) sowie spezielle gesellschaftliche Entwicklungen wie beispielsweise das Entstehen von Subkulturen, die Beständigkeit bzw. den Wandel von Grund- und Sekundärwerten. Veränderungen in diesem Umfeldbereich können in autonomem oder gesellschaftlichem Anspruchswandel ihren Niederschlag finden. Nicht zu verkennen ist der Einfluß des sozio-kulturellen Umfeldbereichs auf Modeänderungen. Neue Subkulturen grenzen sich in den meisten Fällen auch durch ihre Kleidung und bestimmte Modeaccessoirs ab, die dann wieder – in mehr oder weniger veränderter Form – von anderen Gesellschaftsgruppen übernommen und „hoffähig" gemacht werden. Die angesprochenen Tatbestände können auch dazu führen, daß sich das Image des Angebots/des Anbieters verändert, so daß dieses als nicht mehr zeitgemäß, antiquiert usw. erscheint.

Technische Inventionen (Erfindungen) und Innovationen (Durchsetzung technischer Neuerungen im Markt) sind die Komponenten aus dem *technologischen Umfeldbereich* von Unternehmen, die auf die möglichen Störgrößen einwirken können. Im allgemeinen ist dieser Umfeldbereich dadurch gekennzeichnet, daß sich der technische Fortschritt insgesamt beschleunigt – die Computerbranche demonstriert diesen Tatbestand sehr augenfällig – große Entdeckungen in der Mehrzahl der Fälle von kleinen Fortschritten abgelöst werden und eine zunehmende Reglementierungsintensität zu erwarten ist (z. B. Umfeldauflagen und Sicherheitsbestimmungen). Die Feststellung, daß der technologische Umfeldbereich die potentielle Störgröße technischer Fortschritt beeinflußt, erscheint nach diesen Ausführungen trivial. Weitere Einflüsse dieses Bereiches auf andere Störgrößen lassen sich feststellen: Ein konkurrenzinduzierter Anspruchswandel kann eintreten, wenn der Konkurrent durch Einsatz einer neuen Technologie andere Ansprüche oder alte Ansprüche auf einem höheren Niveau (evtl. zu gleichen oder geringeren Preisen) befriedigen kann und einen neuen Marktstandard setzt. Daß die eigenen Produkte und unter Umständen der Anbieter selbst in solchen Fällen eine negative Imageänderung erfahren können, läßt sich leicht vorstellen. Eine positive Imageänderung ist dagegen möglich, wenn man selbst als Innovator zuerst mit neuer Technik auf dem Markt auftritt. Eine solche technologische Führerschaft (First-to-Market-Strategie) setzt hohe Leistungsfähigkeit der unternehmerischen Potentiale voraus. Limitierungsänderungen aus dem technologischen Bereich wurden bereits angesprochen.

Zuletzt kann der *ökonomische Umfeldbereich* des Unternehmens nicht unerwähnt bleiben. Veränderungen volkswirtschaftlicher Größen (Bruttosozialprodukt, Realeinkommen, Verbrauchsstruktur, Sparquote, Nettogeldvermögen u. a.) sowie konjunkturelle Entwicklungen der Gesamtwirtschaft oder einzelner Branchen können auf die Störgrößen einwirken. Daß sich das gesellschaftliche Anspruchsniveau parallel zur wirtschaftlichen Entwicklung bewegt, läßt sich leicht vorstellen. Während in Boomzeiten tendenziell eher Ansprüche an Hochwertigkeit und Exklusivität geäußert werden – und entsprechende Produkte aufgrund der Prosperität auch gekauft werden (können) – muß in Rezessionszeiten vermehrt mit Ansprüchen nach „sparsamen" Produkten auf mittlerem bis unterem Niveau gerechnet werden. Ändern sich die Ansprüche und bleibt dieser Wandel durch den Anbieter unbeachtet, so kann damit eine Imageänderung verbunden sein, die ihrerseits als Störgröße wirksam werden kann. Aus volkswirtschaftlichen Analysen ist außerdem hinreichend bekannt, daß die konjunkturelle Entwicklung Einfluß auf den Aufbau und die Nutzung von Kapazitäten nimmt. Damit unmittelbar verbunden ist eine Änderung der Potentiale bzw. deren Nutzung bei betroffenen Branchen oder Unternehmen. Zusammengefaßt ergibt sich folgender Überblick:

Störgrößen \ Umfeldbereiche	ökologisch	politisch-rechtlich	sozio-kulturell	technologisch	ökonomisch
Autonome Anspruchsänderung	x		x		
Modeänderung			x		
gesellschaftlicher Anspruchswandel	x		x		x
technischer Fortschritt	(x)	(x)		x	
konkurrenzinduzierter Anspruchswandel				(x)	
politische Gründe		x			
Limitierungsänderungen		x		(x)	
Leistungs-/Potentialänderungen				x	(x)
Imageänderung	x		x	x	x
Fehler bei der Angebotseinführung					

x = unbedingte Zuordnung möglich   (x) = bedingte Zuordnung möglich

Übersicht 273: Einflüsse des Umfeldes auf die Störgrößen

Es fällt auf, daß eine Zuordnung der Umfeldbereiche auf die Störgröße „Fehler bei der Angebotseinführung" nicht vorgenommen wurde. Damit soll nicht zum Ausdruck kommen, daß die Umfeldbereiche bei der Angebotseinführung nicht relevant sind. Aber in den Prozeßstufen Anspruchsanalyse, Gestaltungsanalyse und Vermarktungsanalyse wurden bereits Prognosen über mögliche Veränderungen der Ansprüche, der Gestaltungsmittel bzw. der Vermarktungsinstrumente angestellt, die wesentlich konkreter waren und in denen die zu diesem Zeitpunkt erkennbaren Veränderungen in den Umfeldbereichen ihren Niederschlag gefunden haben. Später einsetzende Entwicklungen in den Umfeldbereichen waren bei sorgfältiger Analyse zum Zeitpunkt der Angebotseinführung noch nicht erkennbar. Sie können daher nicht ursächlich für diese Störgröße sein.

Aus der nachfolgenden Übersicht wird deutlich, welche Prognoseverfahren geeignet sind, Vorhersagen über Entwicklungen in den fünf Umfeldbereichen zu erstellen. Umminger (1990, S. 154-162) hat sich damit intensiv auseinandergesetzt.

Umfeldbereiche \ Prognose-verfahren	Primärstatistische Verfahren	Sekundärstatistische Verfahren	Intuitive Verfahren	Systematisch-analytische Verfahren	Indikatorverfahren	Analogieverfahren	Delphi-Verfahren	Szenario-Verfahren
Ökologischer Bereich	x	x		x	x	x	x	x
Politisch-rechtlicher Bereich	x	x		(x)	x	x	x	x
Sozio-kultureller Bereich	x	x		(x)	x	x	x	x
Technologischer Bereich	x	x	(x)	x	x	x	x	x
Ökonomischer Bereich	x	x		(x)	x	x	x	x

x = Zuordnung möglich   (x) = Zuordnung nur bedingt möglich

Übersicht 274: Prognoseverfahren im Umfeldbereich (Quelle: Umminger 1990, S. 162)

Damit schließt sich der Kreis. Auf eliminierte Produkte folgen neue. Die inhaltliche Weiterarbeit beginnt mit den in Kapitel 3 dargestellten Überlegungen. Die zeitliche Weiterarbeit wird im Regelfall jedoch früher beginnen, um bereits zum Eliminationszeitpunkt mit einem fertigen Angebotspaket präsent zu sein. Die Frage, wann mit der Nachfolgeplanung beginnen soll, wieweit also die zeitliche Überlappung reichen soll, hängt vom Volumen der geplanten Zeit ab. Dies ist zum einen von den Planungserfahrungen innerhalb einer Branche und zum anderen von den eigenen Zielvorstellungen abhängig.

Übersichtenverzeichnis

638

639

642

Literaturverzeichnis

Abell, D. F./Hammond, J. S.: Strategic Marketing Planning, Englewood Cliffs, New Jersey 1979

Abell, D. F.: Defining the Business: The Starting Point of Strategic Planning, Englewood Cliffs, New Jersey 1980

Abott, D.: Qualität und Wettbewerb, München/Berlin 1958

Abshof, J.: Modetrends Deutscher Mode – Dargestellt an der Damenbekleidung des 20. Jahrhunderts, Bd. 20 der Schriftenreihe „Beiträge zum Produktmarketing", hrsg. von U. Koppelmann, Köln 1992

Adam, D.: Stichwort »Produktplanung« in: Handwörterbuch der Wirtschaftswissenschaften, hrsg. v. W. Albers et al., 6. Band, Stuttgart/Tübingen/Göttingen 1981, Sp. 326-334

AgV (Hrsg.): Sicherheit mit Lücken, in: Verbraucher Rundschau, Nr. 10, Oktober 1982

Ahlert, D.: Absatzförderung durch Absatzkredite an Abnehmer, Wiesbaden 1972

Albach, H.: Beiträge zur Unternehmensplanung, 5. erw. Aufl.,Wiesbaden 1979

Amerine, M. A./Pangborn R. M./Roessler, E. B.: Principles of Sensory Evaluation of Food, New York/London 1965

Ansoff, I.: A Model for Diversification, in: Management Science 1958, S. 362 ff.

Ansoff, I.: Strategies für Diversification, in: Harvard Business Review, Sept./Okt. 1957, S. 113-124

Ansoff, I.: Managing Surprise and Discontinuity – Strategic Response to Weak Signals, in: ZfbF, 28. Jg., 1976, S. 129-152

Arnold, W.: Person, Charakter, Persönlichkeit, 4. Aufl., München/Wien 1975

Ashby, M.F./Jones D.R.H.: Engineering Materials 1, An Introduction to their Properties and Applications, Oxford/New York/Seoul/Tokyo 1980

Ashby, M.F./Jones D.R.H.: Engineering Materials 2, An Introduction to Microstructures, Processing and Design, Oxford/New York/Seoul/Tokyo 1986

Aspinwall, L. V.: The Characteristics of Goods Theory and the Parallel Systems Theory, in: Managerial Marketing, hrsg. v. W. Lazer u. E. J. Kelley, Homewood/Illinois 1962

Aspley, J. C.: The Darnell Sales Promotion Handbook, 4. Aufl., Chicago/London 1965

Assael, H.: Consumer behavior and marketing action, 4. Aufl., Boston 1992

Atkin, C. K. (1978): Observation of Parent-Child Interaction in Supermarket Decicicion-Marking, Journal of Marketing, 42, H. 4, S. 41-45

Ausschuß für Begriffsdefinitionen aus der Handels- und Absatzwirtschaft (Hrsg.): Katalog E, 4. Ausgabe, Köln 1995

Autorenkollektiv: Kfz-StG v. 8/1985, Beck'sche Steuergesetze, Bd. Nr. 660, S. 5a ff.

Backhaus, K.: Investitionsgüter-Marketing, 2. Aufl., München 1990

Backhaus, K.: Investitionsgüter-Marketing, 1. Aufl., München 1982

Balderjahn, I.: Bedürfnis, Bedarf, Nutzen, in: Handwörterbuch des Marketing, 2. Aufl., Stuttgart 1995

Bales, R. F.: Task Roles and Social Roles in Problem-Solving-Groups, in: E. E. Maccoby/ T. M. Newcomb/E. L. Hartley: Reading in Social Psychology, 3. Aufl., New York 1958

Bänsch, A.: Käuferverhalten , 6. Aufl., München/Wien/Oldenburg 1995

Barnard, C.: The Functions of the Executive, Cambridge 1938

Barth, K.: Betriebswirtschaftslehre des Handels, 4. Aufl., Wiesbaden 1999

Bastam, I.: Zur Analyse effizienten Chemiefasermarketings, Diss., Köln 1978

Bauer, E.: Produkttests in der Marketingforschung, hrsg. v. E. Dülfer, Göttingen 1981

Bauer, H. H./Hanning, U.: Die Erfassung der Substitutionswirkung eines neuartigen Elektrowerkzeugs für den Heimwerker-Markt, in: Marketing ZFP, H. 1, 1987, S. 5 ff.

Bäuerle, P.: Zur Problematik der Konstruktion praktikabler Entscheidungsmodelle, in: ZfB, Heft 2, 1989, S. 175 ff.

Becker, U./Flaig, B.: Wohnwelten in Deutschland 2, Hrsg. Das Haus, Burda-Verlag, Offenburg 1989

Becker, U.: Von den wilden 80ern in die unübersichtlichen 90er Jahre, in: form, IV/ 1990, S. 8 ff.

Becker/Becker/Ruhland: Zwischen Angst und Aufbruch, Düsseldorf 1992

Behrens, G.: Konsumentenverhalten, 2. Aufl., Heidelberg 1991

Behrens, K. Chr. (Hrsg.): Handbuch der Marktforschung, Bd. 1, Wiesbaden 1974

Behrens/Delfmann: Quantitative Planung, Stuttgart 1994

Behrens-Ramberg, W.: Steuerliche Anreize bei innovativen Investitionen kleiner und mittlerer Industrieunternehmen unter vergleichender Berücksichtigung nicht-steuerlicher Hilfen, in: Schriften zur Mittelstandsforschung, Diss., Köln 1984

Beitz, W.: Übersicht über Konstruktionsmethoden, in: Konstruktion, H. 2, 1972

Belk, R. W.: A free Response Approach to Developing product-specific Consumption Situation Taxonomies, in: Shocker, A.D. (Hrsg.), Analytic Approaches to Product and Marketing Planning, Cambridge/Mass. 1979, S. 177-196

Belk, R. W.: Situational Variables and Consumer Behavior, in: JoCR 4/1975

Benkard, G.: Patentgesetz, Gebrauchsmustergesetz, Patentanwaltgesetz, 8. Aufl., München/Berlin 1988

Bennet, P.D./Kassarjian, H. H.: Consumer Behavior, Homewood/Illinois 1972

Bense, M.: Zeichen und Design, Baden-Baden 1971

Bense, M.: Aesthetica, 2. Aufl., Baden-Baden 1982

Berekhoven, L.: Das Leasing, in: Handbuch der Unternehmensfinanzierung, hrsg. v. O. Hahn, München 1971

Berelson, B./Steiner, G. A.: Menschliches Verhalten (2 Bde.), 3. Aufl., Weinheim/Basel 1974

Berg, T. L./Shuchman, A. (Hrsg.): Product Strategy and Management, New York 1963

Berger, K. H.: Stichwort: Normung und Typung, in: Handwörterbuch der Produktion, hrsg. v. W. Kern, Stuttgart 1979, Sp. 1354-1355

Berger, S.: Ladenverschleiß (store erosion), Göttingen 1977

Bergius, R.: Produktives Denken, in: Handbuch der Psychologie, Allgemeine Psychologie, 1. Bd., 2. Halbbd.: Lernen und Denken, hrsg. v. R. Bergius, 10. Aufl., Göttingen 1982

Bergmann, C.: Funktionsprinzipien als Mittel der Produktgestaltung, Bd. 6 der Schriftenreihe: »Beiträge zum Produktmarketing« hrsg. v. U. Koppelmann, Köln 1979

Berthel, J.: Zielorientierte Unternehmungssteuerung, Stuttgart 1973

Bettmann, J. R./Zins, M. A.: Constructive Process in Consumer Choice, in: Journal of Consumer Research 4, 1977, S. 84 ff.

Beyeler, L.: Grundlagen des kombinierten Einsatzes der Absatzmittel, Bern 1964

Bidlingmaier, J.: Zielkonflikte und Zielkompromisse im unternehmerischen Entscheidungsprozeß, Wiesbaden 1968

Bidlingmaier, J./Schneider, D. J. G.: Ziele, Zielsysteme und Zielkonflikte, in: Handwörterbuch der Betriebswirtschaft, Bd. 3, Stuttgart 1976

Bidlingmaier, J.: Unternehmerziele und Unternehmerstrategien, 2. Aufl., Wiesbaden 1973

Bidlingmaier, J.: Marketing 2, 9. Aufl., Köln/ Opladen 1982

Bidlingmaier, J.: Marketing 1, 10. Aufl., Köln/ Opladen 1983

Bierfelder, W.: Vershovens Nutzenleiter re-aktiviert, in: Jahrbuch der Absatz- und Verbraucherforschung, H. 4, 1979

Biergans, B.: Zur Entwicklung eines Marketingadäquaten Ansatzes und Instrumentariums für die Beschaffung, Bd. 1 der Schriftenreihe »Beiträge zum Beschaffungsmarketing«, hrsg. v. U. Koppelmann, Köln 1986

Bircher, B.: Handwörterbuch der Planung, Hrsg. von Szyperski, N., Stuttgart 1989, Sp. 1505

Birkhoff, G. D.: Aesthetic Measure, Cambridge/Mass. 1933

Birren, F.: Schöpferische Farbe, Winterthur 1971

Blake, R. R./Mouton, J. S.: The Managerial Grid, Houston 1964

Bloch, J./Ihde, G. B.: Betriebliche Distributionsplanung, Würzburg/Wien 1972

Böcher, H.: Grundbegriffe der Psychologie, Köln 1978

Böcker, F./Dichtl, E. (Hrsg.): Erfolgskontrolle im Marketing, Berlin 1975

Böcker, F.: Der Distributionsweg einer Unternehmung, Berlin 1972

Bodenstein, G./Lever, H. (Hrsg.): Geplanter Verschleiß in der Marktwirtschaft, Frankfurt/Zürich 1977

Böhler, H.: Methoden und Modelle der Marktsegmentierung, Stuttgart 1977

Böhler, H.: Beachtete Produktalternativen und ihre relevanten Eigenschaften im Kaufentscheidungsprozeß von Konsumenten, in: Konsumentenverhalten und Information, hrsg. v. H. Meffert, H. Steffenhagen, H. Freter, Wiesbaden 1979, S. 261 ff.

Bolte, K. M./Kappe, D./Neidhardt, F.: Soziale Schichtung, Opladen 1968

Boltenberg, G. H.: Emotionspsychologie, München 1972

Booz/Allen/Hamilton Inc.: Management of New Products, 4. Aufl., New York 1968

Bourne, F. S.: Der Einfluß von Bezugsgruppen beim Marketing, in: Marketingtheorie, hrsg. v. W. Kroeber-Riel, Köln 1972

Brandlhuber, J.: Industriedesign und Ornament, München 1992

Brandstätter, H./Schuler, H./Stocher-Kreischgauer, G.: Psychologie der Person, Stuttgart/Berlin/Köln/Mainz 1974

Brankamp, K.: Planung und Entwicklung neuer Produkte, Berlin 1971

Brauckschulze, U.: Die Produktelimination, Münster 1983

Brehm, J. W.: The Theory of Psychological Reactance, New York/London 1966

Breuer, N.: Einstellungstypen für die Marktsegmentierung, Bd. 5 der Schriftenreihe: „Beiträge zum Produktmarketing" hrsg. v. U. Koppelmann, 2. unveränd. Aufl., Köln 1986

Brockhoff, K.: Produktpolitik, 2. Aufl., Stuttgart/New York 1988

Brockhoff, K.: Produktpolitik, 3. Aufl., Stuttgart/Jena 1993

Brugger, W.: Philosophisches Wörterbuch, 18. Aufl., Freiburg/Basel/Wien 1990

Bruhn, M.: Internes Marketing, 2. Aufl., Wiesbaden 1999

Bundesverband des Deutschen Versandhandels e. V. (Hrsg.): Der Deutsche Versandhandel, Frankfurt a. M. 1984

Bürdeck, B. E.: Einführung in die Designmethodologie, Hamburg 1973

Bürdeck, B. E.: Design, Köln 1991

Burkhardt, F./Franksen I. (Hrsg.): Design: Dieter Rams, Berlin 1980

Burkheiser, U.: Produktorientierte Absatzpolitik, Frankfurt/Zürich 1970

Busch,R./Dögl, R./Unger, F.: Integriertes Marketing: Strategie, Organisation, Instrumente, 2. Aufl., Wiesbaden 1997

Buzzel, R. D.: Competitive Behavior and Product Life Cycles, in: J. S. Wright and J. L. Goldstucker (Hrsg.), New Ideas for Successful Marketing, Chicago 1963

Carlson, L./Grossbart, S.: Parental style and consumer socialization of children, in: Journal of Consumer Research, 1988, H. 15, S. 84-94

Chapman, D.: The Room and the Social Status, London 1955

Cherry, C.: Kommunikationsforschung, 2. Aufl., Frankfurt/M. 1967

Chippendale, Th.: The Gentleman and Cabinet-Maker's Director, Neuausgabe: Der Chippendale-Stil, Bonn 1955

Chisnal, T. M.: Marketing. A Behavioral Analysis, London 1975

Christofolini, P. M./Thies, G.: Verkaufsförderung, Berlin/New York 1979

Churchman, C. W./Ackhoff, R. L./Arnoff, E. L.: Operations Research, 5. Aufl., Wien 1971

Clark, K./Fujimoto, T.: Reducing the Time to Market: The Case of the World Auto Industry, in: Design Management Journal, Vol. 1, Nr. 1, 1989, S. 49-57

Clifford, D. K./Bridgewater, B. A./Hardy, Th.: The Game has changed, in: McKinsey Quarterly, Herbst 1975

Cooper, R. G.: The Dimensions of Industrial New Products Success and Failure, in: Journal of Marketing, H. 3, 1979, S. 93-103

Correll, W.: Persönlichkeitspsychologie, Donauwörth 1976

Cox, W. E. Jr.: Product Life Cycles as Marketing Models, in: Journal of Business, Okt. 1967, S. 375-384

Crescinsky, H.: English Furniture, New York

Cyert, R. M./March, J. G.: A Behavioral Theory of the Firm, Englewood Cliffs 1963

Dahrendorf, R.: Gesellschaft und Freiheit, München 1961

Darmstadt, C.: Farbe in der Architektur ab 1800, in: Deutsche Bauzeitung (DBZ), 6. Juni 1987

Darmstadt, C.: Farbige Fassaden für Bürgerhäuser des Historismus und des Jugendstils unter heutigen Aspekten, Diss., Dortmund 1982

Darmstadt, C.: Farbenbewegungen in der Architekturgestaltung, unveröffentlichtes Manuskript, Bottrop 1985

Darmstadt, C.: Farbzyklus, unveröffentlichtes Manuskript

Davis, H. L./Rigaux, B. P.: Perception of marital roles in decision processes, in: Journal of Consumer Research, 1974

Dhalla, N. K./Yuspeh, S.: Abschied vom Konzept des Produktlebenszyklus, in: Harvard Manager, H. 1, 1980, S. 89 ff.

Dichter, E.: Handbuch der Kaufmotive, Wien/ Düsseldorf 1964

Dichtl, E.: Die Beurteilung der Erfolgsträchtigkeit eines Produktes als Grundlage der Gestaltung des Produktionsprogrammes, Berlin 1970

Dilthey, W.: Einleitung in die Geisteswissenschaft, 2. Aufl., Leipzig/Berlin 1923

DIN 55402: Blatt 1 + 2, Markierung für den Versand gefährlicher Produkte

DIN 57700: Teil 1: Sicherheit elektrischer Geräte für den Hausgebrauch und ähnliche Zwecke, Februar 1981

DIN 69910: Wertanalyse – Begriffe, Methoden, Berlin 1973

Dinkelbach, W.: Entscheidungstheorie, in: Handwörterbuch der Betriebswirtschaft, 1. Bd., hrsg. v. E. Grochla, 4. Aufl., Stuttgart 1974, Sp. 1290

Dodt, U.: Produktpräsentation – Mittel der Verkaufsförderung im Marketing, Bd. 8 der Schriftenreihe „Beiträge zum Produktmarketing", hrsg. v. U. Koppelmann, Köln 1980

Dörner, D.: Die kognitive Organisation beim Problemlösen, Bern/Stuttgart/Wien 1974

Dörner, V.: Die Produktform als Mittel der Anmutungsgestaltung, Bd. 2 der Schriftenreihe „Beiträge zum Produktmarketing", hrsg. v. U. Koppelmann, Köln 1976

Dück, W./Blüfernich, M. (Hrsg.): Operationsforschung, Bd. 3, Berlin 1972

EG-Abl. Nr. 77 v. 26.03.1973 (73/23/EWG): Richtlinie des Rates zur Angleichung der Rechtsvorschriften betreffend elektrischer Betriebsmittel zur Verwendung innerhalb bestimmter Spannungsgrenzen

EG-Abl. Nr. C 59 v. 09.03.1982

Eichgesetz vom 22.02.85

Ellinger, Th.: Ablaufplanung, Stuttgart 1959

Ellinger, Th.: Die Informationsfunktion des Produktes, in: Produktionstheorie und Produktionsplanung, Köln/Opladen 1966

Emde, W. B.: Prognosetechniken und -systeme, in: Handwörterbuch der Planung, hrsg. von N. Szyperski mit Unterstützung von U. Winand, Stuttgart 1989, Sp. 1645-1658

Endler, D.: Produktteile als Mittel der Produktgestaltung, Bd. 21 der Schriftenreihe „Beiträge zum Produktmarketing", hrsg. v. U. Koppelmann, Köln 1992

Engel J. F./Blackwell R. D./Kollat D. T.: Consumer Behaviour, New York/Chicago 1968

Engel, J. F./Blackwell, R. D./Miniard, P. W.: Consumer Behavior, 6. Ed., Hindsdale/Il. 1990

Engel, J. F./Blackwell, R. D./Miniard, P. W.: Consumer behavior, 7. Aufl., Fort Worth 1993

Engeleiter, H.-J.: Die Portfolio-Technik als Instrument der strategischen Planung, in: BFuP, H. 5, 1981

Engelhardt, W. H./Günter, B.: Investitionsgüter – Marketing, Stuttgart/Berlin/Köln/Mainz 1981

Enzensberger, H. M.: Die Aporien der Avantgarde, in: Einzelheiten, hrsg. v. Enzensberger, H. M., Frankfurt 1962

Erdey-Gruéz, T.: Die chemischen Quellen der Energie, Weinheim 1971

Erdmann, K. O.: Die Bedeutung des Wortes, Leipzig 1925

654

Ernst, A./Fröhlich-Glantschnig, E./Liebing, D.: Synergien einer Absatz- und Beschaffungsperspektive – Ansätze eines integrierenden Marketingdenkens, in: Angewandtes Produkt- und Beschaffungsmanagement, hrsg. v. der Fördergesellschaft Produktmarketing e. V., Köln 1997,

Eucken, W.: Die Grundlagen der Nationalökonomie, 9. Aufl., Berlin/Göttingen/Heidelberg 1989

Eyferth, K.: Lernen als Anpassung, in: Handbuch der Psychologie, 1. Bd., 2. Halbbd.: Lernen und Denken, hrsg. v. R. Bergius, 2. Aufl., Göttingen 1964, S. 99 ff.

Farr, M.: Design Management, London 1966

Fechner, G. T.: Elemente der Psychophysik, 1. Teil, Leibzig 1907 (a); 2. Teil, Leipzig 1907 (b)

Felber, U.: Systematisches Designmanagement in der Unternehmung: Grundlagen und Konzepte, Marburg 1984

Festinger, L.: Theorie der kognitiven Dissonanz, Bern 1978

Fishbein, M./Ajzen, I.: Belief, Attitude, Intention and Behavior, Reading, MA, 1975, S. 332

Fishbein, M.: An Investigation of the Relationships between Beliefs about an Object, in: Human Relations 16, 1963, S. 233-239

Fishbein, M.: A Behavior Theory Approach to the Realation between Beliefs about an Object and the Attitude towards the Object, in: Readings in Attitude and Reasurement, hrsg. v. U. Fishbein, New York/Sydney/London 1976

Fishbein, M.: Readings in Attitude Theory and Measurement, New York/London/Sydney 1967

Foppa, K.: Lernen-Gedächtnis-Verhalten, 7. Aufl. Köln 1970

Frese, E.: Organisationstheorie, Wiesbaden 1990

Freudenmann, H.: Planung neuer Produkte, Stuttgart 1965

Frey, B.: Zur Beurteilung von Anmutungsqualitäten, unv. Manuskript, Köln 1992

Frey, G.: Das moderne Sitzmöbel von 1850 bis heute, Teufen 1970

Friedrich-Liebenberg, A.: Anmutungsleistungen von Produkten, Bd. 3 der Schriftenreihe „Beiträge zum Produktmarketing" hrsg. v. U. Koppelmann, 2. unveränd. Aufl., Köln 1986

Frieling, H./Auer, X.: Mensch, Farbe, Raum, München 1961

Frieling, H.: Das Gesetz der Farbe, Göttingen 1968

Funck, P.: Graphische Symbole – Der Weg über die Vereinheitlichung zur Normung, Berlin 1983

Gabele, E.: Kritik einer Strategie, in: Wirtschaftswoche, Nr. 45, 1980

Gamm, O. F. v.: Geschmacksmustergesetz, München/Berlin 1965 (a)

Gamm, O. F. v.: Warenzeichengesetz, München/Berlin 1965 (b)

Garnich, R.: Ästhetik, Konstruktion und Design, Ravensburg 1976

Gassert, H.: Normung – Mittler zwischen den Wirtschaftssystemen, in: DIN-Mitteilungen, 58. Jhrg., 1979, Nr. 7, S. 409-411

Gausemeier, J./Fink. A./Schlake, O.: Szenario-Management, München/Wien 1995

Geiger, S./Heyn, W.: Informationstheoretische Probleme der Werbung, in: Handbuch der Werbung, hrsg. v. K. Chr. Behrens, Wiesbaden 1970, S. 137 ff.

Geist, M.: Selektive Absatzpolitik auf der Grundlage der Absatzsegmentrechnung, 2. Aufl., Stuttgart 1975

Gemünden, H. G.: Transaktionsmarketing, Diss., Saarbrücken 1979

Geschka, H./Schlicksupp, H.: Techniken der Problemlösung, in: RDO, H. 2, 1974, S. 47 ff.

Geuth, M.: Qualität und Automobile, Diss., Frankfurt 1981

Geyer, E./Bürdek, E. B.: Design-Management, in: form, Nr. 51, 1970, S. 35-38

Gilly, M. C./Enis, B. M.: Recycling the Family Life Cycle: A Proposal for Redefinition, in: Mitchel 1982

Gladbach, M.: Archetypen von Produkten, Bd. 24 der Schriftenreihe „Beiträge zum Produktmarketing", hrsg. v. U. Koppelmann, Köln 1994

Gloy, K./Badura, B.: Kommunikationsforschung – einige Modelle und Perspektiven, in: Soziologie der Kommunikation, hrsg. v. B. Badura u. K. Gloy Stuttgart/Bad Cannstadt 1972

Gniech, G./Grabitz, H. J.: Freiheitseinengung und psychologische Reaktanz, in: Kognitive Theorien der Sozialpsychologie, hrsg. v. D. Frey, Bern/Stuttgart/Wien 1978, S. 48-73

Gorb, P.: Opening Shots in the Design Management Campaign, in: Design, Nr. 11, 1976, S. 40-41

Gotta, M.: Branding, in: Handbuch des Markenartikels, hrsg. v. M. Bruhn, Bd. 2, Stuttgart 1994

656

Grandjean, G.: Physiologische Arbeitsgestaltung, 2. Aufl., Thun/München 1967

Green, T. E./Tull, D. S.: Reseach for Marketing Decisions, 4. Aufl., Englewood Cliffs, New Jersey, 1978

Green, T. E./Tull, D. S.: Methoden und Techniken der Marketingforschung, 4. Aufl., Stuttgart 1982

Grochla, E.: Stichwort: „Betrieb, Betriebswirtschaft und Unternehmung" in: Handörterbuch der Betriebswirtschaft, 4. Aufl., hrsg. v. E. Grochla u. W. Wittmann, Bd. 1, Stuttgart 1974, Sp. 541-557

Groenewald, H.: Der Produktmanager in der deutschen Wirtschaft, in: Betriebswirtschaftliche Umschau, H. 10, 1970

Grosche, K.: Das Produktionsprogramm, seine Änderungen und Ergänzungen, Berlin 1967

Grün, O.: Stichwort: »Entscheidung« in: Handwörterbuch der Organisation, hrsg. v. E. Grochla, 1. Aufl., Stuttgart 1969, Sp. 474-484

Grüneberg, N.: Das Produkt-Management, Wiesbaden 1973

Gruner + Jahr AG & Co. (Hrsg.): Brigitte Frauentypologie 1-4, Hamburg, 1973-79

Guilford, J. P.: Persönlichkeit, Weinheim 1964

Gutenberg, E.: Grundlagen der Betriebswirtschaftslehre, 1. Bd., Die Produktion, 24. Aufl., Berlin/Heidelberg/New York 1983

Gutenberg, E.: Grundlagen der Betriebswirtschaftslehre, 2. Bd., Der Absatz, 17. Aufl., Berlin/Heidelberg/New York/Tokyo 1984

Hahn, D.: Planung und Kontrolle, in: Handwörterbuch der Betriebswirtschaftslehre, 5. Aufl., 2. Bd., Stuttgart 1993

Hajos, A.: Wahrnehmungspsychologie, Psychophysik und Wahrnehmungsforschung, Stuttgart 1972

Hamann, M.: Die Produktgestaltung, Würzburg/Wien 1975

Hammann, P.: Entscheidungsanalyse im Marketing, Berlin 1975

Hansen, F.: Konstruktionssystematik, Berlin 1965

Hansen, H. L.: Marketing, Text, Techniques and Cases, Homewood 1967

Hansen, U./Leitherer, E.: Produktpolitik, 2. Aufl., Stuttgart 1984

Hart, A.: A Chart for Evaluating Product Research and Development Projects, in: Operational Research Quarterly 1966, S. 347 ff.

Hase, H.: Zur Gestaltung von Anmutungscharakteren, Bd. 15 der Schriftenreihe „Beiträge zum Produktmarketing", hrsg. v. U. Koppelmann, Köln 1989

Hauschildt, J.: Entscheidungsziele, Tübingen 1977

Haynes, J. L./Borts, D. C./Dukes, A./Clude, R.: Consumer socialization of preschoulers and kindergartners as related to clothing consumption, in: Psychology and Marketing, 1993, H. 10, S. 151-166

Heinen, E./Aschoff, C.: Stichwort: „Organisationspolitische Entscheidungen" in: Handwörterbuch der Organisation, hrsg. v. E. Grochla, 2. Aufl., Stuttgart 1980, Sp. 1730-1739

Heinen, E.: Betriebswirtschaftliche Entscheidungen, 2. Aufl., Wiesbaden 1971

Heinen, E.: Grundfragen der entscheidungsorientierten Betriebswirtschaftslehre, München 1976

Heinig, J.: Produktgestaltung, in: Handwörterbuch der Absatzwirtschaft, hrsg. v. B. Tietz, Stuttgart 1974, Sp. 1727 ff.

Henderson, B. D.: Die Erfahrungskurve in der Unternehmensstrategie, Frankfurt/New York 1974

Henseler, R.: Image und Imagepolitik des Facheinzelhandels, Frankfurt 1977

Herten, M./Küthe, E.: Zur Analyse von Trading-up-Maßnahmen im Facheinzelhandel, in: „Materialien zum Produktmarketing" hrsg. v. U. Koppelmann, H. 6, Köln 1981

Hessenmüller, B.: Kosten- und Erfolgsrechnung im industriellen Vertrieb, Baden-Baden 1966

Hetzer, H.: Spiel und Spielzeug für jedes Alter, 13. Aufl., München 1973

Hickethier, A.: Farbenordnung, Hannover 1952

Hill, W./Fehlbaum, R./Ulrich, P.: Organisationslehre, 3. Aufl., Bern/Stuttgart 1981

Hill, W.: Marketing II, 6. Aufl., Bern 1988

Hillmann, K.-H.: Geplante Obsoleszenz, Bemerkungen zu Burkhardt Röper: „Gibt es geplanten Verschleiß?" in: Zeitschrift für Verbraucherpolitik, H. 1, 1977, S. 48 ff.

Hirsch, V.: Bewertungspolitik bei der Planung neuer Produkte, in: ZfbF 1968, S. 291 ff.

Hise, R. T./Kelley, J. P.: Product Management on Trial, in: Journal of Marketing, Oct. 1978, S. 28-33

Hisrich, R. D./Peters, M. P.: Marketing a New Product, Menlo Park, Cal. 1978

Höbner, H.: Lehrbuch der Physiologie des Menschen, 7. Auflage, Berlin 1934

Hoffmann, K.: Der Produktlebenszyklus, Freiburg 1972

658

Höfner, K.: Der Markttest, Stuttgart 1966

Hofstätter, H.: Die Erfassung der langfristigen Absatzmöglichkeiten mit Hilfe des Lebenszyklus eines Produktes, Würzburg/Wien 1977

Hofstätter, P. R.: Einführung in die Sozialpsychologie, Hamburg 1963

Hofstätter, P. R.: Psychologie, Frankfurt a.M. 1972

Hollmann, H.: Die EG-Produkthaftungsrichtlinien I und II, in: Der Betrieb Nr. 46 vom 15.11.85, S. 2389-2396 und Nr. 47 vom 22.11.85, S. 2439-2443

Homann, F.: Ein System von Modellen zur Neuproduktplanung und -entscheidung, Gießen 1974

Homans, G.C.: Elementarformen sozialen Verhaltens, Opladen 1972

Honour, H.: Meister der Möbelkunst, München 1972

Hörschgen, H.: Grundbegriffe der Betriebswirtschaftslehre, Band II, 2. Aufl., Stuttgart 1987

Hovland, L. J./Janis, J. L./Kelley, H. H.: Communication and Persuasion, New Haven/London 1953

Howard, J. A./Sheth, J. N.: The Theory of Buyer Behavior, New York 1969, in der Übersetzung von R. Schulz, Kaufentscheidungsprozesse des Konsumenten, Wiesbaden 1972, S. 78 ff.

Hubka, V.: Theorie technischer Systeme, 2. Aufl., Berlin/u.a. 1984

Hübmann, H.: Urheber- und Verlagsrecht, 3. Aufl., München 1974

Hunsinger, H.: Hits oder Flops – über das Leben und Sterben neuer Produkte im Lebensmittelhandel, in: Mall, H.P. (Hrsg.): Wirus-Werkstattgespräch 1991, Neumarkt 1991, S. 10 ff.

Hussy, W.: Denkpsychologie, Bd. 1, Stuttgart/Berlin et al.1984

Hüttner, M.: Grundzüge der Marktforschung, Wiesbaden 1972

Hüttner, M.: Stichwort „Haushalts-Panel" in: Handwörterbuch der Absatzwirtschaft, hrsg. v. B. Tietz, Stuttgart 1974

Hüttner, M.: Multivariate Analysemethoden im Marketing, München 1978

Ilschner, B.: Werkstoffe durch Forschung verbessern, in.: WiSt, Heft 9 1982, S. 405 ff.

Institut für Zielgruppenmarketing und Kommunikation, in: Zielgruppen Handbuch-Wohnwelten '95, Darmstadt 1995

International Chamber of Commerce (ICC), Hrsg.: Incoterms, Paris 1981

Itten, J.: Kunst der Farbe, 19. Aufl., Ravensburg 1991

Jackel, B./Hehl, K.: Stichwort: „Einzelhandels-Panel" in: Handwörterbuch der Absatzwirtschaft, hrsg. von B. Tietz, Stuttgart 1974, Sp. 547-553

Jenks, C.: Architecture today, London 1982

Johannsen, U.: Das Marken- und Firmenimage, Berlin 1971

Kaas, K. P.: Diffusion und Marketing, Stuttgart 1973

Kalussis, D.: Marktorientierte Absatzpolitik, Wien/New York 1970

Kapferer, U./Disch, W. K. A.: Absatzwirtschaftliche Produktpolitik, Köln/Opladen 1967

Kasperidis, G.: Die Problematik des Produktplanungsprozesses aus betriebswirtschaftlicher Sicht, Köln 1974

Kassarjian, H. H./Robertson T. S.: Perspectives in Consumer Behaviour, 4. Aufl., Englewood Cliffs 1991

Kätsch, S.: Teilstrukturen sozialer Differenzierung und Nivellierung in einer westdeutschen Mittelstadt, Köln/Opladen 1965

Katz, D.: The Two-Step-Flow of Communication, in: Mass Communication , hrsg. von W. Schramm, 2. Aufl., Urbana/Chicago/London 1960

Katz, D.: Gestaltpsychologie, Basel 1969

Katz, E./Lazarsfeld, P. F.: Meinungsführer beim Einkauf, in: Marketingtheorie, hrsg. von W. Kroeber-Riel, Köln 1972, S. 107-121

Kaufhaus-Katalog 1996 (Kap. 5, S. 24)

Kaufmann, E. J.: Marketing für Produktivdienstleistungen, Zürich/Frankfurt a. M./ Thun 1977

Kawlath, A.: Theoretische Grundlagen der Qualitätspolitik, Diss., Wiesbaden 1968

Kellner, P./Poessnecker, H.: Die Produktgestaltung an der HfG Ulm, Hanau 1978

Kenkel, W. F.: Husband-Wife Interaction in Decision Making and Decision Choices, in: Journal of Social Psychology 1961, S. 255-262

Kern, W.: Die Produktionswirtschaft als Erkenntnisbereich der Betriebswirtschaftslehre, in: ZfbF 1976, S. 756-767

Kern, W./Schröder, H. H.: Forschung und Entwicklung in der Unternehmung, Reinbek bei Hamburg 1977

Kern, W.: Produktionswirtschaft, in: Handwörterbuch der Produktionswirtschaft, hrsg. v. W. Kern, Stuttgart 1979, Sp. 1649

660

Kern, W.: Operations Research, 6. Aufl., Stuttgart 1987

Kicherer, S.: Industriedesign als Leistungsbereich von Unternehmen, München 1987

Kienzle, W.: Früherkennung im Beschaffungsmarketing, Bd. 16 der Schriftenreihe „Beiträge zum Beschaffungsmarketing", hrsg. v. Udo Koppelmann, Köln 2000

Kieser, A./Kubicek, H.: Organisation, 2. Aufl., Berlin/New York 1983

Kirchler, E. M./Kirchler, E.: Einflußmuster in familiären Kaufentscheidungen, in: planung+analyse, 2/90, S. 49 ff.

Kirsch, E. et al: Betriebswirtschaftliche Logistik, Wiesbaden 1973

Klages, C.: Die Grundlage der Charakterkunde, 12. Aufl., Bonn 1969

Klages, H.: Wertorientierungen im Wandel. Rückblick, Gegenwartsanalyse, Prognosen, Frankfurt a.M., 1984

Klapper, J. F.: The Effects of Mass Communication, New York 1960

Klatt, S.: Die ökonomische Bedeutung der Qualität von Verkehrsleistungen,Berlin 1965

Klein, H. K./Wahl, A.: Zur Logik der Koordination interdependenter Entscheidungen in komplexen Organisationen, Teil II, in: Kommunikation, 6. Jahrgang 1970

Klein-Blenkers, F.: Die Ökonomisierung der Distribution, Köln/Opladen 1964

Klix, B.: Informationen und Verhalten, 3. Aufl., Berlin 1976

Klöcker, J.: Produktgestaltung, Berlin 1981

Kluckhohn, C.: Values and Value-Orientation in the Theory of Action, in: Toward a General Theory of Action, Hrsg.: T. Parsons, E. A. Shils, Cambridge 1962

Knoblich, H.: Betriebswirtschaftliche Warentypologie, Köln/Opladen 1969

Knoblich, H.: Stichwort „Warenorientierte Absatztheorie" in: Handwörterbuch der Absatzwirtschaft, hrsg. v. B. Tietz, Stuttgart 1974, Sp. 167-179

Koch, H.: Integrierte Unternehmensplanung, Wiesbaden 1982

Köhler, R.: Stichwort: „Organisation des Produktmanagements" in: Handwörterbuch der Organisation, hrsg. von E. Grochla, 2. Aufl., Stuttgart 1980

Koller, R.: Eine algorithmisch-physikalisch orientierte Konstruktionsmethodik, in: VDI-Zeitschrift, Heft 3, 1973

Koller, R.: Konstruktionsmethoden für den Maschinen-, Geräte- und Anlagenbau, Berlin/Heidelberg/New York 1976

Kommission der EG (Hrsg.): Die Vollendung des Binnenmarktes – Weißbuch der Kommission an den Europäischen Rat, Brüssel 1985

Koppelmann, U./Küthe, E.: Präferenzverhalten beim Gestaltungsmittel Farbe, in: Marketing ZfP, Heft 2, 1987

Koppelmann, U./Paas, W. M.: Zum Konzept des Produktmanagements, in: WIST, Heft 12, 1977, S. 559 ff.

Koppelmann, U.: Aufmachung als ein Problem der Betriebswirtschafts- und der Warenlehre, in: BfuP, Heft 11, 1967, S. 630 ff.

Koppelmann, U.: Grundlagen der Verpackungsgestaltung, Herne/Berlin 1971

Koppelmann, U.: Grundlagen eines Mittelsystems der Produktgestaltung, in: Der Markt, Heft 42, 1972, S. 1 ff.

Koppelmann, U.: Gedanken eines produktorientierten Vermarktungsmix, in: Der Markt 1975

Koppelmann, U.: Zur Problematik von Wachstumszielen im Marketing, in: Jahrbuch der Absatz- und Verbrauchsforschung, Heft 1, 1979, S. 31 ff.

Koppelmann, U.: Strategien zur Vorbeugung beschaffungsbedingter Betriebsunterbrechunngen, in: BFuP, 1980, Heft 5, S. 426 ff.

Koppelmann, U.: Produktwerbung, Stuttgart, Berlin, Köln, Mainz, 1981

Koppelmann, U.: Imagetransfer bei Komplementärprodukten – eine nützliche Waffe im Konkurrenzkampf?, in: Jahrbuch der Werbung, Band 19, hrsg. von E. Neumann, W. Sprang und W. Scheele, Düsseldorf 1982 (a), S. 41 ff.

Koppelmann, U.: Strategie-Ansätze in Verpackungsmärkten, in: Neue Verpackung, Heft 6, 1982, (b), S. 765 ff.

Koppelmann, U.: Design: Nur Selbstzweck darf das nicht werden, in: Marketing Journal, 20. Jhrg., Nr. 11, 1987, S. 44-50

Koppelmann, U.: Design und Marketing, in: DBW, 48. Jhrg., Nr. 3, 1988, S. 299-309

Koppelmann, U.: Schöne Aussichten, in: Absatzwirtschaft, Nr. 12, 1990, S. 52-56

Koppelmann, U.: Funktionsorientierter Erklärungsansatz der Markenpolitik, in: Handbuch Markenartikel, hrsg. v. M. Bruhn, Stuttgart 1994

Koppelmann, U.: Beschaffungsmarketing, 3. Aufl., Berlin, Heidelberg, New York 2000

Kornerup, A./Wanscher, J. H.: Taschenlexikon der Farbe, Zürich/Göttingen 1963

Kosiol, E.: Die Unternehmung als wirtschaftliches Aktionszentrum, Reinbeck 1966

Kotler, P. u. a.: Grundlagen des Marketing, 2. Aufl., München usw. 1999

Kotler, P./Bliemel, F.: Marketing-Management, 9. Aufl., Stuttgart 1999

Kotler, P.: Marketing Management, 1. Ed., Englewood Cliffs 1967

Kotler, P.: Marketing Management, 7. Ed., Englewood Cliffs 1991

Kotler, P.: Marketing-Management, 4. Aufl., Stuttgart 1982

Kotler, P.: The Aid Biz Gloms onto "Global", in: Fortune, Nov. 1984

Kotler/Levy: Für eine Erweiterung des Marketingbegriffs, in: Der Markt, 4, 1969

Krausse/Kathlun/Lindenmaier: Das Patentgesetz, hrsg. von V. Weiß, 5. Aufl.,Köln/ Berlin/Bonn/ München 1973

Krauth, J./Lienert, G. A. (Hrsg.): Die Konfigurationsfrequenzanalyse (KFA) und ihre Anwendung in Psychologie und Medizin, München 1973

Krautmann, A.: Zur Analyse von Verständlichkeitsproblemen bei der Gestaltung von Gebrauchsanweisungen, Bd. 10 der Schriftenreihe „Beiträge zum Produktmarketing" hrsg. von U. Koppelmann, Köln 1981

Kreikebaum, H.: Das Prestigeelement im Investitionsgüterverhalten, Diss., Köln 1961

Kreikebaum, H.: Die Potentialanalyse und ihre Bedeutung für die Unternehmensplanung, in: ZfB, 1971, S. 263 ff.

Kreisel, H.: Die Kunst des deutschen Möbels, Band 1-3, München 1968-1973

Kreusslein, G.: Modelle zur Bestimmung der Gewinnerwartung im Rahmen der Neuproduktplanung, Berlin 1971

Kreuz, A.: Der Produkt-Manager, Essen 1975

Kroeber-Riel, W.: Wirkung und Kontrolle von Werbung, in: Marketing-Journal, Heft 5, 1973

Kroeber-Riel, W.: Stichwort „Verhaltensorientierte Absatztheorie", in: Handwörterbuch der Absatzwirtschaft, hrsg. von B. Tietz, Stuttgart 1974

Kroeber-Riel, W.: Moderne Techniken in der Kommunikationsanalyse, in: Marketing-Journal, Sonderausgabe BDW Congress 1977

Kroeber-Riel, W.: Konsumentenverhalten, 5. Aufl., München 1992

Kroeber-Riel, W./Weinberg, P.: Konsumentenverhalten, 7. Aufl., München 1999,

Kroos, R.: Der technische Kundendienst als Instrument der Absatzpolitik, Nürnberg 1966

Krueger, F.: Zur Philosophie und Psychologie der Ganzheit, Schriften aus den Jahren 1928-1940, Hrsg.: E. Heuss, Berlin u. a. 1953

Krueger, F.: Das Wesen der Gefühle – Entwurf einer systematischen Theorie, 5. Aufl., Leipzig 1997

Krupp AG (Hrsg.): Diesseits der Utopie, Essen 1994

Krus, M.: Forderungspolitische Vermarktungsinstrumente, Diplomarbeit, Köln 2000

Krystek/Müller-Stevens: Frühaufklärung für Unternehmen, Stuttgart 1993

Küppers, H.: Grundgesetz der Farbe, Köln 1978

Kupsch, P.: Die Struktur von Qualitätsurteilen und das Informationsverhalten von Konsumenten beim Kauf langlebiger Gebrauchsgüter, Opladen 1978

Küthe, E./Koppelmann, U.: Stichwort: Produktionsverfahren, in: Handwörterbuch der Absatzwirtschaft, hrsg. von B. Tietz, Stuttgart 1974, Sp. 1743 ff.

Küthe, E./Thun, M.: Marketing mit Bildern, Köln 1995

Küthe, E./Venn, A.: Marketing mit Farben, Köln 1996

Küthe, E.: Grundzüge der teleologisch ausgerichteten Warenkunde, Diss. Köln 1971

Küthe, E.: Warenverkaufskunde, 3. Auflage, Köln 1982

Kutschker, M./Kirsch, W.: Verhandlungen in multiorganisationalen Entscheidungsprozessen, München 1978

Kutschker, M./Kirsch,W.: Industriegütermarketing und Einkauf in Europa – Deutschlandstudie – München 1979

Kutzelnigg, A.: Der Begriff Qualität, in: Die Ware im Weltbild der Wirtschaft, hrsg. von G. Hofbauer, Wien 1970

Labonté, E.: Produktpublizität als Instrumentalvariable der Kommunikationspolitik, Bd.14 der Schriftenreihe „Beiträge zum Produktmarketing", hrsg. v. U. Koppelann, Köln 1988

Lackman, C./Lanasa, J. M.: Family decision – making theory: An overview and assessment, in: Psychologie and Marketing, 1993, H. 10, S. 81-93

Lancaster, K.: Consumer Demand. A New Approach, New York etc. 1971

Lange, M.: Stichwort „Entscheidungsorientierte Absatztheorie", in: Handwörterbuch der Absatzwirtschaft, hrsg. v. B. Tietz, Stuttgart 1974, Sp. 101-110

Langer, M.: Innovation und Kunstqualität, Worms 1989

Lebensmittel-Zeitung (Hrsg.): Tod im Regal. Eine Analyse der Lebensmittelzeitung zur Me-too-Problematik bei der Einführung neuer Produkte, Frankfurt 1985

Lehnhardt, J. M.: Analyse und Generierung von Designprägnanzen, Bd. 28 der Schriftenreihe „Beiträge zum Produktmarketing", hrsg. v. U. Koppelmann, Köln 1996

Lepsius, M. R.: Theorie der sozialen Schichtung in der industriellen Gesellschaft, Habilitationsschrift, München 1963

Lersch, Ph.: Aufbau der Person, 11. Aufl. München 1970

Leven, W.: Das Konstrukt „Soziale Schicht „ zur Erklärung der Betriebstypenpräferenzen von Konsumenten, in: ZfB, 1979 Heft 1, S.18-38

Levitt, Th.: Exploit the Product Life Cycles, in: Harvard Business Review, November/ Dezember 1965, S. 81-94

Levitt, Th..: The Globalization of Markets, in: Harvard Business Review, Vol. 61, 1983, No. 3, May – June

Lindemann, B./Boekhoff, H.: Lexikon der Kunststile, 2. Bd., Reinbek b. Hamb. 1975

Lipson, H. A./Darling, J. R./Reynolds, F. D.: A Two-Phase Interaction Process for Marketing Model Construction, in: Michigan State University , Business Topics, 1970

Lisowski, A.: Qualität und Betrieb, Stuttgart 1928

Lisowski, P.: Das Bedürfnis als absatzwirtschaftliches Problem, Zürich 1968

Little, A. D.: Technology-Based Diversification, 1990

Löbach, B.: Industrial Design im Unterricht, Ravensburg 1979

Löbach, B.: Industrial Design, München, 1976

Löbel, W.: Der Kundendienst als absatzwirtschaftliche Leistung, Nürnberg 1965

Loewy, R.: Häßlichkeit verkauft sich schlecht, Düsseldorf 1953

Lohmeier, F.: Der Warentest, Essen 1959

Lohner, E.: Die Problematik des Begriffes der Avantgarde, in: Herkommen und Er- neuerungen, hrsg. v.: Gillespie, G./Lohner, E., Tübingen 1976

Lucas, D. B./Britt, St. H.: Messung der Werbewirkung, Essen 1966

Lutz, A.: Plagiate, in Produktdesign, Köln 1997

Mag, W.: Literaturüberblick Entscheidungstheorie, in: WiSt, 1990, Heft 11, S. 582

Mag, W.: Planungsbegriffe, in: Handwörterbuch der Betriebswirtschaft, 2. Teilband, 5. Aufl., Stuttgart 1993

Magyar, K. M.: Marktziele einer neuzeitlichen Unternehmenspolitik, Rorschach 1969

Majer, E.: Programmbereinigung als unternehmenspolitisches Problem, Wiesbaden 1969

Makens, J. L.: Effects of Brand Preference upon Consumer's Percieved Taste of Turkey Meat, in: Journal of Applied Psychology, 1965, S.261-263

Malewski, A.: Verhalten und Interaktion, Tübingen 1967

Mann, A.: Die marketingstrategische Bedeutung industrieller Servicepolitik – Kon- zeptionelle Überlegungen und empirische Befunde, in: WiSt, Heft 7, 2000, S. 375-380

March, J. G./Simon, H. A.: Organizations, New York 1958

March, J. G./Simon, H. A.: Organisation und Individuum – Menschliches Verhalten in Organisationen, Bd. 3/Serie 3 der Schriftenreihe des interdisziplinären Instituts für Unternehmensführung an der Wirtschaftsuniversität Wien, hrsg. v. M. Hofmann, Wiesbaden 1976, S. 81

Marschak, J./Radner, R.: The Economic Theory of Teams, New Haven, London 1972

Maslow, A. H.: Motivation and Personality, in: Levine, 1975

Mathaie, R. (Hrsg.): Goethes Farbenlehre, Ravensburg 1971

Mayer, R.: Produktpositionierung, Bd. 12 der Schriftenreihe: „Beiträge zum Produktmarketing", hrsg. v. U. Koppelmann, Köln 1984

Mayntz, R.: Die moderne Familie, hrsg. v. H. Giese, Stuttgart 1955

Mayntz, R.: Soziale Schichtung und sozialer Wandel einer Industriegemeinde, Stuttgart 1958

McAlister, L./Pessemier, E.: Variety Seeking Behavior: An Interdisciplinary Review, in: Journal of Consumer Research, Vol. 9, December 1982, S. 311-322

McDougall, W.: Aufbaukräfte der Seele, hrsg. v. E. Rothacker, Leipzig 1937

McGuire, W. J.: The Nature of Attitudes and Attitude Change, in: The Handbook of Social Psychology, hrsg. v. G. Lindsey/E. Aronson, Bd. 3, Menlo Park/London/Don Mills 1969

McGuire, W. J.: Some Internal Psychological Factors Influencing Consumer Choice, in: Journal of Consumer Research, H. 2, 1976, S. 302-319

McGuire, W. J.: Attitudes and attitude change, in: HSB of Cocial Psychology, hrsg. v. Lindzey, G./Aronson, E., New York 1985

Medeyros, M.: Anmutungshafte Verpackungsgestaltung als Mittel der Produktpolitik, Bd. 11 der Schriftenreihe: „Beiträge zum Produktmarketing", hrsg. v. U. Koppelmann, Köln 1982

Meffert, H.: Stichwort „Systemorientierte Absatztheorie", in: Handwörterbuch der Absatzwirtschaft, hrsg. v. B. Tietz, Stuttgart 1974, Sp. 138-158

Meffert, H./Steffhagen, H.: Marketing-Prognosemodelle, Stuttgart 1977

Meffert, H.: Marketing, 7. Aufl., Nachdruck 1991, Wiesbaden 1986

Meffert, H.: Marketingforschung und Käuferverhalten, 2. Aufl., Wiesbaden 1992

Meffert, H.: Marketing, 8. Aufl., Wiesbaden 1998

Meili, R.: L'analyse de l'intelligence, Arch. de Psychologie 31, 1946, S. 1-64

Melcher, N. P.: Kundendienst im Kauf und Warenhaus, Stuttgart 1972

Mentzel, C./Küthe, E.: Ermittlung von Käufertypen bei Brillen, in: „Materialien zum Produktmarketing", hrsg. v. U. Koppelmann, H. 8, Köln 1982

Metzger, W.: Psychologie, 4. Aufl., Darmstadt 1968

Metzger, W.: Gesetze des Sehens, Frankfurt 1975

Meyer, C.: Beschaffungsziele, Bd. 5 der Schriftenreihe „Beiträge zum Beschaffungs-marketing", hrsg. v. U. Koppelmann, Köln 1986

Meyer-Hentschel, G./Meyer-Hentschel, H.: Das goldene Marktsegment, Produkt- und Ladengestaltung für den Seniorenmarkt, Frankfurt a. M. 1991

Midgley, D. F.: Innovation and New Product Marketing, London 1977

Milde, H.: Panelforschung, in: Handwörterbuch des Marketing, hrsg. von Tietz, B.; Köhler, R.; Zentes, J.; 2. Aufl., Stuttgart 1995

Miles, C. D.: Value Engineering, Wertanalyse, 3. Auflage, München 1969

Miller, K. E./Ginter, J. L.: An Investigation of Situational Variation in Brand Choice Behavior and Attitude, in: JoMR, 1/1979, S. 111-123

Miracle, G. E.: Product Characteristics and Marketing Strategy, in: Journal of Marke-ting, Jan. 1965, S. 18-24

Möhrle, M.: Prämarketing: Zur Markteinführung neuere Produkte, Wiesbaden 1995

Molesworth, H. D./Kenworthy-Brown, J.: Meisterwerke der Möbelkunst aus drei Jahr-hunderten, München 1972

Montgomery, Ch. F./Cole, W. P. (Hrsg.): Thomas Sheraton's The Cabinet-Maker and Upholst Drawing-Book, New York 1970

Montgomery, Ch. F./Forman, B. M. (Hrsg.): Georg Smith's Collection of Designs, New York 1970

Moog, U./Breuer, N.: Inwieweit prägen Einstellungstypen Ansprüche im Produktbe-reich Kinderoberbekleidung?, in: „Materialien zum Produktmarketing", hrsg. von U. Koppelmann, Bd. 3, Köln 1980

Moore, H./Kleining, G.: Das soziale Selbstbild der Gesellschaftsschichten in Deutsch-land, in: Kölner Zeitschrift für Soziologie und Sozialpsychologie, Köln 1960, S. 86-119

Mueller, E.: The Desire for Innovation for Household Goods, in: L. H. Clark (Hrsg.), Consumer Behavior, 3. Auflage, New York 1958, S. 13 ff.

Müller-Hagedorn, L.: Das Konsumentenverhalten , Wiesbaden 1986

Müller-Hagedorn, L.: Der Handel, Stuttgart 1998

Müller-Merbach, H.: Operations Research, 3. Aufl., Nachdruck, München 1988

Müllmann, W. E.: Kultur, in: Wörterbuch der Soziologie, hrsg. v. W. Bernsdorf, 2. Auflage, Berlin 1969

Murzin, M.: Soziale Rollen als Ansatz einer produktbereichsneutralen Marktsegmentierung, Bd. 18 der Schriftenreihe „Beiträge zum Produktmarketing", hrsg. v. U. Koppelmann, Köln 1990

Neumann, J. v./Morgenstern, O.: Theory of Games and Economic Behavior, Princeton 1944

Nickerson, D.: Englische Möbel des 18. Jahrhunderts, Frankfurt 1963

Nieschlag, R./Dichtl, E./Hörschgen, H.: Marketing, 17. Aufl., Berlin 1994

Nowak, D.: Neue Lebenswelten zwischen Brauchtum und Internet, in: Absatzwirtschaft, Oktober 1998

Nowak, H./Becker, U.: Die sozialen Milieus in der Bundesrepublik Deutschland – ein neues Zielgruppenmodell, in: 5. Wirus-Werkstattgespräche, hrsg. v. Wirus-Verlag, Gütersloh 1985, S. 30 ff.

o. V.: "Toys-R-US hat zu lange am alten Konzept festgehalten.", FAZ vom 15.02.99, S. 17

o. V.: Verkaufsförderung – eine Definition zur Diskussion, in: Marketing Journal H. 4, S. 329, 1974

Oakley, M. (Hrsg.): Design Management, Oxford 1990

Oberparleiter, K.: Funktionen und Risiken des Warenhandels, 2. Auflage, Wien 1955

Oertel, B.: Die Planung des Produktes unter Berücksichtigung der Humanisierungs- und Umweltschutzproblematik, Frankfurt/Bern 1982

O'Meara, J. T.: Selecting Profitable Products, in: Readings in Marketing, hrsg. v. Dirkson/Kroeger/Lockley, Homewood, Ill. 1968

Ostwald, W.: Die Farbenfibel, Leipzig 1921

Pahl, G./Beitz, W.: Konstruktionslehre, 2. Aufl., Berlin/u.a. 1986

Paivio, A.: Imagery and Verbal Processes, New York 1971

Pastler, F.: Stichwort „Ganzheitliche Absatztheorie", in: Handwörterbuch der Absatzwirtschaft, hrsg. v. B. Tietz, Stuttgart 1974, Sp. 120-130

Peryam, D. R.: Sensory Difference Tests, in: A. D. Little Inc. (Hrsg.): Flavour Research and Food Acceptance, New York 1958

Pessemier, E. A.: New Product Decisions, New York 1966

Pessemier, E. A.: Product Management, 2. Aufl., New York 1982

Pfeffer, J./Salancik, G. G.: The External Control of Organizations, New York 1978

Pfeiffer, D.: Zur empirischen Überprüfung der Produktaustrahlungseffekte, Diplomarbeit, Köln 1983

Pfleiderer (Hrsg.): Wirus-Design-Report 1992, 1993, 1994

Pfohl, H. C.: Logistiksysteme, 5. Aufl., Berlin/Heidelberg usw. 1996

Pfohl, H. Chr.: Zur Formulierung einer Lieferleistungspolitik: Theoretische Aussagen zum Angebot von Sekundärleistungen als absatzpolitisches Instrument, in ZfbF, 1977, S. 239 ff.

Platzbecker, W./Troll, K. F.: Anforderungen an Produktmanager in der Bundesrepublik, in: „Materialien zum Produktmarketing", hrsg. v. U. Koppelmann, H. 10, Köln 1981

Plummer, J. T.: The Concept and Application of Life Style Segmentation, in: Journal of Marketing, Januar 1974, S. 33 ff.

Poggioli, R.: The Theory of the Avant-Garde, Oxford 1968

Polli, R./Cook, V.: Validity of the Product Life Cycle, in: Journal of Business, Oct. 1969, S. 385-400

Pollmüller, D.: Rechtliche Aspekte der Produktpolitik, in: Handbuch Marketing, hrsg. v. J. Koinecke, Bd. 1, Gernsbach 1978

Popitz, H.: Der Begriff der sozialen Rolle als Element der soziologischen Theorie, 4. Aufl., Tübingen 1975

Popper, K. R.: Logik der Forschung, 2. Aufl., Tübingen 1966

Porter, M. E.: Wettbewerbsvorteile, Frankfurt 1986

Powell, E. N.: Design Management and Industrial Development, in: Design Scene, Nr. 13, 1989, S. 22-24

Preukschat, U. D.: Vorankündigung von Neuprodukten: strategisches Instrument der kommunikationspolitischen Markteinführung, Wiesbaden 1993

Priemer, W.: Produktvariation als Instrument des Marketings, Berlin 1970

Pümpin, C./Kobi, H.-M./Wüthrich, H. A.: Unternehmenskultur, Bern 1985

Qualls, Q. J.: Changing Sex Roles: Its Impact Upon Family Decision Making, in: Mitchel 1982

Raiser, L.: Das Recht der allgemeinen Gesellschaftsbedingungen, Bad Homburg 1961

Rams, D.: Was ist gutes Design? in: Design: Dieter Rams, hrsg. v. Burkhardt, F. und Frankensen, J., Berlin 1980 + 1981, S. 186

Rathmell, J. M.: Marketing in the Service Sector, Cambridge/Mass. 1974

Rechenberg, I.: Evolutionsstrategie, Stuttgart 1973

Rein, H./Schneider, M.: Einführung in die Psychologie des Menschen, Berlin/Heidelberg/New York 1966

Reinmöller, P.: Produktsprache, Bd. 25 der Schriftenreihe »Beiträge zum Produktmarketing«, hrsg. v. U. Koppelmann, Köln 1995

Reinöhl, E.: Probleme der Produkteliminierung, Bonn 1981

Remplein, H.: Psychologie der Persönlichkeit, 6. Aufl., München/Basel 1967

Reykowsky, J.: Psychologie der Emotionen, Donauwörth, 1973

Richter, H. J.: Einführung in das Image-Marketing, Stuttgart/Berlin/Köln/Mainz 1977

Riebel, P.: Einzelkosten- und Deckungsbeitragsrechnung und Unternehmensführung, 6. Aufl., Opladen 1990

Riegel, J.: Die Qualitätsänderung als preisstatistisches Problem, Frankfurt/M. 1975

Rieger, H.: Der Gütebegriff in der Theorie des Qualitätswettbewerbs, Berlin 1962

Riepe, C.: Produkteigenschaften und das Nachfrageverhalten von Konsumenten, Thun/Frankfurt am Main 1984

Riesmann, D.: Die einsame Masse, Hamburg 1970

Riesterer, D./Feucht-Moosbach: Steuerliche Behandlung von Umweltschutzmaßnahmen, in: Handbuch der Steuervorteile bei unternehmerischen Entscheidungen, hrsg. v. Schöck, Th. A. H./Tanski, J. S., Landsberg am Lech 1985

Robertson, T. S./Zielinski, J./Ward, S.: Consumer behavior, Glenview 1984

Rodenacker, W. G.: Methodisches Konstruieren, Berlin/Heidelberg/New York 1971

Rogers, E. M./Shoemaker, F. E.: Communication of Innovations, 2. Aufl., New York/London 1971

Rogers, E. M.: Diffusion of Innovations, New York/London 1962, in der deutschen Übersetzung von R. Schulz: Kaufentscheidungsprozesse des Konsumenten, Wiesbaden 1972

Rohlmann, P.: Marketing in der Rezession, Wiesbaden 1977

Rohracher, H.: Einführung in die Psychologie, 9. Aufl., Wien/Innsbruck 1965

Rokeach, M.: Beliefs Attitudes and Values – A Theory of Organisation and Change, San Francisco 1968

Ropohl, G.: Stichwort „Baukastensysteme", in: Handwörterbuch der Produktion, hrsg. von W. Kern, Stuttgart 1979, Sp. 293

Rose, G.: Absatz und Besteuerung, hrsg. v. H. Koch, Festschrift zum 75. Geburtstag von Prof. Dr. Dr. h.c. mult. Erich Gutenberg, Köln 1972

Rosenberg, M. J.: An Analysis of Affective-Cognitive Consistency, in: C. J. Hovland/ M. J. Rosenberg (Hrsg.).: Attitude Organisation and Change, New Haven/London 1960, S. 15-64

Rosenstiel, L. v./Ewald, G.: Marktpsychologie, (2 Bde.), Stuttgart/Berlin/Köln/Mainz 1979

Rost, W.. Emotionen, Elixiere des Lebens, Berlin 1990

Roth, E.: Persönlichkeitspsychologie, 6. Aufl., Stuttgart/Berlin/Köln/Mainz 1981

Röttgen, W. A.: Produktvariation als Marketingstrategie, Bd. 7 der Schriftenreihe „Beiträge zum Produktmarketing", hrsg. v. U. Koppelmann, Köln 1980

Ruppe, H.: Handelspanel, in: Marketing, hrsg. v. L. Poth, Neuwied 1979, Ziff. 2.1.4

Sabel, H.: Produktpolitik in absatzwirtschaftlicher Sicht, Wiesbaden 1971

Sabel, H.: Stichwort „Produktpolitik und Produktplanung", in: Handwörterbuch der Betriebswirtschaftslehre, Bd. 2, 1975

Sabisch, H.: Produktinnovationen, Stuttgart 1991

Sahihi, A./Baumann, H. D.: Kauf mich! – Werbewirkung durch Sprache und Schrift, Weinheim/Basel 1987

Salcher, E. F.: Psychologische Marktforschung, Berlin/New York 1978

Sandell, R. G.: Effects of Attitudional and Situational Factors on Reported Choice Behaviour, JoMR 4, 1968

Sander, F./Volkelt, H.: Ganzheitspsychologie, München 1962

Sander, F.: Funktionale Struktur, Erlebnisganzheit und Gestalt, Archiv für die gesamte Psychologie, Leipzig 1932, S. 237-260

Sandig, C.: Betriebswirtschaftspolitik, Stuttgart 1953

Sandig, C.: Stichwort „Bedarf, Bedarfsforschung", in: Handwörterbuch der Absatzwirtschaft, hrsg. v. B. Tietz, Stuttgart 1974, Sp. 313-326

Schade, H. C.: Durch Kundendienst mehr verkaufen, München 1968

Schäfer, E.: Die Unternehmung, 6. Aufl., Köln/Opladen 1966

Schanz, G./Stange, J.: Stichwort „Wertanalyse", in: Handwörterbuch der Produktion, hrsg. v. W. Kern, Stuttgart 1979, Sp. 2251 ff.

Schelzer, T.: Problematisierungsmethoden im Produktinnovationsprozeß, Bern 1976

Schenk, H. O.: Stichwort „Funktionale Absatztheorie", in: Handwörterbuch der Absatzwirtschaft, hrsg. v. B. Tietz, Stuttgart 1974, Sp. 110-120

Schenk/Spannagel/Wölk: Funktionen und Leistungen der Handelsvertretung im Wettbewerb der Vertriebssymptome, Berlin 1974

Scherhorn, G.: Bedürfnis und Bedarf, in: Beiträge zur Verhaltensforschung, hrsg. v. G. Schmölders, Heft 1, Berlin 1959

Scheuch, E. K./Daheim, H. G.: Sozialprestige und soziale Schichtung, in: D. V. Glass, R. König (Hrsg.): Soziale Schichtung und soziale Mobilität, Köln/Opladen 1961

Scheuch, E. K.: Das Interview in der Sozialforschung, in: Handbuch der empirischen Sozialforschung, hrsg. v. R. König, 1. Bd., Stuttgart 1962, S. 136-196

Scheuch, F.: Dienstleistungsmarketing, München 1982

Scheuch, F.: Marketing, 6. Aufl., München 1996

Scheuing, F. E.: Das Marketing neuer Produkte, Wiesbaden 1971

Schewe, H. R.: Strategien marktadäquater Programmpolitik, Bd. 9 der Schriftenreihe „Beiträge zum Produktmarketing", hrsg. v. U. Koppelmann, Köln 1981

Schischkoff, G.: Stichwort „Schön", in: Philosophisches Wörterbuch, hrsg. v. G. Schischkoff, 18. Aufl., Stuttgart 1969

Schlicksupp, H.: Innovationen, Kreativität und Ideenfindung, Würzburg 1980

Schmidt, E.: Brevier der Unternehmensplanung, Bern 1966

Schmidtchen, G.: Die gesellschaftsbildende Kraft der Massenmedien, in: Offene Welt, Nr. 75, März 1962, S. 73 ff.

Schmidt-Grohé, J.: Produktinnovation, Wiesbaden 1972

Schmidt-Sudhoff, U.: Unternehmensziele und unternehmerisches Zielsystem, Wiesbaden 1967

Schmitz, C.: Die Entwicklung eines Imagery-Instrumentariums zur Erhebung von Anmutungsansprüchen, Bd. 17 der Schriftenreihe „Beiträge zum Produktmarketing", hrsg. von U. Koppelmann, Köln 1990

Schmitz, H.: Das Möbelwerk, 8. Aufl., Tübingen o. J.

Schmitz-Maibauer, H. H.: Der Stoff als Mittel anmutungshafter Produktgestaltung, Bd. 4 der Schriftenreihe „Beiträge zum Produktmarketing", hrsg. v. U. Koppelmann, Köln 1976

Schneider, D.: Marketing als Wirtschaftswissenschaft oder Geburt einer Marketingwissenschaft aus dem Geist des Unternehmensversagens?, in: ZfbF, H. 3, 1983, S. 197 ff.

Schneider, E.: Einführung in die Wirtschaftstheorie, II. Teil, Wirtschaftspläne und wirtschaftliches Gleichgewicht in der Verkehrswirtschaft, 13. Aufl., Tübingen 1972

Schneider, R.: Kriterien der Absatzwegewahl, Zürich/Frankfurt/Thun 1977

Schulte, C.: Logistik, München 1991

Schultz, A./Koppelmann, U.: Produktdesign als Marketinginstrument, in: Marketing ZfP, H. 4, 1983, S. 227-234

Schultze, W.: Farbenlehre und Farbenmessung, Berlin/Göttingen/Heidelberg 1957

Schultze, W.: Farbenlehre und Farbenmessung, Berlin 1975

Schulz, R.: Kaufentscheidungsprozesse des Konsumenten, Wiesbaden 1972

Schulze, G.: Die Erlebnisgesellschaft, Frankfurt/New York 1992

Schweitzer, M./Troßmann, E.: Break-Even-Analyse, Stuttgart 1986

Schweitzer, M.: Die methodologischen und entscheidungstheoretischen Grundfragen der betriebswirtschaftlichen Prozeßstrukturierung, in: ZfbF, 19. Jg., 1967, S. 279-296

Seggewiß, K. H.: Die Organisation der Materialbeschaffung in der Großunternehmung, Frankfurt a. M./Bern/New York 1985

Seidel, M.: Zur Analyse der Farbwahl von Sanitätsobjekten, Diplomarbeit, Köln 980

Seiffert, H.: Einführung in die Wissenschaftstheorie, München 1971

Seiler, J.: Bedeutung der Verpackungspolitik für die Markengestaltung, in: Handbuch Markenartikel, Bd. 2, Stuttgart 1994

Settels, S.: Marktaustrittsbarrieren und Produktelimination, Diplomarbeit, Köln 2000

Seufert, G.: Farbnamenlexikon A-Z, Göttingen/Frankfurt/Berlin 1955

Seyffert, R.: Die Handelskette, in: Die Betriebswirtschaft, 24. Jg., Suttgart 1931

Seyffert, R.: Werbelehre, 2. Bd., Stuttgart 1966

Seyffert, R.: Wirtschaftslehre des Handels, hrsg. v. E. Sundhoff, 5. Aufl., Opladen 1972

Sheppard, R. N./Romney, A. K./Nerlove, S. B. (Hrsg.): Multidimensional Scaling: Theory and Application in the Behavioral Sciences, Bd. 1, New York/London 1972

Sheth, J. N.: A Model of Industrial Behavior, in: Journal of Marketing, October 1973, S. 50-56

Sieben, G.: Gemeinsamkeiten betriebswirtschaftlicher Entscheidungsmodelle (I), in: WISU, Heft 7, 1985, S. 343 ff.

Siegwart, H.: Produktentwicklung in der industriellen Unternehmung, Bern/Stuttgart 1974

Silbermann, A.: Vom Wohnen der Deutschen, Frankfurt 1970

Simon, H. A.: A Behavioral Model of Rational Choice, in: Quaterly Journal of Economics, 69 (February), 1955, S. 99-118

Simon, H. A.: On the Concept of Organizational Goals, in: Administrative Science Quaterly, IX, 1964, S. 1-22

SIS (Hrsg.): Farbatlas, 2nd edition, Stockholm 1989

Skramlik, E.: Handbuch der Physiologie der niederen Sinne, Leipzig 1926

Spiegel, B.: Werbepsychologische Untersuchungen, 2. Aufl., Berlin 1970

Spiegel-Verlag (Hrsg.): Die Rolle des Mannes beim Kaufentscheid, Hamburg 1963/64

Spies, H.: Integriertes Designmanagement, Bd. 23 der Schriftenreihe »Beiträge zum Produktmarketing«, hrsg. v. U. Koppelmann, Köln 1993

Spinner, H. F.: Pluralismus als Erkenntnismodell, Frankfurt a. M. 1974

Stackelberg, H.v.: Grundlagen einer reinen Kostentheorie, Wien 1932

Städtler, T.: Lexikon der Psychologie, Stuttgart 1998

Staehle, W. H.: Management, eine verhaltenswissenschaftliche Perspektive, München 1980

Staehle, W. H.: Management, eine verhaltenswissenschaftliche Perspektive, 5. Aufl., München 1990

Stangl, U./Küthe, E.: Zur Analyse von Imagetransferprozessen in Abhängigkeit von der Zielgruppe – dargestellt an einem Beispiel des Fotomarktes, in: „Materialien zum Produktmarketing", hrsg. v. U. Koppelmann, H. 9, Köln 1981

Stark, C. K.: Architektur und Design als Grundlage für die Produktgestaltung, Bd. 26 der Schriftenreihe „Beiträge zum Produktmarketing" hrsg. v. U. Koppelmann, Köln 1996

Steckenborn, J.: Steckbriefe für Fachgeschäfte, Köln 1977

Stefflre, V.: Marketstructure studies, in: Bass, F. M./King, C. W./Pessemier, E. A. (Hrsg.): Applications of the Sciences in Marketing Management, New York 1968

Stefflre, V.: New Products and New Enterprises, School of Social Science, University of California, Irvine/Cal. 1971

Stefflre, V.: Some Applications of Multidimensional Scaling to Social Science Problems, in: Multidimensional Scaling, Bd. 2. hrsg. v. A. K. Romney/R. N. Shephard und S. B. Nerlove, New York 1972

Stefflre, V.: New Products, in A. D. Shocker (Hrsg.): Analytic Approaches to Product and Marketing Planning, MSJ-Rep., Nr. 79-104, Cambridge (Mass.) 1979

Stegmüller, W.: Probleme und Resultate der Wissenschaftstheorie und analytischen Philosophie, Bd. 1, New York 1969

Steinhausen, D./Langer, K.: Clusteranalyse, Berlin 1977

Steinmann, H./Schreyögg, G.: Management: Grundlagen der Unternehmensführung; Konzepte, Funktionen, Praxisfälle, 2. Aufl., Wiesbaden 1991

Stern, H. W. E.: Handelspanelforschung als Instrument der Marktbeobachtung, in: Handbuch der Marktforschung, hrsg. v. K. Chr. Behrens, Wiesbaden 1974, S. 463 ff.

Stern, M. E.: Marketing-Planung, 3. Aufl., Berlin 1975

Stern, W.: Die Intelligenz der Jugendlichen und die Methoden ihrer Untersuchung, Leipzig 1920

Sullivan, L.H.: The Tall Office Building, Chicago 1896

Sundhoff, E.: Absatzorganisation, Wiesbaden 1958 (b)

Sundhoff, E.: Grundlagen und Technik der Beschaffung von Roh-, Hilfs- und Betriebsstoffen, Essen 1958 (a)

Szyperski, N.: Das Setzen von Zielen – Primäre Aufgabe der Unternehmensleitung, in: ZfB, Nr. 10, 41. Jhrg., 1971, S. 649 ff.

Szyperski/Winand: Grundbegriffe der Unternehmensplanung, Stuttgart 1980

Tartler, R.: Das Alter in der modernen Gesellschaft, Stuttgart 1961

Tauber, E. M.: How Market Research Discourages Major Innovations, in: Business Horizons, Juni 1974

Tauber, E. M.: Discovering New Product Opportunities with Problem Inventory Analysis, in: Journal of Marketing, Jan. 1975, S. 67-70

Taylor, J. W./Houlahan, J. J./Gabriel, A. C.: The Purchase Intention Question in New Product Development: a Field Test, in: Journal of Marketing, Vol. 39, Nr. 1, 1975, S. 90 ff.

Team/BBDO: Marketing Research: Problem-Detection-System, Düsseldorf o. J.

Teichert, Th.: Conjoint-Analyse, in: Marktforschung, hrsg. v. Herrmann/Homburg, Wiesbaden 1999

Thomsen, P./Wagner, G.: Zur deutschen und internationalen Tendenz der Produzentenhaftung und ihrer vielfältigen Auswirkungen, in: VDI-Zeitung, Nr. 7, April 1979, S. 281 ff.

Tietz, B.: Stichwort: „Institutionsorientierte Absatztheorie", in: Handwörterbuch der Absatzwirtschaft, hrsg. v. B. Tietz, Stuttgart 1974, Sp. 130-138

Tietz, B.: Die Grundlagen des Marketing, 2. Bd., Die Marketing-Politik II, München 1975

Tietz, B.: Marketing, 2. Aufl., Tübingen/ Düsseldorf 1989

Tjalve, E.: Systematische Formgebung für Industrieprodukte, Düsseldorf 1978

Tränkle, M.: Wohnkultur und Wohnweisen, Tübingen 1972

Traxel, W.: Grundlagen und Methoden der Psychologie, 2. Aufl., Bern/Stuttgart/Wien 1974

Triffin, R.: Monopolistic Competition and General Equilibrium Theory, Cambridge/ Mass. 1949

Trommsdorff, V.: Die Messung von Produktimages für das Marketing, Köln/Berlin/ Bonn/München 1975

Trommsdorff, V.: Image- und Einstellungsmessung in der Marktforschung: theoretische und pragmatische Argumente zur mehrdimensionalen Messung, in: Der Markt, 57, 1967, S. 28-32

Trommsdorff, V.: Konsumentenverhalten, 2. Aufl., Stuttgart/Berlin/Köln 1993

Ullrich, L.: Verkaufsförderung für Investitionsgüter, Wiesbaden 1972

Umminger, P.: Einsatzmöglichkeiten qualitativer Prognoseverfahren im Produktmarketing, Bd. 16 der Schriftenreihe „Beiträge zum Produktmarketing", hrsg. von U. Koppelmann, Köln 1990

Urban, G. L./Hauser, J. R.: Design and Marketing of New Products, Englewood Cliffs 1980

676

VDI: VDI-Richtlinie 2222, Blatt 2, Konstruktionsmethodik, Konzipieren technischer Produkte, Mai 1977

Vershoven, W.: Die Marktentnahme als Kernstück der Wirtschaftsforschung, Berlin/ Köln 1959

Voßkamp, W.: Wenn es Wirklichkeitssinn gibt, muß es auch Möglichkeitssinn geben/ Utopien als Laboratorium der Zukunft, unv. Vortragsmanuskript, 1. Petersberger Management Forum 1995

Wagner, H.: Stichwort »Verkaufsförderung« in: Handwörterbuch der Absatzwirtschaft, hrsg. v. B. Tietz, Stuttgart 1974, Sp. 2058-2067

Weber, G. H.: Der Tastsinn und das Gemeingefühl, in: Handwörterbuch der Psychologie, Bd. III, Abt. 2, o. J., S. 559

Weber, K.: Prognose und Prognoseverfahren, in: Handwörterbuch der Betriebswirtschaftslehre, Bd. I/2, hrsg. von E. Grochla und W. Wittmann, 4. Auflage, Stuttgart 1975, Sp. 3188-3203

Webster, F. E./Wind, J.: Organisational Buying Behavior, Englewood Cliffs 1972

Weinberg, P.: Das Entscheidungsverhalten der Konsumenten, Padeborn/München/Wien/ Zürich 1981

Weisgerber, L.: Vom Weltbild der deutschen Sprache, Düsseldorf 1950

Welbers, G.: Zeichen als Mittel der Produktgestaltung, Bd. 27 der Schriftenreihe „Beiträge zum Produktmarketing", hrsg. v. U. Koppelmann, Köln 1996

Wellek, A.: Ganzheitspsychologie und Strukturtheorie, Vern 1955

Wellek, A.: Psychologie, 2. Aufl., Bonn/München 1965

Wester, B.: Anforderungsprofile an Produktmanager, Diplomarbeit, Köln 1989

Weuthen, J. G.: Werbestile, Köln 1988

Wiendahl, H. P.: Funktionsbetrachtungen technischer Gebilde, Diss., Aachen 1970

Wild, J.: Product Management, München 1972

Wild, J.: Grundlagen der Unternehmensplanung, Reinbeck 1974

Wind, Y. J.: Product Policy: Concepts, Methods and Strategy, Reading/Mass. 1982

Windhorst, K.G.: Wertewandel und Konsumverhalten, 2. Aufl., Münster 1985

WIRUS-Werke (Hrsg.): 5. WIRUS-Werkstattgespräch, Gütersloh 1985

Wirz, W.: Zur Logik des Qualitätsbegriffs, in: Jahrbuch für Nationalökonomie und Statistik, Bd. 104, 1915

Wiswede, G.: Theorien der Mode aus soziologischer Sicht, in: Jahrbuch der Absatz- und Verbraucherforschung, H. 2, 1971

Wiswede, G.: Soziologie des Verbraucherverhaltens, Stuttgart 1972

Wiswede, G.: Motivation und Verbraucherverhalten, 2. Aufl., München/Basel 1973

Wiswede, G.: Stichwort „Mode und Absatzwirtschaft" in: Handwörterbuch der Absatzwirtschaft, hrsg. v. B. Tietz, Stuttgart 1974, Sp. 1497-1504

Wiswede, G.: Der „neue Konsument" im Lichte des Wertewandels, in: Szallis/Wiswede: Wertewandel und Konsum, Landsberg 1990

Wiswede, G.: Familie als Beziehungsnetzwerk – Rollenstruktur und Konsumverhalten, in: Zielgruppe Familie – gestern, heute, morgen, hrsg. von Familie & Co., Bd. 1, Hamburg 1999

Witte, E.: Empirische Forschung in der Betriebswirtschaftslehre, in: Handwörterbuch der Betriebswirtschaftslehre, hrsg. v. E. Grochla u. W. Wittmann, Stuttgart 1974, Sp. 1264-1281

Witte, E.: Stichwort »Entscheidungsprozesse« in: Handwörterbuch der Organisation, hrsg. v. E. Grochla, 2. Aufl., Stuttgart 1980, Sp. 633-641

Wurzbacher, G.: Sozialisation-Enkulturation-Personalisation, in: G. Wurzbacher (Hrsg.): Der Mensch als soziales und personales Wesen, 2. Aufl., Stuttgart 1968

Wyszecki, G.: Farbsysteme, Berlin/Frankfurt a. M. 1960

Zimbardo, P. G./Gerrig, R. J.: Psychologie, Berlin/Heidelberg/New York 1999

Index

T

W. Domschke, A. Scholl

Grundlagen der Betriebswirtschaftslehre

Eine Einführung aus entscheidungsorientierter Sicht

2000. XVIII, 400 S. 104 Abb., 80 Tab. Brosch.
DM 39,90; öS 292,-; sFr 37,-
ISBN 3-540-66578-1

Dieses Buch bietet eine komprimierte und anschauliche Darstellung der Grundlagen der modernen Betriebswirtschaftslehre und ist für einführende Vorlesungen im Grund- und Hauptstudium geeignet. Durch ein umfangreiches Sachregister kann es als Nachschlagewerk dienen.

H.J. Drumm

Personalwirtschaft

4., überarb. u. erw. Aufl. 2000. XXXIV,
868 S. 73 Abb. Brosch.
DM 79,-; öS 577,-; sFr 72,-
ISBN 3-540-67753-4

Dieses wichtige Standardwerk erschließt das immer komplexer werdende unternehmerische Funktionsfeld "Personalwirtschaft" in anspruchsvoller, systematischer und zugleich gut verständlicher Weise.

R. Olbrich

Marketing

Eine Einführung in die marktorientierte Unternehmensführung

2000. Etwa 300 S. Geb.
ISBN 3-540-67881-6

Das Buch führt in komprimierter und verständlicher From in die wichtigsten Planungsprozesse des Marketing ein.

M.P. Zerres

Handbuch Marketing-Controlling

2000. XXVIII, 588 S. 143 Abb. Geb.
DM 149,-; öS 1088,-; sFr 136,-
ISBN 3-540-66769-5

Ziel dieses Handbuchs ist es, primär Managern in leitenden Funktionen von Unternehmen und Organisationen, die ihre Kenntnisse im komplexen Schnittstellenbereich Marketing-Controlling aufbauen oder ergänzen wollen, einen fundierten Überblick über den aktuellen Wissensstand in komprimierter Form zu vermitteln.

Springer · Kundenservice
Haberstr. 7 · 69126 Heidelberg
Bücherservice:
Tel.: (0 62 21) 345 - 217/-218
Fax: (0 62 21) 345 - 229
e-mail: orders@springer.de

Preisänderungen und Irrtümer vorbehalten. d&p · BA 67954/2

Springer

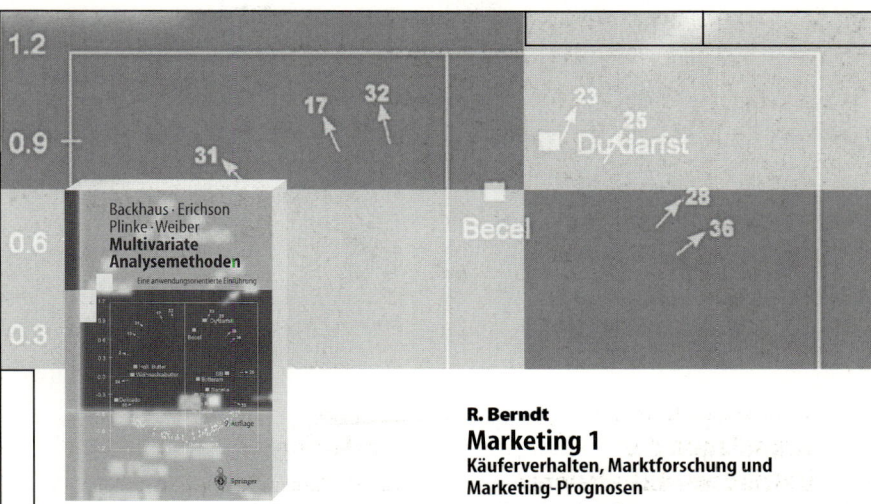

K. Backhaus, B. Erichson, W. Plinke, R. Weiber

Multivariate Analysemethoden
Eine anwendungsorientierte Einführung

9., überarb. u. erw. Aufl. 2000. LIV,
661 S. 217 Abb., 230 Tab. Brosch.
DM 65,-; öS 475,-; sFr 59,50 ISBN 3-540-67146-3

Dieses Lehrbuch behandelt die wichtigsten multivariaten Analysemethoden. Dies sind Regressionsanalyse, Varianzanalyse, Diskriminanzanalyse, Kreuztabellierung und Kontingenzanalyse, Faktorenanalyse, Clusteranalyse, Kausalanalyse (LISREL), Multidimensionale Skalierung und Conjoint-Analyse. Neu hinzugekommen ist das Verfahren der Logit Regression. Die Vorteile des Textes sind geringstmögliche Anforderungen an mathematische Vorkenntnisse, allgemeinverständliche Darstellung anhand eines für mehrere Methoden verwendeten Beispiels, konsequente Anwendungsorientierung, Einbeziehung der EDV in die Darstellung unter schwerpunktmäßiger Verwendung von SPSS für Windows, vollständige Nachvollziehbarkeit aller Operationen durch den Leser, Aufzeigen von methodenbedingten Manipulationsspielräumen, unabhängige Erschließbarkeit jedes einzelnen Kapitels.

Springer · Kundenservice
Haberstr. 7 · 69126 Heidelberg
Bücherservice:
Tel.: (0 62 21) 345 - 217/-218
Fax: (0 62 21) 345 - 229
e-mail: orders@springer.de

Preisänderungen und Irrtümer vorbehalten. d&p · BA 67147

R. Berndt
Marketing 1
Käuferverhalten, Marktforschung und Marketing-Prognosen

3., vollst. überarb. Aufl. 1996. XV,
378 S. 176 Abb., 6 Tab. Brosch.
DM 39,80; öS 291,-; sFr 37,- ISBN 3-540-60812-5

Vollständigkeit, klare Gliederung und Verständlichkeit zeichnen das dreiteilige **Standardwerk** aus. Theoretisch fundiert und zugleich praxisorientiert wendet es sich an alle, die sich mit Fragen und Aufgaben auf dem Gebiet des Marketing auseinandersetzen.

Marketing 2
Marketing-Politik

3. Aufl. 1995. XIX, 594 S. 295 Abb. Brosch.
DM 49,80; öS 364,-; sFr 46,- ISBN 3-540-60182-1

Das Kernstück des Gesamtwerkes ist Band 2. Hier werden die Teilbereiche der Marketing-Politik umfassend und entscheidungsorientiert dargestellt. Dabei sind neue Kommunikationsinstrumente wie Product-Placement und Sponsoring aufgenommen.

Marketing 3
Marketing-Management

2. Aufl. 1995. XVI, 253 S. 100 Abb. Brosch.
DM 29,80; öS 218,-; sFr 27,50 ISBN 3-540-58748-9

Im letzten Band werden Marketing-Planung, -Organisation und -Führung dargestellt. Das methodische Instrumentarium wird durchweg anhand von Beispielen erörtert.

Springer